图书馆行业中长期战略规划选编

『十三五』时期（上）

Compilation of the Medium and Long-term Strategic Plans for Libraries

国家图书馆研究院 / 编

中央编译出版社
CCTP Central Compilation & Translation Press

前　言

发展规划是用来确认一个组织在一定时期内发展目标、重点任务及行动举措的工具，是组织把握机遇，应对挑战，推进事业持续健康发展的重要手段，在组织管理过程中居于十分重要的地位。早在建国初期，我国图书馆界就开始研究制订事业发展中长期规划，比较有代表性的如1955年制定的《北京图书馆十二年工作规划纲要（1956—1967）》、1957年江苏省图书馆委员会制定的《江苏省关于积极改进图书馆工作为科学研究服务的规划》等。

改革开放以来，各行业各系统规划管理工作进一步走向科学化、系统化，图书馆领域编制发展规划的思想意识也明显增强。1980年，图书馆事业被纳入国民经济和社会发展第六个五年计划，更引起了全国图书馆界对规划编制工作的重视。1982年11月，原文化部图书馆事业管理局在湖南长沙召开图书馆事业发展规划座谈会，专门就《图书馆事业发展规划（征求意见稿）》进行讨论；1986年，上海市文化局下发《关于上海市公共图书馆事业发展目标和"七五"规划的意见》；1987年，北京、湖南、广东等省市先后召开本地区图书馆事业发展战略研讨会。此后，结合地区经济社会发展需求和图书馆事业发展自身特点，定期编制地区性事业发展规划的做法渐成传统。与此同时，其他各系统图书馆的规划编制工作也广泛开展起来，1978年11月，全国医学图书馆工作会议决定成立全国医学图书馆工作协调委员会，讨论制定《1979—1985年全国医学书馆发展规划（草案）》；同年12月，中国科学院第一次全院图书情报工作会议就《中国科学院图书情报工作发展规划纲要（1979—1985年）（草案）》进行了讨论。

近年来，党和国家高度重视科研文教事业，不断加强各系统图书情报工作的宏观管理，与此同时，欧美国家先进的图书馆战略管理思想也进一步对国内图书馆界产生深远影响，各级各类图书馆对规划编制工作给予了前所未有的广泛重视，并且日益强调规划的前瞻性、科学性、引领性和可操作性，涌现出许多创新而务实的做法。特别是在各类型图书馆单馆规划进一步完善的基础上，各地区、各系统的全局性规划编制工作也得到了有关部门高度重视。2013年1月，原文化部发布第一个全国性的公共图书馆事业发展五年规划和第一个全国文化信息资源共享工程五年规划；与此同时，广州、深圳、东莞等地区还先后发布了本地区的公共图书馆服务体系建设规划。2014年4月，教育部高校图书情报工作指导委员会成立战略规划研究工作组，研究编制《中国高校图书馆战略发展规划指南》，从图书馆的现状分析、环境分析、发展趋势分析与功能定位分析等方面为国内高校图书馆单馆规划、地区规划、联盟规划等提供指导。这一时期，中国图书馆学会、全国图书馆标准化技术委员会等行业组织，以及中国高等教育文献保障系统（CALIS）、国家科技图书文献中心（NSTL）等合作组织也分别发布了各自的中长期发展规划。

经过长期的实践积累，当前我国图书馆界编制发展规划的自觉性、主动性进一步提高，规划编制的方法、技术也更趋成熟、完善。为了总结已有经验，方便同行间相互学习、借鉴，共同提升规划编制水平，有效利用规划工具提升图书馆事业科学管理水平，国家图书馆研究院在2012年接受原文化部委托编制《全国公共图书馆事业发展"十二五"规划》之初，即同步启动了对国内外图书馆行业中长期战略规划文本的征集和汇编工作，首次征集成果已于2013年7月结集出版，获得了业界同仁的欢迎。2016

年11月，我们再次面向国内外同行发出"十三五"及同期规划征集邀请，截至2018年2月，共收到各类型图书馆、图书馆行业组织最新规划文本69份，囊括了国内几乎所有副省级以上公共图书馆的发展规划，同时也获得了国内外许多高校图书馆、专业图书馆、图书馆合作组织的大力支持和无私授权，在此向这些单位表示最诚挚的感谢！

我们将上述规划文本汇编为上、中、下三编，上编和中编为国内篇，下编为国外篇。其中，上编收录各系统图书馆的国家层面整体发展规划（含全国性行业组织、国家重大文化工程发展规划），以及国家图书馆和各省级公共图书馆的单馆发展规划；中编收录各地方区域性图书馆事业发展规划，以及部分计划单列市公共图书馆、高校图书馆、专业图书馆的单馆发展规划；下编收录部分发达国家的各类型图书馆规划。这些规划融合了国内外图书馆同仁把握历史机遇、应对时代挑战的战略思考和集体智慧，从不同侧面呈现了各地区、各行业图书馆事业发展的趋势、特点。我们真诚希望，能以此为业内同行科学编制下一个五年规划，更好地推动图书馆事业未来发展提供有益借鉴。

需要说明的是，本书收录的国外图书馆规划中，除日本国立国会图书馆规划发布有中文版本以外，其他原文为英语的规划文本没有再进行中文翻译，这主要是为了保留国外规划在语言表达、编排体例等方面的独特风格，以帮助读者更加直观地比较和分析国内外图书馆规划编制在思路、方法及内容侧重方面的异同。

囿于编者视野与能力所限，一些成果难免有所疏漏，恳请各位读者批评指正！希望能以此汇编所得，帮助业内同仁管窥当前及未来一段时期国内外图书馆事业发展。感谢授权本书将其规划文本汇编出版的国内外相关机构，以及中央编译出版社对本书付印出版的大力支持！

国家图书馆研究院

2018年2月

目 录

"十三五"时期全国公共图书馆事业发展规划 …………………… 1
全国图书馆标准化工作"十三五"规划纲要 …………………… 17
文化部"十三五"时期公共数字文化建设规划 ………………… 30
"十三五"时期全国古籍保护工作规划 ………………………… 44
全国图书馆文献缩微工作"十三五"时期规划纲要 …………… 57
国家图书馆"十三五"规划纲要 ………………………………… 66
首都图书馆(北京市少年儿童图书馆)"十三五"时期发展规划 … 94
天津图书馆"十三五"发展规划 ………………………………… 109
辽宁省图书馆"十三五"发展规划 ……………………………… 129
上海图书馆(上海科学技术情报研究所)"十三五"发展规划 … 164
南京图书馆"十三五"事业发展规划 …………………………… 191
浙江省图书馆"十三五"发展规划 ……………………………… 219
福建省图书馆"十三五"发展规划 ……………………………… 233
山东省图书馆"十三五"发展规划 ……………………………… 250
广东省立中山图书馆"十三五"规划 …………………………… 266
河北省图书馆"十三五"发展规划 ……………………………… 281
吉林省图书馆"十三五"发展规划 ……………………………… 296
黑龙江省图书馆"十三五"时期事业发展规划 ………………… 312

安徽省图书馆"十三五"发展规划 …………………………………… 328

江西省图书馆"十三五"发展规划 …………………………………… 356

河南省图书馆"十三五"规划纲要 …………………………………… 376

湖北省图书馆"十三五"规划 ………………………………………… 382

湖南省图书馆"十三五"发展规划纲要 ……………………………… 399

海南省图书馆"十三五"规划 ………………………………………… 412

内蒙古自治区图书馆"十三五"规划 ………………………………… 419

广西壮族自治区图书馆"十三五"规划 ……………………………… 427

广西壮族自治区桂林图书馆事业发展"十三五"规划 ……………… 446

重庆图书馆"十三五"发展规划纲要 ………………………………… 457

贵州省图书馆"十三五"发展规划 …………………………………… 477

云南省图书馆"十三五"发展规划 …………………………………… 494

陕西省图书馆"十三五"时期事业发展规划 ………………………… 525

甘肃省图书馆"十三五"发展规划 …………………………………… 540

青海省图书馆"十三五"规划 ………………………………………… 565

宁夏回族自治区图书馆"十三五"发展规划 ………………………… 571

"十三五"时期全国公共图书馆事业发展规划[①]

为推动"十三五"时期公共图书馆事业科学发展,加快构建现代公共文化服务体系,更好地保障人民群众基本文化权益,根据《中华人民共和国公共文化服务保障法》《国家"十三五"时期文化发展改革规划纲要》《文化部"十三五"时期文化发展改革规划》有关精神,特制定本规划。

一、总体要求

(一)指导思想

全面贯彻党的十八大和十八届三中、四中、五中、六中全会精神,深入贯彻落实习近平总书记系列重要讲话精神和治国理政新理念新思想新战略,围绕中央关于加快构建现代公共文化服务体系的决策部署,按照公益

---

① 文化部关于印发《"十三五"时期全国公共图书馆事业发展规划》的通知[EB/OL],[2017-07-26],http://4wgk.nct.gov.cn/auto255/201707/t20170726_685747.html?keywords="十三五"时期全国公共图书馆事业发展规划。

性、基本性、均等性和便利性要求，以完善设施网络为基础，以丰富服务内容、强化资源整合、提高服务效能为重点，以完善体制机制为保障，努力构建覆盖城乡、服务高效、惠及全民的公共图书馆服务网络，进一步推进全民阅读，坚定文化自信，提高全民族科学文化素质和社会文明程度，增强人民群众对公共文化服务的获得感。

（二）基本原则

1. **坚持导向、服务大局**。坚持社会主义先进文化的前进方向，坚持以人民为中心，以社会主义核心价值观为引领，牢固树立阵地意识，传播先进文化，促进在全社会形成积极向上的精神追求，助推全面建成小康社会目标实现。

2. **政府主导、社会参与**。将公共图书馆事业发展纳入现代公共文化服务体系，加强组织领导、政策支持和监督管理，落实基本公共文化服务标准，鼓励和引导社会力量参与公共图书馆的建设、管理和服务。

3. **统筹兼顾、创新发展**。立足实际，加强指导，统筹推进区域之间和城乡之间公共图书馆均衡发展，建立覆盖全社会的公共图书馆服务体系，创新管理体制和运行机制，进一步增强发展活力。

4. **服务基层、提升效能**。坚持重心下移、资源下移、服务下移，加强资源整合，把优质公共文化服务向城乡基层延伸，完善群众评价和反馈机制，提升服务的针对性和有效性，促进供需有效对接。

（三）主要目标

到2020年，全国公共图书馆设施网络进一步完善，文献资源保障能力明显增强，县级图书馆总分馆制基本建立，公共图书馆服务标准化、均等化水平显著提高，信息网络等新技术应用更加普及，法人治理结构建设积极推进，人才队伍建设有效加强，政策法律保障更加有力，社会力量广泛参与，公众对公共图书馆服务的满意度持续提升。"十三五"时期全国公共图书馆事业发展主要指标（如表1所示）。

表1 "十三五"时期全国公共图书馆事业发展主要指标

类别	指标		单位	2015年	2020年
设施网络	公共图书馆达标率（部颁三级以上）		%	72.50	80
设施网络	每万人公共图书馆建筑面积		平方米	94.7	110
	阅览室座席数		万个	91.07	105
文献资源	人均公共图书馆藏书量		册	0.61	1
	人均公共图书馆年新增图书藏量		册	0.04	0.08
	人均公共图书馆购书经费		元	1.43	1.8
	县均公共图书馆数字资源		TB	—	5
服务效能	有效读者总人数		万人	5721	8000
	年流通人次		亿人次	5.89	8
	文献外借册次		亿册次	5.09	8
队伍建设	专业技术人员比例	高级职称	%	10.2	12.7
		中级职称		32.7	33

二、重点任务

（一）完善公共图书馆设施服务网络

1. 加强公共图书馆设施建设。加强对公共图书馆布局的统筹规划，在"十二五"建设的基础上，按照均衡配置、规模适当、经济适用、节能环保等要求，根据城乡发展和人口分布，推动地方建成比较完备的公共图书馆设施网络，对设施空白或不达标的地市级和县级公共图书馆进行新建、改建和扩建，重点加强对贫困地区公共图书馆的统筹规划建设。

2. 推进乡镇（街道）、村（社区）图书室建设。推动乡、村基层综合性文化服务中心建设，按照相关建设标准和要求设立图书室，配备相应的器材设备，完善管理制度。村级不具备单独设立图书室条件的，可开辟图书阅览区。

3. 加强流动服务设施与数字服务设施建设。鼓励有条件的地方为公共图书馆配置流动图书车或具有借阅功能的流动文化车。重点为革命老区、民族地区、边疆地区和贫困地区公共图书馆配备流动服务设施设备。依托文化信息资源共享工程、公共电子阅览室建设计划、数字图书馆推广工程，加强公共图书馆数字服务设施建设，并配置相应器材设备。

4. 加快推进县级图书馆总分馆制建设。落实文化部等部委《关于推进县级文化馆图书馆总分馆制建设的指导意见》，因地制宜建立以县级图书馆为总馆，乡镇（街道）综合文化站为分馆，村（社区）综合性文化服务中心为基层服务点，上下联通、资源共享、有效覆盖的总分馆体系。通过总分馆制，整合县域内的公共阅读资源，实现总馆主导下的文献资源统一采购、统一编目、统一配送、通借通还和人员的统一培训。加强部门协同，推动符合条件的农家书屋成为图书馆分馆。鼓励符合条件、具有资质的上网服务场所成为总分馆的基层服务点。

专栏1：公共图书馆设施网络建设

项目1：流动图书车配备项目

国家和省级重点为革命老区、民族地区、边疆地区和贫困地区配备流动图书车，有条件的市、县为辖区图书馆配备流动图书车，合理设置服务网点及营运路线，根据基层群众需要，开展图书借阅、流动办证、流动展览、流动讲座、数字资源流动下载等多种形式的服务，有效拓展服务半径。

项目2：城市24小时阅读服务空间

鼓励地方采取与社会力量合作等方式，建设自助图书服务空间，因地制宜设置自助图书设备，开展办证、阅览、外借等24小时图书馆服务；科学规划自助图书服务空间和设备的布点，与各级各类图书馆相辅相成，打造百姓身边的公共阅读场所；加强资源更新、用户辅导和设备维护。

（二）加强文献信息资源保障能力建设

1. 推进公共图书馆文献信息资源体系建设。加大文献资源建设经费投入，确保文献资源达到一定规模并持续更新，通过整体布局、协调采购、分工入藏、分散采集等方式，在全国建立若干总量丰富、各具特色的地区性文献资源保障中心，扩大文献资源规模。落实新增藏量指标，优化文献资源结构，建立涵盖纸本文献、缩微文献、数字资源、网络资源等各种资源类型的公共图书馆信息资源体系。

2. 加强文献信息资源采集。完善文献信息资源购置标准，加强对采集规模、类型、更新率及复本量等方面的科学安排。国家图书馆加大对重点国家、重点地区和重点领域文献的采集入藏，加快推进国家文献信息资源总库建设。省级公共图书馆兼顾文献覆盖面和文献专深度，丰富本省出版或内容涉及本省的文献采集收藏，逐步形成涵盖广泛、富有特色的省级文献资源体系；市、县级公共图书馆加强对内容涉及本地文献、本地编印文献以及与当地群众文化需求相适应的出版物采集。在总分馆体系中承担总馆职能的县级图书馆，根据本地实际需要，统筹分馆文献资源建设。尚未建立总分馆制的地方，由县级公共图书馆指导乡镇（街道）和村（社区）图书室文献资源采集。各级公共图书馆要适应文献载体形态的发展变化，加强数字资源等新兴载体资源的采集入藏，推进新媒体终端适用资源建设。

3. 完善文献资源协调与共享机制。充分发挥省级公共图书馆作为地区性文献资源保障中心的作用，联合本地区各级公共图书馆共同开展地方文献资源的建设与服务。加强各级公共图书馆与其他系统图书馆之间的资源共建共享，实现分工协作、优势互补。加强各级公共图书馆联合馆藏建设，完善国家文献信息资源总目，实现文献信息资源在统一平台上的共享利用。

专栏 2：文献信息资源保障能力建设

项目 3：国家文献信息资源总目建设

充分发挥国家图书馆作为国家书目中心的作用，建立全国联合编目系统，不断加强各级各类图书馆之间的书目合作与共享，加快推进数字化国家书目系统建设；进一步落实国家出版物呈缴制度，不断提升国家书目收录内容的系统性与完整性；深入挖掘国家文献信息资源总目的服务功能，针对不同用户的特定需求，综合各种不同检索方式，利用数据挖掘技术，定制多类交互界面，实现个性化服务。

项目 4："中国记忆"项目

坚持抢救性、代表性、前瞻性原则，由国家图书馆牵头，以口述史料与影像文献为特色，围绕中国现当代重大历史事件、重要代表人物、重点热点话题等，有选择地采集和制作专题资源，联合各级各类文化、教育、研究机构，社会团体，家庭及个人，搭建开放、统一的资源共建共享平台，传播与分享集体记忆和个人记忆，建设"中国记忆资源库"，实现对国家现当代有关资料的系统搜集、整理、保存和利用。

项目 5：国家图书馆国家文献战略储备库建设工程

到"十三五"末，基本完成国家图书馆国家文献战略储备库的基础设施建设，并同步建立相应的标准规范和工作制度。以此为契机，推进国家文献信息资源总库的科学规划与合理布局。鼓励有条件的省（区、市）建设本地文献储备设施，为建成分级分布、共建共享的国家文献战略储备体系奠定基础。

（三）提高服务效能，推进公共图书馆服务均等化建设

1. 提升免费开放工作水平。落实国家基本公共文化服务指导标准和地方实施标准，推动各级公共图书馆健全免费开放项目，完善规章制度，创新服务手段，优化阅读环境，提升设施空间利用效率；完善信息公开制度，及时向社会公示公共图书馆基本服务项目和开放时间，有条件的公共图书馆应当根据当地群众实际需要，实行错时开放；完善免费开放工作监督评价机制，推动免费开放经费投入与服务效能挂钩。

2. 深入开展全民阅读。各级公共图书馆根据职责制定阅读推广计划，围绕世界读书日、图书馆服务宣传周、全民读书月以及中华传统节日、重要节假日和重大节庆活动，深入开展系列阅读推广活动；完善针对不同读者群体的优秀读物推荐机制；鼓励基层群众依托公共图书馆，兴办读书社、阅读兴趣小组等，开展阅读活动，进行读书交流；发挥中国图书馆学会等行业组织的作用，指导各级公共图书馆探索形成符合本地实际的阅读推广方式。

3. 提高专业化服务能力。打造一批专业化服务水平较高的公共图书馆，通过定题检索、文献查证、委托课题、信息推送等方式，为政府科学决策提供咨询服务，为企业和教育科研机构提供专题服务，为社会公众创新创业提供文献支撑和信息服务。省、地两级公共图书馆要加强对本行政区域内基层图书馆（室）的业务指导。配合京津冀协同发展、长江经济带等重大区域发展战略，建设区域图书馆联盟，提供联合服务。推动公共图书馆与博物馆、文化馆等其他公共文化机构的互联互通，加强跨部门、跨行业、跨地域的公共文化资源整合。

4. 加强特殊群体服务。加强老年人、未成年人、残疾人、农民工和农村留守妇女儿童等特殊群体适用资源建设和设施配备，有针对性地开展新技术应用培训、阅读辅导、送书上门、网络服务等，为其更好地融入社会提供帮助。加强对少年儿童的阅读指导，开展面向农村留守儿童的基础阅读促进工作。推进公共图书馆与独立建制少儿图书馆的阅读资源共享，为中小学图书馆开展阅读活动提供资源保障和业务支持。

> **专栏3：公共图书馆阅读服务**
>
> **项目6："4·23"图书馆阅读推广活动**
>
> 落实国务院"促进全民阅读，建设书香社会"的要求，开展4月23日"世界读书日"阅读推广活动，各级公共图书馆结合各地实际，设置主题，通过专家讲座、读书征文、荐书送书、座谈交流、网上交流等多种形式，借助书展、读书节、图书博览会等现有阅读平台和载体，开展丰富多彩的全民阅读活动，打造一批国家级和地方阅读品牌活动，倡导"让阅读成为一种生活方式"理念，推动全民阅读的常态化。
>
> **项目7：全国少年儿童图书馆阅读提升计划**
>
> 依托中国图书馆学会和各地方图书馆学会、协会组织，联合全国各地公共图书馆、少儿图书馆、中小学图书馆，以及社会各界的儿童阅读推广力量，举办"全国少年儿童阅读年"系列活动，为全国少年儿童阅读提供服务和指导，评选优秀少儿读物。深入推进全国少年儿童阅读研究，编制少儿阅读指导书目，发布少儿阅读调查报告，为少年儿童阅读服务和图书出版提供科学依据。

（四）加强新技术应用，提升数字化服务能力

1. 加强图书馆数字化建设。深入实施数字图书馆推广工程，提高各地公共图书馆数字化服务能力，构建标准统一、覆盖城乡、互联互通、便捷高效的公共数字文化服务网络，县级以上公共图书馆全部具备提供互联网服务和移动终端服务的能力。加强公共图书馆数字资源的整合利用，丰富资源类型，提升资源适应性，满足不同终端、不同人群的实际需求。

2. 加强新技术研发和应用。结合国家重大信息工程建设，加强先进技术研究转化和应用，利用云计算、大数据等信息技术，推动图书馆信息化装备和系统软件的研发应用，促进图书馆数字服务手段升级换代，提升公共图书馆的现代化服务水平。通过互联网等新技术手段，深入开展用户需

求数据分析，推广线上线下互动的服务模式。

3. 推进基层公共数字文化综合服务平台建设。依托文化信息资源共享工程和数字图书馆推广工程，逐步建立集信息报送、网络监测、统计分析、数据发布、绩效评价等功能于一体的基层公共数字文化综合服务平台，引导优质公共数字文化资源向基层传输，通过开展"菜单式""订单式"服务，促进供需有效对接。

专栏4：数字图书馆建设

项目8：数字图书馆推广工程

依托国家数字图书馆建设成果，提高基层公共图书馆数字化服务水平；建设优质数字文化资源库群，促进对数字资源的整合与共享，加强大数据分析与知识挖掘，提升资源建设和使用效能；构建面向移动终端、贯通线上线下的服务模式，为社会公众提供基于全媒体的资源与服务。

项目9：公共图书馆互联网服务覆盖项目

推动公共图书馆利用互联网开展图书借阅、数字阅读、信息推送、终身教育等服务，在有条件的公共图书馆开通微信公众号、微博等服务，实现图书馆资源和服务上线；积极与其他社会化服务平台进行服务对接，让图书馆服务融入群众日常生活环境。

（五）充分利用馆藏资源，传承和弘扬中华优秀传统文化

1. 深入开展中华古籍和民国时期文献的普查与保护工作。做好与可移动文物普查工作的对接，到"十三五"末，基本完成全国古籍及民国时期文献普查工作，海外中华古籍及民国时期文献调查工作取得实质性进展。推进古籍和民国时期文献保存保护的研究与实践，加强文献修复技艺传承和培训，加快濒危文献抢救性修复保护，有序推进古籍和民国时期文献再生性保护，推动各级公共图书馆按照国家标准和行业标准建设一批标准化书库，有效改善古籍及民国时期文献存藏条件。

2. 推进传统文献典籍的整理推广和开发利用。深入推进专题文献整理出版和专题特色资源库建设，重点加强对地方特色资源、优秀传统文化资源、少数民族文化资源的挖掘整理。推进《中华传统文化百部经典》编纂等重大出版项目实施，依托国家重大文化工程和地方文化建设项目，加大对传统文化典籍的整理阐释与宣传推广。推动有条件的图书馆建立中华优秀传统文化实践基地，开展丰富多彩的社会教育活动。

3. 文化创意产品开发。把文化创意产品开发纳入公共图书馆评估定级标准。推动各级公共图书馆利用古籍善本、图书报刊和数字文化资源等开发文化创意产品，挖掘地方传统文献资源，开发一批弘扬中华优秀传统文化、反映时代精神、符合群众实际需求的文化创意产品。举办文化创意产品开发培训班，培训图书馆领域创意开发和营销推广人才。

专栏5：中华优秀传统文化的保护、传承和利用

项目10：中华古籍保护计划

基本完成全国2000家古籍收藏机构所藏古籍的普查登记工作，完善分级保护制度，继续开展《国家珍贵古籍名录》和全国古籍保护重点单位评审工作，加强少数民族文字古籍保护；改善古籍存藏环境，实施国家珍贵古籍专库（专架）管理，提高珍贵古籍书库应急防灾能力；加强古籍修复中心建设，推进古籍修复用材安全、文献脱酸等科技立项和研究，继续实施"天禄琳琅"等修复项目；促进古籍文献的整理利用，推进中华古籍数字资源库建设，编纂出版《中华古籍总目》分省卷，推动《中华再造善本》（三编）、《中国古籍珍本丛书》等整理出版工作；推进中华优秀传统文化实践基地建设，加强对古籍保护成果的宣传推广和展示利用。

项目11：民国时期文献保护计划

完善民国时期文献保护工作机制。开展民国时期文献的普查登记，编制民国时期文献总目。开展海内外民国时期文献的征集与合作开发，促进文献实物回归以及缩微、数字化成果回归。加强文献研究、开发与利用，推进文献史料的整理出版。建立文献信息资源整合和揭示平台，为学界和公众利用资源提供便利。做好宣传推广工作，为民国时期文献保护工作营造良好舆论氛围。

项目12：海外中华古籍调查暨数字化合作

以海外中华古籍调查摸底为基础，积极推动海外古籍资源以数字化、影印出版及其他形式实现回归与共享，编纂出版《海外中华古籍珍本丛刊》《海外中华古籍书目书志丛刊》等一批具有学术影响力和重要历史文化价值的古籍出版物。

项目13：文化创意产品开发试点工作

文化部确定37家省级、副省级公共图书馆试点单位，推动建立文化创意产品开发联盟，依托古籍和民国文献、图书报刊、老照片、数字文化资源等馆藏资源，探索开发具有图书馆特色的文化创意产品，利用新闻媒体和中国图书馆年会等平台进行宣传展示。

（六）加强政策理论研究，完善相关法律法规和行业标准

1. 强化法律和政策保障。落实公共文化服务保障法，深入开展公共图书馆立法支撑研究，推动出台公共图书馆法。加快古籍保护立法进程，鼓励和支持各地制定地方性图书馆法律法规。

2. 完善标准规范体系。加强图书馆标准化研究，推进图书馆相关标准的制（修）订和宣传贯彻工作。制定出台各级公共图书馆业务规范，建立涵盖图书馆业务、技术、管理和服务等主要领域的较为完善的标准体系，推动一批重点领域国际标准的本土化研究和应用。

3. 加强理论研究。围绕公共图书馆建设、管理和服务等关键环节，策划一批重点理论研究课题。依托国家图书馆，以及相关高校、科研机构等，加强图书馆理论研究队伍建设，建立一批各具特色的研究基地。加强图书馆领域关键技术的研发应用，推动公共图书馆事业与科学技术融合发展。

> **专栏 6：图书馆理论研究**
>
> **项目 14：落实公共图书馆法相关制度研究**
>
> 推进公共图书馆立法工作，就法律出台后的贯彻实施开展制度设计和调查研究，针对公共图书馆资源建设、运行管理、服务内容、经费保障、捐赠制度、总分馆制建设、法人治理结构建设、社会力量参与图书馆建设、基层公共文化资源整合等重点问题，形成具体的制度设计成果，促进地方公共图书馆立法工作。
>
> **项目 15：图书馆标准规范体系建设**
>
> 进一步加强图书馆领域标准化建设，健全政府主管部门、标准化技术委员会与行业协会组织共同参与、相互配合的标准化工作机制；结合我国图书馆事业发展需求及标准化工作现状，开展图书馆设施、资源、管理、服务及技术等主要领域的标准规范制定工作，重点推进一批图书馆基础业务指导标准和基本服务保障标准的研制和应用；积极适应图书馆新技术、新业务、新服务的发展变化，探索建立图书馆标准规范体系的动态调整机制。

（七）创新管理体制机制，促进社会化发展

1. **深入推进公共图书馆法人治理结构改革**。推动全国地市级以上规模较大、面向社会提供公益服务的公共图书馆，基本建立以理事会为主要形式的法人治理结构，吸纳有关方面代表、专业人员、各界群众参与，落实法人自主权，健全决策、执行和监督机制，进一步提升公共图书馆管理水平和服务效能。建立法人治理结构的公共图书馆按有关规定可以适当扩大人事管理自主权、收入分配自主权等。

2. **加强行业组织建设**。按照中央关于文化领域行业组织建设的有关要求，加强中国图书馆学会、中国古籍保护协会等相关行业组织的建设和管理，确保正确发展方向；强化行业组织自身能力建设，完善内部管理制度，促进其在服务行业发展、开展行业自律、制定相关标准、维护会员权

益等方面发挥积极作用；鼓励和支持具备条件的行业组织依法承担政府相关转移职能，办好中国图书馆年会等重要活动。

3. **支持社会力量参与公共图书馆建设**。鼓励和支持公民、企事业单位、社会团体以及其他组织兴建、捐建或与政府部门合作建设公共图书馆，或者通过捐资、捐赠、捐建等方式参与公共图书馆建设、管理和服务。健全政府向社会力量购买公共文化服务的工作机制，将公益性图书服务纳入政府购买的指导性目录。有条件的公共图书馆可探索引入社会专业机构，进行委托经营，或将公共图书馆的信息采集、书刊编目等业务外包，推动公共图书馆专业化、社会化发展。

4. **广泛开展文化志愿服务**。弘扬志愿服务精神，坚持志愿服务与政府服务、市场服务相衔接，鼓励和支持公共图书馆开展参与广泛、内容丰富、形式多样的文化志愿服务，探索具有图书馆特色的文化志愿服务模式，打造一批公共图书馆志愿服务品牌。完善公共图书馆志愿者注册招募、服务记录、管理评价和激励机制。各级文化行政部门对公共图书馆志愿服务给予必要的指导和支持。

专栏7：创新公共图书馆管理体制

项目16：中国图书馆年会

按照"政府指导、学会主办、行业参与、市场运作"的原则，发挥行业组织优势和承办城市的积极性，引入社会力量参与，结合年度公共文化建设重点任务，组织举办全国图书馆年会，邀请公共图书馆从业人员代表和有关专家学者参会，通过组织工作会议、学术论坛、展览展示等，促进业界交流合作。

项目17：公共图书馆志愿服务活动

着眼于丰富公共图书馆服务项目和内容，弥补公共图书馆工作人员不足，在各级公共图书馆和基层综合性文化服务中心，广泛招募志愿者，建立相应工作制度，辅助做好图书管理、借阅咨询、阅读辅导和推广活动等工作，加强志愿者培训，并为其开展服务提供必要条件。

（八）加强国际交流与合作，进一步提升国际影响力

1. 积极开展国际交流活动。落实中华文化"走出去"战略部署，加强与国际图书馆协会联合会等国际图书馆行业组织，以及国外图书馆界的联系与合作，为海外中国文化中心数字图书馆建设提供资源与服务支持，宣传介绍我国图书馆事业发展成就。配合国家"一带一路"倡议，筹建丝绸之路国际图书馆联盟和丝绸之路数字图书馆，策划举办丝绸之路图书馆馆长论坛和亚大地区国家图书馆馆长会议。

2. 推动实施对外合作项目。充分发挥图书馆在传播中国精神方面的独特优势，围绕典籍展览展示、文献保护利用、资源共建共享、人才培养交流等领域，通过交换馆员计划、图书馆高层互访、合作办展、数字图书馆合作等形式，有针对性地参与或组织策划国际业务合作和学术交流项目，培养一批具有国际视野、具备参与国际图书馆领域规则制定等重要事务能力的专业人才，推进与其他国家和地区图书馆之间的务实合作。

专栏8：图书馆国际交流与合作

项目18：丝绸之路国际图书馆联盟

以国家图书馆以及丝绸之路国内各相关省、市图书馆为依托，联合丝绸之路沿线其他国家图书馆，通过联盟方式，逐步建立起沿线各国图书馆间的长期战略合作关系和定期交流互访机制，共同策划合作项目，在文献信息资源的共建共知共享、区域珍贵历史文明成果的保存保护、数字图书馆建设、专业技术人才培养、学术交流与业务培训等领域开展广泛深入合作，带动沿线各国图书馆事业共同进步。

项目19：海外中国文化中心图书馆

以国家图书馆为主，部分有条件的省、市级公共图书馆参与，为海外中国文化中心图书馆提供图书文献采选与加工、图书馆自动化系统建设、图书馆业务培训与现场指导等服务，提高中国文化中心图书

> 馆的专业化水平；推进中国文化中心数字图书馆建设，有针对性地推送特色鲜明、内容丰富的中华文化优秀数字资源，通过线上线下多种方式举办展览、讲座等文化活动，加强中华优秀文化的传播推广。

三、保障措施

（一）加强组织领导

各地要根据本规划，制定相关工作计划和落实方案，明确责任，统筹实施。要推动将公共图书馆建设纳入本地国民经济和社会发展总体规划，纳入政府议事日程和领导班子绩效考核。各级文化行政部门要始终把导向意识贯穿到工作全过程。各级公共图书馆也要根据规划，细化目标任务，采取有力措施，抓好工作落实。

（二）完善经费保障

建立健全经费保障机制，合理保障公共图书馆日常运行经费。支持公共图书馆免费开放工作，重点向革命老区、民族地区、边疆地区、贫困地区倾斜。支持农村和城市社区的公共图书馆（室）建设。

（三）加强队伍建设

完善选人用人机制，培养一支具有现代意识、创新意识和专业水准的公共图书馆从业人员队伍。重点推动贫困地区公共图书馆人员编制落实。加强分级分类培训，重点加强对基层公共图书馆从业人员培训，力争在"十三五"期间对县级以上公共图书馆从业人员轮训一遍。

（四）健全监督管理

完善公共图书馆绩效考评制度，开展第六次公共图书馆评估定级，健全图书馆领域重大文化惠民工程综合绩效评估制度。加强用户评价和反馈，探索建立第三方评价机制，开展群众满意度调查，增强评价的客观性和科学性。考核结果作为预算确定、收入分配和负责人奖惩的重要依据。

（发布日期：2017年7月7日）

全国图书馆标准化工作"十三五"规划纲要[①]

为贯彻落实国务院《深化标准化体制改革方案》、国务院办公厅《国家标准化体系建设发展规划（2016—2020）》、文化部《文化标准化中长期发展规划（2007—2020）》和中共中央办公厅、国务院办公厅《关于加快构建现代公共文化服务体系的意见》等文件要求，根据推进我国图书馆事业标准化发展的需要，由全国图书馆标准化技术委员会组织编制本规划。

一、"十二五"时期图书馆标准化工作基本情况

"十二五"时期，在国家标准化管理委员会（以下简称"国家标准委"）和文化部的领导与支持下，全国图书馆标准化技术委员会（以下简称"图标委"）积极与全国信息与文献标准化技术委员会（以下简称"信文委"）、全国文献影像技术标准化技术委员会（以下简称"文影标"）等有关标准化技术组织加强统筹，深化合作，积极推动图书馆领域

[①] 全国图书馆标准化工作"十三五"规划纲要[EB/OL]，[2016-06]，http://www.nlc.cn/tbw/bzwyh-gywm2.html。

标准化工作，取得了重要进展，促进了全国图书馆事业的专业化、现代化和科学化发展。

——**标准化工作机制进一步健全**。图标委和信文委之间逐步建立起了各有侧重、互为补充的分工合作与沟通协调机制；图标委的内部组织进一步健全，工作制度进一步完善，全国各级各类图书馆以及教学科研机构共同开展标准化研究与实践工作的开放合作机制有效建立起来；一个包含标准研究、标准制修订、标准宣贯、标准实施反馈等完整流程的标准化工作体系逐步形成；各类标准制修订和标准化科研项目的申报论证、中期检查、验收评估、经费审计等全流程管理逐步走向规范；标准化工作信息通过网站、简报等多种渠道实现公开共享。

——**标准规范体系逐步完善**。"十二五"期间，图标委共申请立项国家标准23项，文化行业标准33项，内容涵盖图书馆管理、服务、技术、业务等领域。图标委还围绕《全国图书馆标准化工作"十二五"规划纲要》确定的重点领域，在数字图书馆建设、基层图书馆建设、图书馆服务、古籍保护等重点领域，积极推动了一批亟需标准规范的制修订工作，包括以国家数字图书馆工程建设系列标准为基础研制的数字资源建设与管理系列标准，以《公共图书馆服务规范》为代表的服务系列标准，以《乡镇图书馆统计指南》为代表的基层图书馆建设与服务系列标准，以及以《图书馆古籍书库基本要求》为代表的古籍保护系列标准等。

——**标准化研究工作深入开展**。"十二五"期间，国家标准委和文化部进一步加强了对标准化研究工作的支持和投入力度，共支持图标委申请国家级和部级标准化研究项目11项，涉及文化领域和图书馆行业标准规范体系、工作机制、特殊群体服务、新技术应用等多个重点领域，标准化研究工作成果为标准制修订的科学性奠定了基础。图标委还积极组织开展图书馆标准化工作研讨与学术交流活动。

——**标准规范的推广应用水平显著提升**。一是配合政府主管部门部署重要标准的全国性应用推广，如2012年11月下发的《文化部关于做好〈公共图书馆服务规范〉宣传贯彻工作的通知》，要求各级文化行政部门切实做好国家标准《公共图书馆服务规范》的宣传工作，并制定实施方案；

二是通过标准文本出版、编制标准应用指南、举办标准成果研讨会、开展标准培训班、参与跨行业标准评奖、建立标准化组织网站等多种形式的活动，宣传推广标准化工作成果；**三是**依托文化共享工程、数字图书馆推广工程、公共电子阅览室建设计划、中华古籍保护计划、中国高等教育文献保障系统等各类重点文化教育工程项目，开展标准规范应用培训与试点工作；**四是**对各级各类图书馆的日常业务管理和评估考核活动加强标准应用的指导与支持。

——**标准化工作队伍不断发展壮大**。"十二五"期间，图标委通过建立标准开放研制机制，吸纳了约70家单位，500余人次参与图书馆标准化工作，通过组织专题培训、召开交流会议、联合开展标准化研究项目与标准制修订项目等方式，集中培养了一批兼具图书馆专业知识和标准化工作技能的人才队伍。

综上，我国图书馆领域标准化工作在组织管理、工作机制、标准规范制修订、标准化研究以及标准规范宣贯应用等方面都取得了积极成果，积累了比较丰富的经验。但是也应当看到，与构建现代公共文化服务体系的时代要求相比，与全国图书馆事业的快速改革发展相比，与各级各类图书馆的不断创新进步相比，与世界图书馆事业发展和先进国家的标准化程度相比，当前图书馆标准化工作仍然存在比较大的差距。**一是**一些重点领域亟需标准仍有待进一步完善。特别是公共图书馆服务体系管理运行标准、基层图书馆建设与服务标准、面向特殊群体的图书馆服务标准，以及图书馆现代信息技术应用、服务效能评价等方面的空白急需填补。**二是**标准规范体系的动态构建机制尚未有效建立。标准化工作中对重点领域和优先事项的规划安排尚不能及时适应社会环境变化和图书馆职能拓展的需要，特别是适应图书馆法人治理结构改革和社会化合作发展的需要，以及图书馆在全民阅读社会构建中发挥阵地作用的需要。**三是**标准制修订水平还有待进一步提高。标准制修订过程中的调查研究尚不够深入；标准成果脱离客观现实，缺乏实践指导意义和可操作性的现象仍然存在；部分标准超龄严重，与图书馆事业发展同步的标准定期更新的复审修订制度尚未有效落实；标准化工作的国际化程度还比较低，在国际图书馆标准化领域的影响力和话语权有待提升。**四是**已有标准的实施效果还不尽如人意。有利于图书馆领域标准规范推广应用的政策环境还不够健全；一些地区图书馆事业主管部门对标准规范应用的重视程度还有待提高，宣传推广的力度还有待增强；已有标准规范缺乏系统整理和专业解读。

二、"十三五"时期图书馆标准化工作发展环境分析

"十三五"时期，我国图书馆事业进入新的发展时期，对图书馆标准化工作提出了新的要求：

一是图书馆业务建设的专业化程度日益加深，知识组织、关联数据、知识服务等各类专业技术不断创新发展，加强对这些专业技术的跟踪研究，适时提炼形成各级各类图书馆广泛认同和共同遵守的标准规范，有利于推进这些专业技术的普及应用，整体提升全行业的专业化水平和服务效能。

二是数字图书馆发展迅速，图书馆之间的交流与合作日益紧密，实现各类数字图书馆系统的互联互通和交互访问、数字资源的协同共建和合作共享，进而实现各级各类图书馆之间的协同服务与跨系统交互，需要进一步加快标准规范的研究与应用。

三是现代公共文化服务体系建设进一步加快，党的十八届三中全会明确提出了"促进基本公共文化服务标准化、均等化"的要求。实现图书馆在公共文化服务体系中的合理布局，保障人财物等资源面向城乡基层图书馆的合理配置，实现城乡基层图书馆的标准化发展，以及促进基层图书馆对上级图书馆资源和技术的高效快捷复用等，都需要尽快完善相应的标准规范体系。

四是文化体制机制改革走向深入，图书馆业务外包、政府购买图书馆服务等社会化合作形式不断发展，志愿服务规模不断扩大，加强对外包业务、购买服务和志愿服务的管理，保障其专业化水平，也需要加强标准规范建设。

三、"十三五"时期图书馆标准化工作总体要求

（一）指导思想

以邓小平理论、"三个代表"重要思想、科学发展观为指导，贯彻落实党的十八大、十八届三中、四中、五中全会精神和习近平总书记系列重要讲话精神，深入贯彻创新、协调、绿色、开放、共享的发展理念，按照中央构建现代公共文化服务体系以及标准化体制改革的总体要求，贯彻落实建设世界科技强国战略要求，全面推进图书馆标准化建设，以标准化促进图书馆事业的均等化、专业化发展，使图书馆在构建现代公共文化服务体系、推动社会主义文化大发展大繁荣、实现中华民族伟大复兴中国梦的伟大进程中发挥更大作用。

（二）基本原则

——坚持政府主导、制度先行的原则。积极发挥政府部门对图书馆标准化工作的组织协调、宏观规划、政策引导、制度建设等方面的主导作用，不断加强各系统图书馆主管部门之间的沟通与协调，逐步完善各级各类图书馆协调统一的标准化工作机制，明确将标准化、规范化发展作为保障和促进各系统图书馆事业科学发展的基本原则，纳入事业发展规划，纳入行业立法，推动各级各类图书馆建立健全本单位标准化工作制度规范。

——坚持行业统筹、开放合作的原则。积极发挥图标委等图书馆领域标准化技术组织和中国图书馆学会、中国古籍保护协会等行业组织，以及高等教育文献保障系统、国家科技图书文献中心、数字图书馆推广工程等行业合作平台的作用，加强图书馆标准化工作的统筹规划与开放合作，不断完善标准规范体系，广泛吸纳各级各类图书馆工作者、专家学者，以及相关研究机构、行业企业、社会组织等参与标准规范的研制、修订、评审及推广应用过程，共同推进我国图书馆事业的标准化、规范化发展。

——坚持需求导向、注重实效的原则。以支撑和推进图书馆事业发展为目标，建立和完善符合我国图书馆事业发展需求和变革方向的标准规范体系，明确"十三五"时期重点领域和优先事项，有计划、有重点地分阶段推进各类亟需标准规范的研制和应用。依托各类图书馆行业组织和重点工程项目平台，完善标准规范的宣传推广机制，加强标准规范应用的培训指导和监督执行，建立标准规范的跟踪反馈与及时修订机制，不断提高标准规范对事业发展的适用性。

——坚持国际化与本土化相结合的原则。加强与国际图书馆行业组织和标准化组织的联系与合作，推动国内外标准规范成果的交流与共享；完善国际标准采标机制，加强国际先进标准的本土化研究和应用；学习和借鉴国外图书馆标准化工作的先进经验，促进我国图书馆标准规范制修订水平不断提高；积极参与国家标准化组织、国际图书馆协会联合会等国际组织的标准化工作，推动国内图书馆优势领域产品和服务标准的国际推广和应用，为提升我国图书馆事业的国际影响力做出积极贡献。

（三）发展目标和重要指标

1. 发展目标

"十三五"时期，在国家标准委和文化部的领导下，进一步深入推进全国图书馆标准化工作，切实发挥标准化工作对事业发展的规范、指导作用，积极促进图书馆事业的现代化、均等化、专业化发展。主要目标包括：

——基本建成涵盖图书馆业务、技术、管理及服务等主要领域的标准规范体系，重点推进一批图书馆基础业务指导标准和基本服务保障标准的研制和应用，鼓励先进地区和单位及时总结提炼创新发展经验，形成一批具有一定前瞻性、代表性和示范指导作用的标准规范；

——创新图书馆标准化工作体制机制，形成国家标准、行业标准、地方标准、团体标准、工程项目标准和图书馆内部管理运行规范互为补充、各有侧重的分层标准工作体系；

——充分发挥标准化技术组织对各级各类图书馆标准化工作的指导作用，推进标准规范的贯彻落实，形成以行业学协会组织和重点工程项目平台为依托，各级各类图书馆主管部门和实践单位共同参与，宣传推广、培训指导、示范应用及评估反馈一体化推进的标准化宣贯应用机制；

——进一步完善开放合作的标准化工作平台，广泛吸纳各级各类图书馆实践单位、研究机构、图书馆相关行业、企事业单位及社会组织等参与标准化工作，实现标准规范成果的共知、共享和标准化人才的交流互动；

——加快与国际图书馆标准化工作接轨，推动国内外标准化工作成果的交流互鉴，组织一批重点领域国际标准的本土化研究和应用，探索推进我国图书馆领域优势标准的国际宣传和推广。

2. 重要指标

制定不少于 30 项国家标准与行业标准；

完成不少于 10 项标准化研究项目；

组织编制不少于 3 部重点关键标准应用指南；

组织开展不少于 5 部标准的专项培训。

四、"十三五"时期图书馆标准化工作主要任务

（一）加强图书馆标准化研究，构建适应图书馆事业发展变化需要的标准规范体系

在系统梳理我国图书馆领域已有标准成果，深入分析我国图书馆行业标准化工作现状及发展需求的基础上，加强对国际标准、国外标准的跟踪与研究，重点对国际图书馆协会联合会及发达国家和地区图书馆领域标准的跟踪与研究，深入推进图书馆及相关领域标准规范的研制，不断完善和丰富图书馆业务、服务、技术和管理等各类标准体系内容，研究建立一个符合我国图书馆事业发展需求的图书馆标准规范体系。

在此基础上，更加重视图书馆标准规范的预研究，特别是围绕图书馆新技术、新业务、新服务模式和新管理机制等主动开展预研究，为相关标准的制订提供理论基础。加强图书馆标准规范成果的研究，特别是依托全

国公共图书馆评估等工作，开展对图书馆达标情况以及标准技术指标的适用性、实用性研究，为标准成果的及时修订提供科学依据。开展图书馆标准化工作机制研究，以标准化工作实践为基础，围绕未来发展需求，深入研究图书馆标准化工作机制创新，为切实提升图书馆标准化工作效能提供依据。

（二）围绕事业发展关键和重点领域，着力推进图书馆标准制修订工作

在标准预研的基础上，围绕图书馆服务体系建设、特殊群体服务、基层图书馆建设与管理、阅读推广、数字图书馆建设与服务、图书馆绩效评价、文献保存与保护等重点领域，分步骤、有计划地制订出台一批当前事业发展亟需的标准规范。对中华古籍保护计划、数字图书馆推广工程、高等教育数字图书馆等国家重点工程的标准规范成果进行及时追踪和科学评估，鼓励先进地区和单位及时总结提炼创新发展经验，将其中较为成熟、有通用性的工程标准、团体标准和地方标准推动上升为行业标准或国家标准。同时，积极跟踪、主动参与相关国际标准的制修订工作，促进成熟、先进国际标准的本土化。

重点领域一：图书馆服务体系建设

着力推进图书馆总分馆、流动服务相关标准研制，开展全国乡镇综合文化站、村（社区）基层综合文化中心图书室业务标准和服务标准的研制，开展图书馆业务外包标准研究，通过标准制订与实施，推动革命老区、民族地区、边疆地区、贫困地区图书馆和基层图书室公共文化服务效能的快速、科学提升，实现城乡公共文化服务的一体化运行和各地区公共图书馆的均衡化发展。

重点领域二：数字化建设与服务

加快图书馆数字化资源建设与服务、图书馆信息技术、网络技术应用创新相关标准规范的研究与制订。开展公共数字文化建设与服务相关标准的制订与实施，围绕与图书馆相关的公共数字文化资源建设与整合、系统互联互通、新媒体服务、服务共享、信息技术应用等领域制定一系列标准，为各大公共数字文化工程在资源、平台、服务等领域的全面有效整合，以及公共数字文化服务在基层的一站式便捷获取提供完备的标准支持。围绕新技术应用加强标准研发，特别是重点关注应用新技术开辟的新服务方式标准研究，通过标准引导、促进、规范技术应用。

重点领域三：特殊群体服务

加强老年人、未成年人、残疾人、进城务工人员等特殊群体的图书馆服务标准研制，针对学校图书馆等特定类型图书馆的建设、管理与服务开展标准研制，通过这些标准的制定出台，切实保障特殊群体的基本文化权益。

重点领域四：图书馆阅读推广

积极发挥图书馆在推进全民阅读中的主阵地作用，重点推进阅读基础设施建设标准和阅读资源保障标准的制定与实施；积极探索面向少年儿童的绘本阅读、亲子阅读以及阅读分级指导等方面标准规范研制工作；支持和鼓励各地区制定和实施阅读推广指标体系，并将其纳入地区公共文化服务体系建设指标。

重点领域五：图书馆绩效评价

深入推进图书馆评估工作从水平考核向绩效评价转型，加快制定并完善以效能为导向、公众参与的复合型绩效评价标准体系；重点加强各类重大文化惠民工程的效益评价等标准规范的制定与实施；在国家和地区公共文化服务体系示范区（项目）建设和基层综合文化中心建设中推广应用图书馆绩效评价标准。

重点领域六：文献保存与保护

不断加强文献存藏、古籍保护等领域专业技术标准研制，重点推进民国时期文献脱酸处理、数字资源长期保存、缩微文献数字化、古籍修复等领域标准规范的研制与应用；积极探索建立适应文献战略储备体系建设需要的文献安全标准、储备库建设标准等标准体系。

重点领域七：图书馆人才队伍建设

研究制定公共图书馆人员编制标准，为基层图书馆尤其是农村地区图书馆专业人员的配备到位提供标准支撑。建立完善图书馆专业教育、岗位培训相关标准，推动建立培训上岗制度，全面提高从业人员专业素质。探索制定具有地方或行业特色的图书馆志愿者招募、管理评价和激励保障标准，提升志愿者服务能力。

（三）重视标准成果的宣贯，切实提升各级图书馆标准化应用水平

依托国家重点文化工程建设、基层文化队伍培训、公共文化服务体系示范区/项目创建、地区公共图书馆服务体系建设、基本公共服务标准化试点示范项目建设等工作，有计划、有步骤地推动标准规范成果的宣传贯彻，提高各级图书馆的标准化应用水平，切实发挥标准成果的实践指导作用。

依托数字图书馆推广工程、中华古籍保护计划、民国时期文献保护计划、全国文化共享工程、高等教育数字图书馆、党校数字图书馆等国家重点文化工程建设，促进标准成果在数字图书馆、古籍保护等相关领域的应用推广。

依托基层文化队伍培训工作，将图书馆标准化纳入基层图书馆员培训内容，有计划、有步骤地普及图书馆领域相关标准及标准化工作知识，提升基层图书馆员的标准化知识水平，增强其标准应用能力。

依托公共文化服务体系示范区/项目创建工作，力争将基层图书馆工作标准化程度纳入示范区/项目创建标准要求，带动和鼓励各地更加重视图书馆标准化工作，推动标准成果在各地区图书馆的宣传推广和示范应用。

依托地区公共图书馆服务体系建设工作，充分发挥国家图书馆、省级图书馆、重点高校及科研院所图书馆和行业学协会组织的作用，通过编制应用指南、开展业务辅导和组织会议交流等方式，循序渐进地推进标准成果的本地化应用，提升各地区图书馆的业务标准化与规范化程度。

（四）建立健全标准化工作机制

以深化标准化工作改革和深入开展文化行业标准化工作体系建设研究为契机，围绕标准化工作全过程与全流程管理，继续完善图标委开展标准化工作机制：建设贯穿标准项目征集论证、标准预研、标准制定、标准审查、标准实施、标准复审与修订等各环节的完整科学的工作机制；重视与其他标准化技术组织、行业组织的交流合作，广泛吸纳各级各类图书馆实践单位、研究机构、图书馆相关行业企事业单位及社会组织等参与标准化工作，逐步完善开放合作的标准制修订和标准化研究机制，增强图书馆在标准化专业领域的影响力；依托网站、行业学术刊物、行业学术会议等平台，进一步完善标准信息公开及标准实施意见反馈机制；加强标准化项目的过程监督与管理，进一步健全项目中期检查与结项审查工作机制，尽可能扩大标准征求意见的覆盖面，对于专业性强、影响面大、关注度高、研制难度大的标准，探索建立专家会议审查和图标委全体委员函审相结合的双重审查机制；对缺乏前期研究基础的标准，建立标准预研究先行的工作机制；探索建立标准的实施评估机制，广泛征集标准应用中发现的问题，建立与图书馆事业发展同步的标准定期复审与更新修订制度；探索建立标准化项目补助经费与项目实施进度及质量挂钩的经费管理机制；加强与行业协会、学会等社会团体合作，探索建立成熟团体标准立项行业标准、国家标准的推荐、遴选机制；对现有国内外图书馆常用标准进行系统整理和专业解读，探索建立图书馆行业相关标准及标准化知识数据库；探索建立我国图书馆标准国际化推广机制，遴选一批我国图书馆优势领域国家标准和行业标准，开展国际宣传与推广。

（五）加强标准化人才队伍培养

遴选一批具有较强专业研究能力的图书馆与研究机构，通过定向委托标准化工作项目、承担标准化培训工作、编写标准应用指南等方式，将其打造为图书馆标准化研究基地，为图书馆标准化工作提供核心专业人才队伍；加强对标准化工作参与人员的培训，实现标准制修订和标准化研究项目参与人员的标准化工作基本知识全覆盖；配合标准的颁布实施，委托标准研制机构开展对重要标准的应用培训与研讨，强化相关领域业务人员对标准的理解与把握；进一步完善与重大工程项目组织实施部门、行业学协会之间的合作机制，积极开展图书馆标准化相关的专业培训、学术研讨与国际合作；探索建立图书馆标准化专家库，为图书馆领域标准化工作的顺利开展提供准确详尽的人才储备信息。

五、"十三五"时期图书馆标准化工作保障措施

从组织、经费和制度等多方面采取切实可行的措施，为图书馆标准化工作的开展创造良好环境，提供坚实保障。

（一）加强组织保障

继续加强与国家标准委、文化部等行业主管部门的沟通交流，进一步将顺图书馆行业相关标准化工作机构之间的协同合作机制，推动建立更为高效、科学的图书馆行业标准工作制度体系。继续完善图标委组织内部规章制度建设，规范标准研究、标准制修订和标准宣贯流程，探索建立标准实施评估机制。适时推进图标委的组织机构建设，成立相关分技术委员会，制定和完善图标委经费使用与管理、工作组绩效评估与考核等管理办法，建立定期会议制度。加强网站建设，探索建设网上工作平台，增进图标委委员及相关技术专家之间的沟通与联系。

（二）强化经费保障

完善图书馆标准化经费保障机制，争取来自项目主管单位和图标委秘书处承担单位等机构的经费投入，进一步明确标准项目牵头单位的经费投入责任，不断拓宽标准化工作经费投入渠道，探索建立计划外项目承担单位自主投入机制，探索与图书馆学会、协会等机构合作开展标准研究、制修订、出版以及宣贯培训，为标准化工作的开展提供长效可靠的经费保障。

（三）完善制度保障

进一步完善图标委及秘书处各项工作制度，建立覆盖标准化工作各环节的制度体系，重点制定完善经费管理办法、标准化项目管理办法等配套制度，推动已有制度的贯彻落实。

（发布日期：2016 年 7 月 5 日）

文化部"十三五"时期公共数字文化建设规划①

公共数字文化建设是加快构建现代公共文化服务体系的重要任务。"十二五"时期，我国大力推进公共数字文化建设，统筹实施了全国文化信息资源共享工程、数字图书馆推广工程、公共电子阅览室建设计划等重点公共数字文化工程。目前，公共数字文化建设工作框架基本建立，覆盖全国的服务网络基本成型，资源库群初具规模，服务模式不断创新，政策标准逐步完善，保障水平明显提高，对构建现代公共文化服务体系发挥了重要的支撑作用。虽然我国公共数字文化建设取得了显著成绩，但仍存在诸多突出矛盾和问题，主要表现在：与固定设施服务、流动服务有机结合的数字文化服务网络尚不完善；公共数字文化服务与群众文化需求缺乏有效对接，服务效能不高；不同公共数字文化工程缺乏有效统筹，没有完全实现互联互通和相互支撑；社会力量参与机制不健全，公共数字文化建设活力不足等。

---

① 文化部关于印发《文化部"十三五"时期公共数字文化建设规划》的通知[EB/OL], [2017-08-01], http://zwgk.mct.gov.cn/auto255/201708/t20170801_688980.html? keywords = "十三五"时期公共数字文化建设规划。

"十三五"时期,是基本建成现代公共文化服务体系的冲刺阶段,是落实国家"互联网+"行动计划、大数据战略和推进公共数字文化发展的重要战略机遇期。为加快推进公共数字文化建设,根据《中华人民共和国公共文化服务保障法》《中共中央办公厅 国务院办公厅关于加快构建现代公共文化服务体系的意见》《国家"十三五"时期文化发展改革规划纲要》和《文化部"十三五"时期文化发展改革规划》,特制定本规划。

一、总体要求

(一)指导思想

全面落实党的十八大和十八届三中、四中、五中、六中全会精神,深入贯彻习近平总书记系列重要讲话精神和治国理政新理念新思想新战略,围绕中央关于加快构建现代公共文化服务体系的决策部署,按照公益性、基本性、均等性和便利性要求,以现代信息技术为支撑,以重点公共数字文化惠民工程为抓手,以资源建设和服务推广为重点,进一步完善公共数字文化服务网络,丰富服务资源,提升服务效能,全面提高公共文化管理和服务的信息化、网络化水平,促进基本公共文化服务标准化、均等化,更好地满足广大人民群众快速增长的数字文化需求。

(二)基本原则

1. 坚持正确工作导向。坚持社会主义先进文化前进方向,以社会主义核心价值观为引领,进一步完善公共数字文化服务网络、丰富服务内容,提高服务的针对性和实效性,保障人民群众基本文化权益,促进社会文明进步。

2. 坚持政府主导、社会参与。牢牢把握公共数字文化服务的公益属性,全面落实政府主体责任,充分发挥政府主导作用,完善社会力量参与机制,畅通社会力量参与渠道,鼓励和引导社会力量参与,激发公共数字文化发展活力。

3. 坚持服务群众、突出效能。建立健全群众文化需求征集和评价反馈机制，以群众需求为导向，丰富公共数字文化产品和服务内容，为人民群众提供集成化、"一站式"公共数字文化服务，促进供需有效对接，提升服务效能。

4. 坚持科学管理、创新发展。围绕建设、管理和服务等关键环节，完善公共数字文化建设工作机制，创新服务模式，完善公共数字文化建设政策保障，优化配置各级各类公共数字文化资源，促进互联互通、共建共享，实现创新发展。

（三）目标任务

到 2020 年，基本建成与现代公共文化服务体系相适应的开放兼容、内容丰富、传输快捷、运行高效的公共数字文化服务体系。

——公共数字文化服务网络初步建成。公共图书馆、文化馆和基层综合性文化服务中心基本实现无线网络覆盖，全国县级以上公共图书馆均具备数字图书馆服务能力，全国 50% 以上的文化馆具备数字文化馆服务能力，文化信息资源共享工程基层服务点实现提档升级。

——分级分布式资源体系基本建成。建成一批结构合理、内容丰富、品质精良的公共数字文化资源，资源总量达到 3500TB 以上，可供全国共享使用的资源达到 1500TB 以上，其中特色资源达到 880TB 以上，与移动互联服务相适应的资源比例明显提高。

——公共数字文化服务效能显著提升。依托国家公共数字文化服务云平台，实现线上线下互动式服务模式广泛应用，菜单式、点单式服务实现普及，数字文化服务与群众文化需求有效对接，成为保障人民群众基本文化权益的重要方式。

——社会力量参与程度明显增强。社会力量参与公共数字文化平台开发、资源建设、服务供给、运营管理的工作机制更加完善，参与渠道更加通畅，参与方式更加多元，政府主导、市场和社会力量广泛参与公共数字文化建设的格局基本形成。

——公共数字文化保障机制完善。公共数字文化建设工作体系进一步完善，运行管理标准化、规范化，数字文化服务实现远程监管，群众满意度第三方评价机制基本形成，政府主导责任有效落实，政策、资金、人才、技术保障有力，公共数字文化服务可持续发展能力不断增强。

二、重点任务

（一）构建互联互通的公共数字文化服务网络

结合"宽带中国""智慧城市"等国家重大信息工程，依托国家公共数字文化工程服务平台，构建覆盖全国的公共数字文化服务网络，开展公共文化云服务，提升公共文化服务的数字化、网络化、智能化水平。

1. 加强国家公共数字文化工程服务平台建设。完善国家公共文化数字支撑平台，健全门户导航、资源调度分发、需求征集和服务反馈等功能，实现网络联通、资源共享、定制导航、交互服务。继续推进中国文化网络电视、国家数字文化网等新媒体建设，加强宣传推广，提高点击率和用户量。推动县级公共图书馆接入数字图书馆推广工程服务平台，完善数字图书馆推广工程服务网络，促进各级公共图书馆数字资源的整合与共享。建立标准化和开放性的数字图书馆系统，打造基于新媒体的数字图书馆服务业态，提供"互联网+借阅""互联网+信息服务"，形成面向移动终端、贯通线上线下的服务新格局。

2. 建设区域综合性、一站式公共数字文化服务平台。结合实施中央补助地方公共数字文化建设项目，鼓励各地建设基层综合性公共数字文化服务平台，对公共文化设施、资源、惠民项目进行综合智能管理，统筹整合和揭示各类公共数字文化资源，实现共建共享，提供一站式、集成式、多媒体覆盖的公共数字文化服务。

3. 提高公共文化设施的信息化、智能化水平。加强图书馆、文化馆（站）、美术馆、博物馆等公共文化机构信息化设施设备配备，建立业务管理信息化系统，提升公共文化设施信息化水平。推进数字图书馆、数字文化馆、数字美术馆、数字博物馆建设，开展线上服务，提高公共文化服务

— 33 —

信息化、网络化水平。鼓励公共文化机构建立互动体验空间，充分运用人机交互、虚拟现实、增强现实、3D打印等现代技术，设立阅读、舞蹈、音乐、书法、绘画、摄影、培训等交互式文化体验专区，增强公共文化服务互动性和趣味性。

4. 推进贫困地区公共数字文化设施提档升级。结合文化精准扶贫，将中西部贫困地区22个省份的832个贫困县县级公共图书馆、文化共享工程乡镇基层服务点建设纳入公共数字文化建设项目，实现提档升级。结合边疆万里数字文化长廊建设，在沿边沿海的18个省（区、市）和新疆生产建设兵团，继续推进草原牧场、边境口岸、边防哨所、边贸集市等服务盲区基层服务点建设，消除服务"盲点"，助力文化脱贫。

5. 推动各类公共数字文化服务平台互联互通。推进国家公共文化数字支撑平台与国家数字图书馆推广工程平台之间的互联互通，实现数据资源和应用服务的合理调度。积极推进基层公共数字文化服务平台与国家公共数字文化服务平台之间实现用户、数据、资源、服务的互通互联，形成覆盖全国的公共数字文化服务网络。鼓励各级各类公共数字文化服务平台与商业运营平台、网络传播媒体、公共服务平台开展合作，嵌入公共数字文化服务，增强公共文化服务便利性。

专栏1

重点项目1：国家公共文化数字支撑平台建设

以已建的1个国家平台和33个省级平台为基础，按照统一的标准规范，聚拢资源、应用、数据，提供"一站式"应用服务。加载汇集分散在图书馆、文化馆、美术馆、博物馆等公共文化机构中的数字文化资源，形成全国公共数字文化资源云目录，实现按需下载、个性化推送。"十三五"期末，文化共享工程各级分支中心、50%的县级以上文化馆接入平台，50%的乡镇基层服务点能够依托平台提供公共数字文化服务。

重点项目 2：数字图书馆推广工程服务平台建设

推进公共图书馆基础设施提档升级，完善专网建设，加快实现基层图书馆互联互通。对唯一标识符等业务系统升级扩容，到"十三五"末，实现33家省级公共图书馆和具备条件的市、县级公共图书馆纳入用户统一管理体系，移动阅读服务覆盖500家公共图书馆。加强推广工程资源库与各地资源的整合揭示服务，建立面向全媒体的数字图书馆推广工程服务平台，与海外文化中心合作共同推动中华文化"走出去"。

重点项目 3：中西部贫困地区数字文化设施提档升级

加强中西部贫困地区县级公共图书馆、文化馆、乡镇基层服务点设施设备配置，把中西部贫困地区22个省份的832个贫困县县级公共图书馆、乡镇基层服务点纳入中央补助地方公共数字文化建设专项资金支持项目，实现到2020年中西部贫困地区县级图书馆具备数字图书馆服务能力、文化共享工程基层服务点实现提档升级。

重点项目 4：边疆万里数字文化长廊建设

在我国沿边沿海的18个省（区、市）和新疆生产建设兵团，建成不少于1万个能够提供便捷服务的数字文化驿站，利用现代信息技术特别是移动通信技术，进一步整合资源，提高配置标准，消除公共文化服务"盲点"。

（二）打造公共数字文化资源库群，加强资源保障

坚持"需求导向、分工合作、共建共享"的原则，打造分级分布式数字文化资源库群，优化资源结构，盘活资源存量，增加资源总量，提升资源质量，丰富适用于移动互联网传输的数字文化资源，加强公共数字文化资源保障。

1. 统筹推进公共数字文化资源建设。根据不同公共数字文化工程的功能定位和发展目标，合理确定数字资源建设重点和方向，统筹规划公共数字文化资源建设。建立公共数字文化资源群众需求征集制度,定期征集公共数字文化资源建设方向,编制资源建设指南,科学推进数字文化资源建设。全国文化信息资源共享工程重点建设与文化艺术普及和基本公共文化服务相适应的资源,数字图书馆推广工程重点建设与公共图书馆服务相适应的资源。

2. 建立国家基本公共数字文化资源库。坚持弘扬社会主义核心价值观,以群众文化需求为导向,有序推进艺术鉴赏、全民阅读、知识讲座、实用科技、健康生活等基础性数字文化资源建设,形成国家全民艺术普及基础资源库和全民阅读基础资源库。针对不同群体的文化需求,定制惠农资源、务工资源、少儿资源、社区服务资源、残障专题资源、精准扶贫资源等各具特色的数字文化资源产品,满足不同群体数字文化需求。

3. 加强地方特色公共数字文化资源建设。坚持弘扬和传承中华优秀传统文化,加强中国戏曲、书法、民歌等优秀传统文化资源,以及红色历史文化、少数民族文化、当代文化艺术与群众文化等资源建设。深入挖掘地方特色文化资源,加强体现民族文化、历史文化、地域文化等特色文化资源建设,建成体现社会主义核心价值观、展示中华文化精神、反映当代中国人审美追求,思想性、艺术性、观赏性较强的地方特色数字文化资源。

4. 加强少数民族数字文化资源建设。鼓励各地建设民族风俗、民族艺术、民族手工艺、民族旅游等地方资源项目,丰富民族特色资源内容,增加少数民族双语资源建设数量。加强少数民族语言资源建设中心和少数民族地区省级分中心建设,研究开发少数民族语言与汉语之间的智能互译技术和设备,增强民族语言资源译制能力。针对少数民族地区群众需要和文化生活习惯,采取译制、购买等方式,丰富数字文化资源种类。加强各民族文化交流特色项目建设,打造民族文化交流品牌。

5. 完善公共数字文化资源建设工作机制。建立和完善公共数字文化资源建设事前规划立项、事中监管、事后评价的工作机制,完善项目评审、专家咨询、监督检查、绩效评价等重点环节的制度规范,强化资源应用评价和激励约束,推动资源建设工作可持续开展。

> **专栏 2**
>
> **重点项目 5：全民艺术普及基础资源库**
>
> 着眼于保障人民基本文化权益、提高全民艺术素养，规划和建设覆盖各艺术门类的全民艺术普及基础资源库，满足艺术鉴赏、艺术培训、艺术实践等艺术活动的基本资源需求。
>
> **重点项目 6：地方特色文化资源库**
>
> 以传承传播优秀传统文化，弘扬革命历史文化，展示当代文化艺术发展和群众文化建设成果为目标，以数字化、影像化等方式，生动形象地讲述中国文化、中国故事。深入挖掘地方特色文化，有重点地建设一批具有鲜明地方文化特点，具有较强代表性和较高历史、人文、科学价值的数字文化资源。
>
> **重点项目 7：公共图书馆基础资源库**
>
> 建立包括精品电子书、主流期刊报纸、精品公开课的公共图书馆基础资源库，借助各级公共数字文化服务平台面向全民推广，充分利用移动互联网的优势和特点，满足不同群体的阅读需求。

（三）创新服务方式，提升服务效能

应用最新科技成果，畅通公共数字文化服务渠道，创新服务模式，精准对接群众文化需求，提供多层次、多样化的数字文化服务，提升公共数字文化服务的针对性、实效性。

1. 建立基于大数据分析的群众文化需求反馈机制。依托各类公共数字文化服务平台，开发和应用集信息发布、需求征集、意见反馈、在线互动的公共数字文化服务管理系统。通过公共数字文化服务平台和新媒体渠道，常态化征集群众数字文化需求信息，测评公共数字文化服务群众满意度。建立健全大数据分析系统，加强需求信息的整理、归纳和分析，精准识别群众文化需求。

2. 畅通公共数字文化服务传播渠道。加强各类公共数字文化服务设备的开发与应用,实现公共数字文化服务全媒体、多终端覆盖,提高公共文化数字资源的传播效率。鼓励各级公共文化机构利用互联网、新媒体等手段,借助公共数字文化服务平台,开展远程辅导和培训,广泛传播数字文化资源,方便基层群众通过各类终端方便快捷地获取数字文化服务。加强公共数字文化资源面向基层公共文化机构的推送力度,建立数字文化资源定期更新机制,提高公共数字文化资源使用效率。

3. 创新公共数字文化服务方式。依托公共数字文化服务管理系统,探索建立公共文化物联网,形成与设施阵地服务、流动服务有机结合的公共数字文化服务体系。广泛采用"订单式""菜单式""预约式"服务模式,实现数字文化资源订单式配送、场地网上预订、活动网上预约、网上评价反馈等功能,形成线上线下有机结合的服务模式,增强基本公共文化服务供给精准度。加强公共数字文化服务品牌建设,继续开展"戏曲动漫进校园""百姓大舞台""网络书香"等品牌活动,丰富群众精神文化生活。

4. 加强数字文化创意产品开发与推广。鼓励公共图书馆、文化馆、美术馆、博物馆等公共文化机构充分利用馆藏资源,深入挖掘文化资源的价值内涵和文化元素,加强现代科技在数字文化创意产品开发设计中的应用,开发设计集艺术性和实用性相统一、适应现代生活需求的数字文化创意产品,增强群众的文化体验感,提升数字文化创意产品附加值。加大数字文化创意产品的展示和推广,培育数字文化创意产品品牌,推动文化产品和服务的数字化、网络化传播。

5. 加大贫困地区和特殊群体服务力度。开展中西部贫困地区数字文化资源配送活动和数字图书馆精准帮扶专项活动,加大公共数字文化资源和产品"点对点"直接配送力度,精准提供公共数字文化服务。引导和鼓励各地根据实际情况,在人员流动量较大的公共场所、务工人员较为集中的区域以及留守妇女儿童较为集中的农村地区,配备必要的数字文化设施,提供便利可及的公共数字文化服务。将务工人员作为重点对象,广泛开展公益性数字文化培训,帮助其掌握互联网、获取数字化服务的基本技能。大力推进少年儿童数字图书馆建设,通过网站、手机、手持阅读器、数字电视、电子数据库等多种模式向青少年提供数字图书馆服务。推进残障人士数字图书馆、音频馆建设，建立残障人士阅读和视听服务体系。通过微信、网站、广播电视等渠道向贫困地区和特殊群体广泛推广数字文化资源。

专栏 3

重点项目 8：面向特殊群体的数字图书馆

进一步完善公共图书馆残障人士数字化服务内容和保障措施，建立和完善残障人士阅读服务体系，为残障人士提供无障碍数字图书馆服务，保障残障人士获取信息、学习知识的文化权利。完善少儿图书馆数字化服务，构建中华优秀传统文化网络教育平台，向青少年儿童推送经典文化资源，提供健康绿色的数字图书馆服务。

重点项目 9：数字文化馆建设

探索建立数字文化馆标准体系，重点开展数字文化馆基础硬件网络支撑环境、业务系统、线上应用服务平台、线下数字艺术体验馆建设。"十三五"期末，副省级以上文化馆普遍完成数字化建设，50%以上市县级文化馆提供数字文化馆服务，全民艺术普及云服务基本形成。

（四）统筹推进重点公共数字文化工程建设

统筹规划、协调推进全国文化信息资源共享工程、国家数字图书馆推广工程和公共电子阅览室建设计划，在网络建设上开放接口、兼容互用，在资源建设上明确分工、突出特色，使各工程互为支撑、形成合力，整体提升服务效能。

1. 推进全国文化信息资源共享工程建设。推进文化资源信息共享工程国家中心及各级分中心、支中心和基层服务点软硬件系统升级换代，提高服务终端配置标准，实现数字存储空间、网络带宽扩容增能。将各级文化共享工程分中心、支中心和服务点纳入国家公共文化数字支撑平台，形成公共文化特色应用集成，进一步拓展各级文化共享工程设施的服务功能，促进用户、数据、资源、服务的整合，实现公共数字文化资源按需推送、一站式服务。

2. 推进数字图书馆推广工程建设。推进公共图书馆软硬件系统等基础设施升级换代，改善各级数字图书馆存储空间、网络设备、终端服务设施配置。建设面向基层、互联互通的数字图书馆服务网络，构建覆盖国家、省、市、县四级公共数字图书馆网络服务体系。建设数字图书馆优秀文化资源库群，加强大数据分析与知识挖掘，提升资源建设和使用效能。对国家数字图书馆统一用户管理、唯一标识符、资源发现、移动服务等业务系统进行升级扩容，优化系统性能，推进各类业务平台在各级公共图书馆的开放应用。

3. 推进公共电子阅览室升级换代。促进公共数字文化基层服务点标准化配置，推动各地对公共电子阅览室进行升级换代，提升软硬件设施配置水平。加强公共文化服务一体机、电脑、各类移动设备、无线网络设施的更新换代，提高互联网络服务带宽，提供有线与无线网络接入服务，支持多种终端设备访问，为基层群众提供集成化、一站式公共数字文化服务。安装网络服务监测管理系统，加强运行监测和维护，形成常态化的设备和技术更新机制。

（五）鼓励和支持社会力量参与公共数字文化建设

按照政府职能转变的要求，搭建社会力量参与平台，拓宽参与渠道，推广政府与社会资本合作模式，鼓励和引导社会力量进入公共数字文化服务领域，激发公共数字文化建设活力。

1. 完善社会力量参与机制。建立和完善社会力量参与公共数字文化平台开发、资源建设、服务推广、运营管理的工作机制，推动具备资质、符合条件的文化企业、社会机构与公共文化机构开展公平竞争。推动落实社会力量参与公共文化服务的优惠政策，鼓励和支持社会力量通过委托管理、捐赠设备、提供资源、赞助活动、合作研发等方式参与公共数字文化建设，形成以政府为主导、社会力量广泛参与的公共数字文化建设格局。

2. 加大政府和社会力量合作力度。落实政府向社会力量购买公共文化服务工作的意见，把公共数字文化服务作为政府向社会力量购买公共文化服务的重要内容，将政府负责提供且适宜由社会力量承担的文化服务事项纳入购买范围，加大政府购买力度。探索公共数字文化设施的委托运营和管理，科学选定社会承接主体，加强绩效评价，提高运营管理的规范化水平。鼓励公共文化单位、高等院校与高科技文化企业合作，根据公共数字文化服务建设的实际需要，共同开展关键技术攻关，研发公共数字文化产品。

3. 鼓励社会力量参与提供公共数字文化服务。积极鼓励各类社会文化机构、文化企业和个人依托公共数字文化服务平台提供公共文化服务，开展健康有益的文化活动。鼓励社会机构、文化企业开发和推广具有民族精神、反映时代特点的数字文化资源和产品，免费或以优惠条件提供公共数字文化服务。

（六）加强公共数字文化建设管理

加强公共数字文化工作管理，完善公共数字文化科技研发、内容建设、标准规范制定、绩效考核评价工作机制，提高公共数字文化建设工作的科学化、规范化水平。

1. 加强公共数字文化内容监管。按照"谁提供、谁负责"的原则，由各级公共文化机构履行内容审核的主体责任，坚持以传播社会主义核心价值观为首要标准，加强对公共数字文化资源内容的审核，确保资源内容符合社会主义先进文化发展方向。加强传播渠道的管理，建立安全风险防范机制，保证服务内容向善向上，把符合基层群众文化需求、富有地方特色的公共数字文化资源及时传递给人民群众。加大公共数字文化资源知识产权保护力度。

2. 强化公共数字文化网络安全管理。定期开展公共数字文化网络平台安全检查工作，推动各级公共文化机构落实安全管理责任制，建立安全管理应急机制。按照信息安全等级保护、重要信息系统基础设施保护的基本要求，及时完善、更新网络安全系统和设施，构建公共数字文化安全管理平台，提高网络安全防护能力，保障网络系统、信息内容、传播渠道和用户数据的安全，保证国家数字文化安全。

3. 完善公共数字文化建设标准规范。建立和完善资源建设、系统开发、服务提供、数据开放等方面的公共数字文化标准规范体系，促进数据、资源和服务在互联网环境下的开放利用。完善包括资源内容、元数据、对象数据的加工规范和长期保存规范，保证各类公共数字文化资源建设的规范性。依据"平台化"的原则制订开放接口规范、数据交换规范、新媒体服务类规范，确保异构系统间的数据交换、资源整合和服务调度。制订可兼容现有数据结构的、同时具备良好可扩展性的数据结构规范和符合开放数据标准的数据格式规范，提高公共数字文化资源的开放共享水平和服务效能。

4. 加强绩效考核评价。建立以效能为导向的公共数字文化服务绩效考核机制。完善绩效评价指标体系，坚持建管用并重，加大效能指标权重，引导政府和公共文化服务机构切实提升服务效益。建立公共文化数字监管平台，对公共文化机构日常运行、服务效果等进行实时监控。开展公共数字文化工程年度考核，发现和解决公共数字文化工程建设中存在的问题，推动公共数字文化工程科学发展。以群众文化需求为导向，研究制定公共数字文化服务群众满意度指标，建立和完善"第三方"评价机制，加大群众满意度测评方式的应用。

三、保障措施

（一）加强组织领导

各级文化行政部门要高度重视公共数字文化建设工作，推动纳入当地政府文化发展规划。结合本规划，制定具体的工作计划和落实方案，抓好工作落实，形成公共数字文化建设工作合力。加大宣传力度，营造全社会共同关注、支持和参与公共数字文化建设的良好氛围。

（二）完善经费保障

中央财政通过现有资金渠道，统筹支持地方公共数字文化建设，重点向革命老区、民族地区、边疆地区和贫困地区倾斜。各地文化行政部门要积极争取本地党委政府的重视和支持，将公共数字文化建设纳入财政预算，加强经费保障、管理和使用，提高财政资金使用效益。

（三）注重队伍建设

采取专兼职结合等方式，建立一支总量均衡、相对稳定、技术过硬、业务精湛的公共数字文化人才队伍。完善选人用人机制，采取聘用制、劳务派遣、委托管理、服务外包、联建共享等方式，加强公共数字文化人才配备。建立分级培训机制，采取网络远程培训和集中培训等方式，加强队伍培训，提升队伍整体素质。结合"阳光工程"，吸纳文化志愿者参与公共数字文化工作。加强与公共文化服务机构、科研院所、高等院校、文化企业等合作，搭建专业技术人才交流平台。

（四）强化督查落实

把公共数字文化建设纳入公共文化服务体系建设督查内容，定期开展督查，加强对规划落实的跟踪指导，推动落实公共数字文化建设工作责任。建立规划落实评估制度，引入群众满意度测评，定期对规划实施情况进行评估，推动规划落实。

（发布日期：2017年7月7日）

"十三五"时期全国古籍保护工作规划[①]

为贯彻落实中央关于传承和弘扬中华优秀传统文化的重要决策部署，深入做好"十三五"时期中华古籍保护工作，根据《中华人民共和国公共文化服务保障法》《中华人民共和国文物保护法》《中共中央办公厅　国务院办公厅关于实施中华优秀传统文化传承发展工程的意见》《国家"十三五"时期文化发展改革规划纲要》和《文化部"十三五"时期文化发展改革规划》有关精神，特制定本规划。

一、总体要求

（一）指导思想

全面贯彻党的十八大和十八届三中、四中、五中、六中全会精神，深入贯彻落实习近平总书记系列重要讲话精神和治国理政新理念新思想新战

[①] 文化部关于印发《"十三五"时期全国古籍保护工作规划》的通知[EB/OL],2017-08-07], http://zwgk.mct.gov.cn/auto255/201709/t20170906_692764.html?keywords="十三五"时期全国古籍保护。

略，围绕中央关于传承和弘扬中华优秀传统文化的部署要求，坚持以社会主义核心价值观为引领，坚持"保护为主、抢救第一、合理利用、加强管理"的工作方针，以普查登记为基础，以分级保护和揭示利用为重点，不断提升古籍保护水平，切实发挥古籍传承中华优秀传统文化的重要作用，真正让"书写在古籍里的文字活起来"。

（二）基本原则

1. 坚持保护为主。始终把古籍保护作为工作重心，遵循古籍保护工作规律，坚持依法保护和科学保护，把古籍的抢救性保护与预防性保护有机结合，加大对珍贵古籍的保护力度，建立科学有效的古籍保护长效机制。

2. 坚持抢救第一。把握古籍具有易损性、不可再生性等特点，重点加强对濒危珍贵古籍的抢救，加大古籍保护技术的研发和应用，培育古籍修复人才，改善古籍存藏条件，提升古籍修复能力。

3. 坚持合理利用。推动中华优秀传统文化的创造性转化和创新性发展，通过展览展示、数字化服务、影印出版和文化创意产品开发等多种方式，加强对中华古籍的揭示和利用，发挥古籍的文化价值和社会服务功能。

4. 坚持加强管理。加强古籍保护相关职能部门之间的沟通与协调，进一步完善古籍保护工作制度，加强古籍保护单位管理，建立古籍标准化体系，实施严格的古籍保护责任制度和责任追究制度，促进古籍保护工作科学化规范化。

（三）发展目标

到2020年，全国古籍资源和保存状况基本摸清，国家级、省级珍贵古籍保护状况明显改善，实施一批珍贵古籍修复项目，完成一批在全国有重大影响的古籍影印出版工作，珍贵古籍缩微复制和数字化成果显著，古籍公共文化服务功能和社会教育的作用更加彰显，古籍保护人才队伍结构不断优化、专业水平明显提升，制度建设、立法工作和标准规范有较大进展，社会参与的广度和深度不断拓展，古籍传承文明、服务社会的能力进一步提升。"十三五"时期全国古籍保护工作主要指标如表1所示。

表1 "十三五"时期全国古籍保护工作主要指标

类别	指标	单位	2016年	2020年
普查登记	完成古籍普查登记的古籍收藏机构的数量	家	1218	2000
	出版《普查登记目录》的古籍收藏机构的数量	家	122	200
	古籍普查数据的发布量	万条	40.6	72.6
保护修复	珍贵古籍修复数量	万页	250	350
资源利用	完成古籍数字资源	万部	4.6	7
	发布数字化古籍资源	万部	2.7	7
	影印出版古籍数量	万部	1.34	1.5
队伍建设	培训古籍收藏单位从业人员数量	人次	8396	10000
标准规范	制定出台古籍定级、存藏、修复、数字化等专业技术标准数量	部	5	15

二、重点任务

（一）基本完成全国古籍普查登记工作

1. 完善古籍普查登记管理制度。进一步提高古籍普查登记质量，明确各级人民政府及文化、教育、民族、宗教、文物等部门对本地、本系统古籍普查登记的职责。健全各级古籍普查登记机构，实现古籍登记管理常态化。设立年度古籍普查进度通报制度，依托古籍保护数字服务平台，对各地、各有关单位古籍普查情况进行统计。

2. 加大全国古籍普查登记力度。各相关部门加强对本系统古籍收藏机构普查登记工作的督促指导，全面摸清本系统内古籍资源，将宗教活动场所藏书、雕版等纳入普查范围。统一普查数据格式，依托全国古籍普查登记平台，对各地各单位报送的数据进行汇总和核校，完善鉴定著录，确保普查准确规范。鼓励民间古籍收藏机构按照规定登记所藏古籍。同时，继续做好海外中华古籍的调查摸底工作，重点对美国、加拿大、德国、法国和英国等国家存藏的中华古籍进行调查。

3. 加强古籍普查登记目录建设。依托全国古籍普查登记平台，建立古籍普查登记编号及信息库，形成全国收藏单位古籍普查登记目录档案。在各省级古籍保护中心、古籍收藏单位对本地本单位普查登记信息的审校和编纂工作的基础上，由国家古籍保护中心汇总形成《全国古籍普查登记目录》并陆续出版。继续推进《中华古籍总目》编纂工作，完成一批省级分卷出版项目。加快推进《中国少数民族古籍总目提要》的整理、研究和出版工作。

4. 促进古籍普查数据开放共享。古籍保护机构要加强与文物系统的协调合作，共同做好古籍普查与全国可移动文物普查的数据对接工作，及时进行数据交换。建立中华古籍综合信息数据库，及时将各古籍保护机构的普查数据输入数据库，并完善导入和导出功能，加快建设全国古籍联合书目通用检索系统，及时公布普查成果，实现古籍普查数据在全国范围的开放共享。

专栏1：中华古籍普查登记项目

《全国古籍普查登记目录》项目。加快古籍普查进度，各古籍收藏单位在完成普查登记的基础上，汇总整理形成古籍普查登记目录并正式出版。"十三五"期间，力争完成不少于200家收藏单位的古籍普查登记目录。

《中华古籍总目》编纂项目。在《全国古籍普查登记目录》基础上，由国家古籍保护中心牵头组织，主要采取省级分卷的形式，编纂出版《中华古籍总目》。在分省（区、市）编纂的同时，《中华古籍总目》还将依机构、类型、文种等分卷编纂。收藏古籍在100万册以上的单位，可独立成卷；简帛古籍、敦煌遗书、碑帖拓片等按类型编纂。

> 《中国少数民族古籍总目提要》编纂出版项目。编纂项目由国家民委组织实施。收录我国55个少数民族及古代民族文献典籍、碑刻铭文、口头传承等现存古籍目录和内容提要，全套书目按民族分卷，计划收录书目30余万条，约60卷，100余册，系统真实地反映我国各少数民族古籍现存情况。

（二）切实加大古籍保护力度

1. 完善古籍分级保护制度。研究制定珍贵古籍评级标准，馆藏古籍日常养护技术标准和管理规范。研究制定中国少数民族文字古籍定级标准。完善省级珍贵古籍名录和古籍重点保护单位向国家古籍保护中心的报备制度。研究制定国家级、省级珍贵古籍名录和重点保护单位的管理办法。

2. 加强珍贵古籍保护。继续开展国家和省级珍贵古籍名录及古籍重点保护单位的申报评审，重点做好少数民族文字珍贵古籍申报评审工作。根据《图书馆古籍书库基本要求》，做好各级古籍收藏机构的库房新建和改扩建工作。对国家珍贵古籍实施专库或专架管理，确保珍贵古籍实体安全。各地古籍保护机构根据实际做好珍贵古籍装具配置工作。推进国家图书馆国家文献战略储备库建设。推动建设一批符合国家标准的古籍寄存书库，为不具备存藏条件的单位提供寄存服务。建立国家古籍数字资源异地镜像保存体系。鼓励有条件的地方推进古籍异地异质灾备工作。继续实施新疆、西藏及四省藏区的古籍保护工作专项，加大对新疆、西藏及四省藏区宗教活动场所古籍保护经费投入。

3. 促进海外中华古籍回归。建立海外中华古籍回归工作机制，依托各级古籍保护中心和有关高校、科研院所、出版机构等，发挥各自优势，明确责任分工，有计划、分步骤开展海外中华古籍回归工作。以海外中华古籍主要存藏机构的古籍调查摸底为基础，积极开展海外古籍资源数字化、影印出版及其他形式的回归，编纂出版一批具有学术影响力和重要历史文化意义的海外珍贵中华古籍。加大与古籍保护国际组织和民间机构的交流合作力度，积极参与古籍保护国际行动，举办高质量国际古籍保护学术会议，推进国际间古籍保护项目合作和科技攻关。深化与港澳台地区古籍收藏机构的交流协作。

专栏2：珍贵古籍保护项目

国家和省级珍贵古籍名录、古籍重点保护单位申报评审。建立健全申报、核查、评审、公布和支持制度。适时开展第六批国家珍贵古籍名录和全国古籍重点保护单位的申报评审工作。推动未开展省级申报评审工作的省份尽快建立本省份评审制度并开展相关工作，力争"十三五"末实现全覆盖。

西藏古籍保护工作专项。协助西藏自治区以宗教、文物系统为重点开展古籍普查，推进普查登记目录的编纂出版。支持西藏藏文古籍修复中心开展修复工作以及相关标准、技术研究，提升古籍修复能力。结合国家珍贵古籍数字化项目，完成西藏地区入选《国家珍贵古籍名录》古籍的数字化工作。加强西藏自治区古籍保护人才培养，提高古籍保护队伍业务能力。支持采取多种形式宣传古籍保护成果。

新疆古籍保护工作专项。协助新疆维吾尔自治区开展古籍普查登记，编纂出版《新疆维吾尔自治区珍贵古籍图录》。推进新疆维吾尔自治区古籍修复中心建设，积极开展古籍修复工作。结合"国家珍贵古籍数字化"项目，完成新疆地区入选《国家珍贵古籍名录》古籍的数字化工作。

（三）全面提升古籍修复能力

1. 加强珍贵古籍修复。重点抓好列入《国家珍贵古籍名录》和濒危古籍的修复工作。完善国家级古籍修复中心申报制度、评审标准和退出机制，适时开展第二批国家级古籍修复中心的申报评审工作。制定古籍修复档案标准规范。继续实施"天禄琳琅"等古籍专项修复项目，谋划实施一批新的修复项目。鼓励图书馆、博物馆、档案馆等古籍收藏机构合作开展古籍修复工作。加强少数民族文字古籍修复工作，推进少数民族文字古籍修复中心（修复室）建设。

2. 促进古籍修复技艺传承发展。发挥古籍修复专家的传帮带作用，采取古籍修复基础研究与古籍修复项目相结合的方式，传承古籍修复技艺，提高古籍修复水平。鼓励和支持省级古籍保护中心在本地区建立古籍修复技艺传习单位。加大对古籍修复等非物质文化遗产代表性传承人的扶持力度，支持开展收徒、教学等传承活动。推广国家古籍保护中心在古籍用纸定制生产等方面的做法和经验，扶持古籍修复用纸传统工艺传承与发展。

3. 加强古籍保护技术研究。推进古籍保护机构和存藏单位与其他公共文化单位、高等院校、科研院所、中等职业学校、高科技企业等领域的深度合作，开展古籍修复的理论和技术研究。借鉴国外先进修复技术，创新我国古籍修复的工艺和方法。在具备条件的图书馆设立高水平文献保护重点实验室，开展古籍保护技术的研究和实验。

专栏3：国家级古籍修复中心和古籍保护实验室建设项目

依托国家级古籍修复中心，开展古籍修复工作和科学研究，推进国家级古籍修复中心可移动文物修复资质的申报工作。加强国家级古籍保护实验室建设，完善管理制度，推动硬件升级，深入开展修复用材安全性研究、中国古籍纸张老化程度检测方法研究等古籍保护科研工作。

（四）加强古籍整理出版和数字化建设

1. 做好古籍整理出版工作。推动《中华再造善本（三编）》《中国古籍珍本丛刊》《中国古籍书志书目丛刊》《儒藏》《中华续道藏》《大藏经》《中华医藏》《海外中华古籍珍本丛刊》《海外中华古籍书目书志丛刊》和《国外所藏汉籍善本丛刊》等一批国家级重点古籍影印和整理出版项目实施。完善古籍影印出版管理制度，对重点出版项目进行绩效评估，提高古籍影印和整理出版项目专项资金的监管水平和使用效益。

2. 推进珍贵古籍缩微复制保存。继续开展珍贵古籍缩微化工作，依据全国古籍普查登记情况，对尚未拍摄的珍贵古籍文献，有计划地开展缩微工作。充分发挥缩微技术有利于长期保存的优势，依托数转模技术，以珍贵古籍数字化项目成果为基础，开展珍贵古籍数字资源转换缩微胶片，逐步实现全部珍贵古籍缩微化长期保存。

3. 加强古籍数字化工作。鼓励和支持各古籍收藏单位加快古籍数字化步伐，借助互联网、大数据、云服务等高新技术，率先对馆藏特色文献和珍贵古籍进行数字化，加快建立中华古籍数字资源库和中华古籍综合信息数据管理平台，扩大古籍数字资源开放，促进资源共享，提高利用效率。

专栏4：古籍整理出版及数字化建设项目

《中华再造善本（三编）》和《中国古籍珍本丛刊》编纂出版项目。《中华再造善本（三编）》收录标准为版本稀少、文献及学术价值较高的珍贵古籍，其中大部分属国家一、二级古籍。《中国古籍珍本丛刊》计划出版海内外图书馆、博物馆等藏书机构珍藏善本文献，收录标准为中华再造善本之外、现存传本数量在3部以内（含3部）且具重要历史文献价值的古籍善本，计划收录海内外70余家藏书机构5000种古籍善本。

《儒藏》（精华编）编纂出版项目。由教育部指导，北京大学具体组织实施，依托现有工作机制和队伍进行编纂，在充分利用古籍整理出版及数字化成果的基础上，对我国两千多年来儒家思想方面的典籍进行系统整理，计划精选历史上有较大影响和价值的儒学著作339册进行编纂出版。

《中华医藏》编纂出版项目。由国家中医药管理局会同文化部、新闻出版广电总局共同组织推进，分为经典著作、基础理论、临床各科和民族医药四编，重点从我国现存的医药古籍文献中，遴选出兼具学术价值和版本价值的医药古籍，分阶段影印出版，有效促进我国医药文化的传承发展和古籍的保护利用。

《中华续道藏》编纂出版项目。《中华续道藏》是《中华道藏》的续编，由国家宗教事务局组织实施，重点对《中华道藏》未收录的道教典籍及流传于民间的道教典籍，进行抢救、整理和点校。同时，建设《中华续道藏》数字资源库，全面推进道教古籍保护利用及道教文化建设。

汉文《大藏经》整理编纂项目。由国家宗教事务局指导中国佛教协会组织实施。重点是在现存汉文《大藏经》和《大藏经》研究成果基础上，依次对汉文《大藏经》律藏、论藏、经藏等进行整理编纂，建设佛教典籍数字化资源库，全面推进佛教古籍的保护利用，佛教教义的现代阐释。

"中华古籍数字资源库"建设项目。以国家和省级珍贵古籍数字化为带动，加强各古籍收藏单位之间的合作，通过利用现有资源以及向社会购买资源等方式，建立品种齐全、版本丰富的"中华古籍数字资源库"。按照边建设、边服务的原则，及时发布古籍影像信息资源，免费为专家学者和社会大众提供便捷优质的阅览服务。

"中华古籍综合信息数据管理平台"建设项目。建立集古籍普查登记、修复保护、宣传推广、人才培养等多功能于一体的综合信息管理平台，通过大数据收集、整理和统计，对全国古籍保护相关信息进行分析研判和动态监测。同时，依托管理平台，建立综合信息数据年报制度，全面掌握古籍保护年度工作情况，便于进行数据对比和信息查询。

（五）利用古籍传承和弘扬中华优秀传统文化

1. 深入挖掘古籍的深厚文化内涵。推进国家传统文化典籍整理工程实施，组织开展《中华传统文化百部经典》《中华珍贵古籍史话》等国家重点古籍编纂出版项目，依托哲学、历史、文学、宗教等多个领域的专家学者，根据典籍的学术代表性和社会影响力，兼顾学科分类和年代分布，对中华优秀典籍进行诠释和解读，深入阐发中华优秀传统文化精髓，研究中华文化的历史渊源、发展脉络和基本走向，进一步激发中华优秀传统文化的生机与活力。

2. 组织开展古籍宣传推广活动。建立中华优秀古籍的宣传推广机制，运用数字化、信息化、网络化等现代技术手段，采取线上线下相结合的方式，加强对中华优秀古籍多媒体、多渠道、多终端传播。开展"册府千华"系列展览、"我与中华古籍"系列宣传推广活动，形成品牌示范带动效应。以中国古籍保护网为平台，及时发布古籍资源和保护工作成果。依托中华优秀传统文化实践基地，组织经常性的讲座、展览、互动体验、技能竞赛等活动，开展礼敬中华优秀传统文化系列活动，实施中华经典诵读工程，推动优秀传统文化的传承和发展。

3. 加强古籍文化创意产品开发。坚持社会效益第一，鼓励符合条件的古籍收藏机构发挥古籍资源丰富的优势，依托全国公共图书馆文化创意产品开发联盟等平台，依法通过委托、与文化企事业单位合作等多种方式，开发一批弘扬中华优秀传统文化、反映时代精神、符合群众实际需求的古籍类文化创意产品。把古籍文化创意产品开发与读书活动相结合，举办中华古籍创客大赛、古籍文化创意产品推介会等活动。提高古籍文化创意产品开发的整体品质，加强过程监管。借助国内外图书馆行业会议或学术会议，广泛推介中华古籍类文化创意产品。

专栏5：中华优秀文化典籍推广工程

《中华传统文化百部经典》编纂项目。由中宣部牵头，文化部协调国家图书馆具体组织实施，着眼于对中华优秀传统文化的创造性转化、创新性发展，从传统文化典籍中精选100部具有代表性的经典书目，涵盖政治、经济、文化、社会、历史、生态等内容，采取大众化、品读导读的方式，推动传统经典普及传播。

"我与中华古籍"系列宣传推广项目。推动古籍保护与全民阅读相融合，利用广播电视、报纸杂志等传统媒体和新闻网站、微博、微信等新兴媒体，传播古籍保护知识，宣传古籍保护工作取得的新进展新成效。继续举办文津讲坛、珍贵古籍特展等宣传推广活动，配合古籍修复、雕版印刷、碑帖传拓等互动体验服务，以群众喜闻乐见的形式，向公众普及古籍保护知识，提高全社会的古籍保护意识。

（六）加强古籍保护制度、法规和标准建设

1. 完善古籍保护工作机制。充分发挥全国古籍保护工作部际联席会议、全国古籍整理出版规划领导小组和全国高等院校古籍整理研究工作委员会的平台作用，进一步完善统筹规划、分类指导、部门协同、权责明确的古籍保护工作制度。由文化行政部门牵头，各相关部门发挥职能和资源优势，在规划编制、政策衔接、标准制定和项目实施等方面加强沟通协作，形成工作合力。

2. 加快古籍保护立法。积极推进国家古籍保护立法工作，做好与《中华人民共和国文物保护法》等相关法律的区分和衔接，开展专题调研，起草法律文本，争取尽早纳入国家立法计划。鼓励和支持古籍资源较为丰富的地方探索制定古籍保护法律法规，从法律层面规范古籍管理、保护与利用等工作，解决古籍保护工作中存在的突出问题，使古籍保护有法可依。

3. 加强古籍保护标准化建设。依托全国图书馆标准化技术委员会、各系统各层级古籍保护机构、高等院校、科研院所等，充分运用各学科研究成果，围绕古籍装具、古籍修复用品、古籍传拓技艺、古籍数字化等方面，开展古籍保护科学研究，编制一批古籍保护技术标准、管理标准、评价标准，重点推进各类型古籍文献除虫、防霉、防酸脱酸等技术标准发展，加强新制定标准的应用推广和效果评价，逐步建立起比较完备的古籍保护标准体系。

4. 加强古籍保护专家委员会建设。依据工作需要，适时调整全国古籍保护工作专家委员会，补充公共文化领域专家和古籍保护相关管理部门人员，建立起跨地区、跨专业、跨单位的专家队伍。创新和完善专家委员会工作机制，促进成员在加强理论研究、提供决策咨询、指导地方实践和参与人才培养等方面发挥积极作用。各省（区、市）可参照建立省级古籍保护工作专家委员会。

三、保障措施

（一）加强组织领导

各级文化行政部门要发挥牵头作用，会同古籍保护工作相关部门，加强对古籍保护工作的组织领导，推动古籍保护工作纳入本地经济社会发展总体规划，纳入公共文化服务体系建设整体安排，结合实际制定具体的工作计划和落实方案，明确责任，统筹实施。各级古籍收藏机构也要根据规划，细化目标任务，采取有力措施，抓好工作落实。

（二）推进队伍建设

将古籍保护人才队伍建设纳入全国基层文化队伍培训计划，统筹开展分类分层培训。发挥古籍保护人才培训基地作用，持续开展在职培训，多层次、多渠道培养古籍人才队伍。发挥高校古籍教学科研人才较多的优势，利用高等院校古籍人才培养及整理研究专项基金，加强对古籍保护研究型人才培养。依托国家民委少数民族古籍文献人才培养与科学研究基地，加强少数民族古籍保护人才培养。完善全国古籍保护工作专家委员会，建立起结构合理、业务过硬、工作高效的专家队伍。

（三）开展监督评价

各级文化行政部门要会同古籍保护工作相关部门加强过程管理和动态监测，建立健全面向各类古籍保护主体、项目的绩效评价指标体系、评价制度、问责机制和信息公开制度,切实加强古籍保护工作的日常监管、定期督查和年度考评,并将考核结果与相关单位收入分配和人员奖惩等挂钩,推动古籍保护工作持续高效开展。

(发布日期:2017 年 8 月 7 日)

全国图书馆文献缩微工作"十三五"时期规划纲要[①]

为贯彻落实党和国家关于传承弘扬中华优秀传统文化、建设社会主义文化强国的战略部署，抓住公共图书馆文献缩微事业发展的重要战略机遇期，明确未来五年全国图书馆文献缩微工作思路、主要目标和重点任务，促进缩微事业更好更快发展，根据《国家"十三五"时期文化发展改革规划纲要》《文化部"十三五"时期文化发展改革规划》和《国家图书馆"十三五"规划纲要》，制定本规划。

序　言

"十二五"时期，在文化部、财政部等相关部委的高度重视下，在国家图书馆的引领下，我国图书馆文献缩微工作的经费投入得到了大幅度增加，珍贵文献抢救取得丰硕成果，传统拍摄持续推进，数字缩微建设初见

---

① 全国图书馆文献缩微复制中心关于印发《全国图书馆文献缩微工作"十三五"时期规划纲要》的通知[EB/OL]，[2017-08-03]，http://www.nlc.cn/news-wzxwxyx/201708/t20170803_153579.html。

成效，缩微文献揭示与服务能力明显提升，缩微队伍素质水平稳步提高，缩微事业呈现出开拓创新、跨越式发展的良好局面。

传统缩微与数字缩微深入融合，资源建设总量稳步增长，缩微文献拍摄总量达到 164550 种，共计 6991 万余拍；珍贵文献数字资源转换至缩微胶片 2963 种，共计 139 万拍。年度缩微文献资源建设总量中，数字缩微与传统缩微的产量比率由 2011 年的 0.08∶1，提高至 2015 年的 0.393∶1。启动了全国图书馆数字缩微建设工作，覆盖善本、古籍、民国书、报纸、期刊、地方特藏等多类型多来源的缩微资源建设结构日趋完善。缩微文献数字化成果显著，文献服务与应用持续推进，善本古籍、民国图书、期刊等缩微文献数字化总量已达 10 余万种，3000 余万拍，多家省级公共图书馆利用缩微文献数字化手段建立馆藏资源数据库，为读者提供服务。缩微文献资源保障能力显著增强，完成国家母片库清点核查，接收国家图书馆古籍馆存藏缩微负片 3.5 万卷，缩微平片及照片底片 5000 余张，扎实推进缩微母片统一存藏。制作缩微文献书目数据 13 万条，并上传发布至全国图书馆联合编目中心缩微文献联合目录检索平台。《全国图书馆缩微文献联合目录》正式出版，收录各成员单位 2013 年 6 月底之前拍摄的各类文献，全面揭示了我国公共图书馆缩微抢救工作成果，丰富了图书馆文献目录体系。研制了《缩微文献库房管理规定》《缩微文献数字化标准规范流程》《中文字符数转模摄制标准》等标准，开展了文化部科技创新项目《缩微文献长期保存保护研究》、国家文化科技提升计划项目《中文字符数转模技术研究》等十余项项目研究。举办各类培训 19 期，培训缩微从业人员 300 余人次。举办了"传承文明 服务社会——全国图书馆文献缩微工作成果展"及全国巡展，通过向广大社会公众普及缩微常识，增强了文献保护及利用意识。全国图书馆文献缩微复制中心及各成员单位的资源建设能力、文献揭示能力、公共服务能力都得到提升，为"十三五"时期事业发展奠定了坚实基础。

"十三五"时期是全面建成小康社会的决胜阶段，是建设社会主义文化强国的重要时期，也是公共图书馆事业发展实现新突破的战略关键期，缩微事业既面临发展机遇，也面临诸多挑战。

党中央、国务院对中华优秀传统文化高度重视，相继提出实施重大文化工程、加强文化遗产保护、构建中华优秀传统文化传承体系、完善现代公共文化服务体系等一系列重大战略，作为保护文化遗产、弘扬中华文明的重要途径和手段，文献缩微工作将承担更重要的历史使命。

现代信息技术深刻改变着信息的生产、传递、收藏和利用方式，海量数据的长期保存也面临更高的要求。以缩微胶片为代表的模拟介质始终是保存信息的最具安全性、稳定性与长期性的载体。除常见的纸本资源外，将数字资源转换为模拟介质也是当前最行之有效的资源长期保存手段，技术理念也得到了更为广泛的认同。在数字缩微路径逐渐成熟的背景下，应进一步探索缩微工作与互联网的融合方式和途径，以提高缩微文献的阅读、转换、获取及公共服务能力。

图书馆事业的快速发展，为各级公共图书馆在馆际合作与资源共建、文献拥有与开放获取、资源存储与保障利用、自主研发与技术创新等方面实现开放共享、合作创新提供了更为有利的条件。但是，目前我国文献缩微工作的规模水平与文献抢救需求相比，与图书馆事业整体发展的要求相比，都还存在一定的差距。"十三五"时期，文献缩微工作必须以更加全面、更加务实的发展理念为引领，全面提高各成员单位缩微工作的质量和效能，把握机遇、迎难而上，开创事业发展的新局面。

一、指导思想与主要目标

（一）指导思想

全面贯彻党和国家的重要文化战略部署，特别是习近平同志关于传承弘扬中华优秀传统文化的系列重要讲话精神，密切结合国内外文献缩微事业发展动态，统筹规划，以资源建设为重点，以体制建设为保障，使更多珍贵文献得以及时抢救，为保护和传承中华优秀文化做出贡献。

（二）总体目标

建立统筹建设与自主建设并举的全国文献缩微工作机制，联合全国各成员单位，开展特色文献缩微抢救，加快珍贵文献资源的缩微化长期保存进程，不断完善国家缩微母片库建设，稳步推进数字缩微建设与推广，缩微文献服务能力进一步提高，缩微工作影响力显著提升。

（三）主要目标

今后五年的主要目标是：

1. 文献抢救能力进一步提升。传统业务与现代技术深度融合，传统拍摄生产能力稳步增长，数转模生产能力不断增强，彩色缩微拍摄取得实质性进展，文献抢救种类不断丰富，文献抢救能力显著提高。

2. 文献存藏能力进一步增强。依托国家图书馆国家文献战略储备库建设，以国家缩微母片库建设为重点，缩微文献来源方式有效拓展，入藏范围不断扩大，入藏结构不断完善，入藏文献数量不断提升。

3. 文献揭示与服务能力进一步完善。以加强公共数字文化建设为导向，以缩微文献数字化建设为重点，开发源自缩微文献的数字文化产品，展示各具地方特色的图书馆缩微文献，文献揭示能力明显提升，缩微文献建设成果进一步推广。

4. 事业保障能力进一步提高。以全国公共图书馆数字缩微建设工作为抓手，完善缩微事业工作机制，管理机制更加规范、高效，科研对业务的促进作用显著增强，人才队伍培养形式更加多样，业界示范作用大幅提升。

（四）重点工作指标（见表1）

表 1 重点工作指标

指标名称	工作目标（2016—2020 年）
民国文献总拍摄量	300 万拍
新中国成立初期中文文献总拍摄量	360 万拍
古籍善本总拍摄量	60 万拍
数字文献转缩微胶片总拍摄量	400 万拍

二、优化合作机制，建立新型缩微文献资源建设模式

统筹协调全国传统缩微拍摄工作，充分调动各馆数字缩微建设工作的积极性，完善拍摄计划下达及考核等相关机制，"十三五"时期，基本建成统筹建设与自主建设并举的新型缩微文献资源建设模式，规范已建资源的使用规则，惠及各成员单位，发挥缩微资源在公共文化服务体系建设中的作用。

三、两条技术路线并举，加快文献缩微抢救进程

继续保持缩微文献在长期保存方面的优势，拓展思路，以数字缩微建设为抓手，推进传统缩微与数字缩微共同发展，加大文献缩微抢救与保存保护力度，加快文献缩微抢救进程。"十三五"期间，依托传统拍摄及数转模两条技术路线，推进各成员单位古籍文献、民国时期各类型文献、新中国成立初期中文文献抢救；依托数转模技术路线，开展珍贵文献数字资源转换缩微胶片工作；探索少数民族语言文献、民间收藏古籍以及其他地方文献、特色文献的缩微抢救方案。

专栏1：文献缩微抢救项目

民国文献抢救项目。加快民国时期普通图书、民国时期报纸、期刊拍摄，"十三五"时期完成各类民国时期文献共计不少于300万拍的抢救目标。

新中国成立初期中文文献抢救项目。启动新中国成立初期中文文献抢救工作，"十三五"时期完成各类新中国成立初期中文文献不少于360万拍的抢救目标。

古籍善本抢救项目。开展善本古籍、普通古籍、特藏古籍文献抢救，"十三五"时期完成各类古籍文献不少于60万拍的抢救目标。

> **数字文献转缩微胶片项目。** 依托数转模技术路线，根据各馆数字资源建设及馆藏情况，以中华珍贵古籍、民国时期文献、地方志、家谱、中国学、边疆海疆文献信息、海外回归珍贵文献数字资源等特藏数字文献为重点，开展珍贵文献数字资源转换缩微胶片工作，力争在"十三五"时期完成各类数字文献转换缩微胶片不少于400万拍的抢救目标。

四、稳步推进"全国公共图书馆数字缩微建设"工作

稳步推进"全国公共图书馆数字缩微建设工作"，坚持"总体规划、统一标准、以点带面、分步推进、合作建设"的原则，坚持全国图书馆文献缩微复制中心的统筹规划，实施统一的技术、加工和质检标准，实现珍贵文献的抢救多元化、服务数字化和保存缩微化。

> **专栏2：全国公共图书馆数字缩微建设工作**
>
> 推广数字缩微技术在文献保存保护与服务领域的应用，推进缩微技术与数字技术全面融合，通过全国范围数字缩微技术培训与指导，在"十三五"时期形成较为完善的公共图书馆数字缩微建设体系，珍贵文献数字资源长期保存取得实效。

五、以国家缩微母片库建设为重点，加强文献保存保护

积极配合国家图书馆国家文献战略储备库建设，以国家缩微母片库建设为重点，全面核查清点国家缩微母片库及拷底片库，针对缩微胶片老化、破损等问题，研究制订修复标准及可行策略，启动古籍胶片修复。扩大缩微文献收藏范围，拓展文献补藏方式，加强以中国学、边疆海疆为研究主题的缩微品入藏，加强遗散海外的中华珍贵典籍和民国时期文献的补藏，加大非成员单位珍贵文献缩微品的入藏力度。带动各级各类缩微品收

藏机构积极开展库房改造及新建，改善缩微品收藏环境，推动各馆缩微品库房标准化建设。

六、进一步提升缩微文献的揭示与服务水平

带动各馆缩微胶片数字化进程，开展全国图书馆缩微文献目次数据库建设，实现资源共建共享，为各馆的文献揭示服务提供助力。对已抢救的馆藏文献资源实施联合出版。加强缩微文献元数据的整合清洗工作，深化元数据的揭示力度，深化元数据与底本数据的关联揭示，提高缩微文献的查全率与查准率。

专栏3：缩微文献服务及整理出版项目

缩微文献目次数据库项目。 开展全国图书馆缩微文献目次数据库建设，带动各馆开发利用民国图书缩微资源，并在成员单位间资源共享，力争在"十三五"时期，完成目次数据库管理系统及目次图像、标引数据上传、发布等工作。

缩微文献整理出版项目。 "十三五"时期，联合各成员单位，开展古籍善本、民国时期文献等各类文献选题策划及整理出版。

七、加强制度建设，构建完善的缩微标准规范体系

加强制度化、标准化和规范化建设，依托全国文献影像技术标准化技术委员会、全国图书馆标准化技术委员会等行业标准组织，开展缩微文献数字化、长期保存及数转模等缩微工作相关业务标准及规范的制定、实施和应用，开展库房及数转模系统平台建设，构建完善的数转模操作指南及加工标准。

> **专栏4：数字缩微制度化、规范化建设项目**
>
> **库房及数转模系统平台建设项目**。开展数转模项目规划、计划审批、数据查重、图像处理、拍摄质检等各流程以及库房管理的系统平台建设，"十三五"时期完成系统平台建设与应用。
>
> **数转模加工标准与操作指南建设项目**。推动数转模各流程加工标准及操作规范的制定、实施和应用，力争在"十三五"时期完成数转模加工标准与操作指南的制定、应用与推广。

八、加强重点科研项目研究，培养高端人才

加强重点科研项目研究，推动研究成果的出版和推广，使研究成果产生良好的社会效益。坚持以集中培训与实地进修相结合的方式开展全国缩微人才培训。加强高端人才培养，围绕缩微胶片长期保存、缩微胶片便携式阅读、数转模设备自主研发等重点领域，为中青年业务骨干开展业务研究与学术研究创造有利条件，逐步培养若干在行业内有一定影响力的高端人才。"十三五"时期进一步增强科研和人才对业务工作的促进作用，凸显具有原创性及自主知识产权的科研成果转化效果。

> **专栏5：缩微事业人才培养项目**
>
> 根据各成员单位缩微事业发展的特点及需求，在当地开设传统缩微及数字缩微技术培训，从而实现加强各地区的技术、研究和管理人才培养的目标。

九、大力支持行业组织发展，做好缩微事业宣传工作

加强对中国文献影像技术协会、全国文献影像技术标准化技术委员会的支持，为行业组织履行职能提供人员、经费、业务等各方面保障，促使

其更好地在行业发展中发挥作用。继续加强与高等院校图书馆、科研院所图书馆、各级档案馆之间的资源共享与协同服务，探索与相关行业间建立资源互补、互利互赢的合作机制。依托国家典籍博物馆及各成员单位，及时发布缩微文献资源建设的最新成果，积极举办各类型讲座和展览，引导民间力量了解缩微、参与缩微，拓展缩微事业成果展示的深度和广度，为事业发展营造良好的社会氛围。

十、保障措施

（一）明确实施责任

加强全国图书馆文献缩微复制中心与各成员单位之间的沟通与协调，按规划要求制定年度缩微工作要点。规划确定的重点发展指标和主要工作任务，应明确责任主体和实施进度要求，确保如期完成。各成员单位要根据规划制定相关工作计划和实施方案，明确实施责任。

（二）完善实施机制

规范和加强缩微专项资金的管理，完善缩微专项资金预算与规划实施的衔接协调。各成员单位应根据规划建立本馆缩微工作经费保障机制，提高经费使用效益。

（三）强化实施评估

开展规划实施情况动态监测和评估工作，通过组织开展年度评估、项目评估等形式，推进规划实施进展，加强各成员单位年度任务考核评价体系建设，完善监督和绩效评价，及时发现问题，采取有效措施，确保规划任务如期完成。

（发布日期：2017年5月24日）

国家图书馆"十三五"规划纲要[①]

为贯彻落实党和国家关于加快构建现代公共文化服务体系,建设社会主义文化强国的战略部署,明确国家图书馆事业发展的主要目标和重点任务,促进国家图书馆事业实现新的突破,建设"国内最好、世界领先"的图书馆,根据《中华人民共和国国民经济和社会发展第十三个五年规划纲要》《国家"十三五"时期文化发展改革规划纲要》《文化部"十三五"时期文化发展改革规划》和《全国公共图书馆事业发展"十三五"规划》,制定本规划。

序　言

"十二五"时期,在文化部党组的正确领导下,国家图书馆领导班子和馆党委带领全馆干部员工,坚持以马克思列宁主义、毛泽东思想、邓小平理论、"三个代表"重要思想、科学发展观为指导,深入学习贯彻习近平总

---

① 国家图书馆"十三五"规划纲要[EB/OL],[2017-03-20],www.nlc.cn/dsb_footer/gygt/shsy。

书记系列重要讲话精神，积极围绕传承弘扬中华优秀传统文化的要求，顽强拼搏、开拓创新，不断提高业务发展水平，扩大服务范围，提升服务效能，圆满完成《国家图书馆"十二五"规划纲要》确定的主要目标和任务，事业发展再上新台阶。

基础设施建设取得新突破，总馆南区维修改造工程竣工，典籍博物馆建成开放，国图艺术中心和综合服务楼投入使用，国家图书馆国家文献战略储备库项目获批立项；资源规模持续增长，馆藏3518.15万册件，数字资源1160.98TB；资源组织与管理能力不断增强，国家书目建设启动，"文津"搜索系统上线，元数据集中仓储2.8亿条；分层服务体系进一步完善，数字图书馆服务覆盖宽带互联网、移动通信网和广播电视网，到馆读者2154.90万人次，文献流通12607.11万册次，网站点击56.83亿页次，解答咨询430.76万件，举办活动2906场；国家重点文化工程成效凸显，中华古籍保护计划、民国时期文献保护计划顺利实施，数字图书馆推广工程稳步推进；人才队伍结构更加优化，本科及以上学历占员工总数84.4%，高级职称人员占27.2%；科研综合实力不断增强，申报立项省部级以上项目34项，申请国家专利14项，获批国家标准和行业标准10项，建立文化部重点实验室1个；在国内外图书馆事务中的话语权进一步提升，跨地区、跨系统的图书馆交流与合作深入推进，重点业务领域合作平台逐步成熟，广泛参与国际图书馆事务，与重点国家和地区间的务实合作不断拓展；党的建设与业务建设两手抓、两促进、两加强的格局不断巩固，全面从严治党责任充分履行，党风廉政建设成效显著。国家图书馆基础业务、读者服务、研究能力、管理保障进一步夯实，社会影响力持续扩大，为"十三五"时期事业发展奠定了坚实基础。

"十三五"时期是全面建成小康社会的决胜阶段，是建设社会主义文化强国的重要时期，也是构建现代公共文化服务体系的关键阶段，国家图书馆事业发展面临新的机遇与挑战。

"四个全面"和"五位一体"战略布局进一步明确，传承和弘扬中华优秀传统文化，培育和践行社会主义核心价值观，实现中华民族伟大复兴的"中国梦"等一系列重大战略相继提出，文化在经济社会发展及政治外交大局中的战略地位显著提高，国家图书馆作为国家级文化重镇，需要围绕国家战略积极作为。建设世界科技强国，推进"一带一路"战略实施，促进全民阅读，也需要国家图书馆发挥独特作用。

党中央、国务院提出"到2020年基本建成覆盖城乡、快捷高效、保基本、促公平的现代公共文化服务体系"，图书馆是现代公共文化服务体系的重要组成部分，国家图书馆作为全国图书馆事业发展的排头兵，需要在促进公共文化服务普遍均等方面积极发挥示范引领作用。

科技发展对文化建设的影响日益加深，文化与科技融合发展的态势进一步凸显，大数据、云计算、物联网、移动互联网、人工智能等信息技术快速发展，数字出版与网络出版迅速增长，传统媒体与新兴媒体深度融合，"互联网+"对信息的产生、传播与利用方式带来革命性影响。国家图书馆作为国家重要信息基础设施，在培育数字图书馆服务新业态方面大有可为。

经济社会的快速发展和信息需求的快速增长，推动了图书馆事业的跨越式发展，对国家图书馆研究实践经验，丰富理论成果，破解发展难题，为各级图书馆提供业务指导，引领全国图书馆事业发展提出了更高要求。图书馆行业开放共享、融合拓展、合作创新的发展理念日益普及，在资源拥有与开放获取、信息组织与知识服务、文献储存与保障利用、空间重塑与职能拓展、技术创新与智能服务等方面呈现出新的发展趋势，为国家图书馆明确发展方向、优化发展路径、提升发展水平提供了可资借鉴的经验。

在新的历史时期，国家图书馆必须以新理念、新路径为引领，明确目标，把握机遇，迎难而上，努力开拓事业发展新局面。

一、指导思想与发展目标

（一）指导思想

高举中国特色社会主义伟大旗帜，全面贯彻落实党的十八大和十八届三中、四中、五中、六中全会精神，以马克思列宁主义、毛泽东思想、邓小平理论、"三个代表"重要思想、科学发展观为指导，深入贯彻习近平总书记系列重要讲话精神和治国理政新理念新思想新战略，切实增强政治意识、大局意识、核心意识、看齐意识，紧紧围绕统筹推进"五位一体"总体布局和协调推进"四个全面"战略布局，牢固树立和贯彻落实创新、协调、绿色、开放、共享的新发展理念，顺应经济社会发展环境和人民群众精神文化需求的变化，秉持"传承文明，服务社会"的办馆宗旨，继承和发扬百年国图精神，以传承和弘扬中华优秀传统文化为主线，为加快构建现代公共文化服务体系，推动国家创新发展，实现中华民族伟大复兴的"中国梦"做出新的更大贡献。

（二）总体目标

履行好国家图书馆作为国家古籍保护中心、国家典籍博物馆、国家文献信息资源总库（国家总书库）、国家书目中心、全国图书馆信息网络中心和全国图书馆发展研究中心的职能，努力将国家图书馆建设成为"国内最好、世界领先"的图书馆，成为传承和弘扬中华优秀传统文化的重要基地，成为支持和推广全民阅读的主要阵地，成为国家经济社会发展的新型智库，成为创新创业的知识中心，成为业界发展和服务创新的示范高地，成为联结各类信息服务机构的开放平台。

（三）主要目标

今后五年的主要目标是：

——**文献信息资源综合保障能力进一步增强**。接受出版物缴送的工作制度进一步完善，适应出版形势和数字化服务方式的多渠道文献采选、补藏机制较为成熟，馆藏文献信息资源的学科、载体、语种结构更为优化，重点馆藏的保存保护和异地灾备条件显著改善，覆盖重点国家、重点地区、重点领域的文献信息资源保障体系更加完备。

——**文献信息资源的集成化整合效能进一步提高**。以国家文献信息资源总目建设为重点，馆藏各类型文献的统一揭示更加深入，覆盖全国县以上公共图书馆的联合馆藏建设基本完成，对各类新型资源整合揭示技术的研究应用能力进一步增强。

——**文献信息资源的研究整理与展示利用水平进一步提升**。以传承和弘扬优秀传统文化为重点，面向国家经济社会发展重点领域和重大关切的专题文献整理与研究工作形成一定规模，古籍保护修复、整理出版与研究利用水平全面提升，中华珍贵典籍文化展示、传播与研究平台逐步完善。

——**支撑国家创新发展的多元分层服务体系进一步完善**。以建设国家新型智库为重点，面向国家重要法律法规和政策制定的立法决策服务能力显著增强，面向经济社会和科学技术发展重点领域的知识服务水平显著提升，面向"大众创业、万众创新"的综合信息服务平台基本形成。

——**支持公民终身学习的服务网络进一步健全**。以促进和支持公众自我学习、自我涵养为重点，基于讲座、展览、培训、阅读推广活动、艺术鉴赏及文化创意产品研发的立体化社会教育服务网络进一步健全，"国图公开课""文津图书奖"等文化教育活动品牌的社会影响进一步提高，面向全民阅读的服务支撑体系建设更加完备。

——**基于现代信息技术的公共文化服务效能进一步强化**。数字图书馆"一云一库一网"建设任务基本完成，传统业务与数字图书馆业务进一步融合发展，服务于社会公众学习、工作、研究与休闲娱乐的公共数字文化空间进一步优化，通过网络向公众提供的资源和服务内容更加丰富，渠道更加多样，手段更加便捷。

——**在国内外图书馆事务中的话语权和影响力进一步凸显**。围绕"一带一路"国家战略，依托重大文化工程和双边、多边合作项目，与其他图书馆和信息机构之间的开放交流与合作机制进一步完善，与周边国家、重点地区和相关国际组织的务实合作不断深化，对现代公共文化服务体系建设和提升中华文化国际传播力、影响力的积极作用进一步发挥。

——**人才队伍建设与科学研究工作进一步加强**。以事业发展和业务工作需求为导向，多渠道、多层次选人用人机制进一步健全，人才队伍进一步优化，围绕事业发展和业务工作重点领域的研究工作取得突破性进展，研究成果的转化利用效率不断提高，开放合作的研究平台不断完善，业务工作、科研工作和人才培养进一步实现有机结合与良性互动。

——综合管理能力和保障能力进一步稳固。综合管理的科学化、规范化程度显著提升，行政管理与业务管理机制进一步创新，安全保卫与后勤保障水平不断提高，业务流程进一步理顺，适应事业发展和社会需求的新型业务格局逐步完善。

——党建工作科学化规范化水平进一步跃升。从严治党主体责任全面落实，党风廉政建设成效显著，各级党组织作用充分发挥，党员队伍思想政治水平和业务工作能力不断提高，党建工作为事业发展提供坚强组织保障、纪律保障和思想保障。

（四）重点发展指标（见表1）

表1 重点发展指标

指标名称	发展目标
馆藏文献资源总量	4000万册（件）
馆藏数字资源总量	1800TB
年接待到馆读者数量	500万人次
年网站访问量	15亿页次
手机门户年读者点击量	8000万次
年解答参考咨询量	90万件
年举办讲座展览数量	300场次
年业界培训数量	50场次

二、加强国家文献信息资源总库建设，进一步提升文献信息资源保障能力

按照国家文献信息资源总库建设的总体要求，促进实体资源、数字资源、网络资源和活态记忆资源充分融合的现代馆藏体系建设，不断完善实体馆藏与虚拟馆藏的协调互补机制，使馆藏资源内容更加丰富，结构更加合理，国家图书馆作为世界中文文献和国内外文文献最大藏家的地位进一

步巩固，对国家经济社会创新发展和政治外交重大关切的文献支撑保障作用进一步增强。

（一）完善馆藏发展政策

根据国内外信息环境及出版市场发展变化情况，对国家文献信息资源总库的建设原则和采选方针进行研究与必要的调整完善，修订《国家图书馆文献采选条例》，赋予"中文求全，外文求精"新的时代内涵。研究制定馆藏资源建设中长期发展规划，重点加强数字资源建设规划。探索建立重点文献专藏制度。完善馆藏资源建设的专家咨询制度、绩效评价制度和用户需求反馈制度。

（二）加强多渠道文献信息资源采集与管理

加强出版物样本缴送管理，根据馆藏发展政策，采取多种措施提高国内正式出版物、博士学位论文和博士后出站报告等法定缴存出版物的入藏完整率。加强民族文字文献、古籍特藏、民国时期文献、家谱资源、地方志、珍贵历史资料、名人手稿、非正式出版物、海外华人史料等的采访收集。完善文献补藏规划，建立私人珍贵书籍寄存制度，拓展文献补藏渠道和方式，重点开展对遗散海外的中华珍贵典籍和民国时期文献的数字化和缩微补藏。

（三）加强重点领域文献信息资源保障体系建设

加强重点学科领域、重点专题领域文献的采访与征集，逐步形成对中国学、边疆海疆文献信息资源的有效保障。加强重点国家和地区文献的采访与征集，逐步形成对周边国家和地区、与国家重大战略关系密切的国家和地区文献信息资源的有效保障。

（四）推进数字资源建设与保存工作

加快数字资源建设，特别是馆藏特色数字资源建设。围绕中央加强网络安全和信息化建设重大战略部署，结合国家图书馆资源建设整体规划，进一步明确网络信息资源采集的目标、原则、内容与方法，推动建立全国统筹、分工协作的网络资源采集、保存与共享利用机制，逐步实现对国家经济社会发展重点领域和重大事件网络资源的全面采集与保存。

（五）建设"中国记忆"资源总库

以"中国记忆"项目为依托，探索建立以各类专业信息资源保存机构为实施主体，全社会共同参与的国家记忆资源共建共享机制，逐步形成针对活态记忆资源建设和服务的标准体系，加快对各种形式民族记忆资源的搜集、整理、保存和利用，进一步扩大国家总书库文献资源入藏范围。

（六）推进海外珍贵文献调查与补充入藏

依托"中华古籍保护计划""民国时期文献保护计划"等重点项目，进一步推进海外中华珍贵典籍和民国时期文献的调查摸底，与海外存藏机构在目录编制、文献数字化加工与整合利用、保护修复等方面开展合作，积极探索以文献实体、影印出版、缩微复制、数字化版权使用等方式促进海外中华珍贵典籍和民国时期文献的回归与补充入藏。

专栏1：国家文献资源总库馆藏拓展

（一）国家互联网信息保存与利用工程

联合国内重点文化保存机构，在全国范围内构建分级分布的中文网络信息资源采集与保存体系，全面系统地采集和保存国内互联网信息资源，有重点地采集和保存国际网络信息资源，规范网络资源专题数据库建设，逐步实现重要网络信息资源的长期保存。

（二）"中国记忆"项目

坚持抢救性、代表性、前瞻性原则，以口述史料与影像史料为特色，以中国现当代重大历史事件、典型代表人物、优秀文献典籍、重点热点话题，以及各类非物质文化遗产等为主要内容，联合各级各类文化、教育、研究机构，社会团体及个人，搭建开放互联的合作平台，依据统一的标准规范，有选择地采集和制作专题资源，建设"中国记忆资源总库"，通过出版、展览、网络服务等方式推进活态记忆资源的利用，逐步实现对民族记忆的系统搜集、整理、保存和利用。

（三）海外中华古籍调查暨数字化合作项目

加强海外中华珍贵典籍文献的调查摸底，促进与各有关国家和地区文献收藏机构的共建共享和古籍领域专业人才的合作培养，联合编制中华珍贵典籍文献目录，推动遗散海外的中华珍贵典籍文献的整理与影印出版，积极探索以数字化、缩微等形式补充馆藏，提供利用。

三、加强国家文献信息资源总目建设，进一步提升各类型资源的深度加工与整合揭示能力

优化馆藏文献信息资源目录体系，促进所有载体类型文献信息资源书目记录的全覆盖，加强各类型文献信息资源的统一检索与整合揭示，深入开展知识组织与发现技术的跟踪研究与创新应用，全面推进国家书目和全国图书馆联合馆藏目录建设。

（一）加强馆藏文献信息资源的编目加工

密切跟踪国际编目理论、方法和技术的发展变化，积极推进 RDA 等国际性编目规则的研究应用，进一步提升书目数据质量，加强数字资源、网络资源、活态记忆资源等新兴载体类型文献信息资源的编目，实现馆藏各类型元数据和海内外中文文献目录数据的集中仓储和统一管理。

（二）推进基于知识关联的资源整合

深层次整合文献信息资源，逐步实现馆藏信息资源组织揭示重点从文献层转向内容层和关系层，建立基于内容的立体化、多元化知识网络，全面提

升专题知识服务能力。面向经济社会发展重点领域和政治外交重大关切，有计划、有针对性地开发建设特色专题知识库群。积极应用大数据技术，加强对用户行为数据的挖掘与分析，不断提升资源整合对用户个性化信息需求的针对性与适应性。

（三）提供高质量资源统一检索与发现服务

完成对各类馆藏元数据的全面整合，加强与主流商用元数据仓储检索平台的深入合作，推进外购数据库元数据的底层收割的统一检索。开展基于知识关联的资源整合，依托"文津"搜索系统和数字图书馆推广工程，全面推进用户身份的统一认证和单点登录，提供对国家图书馆馆藏文献乃至全国公共图书馆馆藏文献的统一检索与发现服务。

（四）构建全国图书馆文献信息资源元数据集中仓储

按照"共知、共建、共享"的建设思路，进一步推进中国国家书目和全国图书馆联合馆藏目录建设，逐步实现全国各级各类图书馆纸质文献、缩微文献、数字资源、网络资源及活态记忆资源等各类型文献资源元数据的集中登记与协同共享，并力争实现海外中文古籍目录数据的集中仓储。

专栏2：中国国家书目建设

充分发挥国家书目中心作用，依托全国联合编目系统，不断加强各级各类图书馆之间的书目合作与共享，加快推进数字化国家书目系统建设。积极探索将非正式出版物、数字资源、网络资源、活态记忆资源等纳入国家书目系统，逐步实现国家书目对各类型文献信息资源的广泛覆盖，提升国家书目收录内容的系统性与完整性。

四、加强专业能力建设，为中央和国家机关立法决策提供智力支持

全面提高面向国家立法决策的文献保障能力、服务能力和研究能力，加强立法决策服务的针对性、前瞻性和专业性，力争通过五年的努力，将国家图书馆建设成为支持国家立法决策的新型智库。

（一）提升面向立法决策的文献保障能力

依托馆藏文献，加强立法决策服务相关文献的收集与整理工作，特别是依托海外中国问题研究中心、中国边疆文献研究中心，切实为国防、外交等国家重大决策提供文献支撑，使国家图书馆成为具有较高保障能力和保障水平的立法决策文献信息资源基地。

（二）完善立法决策服务机制

充分发挥国家图书馆国情咨询顾问委员会和国家图书馆国情咨询专家委员会的作用，建立对国家政治外交大局变化的快速响应机制，与国务院各部委建立有效的信息沟通和日常联系机制，加强部委分馆建设，围绕国家政治、经济、文化、社会和生态等重点领域和重大问题提供热点研判和及时服务响应。

（三）健全全国立法决策服务网络

依托全国省级公共图书馆决策咨询服务协作平台，通过合作共建、资源共享、交流研讨，完善与各省级公共图书馆之间的立法决策联合服务机制，建立立法决策服务知识库，为各级图书馆服务地方立法决策提供有效支持。

（四）提升立法决策研究支撑能力

紧密围绕党和政府决策急需的重大课题和重点领域，开展前瞻性、针对性、储备性政策研究，特别是针对经济社会发展中的热点问题开展国家战略文献的整理研究，大力加强与专业性国家级智库间的合作与交流，为党和国家工作大局提供专业化文献信息服务。

> **专栏3：部级领导干部历史文化讲座**
>
> 以提升领导干部文化自信和治国理政能力为目标，着眼于优化知识结构、拓宽全球视野、增强战略思维能力，结合国家重点工作及社会热点问题规划选题。深化讲座内涵，提升综合服务能力，基于"互联网+"环境创新讲座服务，为领导干部提供更为便捷的学习渠道和资源获取途径，使专家学者的智慧服务于部级领导干部的工作决策。规范讲座管理，丰富讲座内容，挖掘讲座潜力，进一步扩大品牌影响力。

五、强化科研支撑与公共文化服务，不断提高服务效能

面向重点教育科研生产单位提供主动性、针对性、专业化服务，不断创新服务理念，培育公众阅读习惯，积极拓展社会教育职能，进一步优化服务布局，提高全方位、全媒体、多品种的服务能力。

（一）加强面向科技创新的服务

逐步加强覆盖全国的文献信息资源保障体系建设，依托国家图书馆科学评价中心，开发新的信息分析与服务产品，进一步拓展面向重点教育、科研机构与企业的参考咨询服务。跟踪国家重大战略领域、重点建设项目和重要创新工程需求，提供针对性服务。为中小企业和社会公众创新创业提供工具、空间、文献与咨询服务。

（二）完善多元化社会教育服务体系

依托"国图公开课"，不断推出国家级精品课程，为公众提供高品质终身教育资源。整合讲座与展览资源，办好"文津书院"，建立"讲习"

制度，丰富社会教育活动内涵，提升品牌影响力。依托国图艺术中心，拓展艺术教育职能，提升艺术普及与鉴赏服务水平。

（三）拓展全媒体服务

积极利用现代信息技术，通过网络进一步拓展服务半径，为更广泛的社会公众提供信息服务。完善新媒体服务策略，针对不同网络平台的特点，及时调整与优化服务形式与服务内容，通过社交平台了解读者需求，主动推送服务。提供高质量音视频鉴赏服务。

（四）深化全民阅读服务

依托4·23世界读书日、全国图书馆服务宣传周，策划举办全民阅读活动。依托"文津图书奖"，评选、推荐优秀阅读资源。依托数字图书馆推广工程创新阅读服务形式，利用现代信息技术为公众提供随时随地、方便快捷的国家图书馆阅读服务。

（五）加强面向特殊群体的服务

加强对少年儿童图书馆事业发展的研究，依托国家图书馆少年儿童馆，充分发挥对全国各级图书馆少年儿童服务的示范带动作用。加强针对老年人、未成年人、残疾人、流动务工人员等特殊群体的适用资源建设，拓展面向不同人群的图书馆服务，帮助其更好地融入社会。

（六）优化馆区服务格局

根据创新创业服务、音视频资源服务等需求，开辟专门空间，优化馆区环境、空间布局和服务格局，为到馆读者提供更好的阅读体验和学习氛围。挖掘空间潜力，通过现代化展陈手段，多角度展示馆藏文献典籍和文化创意产品，宣传优秀传统文化和百年国图精神。密切跟踪信息服务领域设施设备、软件工具的发展进步，为用户提供体验式服务。

> **专栏4：服务效能提升**
>
> （一）国家图书馆科学评价中心
>
> 开展科学评估业务研究和规划，整体提升国家图书馆服务国家科研决策、科研管理和科技创新的能力与水平，为科技创新提供文献支撑与信息服务，面向科研和企业用户提供学术影响力评价、科技项目查新、技术分析报告、行业（产业）发展报告和舆情监测分析报告等服务和产品。
>
> （二）"国图公开课"项目
>
> 以弘扬中华优秀文化为核心，依托馆藏文献资源，结合经济社会发展和公众学习生活，建立健全课程策划、设置、制作及发布管理机制，统一课程建设标准，整合馆内外优秀讲座资源和各类型公共数字文化资源，不断推出满足多元化需求、形式多样的国家级精品课程，为公众提供高品质终身教育资源。不断完善公开课服务平台，实现线上线下相结合的用户管理和用户服务。
>
> （三）文津图书奖
>
> 进一步完善工作机制，拓宽参评渠道，鼓励读者参与，争取社会力量支持，搭建作者、读者、学者、出版者、图书馆的沟通平台，按照"公开、公平、公益"的原则，评选出适宜大众阅读的、读者喜爱的优秀图书，培养和引导公众阅读兴趣与倾向，为家庭藏书和图书馆藏书提供参考，通过多种途径开展宣传推广活动，发挥图书馆服务全民阅读、倡导读书、组织读书的作用，营造作者写好书，出版社出好书，读者读好书的社会氛围。

六、搭建基于云计算和大数据的业务支撑平台，进一步提升信息化能力

利用大数据、云计算、物联网等新技术，推进数字图书馆一体化网络

建设，以用户需求为导向加强数字资源的联合建设、集中揭示与统一调度，提升公共数字文化服务能力。

（一）推进数字图书馆"一云一库一网"建设

依托"数字图书馆推广工程"，积极开展国家公共文化信息服务基础设施云、中华文化资源总库和国家公共文化信息综合服务网络建设，形成资源规模优势，为社会公众提供基于全媒体的数字图书馆资源与服务，逐步实现国家公共文化信息一站式服务。

（二）加强技术平台支撑能力建设

建设基于云存储、云服务和大数据的技术平台，提升信息设施管理水平，实现对各类型海量数据的有效管理、存储、分析和利用。加强业务管理系统对新的信息管理和服务环境的适应性研究与调整，完善业务统计平台，提高系统平台的运行性能和访问速度，为各项业务工作提供强有力的技术保障。

（三）提高基于大数据的数据分析和服务能力

加强对经济社会发展进程中各类海量数据资源的采集与保存，充分发掘数据所含的信息价值，为开展专业化知识信息服务提供数据支持。对内部业务工作和读者服务过程中产生的大量数据进行发掘与整理，特别是对有关馆藏文献信息资源利用和读者信息行为的各类数据进行挖掘与分析，为馆藏发展政策和用户服务政策调整提供数据支持。

（四）提高信息化管理水平

做好全馆信息化建设规划，加强设施设备和技术平台的智能化管理，建立较为完善的信息安全管理机制，全面推进信息服务系统的建设和应用，提升业务管理自动化水平和馆务信息化水平，实现传统业务自动化管理系统和数字图书馆管理系统间的互联互通，推动图书馆业务和服务全流程的数字化、网络化管理。

> **专栏5：数字图书馆推广工程**
>
> 立足国家"互联网+"战略，积极开展"一云一库一网"建设，建立面向基层、互联互通的数字图书馆服务网络。加快数字资源建设与整合，形成优质文化资源库群，构建面向移动终端、贯通线上线下的服务模式，提升资源建设水平和服务效能。依托海外中国文化中心推广数字图书馆建设成果，在世界范围内广泛宣传优秀中华文化与中国现代化建设成就。

七、加强文献保存保护，深入挖掘馆藏文献价值

结合国家图书馆在文献收藏、保护、整理与开发利用方面的优势，采取多种创新手段，全面推动优秀传统文化的挖掘阐发、保护弘扬、传播推广和融合发展。

（一）进一步改善文献存藏条件

依托"国家图书馆国家文献战略储备库"建设，进一步完善馆藏文献存藏布局，逐步形成本地与异地保存相结合的重要文献信息资源的全面储备。调整优化书库空间布局，重点推进普通古籍书库、特藏书库等的升级改造，加强数字资源长期保存设施设备的配置与保障，力争到"十三五"末，使全馆各类文献库房基本达到国家标准要求，特藏书库的设施设备达到国际一流水平。

（二）切实履行国家古籍保护中心职能

依托"中华古籍保护计划"，联合全国各类古籍存藏、研究机构和专家学者，推动完善古籍保护政策制度，进一步健全全国古籍保护协调工作机制和分级保护机制，加强古籍保护人才队伍培养，力争在"十三五"时期基本完成全国古籍普查工作，全面提升我国古籍普查登记、保护修复、

整理出版与研究利用水平。

（三）推进民国时期文献保护工作

依托"民国时期文献保护计划"，在全国推动建立民国时期文献的保存保护工作机制，力争"十三五"期间，在民国时期文献保护技术上有所突破，使民国时期文献的保护状况实现较大改观。收集、整理和出版一批有影响的民国时期专题文献，使其更好地服务于当代经济社会发展和学术研究需要。

（四）办好国家典籍博物馆

加强典籍博物馆理论研究，逐步建立适应国家图书馆职能定位的国家典籍博物馆建设机制。依托馆藏资源优势，策划精品展览，开发文创产品，通过流动展览、巡回展览、交换展览等方式，延伸展览空间，结合展览主题开展培训、讲座等系列活动，使国家典籍博物馆成为有影响力的展陈、研究、宣传、推广中华优秀典籍文化的公共服务机构。

（五）推进文献整理研究和出版利用

以馆藏中华优秀文化典籍为依托，围绕培育和践行社会主义核心价值观的要求，结合国家政治外交关切、经济社会发展需要和社会公众关注热点，推进文献整理与研究，整理出版一批有重要应用价值和社会影响的专题文献。

（六）加强缩微复制工作

依托全国图书馆文献缩微复制中心，探索创新统筹建设与自主建设并举的全国文献缩微工作机制。联合全国各级公共图书馆，开展特色文献缩微抢救工作，推进珍贵文献资源的缩微化长期保存进程，扩大缩微文献入藏范围，拓展缩微文献入藏方式，完善国家缩微母片库建设，"十三五"时期实现年入藏量300万拍。推动数字缩微工作，开展缩微文献整理出版，建立缩微文献服务网络，进一步提升缩微文献服务能力。

专栏6：文献保存保护与馆藏整理开发

（一）国家图书馆国家文献战略储备库建设项目

开展项目可行性研究论证，基本完成国家文献战略储备库基础设施建设，调整完善国家文献信息资源总库的总体规划和业务布局，充分利用数字化、缩微复制、影印出版等手段，以同城灾备和异地灾备相结合的方式，实现国家重要战略文献的长久、安全保存。

（二）中华古籍保护计划

基本完成全国古籍普查登记工作，完善分级保护制度，继续开展《国家珍贵古籍名录》和全国古籍保护重点单位评审工作，加强少数民族文字古籍保护。改善古籍存藏环境，实施国家珍贵古籍专库（专架）管理。加强古籍修复中心建设，推进古籍修复用材安全、文献脱酸等研究，继续实施"天禄琳琅"等修复项目。促进古籍文献的整理利用，推进中华古籍数字资源库建设，编纂出版《中华古籍总目》分省卷，推动《中华再造善本》（三编）、《中国古籍珍本丛书》等整理出版工作。推进中华优秀传统文化实践基地建设，加强对古籍保护成果的宣传推广和展示利用。

（三）民国时期文献保护计划

逐步完善民国时期文献保护工作机制，在全国范围内开展民国时期文献的普查登记，完善全国民国时期文献联合目录检索平台系统，编制民国时期文献总目。拓展征集范围，探索合作机制，开展海内外民国时期文献的征集与合作开发。加强文献研究、开发与利用，推进文献史料的整理出版。建成一批高质量的民国时期文献专题资源库，建立文献信息资源整合和揭示平台，为学界和公众利用资源提供便利。加强民国时期文献原生性保护力度，推进文献保护技术研究。做好宣传推广工作，为民国时期文献保护工作营造良好舆论氛围。

（四）《中华优秀传统文化百部经典》编纂项目

以中华优秀传统文化典籍为依托，以具有永恒的价值理念为主线，以与当代文化相适应、与现代社会相协调的思想文化资源为切入点，解读一批、整理一批、根据现实需要编撰一批典籍，形成有多个具有学术性、知识性和普及性相结合的系列丛书，使之成为中华优秀传统文化传承体系的重要内容。

（五）中华优秀传统文化典籍精品展陈项目

依托国家典籍博物馆，以馆藏中华优秀传统文化典籍精品为基础，围绕重大历史事件、重大社会关切、重大文化项目及国家图书馆事业发展重要领域，深入挖掘馆藏，策划组织精品展览。进一步拓展合作领域，加强与有关文博单位的合作，探索引入国际优质展览资源的有效机制。通过对中华传统文化典籍、实物的现代化、创造性展陈和阐发，展示中华文化的独特魅力，拉近优秀传统文化与社会公众的距离，打造宣传和展示中国典籍文化的国家级窗口。

（六）国家传统文化典籍整理工程

联合全国各级各类图书馆等相关机构，共同开展中国传统文化典籍的整理、揭示、研究、出版和宣传推广，搭建全国优秀传统文化典籍资源的共建、共知、共享平台。选择若干与国家内政外交和百姓民生联系紧密的专题，编制专题典籍联合目录，建设专题典籍数据库，整理出版专题典籍丛书，编制专题研究报告。为各地开展地方性典籍整理提供支持。

八、切实发挥行业示范引领作用，推动现代公共文化服务体系建设

充分发挥国家图书馆在全国图书馆事业发展中的示范引领作用，加强与各级各类图书馆和其他公共文化机构的联系与合作，共同推进现代公共文化服务体系建设。

（一）积极推动现代公共文化服务体系建设

加强对现代公共文化服务体系，特别是图书馆服务体系的理论研究及技术应用探索，通过组织实施重点文化工程、开展文献信息资源联合建设与联合服务、组织优秀师资面向全国图书馆开展馆员培训等多种方式，带动省、市、县及广大基层图书馆的发展，特别是为农村及偏远、贫困地区图书馆事业发展提供支持，推动图书馆行业在构建现代公共文化服务体系中发挥积极作用。

（二）逐步完善信息资源共享网络与联合服务机制

依托全国联合编目中心，以全国图书馆馆藏文献元数据集中仓储为基础，推动实现全国各级公共图书馆馆藏各类文献信息资源的统一揭示、统一检索和联合服务。依托全国省级公共图书馆决策咨询服务协作平台、全国图书馆参考咨询协作网、政府公开信息服务平台、国家少年儿童数字图书馆、中国残疾人数字图书馆等联合服务平台，实现各平台间的互联互通，共同构建覆盖全国的公共图书馆联合服务网络。

（三）发挥学术交流平台作用

充分发挥全国图书馆发展研究中心职能，继续提升我馆主办的《中国图书馆学报》《国家图书馆学刊》《文献》等学术性刊物的学术水平和行业影响力，通过组织学术研讨、开展业务交流、策划科研项目、编纂研究报告等多种形式，广泛组织学界和业界专业力量，围绕图书馆事业发展重点领域和重大问题展开深入研究和探讨。

（四）大力支持行业组织发展

加强对中国图书馆学会、中国古籍保护协会、中国文献影像技术协会、全国图书馆标准化技术委员会、全国文献影像技术标准化技术委员会等的支持，为行业组织履行职能提供人员、经费、业务等各方面保障，促使其更好地在行业发展中发挥作用。

（五）积极开展跨界交流与合作

继续加强与高等院校图书馆、科研院所图书馆等各类型图书馆之间的资源共享与协同服务，拓展与博物馆、文化馆、档案馆等公共文化服务机构的统筹协调与资源共享，积极参与信息生产、组织、加工、传播和利用各环节的互动与合作，探索与相关行业间建立资源互补、互利共赢的合作机制。

九、积极开展国际交流合作，进一步提升国际影响力

积极履行国家图书馆代表国家执行有关对外文化协定、开展对外文化交流的职能，参与有关国际组织和行业组织的活动，不断拓展国际合作领域和合作范围。

（一）策划开展国际交流活动

配合中国对外文化交流合作的总体战略，特别是"一带一路"国家战略，主动策划国际交流活动，巩固和加强与周边国家、重点地区国家图书馆间的双边与多边交流机制，筹建丝绸之路国际图书馆联盟和丝绸之路数字图书馆，推动申办国际图联大会，办好亚大地区国家图书馆馆长会议，在国家对外文化交流总体框架下不断加强中国图书馆事业的对外宣传与推广，推进中华文化的对外传播与交流。

（二）推动实施务实合作项目

充分发挥图书馆在传播中国精神、弘扬中国价值、传承中华文化方面的独特优势，围绕典籍展览展示、文献保护利用、资源共建共享、人才培养交流等领域，联合国内外文化机构与文献信息机构，有针对性地参与或组织策划国际合作项目。通过建立图书馆联盟、建设信息共享与服务平台等方式，推进与世界主要国家和地区有影响力的大馆之间的务实合作。积极配合海外中国文化中心图书馆建设，协助配备图书资源，完善数字图书馆建设，做好人员和服务保障工作。

> **专栏 7：国际交流与合作**
>
> （一）丝绸之路国际图书馆联盟
>
> 联合丝绸之路国内段各省市图书馆，通过联盟的方式，逐步与丝绸之路沿线其他国家图书馆建立长期战略合作关系和定期交流互访机制，共同策划合作项目，在文献信息资源的共建共享、丝路文献的保存保护与开发利用、丝绸之路数字图书馆建设、专业技术人才培养、学术交流与业务培训等领域开展广泛深入合作，带动沿线各国图书馆事业共同进步，为促进沿线各国、各民族文化交流传播做出积极贡献。
>
> （二）海外中国文化中心图书馆
>
> 配合文化部外联局，联合部分有条件的省、市级公共图书馆，为海外中国文化中心图书馆提供图书文献采选与加工、图书馆自动化系统建设、图书馆业务培训与现场指导等服务，推进海外中国文化中心数字图书馆建设，结合国家外交大局，有针对性地推送特色鲜明、内容丰富的中华文化优秀数字资源，通过线上线下多种方式举办展览、讲座等文化活动，加强中华优秀传统文化在海外的传播推广，提升中华文化的国际影响力。

十、加强科学研究，提高事业发展的科学化与专业化水平

提高学术影响力，进一步实现科研工作与业务建设的融合发展和良性互动，力争在"十三五"时期，将国家图书馆建设成为在图书馆界有较大影响力的图书馆发展研究中心和重要的公共文化政策研究基地。

（一）健全科研管理机制

完善科研管理制度，建立对科研项目的动态跟踪管理机制。充分发挥国家图书馆学术委员会对科研项目选题、立项、研究和验收等全过程的监

督和指导作用。依托高等院校等研究机构，进一步完善开放研究机制，在重要领域探索建立核心研究团队。建立科学的科研成果评价机制。

（二）加强重点领域研究

充分发挥国家图书馆在文献分类编目、立法决策服务、参考咨询服务、阅读推广服务、文献保存保护、古籍整理、文献展陈服务、数字图书馆建设等业务领域的优势，加强对相关理论、技术和方法的研究，形成一批在行业内有广泛影响，能够指导各级各类图书馆业务实践的重要研究成果，围绕事业发展需要，加强对国家公共文化政策、图书馆事业发展政策的跟踪研究，积极为有关法律法规和政策制定提供研究支撑。

（三）促进科研成果转化利用

加强科研项目选题规划与评审，重点支持与业务工作和事业发展需求关系密切的选题研究，鼓励各部门围绕业务工作实际需要组织开展研究活动。充分发挥国家图书馆"文津"出版基金的作用，加强对科研成果出版的支持。探索建立国家图书馆机构知识库，鼓励馆内科研成果以多种形式实现共享利用。

十一、加强队伍建设，培育适应事业发展需要的人才队伍

进一步完善国家图书馆人才引进、培养、聘用及评价激励机制，优化岗位管理制度，提升人力资源使用效率，打造一支规模适当、结构合理、储备充足，较好适应事业发展需要的人才队伍。

（一）健全多元化选人用人机制

进一步完善高校应届毕业生招聘与面向社会公开招聘相结合的员工录用制度，重点引进数字图书馆建设、信息技术研发、古籍保护与修复、展览展示与创意设计等领域亟需专业技术人才和重要管理岗位人才。探索传统技艺传承人才队伍建设的有效路径。进一步完善社会化用工机制，提升

外包业务管理水平,加强志愿者队伍建设与管理,广泛吸引志愿者参与图书馆服务,发展壮大志愿服务队伍。

(二)强化员工在岗培训

进一步完善分层分类培训机制,结合岗位需要,有针对性地组织开展多样化的培训活动,广泛开展基础业务知识和基本业务技能培训,为员工接受专业继续教育创造条件。在文献采访与编目、古籍保护与修复、参考咨询服务等重点业务岗位,探索建立多种形式的人才培养机制,发挥高级职称人员和业务骨干的"传帮带"作用,推进各重点领域人才梯队建设。

(三)加强领军人才培养

引进与培养相结合,围绕我馆事业发展重点领域与重大问题建设核心研究团队,加强领军人才培养,为中青年业务骨干开展业务研究与学术研究创造有利条件,依托博士后科研工作站吸引人才开展研究,逐步培养若干在国内外有一定行业影响力的高端人才。

(四)加强岗位管理

根据事业发展环境变化和职能拓展要求,适时调整组织机构,优化岗位设置,创造鼓励员工岗位成才的制度环境,建立科学的岗位考核与人才评价制度。

十二、增强事业发展活力,夯实事业发展基础

根据中央关于文化体制改革的要求,深化内部体制机制改革,进一步提高管理水平,推动形成责任明确、行为规范、富有效率、服务优良的运行机制,营造良好的事业发展环境。

(一)深化体制机制改革

按照中央关于深化文化体制改革和推进事业单位分类改革的要求,全

面推进人事管理制度、收入分配制度改革,结合国家图书馆实际,有序引入社会力量参与业务建设与读者服务。

(二) 提升业务管理水平

做好全馆业务工作的统筹规划、协调与管理,完善业务规章制度及业务工作规范;围绕馆藏文献信息资源建设与用户服务等重点领域,加强业务研究与数据分析,完善图书馆业务与管理统计、评估体系,建立内部自评与第三方评估相结合、综合评估和专项评估相结合的多元评价机制。

(三) 规范财务、国有资产管理和审计工作

完善财务监督机制,科学制定和执行预算,强化预算调控功能,规范经费管理审批流程,加强项目绩效管理,开展财务考评,完善内部控制体系建设,构建完善的监督检查体系,加强国有资产精细化管理和政府采购管理,规范馆属企业运营。

(四) 加强安全与后勤保障工作

坚持"安全第一,预防为主",建立现代安全管理体系,特别是加强网络信息安全体系化建设,完善安全管理制度和应急预案,加强全员安全培训,提高安保人员整体素质、应急反恐能力和突发事件处置能力。完善后勤管理工作制度,完成后勤保障系统运行维护调度中心建设,提升后勤智能化管理与服务水平,加强后勤队伍建设,确保设施设备运行安全。

(五) 完善宣传工作机制

加强宣传员队伍建设,围绕重点工作和重大工程做好宣传报道规划,积极拓展媒体合作渠道,策划开展宣传推广活动,建立覆盖各类媒体的宣传工作网络,规范官方信息发布渠道和发布流程,加强网络舆情监控,建立舆情快速响应机制,为国家图书馆事业发展创造更好的舆论环境。

（六）加强法务工作和知识产权管理

提升依法治馆能力，完善合同管理工作机制，开展网络信息环境下的知识产权工作研究，制定知识产权工作指南，进一步规范资源建设与用户服务，做好知识产权宣传与培训工作。

十三、落实全面从严治党主体责任，确保事业发展正确方向

以落实从严治党要求为主线，紧紧围绕"服务中心、建设队伍"两大核心任务，不断完善党建工作格局，统筹推进思想建设、组织建设、作风建设、队伍建设和反腐倡廉建设，为事业发展奠定更加坚实的思想和组织基础。

（一）加强思想建设

以学习贯彻党的十八届六中全会精神、习近平总书记系列重要讲话精神和党的十九大精神为统领，充分依托"三会一课"等制度，加强理论学习，坚持"两学一做"学习教育常态化制度化，通过读原著、学原文、悟原理，引导广大党员全面掌握习近平总书记系列重要讲话丰富内涵和精神实质，将学习讲话精神与谋划事业发展统筹结合起来，通过学习切实增强"四个意识"。

（二）加强组织建设

落实全面从严治党要求，坚持民主集中制和民主生活会制度，以党政统筹的思路配强支委班子，进一步完善党委书记（党支部书记）负总责、分管领导分工负责、行政负责人"一岗双责"的党建工作格局。落实党建工作责任制，强化党支部抓党建的主体意识和主动精神，不断提高党组织的创造力、凝聚力与战斗力。

（三）加强作风建设

进一步加强党员干部党性修养，改进工作作风，强化"四个意识"。

贯彻落实中央八项规定精神，坚持勤俭办馆，推进作风建设常态化、长效化。强化党章党规党纪教育，引导广大党员树立"严细深实"的工作作风，继承和发扬国图人求真务实、严谨细致的工作传统，老老实实做人，踏踏实实做事，为事业发展营造风清气正的环境。

（四）加强反腐倡廉建设

落实党风廉政建设主体责任，强化监督执纪问责。以馆级领导班子、中层干部为重点，加强党纪教育，切实增强党员领导干部廉政意识和自律意识，把纪律和规矩挺在前面。加大对重点岗位、重点部门、重点环节的动态监控和风险控制，完善权责清晰、流程规范、风险明确、措施有力、制度管用、预警及时的党风廉政风险防控机制。驰而不息纠正"四风"。

（五）加强队伍建设

切实加强馆、部处、科组三级领导班子建设，牢固树立"严以修身、严以用权、严以律己，谋事要实、创业要实、做人要实"的作风，不断提升干部队伍的专业能力和行政能力，继续完善领导干部深入基层开展调研的工作机制，提高决策科学性。加强党员教育和党务干部培训，提高党员思想理论水平和党务干部实践工作能力。加强国图精神培育，增强党员荣誉感使命感。

十四、凝聚各方智慧，强化实施保障

保障"十三五"规划有效实施，要始终坚持党的领导，不断激发全馆员工的积极性和创造力，形成全馆上下齐心，团结协作的强大合力。

（一）明确实施责任

加强规划的统筹管理和衔接协调，形成以《国家图书馆"十三五"规划纲要》为统领，各专项规划为支撑的发展规划体系，按规划要求制定年度工作要点。规划确定的重点发展指标和主要工作任务，要明确责任主体和实施进度要求，确保如期完成。各部门要根据规划，制定相关工作计划和实施方案，明确责任，统筹实施。加强经费预算与规划实施的衔接协调，根据规划确定的目标任务，强化资金保障。

（二）形成实施合力

继承与发扬百年国图精神，努力在全馆培育立足岗位、甘于奉献、扎实工作、积极进取的文化氛围。围绕规划开展多种形式的宣传解读，统一认识，一致行动。进一步完善职工代表大会制度和职工代表议案工作制度，创新共青团工作思路，丰富和活跃员工文化生活，充分凝聚广大职工的智慧，共同推进规划实施。加强馆情通报，充分发挥离退休老同志的积极作用，切实关心离退休员工生活，丰富老同志社团活动。以全馆员工群策群力、共同奋斗、共享事业发展成果的生动局面，促进规划实施。

（三）强化实施评估

开展规划实施情况动态监测和评估工作，通过组织开展专项评估、年度评估和中期评估等形式，了解规划实施进展，强化监督问责，把监测评估结果作为调整工作部署，制定工作计划的重要依据，及时发现问题，采取有效措施，确保规划任务如期完成。

"十三五"时期是国家图书馆事业发展的关键时期，前景光明，任务繁重。全馆干部员工要发扬百年国图精神，不忘初心，矢志不渝，团结一心，开拓进取，为将我馆建设成为"国内最好、世界领先"的图书馆而努力奋斗！

（发布日期：2017年3月20日）

首都图书馆（北京市少年儿童图书馆）[①] "十三五"时期发展规划

为推动"十三五"时期首都图书馆事业的科学发展，加快构建现代公共文化服务体系，现根据《中华人民共和国公共文化服务保障法》《文化部"十三五"全国公共图书馆事业发展规划》《北京市文化局"十三五"时期文化发展规划》等文件精神，特制定本规划。

一、首都图书馆"十二五"事业发展回顾

"十二五"时期，首都图书馆以科学发展观为统领，以构建免费、均等的公共图书馆服务体系为中心，适应经济社会发展，充分发挥公共图书馆在"传承文明、服务社会"中的重要作用，加强基础业务建设，不断提升服务范围和水平，圆满完成了"十二五"期间的各项规划和任务，五年来取得的主要成绩有：

---

① 本规划由首都图书馆授权收录。

（一）夯实基础业务建设，提升综合服务水平

持续加强基础业务建设，在文献资源建设和文献服务方面有显著提高。五年内共新增藏书112.8万册（件），藏书总量达到733.3万册（件）。加大数字资源的建设力度，数据库总量达到80余个，237.32TB。办理借书证26.2万余张，总流通人次1891.6万，书刊外借册次1146万，网站登录人次达1.18亿。其中总流通人次比"十一五"期间增长了28.7%，网站登录人次提高了24.1%。参考咨询工作成果显著，完成大型课题15项，代检索课题883项，解答各类咨询532.3万余条，比"十一五"期间增长29.4%。馆藏中文图书和报刊于2014年年底实现了100%书目数字化。推出阅读移动终端、微博、微信等跨平台通讯工具，同步开通全天、无间隙的文化输送通道。五年来，不断调整和改造读者服务空间，着力打造雅致、舒适的阅读环境，广泛利用科技手段提升服务质量，不断加强业务规范化程度，完善了业务管理制度。

（二）打造文化精品项目，提升文化品牌影响力

继续加强文化品牌项目建设，提升"首图讲坛""北京记忆"等已有品牌的社会影响力，策划推出"法律主题馆""心阅书香""语你相通"等新的品牌项目，组织开展"北京换书大集""阅读的力量""阅读之城——市民读书计划"等活动。推出"首图掌上图书馆""首图移动知网""首图读览天下"等移动服务品牌。五年间，举办各种文化活动3814场次，参与人次达275.5万人，比"十一五"期间增长了25.2%，其中"首图讲坛"共策划组织讲座约770场次，参与听众共计15万人次，连续五届的"北京换书大集"共吸引了约1.7万名爱书人参与其中，交换书刊达6.4万余册。

（三）发挥中心图书馆职能，提升公共文化服务体系效能

作为中心图书馆，积极推动北京市公共图书馆服务体系（以下简称"一卡通"）建设和服务效能发挥。不断巩固和完善"一卡通"服务体系

建设成果，完成了全市 100 个通借通还网点服务情况的抽样考察，并积极协调有条件的网点加入"一卡通"服务体系；开展对图书馆分馆、基层馆、集体外借服务站等基层单位的业务辅导工作。以成立首都图书馆联盟为契机，积极对全市文化资源服务进行整合，搭建面向全市的、跨系统的文化服务平台。为提升北京市公共图书馆工作人员的专业素养和服务水平，继续开展公共图书馆职业培训和基层业务辅导工作，举办区级图书馆图情专业研究生课程进修班；组织首都图书馆联盟成员单位、北京市图书馆协会会员开展各类职业教育培训。

（四）统筹兼顾，继续深化各项数字文化惠民工程

以信息内容传输为主要工作，扎实推进文化信息资源共享工程 4295 个服务网点的建设与服务，持续开展数字资源的共建共享。不断增容数字资源，完成了多种商用数据库全市范围的共享使用。完成了国家公共文化数字支撑平台的搭建工作，整合本馆数字资源、搭建平台的硬件基础环境、部署北京市的特色应用、完成与发展中心的平台对接等。

稳步推进数字图书馆推广工程建设，以"北京市公共图书馆计算机信息服务网络"为基础，结合北京市数字图书馆建设的实际情况，建设形成统一规划、统一标准、统一组织、统一管理的北京市数字图书馆运行模式，并提供一站式认证、一站式检索、一站式获取、全媒体形式的数字图书馆服务。继续保障数字文化社区正常开展服务，继续推进"公共电子阅览室建设计划"和"国家公共文化数字支撑平台"的实施工作。完成了包括网络、服务器、存储及相关应用软硬环境的搭建，300 余个公共电子阅览室终端软件的安装部署等工作。

（五）推进古籍修复与保护工作，履行北京市古籍保护中心职责

继续推进北京市古籍普查与鉴定工作，积极组织全市古籍单位开展古籍修复与保护工作。"十二五"期间，完成八个区级图书馆及部分学校图书馆古籍普查和整理编目工作，共计整编古籍文献和民国图书 1120 种；修复国图等委托单位古籍和档案资料 16 种 90 册/件。完成第四批《国家珍贵古籍名录》的申报工作；对全市的古籍保护单位开展实地考察和指导工作；申报北京市哲学社会科学"十一五"补充课题"北京市古籍藏书历史与现状"；积极开展珍贵古籍再生性保护工作，建设"古籍珍善本图像数据库"等。

（六）积极推进未成年人文化服务与教育工作，提升与培养未成年人综合素质

在"十二五"期间，首次对少年儿童图书馆和康复阅览室进行全新的环境规划与服务设计并获得成功，成为国内首家面对全龄未成年人的公共图书馆。推出少儿文化品牌"首图动漫在线"《幸福四合院》《少年岳云》《少年司马光》等动画系列片。继续联合北京市各级教育部门、学校、家庭以及校外教育机构等，共同开展未成年人的文化服务和思想教育工作，依托北京市红领巾读书活动、全国少年儿童阅读年等品牌，组织符合未成年人身心发育特点的各项活动。截至 2015 年 11 月，少儿馆总流通人次达到 372.8 万人次，外借文献 208.4 万册，组织开展少儿阅读活动 2900 余场近 65.4 万人次参加。全市社会大课堂活动也在全市中小学、幼儿园的积极配合下有序开展。

（七）正式成立北京市文化志愿者首都图书馆分中心，大力开展志愿服务活动

2012 年 9 月，北京市文化志愿者首都图书馆分中心正式成立，建成含有专家志愿者、普通志愿者、青少年志愿者在内的志愿者服务队 46 支，注册志愿者 4618 人。服务内容及形式多样，包括读者活动、读者引导、文献交换等；以志愿服务为依托，推出了"心阅书香　天使之音"扶盲助残主题活动；组建了"语你相通"手语志愿者队伍。

（八）深化人事制度改革，加强队伍建设

着力提升队伍素质，进一步深化和创新了人事制度改革工作，人员结构明显改善、业务素质得以提高。截止到 2015 年年底共有员工 365 名，其中本科及以上学历人员 320 人，与"十一五"末期相比增长了 7.39%，高级职称 49 人（增长 48%）、中级职称 136 人（增长 20.36%），均比"十一五"末期有所增长。

（九）加大科研投入力度，提升整体科研实力

"十二五"期间，着重加强科学研究水平的提升，共有 15 个课题获得立项批准，其中国家社科基金项目 5 项，文化部课题 3 项、北京市社科基金课题 4 项。安排资金 17 万元，资助馆级 17 个课题用于基础业务和实践研究，在文献资源建设等方面取得了一系列研究成果。举办百年纪念系列活动之际，顺利首次召开国际学术研讨会；策划并组织了 2014 年年会北京分会场的主题论坛《图书馆公共服务体系的实践与探索——政府、馆员、志愿者及理事会制度》等。

（十）以文化推广为抓手，积极开展国内外交流与合作

以文化合作推广工作为重点，先后与白俄罗斯国家图书馆、德国科隆城市图书馆、法国蓬皮杜国家文化与艺术中心公共信息图书馆及法国里昂市立图书馆签署了战略合作协议，将在管理层互访、馆员交换、业务合作等方面开始深入合作。在对台工作中，拓展出一条在台湾公共文化设施（公共图书馆、大学图书馆、社区文化中心）中设立"阅读北京"图书专区，长期向台湾民众提供代表北京先进文化、城市发展和当代文明的最新出版物。以这种方式，引发文化共鸣和文化认同，并以此总结经验，向港澳、东南亚，乃至欧美地区推广。

二、首都图书馆事业发展面临的机遇和挑战

"十三五"时期,正是北京落实首都城市战略定位、加快建设国际一流的和谐宜居之都的关键阶段。北京市首次将加强全国文化中心建设规划列为市级重点专项规划,以加快落实新时期首都四个中心的战略定位。在文化转型和发展时期,首都图书馆作为北京市公共图书馆的中心馆,肩负着重大的历史使命和文化责任,面临着巨大机遇和直接挑战。

随着"互联网+"模式的不断扩张,数字技术已呈现出裂变式的发展。在促进文化与科技的融合的进程中,首都图书馆应顺应科技与文化的发展,着力打造"图书馆+"新业态,转变文化资源的发展模式,创新运用现代科学技术,促进文化与科技融合创新的载体与平台的建设。

北京市"1+3"公共文化政策的出台对加快构建北京市现代公共文化服务体系,推动基本公共文化服务实现标准化、均等化、社会化和数字化,保障人民群众基本文化权益做出了全面部署。首都图书馆作为龙头馆,应积极落实"1+3"政策,规划指导基层图书服务资源整合,搭建公共图书配送体系,开展业务标准及绩效评价体系的研究,加强北京市公共图书馆业务指导。统筹规划北京市公共图书馆总分馆制服务体系顶层设计,大范围开展优势互补与共建共享,提升服务效益与文献资源利用率,协同推进公共图书馆事业的全面发展。

京津冀文化事业的协同发展是京津冀协同发展国家战略的重要组成部分,将推动三地文化事业通过合作实现共赢,打造更大更宽的文化交流平台。首都图书馆作为文化协同发展一个重要组成部分,积极参与统筹规划,共同构建辐射毗邻地区的公共文化服务体系,共同探索公共文化服务体系新办法、新机制,实现三地公共文化资源流动和共享。要以互联网作为推手,推动要素的资源流动,依托特色资源,突出各自的优势,差异发展。要探索京津冀地区发展特色文化思路和互动机制,促进公共文化服务体系与文化创意产业融合发展。

三、首都图书馆"十三五"事业发展的指导思想和总体目标

(一) 指导思想

全面贯彻党的十八大和十八届三中、四中、五中、六中全会精神,深入贯彻落实习近平总书记系列重要讲话精神和治国理政新理念新思想新战略,围绕中央关于加快构建现代公共文化服务体系的决策部署,牢牢把握首都城市战略定位,牢固树立创新、协调、绿色、开放、共享的发展理念,以满足人民群众精神文化需求为出发点和落脚点,以丰富服务内容、强化资源整合、提高服务效能为重点,进一步推进全民阅读,坚定文化自信,秉持"以人为本、读者至上"的服务理念,促进基本公共文化服务标准化、均等化,推动公共文化创新发展,开辟首都公共文化服务新态势,加快建设全国文化中心。

(二) 总体目标

遵循公益性、基本性、均等性和便民性原则,积极推进法人治理结构建设,建立理事会制度。以"国内领先,国际知名"为目标,发挥首都图书馆的龙头作用,在"十三五"期间有效整合全社会公共文化资源,更好为全体市民提供引领性、参与性、推荐性、创新性和效益性服务,促进文化活力竞相迸发,全面提升公共图书馆服务水平。

落实北京市"1+3"公共文化政策,将乡镇街道基层图书馆(室)全部纳入"一卡通"服务体系。

推进北京市公共图书馆计算机信息服务网络、文化信息资源共享工程、数字文化社区、数字图书馆推广工程、全国古籍保护工程、基层文化资源整合等众多惠民文化工程建设与服务,提升全市公共文化数字化、信息化、均等化水平,引领全市公共文化服务转型和专业化,开展丰富多彩的"阅读北京"系列文化活动,以科学研究引领事业发展,将首都图书馆建设成为全民阅读的主阵地、公共文化的标志地、阅读活动的聚集地,深入推进北京文化的繁荣发展。

（三）重点发展指标（见表1）

表1 重点发展指标

指标名称	发展目标
馆藏文字资源总量（传统介质）	900万册
馆藏数字资源种类	不低于100种数字资源
年接待到馆读者数量	500万人次
年网站访问量	2000万次
年文献流通量	280万册
年解答参考咨询量	120万条
年举办读者活动	800场

四、首都图书馆"十三五"事业发展的主要任务

（一）切实落实"1+3"公共文化政策，高质量实现文献服务的均等化

1. 整合资源、统筹规划、科学布局，建成北京特色的总分馆模式。在健全机构、完善机制、明确职责的基础上，扎实有序推进基层图书服务资源整合工作，指导四级公共图书馆网络业务建设和读者服务。将原有益民书屋纳入公共图书馆服务体系，建立基层图书室考核和绩效评价机制。重点提高现有基层图书室特别是社区（村）图书室的利用率，指导社区基层图书室合理布局。争取在"十三五"期间，将全市340余家街道（乡镇）图书馆纳入"一卡通"服务，更好地发挥公共文化资源在基层文化建设中的利民惠民作用。5000余家社区（村）图书室逐步纳入各区级图书馆服务运行体系，实现区域内"一卡通"服务。

2. 完善"一卡通"服务，建设高质量的文献信息资源体系。采取统一

规划、统一运作、统一管理、统一服务、统一发展的"五统一"管理模式，统筹规划公共图书馆总分馆服务配送的运行方式，指导各馆建设特色馆藏，开展流动图书配送，搭建数字图书资源输送平台，优化24小时自助图书馆服务程序。继续发展街道、乡镇图书馆加入"一卡通"服务，提升通借通还服务的覆盖范围，强化服务对接。

（二）创新管理体制和服务方式，促进服务效能的发挥

1. 积极推进法人治理结构建设，建立以理事会为主要形式的法人治理结构，健全决策、执行和监督机制，提升图书馆水平和服务效能。

2. 继续探索政府购买公共文化服务工作方式，吸引社会力量参与办馆。以项目购买的方式，为读者提供多元化的文化服务。培养志愿服务人才，吸引社会力量参与图书馆建设。

3. 增加新技术应用，深入分析社会需要和用户需求，提高服务创新能力。开展基于大数据的科学研究，建立大数据采集工作平台，优化资源建设质量，创新用户服务功能，提升用户使用体验。

4. 创新服务方式，在现有服务技术及手段的基础上，创新服务意识，提升服务技能，完善服务策略，优化服务内容和服务形式，通过现代化信息技术不断拓展图书馆服务广度和深度。

5. 开发文化创意产品，充分利用馆藏资源，挖掘文化元素和内涵价值，开发弘扬中华优秀传统文化、反映时代精神的文化创意产品，增强大众的文化体验感，提升文化创意产品附加值。不断培育文化创意品牌，参与文化创意推广和展示活动。

（三）加强文献信息资源的采集、保存及管理，提升文献信息资源保障能力

1. 丰富文献资源的数量和种类，争取购书经费每年持续增长。在保障入藏文献品种的基础上，到"十三五"末期实体文献总量达到900万册件。发挥地方文献等特色资源采购的优势，拓宽采访渠道，保持北京地方文献图书资料的全面性、系统性。

2. 落实"1+3"公共文化政策，完善和落实科学合理的文献入藏方针。推动市、区级公共图书馆文献信息资源总量持续稳步增长，努力实现全市居民人均拥有图书册数的增长。

3. 加强文献资源的组织序化工作。基于统一的业务管理系统，发挥北京市联合编目中心在全市公共文化服务体系中的职能，实现北京市公共图书馆书目数据共享。完善现有馆藏的书目数据数字化工作，提升文献信息资源利用率。

（四）加强数字资源建设，提升北京市公共服务数字化信息水平

1. 合理配置数字资源，保证数字资源采购工作的科学化和规范化，优化图书馆资源配置和数字资源结构，完善数字资源采购和评价机制。重视和加强北京地方特色资源的建设，将北京市三个文化带纳入数据库建设重点，逐步构建与北京社会信息需求相适应的文献信息资源体系。

2. 完善数字资源服务模式。借助新媒体技术手段，探索全方位的数字资源服务，着力建设移动客户端与微信服务号；通过开展丰富的读者活动，着力提高数字资源宣传推广的精准性。规划和设计数字资源服务空间，提升公共图书馆的知识服务能力和竞争力。

3. 积极推动数字资源的共建共享，完善和加强各级公共图书馆数字资源建设和服务的协调合作机制。以国家重点数字文化工程为基础，建立全市公共图书馆资源共建共享平台，鼓励和支持各级公共图书馆，尤其是基层公共图书馆开展数字资源整合和服务延伸工作，建立多地域、多层次、多类型的资源及服务互补与共享机制。推进与国家图书馆、NSTL、BALIS 等其他社会机构的共建共享工作。

4. 加强图书馆业务信息管理平台、公共数字文化支撑平台建设，为图书馆各项业务开展提供平台保障。继续部署"ALEPH500 图书馆信息管理系统"，升级互接网接入带宽至 1T，实现首图 A、B 两楼数据备份，提高异地灾备能力。实现首图与各区级馆业务数据及数字资源传递。

（五）以优秀品牌为引领，推动图书馆创新性发展，打造"阅读北京"城市文化名片，推动全民阅读深入发展

1. 进一步加强"阅读之城""北京记忆""文化志愿服务""北京市红领巾读书活动""首图动漫在线"等已有品牌建设；继续深化未成年人的服务项目和品牌。每年精心筹备和开展"阅读北京"工作，为北京市政府、北京市文化局打造好这张城市名片，深入推进全市阅读推广工作和文化北京建设工作。

2. 积极引导和培育市民阅读习惯。依托"市民读书计划"、北京换书大集、北京市红领巾读书活动等全市性大型阅读推广活动，深入推进全民阅读工作，特别是面向少年儿童的阅读推广工作；不断创新阅读服务形式，积极利用现代信息技术手段助力全体市民方便快捷地获取首图的信息服务，使首图成为培育市民阅读习惯的一支力量。

3. 加强"文化志愿服务"品牌建设。通过多种途径大力宣传文化志愿服务理念，努力营造支持和参与文化志愿服务的浓厚社会氛围。完善北京市公共图书馆文化志愿服务总队建设，组织各分队开展形式多样的文化志愿服务项目。建立人性化的志愿者激励、鼓励制度。加大社会资源整合力度，推动志愿服务事业持续、健康、科学发展。

4. 发挥文化志愿服务扶贫的平台作用，改善贫困地区图书馆图书资源匮乏短缺现状，联合相关机构向贫困地区图书馆开展图书捐赠活动。推进开展扶志扶智系列活动，组织专业的文化志愿者队伍，前往贫困地区图书馆进行"智力"帮扶，打造文化精准扶贫模式。

（六）深入推进全国重点文化工程，构建城市公共文化服务体系

1. 完善文化共享工程服务体系，以国家公共文化数字支撑平台为基础，构建区级公共数字文化服务管理平台。整合汇聚优质数字文化资源，重点实施北京地方特色资源建设；做好全国公共文化发展中心下达的科技部"公共数字文化全国共享服务关键技术研究与应用项目"国家级示范点的工作，推进首图数字文化社区样板间的功能改造与提升；加强基层服务点的运行维护，改善提升文化共享工程基层服务点的服务能力；持续推进公共电子阅览室建设计划（数字文化社区），深入开展社会化合作，引导社会力量参与公共电子阅览室建设；推动中华优秀文化海外数字传播，提升公共文化服务对外交流水平。

2. 积极推进北京市数字图书馆推广工程建设进程，在国家图书馆的指导下，参与建设分布式公共文化资源库群，搭建以各级数字图书馆为节点的数字图书馆虚拟网，建设优秀的中华文化集中展示平台、开放式信息服务平台和国际文化交流平台。

3. 切实履行北京市古籍保护中心的职能，全面推进中华古籍保护计划和民国时期文献保护计划。加速开展市属古籍普查登记工作，编辑出版《全国古籍普查登记目录》北京地区各系统分卷，推进《中华古籍总目 北京卷》的编纂工作。积极筹备建立北京市古籍修复中心，推进对古籍的分级管理、保护措施和业内交流合作。进一步开展古籍再生性保护，加快古籍数字化工作进度。继续开展民国文献保护计划，完善数据库建设。加强古籍文献和民国文献的整理、研究、出版和利用。

（七）力争完成首图通州新馆和战略书库的建设

1. "十三五"期间，配合市政府和北京市文化局，完成首图通州新馆的前期调研、规划和建设工作。通过对通州区整体功能的转换，确定新馆建设目标，完成新馆建设及搬迁工作，将其建设成为国际一流的公共图书馆。

2. 根据文化部关于鼓励有条件的地区建设本地文献储备设施的意见，及北京市各类型图书馆文献藏量的现状，着手战略书库规划和建设，在实现文献战略保障的基础上，解决文献增加带来的保管压力。为分级分布、共建共享的文献战略储备体系打下坚实基础。

（八）推动京津冀文化协同发展，深化交流合作

全面落实《京津冀协同发展规划纲要》及北京市的贯彻意见，创新合作模式与共建共享机制，促进公共文化服务标准化均等化。深化重点合作项目，构建高效的协同运行方式与协调机制，制定各项规章制度，推动公共文化一体化发展。在京津冀图书馆联盟协议的基础上，加强文献信息资源共建共享，推动京津冀三地文献信息资源、读者活动和社会教育职能的持续稳步增长和公共文化服务的协同发展。

（九）加强学术研究的水平，增强专业竞争力

1. 加强专业能力建设。为提高图书馆整体服务水平，积极采用各种方式鼓励员工进行专业知识、业务技能的学习，提升专业水平。

2. 鼓励和引导员工开展学术研究。以青年论坛等活动为契机，鼓励与业务工作相结合的学术研究活动，锻炼人才，提升学术水平和地位。

3. 健全科研管理机制。完善科研管理制度，建立对科研项目的动态跟踪管理机制；充分发挥首都图书馆学术委员会对科研项目选题、立项、研究和验收等全过程的监督和指导作用；建立科学合理的科研成果评价和表彰机制。

4. 积极参与中国图书馆学会等行业机构组织的各种学术交流与工作交流，组织地区性或全国性的学术研究活动，增强各地区图书馆的协作和交流，促进学术进步。

5. 充分利用首都人才资源蓄水池的优势，有计划、分步骤地将首都城市发展急需的各领域的专家学者，为首图事业发展以及首图承担的立法决策等项目提供智力支持。

（十）积极开展国际交流合作，提高国际影响力

1. 策划开展国际交流活动。利用首都作为国家文化中心及对外交流中心的优势，持续推进"阅读北京"和"一带一路"合作建设项目。

2. 积极参加国际图联等国际性组织召开的活动，参与国际图书馆界的业务研讨和交流活动。认真落实首都图书馆与国外图书馆开展合作交流工作项目，组织短期境外培训，学习和借鉴国际先进的管理模式和实践经验，培养和造就兼具国际视野与创新精神的高素质人才。加强与文化部、外事等部门的沟通合作，拓展公众交流活动，持续推进图书交换、展览、讲座等文化交流活动，加强交流深度与广度。

五、首都图书馆"十三五"事业发展的保障措施

（一）以政策措施为依据制定规划

落实国家和北京地区"1+3"公共文化政策要求，率先建成公共文化服务体系，进一步彰显全国文化中心地位。以问题为导向，分析事业发展的经验和趋势，发挥公共图书馆服务体系建设中的引领和示范作用，明确重点任务和改革举措，研究公共图书馆体系的建设规划与发展前景，制定具有前瞻性、针对性和可行性的规划。

（二）以机制改革为依据完善管理

深化机制改革，进一步提高管理水平，推动形成责任明确、行为规范、富有效率、服务优良的运行机制，营造良好的事业发展环境。以科学管理为基础，深化改革，健全和完善工作制度，建立有效机制，规范财务、国有资产管理和审计工作，加强对重点项目的绩效评估制度，落实各项督促检查工作，强化考核评价制度，以实现全面规范化、标准化、科学化的管理。

（三）以事业发展为目标培育人才

以全员能力建设为起点，通过多种形式和途径，加强人才队伍的培训，全面提升人才队伍的素质。加强干部队伍和业务骨干队伍建设，奠定

事业发展基础。建立健全考核评价激励机制,充分调动人才的积极性和创造力。加强思想政治、业务学习、实践教育等各方面的培训工作,促进干部和馆员素养的全面提升。

(发布日期:2016年12月)

天津图书馆"十三五"发展规划[①]

"十三五"时期,是天津图书馆转型发展的关键时期,也是实现跨越式发展的战略机遇期。科学制定并实施好我馆"十三五"规划,对于提升天津市图书馆事业发展水平,保障我市公众的基本公共文化权益,推进我市公共文化事业发展,具有十分重要的意义。根据《天津市"十三五"规划编制工作计划》要求,特编制《天津图书馆"十三五"发展规划》。

一、指导思想

以马克思列宁主义、毛泽东思想、邓小平理论、"三个代表"重要思想、科学发展观为指导,全面贯彻落实党的十八大,十八届三中、四中、五中全会和习近平总书记系列重要讲话精神,紧紧围绕"五位一体"总体布局和"四个全面"战略布局,坚持"五大发展理念",以社会主义核心价值观为引领,秉承"读者第一,服务至上"的办馆宗旨,坚持"馆藏丰富,管理科学,环境优美,服务文明,读者满意"的质量

[①] 本规划由天津图书馆授权收录。

方针,按照公共图书馆服务"公益性、基本性、均等性、便利性"的基本要求,进一步提高我馆文化服务水平和能力,努力推进我馆工作实现新跨越,为传承弘扬中华优秀传统文化、加快构建现代公共文化服务体系、实现"两个一百年"奋斗目标和中华民族伟大复兴"中国梦",提供强大的文化支持。

二、天津图书馆"十三五"时期主要目标

1. 坚持以人为本,秉承"读者第一,用户至上"的办馆方针,将我馆建设成读者的"学习空间""交流空间""人文空间""休闲空间"和"绿色空间"。

2. 改善服务态度,丰富服务内容,拓展服务领域,增强服务手段,提高服务水平,读者综合满意度明显提升。

3. 全面推进京津冀公共图书馆协作联盟建设,在全市公共图书馆系统形成"以上带下、以强带弱、上下联动、资源共享、协同发展"的文化建设新格局。

4. 建设具有天津地方特色的文献收藏体系,协调好纸质文献资源和数字资源,发挥我馆全市信息资源保障中心的作用。

5. 以数字图书馆建设为基础,全力推进我市各公共图书馆智能化建设,利用"互联网+"技术,全面提高我市各公共图书馆应用新技术的水平和能力。

6. 积极推进"文化信息资源建设工程""数字图书馆推广工程"和"公共电子阅览室建设"等文化工程建设。

7. 推进我市公共图书馆规范服务和标准化体系建设,探索建立我市公共图书馆地方服务标准体系。

8. 完善古籍分级保护机制,形成可持续发展的古籍文献资源保障体系。

9. 建设一支年龄结构合理、专业门类齐全、团队意识较强,有强烈进取精神的人才队伍。

10. 积极开展文明创建工作，继续保持"全国文明单位""全匡一级图书馆"等荣誉称号。

三、天津图书馆"十三五"时期的主要任务

"十三五"时期，是实现第一个百年奋斗目标、全面建成小康社会的决胜阶段，也是深化文化体制改革、加快构建现代公共文化服务体系的重要时期。我馆应牢固树立"五大发展理念"，把创新作为引领我馆发展的第一动力，把协调作为我馆持续健康发展的内在要求，把绿色作为我馆永续发展的必要条件，把开放作为我馆繁荣发展的必由之路，把共享作为我馆改革发展的根本目的。牢牢把握"五大战略机遇"，准确把握战略机遇期内涵的深刻变化和实践要求，聚集发展新要素，培育增长新动力，优势做优、强项做强、特色做特。必须始终坚持解放思想、实事求是、勇于担当、主动作为，坚持社会主义先进文化前进方向，坚持以读者为中心的工作导向，坚持把社会效益放在首位，坚持用邓小平理论、"三个代表"重要思想、科学发展观和习近平总书记系列重要讲话精神武装全馆、教育职工。深入开展中国特色社会主义和中国梦宣传教育，培育践行社会主义核心价值观，传承优秀传统文化，要适应新形势，研究新情况，解决新问题，弘扬"天图精神"，树立"天图人形象"，凝聚天图人力量。

（一）加强党建工作，充分发挥党的领导核心作用

1. 学习贯彻落实习近平总书记系列重要讲话精神，把学习宣传习近平总书记系列重要讲话精神引向深入，切实领会精神实质，内化于心，外化于行。把学习讲话精神作为党委中心组学习的重要内容，纳入干部培训计划。深化中国特色社会主义和中国梦宣传教育，推动践行社会主义核心价值观，形成培育和践行社会主义核心价值观长效机制。

2. 坚持"党管干部"的原则，深入开展"三严三实"专题教育活动，加强领导班子和干部队伍建设。通过深入推进"三严三实"专题教育活动，优化领导班子知识结构和专业结构；进一步加强干部队伍建设力度，

突出正确用人导向，继续深化干部选任制度建设，积极推进干部交流。加强后备干部队伍建设和干部管理监督，改进干部教育培训，提高培训质量。注重培养选拔政治强、懂专业、善治理、敢担当、作风正的年轻干部。

3. 加强制度建设。继续严格遵守"三重一大""三会一课"等一系列制度规定，认真履行两个责任和"一岗双责"制度，坚持依法行政，依规办事。注意针对实际工作中出现的新形势和新问题，及时修订补充相关制度规定，不断完善制度体系。

4. 加强党风廉政建设和反腐败斗争。按照"党要管党，从严治党"的要求，严明党的纪律和规矩，加强领导班子和领导干部政治纪律、组织纪律和廉政纪律建设。全面落实党风廉政建设主体责任和监督责任，细化责任内容。强化权力运行的监督制约，进一步推进党风廉政教育，深入推进惩治和预防腐败体系建设，构建不敢腐、不能腐、不想腐的有效机制，为我馆的健康发展营造良好政治生态。

5. 巩固和拓展党的群众路线教育实践活动成果。严格执行密切联系群众等作风建设，形成作风建设新常态。落实中央八项规定、市委市政府有关规定和市文广局相关规定精神，坚决纠正"四风"问题。组织开展"解放思想，文化创新"大讨论活动，探索读者服务工作的新理念、新途径、新举措。

（二）围绕转型升级，推动我馆实现跨越式发展

1. 创新办馆理念，坚持"以人为本"和"主动服务"的办馆理念，充分体现我馆公共文化服务的职能。在服务理念上，顺应数字化、网络化时代要求，要在创新上下功夫，提高服务效能，实现服务效益的最大化。

2. 建设多元结构的资源体系，满足用户个性化和深层次需求。资源建设重心从偏重纸质资源向纸质资源与数字资源并重、传统数字资源与原生数字资源并重的方向转变，建立我馆转型发展的资源保障体系。

3. 转变传统服务方式，从"以文献为中心"的服务模式向"以需求为中心"的服务模式转变，服务重心向知识服务转变。在做好基于纸质文

献借阅的传统服务的基础上，充分发挥我馆资源整合、开发、挖掘等方面的优势，加速向"服务内容知识化、服务方式集成化、服务手段智能化"等新型方式转型。完善数字资源服务平台，加强移动数字服务能力，着力搭建我馆创新转型服务平台。

（三）坚持需求导向，提高馆藏资源建设水平

1. 加强馆藏建设，夯实服务基础

充分利用 12 万平方米的馆舍面积、5700 多个阅览座席、700 万册以上馆藏文献的优势，实行全天候、全免费、24 小时自助借还书服务，网络宽带 1000（Mbps），无线覆盖达 100%，图书管理实现了智能化；年均采购新书 10 万册，复本量控制在 2 本以上。继续保持每年读者流通人次和文献外借量正增长，努力实现年数字资源借阅总次数占年各类文献借阅总次数的 50% 以上，读者满意率保持 90% 以上。

2. 加强基础文献资源建设

建立"用户需求"驱动的文献资源建设模式，根据读者需要调整文献采访方针和采访计划，保障广大读者对常规文献的阅读需求。按照市财政局"目录招标"和《天津图书馆文献资源采集条例》《天津图书馆采购工作管理办法》的要求，根据全国 780 余家出版社已出版的目录，针对不同读者的需求制订不同的采购目录，保证我馆基本藏书的完整性与延续性。中文图书采购以现采为主，通过参加全国性的书展，集中重点出版社，减少采购次数，提高效率。继续邀请优秀读者参与选书，丰富书刊品种的采购，保证采购新书及复本的合理化。

3. 按照《中国图书馆分类法》等相关标准和规范，做好文献分编工作

利用新知识对多种载体、多种类型的文献信息资源进行深度揭示。坚持按月配置新书，报纸到馆当天提供读者阅读，期刊到馆后及时提供读者阅读，数字资源安装更新后，即时提供读者阅读，最大限度地提高文献利用效率，满足读者的借阅要求。

4. 加强数字资源和数据库建设，建立健全我市数字资源保障体系

全力推进馆藏资源的数字化工作，适时调整纸质文献和数字资源的采购结构，逐步提高数字资源采购经费的比例。

继续建设更新"馆藏缩微文献影像数据库""音乐图书馆讲座专题库""永葆先进性"等数据库。继续组织实施文化部科技创新项目"缩微文献影像数据库的建设标准"中的"馆藏缩微文献影像数据库"（二期）的建设工作。将扩大我馆"缩微文献影像数据库"建设规模，进一步完善"缩微文献影像数据库建设规范"，努力实现全国范围内缩微文献资源的共建共享。

5. 加强地方文献建设工作

通过采访、征集、复制、呈缴、赠送等多种途径，确保天津地方文献入藏的系统性和完整性。

（四）着力协调发展，增强服务效能，实现信息资源的共建共享

1. 全面推进京津冀公共图书馆协作联盟建设

（1）京津冀公共图书馆协同发展既是国家重大发展战略的要求，又是三地图书馆事业发展的现实需要；既面临着空前有利的机遇，又存在着亟待解决的突出问题。"十三五"时期，我馆要紧密联系党和政府确立的优化区域发展布局、打造新的经济增长点，实现中华民族伟大复兴和"两个一百年"奋斗目标重大国家战略，从国家战略的高度充分认识领会京津冀公共图书馆协作联盟发展的重大意义和作用。要在宏观政策的强力支持下，做好京津冀三地图书馆科学的发展规划、完善协作机制、有序组织实施、扎实推动、循序渐进、协同发展，确保取得切实的效果。要紧跟时代步伐，充分履行自身职责与使命，积极顺应并融入这一历史潮流，一方面主动服从与服务于京津冀文化协同发展大局；另一方面加快三地图书馆业界的交流协作、融合发展。

（2）深入贯彻落实中央提出的《京津冀协同发展规划纲要》和《京津冀三地文化领域协同发展战略框架协议》文件精神，明确三地公共图书馆

的发展方向与发展路径，完成联盟的顶层设计与制度制定。根据三地资源的特点、类型，制定统一的管理标准、技术标准和服务标准，完善相应的规章制度和联盟共建共享机制，推进联盟共建共享体系建设，为联盟的高效运行提供更有效的制度保障。

（3）正确处理好联盟内各种实际问题，本着"平等协商""互利互惠""优势互补"和"资源共享"的原则，广泛开展联盟内各项工作。

（4）完善协作平台。研发三地图书馆联盟协作平台，逐步在多媒体服务、特色资源共享、推送服务、在线互动等方面实现一体化，做到不同业务平台的无缝跨库检索，实现三地图书馆的业务融合、资源平台搭建、资源整合建设、资源服务共享平台等。

发挥我馆"国家级古籍保护人才培训基地"的作用，积极开展京津冀古籍修复人才交流与培训，筹建京津冀三地地方文献阅览室，积极参与承接京冀两地古籍修复项目；联合京冀二地以冬奥会为契机，搭建以冬奥会为主题的数字资源协作平台开展各项活动，促进京津冀三地公共图书馆的协同发展。

（5）拓展协作的力度。本着先易后难、逐步深化的原则，在初步建立讲座联盟、展览联盟的基础上，进一步加强服务交流，协同发展，全面合作。逐步完成馆际文献互借、读者活动、参考咨询、人才培训、编目、信息资源共建共享、数字服务融合、跨系统服务融合、服务体系构建等深层领域拓展。拓展人才学习、交流途径，有计划地开展业务骨干挂职学习。

2. 确立图书馆与互联网虚拟图书馆互联互通、共建共享服务体系

打造我市图书馆云服务平台，提高信息化应用能力。充分应用"互联网+"技术，建立"云阅读"体系。通过互联网、数字电视网、移动通讯网等途径，构建全市统一的"文化中心""资源中心"和"大数据分析中心"。

3. 提升我市公共图书馆通借通还服务能力

在市、区两级公共馆实现通借通还的基础上，推进通借通还范围内成员馆与我馆 ALEPH 系统并轨工作，建立基于 ALEPH 系统的天津公共图书馆总分馆模式。加强成员馆 ALEPH 系统应用的规范与培训，并开发相应管理程序，为通借通还工作的管理提供更加科学的分析材料，为我市少年儿童图书馆通借通还提供技术支持保障。

（五）着力开放服务，加强阅读推广，推动全民阅读

1. 发挥品牌优势，满足广大市民的文化需求

进一步发挥"海河大讲堂""海津讲坛"名牌讲座优势，将二者努力打造成我市文化服务的一张名片。继续组织开展"天津历史大讲堂""音乐大讲堂""数字图书馆深度游"等公益性讲座，打造新的服务品牌。组织开展"牵手残疾人，走进图书馆""民国文史客厅""优秀书刊漂流阅读""知书堂""暑期图书馆行""新城市子弟走进图书馆"等多项读书活动和宣传推广工作。创新讲座形式，丰富讲座内容，扩大讲座影响，服务更多读者。

2. 加强阅读推广，打造书香天津

（1）结合重要节日或社会热点，加强阅读推广，开展形式多样的全民阅读活动。"十三五"时期，承办全市公共图书馆读书展示活动比赛，开展"天图悦读会""海津讲坛"等品牌活动，联合各区公共馆开展"海津讲坛"下基层活动，通过各区馆再将讲座引向部队、社区、企事业单位，使普通百姓受益。继续凭借微信平台，推出形式更加多样、内容更加丰富、互动性更强的答题活动。

（2）充分发挥音乐图书馆的职能作用，将继续与天津音乐学院合作开展音乐大讲堂系列音乐讲座。同时，将不断拓展渠道与我市及国内外更多的音乐教育机构、演出团体及艺术家建立长期合作关系，注重为城市弱势群体提供音乐普及活动；推出内容丰富的系列音乐讲座及主题音乐活动。

（3）充分利用"网上读者荐书平台"，增加外文图书网上荐书新功能，满足读者多语种的文献资源的需求。丰富我馆微信平台微阅读资源，在推送内容中增加天津市文娱活动、惠民微讯、网言网语、馆藏精品和经典文化等内容。

(4）发挥视障服务区、少儿服务区阵地优势，与天津法语联盟、市残联合作做好弱势群体阅读引导工作，连续举办"牵手残疾人 走进图书馆"活动。继续深入打造"知书堂"读者活动品牌，计划组织多场少儿活动，培养小读者的阅读兴趣，达到寓教于乐的目的。

（5）继续举办"新城市子弟走进图书馆"活动，邀请外来务工人员子弟参观我馆三个馆区，进行阅读体验活动。海河教育园馆区将继续努力做好园区各院校新生集体办理团体读者证工作。

（6）继续开展专题书展、画展、新书推荐等形式多样的展览活动，积极营造全社会全民阅读氛围。

（六）着力创新发展，延伸服务领域

1. 进一步加强分馆和服务网点建设，提高分馆和服务网点建设水平，丰富分馆和服务网点资源类型和服务手段，提升服务水平，逐步建立起纸质资源与数字资源相结合、传统借阅与新媒体服务相结合的服务模式。加大对社区图书馆的支持力度，完善流通网点建设。

2. 拓展服务领域，积极开展服务进机关、进企业、进社区、进学校、进军营等活动，根据各单位具体情况，提供面向不同群体的、有针对性的服务。

3. 继续深入开展"星级服务"，提升服务水平。按照星级服务标准和工作规范开展工作，完善监督与投诉管理办法，健全服务标兵评选和表彰办法；提高馆员素质，提升服务水平。

4. 继续实行"百姓选书我买单"的服务举措。进一步优化馆藏文献资源配置，提高馆藏质量和服务水平，更好地满足读者文化需求。

5. 积极推进文化精准扶贫。立足我国部分贫困地区公共文化服务现状，以国家级贫困县为重点，在资源、技术、人才等领域，加强对贫困地区公共图书馆的扶持力度。

（七）着力提升专项服务，提高办馆水平

1. 做好文化部第六次全国公共图书馆评估定级筹备工作。2017年，我馆将迎来文化部公共图书馆第六次评估工作。馆领导要全面谋划，周密安

排、制定工作计划；要成立以馆长、书记为组长的专项领导小组，合理分工、专人负责。要依靠群众，广泛动员，对照第六次"省级图书馆评估标准"，从评估指标具体要求入手积极开展自评筹备等工作，认真准备。要以评促建，评建结合，重在建设，改善办馆条件，改进业务工作，提高办馆水平。

2. 利用我馆丰富的馆藏资源，为社会各界提供深层次信息服务，重点为我市政治、经济、教育、科研等领域服务，加大信息服务的人力和资源保障力度。

3. 利用我馆的数字资源、人力资源，为市委市政府及各级党政机关的决策工作提供信息参考，强化决策咨询服务职能。

4. 积极开展与相关单位在科技查新领域的合作，加强查新中数字资源的保障力度，力争在参考咨询和科技查新工作上有新的突破。

5. 筹建舆情监测软件平台，提高舆情信息监测工作的质量和水平，保证舆情监测工作的及时性，提高信息报送质量。

6. 运用大数据技术，实时开展信息采集、抽取、挖掘及处理，为各类信息服务系统提供数据输入，根据用户需求，开展专深的专题信息服务，提高信息服务的层次和深度。

7. 做好《图书馆工作与研究》杂志的出版发行工作。要坚持"双百"和"二为"方针，坚持三审三校制度，严把政治关和质量关；要在封面设计和栏目上有所突破；要在保持以往取得荣誉的基础上，努力办出风格、办出特色、办出水平。

（八）着力共享发展，完善我市公共文化服务体系

1. 加强资源建设，推进文化信息资源共享工程建设

（1）立足天津地方特色资源建设整体框架的构想，大力加强历史文化、地方文化、音乐文化和数字文化四大主题文化资源建设。"十三五"期间，完成全国文化信息资源共享工程地方特色资源《天津市非物质文化遗产》系列专题片（一期）34集专题片的拍摄制作工作。该系列专题片

（二期）也要通过调研及专家论证、资料搜集整理和各子系列专题片文案撰写与拍摄制作工作。《天津文化》系列专题片和《津沽文化》37集系列专题片拍摄项目，力争通过文化部全国公共文化发展中心组织的项目评审和立项。

（2）利用共享工程专项资源建设资金，为基层文化站购置技术设备，实现设备和服务的全覆盖，拓展多终端服务能力，提升共享工程服务水平。借助移动互联网、网络电视等最新信息技术手段，充分发挥共享工程资源的服务效能。

（3）推进公共文化数字支撑平台建设。通过网络、电视、移动触摸屏等多媒体渠道大幅提升数字资源传播服务效率，推出丰富多彩的文化特色应用。继续完成公共文化服务云平台天津馆特色应用系统的建设工作，完成全部天津市公共文化数字支撑平台的建设工作。

（4）继续提升数字化服务与管理能力。依托文化共享工程已有服务网络、技术平台和数字资源，利用数字化手段，推动传统服务模式向现代服务模式转型的进程。

（5）进一步做好中国政府公开信息整合服务平台天津分站元数据著录工作。我馆政府信息查阅服务中心继续参与"数字图书馆推广工程数字资源联合建设—中国政府公开信息整合服务平台"天津分站著录工作，做好"十三五"时期政府信息的著录、整理、上传快照等工作。

2. 完善软硬件设备，继续推进数字图书馆推广工程建设

（1）完成全市数字图书馆推广工程软硬件平台的建设工作，为我市区县、社区和行业图书馆的软硬件平台建设提供必要的指导和支持。

（2）积极开展全市数字图书馆推广及培训工作，指导各区公共馆开展各类特色资源建设，并从数字化设备、资源选题、加工、著录、发布、存储以及规范外包加工上对参与建设的区县馆进行培训，全面提高我市公共图书馆大规模数字化的能力。每年开展面向全市公共图书馆的数字图书馆推广工程宣传推广和培训工作，努力提升我市数字图书馆从业人员的专业水平。

— 119 —

（3）提升我市数字图书馆推广工程服务能力。组织全市各区公共馆开展数字图书馆推广工程资源建设工作，确保完成"天津图书馆自建特色资源元数据"建设、1949年后的地方文献的扫描和全文数字化工作、政府信息公开数据的制作、网事典藏专题网站的抓取存档、专题数据库的建设、图书馆公开课的制作。在利用现有渠道开展数字资源服务的基础上，积极拓展数字图书馆推广工程的服务方式，提高服务水平。积极推进我市公共图书馆数字资源的"统采统购、统一认证、统一检索"，进一步满足广大市民的数字文化需求。

3. 着力提供公共数字文化服务，推进公共电子阅览室建设

（1）继续完善我市公共电子阅览室管理系统功能和数据对接工作，建立健全维护保障机制，确保服务和管理数据的一致性。

（2）继续推动公共电子阅览室服务设施及效能的创新和提升，广泛调动基层公共电子阅览室的工作积极性，全面提升我市公共电子阅览室的建设与服务水平。

（3）进一步加强我市公共电子阅览室建设培训，采取网络讲座、现场授课、上机操作等方式，提高培训效果。

（九）大力推进我市公共图书馆标准化体系建设

1. 立足顶层设计，根据国家基本公共文化服务指导标准，依托全国图书馆标准化技术委员会等标准化组织和行业协会，加强我馆标准化研究工作，着力开展我馆相关标准项目的申报和制订工作，规范我市公共图书馆社会化服务的操作流程，确保公共图书馆服务达到标准化要求。

2. 继续推进信息资源标准化建设。建立统一的计算机信息网和分布式馆藏文献统一导航系统，研发和采用电子资源保护技术，保障资源权利方权益，研发并在联盟网站上采用统一的数字资源获取系统。

3. 加强各区县图书馆服务标准化建设，全面提升办馆水平和服务质量，推动区县图书馆从传统管理模式向质量管理模式转变。

（十）着力强化质量管理，全面提升综合管理水平

1. 完善质量管理，加强质量管理检查和内部审核，建立更加规范的服务标准和更加科学的绩效考评体系，推进我馆质量管理工作持续走向深入。

2. 健全我馆理事会制度。通过建立分权制衡、运作独立、公开透明的图书馆法人治理结构，实现我馆决策的科学化、民主化。加强对我馆各项工作的监督管理，推动我市图书馆事业健康有序地发展。理事会人选面向社会公开遴选产生，涵盖政府职能部门、业界专家、知名学者、读者代表、图书馆管理层和职工代表，其中社会代表占理事总数的1/3；逐步建立健全我馆理事会制度下的各专业委员会等组织。

3. 规范财务管理，防范财务风险。坚决执行有关财经法规制度，合理使用各种专项经费，严格控制"三公"经费和其他支出，确保财务工作规范高效。

4. 加强民主管理，提升工作凝聚力。强化民主与监督机制，进一步加强工会和团支部组织建设，继续实行党务公开和政务公开，实现决策管理程序化、民主化和科学化。

（十一）弘扬传统文化，全面推进我市古籍保护工作

1. 完善古籍保护工作机制，充分发挥天津市古籍保护工作局际联席会议制度的作用，健全部门间长效协作机制；建立天津市古籍保护工作专家委员会制度。增加天津市古籍保护中心编制和人员配备。完善古籍保护工作长效机制。

2. 做好古籍普查登记工作建立长效的国家古籍登记制度。协同"第一次天津市可移动文物普查"工作，完成天津市古籍普查工作，形成系列古籍普查登记成果。力争完成《天津市古籍普查登记目录》和《中华古籍总目·天津卷》的出版工作。

3. 完善古籍分级保护制度。继续组织天津地区各级图书馆申报《国家珍贵古籍名录》及"全国古籍重点保护单位"工作，进行天津地区《珍贵

古籍名录》、"古籍重点保护单位"申报评审工作。建立天津市《珍贵古籍名录》及"古籍重点保护单位"申报评审制度和珍贵古籍安全保障体系建设制度。

4. 改善古籍存藏环境。全面推动天津地区各馆古籍库房标准化建设。依据国家标准《图书馆书库基本要求》（GB/T 30227—2013），利用好国家和本市财政拨付专款，实现天津市古籍重点保护单位保存环境全面达标。建立完善的古籍保管、流通等管理制度。拟在我馆建设一个符合国家标准的古籍寄存书库，将不具备古籍存藏条件单位及个人收藏的古籍进行集中寄存，在保证各单位及个人古籍所有权的基础上，对古籍妥善管理。

5. 加强古籍保护人才队伍建设。完善古籍保护人才制度化建设和古籍保护人才发展长效机制建设。建立多层次、多渠道培养优秀古籍人才队伍的培养模式，推动人才队伍素养全面提升。组织开展"天津市古籍保护人才培训基地项目""国家级古籍修复技艺传习中心（附设传习所）人才培训建设项目"和"高等院校（科研院所）合作培养人才项目"。充分调动社会力量促进人才培养工作。

6. 深入开展古籍修复工作。建立完善国家级古籍修复中心的管理制度，积极准备第二批国家级古籍修复中心的申报工作。建立古籍修复技艺传承人传艺机制，抢救修复一批国家珍贵古籍。完成"国家级古籍修复中心建设项目""国家级古籍修复中心古籍保护实验室建设项目"和"国家珍贵古籍修复项目"。

7. 加强古籍数字化和整理出版工作。积极参与国家珍贵古籍数字化工作，组织开展由国家古籍保护中心建立的"中华古籍数字资源库"工作。以天津市 300 部"国家珍贵古籍数字化"为基础，加大善本古籍的数字化进程，建立品种齐全、版本丰富、利用便捷的"天津古籍数字资源库"。

完成"天津市古籍数字资源库"建设项目、《中国古籍珍本丛刊》和《中华古籍书目丛刊》项目。出版发行《天津馆藏国家珍贵古籍书志》，继《中国古籍珍本丛刊·天津图书馆卷》出版之后，将以南开大学、天津师范大学及天津博物馆等藏书较为丰富的图书馆为重点对象，分卷编纂出版。

8. 做好古籍保护宣传，弘扬中华优秀传统文化。基本形成导向正确、配合有力、形式多样、内容丰富的古籍保护工作宣传机制，营造古籍保护利用的良好氛围。加强古籍保护文化品牌建设，开展"特色馆藏"系列展览、"我与中华古籍"系列宣传推广活动，逐步形成品牌示范带动效应。以天津市古籍收藏机构为平台，开展各种类型的讲座、展览、互动体验等活动，拓展古籍保护工作成果展示的深度和广度，形成全民参与保护的良好社会氛围。以"天津市古籍保护网"和"中国古籍保护网"为基础平台，及时发布古籍资源和保护工作成果。建立天津市古籍保护工作舆情监测机制。加强重大古籍保护工程和新发现古籍的宣传力度，努力推进优秀传统文化的弘扬和传承。

（十二）加强人才队伍建设，提高人员素质

1. 完善人才队伍建设机制，建立科学合理的专业人才队伍。建设一支业务精、能力强、敢担当、能干事的骨干专业人才队伍，建设一批具备较高素质的专业后备人才。

2. 引进高水平人才，加强专业人才队伍建设。围绕我馆数字图书馆建设、文献资源建设、信息服务、古籍保护等重点业务发展领域，积极引进和培养硕士生、博士生等高素质人才，优化人员结构。

3. 优化人力资源配置。以推进岗位专业化分工为目标，对现有岗位设置进行结构调整，立足各部门工作实际和专业需求，结合我馆未来发展趋势，合理配置现有人才资源，提高人岗匹配程度。

4. 加强人才培训，提高人才素质。建立馆员培训的长效投入机制。按照岗前培训、上岗培训、继续教育培训的流程，采取分期分批集中授课，封闭轮训等方式，着重加强图书馆专业、管理学专业、计算机专业、外语专业、古籍保护专业、重点文化工程等重点业务培训；鼓励馆员参加图书馆学及相关专业的在职进修；培养一批高素质"复合型"专业人才；培养锻炼一支业务规范、服务到位的专业人员队伍，为我馆各项服务工作再上新水平提供人才保障。

5. 完善人员考评机制。制定和完善岗位职责和绩效考评办法，完善考核内容，以绩效考评为基础，以建立公开、定期、规范的岗位和职称聘任机制为主要手段，逐步引入量化管理为主要内容的岗位绩效考核机制，建立各级岗位人员的激励和约束机制，真正发挥绩效考核体系对图书馆工作的促进作用。

6. 加强学术研究，提高学术研究水平。鼓励部门和员工积极参与业务研究。建立和完善国家（部）、市和馆级研究课题的申报、立项和成果评审机制，组织和引导员工积极参与各级课题的申报。"十三五"时期，加强对科研立项和发表学术成果的支持，力争产生一批较高质量的学术研究成果，形成以学术研究促进业务建设的良好格局。

（十三）加强对外交流与合作

1. 依托中国图书馆学会和市图书馆学会，加强与国内图书馆业界的合作与交流。积极参加中图学会年会，以中图学会年会为平台，积极宣传我馆及我市图书馆取得的成绩，充分展示我馆员工的业务技能、人员素质和学术研究水平，展示我馆良好的社会形象。

2. 通过联合开展读者活动等形式，广泛与社会各界开展合作与交流。深化与我市高等院校、文史馆、社科联、科协以及其他社会团体、个人的合作，提升图书馆读者活动的水平和内涵，扩大图书馆读者活动的社会影响力。

3. 加强图书馆国际合作与交流。落实中华文化"走出去"的战略部署，加强与国际图书馆协会联合会等国际图书馆行业组织，以及国外图书馆界的联系与合作，建立互信互助的友好关系，开展多种形式的业务交流活动，并通过资源共享、馆员互访、业务培训等方式，学习借鉴先进的理念和经验，积极参与国际学术活动，为海外中国文化数字图书馆建设提供资源与服务支持。

（十四）着力绿色发展，加强安全管理，突出保障职能

1. 着力绿色发展，构建绿色阅读环境

（1）要树立绿色图书馆意识，积极推进节能减排；要保护和节约水资源，馆内建筑及装饰要节能环保，内部环境质量要环保。

（2）要实行绿色管理，提供绿色服务。馆藏资源，如书、刊、光盘、报纸、档案要有合理的布局和排架。所有的馆藏资源要保证无尘、干净、无污染、无害，要保证室内明亮，空气新鲜，为读者提供绿色服务。

2. 加强安全管理，突出保障职能

（1）完善安全管理制度，落实安全管理责任。牢固树立"安全第一，预防为主"的思想，健全、完善安全管理制度落实安全责任，确保"十三五"时期无安全责任事故发生。

（2）加大信息安全保障系统建设。建设网络信任体系，加强信息安全风险评估工作，建设和完善信息安全监控体系，提高对网络安全事件应对和防范能力，防止有害信息传播。健全信息安全应急指挥和安全通报制度，不断完善信息安全应急处置预案，增强信息基础设施和重要信息系统的抗毁能力和灾难恢复能力。加大对信息安全保障工作的资金投入，加强上网信息的审查和管理，防止不良信息的发布和传播，确保我馆信息资源和服务的绿色、安全。

（3）开展安全演练，提高安全保卫能力。定期巡查消防设备设施，发现设备故障及时报维保单位维修；按时更换全馆灭火器，对老化的消防软管进行更换；每年举行防恐安全应急预案和消防演练，提高员工处置突发事件和日常安全防范的能力。

（4）组织开展全馆员工消防安全知识讲座；设计消防安全知识培训试题并下发全馆进行测试；张贴消防宣传海报，提高员工消防安全意识。

（5）定期进行馆内监控设备的检查及维修，以及中控室日常工作的检查及督查；做好安检工作的监督和检查，以及重大节假日及法定节假日读者集中出入馆时的维稳。认真做好维稳工作。深化重点要害部位、重点人

员管理，确保要害部位安全。

（6）利用多种形式，加强对全馆员工的安全教育，提高员工的安全意识，保证全馆各项工作安全开展。

四、保障措施

（一）思想保障

深入学习贯彻邓小平理论、"三个代表"重要思想、科学发展观以及习近平总书记系列重要讲话精神，以加强党的建设为基础，深化理论学习，为推动规划落实提供坚实的思想政治保障。系统掌握中国特色社会主义理论体系，树立科学的思想观念和思维方式，更好地用党的理论创新成果指导实践、推动工作，坚持以人为本，坚持开拓创新。

强化理论研究和趋势研判，加强图书馆事业研究，深刻认识图书馆事业发展规律，把握我国公共文化服务领域的发展方向和世界图书馆事业的发展趋势，立足我馆实际，以战略思维、长远眼光、国际视野和前沿意识来认识规划，组织落实规划。

（二）组织保障

加强我馆党组织建设，推进党内民主建设，增强基层党组织活力，强化基层党组织的战斗堡垒作用，为规划落实提供组织保障。

完善馆党政领导班子议事制度和科学民主的决策机制。以建立健全工作体制机制为重点，以充分发挥基层党组织的政治核心作用为保障，以党政密切配合、全面协调推进工作为目标，全面加强班子建设和队伍建设，不断推进决策管理的民主化、科学化。

以建设高素质人才队伍为目标，继续深化人事制度改革，进一步完善干部选拔任用机制。大力加强干部队伍的教育管理，努力建设一支素质优良、充满活力的干部队伍。

坚持"一切依靠群众"的办馆理念，进一步加强工会、共青团建设，重视发挥民主党派和无党派人士、离退休老同志以及广大读者的作用，充分发挥全馆员工的积极性和创造性。

（三）人才保障

优化人员专业结构，逐步补充图书馆学、计算机专业、外语专业及多种学科专业人员，造就一支素质优良，能适应数字环境下图书馆事业发展需要的馆员队伍，为规划落实提供人才保障。

制定切实可行的人才培养、培训计划，采取灵活多样的方式培养和提高全体馆员的业务素质和业务技能。定期选拔专业基础好、思想素质高、工作能力强的馆员挂职培训，补充新知识，逐步成为我馆的学术带头人和业务骨干。

（四）资金保障

积极争取财政经费投入，合理使用经费，保证我馆建设发展的需要，为规划落实提供资金保障。

优化资金配置，预算安排和资金投入优先保障我馆日常运行和读者服务的基本需要、保证重点建设项目和重点扶持项目。

进一步完善我馆的财务管理体制，完善预算管理和预算执行制度、内部审计制度等财务制度，加强专项资金管理，管好、用好办馆经费，厉行节约，提高资金使用效益。

（五）制度保障

建立规划实施的监控、考核和调控机制，使监控、考核和调控制度化，注意在实施过程中及时总结经验教训，适时调整，稳步推进，为规划落实提供制度保障。

建立规划实施的跟踪监控机制，明确专门机构负责监督规划的执行，建立监督制度，加强督促检查。建立规划实施考核机制，明确规划考核的责任主体，将规划实施责任落实到相关部门和人员，分清责任并根据责任配置资源，加强规划建设的可考核性。建立规划调整机制。规划实施过程中，在坚持总体发展战略不变的前提下，可根据外部环境的变化和图书馆事业的发展，对规划任务和建设目标作适当的充实和微调。当内外形势和环境发生重大变化或因其他重要原因使图书馆实际运行偏离规划提出的目标时，将适时提出调整方案，并通过民主程序审议批准实施，完善规划管理机制。

（发布日期：2015 年 12 月）

辽宁省图书馆"十三五"发展规划[①]

一、概述

(一) 前言

"十三五"时期是我国全面建成小康社会的决胜时期,在我国社会发展"五位一体"的战略布局中,作为社会文化建设重要组成部分的图书馆事业必然面临着新的机遇和挑战。"十三五"时期,是辽宁省图书馆转型发展的关键时期,也是辽宁省图书馆实现新跨越的战略机遇期。科学制定并实施好辽宁省图书馆"十三五"规划,对于提升辽宁省图书馆事业发展水平,保障公众的基本公共文化权益,推进公共文化事业发展,具有十分重要的意义。根据《辽宁省国民经济和社会发展第十三个五年规划纲要》以及《辽宁省文化改革发展"十三五"规划》的要求,立足辽宁省图书馆实际,特编制《辽宁省图书馆"十三五"发展规划》(以下简称《规划》)。

《规划》以科学发展观为指导,全面贯彻落实党的十八大以来的各项路线方针政策和习近平总书记系列重要讲话精神,坚持"服务第一,读者

[①] 本规划由辽宁省图书馆授权收录。

至上"的服务宗旨,按照公共图书馆服务"公益性、基本性、均等性、便利性"的基本要求,将创新、协调、绿色、开放、共享的理念贯穿于《规划》制定与实施的全过程。

1. 战略规划过程

《规划》经历了组织领导、实地调研、深入访谈、文献研究、技术预判、编织框架、专家论证、反馈融合、综合编制和形成定稿等一系列繁复的过程。

2. 组织领导

为做好此项工作,图书馆专门成立了"十三五"规划起草工作领导小组。馆长王筱雯担任组长,副馆长杜希林担任副组长,成员有:王方园、徐向东、刘芳、王天泥、姚雪梅、王丹。

3. 时间表

2015年伊始,辽宁省图书馆即着手"十三五"发展规划编制工作,制定了详尽的《规划》编制工作方案和进度表,并成立了负责《规划》编制工作的专门组织架构,包括领导小组、起草小组等。2015年上半年,以新馆搬迁为契机,对全馆工作进行全方位调研和梳理,同时分批次组织人员就国内较发达地区的图书馆工作进行考察和调研,并通过深入的文献调研,系统了解欧美等发达国家图书馆事业的发展现状以及未来趋势。2015年下半年,在对实地调研、多方访谈、文献研究所获成果分析综合的基础上,结合辽宁省图书馆发展现状和趋势,形成了本馆"十三五"发展规划编制框架。2016年年初,组织了馆员、中层干部、专家、读者等不同层次的座谈会、论证会,广泛听取来自各方面的意见和建议,使《规划》框架不断完善和科学。2016年5月,起草小组着手起草工作;7月,形成《规划》初稿,几经论证和修改,于2016年10月正式定稿——《辽宁省图书馆"十三五"发展规划》。

4. 主要特点

《规划》具有以下几个特点:

(1) 参与广泛

《规划》的编制过程耗时近两年,其间,组织《规划》编制领导小组成员多次深入实际进行考察走访调研,召开了 10 余次不同层次人员参加的座谈会、讨论会和论证会,《规划》广泛听取和吸纳了政府主管部门领导、馆领导、专家、馆员、读者等各个层面人员的意见和建议,是群体智慧的结晶,体现了广泛的参与性。

(2)严谨科学

《规划》以科学发展观和党的十八大以来的各项路线方针政策为指导,立足辽宁省图书馆馆藏资源、服务资源、空间资源、设备资源、技术资源、用户资源的现实基础,深入实际,综合调研,科学论证,精心编制而成,充分体现了实事求是的原则。《规划》中的每一项内容提出及其对未来的设想均力求有理有据、严谨科学。

(3)目标可期

《规划》是对未来五年(2016—2020 年)辽宁省图书馆建设发展目标的科学预测和战略布局,这是一个短中期发展规划。《规划》中的所有目标都是立足于现实基础的科学预期,是经过努力实践,在短期内可以实现或可以期待的目标。

(二)"十二五"工作回顾

1. 取得的成就

"十二五"时期是辽宁省图书馆快速发展时期,迎来了本馆建馆以来最好的发展阶段。"十二五"时期,政府逐渐加大对图书馆事业的投入力度,辽宁省图书馆的各项工作发生了巨变。一所国内单体建筑面积最大的图书馆落成,并于 2015 年向社会开放。服务空间、服务设施、服务环境得到根本改善。各种图书馆行业前沿的新理念、新技术、新模式在管理与服务的实践中得到广泛应用。一种实体馆藏与虚拟馆藏相融合、多载体并存、适应读者需要的文献资源保障体系加速形成。开放式管理的阵地服务模式更加优化和细化,传统图书馆服务与数字图书馆服务、流动图书馆服务、移动图书馆服务、自助图书馆服务相融合的多元化服务模式正在辐射到更加广阔的范围，服务到更加广泛的社会群体，一个服务手段多元化、文献信息载体多元化、服务受众多元化的图书馆服务供给保障体系逐渐完善，并取得巨大服务成效。

（1）新馆建设圆满完成

2010年7月，辽宁省图书馆新馆在浑南新城开工建设。2015年，顺利完成了600万册文献的搬迁工作。2015年8月22日，辽宁省图书馆新馆对外试开放。新馆建筑面积达10.3万平方米，是目前国内单体面积最大的图书馆。以RFID为代表的各种现代信息技术在新馆建设中得到广泛应用，图书馆生存环境发生了天翻地覆的变化，文献信息管理和读者服务手段发生重大变革。

（2）文献资源建设持续稳定发展

"十二五"期间，图书馆购书经费得到充分保障。适应社会发展趋势和广大读者的广泛需求，本着藏为所用的原则，科学预测和规划馆藏发展战略，不断调整文献信息资源收藏结构，科学合理地分配购书经费，逐渐加大精品图书、外文图书、电子文献的采购力度，形成了载体多元化、语种多元化、使用方式多元化的具有鲜明特色的综合性藏书体系。至2015年年底，馆藏文献达到6341299册（件），购置数据库57个，自建特色文献数据库40余个。

（3）重点工程建设积极推进

"十二五"期间，辽宁省图书馆积极推进和实施中华古籍保护计划。在积极配合省文化厅组织开展全省古籍普查和督导工作的同时，积极组织开展全国珍贵古籍名录的申报工作，全馆共有317部古籍入选《国家珍贵古籍名录》。完成我馆古籍普查登记目录的编辑出版工作，2014年受文化部表彰，获"全国古籍保护工作先进单位""国家古籍保护人才培训基地""国家级古籍修复技艺传习中心辽宁传习所"。古籍数字化工作稳步推进。

加快数字图书馆推广工程和公共电子阅览室建设工程的步伐，完成了省级数字图书馆推广工程平台建设任务，完成了通过VPN链接方式接入到国家数字图书馆推广工程的安装，完成了国家图书馆155M专线铺设工作，与国家图书馆形成专线直连网络。同时，完成了公共电子阅览室省中心管理平台、管理信息系统等功能的安装调试，实现了公共电子阅览室跨平台、跨设备的云端管理，全省公共电子阅览室建设工程取得突破性进展。

（4）多元化的服务体系日渐形成

"十二五"期间，辽宁省图书馆实行全年365天开馆，采取大开架、超市化管理服务模式。2011年，实现了基本服务项目全部免费开放。辽宁省图书馆把工作重心从以提供阅读服务为主向着更加广泛的服务内容不断延伸和拓展，服务范围从本馆向全省延伸，数字图书馆、移动图书馆、流动图书馆、自助图书馆服务相互补充，各展优势，为读者提供了更加便捷、更具人性化的服务，形成了多元化的读者服务模式；文献借阅、文献检索、参考咨询、决策服务、讲座、展览、读者活动、科学普及、送书下乡等丰富多彩的服务内容，最大限度满足了不同层次、不同地域范围读者群体的文献信息需求，逐渐形成了覆盖广泛的读者服务体系。五年来，服务读者500多万人次，文献流通600多万册次。图书馆在公共文化服务体系中的作用得到了有效发挥。

"十二五"期间，辽宁省图书馆重点开展了辽宁省全民学习中心建设工程，实现了省内图书馆资源的整合与共建共享，为推广数字化阅读搭建了良好的平台。辽宁省全民学习中心被评为2013年度省直属机关第二季度最佳实事。五年来，策划举办展览188次、讲座329场、读者活动3355场，展览、讲座以及读者活动从以本馆为中心逐渐延伸辐射到全省范围，省级图书馆的中心地位得到彰显。汽车流动图书馆采取"定时、定点、巡回"的服务方式，深入基层，深入机关、社区、校园、企业、乡村、军营等开展服务，最大限度方便了读者，实现了馆藏文献资源的价值。流动图书馆被评为2014年省直属机关第二季度最佳实事。

针对弱势群体开展的"手语世界""对面朗读""老年人学电脑""绘本阅读"等一系列读者服务活动逐渐形成了品牌。"对面朗读"先后被文化部评为"2012年基层文化志愿示范项目"和"2013年文化部群星奖项目奖"；"手语世界"被评为"2014年基层文化志愿服务示范项目"。2015年，辽宁省图书馆荣获中央精神文明指导委员会授予的"全国未成年人思想道德建设工作先进单位"称号。

(5) 中心馆的作用有效发挥

"十二五"期间，辽宁省图书馆充分发挥了中心馆的作用。在"数字图书馆推广工程""公共电子阅览室建设工程""中华古籍保护计划""全民阅读推广工程"等一系列的工程建设过程中，省图书馆积极协调和指导，保证了各项工程建设的稳步推进和建设成效。与此同时，省图书馆充分发挥业务研究和指导中心的职能，在全省范围内通过课题立项、学术研讨、业务交流以及业务培训等形式，积极推广图书馆工作的新理念、新技术、新模式，有效带动了地区图书馆事业的整体发展与和谐发展，加速了全省图书馆联盟发展的进程。

(6) 人才队伍建设日益加强

"十二五"期间，适逢辽宁省图书馆旧馆向新馆的过渡时期。为适应新馆建设和发展的需要，辽宁省图书馆高度重视人才队伍的建设。每年选派1—2名业务骨干赴大学图书馆专业进修。2014年与东北师范大学信息管理学院合作，分期分批对全员进行了脱产培训，2015年与中央文化管理干部学院合作对100名业务骨干进行了脱产培训。通过业务培训，有效提高了全体馆员的图书馆学理论素养和业务技能，提高了全体馆员适应新形势新任务的能力。为激发馆员科学研究、业务探索的积极性，辽宁省图书馆还建立了科研成果奖励办法，有效促进了队伍建设和发展。

2. 经验与教训

公共图书馆是我国公共文化服务体系的重要组成部分，其功能的实现和进一步发展受到多方面因素的影响和制约。其中国家文化政策是影响其发展的首要因素。"十二五"期间，辽宁省图书馆建设与发展的实践表明，图书馆事业的繁荣发展离不开国家政策的支持。正是因为党的十八大以来，国家出台了一系列的文化政策，才有效推动了图书馆事业的快速发展。如果没有国家文化政策的支持，就不会有公共财政对图书馆事业的大手笔投入，也就不会有辽宁省图书馆新馆建设，更不会有辽宁省图书馆飞跃发展的现实和未来。其次，牢记宗旨和使命，是图书馆事业发展的根本。"读者第一，服务至上"是图书馆的宗旨，为读者服务是图书馆永恒的使命。"十二五"期间,辽宁省图书馆在实践中认真贯彻以读者为本的服务理念,想读者之所想,急读者之所急,坚持与时俱进,科学规划图书馆的各项工作,不断调整和创新图书馆为读者服务的形式与内容,因此才创造出了令读者满意的服务成效,才使辽宁省图书馆的各项事业不断焕发出新的生机和活力。再次,开拓创新是图书馆事业发展的关键。随着社会的发展,科学技术的进步,图书馆的生存环境发生了嬗变,读者对图书馆服务也必然提出很多新的要求。近年来,辽宁省图书馆适应社会发展和技术进步的现实要求,不断转变服务意识,更新服务理念,不断引入新思维、新技术,不断创新图书馆服务的形式和内容,以满足读者多元化的知识信息需求。各种新理念、新媒体、新技术、新模式在图书馆实践中得到了综合应用,图书馆智能化管理和智慧服务的能力日益显现。如果囿于传统,安于现状,不思进取,图书馆就会失去读者,失去生存的土壤,失去发展的动力。

3. 存在的问题

"十二五"时期辽宁省图书馆各项工作都取得了一定的成绩,但社会发展环境的变化和信息技术的进步也给图书馆事业发展带来了巨大挑战,我们必须正视所面临的现实问题。

(1) 中心馆的地位应该得到进一步巩固和加强

"十二五"期间,辽宁省图书馆有效发挥了中心馆的作用。如在一些重点工程的建设领域,起到了协调、指导、引导和检查督促的作用,保证了这些重点工程的建设进度和建设成效;在一些业务培训工作中,发挥了中心馆业务研究与指导的职能。但就具体实践来看,本地区图书馆联盟发展缺乏实质性成果,各类型图书馆之间关系松散,公共图书馆之间、公共图书馆与其他类型图书馆之间在业务建设和社会活动中缺少大的联合与合作机制。这需要省图书馆充分发挥其影响力和号召力,进一步巩固和加强其中心馆的地位,引领地区图书馆事业的整体发展和协调发展。

(2) 图书馆服务供给与需求之间的矛盾依然突出

尽管在履行公共图书馆基本职能和满足社会公众基本文化需求方面取

得一定成绩，但图书馆资源有限性与社会需求无限性之间的矛盾、图书馆资源闲置与广泛的读者需求之间的矛盾依然存在，并且十分突出。同时在资源揭示和阅读推广领域所面临的任务是长期而艰巨的。

（3）与现代化图书馆的功能需求还有一定距离

"阅读空间""学习空间""交流空间""主题空间""休闲空间"是现代化图书馆需要着力打造的功能需求空间。在新馆布局中我们虽然已经进行尝试和实践，但这种新的空间布局需要新的服务理念、服务功能以及服务内容的融合。这需要我们深入调研，并在实践中不断加以修正和完善。

（4）读者服务水平和服务质量有待进一步改善

"公益性、基本性、均等性、便利性"是公共图书馆服务的基本要求。尽管"十二五"期间，连续多年读者接待人次、书刊外借册次均突破百万大关，读者服务工作取得显著的成效。但图书馆服务体系所能覆盖的范围还十分有限，距离"四性"的要求还有很大的距离。在改善服务态度、拓展服务领域、丰富服务内涵、创新服务方式、提升服务层次等方面仍然有很大的发展空间。图书馆服务工作在诸多方面仍需要深化和细化。

（5）图书馆有待引进现代管理机制

先进的管理机制能激发人的积极性和创造力，能增强图书馆可持续发展能力，有效提高图书馆的核心竞争力。积极引入法人治理结构，建立健全图书馆理事会，这是图书馆管理机制改革的重要内容，这需要我们不断学习和探索；在图书馆业务建设、信息安全、人力资源管理、财务管理、后勤保障、安全保卫等方面都需要建立健全科学系统的现代管理机制，以为图书馆事业的持续健康发展提供保障。

二、发展环境

"十三五"时期是全面建成小康社会的关键时期，对于图书馆来讲也是重新定位与转型发展的重要节点。我国的政治、经济、社会和技术环境的变化对图书馆在"十三五"期间的发展至关重要。

（一）政治视角下，政策的推出为图书馆"十三五"的发展提供保障

图书馆的持续发展依赖于国家稳定的政治法律环境，这是图书馆事业长效发展的根本保证。"十二五"期间，我国政府出台了一系列助推文化事业改革发展的政策，2013年11月12日，党的十八届三中全会通过了《中共中央关于全面深化改革若干重大问题的决定》（以下简称《决定》），进一步提出了构建"现代公共文化服务体系"，其新的内涵主要体现在标准化、均等化、法制化、社会化、智慧化等方面。2015年1月14日，中共中央办公厅、国务院办公厅印发了《关于加快构建现代公共文化服务体系的意见》（以下简称《意见》），全面部署了《决定》中关于构建现代公共文化服务体系的整体制度框架和具体要求。同时与《意见》一起印发了《国家基本公共文化服务指导标准（2015—2020年）》，其中明确规定了各级政府应向公众提供的基本公共文化服务、设施设备以及人员的配备和培训等，并要求各地相关部门根据国家指导标准，因地制宜，落实具体措施、工作步骤、时间安排等，以保证标准实施工作的科学、规范、有序。2015年12月9日，国务院法制办公室经广泛征求中央单位、地方政府、公共图书馆和专家学者的意见及地方调研，会同文化部对《中华人民共和国公共图书馆法（送审稿）》进行了认真研究修改，公布了《中华人民共和国公共图书馆法（征求意见稿）》，以征求社会各界意见，提高立法质量。2016年2月15日，国家新闻出版广电总局出台了《全民阅读促进条例》（以下简称《条例》）征求意见稿，图书馆作为辽宁公共文化服务体系建设的重要组成部分，是全民阅读推广工作的主体，《条例》的发布，从法律层面上为图书馆开展全民阅读工作提供了保障。

2016年5月11日，国务院办公厅下发文化部等部门的《关于推动文化文物单位文化创意产品开发若干意见的通知》，提出"深入发掘文化文物单位馆藏文化资源，发展文化创意产业，开发文化创意产品，弘扬中华优秀文化，传承中华文明，推进经济社会协调发展，提升国家软实力"。图书馆作为传承中华民族优秀文化的重要基地，对于开发文化创意产品有

着得天独厚的优势，国务院办公厅这一政策的推出为图书馆发展文化创意产品提供了新的契机。2016年12月25日，第十二届全国人民代表大会常务委员会第二十五次会议通过了《中华人民共和国公共文化服务保障法》，此法在经费投入、文化设施、服务提供等方面都给予了法律保障，从而推动图书馆的建设和发展。以上这些政策的推出为公共图书馆"十三五"发展提供了政策保障和新的契机。

（二）经济视角下，经济的发展为图书馆"十三五"的发展提供基础

国民经济的发展是公共文化事业的有力支撑，《中共中央关于制定国民经济和社会发展第十三个五年规划的建议》指出，"十二五"时期我国发展取得重大成就，经济总量稳居世界第二位，人均国内生产总值增至7800美元左右。随着国民经济的稳步增长，国家对公共文化事业的投入进一步加大。文化部公布的2015年文化发展统计公报的数据显示：2015年全国文化事业费为682.97亿元，比2014年增加99.53亿元，增长17.1%，增长速度比2014年提高7.1个百分点；全国人均文化事业费49.68元，比2014年增加7.03元，增长16.5%。全国公共图书馆实际使用房屋建筑面积1316.76万平方米，比2014年末增长6.9%；2015年全国平均每万人公共图书馆建筑面积95.8平方米，比2014年末增加5.8平方米；图书总藏量83844万册，增长6.0%，全国人均图书藏量0.61册，增加0.03册；全年全国人均购书费1.43元，比2014年增加0.19元。截至2015年末，全国共有公共图书馆3139个，比2014年末增加22个。以上这些数据表明国民经济的稳步发展促进了我国图书馆事业的快速发展，经济的发展为图书馆"十三五"的发展提供了基础。

（三）社会视角下，需求的变化为图书馆"十三五"的发展提供动力

李克强总理连续两年在政府工作报告中提出要"倡导全民阅读，建设书香社会"。图书馆作为公共文化服务体系的重要组成部分，担负着推广全民阅读的重任。随着互联网技术的迅猛发展，人们的阅读方式也发生着翻天覆地的变化。2017年1月22日中国互联网络信息中心（CNNIC）发布的第三十九次《中国互联网络发展状况统计报告》显示，截至2016年12月，我国网民规模达7.31亿，互联网普及率达到53.2%，超过全球平均水平3.1个百分点，超过亚洲平均水平7.6个百分点。我国2016年全年共计新增网民4299万人，增长率为6.2%，我国网民规模已经相当于欧洲人口总量。其中，手机网民规模达6.95亿，占比达95.1%，增长率连续3年超过10%。2016年中国新闻出版研究院发布的《第13次全国国民阅读调查报告》显示，2015年我国成年国民图书阅读率为58.4%，同比上升0.4个百分点；数字化阅读方式的接触率为64.0%，同比上升了5.9个百分点。数字阅读首次明显超过纸质阅读。其中成年国民网络在线阅读阅读率首次过半，达到51.3%，同比增长1.9%；成年国民手机阅读率最高，达到60.0%，同比上升高达8.2个百分点，电子阅读器阅读、Pad阅读及光盘阅读等都呈增长态势。在数字阅读中，微信阅读最为普及，据统计，有51.9%的成年国民在2015年进行过微信阅读，同比增长17.5个百分点，增幅超过50%。移动互联阅读已经成为当代社会的重要生活方式，构建移动互联网上的公共文化服务体系，是满足当代人民群众现实文化需求的最优解决方式之一，是传承和传播中华传统文化的最佳手段，是图书馆"十三五"期间的重要战略目标。

国家"十三五"规划数字出版要点提出要在"十三五"期间国民数字阅读率达到70%，数字化产品和服务在公共文化服务中的采购比例达40%。由此可见，数字阅读已成趋势，出版模式和社会需求的变化为"十三五"的发展提供了十足的动力。

（四）技术视角下，技术的创新为图书馆"十三五"的发展提供支持

科技创新对于国家健康良性发展具有至关重要的作用。当今世界，科技创新已经成为提高综合国力的关键支撑，成为社会生产方式和生活方式变革进步的强大引领。随着现代信息技术的飞速发展，公共图书馆利用新技术大力实施创新驱动发展战略，通过牢牢把握科技进步大方向，创新服务内容，转变管理方式，焕发新的活力；牢牢把握产业革命大趋势，将科技创新与公共文化服务有效融合，创造新业态、形成新模式，提升行业的整体服务水平，这为公共图书馆"十三五"转型发展提供了技术支持。大数据技术、云计算技术、移动互联网技术、物联网技术、3D打印技术的发展改变了人们的阅读内容、阅读方式、阅读习惯，同时为公共图书馆转变服务形态、服务模式、服务内容等，以满足新时期的用户需求提供了技术支持。辽宁省图书馆在2016年充分应用大数据技术、3D打印技术、移动互联网技术等为读者开展服务。现已出台了为读者量身定制的借阅大数据账单；实时向读者推送最新展览、讲座通知；通过微信平台开展活动报名；元宵节线上猜谜活动；2016年8月28日，隆重推出的众创空间等都是辽宁省图书馆开展的创新服务。"十三五"期间，辽宁省图书馆将进一步运用这些先进的技术开展创新的服务工作，增强图书馆与用户的互动，实现用户服务的智能化、人性化；提升图书馆的运营效率，推动图书馆从传统型向智慧型转变升级。

三、使命、愿景与定位

（一）使命

1. 促进社会阅读和全民终身学习

公共图书馆作为文献信息中心、知识的集散地，是传承文化、开展社会阅读的最佳场所之一，也是对广大公众进行继续教育，使其实现终身学习的殿堂。公共图书馆应以资源和服务为依托，以读者的信息需求为导向，以一系列形式内容丰富且富有时代感的阅读推广活动为手段，充分发挥社会教育和服务的职能，为促进社会阅读发挥主阵地的作用。从而使社会成员能够平等地享有阅读资源，消除阅读障碍，增强公众的阅读意识和能力，给社会营造良好的阅读氛围和阅读环境，为全民终身学习提供有力保障。

2. 打造包容、开放、智慧的文化信息共享空间

公共图书馆的特点之一就是向所有居民开放，每个公民都有公平、平等享受公共图书馆服务的权利。因此作为保存文化、传播文化的机构，公共图书馆应以社会包容的态度，使进入图书馆的读者都能充分尊重彼此的"特征"与"行为"，特别是互联网时代，公共图书馆的服务方式和服务模式都发生了深刻的变革，可以使用户间实现最广泛的互联与信息的共享，公共图书馆更应以人为本，积极推行智慧化服务和管理，为读者营造一个平等、自由、参与、互助的文化信息共享空间。

3. 致力于文献信息知识的组织与整合，构建全覆盖的公共图书馆服务体系

构建全覆盖的公共图书馆服务体系核心内容之一就是要组织和整合体系内原来分散在各公共图书馆的文献资源、信息和知识，使资源得到优化配置。这样既可以降低服务体系中各公共图书馆资源建设的成本，还可以提高馆际间共建共享的效率，使图书馆的文献信息和知识服务能最大限度地惠及全省人口，发挥公共图书馆服务体系的整体服务效能。

4. 构建内容丰富、载体多元、特色鲜明的文献信息资源体系，提升文献研究和保障能力

文献信息资源是公共图书馆开展一切服务的基础。随着网络化、数字化的发展，文献信息资源的载体形式、内容和种类都更为丰富多样，同时图书馆用户的需求也更为多元化。因此，公共图书馆应继续立足于"以用户为中心"的理念，广泛推进体系内文献信息资源的互补与共享，强化本地资源和特色资源的开发和利用，使资源呈现更加丰富、立体，资源获取更加方便、快捷，以提升对用户科研，及生产、生活的文献资源保障能力。

5. 为辽宁老工业基地振兴发展提供智力支撑

实施振兴辽宁老工业基地是党中央、国务院，为加快辽宁经济发展而提出的一项战略性决策，也是一项系统性工程，求振兴、谋发展就离不开先进的理论引导与技术支持。因此，公共图书馆应抓住历史机遇，积极利用其丰富的资源和服务优势，立足辽宁企业现状，面向市场，面向社会，根据振兴辽宁老工业基地的需求，及时、准确地提供信息资源开发产品，为发展提供智力支持。其既是公共图书馆参与社会化服务的客观要求，同时也为公共图书馆创新服务方式和服务内容创造了有利条件。

（二）愿景

1. 区域文献资源的集成中心

"十二五"时期，辽宁省图书馆新馆的投入使用，标志着辽宁省图书馆已不仅仅是辽宁地区单体面积最大、综合功能最为齐全、文献收藏最为丰富的图书馆，也成为了全国最为重要的区域文献资源中心。因此，在面向未来长远发展、馆藏资源快速增长的"十三五"时期，辽宁省图书馆不仅重视传统的纸质资源、数字资源建设，还要重视新兴的数据资源、网络资源建设；将不仅重视商业化资源建设，还重视原创性资源建设。争取到"十三五"末期，将辽宁省图书馆打造为辽宁地区乃至东北地区的区域文献资源集成中心，并在地方文献资源建设、满族文献资源建设、非遗文化资源建设、创客资源建设、文创资源建设等方面具有全国领先水平。

2. 弘扬传播中华优秀传统文化的阵地

巩固"中华古籍保护计划"取得的成果，加强古籍文献的开发与利用，发挥省古籍保护中心职能，指导全省古籍保护工作。举办"中华古籍保护计划"实施十周年的系列宣传推广活动；依托辽宁省图书馆典籍博物馆和萃升书院，举办系列展览展示、讲座、研讨和文化体验活动；利用传统媒体和自媒体形式拓展传统文化传播途径，打造辽沈传统文化品牌；把古籍保护工作纳入到构建辽宁地域文化价值体系的框架内，为经济社会发展提供文献和智力支持；创新古籍"活化"路径，推动古籍文创产品的研发；加大古籍修复、雕版与活字印刷、传拓体验、古籍版本鉴定等互动性强、民众参与度高的活动，不断扩大受众群体，努力使其成为弘扬传播中华优秀传统文化的主阵地。

3. 知识信息传播交流的枢纽

公共图书馆一直以来都是社会文献、信息、知识乃至数据的收藏、组织、传播和服务中心，为了提升这一社会价值，全国公共图书馆界在"十二五"时期全力构建了以为用户提供全覆盖、标准化服务为目标的公共图书馆服务体系。辽宁省也已建成了以辽宁省图书馆为中心，市、县、乡镇图书馆为服务节点的公共图书馆服务体系，成为了公共文化服务体系不可或缺的重要组成部分，并在缩小数字鸿沟、解决信息贫困等社会问题方面发挥着不可替代的作用。"十三五"时期，辽宁省图书馆将继续完善和深化全省公共图书馆服务体系建设，借助所建成的辽宁省数字图书馆、公共文化资源共享工程、辽宁省图书馆官方站点、官方自媒体平台等，以及专题服务、咨询服务、情报服务等多元服务类型，一方面使文献、信息得到有序的知识化组织，推动图书馆传统服务提供向知识产品供给的转型与发展；另一方面使所提供的知识产品得到更大范围、更深程度的传播与应用，进而解决、发现用户的困难与问题，使辽宁省图书馆在"十三五"末期成为全社会的知识信息传播交流枢纽。

4. 全民阅读的重要阵地

阅读是图书馆工作的永恒主题，也是新一届党和国家领导人最为重视的工作之一。"十二五"时期，辽宁省图书馆借助讲座、展览、朗诵等活动开展的阅读活动，成为了辽宁省图书馆最为重要的服务内容，也有力地推动着辽宁地区的书香社会建设，是全省最为重要的全民阅读活动组织者、服务提供者，充分发挥着全民阅读的阵地作用。在当前全国构建书香中国、国家大力倡导阅读推广的大背景下，辽宁省图书馆在"十三五"时期将继续发挥阵地作用，推动传统的图书馆阅读推广从书本阅读、文献阅读向数字阅读、全媒体阅读方向发展，从到馆读者阅读向全民阅读方向发展，从浅阅读向深阅读方向发展，拓宽阅读推广工作的宽度和广度，与出版界、新闻界、信息界进行多领域的融合与跨界发展，并进行基于心理学、社会学、神经学、图书馆学等多学科知识框架的图书馆用户阅读行为、阅读认知、阅读态势等领域基础理论研究。

5. 知识创新的服务平台

创新是我们当下时代的主题，也是一个国家、一个民族、一个组织和机构永葆活力的动力源泉，为此，我国提出了具有时代前瞻眼光的"双创"这一国家战略。"十二五"时期，公共图书馆界积极响应时代号召，在图书馆事业建设特别是用户服务、体制管理等方面进行多维度、多视角的创新研究与探索实践。辽宁省图书馆在全国及业界上下落实实践"双创"的潮流中走在了前列，开设的众创空间、演播室、录音室等空间，或填补了国内空白，或领先于业界，为"十三五"时期的又好又快发展打下了坚实基础。"十三五"期间，辽宁省图书馆则需在目前创新实践探索的基础上，用创新的眼光和视角去审视未来的事业发展道路，即利用和发挥现已建成的录音室等空间平台，结合图书馆最为本质的存在价值——服务，顺应时代的发展需求——知识服务，通过创客思维的培养、创意观点的碰撞、创新价值的实现来驱动图书馆事业的发展。

6. 文化生活的主要场所

随着"第三生活空间"这一创新概念的提出和在社会生活中的多途径体验，图书馆已经不再是一座简单的建筑和单一功能的文化机构，其也被赋予了生活、休闲的属性与期望，设置咖啡厅、提供音乐电影等试听服务成为了新时期公共图书馆建设的基本元素。辽宁省图书馆在这方面也进行了积极实践，在"十二五"时期建成的新馆中，不但设置有音乐欣赏室、3D影院，还在国内公共图书馆界独树一帜，设置了录音室、演播室等多个新型空间，提供生活讲座、手语世界、传统文化教育、虚拟现实等休闲文化服务，吸引了公众，扩大了影响，体现了价值。"十三五"时期，辽宁省图书馆在这些探索的基础上，通过开展文化讲坛、观感体验、对面朗诵、手语世界等活动，以及服务时间和服务空间的延伸，向社会和用户表达和传递辽宁省图书馆不只具有文化属性，还具有生活、学习等多元属性。

（三）定位

大数据时代的到来，驱动着省级公共图书馆从资源服务向智慧服务、从资源管理向数据治理的转型与发展,而基于这一转型的支撑基础则是对公共图书馆未来发展的基本方向、发展维度的清晰定位。"十三五"时期,辽宁省图书馆将为了实现大数据时代的跨越转型而奋斗,并为了支撑、推动智慧服务、数据治理两大洞悉了业界最前沿视角的事业发展而在理论基础、用户行为、数据价值等研究领域及面向大众读者的文化提供、面向专业群体的学科咨询、面向特定机构的决策参考或态势预测三个实践维度做出卓越而高效的探索,驱动其从服务型机构向研究型机构转型发展。

四、规划体系分析:目标、策略与行动

(一)规划方向:建立多元化文献保障体系

1. 科学规划,合理布局,加强馆藏资源整合

(1)发挥大数据分析系统的优势在整合馆藏文献、分析发现用户需求,并及时对馆藏结构、服务功能加以调整。

(2)完善馆藏评估制度与剔旧管理制度。

(3)及时调整馆藏空间结构,不断优化资源利用率。

2. 制定多载体文献并重的文献发展规划

(1)参考大数据分析和用户需求,调整书籍、视听资源等各类型文献的采访计划和采购策略,进一步修订完善馆藏发展政策。

(2)强化与大学图书馆、少儿图书馆等专业图书馆和国外友好城市图书馆及重要图书馆的合作,提升对地方资源、专业资源、外语资源等的保障能力。

(3)拓展资源获取渠道,多途径获取资源及出版信息(购买、交换、赠与等),广泛收集补充特色资源。

3. 加强馆藏资源建设,形成特色馆藏体系

(1)加强图书主题区建设。根据大数据分析和用户调查反馈,继续加强借阅区域的主体化和专题化建设,并在借阅等基本服务的基础上,完善

主题图书馆服务体系，加强主题阅读推广的深度和广度。

（2）加强专题数据库建设。

①根据系统数据分析和读者反馈调查，合理购买读者需求量大、使用率高的数据库。

②根据地区文化特点和本馆实际情况，进一步加强本馆特色数据库的建设工作。

4. 推进数字化资源建设，加强多媒体资源之间的组织与关联

（1）加大数字馆藏比例，建立适应多平台、多终端的数字资源体系。

①加强支持手机、电脑等多平台同步使用的数字资源建设。

②与其他主体（阅读网站、电子资源公司等）合作，推动电子图书等可下载服务资源的发展。

（2）加强对购买数据库、自建数据库与网上共享资源的整合，构建辽宁省图书馆数字资源总库。

5. 探索网络信息资源的收集、加工、存储机制

（1）探索多种存储模式相结合的网络信息存储机制。

（2）完成数字资源备份。进行跨平台的，解脱局域网的备份，并对备份资源进行分级式存储管理。

6. 加强地方文献的收藏、组织与系统揭示，形成完善的地方文献保障机制

（1）完善机制建设。努力建成各类型、多载体的地方文献系统，打造地方文献采购、征集、呈缴、交换、复制、数字化等多种方式相结合的地方文献建设机制。

（2）加强渠道建设。通过辽宁省公共图书馆联盟，以及与其他国内外友好图书馆合作的方式，协调发展地方文献建设工作。

7. 重视用户自制资源

（1）自媒体自制资源。鼓励用户上传自媒体自制资源，并形成体系化建设，激发读者创作热情，增强用户与用户、用户与图书馆的互动，从而提升用户忠诚度与黏合度。

（2）真人图书馆。立足地方文化和特色资源，加强多方合作，吸纳社会人才，组织开展真人图书馆活动。

（3）辽海往事。在"十三五"时期，基本完成对"辽海往事"口述历史文化项目的建设工作。

8. 建立文献研究与开发机制

（1）构建完整的历史文献整理、宣传、开发和利用的资源保护和开发体系。

（2）加强对特色文献和专题文献的保护、研究和数字化进程。

（3）加强对当代文献的发展、传递、利用及其信息化、电子化等的研究，形成方便读者获取和使用的参考文献体系。

（二）规划方向：构建标准化、均等化的图书馆服务体系

1. 构建标准化服务体系

（1）推动我省图书馆行业协会和图书馆相关地方法规、条例的建设工作

①加强我省图书馆行业管理，积极推动辽宁省图书馆行业协会的建立。维护图书馆行业的合法权益，促进行业规范管理，提高行业整体素质，沟通、协调图书馆与社会各界的关系，谋求我省图书馆事业进一步发展。

②积极争取或通过人大代表、政协委员提案等渠道，推动我省地方法规、条例的建立，通过地方立法，加强对我省图书馆在人才、资金、管理、服务及运行等多个方面的保障，为事业持续稳定发展提供良好政策环境。

（2）推进辽宁省公共图书馆标准化体系建设

①继续开展公共图书馆领域相关标准项目的申报和制定工作，规范我省公共图书馆社会化服务的操作流程，确保公共图书馆服务达到专业化要求。

②继续在我省公共图书馆系统内推广质量管理体系认证工作，推动我省公共图书馆从传统管理模式向质量管理模式转变。

（3）开展标准化专题研究。鼓励社会各界开展图书馆服务标准化的相关研究，推动我省公共文化服务标准化发展的理论研究和实践探索。

2. 构建均等化服务体系

（1）拓展服务范围，延伸服务领域

①加强自助服务和流动服务建设。加强 24 小时自助图书馆建设，以读者需求为导向，增设人性化、个性化服务项目，进一步提高服务水平，释放服务效能。根据用户需求，优化图书馆流动车的路线设计、站点设置和服务时间，提升用户使用率和读者满意度。合理设计自动借还机设置点位，形成分布科学、覆盖广泛、便捷有效的 ATM 服务网络体系。

②大力建设直属示范性分馆，打造示范性服务体系。通过多方考察和科学规划，在我省农村、社区、学校、军营、工地、广场等基层单位和站点，建立示范性分馆，初步完成辽图分馆服务体系的构建。

③积极推进文化精准扶贫工作。与对应贫困地区结成对子，开展文化帮扶工作。

（2）加强特殊群体服务能力，提高个性化服务水平

①引入国际、国内标准，通过加强无障碍设备设施建设、提供专门设备等方式，积极消除特殊群体利用图书馆服务的思想障碍、物理障碍、技术障碍和文化障碍。

②在提升"对面朗读""手语世界"等现有弱势群体服务品牌活动的同时，根据残障读者的真实需求，继续探索新的服务方式和服务内容，为确保残障读者的文化权益做出积极努力。每年举办各类针对残障读者的文化活动 50 场次以上。

③深化面向老年读者、下岗失业人员、进城务工人员等弱势群体提供他们喜闻乐见的文化服务活动，继续挖掘"乐龄俱乐部"等活动品牌价值和发展潜力，将之打造为辽图文化服务的新亮点；举办各种形式的再就业

培训，联合社会各界举办多样化的弱势群体服务项目。

（3）开展均等化相关研究。鼓励社会各界开展图书馆服务标准化的相关研究，推动我省公共文化服务均等化发展的理论研究和实践探索。

（三）规划方向：发挥中心馆职能，引领全省公共图书馆事业繁荣发展

1. 完成全省公共图书馆联盟的制度化建设

（1）持续推进"联合书目数据库建设""数字资源联合加工""地方文献联合征集""联合参考咨询""馆际互借""全民阅读推广""文化志愿者联盟"等七方面工作的制度化建设，出台相关执行标准和操作办法。

（2）进一步完善联盟绩效考评机制，将绩效形成可量化的考核指标，确保联盟高效有序运转。

（3）打造联盟项目推广体系，采用统一的标识，对联盟活动和服务，进行整体打包宣传，以加强联盟服务的系统化、规范化和集成化。

（4）设立联盟服务品牌保护体系，鼓励成员馆根据当地情况和自身特点形成独居特色的文化品牌，并以资金、技术等方式对成员馆服务的品牌建设进行支持。

2. 统筹、完善我省图书馆的服务网络、图书馆集群管理系统和资源建设

（1）在全省范围内积极有效开展各系统、各类型图书馆联合编目工作，积极宣传、推广和使用联合编目信息资源。

（2）建立全省中文图书联合编目书目数据库，向各成员馆及用户提供标准、规范的书目数据；汇集省内市级公共图书馆和部分高校图书馆馆藏书目数据及馆藏信息，初步建立全省中文图书联合目录。

（3）以省图书馆为中心，对公共图书馆现有自建数字资源进行整合，建立辽宁省公共图书馆数字文献信息资源服务统一检索平台。

（4）本着互利互惠原则，充分发挥图书馆各自优势，建立全省地方文献联合征集制度，建立全省地方文献收藏保障体系。

（5）依托全省丰富的文献资源和优秀人力资源，进一步完善全省图书馆联合参考咨询平台建设。

（6）加强合作，互通有无，开展馆际互借。整合展览、讲座读者活动资源，在全省范围内开展各种主题阅读、读者互动活动，集全省之力打造精品，加强项目建设与推广，创建服务品牌，推动书香辽宁建设。

（7）以省馆为龙头，进一步建立健全文化志愿服务体系，提高文化志愿服务的科学化、规范化、项目化和制度化的管理水平，完成《辽宁省公共图书馆文化志愿服务规范》的制定及实施，并以此为依据，逐步建立总分队的管理模式，形成文化志愿服务项目化建设的长效工作机制，推动全省文化志愿者服务事业规范有序、持续健康发展。

3. 发挥中心馆的引领与驱动作用，促进全省图书馆事业协调发展

（1）建设人才培养机制，加强人才合作与交流，组织开展面向基层图书馆从业人员的职业道德与专业知识技能联合培训，开展全省公共图书馆调研与业务辅导，提升全省图书馆服务队伍的整体素质。

（2）围绕我省图书馆事业面临的现实问题，依托现代科学技术，合作开展科学研究，推动图书馆新技术应用研究等。

（3）加大对辽宁省图书馆学会等行业组织的支持，加强与高校图书馆等各级各类图书馆的交流协作，增强行业聚力，推动事业发展。

（四）规划方向：推进全民阅读，建设书香辽宁，打造特色阅读服务品牌

1. 扩大推广对象，创新推广形式

（1）加强少儿阅读推广力度，提升未成年人阅读素养

①基于"童阅乌托邦"品牌系列活动，进一步提升辽图少儿阅读阵地服务效果。稳固强化"童阅乌托邦"品牌系列活动的服务，加强品牌建设，推动品牌创新升级；进一步丰富四维绘本阅读，幼儿戏剧游戏，指间创意阅读，传统文化体验、玩具总动员等特色阅读推广活动形式和内容。

②策划、创建并推出新品牌——"阅·历"系列少儿阅读公益活动，

推动少儿阅读推广服务走进校园。加强与规范化幼儿园、中小学、教育机构合作，通过形式多元，内容丰富的读者活动，进一步优化面向幼儿及中小学生的阅读推广服务，将图书馆建成学生的"第二课堂"。

③进一步加强亲子阅读服务，推动少儿阅读推广进家庭、进社区。组织开展少儿阅读指导、家庭教育指导等主题讲座，以激发少儿阅读兴趣，提高家长教育素养；定期推出世界经典绘本推荐、传统连环画介绍、亲子艺术手工作品展等主题展览，并与社区、文化站等部门合作，推动展览等文化资源的流动与传递，让阅读推广服务走进社区和家庭，切实对家长和孩子发生影响。

④开展特色大型少儿阅读活动，通过新颖有趣的活动，提升阶段性少儿阅读推广效果。以纪念日、节假日为契机，推出包括图书馆奇妙夜、儿童文化集市、书法绘画大赛与故事大赛等具有趣味性和挑战性的少儿阅读活动，大力强化少儿阅读推广效果。

（2）激发公众阅读兴趣，大力推广全民阅读

①大力强化"辽图好书榜""借阅排行榜"等阅读推介服务，引导读者积极开展阅读活动，倡导社会阅读新风；

②联合有关机构，整合多方资源，打造全民阅读资源、资讯平台，形成社会合力，推动全民阅读；

③关照阅读能力不足的成年读者群体，并推出具有针对性的阅读推广活动。

2. 建立多层次、立体化的阅读推广长效机制

（1）细化分众阅读。开展分主题，分兴趣，分对象的多层次，立体化阅读推广，引导读者找到适合自己的资源，促进公众阅读新生活，推动书香辽宁建设。

（2）提供定制服务。为不同群体提供预约并定制个性化的文化活动，以服务更广泛的人群，满足更多元的需求。

（3）推动线上与线下服务的互动。除传统的线下阅读推广活动外，继续探索线上阅读推广服务的新形式，并加强线上、线下的互动式活动。

（4）打造我省阅读推广导航平台。汇集、整合各级各类图书馆、书店、出版社等文化机构的活动资讯，为公众定期提供阅读相关文化活动的信息导航。

3. 推动品牌阅读推广活动的升级

（1）实现现有品牌的升级

①加强阵地服务，创新活动形式。加强对"辽图讲坛""辽图展览""辽宁省图书馆读书节"等品牌活动的阵地建设，在现有服务的基础上，继续丰富品牌内涵，创新活动形式，推动品牌的再次升级。规划期间，每年将组织展览25场以上，举办讲座80场以上。

②发挥引领作用，提升社会参与度。因新馆地理位置远离市中心等原因，我馆的现有阅读推广品牌活动必须走出馆门，探索更为灵活的发展模式，如走入人流密集的商场、书店、广场等地，吸引更高的公众参与度，释放更大的品牌文化效能。

（2）开创服务新品牌

①利用统计系统和读者反馈，发现读者的需求喜好，以此为导向推出新的阅读推广活动，并根据用户反馈进行调整，形成新的品牌活动。

②在定制服务中发现新的服务空间。应对定制服务定期开展统计和研究，对其中定制率较高的活动进行考察，如符合要求并具有潜力，应考虑将其纳入辽图品牌项目体系。

4. 利用新媒体资源推广阅读

（1）充分利用微博、微信等社交媒体，整合图书馆活动资讯，形成统一宣传战略，大力推广图书馆，推广全民阅读。

（2）提高社交媒体服务水平，建立与用户的良好沟通渠道，以活动为基础，通过注册、关注、进入群组等形式，加强与公众的联结，增强社交媒体阅读推广服务的吸引力和影响力。

（3）重视新媒体用户声音，整合线上阅读推广服务的数据，结合业务统计数据进行分析，对阅读推广整体策略进行实时调整。

（五）规划方向：以用户需求为目标，提升公共文化服务水平

1. 探索应用大数据技术，深入分析用户需求，细化和创新用户服务

（1）整合现有数据，拓展数据抓取来源，从业务数据、用户行为数据、环境数据、舆情数据等方面建立图书馆的大数据抓取机制和存储平台。

（2）强化大数据分析系统，进行多种数据的多维分析，了解用户的真实需求，并积极应对。

（3）向用户开放其接受服务的实时数据，创新服务类型，为用户决策提供支持。

（4）利用大数据进行科研，通过分析用户需求，预测用户行为，提高学术研究水平。

2. 及时与用户保持充分交互性，建立图书馆与社会各方的良性互动机制

（1）以多种渠道和手段了解用户的需求和爱好，并对此进行及时、充分的回应；

（2）设立社会关系管理部门，专门负责图书馆对外关系的管理和对外形象的提升；

（3）增强图书馆的公共关系危机管理意识，设立完备的分类应急预案。

3. 通过深化服务领域，创新服务项目，加强阵地服务，优化基本服务

（1）加强阵地服务，创新服务方式，满足读者的基本文化需求。"十三五"期间，每年将保证新增办证读者达到两万人以上，年书刊外借册次不少于100万册次。

（2）继续秉持"服务第一，读者至上"的原则，向公众提供便捷高效服务，牢固树立服务意识，全面提高服务水平，继续推行主任值班制度，第一时间解决读者问题。

（六）规划方向：推进数字图书馆推广工程和公共电子阅览室建设，促进数字资源有效利用

1. 加快数字图书馆建设步伐，建设全省公共图书馆统一的数字图书馆门户网站

（1）打造包括数据库、图书、期刊、论文、报纸、图像、音频、视频等在内全省数字资源共建共享平台。

（2）以可视化和动态化等方式，提升用户体验，加强网站吸引力。

（3）优化数字图书馆门户的界面设置与功能设置，减少链接深度，精简服务栏目，优化服务项目，让网站使用更加便捷高效。

2. 延伸公共电子阅览室服务功能，探索科学管理措施

（1）确保资源的持续更新，确保公共电子阅览室发挥其应有效益。

（2）在重视对未成年人和务工人员开展服务的基础上，开发多层次服务内容，使之成为适应更多用户的多元文化空间。

（3）加强对辽宁省公共阅览室集群化管理模式的探索。

（4）加强对基层公共电子阅览室服务人员的培训工作，并定期对图书馆联盟中优秀的服务模式或项目进行推广。

3. 加强数字化服务水平，提高数字资源利用率

（1）打造资源导航平台。加强图书馆的"知识发现"功能，优化网络等移动服务平台的知识发现功能，聚合网络资源以支持知识增值服务。

（2）打造资源整合平台。优化一体化检索平台，实现电子资源、馆藏数目信息的全方位导航，加强文献传递系统建设，有效推荐新建数据库与入藏新书。

（3）加强软硬件设备建设，加强综合性技术平台的开发和应用。打造用户主导的智能化、体验式的服务平台；加强手机图书馆建设，增设服务功能，优化服务体验等。

4. 搭建全民自主学习平台

（1）按照不同群体和不同阶段的学习需求，提供分类清晰、多种类别的学习资源，创建在线学习平台。

（2）完善学习平台资源导航、查找和订阅功能。

（3）建立用户使用学习平台的规则、个人档案和激励机制，提高用户学习的热情和积极性。

5. 提升民众数字文化素养

（1）开展线上数字文化素养普及，对公众常用的数字信息知识和资源进行介绍和推荐。

（2）开展线下特色读者活动进行提升公众数字文化素养的培训。

（七）规划方向：加大与科技融合力度，促进知识、信息与人的交流

1. 积极实施"互联网+"战略

（1）理念先行。以"用户第一，需求驱动发展"为核心理念，充分利用现有服务系统，不断开发新的服务项目，努力提高整体服务水平。

（2）打造平台。加强服务平台的联合建设，吸纳中小型图书馆加入，打造我省"互联网+图书馆"一体化、集成式平台。

（3）建立标准。"互联网+图书馆"的开放性应建立在标准化建设的基础上。在已有标准的情况下，积极采用国际、国内标准；在标准空白的基础上，应推进新标准的出台。

（4）重视信息安全，防止信息泄露、版权纠纷、数据丢失与改变、权限盗用等问题。

2. 注重新技术新媒体的应用

（1）打造创意创业数字图书馆，为"双创"用户提供智力支持和信息保障。

（2）打造创客基地，为用户提供创新与实践的平台。

①为创客提供活动空间和部分设备、资源。打造众创空间，营造"大众创新、万众创业"氛围，在数字学习空间和数字阅读体验区开展创客活动。

②提供3D打印、音乐欣赏与创作、电影欣赏、艺术表演、摄影、工艺品制作等内容培训、实践和交流机会。

③开辟网络创客空间,支持国际、国内间的创客经验交流与成果共享。

(3)以影音鉴赏区、创意设计馆等为基础平台,加强与创意机构与个人的合作,组织收藏、音乐、美术等艺术鉴赏类活动。

3. 打造实体空间和虚拟空间融合发展的服务新空间

(1)优化实体空间利用,打造市民喜爱的城市第三空间

①评估现有馆内、馆外空间,兼顾舒适性与合理性,优化空间资源利用率和使用效果。

②合理设置功能分区,科学划分安静区和活动区,加强环境建设,重视用户体验。

(2)建立虚拟社交空间,实现知识服务的泛在化

①整合图书馆已有的三网两微用户,打造形象统一、载体多元的虚拟社交平台,提供互动式服务。

②采用响应式设计,将虚拟社交平台嵌入用户日常信息媒介,提高社交空间的可用性。

(八)规划方向:拓展和深化多元文化服务,全面提升服务效能

1. 发挥智库作用,寻找决策咨询服务创新途径

(1)依托丰富的馆藏资源,为社会各界提供深层次信息服务,加强面向科研、教育、企业和公众的参考咨询服务,加强信息服务的人力和资源保障力度。

①每年完成自然科学、社会科学领域重大或较大参考咨询课题不少于50项,提供信息不少于5000条。

②根据用户需求,编印专题资料汇编(目录或全文),开展信息专供工作。每年为用户编制、提供各种专题的二次或三次文献至少5种。

③探索建立企业信息服务研究室,为企业提供专业化的定制信息

服务。

（2）强化决策咨询服务，发挥我馆的资源优势，为省委省政府及各级党政机关的决策工作提供信息参考。

①面向省委、省政府、省人大、省政协等党政机关及各个行业开展会议综合信息服务，每年不少于6次。

②根据党政机关决策需求，定期或不定期编制、提供各种专题的信息汇编（题录或全文）。每年至少完成4种。

③根据决策需要，随时开展定题服务、跟踪服务、代查服务等。

（3）积极开展舆情监测服务，提高舆情信息监测工作的质量和水平，并定期向有关部门进行报送。根据决策机构需要，每年至少完成1种20期专题舆情信息提供，并撰写至少2篇舆情分析文章。

（4）探索建立学科馆员制度，提升综合信息服务水平。不断优化服务人员知识结构，提高服务人员专业化水平，加强对学科馆员队伍建设的制度化探索，努力提升个性化服务水平。

2. 挖掘专题资源，弘扬辽海文化

（1）加强我馆地方文献优秀作品的展览展示工作，为推动我省地方文化的发展发挥积极作用。

（2）加强地方文献的研究，为推动辽海文化的传承和发展发挥积极作用。

（3）加强地方文献利用与服务，加强馆藏地方文献专题数据库建设，加快我省珍贵地方典籍资源服务平台的建设进程。

3. 依托特色资源，加强文创产品研发

（1）加强决策信息类文创产品的改版升级，不断提高《书苑》《立法决策参考》《参政议政参考》等现有决策信息类文化产品的质量，并探索对新产品的研发。

（2）加强古籍的整理出版和文化产品的研发，采用高仿真技术，编撰出版一系列具有特色的古籍整理成果，积极推广全省古籍保护工作的阶段性成果。

（3）尝试与社会有关机构与个人合作，加强音乐、影视、设计、美术等现代化文化创意产品的开发与利用。

4. 强化学习功能，探索多样化的学习空间和模式建设

（1）建设实体学习中心，整合多种资源和服务，将用户的需求和期望纳入一个整体中，创造支持用户整个学习和研究过程的环境。

（2）发挥社会教育职能，加强社会合作，打造以志愿服务为内容的学习手段和培训模式。

（3）为兴趣小组等学习组织开辟弹性空间，支持公共交流，促进终身学习。

5. 引入社会力量，探索合作模式与实施途径

（1）吸引社会资金注入。尝试与企业或个人合作，通过冠名、协办等方式争取社会公益资金支持，建立公开、透明、规范的社会资金捐赠机制。

（2）吸引社会人才的加入。建立志愿服务人才资源库，吸引、招募各类人才参与图书馆的公益文化服务。

（九）规划方向：巩固"中华古籍保护计划"取得的成果，加强古籍文献的开发与利用

1. 充分发挥省古籍保护中心职能，指导全省古籍保护工作

（1）继续完善古籍分级保护机制

在省古籍保护工作厅际联席会议制度框架下，配合省文化厅继续组织开展国家和省《珍贵古籍名录》和重点保护单位的申报、评审；利用古籍保护专项经费进行古籍书库标准化和古籍装具配置工作，改善全省古籍存藏条件；对省内古籍收藏单位进行督导，选择条件成熟的地级市为试点，推进地市级古籍保护中心建设；探索将民间收藏古籍纳入到古籍申报、普查、修复等工作框架内的可行性。

（2）持续推进全省籍普查工作

完成全省《古籍普查登记目录》的出版工作；加快开展《中华古籍总

目·辽宁卷》的编纂工作；推进省内各古籍收藏单位"古籍普查平台"数据的著录和审核；有计划地开展民国文献的普查。

2. 培养古籍保护专业人才队伍

开展全省古籍在职人员的培训，注重培训质量；实施全省古籍保护人员的考评、奖励制度，充分调动人员工作积极性；形成以辽宁省古籍俣护中心、国家古籍保护中心人才培训基地、国家级古籍修复中心和国家古籍修复技艺传习中心辽宁传习所为中心点，辐射全省的立体式、多方位的人才培训体系；继续实施走出去、请进来的人才培养模式，鼓励人才的国内外学术交流；完善省古籍保护中心与省内高校合作培养古籍保护专门人才的模式，实现古籍保护人才培养的联动机制。

3. 开展古籍修复工作，传承传统修复技艺

以辽宁省图书馆国家级古籍修复中心为依托，每年至少举办一次全省规模的古籍修复研习班；继续建设市一级的"小微古籍修复室"，均衡全省的古籍修复水平；做好"师带徒、老带新"，注重古籍修复传统技艺的传承；开展国家级或省级珍贵古籍的修复工作；建立古籍修复工作管理系统，提高古籍修复中的科学化、规范化水平；探索古籍修复工作中视频直播、即时互动等现代技术手段的运用；逐步开展古籍修复纸张分析、酸碱度测试、染纸等一系列专题研究。

4. 积极开展古籍再生性保护

配合国家古籍保护中心建设"中华古籍数字资源库"；推进辽宁省图书馆"孤本善本数字资源库"项目；组织开发建设弘扬辽宁地域传统文化的专题古籍数字资源；构建全省古籍数字资源合作体系，实现共建共享，并及时向公众发布阶段性成果。

5. 加强古籍的整理、开发和出版力度

编纂出版第二至第四批《辽宁省珍贵古籍名录图录》、辽宁省古籍收藏单位《古籍普查登记目录》等系列图书；积极与出版社、科研院所合作，推动古籍文献的影印和整理出版；申报一至两项古籍出版课题，提高学术研究水平。

6. 挖掘古籍传统文化价值，宣传古籍保护阶段性成果

举办"中华古籍保护计划"实施十周年的系列宣传推广活动；依托辽宁省图书馆典籍博物馆和萃升书院，举办系列展览展示、讲座、研讨和文化体验活动；利用传统媒体和自媒体形式拓展传统文化传播途径，打造辽沈传统文化品牌；把古籍保护工作纳入到构建辽宁地域文化价值体系的框架内，为经济社会发展提供文献和智力支持；创新古籍"活化"路径，推动古籍文创产品的研发；承办国家古籍保护中心、中国图书馆学会与省文化厅联合主办的年度古籍保护宣传展览及读者活动；加大古籍修复、雕版与活字印刷、传拓体验、古籍版本鉴定等互动性强、民众参与度高的活动，不断扩大受众群体。

（十）规划方向：创新管理体系，完善保障机制

1. 加强管理，提升效能

（1）完善人力资源管理和人才队伍建设的制度建设

①分析人力资源管理和人才队伍建设中现存的问题，结合事业发展需求，制定并实施人才队伍建设专项规划。

②继续完善岗位设置和内部绩效分配制度改革，完善岗位绩效管理，持续优化人力资源配置。

③落实岗位人员聘任、考核、岗位调整等机制，以及未聘人员项目管理，考核不合格人员转岗等配套制度。

④不断完善职称申报、聘任制度，建立专业、高效的专业人才队伍。

（2）建立一支用户满意度高的服务人员队伍

①根据事业实际发展情况确立并不断完善服务人员队伍建设目标，在规划期间引进硕士及以上人才20—25人。

②对事业需求人才情况进行详细研究，优化规划期内拟聘任人员的专业结构和层次结构，提高入职考试的专业性。

③强化员工的专业化培训，开发高质高效的培训项目，提高人员服务能力，激发员工工作热情，在规划期间，实现年人均培训学时数增加一

倍，并逐年增加 5—10 学时的培训目标。

④将员工教育背景、实践经验和专业研究等情况作为岗位聘任的主要依据，探索建立馆内专业资格制度，培养在全国、全省有影响的高层次人才 3—5 名。

⑤持续推进继续教育规划，丰富教育形式，并建立配套的绩效评估办法，不断提升教育实效。

⑥按照购买服务、社会化用工等用人机制的要求，不断完善辅助人员素质标准和教育培训机制，建立一支高素质的辅助人员队伍。

（3）建立一支复合型专业管理人才队伍

①以公开竞聘为主要方式聘任管理岗位人才，培养 6—8 名青年骨干进入中层干部队伍。

②每年组织不少于 120 学时/人的管理培训活动，每年推荐中高级管理人员和业务骨干参加行业内高级研修班不少于 30 人次。

③与国际、国内先进图书馆建立馆员交流项目，为管理人员提供馆外交流与学习的机会。

（4）建立一支规范、高效的文化志愿服务队伍

①优化招募与选拔环节。将志愿者的兴趣、爱好、意愿、技能和服务岗位密切结合，建设年龄、职业、知识结构、学科专业结构合理的人才队伍。

②加强培训与评估工作。开展包括通识理论、岗位实操和专业交流三部分内容的培训活动，将培训课程设置为长期素质培训和短期技能培训两种方式。

③完善记录与评价机制。建立包括文化志愿者个人资料、培训情况、爱好特长、服务意向、服务时间、服务内容、服务评价等信息的个人服务档案；采用"时长"和"满意度"两种指标相结合的绩效评估机制。

④探索有效的激励机制。将形象激励、兴趣激励、精神激励和经济激励四种方法相结合，补充以不定期激励法、日常关怀法、名家指导法等方式，建立科学合理、富有实效的文化志愿服务的激励机制。

2. 完善图书馆管理运行机制

（1）建立规划管理机制，为规划的顺利实施提供制度保障

①确定规划管理部门，依据规划指定每年的工作计划，审查各部门目标责任书是否与规划相符。

②按照规划要求，进行资源配置的重新调整，逐条明确规划内容的实施责任主体，推动各项工作有序开展。

③建立规划动态管理制度，对规划的实施进行定期评估，根据内外环境的变化对规划进行及时调整。

④将规划实施情况作为各层管理人员绩效考核的依据。

（2）加强机制建设，全面提升图书馆综合管理水平

①继续推进质量管理体系认证工作持续发展，将质量管理的意识和举措融入到图书馆工作的每个环节，进一步提高应用标准的能力，探索图书馆质量管理的新模式。

②配合国家事业单位法人治理结构改革要求，吸收借鉴国内外图书馆的先进经验，不断加强对现代化管理制度的探索。

③规范财务管理，防范财务风险。坚决执行有关财经法规制度，合理使用各项专项经费，严格控制"三公"经费和其他支出，确保财务工作规范高效。

④完善后勤保障工作。在加强基础设备维修改造和日常维护工作的基础上，推进节能减排，打造图书馆的低碳运行模式。

⑤加强安全管理工作。强化安保意识，加强人员管理，防范风险发生，设置应急预案，确保全馆各项工作顺利、有序开展。

3. 加强理论研究，推动事业发展

（1）订立年度科研成果指标，实施目标管理。

（2）制定科学研究激励机制，激发专业人员自主开展科学研究，以理论与实践相结合的研究推动事业继续发展。

（3）设立促进科学研究的专项经费。

（4）推动辽宁省图书馆学会刊物《图书馆学刊》的不断升级，提高用

稿质量，提升刊物水准。

（5）每年至少组织一次职称申报辅导活动，以职称评审为契机，提高员工队伍素质。

（6）组织好辽宁省图书馆学会年会，推动我省专业人员学术研究水平。

（发布日期：2017年7月6日）

上海图书馆（上海科学技术情报研究所）[①] "十三五"发展规划

图情一体化的探索实践已经整整 20 年，为了更好地推进上海图情事业创新转型发展，充分发挥馆所在现代公共文化服务体系和科技创新生态系统中的重要作用，特制定本发展规划。

一、"十二五"时期工作进展及成效

"十二五"期间，在上级部门的关心和社会各界的支持下，通过全体员工的共同努力，馆所以世界级城市图书馆为战略愿景，坚定复合型图书馆、图情一体化的研究型公共图书馆的战略定位，积极落实《馆所"十二五"发展规划》《馆所推进信息化建设 2013—2015 年行动计划》等规划，先后获得了全国文明单位"二连冠"、全国公共图书馆一级图书馆、文化部公共文化研究基地、上海市文明单位"九连冠"、上海市文明行业"三连冠"、上海市"五一"劳动奖状等一系列荣誉，圆满完成各项工作任务。

---

① 本规划由上海图书馆（上海科学技术情报研究所）授权收录。

（一）馆藏建设稳步推进，特色资源体系构建凸显成效

——**馆藏资源数量平稳增长**。至 2015 年年底，馆藏实体资源数量达 5512.6 万册（件），其中书刊 1950 万册。数字资源采集比例逐年提高，2015 年数字资源采购经费达 4248.9 万元，占总经费的比重达到 30%。馆藏电子书总量超过 200 万种、电子期刊 4 万种、电子报纸 500 种。"十二五"期间，馆所加大市民数字阅读平台、特色数字资源建设力度，广泛搜集开放获取资源，深入开展电子图书阅读分析等。

——**特色资源建设成果突出**。近年来，馆所先后征集数十位文化学术界人士上万件手稿，包括张佩纶尺牍、日记等珍贵手稿 4800 余通；2014 年入藏"叶永烈专藏"是历年数量最大的手稿文献捐赠；2015 年入藏《翁同龢日记》稿本等珍贵文献，影响深远。征集现代画家版画作品 596 幅，成为国内首家系统收藏版画的图书馆。恢复停顿多年的碑帖采购，新入藏 400 余张拓片。

——**历史文献数字化及自建数据库步伐加快**。2011 至 2015 年，每年制作馆藏家谱数字化图像 30 万幅，善本数字化 20 万页，民国期刊数字化 200 万页。自建文献数据库"全国报刊索引""馆藏家谱""馆藏善本"等，建设规模不断增长。积极建设二次文献共建共享服务中心和近代中国报刊数字文献资源中心，促进数字资源的及时利用与服务。2014 年，"北华捷报/字林西报"资料库正式上线。2015 年，完成"家谱知识服务平台"原型系统建设。

——**文献编目水平国内领先**。五年间，馆所不断加快编目速度，提高书目质量，创新编目方法，努力满足数字化转型需要。建立中文图书加工生产线，实现中文图书编目加工业务流程再造；外文图书以建立编目馆员制度为抓手，推动 RDA 在编目实践中的应用；探索数字资源编目，加强书目数据与数字全文文献整合。2013 年，馆所向 OCLC（联机计算机图书馆中心）上传 RDA（资源描述与检索）数据，成为国内首家应用 RDA 的机构。2014 年，馆所制定 RDA 编目细则，正式启动 RDA 数据编目，数据质量得到 OCLC 总部认可。

——历史文献保护和研究工作成效明显。"十二五"期间,馆所累计完成1.2万种舆图整理,2015年完成古旧文献修复1600余册,整理修复"罗氏藏书",编制出版《中国家谱总目》《上海图书馆藏中国文化名人手稿》《盛宣怀档案选编》《上海图书馆善本题跋真迹》《万国公报》等精品图书。同时,主持或参与《上海图书馆藏明代古籍公文纸背文献整理与研究》《中国少数民族家谱目录》《汉语基督教书目的整理与研究》等国家级研究课题。

(二)公共服务开拓创新,探索转型优化用户体验

——全民阅读与数字阅读推广迅猛发展。2015年开展线上线下读者活动558场,呈现逐年递增的态势。2011年,馆所启动"市民数字阅读推广计划",推出覆盖各类移动终端的跨平台数字阅读体验,至2015年阅读平台访问量达166.8万次,提供2000台手持电子书阅读器在中心图书馆范围内流通,推出BYOD(自带设备)服务新模式,推广"上图爱悦读"自助数字阅读一体机。推出"无障碍数字图书馆",覆盖全市31万残疾人,提供有声互联网,有声读物和在线听看讲座等服务。2015年5月,市民数字阅读网站微阅读频道公测版上线。

——服务空间再造开展有益探索。近年来,馆所不断探索并固化主题图书馆建设,先后设立"创•新空间"、产业图书馆、旅游图书馆、中西文化交流研究资料中心、"上海客堂间"等,为专业人员和普通读者搭建主题服务知识平台和体验专业技术的智能空间,为现代图书馆服务空间变革及"上海图书馆东馆"空间规划进行有益的探索。其中,"创•新空间"服务举措简报获得文化部部长雒树刚的批示,并在《中国文化报》头版头条予以报道。

——阅读生态展示方法不断创新。2012年起,馆所每年发布读者年度阅读账单,2013年起每年发布全市公共图书馆年度阅读报告,全方位呈现全市公共图书馆读者的阅读生态,得到文化部领导的肯定和批示。2014年成功开发"上图阅读指数",并通过各信息平台发布相关报告。2015年发布《上海市公共图书馆女性阅读报告》和《上海图书馆上海市中心图书馆

流通分析报告》。

——讲座展览凸显良好品牌效应。2011至2015年间，馆所共举办1228场公益性讲座，直接听众28.2万人次。先后开创上图讲座进高校、上图首发、微讲座、大家讲坛、大家的讲坛、东方书院等新模式，牵头成立的"长三角公共图书馆讲座资源共建共享网络"已有全国30个省、直辖市的170家公共图书馆加盟。五年间，共举办各类展览672场，累计参观人次超过100万。上图讲座已成为全市宣传干部政治思想定点学习基地、青海省委党校上海地区协作基地，大力弘扬并践行社会主义核心价值观。

——图书馆基本服务保持上升态势。持证读者数和到馆读者数逐年上升，2015年全市持证人数约377.8万，占常住人口比例由2011年2.2%提升至15.5%；2015年到馆读者数230万人次，"十二五"期间年均增长11.0%。不断开拓读者证新功能，先后与市征信系统合作开展免押金办证，与市教委合作为全市中小学生电子学生证开通"一卡通"功能，与市妇联合作推出智慧女性读者卡。2015年，馆内文献流通496.9万册次，"十二五"期间保持平稳态势。馆所门户网站点击量由2011年的4306.4万次上升到2015年的7983.7万次，年均增长16.7%。

（三）情报服务巩固优势，品牌影响力显著提升

——科技情报助力科技创新中心建设。为上海科技创新中心建设提供高质量的决策参考，为2015年度市委务虚会编制《全球科技创新中心发展动态与启示》研究报告并制作宣传视频，广受各界好评。馆所上报的《2015国际大都市科技创新能力评价》《综合把握政府数据开放中的发展机遇与潜在风险》等简报先后获时任中央政治局委员、上海市委书记韩正，上海市市长杨雄等领导的批示。

——决策咨询服务逐年递增。《上图专递》系列内参等品牌情报产品继续扩大影响，2015年刊发《上图专递》简报540期，制作内参9种；2015年，社会研究课题完成318项，出具报告754篇，成果多获好评；完成科技查新项目1974项，同比增长5.8%。

——软科学基地建设成绩显著。公共文化研究基地、国家知识产权评议示范机构、上海市前沿技术发展研究中心、上海文化创意产业信息中心、上海市中小企业公共服务示范平台等国家、市级基地先后落户馆所,馆所也成为全市软科学基地中研究成果被录用最多的单位,并连续三年被评定为优秀,有效提升了馆所在政府决策咨询领域的影响力。

——技术情报和竞争情报业务加大转型力度。技术情报业务向专利分析转型势头良好,已成为国家知识产权局认定的上海唯一一家出具专利检索报告的第三方检索机构。2015 年,《竞争情报》双月刊正式对外公开发行,与《图书馆杂志》联合搭建起图情研究的两大平台。

——全媒体舆情监测服务探索创新。"十二五"期间,馆所引进并建立了网络舆情和电视广播媒体监测系统,覆盖平面媒体、电视、广播和网络,全媒体、全天候信息监测和采集,实现在线编辑、在线发布、电子推送信息快报,升级传统剪报服务为舆情监测服务。

——专业出版工作进一步完善。以市场为导向,品质为根本,坚持"专、特、优、新"发展之路,有效深化上海科技文献出版社有限公司转企改制以及各类专业刊物的调整改革。"十二五"期间,推出了一系列具有文化价值、促进和谐社会建设、受到市场欢迎的出版物。

(四)图情联盟健康发展,社会效益持续增强

——中心图书馆服务效益快速增长。至 2015 年年底,上海市中心图书馆"一卡通"服务覆盖市、区(县)、街道(乡镇)304 家图书馆和服务点,实现全覆盖。2015 年,"一卡通"有效证总量 288.8 万张,文献入藏总量 2478.7 万册;文献流通总量达 6326.8 万册次,"十二五"期间年均增长 20.0%。

——共建共享工程扎实推进。上海市文献资源共建共享协作网拥有成员馆 80 家,覆盖全市主要的公共图书馆、高校图书馆、科学专业图书馆。持续推进"全国文化信息资源共享工程"数字资源建设,至 2015 年,上海数字文化网可提供服务的视频资源总量达 768G,共计 5292 部、5482 集。

——情报联盟工作有序开展。联合市经信委发起成立了"上海新兴产业情报研究联盟",联盟单位 12 家;上海行业情报发展联盟稳步发展,联盟单位近 40 家,坚持开展合作研究、举办系列讲座和展览活动,形成"一年两周"的科技情报科普宣传工作机制和活动载体。2014 年,行业情报发展联盟知识管理系统上线,进一步加强成员单位与社会各界的互动联系。

(五)境内外合作扩大覆盖面,国际交流持续深化

　　——国际交流与合作平台日臻完善。"上海之窗"积极发挥重要对外文化交流作用。截至 2015 年,已在 6 大洲 64 个国家(地区)开出 129 家"上海之窗",累计赠书 8.7 万册。积极开展国际优秀文化交流项目,加强文化互动。紧扣行业热点与学术前沿,成功举办两年一届的"上海国际图书馆论坛"及"竞争情报上海论坛",备受国际关注。

　　——文献提供网络继续拓宽服务范围。2011 年起,馆所逐步与中国高等教育文献保障系统(CALIS)、中国高校人文社会科学文献中心(CASHL)、北京地区高校图书馆文献资源保障体系(BALIS)等国内图书馆联盟开展馆际互借和文献传递服务;与 OCLC、德国文献服务系统(Subito)等境外 22 家文献机构建立馆际互借合作关系。2015 年完成文献提供总量 69127 篇/册,同比增长 95.6%;2015 年 OCLC 上的馆际互借完成量为 1962 篇(册),是排名前 20 的大陆地区的唯一一家非国家馆的公共图书馆。

(六)信息化建设不断加快,"云中上图"初现雏形

　　——信息服务平台整合优化。依托移动互联网,开发针对各类移动信息终端的信息服务系统与客户端。"十二五"期间,升级完善手机图书馆相关服务,注册开通多个新浪微博信息发布账号,搭建完成上图微信公众服务号,实现馆所各项业务功能的整合统一。2014 年推出馆所新版网站;正式启用"上图发现"知识资源发现服务平台,整合馆所外购全文学术数字资源、馆藏目录及电子书,实现知识信息的统一检索和发现。2015 年,

建成微信支撑平台；实现二维码手机读者证；完成上图 APP 版本升级，实现 iBeacon 馆内导航。

——**中心图书馆"一城一网一卡一系统"平台逐步完善**。浦东图书馆、长宁区图书馆、静安区图书馆、浦东陆家嘴图书馆全面并轨"一卡通"工作先后启动并完成。2014 年实现"一卡通"外借"6+4"提速。至"十二五"末，中心图书馆系统包括 2 个市级图书馆、23 个区县馆、214 个街道（乡镇）服务点、1 个大型居住区、2 个大学馆、5 个专业馆、其他服务点 11 个、1 个图书分拣中心。

——**数字图书馆和"云中上图"建设助推创新转型**。2012 年，馆所开通无障碍数字图书馆。2013 年开发基于数据交互中间件的移动服务支撑平台，贯通展览、读书活动、微博微信等内容。通过"城市公共文化机构移动服务平台"建设，打造全市公共图书馆移动云平台，至 2014 年，移动图书馆登记机构数 13 个，支撑移动应用数 42 个，提供移动接口总数 56 个。2015 年，完成"云中上图"项目中负载均衡设备和终端应用虚拟化的部署实施，采用应用虚拟化方式替代现有部分读者 PC 终端。

——**国家公共文化研究基地落户馆所**。馆所于 2015 年 7 月被命名为文化部公共文化研究基地，成为全国唯一一家入选的图书馆，基地聚焦公共数字文化服务，着力探索面向基层的公共文化精准扶贫服务、公共数字文化建设和服务的创新、公共数字文化管理创新，以及公共数字文化高层次人才培养和基层工作人员队伍的培训机制等。

——**信息基础设施建设继续加强**。至 2015 年，完成互联网带宽扩容至 440M；虚拟服务器应用规模进一步扩大，形成 35 台虚拟机宿主服务器、223 台各类虚拟机的虚拟化应用环境；自建数据库 38 个，数字资源长期保存级数据总量达到 293.1T，应用服务级数据总量 8431G，数字对象总数突破亿级。

（七）人力资源结构深度优化，人才培养模式不断完善

——**人才队伍建设途径进一步创新**。制定人才队伍建设计划，确定高端人才培养方案，3 名研究员被国家知识产权局评为"全国专利信息领军

人才"。举办多种业务培训,激励员工参与学术研究,2011 年至 2015 年,员工在国内外刊物上共发表图情学术论文 437 篇,专著 86 部,获批国家级、市级等项目 82 个。成功申报博士后科研工作站,拓展人才培养途径,提升科研能力和水平。

——**人才培育机制提升队伍水平**。2011 年至 2015 年间累计有 164 人次纳入馆所"2151 人力资源建设工程",分别从学术、管理、业务三个方面予以培养。2010 年起实施"青年学术成才资助计划",累计资助 312 人次,金额 18 万余元,为青年成才提供平台。另外,不断加大专业馆员培养力度,建立并实施了数据馆员、采访馆员等制度。

——**招聘人才质量不断提高**。2011 年至 2015 年期间馆所共招聘和引进新员工 126 人,其中管理人员 2 人,业务人员 124 人。新进人员中本科学历 81 人,硕士研究生 45 人,研究生比例达 35.7%,有效优化了人力资源结构。

(八)依法治馆能力有效提升,科学管理方式突破创新

——**事业单位法人治理结构改革不断推进**。2014 年 10 月,馆所正式成立理事会,成为宣传系统第一家成立理事会的事业单位,标志着馆所法人治理结构工作迈上新台阶。2015 年 11 月,馆所理事会上报部的《上图情报所理事会 2015 年工作报告》获得中共上海市委常委、宣传部长董云虎同志的批示。

——**科学统计评估指标体系基本建立**。2014 年完成馆所业务统计评价指标体系和数据管理平台建设,将业务数据与财务管理数据对接,图书馆各项业务及社会活动状况实现统一管理和科学评估。2015 年,基本完成绩效评价 PC 和移动展示平台建设;开展绩效前评价、绩效跟踪评价和绩效后评价。

——**绩效管理制度健全完善**。近年来,馆所不断健全绩效评估制度,规范运作流程,加强结果反馈。同时,注重社会参与,提升评估的客观公正,引进第三方财政资金绩效评估机制,完成绩效工资改革。配合市委巡视工作,积极落实各项整改要求。

——各类发展规划、年度计划确保事业发展的连续性、完整性和科学性。自 2012 年起，每年中期着手编制下一年度的《工作计划要点》，实现年度工作计划与预算编制同步进行；补充编制了"十二五"专项发展规划——《馆所推进信息化建设 2013—2015 年行动计划》。

——后勤管理工作提质升级。"十二五"期间，馆所的物业管理体系从原来的 ISO 9001 2000 版升级到 2008 版；完成《节约能源资源考核评价报告》；持续推进消防安全"户籍化"管理，建成移动端消防管理系统；在亚信峰会、北京 APEC 会议等重大活动期间，严格组织全面安保检查；升级资产管理信息系统，固定资产管理试点应用无线射频识别（RFID）技术；基本建成智能图像识别系统平台。

——组织机构设置与时俱进。2015 年，根据事业发展要求，合并设立行政保卫处，组建典藏中心筹备组；完成各业务中心下属部门机构调整；积极推进航头保存本书库建设。同时，按照事业发展需要，成立公共文化研究基地办公室、上海图书馆东馆筹建办公室。

"十二五"期间，馆所在深化建设特色资源体系、卓越服务体系、科学管理体系以及多元保障体系等方面取得多项突破，成绩显著。但与世界级城市图书馆的发展愿景和积极探索大数据时代公共图情事业范式转型的要求相比，仍然存在差距和不足，主要表现在：战略管理水平和能力仍需不断提升，图情合一的优势未能充分体现；资源建设目标需进一步细化，资源与服务的关联有待进一步加强；全媒体环境下的公众服务水平和情报研究能力需进一步提高；数字移动环境下的信息技术应用还需深化；文化传播与跨界合作需不断拓展广度和深度等方面。

二、"十三五"发展环境分析

"十三五"时期，是全球图情行业创新驱动发展的重要时期。以大数据、云计算、物联网、移动互联网和信息物理系统等为代表的新一代信息通讯技术正在掀开人类信息化进程新的篇章，无所不在的信息社会正在到来。以互联、智能、高效、便捷为主要特征的图书馆智慧化进程已经开启，对现在和未来的公共图书馆服务形态、服务模式、服务内容正在起着深刻的影响。图情行业将呈现以下发展态势：网络将成为图情服务的主战场；阅读服务和图书馆空间价值获得重新定义；"数据化"趋势正深刻改变图情服务范式；智慧图书馆成为新的建设目标；科技情报服务支撑创新和支持决策的两大功能进一步凸显，公共图情服务进一步呈现"普及化"和"智库化"的发展趋势。未来图情事业的发展应在坚守公共图情服务的核心价值理念基础上，牢牢把握科技进步大方向，充分利用网络空间和信息技术给公共图情服务与管理带来的机遇，实现复合型图书馆和科技情报智库的创新转型和智能化升级。

"十三五"时期，是我国全面建成小康社会决胜阶段，是建设社会主义文化强国的关键时期，也是公共文化服务体系基本建成的重要时期。我国发展仍处于可以大有作为的重要战略机遇期，也面临诸多矛盾叠加、风险隐患增多的严峻挑战。对于公共文化服务发展，中共中央办公厅、国务院办公厅2015年发布的《关于加快构建现代公共文化服务体系的意见》和《关于做好政府向社会力量购买公共文化服务工作的意见》，确立了图书馆在公共文化服务中的地位与作用，更赋予图书馆新的历史使命，对完善公共文化服务供给体系，提高公共文化服务效能，建立健全公共文化服务购买机制作出了重要部署。党的十八届五中全会审议通过的《中共中央关于制定国民经济和社会发展第十三个五年规划的建议》，提出完善公共文化服务体系，推动基本公共文化服务标准化、均等化发展，创新公共文化服务方式等具体要求。2014年以来，国家还印发了《国务院关于加快科技服务业发展的若干意见》和《关于加强中国特色新型智库建设的意见》，首次对科技服务业发展和智库建设作出全面的战略部署，为科技情报事业创造了重大发展机遇。同时，经济发展进入新常态，GDP保持中高速增长、产业结构转型升级、户籍人口城镇化率加快提高、整个社会进入老龄化，这些都构成图情事业未来"新常态"的背景和环境。

"十三五"时期，是馆所全面深化改革的转型关键期、积极参与上海加快全球科技创新中心建设的发展机遇期以及推进"上海图书馆东馆"建设窗口期的"三期叠加"的重要阶段。到2020年，上海将基本建成"四个中心"和社会主义现代化国际大都市,形成具有全球影响力的科技创新中心基本框架,率先建成现代公共文化服务体系,不断完善公共文化设施布局,逐步构建公共文化服务圈,健全公共文化服务配送机制,实现城乡文化一体化;上海将全面推进"文化上海云"公共文化服务数字化建设,市和区县图书馆的服务全部纳入"文化上海云"总平台;"上海图书馆东馆"将全面建成开放;等等。面对新形势、新任务,馆所要在全面深化公共服务改革的大背景下,围绕"图情并重"的核心思想,牢固树立并切实贯彻创新、协调、绿色、开放、共享的发展理念,以推进"上海图书馆东馆"项目建设为动力,以打造新型科技智库和"文化部公共文化研究基地"为契机,聚焦重点目标任务,完善现代公共图情服务体系,为提升全市公共图书馆整体水平、保障和改善文化民生,为助推"智慧城市""学习型社会""国际文化大都市"和全球科技创新中心的建设发挥积极作用。

三、"十三五"发展目标

馆所制定"十三五"规划的指导思想、发展主题、发展主线和发展目标如下:

指导思想——高举中国特色社会主义伟大旗帜,全面贯彻党的十八大和十八届三中、四中、五中全会精神和习近平总书记系列重要讲话精神,按照中央关于"十三五"规划建议的精神和中共上海市委关于"十三五"规划建议的总体要求,坚持"四个全面"战略布局,树立创新、协调、绿色、开放、共享的发展理念,奋发有为、开拓创新,为上海基本建成国际经济、金融、贸易、航运中心和社会主义现代化国际大都市,加快建设具有全球影响力的科技创新中心,提供可持续的、有国际竞争力的公共图情服务,引领上海图情事业创新转型发展。

发展主题——全力实施"智慧(intelligence)""包容(inclusiveness)""互联(interconnection)"("3i")转型战略,全面构建图情一体化知识服务体系。

发展主线——深化"云中上图"与情报服务,打造智慧型图书馆和新型科技智库;提供平等、多元、开放的知识服务,营造倡导阅读和学习的综合性文化场所；注重科技与人文融合，创新建设知识空间，加强人、空间、资源的便捷高效连接。

发展目标——积极推进"上海图书馆东馆"项目建设，努力推动基本公共文化服务标准化、均等化发展，基本建成世界级城市图书馆体系，加快向大数据时代的全媒体复合型知识中心转型。着力营造"连接一切，无处不在"的公共文化空间，提供以阅读服务为核心的丰富多元文化体验；着力完善服务"大众创业、万众创新"的知识共享空间，提供以图情一体为特色的专业知识服务；着力打造"支撑创新，支持决策"的新型科技智库，提供以科技、产业和文化为重点的情报服务。

四、主要任务及重点工作

（一）加强资源建设和知识组织，提高资源保障能力

"十三五"期间，馆所将建成与上海科技、经济、文化和社会发展相适应，充分保障馆所履行地区综合性、研究型公共图书情报联合体职责的资源体系，兼顾各层次读者的阅读需求，采集服务大众读者与专业人员的文献信息资源，包括网络数字资源、科技创新研发资源、科技智库研究资源等。

1. 加强馆藏资源建设，形成特色馆藏资源体系

结合上海图书馆东馆建设，做好文献储备工作，切实保障文献资源需求。资源建设在兼顾大众阅读需求基础上，紧密围绕上海重点建设发展领域以及馆所各类主题服务需求有序开展。加大科技与社科类的专业外文文献资源的资金投入，保障地区科技、经济、文化、社会发展的文献需求。继续探索大众类外文文献的采购与服务，补充馆藏大众类外文资源不足。保持特色文献建设，继续加大对家谱、碑帖、年鉴、地方志、历史史料等有特色馆藏的地方文献支持力度加大历史文献资源的保护与揭示力度，推动老唱片、年画、尺牍、碑帖、舆图、手稿等数字化和知识组织，准进资源共享。

2. 优化资源配置流程，提高资源利用效率

完善馆藏发展政策，优化馆藏资源结构。提高与其他公共图情机构的资源共享效率，建立联系沟通机制；进一步加快本馆与中心馆文献配置速度，探索编目与加工业务外包，提高从出版社直采图书的比例，加强出版业的调研和读者阅读状况的分析；加强资源揭示，探索 RDA 中文化应用与书目数据关联、开放研究，提高资源利用率。

3. 推进数字资源建设，强化资源关联

加强纸质书、刊的数字化转型，提高文献经费使用效率。提高数字资源采集比例，"十三五"末，数字资源采购经费占比达 35% 以上。设立专门机构，强化数字资源采购与管理。围绕上海图书馆东馆、市民数字阅读平台、科技智库以及创新空间、产业图书馆、旅游图书馆等系列主题图书馆需求开展数字资源建设。搜集、整理与维护开放性资源，与外购资源互补形成开放有效、内容丰富的数字资源体系。注重数字资源的本地存储、揭示、整合、发现与关联，促进数字资源平台优化进一步方便读者利用，增加数字资源使用量。

4. 深化学术研究，推进资源建设实践探索

跟踪国际文献资源建设和资源组织发展趋势，不断探索与创新，引领采编各项业务发展。强化 RDA 的研究与实践，巩固该领域内的国内领先水平。加强电子书、标准等特殊文献的编目研究。深化采编学科馆员制度建设，提升学习研究能力，实现由传统采编模式向集各类资源建设与组织为一体的业务模式转型。

（二）科学规划、合理布局，全面加强典藏保护工作

以推进典藏中心和"航头保存本书库"建设为契机，科学规划、合理布局，从功能角度进一步强化馆所资源的整合力度，以期更加有利于资源的全面典藏和保护，更加有利于公众及科研人员的使用。

1. 编制《馆所 2016—2020 年典藏工作规划》

"十三五"期间，通过科学编制《馆所 2016—2020 年典藏工作规划》，

梳理典藏与服务、研究的关系，注重保存所有馆藏资源，包括纸质、数字、多媒体等资源；注重科学化、制度化管理馆藏资源，实现国有资产的安全、保值和增值；注重馆藏资源利用的便捷、畅通；注重对文献保存开展系统性研究；最终建设一个国资安全、管理达标、保存科学、利用便捷的文献利用综合保障体系。

2. 全面深化典藏中心建设

完成典藏中心机构设置和人员配置，稳妥推进读者服务中心和历史文献中心的相关部门并入典藏中心，建立一支专业化的文献典藏队伍。加强基础设施建设，提升书库保存环境。推进"航头保存本书库"建设，力争早日投入使用；有序推进典藏书库改建改造，合理调整馆藏布局；推进数字资源灾备中心建设，为馆藏资源的长期保存提供有力保障。

3. 加强典藏资源保存与保护的研究

强化资源保存保护项目研究。建立文献保护实验室，开展纸质文献保存研究，并将研究结果运用到文献保存监测、评估中，从而提升文献保护水平。建立数字灾备实验室，研究媒体与信息方面的最新进展，对珍贵文献的数字化保存、检索、利用提供科学建议。

推进文献典藏制度建设。修订完善现有文献典藏制度，建立完整的纸质、数字和多媒体资源长期保存利用的方案、流程和制度；科学制定便捷、畅通的文献采购（捐赠）、入藏、保存、服务和研究流程，形成特色文献典藏体系。

（三）积极推进上海图书馆东馆项目建设，力争新馆全面建成开放

"十三五"期间，馆所将积极推进上海图书馆东馆项目建设，把上海图书馆东馆建设成为功能布局合理、供给主体多元、运行机制科学、群众喜闻乐见的现代公共文化服务综合体，全面提升上海公共图书馆服务体系的综合服务能级和现代化水平。

1. 全力推进上海图书馆东馆工程项目各项筹建工作

在上级主管部门的指导下，力争在2016年年底完成各项开工前的准备

工作,实现市级重大设施项目"十三五"开局开工建设的目标要求。落实安排专职人员,建立项目筹建机构;落实项目建议书评估工作,完成项目立项;细化项目功能和建设需求,完成项目可行性研究;广泛征求意见建议,完成项目设计任务书编制;落实项目设计国际招标,广泛征集项目设计方案;组织编制项目投资预算,完成项目施工设计;落实各项证照审批,确定项目建设方案等。

2. 科学编制东馆运行规划,开展文献资源储备

深入调研国内外图书馆先进的运行机制和管理经验,科学编制上海图书馆东馆运行规划,进一步细化总馆与东馆的联动与定位,配置东馆开放的图书馆专用设施,并适时启动总馆改造项目。合理安排专项经费,积极开展文献资源储备。根据功能定位,明确文献资源的收藏范围和采选方针,优化馆藏结构,凸显馆藏特色。配合东馆项目,对文献资源的类型、内容、品种进行科学合理的规划,建构更为完整的文献资源体系,进一步保障东馆的开放与服务。同时,制定适合东馆开放使用的资金预算、人员管理、服务方式的管理方案。

3. 全面建成开放上海图书馆东馆

"十三五"末,争取全面建成开放上海图书馆东馆。开放后的东馆将设置资源展示空间,包括充分体现互联网时代特征和符合图书馆未来发展新形态的全交互式的资源复合型阅读广场;信息交流空间,包括学术交流、会议展览、公共服务等区域,成为提供各种知识学习、交流的第三空间;专题研究空间,配置专题文献资源,满足专业研究需要;创新体验空间,运用物联网、大数据、云计算、移动互联网等新一代智能技术,建设体验型图书馆;国际交流空间,包括上海国际友谊图书馆、上海国际文化资料中心、多元文化主题图书馆等。

(四)营造"连接一切,无所不在"的公共文化空间

"十三五"期间,馆所将强化市民的"书房、客厅、工作室"的人本定位,建设激扬智慧、共享包容的"知识交流共同体",打造特大型城市知识交流中心；同时，进一步提升现场和在线文化活动的多样性，逐步提升满足市民多层次、多元化、个性化阅读文化需求的服务能力和水平。

1. 建设终身学习和全民阅读的高地

深入开展全民阅读活动，实施"图书馆+"战略，推进主题图书馆进公共文化设施，把阅读文化服务和元素送入一切可以进入的领域和行业、机构和场所。不断提高市民持有读者证数，"十三五"末，全市公共图书馆读者证力争突破460万张；着力阅读推广，不断提升市民阅读量；增加读者证的含金量，持续提高读者证使用率；加强个性化服务，建立读者需求反馈机制，制定形式多样、内容丰富的公共文化服务提供目录；注重阅读推广活动品牌建设，探索建立阅读推广活动绩效评估体系，形成具有鲜明特色和社会影响力的服务项目；吸纳新兴阅读载体、组织及社区，搭建市民公共阅读推广平台；大力开展全民科普、全民艺术普及、群众性法治文化宣传等活动，积极参与上海读书节、市民文化节、上海书展等群众文化活动，营造良好的全民阅读氛围。

2. 保障特殊群体基本文化权益

切实推进基本公共文化服务标准化、均等化，将老年人、未成年人、残疾人、来沪务工人员等作为图书馆开展公共文化服务的重点对象。积极开展面向老年人、未成年人的公益性文化培训服务、科技普及等活动；开展学龄前儿童基础阅读促进工作和向中小学生推荐优秀读物工作；开展面向残疾人读者的全方位无障碍服务，完善无障碍数字图书馆、有声读物阅览室、送书上门服务等；以及开展面向来沪务工人员的阅读推广活动和信息素养培训等服务。

3. 加强数字服务，提升新媒体传播能力

深化实施"互联网+"战略，让数字阅读无所不在。探索全天候、全覆盖的公共文化服务体系建设，通过设计和规划数字化服务方式和形态，留存已有用户，发展潜在用户。完善数字化服务平台，让数字服务伴随着智能移动终端真正实现随时服务，随地享用。提高数字阅读文化产品和服务提供能力，促进优秀传统文化瑰宝和当代文化精品的网络传播。建立数字阅读统计指标体系，稳步提升数字服务的覆盖面。整合、优化图书馆数字化服务功能，推动服务上新台阶。

4. 注重新技术应用，强化阅读体验

积极推广新技术在公共文化服务中的应用，借助数字智能终端、移动互联，实现传统媒体、互联网、移动终端以及社交媒体等全方位发展。利用关联数据、聚类分析等进行交叉研究，实现公众阅读热点预测。重视大数据技术在公共文化服务体系中的应用，对读者多元化的阅读需求进行动态分析；针对读者需求提供丰富的、个性化的服务，注重界面友好、功能丰富，进一步强化读者的阅读体验。

（五）建设服务"大众创业、万众创新"的知识共享空间

"十三五"期间，馆所将从传统的积淀与传承文化、提供信息、知识和文化服务，扩展为提供工具、鼓励知识与思想的交流、激励创意与创新，满足全市科研、教育和社会发展的信息需求，真正支撑"大众创业、万众创新"。

1. 扶持并鼓励各种类型的研究

坚持公益服务属性，满足社会各界需求，稳步提升用户满意度。通过局域网、远程访问、信息推送等方式向读者尤其是专业研究者开放部分已完成数字化的家谱、善本等资源，推进馆藏特色资源最大程度地为社会各界所分享。探索邀请全球相关领域知名专家受聘"驻馆专家"，进一步提升专业服务能力和社会影响力。积极鼓励馆内员工与馆外专业研究者开展项目合作，鼓励专业研究创新，实现知识增值。开辟更多、更舒适的研究交流空间，满足各学科研究需要。强化各主题阅览室的创新能力建设，培育主题馆员，推进建设"上海客堂间""中西文化研究资料中心"等研究服务品牌，并不断丰富服务内涵与形式。

2. 强化互动体验，创新打造"众创空间"

提供面向各层次市民群体的文化科技融合体验服务，如工具提供、新技术展示、全媒体阅读体验、创新空间开设、信息素养培训等。完善和提

炼"创新空间"等空间再造新模式，为读者和用户提供更多不同主题、低成本、便利化、全要素、开放式的"众创空间"，培育和激发读者的创新思维。强化与社会其他"众创空间"的合作交流，联合举办创意展览、创意课堂等，搭建交流丰富创新思想和成就的展示平台。服务所有"创客"，提供有价值的信息、情报和知识服务，打造互联网环境中的创新创业服务平台。

3. 助力中小微企业创新和成长

积极探索产业图书馆、"创之源"中小企业信息服务等平台的服务新模式，提高公益服务效率与品质。加强专利标准、科技报告、产业报告、政府报告、会议论文等特种文献以及产业领域非正式出版物的收集、加工和服务，努力打造上海科技创新信息基地。利用馆所科技情报、产业研究的成果支持中小微企业创业、创新，促进创新成果产业化。升级参考咨询服务水平，开展技术工具、专业软件、情报咨询等服务。发挥空间优势，提供培训和沙龙活动、主题报告、新产品新成果发布等服务。

（六）夯基础重拓展，探索新型科技智库建设

发挥图情合一研究优势，强化科技创新前沿、新兴产业、国际大都市和数字人文等方向的研究实力和决策咨询服务，建设新型科技智库。

1. 强化决策咨询服务

把握国家及上海层面对新型智库建设的总体要求与发展方向，以"上海市前沿技术发展研究中心"软科学基地为平台，跟踪发现世界科技创新的前沿领域和新兴产业的最新动向，牢牢把握科技进步的大方向和产业革命的大趋势，围绕上海转型发展中的重大、前瞻性问题，在科技创新前沿、新兴产业、国际大都市等方向建立起能够及时响应政府决策需求的监测体系和研判机制，加快对情报研究新方法、新工具的研究和应用，扎实提升决策咨询服务的能力和水平，努力将馆所打造成为有专业影响力的新型科技智库。

2. 聚焦特色情报服务

加强上图专递系列简报、战略咨询、专利情报、竞争情报、舆情分析等特色情报服务的发展与开拓。围绕国际大都市发展中的重大问题、热点问题，加强国际大都市的动态跟踪分析，对比研究发展经验和举措，不断提升上图专递内参和研究报告对相关问题的响应时效性和研究质量。推动战略咨询聚焦科技创新前沿和新兴产业，进一步强化馆所在技术、产业前沿领域的研究能力和品牌形象。加大力度开拓专利情报分析、知识产权评议等技术情报业务，树立专利情报研究基地的品牌形象。进一步拓展针对大型企业的竞争环境监测、竞争对手分析、产业背景调查以及企业竞争情报培训等特色情报服务。不断提升内容研究能力和媒体测评方法、技术，做大做强外媒舆情业务，大力开拓面向政府的舆情监测工作。

3. 加快智库支撑体系建设

以情报知识库平台、专职情报研究队伍为核心，推动科技智库支撑体系建设。加快国际大都市数据库、新兴产业专利数据库、企业竞争情报数据库为重点的情报知识库建设，打造针对国内外科技创新、国际大都市竞争力跟踪、预警及监测研究平台。积极探索形成有益于研究型人才发展的激励机制和工作环境，发掘并培养一批在情报研究、决策咨询、历史人文、社会科学等专业领域有一定影响力的学术人才，以研究型学科点、博士后科研工作站建设为载体，进一步健全智库支撑体系。

4. 深化数字人文研究

深化数字人文研究，进一步提升以特色历史文献为基础的人文学科研究能力。持续打造"中西文化研究资料中心""上海客堂间"等专题服务品牌，提升馆所人文学科研究能力。完善历史文献特约研究员合作机制，建立历史人文领域文献整理及研究的运作模式。积极拓展研究深度与广度，借力情报分析工具，强化数字人文建设，实现从文献研究向内容研究的转型。

（七）深化"云中上图"建设，打造泛在智能的智慧图书馆

"十三五"期间，馆所将以"云中上图"为基础，全力推进上海图书

馆东馆信息化、数字化建设，并积极推动文化部公共数字文化研究基地建设，加快推进图情事业与信息技术深度融合发展。

1. 推进全媒体公众阅读生态系统建设

深化数字移动阅读平台建设，促进内容、平台、模式、终端、数据协同联动发展，数字阅读整体访问量较"十二五"翻两番。构建覆盖数字阅读、数字讲座、数字展览、有声电子书、增强型电子书及电子报刊的全媒体阅读系统，通过关联数据和内容挖掘，利用新媒体的微阅读、微朗读、微讲座社交平台，大力推广阅读，支撑跨媒体的阅读生态系统建设。加强阅读大数据分析与揭示，推进阅读社区建设，建设数字阅读内容加工处理平台和内容管理与发布流通平台，推动全民阅读平台建设。深化无障碍数字图书馆建设，为残障人群和老年读者提供无障碍电子书和馆藏可视化、移动化、实用性的服务。

2. 完善中心图书馆云平台建设

大力推进"一卡通"网络设施和网络安全建设，加强开放互联，提升"一卡通"书目馆藏联合检索系统和馆藏定位搜索能力，实施"一卡通"地图与线上线下服务的融合联动。实施"一卡通"服务系统的扩容、升级，逐步向大型居住区配套建设的图书馆延伸和联网。建设中心图书馆区县分馆云服务子系统，提升"一卡通"全方位服务能力。运用物联网技术和线上线下融合服务，推进市、区县24小时无人自助图书馆建设。加大中心图书馆新技术应用和主题图书馆数字化建设，打造"众创空间"，加快建设上海公共图书馆地方文化和特色资源数据库群。全面对接"文化上海云"平台。

3. 建设数据中心和网络数字化服务支撑中心

深化知识发现和数据应用，支撑创新空间和产业图书馆的知识导航与集成发现服务；大力推进知识发现系统的远程及联合服务，构建海量数字资源库群和大规模元数据和关联数据群，知识发现系统整体服务量较"十二五"翻两番。建设面向知识交流的数据中心，深化内容挖掘与内容分析关联服务。推进馆藏数字人文知识库建设，提供面向内容和知识的精准服务。夯实支撑中心图书馆和协作网，馆际互借和远程服务，行业情报联盟服务网，国际文化交流网的信息基础支撑体系，拓宽云服务空间。推进数字资源长期保存体系建设，实施"数字典藏与保护计划"，加强海量数字资源和数据的保存、保护与利用。全面构建城市图书馆网络安全综合保障体系，深化与国家网络安全保障体系和城市安全与应急管理体系的服务对接。

4. 深化智能化图书馆支撑环境建设

推进读者综合服务管理平台和"我的图书馆"系统建设，支撑读者线上线下融合服务和统一服务集成入口，持续提升读者个性化服务能力。对接智慧城市建设和智慧生活服务，加大智能感知和泛在服务环境建设，实施图书馆空间连接再造。完善读者自助服务，进一步提高自动化服务比例。运用移动互联、物联网、大数据技术，通过云平台支撑，实现各种各类新媒体系统的聚合服务。聚焦各领域关键技术的应用示范，推进移动自助和自带设备的全域服务。以大数据可视化模式构建面向个人、行业、政府的图书馆数据服务平台，提高图书馆数据使用效率。

5. 积极推动文化部公共文化研究基地建设

按照《文化部公共文化研究基地建设合作协议书》要求，围绕公共文化积极开展实践调研、课题研究、学术研讨、经验交流，培育公共文化领域人员队伍。凝聚全国专家力量，广泛利用社会力量，着力探索面向基层的公共文化精准服务，重点研究基层的最实际问题，对接需求，提高百姓文化及信息素养；着力探索公共数字文化建设和服务的创新，围绕数字阅读、数据服务、文化预订、智慧图书馆、创客空间、数字人文等方面，提炼可复制的创新案例、模式、产品，推广到全国，促进公共数字文化建设和服务的升级换代和效能提升。

（八）引领国内外交流与合作，促进知识创新发展

"十三五"期间，馆所将坚持公益方向，深化与外部机构的协作，扩大地区同行业交流，强化区域图情联动和互补机制，实现中心图书馆体系、行业情报联盟、上海之窗对外文化交流平台的协调发展。

1. 持续深化上海市中心图书馆服务体系建设

继续完善上海市现代公共图书馆服务体系建设，不断明确与强化馆所在中心图书馆体系中的定位。稳步推进大型居住区公共文化服务配套图书馆网络建设，探索构建服务网络向纵深延展的新机制、新模式；稳妥推进中心图书馆"一卡通"服务系统能级提升，深化各成员馆特色资源体系建设，初步构建复合型主题图书馆体系；加强阅读推广、讲座展览等服务资源共建共享力度，优化电子资源联合采购模式；优化中心图书馆各类指标的统计分析、数据管理与服务工作，构建多元化、立体式业务交流合作体系。

2. 夯实行业情报联盟建设，加强特色科普品牌创建

夯实行业情报联盟建设，强化学术研究、项目合作、咨询培训等，加强组织建设，激发联盟会员单位的积极性，提升联盟会员单位的情报能力，增强社会情报意识，培育地区情报服务市场。以"科技活动周"和"科技情报服务宣传周"为抓手，聚焦"科技情报与百姓生活"和"科情报与前沿科技"两大主题，巩固"一年两周"的科技情报科普宣传工作机制和活动载体，加强科技情报特色科普品牌创建。

3. 加强国内外图情研究与服务的合作交流

加强"上海国际图书馆论坛（SILF）""竞争情报上海论坛（SCIF）""中日图书馆学论坛"等国际会议、学术交流平台建设，跟踪国际图书情报学术主流，及时共享研究成果。深化与国际图联等国际图情组织的合作，加大宣传推广，吸引全球更多的图书馆、情报机构与馆所开展交流与合作。落实推进公共文化研究基地、"全国文化信息资源共享工程""公共电子阅览室建设计划""数字图书馆推广工程"等国家级文化工程项目，加强与外省市图书馆、情报研究机构的知识共享与业务创新交流。

4. 打造有影响力的国际文化交流平台

围绕国家战略和图情事业发展需要，持续加强"上海之窗"国际合作网络与品牌建设。进一步拓展合作内容，将务实合作的伙伴数量保持在

100 家左右；举办馆藏中国优秀图书、书法、美术、摄影、民间艺术等作品海外系列巡展；增加电子赠书品类，提高远程数字服务质量；完善并维护好多语言网络平台，加大宣传力度和互动频率，为全球读者提供多方位、多角度的便捷服务。

（九）拓展文化传播路径，扩大资源开放和知识推广

加大资源揭示与开放力度，拓展图书馆与大众的连接方式和交互途径。提升图书馆现场和在线文化活动的多样性，提升更具创意的公共文化体验。探索新型出版和传播模式，帮助公众获取和享受健康益智、富有乐趣、内容丰富的文化知识产品。

1. 加大馆藏资源的揭示和开放力度

推进馆藏历史文献整理及数字化，馆内全面开放已完成数字化的善本、家谱、民国图书等文献资源。深化《全国报刊索引》服务体系，推进二次文献服务中心建设；积极补充和完善馆藏近代报刊文献，增加民国图书、家谱、地方志等近代及特种文献数字资源品种，打造近代中国数字文献资源中心；深度揭示珍贵文献，建设具备资源发现、文献服务、互动交流等功能的开放型网络服务平台。

2. 深化文教结合的特色讲座展览品牌建设

坚持正面、积极的文化传播导向，创新"上图讲座""上图展览"的服务内容及手段。结合社会热点，挖掘馆藏资源，加快多元特色品牌创建。引进国际高端文化资源，提高讲座展览国际品位。依托新技术完善多载体服务功能，深化巡讲、巡展模式，提升公众参与度和社会影响力。推进文教结合，构建纵向与学制教育各阶段相衔接，横向与实体及网络空间相融合的市民学习平台。深化拓展"东方书苑"青少年文化精读系列活动，弘扬中华传统文化。

3. 积极探索实践出版业务新模式

进一步梳理并明确图书出版及《全国报刊索引》《图书馆杂志》《竞争情报》《上海文化年鉴》等出版物的发展定位和思路。提升内容创新能力，不断推出优秀出版物，构建具有自身特色和市场亮点的产品集群。聚焦科学文化、医学生活、历史文献三大主题，坚持原创与引进并举，打造出版精品。优化出版结构，积极探索手机阅读和增强型电子书业务，每年推出一批大众类、科技类电子书。提供集出版、展览、研究、活动于一体的综合性文化服务，提升品牌效应。建立健全产品质量监督与保障措施，为精品出版战略夯实基础。

（十）加强组织建设，构建协调高效的管理及保障体系

健全完善业务流程、运转环节和运作机制，形成适应现代公共图情机构持续发展的管理体系。加大党建工作力度，推进党风廉政建设。完善干部人事工作，加强人才队伍建设。扎实推进精神文明建设，构建和谐的组织文化。有序改善工作服务空间，推进节能设施建设。提升行政管理和后勤服务能力，为馆所发展提供坚实可靠的保障。

1. 建设现代图情管理体系，提升科学管理水平

深化完善法人治理结构。注重"依法管理"，理事会逐步向决策机构过渡，在理事会领导下推进馆所科学运行与管理。发挥理事会在决策中的实际作用，审议重大事项；加强管理和运行制度建设，审议通过并向社会发布基本制度和管理制度；推进理事会专业化建设，建立第三方独立评价和社会公众评价机制。

加强科学管理与战略研究。以典藏中心建设为起步，有序推进转型，逐步建立与大数据时代全媒体复合型知识中心相适应的组织管理架构和业务流程。在"十三五"发展规划的基础上，科学编制中心图书馆、信息化建设、科技智库建设、典藏保护等专项规划，完善和提升战略管理能力与水平。结合东馆建设，将公共图书馆系统、图情机构的发展放置在全市发展战略中去谋划，适时开展面向2030年的图情事业发展战略研究。

健全完善预算管理、核算管理、资产管理以及预算绩效评估体系。通过建立绩效管理评价系统，实现"发展目标—指标体系—绩效评价系统—年度工作总结与计划编制—各层级日常工作"的管理闭环，探索建立全过

程的预算绩效管理机制。完善办公自动化系统的各项功能模块，实现预算、采购和资产管理信息系统与市财政资产管理系统的对接。

健全信息发布与宣传推广机制。充分发挥电视、电台、报纸、网络、新媒体等新闻媒体的作用，树立品牌意识，着力编制"服务白皮书系列""阅读指数报告系列""上海市中心图书馆服务系列白皮书"，宣传推广馆所和上海市中心图书馆的管理及服务，提升馆所的知名度和影响力。

"十三五"期间，馆所将通过全国第六次公共图书馆评估工作，全面提升科学管理水平，力争继续保持国内领先优势和国家一级图书馆的荣誉。

2. 加大党建工作力度，推进党风廉政建设

加强领导班子自身建设，提高驾驭全局、创新工作的能力。通过党务公开和主题实践活动，保持领导班子在员工中的高满意度。加强干部队伍作风建设，进一步改进作风，勤政廉政。抓学习、抓管理、抓服务，强化党的基层组织建设和党员队伍建设。从严要求，以内部控制体系建设为抓手，强化廉政风险防控机制。全面落实党风廉政建设责任制，加强党性党风党纪教育。深化廉政制度建设，巩固教育实践活动成果。

3. 完善干部人事工作，加强人才队伍建设

建设组织人事知识管理系统。充分利用信息技术，建设适应新形势的组织人事知识管理系统。根据管理权限实施分层分级的精细化管理，通过自我管理与组织管理相结合、部门审核与组织人事部门审核相结合方式，实现组织人事信息管理到人、服务到人，保持组织人事信息的常更常新，为人才队伍建设夯实基础，提升信息保障能力。

建立健全干部人事制度。深入学习事业单位干部人事制度改革的文件和规定，坚持党管干部原则，不断完善选人用人、能上能下的制度机制，进一步规范和严格执行选人用人程序规定，注重干部队伍的教育培养和监督管理。优化公开招聘流程，加强人员招聘的计划和总结工作。探索适应图情转型发展的高层次人才培养与引进工作，正式启动博士后科研工作站，每年培养和引进1—2名博士后。

探索完善人才激励机制。按照国家和本市的统一部署和政策要求，结合馆所各类人才队伍建设特点，在核定编制数内按需适时调整机构、岗位设置和人员资源配置，完善与岗位设置相配套的绩效考核制度，发挥绩效工资分配的激励导向作用。深入实施"2151"人力资源建设工程，探索完善兼顾老、中、青各年龄层，适应公共服务、咨询研究、技术支撑、行政管理各类型人才成长特点的人才激励机制。积极推进"上图东馆"的人才储备和人力资源建设。

4. 厚植组织文化，推进社会主义核心价值观建设

以"全国文明单位""上海市文明单位""上海市文明行业"创建为载体，不断强化组织使命，加强政治理论学习和思想道德建设，深入开展志愿服务、文明服务，继续在全市图书馆行业文明创建工作中发挥引领示范作用，持续提升市民读者的满意度。力争在"十三五"期间实现全国文明单位"三连冠"，继续蝉联上海市文明单位、文明行业等荣誉称号。

以"精神家园"建设为着力点，充分发挥职工代表大会制度的作用，深化文明班组、巾帼文明岗、青年文明号建设；结合国内外重大时间节点和上海图书馆东馆建设，持续开展职工喜闻乐见、主题鲜明的精神文明创建活动，推动员工素质和单位文明程度不断提升，扎实推进社会主义核心价值观建设。

5. 有序改善工作服务空间，推进节能设施建设

统筹安排馆所中、大修计划。以"完善功能、改善环境、修旧如初"为原则，在充分论证、精心设计、合理安排现有业务的基础上，对老馆进行修缮改造，调整馆藏布局，改善整体环境，升级基础设施，进一步优化图书馆的物理空间与环境，营造更人性化的工作空间和更有品质的阅览空间，使老馆舍焕发新生机。

推进楼宇节能降耗各项措施。老馆要加强对节能减排的全面综合管理，落实低碳化运行阶段性目标中的各项节能减排要求，切实提高各种资源的利用率和节能减排的效果。对于新馆，在设计和施工环节中更要注重节能环保，在空调通风、室内照明、雨水回收等方面采选最先进的环保节能施工技术，争创全国绿色施工示范工程。

6. 健全后勤保障服务机制，确保安全有序运行

完善各类行政管理制度。适时修改、整合各类行政管理制度，着力于完善强化流程的项目管理、国资管理制度；强化规范的财务管理、人事管理制度；强化监督的责任审计、重大项目监管制度；强化考核的项目评审、财政资金绩效评价制度等。

深化社会治安综合治理建设。维护公共场所良好秩序，保持"平安单位""治安安全合格单位"等荣誉称号。加强员工安全防范、国防教育、公共危机应对等培训，提升反恐防暴应急突击能力；强化志愿消防队能力建设，提升单位内部消防安全"户籍化"管理能级；全面完善技防设施，提高协调指挥能力；严格执行安全保卫、突发事件应急预案制度，确保馆所平安。

推动后勤保障社会化、专业化。积极探索适合图情事业发展的甲方主导的社会化、专业化相结合的后勤保障服务模式。制定实施社会化、专业化模式下服务质量体系新标准，实现设备设施信息化管理。

（发布日期：2016年3月14日）

南京图书馆"十三五"事业发展规划[①]

前　言

《中共中央关于制定国民经济和社会发展第十三个五年规划的建议》指出,"十三五"时期世界多极化、文化多样化、社会信息化深入发展,但基本公共服务供给不足,人们文明素质和社会文明程度有待提高。图书馆作为公共文化事业的重要组成部分,担负公共文化服务和公共文化教育的使命,任重道远。

南京图书馆有百年以上历史,2007年是南京图书馆发展史上的一个重要节点,这一年,举办百年庆典,新馆正式开放,时值"十一五"规划中期,各项工作方兴未艾。

此前,从江南图书馆到南京图书馆,一百年来,风云变幻,星霜屡移,但南京图书馆珍藏典籍、服务公众的精神始终如一。在"第一个百年"中,经过几代人的持续努力,南京图书馆藏书宏富,人才辈出,业绩斐然,成为国内第三大馆,成就了百年基业。

---

① 本规划由南京图书馆授权收录。

此后，南京图书馆进入"第二个百年"新时期，一切从"新"开始，新馆新气象，新政新举措，"十一五""十二五"规划相继完成，十年来，南京图书馆锐意改革，推陈出新，成果丰硕，在全省乃至全国图书馆事业发展中，日益发挥着举足轻重的作用。

今天，我们进入了"十三五"时期，但仍然处于"第二个百年"的初始阶段，"企者不立、跨者不行"，一切工作唯有运筹划策，目标明确，循序渐进，才能有所成就，为此，基于前瞻性和可行性考虑，结合图书馆"第二个百年"发展远景，我们制订《南京图书馆事业发展"十三五"规划》，勾勒未来五年事业发展蓝图。

一、回顾展望

"十二五"期间，南京图书馆各项工作有序开展，取得了可喜的成绩，积累了丰富的经验，为未来五年工作的开展，创造了良好的局面。

（一）"十二五"业绩略述

五年来，在南图全体干部职工的共同努力下，我们的工作达到了预期目标，南图综合实力得到进一步加强，离"国内一流，国际先进"的总体目标更近了一步。五年来的工作业绩主要体现在五个方面：

1. 厚植根基，提升服务

年均采购图书20万册，五年来累计采购图书100万册，截至2015年年底，馆藏纸质书籍达到1092万册，电子书籍达到140万册，自建和外购数字资源达到78.2TB。年均接待读者300万人次，五年累计接待读者1500万人次，截至"十二五"末，共办理读者借阅证50.3万张。

完成读者自修室、电子阅览室的改造并实行免费开放，其中读者自修室为全国三大馆所独有，深受读者欢迎，社会反响良好。为进一步满足读者自修需求，又增加180个读者座位（45张阅览桌），截至2015年年底，我馆自修座位总量已达600个，同时，在一层大厅等公共休闲区域也增加320个座位，休闲座位总数达500个以上。

建成并开放江苏作家作品馆，构建作家与读者交流平台，自开馆以来共举办14场知名作家的读者见面会，参加读者1500人次。将原"视障人书刊借阅室"从一层搬迁至负一层西门边对外开放，方便盲人读者出入。

多次通过拍买的方式补充了一批较为珍贵的古籍文献，其中宋刻本《礼部韵略》成为新的镇馆之宝。2014年购入影印本《四库全书》并开放专藏室供读者研究阅览，引起社会广泛好评。

连续五年进驻江苏省"两会"，现场为代表委员提供信息咨询服务，形成了良好的口碑。五年来为代表、委员共办理借阅证600多张，发放各类参考资料9100多份，提供咨询近7000人次。牵头重建由全省79家图书馆参与的"江苏省公共图书馆联合参考咨询网"，入选江苏省2015年度信息化示范工程。

2. 举办活动，引领阅读

每年举办一届"南图阅读节"，至今已举办六届，通过主题论坛等形式，吸引了大量读者参与，产生了较大的社会影响，形成了品牌效应。

持续举办"南图讲座"，并形成品牌，五年共举办651场，听众达25万多人次，先后3次被省委宣传部表彰为"江苏优秀讲坛"，2012年进一步推出"南图讲座基层行"活动，到全省各地开展巡讲，广受各地图书馆和读者欢迎。五年来，共举办主题展览69场，观众达到97万人次，有效提升了馆藏书籍的利用率。

每年举办一届"陶风图书奖"评选。"陶风图书奖"从本省当年出版图书中选出优秀出版物，向读者推荐，目的在于关注江苏地方出版物、推荐优秀图书，促进全民阅读。从2011年至2015年，先后公布了五届"南京图书馆陶风图书奖"评选结果，受到多方关注，产生了较大影响。

3. 研究课题，开发馆藏

多项科研成果获得国家和省部级课题立项和奖项，其中，《江苏经籍志》项目是南京图书馆历史上首次成功申报的江苏省社会科学重大基金项目，《南京图书馆藏稀见方志丛刊（全一百七十卷）》获评为江苏省第十三届哲学社会科学优秀成果奖一等奖，文化部重点课题《公共文化单位免费开放与公益性服务研究》被专家评为优等。

积极组织发动全省各级图书馆参加每年的中国图书馆学会年会学术论文征集活动，五年来，江苏累计提交征文 949 篇，获奖 460 篇，省图书馆学会和南图多次以排名第一的成绩获年会征文活动优秀组织奖。

先后评选出"南图馆藏古籍文献十大珍品"和"南图馆藏民国文献十大珍品"，引起社会广泛关注。出版《南京图书馆藏珍贵稿本丛刊》《二十世纪三十年代国情调查》《著名图书馆藏稀见地方志丛刊·南京图书馆藏稀见地方志丛刊》《中国近代人物像传》等典籍。

4. 保护文献，共享资源

与金陵科技学院合作，成立"文献保护所"，与莫愁中等职业学校合作办学，为两校提供师资力量，接受两校学生实践，推广古籍修复技术。多次举办历史文献保护工作会议，就古籍保护和民国文献保护工作，总结经验，交流探讨；坚持做好每年的古籍普查工作，编辑出版四批次《江苏省入选国家珍贵名录古籍图录》。

全省古籍普查登记目录工作有序进行，截至"十二五"末，我省已完成古籍普查登记目录工作的单位数量及古籍数据总量，在全国均名列前茅。

五年来，在全省共建成开通 56 个"南京图书馆流通服务点"，得到业界专家的一致肯定。承担并完成重大视频拍摄专题共 5 部，总计 112 集。对全省各级公共图书馆进行馆情调研，完成并发布"十二五"期间第一份全省馆情统计调研报告《江苏省公共图书馆基本馆情数据统计报告》。

5. 深化交流，拓展合作

与台湾汉学研究中心联合举办两次"玄览论坛"，围绕"中华传统文化的价值追求"主题，对传统文化作出通俗易懂的当代表达，赋予新的时代内涵，此举促进了两岸文化交流，弘扬了中华优秀传统文化，提高了民族自信心。

多次承办全国和全省性数字文化工程、古籍保护工作、信息技术应用等方面的会议和培训，与业界同行进行了深入的业务交流，学习其他馆的先进做法，介绍本馆的经验，推动各方面的业务建设不断取得新的成果。

与美国国会图书馆就扩大图书和数据库交换、与亨廷顿私人图书馆就互派技术人员考察学习等，交换了意见并达成意向；与美国马里兰大学就文献交流、古籍修复等合作项目展开会谈，达成意向；与OCLC（联机计算机图书馆中心）签订战略合作协议，成为OCLC成员馆，并多次接待OCLC相关领导访问交流。

"十二五"期间这些成绩的取得，离不开省委、省政府和省文化厅的领导，以及全馆干部职工的共同努力，这些成绩为我馆带来了若干荣誉和奖项。"十二五"期间南京图书馆所获主要荣誉资项见表1。

表1 "十二五"期间南京图书馆所获重要荣誉奖项一览表

年份	荣誉或奖项名称	授奖单位
2011	模范职工之家	中国教科文卫体工会委员会
2012	全国文化体制改革工作先进单位	中共中央宣传部
	《中国古籍总目》编纂出版突出贡献奖	国家新闻出版总署
2013	廉政文化教育基地	文化部
	江苏省文明单位	江苏省委省级机关工作委员会
2014	"文化志愿者基层服务年"示范项目（"传递书香 见证成长"志愿服务）	中华人民共和国文化部
	"全省宣传思想文化工作"创新奖（建立法人治理结构新模式）	中共江苏省委宣传部
	国家古籍保护人才培训基地	中华人民共和国文化部
2015	全国五四红旗团支部（第一团支部）	共青团中央
	社会主义核心价值观教育实践基地	中共南京市委宣传部

（二）"十三五"形势简析

"十三五"期间，公共文化事业尤其是图书馆事业发展面临种种机遇，我们将研判国内外业界形势，研读国家和地方政策，了解社会需求，抓住发展机遇并最终实现图书馆功能的转型升级，实现五年规划的总体目标。

1. 业界形势

根据国际图联（IFLA）发布的报告，近年来，国际图书馆界在推动数字化进程，关注可持续发展能力建设，实施图书馆推广计划，以及保护和保存图书馆的文化遗产这四个方面用力最多。可以预见，在未来几年甚至更长时间内，这几方面的工作仍将是世界各国图书馆所关注的重点。

当前，社会信息技术发展日新月异，世界各国图书馆都十分重视数字信息资源建设，纸质文献和电子文献在资源收藏中的比例呈此消彼长的趋势。未来五年内，馆藏资源数字化的速度将越来越快，比例将越来越高。同时，资源数字化将引起图书馆结构和功能的调整与变革，以跟上时代的发展和变化。

全球化是当今世界经济和文化发展的共同趋势，图书馆事业的发展也与此相适应。全球化要求图书馆必须具备可持续发展能力，而这一能力的增强要求图书馆未来在开放、交流、合作这三方面应具有更高的水准，目前国内图书馆的开放程度日益提高，交流合作日益频繁，馆际关系日益密切，"十三五"期间，这种状态将稳中有升。

信息检索、传递和保存方式的变化深刻影响到了社会大众的信息需求速度、广度和深度，为满足公众需求，得到社会的接受和认可，目前国内各大图书馆均开通了微博、微信等新兴社交媒体账号，开发了移动服务客户端，在服务读者的同时加大宣传推广自身的力度，"十三五"期间，这些新技术在图书馆的宣传推广中将会得到更为精准和全面的应用。

数字化技术的运用，一方面深刻地影响到馆藏资源和服务方式的变迁，另一方面也深刻地影响到图书馆文化遗产的保护和保存方式，目前国内外图书馆馆藏珍贵典籍的数字化工作经过多年积累，已卓有成效。"十三五"期间，随着数字化技术的进一步发展，文化遗产数字化的进程将加速推进，无须太久将最终实现馆藏珍贵文献完全数字化。

2. 政策保障

党的十八届五中全会通过的《中共中央关于制定国民经济和社会发展第十三个五年规划的建议》专门部署了文化建设的总要求和根本任务，图书馆作为文化事业发展的重要部分，"十三五"期间必将面临更高的要求，承担更多的任务，但也会得到更多的机遇，体现更大的价值。近期，国务院公布《中华人民共和国公共图书馆法（征求意见稿）》向社会公开征求意见，这表明不久的将来（"十三五"期间），我国第一部图书馆法将正式公布，图书馆事业的发展将走上有法可依的轨道，各方面的保障将得到切实的加强。

"十二五"末，省委省政府提出了"三强两高"的目标定位，为全省文化事业的发展确定了具体的方向，这意味着"十三五"期间，全省图书馆事业的发展有了明确的大方向，可以有的放矢地开展工作。同时，作为文化领域一项重要的基础性立法，由省文化厅起草拟定并经省人大常委会第十九次会议通过的《江苏省公共文化服务促进条例》（以下简称《条例》）已经实施，《条例》是党的十八大以来，在公共文化服务体系建设方面全国首部地方立法，具有较强的针对性和可操作性。南京图书馆是全省公共文化服务的重要阵地和对外窗口，"十三五"期间的各项工作开展可从《条例》中得到支持和保障。

二、思想战略

（一）指导思想

全面贯彻落实党的十八大和十八届三中、四中、五中全会精神，以马克思列宁主义、毛泽东思想、邓小平理论、"三个代表"重要思想和科学发展观为指导，深入贯彻习近平总书记系列重要讲话精神，坚持"创新、协调、绿色、开放、共享"的发展理念，根据社会文化发展形势和社会公众的文化需求，继承和发扬南京图书馆的优良传统，为加快构建现代公共文化服务体系，促进基本公共文化服务标准化、均等化，建设"强富美高"的新江苏，复兴中国文化作出新贡献。

（二）总体目标

围绕"迈上新台阶、建设新江苏"的战略目标，全面推动各项工作的开展，努力使我馆成为信息资源的重要基地，成为惠民服务的重要窗口，成为文化交流的重要平台，从而在"十三五"末实现"国内一流，国际先进"的总体目标。

——通过开展"国学馆""馆史馆""少儿馆"等"馆中馆"的建设，调整南京图书馆布局结构，突破图书馆的传统业务范围，实现图书馆功能和作用的不断扩大，不断满足公众多样化的文化需求。

——通过"陶风采"项目的推进和"书店"项目的建设以及其他一系列举措的推出，促进图书馆与书店、博物馆、文化馆等相关行业的交叉融合，实现以文利民、以文便民、以文惠民乃至以文化民的目的。

——通过信息采编工作的调整和重组，全媒体和新技术的应用，打破传统的工作格局，打造"第二采编部"，实现信息资源收藏和阅读的高度数字化，以及信息资源开发利用水平的进一步提升。

——通过改造历史文献修复室提高古籍修复能力，同时加强古籍整理和保护，实现珍贵文化遗产"藏"与"用"的有机统一，发挥古籍在传承中华文化、提高人民群众思想道德和文化素养、增强民族凝聚力等方面的作用。

——通过《江苏经籍志》、"江苏文脉整理与研究"等一系列重大项目和工程的推进，整理典籍书目和文献资源，实现江苏地域特色文化的梳理和保存，不断提升团队的创新能力和研究水平，促进文化自觉与文化自信。

（三）主要目标

为实现"十三五"总体目标，确立四个方面的主要目标：

1. 充分发挥南图功能作用

作为全省文献信息资源保障与服务中心,"十三五"期间,南京图书馆将积极贯彻落实国家文化部、省委省政府和省文化厅的文件、会议精神以及工作指示要求,立足根本,履行职责,充分发挥公共文化事业单位的功能,提高文化精准服务水平,为政府决策提供信息保障和支持,为读者各类信息需求提供专业服务,优化藏书结构,把文化惠民落到实处。

2. 全面提升南图整体实力

图书馆本身是文化事业单位,因此"软文化"在事业发展中的作用尤为重要,"十三五"期间,南京图书馆将着力加强软文化建设,提高员工的信心和实力。在"十二五"已取得成就的基础上,开展以"玄览论坛"为主的一系列学术交流活动,依托重大项目和课题,进一步拓宽与国内外图书馆、高校图书馆的合作领域,强化合作关系,提升南图的业界影响力和社会影响力。加大重要课题和项目的科研力度,做到以工作带动研究,以研究促进工作,争取课题和项目的研究成果能切实有效地转化为工作推动力,同时加大馆藏资源的开发力度,发掘具有学术价值、史料价值的文献,为高层次学术研究提供参考,充分展现南图工作的学术性和专业性。加强文化资源的数字化建设,统筹规划、协调管理全省地方特色资源建设,充分体现省馆的龙头作用。加强人才队伍建设,提升员工的整体从业素质。加强全媒体技术的研究和应用,加大图书馆各项工作的宣传力度。

3. 持续优化读者阅读体验

发挥南京图书馆阅读基地的重要功能,举办各类专题的读者活动,着重开展"南图阅读节""陶风读书会"以及节假日阅读系列活动,引领积极向上、向善的阅读风尚,力求提高学术性、艺术性书籍的借阅率,促进全社会形成高雅的阅读气氛。通过调整馆舍布局,增设阅览桌椅,改善阅览环境,采编优质书籍,优化服务流程,添置先进设备等提升服务能力和水平,让读者切实感受到在南图阅读的高效便捷和身心愉悦。

4. 切实增强南图内在动力

图书馆事业能否取得长足发展，有赖于图书馆内在动力的增强，而内在动力的增强取决于从业人员的整体工作状态，"十三五"期间，我们将推出多项措施，改善职工工作状态，增强南图内在动力，从而推进图书馆事业高效发展。同时，以南图事业发展和业务工作需求为导向，通过多种方式和渠道，选用优秀人才，创新机制，擢用干才，使有能力、有想法，作风务实的员工有机会进入管理岗位，激发职工的工作热情，形成良性的竞争氛围，推动南图工作扎实稳健地开展。

（四）主要指标（见表2）

表2 "十三五"期间主要发展指标一览表

序号	主要指标	2015年	2020年
1	实体文献总量	1092万册	1260万册
2	数字资源总量	78.2TB	300TB
3	网络资源采集	—	30万—40万条
4	"陶风采"项目购书	—	40万册
5	数字资源采购经费占比	18%	25%—30%
6	古籍数字化扫描	5629种	10000种
7	古籍修复	900册	1250册
8	"南图讲座"视频拍摄	1000部	1400部
9	地方报纸图文数据库扫描	11万页	13万页
10	民国连环画数据库扫描	11.7万页	80万页
11	科技查新审核员国家资质	—	3—5名
12	引进硕士研究生以上学历人才人数	34名	64名
13	获聘研究馆员职称员工人数	21名	30名

（续表）

序号	主要指标	2015 年	2020 年
14	省"333 工程"人才	1 名	2 名
15	"五个一批"人才	1 名	1 名
16	省突出贡献中青年专家	2 名	1 名
17	国务院政府特殊津贴	1 名	1 名
18	志愿者服务	5 万小时	11 万小时

三、精品工程

"十三五"期间，我馆将从购书、编书、借书、藏书、收书、护书、研书以及增书这八个方面实施"精品工程"建设，其中尤其重视图书馆功能的扩展和延伸。

（一）"馆中之馆"创建工程

1. **完成"国学馆"建设。**"十三五"期间，创新阅览方式，将古籍阅览室与国学专题阅览室合并，建成新的国学馆，馆内藏有全套影印本文津阁版《四库全书》，港台版影印古籍文献，南图古籍电子版等。该馆建成后将集阅览、展示、活动、交流及研究于一体，成为南京图书馆传承和弘扬传统文化的重要场所。国学馆的建设，一方面是遵循习近平总书记"让古籍里的文字活起来"的指示精神，另一方面是继承南京图书馆前身江苏省立国学图书馆的国学特色传统。

2. **完成"馆史馆"建设。**南图建馆百年，历史悠久，"十三五"期间，将拓展图书馆传统功能，建设"馆史馆"，以实物、图片、文字以及视频形式，多角度、全方位展示南图一百多年来的发展历史，展现南图文化的深度与厚度，引导读者了解南图历史的百年风雨，增强南图职工的归属感和使命感。

3. **完成"少儿馆"建设**。改造并扩建少儿书刊借阅室，建成少儿图书馆，打造少儿图书馆界的示范馆。建成后的少儿馆，共有八个功能区域，包括电子资源学习区、家长等候区、学习讨论区、多功能培训区、文献阅览区、电脑学习区、录音区和员工服务区，同时将以往6至15岁的入室年龄扩展至0至15岁，实现少儿借阅服务全覆盖。针对不同年龄段少儿的阅读需求和特点，调整完善书刊资源，提高文献使用率，组织阅读活动，编印阅读书目，加强导读工作，最大限度地为小读者提供便利。

（二）"文化传世"研究工程

1. **完成《江苏经籍志》项目**。《江苏经籍志》是南京图书馆历史上首次成功申报的江苏省社会科学重大基金项目。该课题以江苏历史文献的载体和价值为研究内容，深化江苏省内典藏文献的相关研究，实现对江苏历代文献的梳理与把握，同时进一步推动全省古籍整理工作的发展，"十三五"期间，南图将不断深化《江苏经籍志》"全""精""深""准""特"的研究特色，为研究江苏地域历史、传承江苏优秀传统文化奠定文献基础，为江苏建设文化强省提供有力的文献资源保障。

2. **组织实施省委省政府重大文化工程"江苏文脉整理与研究工程"**。该工程是江苏历史上首次全面系统梳理江苏文化发展脉络、展现深厚文化底蕴的文献整理与出版研究工程，自2016年启动，到"十三五"末形成重要阶段性成果。"十三五"期间，南图在此项工程中主要承担书目编纂任务，将做好工程所需文献资源的服务保障工作，同时也将积极开展"文献之道"的研究，此项工程是国内同类项目中规模最大的文化工程，将奠定南图未来一百年在古籍文献领域的地位，在江苏文化发展史上具有里程碑意义。

（三）"资源采集"重组工程

加强网络信息资源采集工作。根据"十三五"期间信息技术发展形势和社会需求，调整传统文献资源采集方式，重组相关部门信息采集业务格局，明确网络信息资源采集与保存的目标、原则和方式，加强江苏地方网络资源采集工作，每年完成 2—3 个专题内容的采集保存工作，每个专题平均每年 3 万条记录，5 年共计 30 万—40 万条记录，内容涵盖政务、文化、经济、教育等具有江苏地方特色的信息资源，在已有的专题基础上，形成更为完善的地方专题体系。

（四）"精准服务"提升工程

1. **推出"陶风采"服务项目**。该项目是落实省文化厅"精准服务"要求的重要举措，可实现读者直接在书店以借阅证"购借"图书，同时完成该书的采访信息和读者借阅信息的自动录入，解决传统图书馆新书采编过程漫长不能及时上架流通的问题，也可简化图书馆采编流程和读者借书流程，提高服务效率。"十三五"期间，南图拟投入超过 1000 万元"陶风采"购书经费，通过此种方式采购约 40 万册图书。

2. **改善工作环境**。"十三五"期间，不但注重服务读者，也将注重服务职工，了解职工需求，关注职工健康。将西门原有喷泉水池改造为健身广场，建成羽毛球场、半场篮球场，优化"职工之家"内部设施，购置健身器材，为职工强身健体提供便利条件，定期举办体育活动和职工运动会，提高职工身体素质，提升职工精神状态，实现劳逸结合。同时美化馆舍内外设施，改善整体人文环境。

（五）"储备书库"建设工程

《江苏省国民经济和社会发展第十三个五年规划纲要》已正式发布，其中"南京图书馆储备书库"被列为文化民生建设重点工程。储备书库的建成，可为图书馆事业的可持续发展提供最基础的保障，从而进一步巩固南图作为国内藏量第三的图书馆地位。"十三五"期间，馆藏实体文献预计年均增长 32 万册以上，数字资源年均增长 50TB 以上，至 2020 年，实体文献预计达到 1260 万册，就其藏书量来说，稳居全国第三，自建和外购数字资源总量预计达 300TB 以上。至"十三五"末，数字资源采购经费预计达到 1125 万元，占文献采购经费总额的 25%。

四、重点任务

(一) 优化文献资源

完善现代馆藏体系建设,通过协调互补机制,兼顾实体资源和数字资源(含网络资源)两类资源的建设,丰富资源总量,优化资源结构。

1. 完善文献信息资源发展政策

根据国内外信息环境和出版市场的形势,进一步优化馆藏结构,修改和完善文献采选条例,在购书经费的使用比例上,力争"十三五"末将外文原版纸质期刊的比例由目前的27%降至20%;中外文数字资源的比例由目前的18%提高至25%—30%。

2. 构建科学合理的藏书体系

采取分层和分线相结合的构建方式,保存本书库相对独立,功能上偏重于典藏,承担起当地文献资料的收集和保存职责。其余各类文献按照读者利用率高低和到馆年限,分为流通书库(全开架)和储备书库(开架与闭架相结合)两个层次,对读者实行"藏、借、阅、检、咨"一体化的服务,充分发挥馆藏各类文献资源的作用。

3. 推进重点专题文献建设

加强重点学科领域、重点专题领域文献的采访与征集,加大国学图书的购买力度,力争"十三五"末使"国学馆"内的文献数量及质量均达到国内一流水平。

4. 加强多途径文献资源采集

除购买、呈缴、国际交换外,加大江苏地方文献的征集力度,加强非正式出版物(灰色文献)的征集与采访,加大珍贵文献的访购、拍买的频度。"十三五"期间将大幅调整纸质图书和数字图书的采购比例,加大数字图书的采购比重。

5. 加强馆藏信息资源的揭示和加工

力争"十三五"末将南图2007年后的馆藏中文图书数据全部上传至

OCLC WorldCat（世界总书目），通过国际馆际互借和文献传递，提升国际传播能力；同时完成所有外文电子图书的分编工作，提高外文电子图书的利用率。

6. 提供统一检索服务

依托 ALEPH 系统和自助服务一卡通系统，尽最大可能提供对南京图书馆馆藏文献乃至全省公共图书馆馆藏文献的统一检索服务。为使外文文献编目数据与国际接轨，"十三五"期间，力争全面推进 RDA 文献编目格式，努力尝试特色文献的 RDA 原始编目上传至 OCLC WorldCat。

7. 推进江苏地方文献资源建设

带动全省地方文献资源建设工作，加大文献征集力度，建设特色专题文献数据库，继续完善江苏作家作品馆的文献收藏与建设，完善江苏地方文化、民国文献等现有专题资源建设。适时验收、启用自建的江苏作家作品数据库，对江苏作家协会新会员的数据进行补充工作，开展对省内作家作品的征集和补缺工作。

8. 推进特色资源开发

保证南图讲座的拍摄和及时上传，5 年可为读者提供 400 部左右的讲座视频。"十三五"期间，完成江苏地方报纸图文数据库（约 13 万条数据），民国连环画图片数据库（约 80 万张图片）。同时策划 2 个特色数据库选题进行建设。

（二）提升服务能力

作为公共文化事业单位，文化服务能力是立身之本，有的放矢地改进工作方式，不遗余力地提高服务水平，从而有效增强服务能力，是图书馆工作的重中之重，"十三五"期间，南图将在读者服务方面统筹规划、全面布局。

1. 创新服务方式

根据行业和对象需求，改变传统的服务方式，强化主动服务意识，精心组织为省两会代表、委员的"嵌入式"信息服务，尝试与省内市馆的联动服务。创新读者活动模式，建立若干专项读者 QQ 群或微信群，利用线上宣传发动与线下组织实施相结合的方式，策划并组织好各类阅读推广活动。加强与实体书店的联合，创新读者选书荐购的模式，给读者创造选书的便利，为社会营造出全民阅读的条件，实现多方共赢。

2. 加强全媒体服务

全媒体是人类现在掌握的信息流手段的最大化集成者，包括了所有的传统媒体和新兴媒体，加强通过报纸、杂志、电视等传统媒体的服务工作，以专栏、专题形式提供服务，开展微博、微信等新兴社交媒体的服务，以视频、短讯等形式进行全方位、广覆盖的信息传递和咨询。

3. 加强面向教育、科研机构的服务

面向全省乃至全国重点教育单位和科研机构，提供有针对性的服务，加强文献传递的准确性和专业性，提高专题和定题检索、科技查新、文献查证能力，力争成为多层次、多领域、全方位的信息提供者。

4. 提升品牌服务的影响力

扩大"南图阅读节"的受众对象，系统传承和发扬传统文化。举办获奖图书推介活动，提升"南京图书馆陶风图书奖"的社会影响力。创新"南图讲座"的形式和内容，继续开展南图讲座、展览基层行活动，扩大受众对象，提高受众层次。在现有品牌服务的基础上，创建"陶风微讲堂"等一到两个新的品牌，以社会接受度更高的形式推广全民阅读，培养阅读气氛。

5. 加强面向特殊群体的服务

根据少儿阅读需求的现状，持续增加少儿图书数量以供借阅。在"十二五"开展的"百场公益培训"基础上，进一步加强针对老年人、未成年人、残疾人和进城务工人员等特殊群体的资源建设，开展针对特殊群体的专门培训和服务，提高他们对图书馆的利用率，充分发挥图书馆对他们的帮扶作用。

6. 建设并完善"一卡通"和自助服务系统

借助"一卡通"系统来实现集中管理，广泛采用 RFID 技术和手机自助智能服务系统，加大自助借还服务、图书智能分拣、图书智动盘点、图书智能定位和安全防盗门禁等设备的投入，借助24小时无人值守的自助服务区，实现阵地服务各环节的机械化和智能化，有效地节约读者操作时间，方便读者检索查找，提高架位的准确度，加快图书的流通速度，真正实现向"智慧图书馆"的转变。

7. 调整优化图书馆空间

根据读者阅览需求和南图自身发展需要，合理规划所有楼层的功能布局，消除重复、冗余、分散的格局，充分利用闲置空间，做好功能空间再造工作，改善读者借阅体验。开辟服务新空间，推出服务新形式，融合各类社会资源，实现"图书馆+"服务的拓展和延伸。

（三）加强信息技术

利用最前沿的信息化技术，推进数字图书馆建设和大数据分析，根据读者需求，推进相关信息技术平台的建设，从而进一步提升公共数字文化的服务能力。

1. 推进数字图书馆建设

依托国家数字图书馆推广工程作为现代公共文化服务体系建设的重要实施内容，以国家数字图书馆推广工程综合服务平台及计算基础设施建设标准为依据，以各市县数字图书馆为节点，建设覆盖全省的数字图书馆虚拟网，利用唯一标识符系统、统一用户管理系统等数字图书馆特色软件平台，实现资源的全省化服务目标。

2. 开展大数据分析和研究

加强对社会发展进程中各类海量数据（包括读者移动数据）的采集与保存，建设读者知识管理体系，搭建以读者（移动）资源为主要内容的读者自媒体知识管理平台，充分发掘数据所含的信息价值，为开展专业化知识信息服务提供数据支持。在重视网络化、数据化建设的同时，还要对内部业务工作和读者服务过程中产生的大量数据进行发掘与整理，特别是对有关馆藏文献信息资源利用和读者信息行为的各类数据进行挖掘与分析，为馆藏发展政策和用户服务政策调整提供数据支持。全面准确收集分析广大读者的文化需求，建立健全以读者需要为导向的数字资源建设和服务机制。

3. 推进信息技术相关平台建设

与各种形式的图书供应商、资源供应商进行合作，借力"你阅读我买单"的惠民服务方式，积极开展图书网络借阅平台建设，力争实现线上与线下一站式服务的图书外借服务，努力打通图书惠民最后一公里，通过读者参与选书优化拓展图书馆馆藏资源结构。

4. 提高信息化管理水平

建设基于云存储、云服务和大数据的技术平台，提升信息设施管理水平，实现对各类型海量数据的有效管理、存储、分析和利用；加强业务管理系统对新的信息管理和服务环境的适应性研究与调整，完善业务统计平台，提高系统平台的运行性能和访问速度，为各项业务工作提供强有力的技术保障。

（四）发挥中心作用

江苏省古籍保护中心和江苏省公共数字文化建设中心是带动全省图书馆相关业务工作的两个重要机构，"十三五"期间，南图将着力发挥两个中心的作用。一方面发挥省古籍保护中心统筹协调作用，进一步完善古籍保护机制，推动全省古籍普查的持续深入开展，继续做好《国家珍贵古籍名录》、国家古籍重点保护单位推荐申报工作，认真组织开展《江苏省珍贵古籍名录》、省古籍重点保护单位评选工作，加强民国文献保护工作。另一方面发挥省公共数字文化建设中心的龙头作用，全力以赴地推进三大工程建设，在服务范围方面努力实现全省覆盖。组建公共数字文化建设工作领导小组和专家咨询委员会，统筹推进三大公共数字文化工程的规划和建设，通过统筹项目建设与管理、整合信息资源与平台、强化技术应用与服务，致力于打造基于全媒体的服务新业态。

1. 完善古籍文献收藏条件

对历史文献库房进行整体提升改造，进一步完善古籍收藏条件。进行重点业务重组规划，将古籍阅览室与国学图书馆合并，建设新的国学图书馆。从资源配备、业务功能、场地设施、服务水平等多个方面，积极配合，努力提升，力争建成国内规模最大、业务有影响的品牌窗口。

2. 推进全省古籍保护工作

摸清古籍家底，完成江苏古籍普查登记工作，确保42家保护单位古籍普查成果出版。继续开展国家珍贵古籍和江苏省珍贵古籍申报。继续做好全省古籍保护工作，积极发挥全国古籍保护中心人才培训基地的作用，每年举办2期全省古籍培训班，每期培训人员20到40人。积极开展古籍保护宣传，联动全省古籍收藏单位，每年举办一次全省性的古籍活动，扩大古籍保护的影响。继续发挥省古籍保护中心龙头作用，在人员培训、古籍编目、活动开展、基础建设等各个方面发挥指导作用。每年召开全省古籍保护工作会议，协调全省古籍保护工作持续稳定开展。积极争取并合理规划古籍保护专项经费，为古籍保护工作的开展提供保障。

3. 推进民国时期文献保护工作

做好民国文献相关课题研究，推动民国文献保护工作的深入开展，根据南京图书馆近五年民国文献整理出版计划，继续开展民国画报等项目的整理出版规划。对已完成的所有民国文献展览进行整理加工，制作专题数据库。与相关收藏单位商议，联合出版《民国日报》。

4. 推进重点文献的整理、研究和出版工作

开展馆藏资源的整理开发。完成《南京图书馆藏珍贵稿本丛刊》《南京图书馆藏过云楼珍本丛刊》《南京图书馆藏民国画报汇编》《新中华》《淞沪会战资料汇编》等馆藏资源的整理出版。同时继续挖掘资源，提出可持续发展的历史文献资源整理开发计划。

5. 推进古籍文献数字化工作

"十三五"期间，完成馆藏1万种善本的数字化扫描，并建设数字发布平台,建设方志等多个古籍数据库。开始地图数据库的建设。尝试与有关公司合作,建设古籍印章数据库。

6. 推进古籍文献修复工作

重新改造历史文献修复室,加强修复人才的培养,启动馆藏珍贵历史文献修复计划,进一步用修复成果提高南图古籍修复的影响力。加强古籍修复,达到并突破历史最高水平,预计每年修复250册左右,到2020年共计约修复1250册,比"十二五"期间多350册,充分展现国家级古籍修复中心的实力。此外,要发挥国家修复中心的作用,为全省古籍收藏单位提供代为修复的工作。

7. 参加国家和省重大古籍整理研究项目

积极参加国家图书馆组织开展的重大业务项目,积极申报古籍文献和民国文献保护相关的重要课题。力争在古籍和民国文献保护领域撰写一批兼具学术性与可行性的论文,从而对各项保护工作的开展起到实质性的帮助。

8. 推进全省数字文化信息资源共享工程

加强全省文化资源的数字化建设,统筹规划、协调管理全省地方特色资源建设,实现全省联合建设或统一建设。集中力量建设公共数字文化省级中心云服务平台,力促服务平台功能和数字资源使用效益的高效化,加强公共数字文化工程建设宣传推介和服务推广,运用包括大数据分析等方法和手段,全面准确收集分析广大群众的文化需求,建立健全以需求为导向的数字资源建设和精准服务机制。

9. 推进全省数字图书馆推广工程

以"江苏少儿数字图书馆"项目建设为范本,积极争取省财政专项经费,发挥省馆龙头作用,在省文化厅的支持下,加强厅系统内外文化单位之间的横向联系与业务互动,协调推进文化系统的数字资源建设与服务共享,建成一批地方特色显著、标准化规模化程度高的江苏文化数据库群。

10. 推进全省公共电子阅览室建设

以推进基层公共数字文化服务平台为抓手,促进公共电子阅览室建设升级换代，整合共享工程和数图推广工程资源，以移动互联等多种方式，集约化推送服务。实现省、市、区县、乡镇街道四级电子阅览室全覆盖和全达标，硬件达到或超过国家标准，软件系统在功能方面达到国内先进水平，实现全省乡镇街道基层文化服务中心公共电子阅览室硬件达标、管理软件全面部署。在此基础上，上传共享资源数据，实现全省交互共享，着力提高公共电子阅览室使用率。

（五）引领全省业务

发挥南图的龙头馆带动作用，牵头全省图书馆业务工作，加强组织者和引导，通过全省业务培训、交流研讨以及全省合作协作平台，加强与市县馆之间的业务联系，促进全省图书馆事业全面均衡发展。加强全省总分馆制建设的业务指导，制定我省相关的建设标准规范和评价指标，各地应注重需求和效益，因地制宜发展总分馆体系。强化南图在全省发展流通服务点分馆模式，有效推进全省图书馆服务体系建设，并起到示范作用。

1. 完善信息资源共享和联合服务机制

在推动本地区行业内总分馆服务体系构建的同时，充分发挥南图在文献资源、服务手段和科学管理等方面的优势，积极实施面向全社会、跨行业间的流通点建设工作，以完善信息资源共享，实现和各市、县级图书馆的联合服务，将省馆服务延伸到社会的各个角落。

2. 发挥全省学术交流平台作用

开展省图书馆学会学术课题组织管理工作，及时完成年度课题结项，确保每年都有新的课题立项。策划并举办全省学术年会，协助中国图书馆学会开展各项活动，组织举办全省性的学术研讨会，协助并参加兄弟省市图书馆召开的相关学术会议，并积极组织征文。

3. 推动全省业务交流与合作

举办全国或全省性的各类业务培训班，逐年提升我省广大图书馆从业者的业务素质，提高业务工作中解决实际问题的能力。与各市、县（区）

馆展开古籍保护、资源共建、人才培训等方面的业务合作，通过合作提高专业技能，推动相关工作的深入开展。

（六）强化科学研究

依托馆藏学术资源优势，以多种形式鼓励员工开展图书馆学、国学以及相关课题的研究，并将研究成果转化为工作方案，解决实际问题。

1. 加强国学研究并推动国学传承

深化与《现代快报》的合作，主办"国学玄览堂"栏目，系统推出阐发传统文化的文章，加强《新世纪图书馆》国学研究栏目的组稿工作。继续开展"陶风读书会"活动，系统阅读传统文化中的经典作品。加强国学重点专题的研究，结合本馆古籍资源，寻求立意高远的课题。

2. 加强图书馆学研究

图书馆学是图书馆事业发展的理论支撑，鼓励员工立足图书事业发展的战略高度，研究具有时代特色、学科交叉趋势明显的热点问题。结合工作实际加强基础理论研究，总结出新技术和新方法，同时不断借鉴国内外最新研究成果，加强消化吸收，获取前沿课题，形成富有原创性的新理论。

3. 加强馆史研究

系统开展馆史研究，完成"十三五"期间《南京图书馆》年刊的编辑出版工作，做好每月重大工作事项的记录整理，建立南京图书馆机构知识库，为适时续写馆史做好准备工作。在纪念南图建馆110周年之际，整理出版馆内同仁新近研究成果系列文集。

（七）完善咨询决策

进一步培养和调动参考咨询员的积极性，提升业务水平和服务能力，不断提高各服务窗口咨询服务点咨询人员的导读能力，继续实施咨询服务的"首问责任制"。

1. 提升参考咨询服务

积极接转和解答南图官方微博和微信上的用户咨询问题。积极协助"数字图书馆推广工程·全国图书馆参考咨询协作网""全国公共图书馆立法决策协作平台""长三角协作网",筹划好在江苏境内举办的培训活动和年度例会。实现为境外读者提供馆藏中文文献的借阅服务,加强对中国优秀传统文化和江苏地域特色文化的推送。

2. 完善立法决策服务

进一步提高《信息荟萃》《审议参阅》《港台报摘》《对策研究》《港台资讯》等刊物的编撰水平,增强其有效性和针对性,充分发挥立法决策咨询服务的应有作用。继续做好为省"两会"的信息服务,引领和带动省内各地同类服务。建设并管理好省人大南图分馆。

3. 推进科技查新工作

积极争取 3 至 5 名科技查新审核员的国家资质,尽早落实 Dialog 国际联机检索数据库的引进和安装工作,按照国家即将新出台的科技查新规范,成立南京图书馆科技查新中心(暂定名)。

(八)促进内外交流

系统梳理"十二五"时期的各项合作协议,切实履行协议内容,参与业界组织的各项交流活动,拓展我馆与省内外,尤其是省外图书馆的合作领域和范围。

1. 策划开展国内外(港澳台)交流合作项目

根据省委省政府在公共文化方面的战略规划,主动策划、组织匡内外(港澳台)的交流合作活动,持续举办"玄览论坛"活动。参与省委省政府组织的对外文化交流活动,筹备具有江苏特色的文化交流项目。

2. 推动实施相关合作项目

依托本馆古籍资源优势,以文献保护、共建、共享等为专题,与国内外文化机构展开合作,传播传统文化,弘扬传统精神。加强与业界和跨行业机构的横向联系和业务互动，按照"需求导向、分工合作、共建共享"原则，共同开展相关项目的建设。

3. 加强特色资源的引进和推广工作

引进一些有较高艺术水平，又能够雅俗共赏，为广大群众所喜闻乐见的文化艺术展览资源，既满足读者不同层次、多方面的欣赏需求，又进一步扩大南图会展的影响力。引进具有较高知名度的讲座资源，以网页视频、微信公众号推送等形式进行推广。

五、保障措施

（一）加强党建工作

围绕中心工作，大力实施"四力提升"战略，不断提升党组织对图书馆事业的引领保障力、党管干部和人才的培养使用力、从严治党和依法治馆的执行力、文明创建和党建活动的创新力。

1. 开展创建和学习活动

以"省文明标兵单位"创建为主线，针对每年的形势任务，创造性地开展富有成效的党建活动，进一步增强党员的先锋模范作用和各级党组织的凝聚力、向心力。认真开展"两学一做"活动，通过多种方式和丰富载体，教育引导全馆党员干部坚定正确的政治立场，树立牢固的纪律观念，适应新常态，践行新理念，增强党员干部廉洁自律、遵纪守法的自觉性和责任感，为推进"十三五"期间全馆各项工作提供有力保证。

2. 加强领导班子作风和能力建设

坚持全面从严治党，以"七五"普法为抓手，加强党风廉政建设和反腐败斗争，落实"三严三实"要求，全面依法依规治馆，靠制度管人管事管物，严明党的政治纪律和政治规矩，落实党风廉政建设主体责任和监督责任，健全改进作风长效机制，建立清正廉明的政治生态，提升党组织对图书馆事业的引领保障能力。

3. 发挥工会、共青团作用

认真履行好工会监督职责与职能，积极发挥群众性组织作用，鼓励工会委员引领广大干部职工对我馆在日常运行过程中存在的问题建言献策，不断推进民主管理进程。关心职工，对困难职工给予更多的关怀，定期组织慰问。着力加强职工之家建设，为职工的业余活动提供整洁舒适的场地，组织安排好文体兴趣小组的各类活动。

组织开展适合年轻人的各类团队协作活动，提高共青团组织的向心力和凝聚力，丰富业余生活，发现并培养有才华的青年员工，为之提供展示的机会和平台。

4. 加强志愿者服务

志愿者服务是南京图书馆的一项特色服务，"十三五"期间，南图将延续"十二五"期间的成功做法，并有所创新，加强志愿者队伍的建设和管理，及时进行志愿者队伍的更新和补充，提高志愿者队伍的整体素质和服务能力，计划累计志愿服务时间不低于6万小时，使南图志愿者队伍成为读者服务的一支重要力量。

5. 发挥离退休人员作用

做好离退休人员的服务工作。定期办好《离退休通讯》，让离退休人员及时了解馆情，为图书馆事业的发展献计献策。做好生病住院以及贫困家庭人员的走访慰问工作，组织好离退休人员的集体活动。

（二）改革体制机制

根据国家和省委省政府关于文化体制改革的要求，深化内部体制机制改革，适时引进 ISO 9001 质量管理体系，提高管理水平，形成良好的运行机制和事业发展环境，从制度上为南图的事业发展提供强力保障。

1. 完善图书馆法人治理结构

逐步完善南京图书馆法人治理结构的现代管理体制，针对法人治理结构在实施过程中碰到的政策性问题展开深入研究，并提请省政府及相关部门出台配套政策。对法人治理结构实施的总体情况作全面总结，形成报告。

2. 完善绩效评估机制

完善绩效考核评估机制，打破新的"大锅饭"格局，重视按需设岗的科学性和按劳分配的原则性，建立较为公平、合理的评估体系，让绩效工资真正体现绩与效的关系。建立多元化的评价体制，进行翔实可靠的业务统计，尽可能全面真实地反映员工的实际工作情况，减少同工不同酬的现象。

3. 提升领导干部管理水平

加强领导干部的素质教育和业务培训，增强协调管理和统筹规划能力，完善业务规章制度和工作规范。通过数据积累和分析，了解员工的意见和诉求，在合理范围内尽最大可能满足员工要求。

4. 规范财务和资产管理机制

认真贯彻国家的各项财经政策、法律法规，做好日常的财务核算、财务监督工作。强化财务工作的服务和管理功能，及时为管理层和相关部门提供翔实信息，为领导决策提供可靠依据。开源节流，压缩不合理开支，做好创收工作，既保证我馆正常业务活动的顺利开展，又使各项收入的组织、支出的使用符合我馆的事业发展计划，提高资金使用效率。

5. 完善宣传工作机制

进一步完善《南京图书馆信息宣传管理办法》，发挥好南图网站、微博、微信等各种媒体的宣传作用，利用多种方式充分调动各部门通讯员积极性，提高宣传报道的力度、频度和质量。积极配合上级机关的宣传工作，及时准确地上报本馆工作中的重大信息。继续做好舆情监测工作。

（三）重视人才培养

组织开展好常规招聘工作，通过招聘新人，有效解决人才短缺的情况。加强业务骨干和管理人才的培训，为南图事业的持续发展提供后续动力。

1. 完善用人机制

进一步完善人才引进、培养、激励机制，结合面向高校应届毕业生招聘和面向社会公开招聘两种形式，重点引进古籍保护、数字化建设、图书馆情报以及文化传播等方面的专业技术人才，"十三五"期间，拟招聘引进30名研究生以上学历人才。完善社会化用工机制，加强外包人员的管理，加强志愿者队伍的建设和管理。

2. 强化领军业务人才培养

针对我馆工作中的薄弱环节，加强业务骨干的培养，创造有利条件，为想干事、能干事、干成事的中青年业务人才提供外出交流、深造的机会，力争在"十三五"期间培养一批在业界具有一定影响力的高层次专业人才，包括省"333工程"人才2名，"五个一批"人才1名，省突出贡献中青年专家1名，国务院政府特殊津贴1名，正高职称员工达30名。

3. 强化员工培训

以部门为单位，以部门业务工作为专题，加强对员工尤其是新进人员的岗位培训，提升服务窗口人员的整体服务水平，同时广泛开展图书馆基础业务知识和基本业务技能培训，充分发挥高级职称人员的业务领头作用，提高重点业务岗位从业人员素质，保证重要领域的重要工作后继有人。

4. 加强岗位管理

有计划、有目的地优化调整组织机构，优化岗位设置，以适应新的发展形势，改革人才评价制度，建立科学考评体系，切实激励肯干能干、业绩突出的员工，对艰苦务实岗位给予更多的政策倾斜。

（四）推进依法治馆

国家层面的《中华人民共和国公共图书馆法》（以下简称《公共图书馆法》）已经到了国务院审查和征求意见阶段，有望在2016年出台，省级层面的《江苏省公共文化服务促进条例》已正式出台，"十三五"期间，我们将依据这两部重要法规，加强依法治馆，使图书馆各项工作在法律的轨道上顺利推进。

1. 提高干部职工法律素养

未来五年内，把增强图书馆从业人员的法律知识和法律意识作为依法治馆的关键环节，将《公共图书馆法》等相关法律作为干部职工基本素质培训的重要内容，使广大干部职工养成较高的法律素养，在各项工作中做到依法履职、依法办事，合乎规律。

2. 加强法律法规宣传

未来《公共图书馆法》颁布后，依据该法明确图书馆与读者之间的权利和义务，落实相应政策，采取相应措施，切实保护双方的合法权益，通过相关法律法规的宣传普及，增强读者的法律意识，减少读者与图书馆之间的摩擦和矛盾，创造出和谐舒适的阅读气氛。

（发布日期：2017年1月9日）

浙江省图书馆"十三五"发展规划[①]

"十三五"期间是浙江省高水平全面建成小康社会、基本实现现代化目标的关键时期,也是基本建成文化强省的攻坚时期。根据中共中央办公厅、国务院办公厅《关于加快构建现代公共文化服务体系的意见》,中共浙江省委办公厅、浙江省人民政府办公厅《关于加快构建现代公共文化服务体系的实施意见》,浙江省人民政府《浙江省国民经济和社会发展第十三个五年规划纲要》和浙江省发展和改革委员会、浙江省文化厅《浙江省文化发展"十三五"规划》等文件精神与要求,顺应当代图书馆发展趋势制定本规划。

一、规划背景

(一)发展基础

"十二五"期间,浙江图书馆贯彻落实省委、省政府建设文化强省和构建现代公共文化服务体系的一系列战略部署,围绕中心,服务大局,弘

---

① 本规划由浙江省图书馆授权收录。

扬社会主义核心价值观,服务能力明显增强,社会效益明显提升,事业发展取得显著成绩,主要体现在:

1. **体制机制改革卓有成效**。浙江图书馆积极贯彻落实中央和省委关于文化改革发展的战略部署,稳步推进法人治理结构改革,建章立制,成立浙江图书馆首届理事会,构建由社会参与决策的法人治理结构;建立健全浙江图书馆岗位管理、绩效考核、人才培养、志愿者队伍等系列制度和规章,图书馆管理与运营制度化、规范化,促进图书馆事业发展。

2. **行业引领作用显著提升**。率先在全国制定公共图书馆省级地方服务标准《公共图书馆服务规范》(DB33/T2011—2016);发布《浙江省公共图书馆"互联网+"行动计划》,开启公共图书馆"互联网+"新模式;实施中小型古籍库房标准并向全国推广。浙江图书馆中心馆和行业引领作用得以进一步发挥。

3. **服务体系建设渐趋完善**。立足省馆定位,运用 VPN 技术、云服务平台等技术手段与全省基层公共图书馆提供数字资源、信息基础设施和信息系统共享服务;浙江网络图书馆、浙江文化通内容和功能不断完善;图书馆服务向机关、企业、部队、农村等拓展延伸;服务全省的能力显著提升。

4. **服务内容丰富形式多样**。馆藏文献资源总量、读者个人一次可借文献册数大幅增加,服务时间延长;实现自助还书、自助办证和馆区无线网络全覆盖;微博、微信、二维码、APP 等新技术新媒体应用和各种用户体验活动陆续推出;服务效能明显提高。

5. **行业社会影响日渐扩大**。积极开展对外交流合作,与美、德、日、新加坡等国家和港澳地区图书馆开展各种交流,坚持开展文献资料国际交换业务,参加或承办国内国际重要学术会议;积极组织人员赴国内外图书馆进行业务考察和调研,开展长三角图书馆合作与交流;社会合作广泛开展;"盲人书屋"荣获杭州市金城标活动体验点,各种活动经常获主流媒体广泛报道,切实提升了浙江图书馆的社会影响。

6. **重点文化工程成果突出**。经过五年持续建设,三大数字文化工程成果丰硕。建成覆盖全省公共图书馆的虚拟专网,用户统一认证、资源统一检索等平台日益完善，数字资源内容及其服务手段更为丰富；中华古籍保护计划实施成效明显，古籍普查基本完成，初步建成珍贵古籍分级保护体系和古籍修复网络。

"十二五"期间所取得的一系列成就，为"十三五"时期浙江图书馆事业发展打下坚实基础。

（二）机遇挑战

当前，图书馆事业发展宏观环境发生重大变化。政策环境方面，中央高度重视文化建设，陆续出台《关于加快构建现代公共文化服务体系的意见》等系列方针和政策，并作出了重大战略部署；技术环境方面，以大数据、云计算、智能化和移动互联网为标志的现代信息技术日新月异，推动社会进步日趋明显，图书馆面貌藉由现代技术发生深刻变化；社会环境方面，公众对公共文化服务提出了更新更高的期望。这些都对浙江图书馆"十三五"时期的发展提出了新目标和新要求，也提供了良好发展机遇和巨大发展空间。

同时，浙江图书馆事业发展仍存在亟待解决的问题和困难：现有馆舍面积不足、设施老化，已与当今现代化图书馆功能发挥有较大差距；管理体制和运行机制尚需深化改革，图书馆服务效能有待提升；阅读产品供给、服务内容和服务手段需不断创新，品质需不断提升；队伍建设特别是高端人才培养有待加强，学术研究水平亟需提升；服务全省能力、行业协作交流、社会力量参与以及图书馆宣传营销都有待进一步强化。因此，要准确把握"十三五"时期图书馆发展的新形势和历史机遇，正视面临的问题和挑战，弘扬开拓精神和创新思维，扬长补短，加快发展，努力打造一个走在业界前列的现代化省级公共图书馆。

二、指导思想和基本原则

（一）指导思想

高举中国特色社会主义伟大旗帜，坚持以马克思列宁主义、毛泽东思想、邓小平理论、"三个代表"重要思想、科学发展观为指导，深入贯彻习近平总书记系列重要讲话精神和治国理政新理念新思想新战略，全面落实"秉持浙江精神、干在实处、走在前列、勇立潮头"的新要求，紧密围绕省委省政府关于我省今后五年"两个高水平"的奋斗目标，建设文化浙江、构建公共文化服务体系等一系列的战略部署与重大决策，以传播社会主义核心价值观、弘扬红船精神、浙江精神为主线，以建设有国际影响、国内一流的省级公共图书馆为目标，以体制改革和服务创新为着力点，不断完善服务设施，丰富服务内容，提升服务效能，满足社会需求，推动图书馆事业发展，为高水平谱写实现"两个一百年"奋斗目标的浙江篇章贡献力量。

（二）基本原则

1. **以人为本，率先发展**。坚持以人民为中心的办馆理念和发展思路，以社会主义核心价值观为引领，坚持社会效益优先、用户需求第一，提升图书馆极致服务能力，提高全民素质和全社会文明程度。

2. **深化改革，创新发展**。深化改革图书馆管理体制和运行机制，坚持创新驱动，提高精品意识，打造服务品牌，增强图书馆核心竞争力。

3. **统筹兼顾，协调发展**。统筹协调图书馆内部业务、对外服务、人才培养、学术研究等各项工作，充分挖掘和发挥图书馆资源整体优势，推进图书馆事业整体协调发展。

4. **生态环保，绿色发展**。坚持生态环保理念，挖掘资源潜力，提高管理水平，提升图书馆整体效能和可持续发展动力。

5. **立足浙江，开放发展**。全方位开展国内国际、行业内外合作与交流；积极参与和服务"一带一路"战略；建立社会评价与反馈机制，鼓励和引进社会力量参与图书馆各项工作。

6. **面向全省，共享发展**。强化服务全省理念，拓展面向全省的服务范围、服务手段和服务内容。积极履行中心图书馆职责，发挥图书馆联盟作用，提高资源共享程度，促进全省图书馆事业共同发展。

三、使命愿景

（一）使命

传承人类文明　启迪社会民智

（二）愿景

文化浙江阅读地标　社会大众精神家园

四、目标任务

总体目标：

到 2020 年，努力建成有国际影响、国内一流的省级公共图书馆。法人治理能力明显增强，服务环境明显改善，服务品质明显提升，成为浙江省公共图书馆强有力的支撑服务中心；信息基础条件明显改善，数字资源建设能力明显增强，数字阅读服务能力明显提升，成为浙江省数字图书馆枢纽；历史文献保护能力明显增强，优秀挖掘整理成果明显增加，优秀传统文化传播水平明显提升，成为国内外有影响力的优秀传统文化传承保护重镇；人才队伍实力明显增强，学术研究水平明显提升，文化交流明显扩大，成为对外文化交流窗口。

主要任务是：

任务一：强化服务全面创新，提升服务效益水平

（一）构建服务新体系，提升阵地服务水平

1. 建设浙江图书馆新馆。以"国内一流，国际先进"为目标，打造全省公共图书馆数字资源和技术应用中心、国际文献交换中心、业务培训和社会教育中心、阅读文化交流中心、优秀传统文化传承保护中心和未成年人服务示范中心。

2. **建立浙江图书馆服务新体系**。将之江馆区打造为现代化智慧型图书馆，曙光路馆区打造为城市公共文化空间，孤山馆区打造为中国历史文献馆，大学路馆区打造为外国历史文献馆，嘉业藏书楼打造为中国传统私家藏书文化展示馆，形成以四馆一楼为核心，直属分馆、流通站点为外延的浙江图书馆服务新体系。

3. **提升服务效益水平**。"十三五"期末年文献外借量达到 200 万册次，年电子图书借阅量达到 100 万册次，图书馆注册用户大幅增加；优化特殊群体文化权益，为未成年人、老年人和残疾人在文献资源、设施配备、服务供给等方面提供精准服务，拓展未成年人服务内容和手段，建设无障碍数字图书馆；增设自助服务设备，提升服务便捷性。

（二）加强阅读推广，促建书香社会

1. **提升阅读服务品质**。提升书刊导读、阅读排行榜、读书会等阅读推广服务品质；提升讲座展览品质，围绕重大活动、社会热点等，通过挖掘馆藏资源、积极引进优质展览和讲座资源，拓展讲座、展览主题内容；提升移动阅读服务品质，积极顺应公众阅读方式变化，从门户多样化、应用便捷性等方面大力开展数字资源阅读推广，拓展和提升移动阅读服务能力与水平。

2. **强化主题活动品牌**。围绕"世界读书日""全民阅读月""未成年人读书节"开展各种主题阅读和系列推广活动，营造浓厚的阅读氛围，提升阅读推广效益；探索设立浙江优秀出版物奖项，向社会推介优秀本地出版物，宣传浙江文化。

3. **培育阅读推广人队伍**。建立阅读推广人培育和管理机制，与社会机构合作共同推动"阅读推广人"培育计划，形成一支覆盖全省、数量众多、类型丰富、素养专业的阅读推广人队伍。

（三）强化信息咨询服务，提升信息服务品质

1. **开展高品质精准性信息服务**。紧跟经济结构转型发展、新型城镇化发展步伐，积极探索为我省经济发展、科学研究提供专题咨询，助推企业

创新成长，发挥社会智囊作用；面向公众、专业人士和各类机构，开展个性化信息增值和决策咨询服务。

2. **积极开展立法决策咨询服务**。做好省人大代表、政协委员的信息咨询服务，积极探索为党政机关提供政策研究高端咨询，成为政府决策的参谋。

3. **强化移动咨询服务**。适应现代信息技术发展，完善用户咨询中心和"联合知识导航网"建设，提供全面、规范和便捷的移动咨询服务，提高咨询质量和效率。

（四）强化服务全省理念，提升服务全省能力

1. **谋划全省图书馆事业整体发展**。制定全省公共图书馆行业规范和业务标准，提升整体业务水平和服务质量，促进图书馆事业协调发展；充分发挥浙江省图书馆学会作用，组织开展学术研究和业务指导，提升全省图书馆学术水平和业界影响。

2. **推动全省重大文化工程建设**。进一步推进公共数字文化工程（全国文化信息资源共享工程、数字图书馆推广工程和公共电子阅览室建设计划）建设，推进资源、平台共建共享，提高公共数字文化服务效益；进一步推进中华古籍保护计划、民国时期文献保护计划，提升历史文献保护、研究和利用水平；进一步推进全省图书馆联盟建设，积极开展业务培训、技术指导，引领市、县图书馆参与国内外访问交流。

3. **增强文献远程服务能力**。打造全民学习中心，促进全民终身教育；扩大馆际互借、快递借书、"U书"快借等服务规模和效益，推进全省通借通还；加强基层服务网点建设，建设有示范和引领作用的直属分馆、流通站；积极融入农村文化礼堂和特色小镇文化建设。

任务二：强化文献资源建设，提升资源保障能力

（一）强化馆藏建设，提升纸质文献馆藏质量

1. **提高阅读产品的有效供给**。进一步完善馆藏发展政策，优化馆藏资

源结构；进一步完善馆藏文献保存体系，制定馆藏分级保存制度、馆藏评估与剔旧制度，提升资源品质；积极推动浙江省样本图书馆（储备书库）建设。

2. **保证国内中文出版物覆盖率**。年新增纸质馆藏总量不少于20万册，中文图书品种达到当年出版新品的35%，期刊达到70%，省级以上党报100%；保证原创文献、国家重点规划出版项目、重要大中型成套文献的采集入藏。

3. **强化特色馆藏建设**。全面采集和保存浙江地方文献资料，浙江版正式出版物入藏率达到90%；建设浙江院士、作家文库；注重省域内社会重大活动、经济建设等相关资料采集；加大珍贵浙江历史文献访购力度；加强重点学科、重点专题、原创文献、签名本等特色文献采集；规划和建设外文文献资源特色馆藏。

（二）坚持多种资源协同发展，大力推进数字资源建设

1. **强化数字资源建设**。建立和完善数字资源评估制度，逐步增加数字资源在文献购置经费中的结构比例，注重数字资源与其他资源的互补，丰富数字资源的类型与数量。

2. **加强古籍数字化建设**。每年完成10万拍（筒子叶）；建成全省珍贵古籍资源数据库；有重点地选取特色民国文献进行数字化，完善和建设特色历史文献典籍数据库。

3. **加强原生数字资源建设**。加强对网络免费资源的采集、整合和提供力度；加强地方文献资料网络资源的采集与保存力度；利用馆藏资源和展览讲座等形成的资源，建设文史讲座、科普宣传、职业技能培训等内容的数字资源库。

4. **开展新型馆藏文献信息资源建设**。坚持抢救性、代表性、前瞻性的原则，通过纪录片、微电影、口述史等方式，建立体现浙江地域特色的口述史料和影像资料库。

（三）完善资源组织发布，促进资源有效利用

1. **整合书目数据资源**。加强数字资源与纸本资源双向关联，提高文献资源书目数据整合度，实现各种类型资源无缝衔接，提高文献资源供给率和利用率。

2. **推进馆藏文献书目数字化**。大力推进《浙江图书馆图书分类法》等分编的馆藏中外历史文献书目数字化。

3. **提升文献国际传播能力**。加入 OCLC WorldCat（世界总书目），实现全省公共图书馆中文文献资源全球共享；通过国际馆际互借和文献传递提升国际影响力。

任务三：强化信息技术应用，提升智慧智能水平

（一）加强信息基础设施建设，提升业务支撑能力

1. **持续强化信息基础设施建设**。完成曙光路馆区中心机房改扩建，配合之江馆区新机房，形成"同城双中心"；不断提高基础设施对图书馆信息化、智能化发展的支撑能力。

2. **保障信息安全**。完善和改进信息安全管理制度和管理体系，全面加强信息化、网络化安全保障能力。

3. **提升馆务信息化水平**。建立内部公共信息数据库，整合内部管理平台，提升内部管理效率，为办公自动化和移动办公提供保障。

（二）加强技术与服务深度融合，推动智慧图书馆建设

1. **建立全省公共图书馆大数据中心**。建立基于云计算和大数据的全省公共图书馆数据中心，提升数据采集能力和服务能力。

2. **完善用户管理系统**。全面收集、深入分析用户行为，提供用户驱动、数据驱动的决策和服务依据，提高服务精准性和服务效能。

3. **打造智慧图书馆**。应用信息技术手段，打造智慧图书馆，提供个性化、智能化、泛在化图书馆服务。

任务四：强化历史文献保护，提升传承弘扬能力

（一）改善历史文献保护条件，提升保护能力

1. **加强硬件设施建设**。全面整治孤山馆区外部环境；实施嘉业藏书楼建筑维修和安防设施建设；开展大学路馆区维修改造。

2. **提升古籍修复能力**。完善古籍修复工作规范；制定省级古籍修复中心和修复站管理办法、珍贵古籍修复项目申报制度；优化古籍修复档案系统；出版古籍修复纸谱；开展珍贵古籍修复项目；增强古籍修复技艺传习能力；提高规范化管理水平和古籍保护管理水平。

3. **完成雕版保护工程**。完成原浙江官书局、浙江图书馆和嘉业藏书楼刊刻的近 20 万片雕版熏蒸保护、刷印建档和数字化工作。

（二）加强整理挖掘力度，发挥文献服务效益

1. **整理历史文献普查成果**。以编纂《中华古籍总目·浙江卷》为总体目标，分阶段整理、公布（出版）古籍普查成果；完成未编民国洋装书的编目普查任务。

2. **加强浙江文献史料整理**。实施浙江省未刊历史文献影印工程，出版一批古籍和民国文献整理成果。

3. **开展石刻文献调查**。建设石刻文献数据库。在第三次文物普查和第一次可移动文物普查基础之上，对全省石刻文献进行调查、登记、拍摄、拓印，并建立相关的数据库；完成现存浙江石刻文献（拓片或拓本）的调查。

（三）建设浙江典籍博物馆，弘扬优秀传统文化

1. **建设浙江典籍博物馆**。展示雕版和浙江书写、印刷的优秀精品书籍，打造宣传展示浙江典籍文化示范窗口。

2. **加强优秀传统文化宣传**。依托馆藏丰富典籍资源，整理出版一批古籍资料，开展古籍生产、修复及传统文化等方面的展览、展示、讲座，弘

扬中华优秀传统文化和浙江地域特色文化的独特魅力。

3. **加强文化创意产品开发**。挖掘特色资源，加强特色文具、家居饰品、艺术品和电子阅读设备等各种形态文化创意产品研发，拓展文化服务内容和范围。

任务五：强化学术研究创新，提升学术研究水平

（一）加强学术人才培养，夯实创新发展根基

制定人才培养专项规划，建立多层次人才梯队，完善员工培训制度，建立全方位、多层次的人才培养机制，加强对重点工作人才、研究型人才培养，鼓励员工进修，注重中青年学术人才培养。

（二）加强学术研究规划，丰富学术研究成果

1. **加强学术研究规划与组织**。加强对学术研究的规划和引导，围绕浙江省图书馆事业新实践新发展，成梯度组织课题研究；组织学术论文、科研课题交流和点评研讨会，提升馆员学术研究水平；加强科研管理，促进科研成果实际应用。

2. **做好学术期刊、著作编辑出版**。规划《图书馆研究与工作》发展方向，构建规范运营机制，提高期刊学术水准，扩大发行，明显提升刊物学术影响，打造学术交流平台；加大对学术著作的出版扶持。

3. **打造"浙学"文献总库**。完成《浙江通志·图书馆卷》《浙江通志·艺文卷》（下册）的编撰出版；以《两浙文丛》为核心任务，推进浙江文献史料整理；整理出版《民国时期浙江省地方议会史料续编》《浙江续通志稿》。

（三）加强学术交流合作，推动事业共同发展

加强与国内外图书馆、行业学会（协会）、国际图联的联系与合作，积极参与、举办国际学术研讨会。

任务六：强化开放交流合作，提升行业社会影响

（一）加强法制宣传，推动图书馆事业发展

1. **宣传贯彻图书馆相关法律法规**。通过讲座、培训、展览等活动，提升《公共文化服务保障法》社会知晓率和普及水平，推进现代公共图书馆服务体系建设发展。

2. **推进图书馆法律法规建设**。积极参与《中华人民共和国公共图书馆法》立法进程；推进《浙江省公共图书馆管理办法》的修订，加强公共图书馆服务体系建设的法律保障。

（二）加强社会合作，鼓励社会力量参与

1. **完善社会评价机制**。通过第三方评价，监督图书馆内部运营与管理；引进社会力量参与，共谋图书馆事业发展。

2. **完善购买服务机制**。通过业务外包、合作举办活动等方式，拓展社会化合作渠道和空间，探索与社会资本合作新模式，促进公共图书馆服务提供主体和提供方式多元化。

（三）重视公共关系，改善图书馆生态

1. **提高宣传工作水平**。完善宣传工作机制；加强宣传员队伍建设；围绕重点工作、重大工程、大型活动等做好宣传报道规划，积极主动开展宣传推广活动；强化基于各类自媒体的用户推介，加强与报社、电视和新媒体机构的合作交流，为事业发展营造良好的舆论氛围。

2. **加强舆情管理**。规范官方信息发布渠道和发布流程；加强舆情监控，制定舆情应急预案，加强舆情管理。

五、保障措施

（一）加强组织建设

1. **坚持党的领导核心作用**。加大党建工作力度，发挥党组织战斗堡垒作用和党员先锋模范作用；充分发挥工会、共青团、民主党派作用；凝聚全体馆员共识和力量，打造团结和谐、务实肯干的馆员队伍。

2. **大力推进组织文化建设**。设立馆史室，加强馆史研究与展示，传承浙图精神；完善浙江图书馆荣誉表彰体系，提升馆员职业荣誉感；努力为馆员个人职业发展、能力提升创造和提供更多机会与空间，给予馆员更多的人文关怀，打造品质图书馆。

（二）改革体制机制

1. **完善法人治理结构**。充分发挥浙江图书馆理事会、职工代表大会和工会的民主管理作用。

2. **完善绩效评估与考核制度**。重视按需设岗的科学性和按劳分配的原则性，建立合理的评估体系和多元化的评估机制；积极探索项目管理和团队管理模式，完善项目绩效评估。

3. **完善各项业务规范和标准**。健全完善业务流程和运作机制。

4. **完善财务管理和资产管理**。强化财务的服务和管理功能，加强预算科学制定和进度执行；加强政府采购管理规范，确保图书馆资金有效安全运行；完善国有资产管理制度，保障国有资产安全。

5. **健全安全、物业后勤保障机制**。厘清核心业务与辅助服务，实施辅助服务社会购买；加强规范管理，确保图书馆各项工作安全有序运行。

（三）完善用人机制

1. **完善人才引进、培育、激励机制**。采取专项措施，着力培养一批中青年学术人才、专业骨干和管理人才，为浙江图书馆事业提供持续发展动力。

2. **创新馆员培养模式**。探索实施馆员交换、访问制度。

3. **健全社会化用工机制**。加强图书馆志愿者队伍建设，加强服务外包人员管理。

（发布日期：2017年6月30日）

福建省图书馆"十三五"发展规划[①]

为贯彻落实国家加快构建现代公共文化服务体系,建设社会主义文化强国的战略部署,明确"十三五"时期福建省图书馆事业发展的主要目标、重点任务和战略举措,整体提升福建省图书馆事业发展水平,推进我省公共文化事业发展,现结合中国图书馆事业发展要求、《全国公共图书馆事业发展"十三五"规划》和福建省图书馆发展现况,制定本规划。

一、背景和形势

(一)"十二五"发展回顾

"十二五"时期,特别是党的十八大召开以来,党中央高度重视文化建设,提出协调推进中国特色社会主义事业"四个全面"实现"五位一体"总体布局,发布《关于深化文化体制改革 推动社会主义文化大发展大繁荣若干重大问题的决定》等一系列重大决策部署,为社会主义文化建

---

① 本规划由福建省图书馆授权收录。

设指明了方向，提供了遵循。福建省委、省政府也加大文化建设力度，加快文化体制改革步伐，出台了《关于加快构建现代公共文化服务体系的实施意见》等文件，全面指导全省现代公共文化服务体系建设。在福建省文化厅的正确指导和大力支持下，福建省图书馆充分发挥图书馆在公共文化服务体系建设中的作用，事业发展取得了显著进步：

1. **体制机制更加完善**。积极着手开展以建立理事会为重点的法人治理结构改革试点，根据福建省《公共图书馆章程示范文本》，参考国内先行馆的相关经验，完成了《福建省图书馆章程》（暂行办法）、《福建省图书馆理事会产生办法》等政策文件制订，上报省文化厅批准执行。

2. **基础业务扎实推进**。注重资源建设，不断完善馆藏发展政策制订，按照"重点保障、兼顾一般、虚实互补、结构合理"的采选方针，合理分配资源采购经费，纸质资源和数字资源互为补充，采购、整合和自建方式协调推进，着力实施面向全省服务的文献保障中心、信息查询中心、学习支持中心计划，全力打造我省文献资源总库建设。"十二五"末，馆藏文献总量达313万册（件）、电子图书185万册、数字资源总量达130TB，总流通人次逾215万、书刊外借册次172万、网站访问量1934万人次，实现馆藏文献稳步增长，办馆效益进一步提升。

3. **服务效能显著提升**。积极拓展图书馆服务阵地，通过总分馆、汽车图书馆、网络图书馆、手机图书馆等方式不断扩大我馆服务受众，建有分馆（数字分馆）和流通点94个，数字阅读突破2000万点击量，取得较好社会效益；开辟网上服务新渠道，建立微信、微博、QQ等新媒体服务；积极发挥社会教育和文化传播职能，用好"闽图大学堂""东南周末讲坛"平台，在宣传社会主义核心价值体系、弘扬中华优秀传统文化、传播社会科学和自然科学等方面取得了良好成效；深化"图书馆+书院"模式，在百年书院正谊书院积极打造弘扬中华优秀传统文化传承基地。"十二五"期间，共举办讲座980场、展览205场、培训班246场，惠及读者296万余人次，群众满意度持续提升。

4. **文化工程成果丰硕**。"十二五"期间，我省按照"全面推进、重点保障、创新提升"的工作思路，因地制宜地开展公共数字文化服务体系建设,稳步推进文化共享工程、数字图书馆推广工程、公共电子阅览室建设计划、中华古籍保护计划等重点文化工程在我省的实施,并取得良好社会成效。

截至"十二五"末,我省共向文化部申报地方特色文化资源建设项目22个,电视专题片259集,立项资金2185万元,完成电视专题片118集,与"十一五"相比,分别增长1000%、763%、1200%和293%;积极参与推广工程资源联合建设工作,完成13.6万条(页)数字资源加工;全省90家公共图书馆建立虚拟专网连接,87家公共图书馆部署电子阅览室管理信息系统平台,56家图书馆部署资源采编发协作管理平台,基层图书馆可以便捷访问国家数字文化网、国家图书馆、省图书馆的数字资源;全省929个乡镇电子阅览室完成基础设备配置,111个乡镇文化站部署电子阅览室管理系统和资源播发管理平台;文化共享工程在全省范围内建立1个省级分中心、83个县级支中心、929个乡镇基层点;省级分中心整合各类资源约130TB,其中电子书163万多种、中文电子期刊4.3万种(不去重)、外文电子期刊7735种、电子报1629种、外文电子图书4.15万种、国家级会议论文410万余篇、博硕士论文233万篇,视频资源10万余部,已在全省范围内初步形成资源比较丰富、辐射范围较广的数字文化服务网络体系。

重点实施"中华古籍保护计划",牵头全省34家古籍保护单位完成41156部古籍普查登记,完成《福建省图书馆古籍普查登记目录》编纂出版工作,我馆在内的8家单位的148部古籍分别入选第1—5批《国家珍贵古籍名录》;参加"中华古籍数字资源库"建设,完成12种珍贵古籍的数字化任务;先后策划《福建历代乡规民约》《玉枕兰亭序玉版十三行合册》《多宝塔碑》和《南泉慈化寺志》等古籍整理出版项目;组织各单位参与国家古籍保护中心主办的"古籍普查登记目录审校""古籍修复""传拓技术""西方文献修复技术"及"碑帖编目"等共计55期各类专业培训班,举办省级古籍保护培训班1期,结合来员跟班学习等多种形式,共计有100多人次参加了上述各期各类的培训班学习,为全省培养了一支古籍保护专业人才队伍,逐步形成一个多层次、综合素质较好的古籍保护人才梯队，2014年我馆荣获文化部颁予的"全国古籍保护工作先进单位"称号。

启动民国文献保护工作，并根据我馆馆藏资源积极申报"民国时期文献整理出版项目"，于2015年2月编纂出版了《民国参政院议事录（1914—1916）》一书。进一步推进全省宗祠文化资源普查，组织全省85个市、县（区）单位完成数据上传，接收数据总量20697条；结合数字、缩微采集和缩微数字文献制作工作，着手馆藏文献整理和开发。

5. **对外交流日趋活跃**。积极派员参加国内外培训交流，并接待国内外同行到我馆交流学习，其中与美国俄勒冈州图书馆界的人员交流互访协议执行了30年，结出了丰硕成果；发挥闽图学会作用，加强与中图学会的沟通以及与兄弟学会的学术交流，积极承接中图学会的"青年论坛"和"百县馆长"论坛，联办"闽浙论坛"。

6. **人才培养稳步提升**。重视干部队伍建设，"十二五"期间共选派业务骨干参加各类培训3044人次；进一步完善选人用人机制，推进岗位聘任晋级工作常态化，打造利于图书馆长期发展的人才梯队。

7. **基建项目进展顺利**。我馆改扩建工程获福建省发改委正式批复立项，项目总投资1.91亿元，正在稳步推进建设；完成古籍书库扩建工程建设任务。

8. **项目课题成果丰硕**。重视项目课题研究工作，努力调动馆员理论研究积极性和提升科研能力，"基于云计算的公共数字文化服务技术支撑平台建设研究与应用"项目获文化部"第四届创新奖"；文化部创新奖课题"运用现代技术联合建设地方特色资源数据库的模式研究"、国家科技提升计划课题"农村公共文化服务传输体系建设研究"和"'一带一路'文化共享机制及演示系统"顺利通过专家验收并应用于实际；《福建省图书馆古籍普查登记目录》列入"中华古籍保护计划成果"顺利出版；《册府掇英——福建省图书馆藏珍品集萃》获"第十五届华东地区古籍优秀图书奖"二等奖，《福建省图书馆百年纪略》获第二十六届华东地区优秀哲学社会科学图书评选二等奖，馆员科研意识明显增强，科研水平逐步提高。

"十二五"期间，在福建省文化厅的领导下，我馆业务取得新进步，获得了"全国文化系统先进集体""全国科普教育基地（2012—2016年）""公共图书馆一级馆（第五届）"、连续十二届"省级文明单位"等60多项荣誉，但同时也存在着一些制约事业发展的突出问题，主要表现在：人才结构不尽合理，缺乏高层次复合型人才和有影响的学术带头人，与我馆可持续发展的要求不相适应；科研意识尚薄弱，缺乏高水平的科研成果，成果转化不够，与研究型图书馆的要求不相适应；事业发展经费投入不足，与我馆服务公益性的要求不相适应；场馆设施差强人意制约和影响我馆事业的可持续发展；数字资源建设与服务，与公众信息需求的变化不相适应。

（二）"十三五"机遇挑战

"十三五"时期是全面建成小康社会的决胜阶段，是建设社会主义文化强国的重要时期，也是构建现代公共文化服务体系和深化文化体制改革的关键阶段，我馆事业发展机遇与挑战并存。

1. **中央做出战略部署，为公共文化服务体系建设提出新要求**。党的十八大以来党中央高度重视文化建设，作出一系列重大决策部署，发布了《关于加快构建现代公共文化服务体系的意见》《关于做好政府向社会力量购买公共文化服务工作意见的通知》等指导性文件，习近平总书记就文化建设发表系列重要讲话，特别是关于传承弘扬中华优秀传统文化的重要论述，为新时期图书馆事业发展指明了方向。

2. **福建出台相关政策，为图书馆事业改革发展提供新机遇**。福建省委、省政府印发了《关于加快构建现代公共文化服务体系的实施意见》《关于印发福建省"十三五"文化改革发展专项规划的通知》，对"十三五"时期公共文化服务体系建设任务提出了具体目标，确立了公共图书馆在公共文化服务体系建设中的地位与作用，更赋予公共图书馆新的历史使命。

3. **信息技术飞速发展，为图书馆事业转型升级开辟新空间**。随着网络技术与计算机技术的发展和大数据时代的到来，当今图书馆已从纸本时代的"图书仓库"发展到与数字文献时代的"信息供应链"并进，云计算、物联网、移动互联网等新技术的应用和普及也为图书馆事业带来了新的发展机遇，为图书馆服务提供了广阔的新空间。

"十三五"时期，作为现代公共文化服务体系的中坚力量，我馆将坚持以问题为导向，找差距、补短板，在海丝核心区建设和文化强省建设的大环境下，进一步完善公共文化服务体制机制，向全社会提供更为高效便捷的公共文化服务，建成覆盖面更广的公共文化服务网络，生产更加丰富多样的公共文化产品内容；创新公共文化服务内容和形式，促进文化与科技深度融合，全面推进图书馆事业发展，为建设机制活、产业优、百姓富、生态美的新福建提供文化支撑。

二、总体思路和目标任务

（一）指导思想

高举中国特色社会主义伟大旗帜，全面贯彻党的十八大和十八届三中、四中、五中、六中全会和福建省委十届一次全会精神，深入贯彻落实习近平总书记系列重要讲话精神，紧密围绕中国特色社会主义"五位一体"总体布局和"四个全面"战略部署，始终坚持创新、协调、绿色、开放、共享的发展理念，以改革创新为动力，以提升效能为重点，以五大重点文化工程为抓手，全面推进福建省图书馆事业发展，加快构建现代公共文化服务体系，为实现"两个一百年"奋斗目标和中华民族伟大复兴的"中国梦"提供强大精神动力和智力支持。

（二）基本原则

1. **坚持深化改革、开拓创新**。加快事业机制体制改革力度，促进文化与科技深度融合，实现公共图书馆发展理念、技术、管理、服务全方位创新，增强事业发展活力。

2. **坚持政府主导、社会参与**。积极配合政府大力发展公共图书馆事业，保障人民群众基本文化权益，促进信息公平获取；同时进一步发挥市场在文化资源配置中的积极作用，激发社会力量参与公共图书馆事业发展的积极性。

3. **坚持需求导向、效能优先**。以满足群众基本阅读需求为目标，进一步畅通需求反馈渠道，完善供需对接机制，特别是利用现代信息技术等手段提升服务效能，并把效能作为绩效考评等工作开展的重要依据。

4. **坚持统筹协调、开放共享**。配合政府统筹整合城乡公共图书馆的文献资源和服务提供、队伍建设，推进总分馆制等区域图书馆服务体系建设，实现与其他公共文化服务资源的互联互通和开放共享。

（三）主要目标

到 2020 年，我馆设施设备全面改观，古籍与民国文献保护、公共数字文化共建共享工作取得重要进展，总分馆体系建设取得新亮点，文献保障能力持续提升，新技术应用融合深入，服务项目丰富多元，法人治理结构逐步建立完善，社会力量参与我馆建设与管理的体制机制不断优化，人才队伍不断壮大，专业化服务水平不断提升，我馆建设理念、服务功能与效益达到全国先进水平。

具体目标：

1. 我馆改扩建工程全面完成，仓储式图书馆选址与立项获得正式批准。

2. 文献保障中心、信息查询中心、开放式学习中心资源保障能力持续提升，地方文献专藏体系建设进一步完善，馆藏结构更加优化，馆藏价值更加显著。

3. 新技术应用更加智能便捷，海丝文化大数据中心、海西文化云服务、智慧图书馆软硬件支撑平台构建基本完成并上线运营，福建文化记忆数据库群资源规模进一步扩大，海丝数字文化长廊延伸海外，融媒体服务格局基本形成。

4. 以社会需求为导向的公共图书馆服务更加丰富多元，业务基础更加夯实，标准更加规范，专业化服务能力与水平更加提升。

5. 跨界合作、联盟服务和总分馆体系进一步推动开展，不断建立健全协作协调的体制机制，扩大社会合作面。

6. 全省公共、高校图书馆古籍普查工作基本完成，启动古籍编目工作；启动民国时期文献普查，继续推进文献开发工作；实施文献修复、开发计划；遵循并督促全省依标准建设古籍保护书库。

7. 实施全馆人才队伍建设计划，加大重点岗位人才培养，积极营造业务创新与学术研究氛围，完善适宜人才脱颖而出的体制机制建设。

三、重点任务

（一）夯实基础建设，增强事业发展后劲

1. **加快推进福建省图书馆改扩建项目建设**。根据现代图书馆理念，贯彻以人为本的思想，将改建修缮和扩建有机结合起来，对各建筑功能用房进行合理调整补充，成为功能互补、风格相近、经济合理的有机整体，以统筹解决使用面积不足、功能缺失、设施陈旧等一系列问题，将我馆改扩建成一个环境优雅、布局合理、功能齐全、经济实用的现代化、智能化馆舍。

2. **积极推进仓储图书馆选址和立项工作**。加快异地择址进度，以占地20亩、建馆2万平方米为目标，到"十三五"末完成项目立项建设，实现仓储图书馆藏书中心、综合阅读服务中心（为附近居民提供图书馆服务）、图书加工及总分馆图书物流配送中心和海峡文化交流、信息化服务中心等功能定位目标。

3. **稳步推进图书馆总分馆建设**。打造以省馆为总中心、地级为分中心、县级为总馆、乡镇（街道）和农家书屋为分馆流通点的全省公共图书馆五级总分馆体系，统筹农村公共阅读服务体系建设，加强对其书刊借阅、通借通还、业务指导和人员培训等服务，指导提高现有公共文化设施和图书资源利用率，更好满足农村群众读书看报及对数字文化的需求。

（二）创新机制体制，加强事业发展研究

1. **建立政策、法律和标准体系**。配合省文化厅出台总分馆制政策性文

件，指导开展以县级馆为总馆、乡镇（街道）为分馆、村（社区）为基层点的总分馆制设计与实现；积极推动我省地方图书馆法立法工作；积极宣传贯彻落实《公共文化服务保障法》，落实国家基本公共服务指导标准实施，并配合省文化厅制定我省实施标准。

2. **推进法人治理机构改革**。继续推进我馆法人治理结构改革工作，完善决策、执行和监督的各项制度，建立科学高效的管理体制和运行机制，激发内在活力，提高工作效率。

3. **探索管办分离有效形式**。鼓励和支持福建省图书馆学会承担在行业管理、活动组织和行业服务等方面的政府转移职能，充分发挥行业自律作用，逐步推动形成政府、市场和社会共同参与公共图书馆建设的格局。

4. **促进图书馆服务供给社会化**。根据福建省政府《关于做好政府向社会力量购买公共文化服务工作的实施意见》精神，积极探索引入市场机制履行好公共文化服务职能，继续扩大业务外包、与社会机构合办活动的空间与渠道；鼓励和支持社会力量通过投资或捐赠设备、资助项目、赞助活动、提供产品和服务等方式参与我馆建设，促进我馆服务产品与服务方式的丰富多元化。

5. **建设公共文化大数据应用海丝核心区实验基地**。围绕公共数字文化建设相关领域的最新进展、重大热点和服务供需，开展新环境下图书馆智慧化研究和用户新需求行为研究，重点研究基层特别是贫困地区的数字文化服务，聚焦数字阅读、数字人文、文化供需交互、创客空间等方面的研究与应用，着力营造"连接一切，无处不在"的图书馆公共数字文化服务空间，加快图书馆向大数据时代的全媒体复合型知识中心转型。

（三）坚持需求导向，构建资源保障体系

1. **建设全省基本文献储备库和重点专题文献信息资源总库**。围绕文献保障中心、信息查询中心、开放式学习中心建设，根据文献资源环境的变化科学调整文献采访方针和计划，不断完善实体馆藏与虚拟馆藏的协调互补机制，建设虚实互补的实体资源、数字资源、网络资源等为一体的现代馆藏体系；加强地方文献搜集、整理与研究，采取多种措施提高法定缴存地方出版物的入藏完整率，同时加强对非正式出版物的采访收集，实现对我省重点领域和重点地区文献信息资源的有效保障，特别是对闽台文献、闽侨文献、海上丝绸之路文献和与福建省经济、文化发展重要战略有关的文献的保障，使福建省地方文献入藏的系统性和完整性不断增强。

2. **加强馆藏资源结构的调整，加快资源的数字化转型**。积极推进我馆文献信息资源保障体系的建立，逐步调整数字资源和纸质资源的经费结构比例，力争在五年中由目前的 2.5∶7.5 调整到 4∶6，重点加强全民阅读、全民艺术普及、全民科普、全民健身、机构知识库数字资源和开放获取资源的建设；优化资源配置，强化纸本文献与数字资源间的关联，建成与福建经济、文化和社会发展相适应，充分保障福建省图书馆履行地方综合性、研究型公共图书馆职责，兼顾各层次读者阅读需求的数字资源保障体系。

3. **加强福建特色文献建设，打造地方文化资源建设品牌**。完善我馆特色资源建设专项规划，统筹协调全省市级以上公共图书馆开展文化共享工程、数字图书馆推广工程资源申报和联建，重点推进"福建文化记忆"资源数据库、图书馆公开课、数字资源目录揭示、互联网信息资源保存等资源项目建设，建立"福建文化记忆"数字影像馆；开展馆藏古籍、民国文献、谱牒等地方文献的数字化建设；加强缩微文献建设，推进文献"模数""数模"转换，重点开展民国时期地方文献的缩微品征集和抢救，初步完成民国报纸缩微文献数据库建设，建立标准化的缩微文献数据库。

（四）丰富服务手段，营造全民阅读氛围

1. **强化阵地服务**。在开展图书借阅、信息咨询等服务的同时，广泛开展讲座、展览、培训等社会教育活动，吸引更多公众走进图书馆。重点建设"东南周末讲坛""闽图公开课"等若干有活力、有潜力、能起示范引导作用的系列活动品牌，加快品牌衍生产品开发；研究、探索与实践适应不同年龄儿童的阅读推广方式，培育优秀案例；用好重大节假日和"世界读书日""文化遗产日""服务宣传周"等文化节日，继续加大与党政机关、社会组织、地方院团等社会力量合作的力度、广度和深度，不断创新

"阅读推广+"模式，积极开展多形式、高质量的区域协作与联动，不断扩大全民阅读品牌的社会效应，逐步构建覆盖全省、门类众多、特色鲜明、资源共享的全民阅读品牌网络体系，有效推动"全民阅读"落实。

继续将百年正谊书院打造成中华优秀传统文化传承基地，以国学经典传播为核心，同时在整合省内特色文化资源的基础上，创新开展高端传统文化类活动；发挥福建"五缘"优势，主动联结台港澳乡亲和海外华人华侨，传播中华优秀传统文化；发挥书院在传统文化传播中的引领作用，以及在全省书院当代复兴中的示范带头作用，打造在全国有一定知名度的书院品牌。

2. **拓宽网络服务**。实施"互联网+图书馆服务"行动计划，促进知识充分流动并有效、有序地相互关联，实现实体空间和网络空间的互联互通和精准数字资源服务。深入开展"智慧图书馆"建设，建立新一代图书馆自动化管理系统，建立基于"福建文化云"架构下的图书馆服务供需对接平台、微信图书馆和"文化一点通"等系统；构建支持公众终身学习与教育的服务网络，通过互联网、移动互联网、数字电视网、微信、手机APP等传播手段和新媒体服务方式，向社会公众提供"菜单式""点单式"服务，服务内容涵盖文献借阅、参考咨询、展览、讲座、培训、阅读推广和艺术素养教育等多种品类。

3. **深化流动服务**。完善以实体建筑为基础的总分馆体系建设，提高数字分馆、实体分馆、汽车图书馆的服务成效，让图书馆服务惠及最广大群众；按照现代公共文化服务体系建设要求，夯实以"互联网+"为基础的数字总分馆体系建设；深化"六进"服务，依托"书香满机关　圆梦新福建"活动扩大阅读推广服务面，通过打造"行走中的图书馆"让远离或不便到图书馆的读者也能享受图书馆丰富的文献资源。

4. **打造特色服务**。立足馆藏深化二、三次文献开发，提高《决策信息参考》《信息集萃》《文献综述》等编制水平，常态为省委领导、省政协领导、专家提供服务；继续擦亮走进"两会"服务品牌，提高《决策信息参考——"两会"专刊》编制水平，为"两会"代表提供更加智能便捷的决策信息支撑；进一步提高政府信息公开查询服务水平，健全中国政府信息整合平台——福建分站"福建省政府信息整合服务平台"的建设工作。

5. **加强特殊服务**。针对老年人、未成年人、残疾人、农民工和农村留守妇女儿童等特殊群体需求，进一步扩大服务渠道，推出丰富特色产品供给，提高产品的适用性与吸引力；进一步优化面向未成年人的绿色网络空间，为青少年健康利用网络、提高信息素养提供更加有趣生动的条件，保障儿童阅读。

（五）坚持资源共享，实现多方合作共赢

1. **开展跨界联合**。成立"读吧！福建"阅读推广联盟，以联合开展多姿多彩的读书活动、协同举办类型丰富的阅读讲座与展览、积极开展阅读推广学术研究活动、加强阅读推广人才教育培训和增进馆际业务合作为主要内容，进一步拓展全省各级图书馆职能并拓宽服务辐射范围，形成全省联动布局、资源整合、共建共享的阅读推广新局面。

2. **推动共建共享**。通过"大馆带小馆""城市带乡村"，扩大并深化城乡图书馆在基础业务建设、创新服务、数字图书馆建设与服务、人员队伍建设等方面的广泛合作，着力开展对县级及以下图书馆员信息咨询、导读能力的培训，为各级图书馆提供资源保障、技术支撑、服务协作、智力支持，实现城乡基层化资源、技术、服务等各方面的共建共享，推动城乡图书馆事业协调发展。

（六）立足惠民利民，打造品牌文化工程

1. 坚持项目带动，促进新技术应用，提升数字文化服务能力

（1）组织海上丝绸之路数字文化长廊项目建设。围绕"一库二网二平台"建设规划，不断完善建设方案与可行性研究方案，争取尽快获得省政府立项；通过文化部项目资金申报争取积极推进海丝文化专题数据库建设，不断丰富服务内容保障。

（2）推进"互联网+图书馆"智慧服务平台建设。不断完善智慧图书馆项目建设，打造覆盖全省的服务平台，提供基于互联网三大传输渠道的全民阅读服务。

（3）开展全省公共文化云服务平台建设。在全国公共文化数字支撑平台我省平台建设的基础上，做好项目统筹规划、顶层设计，推动面向行业合作的公共数字文化资源采编发协作平台和面向社会公众参与的开放式技术平台的应用与服务。

（4）推动"福建文化一点通"项目提档升级。推进"文化一点通"软件升级，优化功能设计，丰富资源内容，便捷应用方式，在推进全省应用的基础上，配合省厅海外文化驿站建设，将"文化一点通"打造成讲好福建故事、传递好福建声音的重要传播媒体。

（5）统筹三大数字文化惠民工程融合发展。继续实施全国文化信息资源共享工程、数字图书馆推广工程、公共电子阅览室建设计划，加强对三大公共数字文化工程的科学规划和统筹管理，以海上丝绸之路数字文化长廊、海西文化云服务平台等项目建设为抓手，开展融合发展实践；开展全省公共数字文化建设的组织与协调，做好基层人才队伍培训，组织数字文化工程年度考核。

（6）组织闽台宗祠文化项目建设。通过普查、集成等方式，对福建宗祠文化信息资源进行系统整合，形成一批项目成果（包括闽台宗祠文化网站、专题数据库、大型系列丛书、电视专题片等），面向社会各界和海内外华人应用。

2. 健全保护机制，强化培训指导，推进传统文化资源的保存、保护和利用

（1）基本完成古籍普查登记。努力推进全省古籍普查登记工作，争取2017年基本完成普查登记工作，并于2018年正式启动普查数据综合审校与编目整理，依据有关标准整理出版各地区《馆藏古籍普查登记目录》；编纂《福建省图书馆善本书目》和《福建省图书馆古籍目录》，及时架构《中华古籍总目》分省卷的模式；依照国家中心要求，健全我省古籍普查登记管理体制，完善已有古籍普查登记制度，建立并完善上承国家，下接市县的国家、省、市县的三级古籍保护机制。

（2）加强珍贵古籍保护。协助上级有关部门成立全省古籍保护专家委员会，将我省古籍保护工作纳入政府行政机制，适时启动《福建省珍贵古籍名录》和"福建省重点古籍保护单位"的评审工作，进一步加大古籍保护力度；保护好馆藏木雕书版，在条件成熟的情况下予以及时整理，并将符合条件的书版申报《国家珍贵古籍名录》；重点建设历代闽刻本，尤其是建本专题，以及历代闽贤著述的传本，突出闽省文脉的传承与发展；妥善开展馆际交流与合作，稳步开展"闽本归故里"计划，有效推进各地历代闽刻本高仿复制工作，逐步丰富并完善馆藏历史文献资源；按照国家古籍保护中心的要求与部署，组织全省各古籍收藏单位申报《国家珍贵古籍名录》和"全国古籍重点保护单位"；进一步加强省际古籍保护中心之间的合作与交流，学习和借鉴先进工作经验，鼓励以联合开发、数字化资源互换或采进等形式加强文献建设，不断补充和丰富我省的历史文献资源。

（3）改善古籍保管条件。改善古籍存藏条件，依据《图书馆古籍书库基本要求》，依托我馆改扩建工程，合理改造、改建和新建库房，保障全国古籍重点保护单位库房的全面达标；规划重要古籍战备库房建设，增强应对突发事件能力。

（4）推进古籍修复工作。依托国家级古籍修复技艺传习中心福建传习所，继续加大古籍保护，特别是古籍修复等相关业务培训，探索多渠道培训模式提高我省古籍保护人才队伍整体业务水平；加强调研，在条件较好的公共图书馆、高校图书馆或博物馆建立修复站点，并及时构建全省古籍修复站点及网络化整体布局。

（5）加强古籍的整理、出版和研究利用。发挥现代技术优势，开展馆藏珍贵古籍和特色文献数字化、影印出版及缩微等抢救工作，及时做好数据的灾备工作，同时积极争取经费支持，开展馆藏家族谱的数字化及整理出版工作，建设馆藏家族谱综合数据库；加强文献开发及再生性保护，积极申报课题，实施一批珍稀古籍和特藏文献的整理与出版项目，进一步提高古籍研究、保护和利用水平。

（七）强化对外交流，提升行业社会形象

1. **加大兄弟省市交流力度**。发挥"图书馆'一带一路'"工作委员会主任单位作用，通过业务协作与合作、业务交流与探讨，共同发挥图书馆在国家"一带一路"战略中的地位与作用；深化与兄弟省市馆资源共建共享、人员培训、馆际互借、文献传递、馆藏资源挖掘利用等方面合作，取长补短，进一步提升我馆文献资源保障及服务能力。

2. **强化闽台图书馆交流合作**。善用国家先行先试政策，发挥对台区位优势，利用当前发达信息技术，以馆员交流互访、信息共建共享等为主要内容加强与台湾同行的交流合作，实现闽台图书馆馆藏地方文献互补，建立闽台图书馆长效合作机制，构建联合文献保障体系。

3. **加强国际交流与合作**。充分发挥图书馆在传播中国精神、弘扬中国价值、传承中华文化方面的独特优势，围绕文献保护利用、资源共建共享、人才培养交流等领域，继续推进与其他国家和地区图书馆之间的务实合作；为海外文化服务驿站提供资源和服务支持，积极参与福建文化"走出去"计划，围绕典型展览展示、文献保护利用、资源共建共享、人才培养交流等，务实推进国际业务合作与学术交流。

（八）注重人才兴馆，提高队伍学术层次

1. **创新人事管理制度**。完善图书馆人才政策和措施，采取各种措施吸引优秀人才进入公共图书馆；加强标准化建设与遵循，以标准为准绳促业务建设和馆员专业能力提高；建立专业职称队伍可持续发展机制，在实践能力和学术水平两个导向上建立适应图书馆发展的系统性职称评审标准，同时加强聘任管理，调动和激励专业技术人员的积极性；探索建立以岗位绩效考核为基础的人员考核评价制度，健全领导干部考核评价机制。

2. **加强学术课题研究**。围绕我省图书馆事业发展中亟需研究解决的问题，依托闽图学会策划重点研究课题，提高我馆馆员学术研究能力和理论

与实践相结合水平。加强科研成果转化，建立科研工作、人才培养与业务发展之间的良性互动机制，促进事业的科学发展；积极参与公共图书馆业务规范建设，申请标准研制项目。

四、保障措施

（一）加强组织领导

推动建立政府宏观管理、行业组织专业指导、公共图书馆法人治理的组织保障体系。加强图书馆行业组织建设，强化行业组织在事业发展中的专业指导和行业自律功能，探索建立管办分离、权责明确的公共图书馆行业管理体制。

（二）科学民主决策

完善馆党政领导班子议事制度和科学民主的决策机制。以建立健全管理体制与机制为重点，以充分发挥基层党组织的政治核心作用为保障，以党政密切配合、全面协调推进工作为目标，进一步转变观念，全面加强班子建设和队伍建设，不断推进决策管理的民主化、科学化。

（三）完善经费保障

争取政府部门支持，将公共图书馆人员开支、资源购置、基本服务提供、数字图书馆建设、设施设备购置与维护等日常运行经费纳入省级财政预算，并逐步提高经费使用效益，以保证公共图书馆正常运转和可持续发展。

（四）健全监督管理

以《公共文化服务促进法》出台和第六次全国县级以上公共图书馆评估定级为契机，围绕现代公共文化服务体系建设目标，以评促管、以评促建、以评促用，切实履行好图书馆在公共文化服务体系建设中的法定义务与责任，通过绩效考评制度建立、读者评价与反馈机制应用等，逐步建立健全图书馆领域重大文化惠民工程综合绩效评估制度；加强读者评价和反馈，开展群众满意度调查，形成政府、行业组织、第三方社会机构共同参与的监督管理体制，将考评结果与预算确定、收入分配、负责人奖惩挂钩，为我馆事业的可持续发展提供制度保障。

（发布日期：2017年4月6日）

山东省图书馆"十三五"发展规划[①]

党的十八大以后,我国文化事业进入高速发展期,党中央对文化建设与发展愈加重视,面临着非常重要的战略发展机遇。为深入贯彻落实党中央、国务院关于公共文化事业发展的精神,加快推进山东省图书馆事业发展,推动文化强省建设,根据《国家"十三五"时期文化改革发展规划纲要》《文化部"十三五"文化发展规划》以及省文化厅提出的"'十三五'时期文化改革发展八项主要任务"等相关政策规划精神,编制《山东省图书馆"十三五"发展规划》。

一、使命与愿景

使命:"开民智,保国粹"。保存文化遗产,开发、传递文化、科技信息,传播知识、传承文明,为社会公众提供均等化、标准化、规范化的信息资源服务、教育培训服务、互动体验服务、阅读休闲服务。通过我们的服务,促进知识发展,造福于经济和社会,丰富文化生活,促进文化繁荣,推动社会进步。

[①] 本规划由山东省图书馆授权收录。

愿景：建设一个资源丰富、设施先进、高水平、现代化的，国内一流、国际领先的公共图书馆。打造面向全省的知识信息枢纽、终身学习空间、促进阅读主体、多元文化窗口、休闲文化中心和区域中心图书馆。

二、发展基础

（一）"十二五"回顾

"十二五"时期，山东省图书馆以科学发展观为统领，秉承"传承文明、服务社会"和"读者第一，服务至上"的宗旨，全面落实"服务立馆、人才兴馆、学术强馆"的发展战略，圆满完成了各项主要目标和任务。经过五年的努力，基础业务稳步推进，服务能力持续增强，在公共文化服务中的地位和影响力不断提升。

——规范化水平进一步提高。修订相关规章制度，强化规范化管理，以"读者第一，服务至上"为宗旨，对全馆劳动纪律加强监管。参加《省级公共图书馆规范》的制订，起草《公共电子阅览室服务标准》。制订系列规章制度，完善和健全政府采购、财务报销、重大事项审议等相关程序，严格执行相关标准和规定，保障各项工作科学有序开展。不断调整布局，创新服务，完成自修室和典藏书库的调整，增设自助借还设备，调整办公用房，扩大业务用房面积，保障读者分配利益。

——馆藏文献信息资源数量持续增长。完成中外文图书、报刊的政府采购招标。加强特色馆藏建设，形成国学文献等专题馆藏资源。至2015年年底，馆藏文献总量增至750余万册（件）。数字资源总量不断上升，达130余TB。不断加强自建数字资源建设，完成《山东历史文化名街》《山东民间手工艺》《齐鲁圣贤故事》《山东地方戏曲动漫》等的拍摄与制作，传统文献与数字资源结合的馆藏体系不断完善。

——服务效能不断提升。在实现免费开放的基础上，不断创新服务手段，提高服务水平。加强数字化服务，自助借还、24小时自助图书馆、触屏技术、手机图书馆等现代技术不断被应用。年均借阅量稳步上升。调整服务布局，挤压办公用地，扩大服务场地。丰富读者活动形式和内容，增强互动性、体验性、普及性，吸引更多读者走进图书馆。

——创新推进"图书馆+书院"模式，弘扬优秀传统文化。2013年11月26日习近平总书记视察山东，发表弘扬中华优秀传统文化重要讲话。在省文化厅领导下，为贯彻落实习近平总书记系列重要讲话精神，在全省创新推进"图书馆+书院"服务模式，建设尼山书院，省馆率先实现了"六个一""五大板块"的工作模式，广泛开展国学讲座、经典诵读、青少年教育、公益夏（冬）令营、互动体验、展览等活动。在此基础上，加大对市县两级公共图书馆尼山书院的督导力度，目前全省尼山书院已建成136个。在各级尼山书院带动下，乡村儒学讲堂和城市社区儒学讲堂建设不断推进。一个覆盖全省、运转规范、服务有效的以"尼山书院"建设为基础的公共文化服务网络体系已初步建立，形成了政府主导、图书馆承办、社会参与的机制，进一步扩大了公共图书馆的服务领域，在全国引起了广泛影响。

——数字化建设取得长足进步。初步构建起覆盖城乡的公共数字文化服务网络。启动"边疆万里数字文化长廊"暨"万里海疆·万里书香"工程，创新"双线立体"服务模式。"山东省公共电子阅览室综合管理平台建设"荣获山东省首届文化创新奖。开通手机移动图书馆。建成山东省首个"光明之家 视障数字阅览室"，开通全国首个省级盲人数字图书馆服务网络平台，在全国首创"一站、一网、一库"的建设服务模式。不断扩展"光明之家"基层站点，至2015年年底已达59个。设立我国首个驻外文化信息资源共享工程服务点——"中国驻利比里亚维和警察防暴队服务点"。古籍数字化和缩微胶片数字化工作深入推进。

——文献保护工作取得新成绩。完善"五位一体"保护模式，完成第五批《国家珍贵古籍名录》和第三批《山东省珍贵古籍名录》申报与评审以及"全国古籍保护重点单位"申报工作。整理出版《十三经古注》等。全面启动民国文献保护工作，开展普查，加强整理，出版《济南"五三"惨案资料汇编》等。启动可移动文物普查。举办系列展览，推动古籍文献走出书库。

——推动全民阅读，构建学习型社会。深入推动"书香齐鲁，全民阅读"活动，不断加强"大众讲坛""全省读书朗诵大赛""书海灯谜会""真人图书馆"等品牌活动，在"图书馆服务宣传周""世界读书日"等期间，举办各类读书活动，取得良好社会效益。

——**拓展省内外业务交流与合作，推动行业合作共享机制建设，充分发挥省馆业务龙头作用，有效促进了全省公共图书馆事业发展**。2013年度年会，首次主持"书香世界 阅读天堂——图书馆阅读创新案例推介会"分会场。承办中国图书馆学会阅读推广委员会2014年工作会议暨第八届"全民阅读论坛"，主办第九届全民阅读论坛暨2015全民阅读推广峰会和全民阅读秋季峰会。与豫、皖、赣、新共同举办五省年会。

——**体制改革取得实效**。成立党委，极大加强了领导力、凝聚力、执行力和创新力，为事业发展注入新的坚强动力。按照省文化厅总体部署，完成了人才引进等人事制度，完成绩效工资调整。完成医保、社保的改革与调整工作。完善了管理运行机制，为事业发展提供了基础性保障。

以上成绩，为山东省图书馆"十三五"时期的事业发展积累了丰富经验，奠定了坚实基础。

（二）"十三五"发展环境

目前，图书馆事业处于重要的战略发展机遇期。党的十八大以来，党中央、国务院、习近平总书记多次就文化发展与繁荣作出指示，国家"十三五"规划提出"坚定文化自信，增强文化自觉，加快文化改革发展，加强社会主义精神文明建设，建设社会主义文化强国"，同时提出要"倡导全民阅读"。省委、省政府和省文化厅也多次强调，要认真学习贯彻"十八大"党和政府的有关文化发展的重要文件、政策和精神，认真学习贯彻习近平总书记系列重要讲话，文化发展的重要战略机遇期，推进文化强省战略，满足人民群众不断增长的精神文化需求。这些都是图书馆事业发展的强劲动力。

网络技术、信息处理技术、新媒体技术等现代技术飞速发展，为图书馆事业发展提供了强大技术支撑；数字资源载体、类型与来源日趋多样化，用户信息获取行为与方式日益多元化，都要求我们创新服务模式，拓展服务领域，加快公共数字文化体系建设。

习近平总书记在山东调研时提出"弘扬中华优秀传统文化"，这要求我们不断推动中华优秀传统文化创造性转化和创新性发展，加强文献保护、整理、开发与利用，继续深入推动"图书馆+书院"服务模式，弘扬中华优秀传统文化，普及国学，让古籍里的文字真正"活"起来。

全国图书馆事业的蓬勃发展，为我省图书馆事业发展提供了可资借鉴的丰富经验，要求我们不断创新，不断进步，充分发挥在全省公共图书馆事业发展中的引领作用。

同时，山东省图书馆事业发展还面临着诸多问题，主要在于：数字化建设有待加强，现代化服务水平体现不足；读者服务工作与满足人们不断增长的精神文化需求还有一定差距；服务创新缺乏力度；社会教育职能有待进一步拓展；协作协调与服务网络建设等工作需要进一步加强；学术研究与文献整理开发需要加大推动力度；管理运行机制还有待进一步完善。

三、指导思想和发展目标

（一）指导思想

全面贯彻党的十八大和十八届三中、四中、五中、六中全会精神，深入贯彻落实习近平总书记系列重要讲话精神，紧密围绕中国特色社会主义"五位一体"的总体布局和"四个全面"战略部署，以及省委、省政府建设"文化大省""文化强省"战略，结合山东省公共图书馆事业发展实际，立足全省，坚持创新、改革、共享、提升的发展理念，秉承"服务""人才""学术""创新"战略，以建设国内一流、国际知名的公共图书馆为目标，深化体制机制改革，不断提升标准化、规范化、均等化水平；数字化水平；社会化水平；学术化水平；科学化水平，不断促进本馆及山东公共图书馆事业发展，为构建全省现代公共文化服务体系，为实现中华民族伟大复兴的"中国梦"提供强大精神动力和智力支持。

（二）发展目标

以构建和完善现代公共图书馆服务体系为目标，多管齐下，整合发展，从机制、资源、人才、项目、合作等方面入手，实现"十三五"集中跨跃式发展。

——深化体制机制改革，建立法人治理结构，加强规范化、标准化、均等化建设。

——打造面向全省的公共图书馆服务网络。

——完成二期新馆的选址、论证设计，启动建设工程，完善总分馆服务布局与机制。

——优化服务功能，合理布局服务空间。

——进一步提升文献信息保障能力。

——提升服务能力，创新服务品牌。

——加强尼山书院建设，完善融尼山书院、乡村儒学和社区儒学为一体的覆盖全省、运行规范、服务有效的以弘扬中华优秀传统文化为目标的公共文化服务网络。

——重点文化工程再创新成绩。

——推动全民阅读，形成平台化、机制化。

——加强人才队伍建设，培养一批管理骨干、业务骨干、学术骨干。

——促进内外交流，形成新的合作项目。

四、主要任务

（一）增强活力，深化体制机制改革

——推进法人治理，建立并不断完善理事会制度。并不断完善机制，推进现代化图书馆建设进程。完善以绩效考核为基础的岗位管理机制，健全与公共文化服务体系相适应的、充满生机与活力的管理体制，为事业发展提供坚实保障。以此为基础，不断加强规范化、标准化、均等化建设，

增强可持续发展能力。

——结合法人治理，推动管理体制改革。稳步推进岗位改革，逐步对岗位结构进行调整，细化工作流程，完善岗位管理机制。健全以绩效考核为基础的岗位考核激励机制，考核标准向量化、细化方向转变。采取多种方式，充分调动职工积极性，保持工作活力。

——建立和完善各项工作组织管理制度。尤其是建立健全数字公共文化服务、古籍保护等方面的制度，形成责任明确、行为规范、富有效率、服务优良的公共文化服务运行机制，保障公共文化服务体系的良性发展。进一步融合社会力量参与公共图书馆建设，丰富方式，健全机制，为我省公共图书馆扩展服务领域、服务方式、服务渠道等提供保障。

（二）立足本馆，面向全省，打造适应新形势发展的公共图书馆服务网络

——完成省图书馆二期工程新馆的选址、论证、设计，启动建造工程，打造国内一流的现代公共图书馆舍，提升服务能力，健全和完善省图书馆总分馆服务网络体系。

——基于"一卡通"服务模式，探索全省公共图书馆的馆际一体化，实现馆藏资源、读者服务的互联互通。立足全省，充分发挥省图书馆龙头带动作用，按照文化部关于总分馆建设的相关精神，指导我省基层公共图书馆总分馆建设，加强对全省基层（包括市、县、区）公共图书馆的业务指导与培训，建立健全多种联盟合作机制，打造泛省的协同发展的公共图书馆服务体系。

——以公共数字文化建设与服务、古籍保护、可移动文物普查、联合编目、联合参考咨询、全民阅读推广活动等为主要平台，充分发挥共享工程山东省分中心、山东省古籍保护中心、省联编中心、省联合参考咨询中心作用，以组建联盟、中心为方式，进一步推动全省范围内的资源共享、服务共享、技术共享，形成共享共建、协同发展、整体促进的良好局面。

（三）多角度、多维度，提升文献信息保障能力

——修订完善馆藏发展政策，优化馆藏资源结构，文献资源不断充实。根据国内外信息环境和出版市场的形势,进一步优化馆藏结构,修改和完善馆藏发展政策和各类文献采选条件,在购书经费的使用比例上,力争"十三五"末中外文数字资源的比例由目前的20%提高至25%—30%。理清馆藏资源建设要求与收藏重点,突出并丰富馆藏特色,文献缴送率不断提高。通过协调互补机制,充分兼顾实体资源和数字资源(含网络资源)两类资源的建设,丰富资源总量,优化资源结构,完善现代馆藏资源体系。利用多种途径和手段,不断缩小馆藏文献信息资源与人们不断增长的精神文化需求之间的差距。

——开展缺藏文献补藏工作。深入分析馆藏结构,根据文献信息资源建设要求,利用补采、征集、交换、数字化结合数字印刷技术等方式,开展保存本缺藏的国内出版物的补藏。加强周边国家与地区出版物的收藏,重视各个历史时期缺藏文献的收集,加大山东地文献文献征集力度,重视非正式出版物和各类出版物替代品的收藏。

——加强数字化资源建设。通过国家文化信息资源共享工程和数字图书馆平台,实现国家文化共享工程中心和国家数字图书馆数字资源的共享。加强自建数据库建设,丰富数字化馆藏。通过跨系统共建共享,丰富数字化资源建设手段。加大系统内的资源整合力度,通过多种途径,获取各系统的相关资源。加强数字出版物包括音像出版物的采集与保存。加快馆藏资源包括古籍、胶片等的数字化进程。

——加大古籍收藏力度。通过购买、交换、受赠等方式,收藏省外、省内各地区和单位或个人收藏的中国古籍原件,通过数字化、缩微化及合作出版等方式,收藏中国古籍复制件。

——推进山东地方文献资源建设与服务。依托全省地方文献联合目录建设平台,加大文献征集力度,带动全省地方文献资源建设,分工协作,建设各具特色的专题文献资源库;加大山东籍人士作品的收藏与建设,完善齐鲁文化、民国时期文献等专题资源建设;开展鲁版图书补缺工作,对1949年以后出版的鲁版图书全面补缺;加强地方非正式出版物的采购力度,扩大内部资源专藏的规模和数量。

——推进重点专题文献建设。加强重点学科领域、重点专题领域文献的采访与征集，加大优秀传统文化图书的购买力度，尤其是儒学文献的采购力度，力争"十三五"末使"国学分馆尼山书院"内的文献数量达到10万册。

——整合空间资源，构建布局合理的藏书体系。采取分层和分线相结合的方式，保持保存本书库相对独立，功能上偏重于典藏，同时完成保存本书库图书的倒架上架工作，承担起全省总书库的职责。其余各类文献按照读者利用率高低和到馆年限，分为流通书库（全开架）和储备书库（开架与闭架相结合）两个层次，充分发挥馆藏各类文献资源的作用。

——提高馆藏资源的组织与揭示水平。力争"十三五"期间，将鲁图的馆藏中文图书数据上传至 OCLC WorldCat（世界总书目），加入国际馆际互借和文献传递平台，提升国际传播能力；对"山东省社会科学优秀成果奖获奖作品"进行分编整理，建立获奖作品篇名数据库、获奖作者名录库和获奖作品全文数据库。

——提供统一检索服务。依托全省图书馆网上联合目录系统，提供对省图书馆馆藏文献乃至全省公共图书馆馆藏文献的统一检索服务。"十三五"期间，力争推进 RDA 文献编目格式，尝试特色文献的 RDA 原始编目上传至 OCLC WorldCat。

（四）以人为本，加强规范化、标准化、均等化建设，大力提升服务水平

——继续坚持"读者第一，服务至上"的宗旨，以阵地服务创品牌，延伸服务重效果，构建多层次的服务体系，以扩大受众服务面为努力方向，加强规范化建设，面向用户信息需求的服务体系进一步完善。加强创新，形成一批成熟的新的服务品牌，充分发挥在构建现代公共文化服务体系中的作用。

——精细管理，统筹发展，深入推进总分馆服务机制。结合二期新馆建设，对本馆业务功能、服务布局进行进一步优化，丰富服务内容，增加新技术服务手段。加强服务规范和细则建设，注重精细化管理，向读者提供细致周到的人性化服务。全面落实《公共图书服务规范》，进一步提升

职工服务意识。加强省少儿馆、国学分馆（尼山书院）建设，在硬件、软件、资源、服务和创新等方面，统筹兼顾，协调发展，逐步推进总分馆一卡通和通借通还工作，实现资源、服务的优化配置。

——不断提高硬件、软件设施水平，根据读者需求和省图书馆自身发展需要，进一步合理布局服务空间，优化服务功能。通过开辟新的符合现代阅读需求的阅读空间等，在现有条件下实现服务功能的最大化，为读者提供舒适且富有技术含量的阅读环境。合理规划一期阅览楼层的功能布局，调整、归并读者利用率低的服务空间，充分利用闲置空间，做好功能空间再造提升工作，改善读者借阅体验；开辟"创客""智能服务"等新空间，推出服务新形式，融合各类社会资源，实现"图书馆+"服务的拓展。

——加强技术革新和智能化服务，提高现代化水平。把握国内外图书馆发展态势，不断引进新技术、新手段，提高智能化、现代化水平，提升服务质量。在馆内全面推开自助服务，包括自助借阅、自助办证等，同时不断在馆外开展24小时自助服务。加强触屏服务、移动数字服务、数字体验服务和微服务平台建设，提升现代技术水平。建设大数据服务分析平台，加强业务分析，为事业发展提供新动力。引进文创服务，创新服务方式和内容，拓展服务新领域、新平台。

——创新服务方式。逐步改变传统的服务方式，强化主动服务意识，建立与省内市馆的联动服务。通过建立若干专项读者QQ群或微信群，利用线上宣传发动与线下组织实施相结合的方式，创新服务方式；策划组织各类阅读推广活动，以讲座和读书会的形式深入开展经典阅读推广服务；以"鲁图风采"为抓手，强化与实体书店的合作，让读书参与馆藏文献采购，提高馆藏图书借阅率。

——拓展领域，深化延伸服务和信息服务。继续扩展分馆和图书流通服务站点，扩大服务范围。重点推动图书馆服务进社区、进家庭的服务，构建完善的覆盖学校、社区、家庭三位一体的阅读保障体系。加大信息咨询的延伸服务，健全全省联动的信息资源咨询平台，联合社科院、山东大学、省委党校等单位为经济建设和重点项目提供信息资源支持。不断提升

《决策参考》等信息刊物的质量和水平,加大为政府决策服务的能力。面向全省重点教育单位和科研机构,提供有针对性的服务,加强文献传递的准确性和专业性,提高专题和定题检索、科技查新、文献查证能力,成为全方位的信息提供者。继续做好"两会"服务等面向政府机关的服务。

——突出针对性,加强面向特殊群体的服务。进一步强化针对弱势群体、特殊群体尤其是青少年、儿童、老年人、残障人士等的服务,提升均等化服务水平。根据少儿馆的阅读需求现状,持续增加少儿图书数量,在现有馆藏绘本专藏的基础上,继续加大港台绘本的入藏。进一步加强针对老年人、未成年人、残疾人和进城务工人员等特殊群体的资源保障与服务,重点在养老院和社区老年活动中心建立流动网点,并开展针对特殊群体的专门培训和服务,提高他们对图书馆的利用率。

——以平台化、机制化建设为目标,推动全民阅读,形成覆盖全省的社会阅读机制,扩大在全省乃至全国的影响。融合馆内外资源,巩固"全省读书朗诵大赛""读书夏令营"和"奎虚图书奖—我喜爱的鲁版书评选活动"等现有品牌活动,策划并形成新品牌、新形式,通过举办获奖图书推介活动,提升"书香齐鲁,全民阅读"的社会影响力。同时,创建"览奎虚书藏 品齐鲁经典"等 1 到 2 个新的品牌,使省图书馆成为经典阅读推广的主场馆,培育全民阅读经典的社会氛围。加强社会合作,进一步融合社会资源,推进读者活动阵地延伸,广泛开展与机关、企事业单位、农村等的合作,形成联动机制,提高读者活动的社会化、系统化水平。

(五)推进"图书馆+书院"模式,弘扬中华优秀传统文化

——加强尼山书院建设,健全覆盖全省、运行有效的"图书馆+书院"服务模式,筹建省、市、县三级尼山书院联盟,统筹配置队伍、活动、资源。进一步完善尼山书院标准化、规范化建设,提高社会化水平,推动书院进机关、进社区、进学校、进企业、进农村活动,不断完善融尼山书院、乡村儒学和社区儒学为一体的覆盖全省、运行规范、服务有效的以弘扬中华优秀传统文化为目标的公共文化服务网络。

——巩固创新,提升服务能力和水平。继续做好"国学讲堂""经典

诵读""公益课堂""国学夏（冬）令营""传统文化体验"等品牌服务。在此基础上，加强创新，增强社会化合作，加强内外交流，充分利用新技术，丰富服务方式和内容，强化国学普及能力、传统弘扬能力、传承教化能力、体验互动能力。

——加强规范管理，尤其是对尼山书院运行、管理骨干、师资骨干须加强培训，提高制度化管理水平。加强书院教材编写的标准化、规范化水平，严把政治关、思想关、质量关。加强对全省各级书院其他硬、软件标准化、精细化管理工作。

——提升人才队伍整体素质，提高学术水平。打造由国内外知名专家带领、省内知名学者为骨干、高素质专业技术人才组成的儒学研究和传播团队。对相关专著及学术论文、讲话、访谈及研究评论等进行结集出版，面向省内外征集传统文化方面的著述、论文，带动学术研究。以书院为平台，培养图书馆业内学术人才。

（六）以惠民为己任，进一步完善全省公共数字文化建设与服务体系

——实施数字文化惠民工程，建设基于数字化服务的图书馆服务网络。加强文化信息资源共享工程和公共电子阅览室建设工程建设，大力推进服务网络和特色文化资源建设，积极采用最新网络信息技术，推进数字文化服务的社会共享。加强数字图书建设，建成以省数字图书馆为龙头、17市数字图书馆为枢纽、140个县（市、区）数字图书馆为基础的山东数字图书群，实现全省公共图书馆互联互通和数字资源的共建共享，向基层群众提供个性化、多样化的数字图书馆服务。通过数字文化惠民工程的实施，建成基于数字化服务的覆盖全省的图书馆服务网络。

——完善设施建设，深化数字资源服务。完善覆盖全省城乡的文化共享工程服务网络，逐步更新文化共享工程支中心和基层服务点的设备。推进文化共享工程与农村党员干部现代远程教育、农村中小学远程教育、广播电视村村通等工程的共建共享。利用有线电视、互联网、移动阅览器和手机等，加强文化共享工程"进村入户"。充分发挥国家数字图书馆山东

分馆的龙头带动作用,建设覆盖全省的数字图书馆群,实现省内各级公共图书馆的互联互通,建设分级分布式数字资源库群,实现数字资源无障碍共建共享。推进"数字图书馆进机关"工程的顺利开展,推动数字图书馆进学校、进家庭,走进千家万户。

——加大数字资源建设力度,进一步丰富资源内容。整合建设覆盖全省的、能切实提供优质服务的数字文化资源体系,突出针对性和实用性,加强针对青少年群体、进城务工群体、残障群体的资源建设。加强特色资源库,如地方文献资源库的建设。推出适合电子阅览室的资源平台,吸引群众参与资源建设。

——依托文化共享工程既有网络体系,综合山东省公共文化的基本资源和服务职能,打造全省集图书借阅、文化产品展示交流、群众评价和需求平台等功能于一体的公共文化服务平台(名称暂定:"网上文化大集"),开展综合文化服务。

——创新服务模式,提升服务质量。创新思路,运用新技术提高我省各大数字文化工程的服务范围和服务水平。加强和完善"文化共享工程'一站式'服务平台""山东省数字文化网""边疆数字文化长廊"等服务平台,借助新兴媒体和技术手段,向公众提供多层次、多样化、专业化、可交互的数字图书馆服务。

——加强队伍建设。培训一批覆盖各级公共图书馆和网络站点的专业知识与实际技能兼备的高素质的工作队伍。同时加强机制建设,形成完善的统计、考核体系,为各项数字文化工程建设和服务提供保障。

(七)加强机制建设,继续深入推进文献保护工作

——加强古籍保护工作。争取政府加大古籍保护经费投入力度,为古籍保护提供保障;通过完善库房设施等,改善古籍保护条件。联合高校、科研单位探索古籍保护技术,提升古籍保护手段。积极开展古籍数字化技术和缩微复制技术的应用,建设古籍专题数据库,如善本、易经影像数字库等,实现对古籍的再生性保护。同时,做好古籍保护工程项目的延伸工作。

——深入开展古籍普查工作。以普查工作为中心带动各项保护工作,

继续完善三级珍贵古籍名录保护体系。健全全省范围内的古籍普查队伍，加强培训，提升水平。探索科学、安全、高效、准确的普查工作机制，在"十三五"期间完成普查任务，形成登记目录、馆藏目录、分省卷。对特殊文献进行专题普查，如对拓片专项进行论证，开展普查整理。

——进一步做好古籍修复工作。完善科学、规范的修复措施，推进修复工作取得实效。以严谨科学的态度，完成1—3个重点修复项目，不断扩大古籍修复成就。加强古籍修复人才队伍建设，一方面聘请高级专家，指导修复工作；一方面加强本馆修复人员培训，提高修复水平。

——加强文献整理与开发。加强古籍研发成果的整理、出版工作，深入挖掘优秀传统典籍特别是齐鲁典籍，通过影印、点校、再版等形式，让古籍里的文字真正"活"起来，让深藏在书库中的优秀传统文化走近群众，走向社会。以"册府琳琅"展厅为平台，分专题举办古籍文献展示、交流活动，同时加强与社会合作，丰富展览方式，达到贴近大众、服务大众的目的。

——深入推进民国文献保护工程。在馆藏民国图书整理基础上，推进全省民国文献保护、普查、登记、修复等工作。通过培训、交流等方式，深入研究民国文献保护和修复技术。推动山东地方特色民国文献尤其是山东革命历史文献的保护及开发利用工作，完成系列整理出版项目。

（八）求真务实，加强人才队伍建设，切实提升学术水平

——根据实际需要，做好人才的引进、选拔和任用工作。结合发展需要，科学分析，引进符合本馆事业发展的高素质专业人才；通过各种有效途径，深入挖掘、培训本馆各类型人才，建立健全人才选拔、任用机制。加大对优秀中青年人才，特别是公共数字文化服务、古籍保护、信息资源建设、读者服务、阅读推广等重点领域领军人物的培养力度。

——强化学术研究和教育培训，提升队伍素质。继续贯彻落实"大师引进工程"，充分发挥大师指导作用，通过项目培养等方式，创新运行机制，培养一批具有一定影响力的学术带头人和高层次人才，全面提升我馆在业界的引领力、竞争力、创新力和影响力。通过开展馆内业务竞赛、派

员参加业务学习等方式,为职工搭建施展才华、学习业务、快出成果的平台。不断提高《山东图书馆学刊》办刊水平。积极组织参加全国学术活动和会议,通过"请进来"和"走出去"相结合的方式,提升队伍学术水平和业务素质。完善学术项目申报制度,鼓励申报国家和全省的科研项目,加大成果奖励力度,以项目带动发展。

(九) 推进内外交流与合作,扩大行业影响力

——以学会为主要平台,发挥省图书馆龙头带动作用,加强对全省市(县、区)等各级公共图书馆及乡村文化站点、图书室的业务指导与培训,全面提升省从业队伍的管理水平、业务水平、技术水平和创新能力,打造一支素质过硬的图书馆专业队伍,培养优秀专业人才。

——加强省内外图书馆的交流与合作,进一步扩大资源共享的广度与深度,加强省级公共图书馆之间人才、业务、项目、资源等方面的合作与交流、培训。发挥省图书馆在山东省图书馆界的引领作用,加快现代化建设进程,扩大在国内图书馆事务中的影响力。充分发挥山东省图书馆学会行业组织作用,推动省内外学术交流、学术研究与行业协调,增强凝聚力,扩大影响力。

——加强与文化机构、教育机构、信息研究机构、出版发行机构的交流与合作,推动信息资源共建共享和服务联盟的发展。

——加强对外合作与交流,进一步推进"山东书架"等对外文化交流工作,深化与南澳州图书馆等国外图书馆、文化机构的合作。加强两岸图书馆界联系互动,促进两岸文化交流。

五、保障措施

(一) 争取政府经费支持

——积极争取政府加大购书经费、运行经费、免费开放经费和专项经费等投入力度,以适应社会经济发展,满足资源建设、运行管理、读者服务及专项工程、项目发展要求,推动山东省图书馆事业快速发展,促进公共文化服务体系建设。

（二）加强领导班子建设

——切实加强领导班子自身建设，进一步解放思想、改进作风、转变观念、开拓创新，增强与时俱进的宏观把控能力。坚持民主集中制，提高决策的科学性和可行性。建设以民主集中为原则、团结协作为基础、开拓创新为动力、廉洁自律为保障的领导班子集体。

（三）健全运行管理机制

——加强财务规范化、制度化管理，健全科学有序的财务、资产管理模式；继续探讨多种用工方式，倡导志愿服务，推进部分业务的外包，加强外包工作管理；按照"管办分离"的原则，继续推进后勤服务的社会化；继续完善各种安全管理制度和各项安全应急预案，加强现代化技防设施建设。

（四）以人为本，重视人文关怀

——尊重职工劳动成果，关心职工身心健康，通过多种途径和平台，为职工个人发展创造条件，真心实意为职工谋权利，不断提高职工幸福指数。贯彻落实国家和本省有关离退休干部政策，关心离退休人员生活。

（五）抓好组织实施

——各部门要充分认识实施"十三五"规划的重要意义，在省委、省政府支持下，在省文化厅党组领导下，相互协作，狠抓落实，做好规划的实施工作。同时，根据规划，结合本部门工作实际，制订本部门五年发展规划，推动各项工作任务的落实。领导班子集体负责规划的总体统领工作，加强规划实施的监督检查，并实时分析规划实施情况，增强执行力，以确保各项工作目标任务的圆满完成。

（发布日期：2017 年 5 月 16 日）

广东省立中山图书馆"十三五"规划[①]

一、"十二五"发展回顾

"十二五"时期（2011—2015年），广东省立中山图书馆锐意进取，改革创新，夯实基础业务，拓展服务手段，丰富读者活动，协作协调全省图书馆事业发展，推进我省公共文化服务体系建设，取得了显著的社会效益，获得"广东省文明窗口""广东省先进集体""全国古籍保护工作先进单位""全国缩微工作先进集体""全国联合参考咨询先进单位""全国文化文物系统创先争优活动先进基层党组织""广东省助残先进集体"等荣誉称号。2013年通过第五次全国公共图书馆评估，被定级为"一级图书馆"。

（一）稳步推进改扩建工程，基本建成现代化公共图书馆

2010年12月30日改扩建项目一期工程完工，2012年年初启动改扩建项目二期工程。在新空间环境下，整合文献借阅、数字阅读、文化讲座、主题展览、试听欣赏、技能培训、参考咨询、决策服务等服务策略，形成

[①] 本规划由广东省立中山图书馆授权收录。

纸本资源与数字资源相结合、传统服务与现代服务相融合的多元服务模式，基本建成现代化公共图书馆。"十二五"时期，年均外借书刊约110万册次，年均到馆读者约450万人次。

（二）持续优化馆藏资源体系，稳步增强广东文献保障能力

优化以中文为主、外文为辅，以纸本资源为主、数字资源为补充，以古籍、孙中山文献、广东地方文献为特色的多语种、多载体馆藏资源体系。截至2015年年底，总藏量（含流动图书馆）7973845册（件），其中古籍47万册（含善本32469册）、缩微文献28817件、视听文献111279件，164部善本入选《国家珍贵古籍名录》，400部古籍入选《广东省珍贵古籍名录》，数量位居广东第一，数字资源总存储量超过53.4TB。

（三）夯实网络设施建设基础，构建全媒体数字资源服务体系

2015年年底建成覆盖全馆的主干为万兆、桌面达千兆的有线网络和无线网络，互联网总出口带宽300M，存储总容量超过280TB，服务器90多台，终端600多台/套。数字图书馆应用覆盖PC门户、移动门户、触摸屏、RFID自助借还设备、短信平台以及微信、APP、微博等网络用户终端。自主开发NFC自助借书客户端，在图书馆界率先为读者提供基于手机NFC功能的自助借阅书刊服务。

（四）树立"百年中图"形象，形成多个文化服务系列品牌

2012年举办百年馆庆系列活动，成功塑造"传承文明，服务社会"的"百年中图"形象。形成《决策内参》《文化内参》等决策服务品牌，"中山讲堂""岭南大讲坛""厚朴学堂""中图健康有约"等讲座品牌，"英语角""德语角""外国电影沙龙"等外语学习平台，"周六故事会""星星树"英文阅读会、"星星的家""玩转图书馆""中图少儿展览"等少儿服务品牌，"乐龄俱乐部""求知图新"读书基地等特殊群体服务品牌。创办全国首个省级公益捐赠换书平台——广东省捐赠换书中心，2013年被评为"广东省特色文化品牌"。

（五）切实加强古籍保护，完善全省古籍保护长效机制

广东省古籍保护中心开展全省古籍普查工作，参与了五批《国家珍贵古籍名录》、两批国家古籍重点保护单位的申报，组织了两批《广东省珍贵古籍名录》、两批广东省古籍重点保护单位的申报评审工作。启动"广东省基层图书馆古籍修复提升计划"，逐步建立以省馆为中心覆盖全省基层馆的古籍文献修复网点。成功申报"国家古籍保护人才培训基地"，大力开展古籍整理和数字化工作，包括大型古旧文献影印以及古籍地方文献缩微和数字化建设等项目。在全省范围内举办"书香古韵·中华古籍之魅力"等系列活动。建成我国颇具规模的古籍地方文献公益网站——省港澳古籍民国文献网上资源共享平台。

（六）顺利实施重点工程，推进全省数字文化服务体系建设

实现全省文化信息资源共享工程全覆盖，形成省、市、县三级网络服务体系。公共电子阅览室建设完成了省、市、县、镇、村的全面覆盖。启动数字图书馆推广工程，初步搭建起国家、省、市三级图书馆互联互通虚拟专网。

（七）实现跨区域共建共享，促进公共文化服务均等化

截至2015年年底，跨区域跨系统的参考咨询服务平台——全国图书馆参考咨询联盟，共有加盟图书馆180多家，加盟咨询员近500人。广东省文献编目中心为全省图书情报机构开展联机编目和统一编目，历次荣获全国联合编目中心2014—2015年度"数据质量优秀奖"和"数据质量监督奖"。广东流动图书馆在我省欠发达地区建成分馆88个，服务读者数量累计超过6000万人次。

（八）搭建多元化科研服务平台，促进我省图书情报科研发展

设立广东省图书馆科研课题专项资金，共立项226项。全馆馆员承担省部级以上课题10项，发表学术论文185篇，出版专著30种。其中《广

州大典》列入广州市"十二五"重点文化工程和社科规划重点项目并荣获首届"南粤出版奖",《清代稿钞本》《时事画报》分别荣获2014年度全国优秀古籍图书奖一等奖和二等奖,《旧报新闻——清末民初画报中的广东》荣获广东省第六届哲学社会科学优秀成果三等奖。牵头制定国家标准《乡镇图书馆管理规范》,填补了乡镇图书馆管理标准的空白,牵头制定了我国参考咨询首个行业标准《图书馆参考咨询服务规范》。《图书馆论坛》探索现代学术出版传播路径,入选全国中文核心期刊、CSSCI来源期刊,被评为"中国优秀图书馆学期刊"。

(九)积极推进法人治理试点,管理体制改革取得实效

启动事业单位法人治理改革试点,2014年成立广东省立中山图书馆第一届理事会。全面启动岗位设置中的首次入轨和聘用工作,公开竞聘中层干部。制定和完善《广东省立中山图书馆奖惩制度》《广东省立中山图书馆中层干部考核方案》《广东省立中山图书馆人事管理制度》等管理制度。组建"中图之友"志愿者团队,2015年年底共有志愿者547人,总服务时数38422小时。

二、"十三五"面临形势

"十三五"时期是进一步推进公共文化服务体系建设的重要战略机遇期。中共中央要求以社会主义核心价值观为引领,采取政府主导、社会参与、共建共享的模式,加快形成覆盖城乡、便捷高效、保基本、促公平的现代公共文化服务体系。我省出台《关于加快构建现代公共文化服务体系的实施意见》,要求打造具有广东风格、全国领先的现代公共文化服务体系。

与广大人民群众的精神文化需求和广东"三个定位、两个率先"发展战略要求相比,我省公共图书馆事业存在总量偏少、服务效能偏低、区域发展不平衡等问题。构建现代公共图书馆服务体系,推动公共图书馆建设机制和管理体制创新,探索公共图书馆服务新模式,成为我省公共图书馆实现服务均等化、标准化的必然选择。

现代科技的高速发展推动着图书馆的智慧化进程和服务转型。公共图书馆馆藏从以纸质资源为主转为纸质和数字资源并重,用户从以在馆为主转为在馆与在线齐头并进,要求公共图书馆应用新技术培育服务新业态,增强数字服务能力,成为数字时代公众的知识中心、学习中心和文化中心。

三、"十三五"总体目标

依托广东省立中山图书馆百年历史积淀的优势,顺应公共文化服务与现代科技相互融合的潮流,贯彻落实党的十八届五中全会提出的"创新、协调、绿色、开放、共享"五大发展理念,以"传承、创新、发展"为宗旨,创新管理体制和机制,构建纸质资源与数字资源并重的文献资源保障体系,建立和完善专业化的阅读推广平台、信息咨询服务平台、公共文化交流合作平台,探索"互联网+"服务路径,协作协调我省图书情报事业建设,引领我省公共图书馆发展,将我馆建设成为国内一流、国际先进,具有岭南特色的综合性、研究型、现代化公共图书馆。

——建设广东总书库。为我省"十三五"时期经济社会发展提供文献资源保障。馆藏发展突出岭南特色,强化古籍和民国文献、孙中山文献、广东地方文献和港澳台文献资源建设。

——搭建阅读推广平台。依托文献资源和空间资源,加强社会合作,搭建专业化、多层次的阅读推广平台,形成大阅览、大讲座、大展览格局。

——完善信息咨询平台。根据党和国家发展战略以及我省经济社会发展需要,优化信息咨询服务模式,提升政府决策信息管理和服务水平。

——探索"互联网+"路径。紧跟新技术发展,强化数字文化服务基础设施建设,完善数字文化服务框架,优化全媒体数字化应用。

——协作协调我省图情事业发展。协助制定我省图书情报事业发展政策和规划,协作协调我省公共、高校、科研三大系统图书情报业务建设。

协助构建我省公共图书馆建设和服务标准体系，促进我省公共文化服务的标准化、体系化。

——加强对外公共文化交流合作。充分利用粤港澳文化交流合作框架、泛珠三角经济圈等平台，加强对外公共文化交流合作，推进区域性公共文化资源共建共享。

——创新管理体制机制。完善法人治理模式，理顺理事会运行机制，实现规范治理结构、有效治理机制与科学治理规则的有机结合。

四、"十三五"重点任务

（一）建设广东总书库

根据我省"十三五"时期经济社会发展需要和公众基本文化信息需求，进一步建设广东总书库。提升文献资源体系的科学性、系统性，加强纸质资源与数字资源的协调建设，突出岭南特色。

1. 推进纸质文献资源建设

综合考虑省馆职能、读者需求和馆藏特色，完善采访条例和制度，创新采访手段。强化特色馆藏建设，建立科学、合理的馆藏评价体系，持续优化中外文报刊馆藏，突出重点收藏，确保连续性。根据"中文求全"的采访原则，争取与全国100家重点出版社建立联系，保证重点图书的全品种入藏，部分学科的图书达到研究级入藏级别。探求图书馆与出版社的跨界合作模式，依托广东省文献编目中心对省内出版图书进行在版编目。落实粤版图书的样书呈缴制度，多渠道征集和购买地方文献，实现我省出版社样书全品种呈缴。

2. 加快数字资源建设步伐

探索馆藏数字资源建设的体系化、规模化、品牌化。依托馆藏文献、专题服务、讲座展览等，通过自建、合作建设、委托开发等方式，推进地方特色资源的数字化，强化自有知识产权数字资源建设，逐步打造具有岭南特色的数字资源库群。

3. 建立调剂书库

根据馆藏发展的需要，规划调剂书库建设，调研、设计、制定调剂书库管理与服务制度，通过调剂书库为全省图书馆体系服务，更好地实现广东总书库的职能。

（二）丰富公共文化活动

围绕公众基本文化需求，充分利用现代技术手段，创新公共文化服务方式，丰富公共文化服务内容，建设阅读推广平台，打造体系化阅读推广品牌，探索公共文化服务创新管理模式。

1. 建立咨询平台，完善自助服务方式

建立统一的呼叫中心（800电话）和网络咨询平台，开展实时在线咨询，开通线上线下自助办证服务，进一步优化自助借还、数字资源馆外访问、APP、微信、手机NFC应用等读者自助服务渠道。

2. 创新"送书上门"服务模式

运用现代物流理念和网络信息技术，探索区域性图书配送机制，开展"送书上门"服务。

3. 强化"中图"阅读推广品牌

深化社会合作，加强部门联动，注重人文关怀，实施精品策略，打造针对不同群体的特色活动品牌，形成以展览、讲座为基础，各类主题活动共同发展的立体式阅读推广活动体系。依托"书香岭南"全民阅读活动、图书馆服务宣传周、全民读书月等时间节点，对品牌活动进行规模化精包装、大宣传，增强社会影响力和辐射力。整合阅览空间、报告厅、展览厅，强化数字资源服务，打造全民共享的阅读空间。

4. 探索公共文化活动管理模式

组建公共文化活动策划与宣传推广小组，整合公共文化活动资源，统一策划和协调全馆文化活动。充分利用传统媒体和新型媒体，多渠道宣传推广我馆文化活动。推动公共文化活动品牌建设，探索公共文化活动绩

评估机制。

5. 完善特殊群体保障机制

加强无障碍设施建设和维护，建设广东省视障读者服务中心，推动全省视障读者服务资源的共建共享，进一步探索为听障人士服务的方式和内容，开展有针对性的老年读者服务，为有阅读困难的儿童提供帮助，打造文化扶贫助弱活动品牌。

（三）深化信息咨询服务

1. 提供高品质决策信息服务

做好广东省政府省市长信息服务网络指定信息源的提供工作，做好海外中文专题数据库的建设更新工作，做好为文化部，为广东省委省政府、省人大和省政协等各级高端读者提供决策信息服务的工作，做好《决策内参》系列信息产品的开发工作，不断提升决策信息的准确性、前瞻性和适用性。

2. 优化参考咨询服务策略

实现全国图书馆参考咨询联盟平台的转型升级，基于移动互联、社交属性和知识分享，开发全国图书馆参考咨询联盟平台的移动版应用。加大宣传《图书馆参考咨询服务规范》，推动参考咨询服务规范化。深化面向科研、企业的科技查新、查证与竞争情报等专题咨询服务。

（四）探索"互联网+"服务模式

以"平台+内容+应用+终端"为建设模式，形成具有岭南特色的图书馆"互联网+"发展路径，完善数字文化服务框架。推进数字图书馆建设，实现业务管理自动化、特色信息资源数字化、读者服务网络化的信息化体系。

1. 加强信息化基础设施建设

全面提升网络信息服务支撑能力，根据业务发展进程及改扩建二期工程建设要求，做好网络、存储、计算能力的扩容，优化全馆无线网络的读者服务体验。注重网络信息安全，落实关键系统的网络安全等级评估工作。适度购买公有云 IT 资源，解决基础软硬件 IT 资源需求，减轻日常 IT 运维、安全保障等方面的压力。

2. 提升图书馆服务支撑水平

紧密跟踪社会需求与发展趋势，优化业务集成系统、一卡通系统、RFID 自助借还系统、统一认证系统。构建基于数字图书馆门户、移动数字图书馆和读者服务系统的数字文化支撑平台。利用新媒体技术，完善宣传推广平台，增强用户黏度。

3. 加大数字资源的整合利用力度

逐步加大外购数字资源建设力度，加强数字资源的整合、揭示和利用。强化数字资源在门户网站、APP、新媒体等服务终端上的整合与利用，拓展数字资源服务渠道。

4. 丰富移动互联技术应用方式

重点建设和丰富以移动互联为核心的数字图书馆服务体系，密切跟踪成熟的技术应用，拓展读者服务手段和应用场景，加大对移动互联应用的适应性。进行基于公共数字文化的专用平台系统和装备的开发应用，推进图书馆在公共文化服务领域的创新。注重科技创新项目的申报以及知识产权注册。

5. 数字服务覆盖全媒体终端

进一步建设覆盖 PC、APP、智能电视（或智能电视盒子）和各类触屏终端方面的服务应用。推进智能图书馆建设，利用 RFID、NFC、智能设备、智能机器人技术建设 24 小时自助图书馆、智能书架等。

（五）推进特藏文献保护开发

1. 推进古籍和民国文献保护

实施中华古籍保护计划和民国时期文献保护计划，完成馆藏古籍文献和民国文献的普查。加强古籍原生性保护，推进古籍修复人才的培养与引进。完善专藏书库布局，缓解入藏文献量大与库容不足的矛盾。配置舆图、拓片等特种文献装具，改善古籍保存条件。积极开展古籍文献的宣传工作。

2. 加强广东文献专藏建设

加强以广东地方志、广东族谱、广东史料、粤人著述、广东报纸、广东期刊、舆图等为重点的地方文献专藏建设。拓展地方文献采集渠道。完善地方文献呈缴本制度。

3. 加快特色馆藏数字化进程

依托古籍和民国文献普查、缩微拍摄、特色文献整理出版，按专题开展特色文献数字化，建成特色专题古籍和地方文献全文数据库。加快对中华人民共和国成立后广东出版的旧报纸数字化加工，整合缩微目录数据与OPAC系统数据，实现馆藏古籍和地方文献书目数据、缩微目录数据与古籍地方文献全文数据库的对接融合。

4. 加大特色馆藏整理出版力度

依托馆藏古籍、民国文献和广东地方文献，推进特色文献资源的整理、研究和出版。

（六）协作协调全省图情事业发展

根据中央及我省加快构建现代公共文化服务体系的部署，推动重点文化工程建设。协作协调我省公共、高校、科研三大系统图书情报业务建设，强化科研平台建设，为我省图书馆事业发展提供科研支撑。协助广东省文化厅建立我省公共图书馆建设和服务标准，促进公共文化服务均等化。

1. 完善全省文献资源保障体系

继续发展我省联合编目成员馆，依托书目数据资源指导基层图书馆文献采访。建设广东书目中心，整合我省公共图书馆书目资源，搭建文献联合检索服务平台，联合省内图书馆共建共享特色专题数据库，形成文献资源共建共享体系。开展规范书目数据成批套录服务，协助基层图书馆回溯建库，实现全省书目数据数字化。

2. 协调全省公共数字文化服务

依托公共数字文化服务，提高公共文化服务供给的丰富性、便捷性，缩小城乡间、区域间鸿沟。配合广东省文化厅推进"广东省公共文化云"建设，立足图书馆优势和特点，加强内容和服务支撑。加强广东省公共数字文化网、广东文化E站、广东省公共电子阅览室管理系统等省级平台建设。以平台和资源建设为核心，以我省欠发达地区为重点，加强业务指导和统领带动，逐步建成以省馆为中心、其他图书馆共同参与的数字图书馆服务体系，形成资源丰富、服务快捷、技术先进、稳定可靠的分布式数字文化服务网络，提升全省公共图书馆数字文化服务能力。

3. 促进全省古籍保护工作有序开展

进一步完善我省古籍保护工作总体规划，继续开展全省古籍普查工作，启动《中华古籍总目·广东省卷》的编撰工作。继续推进广东省基层图书馆古籍保护提升计划，协助全省基层图书馆、博物馆建立古籍修复室和古籍专用书库。依托国家古籍保护人才培训基地和国家级古籍修复技艺传习中心广东传习所，建立我省古籍保护人才培养长效机制，为全省图书馆、博物馆、档案馆等古籍收藏机构培养古籍保护人才。

4. 探索广东流动图书馆发展新模式

推动广东流动图书馆从外延扩张式建设转变为内涵提升式发展。到2020年年底建成分馆100个以上，完全覆盖粤东西北欠发达地区。指导基层图书馆迈向智慧型图书馆，依托公共数字文化工程，协助基层图书馆探索"互联网+"服务模式。建立省市级公共图书馆馆长联席会议机制，搭建全省文献资源调剂、讲座资源调配、展览资源巡回的统筹协调平台。协助广东省文化厅建立起以省馆为龙头、以地级市馆为中心馆、以县级馆为县域总馆、乡镇为分馆、村图书室为服务点的公共图书馆层级管理服务体系。

5. 促进全省图书情报系统共建共享

协助制定我省图书情报事业发展政策和规划，推动我省文化系统、教育系统和科技系统的图书情报合作。推动我省与国内外图书情报机构建立友好合作关系，开展业务交流。牵头建立全省图书馆讲座联盟、展览联盟和培训联盟，实现讲座、展览和培训资源共建共享。依托"广东省专业技术人员继续教育基地"和"广东省图书馆情报继续教育网络学习中心"，深化我省图书资料专业技术人员继续教育发展。举办全省年度图书情报专业知识、阅读推广案例、服务创新案例比赛，邀请国内外行业专家到我省讲学授课，策划我省图书馆馆员交换项目，协助省内图书馆选派业务骨干到先进图书馆和图书情报院系培训和交流，拓宽我省图书馆员的专业视野。

6. 促进全省图书情报学术科研发展

依托我省公共图书馆建设和服务标准，开展图书情报机构的国家级、省部级课题的立项申请服务。广东省图书馆学会和广东省中心图书馆委员会继续设立"广东省图书馆科研课题专项资金"和"广东省文献资源共建共享协作网科研项目资金"，推动图书馆科研成果的转化和推广。广东图书馆学会与省内其他图书馆学会联合举办学术活动。启动《广东图书馆事业蓝皮书》编撰工作。强化《图书馆论坛》品牌，继续探索多媒体学术出版、传播服务路径，向学术期刊国际化迈进。

（七）建立公共文化交流合作平台

根据我省在国家"一带一路"战略中的"战略枢纽、经贸合作中心和重要引擎"定位，发挥我省毗邻港澳、海外华侨华人众多的优势，根据泛珠三角区域合作需要，促进我省对外公共文化交流合作。

在泛珠三角区域合作框架内探索建立泛珠三角公共图书馆合作平台，实现区域内文献资源、参考咨询、展览讲座、人才培训等共建共享。

在粤港澳合作等框架内强化与港澳的文化交流合作，拓展合作范围，提升合作层次，提升粤港澳地区公共文化服务保障水平。

配合我省对外文化交流规划，推动我省策划广东友好合作省份图书馆高峰论坛。推动广东友好合作省份举办展览、讲座等，促进我省公众更好地了解广东友好合作省份的民情风俗。与国外图书馆就华人华侨文献、古籍民国文献在收集、整理和开发方面开展广泛合作。推动建立以公共图书馆为主题的国际文化交流品牌。

(八) 完成改扩建项目二期工程建设

1. 按期完成改扩建项目二期工程

全力推进二期工程建设工作,计划于"十三五"期间竣工并投入使用,力求使项目工程保留原省博物馆旧馆主体结构,充分体现岭南建筑特色。注重二期工程与图书馆一期外立面、"国共一大会址"相呼应,凸显人文气息。注重自然通风、自然采光、无障碍设计,机电设施配套与图书馆一期统一管理。

2. 科学合理规划改扩建项目二期工程使用空间

科学合理规划使用空间,扩展中文报刊借阅、残障读者服务、大型展览、艺术特展空间,设立音乐主题服务空间,多媒体鉴赏区、乐龄资讯服务区,打造专题阅览区,承担专业培训中心、教育培训中心职能以配合图书馆各相关部门开展各项专题讲座、报告会、公益活动等。同时利用 A 区(革命广场)良好的绿化环境,开展各种户外休闲阅读活动。

五、"十三五"发展保障

(一) 优化管理体制结构

1. 健全法人治理模式

以理事会建设为重点,基本建立规范的法人治理结构及运行机制。理顺图书馆内部的权责关系,明晰理事会和管理层的职责,将理事会决策的内容和程序具体化、制度化,通过明晰权责实现有效制衡、协调运转。

2. 加强组织文化建设

坚持以人为本的理念,构筑以读者为中心、以馆员为依托的组织文化。营造求知进取、开拓创新、团结和谐的氛围,提升馆员的组织认同度,增强馆员的凝聚力和向心力。

(二)加强人才队伍建设

1. 实施人才引进计划

用好人才政策,采取刚性与柔性相结合的方式引进高端、紧缺型人才。通过公开招聘引进优秀人才,积极与重点高校建立联系,加强公开招聘宣传,争取更多优质生源报考,与专业命题机构合作,强化笔试、面试流程的科学规划和设计。

2. 落实人才培养计划

加大优秀中青年人才的培养力度,打造后备干部梯队。培养既熟悉图书馆业务又具备其他学科知识和技能的复合型人才。建立以项目建设带动人才培养的机制。

3. 壮大志愿者队伍

探索志愿者队伍可持续发展路径,推行志愿者服务的信息化管理,完善多元化志愿者招募管理和激励机制。强化志愿者培训和管理,创新志愿服务手段,完善志愿活动内容,继续擦亮"书香暖山区"爱心阅览室援建、"小雏鹰"文化志愿服务、"求知图新"帮教志愿服务、"听·爱"故事会等项目品牌,打造以"文化扶贫助弱"为特色的文化志愿服务。

4. 建立人才激励机制

配合事业单位人事制度改革,实现养老保险制度改革的平稳过渡,完善收入分配制度,争取适度扩大内部分配自主权。科学核定编制人员、聘用人员总数,保障事业发展需求。确立以品德、能力和业绩为重点的人才培养价值观,全面推行岗位责任制、竞争上岗制、内部遴选制、考核管理制等制度。以提高专业水平、创新能力和事业责任感为核心,完善人才激励机制,优化人才成长环境。

（三）强化信息技术支撑

保障信息化网络基础设施的安全有效运行。在资源建设、平台开发、服务应用方面加强技术整合的实践研究。推广资源、服务的标准化接口的应用。注重数据生产、整理和综合发布，进一步实现传统图书馆与数字图书馆业务之间的融合。建立图书馆知识管理系统，提高馆员工作效率。

（四）促进后勤保障供给

1. 加强财务制度管理

全面加强预算管理制度、财务管理与会计核算制度、国有资产管理制度的管理。完善财务管理机制，统筹兼顾经费预算，正确处理经费与发展之间的关系。建立完善的财务监督制度。

2. 巩固消防安全保卫

加强安全保卫工作，强化安全意识，完善安全制度，落实安全责任和工作措施。

3. 强化社会化用工管理

立足馆情，实行物业管理、典藏排架外包，整合业务流程和人员配置，提高效率。完善社会化用工招标与考核管理制度，提高社会化管理水平和服务效能。

（发布日期：2016年7月）

河北省图书馆"十三五"发展规划[①]

为进一步推动河北省图书馆在"十三五"期间各项事业全面、科学、协调发展,充分发挥河北省图书馆在构建现代公共文化服务体系、优秀传统文化传承体系中的作用,满足广大读者需求,培育社会文化认同,立足实际,着眼提升,制定本规划。

一、发展现状与面临的形势

"十二五"期间,河北省图书馆圆满完成了改扩建工程,总建筑面积达50606平方米;购书经费由430万元增加到1000万元,文献资源保障水平大幅提升;建设了"燕赵红色记忆馆",实现了对红色资源的知识组织与深层揭示;服务能力明显提升,服务创新卓有成效,服务品牌影响彰显,新书推荐《品读》栏目成为业界首创,形成了燕赵少年读书活动、冀图讲坛、冀图展览、冀图之旅等一批具有影响力的服务品牌;围绕中心服务大局不断深化,建设了"京津冀协同发展"主题馆,成为服务京津冀协

[①] 本规划由河北省图书馆授权收录。

同发展大局的重要举措,"两会服务"内容不断拓展;公共数字文化建设与服务扎实推进,文化信息资源共享工程、公共电子阅览室、数字图书馆推广工程等重点工程成效显著;加大优秀传统文化传承力度,古籍普查登记完成;管理机制不断完善,管理水平显著提高;行业交流合作频繁,京津冀图书馆联盟成立;进一步加强了对县级图书馆的帮扶工作。在2013年文化部第五次全国公共图书馆评估定级中,被评定为国家一级馆。多年来,特别是"十二五"期间的快速发展为"十三五"期间的全面提升奠定了坚实的基础。同时,我们也清醒地看到,河北省图书馆的基础还比较薄弱,文献总藏量、人员编制、书刊外借册次与人次、财政补贴经费、网站访问量等多项主要指标在全国省级馆中处于后进状态;人员队伍老化问题突出,学术研究水平不高,服务水平、服务效能与社会公众的文化需求还不相适应,与河北在全国的人口、经济规模不相匹配。这些问题迫切需要通过"十三五"期间的发展加以解决。

"十三五"时期是党和国家确定的全面建成小康社会、实现"两个一百年"奋斗目标第一个百年奋斗目标的决胜阶段,是河北省深入推进京津冀协同发展,建设经济强省、美丽河北的关键阶段。"十三五"时期既是我国现代公共文化服务体系建设的加速期,也是河北省图书馆实现跨越式发展的重大战略机遇叠加期。一方面,党和政府对文化工作的高度重视既为河北省图书馆的发展带来了千载难逢的机遇,又带来了前所未有的挑战。近年来特别是党的十八大以来,党中央、国务院高度重视文化工作,中共中央办公厅、国务院办公厅印发《关于加快构建现代公共文化服务体系的意见》,提出到2020年,基本建成覆盖城乡、便捷高效、保基本、促公平的现代公共文化服务体系,将"倡导全民阅读,建设书香社会"写入政府工作报告,《公共文化服务保障法》《公共图书馆法》《全民阅读促进条例》等法律法规立法进程加快。河北省委、省政府也发布了《关于加快构建现代公共文化服务体系的实施意见》,从优化设施布局、推进均衡发展、加强文化产品服务供给、增强发展动力、推进与科技融合、创新管理体制与运行机制、加大保障力度等方面制定了加快构建现代公共文化服务体系的具体举措，河北省的相关地方性法规也在加紧制定。各级政府逐步加大对公共文化建设的投入力度。对于公共图书馆而言，这既是千载难逢的发展机遇，同时又提出了新的发展要求和工作任务。另一方面，以互联网为核心的新技术广泛应用既带动了人民群众文化需求的提升，又为图书馆适应、满足这种需求提供了可能。近年来，互联网深刻地改变了人们的生产生活，有力推动着社会发展，也对人民群众的文化需求带来了革命性的影响。大数据、智能化、移动互联网和云计算等新技术发展，带来读者阅读方式、阅读习惯的变革，也为图书馆更好地满足读者需求提供了技术支撑。各种新的阅读方式凭借便捷、即时交互、多媒体结合等特点，越来越受到人们的青睐，成为全民阅读的新趋势，数字阅读人群已经首次超越了传统载体文献。2015年7月，国务院先后发布了《关于积极推进"互联网+"行动的指导意见》《关于运用大数据加强对市场主体服务和监管的若干意见》。引入互联网思维，创新服务业态，运用"互联网+"提升图书馆服务，成为图书馆界的新课题，同时，未来五年，中央明确了"四个全面"的战略布局和创新、协调、绿色、开放、共享的发展理念，经济发展进入速度变化、结构优化、动力转换的新常态，我国发展仍处于可以大有作为的重要战略机遇期，发展前景仍然广阔。在这样的大背景下，京津冀协同发展、环渤海地区合作发展、"中国制造2025"与"互联网+"行动计划，必将有力促进河北省按照协同发展、转型升级、又好又快的主基调，实现"三个高于""两个翻番""一个全面建成"的总体目标。这些有利的宏观政策环境、经济环境为河北省图书馆提供了强劲的发展动力。同时，在新常态催生新业态，新技术引领新服务的时代背景下，河北省图书馆也具备超常规发展、在新时期确立某些领域领先地位的后发优势。

"十三五"时期，河北省图书馆必须解放思想，坚定信心，抢抓机遇，破解难题，增强发展动力，开拓发展空间，厚植发展优势，实现弯道超车、跨越式发展。

二、指导思想、基本原则和总体目标

（一）指导思想

坚持以中国特色社会主义理论为指导，全面贯彻党的十八大和十八届三中、四中、五中全会精神，深入贯彻习近平总书记系列重要讲话精神，牢固树立并切实贯彻创新、协调、绿色、开放、共享的发展理念，以战略思维、辩证思维、创新思维、互联网思维，统筹谋划"十三五"时期工作格局；以践行省级公共图书馆的政治使命、文化使命、社会使命、历史使命为己任，高举弘扬社会主义核心价值观的旗帜，发挥在现代公共文化服务体系与优秀传统文化传承体系中的应有作用，做好对省委省政府中心工作的服务与对广大社会公众的服务，寻求在"互联网+应用"与地方文献资源挖掘传播方面的突破，努力提升在全社会与图书馆业界的影响力；满足并引导广大人民群众的精神文化需求，促进全民的文化认同、民族认同；为全面建成小康社会，深入推进京津冀协同发展，建设经济强省、美丽河北，为谱写中华民族伟大复兴中国梦的河北篇章提供信息资源支撑和决策参考支持。

（二）基本原则

——把握方向、明确定位。把握社会发展趋势，勇于承担起党和政府赋予公共图书馆的使命，以高度的文化自觉主动服务党和政府，主动服务社会公众，满足与引领公众文化需求。

——立足实际，问题导向。认真分析河北省图书馆的客观实际，树立强烈的问题意识，实事求是看待发展中存在的问题，科学地分析研究问题，瞄准问题化解矛盾、破解难题，缩小差距，补齐短板。

——统筹协调，科学发展。把握与处理好图书馆事业与文化事业全局的关系、本馆自身发展与全国图书馆事业发展的关系、近期发展与中长期发展的关系，坚持科学发展，坚持有所为有所不为。

——项目牵引，重点突破。以重点项目凝聚力量，以重点项目汇聚资源，以重点项目打造品牌，集中发力，强化服务效能，确保有限的资源发挥出最大的效益，凸显公共图书馆的社会影响力。

——融合科技，创新提升。适应社会发展趋势、贴近读者需求，推动服务的创新与提升。加强与现代科技的融合，充分运用以移动互联网、云计算、大数据、物联网为代表的新一代信息通信技术，改造提升省图书馆管理与服务水平。

（三）总体目标

按照"文献资源特色化、公共服务精细化、技术应用前沿化、人才发展专业化、管理机制科学化"的发展思路，以公共文化政策为指引，以公众文化需求为导向，以夯实基础业务为前提，以人员素质提升为依托，以科技与创新融合为支撑，以体制机制建设为保障，正确处理服务、资源和技术的关系，强化信息组织揭示，丰富服务内涵，弘扬传统文化，传播现代文明，推进全民阅读，不断创新服务模式、拓展服务职能、提升服务水平，致力于建设享誉业界、区域引领、特色突出，实体与虚拟高度融合的知识与信息服务新空间。

三、主要任务

（一）加强文献信息资源建设，建设成为全省文献信息收集、保存和服务中心

顺应社会发展与读者需求变化趋势，适度调整采访原则，科学、合理优化文献信息资源结构，建设与河北政治、经济、文化和社会发展相适应的文献信息资源保障体系。修订文献采访原则，制定非纸质文献采访条例，健全完善本馆采访条例。整合文献采访工作，优化文献采访流程，统筹全馆数字与纸质文献资源建设，实现纸本文献与数字文献的共采共建共享，使纸质文献和数字文献互为补充，避免重复建设。

稳步提高纸本图书入藏量，保持科学的复本量。继续加强数字文献资

源建设，逐步加大数字文献资源入藏比例，丰富购买数字文献的种类和内容，提高数字文献使用效率，努力建成河北省公共数字文化资源存储和传播中心。加强地方特色文化资源数据库建设，整合现有资源，新建不少于3个地方特色数据库，将其打造成宣传河北文化的品牌栏目。探索对地方网络信息资源收集工作，搜集和保存具有长期保存意义的河北地方性网络信息资源，以开放存取资源的方式向社会公众服务。

启动河北地方文献总库工程，确立并突出本馆的文献资源特色。修订《河北省图书馆地方文献征集管理办法》，加大地方文献采购征集力度，加强人员配置、加大经费支持，申请地方文献总库建设专项经费，确保地方文献征集有效开展。拓宽征集渠道，探索建立"省市县公共图书馆征集网"，多途径、全面性收集河北省地方文献。启动馆藏地方文献数字化工程，努力建设"地方文献资源全文数据库"。有计划、有步骤地推进建设"燕赵记忆""河北作家文库""口述河北""燕赵非遗技艺"等地方文献特色资源，优化和丰富馆藏数字资源。

加强重点专题文献资源建设，围绕省委、省政府中心工作和重点建设，着重加强京津冀协同发展等特色专题文献的收集整理开发利用。

（二）打造以功能为主导、以"便捷获取、高效应用"为目标的公共文化服务空间

遵循线上线下融合联通的知识空间、学习空间、文化空间、智慧空间、互动空间的理念，实施馆区空间优化提升计划，对馆区物理空间进行优化、改造和文化包装升级，实现图书馆文化特色与河北元素的糅合，提升馆区的文化氛围和艺术感染力。合理组织纸本文献的典藏、流转，提高书库空间的有效利用率，延长库容饱和期限。谋划建设具备数字化加工空间与能力的河北省图书馆储备书库。

实施少儿服务区再造工程。扩大少儿服务区面积，规划拓展少儿区服务功能，使空间分布、功能设置与环境氛围能够满足不同年龄段少儿的需求。增设小剧场、小影院，为少年儿童提供艺术欣赏与才艺展示的空间。打造特殊人群服务专区，整合无障碍服务中心与报纸阅览室，丰富充实文

献类型与品种，建成老年人与残障人士服务中心。建设针对盲人服务的数字语音馆。建设文化创意交流展示空间，为读者提供特色创意的集中展示、推介平台。建设图书馆文化展示区，向广大读者普及图书馆知识，培养图书馆意识。

着力加强重点主题馆、专题馆建设。整合河北省地方特色资源，以地方文献阅览室为基础，重点建设"燕赵文明之光——河北文化主题馆"，在收藏、阅览基础上增加地方文化展示、音像视听资料展示播放、小型展览的功能。继续完善"京津冀协同发展主题馆"建设，围绕京津冀三地文化同根同源挖掘相关文献资源，充分发挥三个中心功能。依托"燕赵红色记忆馆"的服务功能，继续开展形式多样的爱国主义教育活动。调整和完善《河北数字资源建设总体规划》，以我省独有的地方特色文化资源和丰富的红色历史文化资源为建设重点，努力提高建设质量。开展馆藏珍贵古籍和特色地方文献的数字化工作。实现实体馆与虚拟馆的同步建设，对同一主题的馆藏各类型文献和数字资源进行深入挖掘，整合包装，以便于通过多媒体形式向读者展示、推送。

实施网络升级与网站改造计划，对互联网出口带宽逐步扩容，提升读者服务区无线网络覆盖、接入能力，方便读者利用各服务区的电脑和移动终端实现馆藏检索、电子借阅。优化和提升馆内各项自助服务业务，营造更便捷、自由的无干扰服务氛围。对河北省图书馆与河北省数字图书馆网站进行改版与功能再造，由门户型网站转向服务型网站，增加少儿数字图书馆版块，完善河北省图书馆学会版块、河北省古籍保护中心版块功能。

（三）实施精细化工程，全面提升服务效能

创新工作理念和方法，完善细化内部规章制度，建立以服务效能为导向的评价机制与激励机制。巩固、提升传统阵地服务，深化馆外服务。持续提高河北省图书馆在公众当中的影响力、美誉度，保持各项业务指标持续上升。

构建"图书馆服务圈"，优化馆外服务模式。打造由多个馆外服务点组成的服务圈，完善现有的馆外24小时自助服务圈、流动图书车社区服务

圈、服刑人员服务圈。探索拓展省直机关服务圈、地铁服务圈、商超服务圈等新的馆外服务圈。

提升服务标准和规范实施的精准度。切实落实国家及省内相关政策、法规及公共图书馆各项服务标准与服务规范，对接国家及省级公共文化服务体系建设意见及实施标准，细化本馆的服务标准和规范，以精细化促进各项基础工作提效率、上水平、增效益。转变服务观念，由被动服务向主动服务转变。通过大数据分析，加强对读者的研究，开展跟踪服务、精准服务、知识关联服务。全力提升参考咨询专业水平。提高参考咨询工作的业务水平，满足更广范围的文献咨询服务需求，做好更深层次的党政机关立法决策服务。在参与建设京津冀参考咨询联盟的同时，推动建立全省公共图书馆参考咨询服务联盟，逐步提高全省公共图书馆参考咨询工作的服务效能。加大为特殊群体服务的力度，加强老年人、未成年人、残疾人、进城务工人员等特殊群体均等享受图书馆权益的保障措施。以中国盲人图书馆河北分馆为中心，探索"互联网+视障文化服务"新模式。

全面提升全民阅读推广活动。围绕建设"书香河北"为宗旨，谋划举办"河北读书节"，打造主题鲜明、方式新颖、影响广泛的年度性全民阅读活动，持续推动全民阅读进社区、进校园、进农村、进企业、进机关、进军营。做好优秀读物推荐，加强对公众的阅读指导。继续举办好"燕赵少年读书系列活动"，并规划设计新的少年儿童服务品牌。

强化图书馆社会教育职能，建设多元化社会教育服务体系，丰富社会教育活动内涵，加大公益培训工作力度，创建公益培训服务品牌。

（四）推进与互联网、大数据等科技融合的深度与广度，打造新型公共数字文化服务体系

构建"互联网+图书馆"新模式，拓展互联网、云计算、大数据技术应用的广度和深度，结合文化共享工程、数字图书馆推广工程、公共电子阅览室建设计划等国家重点文化惠民工程建设，整合全馆优势资源建成智库型知识服务平台，构建全媒体数字图书馆服务体系，将河北省图书馆建设成为全省公共数字文化云服务中心、数据分析中心、资源共建共享和传播中心。

构建全媒体数字图书馆服务体系。运用云计算、大数据等技术，实现跨界、跨平台的资源整合和图书馆服务整合，促进省图书馆传统服务与创新服务、阵地服务与网络服务相互融合，打造智库型知识服务平台。积极应用以移动互联网为代表的新媒体传播技术，开发多类型、多样化的冀图数字文化服务平台。打造河北省公共文化数字支撑平台、公共数字文化微平台，推出河北省图书馆 APP 客户端，全面提升数字资源的推送和服务能力。通过对用户数据挖掘分析，实现便利化、个性化知识信息服务，扩大省图书馆服务的受众面，促进优秀传统文化瑰宝和当代文化精品网络传播。

以提高服务效能为突破口，推动区域数字中心馆的建设工作。联合全省各级公共图书馆继续开展数字资源征集和数字资源联建工作，打造分级、分布式资源库群。

更好利用"互联网+"的连接力，积极探索融入腾讯的"城市服务"、众创空间以及腾讯云，借助其智慧城市平台，实现图书馆用户的远程注册和移动网络支付，研究以身份证替代读者证，推进读者利用移动终端开展自助服务。改造升级自动化服务管理系统，升级 RFID 技术，增强业务系统的信息采集和统计功能，探索大数据技术应用，提高图书馆分析用户行为与需要、为用户提供个性化服务的能力，提高用户利用图书馆的体验和黏性。以读者的知识发现和获取途径为依据，重组工作流程，建设适应新媒体传播技术的信息资源服务体系。探索网络嵌入式服务模式。探索在知识服务平台中引进网络嵌入式服务理念，开拓多渠道嵌入式服务模式，使图书馆服务更加贴近读者。

（五）加强服务京津冀协同发展的工作力度，深化京津冀图书馆业界的交流融合

按照优势互补、共建共享、统一开放的原则，建立并完善京津冀图书馆联盟机制，协同推进多元化发展，实现公共图书馆事业的优化升级，为京津冀地区政府、机构、企事业单位等提供强有力的智力支撑，为三地读者提供高效能的一体化服务。

搭建京津冀图书馆资源共享平台，实现京津冀地区数字资源的联采、公共文化信息资源的共享；依托文献资源建设共建平台，共同建设京津冀地区图书馆服务资源保障体系，合作开展特色文献、专题文献，特别是"京津冀协同发展"相关文献的揭示与开发。以京津冀地区图书馆资源为基础，积极开展网上联合参考咨询服务，实现优势互补，增强整体实力。利用京津冀地区图书馆行业专家的资源优势，开展京津冀地区图书馆专业技术培训、学术报告及馆员交流等工作，大力提升三地从业人员队伍的专业素质，提升京津冀图书馆服务水平，实现京津冀图书馆服务一体化。整合京津冀地区优秀的展览、阅读、讲座等读者活动资源，开展联合惠民服务，开发新型服务项目，引导服务资源流动。建立公共文化示范区建设交流平台。开展以冬奥会为主题的各项活动，传播奥运精神，促进全民了解、参与冬奥会。

（六）发挥本馆在全省图书馆业界的引领与示范作用，进一步推动全省现代公共文化服务体系建设

继续发挥省、设区市、省直管县（市）公共图书馆馆长联席会议、全省图书馆年会等机制的协调协作功能，密切与省内各级各类图书馆的联系，通过加强交流促进全省图书馆整体服务水平的提升。以加强省会文化建设为目标，进一步深化与石家庄市图书馆的联系与合作，强化两馆的共建共享，实现资源利用与服务效能的最大化。加强全省公共图书馆业务联盟建设。进一步发挥全省图书馆讲座联盟、展览联盟的作用，探索参考咨询联盟、盲人服务联盟、阅读推广联盟、数字资源共建共享联盟建设模式。利用文化信息资源共享工程、数字图书馆推广工程、古籍保护计划等项目的培训计划，结合基层图书馆实际需求，开展形式多样的业务培训；分批组织市县馆馆员到省馆进行定岗学习，提高基层馆员的实际工作能力。运用现代通讯手段与网络社交渠道，通过现场辅导与远程辅导，加强对基层图书馆的业务指导与辅导。助力国家精准扶贫方略的实施，结合三地人才支持计划，有重点地加大对基层图书馆的扶持力度。指导有条件的

基层图书馆开展总分馆制的探索实践。积极开展跨界交流与合作，加强与博物馆、文化馆、档案馆等其他公共文化服务机制的统筹协调与资源共享，探索与相关行业间建立资源互补、合作共赢的合作机制。

（七）以古籍保护工作为牵引，大力传承优秀传统文化

在做好古籍普查登记收尾工作的基础上，加强古籍的整理、出版和研究利用，指导古籍保护重点单位做好古籍的保护工作，指导古籍资源丰富的单位编辑出版《珍贵古籍名录》，展开《河北省珍贵古籍名录》的编纂出版工作。建立全省古籍修复中心，将传统修复技艺与现代技术相结合，按照有关技术标准和规范对残损古籍进行修复，提高古籍修复水平，确保修复质量。有计划、分步骤开展珍贵古籍的数字化工作，建设"河北珍贵古籍资源库"。积极协调，开展古籍寄存，在所有权不变的前提下帮助不具备古籍保存条件的单位保存好珍贵古籍。

实施"民国时期文献保护计划"，加强民国时期文献的收集与保护工作。

加强古籍与民国时期文献的整理与开发利用工作，采取多种创新手段，围绕培育和践行社会主义核心价值观的要求，结合经济社会创新发展和社会公众学习生活的需要，以具有永恒的价值理念为主线，以与当代文化相适应、与现代社会相协调的思想文化资源为切入点，全面推动优秀传统文化的挖掘阐发与传播推广。

（八）加强宣传推广，提升本馆在业界与全社会的影响力

建立更加合理、有效的宣传推广机制，密切与新闻媒体的联系，强化新闻媒体对河北省图书馆的关注和报道。引进先进的营销理念，强化网站、微博、微信公众平台、移动客户端的宣传作用，认真把握新媒体的传播规律与特性，力争做到信息迅捷、准确，内容具备文字、图片、音视频相结合的多媒体性。

树立图书馆整体"营销"理念，针对社会公众需求为本馆设计全系列产品形象，根据充分的读者调查进行有针对性的营销，加强对营销案

例进行后期绩效评估，全面提升河北省图书馆的社会形象。全面实施品牌建设工程，对外各项服务活动全面实行系列化、品牌化运作，深耕细化冀图讲坛、冀图云水展廊、冀图之旅等品牌服务。对原有业务进行系统化整理，运用新理念进行整合包装，将围绕元旦、春节、元宵节、端午节、中秋节、重阳节等各类活动统一打包成"冀图龙韵——传统文化系列活动"；将少儿部各类活动统一打包为"金梦之翼——书香伴我成长系列活动"。

继续开发新的公益文化服务品牌。注重品牌服务衍生品的开发和传播。深入挖掘图书馆事业内涵，联合国内外同行，研发创办具有重大社会影响力及至国际影响力的大型活动，彰显河北省图书馆的创新能力与整体实力，通过在某些领域占据行业高地有效提升本馆的行业话语地位。

（九）拓展国内外交流与合作领域，使本馆成为展示全省图书馆事业发展成就与宣传河北文化的窗口

加强与国内先进图书馆的交流合作，积极参与中图学会及各种图书馆行业的学术与业务交流活动，做好中图学会挂靠在本馆的图书馆创意工作委员会、经典阅读推广委员会的各项工作，积极举办、承办各类图书馆行业会议、活动。深入推进京津冀三地图书馆的协同发展，继续维系好、运用好"川、吉、苏、桂、冀"五省（区）图书馆联系交流平台，积极参与环渤海省级公共图书馆联盟建设。

进一步深化国际交流，主动融入到省对外文化交流工作中，发展与先进国家和地区图书馆的友好关系，力争发展多个对外友好关系图书馆；在对外交往交流中，依托"河北文化主题馆"，加强对河北文化的宣传推广力度，使我馆不仅成为全省公共图书馆对外交流的窗口，更成为宣传河北文化与发展成就的窗口。

四、保障措施

（一）构建完备的制度保障体系

积极推进《河北省公共图书馆条例》立法进程；切实落实相关政策、法规、标准、规范。对接国家、省公共文化服务体系建设规划、国家制定的公共图书馆各项服务标准，以使公共图书馆在经费、馆藏、服务等各方面做到依法依规。进一步完善各项制度，完善各业务部门的服务规范，以及各管理部门的制度规范，形成更加科学、系统、有序的规章制度体系，使各项管理和业务工作都有章可依，实现以制度规范工作、以制度保障运行。

（二）加强人才队伍建设

制定人才培养计划，重点培养和引进学科、学术带头人，尤其是在文献采编、阅读推广、古籍保护、新技术应用等重点领域形成"专家、学科带头人、业务骨干"多层次的人才队伍梯队，加快培养业务与学术带头人。建立青年人才培养、选拔机制，实行年轻馆员轮岗制，在轮岗中培养全局意识，发现专长、选拔任用。选派有培养潜质的干部和业务骨干到国内先进图书馆实践锻炼，出国考察学习，积极参与业界学术与业务交流。鼓励馆员自主参与继续教育与学历提升。积极推荐馆员申报我省"三三三人才工程""四个一批人才培养工程"等人才培养计划。设立人才培养基金，完善人才激励制度，对管理中有贡献、业务上有突破、学术研究中有成绩的馆员进行奖励。提高全馆的学术研究水平，形成以学术研究带动图书馆建设的发展格局。对《图书情报通讯》进行重新规划，提高办刊质量与学术水平，促进全省图书馆学术研究工作。

（三）改革创新管理机制

着力提高管理的制度化、规范化水平，建立适应并促进本馆发展的现代化管理体系和运行机制。逐步实现以服务效能为导向、内部激励机制完善、外部监管制度健全的事业法人治理目标，强化绩效管理，整合优化部门结构。探索建立事业单位法人治理结构。按照"咨询型→议事型→决策型"三步走的思路，稳步推进法人治理结构的建立和完善，实现决策、管理、运行、监督的科学化、民主化、制度化、规范化，提高服务效能。强化绩效管理，实施现代战略管理。牢固树立全局观念，做好目标管理、绩效考核、激励和评估等各环节的落实，实现全馆及各部门之间统筹协调、信息互通、评估有据、激励有实，确保高效调动全馆的人力、物力、空间等各类资源，调动全员积极性。完善绩效评估体系建设。调整组织内部结构，优化部室职能。理顺管理部门、业务部门职能，打造衔接顺畅、专业有活力的组织团队，建立符合未来图书馆的发展方向的组织架构。

（四）完善经费保障机制

多方位争取经费，提高经费使用效益。努力争取省委、省政府资金支持，争取省委宣传部、省文化厅等文化引导资金、公共文化服务体系建设专项资金支持，争取共享工程、古籍保护工程、重大文化活动等专项经费支持；探索公共文化多元化投入机制，积极争取社会资源支持；探索非营利公益机构创造经济效益途径。提高提高经费使用的科学性和高效益，建立科学的经费使用评价和监督机制。

（五）加强图书馆文化建设

加强思想道德建设，引导全体员工，在工作中自觉践行和弘扬社会主义核心价值观。加强职业道德和职业操守教育，引导全体员工树立正确的人生观、价值观和事业观，秉持读者至上、默默无闻、真诚服务的奉献精神和为人作嫁、甘当人梯的敬业精神。强化馆训意识，引导、激励、规范员工的价值追求、思维方式、思想意识、文化素养和职业道德，使本馆的办馆宗旨、服务理念、价值观念、行为准则融入到每个员工的本职工作与日常言行中,增强全馆的整体凝聚力。建立激励机制,为发挥员工潜能搭建平台,增强员工的认同感和忠诚度,培养员工的以馆为家、馆兴我荣的主人翁意识。加强团队意识、协作精神的培养,营造促进各项事业永续发展的和谐环境。

(发布日期:2017 年 8 月 10 日)

吉林省图书馆"十三五"发展规划[①]

"十三五"时期（2016—2020年）是我国实现全面建成小康社会，经济、社会全面进入新常态的关键时期；是全面深化文化体制改革，促进文化事业繁荣发展和公共文化服务体系建设取得显著成效的重要阶段。吉林省图书馆承载着吉林文化发展的期望，在国际视野与地方特色的融合下，在深刻认识并准确把握内外部环境新变化、新特点基础上，合理规划，科学制定"十三五"发展规划，对于实现"一流资源、一流管理、一流服务"的发展目标，促进吉林省图书馆事业的平稳快速发展具有重要意义。

一、"十二五"事业发展成就

公共图书馆是公共文化服务的重要组成部分；是开展社会教育活动，促进全民阅读的重要阵地；在推动地方文化建设、实现城乡文明进步中发挥了重要作用。吉林省图书馆长期以"为公众提供平等服务，助力地方文化发展"为出发点，取得了可喜的成绩。"十二五"期间，吉林省政府对

---

① 本规划由吉林省图书馆授权收录。

吉林省图书馆建设的支持力度逐年加大，财政投入稳步增加。吉林省图书馆基础业务稳步推进，服务能力持续增强，在我省公共文化服务中的地位和影响力显著提升。五年来取得的主要成绩有：

新馆馆舍落成并投入使用。2014 年 9 月 28 日，吉林省图书馆新馆开馆。新馆馆舍面积 53713 平方米，阅读环境达到国内先进水平，实现了技术与环境的融合，引入数字体验设备，文献资源实现智能化管理，服务效率显著提高。

馆藏文献信息资源数量持续增长。吉林省图书馆按照资源保障体系发展计划，坚持"省内要全，国内要好，国际要精"的采购原则，科学确定文献来源和工作程序，"十二五"期间购入文献 86 万册（件），通过征集、接受捐赠、自建等多种渠道扩大文献来源，实现馆藏文献信息资源数量持续增长，传统文献与数字资源比例相对合理，初步形成以东北地方文献尤其是吉林省地方文献为主，图书、期刊、电子书刊和数据库等类型齐全的文献保障体系。

服务工作稳步推进。"十二五"期间，吉林省图书馆总流通量 302 万人次，书刊文献外借 190 万册（次），网站点击量 420 万页（次），举办展览、讲座、培训等阅读推广活动 470 场，参与活动 87 万人次。初步形成到馆服务、远程网络服务与特定单位群体上门服务互为补充的服务模式和统筹管理的服务网络。重视公众阅读服务，创建"青青草系列活动""农民工子女阅读基地""学生书房""百姓书房"等特色服务品牌。重视主题活动开展，每周定期举办"文化吉林讲坛"，不定期举办"天下书香读书会"，与名人一起解读经典。

为党政机关、企事业单位决策提供咨询服务。为企业与科研院所提供科技查新、专题检索与定题跟踪服务等；2011 年 3 月，与新华社吉林分社联合推出《吉林文化舆情参考》，汇总媒体报道，为吉林省党政文化机关及文化工作者提供信息产品；从 2013 年开始，吉林省图书馆开启"两会"服务工作，提供会务信息、最新省情省况、支柱与优势产业汇总、"两会"关注的社会热点等信息服务。

人才结构日趋合理。吉林省图书馆一直重视员工的发展，通过一系列有效措施,"十二五"末期,基本形成了一支学历结构相对合理、业务能力较强且富有活力的人才队伍。

积极参与国家重点文化工程。文化共享工程、数字图书馆推广工程、公共电子阅览室建设计划和中华古籍保护计划等取得阶段性成果。"十二五"期间,全省文化共享工程基层网点已达10777个,其中省级分中心1个,地市级支中心9个,县(市、区)级支中心60个,乡镇基层服务点626个,街道基层服务点276个,社区基层服务点331个,村基层服务点9306个,部队服务点48个,学校服务点85个,企业服务点14个,机关/事业单位服务点21个,基本形成了覆盖全省的网络;全省开展各类服务活动1457次,受众82万余人次,其中开展农村服务活动319次,受众25万余人次。数字图书馆推广工程于2011年9月在吉林省启动,经过五年发展,逐步建成以吉林省数字图书馆为阵地,以国家数字图书馆丰富的数字资源与多元化服务模式为保障,覆盖全省各市(州)、县(区)图书馆的数字文化服务体系。"十二五"期间,数字公共电子阅览室已在全省269个乡镇、25个街道、104个社区,总计398个公共电子阅览室部署安装了公共电子阅览室建设平台软件;320个乡镇、59个街道、203个社区,总计582个共公电子阅览室承诺日后具备条件后部署安装公共电子阅览室建设平台软件。"十二五"期间,吉林省图书馆积极组织申报《国家珍贵古籍名录》及"全国古籍重点保护单位",全面启动我省古籍普查登记工作,加大古籍专业人员的培训力度,开展特色古籍的保护工作。

各项发展成绩的取得凝聚了图书馆人的辛劳与智慧,为"十三五"的发展积累了坚实的物质基础与丰富的发展经验,但同时也必须认识到,当前吉林省图书馆仍处于发展的关键期,如何在技术、管理与理念上与当前社会发展趋势相适应,如何将图书馆服务与地方经济、社会、文化融合协调,如何提供标准化、均等化的公共文化服务产品,如何全面促进地方大众阅读的有序开展,实现地方文化的繁荣发展仍有许多工作需要谋划。

二、"十三五"发展环境分析

"十三五"时期是进一步全面推进吉林省图书馆事业发展,构建完善的服务体系,提升服务能力的重要战略机遇时期。我国经济社会发展正逐步进入新常态,新的增长动力孕育形成,社会信息化、资源数字化、服务均等化深入发展。党的十八大提出,到2020年基本建成公共文化服务体系的战略目标;十八届三中全会将"构建现代公共文化服务体系"作为全面深化改革的重要任务之一;十八届五中全会明确要求"加快文化改革发展,实现基本公共文化服务均等化,建设社会主义文化强国"。《国家"十三五"规划纲要》则提出"推进基本公共文化服务标准化、均等化"是今后一段时间国家文化工作的重点之一,应完善公共文化设施网络,加强基层文化服务能力建设,加强文化产品、惠民服务与群众文化需求对接。

"十三五"期间是全面振兴吉林,加快全省经济发展的重要时期,国家实施"一带一路"战略,推动东北老工业基地全面振兴,为我省发展提供了良好的外部环境;国家重要商品粮基地优势、沿边近海优势、生态资源优势、科教人才人文优势,为"互联网+"式创新发展、为文化发展积蓄物质保障。《中共吉林省委关于制定国民经济和社会发展第十三个五年规划的建议》要求加快建设现代公共文化服务体系,推进全民阅读工程,加强长白山文化建设,发掘历史文献资料,提升白山松水生态文化、黑土地农业文化和历史文化内涵,形成一批具有吉林特色的文化品牌,图书馆事业面临广阔发展空间。同时也要注意到,随着数字出版与新媒体的迅速发展,传统图书馆与数字图书馆业务的融合尚需加强;随着人工智能与大数据技术的普及,读者服务也有待进一步向个性化、智能化转变;而国家公共文化服务标准化与均等化程度的推进,更要求图书馆在体系构建、服务运行机制、管理机制等多方面进一步完善。

三、"十三五"时期吉林省图书馆事业发展的指导思想、基本原则和总体目标

(一)指导思想

全面贯彻党的十八大和十八届三中、四中、五中全会精神,按照推动社会主义文化大发展大繁荣,提高全民族文化素质的总体要求,以培育和践行社会主义核心价值观为主要任务,坚持正确导向与共建共享,贴近群众、贴近时代、贴近实际,以推动吉林省文化事业繁荣发展为己任,以加快图书馆服务现代化满足人民群众日益增长的精神文化需求为出发点,全面提升吉林省图书馆的服务能力、服务水平与服务效益。

(二)基本原则

坚持公益,注重民生。以公益性、基本性、均等性、便利性为核心,以服务社会公众为宗旨,弘扬社会主义核心价值观,提高服务能力、服务水平,注重社会效益,加强基层服务,让社会公共文化成果惠及全民,最大限度发挥公共图书馆的作用。

强化基础,把握重点。进一步夯实图书馆的资源、设备、人员等基础,强化服务供给能力;同时,加快新技术在图书馆工作中的应用,文化与科技相结合,运用高新技术推动图书馆发展。进一步提高形象意识,配合实施重大文化发展工程,明确目标,以合作与自我开发等方式,找准项目,争创品牌,形成特色。

立足区域,重视管理。结合吉林省新技术、新产品、新产业、新集群、新突破的全面振兴战略,深入探索地域文化资源服务,拓宽服务范围。严格管理,积极推进管理机制改革,引导社会参与公共图书馆事业建设。

(三)总体目标

1. 发展愿景

通过丰富馆藏资源、科学管理与增强知识服务能力,建设国内一流的区域信息资源与服务保障中心。

2. 使命

支持和保障公众公平获取知识和信息的权利，为公众提供资源与空间，为吉林省全面发展提供文献资源保障和智力支撑，为文化传播与文明传承提供完整便利的交流渠道。汇聚本地与国内外多元文化精华，提供文献阅读、信息咨询、讲座、展览、文化主题活动等多样化服务，营造和谐向上的人文环境和崇尚知识的理性氛围；倡导全民阅读，支持社会文化交流，积极培育推广文化品牌，建设适应吉林省文化发展需求的信息资源服务体系。

3. 总体目标

适应社会进步的新变化，配合吉林省经济社会发展新目标，加强与现代公共文化服务体系建设重大部署的衔接，为满足公众公共文化需求提供基本平台，以资源体系合理、管理体系高效、服务体系卓越为奋斗目标，到 2020 年，将吉林省图书馆打造成为具有"区域文化的辐射源、公众阅读的服务源、政经决策的助力源、事业发展的指引源"功能的重要公益文化综合体。

四、"十三五"时期吉林省图书馆事业发展的主要工作任务

（一）顺应需求，建立结构合理、特色突出、总量丰富的文献信息资源体系

按照全省文献资源体系建设要求采集各类文献信息资源，馆藏纸本文献稳步增长，数字资源适度增加，到 2020 年，形成全馆总藏量与文献年入藏量平稳增长制度。

1. 重点任务

（1）保障公众服务，加强文献信息资源的采集，合理规划馆藏结构

按照吉林省图书馆文献资源建设基本原则，以及"纸本文献与数字资源并重"的采选方针，全面收藏省内文献，广泛采集国内各类型、各主题、各载体文献，做到"省内要全，国内要好，国外要精。"

（2）顺应读者需求，加强数字资源建设

在读者需求调研的基础上，均衡数字资源购置经费，保障数字资源合理使用。加强数字资源组织，对网络资源进行合理组织与揭示，并与馆内纸质资源、数据库资源建立关系，提供综合性数字化服务，初步实现知识发现功能。加快馆藏特色资源的数字化进度，形成系列文献信息资源库，开放资源获取。优化数字资源长期保存及灾备系统建设。

（3）凸显地域特色，加强馆藏资源建设

紧紧围绕吉林省发展需求，加大吉林省地方文献和特色资源的收集和保存力度，完善文献缴送制度与社会文献征集机制。继续加强原有特色馆藏建设，对已建数据库定期维护更新，积极建设全新系列专题特色数据库，逐步形成大型特色资源库群。不断挖掘开发新的特色馆藏发展方向，以服务地方特色产业发展为中心，购买与自建相结合，形成符合地方发展需要的特色资源体系；探索采集并保存吉林省网络信息资源。

2. 行动计划

（1）扩大文献收藏范围，扩充文献类型，增加文献资源总量，提高典藏质量。

（2）加强数字资源采购与维护管理，制定电子资源引进与维护管理规范，建立资源评价机制，编制资源使用统计报告。

（3）保持现有特色资源建设的连续性，做好自建特色数据库的维护和更新；以需求和地方特色为主导，通过自建、联建的方式，新建数个特色资源数据库。

（4）利用补采、征集、交换和数字出版技术（按需出版）等方式进行缺藏文献的补藏。

（5）通过购买、交换或受赠等方式，收藏古籍、民国文献、名人手稿、书画艺术作品等特藏文献。

（6）完善地方出版物征集规划，加强与各出版部门及相关单位协作，建立常态合作关系，缩短征集时间，增加地方文献征集品种，初步完成吉版文献图书馆建设。

（二）坚持公益方向，构建规范化、多元化、数字化的基本服务体系

按照国家公共文化服务建设相关要求，加强现代化技术的开发与应用，保障基本服务，开发专项服务，重视新媒体服务与馆舍空间阵地服务，培育服务品牌，加强宣传推广，提高服务效益。

1. 重点任务

（1）以需求为导向，构建不同层次的读者阵地与服务体系

从改进服务手段、转变服务思路入手，建立开放式的服务体系，主动了解掌握不同类型读者的特点，建立健全读者档案，利用大数据分析读者的行为与需求，以信息社群为单位，提供差异化、个性化、多元化的文献信息服务，以满足不同层次用户的多样化需求。以亲子、趣味、启智为主题，开展儿童阅读服务，激发儿童阅读兴趣；以引导、体验、发现为形式，开展青少年信息服务，培育自主学习与信息获取能力；以激发、提升、创新为目标，开展成年人服务，支持资源与技能的获取；以方便、多样、实用为宗旨，开展老年读者阅读推广与信息服务。

（2）以嵌入式服务为基础，开展无障碍服务

加强重点读者服务，开设绿色通道，加强图书馆的人文关怀。加强无障碍基础服务设施的建设，打造无障碍阅读空间，设立视听、视障服务专区，结合志愿者活动，组织馆内特色服务。扩大服务半径，增加馆外服务种类。

（3）以全民阅读活动为根本，打造公共文化空间

充分利用物理空间与网站、手机客户端等虚拟服务平台，开展书目推荐、新书导读、阅读交流等服务，以展览、讲座、培训等多样化文化活动，满足公众的文化需求，传播优质文化资源与数字内容。开通专家研究室、创客空间、讨论室等阅读辅助空间，继续加强百姓书房、学生书房的建设，扩大服务辐射范围，实现 24 小时服务。与社会组织合作深入合作，坚持现有文化项目的长期持续开展，同时开发新的文化活动样式，打造图书文化、表演文化、音乐文化、影像文化合一的综合文化空间。

（4）以"互联网+"为驱动，推动数字图书馆持续发展

顺应信息技术发展趋势，不断优化数字图书馆资源和服务，合理开辟知识服务新模式。完善网络体系等基础设施建设，通过 RFID 物联网技术实现文献的智能化管理，充分利用先进技术、新兴媒体等与图书馆服务相结合，打造既有文化传承又符合未来人们多样化需求的智慧型图书馆。重视区域间、行业间的协作协调，实现广泛的资源共建共享，提升全省图书馆数字文化服务能力。

（5）以数字文化工程为抓手，加强重点工程建设

按照国家整体部署，进一步加强文化信息资源共享工程、数字图书馆推广工程、公共电子阅览室建设计划、中华古籍保护计划等重点文化工程建设任务，加快构建基层服务网络，建设主题分明、特色突出的资源库，完善分级培训制度，形成"网络层次清楚、服务内容统一、服务标准规范、服务手段现代化、服务效果社会满意"的公共图书馆网络服务体系。

2. 行动计划

（1）组织服务需求调研，形成近期和中期发展方案；组织服务培训，推动服务经验交流。

（2）广泛征集读者意见，做好不同目标读者的分类服务方案设计。

（3）建设读者业务网络办理平台，开展远程服务。

（4）建立读者互动平台，打通三网合一的服务渠道。

（5）制定服务项目进展规划与质量审核机制，成立专门服务督导组，定期检查评估汇总服务成效。

（6）与行业内外机构建立合作关系，确立可行的、长期的协同服务机制。

（三）坚持特色发展，打造品牌化、高端化、地方化重点服务项目

特色发展是吉林省图书馆始终坚持的发展理念，加强品牌化、高端化、地方化的重点服务项目建设，是扩大吉林省图书馆的公众影响力，提升社会关注度与美誉度的重要渠道。

1. 重点任务

（1）加强参考咨询服务，形成高端知识服务体系

把为党政机关决策咨询和企业咨询服务作为重点支持的核心业务之一；从跟踪省内重点企业、重点建设项目的需求入手，建立学科馆员与领域专家队伍，提高向重点行业、重点部门提供深层次、专业化信息咨询服务的能力。

聚焦社会关注度，打造政府决策咨询知识库，构建政府决策与"两会"服务的智力保障系统。利用文献资源聚集与参考咨询团队专业优势，与政府部门建立有效的信息沟通和日常联系机制，提供信息推送服务；建立领域专家制度，实现党政日常决策信息参考服务专职化、深入化、知识化。

（2）加大培育力度，做强传统文化基地品牌

通过书院建设，充分利用本馆的资源、设备、人员及社会力量，全力推动吉林省传统文化基地建设，在馆内创建体系完整、功能多元、形式多样的传统文化服务基地。在"十三五"期间，形成具有吉林特色的在国内具有一定影响的文化服务模式。

（3）强化品牌意识，打造"文化吉林"全民阅读服务品牌

开展全民阅读活动、创建书香社会是吉林省图书馆义不容辞的责任，通过整合社会资源，形成基本阅读服务支撑下系列活动体系，将吉林省图书馆打造成为吉林省内开展全民阅读活动最具权威性的机构之一。进一步围绕"文化吉林讲坛""吉林省公共文化交流推广平台""吉图展览"等"文化吉林"品牌深化特色服务。

2. 行动计划

（1）积极运用先进技术方法与工具，发展科技查新、论文引证检索、专题服务、舆情监测参考等业务。

（2）围绕需求，开展"智库咨询"，为省内重大问题提供决策服务。

（3）设计面向决策的高端服务内容与服务规范，拓展服务深度与广度，明确操作流程。

（4）开拓咨询方向，为小微企业、自主创业提供咨询服务。

（5）制定吉林省传统文化服务基地建设项目建设规划，做好基地特色功能厅及吉林省名人文库的建设。

（6）整合现有大众阅读活动，明确阅读推广活动的形式、周期、管理方式，制度化、周期化执行。

（7）整合各类慕课资源，为在线学习提供指导。

（8）加强"文化吉林"品牌建设，凸显服务内容，扩大社会影响力。

（9）设立"文化吉林图书馆奖""文化吉林阅读奖""文化吉林阅读推广案例奖"等多种奖项并制定详细章程。

（四）保护与利用并重，建立全面、科学、规范的历史文献保护工作体系

依托"中华古籍保护计划""民国文献保护计划"等重大工程，以"保护为主，抢救第一，合理利用，加强管理"为指导思想，全面、科学、规范地开展古籍、民国文献保护工作。

1. 重点任务

"十三五"期间，以古籍原生性和再生性保护为重点，进一步完善古籍保护工作长效机制，通过深入开展古籍普查、古籍与民国文献数字化、古籍与民国文献再造出版、古籍与民国文献修复、古籍与民国文献保护人才培养等工作，全面提升我省古籍与民国文献保护工作水平和服务效能。

（1）全面推进全省古籍普查工作，完成《吉林省图书馆古籍普查登记目录》出版，加快《全国古籍普查登记联合目录吉林卷》的出版。

（2）继续组织开展国家和省级珍贵古籍名录推荐与评审工作，对入选的国家级、省级"古籍重点保护单位"进行达标评估，建立国家、省、市县四级古籍分级保护体系。

（3）深入开展古籍与民国文献再造出版工作，加强古籍与民国文献数字化缩微工作，建设吉林省古籍与民国文献数字资源库。

（4）开展古籍修复工程，完善"吉林省古籍保护与修复中心"建设，提升修复水平。

（5）建设吉林省典籍博物馆。

2. 行动计划

（1）完善古籍与民国文献保管、阅览等管理制度。

（2）充分发挥省古籍保护工作厅际联席会议制度的作用，健全长效协作机制。密切联系加强协调省内各收藏单位，定时召开工作会议，研究部署我省古籍保护工作相关事宜。

（3）根据工作需要建立多种形式的古籍与民国文献专业委员会，健全专家委员会制度，调动专家学者参加古籍与民国文献保护工作的积极性，充分发挥专家委员会在各项工作中的专业指导作用。

（4）制定我省古籍与民国文献再造出版、数字化等再生性保护技术标准。

（5）完善我馆古籍修复体系，深入开展古籍与民国文献修复工作。

（6）依托吉林省典籍博物馆，开展讲座、展览、文创产品开发与推广等活动，促进优秀传统文化的弘扬与传承。

（7）利用信息技术平台，扩大古籍与民国文献保护的宣传。

（五）提升馆员素质，打造专业化、学习型的人才队伍，建立核心团队

建立多层次人才培养机制与引智计划，分层次有重点地做好人才队伍建设，力争工作人员年龄结构更为科学，学历与专业背景更为合理。

1. 重点任务

（1）建立科学评价机制，完善人才队伍建设

进一步完善岗位管理，明晰岗位职责，实行专业化分工，推进岗位设置改革；严格执行人力资源管理有关规定，强化工作人员计算机技能、图书情报学科知识、服务礼仪与沟通、科研方法与技能等培训；建立多种指标协调的人才评价与奖励机制，完善高层次人才选用机制，实现工作人员队伍的良性发展。

（2）实现科研创新，通过引智与合作，建立有影响的科研团队

鼓励科研创新，设立人才培养基金与优惠政策，加强对重点岗位人才、研究型人才培养，采用选派进修、联合培养、重点扶植等方式，培养若干图书馆界知名专业人才，建立在全国具有一定影响力的科研团队。

2. 行动计划

（1）征集工作人员提升自身素养的需求。

（2）做好现有人才队伍的发展分析，为员工制定个人职业生涯规划，提供多种自我能力提升与工作地位提升通道。

（3）分类做好专业人才培养，加强数字图书馆人才队伍建设，为数字图书馆建设与服务提供可靠的人才保障；加大对古籍、民国文献保护人才的培养力度，提升修复人员专业水平；重视参考咨询人员队伍建设，提升决策服务水平。

（4）设立馆内科研基金与人才培育专项计划。

（5）完善人才培养制度，明确各年人员进修计划。

（6）组织专业技能竞赛，促进个人发展，发现杰出人才。

（6）确立人才引进政策，提高员工待遇，加强人才引进力度。

（六）强化治理模式：建设科学化、精细化、创新型的管理机制

按照上级统一安排部署，在现有制度改革成果基础上，重视内部机制改良，营造开放、进取、科学、实效的馆内制度环境，增强组织活力。

1. 重点任务

（1）顺应法治要求，健全各类管理制度与监督、评价机制

确立以读者为导向的科学有效的图书馆工作评价体系；均衡效率与公平的关系，综合考虑管理、责任、技术与激励等环节，优化管理机制，注重细节管理，强调制度条例约束；建立健全职工代表大会、读者工作委员会、项目管理委员会等组织，发挥这些组织作用，实行决策程序化、民主化与科学化。

（2）顺应职能需求，建立理事会管理机制

遵照有关安排要求，积极慎重稳妥地推进事业单位改革，探索法人治理结构与理事会建设问题，进一步拓展和创新各种形式的合作途径与公众参与模式。明确岗位职责，因需设岗，分级管理，分系列评价，提高管理效率。

（3）顺应组织要求，构建高效务实领导集体

围绕图书馆核心工作，加强基层党组织建设，着力提高基层管理层的大局意识与执行能力；改进作风、转换观念、廉政奉公，强化监督约束机制，切实加强领导班子建设；尊重工作人员的智慧与劳动，关心工作人员生活与身心健康，为馆员个人发展创造条件，组织健康向上的党政工团活动；坚持以人为本，重视专业技术人员的作用。

2. 行动计划

（1）做好现有制度的完善与落实。

（2）组织管理评价小组，加强管理监督。

（3）谨慎稳妥推进图书馆理事会制度。

（4）加强党建工作，定期组织党建活动。

（七）突出引领作用，推进社会合作、行业合作与国内外交流

承担起省内图书馆界的学术引领、业务示范、服务创新导向等责任；多渠道了解发达国家图书馆发展动态，加大与国内外图书馆的交流与合作，学习借鉴先进管理经验与技术，宣传自身，加强行业影响力。

1. 重点任务

（1）以实践应用为核心，推动图书馆学术研究的有序发展

加大对图书馆科学研究的投入力度，建立健全馆内科研项目培育机制，以实践应用为导向，围绕公共图书馆发展中的重大问题与重点领域开展深入研究，鼓励与科研教育机构合作开展研究，制定相关的激励和保障机制。将吉林省图书馆打造成区域公共图书馆事业发展智囊机构、服务创新实践基地、学术交流重要阵地。

（2）以业务为导向，引领全省公共图书馆事业发展

以全面践行吉林省文化知识传承职责为己任，实现业务工作高标准化，解决全媒体时代多种服务模式并存的问题，将有效业务经验在全省公共图书馆事业中推广，谋划吉林省公共图书馆事业管理制度、服务标准、技术手段、工作流程与服务平台的标准化、均等化，统筹全省公共图书馆事业的战略发展思路，提升省内行业整体公共文化服务能力。

（3）以图书馆联盟为平台，推动全省跨系统图书馆事业合作

以图书馆联盟为纽带，以科研合作与业务协作为支撑，推动图书馆间的交流与协作，积极组织参与地区性或全国性学术研究活动，推进业务合作项目的开发与深入开展，加强省内各系统图书馆事业的合作交流。

（4）以合作交流为主题，拓展与对外交流的深度与广度，扩大影响力

扩大交往范围，积极开展国际业务与技术协作活动，进一步发展与境外图书馆的友好关系。

2. 行动计划

（1）参与省内高校图书馆专业学位教育。

（2）加强图书馆与省内外图书情报学专家联系，聘请专家顾问，推动战略合作。

（3）以吉林省图书馆学会、吉林省图书馆联盟为依托，制定交流机制，进行常态性学术研讨。

（4）组织业务培训、知识竞赛、服务评比等主题交流活动。

五、"十三五"时期吉林省图书馆事业发展的保障措施

（一）推动相关地方法规的制定

贯彻国家相关法律与行业标准，结合吉林省地域特点，发挥政策建议作用，推动《吉林省公共图书馆管理条例》《吉林省公共文化服务标准》等地方法规的制定与贯彻落实，为图书馆事业营造良好政策环境。推动主管部门制定专项发展规划，争取将吉林省图书馆战略发展纳入吉林省文化发展规划及吉林省国民经济和社会发展第十三个五年规划。

（二）争取政府支持，加强社会合作

加强与上级领导和有关部门的沟通联系，争取政府在馆舍、经费、政策等方面的支持；积极探索开发利用民间资本开展文化活动的思路与项目，开展购买部分公共文化服务的尝试，加大与社会各文化机构的合作深度；明确政府通过公共图书馆购买公共文化服务和政府越过公共图书馆购买公共文化服务两种不同的模式中公共图书馆的作用；引导社会力量参与图书馆建设，为图书馆提供有力的业务支持，对服务内容、馆藏建设、日常维护等进行规范和引导；与志愿者团体合作，建立吉林省图书馆志愿者服务平台，持续开展图书馆志愿者服务活动。

（三）重视宣传推广，培育公众学习意识

建立科学营销机制，重视图书馆核心能力、公众形象的塑造，努力营造有利于图书馆发展的良好环境与舆论氛围。充分利用现有 LED 宣传屏、馆内展览展示工具以及广播电视等大众媒体工具，制作宣传片与公益广告，结合社会热点策划大型主题活动，树立吉林省图书馆"获取知识的殿堂，文化活动集散地"的公众形象。

（四）推进管理评估，推动图书馆可持续发展

以文化部与吉林省内各项文明创建考核、行业评估标准为依据，细化馆内管理评估标准，实施长效管理、适度超前的管理模式。落实节能减排要求，对馆内日常维护实施智能化、低碳化、精细化管理，注重资源利用率与人员服务成效。

（发布日期：2017 年 6 月 30 日）

黑龙江省图书馆"十三五"时期事业发展规划[①]

为深入贯彻落实党的十九大精神，贯彻实施《中华人民共和国公共文化保障法》《中华人民共和国公共图书馆法》，推动"十三五"时期公共图书馆事业科学发展，加快构建现代公共文化服务体系，更好地保障人民群众基本文化权益，根据《国家"十三五"时期文化发展改革规划纲要》《文化部"十三五"时期文化发展改革规划》的有关精神，特制定本规划。

一、总体要求

（一）指导思想

全面贯彻党的十九大精神，深入贯彻落实习近平总书记系列重要讲话精神和治国理政新思想新战略，围绕中央关于加快构建现代公共文化服务体系的决策部署，在黑龙江省文化厅的领导下，围绕全省图书馆事业发展

---

① 本规划由黑龙江省图书馆授权收录。

的中心任务，按照公益性、基本性、均等性和便利性要求，以完善设施网络为基础，以丰富服务内容、强化资源整合、提高服务效能为重点，以完善体制机制为保障，努力构建覆盖城乡、服务高效、惠及全民的公共图书馆服务网络，进一步推进全民阅读，坚定文化自信，提高全民族科学文化素质和社会文明程度，增强人民群众对公共文化服务的获得感。

（二）基本原则

坚持社会主义先进文化的前进方向，坚持以人民为中心，以社会主义核心价值观为引领，牢固树立阵地意识，传播先进文化；加强组织领导、政策支持和监督管理，落实基本公共文化服务标准，引导社会力量参与公共图书馆的建设、管理和服务；立足实际，加强指导，建立覆盖全省的公共图书馆服务体系，带领全省各级公共图书馆创新管理体制和运行机制，服务基层，提升效能，进一步增强发展活力。

（三）主要目标

到 2020 年，设施网络进一步完善，文献资源保障能力稳步增强，进一步推行总分馆制建设，引领全省公共图书馆服务标准化、均等化水平显著提升，信息网络等新技术的应用更加普及，积极推进法人治理结构建设，加强人才队伍建设，加强社会合作，提高公众对图书馆服务的满意度。

二、重点任务

（一）完善设施服务网络建设

1. 加强省图书馆设施建设。推动省委省政府加大对省图书馆设施建设的投入力度，力争设施设备及经费保障在"十三五"期间达到全国公共图书馆省级一级馆水平。

2. 积极推动图书馆总分馆制建设。积极落实《关于推进县级文化馆图书馆总分馆制建设的指导意见》，建立符合本省实际的总分馆制模式，继续发挥省图书馆的业务引领作用，在资源、服务、人员培训等方面提供支持和指导，做好全民阅读的推手。

> **专栏1：设施服务网络建设**
>
> **项目1：24小时自助图书馆服务**
>
> 加强省图书馆24小时自助图书馆的文献信息保障，已形成纸本图书、数字资源PC端/触屏端/移动端的综合服务。进一步加强资源更新、用户辅导和设备维护。有效提高文献的使用效率，加大文献资源宣传力度。有力推进省内各级公共图书馆开展24小时自助服务，加强全省自助服务的资源配置、设备维护和技术应用等方面的指导。
>
> **项目2：总分馆服务体系建设**
>
> 省图书馆已在全省边境县、贫困县图书馆和重点旅游景区、边境农场、林业局（场）及省直机关建设了流动图书馆与数字图书馆融合并行的分馆，统一配置图书馆自动化管理系统，数字图书馆服务系统设备，统一配置纸本图书及数字资源，统一组织分馆资源定期流动，实现了资源组织和集约化和资源效益的最大化。"十三五"期间，进一步科学统筹和指导全省公共图书馆总分馆建设的制度设计、资源配置、运行支撑及服务体制和服务机制创新。发挥资源优势、技术优势、不断为全省基层图书馆和广大人民群众免费提供标准化、均等化的数字文化资源。指导制定全省总分馆制建设的文献采购标准，编目标准，加工标准，统一自动化管理系统软件及硬件设备。保障总分馆体系中的文献资源能够实现合理流动、集约交换，优质化实现通借通还。让公共文化资源流动到城乡基层，实现和保障人民对美好生活的精神文化需要。

（二）文献信息资源保障能力建设

1. 不断完善和加强文献信息资源保障体系建设。通过整体布局、协调采购、分工入藏、分散采集等方式，在一定程度上扩大文献资源规模。尽力落实新增藏量指标，优化文献资源结构，建立涵盖纸本文献、缩微文献、数字资源、网络资源等各种资源类型的信息资源体系，完善文献资源协调与共享机制。

2. 推进馆藏地方文献信息资源体系建设。加大地方文献资源建设的力度，确保馆藏地方文献资源达到一定规模并持续更新，通过采购、征集、交换等方式，有计划地扩大馆藏地方文献资源规模，逐步建立总量丰富、特色鲜明的地域性文献资源。实现馆藏地方文献稳步增长，优化地方文献资源结构，建立涵盖多种资源类型的地方文献信息资源体系。完善地方文献资源协调与共享机制，充分发挥省级公共图书馆作为地区性文献资源保护中心的作用，联合本地区各级公共图书馆共同开展地方文献资源的建设与服务。加强各级公共图书馆与其他系统图书馆之间的资源共建共享，实现分工协作、优势互补。加强各级公共图书馆联合馆藏建设，完善全省地方文献信息资源总目，实现全省地方文献信息资源在统一平台上的共享利用。

3. 保障外文文献资源的区域特色建设。要不断加大经费投入，确保外文文献资源达到一定规模并持续更新，落实新增外文文献藏量指标，优化资源结构，形成涵盖纸本文献、数字资源的外文文献资源体系。确保其延续性、完整性和充分利用性。黑龙江省是俄文文献收藏的重要省份，省图书馆同时建有俄罗斯文献信息中心，外文文献资源的建设重点放在俄文文献的上，联合本省各级公共图书馆、高校图书馆共同开展俄文文献资源的建设与服务，形成资源共享，互补馆藏缺失，重点实现俄文文献信息资源的共享共用。

4. 继续实施全省共享数字文化资源保障体系建设。坚持"需求导向、分工合作、共建共享"的原则，打造分级分布式数字文化资源库群，优化资源结构，增加资源总量，提升资源质量，丰富适用于移动传输的数字资源，加强公共数字文化资源保障。根据国家公共数字文化工程的功能定位和发展目标，以及我省"数字惠民"工程的要求，确定数字资源建设的重点和方向，采用购买、合作共建、自主建设、征集等方式，针对不同群体的文化需求，建设学术资源、惠农资源、务工资源、少儿资源、社区服务资源、残障专题资源、精准扶贫资源、边疆文化生活资源、军营文化资源、少数民族文化资源等各具特色的数字文化资源，满足不同群体的数字文化需求。

5. 创新黑龙江省版本图书馆文献资源建设。认真贯彻《中华人民共和国图书馆法》第三章第二十六条"出版单位应当按照国家有关规定向国家图书馆和所在地省级公共图书馆交存正式出版物。"进一步推进呈缴，补充馆藏。同时提升征集、收藏、管理、研究出版物样本的能力，力求呈缴出版物样本齐全，种类齐备，积极推进馆社合作，数据共享，服务共赢。创新宣传、报道、服务模式，做好保存、展示、传播利用省内文化信息资源和优秀文化成果，满足大众日益增长的文化信息需求。

专栏2：文献信息资源保障能力建设

项目1：黑龙江省地方文献联合目录建设

充分发挥省图书馆作为全省书目中心的作用，建立全省地方文献联合目录。通过全省地方文献普查工作的实施，组织和带动全省各地市公共图书馆、部分高校图书馆、专业图书馆、民族图书馆积极建设地方文献保存和阅览空间，完善馆藏地方文献资源，加快书目数据建设，由省图书馆统筹组织建设全省地方文献联合目录，实现全省地方文献资源的共建共享。

项目2：黑龙江省地方文献数字共享平台建设

构建全省地方文献数字共享平台。以省图书馆为建设主体，负责对全省地方文献资源进行牵头管理，统筹管理与监督指导各地市、县级图书馆，科学规范的开展地方文献资源建设，并横向联合研究机构及高校等，发挥省馆的组织协调作用，进一步发挥全省地方文献联盟的作用，通过平台集中进行地方文献信息的收集、传输、加工整合、存储、更新和维护，以"合作共建，合理共享"为原则，将省内各地区、各行业分散、异构的地方文献资源有效集中和整合，使我省地方文献资源的数字化建设和保障的整体水平得到跨越式提升。

项目3：黑龙江省地方特色文化资源库建设

以传承传播本省优秀传统文化，弘扬革命历史文化、展示当代文化艺术发展和群众文化建设成果为目标，以数字化、影像化等方式，生动形象地讲述中国文化、中国故事。深入挖掘地方特色文化，有重点地建设具有鲜明地域特点，具有较强代表性和较高历史、人文、科学价值的数字文化资源。继续申报、建设全国文化信息资源共享工程地方特色资源项目。

项目4：数图推广工程资源联合建设

做好全省数字资源联合建设内容的总体规划，指导地市级公共图书馆申报、承建数图推广工程资源联合建设项目，举办申报项目的培训，统筹各承建图书馆的建设内容，不断丰富我省公共图书馆数字文化资源。

（三）创新服务模式，提升服务效能

1. 提升免费开放水平。落实国家基本公共文化服务指导标准和地方实施标准，健全免费开放项目，完善规章制度，创新服务手段，优化阅读环境，提升设施空间利用效率。完善信息公开制度，及时向社会公示图书馆的基本服务项目和开放时间，实行错时开放。

2. 深入开展全民阅读，抓品牌出效应。落实国务院"促进全民阅读，建设书香社会"的要求，强化传播社会主义核心价值观，开展"书香龙江"系列活动，围绕世界读书日、图书馆服务宣传周、全民读书月及中华传统节日和重大节庆活动，深入开展主题阅读推广活动。扎实推进原有品牌，不断推陈出新。发挥省图书馆学会等行业组织的作用，指导全省各级公共图书馆探索形成符合本地特色、具有广泛影响力的阅读推广活动。

3. 强化和拓展专业化服务能力。为读者定制机构/个人图书馆，通过定题检索、跟题服务、远程推送等方式，为政府机关、企事业单位和教育科研单位提供专题服务，为大众创新万众创业提供文献支撑和信息服务。加强为全省各级公共图书馆提供业务指导，配合中蒙俄经济走廊发展战

略,建设区域图书馆联盟,加强跨行业、跨部门、跨地域的公共文化资源整合。

4. 加强特殊群体服务。进一步完善特殊群体的服务内容和保障措施,建立和完善特殊群体阅读服务体系构建。建设和配备适用于老年人、未成年人、残疾人、农民工和农村留守妇女儿童等特殊群体的资源和设施设备。有针对性地开展新技术应用、阅读辅导、送书上门、网络服务。为残疾读者提供无障碍阅读服务,保障残障人获取信息、学习知识的文化权利。重点加强对少年儿童的阅读指导,推进省图书馆与中小学图书馆的阅读资源共享,为中小学图书馆提供资源保障和业务支持。

专栏3:创新服务模式,提升服务效能

通过专家讲座、读书征文、荐书送书、座谈交流、网上交流等多种形式,借助书展、读书节、图书博览会等现有阅读平台和载体,开展丰富多彩的全民阅读活动,打造品牌活动,倡导"让阅读成为一种生活方式"的理念,推动全民阅读的常态化。

项目1:践行社会主义核心价值观主题活动

"爱我中华"文化教育活动。围绕"七一""八一""十一"等重大纪念日,开展主题活动,弘扬爱国主义精神。加强国防教育,推进国防文化、军旅文化和边塞文化建设;学雷锋文化志愿服务活动。完善志愿服务登记、培训和政策法规保障等机制,推动志愿服务活动制度化、常态化;"红色旅游"文化共知活动。推介精品线路沿线历史文化,发挥图书馆文化传播者的作用;"我们的节日"文化传承活动。运用春节、清明节、端午节等民族传统节日,传承民族文化、凝聚价值共识;"规范守则"文化共融活动。推介市民公约、乡规民约、学生守则、行业规章、团体规章、职业规则等,强化人们的准则意识、律己意识,使其融入每个人的血液。

项目 2:"龙江故事大赛"活动

为贯彻落实习近平总书记"讲好中国故事,传播中国好声音"的新理念和新战略,省图书馆策划了全省"龙江故事大赛(2017)",引领全省各级公共图书馆广泛组织弘扬社会主义核心价值观、弘扬优秀传统文化和地域文化、讴歌历史和新时代英雄人物、先进事迹的原创作品;精心推选农民、工人、军人、残疾人等各界选手参加决赛。省图书馆将继续举办"龙江故事大赛",筹集资金陆续出版全省各地图书馆"龙江故事大赛"优秀作品集,打造阅读推广新品牌和阅读推广新资源。

项目 3:黑龙江省少年儿童图书馆阅读提升计划

依托"全国少年儿童图书馆阅读提升计划",联合全省各级公共图书馆、少儿图书馆、中小学图书馆以及社会各界的儿童阅读推广力量,举办"全省少年儿童阅读"系列主题活动,为少年儿童阅读提供服务和指导。

项目 4:《龙江书院》经典阅读活动

深入挖掘地方历史文化,每年面向公众推荐一本具有本土特色的优秀地方文献,通过不同形式的读者活动,引起城市文化共鸣。根据经典文献研究成果,继续推出《龙江书院家庭经典阅读书目》,每年推荐十本,指导家庭藏书与阅读。

项目 5:《龙江讲坛》

强化"龙江讲坛"的品牌建设,不断扩充主题内容,深入基层,辐射全省,走到省外,迈出国门,持续举办大型的公益文化讲座。强化全省图书馆界"龙江讲坛"联盟服务、资源共享服务,带动全省基层图书馆不断拓宽传播方式与手段,通过龙图直播平台面向全省线上同步直播,加强移动端同步观看,出版龙江讲坛讲稿,加大省内外新闻媒体,特别是新媒体的宣传力度,逐步实现公益文化品牌服务效益的强力扩张,在全省形成弘扬优秀传统文化的强磁场。

（四）加强新技术应用支撑，提升数字化服务能力

1. 提高馆藏资源的组织与揭示水平，提供统一检索服务。力争"十三五"期间，建立省图书馆网上联合目录系统，提供对省图书馆全类型馆藏文献的统一检索服务。同时积极推进全省公共图书馆数字资源的"统一认证、统一检索、统一获取"，进一步满足全省公众的数字文化需求。

2. 加强技术革新和智能化服务，提高现代化水平。把握国内外图书馆发展态势，不断引进新技术、新手段，提高智能化、现代化水平，提升服务质量。加强触屏服务、移动数字服务、数字体验服务和微服务平台建设，提升现代技术水平。建设大数据服务分析平台，加强业务分析，为事业发展提供新动力。引进文创服务，创新服务方式和内容，拓展服务新领域、新平台。

3. 建设黑龙江省公共数字文化服务云平台。结合实施中央补助地方公共数字文化建设项目，建设综合性、一站式公共数字服务平台，对公共文化设施、资源、惠民项目进行综合智能管理，统筹整合和揭示各类公共数字文化资源，实现共建共享，提供一站式、集成式、多媒体覆盖的公共数字文化服务。提高信息化应用能力，充分应用"互联网+"技术，建立"云阅读"体系。通过互联网、数字电视网、移动通讯网等途径，构建全省统一的"用户中心""资源中心""新媒体中心""大数据分析中心"，确立图书馆与互联网虚拟图书馆互联互通、共建共享服务体系。

4. 推进贫困地区公共数字文化设施提档升级。结合文化精准扶贫，中西部贫困地区数字文化设施提档升级和边疆万里数字文化长廊建设，在中央补助资金的支持下，力争在"十三五"期间，完成我省28个贫困县基层服务点建设全覆盖，消除服务"盲点"，助力文化脱贫。

5. 推进基层公共数字文化综合服务平台建设。依托文化信息资源共享工程和数字图书馆推广工程，逐步建立集信息报送、网络监测、统计分析、数据发布、绩效评价等功能于一体的基层公共数字文化综合服务平台，引导优质公共数字文化资源向基层传输，通过开展"菜单式""订单式"服务，促进供需有效对接。

6. 加大信息安全保障系统建设。建设网络信任体系，加强信息安全风险评估工作，建设和完善信息安全监控体系，提高对网络安全事件应对和防范能力，防止有害信息传播。健全信息安全应急指挥和安全通报制度，不断完善信息安全应急处置预案，增强信息基础设施和重要信息系统的抗毁能力和灾难恢复能力。加大对信息安全保障工作的资金投入，加强上网信息的审查和管理，防止不良信息的发布和传播，确保省图书馆信息资源和服务的绿色、安全。

专栏4：提升数字化服务能力

项目1：黑龙江省公共数字文化服务云平台建设

以国家公共文化数字支撑平台为依托，按照统一的标准规范，聚拢资源、应用、数据、提供"一站式"应用服务。加载汇集分散在本省图书馆、文化馆、博物馆等公共文化机构中的数字文化资源，形成全省公共数字文化资源云目录，实现按需下载、个性化推送。"十三五"末，文化共享工程各级分支中心，50%的乡镇基层服务点能够依托平台提供公共数字文化服务。

项目2：数字图书馆推广工程服务平台建设

推进公共图书馆基础设施提档升级，完善专网建设，加快实现基层图书馆互联互通。对唯一标识符等业务系统升级扩容，到"十三五"末，实现省图书馆和地市级公共图书馆和具备条件的县级公共图书馆纳入用户统一管理体系，加强推广工程资源库与各地资源的整合揭示服务。

项目3：贫困地区数字文化设施提档升级计划

加强我省贫困地区县级公共图书馆、乡镇基层服务点设施设备配置，实现到2020年28个贫困县图书馆具备数字图书馆服务能力、文化共享工程基层服务点实现提档升级。

> **项目 4：边疆万里数字文化长廊建设**
>
> 《公共图书馆法》第四十条进一步确立了国家和"政府建立的公共图书馆"深入实施数字文化惠民工程的法律责任。省图书馆 2008 年已率先探索、自主建设了全省边疆数字文化长廊，成为全国边疆万里数字文化长廊建设的发端和示范省。几年来，已建成乡镇数字服务点 156 个，数字文化驿站 1400 个，将移动数字文化服务和远程数字文化服务普及到全省边疆县、乡、村、边境农场、林场、边防部队与哨所、海关口岸、边贸集市、旅游景区、机场车站等公众区域。实现了全省边疆地区 7 个地市、18 个县市区公共数字文化服务的全覆盖。"十三五"期间，省图书馆将统筹带动全省基层图书馆，大力拓展边疆数字文化长廊建设的服务范围和空间——从边疆延伸到内地。加快建设覆盖全省 20 个贫困县所有乡镇、村、社区的数字文化长廊服务点、数字文化驿站，为"扶真贫、真扶贫"提供智力支撑和知识保障。

（五）充分利用馆藏资源，传承和弘扬中华优秀传统文化

1. 深入开展民国时期文献的普查、保护和开发利用工作。改善民国时期文献保护条件，加强文献普查和整理，规范文献保护和管理制度。推进民国时期文献整理和开发利用，加强专题文献的整理出版和专题特色资源库建设，重点加强对地方特色资源的挖掘整理。汉文的古籍及民国文献普查工作在全国已全面展开，民国时期外文文献的普查工作还未全面开启。挖掘整理我馆民国时期出版的珍贵俄侨文献，研究其重要的文献价值和史料价值。加强民国时期俄文文献的研究与开发，为学界和公众利用资源提供便利。"十三五"期间着力进行本馆民国时期俄文文献的普查工作，推进民国时期俄文文献的保存与保护，加快濒危外文文献的修复工作，推动民国时期文献的再生性保护。

2. 加快古籍数字化步伐，推进珍贵古籍的数字化复制保存。依据国家珍贵古籍名录，有计划地扫描拍摄珍贵古籍文献。同时推进全省古籍整理

开发项目的研究和立项工作,对省内珍贵古籍文献进行整理和揭示。

3. 大力推进传统文献典籍的服务推广工作。创新服务手段,优化阅读环境,深入开展全民阅读,积极推广优秀地域文化,开展阅读活动,进行读书交流,指导读者深入阅读有代表性的优秀地域文化成果。积极组织特藏文献的宣传推广活动。建立中华优秀传统文化的宣传推广机制,运用现代化技术手段,加强对特藏文献的多媒体、多渠道、多途径宣传。依托图书馆和学校,组织讲座、展览、互动体验等活动,推动中华传统文化的传承和发展。

4. 加强文化创意产品开发。充分利用馆藏资源,深入挖掘文化资源的价值内涵和特色文化元素,开发各类文创产品,借助文化创意产品宣传推广中华传统文化。加强现代科技在数字文化创意产品开发设计中的应用,开发设计集艺术性和实用性相统一,适应现代生活需求的数字文化创意产品,增强群众的文化体验感,提升文化创意产品的附加值。

专栏5:宣传和弘扬中华传统文化

项目1:深化"龙江书院"建设与服务,打造中华优秀传统文化教育实践基地

公共图书馆创办传统"书院",是文化部倡导和弘扬优秀传统文化的创新服务模式。"龙江书院"于2016年世界读书日建成开放,已通过国家专家组评估,即将挂牌为"优秀传统文化教育基地"。"龙江书院"设经典文献区、传统文化讲堂、古琴茶道区、书法绘画区,开设古诗词吟唱、论语解析、龙江非物质文化遗产技艺、地方文献精品阅读等公益课程。目前已带动部分地市图书馆创办书院,在全省形成新的弘扬优秀传统文化服务品牌和服务模式。

项目2:《黑龙江省图书馆馆藏在华俄侨图录》编纂

俄侨文献是我国及世界特定历史时期的文化资源。俄侨和俄侨文献出版的典型聚集地就是哈尔滨,而这座城市的发展历史也绕不开俄侨史。坚持历史性、抢救性、代表性原则,将馆藏1500余种的俄侨文

献进行筛选，选择采集有代表性的俄侨文献，采用主要内容描述和书影资料结合的方式进行深度揭示，以完善和开发俄侨文献资源为切入点，以俄侨文献的收集、加工、开发、利用为具体步骤，形成有特色的俄侨文献资源体系。如果这些文献缺损或丢失，会造成哈尔滨及世界文化发展史的部分残缺。

项目3：民国时期外文文献保护计划

开展民国时期外文文献的普查登记。对黑龙江省内民国时期外文文献单位进行实地走访调查，编制民国时期外文文献目录。加强文献研究、开发与利用，推进民国时期文献史料的整理出版。

项目4：古籍整理开发与数字化建设项目

进行省图书馆馆藏古籍书目与自动化系统的对接，实现古籍书目检索的数字化。加快馆藏珍贵古籍的数字化步伐，挑选部分珍贵古籍善本和地方文献古籍进行扫描拍摄，制作成数字化版本保存和服务。

项目5：中华古籍普查登记、民国时期中文图书普查项目

《黑龙江省十家公共图书馆古籍普查登记目录》项目出版。全省十家公共图书馆的古籍普查工作已基本完成，所有数据交国家出版社，目前出版在即；《黑龙江省高校及科研院所图书馆古籍普查登记目录》项目出版。黑龙江省高校及科研院所图书馆的古籍普查工作目前处于审校和收尾阶段，预计2018年完成；以全省古籍普查登记工作为基础，适时推进《中华古籍总目》黑龙江卷的编纂工作。

开展民国时期文献的普查登记工作，基本完成馆藏2万余册民国时期中文图书的普查工作，并通过工作不断完善民国时期文献保护工作机制，更好地实现对文献的传承和利用。

项目6：地方文献优秀成果阅读推广活动

以地方文献馆藏资源为基础，通过读书会等方式，定期组织阅读推广活动，积极推介有代表性的地域优秀文化作品，主动吸引读者关注本土文化，指导读者深层阅读地域作品，弘扬热爱家乡、建设龙江的美好情怀。

> **项目7：古籍宣传推广活动**
> 利用"世界读书日""文化遗产日"举办古籍宣传活动，以图书馆读者群、学生团体等为对象开展古籍修复、拓片制作、讲座、展览等活动，宣传古籍修复技艺，向公众普及古籍保护知识，提高全社会的古籍保护意识。

（六）加强政策理论研究，贯彻执行相关法律法规和行业标准

1. 宣传落实相关法律和政策。贯彻落实党的十九大精神，宣传落实公共文化服务保障法，推进落实中华人民共和国图书馆法。

2. 建立健全标准规范体系建设。建立涵盖全省图书馆业务、技术、管理和服务等领域的较为完备的标准体系，严格执行全国图书馆标准化技术委员会制订的相关标准。着重建立和推行资源建设、系统开发、服务提供、数据开放等方面的标准规范。

3. 加强图书馆理论研究。围绕公共图书馆建设、管理和服务等关键环节进行重点理论研究，建立研究团队，加强理论研究队伍建设。

（七）创新管理体制机制，促进社会化发展

1. 深入推进公共图书馆法人治理结构改革。建立以理事会为主要形式的法人治理结构，吸纳有关方面代表、专业人员、各界群众参与，落实法人自主权，健全决策、执行和监督机制，进一步提升公共图书馆管理水平和服务效能。

2. 加强组织建设。按照中央关于文化领域行业组织建设的有关要求，加强全省各级公共图书馆学会的建设和管理，确保正确发展方向。

3. 支持社会力量参与公共图书馆建设。健全政府向社会力量购买公共文化服务的工作机制，探索引进社会专业机构，将本馆的信息采集、书刊编目、数字资源加工、书刊管理、活动举办等业务外包，推动公共图书馆事业专业化、社会化发展。

4. 广泛开展文化志愿服务。贯彻《黑龙江省关于支持和发展志愿服务

组织的实施意见》，广泛开展文化志愿服务，探索具有图书馆特色的文化志愿模式。完善志愿者管理的标准化、规范化和制度化，将新技术、新思想融入志愿者的服务与管理当中。

（八）加强国际交流与合作，提升国际影响力

落实中华文化"走出去"战略部署，配合国家"一带一路"倡议，推进与中蒙俄经济走廊沿线国家图书馆界的交流与合作，宣传推介我省图书馆事业发展成果，输出黑龙江优秀地域文化产品。

专栏 8：图书馆国际交流与合作

项目 1：中俄图书馆友好交流合作计划

省图书馆与俄罗斯远东国立科学图书馆建立了长期合作关系和定期交流互访机制，在此基础上，进一步拓展与俄罗斯其他省州的交流合作，在文献信息资源的共知共享、区域珍贵历史文献的保存保护、数字图书馆技术应用、学术交流等领域进行了广泛交流。未来将着力推进体现社会主义核心价值文化产品的推介、展览等内容，通过互换馆员、合作办展等多种方式，推进彼此的务实合作。

项目 2："睦邻友好之家"建设

省图书馆在省文化厅的统筹领导下，在黑河图书馆建成"文化睦邻之家"，实现文化睦邻的随时、随地、随身服务。黑河图书馆"文化睦邻之家"属全国首创。省图书馆投入中国文化网络电视互动播放终端、公共文化一体机、摄像机、电视机、中文在线云屏借阅机、资源服务宝视频播放器等硬件设备；整合购买俄文电子书及数据库；打造了集资讯发布、信息查询、政策宣传、文化传播、视频观看、图书阅览、文化创意产品展览展销于一体的文化睦邻综合性服务中心，边境基层群众、入境人员可通过手机、平板电脑等智能终端下载、访问边疆文化特色资源与应用。"十三五"期间，还将在绥芬河、东宁等边境县陆续建设"文化睦邻之家"

三、保障措施

（一）加强组织领导

推动将图书馆建设纳入政府议事日程和领导班子绩效考核，根据规划，细化目标任务，采取有力措施，抓好工作落实。

（二）加强队伍建设

完善选人用人机制，培养一支具有现代意识、创新意识和专业水准的图书馆从业人员队伍。加强分组分类培训，重点加强对基层图书馆从业人员的培训力度。

（三）健全监督管理

巩固第六次公共图书馆评估定级的成果，进一步健全公共图书馆绩效考评制度，加强用户评价和反馈机制，探索建立第三方评价机制，开展群众满意度调查，增强评价的客观性和科学性。考核结果作为预算确定、收入分配和负责人奖惩的重要依据。

（发布日期：2017年3月18日）

安徽省图书馆"十三五"发展规划[①]

"十三五"时期,是安徽省图书馆转型发展的关键时期,也是安徽省图书馆实现新跨越的战略机遇期。科学制定并实施好安徽省图书馆"十三五"规划,对于提升安徽省图书馆事业发展水平,保障我省公众的基本公共文化权益,推进我省公共文化事业发展,具有十分重要的意义。根据《安徽省图书馆"十三五"规划编制工作计划》要求,特编制《安徽省图书馆"十三五"发展规划》。

一、指导思想

以邓小平理论、"三个代表"重要思想、科学发展观为指导,全面贯彻落实党的十八大,十八届三中、四中、五中全会和习近平总书记系列重要讲话精神,坚持"服务第一,读者至上"的服务宗旨,秉承"发展为上、创新为先、服务为本、安全为重"的办馆理念,坚持"馆藏丰富,管理科学,环境优美,服务文明,读者满意"的质量方针,持续有效运行

---

① 本规划由安徽省图书馆授权收录。

ISO 9001 质量管理体系，按照公共图书馆服务"公益性、基本性、均等性、便利性"的基本要求，进一步提高公共文化服务水平和能力，努力推进图书馆工作实现新跨越，充分发挥公共图书馆在构建现代公共文化服务体系中的重要作用。

二、安徽省图书馆"十二五"时期主要工作回顾

（一）"十二五"时期取得的主要成绩

"十二五"时期，安徽省图书馆以邓小平理论、"三个代表"重要思想和科学发展观为指导，深入贯彻落实党的十八大和十八届三中、四中全会和习近平总书记重要讲话精神，按照省委省政府和省文化厅的战略部署，以"和谐、发展、服务、创新"为主题，以"打基础、利长远、求突破"为发展思路，图书馆事业实现了跨越发展。

1. 成立中共安徽省图书馆委员会，加强基层党组织建设

2014年7月15日，在省文化厅的领导下，中共安徽省图书馆委员会成立，这是一件具有里程碑意义的大事。党委成立后，通过建立健全各项党委规章制度，完善党委组织机构，进一步加强党的基层组织建设，为图书馆事业发展提供了坚强的组织保障。同时，在厅党组的正确领导下，紧紧依靠广大党员、干部群众，开拓创新，将群众路线教育实践活动进一步推向深入。加强馆工会和团组织建设，成立新一届图书馆职代会，推进图书馆民主政治生活，开展体现图书馆服务特色的党组织活动，不断增强党组织的凝聚力，保障图书馆事业又好又快发展。

2. 精心策划，顺利完成"纪念建馆100周年"系列活动

2013年是我馆建馆100周年，11月12日，我馆举行了简约而热烈的建馆100周年纪念仪式，省委常委、宣传部部长曹征海，文化部原副部长、国家图书馆馆长周和平出席并讲话，全国各省（区、市）图书馆、省内各市县图书馆和部分高校图书馆馆长及相关单位负责人应邀参加。

我馆围绕"感恩读者、感恩时代、感恩社会"的纪念主题，以建馆百

年为契机，以丰富读者活动、提升服务效率、助力文化强省建设为目标，先后推出"百年馆庆标识""百年老照片""我与省图情缘"征文等系列有奖征集活动；完成《安徽省图书馆志》《安徽省图书馆馆藏章伯钧书志》《安徽省图书馆馆藏精品图录》和《邺架百年、世纪流韵——安徽省图书馆建馆百年纪念画册》等纪念建馆100周年系列丛书的出版工作；策划举办了《读书节谈读书》等60余场公益讲座和《安徽省图书馆建馆100周年纪念展》等17场展览展示活动。此外，还举办了全省公共图书馆文津奖获奖图书阅读演讲比赛、馆庆有奖征文电台展播等多项读者活动，内容丰富多彩，读者参与广泛，社会反响热烈。

3. 团结协作，圆满完成第五次全国公共图书馆评估定级工作，继续保持国家"一级图书馆"等次

为了顺利推进和完成第五次全国公共图书馆评估定级工作，我馆于2013年年初便将评估定级工作列入了重要议事日程，全面谋划，周密安排，成立以馆长为组长、副馆长为副组长、各部门主要负责人为成员的迎接评估工作领导小组，制定工作计划，合理分工、专人负责。对照"省级图书馆评估标准"，积极开展自评工作，通过自评补缺补差，并以迎接评估为契机，以评促建，评建结合，重在建设，改善办馆条件，改进业务工作，提高管理和服务水平，促进各项工作迈向新的台阶。

2013年7月10日，以天津市文广局副局长金永伟为组长的文化部第五次全国公共图书馆评估定级和重点文化工程第五督导组一行五位专家莅临我馆，通过听取汇报、实地查看、审阅材料、读者问卷调查等方式对我馆各项工作进行现场评估。经过严格的现场评估，评估督导组认为，自第四次评估以来，我馆各项工作进展明显，社会效益显著。根据《文化部关于公布第五次公共图书馆评估定级上等级图书馆名单的通知》，我馆以优异的成绩再次荣登省级"一级图书馆"行列。

4. 加强基础业务建设，提高读者服务能力

注重资源建设，资源建设过程中注意收集和听取读者意见，每年入藏纸质文献资源15万册以上，购置"中国知网""万方""维普"等数据库

10余种。截至 2015 年年底，作为安徽省最大的公共文献信息中心，我馆馆藏文献有 406 万余册（件），数字资源总藏量为 114.03TB。馆藏文献中有英、法、德、俄、日文图书十二万多册，馆藏文献涉及各种学科，其中，古籍线装书 348593 册，善本 31980 册。馆藏文献最具特色的是大量皖籍先贤著述和我省各个历史时期的地方志、谱牒等地方文献，特色馆藏充分展现了我省自古以来独具地域色彩和厚重的历史文化底蕴。

在地方文献建设方面，加强与省内出版部门和社会名流的联系，并通过上门征集、现场购买和接受赠送等多种形式收集我省出版部门出版的各种出版物和皖人著作等地方文献。为了促进这项工作，专门成立了"安徽省图书馆藏书建设委员会"，负责与各出版单位和著述个人联系呈缴和捐赠事宜，为我馆地方文献的收藏及建立安徽特色的藏书体系奠定了坚实的基础。

5. 创新服务内容，拓展服务方式，提升服务品质

"十二五"时期，我馆始终把"服务至上，读者第一"作为服务宗旨。随着数字化网络化技术的发展，我馆进一步改善服务模式，深化服务层次，提升服务能力，把更多的读者吸引到图书馆。

（1）坚持免费开放，强化阵地服务

2011 年年初，文化部正式下发通知，要求美术馆、公共图书馆、文化馆（站）等公共文化场所当年内向全社会免费开放。在筹备免费开放工作中，我馆深刻领会文件精神，按照全国和全省免费开放电视电话会议精神和要求，结合本馆实际制定实施方案。在遵循"全面推开，逐步完善；坚持公益，保障基本；科学设计，注重实效；扩大宣传，树立形象"原则的基础上，对于基本公共文化服务以外的项目，在坚持公益性的前提下，降低基本外服务的收费标准，积极开展形式多样的免费开放宣传工作，让更多的群众充分地了解图书馆、有效地利用图书馆。另外，还通过调整阅览室布局，增设服务阵地，增加借阅册数和延长借阅时间，引进了图书自助借还系统和 24 小时街区图书馆等措施，进行管理优化，努力做到免费开放服务品质不打折，并成功经受住了免费开放与暑期读者高峰双重人流叠加的考验。

"十二五"时期,我馆每年读者接待、书刊外借均突破百万大关,持证读者人数年均保持在十五万人以上。

(2)开展丰富多彩的读者活动,打造多元化图书馆服务品牌

在坚持做好阵地服务的同时,我馆积极开展丰富多彩的读者活动,努力打造公共文化服务品牌,千方百计地满足人们日益增长的读书需求。通过开展"经典导读""悦读空间""老年读报沙龙""读者俱乐部""公益展览""新书推荐"等活动,为读者提供个性化、特色化的阅读指导与交流服务。

结合免费开放,我馆在"新安百姓讲堂"的基础上,确定了在全省公共图书馆开展规范服务一体化建设,组建全省公共图书馆讲座联盟和公益性展览基地以及筹建全省公益性电视专题片制作中心等四个拓展方向,打造了"助困爱心一日捐""优秀书刊漂流行""读者英语沙龙""残障人士读书文化日"和"少儿假期主题阅读"等五个服务品牌抓手的服务发展战略。

"十二五"时期,我馆举办英语沙龙、公益性讲座、少儿假期主题阅读、展览等各类读者活动,共计1200余场/次,极大地丰富了读者的文化生活。

(3)加强延伸服务,扩大服务影响力

在打造和维护服务品牌的同时,我馆拓展服务领域,提升服务品质和服务层次。"十二五"时期,通过加强与党政机关、企事业的密切合作,推进文献资源进机关、进高校、进社区等活动;为省高校数字图书馆推送我馆自建的安徽地方特色文化电视专题片34集;探索"以阵地为依托、以知识为纽带、以互助为基础、以共享为目标"的合作新思路,在社区、军队和基层馆等企事业单位共建有6个分馆和45个服务点,还实现了省图书馆与白湖分馆图书通借通还,这不仅提升了我馆的影响力,也是对"十二五"规划中提出的基本公共服务均等化和城乡经济社会发展一体化发展目标的积极探索。

(4)加强信息服务,提升服务层次

不断创新服务方式，拓展服务内容，加强信息服务，树立精品服务意识。我馆以服务党政机关决策、社会经济建设、科学研究和社会大众信息需求为宗旨，依托馆藏资源，开展深层次信息服务工作，"十二五"时期，编制文化剪报、信息参考及其他二三次文献共计200余期；2013年，我馆通过与合肥工业大学科技查新工作站合作，正式启动科技查新工作，完成《新型SC（D）200—200施工升降机》《矿山建设安全系统复用型高性能物联网关键技术研究及实施》等查新工作。2013年开始，我馆作为省委宣传部舆情信息直报点，报送了大量有价值的信息，为服务大局、服务决策提供了高质量的舆情信息服务。

通过多途径多层次的服务创新，在为读者打造了"学习空间""人文空间""主题空间""休闲空间"和"交流空间"方面进行了新的探索，树立了我馆立体化的服务方式，提升了服务品质，促进了全馆服务上台阶、上水平。

6. 强力推进重点文化工程建设，提高公共文化服务能力

（1）文化信息资源共享工程

"十二五"时期，共享工程的工作重心从站点建设转移到为民众提供服务。安徽省级分中心开展了丰富多彩，形式多样的活动，让基层从业人员和社会大众切实地体会到了共享工程带来的好处。先后开展了纪念建党90周年系列活动；为进城务工人员免费开展就业培训数据库视频播放及免费看电影活动；在全省举办主题为"像雷锋那样"电脑小报设计比赛等活动，社会反响十分强烈。

在加大力度进行文化服务的同时，共享工程安徽省级分中心还积极开展工程基础建设、数字资源建设、技术培训和活动组织等工作。2013年向国家中心申报了《安徽省公共文化数字支撑平台建设方案》，并获准成为国家第二批实施单位。组织了两场全省范围内的集中技术培训，对全省320名各基层支中心技术人员进行了集中技术培训。

"十二五"时期，共计完成主题为"徽风皖韵看安徽"电视专题片制作18部，包括《徽州建筑》《安徽历史文化名城》《安徽民间传统工艺》

《安徽红色记忆》《安徽馆藏文物》《将军的摇篮》《安徽文化名人》《安徽非遗》《双百人物中的安徽人》《洪学智将军纪念馆巡礼》《安徽古建筑》《光辉烈士县》等,共计 222 集。完成文化讲座《安徽大讲堂》166 集。

2013 年 5 月 10 日,共享工程安徽省级分中心正式更名为全国公共文化发展中心安徽省级分中心,成为全国首家挂牌的公共文化省级分中心。标志着将来的安徽省级分中心除了继续开展文化信息资源建设管理和服务等相关工作外,功能将向更广领域、更大范围、更深层次进一步拓展。

(2)公共电子阅览室建设

我省是全国公共电子阅览室建设试点省之一,根据国家中心制定的技术标准和相关要求,配合省文化厅完成全省民生工程公共电子阅览室暨乡镇综合文化站督查工作。国家中心领导在参观检查我省电子阅览室试点工作时给予了高度评价。2012 年完成了省级中心的相关设备安装、机器更换、固定资产出入库、调拨和平台建设等工作,实现了省级分中心与全省各级支中心及电子阅览室的数据交换。2013 年,根据文化部、财政部下发的《"公共电子阅览室建设计划"实施方案》,组织编写《安徽省乡镇街道社区公共电子阅览室配置标准》。举办全省基层公共电子阅览室免费管理软件安装使用技术培训班。完成"公共电子阅览室管理信息平台建设项目"的招标和实施工作,该项目于 2015 年 6 月 29 日通过专家验收。

(3)数字图书馆推广工程

数字图书馆推广工程是 2011 年开始实施的公共数字文化服务工程。2011 年年底前,根据相关通知要求,以及我馆设备和技术现状,制定了我馆数字图书馆推广工程实施方案,相关设备的采购已进行了政府招标,同时还根据我省各图书馆的技术现状,制定了全省市级公共图书馆数字图书馆推广工程技术方案,为财政部门提供依据。根据全省各图书馆的技术和网络现状,进一步完善了省、市级公共图书馆数字图书馆推广工程技术方案,依托网络、数字、新型传媒等强有力的技术支撑,推出 24 小时自助图书馆、公共文化数字体验区等,大力提高网络环境下公共图书馆数字文化产品供给与服务能力。2013 年,完成了"中国政府公开信息整合服务平台安徽分站""唯一标识符系统"和"统一认证系统"三个必配软件的部署工作。

2012年4月，协助国家图书馆完成了在我省举办的"数字图书馆推广工程理念普及培训班"的工作。2013年承办由国家图书馆、中国图书馆学会、安徽省文化厅主办的"网络书香·数字图书馆建设与服务"宣传推广项目（安徽站）系列活动，利用数字体验区为500多人次的读者提供了数字文化体验服务。2014年完成我馆微视频大赛作品"向着太阳奔跑"的拍摄，并获得国家图书馆数字图书馆推广工程"图书馆故事随手拍"创意微视频大赛唯一的一等奖。2015年，分别在繁昌、蚌埠和合肥举行了三站数字图书馆推广工程数字服务宣传推广暨培训活动。

（4）中华古籍保护计划

坚持古籍再生性保护与原生性保护并重方针，省中心稳步推进全省古籍普查、古籍数字化、修复保护等工作，积极构建古籍文献长久传承体系。

2011年，完成了本馆及全省第四批《国家珍贵古籍名录》和"全国重点古籍保护单位"的申报工作，截至目前，我馆共有126部古籍入选《国家珍贵古籍名录》。2012年，我省古籍修复中心的筹建工作取得实质进展，硬件条件初步达标。2013年，顺利完成与国家古籍保护中心签订的《中华珍贵典籍资源库共建任务书》古籍选目的数字化任务。2014年，协助省文化厅推动省古籍分级保护机制，完成《安徽省珍贵古籍名录》和省重点古籍保护单位的申报和评审工作。2015年，完成国家古籍保护中心在我省关于抗战时期抢救保护古籍重要事例的征集工作。

加大古籍编目和出版工作力度，通过影印出版和数字化等方式实现古籍资源的服务功能；承办"中华古籍保护计划"成果宣传推广活动和"民国时期文献保护计划"宣传推广活动，通过此活动，进一步丰富了社会大众的古籍知识，在全社会提升古籍保护理念，由于组织得力，我馆荣获了由中国图书馆学会、国家古籍保护中心颁发的2014年"中华古籍保护计划"成果宣传推广活动组织优秀单位荣誉称号。

2013年，我馆在古籍文献入藏方面也成绩斐然，通过细致的工作、有关方面的协助和努力的争取，促成了章伯钧家人向我馆续赠古籍善本，共续赠 39 部 702 册，多为明本，十分珍贵。

7. 推进人事制度改革，打造高素质图书馆人才队伍

2013 年，完成新一轮中层干部调整和全体员工双向选择，加强干部队伍和专业队伍建设，打造利于图书馆长期发展的人才梯队。通过新一轮中层干部竞聘上岗和职工双向选聘，重新配置了各岗位人员，促进了人力资源进一步优化。完善考核制度，修订中层干部考核办法，继续推行干部任期考核、竞聘上岗，职工双向选聘工作；重视专业技术职称评聘工作，落实培训制度，年均 100 多人次参加各类培训及继续教育，员工队伍素质进一步提高。

根据《安徽省边远贫困地区、革命老区文化人才支持计划实施方案》要求，经组织动员，我馆每年选派业务骨干赴基层图书馆支持基层文化建设。

8. 加强学术研究，提升办馆层次

学术研究是省级图书馆的核心职能之一，"十二五"时期，我馆以图书馆学会为平台，大力加强业务研究和学术交流。为图书馆工作者和学会会员提供良好的学术研究环境，鼓励员工积极撰写学术论文，参加各类学术研讨活动，开展业务研究。制定《安徽省图书馆专业技术岗位任职条件（修订）》，推动人才队伍建设，并以此为抓手提高我馆学术研究水平。加强安徽省图书馆学术委员会管理，规范我馆的学术研究工作的审核和管理。推进《安徽省志·图书馆志》编纂工作，在确保修志工作进度和质量的基础上，顺利完成了送审稿的编纂工作。完成安徽省图书资料专业系列培训教材的修订工作。

积极组织申报安徽省委省政府重大决策部署舆情跟踪研判课题，以及省社科联课题。我馆申报、完成的课题——《新型城镇化进程中公共文化服务体系建设的现状与对策分析》得到省委宣传部的高度评价，以专刊形式直报省委省政府主要领导，作为省领导决策参考，省委常委、宣传部长曹征海在课题成果专刊上作重要批示。协助国家图书馆承担教育部课题——"文化场馆语言文字使用情况调查及对策研究"项目。

2015年，我馆正式启动安徽省图书馆馆级课题的申报工作，全馆员工申报课题18项。

9. 推进安徽省公共图书馆阅读推广联盟建设，构建全省公共图书馆服务体系建设

为最大限度地实现全省公共图书馆文献资源、场地资源和人力资源的共建共享，实现"以强带弱、以上带下、上下联动"的公共图书馆阅读推广活动新格局，省文化厅牵头成立安徽省公共图书馆阅读推广联盟。2014年6月18日，联盟成立大会在我馆召开，全省102家公共图书馆参加大会，标志着联盟正式成立。联盟成立后，省图书馆作为中心馆率先垂范，深入基层，开展大范围、高密度的调研活动，全面掌握联盟成员馆的基本情况和意见反馈，为确定联盟下一步工作重点提供了依据。联盟各成员馆在日常读者服务的基础上，积极开展以联盟为平台的、形式多样的阅读推广活动，丰富联盟活动内容，充分发挥公共图书馆在阅读推广、公众素质教育、优秀文化传播、构建和谐社会等方面的作用。为了促进全省公共图书馆服务水平的进一步提升，总结和推广联盟工作经验，联盟正式启动了绩效评价体系建设工作，顺利开展了2014年度联盟"十佳图书馆"评选活动。同时，通过网站积极拓展联盟的服务领域和服务手段，丰富服务内容，增强联盟服务的及时性和互动性。目前，联盟网站已正式上线，成为联盟活动展示、信息交流和共享的开放平台。

同时，为丰富人民群众的精神文化生活，我馆在继续做好公共文化基本阵地服务的基础上，努力开展面向大众、面向基层的延伸服务。依托安徽省公共图书馆阅读推广活动联盟，开展了"全民阅读·惠民书架"建设工作。通过在车站、医院、银行等公共场所设立省图书馆图书专架，逐步建立起立足合肥、面向基层、覆盖全省的"全民阅读·惠民书架"体系，充分发挥我馆的资源优势和专业人才优势，进一步拓宽服务领域，丰富服务内涵，满足社会公众的阅读需求。截至目前，已经在合肥市设立了100多家惠民书架，提供图书7169册，受到广泛好评。

10. 加强图书馆综合管理，合力推动图书馆事业发展

推进质量管理体系认证工作走向深入，树立新的质量目标。在质量管理体系认证工作取得的成绩基础上，将质量管理的意识和措施真正融入图书馆工作的每个环节，进一步提高应用标准的能力，探索图书馆质量管理的新模式。通过每季度的 ISO 质量管理检查和绩效考核，年度的内部审核和外部审核，增强质量管理体系适宜性和有效性。通过送出去和请进来的方式，加强全员 ISO 9001：2015 版培训，提高全馆员工贯标意识。组织进行质量管理体系文件修改，确保文件与实际工作的符合性。修改馆质量方针和质量目标，体现质量管理持续改进的精神。

在省委省政府和省文化厅的高度重视以及社会各界的大力支持下，"十二五"时期，安徽省图书馆的各项业务建设得到快速发展，综合服务能力得到整体提升，相继荣获了全国文化系统先进集体、全国科教文卫体系统先进工会、全国文化文物系统"先进基层党组织"、全民阅读先进单位、全民阅读示范基地、安徽省卓越绩效奖、全省文化系统先进集体等荣誉称号。2014 年，我馆荣获第十届"安徽省级文明单位"荣誉称号。

（二）"十二五"时期存在的主要问题

在"十二五"规划实施取得积极成效的同时，也应该清醒地看到，社会发展环境的变化和信息技术的进步给图书馆发展带来巨大挑战。

1. 事业发展进入瓶颈期，各项工作有待新的突破

我馆经过近几年的跨越发展，逐渐暴露出发展后劲不足、创新力度减弱等问题，我馆各项事业的发展总体上看进入瓶颈期，要在成绩的基础上取得新的突破，必须转换发展思路。

2. 图书馆转型升级处于攻坚期，建设符合现代需求的图书馆任务艰巨

鉴于我馆的软硬件环境，在过去几年的快速发展中，始终秉承"服务第一，读者至上"的办馆理念，在履行公共图书馆基本职能和满足社会公众文化需求方面成绩显著，但与图书馆转型升级的发展预期尚存在不小的差距。在打造符合现代化图书馆功能需求的"阅读空间""学习空间""交流空间""主题空间""休闲空间"等五大空间和在全省公共图书馆系统开展规范服务一体化建设、组建全省公共图书馆讲座联盟和公益性展览基地以及筹建全省公益性电视专题片制作中心等四个拓展方向上，还存在许多不足。

3. 公共财政投入不足严重制约了我馆的进一步发展

公共图书馆是我国公共文化服务体系的重要组成部分，其功能的实现和进一步发展很大程度上取决于公共财政投入的力度。我馆目前的购书经费、信息化建设经费、日常运行经费、人员经费等各项经费仍然十分紧张，馆舍陈旧、设施老化、资源短缺等问题日渐突出，很多时候我们是有思路、有想法、有抓手，但缺乏必要的人员和经费保障，严重制约了我馆的进一步发展。

4. 读者服务水平和质量还需要大幅度提升

我馆多年来一直致力于体现公共图书馆服务"公益性、基本性、均等性、便利性"的要求，连续多年读者接待人次、书刊外借册次均突破百万大关，读者服务取得明显成效。但在改善服务态度、拓展服务领域、丰富服务内涵、创新服务方式、提升服务层次等方面仍然在很大的发展空间，需要清醒地认识到，我们目前的读者服务水平和质量仍然处于较低的水平。

5. 图书馆综合管理需要进一步加强

我馆引入 ISO 9001 质量管理体系以来，管理效率逐渐显现，先进的管理理念强化了员工以人为本的服务理念，激发了馆员的主人翁意识，增强了图书馆可持续性发展能力，提高了安徽省图书馆的核心竞争力。但在质量管理体系的运行过程中，管理体系与各岗位工作的脱节问题一直无法得到根本解决，说明我们的质量管理工作远没有达到预期的目的。另外，在人力资源管理、财务管理、后勤保障、安全保卫等方面，还有许多需要完善的地方。

三、安徽省图书馆"十三五"时期主要目标

1. 建立"以读者为中心"的工作导向，将安徽省图书馆建设成读者的"学习空间""交流空间""人文空间""主题空间"和"休闲空间"。

2. 进一步丰富服务内容和服务手段，拓展服务领域，改善服务态度，提高服务水平，读者综合满意度明显提升。

3. 建设具有安徽省地方特色的文献收藏体系，协调建设文献资源和数字资源，将安徽省图书馆建成安徽省总书库和全省信息资源保障中心。

4. 以数字图书馆建设为基础，全力推进图书馆智能化建设，积极应用"互联网+"技术，全面提高图书馆应用新信息化技术的水平和能力。

5. 积极推进文化信息资源建设工程、数字图书馆推广工程和公共电子阅览室建设计划等数字文化工程建设，共享工程电视专题片拍摄工作保持全国领先地位，全面提升专题片拍摄和制作水平。

6. 古籍保护工作水平明显提升，完善古籍分级保护机制，基本形成可持续发展的全省古籍文献资源保障体系。

7. 全面推进安徽省公共图书馆阅读推广联盟建设工作，在全省公共图书馆系统形成"以上带下、以强带弱、上下联动"的图书馆阅读推广活动格局。

8. 推进全省公共图书馆开展规范服务一体化和标准化体系建设，探索建立我省公共图书馆地方标准体系。

9. 建设一支年龄结构合理、专业门类齐全、团队意识较强，有强烈进取精神的人才队伍。

10. 积极开展文明创建工作，在保持"安徽省文明单位"的基础上，力争获得"全国文明单位"荣誉称号。

四、主要任务

（一）加强党建工作，为图书馆事业发展提供坚强政治保证

1. 学习贯彻习近平总书记系列重要讲话精神。把学习宣传习近平总书

记系列重要讲话精神引向深入，切实领会精神实质，内化于心，外化于行。把学习讲话精神作为党委中心组学习的重要内容，纳入干部培训计划。深化中国特色社会主义和中国梦宣传教育，推动践行社会主义核心价值观，形成培育和践行社会主义核心价值观长效机制。

2. 巩固和拓展党的群众路线教育实践活动成果。严格执行密切联系群众等作风建设制度，形成作风建设新常态。落实中央八项规定、省委省政府三十条规定和省文化厅相关规定精神，坚决纠正"四风"问题。

3. 认真组织开展"三严三实"专题教育活动，加强领导班子和干部队伍建设。通过深入推进"三严三实"专题教育活动，进一步加强干部队伍建设力度，突出正确用人导向，继续深化干部选任制度建设，积极推进干部交流。加强后备干部队伍建设和干部管理监督，改进干部教育培训，提高培训质量。

4. 加强党风廉政建设和反腐败斗争。按照全面从严治党的要求，加强领导班子和领导干部政治纪律、组织纪律和廉政纪律建设。全面落实党风廉政建设主体责任和监督责任，细化责任内容。强化权力运行的监督制约，进一步推进廉政文化教育，深入推进惩治和预防腐败体系建设。加强公开招聘、项目（资源）采购、干部任用和大额经费使用等重点工作和关键环节的监督检查。

（二）围绕转型升级，推动图书馆事业实现新跨越

1. 转变办馆模式，坚持以服务为本，变"被动服务"为"主动服务"，充分体现图书馆的公共文化服务职能。在服务理念上，顺应数字化、网络化时代要求，从"以资源为中心"的服务模式向"以需求为中心"的服务模式转变，提高服务效能，实现服务效益的最大化。

2. 建设复合多元结构的资源体系，满足用户个性化和深层次需求。资源建设重心从偏重纸质资源向纸质资源与数字资源并重、传统数字资源与原生数字资源并重的方向转变，建立图书馆转型发展的资源保障体系。

3. 转变传统服务方式，服务重心从一般服务转向知识服务。在做好基于纸质文献借阅的传统服务的基础上，充分发挥图书馆资源整合、开发、

挖掘等方面的优势，加速向"服务内容知识化、服务方式集成化、服务手段智能化"等新型方式转型。完善数字资源服务平台，加强移动数字服务能力，着力搭建图书馆创新转型服务平台。

4. 转变管理理念，由"管理读者"向"服务读者"转型。着力开展图书馆"空间建设"，将更多空间建成读者的学习、交流、人文、主题和休闲空间，将图书馆建设成社会公众"免费的公共空间"。

5. 推进图书馆业务工作的转型与重组。传统的基础业务向规范化、工具化、自助化和外包化等方向转型，业务重点从"书本位"向"人本位"转移，从劳动密集型向智力密集型转型。

（三）立足资源共享，全面推进安徽省公共图书馆阅读推广联盟建设工作

1. 继续推进和完善联盟"监测平台体系""考核评价体系""战略合作体系""项目推广体系""服务品牌保护体系""人才队伍体系"等六大体系建设，为联盟的高效运行提供更有效的机制保障。

2. 完善联盟共建共享机制，推进联盟共建共享体系建设。推进联盟数字资源统采统购、文献联合编目、馆际互借、文献传递、通借通还、统一资源检索平台建设等工作，整合全联盟人才、技术、设备、场地等资源，建立全方位的共建共享体系，保障联盟高效运行。

3. 积极构建全省公共图书馆一体化服务网络，建设多元化分层次服务体系，形成全省公共图书馆系统化、规范化、集成化的管理和互利合作的服务格局，进一步完善各级图书馆面向各类型服务对象的多元分层服务体系，提升面向公众阅读、科学研究、立法决策等领域的服务水平和服务能力。

4. 推进"一馆一品"建设，打造联盟活动品牌。协调各成员馆根据本地文化特点和自身优势，形成各馆具有广泛影响的活动品牌。同时，整合、宣传、推广各图书馆的服务品牌资源，结合联盟开展的系列读者活动和服务成果，打造联盟服务品牌。

5. 推进联盟文献联合流通和联合参考咨询工作。本着优势互补、资源共享的原则，开展联盟内文献联合提供服务，探索联盟文献联合流通服务模式。通过综合网络平台，组织有条件的图书馆，联合开展参考咨询服务。

6. 进一步完善联盟绩效考评机制，提高联盟运行效率。完善联盟考评体系建设，增强评价体系的可操作性，对联盟成员馆参与联盟的工作实绩进行客观评价。完善联盟动态考核管理机制，建立联盟成员馆退出机制，优化联盟结构，增强联盟活力。

（四）坚持需求导向，提高资源建设水平

1. 以建设"安徽省总书库"为己任，系统收藏各学科和各类型信息资源，满足不同层次、不同年龄和不同职业读者的广泛需求，建立全省信息资源保障体系。

2. 加强基础文献资源建设。建立"用户需求"驱动的文献资源建设模式，根据读者需要调整文献采访方针和采访计划，保障广大读者对常规文献的阅读需求。

3. 加强数字资源建设。适时调整纸质文献和数字资源的采购结构，在资源购置经费增长的前提下，逐步提高数字资源采购经费占资源购置总经费的比例，"十三五"期间，数字资源采购比例逐步提高至30%—40%。启动外文数字资源的采购工作，建设与省级图书馆任务和职能相适应的数字资源体系。

4. 加强地方文献建设工作。通过采访、征集、复制、呈缴、赠送等各种途径，保证安徽地方文献入藏的系统性和完整性，确保公开出版的安徽地方出版物入藏完整率95%以上，安徽地市出版的日报等报纸和公开发行的期刊100%收藏，非公开发行的期刊收藏率达到90%以上。启动馆藏安徽地方报纸的数字化工作，对20世纪50—80年代出版的《安徽日报》《合肥晚报》等重要报纸进行数字化处理。

5. 加强与全省各类型图书馆的沟通合作，依托安徽省公共图书馆阅读推广联盟，遵循资源共建共享的原则，协调开展资源建设工作。

6. 按照《中国图书馆分类法》等相关标准和规范，做好文献组织工作。利用新的知识组织手段，对多种载体、多种类型的文献信息资源进行

深度揭示。提高文献组织效率,报纸到馆当天提供读者阅读;期刊到馆后2天内提供读者阅读;图书、视听资料、缩微资料到馆后,10个工作日内提供读者阅读;数字资源安装更新后,立即提供读者阅读。

(五)树立服务思维,确立"以读者为中心"的服务理念

1. 加强基本阵地服务,创新服务方式,保障读者基本公共文化权益。"十三五"期间,继续保持读者流通人次和书刊外借册次在百万以上。

2. 以满足读者需求、方便读者阅读为服务工作的立足点和出发点,牢固树立服务思维,切实改善服务态度,提高服务水平,确保读者满意率达90%以上。

3. 积极开展个性化服务,加强为特殊人群服务。以残障人士阅览室为阵地,组织开展丰富多彩的适合残障人士参与的读书活动。积极争取中国盲文图书馆的资源和技术支持,完善为盲人读者的服务项目。培养一支具有一定专业素养的为特殊人群服务的馆员队伍。建立亲子阅读基地,拓展服务空间和范围,最大限度培养少儿读者阅读意识和阅读能力。为各类残障人士,以及持证的老年人、下岗失业人员、低保人员等弱势群体提供免费借阅服务,对失业人员、进城务工人员进行多种形式的再就业培训,并联合社会各界举办多样化的弱势群体服务项目。

4. 开展形式多样的读者活动,丰富社会公众的文化生活。以"新安百姓讲堂""安徽人文讲坛""中华文化大学堂"等公益文化讲座为基础平台,创新讲座形式,丰富讲座内容,扩大讲座听众范围。

5. 维护现有的服务品牌,提炼新的服务品牌。做好"新安百姓讲堂""助困爱心一日捐""优秀书刊漂流阅读""读者英语沙龙""残障人士读书文化日"和"少儿假期主题阅读"等六个服务品牌的宣传推广工作,依托"老年读报沙龙""读者俱乐部"等活动,继续创建特色服务品牌。

(六)围绕体系建设,积极开展延伸服务

1. 积极拓展服务领域,开展延伸服务,探索出适合自己的延伸服务模式,以安徽省公共图书馆阅读推广联盟为依托,利用互联网等新技术,构建安徽省图书馆的虚拟服务网络，服务触角遍及全省，扩大图书馆服务的辐射面和影响力。

2. 加强分馆和服务点建设，提高分馆和服务点建设水平，丰富分馆和服务点资源类型和服务手段，提升服务水平，逐步建立起纸质资源与数字资源相结合、传统借阅与新媒体服务相结合的丰富分馆和服务点服务模式。加大对社区图书馆的支持力度，完善流通网点建设，在财力条件允许的情况下，建设汽车流动图书馆，实现对分馆和服务点服务项目的量化考核。

3. 积极开展图书馆服务进机关、进企业、进社区、进学校、进军营等活动，根据各单位具体情况，提供面向不同群体的、有针对性的服务。

4. 积极推进文化精准扶贫。立足我省贫困地区公共文化服务现状，以国家级贫困县为重点，在资源、技术、人才等领域，加强对贫困地区公共图书馆的扶持力度。

5. 加强阅读推广，推进全民阅读。结合重要节日或社会热点，开展读书报告会、读书沙龙、读书节、读书月等形式多样的全民阅读活动，每年至少开展1次以上大型系列读书活动，积极营造全民阅读社会氛围。

（七）加强深层次服务，提升信息服务的水平和能力

1. 依托丰富的馆藏资源，为社会各界提供深层次信息服务，重点为我省政治、经济、教育、科研等领域服务，加大信息服务的人力和资源保障力度。

2. 强化决策咨询服务职能，利用我馆的数字资源、人力资源，为省委省政府及各级党政机关的决策工作提供信息参考。开展信息服务进驻安徽"两会"活动，为两位代表提供各类专题、信息参考服务。

3. 在科技查新工作上力求新的突破，积极开展与相关单位在科技查新领域的合作，加强查新用数字资源的保障力度，力争实现独立完成部分课题的科技查新工作。

4. 积极建设舆情监测软件平台，提高舆情信息监测工作的质量和水平，保证舆情监测工作的及时性。继续做好向省委宣传部报送舆情信息工作，提高信息报送质量，力争每月报送舆情信息1条以上。

5. 利用大数据技术，实时开展信息采集、抽取、挖掘及处理，为各类信息服务系统提供数据输入，提高信息服务的层次和深度。

6. 积极编制二、三次文献，为广大用户提供传统信息服务。每年编辑出版《文化剪报》不少于12期，《专题文献》和《信息参考》不少于6期，制作专题网页不少于6期。

7. 探索建立学科馆员制度，提升个性化服务水平。建立一支知识结构合理、业务素质过硬的学科馆员队伍，根据用户需求，开展专深的专题信息服务。

（八）加强地方文献研究，注重地方文化传承体系建设

1. 完善地方文献资源体系建设。"十三五"期间，努力建成各类型、多载体的地方文献系统，基本建成地方文献采购、征集、呈缴、交换、复制、数字化等多种方式相结合的地方文献建设机制。积极通过安徽省公共图书馆阅读推广联盟以及与其他兄弟图书馆合作的方式，协调开展地方文献建设工作。

2. 依托馆藏地方文献资源，积极开展地方文献的整理、挖掘、研究和开发，提高地方文献揭示的深度。每年建设安徽地方文献研究产品1项以上，"十三五"期间，完成馆藏地方文献书目索引10个以上，完成"安徽地方志"全文数字化和本馆馆藏地方文献专题数据库建设任务，启动全省公共图书馆馆藏地方文献数据平台的建设工作。

3. 启动安徽省珍贵地方典籍战略储备库建设。以安徽省图书馆馆藏古籍文献和珍贵地方文献资源为基础，整合全省公共图书馆乃至其他类型图书馆的珍贵地方典籍资源，为社会公众提供开放性、交互式安徽地方珍贵地方典籍资源体系的展示和服务。

（九）立足文化惠民，加强三大数字文化工程建设

1. 以资源建设为中心，推进文化信息资源共享工程建设，提高共享工程专题片拍摄和制作的质量

（1）立足安徽地方特色资源建设整体框架的构想，着力建设物质文化、非物质文化、历史文化、红色文化和文化讲座五大主题文化资源。"十三五"期间，完成文化专题片建设 130 集以上，时长 3500 分钟以上；记录新四军老战士口述历史 12000 分钟以上；录制安徽地方戏曲舞台艺术 5000 分钟以上；录制文化讲座 9000 分钟以上，新增资源存储容量约 40TB 以上。

（2）创新服务方式，提高服务效能。利用共享工程"进村入户"专项资源建设资金，为基层文化站购置中国文化网络电视入站终端设备，实现设备和服务的全覆盖。拓展多终端服务能力，提升共享工程服务水平。借助移动互联网、网络电视等最新信息技术手段，充分发挥共享工程资源的服务效能。

（3）推进公共文化数字支撑平台建设。通过网络、电视、移动触摸屏等新媒体渠道大幅提升数字资源传播服务效率，推出面向多终端、自适应的丰富多样文化特色应用。

（4）继续提升数字化服务与管理能力。依托文化共享工程已有服务网络、技术平台和数字资源，利用数字化手段，推动传统服务模式向现代服务模式转型的进程。

2. 以完善软硬件环境为抓手，继续推进数字图书馆推广工程建设

（1）完成全省数字图书馆推广工程软硬件平台的建设工作，推动新建亳州市图书馆、宿州市图书馆，以及目前尚未建设的六安市图书馆及时申报国家数字图书馆建设实施单位，为其软硬件平台建设提供必要的指导和支持。

（2）积极开展全省数字图书馆推广及培训工作，每年开展面向全省公共图书馆的数字图书馆推广工程宣传推广和培训工作 1 次以上，继续提升我省数字图书馆从业人员的专业水平。

（3）提升我省数字图书馆推广工程服务能力。在利用现有渠道开展数字资源服务的基础上，积极拓展数字图书馆推广工程的服务方式，提高服务水平。积极推进全省公共图书馆数字资源的"统采统购、统一认证、统一检索",进一步满足全省公众的数字文化需求。

3. 面向终端用户提供公共数字文化服务,着力推进公共电子阅览室建设

(1)继续完善安徽省公共电子阅览室管理信息系统功能和数据对接工作,继续协助省文化厅推广公共电子阅览室管理信息系统软件的安装和使用,建立健全维护保障机制,确保服务和管理数据的一致性。

(2)继续推动公共电子阅览室服务设施及效能的创新和提升,采取有效激励措施,更广泛地调动基层公共电子阅览室的工作积极性,全面提升全省公共电子阅览室的建设与服务水平。

(3)进一步加强全省公共电子阅览室建设培训,每年开展全省或区域服务推广和培训活动 1 次以上,采取网络讲座、现场授课、上机操作等方式,提高培训效果。

(十)深入推进全省古籍保护工作

1. 逐步完善古籍分级保护机制。在省古籍保护工作厅际联席会议制度框架下,配合省文化厅继续组织开展《安徽省珍贵古籍名录》的申报评审,督导古籍收藏单位依据国家标准改善存藏条件,申报"安徽省古籍重点保护单位"。选择条件较为成熟的地级市为试点,推进市级古籍保护中心的建设工作,在全省形成较为完善的国家级、省级、市级三级古籍保护体系。

2. 大力推进全省范围的古籍普查。充分利用古籍普查平台,基本完成省内古籍公藏单位的在线普查登记工作。

3. 建立安徽省古籍修复基地,对破损古籍进行原生性抢救修复。牵头制定安徽省珍贵古籍修复方案,充分利用古籍修复中心的专业力量,采取传统技术和现代科技相结合的手段,有计划地开展全省古籍修复工作。

4. 开展古籍再生性保护,推进古籍数字化工作。参照国家地方文献数字资源加工标准,完成"安徽家谱"数字化项目,利用"十二五"时期结余资金,完成安徽家谱数字化制作 75 万页。建设"安徽家谱"全文数据库发布系统。

5. 加强古籍的整理出版和开发利用。采用高仿真新技术，编纂出版《安徽省图书馆馆藏珍本丛书》系列等具有安徽地域特色的古籍整理成果。汇编出版《安徽省〈国家珍贵古籍名录〉图录》系列、《安徽省珍贵古籍名录图录》系列等，积极推广全省古籍保护工作的阶段性成果。

6. 筹建安徽省典籍博物馆。根据安徽历史文化特点及存藏典籍现状，借鉴国家图书馆设立国家典籍博物馆的成功经验，筹建安徽省典籍博物馆。依托安徽省图书馆丰富的文献收藏，设置老庄文化、徽学经典、程朱理学、安徽科技、新安医学、皖派考据、新安书画、金石雕刻、安徽藏书史、佛道经典等专题典籍展，充分展示安徽文化亮点。

（十一）突出保障职能，提高图书馆信息化应用的能力

1. 加强软硬件建设，注重综合技术平台的建设。增加自助借还设备，完善设备功能，为读者提供 24 小时自助图书馆服务。提升手机图书馆服务功能，方便读者利用移动设备利用图书馆资源。运用先进技术，开发和完善不同门类信息网络化应用服务平台。

2. 打造安徽省图书馆云服务平台，提高信息化应用能力。充分应用"互联网+"技术，建立"云阅读"体系。通过互联网、数字电视网、移动通讯网等途径，构建全省统一的"用户中心""资源中心""新媒体中心""大数据分析中心"，确立图书馆与互联网虚拟图书馆互联互通、共建共享服务体系。

3. 推进文化与科技的融合，打造智慧图书馆体验馆。通过智慧图书馆体验馆，面向大众展示图书馆的信息化服务产品和解决方案，推动图书馆传统服务转型。利用 3D 打印机以及其他科技创意产品，让大众通过体验，了解各种新技术在图书馆中的应用，激发读者的创新精神，使图书馆成为公众学习、探索及开拓思维的场所。

4. 努力推进信息标准化建设。建立服务于公众的统一的图书馆计算机信息网和分布式馆藏文献统一导航系统，研发和采用电子资源保护技术，保障资源权利方权益，研发并在联盟网站上采用统一的数字资源获取

系统。

5. 加大信息安全保障系统建设。建设网络信任体系，加强信息安全风险评估工作，建设和完善信息安全监控体系，提高对网络安全事件应对和防范能力，防止有害信息传播。健全信息安全应急指挥和安全通报制度，不断完善信息安全应急处置预案，增强信息基础设施和重要信息系统的抗毁能力和灾难恢复能力。加大对信息安全保障工作的资金投入，加强上网信息的审查和管理，防止不良信息的发布和传播，确保图书馆信息资源和服务的绿色、安全。

（十二）围绕新馆建设，开展相关工作

1. 按照省委省政府和省文化厅关于安徽省图书馆新馆建设的工作部署，配合做好相关工作，积极推进新馆的立项和建设等工作。

2. 充分考虑现代图书馆的功能需求，通过多种途径努力参与到新馆建设的规划、论证、设计等工作中，力争安徽省图书馆新馆与未来图书馆事业发展相适应。

（十三）以"质量管理"为抓手，全面提升图书馆综合管理水平

1. 围绕持续改进，持续推行质量管理体系认证工作。完善质量管理体系，加强质量管理检查和内部审核，建立更加规范的服务标准和更加科学的绩效考评体系，推进图书馆质量管理工作持续走向深入。

2. 探索图书馆法人治理结构的建立工作。建立分权制衡、运作独立、公开透明的图书馆法人治理结构，实现图书馆决策的科学化、民主化，加强对图书馆事业监督管理，推动安徽省图书馆事业更好更快发展，满足社会公众日益增长的文化需求，实现公益性服务效益最大化。

3. 规范财务管理，防范财务风险。坚决执行有关财经法规制度，合理使用各种专项经费，严格控制"三公"经费和其他支出，确保财务工作规范高效。

4. 加强后勤保障，推进节能减排。在加强基础设备、设施维修改造和日常维护工作的基础上，将保证设备安全运行和节能降耗作为后勤工作重点,确保全馆各项工作正常开展。

5. 加强民主管理,提升工作凝聚力。强化民主与监督机制,进一步加强工会和团支部组织建设,健全"学术委员会""自动化网络化建设委员会""文献资源建设指导委员会"等组织,继续实行党务公开和政务公开,实现决策管理程序化、民主化、科学化。

(十四) 努力推动图书馆行业协会建设进程,促进我省图书馆行业地方法规建设

1. 加强我省图书馆行业管理,推进成立安徽省图书馆行业协会。维护图书馆行业的合法权益,促进行业规范管理,提高行业整体素质,沟通、协调图书馆与社会各界的关系,谋求我省图书馆事业进一步发展。

2. 积极通过联盟积极争取或通过人大代表、政协委员提案等渠道,推动我省图书馆地方法规、条例的建立。通过地方立法,加强联盟人才、资金、管理、服务及运行等多个方面的保障,为联盟的持续发展创造良好的政策环境。

(十五) 继续推进全省公共图书馆标准化体系建设

1. 立足顶层设计,着力开展公共图书馆领域相关标准项目的申报和制订工作,规范我省公共图书馆社会化服务的操作流程,确保公共图书馆服务达到专业化要求。

2. 进一步在全省公共图书馆系统内推广 ISO 9001 质量管理体系认证工作,促使各基层图书馆服务标准化,全面提升办馆水平和服务质量,推动基层图书馆从传统管理模式向质量管理模式转变。

(十六) 加强人才队伍建设,提高人才队伍素质

1. 完善人才队伍建设机制,建立科学合理的专业人才队伍。建设一支业务精、能力强、想干事、能干事的骨干专业人才队伍,建设一批具备较高素质的专业后备人才。

2. 优化人力资源配置。立足各部门工作实际和专业需求,结合图书馆事业未来发展趋势，合理配置现有人才资源，提高人岗匹配程度。

3. 加强人才培训，提高人才素质。建立全员培训的长效投入机制，结合事业发展要求，加强针对全馆职工的业务培训，着重加强图书馆专业、管理专业、计算机专业、外语专业、古籍整理专业、重点文化工程等重点业务培训，培养高素质的"复合型人才"；并鼓励和支持员工利用各种渠道参加各类学历教育；选送优秀的中青年业务骨干到本省市县图书馆挂职锻炼，与国内部分兄弟省市图书馆签订中层干部双向交流协议，每年选送若干名中层干部到兄弟省市馆进行学习交流。

4. 完善人员考评机制。进一步完善考核内容，改进考核方法，通过考评激发图书馆活力，真正发挥绩效考核体系对图书馆工作的促进作用。

5. 加强学术研究，提高学术研究水平。鼓励部门和员工积极组织、参与业务研究。完善馆级研究课题的申报、立项和成果评审机制，组织和引导员工积极参与省（部）、国家级课题的申报。"十三五"期间，在省级以上正式刊物发表学术论文 30 篇以上，立项省级以上课题 3—5 项，力争产生一批较高质量的学术成果，形成以学术研究促进业务建设的发展格局。

（十七）注重外树形象，加强对外合作与交流

1. 依托中国图书馆学会和安徽省图书馆学会，加强与国内图书馆业界的合作与交流。以中国图书馆年会在铜陵召开为契机，以年会为平台，积极宣传我馆及我省图书馆取得的成绩，充分展示我省图书馆界的良好社会形象，协助做好年会的筹备和协调工作。

2. 以与俄罗斯楚瓦什共和国图书馆的合作为契机，加强图书馆国际合作与交流。推进与外国图书馆尤其是欧美国家先进图书馆的沟通与联系，建立互信互助的友好关系，开展多种形式的业务交流活动，并通过资源共享、馆员互访、业务培训等方式，学习借鉴先进的理念和经验，提高办馆层次和水平。

3. 通过联合开展读者活动等形式，广泛与社会各界开展合作与交流。深化与高等院校、文史馆、社科联、科协以及其他社会团体、个人的合作，提升图书馆读者活动的水平和内涵，扩大图书馆读者活动的社会影响力。

（十八）加强安全管理，确保安全运行

1. 完善安全管理制度，落实安全管理责任。牢固树立"安全第一，预防为主"的思想，健全、完善安全管理制度落实安全责任，确保"十三五"时期无安全责任事故发生。

2. 开展安全演练，提高安全保卫能力。"十三五"时期，每年举行1次以上安全应急预案和消防演练，提高员工处置突发事件和日常安全防范的能力。

3. 开展节假日和重大活动期间专项行动，确保节假日和重大活动期间全馆安全运行。

4. 深化重点要害部位、重点人员管理，确保要害部位安全。

5. 利用多种形式，加强对全馆员工的安全教育，提高员工的安全意识，保证全馆各项工作安全开展。

五、保障措施

（一）思想保障

以加强党的建设为基础，深化理论学习，为推动规划落实提供坚实的思想政治保障。深入学习贯彻邓小平理论、"三个代表"重要思想、科学发展观以及习近平总书记系列重要讲话精神，系统掌握中国特色社会主义理论体系，树立科学的思想观念和思维方式，更好地用党的理论创新成果指导实践、推动工作，坚持以人为本，坚持开拓创新。

强化理论研究和趋势研判，加强图书馆事业研究，深刻认识图书馆事业发展规律，把握我国公共文化服务领域的发展方向和世界图书馆事业的发展趋势，立足我馆实际，以战略思维、长远眼光、国际视野和前沿意识来认识规划，组织落实规划。

（二）组织保障

加强我馆党组织建设，推进党内民主建设，增强基层党组织活力，强化基层党组织的战斗堡垒作用，为规划落实提供组织保障。

完善馆党政领导班子议事制度和科学民主的决策机制。以建立健全工作体制机制为重点，以充分发挥基层党组织的政治核心作用为保障，以党政密切配合、全面协调推进工作为目标，全面加强班子建设和队伍建设，建立健全馆党政联席会议制度，不断推进决策管理的民主化、科学化。

以建设高素质人才队伍为目标，继续深化人事制度改革，进一步完善干部选拔任用机制。大力加强干部队伍的教育管理，努力建设一支素质优良、充满活力的中层干部队伍。

坚持"一切依靠广大职工"的办馆理念，进一步加强工会、职代会、共青团建设，重视发挥民主党派和无党派人士、离退休老同志以及广大读者的作用，充分发挥全馆员工的积极性和创造性。

（三）人才保障

优化人员专业结构，逐步补充图书馆学、计算机专业、外语专业及多种学科专业人员，造就一支素质优良，能适应数字环境下图书馆事业发展需要的馆员队伍，为规划落实提供人才保障。

制定切实可行的人才培养、培训计划，采取灵活多样的方式培养和提高全体馆员的业务素质和业务技能。定期选拔专业基础好、思想素质高、接受新技术能力强的馆员脱产进修或短期培训，补充新知识，逐步成为图书馆的学术带头人或现代化技术应用的业务骨干。

（四）资金保障

积极争取财政经费投入，合理使用经费，保证图书馆建设发展的需要，为规划落实提供资金保障。

优化资金配置，预算安排和资金投入优先保障图书馆日常运行和读者服务的基本需要、保证重点建设项目和重点扶持项目。

进一步完善图书馆的财务管理体制，完善预算管理和预算执行制度、内部审计制度等财务制度，加强专项资金管理，管好、用好办馆经费，厉行节约，提高资金使用效益。

（五）制度保障

建立规划实施的监控、考核和调控机制，使监控、考核和调控制度化，注意在实施过程中及时总结经验教训，适时调整，稳步推进，为规划落实提供制度保障。

建立规划实施的跟踪监控机制，明确专门机构负责监督规划的执行，建立监督制度，加强督促检查。加强对规划实施情况的跟踪分析，特别要加强对重要指标的监测，规划的完成进度在图书馆年度报告中发布。

建立规划实施考核机制，明确规划考核的责任主体。将规划实施责任落实到相关部门和人员，分清责任并根据责任配置资源，加强规划建设的可考核性。在本规划实施的中期阶段，要对规划实施情况进行中期评估。

建立规划调整机制。规划实施的过程也是规划不断完善的过程，规划实施过程中，在坚持总体发展战略不变的前提下，可根据外部环境的变化和图书馆事业的发展，对规划任务和建设目标做适当的充实和微调。当内外形势和环境发生重大变化或因其他重要原因使图书馆实际运行偏离规划提出的目标时，将适时提出调整方案，并通过民主程序审议批准实施，完善规划管理机制。

（发布日期：2016年7月5日）

江西省图书馆"十三五"发展规划[①]

"十三五"时期,是江西省全面建成小康社会、现代公共文化服务体系基本建成的关键时期,也是江西省图书馆实现现代化转型、全面提升的战略机遇期。科学制定并实施好江西省图书馆"十三五"规划,对于提升江西省图书馆事业发展水平,保障我省公众的基本公共文化权益,推进我省公共文化事业发展,具有十分重要的意义。根据中共中央办公厅、国务院办公厅《关于加快构建现代公共文化服务体系的意见》、省政府办公厅、省发展改革委员会《江西省国民经济和社会发展第十三个五年规划纲要》、省文化厅、省发展改革委员会《江西省文化事业发展"十三五"规划》以及省文化厅《江西省"十三五"时期公共图书馆发展规划纲要》的要求,特编制《江西省图书馆"十三五"时期发展规划》。

一、规划背景

(一)发展基础

"十二五"时期,在省委、省政府的高度重视和关心下,在省文化厅党组的正确领导下,江西省图书馆紧紧围绕江西经济社会发展大局,以传

---

① 本规划由江西省图书馆授权收录。

承文明、服务社会为己任,坚持"一切为读者 为一切读者"的办馆理念,走特色立馆、服务兴馆、人才强馆之路,服务方式不断创新,服务品质不断提升,服务成效不断增强,为广大人民群众提供了内容丰富、形式多样化的文化服务,为江西经济社会发展提供了优质的文献信息保障。五年来取得的主要成绩有:

1. **基础设施显著改善,新馆建设得以立项开工**。一是逐步完成馆舍的装修与改造,实现阅览区与办公区分离,扩大阅览区范围。美化馆内和馆外环境,为读者营造舒适的阅读空间。二是为充分发挥中山路老馆舍的作用,对老馆逐步实施维修改造,完成南昌行营维修方案设计和临街阅览楼的合作改造报批手续,对临湖建筑楼进行维修改造,提升了文化品位。三是加大基础设施的投入,完善消防设施,改善办公条件,增加保护古籍设备的投入,更新查询机及书架。实现各阅览室无线网络全覆盖,更新机房设备,新增9台服务器,新增容量30T。新增四台电子图书借阅器,设立自动借还装置,增设了24小时街区自助图书馆设备,开辟自助借还服务。在阅览区增设电子屏宣传展板,通过电子字幕宣传讲座、展览等活动预告,提高读者知晓率。四是江西省图书馆新馆建设得已立项,将在红谷滩凤凰洲拟投资8.5亿元新建省图书馆,馆舍面积将达9.5万平方米。

2. **基础业务工作扎实开展**。基础业务工作扎实开展。一是文献采访编目顺利进行,年均采购中文图书3万种,6万册,外文原版图书400种400册,电子音像资料485种802册,期刊报纸2800余种,年均加工入藏过报过刊20000余册,年均加工新书6万余册。二是馆藏文献信息数量持续增长。至2015年年底,馆藏文献总量达到344万册(件),数字资源总量达96.16TB,传统文献与数字资源结合的馆藏体系正在形成。三是加大古籍保护工作力度,五年来共修复古籍1008种5758册18210页,缩微江西地方报纸15种179579拍8880余米。

3. **读者服务工作全面铺开,服务效能进一步凸显**。一是"两会"服务品牌效应已形成。为了充分发挥公共图书馆为立法决策提供信息服务的职能,连续12年为省"两会"提供信息咨询服务。随着服务的持续和提升,"两会"代表和委员已经形成享受图书馆"两会"服务的习惯,对图书馆的了解也更加深入。二是着力打造公益讲座品牌，精心组织公益展览，充分发挥公共图书馆社会教育的职能。加入了全国公共图书馆讲座联盟，成立了江西省公共图书馆讲座与展览联盟以及湘鄂赣皖长江中游城市集群公共图书馆联盟，在讲座展览上资源共享，互通有无，公益讲座、展览数量与品质连年提升，参与人数众多，多次受到媒体深入报道。三是继续开展特色服务，做强一系列少儿活动项目，如兰兰姐姐故事会、贝贝乐园等。四是读者服务工作稳健发展。年均总流通人次120万余人次，文献流通75万余册次，网站点击量为900万余人次，图书借阅证总量超过30万个。五是成立了南昌城区公共图书馆联盟，实现了南昌城区公共图书馆通借。

4. 江西数字图书馆建设稳步进行。一是数字图书馆推广工程全面推进按照国家要求，我馆现已完成推广工程服务器、磁盘阵列及虚拟网（VPN）防火墙设备等硬件设备的采购、安装及调试工作。建成数字图书馆省级中心节点，实现与国家中心及其他各级节点虚拟网（VPN）的连通，并通过虚拟网访问，可共享国家图书馆数量总数超过120TB的数字资源，完成统一用户管理系统及唯一标识符系统软件平台的搭建工作。二是加大数字资源购买。丰富各种类型的数字资源，购买的数据库总量已达96.16TB。首次订购了中国优秀硕士学位论文全文数据库和中国博士学位论文全文数据库，丰富了资源库内容。三是加大特色馆藏数字化力度，对馆藏民国时期报纸、馆藏地方戏剧、馆藏非物质文化遗产进行数字化保存工作。四是是依托我省丰富人文资源，自建了一批地方特色资源数据库。如《江西历史文化名人多媒体资源库》《江西籍共和国开国将军多媒体资源库》等。五是推进图书馆与科技融合进程，开通掌上赣图，开启江西省图书馆的手机阅读时代。六是参加元数据仓储、政府信息公开平台的建设，分别完成了元数据仓储1万余条，政府信息公开平台34431条。七是开通了江西省数字图书馆体验中心，提供多种数字服务终端，方便社会公众对各类电子图书快速查询与浏览，扩大了我馆数字图书馆的影响力。八是公共电子阅览室技术平台省级平台已经基本搭建完成。

5. 读好书活动和全民阅读深入开展。一是"读好书"活动，自2011

年开办以来，已连续举办五年，每年均有不同的主题与创新，并推出一系列活动贯穿全年，形成了"读好书、多读书、好读书"的良好社会风尚，较好地将"读好书"活动打造成为深受人民群众喜爱的江西公共文化服务品牌。二是全民阅读深入开展。组织全省全民阅读先进单位的申报，多次获得全民阅读先进单位的称号。

6. **人才队伍建设趋于合理**。一是人员结构优化。截至2015年年底，我馆在编人员146人中，研究生12人，本科92人，大专36人，大专以上学历人员占职工总数的95.89%。二是专业技术人员队伍扩大。至2015年年底，我馆正高职称5人，副高职称33人，中级职称72人，初级职称27人，专业技术人员共计137人，专业技术人员占职工总数的93.8%。三是将部分图书外借服务外包，通过社会招聘35人充实工作人员队伍，解放了一部分员工到其他工作岗位。

7. **学术研究水平有效提升**。一是加强对外学术交流，选派人员参加了美国图书馆协会年会暨"图书馆未成年人服务"论坛和第10届诺桑比亚图书馆与信息服务绩效评估国际会议。此外，五年来，学会共组织参加中国学会活动30余次，其它行业会议30余次。二是积极发挥行业组织作用。学会发展中国图书馆学会会员191人，江西省图书馆学会会员331人，组织学会会员参加业务研讨会和业务培训10余次，参与人员3000余人次。三是积极组织人员参加全国业界学术征文活动。学会与江西省高等学校图书情报工作委员会组织多人次参与中图学会、省图学会学术征文活动。五年来，学会共收到征文546篇，评出一等奖43篇、二等奖80篇，三等奖96篇。四是积极组织课题申报。据不完全统计，我省会员承接、批准完成的国家级社科基金项目10余项，教育部基金项目20余项，省部级以上基金项目20余项。五是《江西省图书馆学刊》更名《图书馆研究》，树立精品意识，提高办刊水平与质量。

8. **实现申报国家重点文化项目的零突破**。积极申报国家公共文化数字支撑平台，被列入全国第三批建设名单。我馆申报的"赣鄱文化映万家"获得立项。此外，向文化部全国公共文化发展中心申报《江西历史文化名镇名村多媒体资源库》和《江西非物质文化遗产资源库（四）》两个地方特色资源库，目前两个资源库已经通过评审。申报的《江西省政府公报》影印项目入选国家民国文献保护中心的重要项目之一。

9. **加强基层辅导推动业内交流**。一是创造条件培训基层业务人员。我馆除利用到各县维护的机会提供现场辅导培训外，还举办续举办各种技术培训班及业务培训班。五年来，在文化信息共享工程、电子阅览室计划、参考咨询、古籍保护、少儿服务等工作上开设培训班200余次。**二是坚持"走下去"加强基层辅导**。以开展"三区"人才支持计划为契机，做好基层图书馆的交流与培训工作，提升基层公共文化服务水平。**三是连续五年定期召开全省公共图书馆馆长会议**，为江西省图书馆界搭建了良好的学习交流平台。四是搭建馆际合作平台，助推图书馆科学发展，先后建立滇赣皖合作同盟、湘鄂赣皖公共图书馆联盟，加强馆际交流。

10. **社会影响力辐射更加广泛**。一是媒体关注程度提高。近五年来有关江西省图书馆的报道数量逐年提升，且载体更具专业性，级别较高，真正做到了图书馆工作在电视上有画面，在广播里有声音，在报纸上有文字，在网络上有版面，有效提升了我馆的社会影响力。二是编印内部刊物宣传业务工作。在加强对外宣传的同时，也重视馆内的宣传策划工作，定期编印与推送《江西省图书馆动态》《赣图动态》。三是各项工作成绩突出，多次荣获江西省直机关文明单位、全民阅读先进单位，全国文化体制改革工作先进单位、江西省优秀社科普及宣传基地等荣誉称号。四是顺利完成全国第五次公共图书馆评估定级工作。

11. **内部管理井然有序**。一是改善办公环境和馆区环境，逐步对阅览室、自习室、展厅、办公区进行装修改造，使馆内功能分区更加清晰。同时，美化馆舍外围设施，对大门两边护桥、食堂及周边环境进行了改造，使馆区大门、周边的环境得到较大改观，此外还更换停车系统、监控系统。二是后勤保障有力。根据经费情况，认真总结分析上年度预算执行情况，结合全馆本年度工作实际，认真做好单位经费预算，使全馆的各项费用预算更加切合实际。严格按财政规定，专款专用。政府采购实行网上申报。按时完成全体职工工资套改与增薪，完成职工养老保险改革，按时发放全馆职工、离退休人员工资、福利，办理职工、离退休人员公费医疗年审和报账及职称变动人员住房补贴。三是安保消防工作到位，确保馆内平安。四是充分发挥党、团、妇与工会的作用，温馨家园建设处处暖人心，馆内文化已然建成。

(二) 发展环境

1. **政策环境**。"十三五"时期是我国全面建设小康社会的关键时期。《中共中央关于制定国民经济和社会发展第十三个五年规划的建议》要求持续推动基本公共文化服务标准化、均等化发展，保障人民基本文化权益，简言之，就是要在全国范围内实现文化低保，特别是中、西部欠发达地区。李克强总理在十二届全国人大三次会议所作的《政府工作报告》明确把"倡导全民阅读，建设书香社会"列入持续推荐民生改善和社会建设的目标中。文化民生成为社会建设重要指标。2015年，中共中央办公厅、国务院办公厅印发了《加快构建现代公共文化服务体系的意见》进一步为公共文化服务体系建设指明了方向，对于促进基本公共文化服务标准化、均等化、保障和改善文化民生，提高文化治理能力具有十分重要的意义。随后，江西省出台了实施意见，制定了适合本地区特色的实施标准。2016年，《江西省"十三五"规划纲要》指出，要加大公共文化产品供给，基本形成普遍均等、覆盖城乡的公共文化服务体系，实现文化惠民、文化公益。推动文化资源向基层和农村倾斜，基本实现文化均等。要深化文化体制改革，增强赣鄱文化的吸引力、竞争力和影响力。江西省图书馆新馆工程已经开工并且纳入"十三五"重点文化工程，江西省图书馆迎来了巨大的发展机遇。

2. **发展挑战**。现代技术及新媒体的迅猛发展，电子出版物数量剧增，资源载体、类型与来源多样化，读者的信息获取方式日益多样化，要求江西省图书馆尽快完成从传统到现代的转型。实施公共图书馆免费开放的政策，全国图书馆事业发展的良好态势，要求江西省图书馆必须进一步创新服务模式，拓展服务领域，提高服务水平。同时，我们还须清醒地认识到，江西省图书馆事业发展中还存在一些亟待解决的困难和问题，主要表现在：馆舍条件与布局需要改善与协调；基础设施建设需要增加投入；数字图书馆建设还需不断推进与深化；为领导决策服务能力和水平还需提升；文献信息资源总量还需大幅增长；传统图书业务与数字图书业务融合深度还需进一步加大；社会教育职能还需要进一步拓展；引领与协调全省公共图书事业发展的工作还需要进一步加强；馆内文化建设还需要深入挖掘；内部管理机制还需要进一步完善。

二、指导思想和基本原则

（一）指导思想

高举中国特色社会主义伟大旗帜，全面贯彻党的十八大和十八届三中、四中、五中全会精神，以马克思列宁主义、毛泽东思想、邓小平理论、"三个代表"重要思想、科学发展观为指导，深入贯彻习近平总书记系列重要讲话精神和治国理政新理念新思想新战略，牢固树立和贯彻落实创新、协调、绿色、开放、共享的发展理念，紧密围绕江西省委省政府"决胜全面建成小康社会、建设富裕美丽幸福江西"建设目标，坚诗"一切为读者、为一切读者"的服务理念，走"特色立馆、服务兴馆、人才强馆"发展道路，着力加快事业建设步伐，完善服务设施；着力提高读者服务质量，创新服务方式；着力加强人才队伍建设，满足服务需求，推动江西省图书馆事业走上科学发展、和谐发展、跨越发展的轨道，将江西省图书馆建成馆藏有特色、服务有亮点、技术有创新、管理成体系的现代化新型图书馆。

（二）基本原则

1. **以人为本，服务至上**。坚持以读者需求为中心的办馆理念和发展思路，以社会主义核心价值观为引领，坚持服务效能为要、用户体验优先，提高全民素质和社会文明程度。

2. **深化改革，创新发展**。深化改革图书馆管理体制和运行机制，坚持创新驱动，提高精品意识，打造服务品牌，增强核心竞争力。

3. **统筹兼顾，协调发展**。统筹协调内部业务、对外服务、人才培养、学术研究等各项工作，充分挖掘和发挥馆藏资源整体优势，推进事业整体协调发展。

4. **节能环保，绿色发展**。坚持节能环保理念，挖掘资源潜力，提高管理水平，提升图书馆整体效能和可持续发展动力。

5. **立足中部，开放发展**。全方位开展国内国际、行业内外合作与交流，积极参与和服务"一带一路"战略，建立社会评价与反馈机制，鼓励和引进社会力量参与图书馆各项工作。

6. **面向全省，共享发展**。强化服务全省理念，拓展面向全省的服务范围、服务手段和服务内容。积极履行中心图书馆职责，发挥图书馆联盟作用，提高资源共享程度，促进全省图书馆事业共同发展。

三、发展目标

新时期江西省图书馆的发展要立足国内，放眼国际，要建设国内一流的现代化馆舍，以可持续发展的眼光加强设施设备等基础设施建设，要将江西省图书馆新馆建设成为全省文化地标，跻身于行业领先地位。同时，也要注重图书馆作为城市文化担当的重要内涵。要抓住机遇，深化改革，有力推进服务体系建设，实现全省图书馆公共文化服务的标准化、均等化。加快传统图书馆转型升级，提升数字化服务能力。坚持创新发展，提升服务水平与服务效能，做强做大一批文化精品，发挥行业引领作用，提高江西省图书馆在业界的话语权。

因此，未来五年江西省图书馆建设的总体目标是：以新馆建设为契机，夯实服务基础，提升服务水平，加快传统图书馆转型升级，走现代化图书馆建设之路，为江西省图书馆百年馆庆交付满意答卷。

四、主要任务

（一）完成江西省图书馆新馆建设，成为南昌新的文化地标

1. 建设现代化新馆。充分吸收国内外大馆建设先进经验，全面认证考

证建筑设计，规避其他大馆在以往建设中出现的盲点和薄弱环节，并结合最新建造理念，在 2019 年年底前完成江西省图书馆新馆建设项目并能投入使用，馆舍面积将达到 9.5 万平方米，要把新的馆舍建设成为具有代表性、突出性、特色性的布局合理、功能全面的现代化新型图书馆。

2. 建设典籍博物馆和江西地方文献保护中心。继续对中山路老馆进行改造，完善图书馆典籍保护、保存、研究职能，建设适应江西省图书馆职能定位的典籍博物馆。充分优化和完善展陈空间。典籍博物馆应该兼顾江西地方文献保护中心、爱国主义教育基地功能。

3. 进一步改善文献存藏条件。调整优化书库布局空间，重点做好保存本书库和基藏书库建设，使各类书库达到省级一级馆要求。加强数字资源长期保存设施设备的配置与保障。

4. 加强设施设备建设。继续添置自动借还设备、查询机等，为读者提供更加便捷、高效、优质的服务。

5. 优化空间资源配置，打造用户满意的公共空间。评估馆舍空间分布，充分利用室内和户外空间，兼顾舒适性与利用性，优化功能分区，在有条件的情况下，开辟用户体验空间。

（二）增强文献信息资源综合保障能力，成为用户的城市大书房

1. 促进实体资源与数字、网络资源充分融合的、现代化的、适合省级图书馆、具有地方特色的馆藏体系建设，不断完善实体馆藏与虚拟馆藏的协调互补机制，使馆藏资源内容丰富，结构合理。

2. 研究制定馆藏资源建设中长期发展规划，重点加强数字资源建设规划。开展社会调查，采用多种渠道和方式了解用户和社会需求，以用户为中心，重新审视和制定文献资源的建设和采选方针。

3. 整合业务数据，研究分析用户行为与需求、资源建设与利用的数据，根据社会需求和出版市场变化，调整优化书籍、报刊、试听、特殊群体资源等馆藏采购策略，修订和完善馆藏发展政策。

4. 适应用户需求变化与信息技术发展，加大数字馆藏比例，建立适应多平台、多终端的数字资源体系，能支持智能手机、平板电脑及个人电脑

终端同时使用。

5. 与阅读网站合作，扩容电子图书资源。

6. 拓宽资源获取渠道，争取与网站平台、出版社合作，多渠道获取资源及出版信息，拓展网购、交换、赠与、拍卖等渠道，充分利用网络平台，广泛收集、补充地方特色文献，建设馆藏品牌。

7. 建立信息资源采购咨询制度，广泛征求用户、专家以及相关行业组织的意见，提升信息资源建设的针对性和有效性。

8. 完善馆藏评估与剔旧管理制度，评估馆藏发展情况，及时调整馆藏及相应空间结构，维护馆藏质量，不断提高资源利用率。

9. 重点加强具有地方特色的文献资源和主题文献障体系建设。拓展、优化特色文献资源和主题文献，结合国家图书馆的"中华记忆"项目，向相关主管部门申报及申请资金支持"江西红色印象"项目，坚持抢救性、代表性、前瞻性的原则，以口述史料与影像史料为特色，建立体现地域特色，地域精神，具有历史文化价值与意义的，包含纪录片、电影、微电影、口述历史等影像资源建设，使其成为新型的馆藏文献信息资源。

10. 依托国家古籍保护中心的"中华古籍保护计划""民国时期文献保护计划""中华优秀传统文化文库编纂项目"，做好全省普查、保护、保存。做好这些文献的缩微、复制工作，建立江西缩微母片库、江西缩微文献服务网站。加大缩微文献数字化工作，自建并不断丰富本馆古籍的数字化书库，做好永续保存。

11. 推进重点文献、特色文献的整理研究和再出版，启动一批专题文献整理与研究项目，形成一批有重大应用价值和社会影响的研究成果。

12. 依托国家古籍保护中心的"中华优秀传统文化典籍精品展陈项目"，江西省图书馆建设典籍博物馆，深入挖掘现有馆藏，策划组织精品展览，加强与文博单位的合作，对省馆的优秀典籍进行创造性的展陈和阐发，展示中华文化的独特魅力，拉近优秀典籍与社会公众的距离，打造宣传和展示江西典籍文化的示范性窗口。

（三）优化公共服务，体现社会教育，成为公民终身学习的大教室

1. 定期开展对现有服务或活动的问卷调查，了解用户需求及满意度，优化用户满意途径和措施，积极推广与验证各种创新服务，提高服务用户能力。

2. 加强营销推广，提升服务自助化、便利化程度。

3. 研发具有用户转借交互功能的APP，加快图书流通。

4. 完善用户咨询中心建设，提供全面、规范、便捷的咨询服务。

5. 完善面向实体文献的知识整序和发现机制，综合采用知识分类、主题分类、兴趣分类和用户群体分类等多维度和动态的知识序化方法，提升用户发现和获取实体资源的效率，节约用户时间。

6. 面向公众、专业人士和各类组织机构及政府提供深层次知识信息服务。根据其个性化需求，推动书刊推荐、用户培训、知识导航、信息增值和立法决策咨询等信息咨询服务，提高立法决策服务能力，开展移动咨询服务，提高咨询服务质量和效率。

7. 将文献信息资源进行主题分类或根据用户分类，遴选用户关注度高、利用性强的主题，为用户开展主题服务，例如养生、理财、创业等主题，提高专业服务水平。

8. 综合运用多种方式、全面、系统提升馆员规范服务、文明服务水平。

9. 增强图书馆与用户、馆员与用户以及用户与用户之间的互动性，如留言簿、读后感、用户分享墙等，营造浓厚的服务与用户参与氛围。

10. 关爱特殊群体，引导他们利用公共服务，参与公共服务，有针对性地为每个特殊群体至少提供一项公共服务。

11. 参与科学普及、法治普及、教育实践等公众服务，发挥示范基地的作用。

12. 通过网络注册、到馆注册、到社区或单位营销、参观图书馆等多种方式，扩大阅读人群，提高用户注册率。

13. 扩大读者证权限、送书上门等多种方式，提升公众利用图书馆的

便利性，提高图书馆的资源利用率。

14. 开展书刊导读、推荐书目、图书排行榜、阅读方法讲座等服务，开展多层面的读书会等阅读推广活动并推动其品牌化、系统化、专业化，发挥专业人群的引领作用，引导公众读好书。

15. 适应公众阅读方式转变，从资源建设、门户多样化、降低成本、营销推广等多方面，大力拓展移动阅读服务，如微信阅读。

16. 利用好"读好书"阅读推广平台，深化读书活动品牌建设，继续精心打造一批，开发一批阅读品牌，推进全民阅读。

17. 通过拓展与有关机构、组织、志愿者团体等合作，建设有声图书馆，强化特殊群体的阅读推广服务。

18. 发挥阅读体验区等平台推广阅读的作用，推进高新科技与阅读推广的融合。

19. 推进未成年人阅读，实行"阅读+"项目。对幼儿推出亲子绘本阅读服务，亲子手工课，打造一系列亲子阅读服务，体现寓教于乐，增强家庭融合度；与高校、培训机构、志愿者团体合作，探索英语、日语等多语种绘本阅读活动，培养未成年人多元文化素养。为小学、初中、高中读者策划传统文化阅读品牌活动，培养传统文化素养。针对中小学生群体，深化社会合作和分级阅读服务，配合学生课外阅读需求，定期编制分级阅读推荐书目。

20. 争取政府专项支持或有关组织合作，为准父母、父母开设阅读公开课，为他们提供阅读培养的综合课程，引导他们为孩子培养阅读习惯。

21. 深化社会教育职能，继续做好赣图大讲堂、赣图展览等公益活动品牌。

22. 创设"赣图公开课"等学习品牌，利用自身优势、整合各种资源，针对不同群体开展讲座、体验、阅读分享、互动等多系列、多形式服务。针对老年人开展新媒体技能、书画艺术、养生保健等学习课程，以适应社会老龄化发展。适应万众创业需求、理财投资开设创业讲座、理财专题讲座。

（四）强化公共数字文化服务，成为泛在的知识门户

1. 利用大数据、云计算、物联网等新技术，推进数字图书馆一体化网络建设。建设全省公共图书馆云、统一的数字图书馆门户（包括移动图书馆门户），形成共享、互联互通的数字图书网络。

2. 优化网站信息构建，减少链接深度，精简服务栏目，提高网站的可用性。

3. 基于用户需求和用户行为分析，优化网络信息服务、个性化服务，增加用户粘度。

4. 推进数字图书馆服务入口前置，在政府网站、其他门户网站提供进入通道。

5. 强化数字参考咨询服务，扩展服务的广度和深度。

6. 发现基于大数据的数字知识服务，聚合公开网络资源以支持知识增值服务。

7. 推动公共数字文化资源整合与服务平台共建共享，建设基于知识发现模式的"江西文化地图"，融合有关机构的数字馆藏，共享区域内数字文化和信息资源。

8. 发展和优化网络和移动服务平台的知识发现和与服务功能。开发微信图书馆，使江西省数字图书馆无论何时何地存在，成为泛在的知识门户。

9. 整合用户资源，发展虚拟社交平台并嵌入用户日常信息媒介与社交空间，提供互动交流服务。

10. 通过虚拟社交空间，促进线上线下互动，营造线上互动线下服务氛围。

11. 激发社区成员潜在的交互能力，鼓励个性化设置和创造，扩展和泛化社区成员之间的联系，建立灵活高效的社区管理机制。

12. 建设基于云储存、云服务和大数据的技术平台，提升信息设施管理水平，实现对各类型海量数据的有效管理、储存、分析和利用。

13. 加强业务管理系统对新的信息管理和服务环境适应性研究与整理，

完善业务统计平台，提高体统平台的运行性能和访问速度，为各项业务工作提供技术保障。

14. 发掘与整理内部业务工作和读者服务过程中产生的数据，特别关注馆藏文献资源利用和读者信息行为的各类数据，为馆藏发展政策和用户服务政策调整提供数据支持。

15. 做好全馆信息化建设规划，全面推进信息服务系统的建设和应用，提升业务管理的自动化水平，实现对图书馆业务和服务的全流程数字化、网络化管理。

16. 加强设施设备和技术平台的智能管理。

17. 提高馆务信息化水平，为办公自动化、移动办公、远程办公提供安全保障。

18. 建立较为完备的信息安全管理机制。

（五）促进知识、信息交流与人际交流，发挥社会连接器的作用，成为促进各方交流的城市会客厅

1. 根据公共交流需要，规划空间，形成不同功能、大小、风格以满足不同层次交流需求的公共空间。

2. 规范管理交流空间，定期做好交流空间的信息目录，并在相应平台同步发布，供公众预约利用。

3. 有选择地整合用户在图书馆交流空间的优秀作品，作为各公共空间的装饰性元素，积淀交流成果，并定期更新。

4. 打造一些交流活动的品牌，如读书会、名家沙龙等等，推动交流活动向专业化、系列化、品牌化方向发展。

5. 积极开展跨界交流与合作。与博物馆、文化馆、纪念馆、美术馆、儿童活动中心、剧院等公共文化服务机构深度合作，融合发展，建立公共文化资源共享机制。

6. 强化公共交流活动成果整理，推进学术研究，提升服务专业水平。

7. 充分运用社交媒体，整合赣图通讯，统一形象推广策略，提升图书馆形象。

8. 整合提升微博和微信等媒体服务水平，建立与公众良好的沟通渠道，以活动为基础，通过用户注册、微信关注、社交媒体群组等方式联结公众，增强用户粘性，激发用户在交流活动中的能动性，构建"图书馆之友"群体或组织。

9. 启动"江西记忆"网络服务平台，重点汇聚个人与家庭、社区与街道、亲历历史事件等资源与互动交流，引导社会参与，形成以公众参与、其他机构参与、共建共享为特点的网络互动平台，活化"江西记忆"。

10. 与兄弟图书馆及数字出版商合作，整合电子资源，开展文献传递、参考咨询等合作，实现知识信息尤其是研究性资源、特色文献的获取和共享。

（六）以标准化、均等化建设实现文化惠民，促进文化公平，成为推动公共文化服务体系建设的重要阵地

1. 与市馆、区馆联合有步骤有计划规划网点分布，覆盖城区，推进公共文化服务体现建设，体现文化公平，提升服务标准化和均等化水平。

2. 继续完善及优化已有的图书馆联盟，突破发展瓶颈，走出发展困境。要把已经建成的高校图书馆联盟吸纳进来，加快公共图书馆、高校图书馆和专业图书馆的联盟建设，建立多维度的图书馆联盟。

3. 注重打造城市图书馆群，继续扩大城区通借通还范围。依托现有的洪城图书馆联盟，并在经费许可的情况下，增设24小时街道图书馆设备，力求在全市范围内形成新的图书馆文化服务网络，实现联合检索、馆际互借、数字资源共享和图书"一卡通"服务。

4. 建设直属示范性分馆，建设示范性服务体系。选取南昌市区为示范点，并逐步向其他设区市铺设开来，形成城市图书馆群，优化信息资源，实现共建共享。

5. 完善通借通还服务系统，探索图书馆物流机制，建立统一的图书馆群管理系统。

6. 协调区域内文献信息资源建设，探索联合采购、统一编目标准，构建区域信息资源共建共享平台。

7. 以数字图书馆推广计划为平台,面向全省公共图书馆,构建江西省公共图书馆参考咨询协作网。根据各市、县图书馆开展参考咨询业务的层次和发展规划,结合不同地区的具体特点和要求,开展参考咨询业务培训,旨在强化全省公共图书馆参考咨询馆员业务能力;推进全省公共图书馆开展参考咨询服务的规范化和标准化进程,倡导业界参考咨询服务的协作和联合,交流和推广图书馆开展参考咨询业务的经验,促进我省公共图书馆信息服务的意识和能力的提升。依托全省公共图书馆参考咨询协作网,江西省图书馆将在服务政策制定与协调、文献资源及人力资源的协调与相互支撑、服务策略、模式研讨与服务协作应用系统推广等与市县公共图书馆进行业务协作。

8. 切实发挥省馆在全省范围内的行业示范引领作用,推进全省人才队伍建设,继续实施三区人才计划,组织优秀师资面向基层图书馆展开业务培训,带动基层图书馆,特别是农村及贫困、偏远地区基层图书馆的发展,为贫困、偏远地区图书馆事业提供智力支持,推动图书馆行业在构建现代公共文化服务体系中发挥积极作用。

9. 构建联合服务网络。实现江西省公共图书馆决策咨询服务平台,江西省图书馆参考咨询协作网,江西政府信息公开平台等其他数字平台的互通互联,共同构建覆盖全省的公共图书馆联合服务网络。

10. 充分发挥学术交流平台的作用。继续提升《图书馆研究》的学术水平和行业影响力;利用刊物、学会组织平台,组织学界和业界专业力量,围绕图书馆事业发展的重点领域和重大问题展开深入研究和探讨,探索与各级各类图书馆建立常态化的开放交流机制。

五、保障措施

(一)深化体制改革

1. 根据中央关于文化体制改革的要求,深化内部体制机制改革,进一步提高管理水平,推动形成责任明确、行为规范、富有效率、服务优良的运行机制,营造良好的事业发展环境。

2. 推进图书馆理事会制度改革。配合国家事业单位法人治理结构改革要求，吸收借鉴国内外图书馆先进经验，推进建立现代管理制度，落实法人自主权，完善理事会制度，配套完善年度报告和信息披露、公众监督等基本制度。

3. 完善绩效评估制度。围绕馆藏文献资源的建设与利用、用户需求与服务等重点领域，建立评价指标体系，重视投入产出效益。

4. 建立群众评价和反馈机制。要建立自评机制，并要与群众评价或第三方评价、综合评估和专项评估相结合的多元评价机制。建立较为完善的图书馆业务与管理统计、评估体系。利用大数据分析技术，加强对业务数据的统计、分析及利用。

（二）调整管理体系与运行机制

1. 根据新的发展规划，建立规划管理制度，确保规划得以实施、完成和见效。

2. 指定职能部门负责发展规划的组织实施工作，依据各部门制定年度工作计划，对各部门实施计划进行符合性审查。

3. 围绕规划，进行组织结构、岗位设置、人力资源配置调整，明确规划各项内容的实施责任主体，建设规划的实施平台或承接项目。

4. 根据规划确立的目标，制定并实施人才队伍建设、文献信息资源建设等专项规划，开展组织文化建设。

5. 建设规划动态管理制度，指定职能部门负责对规划的实施效果进行年度评估，同时根据内外环境的变化，对规划进行调整。

6. 将规划实施成效纳入各层级管理人员年度绩效考核范围。

7. 按照公共服务、技术服务、行政管理三大块继续调整各部门职能。

8. 调整部门管理体制，扩大部门管理自主权，规范部门管理职责，建立部门主任全责清单。

9. 在部门职能分工、自主管理基础上，推进项目管理、团队管理等灵活的管理方式。

10. 以提升效能为导向，完善服务于管理考核指标，建立科学的绩效管理制度。

11. 构建以发挥员工主体作用、激发员工活力激发内生力量为目标的制度环境与组织文化。

12. 完善业务规章制度及业务工作规范，加强业务研究，提高业务管理的科学化、规范化水平。

13. 完善财务监督机制，科学制定和执行预算，强化预算调控功能、规范经费管理审批流程。

14. 加强对重大工程的绩效审计，提高资金使用效益。

15. 加强国有资产精细化管理和政府采购管理，规范运行。

16. 建立安全管理体系，特别是加强网络信息安全体系化建设，完善安全管理制度和应急预案，加强全员安全培训，提高防范意识。

17. 完善宣传工作机制，加强宣传员队伍建设，围绕重点工作、重大工程、大型活动做好宣传报道规划，积极拓展媒体合作渠道，策划开展宣传推广活动，建立覆盖各类媒体的宣传工作网络。

18. 规范官方信息发布渠道和发布流程，加强网络舆情监控，建立舆情快速响应机制。

19. 强化基于各类自媒体的用户服务评价与推介，为事业发展创造良好的舆论环境。

（三）建立人力资源保障机制

1. 分析目前人才队伍建设中存在的问题，依据事业发展需求，制定并实施人才队伍建设专项规划。

2. 完善岗位设置，完善岗位的分类分层管理，优化人力资源配置。

3. 落实岗位人员年度考核及岗位调整机制，实施年度考核不合格人员转岗的配套制度。

4. 完善职称申报、聘任制度，建立符合实际工作需要的多支专业人才队伍。

5. 界定专业服务和辅助性服务范围与关系，完善购买服务和社会化用人机制，建设一支高素质的辅助人员队伍。

6. 把住人员入口关，对规划期内拟聘人员的专业、层次结构进行系统分析研究，科学制定人员招聘计划。

7. 面向新入馆员工，强化并规范入职培训，实施轮岗制度。

8. 推进服务专业化与人员专业化两个发展目标的结合，以人员专业教育背景、专业实践和专业研究作为岗位聘任的主要依据，探索建立参考咨询馆员，采访采编馆员等馆内专业资格制度。

9. 建立知识共享平台，组织馆员经验交流，实现内部知识充分交流共享。

10. 推进面向需求的继续教育设计，丰富教育形式，建立配套的绩效评估办法，提升教育实践。

11. 着手开展与高校联合培养专业硕士、公共管理硕士的项目，支持馆员参加图书馆学及相关专业的在职进修。

12. 制定科学研究促进办法，采用多种措施支持专业人员科研成果发表，科研课题申报及参与学术交流，激发专业人员自主开展科学研究。

13. 每年组织学术论文点评研讨会，提升专业人员学术研究水平。

14. 利用社会资源，推进有关主体合作开展业务与学术交流、研究，馆员交换等项目。

（四）推进党建工作规范建设，确保事业可持续发展

1. 加强党员理论学习，全面提升党员干部队伍的思想作风水平，充分发挥党员干部队伍的模范带头作用

2. 规范、创新党建工作制度，提高党建工作科学化水平。

3. 加强党风廉政建设的主体责任和监督责任，建立健全管理制度体系，打造一支有战斗力、清正廉洁、务实肯干的党员队伍。

4. 加强对馆史的系统研究与宣传展示，特别是在全馆传承与发扬赣图精神，完善江西省图书馆荣誉表彰体系，以"温馨家园"建设为基础，大力推进和完善馆内文化建设，努力在全馆营造立足岗位、甘于奉献、快乐工作、幸福生活的和谐氛围。

5. 切实加强领导班子作风与能力建设，树立"严以修身、严以用权、

严以律己、谋事要实、创业要实、做人要实"的作风，不断提升干部队伍的专业化能力和行政能力。

6. 建立深入基层调研制度，提高决策的科学性。

7. 切实加强干部监督管理，加大干部交流力度，推进中层干部定期交流和轮岗。加强后干部队伍建设，完善后备干部培养与选拔模式。

8. 进一步完善职工代表大会制度，充分发挥工会组织的民主管理作用。

9. 创新共青工作思路，丰富和活跃员工文体生活，为员工个人发展创造条件。

10. 切实关心离退休员工生活，做好服务工作。

（发布日期：2016 年 10 月 15 日）

河南省图书馆"十三五"规划纲要[①]

为加快构建现代公共文化服务体系,更好地保障人民群众基本文化权益,切实推动河南省图书馆"十三五"时期各方面工作有序开展,制定本发展规划纲要。

一、指导思想

全面落实党的十八大和十八届三中、四中、五中、六中全会精神,深入贯彻习近平总书记系列重要讲话精神,深刻认识当前公共图书馆面临的发展环境,以完善现代公共文化服务体系、满足人民群众日益增长的精神文化需求为出发点,按照公益性、基本性、均等性和便利性要求,秉承"读者第一,服务至上"的办馆宗旨,全面推进河南省图书馆现代化建设。

二、总体目标

以提升服务效能、推动新馆建设事业为发展重点,着力强化图书馆信息化、自动化、网络化建设,强化文献信息资源建设与信息服务功能,创

---

① 本规划由河南省图书馆授权收录。

新服务理念与服务方式，提高管理水平，优化馆员队伍结构，力争经过五年努力，把河南省图书馆建设成管理科学、业务规范、功能完备、环境优良、服务一流的现代图书馆。

三、主要任务及措施

（一）全面从严治党、落实"两个责任"

加强党风廉政建设、思想政治建设和精神文明建设。充分发挥馆党委的核心作用，进一步强化全面从严治党主体责任、第一责任和"一岗双责"，以严的标准、严的措施、严的纪律，切实加强党的思想建设、组织建设、作风建设、反腐倡廉建设和制度建设，不断提高党的科学化管理水平。抓好精神文明建设，切实做好省级文明单位创建各项工作，实现图书馆事业发展和文明创建活动同步发展、共同繁荣。

（二）加强制度建设，优化管理机制

推进法人治理结构进程，初步建立公共图书馆理事会制度。进一步完成制度建设，完善绩效考核与激励机制。继续做好岗位聘任工作，优化岗位管理，落实安全管理责任，加强应急预案的制定和演练，加强网络安全管理，提高网络安全防控能力。

（三）积极推动新馆建设

围绕省十次党代会提出"加快构筑全国重要的文化高地"的宏伟目标，以省委办公厅、省政府办公厅《关于加快构建现代公共文化服务体系的实施意见》为指导，在省文化厅的领导、支持下，积极推动河南省图书馆新馆建设，做好前期论证的各项资料准备工作。

（四）文献信息资源建设

努力建立与省级图书馆相适应的纸质文献与电子文献互为补充的、具有地方特色的区域性文献资源保障体系。

提高馆藏文献质量。加大文献信息资源采购与征集力度，突出重点，兼顾整体，逐步形成既满足大众基本阅读需求，又支撑文化传承、学术研究和区域产业发展的馆藏文献资源体系。

加强数字资源建设。以读者需求为目标，引入新类型资源，选购适用性好、利用率高、学术水平有保证的数字资源。以公共数字文化工程资源建设为依托，优化地方特色资源建设框架结构，加大特色数据库建设力度。

加强地方文献建设工作。通过采访、征集、复制、呈缴、赠送等各种途径，保证河南地方文献入藏的系统性和完整性。

（五）读者服务工作

1. 坚守阵地，搞活服务

加强基本阵地服务，创新服务方式，保障读者基本公共文化权益。继续加大开架借阅范围，整合内部资源，优化服务环境，年平均接待读者人次、借阅图书册次分别保持在 100 万人次、80 万册次以上，为建设书香社会提供服务。

2. 深耕品牌活动，助推全民阅读

以豫图讲坛、七色花少儿系列活动、非遗技艺展示、豫图展览、数字阅读体验、群众文化摄影网展等服务品牌为引领，强化服务品牌，优化服务内容，开展创新性活动，增强品牌的吸引力、持久性与美誉度。以活动带动服务方式与内容的创新，带动全民阅读的深入开展，传承和弘扬中华优秀传统文化。

3. 关注特殊群体，开展延伸服务

建立残障人士阅览室及相关配套设施，组织开展丰富多彩的适合残障人士参与的读书活动。联合社会各界开展未成年人、老年人、进城务工人员等特殊群体阅读推广、知识培训等服务活动。积极拓展服务领域，巩固并加强现有分馆及借阅点建设，探索行之有效的服务模式，扩大服务的辐射面和影响力。

4. 深入文献内容，提供决策参考及课题咨询服务

继续坚持为省领导机关决策提供参考性文献信息、为经济建设提供智力支持，努力提高《决策参考》《文化信息参考》编辑质量，增强针对性和可读性，为政府决策提供信息服务，年出版量分别为 36 期和 24 期。深化参考咨询服务，建立网上联合服务体系，积极开展信息咨询、定题专题跟踪服务等较高层次的服务项目。

（六）公共数字文化建设与服务

1. 自动化、信息化基础建设

加强全馆自动化、信息化软硬件建设，进一步提升信息化、自动化水平，完善手机图书馆、24 小时自助图书馆服务功能，促进图书馆数字服务手段升级换代，提升现代化服务水平。

2. 数字图书馆建设

加强数字图书馆平台建设，依托数字图书馆推广工程，加快全省公共图书馆虚拟网互联互通建设，实现以省馆为中心、市县馆为骨干的资源丰富、服务快捷、技术先进、稳定可靠的全省数字图书馆服务网络，提升市县图书馆数字化服务能力。加强数字资源的整合利用，以全省公共图书馆数字资源共建共享为目标，丰富资源类型，提升资源适应性，满足不同终端、不同人群的实际需求。

3. 公共数字文化服务平台建设

依托文化信息资源共享工程和公共电子阅览室建设，加快构建公共数字文化服务云平台（即国家公共文化数字支撑平台）建设，逐步建立集大数据采集、数字资源统一云目录、应用服务对接、服务推广等功能于一体的公共数字文化综合服务平台，面向基层开展线上线下相结合的服务推广活动。继续完善全省公共电子阅览室管理信息系统功能和数据对接工作，建立健全维护保障机制。

4. 资源建设与宣传推广

以河南省图书馆地方特色资源建设整体框架为基础，进行共享工程特色资源建设与数字图书馆推广工程资源建设。与农村党员远程教育平台相结合，借助移动互联网、网络电视等新的信息技术手段，创新数字资源服务方式，提高公共数字文化服务效能。继续开展全省公共数字文化宣传推广及培训工作，提升全省公共图书馆从业人员的专业技术水平。

（七）古籍保护工作

继续遵循省政府办公厅《关于进一步加强古籍保护工作的意见》提出的"保护为主、抢救第一、合理利用、加强管理"的基本方针，按照《"十三五"时期全国古籍保护工作规划》，全面、科学、规范地开展古籍和民国时期文献的普查与保护工作。阶段性完成全省古籍普查工作，按期、分卷出版全省古籍普查登记目录；加强馆藏破损古籍原生性修复力度，开展古籍再生性保护；推进馆藏古籍和民国时期文献数字化进程，力争实现馆藏善本古籍、民国时期文献全部数字化，并实现网上全文查询；积极配合省文化厅开展第二批全省重点古籍保护单位、第二批全省珍贵古籍名录评审工作；继续开展古籍保护人才培训工作，培养一批有较高水平的古籍著录、修复、整理人才。

（八）馆员队伍建设与科研工作

加强人才培养，重视图书馆学、数字化自动化、古籍整理等专业人才的引进和培养。修订完善并继续实施《职工继续教育暂行规定》《职工学术成果奖励规定》，鼓励员工参加继续教育，形成人才梯队，营造良好的学术研究氛围，激发员工开展学术研究的热情，促使员工业务素质快速提升。

（九）馆际合作与业务引领

通过参加学术研讨会、技术交流会、参观学习、培训等多种方法，进一步加强与国内外图书馆的合作与交流，树立形象，提升地位。

进一步发挥全省公共图书馆业务引领与协作协调作用，注重加强全省基层图书馆业务培训工作，完善全省公共图书馆讲座联盟、信息服务联盟机制，开展有针对性的活动。推动全省地方文献联合目录建设，推动全省公共图书馆地方文献征集联盟建设。结合全省公共文化数字工程，构建全省公共数字文化服务网络。

（发布日期：2017年1月9日）

湖北省图书馆"十三五"规划[①]

"十三五"时期（2016—2020）是我国全面建成小康社会、实现"两个一百年"伟大奋斗目标的关键时期，是全面深化文化体制改革、构建现代公共文化服务体系的重要阶段。湖北省图书馆将把握关键战略机遇期，夯实基础，奋发有为，实现知识服务模式转型与升级，努力营造一个广泛互联、融合共享的数字化、网络化、智能化"智慧图书馆"。

一、使命、愿景与发展目标

（一）使命

湖北省图书馆以倡导全民阅读、营造书香荆楚，拓展信息素养教育，着力建设适应本省发展需要的公共文化服务体系，为湖北经济社会发展提供文献资源保障和智力支持。

[①] 本规划由湖北省图书馆授权收录。

（二）愿景

打造荆楚文化高地，资源总量和服务水平臻于全国前列。实现普遍均等、惠及全民的公共文化服务，构筑标准化、均等化、共享包容的公共文化空间。以"互联网+公共文化服务"为理念，创造智慧泛在的信息资源网络。运用前沿技术，以特色馆藏与特色服务引领行业潮流，打造全国知名的公共文化服务品牌，构建一个湖北现代公共图书馆服务体系，为"文明湖北"建设做出积极贡献。

（三）发展目标

1. 整体目标

突出网络发展理念，推动"互联网+图书馆"建设，围绕"两书建设"工作重点，打造"湖北总书库"，全面实现"六个一流"。到2020年，力争实现新增藏量、数字资源总量等主要资源指标以及举办活动次数、网站点击量等主要业务指标显著增长，建成"中部领先、全国一流、湖北特色、世界影响"的"智慧型图书馆"。

2. 发展主旨

夯实基础，打造品牌，建设好"两书两节""五馆一云"；创新驱动、激发潜能，凝聚智慧、打造智库，全力实施"智慧惠民、包容共赢"的发展战略。

3. 发展路线

运用云计算、大数据、物联网、移动互联网、人工智能等新兴智能技术，为用户提供多方位、全要素的创新公共文化服务体验；坚持问题导向和专业思维，提升整合海量、优质、多元的文献信息资源能力，为广大读者提供便捷、高效、精准的智慧化服务；通过内部培养、外部引进和项目合作等方式，形成有力的智力支撑体系；鼓励创意创新，释放文化创新发展的强劲势能。

二、指导思想和原则

（一）指导思想

以马克思列宁主义、毛泽东思想、邓小平理论、"三个代表"重要思想和科学发展观为指导，深入贯彻习近平总书记系列重要讲话精神，全面落实党的十八大和十八届三中、四中、五中、六中全会精神，聚焦"全面建成小康社会"目标，服务经济建设、政治建设、文化建设、社会建设和生态文明建设，坚持"创新发展、协调发展、绿色发展、开放发展、共享发展"原则，秉承"读者第一，服务至上"的办馆宗旨，加快现代公共文化服务体系建设，强化文化体制机制改革创新，推进湖北省公共图书馆事业的协调发展、共享发展。

（二）基本原则

1. 创新驱动原则

紧紧围绕读者需求，激发学习型机构的内生动力，积极推进业务转型、组织重构和空间再造。积极推进科技与文化深度融合，形成新服务、新形态、新集群。构建现代公共文化服务新模式，引领公共图书馆事业发展新潮流。

2. 普惠均等原则

以公益性、基本性、均等性和便利性为核心，强化基础服务供给，发挥公共图书馆"知识信息中心、学习交流中心、文化休闲中心"社会价值，拓展和延伸服务范围，保障特殊群体的基本文化权益，确保公共文化成果惠及全民。

3. 协调发展原则

加强科学规划与统筹协调，注重计划任务的可持续性和可操作性，具体工作中实施"三个并举"，即虚拟图书馆与实体图书馆发展并举，日常工作与重大活动并举，资源建设与阅读推广并举，在扩大公共文化资源供给的同时，努力建设资源节约型、环境友好型的绿色图书馆。

4. 开放共享原则

引导社会力量积极参与文化建设，并建立广泛的合作关系，构建长效合作机制与协同创新机制。开发利用好图书馆信息资源、智力资源与社会资源。积极拓展国际合作，积累经验，加大开放力度，促进中外文化交流。

三、"十二五"事业发展成就

"十二五"期间，湖北省图书馆按照省委关于把我馆建成"国际知名，国内领先，中部一流"的图书馆的要求，着力于建新馆、抓管理、善服务，较好地完成了"十二五"目标任务。表现在：馆舍建设成为图书馆界新标杆，10万余平方米新馆舍是"十一五"馆舍面积的4倍；投入1.13亿元的数字图书馆建设成为全国新范式，节能减排系统、云计算和云存储等技术设备均达到世界先进水平；复合型资源建设形成累积优势，"十二五"时期购书经费1.39亿元，是"十一五"的5.6倍，资源总量迈入全国第一方阵；创办"长江讲坛"带来蝴蝶效应，已举办公益讲座235场，累计听众近14万人，媒体受众700余万人。同时，特色图书馆建设成为全国新亮点，不仅新建了省人大图书馆等7个特色馆，还开展了诸如"三抓一促""书香荆楚文化湖北""公共文化数字惠民月"、纪念抗战胜利70周年、盲文图书阅读推广和党风廉政宣教月等系列活动；学术理论研究有了新突破，《公共文化服务需求反馈机制研究——以"中三角"公共图书馆为例》课题获文化部专家组评审二等奖，省社科基金重点项目《现存湖北著作总录》通过专家组评审。少儿、古籍和地方文献馆建设成绩显著，读者权益得到有效保障。"十二五"期间，设置馆外流通动服务点60个，书刊借阅12万册次，年均举办展览50场，教育培训63次，阅读推广活动110次，与"十一五"相比，同比增长分别为317%、40%、59%。"十二五"时期到馆读者880万人次，书刊借阅242万人次、692万册次，与"十一五"相比，年均同比增长分别为115%、231%、170%。

四、"十三五"发展环境分析

（一）政策环境

党的十八大提出了 2020 年基本建成公共文化服务体系的战略目标，十八届三中全会将"构建现代公共文化服务体系"作为全面深化改革的重要任务之一；十八届五中全会进一步明确要求"加快文化改革发展，实现基本公共文化服务均等化，建设社会主义文化强国"。《国家"十三五"规划纲要》中提出"推进基本公共文化服务标准化、均等化"是今后一段时期国家文化工作的重点之一。2015 年 1 月，中共中央办公厅、国务院办公厅印发了《关于加快构建现代公共文化服务体系的实施意见》和《国家基本公共文化服务指导标准（2015—2020 年）》，对于推进基本公共文化服务标准化均等化作出了全面部署。2016 年 5 月，文化部印发《关于推进县级文化馆图书馆总分馆制建设的指导意见》，确定以县级图书馆为中心推进总分馆制建设，对基层公共文化服务网络建设进行了具体部署。

2016 年 1 月，湖北省《关于加快构建现代公共文化服务体系的实施意见》提出到 2020 年，基本建成与我省经济社会发展水平、人口状况、群众需求相匹配，覆盖城乡、便捷高效、保基本、促公平的现代公共文化服务体系，全省公共文化服务整体水平要优于、高于中部各省，走在全国前列。

（二）法律环境

《中华人民共和国公共文化服务保障法》于 2017 年 3 月 1 日正式实施，以法律形式明确了政府对公共文化的保障责任，全国人大常委会正在加速推进《公共图书馆法》立法，这都为我省公共图书馆事业发展创造了良好的法律环境。

随着社会信息化、资源数字化、服务均等化深入发展，将全民阅读纳入国民经济和社会发展规划成为新常态。2015 年 3 月 1 日，《湖北省全民阅读促进办法》正式实施，办法强调建立全民阅读活动保障机制，规定县级以上人民政府应将全民阅读工作所需经费列入本级财政预算，加大经费投入，建立全民阅读调查评估制度，将全民阅读指数纳入精神文明建设目标考核体系。2016 年 1 月，省委办公厅、省政府办公厅印发了湖北省《关于加快构建现代公共文化服务体系的实施意见》和《湖北省基本公共文化服务实施标准（2015—2020 年）》，实施标准囊括了 48 项指标，对服务项目和内容、设施和设备、人员配备提出了明确要求，并将落实情况纳入各级党委政府和领导干部绩效考核体系。

（三）信息环境

随着新兴技术发展、行业业态拓展，图书馆面临的信息环境发生着巨大而深刻的变化。表现为：移动互联网常态化，到 2020 年移动互联网用户总数将达到 8.4 亿，普及率超过 60%；云计算应用广泛化，我国云计算产业规模已达万亿元等级，到 2020 年我国云计算应用基本普及、云计算服务能力达到国际先进水平；数字出版主流化，传统出版与数字出版相融合、新兴出版迅猛发展已成为行业趋势；信息分享社交化，城市居民社交媒体覆盖率在 2014 年已达 34%，成年人日均使用微信阅读两次，日均微信阅读时长超过 40 分钟。这些新趋势客观上对图书馆服务的智能化、个性化、人性化以及标准化提出了更高要求。

五、现实基础

根据《2015 中国文化文物统计年鉴》的统计数据，在全国省级公共图书馆中，湖北省图书馆文献总藏量 649.82 万册，居全国第六；年新增藏量 51.01 万册，居全国第三，财政拨款 19706.2 万元，居全国第二；新增藏量购置费 2922.3 万元，居全国第四；电子阅览室终端数 536，居省级公共图书馆第一；总流通人次 257.67 万人，居全国第六；书刊文献外借 216.34 万册，居全国第五。总体而言，湖北省图书馆办馆条件和主要服务指标已具备进入全国省级公共图书馆前五位的基础。

六、主要任务及策略

（一）加强"两书两节"建设，引领事业发展

1. 建设"藏书之书"

合理规划馆藏结构，建设面向大众阅读需求和总分馆建设需要、符合中长期发展计划的省图书馆文献资源体系。理清湖北省文献资源总库的建设要求与收藏范围，梳理基础需求和湖北省重点建设发展领域及各类主题服务需求的关系，合理规划经费分配比例，完善保存本制度建设。同时，要加强馆藏资源采购过程中及结束后的统计和评估工作，适当引入第三方评估，充分运用评估成果，为采购决策提供数据支持；减少多复本重复采购比例，提高采访资金使用效率；缩短针对馆藏资源的读者反馈路径，支持与鼓励读者荐购；探索运用基于阅读行为的读者决策采购，开发馆藏发展新策略。利用补采、征集、交换、数字化等方式进行缺藏文献补藏。继续贯彻"省内出版物求全，国内出版物求好，外文出版物求精"的采选方针，全面收藏省内文献，广泛采集国内出版的各学科、各类型、各主题与各载体文献。

"十三五"时期，计划年均入藏图书50万册（件）以上，入藏报刊5000种以上，入藏声像资料、电子出版物10万册（件）以上，确保到"十三五"期末，馆藏文献资源总量超过1000万册（件）。

加强数字资源建设，完善数字资源评估体系。不断引入新类型资源，选购适用性好、利用率高、学术水平有保证的数字资源。同时，要加大自有特色数据库建设力度，形成完整数字资源体系。探索开放存取，加强数字资源、网络资源、共享资源的组织与揭示，优化数字资源长期保存和灾备系统建设。

完善荆楚特色馆藏，加大湖北省地方文献资源收集和保存力度，制定地方出版物征集规划，加强与地方文献出版部门及相关单位的协调合作，增加征集品种，缩短征集时间，形成呈缴、征集、采购、交换、复制、数

字化等方式相结合的地方文献建设机制，实现年入藏本省出版物不少于本省出版量的 90%。积极开展地方文献的整理工作，推动家谱、碑帖、地方志等特色文献的开发与利用。

2. 着力建设"讲座之书"

创新讲座规划理念、内容结构、互动形式、传播手段，推进公益讲座服务延伸，打造"长江讲坛"强势品牌。利用长江讲坛 APP、湖北省图书馆 APP、湖北省图书馆公众号进行资源推广，实现精品讲座的在线点播；加强讲座经费保障以及继续编辑出版《长江讲坛》系列丛书；开发利用优质讲座资源，不断壮大讲座嘉宾阵容；组织讲座资源进机关、进院校、进基层、进军营，拓展受众范围，扩大"讲座之书"的社会影响；继续开展"长江讲坛"援疆、援藏及省市联动活动；组织"长江讲坛"进行海外交流，加快对外开放步伐，将"长江讲坛"打造成为全国领先的公益讲座品牌。

建设好全国讲座资料中心。按照研究级文献的收藏标准，搜集全国讲座文献资料和国内外与讲座相关的讲座资料信息，发布讲座资料和动态，扩大讲座宣传；通过保存资料，加强行业间的交流与讲座信息资源的共建共享；通过资料的陈列和流通，为读者提供更丰富的讲座内容。

3. 努力办好"长江读书节"

创新读书节服务模式。深化运用"讲、阅、展、演+数"的"4+1"服务模式，依托湖北省公共图书馆"百馆联盟"，保障读书节活动的常态运行。举办百场讲座、百场展览、百家汽车图书馆"文化扶贫"、百万少儿乐享"童趣书香"、百万民众畅游"无障阅读"、百万网民助推"数字阅读"等"六百"系列活动。凸显活动创新创意，精确定位目标读者，加大经费投入力度，为"长江读书节"创新和发展提供坚实基础。同时，做好对外宣传，注重媒体宣传推广，彰显图书馆在阅读指导、信息资源等方面的优势，巩固公共图书馆在阅读推广中的主体地位，促进社会积极参与，力争将"长江读书节"创建成为全国知名的公共图书馆阅读推广品牌。

4. 发展"童之趣"少儿读书节

以"童之趣"读书节为主线,组织有关图书馆实现上下联动,开展内容活泼、形式开放、趣味浓郁的阅读活动,推动"童之趣"少儿服务品牌系列化发展。鼓励和引导更多未成年人走进图书馆,多读书、读好书。同时,针对不同年龄层次的未成年人阅读需求,打造双语阅读、绘本讲演、科学普及、文学思考四位一体活动体系,推动服务阵地有形化、品牌化,搭建优秀的阅读活动平台。推动和探索馆校协调合作、相互流通,开辟新服务渠道,丰富服务内容,有效增加面向农民工子女等特殊未成年人群体的服务供给。在总结中澳儿童艺术交流回顾展等活动的经验基础上,不断拓展少儿阅读推广国际交流合作空间。

(二)推进"五大馆"创建,升级服务体系

1. 建设湖北省古籍大馆

继续推进古籍保护工作。建立古籍普查、修复、保存、宣传、利用工作机制。做好《国家珍贵古籍名录》和全国古籍重点保护单位申报工作,继续开展湖北省珍贵古籍名录和古籍重点保护单位申报评选工作。

完成古籍保护重点项目。全面完成《现存湖北著作总录》编纂,力争编辑出版《湖北省图书馆古籍善本书目》和《湖北省古籍总目》,集中力量编纂《荆楚文库·方志编》。挂牌成立湖北省典籍博物馆并面向公众开放,将其建设为典籍文物文化的收藏、展示、研究与交流中心。

提升古籍保存、利用水平。通过微缩复制、数字化和重大出版项目等方式,实现古籍的再生性保护。做好徐行可纪念图书馆推介与服务工作。广泛开展古籍专题展览、古籍知识讲座、读史书活动以及学术交流。加强古籍修复人才队伍建设,争取把湖北省古籍修复中心建设成为国家级古籍修复中心。

2. 建设湖北地方文献图书馆

加强地方文献专藏建设。设立湖北版本图书专藏库和专藏阅览专区。建设以省馆为中心、各地市州馆为分支机构的特色文献中心。多

渠道充实收藏湖北地区家谱文献，逐步建立湖北家谱文献收藏中心和服务中心。

保障地方文献收集入藏。增进与新闻出版局审读中心的合作和沟通，疏通地方文献采访渠道，保证鄂版图书收藏的连续性、系统性和完整性。

继续推进微缩文献工作。在全国图书馆文献缩微复制中心统一协调与部署下制定中长期缩微抢救计划，不断提升文献抢救能力，加强缩微资源的揭示与整合，推进文献抢救成果的再生性应用。

3. 建设湖北省少年儿童图书馆

完成湖北省少年儿童图书馆挂牌。做好湖北省少年儿童图书馆设计规划，整合现有文献、设施、人员，积极沟通协调，努力完成挂牌工作。为广大少年儿童创造良好的少儿阅读环境。

4. 推动湖北特色图书馆建设

发展特色图书馆服务集群。完善政协文史资料馆、廉政文化图书馆、全国讲座资料中心、盲文图书馆和徐行可纪念图书馆等特色图书馆建设。筹建湖北版本图书馆、作家碧野图书馆等特色专题馆。

推进特色图书馆网络建设。维护、更新、新建特色数据库，形成湖北省特色资源库群。搭建特色图书馆网络平台，实现省内乃至全国资源共建共享，将湖北省图书馆建设成为全国知名的特色图书馆大馆、强馆。

5. 完善湖北数字图书馆建设

加强数字图书馆平台建设。建设湖北省公共图书馆云平台，增强数字图书馆技术支撑，实现网络、服务与资源的统一调度管理，建成以省馆为中心、市县馆为骨干的资源丰富、服务快捷、技术先进、稳定可靠的湖北省数字图书馆服务网络。

创新数字图书馆服务体验。升级湖北省数字图书馆门户网站，提供一站式服务体验。重点打造读者口碑好、参与度高、形式多样的数字阅读推广活动，激发读者数字阅读热情，构建"线上阅读、线下体验、全省共建、共享交流"的新型服务模式。

（三）运用前沿技术，建设"云上鄂图"

1. 积极参与湖北公共文化数字服务平台建设

积极配合省文化厅推动湖北公共文化数字服务平台建设，并协同省博物馆、省美术馆、省群艺馆等湖北省重点公共文化服务主体，初步建成省级公共文化数字服务平台及其移动服务平台，实现自建数字资源、服务项目信息及服务统计数据在平台上的自我上传、管理及发布，最终实现全省所有文化共享工程基层网点接入本平台，推动我省公共文化数字特色资源库群建设初具规模。

2. 提供智能化、数字化泛在服务

推进移动自助服务，促进线上线下融合，实现高度智能化、自动化的全域服务。引入基于大数据的用户信用管理系统，打造读者身边的"数字鄂图"。开展移动智能参考咨询，提供基于知识关联的统一检索和知识发现服务，实现全方位导航。遵守知识产权相关规定，合理管控图书馆资源使用，整合外网免费资源。推动本馆数据向关联数据的转化。

3. 强化数字图书馆宣传推广

利用网站宣传推广、新媒体定向推广、馆员引导推广、活动联动推广等形式加大湖北省数字图书馆服务和"掌上鄂图"APP、"长江讲坛"APP、微信公众号推广力度，持续完善移动端功能与服务，探索三网融合服务新模式，推送优质资源，增强公共数字文化阅读体验。

（四）积极创建共享包容的公共文化服务空间

1. 建设全民阅读基地和终身学习中心

常态化持续开展"长江读书节"活动，开展捐书、换书、品书、图书漂流，支持读者通过读书会、书友会等形式进行交流；以节庆日、寒暑假、世界读书日、数字惠民月、服务宣传周等为契机策划组织各类阅读活动，发挥引领作用，营造书香氛围，提升全民阅读社会参与度。

推广终身学习理念，完善"楚天智海"学习中心建设，为读者提供个性化、系统化的数字学习服务。拓展信息素养教育范畴，培育读者数字素养、媒介素养、数据素养。

2. 保障特殊群体基本公共文化权益

全面提供无障碍服务，打造"光明直播室"等一系列特殊群体服务品牌，发展特殊群体服务志愿队伍。加强无障碍设施配套、维护，设置专藏，营建无障碍阅读空间。面向特殊群体，积极开展送书进学校、进养老院、进企业活动，为特殊群体开辟绿色通道。开展定向网络信息服务，对外来务工人员提供信息服务和技能培训。

3. 建设文化休闲与智慧激发的空间

充分发挥馆舍空间价值，加强环境建设与空间再造，结合开放式艺术展览项目提升文化氛围，呈现可欣赏、可阅读、可触摸、可交流的立体阅读，解读和诠释"展览之书"的新理念。创建学术交流空间、创客创业空间、项目研讨空间、文化传播空间。

4. 发展覆盖面更广的延伸服务

进一步加强24小时自助图书馆和汽车图书馆服务网络的建设与服务，维护与发展流动服务点，扩大流动服务覆盖范围，提高流动服务文献更换频率，根据实际服务需求调整优化流动服务布局。合理规划制定流动书库、流动服务点管理与服务制度，完善图书流动车服务。

5. 实施文化精准扶贫、弥补信息鸿沟

结合我省37个贫困县脱贫目标，开展文化精准扶贫工作与总分馆服务体系建设，定点建立文化扶贫服务网点。充实基本文献资源，启动贫困县（市、区）公共图书馆流动图书馆配送工程。通过服务网络建设、现代技术手段运用和基层人才培养推动贫困地区基本公共文化服务主要指标达到全省平均水平。

（五）提升决策服务水平，助推湖北建设发展

1. 提升为上级部门决策服务综合水平

做好《信息快报》《领导参考》《文化动态》等产品以及非定期服务

产品，建设政府决策咨询知识库。围绕重点地区、领域、事件，发展基于大数据的检索、分析、预测、可视化呈现能力。构建开放式决策服务组织框架，发展科技查新、文献传递、数据分析的专业服务团队，发展领域专家、学科馆员队伍。与国家图书馆加强合作，积极加入全国公共图书馆立法决策服务平台。

2. 强化重点热点服务，提供创业就业服务

重点围绕"一带一路"、长江经济带和长江中游城市群建设等重大主题和热点领域建设的知识资源库群。配合援疆项目，积极参与"丝绸之路国际图书馆联盟"建设与合作。

开展创业就业相关讲座培训与交流活动，升级打造"草根梦想空间"。为小微企业、自主创业提供公益性咨询，加强专利标准、科技报告、产业研究等特种文献供给。为企业提供平台接入便利和信息人才培训。加强科研热点、重点、生长点领域的态势监测，构建嵌入式科研服务。

3. 建设现代智库支撑体系

创新智库团队模式，建设以大数据平台及相关技术平台为基础，拥有信息资源优势，专业化的高端智库团队。建立系统化的评估、预测和分析方法体系，开展实证的深度研究，形成涵盖不同周期、适应不同分析深度需要的信息产品序列。开辟信息获取渠道，形成覆盖面广、可信度高、关联性好的战略情报、学科情报、产业情报获取网络。

（六）强化协调合作，加强对外合作交流

1. 引领事业发展，协调基层服务网络

发挥省馆龙头带动作用，完善湖北省公共图书馆联盟共建共享机制，积极开展业务辅导和业务培训，加大基层图书馆人才储备与培训力度。结合重点文化惠民工程构建多元分层基层公共文化服务网络，提供标准化、规范化服务。规范全省图书流动车管理，拓展覆盖面积和服务领域，年均开展流动服务不少于8次。建设"武汉城市圈图书馆联盟"，协调实现武汉"1+8"城市圈通借通还。广泛实施联合编目，促进湖北地区文献信息

资源共建共享。

2. 提高行业合作水平

深化与国家图书馆等行业内具有影响力机构的业务合作。推进"中三角"公共图书馆资源共享和联合服务，加快图情一体化建设步伐，依托本地区图情领域高端智力资源密集的优势，与高校、科研院所深入合作，与更广阔范围内的行业机构建立合作关系，建立长效协同服务机制。

3. 深化社会合作、鼓励社会力量参与

吸纳包括民营资本、公益性慈善机构、图书馆用户、群众组织等在内的社会力量共同参与图书馆建设。跟踪社会合作的优秀范例和先进经验，增进信息交流，寻求项目合作。发展图书馆志愿者队伍，完善志愿者注册招募、服务记录、管理评价以及保障和激励机制。

4. 加强对外合作与交流

支持我省对外文化宣传。加强与国外图书馆、文化机构的国际合作，积极推动"湖北书架""长江讲坛""极目楚天舒"湖北文化图片展、"放飞梦想"国际少儿画展等重点服务品牌"走出去"。加强书刊文献交流交换，推送荆楚特色出版物和文化宣传品，增加赴外设讲、办展频次，讲好中国故事以及湖北故事，让中国元素和中国符号体现新的生机和魅力，为"荆楚文化走世界"等文化交流项目提供支持。

（七）积极探索治理模式，优化管理机制

1. 健全法人治理结构

初步建立法人治理结构框架，进一步健全理事会工作制度。扩大社会力量参与途径，吸纳社会公众人士参与决策和监督，形成政府宏观管理、图书馆自主发展事业、社会力量积极参与的办馆格局。

2. 建设现代管理体系

优化岗位管理，明确岗位职责，细化目标管理，完善绩效体系，将读者评价作为效能评估与绩效考核的重要依据，完善绩效考核与激励机制。

层层落实安全管理责任，组织安全意识教育和安全知识培训，加强应急预案的制定和演练，重视网络安全管理，提高网络安全应变能力。

3. 全面从严治党、落实"两个责任"

加强思想政治建设、精神文明建设和党风廉政建设。充分发挥馆党委的核心作用，切实担负起主体责任和监督责任。抓好制度建设，全面从严治党。紧密结合党风廉政教育与廉政文化建设等活动，充分发挥廉政文化图书馆作用。建设服务型党组织、团、工会组织，实现图书馆事业发展和文明创建活动同步发展、共同繁荣。

（八）努力提升馆员素质，促进科研创新

1. 提高管理干部素质，打造骨干力量

建立健全党性教育、理论教育、业务培训和实践锻炼"四位一体"的干部培养教育体系。完善培养选拔模式，加强新提任干部培训力度和后备队伍建设，推进中层管理干部定期交流和轮岗。健全权力约束制衡机制，加强干部监督管理。

2. 培养引进优秀人才，形成人才梯队

多途径引进专业人才，并采取选派进修等方式，重点培养中青年业务骨干。充分发挥资深专家作用，建立业务传帮带制度。积极引导人才合理分布与流动，保证基础业务技术队伍的稳定。

3. 健全业务培训机制，助力专业成长

加强岗位培训，鼓励员工参加在职学历教育，加快专业技术人员知识更新。有计划地组织和开展计算机网络知识、图书情报理论等继续教育培训。关注馆员职业生涯规划，继续实施"创新人才计划"，形成人才健康成长的有效机制。

4. 完善科研管理机制，提升学术研究水平

进一步增加科研经费投入，修订和完善科研管理制度。关注行业动态，贴近前沿进展，强化理论支撑作用。制订科学合理的研究计划，形成

多角度、多层次的课题研究体系。支持科研成果出版，推动科研成果转化，鼓励科研成果的共享和利用。

七、保障措施

（一）制度保障

贯彻《公共文化服务保障法》《公共图书馆法》等国家相关法律与行业标准，推动公共图书馆法制化与标准化规范体系建设，推动《湖北省公共图书馆条例》的修订工作，落实《湖北省全民阅读促进办法》等地方法规，为湖北省图书馆事业发展创造良好的政策环境。

（二）经费保障

积极争取财政投入同步增长，持续优化经费结构。强化财务制度约束，完善预算管理执行制度、内部审计制度和国有资产管理制度，加强专项资金管理，提高经费使用效益。

（三）管理保障

根据行业评估标准与文明创建标准，合理细致制定馆内各项工作管理标准，严格遵循《湖北省图书馆规章制度汇编》（修订版）各项制度，执行实施科学化和绿色化管理。深入探索公共图书馆法人治理模式，积极开展法人治理成效评价，保障综合管理水平。

（四）社会保障

加大合作力度，积极参与并完善各种社会保障。积极引导社会力量参与图书馆建设，探索开展公共文化服务社会化采购，持续推进图书馆志愿者服务。创造良好的社会环境与舆论环境，树立湖北省图书馆"楚天智海"的公众形象。

（五）人才保障

积极引进专业人才，全面优化馆员知识结构，创建科学合理的人才培养和交流机制，造就一支知识丰富、才能全面的公共图书馆复合型人才队伍，以确保湖北省图书馆事业快速、健康发展。

（发布日期：2017 年 4 月）

湖南省图书馆"十三五"发展规划纲要[①]

一、"十二五"回顾

"十二五"期间,湖南省图书馆以"文化办馆、服务立馆、科研兴馆、人才强馆"为办馆宗旨,全面落实免费开放政策,改革湖南图书馆法人治理结构,圆满地完成"十二五"时期所规定的目标和任务,在促进湖湘文化繁荣,弘扬优秀民族文化、普及科学文化知识、播撒现代文明成果、提升民众道德文化品质、推动社会和谐进步中发挥了重要的作用。"十二五"期间主要工作成绩可概括为"创新管理机制,打造一支团队,夯实两个基础,提升三项服务"。

1. 创新管理机制,提升服务效能

——深化文化体制改革,成立湖南图书馆理事会

为践行深化文化体制改革精神,加快推进构建现代公共文化服务体系,进一步提升服务效能,成立湖南图书馆理事会,是湖南省首家实现法人治理的事业单位,制定并完善了《湖南图书馆法人治理结构建设试点工

[①] 本规划由湖南省图书馆授权收录。

作实施方案》和《湖南图书馆章程》。

——健全各项管理制度，提升管理效益

健全岗位管理制度，出台《湖南图书馆岗位聘用管理办法》《湖南图书馆岗位设置及岗位定级办法》等制度以加强岗位管理，完成全馆绩效工资改革，从"身份管理"转换为"岗位管理"；完善考核制度和分配制度，建立职责任务目标、学习、创新、合作协调、宣传推广五位一体的考核机制，完善员工着装、休假及考勤管理等一系列人事管理制度；创新人力资源使用机制，通过公开招聘和招募员工志愿者的方式来补充人才队伍，提升了人才队伍的专业化、多层次化和职业化水平。

——调整业务模块，适应事业发展趋势

"十二五"期间，湖南图书馆探索分龄分众的阅读服务模式，成立女子图书馆和老年图书馆，为读者提供更具针对性的服务；成立阅读推广工作、数字图书馆推广与服务、展览等专门的项目组加强文化活动的策划组织，开展丰富多彩的阅读推广活动；成立数字资源部，负责数字资源的加工、组织、整合及建设和推广工作；成立研究所，整合图书馆理论研究、文献学研究及图书馆事业研究三个模块，加强学术研究的组织与规划。

2. 加强组织文化建设，打造一支专业化、学习型团队

——以建设组织文化为抓手，增强员工的职业归属感

创作馆歌、确立馆训，彰显湖南图书馆的职业价值；设计馆徽，制作馆服，丰富图书馆的文化形象；举办纪念湖南图书馆创办110周年系列活动，提升湖南图书馆社会影响力；开展丰富多彩的文化活动，增强员工队伍的向心力与凝聚力；建立员工食堂、单身公寓，改善员工工作生活条件，逐步形成"健康、快乐、温馨、民主、职业化"的组织文化。

——以提高服务专业化为导向，提升学术研究能力

"十二五"以来，湖南图书馆创新学术委员会的管理模式，以推进全馆学术的科学化、规范化水平；建立学术激励机制、搭建"青年论坛"交流平台、确立"馆内课题申报"制度，鼓励职工积极开展学术研究，推动学术研究、服务及馆员能力提升协调发展。开展对外交流，承办中美馆员

交流项目、2014ITET 国际口述史年会、2014 全民阅读年会，开阔馆员学术视野；五年来，出版《湖南抗战老兵口述录》《图书馆制度研究与案例分析》等著作 10 余部，发表论文 260 余篇，10 余项课题获省社科联、省社科规划办、省科技厅等省部级立项或结题。馆办学术期刊《图书馆》改为单月刊，继续保持 CSSCI 来源期刊、全国中文核心期刊、"RCCSE 中国核心学术期刊"，获中国图书馆学优秀期刊和湖南省"十佳社科期刊"等称号。

3. 改善办馆条件，夯实服务基础

——调整馆舍布局，优化服务环境

"十二五"以来，湖南图书馆用"小馆舍"、开展"大服务"，致力于拓宽阅读空间，优化服务环境，以提升读者的舒适度和愉悦感。提质改造馆内、外基础设施，合理规划办公及服务区，增设咖啡吧、自动售货机，建立 24 小时自助图书馆等。

——强化馆藏资源建设，文献信息保障能力逐步提升

纸质馆藏与数字资源持续增长。截至"十二五"末，湖南图书馆入藏文献共计 4520732 册（件），比"十一五"末增长约 91 万册（件）；数字资源总量 137TB。特色资源建设有序推进。已建成"湖南地方戏剧多媒体资源库""湖南红色记忆多媒体资源库"等一批具有湖湘地方特色的文化信息资源库，地方文献资源覆盖率不断提升。古籍保护与古籍研究工作成果丰硕。已完成全省 49 家古籍收藏单位的实地普查工作，提交数据 6 万余条，共有 282 部古籍入选四批《国家珍贵古籍名录》，荣获"全国古籍保护重点单位称号"。

4. 践行服务立馆方针，提升服务品质

——基础服务稳步提升

"十二五"末，我馆持证读者 21 万余人，累计接待到馆读者 1345 万余人次，文献外借 267 万余人次，1049 万余册次，阵地服务成效显著；湘图讲坛、百姓课堂等渐成文化服务品牌，依托特色馆藏、开展馆藏资源品鉴和展览，发挥各专题图书馆的优势，分龄分众开展有针对性的文化交流

活动，公共文化服务日益丰富；联合在线咨询服务队伍不断壮大，咨询量逐年增加，领导决策服务逐步深化；注重特殊群体服务，彰显人文关怀。注重为农民工、残障人士、少年儿童及服刑人员等社会特殊群体提供个性化、人性化的知识援助服务；开设弘文书屋；打造文化休闲吧。

——数字服务效益显著

"十二五"期间，湖南图书馆网站累计点击量1亿多人次，数字资源累计访问量9286万余人次。开展移动阅读服务，实现读者阅读的个性化；建立湖南图书馆微信公众平台，积极开展阅读推广与信息交流；启动24小时语音电话服务系统。

——行业服务助力全省图书馆事业发展

开展衡阳调研、湘鄂赣皖四省联盟调研，为公共文化相关制度出台提供决策支持；依托省图书馆学会、古籍保护工程、文化共享工程、数字图书馆推广工程，开展合作协调、学术交流、业务培训，提高全省图书馆的服务水平及馆员的专业素质。

二、"十三五"发展环境、指导思想和发展目标

5. 发展环境

"十三五"时期是我国全面建成小康社会的决胜阶段，是推进社会主义文化强国的关键时期，中共中央办公厅、国务院办公厅出台《关于加快构建现代公共文化服务体系的意见》，十八大报告提出"开展全民阅读"，国务院政府工作报告两次倡导全民阅读理念及"学习型社会"建设，湖南省委省政府先后出台了系列关于加强公共文化建设的政策和意见，对公共图书馆提出了新的战略要求；大数据、云计算、物联网、移动互联网等新兴信息技术的普及与发展，促使图书馆加大与科技的融合，创新图书馆的发展空间；互联网用户不断增长，大众阅读习惯发生新的变化；新政策、新技术、新需求为图书馆事业的发展带来了新机遇、新挑战及新的发展空间。

湖南图书馆目前还面临诸多的困难，主要表现为：馆舍狭小，设施设备落后；经费不足，自动化水平低；数字资源与纸质资源深度融合互补程

度有待加强；移动阅读支持能力不足；高层次综合型人才不足；组织文化尚未厚植；面向全省服务的共建共享及引领示范机制还有待完善。

6. 指导思想

以邓小平理论、"三个代表"重要思想、科学发展观为指导，贯彻落实党的十八大和十八届三中、四中、五中全会精神，贯彻落实习近平总书记系列重要讲话精神，秉持公益、均等、便利、开放、包容、创新等原则，秉承"服务立馆、文化办馆、特色亮馆、人才强馆"的治馆方略，紧紧围绕"加强精细管理，提升服务内涵，培育人才成长，推进学科研究，引领事业发展"的总体要求，以满足人民群众的精神文化需求为落脚点，以完善基础设施、丰富文献资源为依托，以创新并优化服务模式、强化品牌建设为动力，以优化管理机制、推进人才建设为保障，全面提高湖南图书馆的服务能力、服务品质和服务效能。

7. 总体目标

"十三五"期间，湖南图书馆应履行省级公共图书馆的职责，努力适应多层次群体，多样化的信息需求，提供适应用户信息获取习惯的技术与手段，着力打造阅读服务平台；开展各类阅读推广活动，提供丰富多彩的公共文化服务，打造全省公共文化服务平台；着力打造独具湖湘特色的文献研究中心；支持新型智库建设，成为党政领导决策支撑平台；着力营造舒适优雅学习空间，提供丰富的学习资源，打造市民终身学习中心；着力完善面向全省服务的共建共享机制，成为区域信息资源合作共享、协作协调中心。

8. 主要发展目标

——践行服务立馆思路。推广主题阅读，继续探索分龄分众的个性化服务，保障特殊群体的文献需求；引导数字阅读，增强移动阅读服务能力；扩展服务触角；推进传统服务的品牌化、系列化、专业化、个性化和多元化，形成基础服务、主题服务、交流服务、对象服务等多元服务体系。

——提高文献信息保障能力。适当提高数字资源采集比例，优化特色文献资源和主题文献资源，构建涵盖纸本、缩微及电子文献等类型多样、独具湖湘特色的文献资源保障体系。

——加强设备设施建设。继续努力推动新馆的设计与建设工作。加强馆舍的提质改造工作，加强空间的统一规划及合理布局、实现空间的最佳利用、最优管理。提升现代信息技术服务能力。

——发挥行业示范引领作用。加强区域图书馆服务的共建共享，推动省际之间的交流与协作，增强行业的凝聚力和影响力。

——优化人才队伍建设。加强员工职业生涯设计管理，优化岗位管理与薪酬制度，形成高级人才脱颖而出，紧缺人才得到补充，青年人才稳步成长的新常态。厚植组织文化，构建湘图精神家园。

——加强学术研究与管理工作。进一步完善学术创作与学术激励制度，加强学术研究的规划、组织、引领及指导，出台一批图书馆学、公共文化服务、文献学理论与实践研究的成果。

三、顺应时代信息需求，加强馆藏资源建设，提高文献信息保障能力

9. 加强文献信息资源建设的规划与设计，提升资源购置经费使用效率

适应用户需求变化及信息技术发展，调整馆藏结构，丰富研究型馆藏，加大数字馆藏比例，建立适应多平台、多终端的数字资源服务体系。

加强文献资源建设的规划与设计，深入了解与掌握读者的阅读需求，创新资源采购与组织模式，探索建立基于PDA读者决策驱动的文献采选模式，提升资源购置经费的使用效率。

拓宽资源获取渠道，加强与出版社（商）、网站平台等机构的合作，加强文献的征集和交换，完善图书捐赠制度，多渠道、多途径补充馆藏文献。

支持并推进开放获取，提高文献信息保障能力，进一步建设好适应全媒体时代读者需求的实体资源与数字资源体系。

10. 科学保护、合理利用，系统全面开展馆藏资源的保护和开发工作

依托中华古籍保护计划，继续坚持"保护为主、抢救第一、合理利用、加强管理"的方针，全面、科学、合理、规范地开展古籍普查与保护工作。充分发挥省古籍保护中心的职能，协调并指导省内各公藏单位有序开展古籍抢救、修复与整理研究工作，尤其是重点关注已入选《国家珍贵古籍名录》的古籍保护工作，建立完备的古籍分级保护体系。积极启动并完成《中华古籍总目·湖南卷》的编纂。以项目开发和读者需求为着力点，带动古籍修复及数字化工作全面深入发展。通过影印出版、联合研究、课题服务、展览鉴赏、讲座活动等多形式多类型的古籍研究和服务，构建完整的历史文献整理、宣传、开发和利用的资源保护和开发体系。

实施民国时期文献保护计划，加大民国时期文献的保护和开发力度，重点整理出版近代以来有重要价值的典藏文献。

完善当代文献资源体系建设，加强对文献的产生发展、传递利用及其信息化、电子化的研究探讨，从而建立对读者服务利用具有一定作用的参考文献体系。

11. 强化地方文献资源建设，凸显湖湘文化特色

围绕打造湖湘文献收藏、开发及研究中心这一目标，继续加强湖湘古旧地方文献资源的建设，坚持湖南家谱、湘人著述、单幅文献收藏等馆藏特色化路线，开辟新主题、新品种的特色专藏，有意识地进行古旧地方文献类型的补遗。

通过加强地方文献征集的宣传、强化地方文献呈缴本制度、加强赠书管理等多种形式来进一步加大当代地方文献的征集力度。积极拓宽湖湘文献的搜集渠道，在全面完整搜集出版图书的同时，加强民间非正式出版物、网络信息资源、口头信息资源等各种资源的搜集，以丰富地方文献馆藏。

加大湖湘文献的整理开发及研究力度，提升地方特色数据库的建设水平，加强地方文献研究出版工作，注重协调区域地方文献信息资源建设，探索区域地方文献建设的共建共享模式。

12. 拓展主题文献资源建设，丰富城市文化内涵

立足于城市文化的发展需求，发挥图书馆的文献信息资源优势，融入到城市文化发展进程中，探索建设促进城市文化发展的主题文献资源，拓宽主题资源建设路径，从而彰显城市文化底蕴，提升城市建设的文化品位，增强文献的使用效率与社会关注度，引导更多市民参与到图书馆的文化展示、文化教育、文化服务、文化休闲活动中来，为城市文化建设提供原动力。

13. 积极建设专题特色数据库，加强馆藏知识资源的关联揭示

以湖南特色文化及馆藏特色资源为重点，着力建设国民口述历史数据库、湖南近代人物数据库、湖南古村镇古民居建筑数据库、湖南非物质文化遗产数据库等自建特色资源库，将自建的、自行采购的数据库及共享的数字资源加以整合，构建湖南数字资源总库。

借助新兴技术，推动数字文献与纸质文献的深度整合与揭示推介，不断优化图书馆知识服务链条，利用新技术进行全流程控制，推进数字图书馆与新媒体的有机整合，实现一站式资源整合与共享。

四、创新服务模式，提高服务效能，深化服务内涵，树立服务品牌

14. 优化基础服务，繁荣阵地服务

应用现代技术，打造集自助办证、阅览、借还等于一体的自助服务平台，提升基础服务的便捷性，提高服务效率。办好艺术馆等专题图书馆，做好地方文献、外文报刊等资源的借阅服务，加强用户需求和行为习惯研究，有目的、有计划地推送专题文献资源，推进专题文献和专题图书馆的服务工作。

15. 加强阅读推广，强化品牌建设

加强阅读推广，推动大众阅读，细化分众阅读，建立分主题、分对象、分社群、多层面的阅读推广体系，引导公众爱读书、读好书，促进公

众阅读新生活，提升湖南文化建设。

强化公益讲座、展览、社会教育等文化活动，增加人文性、知识性、趣味性及情感性，加强读者互动性，提升活动的品质。

以"湘图讲坛""百姓课堂"等活动品牌为示范，加强文化品牌的统一包装与塑造，整体宣传与策划，推进文化活动的系列化和专业化，提升文化服务的效益。

16. 加强为特殊群体服务

关注农民工、未成年人、老年人、残障人士等特殊群体的文献信息需求，分龄分众对其提供知识扶贫及知识援助，保障特殊群体的文化权益。积极开展面向老年人的公益性文化培训和科技普及活动，如新媒体技能、养生保健、书法技能；开展学龄前儿童基础阅读工作，如读书沙龙、亲子阅读，向中小学生推荐优秀出版物等工作；继续坚持送书下乡、科技下乡等活动，推进农民工流动图书馆建设；通过与社区、组织机构及志愿团体等合作，加强盲文阅读、有声阅读服务等工作。

17. 深化参考咨询服务，为党政决策提供智力支持

深化面向科研、教育、企业和公众的参考咨询服务，为教育科研提供深层次、专业化的知识服务，为创新创业提供个性化服务，为公众提供文献信息保障。

加强面向党政机关的立法决策服务、舆情服务、会议服务等多元信息服务，为党政决策提供智力支持。加强与湖南智库联盟的交流合作，探索新型智库建设。

完善参考咨询服务机制，提高服务品质和效能，逐步实现由传统资源服务向知识服务转变。

18. 整合资源、合理布局，助力大众终身学习

整合、优化全馆学习资源和服务配置，合理布局，建立多类型、多主题的活动、阅览场所，开辟支持小组协同学习、分享讨论的弹性空间，搭建人与人、人与知识之间平等、开放、便捷的交流平台。

强化社会教育功能，办好"百姓课堂""信息素养公益课"等社会教育活动，丰富面向不同群体的培训内容，借鉴并融入社会培训理念，搭建分层次的培训框架，打造一站式学习平台。

19. 加强文化与科技的融合，丰富数字服务手段

建设基于云计算、大数据、移动互联网的技术平台，实现对海量信息的有效管理、存储和利用，推进数字图书馆建设。

加强文化与科技的融合，通过微博、微信等新媒体平台，将"互联网+"与图书馆相互融合，构筑"图书馆+"战略，以实现图书馆服务的泛在化。

建立良好的数字交流空间及数字体验服务平台，开设可视化、动态化的全媒体体验区，探索基于现代信息技术的数字化阅读服务。

依托天下湖南网等自建网站，加强湖湘特色文化的推广与服务工作，形成独具特色的地域文化数字服务空间。

五、发挥行业示范引领作用，推动全省图书馆事业发展

20. 发挥行业示范引领作用，推进公共文化服务体系建设

充分发挥湖南图书馆在全省公共图书馆服务体系建设中的示范引领作用，加强与各级各类文化机构的合作，共同推进现代公共文化服务体系建设。依托文化共享工程、数字图书馆推广工程、公共电子阅览室建设、古籍保护工程等重点文化工程，推动全省文化信息资源的共建共享。

依托湘鄂赣皖公共图书馆联盟、湖南省文献信息资源共建共享协作网、公共图书馆参考咨询联盟和讲座联盟等协作机构，构建覆盖全省的服务网络；加强面向基层图书馆专业技术人才的培训与指导，提升全省图书馆服务队伍的整体素质。

21. 加强图书馆事业研究，推进标准化建设

加大对湖南省图书馆学会等行业组织的支持，加强与高校图书馆、科研情报机构等各级各类图书馆的交流协作，增强行业凝聚力。

加强全省图书馆事业发展的调查研究，编制《湖南公共图书馆事业发展基础数据概览手册》，为图书馆事业发展建言献策。

强化图书馆行业的政策、标准、规范研究，推进图书馆服务体系均等化、标准化和规范化建设。

六、优化制度建设，建立一支多学科、高素质、年龄及职称结构合理的人才团队

22. 加强管理制度规范、健全人才成长环境

依据国家及省级相关人事政策文件精神，全面梳理我馆现有人事制度，优化、补充并不断完善，健全人才成长环境。全面推行扁平化管理、目标导向管理，提升管理工作的水平和效能。进一步完善岗位管理制度、考核与考勤制度、职称评审申报制度、培训制度、员工职业规划等，继续探索"用好人才、服务人才"的体制机制，实现员工不断成长与图书馆事业不断发展的有机统一。

23. 加强员工培训、职业规划、人才引进与培养，提升现有团队素质

结合事业发展需求，制定并实施与业务相匹配的人才提升计划，推进服务专业化与人才专业化的结合。

全面提升培训工作，完善学历培训制度，加强全馆业务培训的统筹、协调、规划与实施，加强培训投入，员工培训时间每年不少于15天。

加强员工职业生涯的设计、规划、反馈和修正，设立职业发展通道，量才使用，人尽其才，激发员工的主观能动性。

继续加大多学科、多层次的基础性人才引进，重点加强文献学、图书馆学、古籍整理、湖湘文化、营销策划及新媒体运营等专业技术人才的培养或引进，加强复合型专业管理人才和领军型人才的培养与建设，形成一支面向业务、面向事业、面向未来的可持续发展的人才团队，探索建立志愿者服务与辅助性人才队伍的长效机制。

24. 深化组织文化建设，构建湘图精神家园

深化和完善"健康、快乐、温馨、民主、职业化"的组织文化建设，加强馆徽、馆训、馆歌等在塑造团队文化中的作用，通过有效的制度保障

及科学合理的激励机制，增强组织文化的执行力，使其内化于心、外化于行，以增强员工的职业归属感与组织的凝聚力，增强团队的活力和创新力。

七、推动新馆建设，提升设施设备，优化办馆条件

25. 努力推进新馆建设

积极参与调研与申报，努力推动新馆的设计与建设工作，以此为契机，加强古籍馆和数字图书馆的建设。

26. 加强空间的统一规划

进一步优化馆空间布局的统一规划及统一设计，营造采光自然、通风流畅，具湖湘文化特色、人文关怀和谐统一的公共文化空间。做到空间布局合理、利用充分，导引标识明确，视角形象有较大提升。

27. 全面落实物业管理社会化，完善后勤服务保障

强化后勤管理部门在物业管理社会化中的职责，加强对社会化服务的招投标工作的管理，加强对物业社会化的目标考核，完善后勤服务管理机制，构建新型的图书馆后勤服务管理体系。加强馆内车流与人流的循环系统建设，实现安全有序、高效管理，加强馆区绿化与馆区卫生的标准化建设，努力提升亲民和环保的特质，建成优质和绿色公共环境。

28. 加强安全、消防设备的建设

进一步加强安全教育培训，增强馆员的安全意识。优质优量地完成我馆消防安全的全面改造和馆舍提质改造工程。加大消防设备设施的投入，融合智能安保、环境监控等技术，加大馆舍的安防力度。进一步加强消防安全的管理，明确职责，定期维护和更换消防设备，确保性能可靠，做到万无一失。

29. 优化设施设备，提升图书馆的现代化水平

进一步升级并优化图书馆设施设备，提升图书馆软硬平台的现代化水平，应用RFID等现代信息技术，提高图书馆的现代化水平，实现自助借

还、自助复印打印、自助扫描等自助服务。加强智能书屋设备、古籍保护设备及其他智能化设备的调研、采购与应用工作，不断提升办馆的智能化水平。

八、加强学术研究与管理，为事业发展提供理论支持

30. 强化管理职责，提升学术规划

强化馆学术委员会在学术研究中的指导作用，加强学术研究的科学规划及规范化管理。做好面向问题与面向实践的学术研究引导工作，进一步完善学术著作、学术论文和科研立项的奖励制度。加强学术管理部门的服务工作，激发员工钻研业务和学术研究的热情。

31. 完善研究机制，推动学术繁荣

完善我馆的科研立项申报及结项制度，继续开展"青年论坛"等学术交流活动，培养员工的学术规范与学术创作能力。加强与国内外图书馆、高校及科研院所的合作与学术交流活动，不断拓展学术视野。探索学术项目"导师制度"，由行业或者馆内专家指导员工开展科研工作，力争出台一批文献学、图书馆学、公共文化服务理论与实践研究的成果，推动我馆学术研究的大发展大繁荣。

32. 依托研究平台，培养学术人才

基于图书馆行业发展趋势，基于图书馆事业的实践探索，依托《图书馆》、地方文献研究及古籍保护等平台，注重学术研究与业务发展的融合，加强学术人才的发掘与培养，初步形成文献学与图书馆学两个研究型团队。

（发布日期：2017年3月18日）

海南省图书馆"十三五"规划[①]

"十三五"时期（2016—2020年），是我国全面建成小康社会的决胜阶段，是推进社会主义文化强国的关键时期，也是海南省图书馆转型发展的关键时期，是海南省图书馆实现新跨越的战略机遇期。深刻认识并把握国内外图书馆发展的新形势、新特点、新变化，明确新任务、新要求，科学制定并实施好海南省图书馆"十三五"规划，对于抓住图书馆事业发展的战略机遇，提升海南省图书馆事业发展水平，保障我省公众的基本公共文化权益，推进我省公共文化事业发展，具有十分重要的意义。

一、"十三五"规划指导思想

高举中国特色社会主义伟大旗帜，全面贯彻党的十八大和十八届三中、四中、五中全会精神，以马克思列宁主义、毛泽东思想、邓小平理论、"三个代表"重要思想、科学发展观为指导，深入贯彻习近平总书

[①] 本规划由海南省图书馆授权收录。

记系列重要讲话精神，坚持发展是第一要务，牢固树立和贯彻落实创新、协调、绿色、开放、共享的发展理念，以提高发展质量和效益为中心，坚持"服务第一，读者至上"的服务宗旨，以基础建设为依托，以优质服务为主线，以信息技术为保障，进一步提高公共文化服务水平和能力，按照公共图书馆服务"公益性、基本性、均等性、便利性"的基本要求，保护与传承文化遗产，推进全省阅读推广活动，传递科学知识信息、提供开放、平等、免费的信息服务，努力推进图书馆工作实现新跨越，充分发挥公共图书馆在构建现代公共文化服务体系中的重要作用。

二、"十三五"时期的主要目标

"十三五"期间，海南省图书馆将履行省级公共图书馆的职能，努力适应多层次群体，多样化的信息需求，提供适应用户信息获取习惯的技术与手段，着力打造阅读服务平台；开展各类阅读推广活动，提供丰富多彩的公共文化服务，打造全省公共文化服务平台；着力打造独具海南特色的文献研究中心；支持新型智库建设；着力营造舒适优雅的全民阅读空间，打造公众终身学习中心；着力完善面向全省服务的共建共享机制，成为区域信息资源共建共享、协作协调中心。

（一）顺应时代信息需求，建设科学合理的馆藏结构，提升对全省文献信息的保障能力

适应读者需求变化及信息技术发展，结合文献信息资源出版趋势，以科学合理、方便利用为原则，适当增加馆藏，调整馆藏结构，丰富研究型馆藏，加大数字馆藏比例，逐步形成内容丰富、载体多样、特色鲜明的文献信息资源体系；加强文献资源建设的规划与设计，深入了解与掌握读者需求，创新资源采购与组织模式，探索建立基于读者决策驱动（PDA）的文献采购模式，提升资源购置经费的使用效率；加强与出版社（商）、网站平台等机构的合作，加强文献的征集和交换，完善图书捐赠制度，成立捐赠中心等，多渠道、多途径补充馆藏文献。

（二）发挥行业示范引领作用，推进公共文化服务体系建设，推动全省文化事业发展

充分发挥海南省图书馆在全省公共图书馆服务体系建设中的示范引领作用，加强与各级各类图书馆和其他公共文化机构的合作，共同推进现代公共文化服务体系建设。依托文化共享工程、数字图书馆推广工程、边疆万里数字文化长廊建设、公共电子阅览室建设、古籍保护工程等重点文化工程，推动全省文化信息资源的共建共享。

加大对海南省图书馆协会等行业组织的支持；加强与高校图书馆、科研情报机构等各级各类图书馆之间的交流协作，开展学术交流，增强行业凝聚力；加强与博物馆、文化馆、档案馆、艺术馆等其他公共文化服务机制的统筹协调与资源共享；探索与不同行业间建立资源互补、合作共赢的合作机制，扩大海南省图书馆服务的覆盖面，提升图书馆各项业务及服务工作的质量与效率。

建立起与其他省份公共图书馆等文化系统的协作和联盟。继续参与公共图书馆参考咨询联盟、讲座联盟、资源共建共享协作网等。加强对我省图书馆事业发展的调查与研究，推进图书馆服务体系均等化、标准化和规范化建设。

（三）筹建海南省图书馆二期，设立音乐视听阅览室和主题图书馆，夯实图书馆服务基础

以海南省图书馆二期项目建设和音乐视听阅览室维修改造项目为契机，总体规划，科学布局，抓好图书馆基础设施建设，夯实服务基础。抓好智慧图书馆建设，筹划建设热带农业方面的主题图书馆、中华优秀传统文化主题图书馆、科普主题图书馆、咖啡主题图书馆等。

（四）完善古籍保护制度，加强古籍人才培养，积极有效地推动古籍保护工作全面开展

完善海南省古籍保护工作机制，建立较为完善的志愿者参与机制；充分利用古籍普查平台，基本完成全省古籍普查登记工作和普查目录出版工作；建立较为完善的古籍分级保护制度，全面提升我省古籍保护修复、研究利用水平，充分发挥典籍文献在中华优秀传统文化传播中的重要作用；改善古籍存藏环境，完善古籍保管、流通等管理制度；加强古籍保护人才培养，完善人才培养机制；建立海南省古籍修复基地，对破损古籍进行原生性抢救修复；牵头制定海南省珍贵古籍修复方案，采取传统技术和现代科技相结合的手段，有计划地开展全省古籍修复工作；开展古籍再生性保护，推进古籍数字化工作。

（五）加强地方文献的收集与开发，形成特色的、品牌的地方文献保障体系

围绕海南特色文献收藏、开发及研究中心这一目标，继续加强海南地方文献资源建设。通过加强地方文献征集的宣传、强化地方文献呈缴本制度、加强赠书管理等多种形式来进一步加大当代地方文献的征集力度；积极拓宽地方文献的搜集渠道，在全面完整搜集出版图书的同时，加强民间非正式出版物、网络信息资源、口头信息资源等各种资源的搜集；加大海南地方文献的整理开发及研究力度，提升地方特色数据库的建设水平，探索区域地方文献建设的共建共享模式。

（六）充分发挥社会教育职能，全面推进阅读推广活动

整合、优化全馆各类资源、服务配置，合理布局，建立多类型、多主题的活动、阅读场所，搭建人与人、人与知识之间平等、开放、便捷的交流平台，发挥好教育职能，完善多元化社会教育服务体系，助力读者终身学习。

全面推进阅读推广活动，策划丰富多彩的教育活动，推动大众阅读，培育社会公众阅读习惯。依托现有阅读推广活动，不断创新阅读服务形式，细化分众阅读，建立分主题、分对象、分读者群的公益讲座、展览、

培训课堂等多层面、知识性、趣味性的阅读推广服务体系，利用现代信息技术手段，方便读者随时随地、方便快捷获得阅读服务，推进文化活动专业化、品牌化，提升服务效益，促进社会公众阅读新生活。

（七）创新深化服务内涵，加强面向特殊群体服务

加强对未成年人服务研究，积极开展针对未成年人的多种形式、不同类型服务活动，开展学龄前儿童基础阅读、亲子活动，开展馆校合作等方式，承担起对未成年人的阅读服务责任。

关注社会特殊群体的阅读需求，特别是残障人士、老年人等，以多途径尽力保障他们的文化权益，通过阵地服务、与社区、组织机构及志愿者团体合作等延伸服务形式，推进对特殊群体的服务。

（八）着力探索创新发展，积极开发文化创意产品

国家对文化创意工作高度重视，图书馆成为文化创意产品的有效平台之一。文化部下发《关于推动文化文物单位文化创意产品开发若干意见》通知推动文化创意产品开发工作。

力争到2020年逐步形成形式多样、特色鲜明、富有创意、竞争力强的文化创意产品体系，以满足日益增长、不断升级和个性化的物质和精神文化需求。

充分利用馆藏资源和当地文化特征，开发具有文化性、纪念价值的文化创意产品系列，并通过知识产权的使用，让这些文化创意产品成为图书馆的组成部分之一，初步形成图书馆的品牌效应。

加强对文化创意产品开发人才的培养和扶持，在保证公益服务的前提下，积极寻求社会力量的帮助，借助现代化的技术和平台提升文化创意产品的开发和利用。

(九) 加强图书馆人才队伍建设，建立一支多学科、高素质、年龄及职称结构合理的人才团队

全面梳理海南省图书馆现有人事制度，优化、补充并不断完善，健全人才成长环境。优化人力资源配置，完善岗位管理制度、考核制度、职称评审申报制度、培训制度、员工职业规划等，实现员工不断成长与图书馆事业不断发展的有机统一。实施"人才兴业""人才兴馆"战略，引进与培养推动事业发展的各类人才，建设适应事业发展需要的人才队伍。完善人员考评机制，制定考核办法，推行干部任期考核、竞聘上岗，职工双向选聘工作；争取实现同工同酬。

三、"十三五"时期事业发展的保障措施

要实现我省"十三五"时期图书馆事业的发展目标，离不开社会各方的大力支持和图书馆行业自身的不懈努力。

一是争取各方支持，进一步优化图书馆发展的外部环境。加大图书馆的宣传力度，重视图书馆公关，加强新闻策划与宣传报道，提高社会认知度；争取各级财政加大对公共图书馆事业投入，优化资金配置，预算安排和资金投入优先保障图书馆日常运行和读者服务的基本需要、保证重点项目建设；动员社会各方力量参与图书馆事业建设。

二是强化内部规章规范建设，改善图书馆发展的制度环境。制定和完善与图书馆事业发展相适应的规章制度，建立健全监督制约机制，使各项工作有章可循，有法可依，实现科学、规范、高效管理。

三是逐步改善我省图书馆事业发展的人文环境。由于省馆成立较晚，省内读者需要通过多种途径普及图书馆知识，增强公众对图书馆的了解，培育公众的图书馆利用意识和参与意识，提高公众的图书馆利用能力。通过一定的组织形式，开展多种多样的活动，建立公众与图书馆之间的良好互动关系，提升社会对图书馆的需求程度。

四是努力改善图书馆发展的人才环境。用事业留人、感情留人、环境

留人、待遇留人的方式，为事业发展提供人才保障。为人才发展创造机遇、提供条件，使人才个人价值实现与我省图书馆事业发展有机融合；把握人才思想脉搏，提倡人文关怀，形成人才个体与组织感情互动的良好氛围；完善现行有关制度、政策与规定，为人才提供良好的工作环境。

五是做好安全保卫和后勤工作。强化安全意识，完善安全规章制度，以扎实的工作作风、严格的工作标准、切实的措施，确保图书馆的安全。

（发布日期：2017年3月28日）

内蒙古自治区图书馆"十三五"规划[①]

"十三五"时期（2016—2020年）是我国全面建成小康社会的关键时期，是现代公共文化服务体系基本建成的关键时期。内蒙古自治区图书馆将在自治区文化厅的领导下，抓住机遇，围绕中心、服务大局，开拓创新，提升能力，促进图书馆事业平稳快速发展，为提高全民素质，创建书香社会做出贡献。

基于对我国图书馆事业发展环境的分析，根据《关于加快构建现代公共文化服务体系的意见》《国家基本公共文化服务指导标准》等重要文件精神，制订本规划。

一、内蒙古自治区图书馆"十二五"规划回顾

"十二五"时期，面对经济社会发展的新局面和广大社会公众不断增长的基本文化需求，内蒙古自治区图书馆以邓小平理论和"三个代表"重要思想为指导，以科学发展观为统领，以建设自动化、网络化、现代化的

---

① 本规划由内蒙古自治区图书馆授权收录。

内蒙古自治区图书馆为目标，秉承"传承文明、服务社会"的宗旨，全面落实"人才兴馆、科技强馆、服务立馆"的发展战略，圆满完成了"十二五"规划确定的主要目标和任务。经过五年的努力奋斗，基础业务稳步推进，服务能力持续增强，在公共文化服务中的地位和影响力显著提升。五年来取得的主要成绩有：

（一）基础设施建设日益完善。实施馆外服务设施项目建设、少年儿童图书馆改造工程、古籍特藏库改造工程，馆舍总面积增至 3.4 万平方米。软硬件基础设施明显改善，标准规范体系初步建立，技术体系日臻成熟，服务架构与业务流程基本形成，读者接待能力进一步增强，阅读环境明显改善。

（二）馆藏文献信息资源数量持续增长。截至 2014 年年底，馆藏文献总量达 200 万册（件），数字资源总量达 70TB，传统文献与数字资源结合的馆藏体系基本形成。

（三）服务工作稳步推进。基本形成了到馆服务与远程服务互为补充的服务模式和重点突出、统筹兼顾的分层服务体系。首创并面向社会公众推出"数字文化走进蒙古包"工程和"彩云服务"。年均接待到馆读者超 60 万人次，文献流通 30 万册次，网站点击量 10 万人次，解答各类咨询 3 万件。

（四）积极参与国家重点文化工程，在公共文化服务体系建设中的作用进一步彰显。共享工程、中华古籍保护计划、公共电子阅览室推广计划等取得显著的社会影响。

（五）拓展国内外业务交流与合作，初步建立了跨系统、跨地区的图书馆合作共享机制，在国内外图书馆界的影响力得到提升。

（六）实施"人才兴馆"战略，人才结构日趋合理，全员素质明显提高，基本形成了一支由学科专家、业务骨干与复合型管理人才组成的人才队伍。

"十二五"期间图书馆事业发展中存在的问题主要表现在：一是图书馆事业滞后于经济社会发展，馆舍面积、图书藏量及流通量、购书费投入等指标，与有关标准和发达地区还有不小差距。在全国第五次公共图书馆评估定级中，被评为三级省级公共图书馆（全国只有两个三级省级公共图书馆）。二是内蒙古自治区图书馆目前虽然馆舍条件有了很大改善，但馆内设施设备严重短缺，与图书馆自动化、信息化、数字化的要求还有较大距离。三是免费开放后，运行成本增加，管理难度明显加大，业务经费和活动经费不足，公共文化服务资源总量偏少。四是人员编制不足，职称结构矛盾突出。由于图书馆的业务职能、服务项目和服务功能不断扩大和提升。从事上述工作的专业技术人员显著增加，现有的人员编制、专业技术岗位指数已不能满足目前工作需要。

二、内蒙古自治区图书馆"十三五"发展规划

（一）指导思想

坚持以中国特色社会主义理论为指导，深入贯彻落实科学发展观，以建设社会主义核心价值体系为根本任务，以丰富人民精神文化生活、保障人民群众基本文化权益、满足人民群众基本文化需求为出发点和落脚点，按照体现公益性、基本性、均等性、便利性的要求，全面提升图书馆的服务能力、服务水平和服务效能，最大限度地发挥图书馆在保护文献典籍、传承草原文化、建设学习型社会、培养公民高度的文化自觉和文化自信、提高全民族文明素质、建设民族文化强区等方面的重要作用，推动现代公共文化服务体系建设。

（二）发展目标

"十三五"期间，进一步夯实图书馆的业务基础，加强对文献信息资源建设的整体规划，提高文献信息资源保障能力，强化公共文化产品供给能力，力争在第六次全国公共图书馆评估定级中"保二争一"，接近或达到国内先进水平；进一步加快高新技术在公共图书馆领域的应用与推广，以技术创新促进管理创新、服务创新，推动公共图书馆事业实现创新型发展；进一步增强活力，提高服务能力、服务水平，提升服务效

能，在实现均等普惠的公共服务基础上，加强对特定地域、特殊群体的服务，使公共图书馆成为满足人民群众基本文化需求的重要阵地，为提高全民族素质，全面建成小康社会做出应有的贡献；进一步加大对优秀中青年人才队伍的培养，特别是围绕古籍保护、未成年人服务、信息资源建设、数字图书馆建设等事业发展重点领域培养一批领军人物，造就一支数量合理、结构优化、素质优良、有良好职业道德与服务能力的人才队伍；进一步推进和深化公共图书馆管理体制和运行机制改革，探索和建立与公共文化服务体系相适应的管理体制，建立充满生机与活力的公共图书馆体制机制。

（三）"十三五"时期重点任务

1. 扩大文献收藏范围，提高文献信息保障能力

按照图书馆馆藏体系建设要求，继续贯彻"民族地方文献求全""国内出版物求精"的采选方针，采集入藏各类文献信息资源，馆藏文献平均年增长 10 万册（件）以上，数字资源平均年增长 15TB 以上，其中自建数字资源较"十二五"期间有较大增长。建成一批成体系、有特色的专题数据库，传统资源与数字资源、馆藏资源与网络资源实现较好整合。使馆藏资源结构渐趋合理，文献缴送率不断提高，缺藏文献补充取得实质进展，文献信息保障能力进一步提升。

2. 全面推进图书馆免费开放

建立起相对完善的公共图书馆免费开放经费保障机制，不断提升公共图书馆免费开放的内容与质量，为居民提供优质高效、普惠均等的公共文化服务。

3. 创新服务模式与方式，拓宽服务范围与渠道，不断提高服务水平和服务能力

以用户需求为导向，形成文献信息研究、参考咨询、文献提供、讲座培训等多元服务链。努力为到馆读者提供更好的环境与更为精细的服务，在三网融合的信息环境下，通过手机、智能移动终端等多种渠道，为更广泛的社会公众提供服务；加强面向进城务工人员、老年人、未成年人、低收入人群、残障人群、服刑人群等特殊人群的图书馆服务，开辟服务渠道，丰富服务内容，探索建立长效机制，开办残疾人图书馆、少年儿童图书馆、馆外流通服务站，有效提高对弱势群体的公共文化供给能力，实现公共文化服务的均等普惠；充分发挥公共图书馆的社会教育职能，大力开展讲座、展览、培训、读书活动等丰富多彩的活动；积极开展面向基层图书馆提供培训等专业支持的志愿服务，为广大基层图书馆的建设提供智力支持，提升基层图书馆服务的整体效能。

4. 完成"内蒙古数字图书馆工程"

全面完成"内蒙古数字图书馆"软硬件平台搭建、标准规范研制等建设任务，进行系统联调联试，通过国家验收。以"内蒙古数字图书馆工程"搭建的平台为基础，全面提升全区数字图书馆服务能力。

5. 深入开展公共数字文化建设与服务，扩大"数字文化走进蒙古包"工程的覆盖面

进一步发挥全国文化信息资源共享工程省级分中心的主体作用，大力推进进村入户，广泛开展惠民服务，不断扩大"数字文化走进蒙古包"工程的覆盖面，将"数字文化走进蒙古包"工程建成技术先进实用、传播高效互动、服务便捷贴近、管理科学规范、体系完整可控的公共数字文化建设示范工程，为广大基层民众提供多层次、多样化、专业化、个性化的数字资源服务。

6. 进一步推进民族文化资源的保存与保护，积极打造"世界级蒙古文文献收藏中心"

依托中华古籍保护计划等重大文化工程，按照保护与利用并重的原则，继续实施全区古籍普查工作，开展《国家珍贵古籍名录》的申报工作，对已入选《国家珍贵古籍名录》古籍采取数字化、缩微复制等方式，建设"内蒙古自治区珍贵古籍资源库"；积极开展国际合作，开展海外蒙古文古籍调查，建立海外蒙古文古籍书目数据库，开展海外蒙古文古籍回归计划,力争用 5—10 年的时间,将内蒙古自治区图书馆打造成为"世界级蒙古文文献收藏中心";建立古籍保护修复中心,引进标准化的工作规范和流程,对外开展修复咨询与技术服务;改善古籍服务模式与服务理念,在加大古籍保护的同时,加强古籍的开发与利用。

7. 加快革命历史文献和民国时期文献的保护和开发利用

研究制定革命历史文献和民国时期文献保护工作实施方案,启动"革命历史文献和民国时期文献保护计划";全面开展文献普查登记工作,建立文献联合目录检索平台;编制全区《民国时期文献总目》,实现特色文献的专项保护,建立若干专题目录;加快民国时期文献的缩微和数字化进程,共建一批高质量的文献全文资源库;利用新媒体、新技术创新文献展陈手段,充分发挥革命历史文献和民国时期文献的社会教育作用;策划选题,加强出版利用工作。

8. 加强新技术应用,培育基于新媒体的新型图书馆服务业态

推进文化与科技的深度融合,使高新技术成为推动公共图书馆事业发展的重要引擎。在加快图书馆基础性技术普及和升级改造的同时,加强"彩云服务"的应用和推广,促进图书馆资源建设创新、服务模式创新、藏书体系创新、借阅方式创新和物理空间创新,实现图书馆服务的均等化、标准化和社会化,全面提升公共图书馆服务效能,增强公共图书馆的社会影响力。

9. 加强国内外交流与合作,进一步提升图书馆影响力

进一步加强公共图书馆之间以及公共图书馆与其他类型图书馆之间的交流与合作。加强图书馆联盟建设,重点以全国公共图书馆讲座联盟、全国公共图书馆展览联盟为平台,开展社会教育领域的合作;积极组织和参与国际图书馆界双边和多边业务研讨和交流活动,巩固和深化已有的交流与合作项目,寻求有实质性内容的国际性合作项目;重点加强在民族地方古籍文献整理与保护、数字图书馆建设等方面的国际交流与合作;发挥图书馆代表自治区政府执行有关向北同俄罗斯、蒙古国的文化合作、开展对外文化交流的职能,通过网络向海外用户提供内容丰富多彩、形式生动鲜活的草原文化数字产品，不断增强民族优秀文化的辐射力与影响力。

10. **加强人才队伍建设，为事业发展提供人才保障**

加强专业人才队伍建设，以提高专业技术人才的专业技术水平和业务素质为核心，以高层次人才和紧缺人才培养、专业梯队建设为重点，构建分层分类的人才培养体系，打造一支老中青相结合的、素质优良、勇于创新的高素质专业人才队伍；充分发挥老专家在人才队伍建设中的作用，建立业务传帮带制度；积极引导专业技术人才合理分布与流动，保证基础业务岗位专业技术队伍的稳定；建立健全党性教育、理论教育、业务培训和实践锻炼"四位一体"的干部培养教育体系，着力培养各级管理干部的大局意识、宏观管理能力和执行能力，建立分层管理、分级负责的管理机制；不断完善后备干部培养与选拔模式，强化管理干部考核工作；加大管理干部交流力度，推进中层管理干部定期交流和轮岗；注重管理干部廉政建设，健全权力约束制衡机制，加强干部监督管理。

（四）保障措施

1. **推动宏观管理体制机制改革创新，促进图书馆统筹协调发展**

建立政府宏观管理、行业组织专业指导、公共图书馆法人治理的组织保障体系。积极转变政府职能，明确政府责任，实现政府对图书馆事业的宏观科学管理。

2. **深化内部管理运行机制改革，激发图书馆事业的发展活力**

以转换机制为手段，以增强活力为重点，以改善服务为宗旨，推进公共图书馆深化人事、收入分配和社会保障制度改革，建立公共图书馆法人治理结构。进一步转变观念，推进图书馆服务体系制度设计研究，探索与图书馆服务体系建设相适应的管理运行机制创新。

3. **完善经费保障机制，促进公共图书馆事业持续稳定发展**

围绕图书馆的基本职能，建立经费保障机制。将人员开支、资源购置、基本服务提供、数字图书馆建设、设施设备购置与维护等日常运行经费纳入财政预算,并逐步提高经费保障水平,以保证图书馆正常运转和可持续发展;建立免费开放经费保障机制;探索建立公共文化多元化投入机制,拓宽经费来源渠道,大力吸引社会资金以多种方式投入到图书馆建设,逐步形成以政府投入为主、社会力量积极参与的多元化经费保障体系;建立经费投入的评价机制和监督机制,确保经费结构科学合理,经费投入效益最大化。

(发布日期:2017年3月)

广西壮族自治区图书馆"十三五"规划[①]

"十三五"时期（2016—2020年），是广西全面建成小康社会、实现民族文化强区建设目标的重要时期。广西壮族自治区图书馆作为全区公共图书馆的龙头馆，要发挥示范、引领、带动作用，推动广西壮族自治区图书馆事业实现可持续发展。根据《"十三五"时期全国公共图书馆事业发展规划》和《广西文化发展"十三五"规划》等相关规划精神，特制定本规划。

一、"十二五"时期事业发展回顾

"十二五"时期（2011—2015年），在自治区党委、政府的关心支持下，在自治区文化厅的正确领导下，本馆以邓小平理论、"三个代表"重要思想、科学发展观为指导，深入贯彻习近平总书记系列重要讲话精神，坚持以提高办馆效益为中心，以发展为主题、服务为主线，依托科技进步，积极探索体系化、标准化、均等化、数字化、特色化建设，着力发挥

[①] 本规划由广西壮族自治区图书馆授权收录。

省级图书馆在构建广西现代公共文化服务体系中的重要作用,各项建设取得了显著的进步,业务建设全面提升,保障条件更加完善,服务效能大幅跃进,实现了自身建设和社会效益的双丰收。

(一) 政府投入不断提高,办馆条件不断改善

年事业经费由 2010 年的 2900 万元,增长到 2015 年的 11214.67 万元。开工建设地方民族文献中心,将增加馆舍面积 2.3 万平方米。办馆条件、功能配套不断改善。图书馆信息化水平不断提高,文献信息资源的采集、整理、保存、检索、借阅等管理系统不断完善,自助服务、网络服务、移动服务能力不断提升;读者的学习交流环境更加安全便捷、优美舒适,人文氛围更加浓郁;古籍等文献的保存条件得到大幅提升;人力资源结构更加合理,大学本科、硕士以及中级以上职称的人才所占比重逐年提高。

(二) 富有特色的文献信息资源体系初步形成

"十二五"期间,购书经费总额达到 5400 万元,年均增长 13.1%。截至 2015 年年底,馆藏实体资源数量约 347.9 万册,其中书刊 325.8 万册;馆藏电子书总量达到 337.7 万册,自建 35 个数字资源库,数字资源总存储量达 99TB。逐步形成了以地方文献、少数民族文献和东盟文献为馆藏特色,纸质文献与数字文献并重的馆藏资源体系。

(三) 图书馆服务效能显著提升

"十二五"期间持证读者数量逐年上升,累计持证读者数量达 20.2 万人,服务读者 1326.29 万人次,纸质文献借阅 2991.3 万册次,电子文献点击量 1944.89 万次;为城乡读者提供各种咨询 25.4 万条,远程文献传递 34.2 万篇。加强数字化服务,地方特色数字资源建设取得重要成果,公共文化服务云支撑平台和基层文化服务点建设有序推进,自助借还、触屏访问、手机图书馆、24 小时自助图书馆、乡镇文化站、村级文化服务驿站等新型服务方式和站点为读者提供了更加便捷和精准的服务,读者服务效能大幅提升。

（四）扩大服务范围，品牌效应凸显

扩大服务范围，延展服务空间。建立馆外流动服务点 61 个。定期编印《信息参考》《立法动态》，为党政和立法机关提供决策信息和立法信息服务。在自治区人大常委会机关设立分馆和人大数字图书馆。开创"两会"服务品牌，为人大代表和政协委员提供会前、会中、会后的信息咨询服务。"八桂讲坛""广图展览""光影榭""阅·悦互动故事会""广西中小学生网页制作大赛""阅读表演秀"等阅读推广活动集群初步形成，影响力和美誉度不断攀升，形成了一批多元化阅读服务品牌矩阵，阅读推广服务阵地建设成果斐然。

（五）古籍保护成效显著

"十二五"期间，完成全区收藏单位的古籍首轮普查，编录普查数据 4.8 万条（此处包含民委古籍办数据）。推荐 73 部珍贵古籍入选国家珍贵古籍名录，遴选 372 部古籍入选广西珍贵古籍名录。组织全区开展国家和自治区古籍重点保护单位和古籍修复中心申报评审，4 家单位获得全国古籍重点保护单位，6 家单位获得广西古籍重点保护单位，4 家单位获得自治区级古籍修复中心。通过建网站、办展览、出著作、搞培训等多种方式宣传古籍保护和培养保护人才，广西古籍保护工作机制和体系更加完备，专家队伍建设进一步加强。

（六）科研水平不断提高，成果丰富

"十二五"时期，先后承担了《分布式异构文化资源智能定位与收割平台研究》《区域性公共文化综合服务管理平台研究》等 10 多项省部级、市厅级科研项目；全馆员工在省级以上刊物发表学术论文 251 篇；馆级课题立项 6 个，结题 15 项；科研评价机制更加完善，科研队伍结构更加合理，科研成果更加丰富，评选出 7 项馆级优秀科研项目，《第一批广西壮族自治区珍贵古籍名录图录》和《八桂记忆》等科研成果分别获得第十二次、第十三次广西社会科学优秀成果三等奖。

（七）协作协调和文化交流不断加强

发挥龙头馆的作用，通过基层辅导、跟班学习、合作培训、项目带动等多种方式培训基层馆业务骨干达1526人次。承办"第十三届全国省、自治区、直辖市、较大城市图书馆馆长联席会议"和参与以图书馆为主题的"2012中国—东盟文化论坛"，加强国内外图书馆界协调合作取得显著进展。对外交流工作扎实有序，走出去、请进来相结合，积极主动与国内外同行开展学术研讨和业务交流，合作机制建设和平台搭建工作稳步开展。

"十二五"期间，获得文化部"全国古籍保护工作先进集体""全国文化文物系统创先争优活动先进基层党组织"，自治区人社厅和文化厅"全区文化系统二等功集体"、自治区第十四批"文明单位"、自治区文化厅"全区公共文化服务体系建设先进集体"、自治区妇联"广西三八红旗集体""第二届广西全民读书活动优秀项目奖"等40多项荣誉；2013年通过第五次全国公共图书馆评估，被定级为"一级图书馆"。

二、"十三五"时期面临的机遇与挑战

（一）公共图书馆发展宏观环境更加优化

中央和自治区分别出台了《关于加快构建现代公共文化服务体系的意见》和《关于加快构建现代公共文化服务体系的实施意见》，提出到2020年，基本建成覆盖城乡、便捷高效、保基本、促公平的现代公共文化服务体系。要求各设区市、县建有达标的公共图书馆。公共文化服务事业发展为公共图书馆事业带来新的发展契机。

（二）公共图书馆发展的法制政策支持更加有力

已经出台实施的《中华人民共和国公共文化服务保障法》和即将出台的《中华人民共和国公共图书馆法》为公共图书馆的健康发展提供了坚强

的法律保障,《"十三五"时期全国公共图书馆事业发展规划》明确提出要重点支持贫困地区、少数民族地区、边疆地区和革命老区公共图书馆的建设,《广西文化发展"十三五"规划》对本区公共图书馆的发展确定了明确的指标,中央和自治区本级财政对本馆的经费投入不断加大,公共文化服务绩效考核制度更加完善,作为广西公共图书馆的龙头馆,本馆将大有可为。

(三)省级公共图书馆的发展方向更加明确

随着公共文化服务体系构建的逐步完善,省级公共图书馆功能定位更加明晰。作为省级公共图书馆,本馆将着力建设成为区域文献信息资源的保障中心、公共图书馆业务和技术的研究引领高地、高端知识服务的平台、文化遗产保护传承发展的基地和对外文化交流传播的重要阵地。作为省级公共图书馆,本馆的核心竞争力主要体现在馆藏建设的特色化,服务理念、内容、方式的先进性,业务建设的规范化、标准化,先进技术运用的前沿性、示范性和体现在体制机制创新的常态化。清晰的建设定位和明确的发展方向将为本馆各项工作提供基本遵循。

(四)公共图书馆事业的繁荣发展带来了更高的挑战

以大数据、云计算、物联网、移动互联网和信息物理系统等为代表的新一代信息通信技术开启了人类社会信息化进程的新篇章,基层群众对图书馆服务的要求也更多更高,数据采集海量化、阅读方式多元化、学习交流互动化、信息传播多样化、知识获取泛在化等新趋势为公共图书馆向智慧图书馆转型提供了强大的外部驱动力和可能性,公共图书馆服务和管理从理念到运作模式的重构势在必行,服务效能将成为考核公共图书馆的核心指标,公共图书馆的文献信息资源的建设利用、读者服务的方式手段、信息传播的载体途径等正在发生重大变革,这对广西公共图书馆事业发展带来了更高的要求和挑战。

机遇与挑战共存,目前,广西公共图书馆事业存在基本保障条件达标的公共图书馆偏少、馆藏图书总量偏少、服务效能偏低、发展经费不足、从业人员结构不合理、高端人才稀缺、区域发展不平衡等问题。构建现代公共图书馆服务体系，推进馆藏资源共建共享，推动公共图书馆建设机制和管理体制创新，探索公共图书馆服务新模式，进而实现公共文化服务均等化、标准化、便利化，是包括广西壮族自治区图书馆在内的公共图书馆发展的必然选择。

三、"十三五"时期指导思想和发展目标

（一）指导思想

高举中国特色社会主义伟大旗帜，全面贯彻党的十八大和十八届三中、四中、五中、六中全会精神，学习贯彻习近平总书记系列重要讲话精神，紧密围绕中国特色社会主义"五位一体"的总体布局和"四个全面"战略部署，树立创新、协调、绿色、开放、共享的发展理念，奋发有为、开拓创新，按照自治区党委、自治区人民政府《关于加快构建现代公共文化服务体系的实施意见》《广西文化发展"十三五"规划》要求，遵循图书馆事业发展的科学规律，以顶层设计为依托，以业务建设为抓手，聚焦服务效能目标，不断深化内部改革和加强对外交流，通过完善服务措施、推进服务创新、拓展服务阵地、优化服务网络、提升服务质量等，不断加快推动全区现代公共图书馆服务体系建设，引领社会文化风尚发展，培育和践行社会主义核心价值观，为自治区建设民族文化强区，营造"三大生态"、实现"两个建成"目标提供强大精神动力和智力支持。

（二）发展目标

立足广西龙头馆的定位，结合国家和广西公共图书馆事业发展实际，坚持科学的发展理念，实施服务立馆、特色办馆、科研兴馆、人才强馆战略，深化体制机制改革，不断提升图书馆公共文化服务的均等化、标准化水平和图书馆建设的数字化、社会化与学术化水平，引领全区公共图书馆事业发展，将广西壮族自治区图书馆逐步建设成为"国内知名、西部一流、辐射东盟"的智能化图书馆。

（三）主要指标

到 2020 年，基本建成具有广西地方特色的文献收藏保障体系，阅读推广品牌进一步优化，高端知识服务进一步拓展，数字化、信息化服务能力进一步增强，人才队伍综合素质进一步提升，对外交流合作进一步加深，法人治理结构改革基本完成，全区公共文化服务支撑平台建设取得显著进展，不断引领我区公共图书馆事业发展迈上新的台阶。

类别	指标	单位	2020 年
服务效能	年文献外借量（含电子文献）	万册次	120
	年阅读推广活动	次数	30
业务建设	本区域内实现省馆与市、县级图书馆之间馆际互借	个	113
	服务网点建设	个	50
	自建数字资源	TB	40
保障条件	普通文献馆藏量	万册件	420
	年文献购置费	万元	1500
	高级职称员工占比	%	20

四、"十三五"时期主要任务

（一）完善全区公共图书馆设施服务网络

1. **推进各级公共图书馆和基层服务点互联互通**。到 2020 年，广西公共文化服务支撑平台初步建成。以本馆为中心节点，实现全区所有市级以上图书馆（含少儿馆）和大多数有条件的县级图书馆接入数字图书馆推广工程服务平台，推动全区各级各类图书馆的馆藏数字文化资源共建共享与部分元数据公开集中采集发布；逐步推进市级及以下图书馆通借通还工作，指导县级以下图书馆开展总分馆制建设，乡镇文化站和村级文化驿站接入公共文化服务支撑平台，获取公共数字文化资源更加简易快速；依托广西公共文化服务平台，完善公共数字文化资源发布机制和管理规范。

2. **推进全区公共文化服务点设备设施提档升级**。推进公共电子阅览室和基层文化服务点（平台）终端设备升级换代，在有条件的公共图书馆设立公共数字文化移动阅读体验区和创客空间；探索建立 VR/AR 体验区、3D 打印试验区等公共文化与科技融合体验式空间，加强虚拟现实应用开发和资源建设，为基层群众提供更多公共文化体验选择；探索图书馆人工智能机器人辅助承担馆员基础性工作的具体途径和模式，提高图书馆智能化、自动化水平；推进贫困地区公共文化站点设备提档升级，提高边远贫困地区基层群众享用公共数字文化资源的便利性和可靠性，增强基层群众参与公共数字文化资源建设的能力。

专栏1：公共图书馆设施网络建设

项目1：广西公共文化云平台

利用互联网、云计算等先进信息技术和管理模式，整合广西文化数字资源，推进建设标准统一的公共文化信息资源共享服务平台和互联互通的网络服务体系，实现文化信息服务渠道和服务方式多元化。

项目2：智慧图书馆体验区

推进文化与科技的融合，加强虚拟现实应用开发和资源建设，打造广西壮族自治区图书馆智慧图书馆体验区。建立 VR/AR 体验区、3D 打印试验区等公共文化与科技融合体验式空间，引领社会大众体验和了解各种前沿新兴技术在图书馆中的应用，激发读者的创新精神，使图书馆成为公众学习、探索及开拓思维的场所。

（二）加强文献信息资源保障能力

1. **建成具有广西地方特色的文献收藏保障体系**。按照"整体性、科学性、继承性"的原则，加强对纸本和数字等文献资源的规划协调，突出广西地方文献和东盟文献特色。系统收藏各学科的文献信息资源，满足不同层次、不同年龄和不同职业读者的广泛需求，到 2020 年藏书量达 420 万册，不断完善广西地方特色文献收藏保障体系。

2. **加强纸本文献建设**。完善馆藏发展政策，创新采访手段。强化特色馆藏建设，推动落实桂版图书的样书呈缴制度，多渠道征集和购买地方文献，加强东盟文献资源建设。强化读者需求导向，赋予用户决策权，搭建采购平台，实现读者决策采购（PDA）。加强与重点出版社的联系，保证重点图书的全品种入藏，部分学科的图书达到研究级入藏。建立合理、科学的馆藏评价体系，持续优化中外文图书、报刊馆藏，突出重点收藏，确保连续性。

3. **加强数字资源建设**。依托馆藏文献，加强地方文献和东盟文献数字化建设，采取自建、合作建设、委托开发或购买等方式，建成一批具备一定规模和体系的地方特色资源库。适当调整纸质文献和数字资源的采购结构，数字资源采购经费占资源购置总经费的比例逐步提高到 40%。

专栏 2：文献信息资源保障能力

项目 3：缺藏文献补藏项目

通过各种途径深入分析馆藏结构，根据文献信息资源建设要求，利用补采、征集、交换、数字化结合数字印刷技术等方式，开展保存本缺藏的国内出版物的补藏。加强周边国家与地区出版物的收藏，加强对各个历史时期缺藏文献的收集，加大文献征集力度，加强对非正式出版物和各类出版物替代品的收藏。

项目 4：重点专题文献建设项目

重点建设"广西——东盟专题资源"，设立地方文献和东盟文献专项收集经费，加大地方文献和东盟文献采购力度。采用先进技术收集、整合广西和东盟相关资源，构建具有广西特色和东盟特色的文献资源体系，提供文献阅览、信息服务、资源展示等全方位服务。

（三）提升省级公共图书馆服务效能

1. **加大阅读推广品牌建设**。制定阅读推广计划，围绕世界读书日、图书馆服务宣传周、科技活动周、文化遗产日以及中华传统节假日和重大节庆等时间节点，依托广西公共文化云平台，线上线下开展系列阅读推广活动，确保年阅读推广活动次数等各项服务指标达到国家一级馆标准。实施馆藏精品宣展策略，划定区域，根据主题，定期更换精品实物进行展示。维护现有活动品牌，进行规模化精包装、大宣传，增强社会影响力和辐射力。继续创建针对不同群体的特色活动品牌，形成以"广图展览""八桂讲坛""光影榭"为基础，各类主题活动共同发展的多层次、多维度、全方位的立体式阅读推广活动体系。

2. **创新读者服务方式**。针对弱势群体、特殊群体，尤其是老年人、残疾人、农民工和农村留守妇女等开展阅读指导、送书上门、网络服务、应用培训等服务，提升均等化服务水平和精准化服务能力。建立亲子阅读基地，拓展服务空间，最大限度培养少儿读者阅读意识和阅读能力。扩大自治区级党政机关的分馆或流通服务点建设，加强流动服务，扩大服务范围。探索实施网上借阅服务、电子书借阅服务、移动借阅服务和网络定制服务，延展服务阵地，完善服务网络。

3. **深化信息咨询服务**。通过定题检索、文献查证、委托课题等方式，为各级党政机关决策工作提供参考咨询服务，为企事业单位提供专题服务，为社会公众提供文献支撑和信息服务。创新"两会"服务方式，积极主动为"两会"代表、委员提供信息咨询和专题服务。开展舆情监测工作，提高舆情分析与应对能力，探索建立舆情信息服务品牌。探索建立学科馆员制度，提升个性化服务水平，逐步建立一支知识结构合理、业务素质过硬的学科馆员队伍。

4. **提高智能化服务水平**。引进新技术，在馆内各终端（平台）实现自动应答系统的运用，全面开展自助服务，包括自助借阅、自助办证、24小时自助图书馆服务等。加强触屏服务、移动数字服务、数字体验服务和微服务平台建设，为读者提供多样化的阅读服务方式。建立互动体验空间，充分运用人机交互、人工智能、虚拟现实、增强现实等技术，设立阅读、舞蹈、音乐、书法、绘画、摄影、培训等交互式文化体验专区。

5. **再造图书馆服务空间**。以地方民族文献中心项目工程建设和主馆改造为契机，重塑业务流程，完善全馆的功能分区，突出民族性、地域性和实用性，再造图书馆服务空间，改善读者体验。完善综合信息咨询服务和书刊借阅服务流程，扩展少儿阅读体验区、数字体验区、展览展示区、特殊读者服务区。提升地方及东盟文献信息和古籍等主题服务空间。开辟创客空间、多媒体制作鉴赏区、24小时自助借阅区、研讨交流区、读者休闲体验区、文创产品展销区等新空间，为读者提供舒适且富有技术含量的阅读环境，实现服务功能的最大化。

专栏3：省级公共图书馆阅读服务

项目5：建立广西阅读推广联盟

牵头建立广西阅读推广联盟，以全区各级公共图书馆为主体，按照统一的工作规则，共享资源，共创品牌，协同开展阅读推广和其他读者活动的联合体。包括全区图书馆讲座联盟、展览联盟、培训联盟和宣传联盟，实现讲座、展览和培训资源共享，实现宣传推广的联动效应。协调各成员馆根据本地文化特点和自身优势，推进"一馆一品"建设，打造联盟活动品牌，形成各馆具有广泛影响的活动品牌。

项目6：数字资源阅读推广活动品牌

结合重要节日、社会热点等推出面向读者的数字资源阅读推广活动或培训课程，积极开展关于各类数字资源的听、看、读、品等多媒体阅读欣赏体验，从被动服务模式转化为互动服务模式，探索打造在全区具有影响力的数字资源阅读推广活动品牌。

（四）增强数字化、信息化服务能力

1. **建设具有广西特色的地方公共数字文化资源体系**。坚持弘扬社会主义核心价值观，以群众文化需求为导向，以弘扬和传承中华优秀传统文化为基础,以广西地方特色文化数字资源建设为主线,涵盖历史文化、民族民俗、传统技艺、艺术普及、红色经典、山水风光、扶贫攻坚、乡村建设、对外交流等主题,逐步建成融思想性、知识性、艺术性、实用性为一体的地方特色数字文化资源体系。公共数字文化资源库各板块比重均衡,惠农、务工、少儿、社区服务、弱势群体、精准扶贫等服务特殊读者群体的数字文化资源库规模稳步扩容。

2. **加强网络信息化基础建设**。全面提升网络信息服务支撑能力,以地方文献中心大楼建设为契机,根据业务发展进程建设新机房,确保网络、存储和信息安全。增强信息基础设施和重要信息系统的抗毁能力和灾难恢复能力;逐步提高网络带宽,提升全馆无线网络的读者服务体验;加强信息安全风险评估工作,建设和完善信息安全监控体系,提高对网络安全事件应对和防范能力,防止有害信息传播。

专栏4:数字图书馆建设

项目7:地方特色数字资源建设项目

梳理完善本馆地方特色数字资源建设总体框架,更加突出地域性、民族性、知识性、创新性、普及性。重点支持能够助力精准扶贫、"一带一路"发展战略以及提升文化自信、扩大广西影响的特色资源数据库项目建设。

项目8:进村入户专项资源建设任务

加大资源整合力度,以群众需求为导向,征集和制作适合当地需求、具有地方特色的各类优秀文化视频资源,完善村级文化驿站布点,加强公共数字文化资源的宣传推广与使用培训,精准投放农村百姓喜闻乐见的公共数字文化资源。引导更多的基层群众走进当地公共文化基层服务点观看使用通过广西公共文化云平台或中国文化网络电视提供的海量公共数字文化资源,扎实推进文化扶贫工作。

（五）传承弘扬中华优秀传统文化

1. **加强古籍和民国文献保护工作**。继续实施中华古籍保护计划和民国时期文献保护计划，完成馆藏民国文献普查和全区古籍普查，出版古籍普查登记目录，适时推进《中华古籍总目·广西壮族自治区卷》的编纂。继续组织开展国家和自治区级珍贵古籍名录申报评审工作，不断加大入选国家和自治区珍贵古籍名录古籍的保护力度。加强古籍和民国文献的原生性保护，进一步完善库房设施，改善古籍保管保护条件；推进古籍修复人才队伍建设，以少数民族古籍修复工作为抓手，提升整体修复水平。积极开展影印出版和数字化，推动古籍和民国文献的再生性保护。

2. **推进古籍、民国文献和地方文献的整理研究**。加大与区内相关单位的协同合作，加强特藏文献的整理开发，特别是加大对以古壮字古籍为代表的民族文献整理，重点出版一批古籍、民国文献和地方文献整理研究成果。

3. **开发文创产品，系统挖掘馆藏优秀传统文化**。依托本馆古籍善本、地方文献、民族文献、特色数字资源，充分挖掘馆藏资源，开发文化创意产品。积极参与全国性公共图书馆文化创意联盟，借助统一平台进行设计开发和营销推广，打造特色文创品牌。

4. **加强宣传推广工作**。建立和完善相关宣传推广机制，运用数字化、信息化、网络化等现代技术手段，采取线上线下相结合的方式，举办讲座、展览、体验活动、技术培训等，推动中华优秀传统文化多媒体、多渠道、多终端的传播。

专栏5：广西优秀文化的保护、传承和利用

项目9：地方文献整理、开发、研究

联合各市、县公共图书馆对地方文献进行系统的梳理和揭示。积极推进全区地方文献书目平台建设。编辑出版地方文献联合目录。开展广西茶文化等专题文献的收集、整理、开发，取得一批阶段性成果。

> **项目 10：文化创意产品开发试点工作**
>
> 组建馆属公司进行文化创意产品的研发、推广、经营管理等。组建文化创意产品开发团队，依托馆藏资源，开发具有地方特色、民族特色、图书馆特色的文化创意产品，探索建立有效的激励机制。依托全国性公共图书馆文化创意联盟等平台将各类文创产品进行集中展示和整合营销，推进文化创意产品体系化、品牌化。

（六）提升全区人才队伍综合素质

1. **建立科学合理的专业人才队伍**。完善人才队伍建设机制，建立以业绩为导向的科学人才评价机制。建立以公开、平等、竞争、择优为基础，有利于人才成长的选人用人和退出机制。加大对优秀中青年人才，特别是公共数字文化服务、古籍保护、信息参考咨询、读者服务、阅读推广等重点领域领军人物的培养力度。

2. **构建全员培养体系**。建立健全全员培养机制，确保图书馆人才梯次发展。通过岗前培训、传帮带、馆际交流培训、学习进修、挂职锻炼、申报承担课题等方式，快速提升馆员自身业务素质。鼓励和支持员工参加各类学历教育。

3. **提高学术研究水平**。鼓励全体馆员积极申报各级各类科研课题项目。组织开展面向全区基层图书馆的科研项目申报，引导和带动全区基层图书馆加强科研能力建设。"十三五"期间，力争产生一批具有较高质量的学术成果，形成以学术研究促进业务建设的发展格局。

> **专栏 6：人才队伍建设**
>
> **项目 11：开展"三区"人才培训**
>
> 继续配合自治区文化厅做好"边远贫困地区、边疆民族地区和革命老区"人才支持计划专项工作，组建业务骨干工作小组，通过基层辅导、跟班学习、合作培训、项目带动等多种方式不断推进"三区"人才的培养工作。

> **项目 12：业务、技术及科研的传帮带**
>
> 建立馆内高级职称人员的传帮带考核机制。高级职称人员为县级以下公共图书馆的总分馆建设提供业务及技术方面的辅导不得少于 2 次/年。高级职称人员当年须完成对馆内新进人员和部分中青年馆员业务工作和科学研究的辅导培训，两年内发表学术论文不少于 1 篇或获得 1 项以上课题项目立项。

（七）加强交流与合作

1. **加强区内外交流合作**。发挥广西壮族自治区图书馆学会的平台作用，加强省级公共图书馆之间人才、业务、项目、资源等方面的合作与交流、培训，落实学会联系各方、引领发展的职责，推动学会在业务研究、信息收集、资讯分发、人员培训、联合攻关等方面的重要作用。办好专业刊物《图书馆界》，推动区内外图书馆界的学术交流、学术研究与行业协调。

2. **加强与东盟国家图书馆交流合作**。加强与东盟国家图书馆的国际合作与交流，建立互信互助的友好关系，开展多种形式的业务交流活动，并通过资源共享、馆员互访、业务培训等多种形式的业务交流活动，学习借鉴先进的理念和经验，推动中华文化特别是广西文化走出去，讲好广西故事，传递广西声音，弘扬广西精神。

> **专栏 7：国际交流合作**
>
> **项目 13：国际学术研讨会**
>
> 举办高水平的图书馆领域的国际交流研讨会，在争取上级相关部门支持的前提下，运用各种渠道积极邀请国内外图书馆知名专家学者到广西，举办 1—2 次有较大影响力的国际图书馆学术研讨会或学术报告会。

> **项目14：广西与东盟图书馆交流项目**
>
> 落实2012年《东亚图书馆南宁倡议》各项举措，密切馆际交流和人员往来，推动建立常态化交流机制，推进广西与东盟有关国家在图书馆领域的交流共享，加强广西壮族自治区图书馆和东盟各国图书馆在馆藏资源开发利用、地方特色文献征集、图书馆人才培养等方面的友好合作，努力探索广西与东盟在公共文化服务领域的新型合作模式。

（八）不断创新管理体制机制

1. **基本完成图书馆法人治理结构改革**。建立以理事会制度为主要形式的法人治理结构，吸纳有关方面代表、专业人员、各界群众参与图书馆日常运营管理；发挥法人自主权，推动实现图书馆决策的科学化、民主化；加强对图书馆事业监督管理，进一步提升图书馆管理水平和服务效能，满足社会公众日益增长的文化需求，实现公益性服务效益最大化。

2. **内设机构改革与人员调整**。根据广西壮族自治区图书馆定位和现代公共图书馆的发展趋势，坚持问题导向，整合馆内资源，围绕打造地方文献特色品牌、加大阅读推广力度、提高文献信息服务水平、提升学术研究能力的建设目标，推动馆内有关机构的优化重组。立足各部门工作实际和专业需求，结合图书馆事业未来发展趋势，科学合理设置岗位及岗位职责，合理配置现有人才资源，提高人岗匹配程度。

3. **支持社会力量参与图书馆建设**。以建立公共图书馆理事会制度为契机，鼓励和支持公民、企事业单位、社会团体以及其他组织通过各种途径参与图书馆事业发展。积极探索将图书馆的信息采集、书刊编目、借阅服务等业务外包，向社会力量购买公共文化服务，推动图书馆向专业化、社会化发展。

4. **开展文化志愿者服务**。积极开展参与广泛、内容丰富、形式多样的文化志愿者服务，探索具有地方特色、图书馆特色的文化志愿服务模式，打造一批专业的志愿服务品牌。完善志愿者注册招募、服务记录、管理评价和激励机制。多渠道探索制定建立图书馆行业志愿者服务规范。

专栏 8：创新公共图书馆管理机制

项目 15：广西壮族自治区图书馆界志愿服务示范项目评选

策划广西壮族自治区图书馆界志愿服务示范项目评选，重点扶持基层志愿服务项目，充分发挥志愿者的积极性和创造性，努力为志愿者提供自我展示的舞台。按照志愿服务对象类别征集、遴选，阳光助残、关爱农民工子女、邻里守望与为老服务、扶贫开发与应急救援、文化宣传与网络文明、禁毒教育与法律服务、理论研究与基础建设、其他领域等项目。

项目 16：公共图书馆+阅读推广合作项目

探索"公共图书馆+"的阅读推广合作模式，图书馆与社会力量合作为读者提供良好的阅读环境和优质的阅读服务，开展多种形式的读书活动，团聚书友，助力阅读推广，营造浓厚的全民阅读氛围。

五、"十三五"时期的保障措施

（一）加强组织领导

发挥党的领导核心作用，建立和完善党内情况通报、情况反映和重大决策征求意见等制度，坚持民主集中制，提高决策的科学性、执行的成效性。以"两学一做"教育制度化、常态化推动规划的实施，领导班子成员切实履行主体责任，制定相关工作计划和方案，层层压实责任，加强过程管理和监督，抓好工作落实。全馆党员发挥先锋模范带头作用，围绕中心、服务大局，创新工作方式，带动其他馆员做好工作，完成规划任务。

（二）争取上级部门和社会支持

精心设计项目，依托中央补助地方公共文化资金项目、"三区人才"培养项目等机制，努力争取上级部门在政策、经费、人才等方面的支持，推动广西壮族自治区图书馆软硬件能力建设，提升发展能力。加大宣传推广力度，引入社会监督机制，努力争取社会各界在舆论、财力、物力、人力等方面的支持，努力营造全社会关心、支持和帮助广西公共图书馆发展的良好氛围。

（三）加强人才队伍建设

优化人员专业结构，逐步补充图书馆学、计算机专业、外语专业及多学科专业人才，造就一支素质优良，能适应数字环境下图书馆事业发展需要的馆员队伍，为《规划》落实提供人才保障。制定切实可行的人才培养计划，采取灵活多样的方式培养，逐步提高全体馆员的业务素质和业务技能，至2020年，高级职称员工占比达到20%。定期选拔专业基础好、思想素质高、接受能力强的馆员脱产进修或短期培训，补充新知识，逐步成为图书馆的学术带头人或现代化技术应用的业务骨干。

（四）完善经费保障

按经费管理制度进行全口径预算，多渠道筹措经费，提升文献资源建设、设施与设备的运行、空间优化、人员成本等经费保障能力，争取政府投入经费逐年增加，至2020年，年财政拨款总额达到8000万元以上，文献购置费达到1500万元。优化资金配置，预算安排和资金投入优先保障图书馆日常运行和读者服务的基本需要，保证重点建设项目和重点扶持项目开支要求。

（五）健全监督管理

建立规划实施的监控、考核和调控机制，使监控、考核和调控制度化。总结经验教训，适时调整，稳步推进，明确专门机构负责监督《规划》的执行，加强督促检查。加强对《规划》实施情况的跟踪分析，特别要加强对重要指标的监测。建立《规划》实施考核机制，明确《规划》考核的责任主体。加强用户评价和反馈，探索建立第三方评价机制，开展群众满意度调查，增强评价的客观性和科学性。

（发布日期：2017 年 8 月 10 日）

广西壮族自治区桂林图书馆事业发展"十三五"规划[①]

"十三五"是贯彻落实国家加快构建现代公共文化服务体系，建设社会主义文化强国的战略部署的重要时期。面对新形势、新任务，广西壮族自治区桂林图书馆基于对图书馆事业发展环境分析，根据《关于我国公共图书馆服务体系建设的建议提纲》《国家基本公共文化服务指导标准（2015—2020年）》《全国公共图书馆事业发展"十三五"规划》和广西公共文化发展规划，以及桂林市"寻找文化的力量，挖掘文化的价值"的文化发展目标要求，结合本馆实际，制定本规划。

一、背景和形势

"十二五"时期，在各级党委、政府的高度重视下，我馆事业稳步推进，以免费开放为契机，加强本馆自动化建设，提高图书馆服务能力，提升服务质量，较好完成了《广西桂林图书馆事业发展"十二五"规划》的各项任务目标，各项工作取得了积极进展：

---

① 本规划由广西壮族自治区桂林图书馆授权收录。

办馆条件得到改善。新建馆舍 3.15 万平方米，馆舍总面积为 4.85 万平方米，分为临桂新区总馆、榕湖分馆、安新分馆三处，比 2010 年末增长 185%；经费投入稳步增长，"十二五"末购书经费 565 万元，比 2010 年末增长 151%，并落实自治区财政每年拨付免费服务经费 180 万元；依托文化共享工程、数字图书馆推广工程、电子阅览室建设，完成了安新、榕湖机房改造，在榕湖分部建立备份容灾系统，实现数据同城异地存放；引进云计算平台，完成光纤通讯线路升级，实现了与国家数字图书馆 155M 光纤专线和 VPN 的联通，硬件设施及网络建设得到较大提升和改善，奠定了我馆省级数字文化服务基础。

现代化服务功能增强。建立自助借还系统，推出图书自助借还服务及 24 小时还书服务。更新业务自动化系统，本着资源整合，共建共享的现代化理念，初步试点建设以市县图书馆为主体的区域图书馆集群网络，提高基层图书馆的办馆效率，拓展了服务空间。引进新技术、新媒体服务，开通移动图书馆服务系统、推出公众微信服务，开展电子借阅服务，实现了无线 WiFi 全覆盖。规划建设和丰富本馆特色数字资源，形成广西红色历史、广西旅游文化、桂林抗战文化等特色视频和多媒体资源，建立中国政府公开信息整合服务平台。

服务效能显著提升。2011 年"4·23"率先在广西向社会实现免费开放服务。"十二五"末，年接待 151 万余人次，比 2010 年增长 130%；借阅书刊 302 万余册次，比 2010 年末增长 132%；网站访问量 485 余万次，移动图书馆点击 1488 余万次。创新"公益课堂"、桂林百姓文化大讲坛、桂图展览、快乐一小时、"悦动·科学"青少年科普活动形式，增强品牌活力。以读书读者协会、桂林英语角、志愿者妈妈等志愿者团队为依托，带动社会力量参与，开展常态化、内容丰富的阅读活动。2012 年桂林英语角、2014 年读书读者协会分别被文化部评为基层文化志愿服务示范项目。以"两会"信息服务为抓手，建立政府信息公开平台，由传统的企事业单位信息服务，延伸拓展到政府决策机构，探索编制热点决策信息，决策参考信息服务效益明显。

区域图书馆服务体系建设初有成效。着眼于图书馆事业发展的趋势，以本地区公共图书馆服务体系建设为出发点,以图书馆总分馆制为参照,以资源共建、服务共享的区域图书馆集群为抓手,提升基层图书馆公共文化水平和服务能力,推动本地区图书馆服务效能的提高和事业的整体发展。到 2015 年年底,桂林图书馆集群已有 12 个县级公共图书馆加入,实现了图书馆业务统一自动化系统管理、区域资源共享等服务,规范了基层馆业务建设,提高了基层图书馆的自动化水平和服务效益,增强了馆际间协作与发展,为建设广西公共图书馆服务网络建设奠定了基础。

古籍保护工作有效开展。初步建立起一支功能相对完善的古籍保护队伍,古籍库等保护条件得到改善。完成本馆及桂北地区各古籍保护单位古籍普查、登记,其中本馆 10 部古籍入选国家珍贵古籍名录,74 部入选广西古籍保护名录。有计划地进行珍贵古籍再造和数字化,影印出版陈宏谋的《五种遗规》等。确定拓片为特色馆藏资源,通过购买、现场采拓、征集等多种方式系统收集。获得"全国古籍保护单位""自治区级古籍修复中心"。

带动基层馆共同发展。以"三区"人才支持计划为抓手,采取网络培训、跟班学习、实际操作、在线交流、挂职锻炼、参观学习、现场服务等多种形式开展培训,为基层图书馆培养了一批技术骨干。发挥行业引领作用,联合辅导区内各市县图书馆、桂林市各大高校、中小学图书馆联动开展阅读推广活动;参与并指导来宾市公共文化服务示范区,罗城县仫佬族自治县示范项目建设。

业务研究队伍建设加强。有针对性地派出业务骨干参加不同层次的业务培训,鼓励员工积极参与各类学术研究和交流活动。成立新一届桂林图书馆学术委员会,完成馆级研究项目 20 项,参与建设国家社科基金招投标项目《桂学研究》、国家知识产权局课题"文化信息共享资源中的知识产权管理",通过验收。完成广西桂学研究课题《桂林抗战时期出版业》等课题建设,培养了业务研究人才。

"十二五"期间我馆先后获得文化部"全国古籍保护工作先进单位"、中图学会"全民阅读先进单位"、广西文化厅"广西古籍保护工作先进单位""全区公共文化服务体系建设先进集体"等荣誉,挂牌"全国人文社会科学普及基地""全国科普教育基地",榕湖分部馆舍成为桂林市文物保护单位。辅导区罗城仫佬族自治县图书馆荣获全国"最美基层图书馆"荣誉。

同时也要看到,当前我馆在建设发展中也存在许多问题,主要表现在:文献资源采集与揭示还不能满足公众多层次、多样化的需求;服务手段和渠道创新不够,公共文化服务效能有待提升;人才队伍业务素质和梯队建设有待提升;管理体制创新不够,未实现法人治理结构建设;未形成有效科学评价机制等等。

"十三五"时期是构建现代公共文化服务体系和深化文化体制改革的关键阶段。公共图书馆作为现代公共文化服务体系的中坚力量,承担着传播中华优秀传统文化,传承优秀文明的重要作用。在新的历史发展时期,我馆将以新馆开放为契机,提升办馆理念,明确目标,把握机遇,努力使我馆事业迈上新台阶。

二、总体思路和目标任务

(一)指导思想

坚持以中国特色社会主义理论为指导,全面贯彻党十八大和十八届三中、四中、五中、六中全会精神,深入贯彻落实习近平总书记系列重要讲话精神,以构建和完善现代公共文化服务体系为主线,促进公共文化服务均等化、标准化,结合公共图书馆发展趋势与特点,充分利用现代信息技术,整合区域图书馆资源,丰富服务内容,提高服务效能,为全面提高全民素质、提升广西及桂林文化软实力做出积极努力。

(二)发展目标

以"传播文化,传承文明,创新服务,丰富阅读"为使命,以"知识仓储,学习中心,信息悦享"为愿景,秉持"公益、均等、便利"的服务理念,以文献、信息、知识服务为基础,以人为中心,建设智能化、特色化、现代化图书馆，成为公众阅读中心、学习中心、交流中心、休闲中心。由此确定我馆"十三五"期间发展目标是：

以新馆建成开放为契机，推动本区域图书馆服务体系建设，到 2020 年，基本建成布局合理、覆盖广泛的区域公共图书馆服务网络，公共图书馆服务标准化、均等化水平显著提高；区域文献资源合作不断增强，综合保障能力得到增强；新技术应用不断扩大，公共数字化服务能力不断提升；阅读推广服务推动上升为区域化水平，阅读社会影响力；图书馆各类型服务对象的多元分层服务体系得到完善，社会服务能力不断加强；人才队伍的专业化水平得到有效提升，社会力量广泛参与，公众对公共图书馆服务的满意度持续提升。

三、主要工作

围绕以上发展目标，结合我馆承担的职责和区域发展实情，"十三五"期间我馆主要工作规划如下：

（一）以新馆建设为契机，继续推动本区域公共图书馆服务体系建设

1. 完善新馆功能，改善办馆条件。按照临桂新馆作为总馆，安新、榕湖馆舍为分馆，建设方便新老城区读者服务的功能布局，进一步完善新馆功能，做好新馆建设的施工、设施设备配置，落实人员编制问题，完善搬迁方案、做好搬迁准备，尽快对读者开放服务。

2. 规划建设存储图书馆。根据三个馆舍功能定位，调整安新分馆布局，建设为本地文献资源保存和调配的存储图书馆。对馆舍进行修缮和配置必要的设施设备，完善安防系统，改善文献保存条件，为实现对当前和未来重要文献信息资源的长期保存和永续利用奠定基础。

3. 推动区域公共图书馆服务体系建设。"十三五"期间，着眼于图书馆事业发展趋势，以本地区公共图书馆服务体系建设为出发点，以人口分布和服务半径为依据，以临桂新馆为中心馆，老城区榕湖和安新馆为分

馆,以及学校、部队、企业等馆外流通点联动,辅之流动服务车等流动服务的城区图书馆服务体系;充分利用现代信息技术,以数字图书馆网络实现最后一公里的公共文化全覆盖,带动和延伸县、乡图书馆服务,建设区域图书馆均等化服务体系,为百姓提供均等、便利的公共图书馆服务。

4. 建设志愿者激励机制、互动机制,引导、鼓励社会力量参与图书馆建设,扩大图书馆服务效益和社会影响。

(二)着力提高图书馆现代信息技术应用水平,提升公共数字文化服务能力

依托文化共享工程、数字图书馆推广工程、电子阅览室建设规划重点工程项目,强化地方特色数字资源建设。加强图书馆与科技的融合,不断利用新技术拓展图书馆服务范围,让"互联网+"为图书馆服务插上翅膀,让图书馆无处不在、无时不有,提高公众获取文献信息资源的便捷性,提升公共数字文化服务水平。

1. 充分利用现代信息技术,建设具有带动区域图书馆共享服务能力的现代公共图书馆服务网络,扩大服务层面,提高服务层次。

2. 加强地方特色数字资源建设,按照本馆资源建设规划,围绕广西历史文化、桂林抗战文化、广西红色历史文化、广西旅游文化、馆藏特色文化专题资源建设。

3. 推进创新与创意,科技与服务融合,建立并不断完善"云图书馆",通过互联网、移动通讯网、智慧城市网构建区域数字资源服务中心,不断拓展服务空间、创新服务模式,提升现代服务能力。

4. 加强数字图书馆推广工程、文化共享工程和公共电子阅览室计划等数字文化惠民工程的统筹整合和相互衔接,推广利用公共数字文化服务平台的公共文化服务功能作用,提升资源使用效益与服务效能。

5. 加强应用服务平台建设,不断开发完善应用水平。增加自助借还设备,为读者提供24小时自助借阅服务,完善移动图书馆、微信服务系统,方便读者通过移动设备利用图书馆。

（三）加强文献资源建设力度，建立多元化文献资源保障体系

作为区域文献中心，建立多元化的文献保障体系，提升馆藏文献信息资源的保存保护水平，提高对多种载体、多种形式、多种类型、分散异构的文献信息资源的集成化整合，推进不同类型资源的平衡发展。加强文献信息资源的整理、研究、宣传与利用，提高文献信息资源的使用效益。

1. 进一步加大文献资源保障经费投入。以读者的文献需求为起点和落脚点，在增加纸质图书购买经费的同时，加大电子资源的采购投入，加强音、视频资源、图片等多载体资源建设，推进不同类型资源类型的平衡发展，形成相对丰富的数字资源，提高资源供给能力。

2. 加强地方文献资源建设力度。加强地方文献资源建设，注重地方特色数字资源建设，形成多载体文献体资源体系。健全完善采集与呈缴相结合的地方特色文献建设与管理机制，加强市县各级图书馆的分工协调、共建共享，扩大地方文献在载体和地域上的征集范围，广泛推进多区域、多类型文献资源互补与共享，建立特色鲜明、优势互补的地方文献保障体系。

3. 继续建设"广西记忆"项目。以国家图书馆牵头的"中国记忆"项目为指引，围绕广西现当代重大历史事件、重要代表人物、重点热点话题等，在本馆原有文献资源建设的基础上，完善"广西记忆"项目建设，以口述史料与影像文献为特色，有选择地采集和制作专题资源，共同建设"中国记忆资源库"。

（四）做好重点文献保护工作，挖掘传统文化资源

建设符合国家标准的古籍和民国书库，改善文献保护条件；培养并合理配备相关人才，建立科学、专业的人才保护队伍；加大古籍及民国文献数字化建设力度，提高社会利用；加强文献研究和宣传，传播优秀传统文化。

1. 改善古籍、民国文献保护条件。完成临桂总馆的古籍书库、民国文献书库标准化建设；进一步加强广西修复中心——桂林图书馆修复中心环

境和设施设备的建设,抢救修复一批馆藏和民间的古籍;加强古籍、民国文献修复、鉴定、研究等人才培养,形成梯队化建设。

2. 继续推进"中华古籍保护计划",在机制运行、古籍普查、名录申报、人才培养、保护修复、整理出版、数字化建设、服务与宣传等方面开展古籍保护工作。完成"全国古籍普查登记目录"广西桂林图书馆古籍普查登记目录分卷的出版;完成民国文献本馆普查的平台著录;建设古籍、民国文献检索查询平台,提供古籍、民国文献数字化服务;加强市、县级古籍保护工作,逐步实现古籍分级保护格局,继续做好辅导区内县级图书馆及收藏单位古籍收藏情况的补查;

3. 加强古籍文献开发和研究,加大传统文化的普及传播。结合本地文化建设,分专题系列研究,完成《广西古典文献著述题录》出版;根据古籍保存和使用现状,加强数字化和整理出版工作;策划、组织开展讲座、展览、阅读推广等活动,加强传统文化传播和知识普及。

4. 继续深化文化创意产品开发。挖掘地方传统文献资源,开发体现本土文化特色、民族特色、地域特色,弘扬中华优秀传统文化、符合群众实际需求的文化创意产品。

(五)开展品牌活动,推进全民阅读

1. 加强本馆阅读推广活动提升。以"4·23"世界读书日等阅读推广活动为抓手,继续强化公益课堂、快乐一小时、"悦动·科学""健康·阳光老人"、桂林百姓文化大讲坛、桂图展览等已建服务品牌,创新服务手段、服务方式、服务内容等;不断创新服务品牌,以系列化特色阅读服务,营造阅读环境;扩展志愿者服务队伍,积极参加到讲座、展览等阅读推广活动中来;加大面向进城务工人员、未成年人、残障人士等特殊群体的服务,保障其文化权益。加强线上线下、多种形式的培训,深入开展市民文化信息素养教育培训等。

2. 建立本区域图书馆阅读服务体系。深化图书馆免费服务,在各基层图书馆探索建立阅读推广服务品牌,通过整合区域内各种品牌资源,策划开展区域性阅读推广服务,实现资源共建,服务共享,整体提升区域内阅

读推广活动质量和效益。加强社会合作，广泛整合各地的社会服务资源，积极与政府部门、民间社团等单位，创新开展各类公共文化服务。

3. 加强社会阅读培养和教育。通过开展有关阅读兴趣、阅读方法等方面的培训和指导，不断提高市民阅读水平，增强阅读能力，为市民终身教育和文化休闲提供服务。

（六）进一步提升信息服务水平，强化信息服务能力

1. 以科技查新服务为抓手，将科技信息服务拓展面向科研、生产、教育、小微企业、个人等深层次信息服务。解决读者用户在科研、生产、经济建设中提出的问题，助力"大众创业，万众创新"。

2. 挖掘馆藏资源，创新服务方式，加强政府决策、桂学研究、地方特色开发和新农村建设等相关文献的收集和整理工作，提供二、三次文献服务。延续开展"两会"服务，常态化为委员代表提案、议案提供文献信息咨询服务。

（七）发挥省馆职能，推进区域图书馆事业发展

发挥省馆的引领和协调作用，强化馆际合作，提升馆际合作的质量和成效。推进县级图书馆总分馆制建设的工作，做好对基层图书馆的建设与辅导作用。充分利用我馆现有的各类平台，发挥学术团体和行业协会的桥梁纽带作用，整合优势资源，为推进区域图书馆事业科学发展服务。

（八）深化改革，加强规范化、制度化建设

根据有关改革工作布署，进行法人治理结构改革。调整业务布局和管理机制，建立科学有效的运行管理体系。结合图书馆评估建设，促进工作的规范化、标准化建设。

（九）进一步加强学术研究和人才队伍建设

围绕广西公共图书馆事业发展实际，加强理论研究，为本地区政府制定相关政策、法规等提供依据。紧密结合事业发展打造图书馆人才梯队，加强针对基层图书馆人才建设的扶植力度，实现业务工作、科研工作和人才培养三者的有机结合和良性互动。

（十）建设图书馆文化，增强社会认知度

结合我馆的实际工作情况和工作内容，创建适合于我馆的图书馆文化，包含图书馆建筑风格定位、图书馆历史传承、图书馆精神内涵、图书馆核心竞争力、图书馆员素质提升等方面，增加社会对图书馆文化的认知度。加强宣传推广，提高图书馆在社会公共事务中的参与度，打造图书馆在社会中的良好形象，为公众参与图书馆服务营造良好氛围。

四、保障措施

（一）加强组织领导。高度重视规划的组织实施，结合本规划，制定相关工作计划和落实方案，细化目标任务，明确责任，纳入各部门岗位责任书年度完成任务内容，并进行年终绩效考核。

（二）争取加大经费投入。进一步争取政府财政对本馆投入，使经费投入持续稳定增长，确保各项工作稳步实施。严格遵守国家的经费管理规定，完善廉政风险防控机制，规范专项资金管理、使用和监督。

（三）增强宣传意识。把宣传作为传播新知识、新理念、新形象的重点任务，结合本馆工作宣传推广及社会发展形势需要，充分利用门户网站、报纸、广播、电视以及各类新媒体，形成从平面到立体的多样宣传模式，大力宣传图书馆及现代服务，增强社会的认知意识、参与意识和传播意识。

（四）加强队伍建设。按照新馆开放任务和要求，积极争取配备缺额人员。完善本馆人才培养、选拔任用、激励保障机制，建设一支具有现代意识、创新意识和专业水准的公共图书馆从业人员队伍。依托"三区"人才支持计划，通过选派优秀师资为基层图书馆提供长期服务、项目服务、脱产培训等方式，进行系统化、专业化的分层分类培训。加强业务和学术研究建设，培养一支学科带头人队伍，提高本馆的整体研究

水平和研究能力。

（五）健全监督管理。完善公共图书馆绩效考评制度，开展第六次公共图书馆评估定级，并以此为契机，推动本馆各项工作的规范化、专业化、现代化建设；建立科学评价机制，加强读者评价和反馈，开展群众满意度调查，以政府、行业组织、第三方独立评估的评价机制促进工作开展。

（发布日期：2016年11月）

重庆图书馆"十三五"发展规划纲要[①]

"十三五"时期是重庆全面建成小康社会的决胜阶段,是重庆图书馆深化改革的战略机遇期,也是全面提升图书馆服务水平和质量、打造全市公共图书馆服务网络,推动实现文化强市的关键时期和重要阶段。为深刻认识并准确把握国内外图书馆发展的新变化和新特点,抓住我国图书馆事业发展的战略机遇,实现"全国一流、西部领先"的建设目标,根据《重庆市国民经济和社会发展第十三个五年发展规划》和《重庆市"十三五"文化发展规划》,制定本规划。

一、发展基础

(一)事业发展的成绩

"十二五"期间,乘着文化大发展大繁荣的东风,重庆图书馆着重发展软实力、提升惠民度,在保护文献典籍、传承中华文化、引领城市图书

---

① 本规划由重庆图书馆授权收录。

馆创新发展、提高公民文明素养、建设学习型社会等方面积极努力、开拓创新,实现了跨越式发展。"十二五"时期也成为重庆图书馆一段承前启后、创新发展、开拓奋进的难忘记忆。

1. **免费开放深入推进,基础服务效能明显提高**。"十二五"时期重庆图书馆以创新公益性服务机制为着力点,以更好地满足广大人民群众的精神文化需求为落脚点,为促进全民阅读、建设书香重庆,打造标准化、均等化的现代公共文化服务体系做出不懈努力。一是服务空间持续优化。"数字云"阅读体验室、"杨武能著译文献馆"相继开设,自习室、展览厅搬迁扩充,根据需要改善各服务场馆,扩大读者服务面积,提高了免费开放服务能力。二是馆藏结构逐步完善。文献信息资源规模持续增长,馆藏文献总量达到460万册(件),数字资源总量达80TB,馆藏特色日益凸显,传统文献与数字资源结合的馆藏体系基本形成。三是服务范围不断扩大。文化共享工程实现全覆盖,并深入社区、部队、机关单位、监狱、学校、主城以外的区县开设图书流通点48个,将服务送到市民身边。

"十二五"期间到馆读者949万人次,较"十一五"翻了一番。办理读者证161875个,是"十一五"期间的3倍,读者证发放量突破29万;书刊外借422万册次,是"十一五"期间的1.6倍;网站点击量971万人次;年均各类媒体宣传报道量502篇。在改善市民文化生活方面发挥了积极作用,蝉联国家一级图书馆,荣获"全国文明单位""全国文化系统先进集体"等称号。

2. **阅读活动蓬勃开展,品牌服务精彩纷呈**。五年里,丰富服务内容、拓展服务形式,融会多种文化功能于图书馆服务,推进具有重图特色和广泛影响力的公共文化服务品牌建设,倾力打造市民的文化生活空间,不断开创公共图书馆服务的新局面。一是主打全民阅读。结合"4·23世界读书日""图书馆服务宣传周"等特定节庆开展大型阅读推广活动。二是塑造品牌活动。"重图讲座"累计举办1100余场,得到市委宣传部认可与高度重视,共同策划打造了"三峡大讲坛·百姓课堂"系列。三是细分读者群开展特色活动。针对少年儿童的毛毛虫欢乐沙龙、太阳花读书会、许愿树成长信箱;服务视障人士的无障碍电脑培训、无障碍电影、口述电影展播；沙龙性质的杂志有约、《报锋骤语》TALK沙龙、我辈有魂读书会、真人图书馆；学习交流的英语角、读者俱乐部等，满足市民个性化需求。

仅2015年开展各类读书活动达420场次，受益人数达300余万人次。"重图·微世界"荣获"出版界图书馆界全民阅读年会全民阅读案例征集与评选活动"一等奖；"四维一体玩绘本"荣获"第一届全国图书馆未成年人服务论坛案例一等奖"；"自制盲文绘本"被中央电视台新闻频道"新闻直播间"节目报道；视障阅览室荣获"2014年全国盲人阅读推广优秀单位"。各类活动已深入市民生活之中，极大地提升了市民的阅读兴趣，成为市民与图书馆互动的一个良好平台。荣获"全民阅读示范基地"称号。

3. **现代化服务创新发展，服务模式不断丰富**。几年来，重庆图书馆加强新技术应用，致力于打造多元化、全媒体公共服务平台，实现从传统图书馆到现代图书馆的转型，使广大市民享受到了先进科技带来的图书馆新体验和新服务。一是开发了重庆数字图书馆、"掌上重图·手机图书馆"和"网上重庆图书馆"；二是引进了24小时自助图书馆、RFID自助借还系统、人机互动体感阅读设备、"二维码自助下载借书机"；三是开通重图微博、微信号，开动流动图书车；四是积极开展数字阅读活动，推动实体阅读和虚拟阅读协同发展。

各项现代化服务，受到了广大市民的高度赞誉。经过努力，重庆图书馆已初步构建资源丰富、技术先进、服务便捷、覆盖全媒体的数字文化服务网络，数字文化产品供给与服务能力大幅提升。

4. **特藏文献藏用并重，保护手段日臻完善**。作为国务院颁发的首批"全国古籍重点保护单位"，承担重庆市古籍保护中心的重任，古籍和民国文献保护工作成效显著。一是208种古籍入选《国家珍贵古籍名录》，创立国家级古籍修复中心，整理出版《重庆图书馆藏稀见方志丛刊》等文化典籍，推进文化典籍资源数字化，被授予"全国古籍保护工作先进单位"称号；二是再生与原生性保护并重，是全国首家抗战书刊全部数字化并提供网上查阅的图书馆；三是成立重庆中国抗战大后方历史文献中心，建成抗战文献陈列室，推出"中国抗战大后方3D数字图书馆"。

5. 对外交流步上新台阶，国际化程度日益提升。 推动重庆图书馆走出国门，传播中国文化。一是先后在泰国、英国、德国、贝宁、哈萨克斯坦、西班牙设立"重庆之窗——中国图书角"。二是与牛津大学签署友好合作协议，与俄罗斯叶利钦总统图书馆签署相互理解与合作备忘录。三是与美国、英国、法国等大使馆开展文化交流活动。重庆图书馆社会影响力、文化感召力和行业形象大幅提升。重庆图书馆正在以越来越开放的形象融入国际社会，成为城市对外文化交流的新窗口。

6. 全市图书馆协调发展，服务体系共建共享。 充分发挥引领和带动作用，推动全市图书馆整体发展。一是带领主城公共图书馆实行"一卡通"服务，开通通借通还短信服务平台和"重庆市公共图书馆统一服务电话"；二是成立"重庆市公共图书馆讲座展览联盟"；三是策划组建"农民工服务联盟"，获文化部"群星奖"，并获全国文化系统唯一推荐，冲刺"全国农民工工作先进集体"项目；四是打造出"蒲公英梦想书屋——乡村留守儿童关爱行动""春运购票我来帮"等多个惠民品牌服务项目。

各项工作的开展揭开重庆市公共文化服务共建共享的新篇章，内容丰富多元、网点布局合理、文献通借通还、资源共建共享、服务高效便捷的重庆市公共图书馆服务体系逐步确立。

7. 理论探索，营造浓厚学术氛围。 营造全馆的学术研究氛围，注重将遇到的问题进行总结和提炼，形成理论，进而更好地指导实践。一是成功立项国家级、省部级等各类科研课题26项，《公共文化服务类大数据分析试验系统与应用示范》项目获得国家级科研项目"国家文化科技提升计划"立项，成为我馆实施科研发展战略的标志性成果，也是重庆市文化系统首次获得该项目立项资助；《抗战民歌民谣和中华民族精神研究》荣获2015年度国家社科基金艺术类项目。二是出版《重庆图书馆馆藏珍贵抗战图片集》《抗战大后方歌谣汇编》《先贤诗文选》《重庆图书馆职工论文集》等书籍、光盘15部，其中《中国抗战大后方历史文献联合目录》《邹容集》获重庆市社科界的最高成果奖重庆哲学社会科学优秀成果一等奖和三等奖。三是策划并主办"全国直辖市公共图书馆高峰论坛""两南学术研讨会"等学术活动，邀请图书馆学界、业界著名专家学者、图书馆从业人员，从中国公共图书馆事业发展的战略视角共同思考与探讨公共图书馆面临的各种问题，收到了良好的效果。

(二) 事业发展的差距

五年春华秋实，尽在点滴，历经持续的开拓与创新，重庆图书馆已构建起集传统图书馆、自助图书馆、数字图书馆于一体的综合性服务体系，为今后的发展奠定了坚实的基础。同时，我们也清醒地认识到，"西部领先、全国一流"的建设目标仍然任重道远，我们的工作与先进发达地区相比还有差距，与群众不断增长的文化需求相比还有距离，主要表现在：**一是**地方性图书馆法规缺乏；**二是**硬件设施制约业务的进一步发展，文献入藏、业务空间发展、业务项目深化等方面缺乏硬件条件的支撑；**三是**面对本市政府机构决策参考的文献信息服务能力有待提高，特别是对重点领域的文献跟进服务不够及时；**四是**服务的精细化、精准化程度还需强化，面对不同服务人群的针对性服务不够到位；**五是**人才队伍建设还需加强，复合型高素质的人才队伍建设任重道远，古籍文献、民国文献、数字化建设等特殊领域尤显突出；**六是**基础业务工作还有提升空间，业务大数据的统计、分析、运用体系尚未有效建立，分项和综合分析能力有待进一步提升。

(三) 事业发展的环境

面对国家和重庆文化事业的发展和公共文化服务体系的建立，重庆图书馆在"十三五"期间将进入一个重要的转型期，事业发展面临机遇和挑战。

文化体制改革全面深化。党的十八届三中全会提出"明确不同文化事业单位功能定位，建立法人治理结构，完善绩效考核机制"，要求完善文化管理体制，构建现代公共文化服务体系，提高文化的服务效能。重庆图书馆作为国家文化部和重庆市的法人治理结构试点单位，在文化体制机制改革试点中应继续发挥先行先试的作用，完善管理体制，实现事业单位政事分开与管办分离，理事会决策、议事和监督权得到真正落实，社会公众有效参与监督和管理的三大目的。为我市文化体制改革积累经验，注入动力。

公共文化服务体系建设纵深推进。我市已经实现市、区、县公共图书馆全覆盖，由市到区（县）到乡镇的图书馆服务体系基本形成，总分馆制和跨系统跨地区的图书馆联盟等新型合作模式发展成熟并不断推进。公共图书馆之间、公共图书馆与高校图书馆之间的文献资源共享已成为各方的共识，国际间图书馆界之间的交流更加多元和广泛，合作与交流也更加密切，不同层级和领域的图书馆在功能拓展、知识管理和服务等方面努力进行着探索和实践，好的经验和成果不断涌现。全民阅读推广、移动媒体数字化阅读、24小时自助文献服务等新的图书馆服务业态开始普及和得到长足的发展。这些都为重庆图书馆事业的发展提供了不竭的动力、可资借鉴的经验和广阔的发展空间，为图书馆成为今后公共文化服务体系向纵深发展的引领者和排头兵打下坚实基础。

新兴信息技术推动事业跨越式发展。大数据、云计算、移动互联网、物联网等新兴技术的出现，推动信息技术的跨越式发展。文化科技的融合进一步凸显，文化与科技将并驾齐驱，新兴信息技术的发展成为文化突破的重要源泉，也是图书馆事业创新的基本要素，"十三五"时期，图书馆将全面进入"互联网+"时代，新兴技术的日益成熟和普及，图书馆行业将在公共文化服务体系建设中率先跨越式发展，并且加快与出版、媒体、休闲、经济等领域的深度融合，在信息技术的推动下，图书馆衍生出更多创新性的服务业态，更好地满足广大人民群众的精神文化需求。

图书馆、博物馆、美术馆、展览馆、科技馆、档案馆呈现相互交融的发展态势，技术和资源共享的同时，交叉竞争的局面出现，打破以前平行发展的态势，由于竞争态势的出现，促使行业包括图书馆实现服务效能的最大化，公众的多元文化需求得到更好的满足，图书馆通过信息技术和移动互联网将更多地出现在公众生活之中，公众对公共图书馆的依赖和需求也将随之而加强，"互联网+阅读"作为一种新的生产、生活方式对人们的学习、生活、工作、科研活动等都将带来革命性的影响。

"十三五"时期，是重庆图书馆的重要战略机遇期和转型期，面对众多前所未见的发展思路和多选业态，在认真研判基础上，实现跨越发展极具可能，重庆图书馆也将成为重庆大众创业、万众创新的重要领域和支撑。作为全市的文献信息中心，面对新的形势、新的职能、新的任务、新的领域、新的环境，在完好保存文献的同时，必须积极应对新技术的挑战，创新发展思路，拓展发展领域，与国际图书馆界更多交流和密切合作，跟踪发达国家和发达地区在文献资源建设、数字图书馆发展，社会功能拓展等方面的实践，借鉴成功经验，结合自身实际，创新发展思路，实现跨界合作，提升重庆图书馆在新兴信息技术环境下事业发展的上升力，实现科学而可持续的发展，带动公共文化信息资源在地区、城乡、群体之间的合理分布，使图书馆成为重庆公共文化服务体系建设的支撑力量和重庆文化大发展大繁荣的重要基础。

二、总体要求

（一）指导思想

高举中国特色社会主义伟大旗帜，以马克思列宁主义、毛泽东思想、邓小平理论、"三个代表"重要思想、科学发展观为指导，深入贯彻习近平总书记系列重要讲话精神，紧紧围绕"四个全面"战略布局，牢固树立创新、协调、绿色、开放、共享的发展理念，顺应社会发展环境和人民群众精神文化生活的变化，坚持社会主义先进文化的前进方向，坚持以人民为中心的工作导向，始终把社会效益放在首位，以全面深化文化体制机制改革为强大动力，加快构建公共文化服务体系，促进基本公共文化服务标准化和均等化，以发展为主线，以创新为动力，充分发挥图书馆在重庆文化建设中的强大支撑作用，为重庆的精神文明建设和全面建成小康社会做出更大贡献。

（二）发展目标

重庆是我国西部唯一的直辖市，是长江上游的中心城市，重庆图书馆的建设应与重庆城市经济建设和文化建设的地位与需要相适应，应该建设成为全国一流、西部领先的综合性、区域性省级公共图书馆，应该建设成为重庆乃至长江上游的文献信息资源收藏与开发利用中心，信息与文献数字化和网络化研发中心，学术研究交流与继续教育中心。应该建设成为重庆市全民阅读的主要阵地和经济社会发展的知识中心。

愿景：以"一流的设施、一流的设备、一流的管理、一流的服务，一流的读者"，造就"西部领先、全国一流"的现代化省级中心图书馆

使命：收集保存文献典籍，促进社会经济文化发展；倡导全面阅读，推动知识获取；着重收藏抗战史料相关文献，以资研讨开展对外文化交流。

（三）主要目标

深入推进体制机制改革，强化基础设施建设，到2020年基本建成与重庆经济建设和文化建设的地位与需求相适应的国内一流的现代化图书馆。

——**硬件设施进一步提升**。以重庆图书馆二期工程为龙头，带动硬件设施提档升级，在拓展服务空间，强化服务手段，提升服务效能的同时，合理调整馆舍布局，使馆藏文献信息资源的保障能力得到明显提升，对重庆具有支撑作用的特色文献馆藏保障体系基本建成。

——**基础业务进一步强化**。在传统图书馆业务建设中，既要重视现代化技术的应用，又要注重基础业务的科学与规范，从馆藏文献入藏入手，逐步适应出版形式的变化和数字化服务的出现，建立多渠道文献采选机制，馆藏地方文献将成为重点建设的内容之一，呈缴制度更加规范，并予以制度化，馆藏各类文献的统一揭示全面覆盖。

——**服务网络进一步健全**。至2020年，全市一小时、主城半小时图书馆服务网络基本建成，主城区通借通还全面实施，成员馆新增文献全部进

入一卡通系统，区县图书馆总分馆制开始分步启动，24小时自助图书馆建设有序推进，全民阅读服务支撑体系得以进一步健全。

——**延伸服务进一步深化**。以讲座、展览、培训、阅读推广、文创产品研发的叠加效应为基础，进一步深化延伸服务，并将延伸服务与现代化技术充分融合，提高服务的水平和质量，进一步提升延伸服务的品牌效益和社会认可度，使图书馆成为重庆市民的公共城市文化空间。

——**人才队伍建设进一步加强**。以图书馆事业发展为导向，多渠道、多层次、多方式健全人才队伍，引进和培养相结合，围绕特色领域和重点工作，以项目为抓手，以成果为导向，以事业发展为平台，建设老、中、青相结合，专业与服务相结合，业务与管理相结合的复合型人才队伍。

——**行政保障能力进一步提高**。行政保障的科学化、规范化显著提升，行政管理和业务管理有机结合，行政管理依托事业发展不断创新，安全保卫措施更加细化并落实有力，行政保障流程与业务流程有机契合，对图书馆新型业务格局的支撑作用更加明显。

"十三五"重庆图书馆主要基础指标

指标名称	主要目标
传统馆藏文献资源总量	410万册（件）
馆藏数字资源总量	300TB
年到馆读者量	280万
年网站访问量	1500万次
年书刊文献外借量（含一卡通）	160万册
年社会培训数量	200班次
年阅读推广活动数量	150场次
馆外分馆或服务点	90个
建立"重庆之窗——中国图书角"的国家或地区	15个

三、重点任务

(一) 推进图书馆事业发展顶层设计

1. 规划公共图书馆立法。学习借鉴江苏省、湖北省和四川省的图书馆地方立法成功经验,尽快出台《重庆市公共图书馆条例》,将全市公共图书馆事业发展纳入法制化轨道,明确要求各级政府将图书馆事业所需经费纳入本级年度财政预算,鼓励企事业单位、其他组织和个人参与公共图书馆事业的建设,营造图书馆事业多元支持、健康蓬勃发展的政策环境,保障公共图书馆可持续发展。

2. 构建决策层和管理层的权利责任清单。依托重庆图书馆的法人治理结构改革工作,理清举办单位、决策层和管理层的责权划分,促进图书馆更加规范、科学的运行,提高图书馆管理层和广大干部群众的工作积极性和工作责任感,形成权力制衡、相互协同、有效监督、责任明确、利益共享的治理机制。

(二) 启动重庆数字图书馆 (重庆图书馆二期工程) 建设

重庆图书馆作为重庆市的中心图书馆,同时也是文化共享工程重庆市分中心和重庆市古籍保护中心,具体承担公共数字文化惠民工程和中华古籍保护计划在全市范围内的落实。按照重庆图书馆二期工程的设计任务,目前受制于使用面积而无法开展的新兴业务都将在新馆二期工程中得以实现。如事关全市古籍保护工作的"典籍博物馆""古籍修复中心""古籍修复传习所""古籍培训中心"和全市的共享工程中心机房等,二期工程将为重庆市古籍保护和文化共享工程的开展提供更专业、安全的保障,有效拉动全市公共图书馆业务水平均衡、可持续的发展。

重新按照业务发展需求划定功能分区:馆藏三大特色文献(抗战文献、古籍线装书和联合国文件)、数字图书馆和基藏书库以及围绕上述开展的服务职能将迁至在新馆二期工程,形成集文献收藏开发、数字图书馆服务、特色文献研究的特色基地。而一期工程则专注于发挥面向社会大众的社会教育职能，着力开展阅读推广，为市民开展丰富多样的文化活动提供平台和空间，保障市民基本文化权益。一、二期工程分别针对不同层次的服务对象，在不断提高基本服务水准的同时，利用优势馆藏打造特色服务品牌，真正做到馆藏有特色、服务有分类、活动有品牌。

（三）加强基层业务能力建设

1. **完善馆藏发展政策**。根据社会发展、读者文献的需求状态和出版业的发展趋势，及时修订调整馆藏发展政策，修订完善《重庆图书馆文献采选方针》《重庆图书馆文献采访条例》《重庆图书馆地方文献采访工作条例》《重庆图书馆接受捐赠文献管理办法》。起草完成《重庆图书馆数字文献采访条例》《重庆图书馆馆藏资源建设中长期发展规划》，充实完善资源建设委员会。

根据社会发展和公众阅读习惯，合理配置数字资源，跟踪社会需求不断调整数字资源和纸质资源的经费使用比例。利用第三方软件实现资源采访和用户需求有机衔接，形成文献使用反馈调查机制，通过采访绩效评价，提高文献的有效采访能力和文献的使用效率。

2. **强化文献的采集与典藏**。严格按照已经出台的《重庆市新闻出版局关于向重庆图书馆捐赠出版物的通知》收集本地出版社所出版的文献，实现本地出版社出版文献入藏率达到98%以上。加强对地方文献、民国抗战文献、海外二战文献等重点领域文献的收藏，使本馆文献收藏体系更加完善和富有特色。

修订完善《重庆图书馆文献典藏规则》《重庆图书馆文献分配原则》《重庆图书馆文献剔旧制度》，加强文献的合理分配和典藏，及时补藏缺失文献，使文献的动态管理及时、规范、科学。

3. **推进联合编目建设**。积极参与全国图书馆联合编目中心的编目资源共建共享，加强上传MRAC数据质量控制。统筹协调本地区公共图书馆联合编目工作，完善平台建设，规范控制联编数据质量，参与成员馆达本地区区县公共图书馆的100%，从根本上促使本地区公共图书馆文献编目水平整体提高。

4. **启动网络信息资源的采集与保存**。吸取先进技术、方法和手段，结合本馆资源建设整体规划，完成《重庆图书馆网络资源采集保存管理办法》，启动网络资源的采集和整理，要特别注重对重庆重点发展领域和重大事件网络资源的采集和保存。要与国家图书馆和有关文献机构密切合作，实行网络资源的信息共建共享。

5. **加强重点领域文献资源数字化建设**。按照重庆市文化委关于历史文化作品抢救性数字化保护工作的整体安排，结合本馆历史文献的实施情况，依据国家图书馆历史文献数字化的技术标准，积极推行重庆图书馆民国文献和古籍文献的数字化工作，制定切实可行的重点文献数字化方案，到2020年，实现民国文献数字化98%。缩微胶卷转数字化100%，217部珍贵古籍数字化达30%。

6. **提高全媒体的资源检索能力**。实现计算机、移动互联网等多平台的互联网统一检索，整合馆藏文献资源目录体系，实现所有载体文献书目记录全覆盖，提升文献揭示、检索和服务能力，实现本馆数据库检索的统计分析，促进各类馆藏资源建设建立在大数据的分析之上。

7. **提高参考咨询和立法决策服务能力**。依托馆藏文献，加强和提升参考咨询核心服务能力，做好互联网的文献提供，开展全国省级公共图书馆文献互借，签约省级公共图书馆达到70%。依托全国省级公共图书馆联合参考咨询平台，资源共享，交流合作，建立起有效的参考咨询联合服务机制。

针对重庆市的重大决策，及时提供文献支撑保障，建立重庆图书馆参考咨询专家委员会，依托馆藏文献发挥立法、决策服务职能，提高人大政协两会的信息服务能力，加强与有关局、办、委的信息联络，在重点领域和重大决策问题上，及时提供研判所需的文献支撑。

8. **推进古籍文献和民国文献的保护工作**。进一步改善古籍书库和民国书库的保存条件，加强设施设备的配置，完全达到国家的标准要求。按照国家古籍保护中心和民国文献保护中心的工作部署，有计划地开展全市民国文献和古籍文献的抢救和保护，"十三五"期间，完成全市古籍和民国文献的普查任务，出版《重庆图书馆馆藏珍贵碑帖目录》《重庆图书馆藏地方戏曲唱本书目和图鉴》《抗战时期重庆画报汇编》和全市的古籍普查目录。

按照《重庆市古籍保护专项经费使用管理办法》，切实履行好全市古籍保护的项目评审和复核验收工作，通过项目管理和经费使用，推进全市古籍保护工作的有效实施。

9. **加强特殊人群文献服务**。公共图书馆作为基本公共文化服务体系中的重要组成部分，向所有人提供基本公共文化保障服务是其重要职能之一，尤其针对老年人、未成年人、残疾人、进城务工人员和留守儿童等特殊群体，要强化有针对性的文献收藏和利用，在应用培训、阅读交流、延伸服务等方面开展符合其特性的活动，为其更好地融入社会创造条件。

10. **完善书刊借阅服务**。提升纸质文献的借阅服务效能，仔细分析阅读需求和公众的阅读趋势，有针对性地提供入藏文献，合理配置外借文献中的各类文献比例，提高文献外借率。面对数字文献的出现，提供基于移动阅读器的数字文献借阅服务，满足不同阶层和不同需求的读者对文献的需要，吸引更多读者走进图书馆。

11. **加强专题文献建设**。制定地方文献、联合国文献等特色资源的详细发展规划，体现传承和创新巴渝文化的担当，积极协助和推进《巴渝文库》出版工程，"十三五"时期完成《巴渝文献总目》《巴渝文献要目提要》等文献的出版。依托联合国文献开展展览、讲座和阅读推广活动。启动地方文献全文数据库建设，加强地方文献宣传，强化地方文献的收集，开展地方特色文献相关的展览、讲座等延伸服务。

（四）强化新兴信息技术对业务的支撑能力

1. **强化数字服务平台建设**。按照国家和重庆市信息化建设的总体规划和要求，完成本馆部分数字化服务系统迁至国家规划"云平台"，加强信息系统的安全性和技术保障能力，建立基于云存储和云服务的大数据技术平台，提升信息化服务能力。

2. **提升信息化服务能力**。利用现代信息技术，通过网络和计算机技术扩大服务半径，提升服务效能，实现 7×24 小时的全天候文献服务能力。推进大数据技术的成果转化应用，促进图书馆服务的智能化和个性化，建立常态化的业务数据分析机制，加强各个服务平台的数据采集。

3. **推进数字图书馆建设**。依托国家数字图书馆推广工程，建立全市性的公共文化信息综合服务平台，打通文化惠民的最后一公里。加快资源的建设、整合和共享，为社会公众提供更多更好的公共文化信息资源，提升公共文化服务效能。

（五）推广全民阅读

1. **构建全民阅读评价指标体系**。组织、策划和实施全市性的全民阅读推广工作。制定全民阅读评价指标体系，将各区县全民阅读开展情况纳入当地政府的精神文明建设和小康社会建设目标考核指标体系，使全民阅读工作由"软任务"变成"硬指标"，定期开展全民阅读状况调查，并向社会公布调查结果。

2. **强化数字资源保障引领**。建立和完善全民阅读在线服务，依托全国文化信息资源共享工程、数字图书馆推广工程、电子阅览室建设计划，通过购买、自建、合作共建等方式，丰富公共图书馆数字资源，提供健康、优质数字资源，优化网络信息资源，强化数字资源内容监控和正能量引导，保障数字阅读活动的良性发展。充分利用"互联网+"的阅读推广新模式，鼓励和支持各类数字化阅读新技术的开发和应用，以手机阅读APP、电子书等为主要阅读载体，提升市民数字化阅读方式的接触率。

3. **加强优秀读物推荐引导**。按照分类指导、阶梯阅读的要求，完善针对不同作者群体的推荐机制，开展系列名人名家推荐活动，定期推出重庆图书馆和全市公共图书馆书刊借阅榜、联合各大新华书店推出图书销售榜，与新闻出版机构合作，开展优秀渝版图书联展和作家讲堂等传播弘扬中外优秀文化，引领社会阅读风尚，涵养城市文化气质活动。

4. **加快新媒体阅读设施建设**。实施重庆市"e动阅读系统"建设，推进重庆市公共图书馆数字阅读建设步伐，探索建立覆盖全市、满足全民、互联互通、资源共享的数字阅读资源平台，增加数字化阅读资源，丰富数字化阅读服务内容，在广场、车站、码头、机场等人流量大的公共场所建设新媒体阅读载体和设施，推广移动阅读、网络阅读、电子阅读、电视阅读等多种阅读方式。定期发布数字化出版物在内的全民阅读基础书目和分类推荐书目。

5. **创新升级阅读活动品牌**。联合全市公共图书馆、出版发行机构举办全市性的阅读推广主题活动，优化重图讲座、重图展览、快乐阅读体验等阅读活动品牌影响力，积极协调各方力量，发挥已有品牌阅读活动的示范引领作用，特别注意要针对不同群体、知识层次、欣赏习惯等特点，创新活动方式，满足不同层次文化需求，通过亲子阅读、体验式阅读、互动式阅读、讲座式阅读以及阅读交流等形式，不断提升活动的吸引力和参与度。

6. **加强阅读推广人才队伍建设**。培育一批具备从事阅读推广所需基本知识与能力的专业阅读推广人，为市民提供阅读引导和服务，培养市民阅读兴趣，激发市民阅读自觉，促进全民阅读。定期对阅读推广人提供组织培训、资质认证、管理考核、知识援助，推动阅读推广向专业化和规范化发展。鼓励具有阅读推广专业知识和阅读推广实践经验的个人作为阅读推广人，为区县公共图书馆、学校、社区等单位提供公益阅读推广服务，传播阅读理念，进行阅读指导。

充实完善全民阅读专家库，发挥专家学者组织策划、阅读指导、价值引领等方面的作用，利用其在本行业、本专业的权威性和影响力，定期对全市阅读推广从业人员进行培训，开展专家荐书，组织专家巡讲，为全民阅读推广工作提供智力支持。

（六）提高科研能力和专业化水平

1. **健全科研管理体制**。完善重庆图书馆科研管理制度，建立科研项目的申报、评审和上报等管理机制，形成馆内学术研讨会、市级学术研讨会和全国学术年会的多层级科研参与体系。充实重庆图书馆学术专家委员会，将科研与职称评审、人才培养和工作考核相结合，完善科研激励机制，建立科研成果评价和表彰机制。

2. **强化重点领域的学术研究**。实现科研与业务建设的良性互动，形成科研推动业务发展，创新业务建设的良好局面。重点推进在古籍保护、民国文献、地方文献、阅读推广等具有优势的业务领域进行研究和科研成果的转换，形成具有自身特色和行业影响的研究成果。与此同时，跟踪国内外最新的图书馆事业发展趋势，加快科研人才培养，拓展科研领域，重点关注公共文化、数字图书馆和文献保存等新兴业务领域，积极培养人才团队，提升上述领域的科研能力，打造新的业务领域突破点。

3. **促进科研成果的转换利用**。根据业务发展规划，有针对性地制定科研选题和项目评审，重点支持与重点领域、重点工作关系密切的科研选题，鼓励跨部门组建科研团队，鼓励将科研成果与实际工作有机结合，鼓励将科研成果转化为指导工作的政策文件或工作方法，鼓励科研成果的出版，鼓励科研成果与社会机构的合作开发，积极探索重庆图书馆与社会相关机构的科研合作开发机制，引导科研工作以多种形式实现共建共享。

（七）发挥行业引领示范作用

1. **强化行业组织发展**。充分发挥重庆市图书馆学会、共享工程重庆市分中心、重庆市古籍保护中心等相关行业协会的引领作用。在业务标准制定、学术交流、业务培训等方面发挥好组织、引导和指导作用。要从宏观政策制定入手，通过项目审核、项目评审和项目验收来有计划、有目的地引导全市业务工作的开展。

2. **发挥学术交流的平台作用**。提升《重庆图情》的行业影响力，要围绕"十三五"期间全市重点工作和重点领域展开深入理论研讨和工作亮点的发掘，将刊物与全市免费开放绩效评价工作相结合，成为全市阅读推广、活动组织、工作创新的交流平台、创新平台和考核平台。积极探索与高校图书馆的信息交流机制，实现跨行业的工作交流和信息共享。

3. **强化行业引领和指导**。建立全市公共图书馆的业务数据采集、分析、发布和共享平台，科学指导全市公共图书馆的业务建设，针对五大功能区分别制定业务绩效指标考核体系。加强重庆图书馆在重点文化工程、古籍保护工程、电子阅览室建设计划等重点工程中的指导作用。积极开展全市公共图书馆的联合编目，提高书目数据质量，建立全市公共图书馆文献资源统一检索平台，依托省级图书馆的决策咨询平台，提升全市公共图书馆的参考咨询能力，促进区县图书馆联合参考咨询能力的提升。

4. **推进业务标准化和规范化建设**。完善主城区一卡通的服务标准和技术标准，建立全市性的通借通还管理体系，以此推动区县公共图书馆总分馆制的实施。优化免费开放考核指标体系，促进全市基层公共图书馆基本服务达标，推动全市公共图书馆服务网络的标准化和规范化。

（八）创新优化拓展服务领域

1. **增强特色资源驱动力**。利用地方文献、抗战文献、历史文献、联合国文献打造特色资源馆中馆，建立各具特色的赠书阅览室、抗战文献陈列室、珍贵文献展览馆等专题文献馆，将更多特色和珍贵文献向读者揭示，促进文献的更好利用和开发。设立联合国文献展示区、古籍文献修复展示区、前沿科技阅读体验展示区，丰富图书馆的服务功能和服务业态，延伸图书馆的服务内涵。

2. **建立社会化的教育培训体系**。充分发挥公共图书馆的社会教育职能，密切研判社会教育发展趋势，结合实际推出精品课程，为公众提供优质高效的教育资源，依托现有资源，拓展教育培训类别，在艺术普及、老人教育、课外培训等方面做出品牌，提升图书馆的社会影响力。

3. **创立城市公共文化空间**。打破传统图书馆的单一服务概念，与合作方积极推动"城市公共文化空间"的不断完善和发展，赋予公共图书馆新的文化内涵，引入电影音乐、咖啡茶艺、精品书店、艺术培训、宾馆餐厅等多种读者所需的服务业态，加以整合利用，引入知识服务，与图书馆传统文献服务有机融合，使图书馆成为一个城市的综合文化体，进一步提升图书馆从馆舍到文献的服务效益，服务城市文化创新发展。

（九）开展对外文化交流合作

1. **着力推进项目的实施和深化**。文化交流是文明对话的桥梁，重庆图书馆的对外交流要主动融入国家对外开放格局，把政府文化交流和民间文化交流充分结合起来，实现文化交流与人才交流、文献交流、学术交流的有机融合。积极推进项目的深化和实施，在英国、德国、俄罗斯、西班牙、哈萨克斯坦、泰国等国家和地区已经实施"重庆之窗——中国图书角"项目的要通过项目建立常态化的文献交流机制，同时要扩大"重庆之窗——中国图书角"项目的建设范围，"十三五"期间，计划在15个国家或地区建立"重庆之窗——中国图书角"，让中国优秀文化走向世界，让世界了解重庆。

发挥罗斯福图书馆和抗战大后方历史文献中心的品牌价值和文献价值，围绕"二战"文献的保护、开发和利用，有针对性地策划、组织和参与国际合作项目，推进与美、英、俄等国家在"二战"文献领域之间的务实合作，开展讲座、展览等合作项目，实现资源共享。

2. 依托特色资源开展学术交流。依托古籍文献、抗战文献和联合国文献，广泛开展对外学术交流，按照与英国牛津大学签署的战略合作框架协议，全面深化合作项目，开展1—2项学术合作项目。加强与台港澳地区文献机构的项目合作，重点就抗战文献整理、文献修复、人才培养开展双边与多边的交流合作。

（十）加强人才队伍建设

1. 建立多渠道人才培养机制。针对重庆图书馆新时期的业务发展需要，引进不同层次，不同专业的优秀人才，打造多层次、多领域的人才团队。在现有体制之下，建立固定与录用相结合，本馆与外聘相结合，专家与后备人才相结合的方式，创新人才队伍的建设模式，完善人才培养机制。"十三五"期间，重点引进和培养古籍保护与修复，数字图书馆建设、图书馆资源建设与管理等方面急需的专业技术人才，形成年龄适当、结构合理、专业对口、储备充足的人才队伍。

2. 启动行业领军人物培养计划。实施领军人物培养的优才计划。要引进与培养相结合，围绕本馆重点领域，着力培养行业领军人才，在巴渝文献、抗战文献、古籍保护等领域，培养在全国具有较高知名度和影响力的专家人才，特别要注重中青年骨干的培养，为他们的业务研究和学术研究创造必要的条件，要有计划围绕培养的优秀人才，打造核心团队，以项目的实施和管理来带动业务创新和业务研究的瓶颈突破,加快领军人物的培养步伐。

3. **科学建立岗位管理体系**。打破"大锅饭",实施以岗定酬,按劳分配的新型绩效工资制度,落实全员聘任,完成岗位创新激励机制,建立人才荣誉制度,完善职称晋升和评审推荐制度,根据业务发展不断优化岗位设置,鼓励员工岗位成才,不断满足员工自我价值实现,调动工作积极性,2020年中级职称以上人员占专业技术人员总数达到63%。

(十一) 深化体制机制改革

1. **深入推进法人治理结构改革**。着力创新公益性文化事业单位管理体制和运行机制,积极探索政事分开和管办分离,不断强化事业单位的公益属性。明确事业单位理事会的决策地位,探索行政主管部门部分具体管理职责下放理事会,建立举办单位、理事会和图书馆管理层权利责任清单,防止出现理事会的"空转"现象。

实现事业单位政事分开与管办分离,理事会决策、议事和监督权得到真正落实,社会公众有效参与监督和管理的三大目的,为文化系统全面推行法人治理结构改革积累经验,探索路径。

2. **建立切实可行的绩效评估制度**。重庆图书馆理事会引入社会第三方专业机构,针对重庆图书馆的工作任务和理事会下达的年度工作目标,建立行之有效的年度考核体系,实行年度第三方绩效评估,增强绩效评估的客观性和专业性,针对性地改进工作,提升服务效能。

(十二) 提升行政保障能力

1. **完善安全责任制**。牢固树立"安全第一"的思想,实行安全工作一票否决制,注重安全细节,防微杜渐,切实加强日常安全防范机制,要特别重视网络信息安全,安全培训全员达标,提高反恐与应急处置能力,确保图书馆工作的良好运行。

2. **健全财务制度**。完善财务管理、固定资产管理、招标采购等相关财务管理制度,科学制定和执行预算方案,强化预算功能,严格执行经费管理审批流程，强化对重大项目的招投标管理和绩效审计，加强国有资产的管理，提高资金使用效率。

3. **提高物业管理水平**。强化物业管理外包后的有效监管，加强行政保障与物业管理有机衔接，提升物业管理的工作水平和工作效率，提升物业管理精细化程度和智能化程度，使行政管理更加科学化、规范化。

（发布日期：2016 年 7 月）

贵州省图书馆"十三五"发展规划①

社会主义文化强国建设,是全面建成小康社会的战略构成,也是经济新常态下文化发展改革的目标指向。《文化部"十三五"时期文化发展改革规划》是指导"十三五"时期文化系统工作的总体谋划和行动纲领。我馆应立足于地方特色,努力打造多彩贵州民族特色文化,助力文化强省建设,根据《国家"十三五"时期文化改革发展规划纲要》《文化部"十三五"文化发展规划》等相关政策规划精神,编制《贵州省图书馆"十三五"发展规划》。

一、使命、愿景

使命:凝心聚力,文化传承。弘扬多彩贵州民族文化,共建全民阅读书香社会。促进知识发现,知识进步,知识创新,提供资源与服务,使读者受益终身,构建多元文化创新空间。

愿景:确保馆藏的前瞻性、多样性、开放性和高品质,使我们的馆藏

---

① 本规划由贵州省图书馆授权收录。

资源和服务处于领先地位，营造上下求索，积极求变，让馆员快乐和自豪，让公众喜爱和认可的复合型图书馆。

二、"十二五"回顾

2011年1月26日，文化部、财政部下发了《关于推进全国美术馆、公共图书馆、文化馆免费开放工作的意见》。2015年1月14日，中共中央办公厅、国务院办公厅印发了《关于加快构建现代公共文化服务体系的意见》。2011年是"十二五"的开局年，2015年是"十二五"的收官年，贵州省图书馆按照"十一五"的工作安排，以科学发展观为统领，秉承"传承文明、服务社会"和"读者第一，服务至上"的宗旨，以《免费开放意见》为工作主线，以《关于加快构建现代公共文化服务体系的意见》为工作结点，承上启下，圆满完成了各项主要目标和任务。经过五年的努力，基础业务稳步推进，服务能力持续增强，在公共文化服务中的地位和影响力不断提升。

——规范化水平进一步提高。修订相关规章制度，强化规范化管理，以"读者第一，服务至上"为宗旨，对全馆劳动纪律加强监管。2013年完善绩效考核制度，制定印发了《贵州省图书馆规章制度》。后续先后出台《建立馆内设备出入库及台账管理制度》《机房出入登记表》《机房24小时值班制度》《图书馆硬件设备台帐管理》《终端设备出入库登记表》《计算机管理制度》《突发事件现场信息联络员工作制度》等。

——馆藏文献信息资源数量持续增长。完成中外文图书、报刊的政府采购招标。加强特色馆藏建设，2012年我馆与国家图书馆合作建成了《贵州府县志》《民国图书》等特色数据库；2013年成立了全国联合编目中心贵州省分中心，成员馆共62个，包括9个市、州公共图书馆和部分县馆，实现我省书目数据资源共建共享。馆藏总量达到192万余册（件）。

——服务效能不断提升。在实现免费开放的基础上，不断创新服务手段，提高服务水平。加强数字化服务，2011年我馆引进RFID技术图书管理模式，实现馆内自助借还服务，开通"掌上贵图"手机图书馆，新浪、腾讯官方微博，是全国第一家开通微博的图书馆。引进24小时自助借还系统，延长服务时间和延伸服务空间；引入云端服务模式，建设绿色、免费的公共电子阅览室。

——体制改革取得实效。2013年8月，贵州省图书馆理事会正式挂牌成立，是省直属第一家挂牌成立的单位，2014年8月召开第一届理事会第二次会议，会议审定通过《贵州省图书馆关于贯彻落实省编委办下放四项机构编制管理权限的实施办法（暂行）》；审议批准专家咨询委员会的职能；选举产生了专家咨询委员会成员。

——拓展省内外业务交流与合作，推动行业合作共享机制建设，充分发挥省馆业务龙头作用，有效促进了全省公共图书馆事业发展。以数字图书馆推广工程为抓手，协调市级图书馆完成了与国家图书馆联建的"元数据仓储数据库""政府公开信息整合服务平台"建设工作。2011年贵州省图书馆和贵州省图书馆学会作为协办单位之一，配合圆满完成2011年中国图书馆年会任务。年会期间，我馆主办"中美图书馆员专业交流项目——贵州图书馆理论与实践研讨会"，同时贵州省数字图书馆推广工程也在年会上正式启动。2013年10月第五次公共图书馆评估定级，经过专家组的评估，我馆获得文化部颁发的二级图书馆称号。

——数字化建设取得长足进步。初步构建起覆盖城乡的公共数字文化服务网络。贵州数字图书馆至2015年累计访问量突破1亿1千万人次，2015年注册用户达120多万人。贵州数字图书馆被选为全国10个示范馆进入2013年图书馆年会"推广工程"体验区展示。数字图书馆现完成已购16个数据库、5个新购数据库的政府采购工作。数据总量超过80TB，引进25个数字资源库进行试用。

——重点文化工程服务走入基层，成果喜人。全省建成各级"文化信息资源共享工程"服务点19377个，"文化信息资源共享工程"服务网络基本形成。同时省分中心围绕民族文化资源优势，从国家级非物质文化遗产代表作名录入手，自建资源总量近30TB，其中《堂安侗寨多媒体数据库》获得国家优秀；完成9个市、州级支中心，88个县级支中心公共电子阅览室监控平台的搭建；共享工程省分中心结合红色旅游文化特色，重点策划"七一"、抗战胜利 70 周年、国庆等活动，2015 年服务群众达 10 万人次；2015 年 7 月，省中心在多彩贵州城建设完成"贵州民族文化数字体验馆"，体验馆得到了国家中心的认可并作为国家公共文化数字支撑平台特色应用体验基地。

——推动全民阅读，构建学习型社会。"黔灵百姓讲坛""贵图讲座"和"知行讲坛"构成稳定多样的讲座格局，三个主题的讲座每月各一次，每场人次已达 200 人左右。搭建平台，承办"百万公众网络学习工程"活动大赛，2015 年参与人次已超过 1900 万人次。2015 年年初，我馆联合 9 家市州图书馆与全国省市级图书馆共同在线上线下举办"网络书香过大年"活动，培养公众的数字阅读习惯，让读者畅享网络书香、欢度文化春节。

——丰富活动方式，提升我馆社会知名度。以世界读书日、六一国际儿童节、图书馆宣传服务周、节假日为契机开展未成年人公益文化活动，以"社区儿童图书音乐节""布客书屋"为活动平台，至 2015 年已开展活动 780 余场，共 14 万人参与，逐步形成品牌效应。馆各部也依托"世界读书日""宣传服务周"两个节日，走出去，请进来，针对各部特点开展形式多样、丰富多彩的活动，至今已有 300 余场。2015 年图书馆服务宣传周，我馆制定文化志愿服务工作实施办法，同时举办了"中国文化志愿者"贵州省图书馆服务队成立仪式。

——文献保护工作取得新成绩。我省共有 51 部古籍进入第四批《国家珍贵古籍名录》，其中有 1 部系我馆收藏。2014 年有 108 部古籍申报第五批《国家珍贵古籍名录》，我馆 2014 年获得文化部授予的"全国古籍保护工作先进单位"称号，与贵州民族大学图书馆联合申报"国家古籍保护人才培训基地"获得成功，成为文化部在全国范围内评选出的 12 家"国家古籍保护人才培训基地"之一。

——提升服务品质，创新服务内容，继续开展"两会"服务。在网络环境下转变信息工作模式，着力提高信息决策服务的能力和水平。依托馆藏资源，对党政机关决策、社会经济建设、科学研究和公众信息需求开展深层信息服务。2015 年，我馆与贵州省政府政策研究室建立战略合作关系，定期进行信息推送。同时把握改革发展中的大事要事、社会关注的热点难点，编制成《信息参考》《信息参考》特辑及其他二、三次文献，使信息服务工作进一步提升。

以上成绩，为贵州省图书馆"十三五"时期的事业发展积累了丰富经验，奠定了坚实基础。使我们能更好地面对"十三五"的开局！

三、"十三五"的指导思想和主要目标

（一）指导思想

高举中国特色社会主义伟大旗帜，以邓小平理论和"三个代表"重要思想为指导，深入贯彻落实科学发展观，按照党的十八大精神，牢牢把握社会主义先进文化前进方向，贯彻习近平总书记系列重要讲话精神特别是对贵州工作的重要指示精神，牢固树立和贯彻落实创新、协调、绿色、开放、共享的新发展理念，坚持以人民为中心的工作导向，坚持物质文明和精神文明两手抓，深入推进文化体制改革和文化领域供给侧结构性改革，大力推动多彩贵州民族特色文化繁荣发展，为"决战脱贫攻坚、决胜同步小康"提供丰富精神动力、道德滋养和文化条件，以促进图书馆事业全面协调可持续发展。遵循图书馆事业发展的科学规律，解放思想，实事求是，与时俱进，加快推动公共文化服务体系建设。

（二）主要目标

以人才建设为基础，以改革创新为动力，以业务工作为重点，以提供更丰富、更优质的知识服务和公共文化服务为核心，不断提升创新力、竞争力和发展力，全面完成"服务立馆、人才兴馆、科技强馆、开放合作"四大战略目标，以公共数字文化体系建设为推手，完善本馆现代化复合型图书馆建设，引领全省图书馆事业实现共同繁荣发展，打造贵州公共图书馆服务新业态，为贵州的科学发展与和谐社会建设做出更加突出的贡献。进一步贯彻实施《中华人民共和国公共文化服务保障法》，

加快《贵州省公共图书馆条例》的立法调研工作,力争"十三五"期间制定出台。

四、"十三五"的主要任务及措施

(一)继续全面深化内部机制改革,加强和完善法人治理结构的建立

法人治理结构构建发展规划是会同组织、财政、人力资源社会保障、法制等有关部门建立工作协调机制,加强协调配合,建立和完善我单位法人治理结构是改革的重要内容,涉及管理体制和运行机构的重大变革;是转变政府职能、创新体制机制的重要内容和实现管办分离的重要途径。加强与其他试点单位的沟通交流,建立情况通报制度。坚持正确的舆论导向,积极开展对法人治理结构建设试点工作意义、成果典型、先进做法和经验的宣传,为法人治理结构建设工作顺利开展营造良好的舆论氛围。坚持解放思想,着力创新本馆管理体制和运行机构;坚持政事分开管办分离,落实好法人自主权;坚持强化本馆的公益属性,加强监管;坚持激发本馆的活力,提高公益服务水平。

(二)以人才建设为基础,继续深化"人才兴馆"战略,培养造就一支业务能力强、知识层次优、综合素质高、年龄及专业结构合理的图书馆人才队伍

一是积极争取上级相关部门的支持,在足额经费保障下,建立全员培训的长效投入机制。二是结合事业发展要求,加强针对全馆馆员的业务培训,着重加强图书馆专业、管理专业、计算机专业、外语专业、古籍整理专业等重点业务培训,做到每年举办不同专题的业务培训班,3年内全馆所有馆员的继续教育学时达到225学时,逐步培养高素质的"复合型人才",实现馆员由图书管理员向信息导航员的转变。三是分层次开展多种形式的馆员继续教育,鼓励和支持馆员利用各种渠道参加各类学历教育。四是进一步完善"送出去"与"请进来"并举的培训方法,让全馆馆员获

得不同层次和方式的培训学习机会，使馆员及时学习和掌握最先进的图书馆学知识。五是建立馆际干部交流学习机制。

（三）以馆藏文献信息资源建设为重心，着力提升文献信息保障能力

完善馆藏发展政策，优化馆藏资源结构，不断充实馆藏文献信息资源。力争"十三五"末纸质文献资源购置经费增加到 1000 万元，年纸质文献入藏量增加到 10 万册；数字资源建设经费增加至 600 万元，数字资源总量增加至 120TB。

推进贵州地方文献资源建设。开展缺藏文献补藏工作，重视各个历史时期缺藏文献的收集，加大贵州地文献的征集力度，重视非正式出版物和各类型文献的收藏；完善《贵州府县志数据库》建设，建成《馆藏地方文献全文数据库》等系列馆藏专题文献资源库。建设馆藏民族文献资源，立足我省少数民族众多的实际，积极征集有比较优势和个性特质的少数民族文献，逐步形成在国内外最具特色的贵州少数民族文献资源库。加大馆藏文献信息资源的保存和保护力度，改善文献保存条件。

（四）以业务建设为核心，继续大力实施"科技强馆"战略，推动本馆整体业务水平取得质的提升

1. 引入先进服务理念，完善基础服务设施

着力提高图书馆的智能化、现代化水平，提升业务服务质量。在馆内外全面开展多种借阅方式的 24 小时自助服务；利用智能分拣系统及智能书架，提高图书上架的效率及准确率；加强触屏服务、移动数字服务、数字体验服务和微服务平台建设，提升现代技术水平。利用服务数据发布平台，加强业务数据分析，提高服务效能。

2. 利用云计算技术，打造贵州省图书馆云服务平台

引入"互联网+"思维，建立"云阅读"体系，建设贵州省图书馆云服务平台。通过云服务平台的建设，提供一个读者了解图书馆资源和服务

的便捷通道，让图书馆服务资源的供应向"智慧型"转型，运用云计算、云存储、大数据等技术来整合图书馆纸质文献资源、电子文献资源、视听文献资源等各种文化资源，为读者提供数字化公共文化服务，带领公众体验便捷、新颖、有趣的公共文化服务模式。

3. 积极推进图书馆总分馆建设，建设业务大数据平台

充分发挥贵州省图书馆的区域龙头作用，以省级馆为中心、市级馆为分中心，县级馆为县级中心，建设省—市—县三级联动的业务大数据平台，全省业务数据互联互通，统一标准，优化采购，有效对接群众需求，提供优质高效的公共文化服务。此外，还可对全省业务数据进行挖掘，清洗出有效的业务采编、读者流通数据，为领导层做决策服务。

4. 优化现有信息系统，保障系统的安全性和稳定性

建设多网接入的高带宽、多链路的网络系统；完善无线网络覆盖，提供无障碍网络服务。建设网络信任体系，加强信息安全风险评估工作，建立和完善信息安全监控体系，提高对网络安全事件的应对和防范能力，防止有害信息传播。高度重视信息安全应急处置工作，健全完善信息安全应急指挥和安全通报制度，不断完善信息安全应急处置预案。从实际出发，促进资源共享，重视灾难备份建设，增强信息基础设施和重要信息系统的抗毁能力和灾难恢复能力。加大对信息安全保障工作的资金投入，有信息化建设专项经费，加强上网信息的审查和管理，防止不良信息的发布和传播，确保图书馆信息资源和服务的绿色安全。

5. 加强学术研究，提升业务水平和学术地位

一是成立贵州省图书馆学术委员会，学术委员会是在馆长主持下的业务研究咨询、评议、评审和监督机构，是为我馆业务发展提供参谋和咨询意见的组织形式。负责指导、协调、组织本馆业务研究活动，促进全馆业务研究水平的提高。确立研究方向，制订切实可行的业务研究方案，组织实施重点研究项目，做好馆内重大业务问题的论证。二是按照《贵州省图书馆学术研究奖励办法》，鼓励部门和馆员积极组织、参与业务研究，对取得显著学术成果的部门和馆员予以奖励；同时不定期召开全馆馆员学术交流大会，组织馆员分享业务研究心得，在馆内营造学术研究氛围。三是切实加强课题研究，投入科研专项经费，积极做好省部级、国家级课题的申报与实施；此外，进一步修改完善《关于对本馆馆员在省级以上刊物发表作品的奖励办法》，结合《贵州省图书馆岗位职责》，形成以学术研究带动业务建设的良好氛围。

（五）不断强化"服务立馆"战略，以读者和用户为中心，构建多层次、多样化的复合型服务体系，增强公共文化信息服务的供给能力

1. **馆舍新建或改扩建，打造布局合理的公共图书馆服务空间**。力争完成图书馆新馆建设立项，打造国内一流的现代公共图书馆舍，提升服务能力。

2. **打造文化服务品牌，推进公共文化服务体系建设**。一是进一步办好本馆公益文化讲座，大力开发与讲座相关的图书、光盘等衍生产品，将其打造成公益讲座品牌。二是依托省直文化系统的丰富资源和本馆硬件资源，举办各类高端论坛和摄影、美术、影视、戏曲精品展览，使本馆逐步成为文化艺术交流展示的中心。三是整合各类社会教育资源，举办各种专业及社会培训，打造有广泛影响力的名牌项目，充分发挥本馆专业人才培训基地和社会示范基地的重要作用。

3. **实施复合型服务，推动学习型社会建设**。一是大力创新，加强现代化服务手段的开发。通过对图书馆服务系统的升级、硬件设备的改造、网络条件的更新完善，逐步实施各种新的服务方式，将图书馆服务融入读者的日常工作和生活中，为用户提供随时随地的便捷式服务，延伸服务的时间和空间。二是推行开放式、个性化服务。从改进服务手段入手，建立开放式的服务体系，全面提高服务质量。三是在做好日常阵地服务的同时，扩大服务半径，延伸服务范围，通过图书馆小站、送书下乡、建立图书分馆等方式，把服务延伸到机关、社区、学校、农村、军营、企事业单位，建立完整的服务体系。四是配合每年"世界读书日""图书馆宣传周"及节假日等，开展全民阅读推广活动，全面拓展社会教育职能，强化知识服务功能。

4. 构建多层次的信息服务体系，延伸信息服务的深度和广度。一是加强信息服务队伍力量建设，建立信息资源整合机制，对多元化的馆藏信息资源进行深度加工开发。二是加强用户需求的调查、分析，提供针对性强、差异化、个性化的文献信息服务，以满足不同层次用户的多样化需求。三是办好已有的信息刊物，继续为"两会"提供深度参考咨询服务，进一步扩大决策服务的范围，优化决策服务的环境。四是实现由二次文献的编制转向三次文献的深度开发，积极为机关和企事业单位提供信息服务、为社会大众提供咨询服务。五是加强与各级政府信息公开部门的沟通与联系，引导各级公共图书馆积极建设贵州省各级政府公开信息服务平台，提供更为便捷的政府公开信息检索服务。

5. 弘扬均等性和普惠性，进一步加强特殊群体服务工作。一是紧紧围绕省委、省政府大数据建设战略，作力打造"多彩贵州文化云"大数据服务平台，为全省广大群众提供均等性公共数字文化服务。二是继续做好视障读者服务工作，多渠道收集各类视障读物，并逐步实行数字化加工，提高文献资源的吸引力和实用性，增强服务的便捷性；不断完善视障读者阅览室的软硬件设备，创新视障读者服务工作，完善全省视障读者服务平台。三是以少儿阅览室为阵地，开展流动儿童、留守儿童、农民工子女等特殊群体的服务，开展"未成年人思想道德建设系列活动"，不断完善未成年人服务长效工作机制；做好"贵州省图书馆布客书屋儿童推广项目"建设工作。继续推进"红色文化""传统文化"进校园等公共数字文化服务。四是为各类身体残障人士，以及持证的老年人、下岗失业人员、低保人员等弱势群体提供服务，对失业人员、农民工进行多种形式的再就业培训，并联合社会各界举办多样化的弱势群体服务项目。五是继续为服刑人员提供文化服务。

（六）深入推进"开放合作"战略，引领全省图书馆事业共同繁荣发展

1. 推动全省文献资源共建共享取得突破，建设全省书目中心，构建特色突出的专题知识库群。一是加强与全省各类型、各市（州）图书馆的沟通合作，遵循资源共建共享的原则，启动全省图书馆联合目录的编制工作。二是继续加强全省联合编目中心建设，到"十三五"中期，将全省公共图书馆纳入联合编目。三是做好文献信息资源的科学组织与揭示，结合馆藏特点和区域特色，利用各种文献揭示手段，对多种载体、多种类型的文献信息资源进行深度挖掘，建设"多彩贵州民族文化专题资源库"等一批地方特色鲜明的专题知识库群。牵头组建省内各级公共图书馆、各类型图书馆领导共同参与的全省文献信息资源建设协调委员会，做到定期召开文献资源建设工作例会。加强沟通联系与协作协调，科学筹划，扎实工作，力争在"十三五"末逐步形成全省文献信息资源共建共享体系。

2. 加强全省图书馆人才队伍建设，打造全省图书馆人才培训基地。实施全省图书馆人才培训计划，将我馆打造成全省图书馆人才培训基地。一是建立健全全省图书馆从业人员"全员、定向、循环培训"的长效机制，实现全省图书馆从业人员继续教育和业务培训的制度化、规范化、常态化。二是充分发挥与贵州民族大学图书馆合作共建的"贵州省图书情报专业人才培训中心"专业人才培训作用，通过立体式、分层次的培训，切实提高全省图书馆尤其是基层公共图书馆从业队伍的整体素质，缩小与省外先进图书馆的差距。三是充分发挥省图书馆学会的专业指导作用，积极开展图书馆从业人员的继续教育和业务培训工作，提升图书馆从业人员专业素养与服务能力。

3. 做好业务协作协调，为全省图书馆行业提供服务支撑。一是充分发挥我馆的组织协调作用，积极推动公共数字文化服务工程、古籍保护工程、区域性文献资源共建共享、文献传递服务等项目的顺利开展。二是加大服务力度，逐步向基层图书馆免费开放本馆各类专题数据库。三是结合贵州省图书馆事业发展的实际，联合业界力量，共同研究草拟我省图书馆行业的指导性文件。

4. 加强贵州省图书馆学会建设，促进全省图书馆学术繁荣。加强贵州省图书馆学会组织建设，不断壮大学会力量，办好全省图书馆学会年会和学术征文等学术活动，组织好图书馆课题申报和研究工作，办好《贵图学苑》，使刊物在业界的地位和影响力进一步提高，为全省图书馆事业的进步和发展提供强有力的理论支持和智力支撑。

（七）着力构建公共文化数字服务体系，推进公共文化惠民工程

1. 在贵州数字图书馆建设上取得实质性突破

（1）制定建设标准和规范，建设数字图书馆技术平台。一是把制定标准和规范贯穿整个数字图书馆建设的始终，建立一整套包括资源加工、管理、存储、整合、使用等内容的建设标准和规范。二是采用购买和开发相结合的思路，努力攻克技术难题，建设符合实际需要、先进适用、可扩展、可协同、分布式的数字图书馆技术平台。其中，重点建设分布式的数字资源加工与发布平台，实现对数字资源的加工、登记、组织、检索与服务；建设资源统一检索平台，通过对多类型多载体资源的组织和整合，构建从元数据到对象数据的集成发现与获取环境，实现资源的无缝集成、整合存取和知识导航；建设具备用户管理、权限分配、用户统一认证等功能，整合各种服务的数字图书馆服务门户，向读者提供一站式、个性化、网络化的知识信息服务。三是继续加强硬件建设，实现基础设施设备的更新升级，进一步扩展网络出口带宽，使之与数字图书馆建设相适应，并加强网络安全建设，构建数字图书馆安全保障体系。

（2）加大数字资源建设力度，建立数字资源长期保存机制。一是继续做好馆藏特色资源的数字化处理，建设一批特色鲜明的数字资源库。主要采取服务外包的形式，力争5年内全面完成我馆珍贵古籍和地方文献等特色文献的数字化加工。二是立足贵州省经济社会发展的实际，精心建设一批高质量的专题资源库。三是在有充足经费保障的前提下，加强数字资源采购和网络信息资源采集，不断增加数字馆藏的比重，各类电子资源得到及时补充、更新和完善；网络开放式存取资源、政府公开信息等网络信息资源的采集、整合、服务得到有效增强。四是做好电子资源的分类标引，建设数字资源元数据库，并以此为基础，联合全省图书馆共建贵州省数字资源联合目录，构建全省图书馆数字资源元数据总库。五是探索建立数字资源版权保护和使用机制，在做好版权保护的同时，最大限度地发挥数字资源的效用。六是逐步建立科学规范的数字资源长期保存机制，做好数字资源的长期存储，建设全省数字化文献信息资源保存中心。

（3）推进数字图书馆建设与传统业务、服务创新、文化信息资源共享工程、古籍保护工程的融合，发挥整体服务功能。一是进一步加强业务自动化管理系统、办公自动化系统和联合编目系统的建设，以此带动数字图书馆建设与传统图书馆业务建设的融合。二是结合本馆的服务创新工作，探索实行各类数字服务项目，如积极与贵州移动、贵州联通等企业联系，实施新兴媒体数字图书馆服务计划，充分利用移动网或3G网，面向全省手机用户提供在线图书借阅、图书点播、新书通报等数字文献信息服务；在继续做好全国公共图书馆网上联合参考咨询服务工作的同时，牵头建立省内图书馆共同参与的贵州省网上联合参考咨询系统，发挥网上联合参考咨询服务的强大功效；加强本馆网站建设，大力推行网络服务，确保网站的信息量和吸引力逐步增大，年访问量保持在1000万人次以上，逐步把网站建设成全国知名，集宣传、服务于一体的数字图书馆服务门户。三是全面实现数字图书馆建设与文化信息资源共享工程建设的技术共享、经验共享和资源共享，通过遍及城乡的共享工程服务网络，推广数字图书馆服务。四是把古籍数字化加工和服务作为数字图书馆建设的重要内容，统筹安排，合理推动，使更多的群众能够共享数字化古籍资源。

（4）统筹规划，分步实施，构建贵州数字图书馆服务体系。一是加强与国家数字图书馆的联系，建设好"贵州数字图书馆分馆"，利用贵州数字图书馆的资源和技术，促进我省公共馆的数字化建设，使我馆的数字图书馆建设从资源加工的初级阶段，进入技术研发、服务提升、综合发展的阶段。二是充分利用我馆的技术和经验，逐步整合全省图书馆界的数字资源，统筹安排，分步实施，到2016年年底，基本建成读者（用户）统一管理与认证平台、政府公开信息整合服务平台以及科学规范的数字资源加工体系，完成数字图书馆服务门户的建设；到2017年年底，完成资源统一检索平台的建设；到2019年年底，逐步建成以我馆为中心、省内其他图书馆共同参与，基于互联网和移动网等多网络、电脑和手机等多终端、全媒体的贵州省数字图书馆服务体系。三是数字图书馆推广工程将建设分布式公共文化资源库群，搭建以各级数字图书馆为节点的数字图书馆虚拟网，建设优秀中华文化集中展示平台、开放式信息服务平台和国际文化交流平台，打造基于新媒体的公共文化服务新业态，最终实现数字图书馆的服务惠及全民。

（5）实施全省数字图书馆推广计划。按照共享工程国家管理中心和国家数字图书馆的建设方案，结合共享工程服务网络建设工作，积极实施"县级数字图书馆推广计划"，并在此基础上，精心策划、大力实施"全省数字图书馆推广计划"，逐步使全省各州市、县级图书馆启动实施数字图书馆建设工作，从整体上提高我省各级公共图书馆的现代化建设水平和数字资源服务能力。

2. 深度实施文化信息资源共享工程，构建遍及城乡的服务网络，让全省人民共享数字化的文化成果

（1）基础设施方面，完成贵州省公共电子阅览室管理平台建设和公共文化数字支撑平台建设；逐步更新各级支中心和基层点的设施设备；充分利用新媒体和新技术开展公共文化服务；完成省中心搬迁任务，完成省中心多彩贵州基地300平方米的机房建设任务和300平方米多媒体数字体验厅建设任务。

（2）资源建设方面，按照国家中心部署和省中心的建设思路，进一步拓展资源建设的视角，在以我省民族文化为主要建设方向的基础上，加大对生态文化的数字化建设，如原始村落、自然保护区、历史名镇等的数字化建设，争取在"十三五"期间完成100TB的资源建设任务。

（3）人才队伍方面，进一步加大对各级支中心和基层点的人员培训，开展地方资源建设人才队伍的培养，逐步让各级支中心参与到资源建设中；进一步加强省中心队伍建设，使省中心能胜任对全省各级支中心的业务指导、管理、培训、运行保障和资源建设的工作。

（4）服务活动方面，加强对各级支中心和基层点开展服务活动的策划、安排、部署和指导工作，同时积极组织各级支中心和基层点完成国家中心安排部署的服务活动。

3. 继续深入推进全省古籍保护工作，使全省古籍资源得到科学有效的保护和深层次的开发利用

（1）全面完成古籍普查、审核和数据发布工作

在做好全省古籍普查登记、数据审核工作的同时，充分利用现代数字技术，做好古籍普查目录数据库建设和发布工作，推动古籍知识化管理和现代服务功能拓展，启动《中华古籍总目·贵州卷》的编撰工作。

（2）开展《贵州省珍贵古籍名录》评审和"贵州省古籍重点保护单位"命名工作

根据《贵州省人民政府办公厅关于进一步加强我省古籍保护工作的意见》文件要求，将面向全省开展《贵州省珍贵古籍名录》申报评审工作。《贵州省珍贵古籍名录》经省人民政府批准后公布。对古籍收藏量较大，珍贵古籍较多，管理制度完善，具备一定保护条件的单位，经省政府批准，命名为"贵州省古籍重点保护单位"。

（3）加强少数民族文字古籍保护，开展少数民族古籍专项保护工作

我省是一个多民族省份，不仅有大量的汉文古籍，还有非常丰富的少数民族古籍。要进一步加强对少数民族古籍的保护、整理、开发和利用。针对我省少数民族文字古籍地域特点，积极组织开展民族文字古籍专项保护工作。

（4）以"国家古籍保护人才培训基地"为依托，加强古籍保护人才培养工作

加强古籍编目、古籍版本鉴定、古籍整理、古籍修复和少数民族古籍翻译人才的培养。充分发挥"国家古籍保护人才培训基地"的重要作用。除了出色完成全国古籍保护人才培训工作任务外，还根据我省实际，制定古籍保护人才培训规划，多渠道、分层次培养古籍保护人才。

（5）加强古籍修复工作，提高古籍修复水平

由于贵州气候潮湿等原因，许多古籍收藏单位现存古籍保存状况问题严重，虫蛀、霉烂、破损现象多有发生。加之我省古籍修复人员奇缺，造成了古籍修复工作进展十分缓慢。省古籍保护中心在加强古籍修复人才培养的同时，还将为古籍收藏单位配置必要的修复工具，切实加大古籍修复工作力度，抢救濒危古籍和少数民族古籍。

（6）开展古籍数字化建设，推进古籍开发和利用

加快古籍数字化步伐，本着"统一规划，统一标准，合作共建、资源共享"的原则，努力建成"贵州古籍数字资源库"，实现古籍再生性保护，并通过网络向社会和公众提供服务。

（7）加强古籍文献整理研究，编辑出版古籍整理成果

积极开展古籍出版，做好专项古籍的整理编纂工作。尤其要加强对濒临失传的少数民族文字古籍的搜集、整理、翻译、出版和研究。

（八）全面实现管理的科学化、制度化和规范化，形成先进适用的综合管理体系

1. **着力开展文化建设，增强馆员的凝聚力和团结力**。将本馆文化建设作为重点工作来抓，以党委、工会和共青团为主，采取灵活多样、寓教于乐的方式，开展更多符合馆员身心特点的文化、体育活动，做到不定期举办馆员文化活动等，切实增强馆员的团结和友谊，凝心聚力，做好文化服务工作。

2. **高质量地做好各项管理工作，全面提高综合管理能力**。一是充分发挥办公室的综合职能，不断加强行政后勤管理和对全馆业务工作的协调与管理，进一步建立健全业务工作规章制度，为全馆各项工作尤其是业务建设的顺利开展提供有力的组织协调保障。建立健全业务档案管理制度，实现全馆业务档案的集中有序管理，建立全面的业务统计、评估体系。二是严格按照国家和省里的人事政策，继续完善人事管理工作，认真做好人事变动、调资、建档等具体工作，圆满完成工会、共青团、妇联、普法、计

划生育等日常性工作;同时,精心做好老干部工作,落实好老干部的各项待遇。三是严格执行财经制度,做好财务分析,加强经费预决算编制和成本核算管理,健全和完善财务运行机制,提高财务工作效率和资金使用效益。四是按照党中央关于创建"节约型社会"的精神,加强国有资产管理,完善固定资产分级管理责任制,细化各部门的固定资产核算与管理,确保国有资产不流失。五是继续做好安全保卫工作,健全安全管理责任制、做好各项日常安全保卫工作,实现安全保卫工作长效机制。

（发布日期：2017 年 6 月）

云南省图书馆"十三五"发展规划[①]

"十三五"时期（2016—2020年）是云南全面建成小康社会、实现民族文化强省建设目标的决胜阶段。为充分发挥云南省图书馆在构建全省现代公共文化服务体系、促进云南民族文化强省建设中的重要作用，推动图书馆事业实现跨越式发展，特制定本规划。

一、"十二五"时期工作回顾

（一）主要成绩和亮点

"十二五"时期（2011年—2015年），我馆深入贯彻落实党的十七届六中全会、十八大和十八届三中、四中、五中全会精神，在云南省文化厅的领导下，以全面深化内部改革、深入实施免费开放服务工作、大力实施公共图书馆系统文化惠民工程为重点，探索体系化、标准化、均等化、数字化、特色化建设，着力发挥省级图书馆在构建云南现代公共文化服务体

---

① 本规划由云南省图书馆授权收录。

系中的重要作用，图书馆事业再上新台阶。

1. **以标准化建设为主线，再次被文化部评为国家一级馆**。通过严格按照国家文化部制定下发的公共图书馆服务规范、评估定级标准等开展标准化、规范化建设，在2013年第五次全国公共图书馆评估定级工作中受到文化部督导组的充分肯定和好评，继2009年之后再次被文化部评定为国家一级馆。此外，还获得了"全国古籍保护工作先进集体""全国文化系统廉政文化教育基地""全国盲人阅读推广优秀单位""全国人文社会科学普及基地""全国全民阅读示范基地""文化部2013年文化志愿者基层服务年示范项目"等40多项国家级、省部级、厅局级荣誉。

2. **以提升服务为核心，读者服务指标创下新高**。一是从2011年起全面实施免费开放服务工作，吸引广大读者不断涌入图书馆看书学习。据统计，免费开放后全馆各项服务指标每年都创下新高，其中年书刊外借量由2010年的57万册次增加到2014年的70.36万册次，增长了23%；年办读者证由2010年的8000个增加至2014年的1万个，增长了25%，年读者流通量由2010年的166万人次增加到2014年的246.7万人次，增长了49%。二是积极开展免费开放服务活动，创新推出"全民阅读推广月"等活动，并利用每年国家法定节假日、世界读书日、公共图书馆服务宣传周等契机年均举办40多项免费开放读者服务活动。三是积极进行服务创新，设立了首个24小时自助图书馆，实现了全天候不间断服务；成立志愿者服务工作站，吸纳了社会各界志愿者积极参与图书馆管理和服务；实施无线网络服务、听书机服务、触摸屏电脑读报服务等新的服务项目，读者服务工作更加方便快捷；在楚雄州启动流动图书馆分馆建设工程，共建成9个流动分馆，流动图书借阅量达10.8万册次。四是着力构建馆外流通服务体系，新建了19个图书馆分馆及馆外图书流通点。五是扎实做好特殊群体服务工作，推进服务均等化。通过进一步丰富少儿阅览室资源，打造"青少年心理健康咨询系列讲座"等活动品牌，年均举办20多项少儿文化活动、接待19万人次少儿读者；通过加强盲人阅览室软硬件建设，开展"为盲人讲解电影""盲人电脑培训"等活动，成为中国盲文图书馆分馆；通过举办农民工培训班、"贫困地区少年走进图书馆"等活动，为农民工群体提供了丰富的公共文化服务；通过每年与省女子一监共同举办"世界读书日有奖征文和知识抢答比赛",为服刑劳教人员的思想改造提供了有力的智力支持。六是开展多元化信息服务,不断增强信息服务能力。通过编制每月一期的《文化管理工作决策参考》《农文网培学校实用信息》,树立起专题信息服务品牌；通过建立媒体监测平台,被省委宣传部确定为舆情信息直报点,受到省委宣传部通报表彰；通过设立中国政府公开信息整合平台云南省分站,研发拥有自主知识产权的虚拟参考咨询平台"云图咨询"和"云南公共图书馆信息服务联盟",为社会各界提供了全方位的信息服务；通过每年为省人大、政协"两会"提供深度参考咨询服务,连年获得省人大、政协办公厅表彰。七是全面打造公益讲座、文化会展和社会培训品牌,年均举办100期公益讲座、20次精品文艺展览、10次社会培训,树立起"云南文化大讲堂""云南科普大讲坛"等知名讲座品牌,实现了"云图天天有展览,日日有活动"。

3. **以加强业务建设和队伍建设为重点,业务工作水平不断提高**。一是加快构建全省文献信息资源中心暨文献资源总库,建设起传统馆藏和数字馆藏共同发展的馆藏体系,截至2015年,全馆共有368.32万册(件)藏书(其中古籍文献59.56万册、电子文献41.8万册、视听文献4.4万册),数字资源63.9TB；同时,加快构建以我馆为中心、38个成员馆为网点的全省联合编目体系,荣获"国家联编中心省级分中心组织管理奖"。二是打造特色资源,不断加强地方文献建设,地方文献由2011年年初的4万册(件)增加到2015年的8万册(件),翻了一番；编制了《西南边疆边务资料目录》等20多期二三次文献,设立了副厅级以上领导干部个人出版物专题展区,建设了"普洱茶文化特色图书馆"等特色图书馆,自建了"云南历代名人史料"等5个专题数据库和"云南省旧方志"等5个信息型数据库,以及"云南各地风物志"等全文数据库。三是加强协作协调,进一步扩大对外业务交流与合作。特别是2013年,我馆成功承办了首届亚洲图书馆馆长论坛,被第十三届亚艺节组委会授予"优秀组织奖"。四是以人为本,不断加强人才培养。通过与云南大学公共管理学院、云南师范大学等高等院校实施"馆校合作",创新了人才培养模式；通过建设"学习型图书馆"和"研究型图书馆",做到了每季度平均举办一期全馆职工学术讲座。五是积极发挥省级中心馆的龙头示范作用,大力加强基层业务辅导和培训,举办了全省公共图书馆馆长培训班、业务骨干培训班、全国公共文化巡讲暨全省公共图书馆免费开放培训班等,完成了对全省所有州市、县级图书馆馆长及专业人员的业务轮训。六是扎实做好云南省图书馆学会各项工作,促进全省图书馆学术繁荣,"精品图书推介展示活动"项目多次获省科技厅表彰,《云南图书馆》季刊获全省连续性内部出版物金奖,学会荣获省社科联"十佳学会"、省科普工作先进集体单位等多项荣誉。

4. 以实施公共数字文化惠民工程为依托,进一步增强数字文化服务能力。一是深入实施文化共享工程,截至2014年年底共建成1个省分中心、16个州市支中心、129个县级支中心、1375个乡(镇)服务点暨"农文网培学校"、10942个村级服务点暨"农文网培分校",州市、县级、乡镇覆盖率均达100%,形成了上有省级分中心、州市支中心,下有县级支中心、乡镇服务点和行政村服务点的五级服务网络;引导全省各地乡镇"农文网培学校"开展"文化乐民、文化育民、文化富民"服务活动,举办各类培训2万多次,培训农民200多万人次;加强特色资源建设,加快完成《云南15个独有少数民族多媒体资源库》等特色数字资源建设,被全国公共文化发展中心评为优秀建设项目;以分级培训、网络培训为主开展基层文化人员培训,并利用"春雨工程"、远程培训等各种渠道培训基层工作人员,年均培训8000余人次,培训工作连年受到全国公共文化发展中心通报表彰。二是深入实施公共电子阅览室建设计划,基本搭建起全省公共电子阅览室信息管理平台,实现了公共电子阅览室建设的全省乡镇全覆盖。三是深入实施数字图书馆推广工程,完成本馆和16个州市图书馆的推广工程建设任务;同时,加强本馆软硬件建设和升级,完成了业务自动化系统的更新改造;开通官方微博、微信公众服务平台等即时信息服务,开展在线阅读、文献信息导航等服务项目,推行网上预约、网上续借、网上联合参考咨询等网络服务,年均举办10多项数字资源推广服务活动,为社会公众提供了丰富的数字文化服务;进一步做好国家数字图书馆云南分馆建设工作，及时完成了上交国家数字图书馆的资源加工任务，还制作了云南碑刻精华等一批特色鲜明的数字资源；做好官方网站的改版和提升工作，完成统一门户网站的建设。四是深入实施边疆万里数字文化长廊建设工程，在德宏州陇川县实施试点工作，覆盖全县 18 万群众，圆满完成试点任务。五是深入实施中国文化网络电视云南试点工作，在昆明、楚雄等地部分乡镇建起示范点，在泸西县完成了试点任务，实现了泸西县 106 个乡（镇）、村全覆盖，并顺利完成了"进村入户"专项资源建设任务。

5. 以推进全省古籍保护计划为契机，有效保护和开发利用珍贵的古籍文献。一是加快构建全省古籍普查平台，共同推进全省古籍普查，初步建立全省古籍普查数据库，并逐步开展《中华古籍总目·云南卷》编纂工作，形成阶段性成果。二是进一步加大我馆珍贵古籍的保护、研究和开发利用，多项古籍研究课题获得省级立项，其中我馆与云南大学联合申报的"《云南通志馆征集各县资料》暨各县《地志资料》整理与研究"课题获云南省哲学社会科学规划重大项目立项、《明代云南少数民族汉文古籍整理与研究》获云南省哲学社会科学规划项目立项，还与云南人民出版社合作完成了《护国运动文献资料丛编》的整理出版，编制了一批质量较高的二三次古籍文献资料。三是积极开展少数民族古籍保护工作，举办了全国首个彝文古籍修复中级培训班、国内首个藏文古籍修复培训班和两期少数民族古籍修复培训班，启动实施了国内首个藏文古籍修复项目，"抢救修复云南民族古籍文化志愿服务行动"被文化部评为"2013 文化志愿者基层服务年"示范项目。四是充分发挥国家级古籍修复中心的作用，被国家古籍保护中心授予"国家级古籍修复技艺传习中心云南传习所"，成为国内第三家传习所。五是积极组织《国家珍贵古籍名录》和全国古籍重点保护单位的申报工作。截至第四批评选结束，云南共有 216 部古籍入选《国家珍贵古籍名录》，其中仅本馆就有 126 部古籍入选，本馆和云南省社科院图书馆还被国务院命名为全国古籍重点保护单位。六是加强古籍人才队伍建设，协助国家古籍保护中心在云南举办了 6 期全国古籍工作培训班，牵头举办了 10 多期全省古籍工作培训班，实现了全省 129 个县"县县都有古籍普查员"的培训目标。

6. 以深化内部改革为基础，初步实现规范化管理运行。一是启动了法人治理结构建设工作，完成了《云南省图书馆法人治理结构建设工作实施方案》《云南省图书馆章程》等文件的起草工作，为"十三五"期间顺利完成法人治理结构建设任务奠定了基础。二是着力深化内部机制改革，制定了《云南省图书馆机构设置及各部门职能职责》《云南省图书馆2015年深化内部改革实施方案》等改革文件，顺利完成了资源整合、设置新的内部机构，以及新一届中层干部竞聘上岗和职工双向选择等改革工作。三是大力加强领导班子建设，着重抓好民主集中制和职工大会制度建设，充分发挥了班子的团结和整体效能。四是以狠抓制度建设为重点，重新制定了《云南省图书馆报账审批制度》《云南省图书馆差旅费报销管理制度》《云南省图书馆公务卡使用与管理办法》等一系列新的管理制度，初步做到制度化管理、规范化运行，充分发挥了馆办公室、发展研究室、人事老干科、财务科、安全保卫科等职能部门的重要保障作用，其中安保工作多次荣获"昆明市平安建设先进单位"等荣誉；还专门成立了政府采购工作领导小组及办公机构，修改完善了《云南省图书馆政府采购管理制度》等系列文件，建立起规范的政府采购工作流程，高效完成了每年度政府采购任务。

7. 以加强党建为前提，为全馆事业发展提供强有力的政治和组织保障。一是不断加强理论学习，严格执行每周五上午集体学习制度，组织全馆党员和干部职工深入学习了党的十八大和十八届三中、四中、五中全会，以及习近平总书记系列重要讲话和习近平总书记在云南考察时的重要讲话精神，并于每年年底开展全馆职工理论知识考试，把全馆人员的思想、认识和行动统一到党中央的决策部署上来。组织各支部大力创建学习型党组织，被确定为首批省直文化系统学习型党组织示范点和省直机关学习型党组织。二是不断加强基层党组织建设，在进一步做好思想建设、组织建设、作风建设、制度建设、廉政建设的同时，深入开展了创先争优、"四群教育"、党的群众路线教育实践、"三严三实"和"忠诚干净担当"专题教育等主题活动，创新开展了"党员进昆明翠湖西路社区为群众服务"等活动；积极响应省文化厅号召，专门组成工作队，选派专业人员深入永胜县六德乡营山村开展"四群"工作调研和文化帮扶，帮助促进地方文化脱贫；每年组织全体在职党员"下乡走基层"，分批深入到红河、祥云、丽江等地开展"三深入"活动，进一步增强了全体党员的党性修养，被命名为省直机关创先争优基层党建工作示范点。三是切实加强党对群团工作的领导和指导，以党建带工建、带老干、带团建。通过加强工会建设，做到每年组织全馆职工进行健康体检、每个月举办一次"工会活动日"，在所参与的省直文化系统多项文体竞技比赛荣获多个奖项；还开办了职工食堂，解决了职工"午餐难"问题；通过扎实做好老干工作，老干工作连年获省文化厅考评一等奖；通过充分调动和发挥全馆妇女职工的积极性，荣获"云南省三八红旗集体"等多项殊荣；通过大力加强共青团组织建设，被共青团云南省委授予"云南省五四红旗团支部"，被省直机关青联评为"省直机关青年文明号"。

（二）存在的问题和困难

1. 图书馆管理工作仍然面临一些体制性和机制性障碍，内部机制改革亟待全面深化。

2. 自2010年实施绩效工资以来，我馆每年须通过对外出租商铺等经营手段自筹经费解决职工的奖励性绩效工资发放，创收压力很大。这既与中央关于免费开放的政策不相符，也导致我馆不能合理使用相关设施场地。

3. 我馆读者服务大楼已建成运行10多年，设施设备老化严重，亟待进行维修更新和升级改造，特别是书库极度饱和、不堪重负等问题严重制约了读者服务质量的提升。

4. 横向比较，特别是与国内先进图书馆相比，我馆数字化、信息化建设差距仍较大，图书馆与互联网融合、与现代高新科技融合之路任重道远。

5. 站在全省的角度来看，新的时代背景下，我省公共图书馆事业发展面临着诸多严峻挑战：

一是图书馆工作至今仍然无法可依，个别地方仍存在领导不重视、政策不支持、经费不给力的现象；

二是与经济发达省市相比，我省图书馆建设的经费投入差距正在进一

步拉大,导致现代化建设等明显滞后;

三是沿用至今的条块分割的管理体制,仍在造成图书馆资源重复建设,制约着全省文献信息资源共建共享;

四是现有图书馆从业队伍与图书馆建设的新要求新任务不相适应,高层次人才、复合型人才、计算机专业技术人才奇缺;

五是全省图书馆事业发展仍然极不平衡,城乡差别大,地区之间差别大,制约着全省图书馆事业的整体繁荣发展。

二、"十三五"时期面临的形势

(一)党中央、国务院扎实推进社会主义文化强国建设,云南省委、省政府加快建设民族文化强省为我省图书馆事业繁荣发展提供了百年一遇的大好时机

党的十七届六中全会发布《中共中央关于深化文化体制改革推动社会主义文化大发展大繁荣若干重大问题的决定》在党的历史上首次提出建设社会主义文化强国的奋斗目标。党的十八大和十八届三中、四中、五中全会就进一步扎实推进社会主义文化强国建设作出重大战略部署。按照中央的部署,近年来云南省委、省政府进一步加快推进民族文化强省建设。省第九次党代会和省委九届二次、十次全会对建设云南民族文化强省、深化文化体制改革作出重大战略部署。省委、省政府制定下发了《中共云南省委关于贯彻落实〈中共中央关于全面深化改革若干重大问题的决定〉的意见》《云南省人民政府关于加强公共文化惠民服务体系建设的意见》等一系列政策文件,对全省文化建设提出了新要求、新任务,也给予了强有力的政策支持,提供了难得一遇的大好契机。

(二)习近平总书记考察云南时发表的重要讲话为我省图书馆事业繁荣发展指明了方向

2015年1月,习近平总书记深入我省考察并发表重要讲话,要求我省努力建成"我国民族团结进步示范区、生态文明建设排头兵、面向南亚东

南亚辐射中心",为云南发展确立了新坐标、明确了新定位、赋予了新使命,也为我省图书馆事业建设指明了服务和发展的新方向。

(三)党中央、国务院,云南省委、省政府加快构建现代公共文化服务体系为我省图书馆事业繁荣发展创造了良好的条件

党的十八届三中全会作出构建现代公共文化服务体系的重要战略部署。中共中央办公厅、国务院办公厅2015年年初印发《关于加快构建现代公共文化服务体系的意见》和《国家基本公共文化服务指导标准(2015—2020年)》,对加快构建现代公共文化服务体系作了全面部署。国务院办公厅2015年5月正式转发文化部、财政部、新闻出版广电总局、体育总局制定的《关于做好政府向社会力量购买公共文化服务工作的意见》,对建立健全政府向社会力量购买公共文化服务机制,完善公共文化服务供给体系作了重要部署。云南省委、省政府办公厅2015年11月印发《关于加快构建现代公共文化服务体系的实施意见》及《云南省基本公共文化服务实施标准(2015—2020年)》,明确了我省构建现代公共文化服务体系的目标、任务和要求。上述一系列战略举措和政策文件的出台,为我省公共文化建设提供了快速发展的良好"土壤"。此外,中央近年来在公共图书馆系统实施的文化信息资源共享工程、公共电子阅览室建设计划、中国文化网络电视、数字图书馆推广工程、边疆万里数字文化长廊等公共数字文化建设工程和古籍保护计划等文化惠民工程,为我省图书馆拓展服务功能、实现跨越发展奠定了坚实的基础。

(四)人民群众日益增长的精神文化需求和知识需求,对我省图书馆事业繁荣发展提出了更高的要求

一方面,随着我国小康社会建设进程的不断加快,人民群众在物质生活不断改善、精神生活不断丰富的同时,对精神文化消费提出了更高的要求;另一方面,随着知识经济时代的来临和信息社会的高速发展,人民群众提升自身文化素养和知识水平的需求也越来越迫切。

如何满足各族人民群众日益增长的多样化需求，将是我省图书馆面临的重大任务。

（五）大数据时代来临、高新科技迅猛发展对我省图书馆事业繁荣发展带来了更高的挑战

当前，随着大数据时代的来临，云计算、移动互联网、4G等高新技术概念层出不穷，高新技术的广泛应用为我省图书馆的数字化建设提供了强大的科技支撑。但另一方面，互联网特别是移动互联网和各类即时信息工具、搜索引擎的广泛应用，进一步改变了读者利用文献信息的习惯和方式，对我省图书馆事业再上新台阶构成严峻挑战。

（六）全球一体化为我省图书馆事业繁荣发展创造了广阔的空间

随着全球化进程的加快，国际交流与合作的重要性日益凸显。图书馆界的国际合作项目也在不断增长，成为一种趋势。拓展国内外交流合作领域，正成为图书馆自身不断发展壮大的重要渠道。与此同时，西方国家先进图书馆在智能化、数字化、信息化等方面建立了较为成熟的发展模式，为我省图书馆事业的未来发展方向提供了很好的参考。

（七）国内先进图书馆的快速发展为我省图书馆事业繁荣发展提供了有益的借鉴

党的十八大以来，随着社会主义文化强国建设的快速推进，全国上下掀起了文化建设的新高潮，上海图书馆、深圳图书馆、杭州图书馆等部分省、市图书馆依托强有力的地方政策和经费支持，大胆开拓创新，在数字图书馆、自助图书馆、移动图书馆建设等方面取得了重要的突破，这一方面拉大了与西部省市图书馆界的差距，另一方面也为西部地区树立了学习和赶超的榜样。

三、"十三五"时期的指导思想和发展目标

(一) 指导思想

高举中国特色社会主义伟大旗帜,全面贯彻党的十八大和十八届三中、四中、五中全会精神,以马克思列宁主义、毛泽东思想、邓小平理论、"三个代表"重要思想、科学发展观为指导,深入贯彻习近平总书记系列重要讲话精神,牢固树立创新、协调、绿色、开放、共享的发展理念,紧紧围绕习近平总书记提出的云南要建设"民族团结进步示范区、生态文明建设排头兵、面向南亚东南亚辐射中心"这三大战略目标,牢牢把握社会主义先进文化前进方向,按照云南省委、省政府《关于加快构建现代公共文化服务体系的实施意见》要求,遵循图书馆事业发展的科学规律,与时俱进,锐意改革,着力创新,加快推动全省现代公共图书馆服务体系建设。

(二) 发展目标

通过改革创新、扎实工作、攻坚克难,促进图书馆事业跨越式发展,实现管理水平、服务水平和业务水平的"三个提升",竞争力、创新力和整体实力的"三个增强",将我馆建成全省现代公共图书馆服务示范中心、全省文献资源总库暨文献信息资源中心、全省书目中心、全省公共数字文化服务中心、全省地方文献信息资源中心、全省公共图书馆人才培训中心、全省公共图书馆学术研究中心,逐步发展成为国内知名、西南一流、辐射南亚东南亚的数字化、信息化、智能化图书馆,引领全省图书馆事业共同繁荣发展,为云南全面建成小康社会、实现民族文化强省建设目标提供强大的精神动力和智力支撑。

四、"十三五"时期的主要任务

(一) 以业务建设为主线,实施专业化建设,不断提高整体业务工作水平

1. **继续建设云南省文献资源总库暨文献信息资源中心**。一是建设多元化的文献资源体系。在继续加强传统载体文献收藏与保存的基础上,加大电子出版物、专题数据库、网络信息资源等数字资源的采集、整合与保存,建成传统馆藏和数字馆藏、实体馆藏和虚拟馆藏共同发展、互为补充的全省文献资源总库暨文献信息资源中心。二是充分发挥文献采访委员会的职能和作用,科学制定文献采访计划,严格执行文献招投标制度,以社会需求为导向用好用活购书经费,其中传统载体文献采购占55%、电子出版物及数据库占40%、网络信息资源占5%,争取到2020年年底,全馆馆藏文献达到400万册(件)以上(含电子出版物等各类载体文献)。三是积极开展"你选书、我买单""读者荐购""新书采购读者座谈会"等活动,建立健全以读者为中心的新书采购工作机制。四是着力建立云南省、市、县三级文献保障体系,通过实施文献资料馆际互借、复制、扫描和原文传递等多种方式,不断提升文献资源的社会利用率。

2. **继续建设云南省书目中心**。一是加强与全省各级各类图书馆之间的沟通合作,全力整合全省图书馆书目资源,通过云南省书目中心的建设,编制全省图书馆联合目录,搭建文献联合检索服务平台。二是充分发挥全国图书馆联合编目中心云南省分中心的组织协调作用,将成员馆发展到50家以上。每年对成员馆采编业务骨干进行免费业务培训,并提供规范书目数据。指导各基层图书馆开展回溯建库任务,着力实现全省图书馆书目数据数字化。依托丰富的书目数据资源,指导基层图书馆文献采访工作,充分发挥联合编目中心在本地区采编工作中的协调作用。

3. **突出特色资源建设,构建特色图书馆**。一是牵头建立全省地方文献工作网,把地方文献收访工作扩展到每个州市、县,指导各级公共图书馆建立地方特色文献分中心。编制云南地方文献联合目录,逐步构建全省地方文献资源保障体系、地方文献检索系统和地方文献传递体系，为社会各界提供全方位、高质量的地方文献资源服务。二是充分发挥本馆作为全省地方文献资源建设、服务和研究中心的作用，设立地方文献专项收集经费，积极通过呈缴、交换、征集等方式，加大地方文献收集力度，进一步丰富馆藏地方文献资源，争取到 2020 年年底，地方文献达到 12 万册（件）以上。特别要与云南省内 8 家出版社共同合作，健全完善呈缴本制度，争取滇版图书呈缴率达 90% 以上。三是进一步加强地方文献的整理、研究、开发、利用，每季度编制 1—2 期二、三次文献和专题资料汇编，并出版一批地方文献学术专著、特色资源著述等。四是继续建设"特色图书馆"，在不断完善"普洱茶文化图书馆""玉文化图书馆"等"特色图书馆"建设的基础上，结合我馆地方特色文献资源，启动实施新的"特色图书馆"建设项目。同时，加大宣传力度，以资源展示、鉴赏、表演、讲座、培训等形式，向社会全方位开放各类"特色图书馆"，提供特色资源服务。四是启动实施"云南知青文献馆"建设项目，在整合馆藏知青文献资源的同时，拓宽渠道收集各类知青文献资料、知青口述原始资料、知青生产生活照片等，逐步形成有一定规模和影响的云南知青专题文献中心。五是加强地方文献数字化建设，联合省内各级各类图书馆共同建设地方文献信息数据库、全文数据库、图像数据库、多媒体数据库等，分期分批建成涵盖云南地方文史、少数民族文化、家谱、民俗等内容的各类专题数据库。

4. **启动"中国—南亚东南亚文献信息资源中心"建设项目**。按照习近平总书记关于将云南建成"面向南亚东南亚辐射中心"的要求，争取省发改委批准立项，启动实施"中国—南亚东南亚文献信息资源中心"建设项目，为中国与南亚东南亚国家开展跨国文献信息资源交流合作搭建平台，为云南建设"面向南亚东南亚辐射中心"提供强有力的文献信息和智力支撑。

5. **进一步拓展与国内外图书馆的交流与合作**。一是继续积极参与亚洲图书馆馆长论坛等相关活动，在《2013 亚洲图书馆馆长论坛昆明宣言》的框架下，不断加强与亚洲各国图书馆的联系和交流，努力推进亚洲图书馆资源共建共享。二是主动加强与外国图书馆尤其是西方国家先进图书馆的沟通与联系，开展多种形式的学术研讨和业务交流活动，并通过学者访问、业务培训等方式，学习借鉴西方国家先进图书馆的办馆理念、技术和手段。三是积极举办高水平的国际学术研讨会，在争取上级相关部门支持的前提下，运用各种渠道积极邀请国内外图书馆知名专家学者莅馆，举办1—2次有较大影响力的国际图书馆学术研讨会或学术报告会。四是继续加强与国内兄弟图书馆的交流合作，开展与省外馆的业务骨干交流访问、学术交流、联合培训等合作项目。特别要分期分批组织馆内领导干部和业务骨干深入上海图书馆、深圳图书馆、杭州图书馆等国内先进图书馆考察学习，吸收借鉴先进办馆经验和模式。

（二）以提升服务为核心，实施标准化、均等化建设，打造一流的省级公共图书馆服务品牌

1. **建立健全服务标准体系**。一是以点带面，积极实施标准化建设工作，为全省公共图书馆标准化建设提供示范。二是结合实际，参照国家相关规范和标准，科学制定本馆及全省公共图书馆管理和服务标准。三是建立公共图书馆服务满意度指标体系，形成以读者为主体、以读者需求为导向的公共图书馆服务评价反馈机制。

2. **以创新提升服务效能**。一是进一步全面深化免费开放服务工作，在继续办好传统阵地服务的同时，利用国家法定节假日、世界读书日、公共图书馆服务宣传周、科技宣传周等契机，大力举办丰富多彩的免费开放活动，不断扩大免费开放的社会影响力，吸引更多的社会公众进入图书馆看书学习，确保年图书外借量、读者流通量、新办读者证等各项服务指标继续稳中有升。二是大力创新服务模式，在继续办好听书机服务、自助图书馆的同时，逐步实现中文图书借阅室的图书自助借还服务，探索实施网上借阅服务、电子书借阅服务、移动借阅服务和网络定制服务，探索开展公交图书馆、地铁图书馆、创客图书馆等全新的服务项目，将图书馆服务融入到社会公众日常生活的方方面面。三是扩大与相关部门的合作，共同建设好三大国家级和四大省级教育基地，做到每个基地每季度至少开展一次

有影响的知识普及教育活动。四是进一步加强读者俱乐部建设，并积极利用新书推荐、编制专题书目、设立新书专架、专著讲读活动等方式开展图书宣传活动，引导读者多读书读好书。五是与上海图书馆、广东省立中山图书馆及本省16个州市图书馆、云南大学公共管理学院、云南省科技情报所等单位联合开展跨地区、跨系统的馆际互借和文献传递服务。

3. **健全完善流动图书服务体系**。一是在总结和巩固楚雄州流动图书馆分馆建设工作的基础上，做好流动图书馆建设推广工作，逐步在全省各州市实施流动分馆建设项目。二是继续建立健全馆外图书流通体系，不断扩大服务半径，把送书服务延伸到机关、社区、学校、农村、军营、企事业单位等。争取到2020年年底，图书分馆和对外流通点书刊借阅量年均达到40万册次以上。

4. **实现公益讲座、公共展览品牌的数字化建设和网络化传播**。一是在继续强化"云南文化大讲堂"公益讲座品牌影响力的基础上，整合省直文化系统的艺术资源，打造"云图艺术讲堂"品牌；同时，加强讲座资源的数字化建设，编制拥有知识产权的数据库和光盘，通过互联网进行宣传推广，实现公益讲座的数字化、网络化传播；大力开展"云南文化大讲堂走基层"活动，在全省各州市进行巡讲；建设全省公共图书馆讲座联盟，实现讲座资源在全省范围的共享。二是加强与社会各界的合作，共同举办内容丰富、形式多样的高端艺术论坛和摄影、美术、影视、戏曲等精品展览活动，实现"云图天天有展览"，并在此基础上对展览资源进行数字化加工，通过本馆网站、微信等新媒体进行推广传播；组建全省公共图书馆展览联盟，定期不定期在省内各级图书馆举办巡展，使全省人民都能享受到我馆的精品艺术展览。三是整合各类社会教育资源，积极举办英语培训、电脑培训、群众艺术培训等社会培训班，特别是结合云南建设面向南亚东南亚辐射中心的战略目标，开展南亚东南亚小语种培训班，打造有广泛影响力的社会培训品牌项目。

5. **打造一流的信息服务品牌**。一是形成从基础服务到高级服务的参考咨询服务体系，探索建立以参考咨询项目为主线、跨部门跨单位联合开展服务的"大咨询"信息服务运行机制。二是结合党的十八届四中全会提出的"依法治国"战略举措，进一步加强本馆立法决策咨询平台的建设与管理，为云南实施"依法治省"提供有力的智力支持。三是构建以决策服务为核心、面向组织机构服务为主、个体服务为辅的参考咨询工作机制。在继续办好《文化管理工作决策参考》等信息专刊、深入开展全省"两会"服务的同时，进一步加强媒体监测服务，不断提高云南省委宣传部舆情信息直报点建设水平，并以该直报点为平台，把决策服务范围逐步推广至省委、省政府、省人大、省政协等省级党政部门。特别要结合我省文化建设形势，编印专为各级文化领导提供信息服务的《云南文化工作舆情监测》。四是大力发展虚拟参考咨询服务，应用"云图咨询"信息发布平台，开展面向组织机构的高级咨询服务，并通过对"云图咨询"系统的功能拓展，实现智能手机、iPad 等移动终端参考咨询服务；同时，运用我馆 ILASS 管理系统的网上参考咨询功能，开展面向个体大众的基础性参考咨询服务。五是建成"云南省公共图书馆信息服务联盟"。运用"云图咨询"平台，通过计算机网络远程技术，以"联合虚拟参考咨询"的方式，建立省中心、州市分中心、县基层站点的三级虚拟参考咨询服务联盟。力争"十三五"期间先期建成临沧市、文山州、曲靖市、大理州、昆明市、普洱市 6 个"云南省公共图书馆信息服务联盟分中心"，并有 50%以上的州市图书馆加入"云南省公共图书馆信息服务联盟"。

6. **以强化特殊群体服务推动均等化建设**。一是大力加强中国盲文图书馆云南分馆建设，在积极收集整合盲文图书资源、有声读物资源、无障碍电子资源的同时，进一步细分盲人读者服务工作，开展盲人电脑培训、盲人音乐鉴赏、盲人电影讲解、视觉功能训练、盲人心理咨询等工作，探索搭建视障文化资讯服务平台，建立盲人读者移动数字图书馆，为盲人提供全方位、多层次、个性化的文化服务。二是积极参与全国图书馆未成年人服务提升计划，以少儿阅览室为阵地，以建设全省未成年人文化教育基地为主线，不断强化"青少年心理健康咨询及系列讲座""少儿书法、美术、摄影培训"等活动品牌，启动实施全省未成年人阅读推广计划和少儿数字图书馆建设项目，并以流浪儿童、农民工子女为重点，大力开展弱势少儿群体服务，不断丰富、完善未成年人服务工作。三是主动联系省残联、省老干局等相关部门和单位，共同为残疾人、老年人、下岗失业人员、低保人员等特殊群体提供形式多样、内容丰富的文化服务。特别要开展针对农民工的文化服务项目，设立农民工专题书柜，每年至少举办 2 期农民工就业技能培训班。

（三）以科技创新为驱动，实施项目化建设，全面增强大数据时代下的图书馆竞争力

1. 启动"互联网+图书馆"建设项目。制定《云南省图书馆"互联网+图书馆"行动计划》，启动实施"互联网+全民阅读""互联网+移动借阅服务""互联网+数字信息服务"等系列项目，创建适应互联网特别是移动互联网、基于新形势下读者行为习惯的新型服务模式，使图书馆服务在信息提供、交互、再创造中迸发新的活力，让社会公众享受到更加公平、高效、优质、便捷的服务。

2. 启动"云图书馆"建设项目。应用"云计算"技术，探索搭建云服务平台，全面整合馆藏数字化资源，尝试提供基于云计算的知识资源管理平台和公众信息素养教育提升平台，建立以用户为中心、数据存储于图书馆"云"之中、读者可以在任何时间任何地点获取资源和服务的新型图书馆。

3. 启动"智慧图书馆"建设项目。适应国家建设"智慧城市"的战略要求，融合物联网技术、大数据技术、移动互联网等手段，研制符合当今图书馆发展形势和高新技术趋势的智慧平台，探索构建由智慧资源系统、智慧服务系统和智慧管理系统组成的"云南省图书馆智慧平台"，形成人性化智能化的公共图书馆资源共享空间，实现对图书馆资源、服务和管理的智能化自适应控制和优化，使图书馆各类资源、服务之间的联系达到智慧化融合。

（四）以文化惠民为重点，实施数字化、网络化建设，构建便捷适用的公共数字文化服务体系

1. 进一步深度实施文化共享工程暨农文网培学校建设

（1）进一步完善覆盖全省城乡的文化共享工程服务网络。一是全面完

成剩余的村级基层服务点暨"农文网培分校"建设任务，真正形成省、州市、县（市、区）、乡镇（街道）、村（社区）五级服务网络，全面实现"村村通"。二是突出服务功能，健全完善各级分支中心和基层服务点管理制度，实行严格的绩效考核制度，确保全省各地文化共享工程建设工作有组织开展、有专人负责、有培训制度、有服务机制，充分发挥功能和作用。实施文化共享工程平台+电子商务工程，将农文网培学校与电子商务有机融合，开拓文化惠民、文化富民的新路子。

（2）进一步建设特色数字文化资源。一是充分发挥省级分中心的示范作用，立足本省地域文化特色，深入挖掘具有较强代表性和较高历史、人文、民族价值的资源，逐步形成以云南优秀民族文化资源、传统文化资源、红色历史文化资源、当代艺术与群众文化资源为主体的资源建设体系，以专题片、多媒体资源库、微视频、音频库等多种形式呈现给各族人民共享。二是牢固树立精品意识，严格遵循各项标准规范，全面完成云南独有少数民族多媒体资源库、云南红色文化多媒体资源库、云南非物质文化遗产多媒体数据库、云南珠宝玉石多媒体数据库、云南普洱茶文化多媒体资源库、云南抗战文化多媒体数据等特色资源的建设。三是继续指导、督促各级支中心开展资源建设，着重加强地方特色资源加工，进一步丰富我省自建资源总量。通过努力，争取到2020年年底，文化共享工程云南省分中心自建地方特色资源不少于15TB，整合数字资源不少于180TB；州（市）级支中心整合数字资源不少于50TB；县级支中心整合数字资源不少于5TB。

（3）进一步建设基层文化共享工程工作队伍。一是建立全省文化共享工程分级培训体系。由省级分中心负责开展州市、县级支中心工作人员培训，州市、县级支中心负责开展乡镇服务点骨干人员培训，乡镇服务点负责开展村级基层服务人员培训，五年内完成2—3遍对全省文化共享工程从业人员的轮训；同时，积极开展分类培训，州市和县级支中心重点培训管理人员、技术人员及师资队伍，基层服务点重点培训设备操作、维护与服务人员。通过分级分类培训，在州市、县级支中心组建一支稳定的，能够从事资源建设、软件开发、网站维护等工作的专业人才，在乡镇和村基层服务点培养一支熟练掌握设施设备操作技术与服务要领的工作队伍。二是利用多种途径开展培训。积极举办基于互联网等新媒体的远程培训、网络培训，开展"春雨工程""文化共享工程边疆行""文化共享工程山村行"等活动，并主动与农村党员干部现代远程教育、农村中小学现代远程教育工程等进行合作，实现培训资源共享。

2. 进一步深度实施公共电子阅览室建设计划

（1）构建全省公益性互联网服务网络。一是在我省城乡大力推进公共电子阅览室建设计划，构建覆盖全省、内容安全、服务规范、环境良好、免费开放的公益性互联网服务体系。按照文化部印发的《公共电子阅览室设备配置标准》，建设规范的乡镇、街道、社区公共电子阅览室，力争全省城乡公共电子阅览室实现100%覆盖、100%达标。

（2）引导社会力量共建公共电子阅览室。鼓励、指导有条件的青少年宫、工人文化宫、妇女儿童活动中心及其他企事业单位按照有关标准建设规范的公共电子阅览室，并在设备、数字资源、技术等方面给予大力支持，促进社会化共建。

（3）建立公共电子阅览室技术支撑平台。依托已有技术管理平台，建立先进实用、安全可靠、开放互联的全省公共电子阅览室技术平台。建立公共电子阅览室管理信息系统，确保网络信息安全；建立公共文化数字支撑平台，创新传输手段，确保资源及时更新；建立公共电子阅览室信息资源导航系统，引导社会各界用户访问优秀的文化资源。

（4）全面提高管理与服务水平。一是建立完善我省公共电子阅览室的统一标识、用户上网实名登记、巡查监督、限时上网等制度，重点加强对未成年人上网的管理，确保公共电子阅览室安全运行。二是加强惠民服务。充分利用公共电子阅览室设施设备，建立完善公共文化服务平台，开展内容丰富、形式多样的辅导、咨询、培训等惠民服务。三是为广大群众提供农业技术、务工培训、少儿动漫、红色历史、经典影视、文化专题等涉及方方面面的互联网数字资源。

3. 进一步深度实施中国文化网络电视建设项目

（1）建设覆盖全省的中国文化网络电视基层站点。一是加快完成昆明、楚雄、保山等 3 个国家公共文化服务体系示范区的 349 个中国文化网络电视站点基层站点建设任务，深入总结试点经验并向全省推广。二是加快构建遍及全省的中国文化网络电视基层站点，力争在"十三五"内实现乡镇以上站点全覆盖的目标。

（2）完成"进村入户"专项资源建设任务。一是在提炼推广"泸西经验"的基础上，严格执行"中国文化网络电视标清视频、音频制作标准"，认真完成各年度专项资源建设工作。二是加大资源整合力度，以群众需求为导向，征集和制作适合当地需求、具有地方特色的各类优秀文化视频资源。三是服务为本，通过各种媒体加大宣传力度，引导更多的基层群众走进当地文化中心观看使用中国文化网络电视海量的文化视频资源。

4. 进一步深度实施边疆万里数字文化长廊建设工作

（1）提炼"云南经验"并向全国推广。进一步全面深入总结、提炼我省德宏州陇川县实施的边疆万里数字文化长廊建设试点经验，将其作为边疆万里数字文化长廊建设的"云南经验"，在全省乃至全国范围进行宣传推广，起好示范引导作用。

（2）构建遍及全省边境地区的公共数字文化服务网络。一是按照文化部全国公共文化发展中心的总体部署，结合我省实际，在"十三五"时期完成 104 个边境乡镇、343 个边境村、22 个边境口岸、49 个边民地方通道和 85 个哨所、边贸集市及其他文化驿站的建设任务，总计建点 603 个。二是精心安排、统筹推进，加强与边防武警部队等单位的合作，依托各州市文化共享工程支中心，以县级支中心为纽带、边境口岸和乡镇农文网培学校为节点，把边防哨所、村级农文网培分校、边贸集市当作阵地，建成连点成线、连线成网的数字文化长廊，全面覆盖与缅甸、老挝、越南三国接壤的边境乡镇、口岸、集市，构建边境地区公共数字文化服务网络。

（3）提升配置，强化效能。一是在已建的乡镇文化共享工程农文网培学校的基础上，通过增加移动数字加油站、文化网络电视互动播出终端等设备，进一步增强乡镇服务点的公共数字文化服务能力；通过建设公共电子阅览区、公共文化综合服务区、文化陈列室等多功能厅室，打造轻松、愉悦的文化服务空间。二是在村级文化共享工程农文网培分校的基础上，增配数字服务一体机等现代化设施设备，使村级数字文化驿站具备开展数字文化服务的能力，并能通过文化网络电视等设施设备开展流动服务。三是依托乡镇服务点和数字文化驿站组织开展丰富多彩的公共文化活动，积极放映爱国主义题材和民族团结主题电影，利用海量资源播放科学技术讲座、文化知识讲座等知识讲座，联合相关单位共同举办劳务知识法规、禁毒防艾知识以及甘蔗、烟草、油菜等各类种养殖培训班，指导边民大力发展特色文化产业，有力打造云南边境公共数字文化服务品牌。

5. 进一步深度实施数字图书馆建设工程

（1）科学制定全省数字图书馆建设规划。学习借鉴国内先进图书馆的成功经验，结合本省实际，进一步修改完善《云南省数字图书馆建设规划》，使之更符合新形势、新任务的要求，更具备可行性和可操作性，成为当前和今后一个时期全省数字图书馆建设的指导性纲领性规划。

（2）制定全省数字图书馆建设标准。一是建立一整套包括数字资源加工、管理、存储、整合、使用、推广宣传等内容的数字图书馆建设标准和规范。二是学习借鉴已有的先进技术和经验，采用购买和开发并进的思路，攻克技术难关，建设符合我省实际情况并具有发展潜力的全省数字图书馆技术平台。

（3）进一步深入实施全省数字图书馆推广工程。一是在国家图书馆的指导和支持下，在云南省文化厅的领导下，在进一步巩固省级、州市级数字图书馆推广工程建设成果的基础上，逐步在全省县级图书馆启动实施数字图书馆建设工作，力争到2020年年底，逐步建成以我馆为中心、省内各级公共图书馆共同参与，基于互联网和移动网等多网络、电脑和手机等多终端、全媒体的云南省数字图书馆服务体系。二是逐步在全省各级公共图书馆建设分布式公共文化资源库群，搭建以各级数字图书馆为节点的国家—省—州市—县级数字图书馆虚拟网，将各级数字图书馆建成当地优秀民族文化的集中展示平台、开放式信息服务平台和文化交流平台。

（4）进一步提升数字图书馆特色资源服务。一是对本馆已购买和自建的数字资源进行集中管理和大力宣传推广,扩大社会认知面,提高使用率。二是在完成好国家数字图书馆下达的资源建设任务的同时,立足云南民族文化资源,积极建设富有地方特色和民族特色的专题数字资源和特色数据库。三是做好电子资源的建设、管理和分类标引工作,持续建设数字资源元数据库,构建全省图书馆数字资源元数据总库。通过努力,争取到2020年年底,数字图书馆数字资源量省级达到120TB,州(市)级达到36TB,县级达到5TB。

(5)探索网络环境下的新型读者服务方式。一是进一步加强本馆网站建设,不断丰富网站内容,优化网站版面,提升可观性,并开发新的网站服务形式和服务内容,为读者提供更多更优质的网站服务。二是在大数据环境下,加强手机图书馆服务和官方微博、微信服务,完善官方微信服务平台,适时推送本馆相关动态信息及文化知识信息,扩大服务覆盖面。三是突破传统服务模式,积极开展关于电子资源、数字资源、视听资源的听、看、读、品等多媒体阅读欣赏体验,从被动服务模式转化为互动服务模式。四是利用多种渠道尤其是高新技术载体,持续宣传推广数字图书馆服务新业态,促进数字图书馆服务惠及全省各族人民。

(五)以古籍保护为己任,实施工程化、系统化建设,传承弘扬优秀的民族文献资源

1. **全面完成全省古籍普查任务**。一是积极宣传呼吁,努力争取省财政建立全省古籍普查专项经费,为古籍普查工作的顺利开展提供强有力的资金保障。二是充分发挥云南省古籍保护厅际联席会议的重要组织协调作用,加强全省各级各类古籍收藏机构和个人的联系合作,在全省范围内大力开展古籍普查,重点做好边疆少数民族地区民族古籍的普查,准确摸清、掌握全省古籍藏书的现状,完成云南省古籍联合目录的建立。

2. **完成《中华古籍总目·云南卷》编纂工作**。在完成全省古籍普查的基础上,进一步充实编纂工作委员会的力量,严格遵循国家古籍保护中心制定的《中华古籍总目编目规则》,力争"十三五"期间完成《中华古籍总目·云南卷》的编纂工作。

3. 建立分批评审命名《云南省珍贵古籍名录》和省级重点古籍保护单位、适时申报《国家珍贵古籍名录》和全国重点古籍保护单位的长效工作机制。一是严格按照云南省文化厅的通知精神，认真组织开展首批《云南省珍贵古籍名录》和省级重点古籍保护单位的评审命名工作，并争取每两年组织开展一次评审命名工作。二是继续做好《国家珍贵古籍名录》和全国重点古籍保护单位的申报组织工作，建立完善适时申报的长效工作机制。

4. 充分发挥国家级古籍修复中心和国家级古籍修复技艺传习中心云南传习所的示范引导作用，带动全省乃至西南地区古籍修复水平的整体提升。一是深入调研，全面掌握全省古籍藏书的破损状况，加强古籍修复工作的科学规划，进一步规范古籍修复材料和技术。在此基础上，不断修改完善云南省古籍修复方案，充分利用古籍修复中心的专业力量，有计划地开展全省古籍修复工作。特别要重点对我省入选《国家珍贵古籍名录》的珍贵破损古籍进行修复。二是继续大力实施被文化部表彰的本馆"抢救修复云南古籍文献文化志愿服务行动"项目，组织志愿者深入各地研究我省乃至整个西南地区少数民族古籍修复工作现状及修复技法，在总结提炼国内首个藏文古籍、彝文古籍修复项目经验的基础上，逐次启动实施纳西族东巴文、傣族贝叶经等少数民族古籍的抢救修复项目，培养一批技术精湛的少数民族古籍修复专业人员，将我馆建成西南地区少数民族古籍修复基地。

5. 扎实做好本馆古籍保护工作。一是在继续优化古籍藏书环境的基础上，利用各种渠道加大古籍电子出版物、网络信息资源的采集与保存，形成传统馆藏和数字馆藏并存互补的古籍收藏格局。二是加快推进馆藏古籍数字化建设，优先完成馆藏名人手稿、山水志、碑刻拓片、珍贵佛经、地方古籍、民国时期报刊资料，以及被列入《国家珍贵古籍名录》的珍贵古籍的数字化加工。三是加强古籍科研工作，主动与各类高校和研究机构合作，加快完成"《云南通志馆征集各县资料》暨各县《地志资料》整理与研究"、《明代云南少数民族汉文古籍整理与研究》等重大课题研究项目，启动实施云南省少数民族古籍修复科研项目和馆藏佛经整理研究项目，力争每年推出 1—2 项在全国古籍研究界有一定影响力的学术成果。

6. **建设素质高能力强结构优的古籍保护人才队伍**。建立健全古籍保护人才培训机制，采取集中培训、分片区培训、网上培训、远程培训、深入实地面对面培训等多种手段，对省内从事古籍收藏、研究、整理、修复等各类工作的业务人员进行系统的专业培训，打造一支梯次结构得当、专业素质较高、业务技能熟练的全省古籍工作队伍。

（六）以共同发展为目标，实施体系化建设，构建覆盖全省的现代公共图书馆服务体系

1. **启动实施全省现代公共图书馆服务体系建设**。按照中央和云南省关于加快构建现代公共文化服务体系的意见及实施意见，建立完善云南省公共图书馆基本服务标准体系，促进全省公共图书馆服务均等化、标准化、社会化和数字化，争取到 2020 年基本建成覆盖全省城乡、便捷高效的现代公共图书馆服务体系。

2. **建立全省图书馆联盟**。积极争取上级领导部门的支持和协调，努力突破体制束缚，逐步整合省内各级公共图书馆、高校图书馆、科研院所图书馆、企事业单位图书馆等各系统图书馆的文献信息资源，力争到 2020 年初步建成全省图书馆联盟，形成文献信息资源共建共享体系。

3. **建立全省公共图书馆业务管理平台和资源共建共享平台**。加强与省内各级公共图书馆的联系合作，建立畅通有序的工作联动机制，依托公共数字文化支撑平台等现有管理系统，共同构建以省馆为中心、各州市馆为分中心、各县级馆为支中心的全省公共图书馆业务管理平台和资源共建共享平台。

4. **牵头推进"书香云南"建设**。充分发挥我馆在全省图书馆界的示范和协调作用，联合全省图书馆界共同开展内容丰富、形式多样的全民阅读活动，并利用各种新媒体大力开展读书活动、阅读指导活动、书目推荐活动等，在全社会营造"多读书、爱读书、读好书"的学习氛围；同时，积极争取社会各界的支持，整合不同系统的资源，联合各种民间力量，共同助推"书香云南"的构建。

5. **推动县级图书馆总分馆制建设**。大力加强业务指导，帮助各县级图书馆开展总分馆制建设，逐步建立县级区域内总馆——分馆服务体系，形成以县级图书馆为总馆、各乡镇及社区文化站为分馆、流动图书馆及图书流通点为服务网点的县级城乡图书馆群，实现"一卡通"、通借通还服务。

6. **促进基层图书馆规范化、现代化建设**。积极开展第六次全省公共图书馆评估定级工作，加强基层图书馆的规范化、现代化建设，带动全省各级公共图书馆管理和服务水平整体提高。加强对基层图书馆的业务调研，每年开展一次专题调研活动，深入调查、分析、研究基层图书馆事业发展中存在的突出问题，并提出解决方案；加强业务辅导、协作协调和馆际合作，推动区域性图书馆联盟、数据库联合开发、馆际互借等项目的顺利开展。

7. **以省图书馆学会建设带动全省图书馆学术繁荣**。着力加强云南省图书馆学会的组织建设、制度建设和会员发展工作，形成规范化的管理运行机制。办好每年一届的全省图书馆学会年会和各种学术征文活动，积极开展学术研讨和交流。组织好图书馆课题申报和研究工作。继续办好《云南图书馆》季刊，使其办刊质量和影响力进一步提高，并积极争取省新闻出版局批准其为公开性学术刊物，为全省图书馆事业发展提供有力的智力支持。

五、"十三五"时期的保障措施

（一）加强党的建设，全面提高党风廉政建设和基层党建工作水平，提供强大的政治保障

1. **充分发挥省直机关学习型党组织的示范作用**。进一步深化本馆作为省直机关学习型党组织示范点创建工作，严格执行本馆理论学习制度，以中心组学习为龙头，以各部门、各支部学习为基础，以开展"爱读书读好书善读书"等丰富多彩的理论学习活动为载体，采取集中学习、专题研讨、在线学习、自主选学等多种方式，组织全馆党员和干部职工重点学习党的十八大和十八届三中、四中、五中全会及习近平总书记系列重要讲话

精神，教育引导全馆党员、干部职工牢固树立正确的世界观、人生观和事业观，坚定政治立场，明辨大是大非。

2. **充分发挥省直机关基层党建工作示范点的典型作用**。一是全面加强我馆党组织的思想建设、组织建设、作风建设、制度建设、反腐倡廉建设，建设服务型和创新型党组织，充分发挥基层党组织在推动图书馆事业发展、服务群众、凝聚人心、促进和谐等方面的重要作用。二是坚持实行"一岗双责"，党总支书记切实履行第一责任人职责，班子成员按分工履行党建工作职责，各支部书记具体抓工作落实，建立健全层层负责的党建工作机制；同时，认真推行党务公开制度，不断提高工作透明度。三是以服务群众、做好群众工作为主要任务，加强基层服务型党组织建设，落实"八有"服务目标，贯彻"三化"服务要求，做群众满意的基层党组织。四是以增强党性、提高素质为重点，进一步深化"当先锋走前头"活动，完成"三严三实"和"忠诚干净担当"专题教育各个环节的任务，并结合我馆实际大力开展"党员优质服务示范岗""党员进社区服务"等实践活动，建立健全党员立足岗位创先争优的长效机制。五是严格党内组织生活，坚持民主集中制，健全党员党性定期分析、民主评议等制度，完善干部直接联系群众制度，严格执行党员领导干部参加双重组织生活会制度、民主生活会制度、基层党支部"三会一课"制度，进一步整顿软弱涣散的基层党组织。六是强化党员发展和管理工作，优化党员队伍结构。

3. **全面推进预防惩治腐败工作机制建设**。一是严格执行党风廉政建设责任制，认真贯彻落实《廉政准则》和《个人事项规定》，不断加强反腐倡廉教育、廉政文化建设和党风廉政建设；强化内部审计监督，规范权力行使，健全反腐败工作制度，确保本馆不发生任何一起党员干部违纪违法案件。二是继续认真贯彻执行"中央八项规定"、省委实施办法和省文化厅六项规定，进一步转变和改进工作作风，持续形成反对形式主义、官僚主义、享乐主义和奢靡之风的工作氛围。

4. **以党建带动群团组织建设再上新台阶**。一是强化党对群团工作的领导，做到党群工作同谋划、同部署、同检查、同落实，形成"党带群团、一体共建、互促共进"的工作格局。二是不断加强工会组织建设，充分发挥工会的桥梁纽带作用，引导广大职工紧紧围绕图书馆工作大局，立足本职，积极参与改革、维护稳定、推动发展。同时，创新工会活动方式和活动内容，广泛开展丰富多彩的工会活动，把工会建成广大干部职工喜爱信赖的"职工之家"。三是进一步加强共青团支部建设深化"青年马克思主义者培养工程"，积极开展"五四"运动主题纪念活动、青年志愿服务活动、青年文体活动和"三做三走进"等活动，团结引导全馆青年职工为图书馆事业奋发争先、争创佳绩。四是扎实做好妇女工作，积极举办"三八"妇女节文体活动，广泛开展"巾帼爱心联盟""巾帼示范岗"等活动，充分调动全馆妇女职工的积极性和创造性。五是大力开展单位文化建设，做到每月至少举办一次工会小组文体活动，每年至少举办一次全馆职工文体比赛，每3年至少举办一次全馆篮球、足球或演讲比赛，真正把图书馆建成全馆职工的"大家庭"。

（二）加强领导，加大投入，提供强有力的经费保障

1. **加快我省公共图书馆建设地方性立法进程**。制定上报《云南省公共图书馆条例》，争取尽快由省人大表决通过并颁布实施，为我省公共图书馆建设提供强大的法律支撑。

2. **加强组织领导**。筹建全省现代公共图书馆服务体系建设协调机制，成立由各级党委政府分管领导任组长、各级文化行政主管部门分管领导为副组长、各级公共图书馆馆长及相关部门负责人为成员的各级公共图书馆建设协调领导小组，充分发挥各部门、各单位的职能作用和资源优势，形成推动公共图书馆建设的合力。

3. **加大经费投入**。一是积极争取各级党委政府进一步加大对公共图书馆建设的投入，不断提高公共图书馆支出占当地财政支出的比例。二是积极争取省级财政进一步加大投入，将我馆年购书经费增加至1000万元以上、年免费开放经费增加至500万元以上。三是明确收支两条线，全面解决我馆在职职工奖励性绩效工资需自筹经费的实际困难。

（三）加强管理，构建科学合理的管理运行机制，提供充沛高效的组织协调保障

1. **建立法人治理结构**。借鉴国家公共图书馆法人治理结构建设试点单位的经验和模式，高效推进法人治理结构建设，进一步修改完善《云南省图书馆法人治理结构建设工作方案》和《云南省图书馆章程》等文件，组建首届理事会，规范理事会运作，建立健全决策监督和内部约束激励机制，全面落实法人自主权，形成公益目标明确、布局结构合理、微观运行高效、监管制度健全的崭新工作格局。

2. **全面深化内部机制改革**。一是全面深化干部人事制度改革。科学合理地设置内部机构和岗位，全面实施全员聘用制，真正实现按岗聘用、合同管理。馆内中层干部按照新的组织程序实行公开竞聘和直接任命相结合的聘任方式，职工实行双向选择聘任上岗，专业技术人员实行评聘分离，新进人员实行公开考试招聘。进一步改进完善绩效考核制度，严格实行部门领导任期目标管理责任制、岗位绩效考核制，将绩效考核作为各类人员聘用及晋职、晋级、奖惩、收入分配的依据。通过改革，形成干部能上能下、职工能进能出的人事管理机制。二是全面深化收入分配制度改革。制定完善新的职工绩效工资分配办法，将职工工资与工作绩效紧密挂钩，实行量化考核发放，实现按岗定酬、按绩效付酬，形成奖勤罚懒、按劳分配的收入分配机制。三是全面深化社会保障制度改革。按照新颁布的《事业单位人事管理条例》及云南省相关配套政策，推进本单位工作人员依法参加社会保险，工作人员依法享受社会保险待遇。四是全面深化管理制度改革。组建社会各界代表参与的评价团队，对本馆公共文化服务进行公开公正公平的评价，建立以群众为中心、群众需求为导向的评价机制。创新建立管理层绩效评估和考核机制，制定管理层绩效考评办法，由举办单位对馆长、党总支书记、副馆长实行任期目标管理、年度履职考核和绩效考评，并按合格与否、优良、绩差进行"绩效奖励或处罚"，对失职渎职者进行责任追究和问责处罚。

3. **全面提升综合管理水平**。一是进一步改进完善各项管理规章制度,制定符合事业发展需要的新制度新办法,及时废除制约发展的旧制度,形成顺应形势发展要求的管理体系。二是充分发挥办公室的综合职能,为全馆各项工作尤其是业务工作顺利开展提供有力的协调保障。进一步加强政府采购工作,规范政府采购程序,高效完成政府采购任务。扎实做好干部人事管理、劳动工资管理、职称评聘、考勤考核等相关工作,进一步提高人事管理水平;严格执行与省文化厅签订的《老干部工作目标管理责任书》,健全完善老干部工作机制,全面落实好老干部的各项待遇。严格执行财经纪律,完善财务管理制度,加强资金监管,提高资金使用效益。加强财务队伍建设,提高财务工作效率。着力加强后勤管理,为全馆正常运转提供有力的后勤保障。三是大力加强安全管理,将安全保卫作为重要任务来抓,做到安全工作落实有专人、安全宣传教育有新招、安全培训演练经常化、安全巡逻检查制度化,形成层层负责、层层落实的安保工作责任制,彻底消除监控盲区和各种安全隐患,构建起物防、技防、人防紧密结合的全方位安全防控保障体系。

4. **争创国家级文明单位**。按照国家级文明单位的标准,规范创建工作流程,充实创建工作队伍,集中力量,整合资源,积极开展各种形式的精神文明建设和职工文化建设活动,树立良好的馆风,营造优美整洁的馆内外环境,全面提升单位的整体文明形象,争取被评为国家级文明单位。

(四)加强人才培养,造就高素质的图书馆工作队伍,提供源源不断的人才支撑

1. **构建"研究型图书馆"**。一是尽快成立云南省图书馆学术研究委员会,由馆领导、各部门主要负责人、正高以上专业人员共同组成,通过每季度例会制度,加强对业务研究和学术研究的科学规划,牵头组织实施重点研究项目,将我馆建成全省公共图书馆学术研究中心。二是加强课题研究,全力推行项目制或课题制,鼓励支持各部门积极开展课题项目研究和技术攻关，以项目带动人才培养、以课题促进队伍建设。

2. **构建全员培训体系**。一是制定《云南省图书馆"十三五"全员培训工作方案》，结合事业发展要求，建立健全本馆全员培训机制，着重加强图书情报专业、计算机专业、外语专业（特别是东南亚小语种）、古籍整理专业等重点业务培训，做到每月举办一期不同专题的业务培训班，5年内对全馆所有职工进行2—3遍业务轮训，确保从业人员每年参加脱产培训时间不少于15天。二是结合我馆启动"互联网+图书馆""云图书馆""智慧图书馆"等建设项目的实际，特邀相关研究机构、高校专家莅馆举办专题培训，重点培养一批能够从事图书馆高新技术研发的技术型尖子人才。三是进一步实施"送出去"与"请进来"并举的培训方法，每年选送10名以上表现突出的业务人才到省外知名高等学府和先进图书馆学习进修，每年邀请3—4名知名学者专家到我馆授课。

3. **完善"学习型图书馆"**。进一步创新"学习型图书馆"创建工作思路和工作方法，充分利用官方网站、微信、微博等新媒体，开展形式多样的职工读书学习活动，构建开放式的全员学习体系，充分调动激发全馆职工的学习主动性和积极性。继续开展每季度一期的"职工素质教育"和"学术讲座"活动，继续举办每年一次的职工理论学习考试，创新举办"多读书读好书"等丰富多彩的学习活动，实现职工学习的制度化、规范化和经常化。

4. **深化馆校合作项目**。继续与云南师范大学、云南大学公共管理学院等高等学府联合开展深层次馆校合作项目，通过联合举办图书情报专业研究生班、实施干部教育培训和职工学历提升教育、携手建立本科教学实习基地和"MLIS教育实习基地"，以及进一步加强横向纵向科研合作、学科建设、学术交流、资源共享等，依托高校师资力量助推我馆人才队伍建设。

5. **建立全省图书馆人才培训基地**。科学制定"十三五"时期全省图书馆人才培训计划，年均举办至少四次不同主题的全省图书馆专业人员培训班，通过立体式、分层次的培训方式，建立健全全省图书馆从业人员"全员、定向、循环培训"的长效机制，争取上级相关部门将我馆命名为全省图书馆人才培训基地；以基层图书馆的需求为导向，以边远地区少数民族图书馆工作者为重点，深入边疆、深入基层开展业务辅导和培训，提高基层图书馆工作人员的整体素质；充分利用互联网、QQ 群、微信、微博等新媒体，开展网络在线培训；积极开展业务比赛，每两年举办一次全省图书馆业务知识竞赛。

（发布日期：2016 年 4 月）

陕西省图书馆"十三五"时期事业发展规划[①]

"十三五"时期（2016—2020年），是我国全面建成小康社会、如期实现第一个百年目标的决战时期，也是我省加快推进富裕陕西、和谐陕西、美丽陕西迈向更高水平的关键时期。为在现有基础上推进陕西省图书馆各项事业健康、有序向前发展，根据《文化部"十三五"时期文化改革发展规划（征求意见稿）》《陕西省国民经济和社会发展第十三个五年规划纲要》及本馆事业发展的需要，在系统总结"十二五"时期我馆事业发展经验基础上，特就本馆"十三五"时期事业发展编制本规划纲要。

一、"十二五"时期省图书馆发展成就回顾

"十二五"期间，历经百年苍桑的陕西省图书馆不断适应经济社会发展新变化，密切追踪公共文化事业改革新趋势，充分发挥省级图书馆作为研究型、示范性大型公共图书馆的应有作用，不断拓展服务范围，提高服务效能，在自身建设和服务方面取得了一定的成绩。

---

① 本规划由陕西省图书馆授权收录。

（一）文献资源建设不断加强

"十二五"时期,陕西省图书馆文献资源建设得以健康发展,新增藏量购置费由"十一五"时期的年均653.84万元增加至"十二五"时期的年均1146.46万元,同比增长75.34%;文献入藏量由"十一五"时期的年均12.65万册（件）增加至"十二五"时期的年均22.93万册（件）,同比增长81.27%;馆藏文献总量由"十一五"末期的347.02万册（件）增加至"十二五"末期的464.07万册（件）,同比增长33.73%;数字资源总量达95.75TB。

在地方文献收集和整理方面。"十二五"期间,通过上门征集、接受赠送、重点采选等多种形式不断丰富本馆陕西地方文献的入藏种类。持续加大省情文献全文数据库和陕西特色文献专题数据库的建设力度,相继完成《陕西佛教祖庭文化资源宝库》《秦腔秦韵（续建库）》《陕甘宁边区红色记忆多媒体资源库"人物库""历史事件库"》等资源的入库工作。立项、启动《陕甘宁边区红色记忆多媒体资源库"纪念旧址库""研究文献库"》及《丝绸之路"文物古迹篇""文化科技篇"》等陕西特色文献专题数据库的建设工作。

（二）全面实施免费开放,服务效能显著提升

"十二五"期间,作为"三馆一站"免费开放政策的全国典范,我馆进一步实施全面免费开放,基本实现"零门槛"服务目标,执证读者总量由"十一五"末期的93887人增加至"十二五"末期的252759人,同比增长169.22%;接待读者量由"十一五"时期的年均131.12万人次增加至"十二五"时期的年均257.10万人次,同比增长96.08%;外借书刊由"十一五"时期的年均61.73万册次增加至"十二五"时期的年均189.56万人次,同比增长207.08%;网站总访问量由"十一五"末期的70万次增加至"十二五"末期的3455万次,同比增长4835.71%;服务效能得到显著提升。

（三）优化服务结构，实现业务工作重心转移

"十二五"期间，我馆始终坚持以需求为导向，不断优化服务结构，拓展服务范围。加大了高层次、高水平信息服务工作力度，开展决策参考、课题咨询、政府信息公开等服务工作。相继建成了17座馆外分馆和15个流动服务点。打造了每年70余场的"陕图讲坛"讲座和每年20余场的"陕图展览"活动品牌。组织策划了"陕图读书会""学在陕图"公益课堂、"蒲公英"绘本故事屋等阅读推广原创品牌活动近千场次，参与人数达百万余人次之多。创办了《陕图读览》阅读推广刊物，创建了本馆的微博、微信等网络平台。同时借助陕西公共图书馆服务联盟工作平台，策划了全省性的大型系列主题阅读推广活动。有力促进了辐射全省全民阅读活动的开展。

（四）重点文化工程建设持续推进，项目成效逐步显现

1. 文化信息共享工程建设健康发展

"十二五"期末，全省已建成省级分中心1个，市级支中心7个，县级支中心101个，乡镇（街道）基层服务点1981个，村（社区）基层服务点29295个，基本达到了全省市县乡村的全覆盖。公共电子阅览室建设完成6个市级支中心、101个县级支中心、1525个乡镇、147个街道文化中心、1160个社区的布点建设任务。"播客平台"（陕西文化微播）手机客户端正式上线；省分中心整合加工资源78TB；开展网络培训148场，培训人次约20万人次；累计服务362万人次。

2. 古籍保护工作稳步推进

"十二五"期间，我馆相继完成了五批国家珍贵古籍名录及国家重点古籍保护单位的申报工作；完成了本省古籍存藏总量82%的普查登记及全省古籍重点保护单位、第一、二批珍贵古籍名录的申报、评审工作；编辑出版了第一、二批《陕西省珍贵古籍名录图录》《陕西省图书馆古籍普查登记目录》等；成立了"国家级古籍修复技艺传习中心——陕西

传习所"；开展了国家一级古籍清雍正铜活字板《古今图书集成》的修复保护工作。成功举办了"陕西省古籍保护成果展""丝绸之路——西北五省区珍贵典籍展""中华古籍保护计划实施成果展""中华古籍保护摄影图片展"等，在社会公众中宣传了古籍保护意义，扩大了古籍保护工作的社会影响。

3. 数字图书馆工程建设效果显著

在数字图书馆推广工程建设方面，列入国家首批建设的 7 个项目单位中，6 个已完成工程硬件平台搭建和虚拟网络调试工作，进入项目应用实施阶段。资源联合建设方面，先后向国家图书馆提供《陕西老照片》《民国陕西报刊》《陕西地方志》等图片、视频资源及其相关元数据。并积极参加了"网络书香过大年""我与数字图书馆有奖征文"等活动。省图书馆因此荣获 2013 年"数字图书馆推广工程优秀宣传单位"称号。

（五）学术研究成果丰硕，科研课题申报实现零的突破

"十二五"时期，本馆职工在努力做好本职工作的同时，积极投身学术研究工作，5 年间先后出版学术专著 6 部，发表学术论文 222 篇，发表论文数量较"十一五"时期增长 37.89%。

在科研课题申报与研究方面，2011 年，由我馆主持并联合国家图书馆、湖北省图书馆申报并立项了文化部"文化行业标准化研究项目"《乡镇图书馆业务统计与评估指南》课题，同时获批相关标准制修订任务。三年间，课题组成员先后研制文化行业标准两个，发表学术论文 5 篇，撰写研究性文章 15 万余字，科研课题及标准制修订项目顺利结项，并被评审专家组指认为"在同类研究中处于领先水平"，《乡镇图书馆统计指南》（WH/T 69—2014）于 2014 年 8 月被文化部批准为文化行业标准。此外，由我馆申报的《公共图书馆决策咨询服务研究》课题亦作为一般项目获得 2015 年陕西省社会科学基金立项资助。以上课题的申报与结项，标志着我馆在主持完成省部级科研课题研究方面实现了零的突破。

（六）发挥行业龙头作用，引领全省公共图书馆事业跨越式发展

为了充分发挥陕西省图书馆的行业龙头作用，解决本省公共图书馆事业发展不平衡的问题，我馆借助文化共享工程网络搭建了统一的计算机管理平台，并于2010年12月1日组建了陕西公共图书馆服务联盟。联盟组建以来，先后组织各类业务培训32期，培训业务骨干1485人次；联盟成员馆数量由最初的6家发展至105家，联编成员馆发展至91家，二者在全省现有公共图书馆中的占比分别达到95.46%和82.73%；开通联盟外借的成员馆累计达67家，在全省公共图书馆中的占比达到60.91%；成员馆数据入库累计343万册（不含省馆），在数字资源共建共享、地方文献联合征集、地方特色数据库联合建设、联合参考咨询、联盟讲座、展览与阅读推广服务等方面均呈现出良好的发展态势，有效促进了我省基层公共图书馆在文献资源建设、服务理念更新、服务成效方面的提升，对我省构建均等化的公共文化服务体系起到了有力的推动作用。

（七）以新馆建设为代表的基础设施建设取得新突破

为解决本馆建筑空间无法满足社会需要的问题，将本馆打造成为综合性、多功能、现代化、国际化的大型公共图书馆，省委、省政府决策启动实施8万平方米的全省重大文化设施建设项目——陕西省图书馆异地扩建工程，并于2015年8月18日开工建设。建成后的陕西省图书馆，服务能力和水平将得到进一步提升，对于实现文化强省的发展目标，提升我省现代公共文化服务体系建设层次具有重要的现实意义。"十二五"期间，我馆还完成了少儿分馆阅览环境改造，完成了长安路馆区水电、空调、监控三大系统改造及基本书库加层改造工程，从而使我馆的文献存藏条件有一定提升，读者阅览环境和员工工作环境明显改善。

"十二五"期间，陕西省图书馆在中共陕西省委、省政府的正确领导下，为发展、繁荣社会主义文化，支持本省经济社会事业发展做出了一定的成绩，先后被国家文化部授予"一级图书馆"称号，被中共陕西省委、

省政府授予"文明单位"称号;被文化部、人事部授予"全国文化先进单位";"陕图讲坛"在全国第十届艺术节上获得文化部"群星奖"。

二、省图书馆"十三五"事业发展规划

(一)愿景和使命

1. 愿景

搜集、整理、保存、提供国内外优质文献信息资源,满足全省民众公平获取公共图书馆服务的多元化需求。

2. 使命

致力于打造开放、友好、充满活力与包容的阅读环境,满足各类民众终身学习、休闲、发展需求,引领全省公共图书馆科学、规范、有序发展。

(二)发展主线

适应我省社会发展的新变化和全省人民的新期待,充分发挥陕西省图书馆高新馆区、长安路馆区的功能,全面提升服务能力,搭建全省公共图书馆联合服务平台,最大限度地整合本省公共图书馆文献信息资源,向全省人民提供高水平、多层次、多元化的文献知识信息服务。

(三)总体目标

以"国际领先,国内一流"为奋斗指向,以现代化、智能化、智慧化为特色,以建设传统纸质文献与数字资源复合型图书馆为目标,形成能够基本适应"三个陕西"和西安国际化大都市建设需要,体现大型公共图书馆联合体综合实力,具有一流文献保障能力和高效科学管理水平,能够承载全省文献存藏总库、陕西智库、全省古籍保护存藏中心、公共图书馆业务辅导与协作协调中心、公民文化交流中心等职能的研究型、示范性省级超大型公共图书馆。

（四）主要任务目标

目标一：以新馆建设为抓手，实现公共文化服务新飞跃

"十三五"期间，全面加快陕西省图书馆新馆建设步伐，力争2017年12月高新馆区扩建工程竣工，2018年9月开馆试运行，2019年9月陕西省图书馆建馆110周年时高新馆区正式开馆运行。

届时，陕西省图书馆总占地面积111540平方米，总建筑面积131200平方米，阅览座位6300个，成为我国西部地区面积最大的特大型公共图书馆。成为全省图书馆文献支撑保障中心、联合编目中心、地方文献存藏展示研究和地方特色文献数据库建设中心、全省古籍文献统一存藏中心、数字图书馆中心、公共图书馆云服务支撑平台与大数据中心、图书馆参考咨询信息服务中心、图书馆馆际协调协作中心、图书馆专业教育培训中心、图书馆学研究中心。

其中，高新馆区以研究型图书馆、文献保障中心、数字图书馆中心、信息服务中心为核心定位，承担起上述十大中心职能，是陕西省图书馆主馆区；长安路馆区以学习中心、公众知识文化交流中心为核心定位。所有馆区都以面向包括成人、少儿、特殊群体的文献借阅服务、咨询服务、知识交流服务为基础，同时开展各具特色的深化服务，共同发挥全省公共图书馆服务体系的核心带动作用，共同推动阅读社会、学习型社会的建设与提升，成为陕西重要的知识信息枢纽和精神文明建设的重要阵地，成为代表陕西与作为国际化大都市的大西安文化形象的标志性建筑和文化形象。

为此，在积极推进新馆建设的同时，将积极争取财政支持，对长安路馆区现有馆舍进行重新规划布局，对现有借阅场所、展厅、报告厅、多功能厅等进行装修改造，对空调、消防等设施设备等进行更新改造，整体提升图书馆服务环境，适应广大读者阅读交流与文化休闲需求。

目标二：加强资源体系建设，进一步提升文献信息保障能力

1. 优化馆藏架构，逐步提高数字资源入藏比例

"十三五"期间，在认真做好读者需求分析，积极做好传统纸质文献建设的同时，本馆将进一步优化馆藏资源的类型与结构，建设多元化的文献资源体系。每年新增馆藏文献不低于6万种25万册（件），其中中文图书不低于5.2万种20万册，外文图书不低于1500种/册，中外文报刊不低于4900种，视听资料不低于1500种；到"十三五"末期，馆藏纸质文献总量力争达到600万册（件）。重视数字资源建设及其长期保存工作，在不降低纸质文献入藏数量的前提下，逐步将数字资源购置费在全馆文献总体购置费中的占比由目前的20%提升至50%；至"十三五"末期，数字资源本地存储量和自建数字资源的总存储量不少于150TB。建成传统馆藏和数字馆藏、实体馆藏和虚拟馆藏共同发展、互为补充，聚焦陕西前沿科技、新兴产业和符合省域政治经济社会文化事业发展定位、能够承载全省文献信息资源中心的本省文献信息资源总库。

2. 深度挖掘陕西地方文献资源，加强地方文献基础征集工作

进一步加强馆藏地方文献特色化、体系化、层次化建设；做好地方文献资料的征集工作，保证地方文献资料中支柱文献馆藏的专题性、完整性和连续性；继续加大以支撑周秦汉唐及丝绸之路研究为中心的馆藏文献建设力度；实现陕版文献的全方位收藏目标。结合陕西地方历史文化特点，深度挖掘陕西地方文献资源，在进一步丰富《陕西佛教祖庭文化资源宝库》《秦腔秦韵》《陕甘宁边区红色记忆多媒体资源库》《陕西帝王陵》等多媒体资源库建设内容的同时，新增"丝绸之路""高新产业""黄河文化""佛教专藏""陕西记忆"等多媒体资源数据库的建设工作力度。综合采用地方文献专题目录、专题文献、数据库、多媒体资源库、专题片、音频库、图片库、口述历史、动漫、微视频、讲座等多种形式，推进地方文献采选、学术研究、开发和宣传等工作进程，形成藏、读、展、研多层级的地方文献服务体系。

3. 加强历史文献保护工作

秉承"保护古籍，传承文明，服务社会"的宗旨，以古籍原生性和再生性保护为重点，加强古籍保护人才队伍建设，完善古籍保护长效机制及古籍分级管理制度，启动《中华古籍总目——陕西卷》的编纂工作，完成民国陕西地方报纸数字化工作。基本完成全省古籍普查工作任务，完成第一、二批陕西省珍贵古籍名录珍贵、濒危古籍的修复数字化建设加工，创造条件申报国家级古籍修复中心；不断完善文献存藏条件，并在加强古籍善本、民国文献保护基础上，进一步加强古籍保护宣传工作，增强古籍保护社会大众认知与参与力度，充分发挥古籍在传承中华传统优秀文化、增强民族凝聚力、促进社会先进文化建设中的重要作用。

目标三：提升网络服务效能，大力推进数字图书馆建设，打造数字化、智能化、智慧化服务空间

1. 提升网络服务水平

充分利用云计算、大数据、物联网等先进技术手段，以自动化、数字化、网络化、智能化信息技术为基础，结合陕西省图书馆扩建工程建设，完善馆区虚拟化、大数据平台，畅通数字化信息传播通道，保障获得信息公平；加大新技术、新媒体在图书馆的应用，积极推广新技术、新媒体的阅读体验服务，馆域内实现智能移动服务，实现更高效能的无线网络免费服务，并在此基础上逐步提升读者服务的智慧化水平。

2. 重视数字资源的共建共享，建成具有陕西特色的数字资源服务网络

依托全国文化信息共享工程、国家数字图书馆推广工程及陕西省图书馆服务联盟网络基础，到"十三五"末期，省图书馆的数字资源阅览证发放数量达到 8 万张以上，全省公共图书馆数字资源共享程度达到 80% 以上；建成以省图书馆为中心、市县图书馆为节点、文化共享工程基层服务点和公共电子阅览室为支撑、覆盖全省的数字资源服务网络，基本实现与国家图书馆以及西北地区省级公共图书馆、省内重点大学图书馆等网络的互联互通，实现数字资源的远程访问和异地共享。

3. 统筹构建一体化、综合性公共数字文化服务网络，打造全媒体新型公共数字文化服务空间

在文化共享工程建设方面，将以"建设丝绸之路经济带新起点文化先行"理念为指导，整合精品数字文化资源，提升数字文化服务手段，加强

海外文化交流；加强国家公共文化数字支撑平台的落地应用，推动基层公共数字文化服务平台建设。依托基层综合性文化服务中心，推动共享工程基层服务点和公共电子阅览室的提档升级；坚持需求导向，整合推送系列化、产品化公共数字文化资源，重点推广手机移动服务和中国文化网络电视的传播服务渠道；力争"十三五"期末资源总量超过200TB。

目标四：提升文献信息服务能力，打造研究型、示范性公共图书馆

1. 坚持读者第一，服务至上理念，提升读者服务质量

至"十三五"末期，执证读者总量不低于38万人，年接待读者不少于400万人次，外借书刊不少于300万册次。以读者满意为目标，着力优化读者阅读环境，合理配置资源，完善"一馆三址"阵地服务；发挥示范效应，完善延伸服务，做好包括"城市街区24小时自助借还书机""24小时无人值守自助图书馆"、汽车流动图书馆在内的馆外分馆和社区基层服务点的文献流通服务工作，全馆主要接待指标达到国内一流图书馆水平。

2. 深化创新未成年人与弱势群体的服务，打造未成年人文化教育基地

结合省图书馆高新区新馆扩建工程和长安路馆区旧馆改造工程的组织实施，着力打造集少儿借阅、阅读体验、阅读活动兼备的未成年人阅读活动场所，到"十三五"末期，全馆少儿阅读活动空间面积增加到3千至5千平方米。提高对弱势群体的公共文化供给能力，保障包括老年人、残障人士、城镇下岗失业人员、进城务工人员、农村留守儿童、低收入人群等在内的社会弱势群体、阅读困难群体及在押服刑人员的阅读权益，探索为其提供方便、有效信息与知识服务的新途径。

3. 搭建信息整合服务平台，推进信息服务深层次发展

积极参加国家图书馆"中国政府公开信息整合服务平台"建设，探索建立"陕西省政府公开信息整合服务平台"；紧密围绕陕西经济社会发展的重大课题、重大领域，重大产业布局等热点领域的文献整理前瞻性研究与信息提供服务；建立专家咨询库及咨询档案数据库；继续做好以"两会"服务及立法服务为代表的面向政府机构的决策咨询服务，面向企事业

单位及个人读者的一站式信息检索服务，为陕西社会经济的发展提供有效的文献信息支持。

目标五：发挥全民阅读推广示范基地作用，激发公众阅读热情

1. 积极开展全民阅读活动

充分发挥省图书馆在推进本省全民阅读活动的主阵地和示范引领作用，进一步整合读书会、书友会等社会阅读组织力量，搭建阅读组织联动工作平台，组建志愿者工作队伍，实施"阅读推广人"培训计划，充分利用"陕西省阅读文化节"等平台组织开展丰富多彩的阅读推广活动，激发公众的阅读热情。

2. 打造阅读推广活动品牌

以尽力满足社会公众多元文化需求为目的，继续打造"陕图读书会""学在陕图"公益课堂、"蒲公英"绘本故事屋等阅读推广活动品牌；进一步开展展览、讲座活动，扩大"陕图讲坛""陕图展览"等既有品牌的社会影响力，促进全民读书活动向纵深发展。

3. 发挥公共图书馆"第三空间"最大功能

按照开放、自由、多元、学习、交流的理念，在基本服务功能之外，充分发挥本馆知识信息高地作用，探索利用"图书馆+"的模式，加强与社会力量的广泛合作，开发设施空间潜力，探索开辟创客空间，助推本省全民创业、万众创新；开展多种类型的知识交流、互动交流活动，将本馆逐步打造成为设施完善、环境友好、服务内容健康丰富、服务形式灵活多样的学习阅读空间、灵感创新空间、知识交流空间、文艺欣赏空间、才艺展演空间，发挥公共图书馆作为"市民会客厅"、社会生活"第三空间"的最大功能。

目标六：大力推进全省公共图书馆服务体系建设

1. 继续推动联盟建设与服务向纵深发展

以陕西公共图书馆服务联盟建设为抓手，以技术创新、服务创新为手段，不断提高联盟的文献资源保障能力和服务水平。基本确立联盟工作机制与服务模式，实现联盟服务成效的集中显现。至"十三五"末期，全省公共图书馆加盟率不低于96%；采用统一计算机管理平台开展联合编目和联盟外借的市县公共图书馆，分别不低于全省公共图书馆总数的80%和70%；并在此基础上着力解决异构数据库跨平台检索问题，搭建公共、高校、专业三大系统图书馆文献信息资源的共建共享工作平台，实现文献储备、保障、服务能力的大幅提升，适时拓展联盟服务项目，满足全省经济社会发展和人民群众文献知识信息等多方面的需求。

2. 全力构建省市县乡村"五级"全省公共图书馆服务体系

充分发挥省级图书馆在全省图书馆事业发展中的示范引领作用，通过免费提供网络系统平台、提供人员技术培训、提供上门指导服务、召开案例分析会、现场经验交流会等多种手段，为市县图书馆在服务理念更新、服务技术传授、县域总分馆制建设、免费提供数字资源、免费提供网站建设服务、新馆建设功能布局指导等方面给予必要的支持。用足用活省公共文化服务体系建设相关政策，发挥省级公共图书馆的业务辅导、协作协调作用，尽力促使县级以上公共图书馆上等级、上台阶；鼓励支持有条件的市、县公共图书馆架构本行政区域内的公共图书馆总分馆制服务体系；积极通过"三区"人才专项培训、馆员互派交流等形式开展对贫困地区公共图书馆的精准帮扶工作，促进全省省市县乡村"五级"公共图书馆服务体系的最终形成。

目标七：加强国内外图书馆交流与合作

1. 扩展国际业务交流与合作

在继续保持与日本奈良县立图书情报馆文献交换关系的基础上，寻求发展更高层次、更多领域的合作；2018年完成"丝绸之路沿线省（区）公共图书馆联盟"筹组工作，力促该联盟正常运转，并借此逐步发展与哈萨克斯坦、巴基斯坦、土耳其、印度、希腊、意大利、俄罗斯等丝绸之路沿线国家和地区图书馆的友好合作关系，尝试建立文献交换、互访交流、馆员交流、合作展览及国际学术会议等，学习借鉴海外先进的办馆理念和实践经验，提高本馆办馆层次和水平。

2. 广泛开展跨省跨系统的协作协调工作

积极参与"全国公共图书馆讲座联盟""全国公共图书馆展览联盟"工作，加强与"全国图书馆联合编目中心"、省内外各种类型图书馆及图书馆协作组织在资源建设、资源利用、公益讲座、公益展览、学术交流、人才培训等领域的沟通与合作，最大限度地实现文献信息资源的共建共享。

三、保障措施

（一）营造良好事业发展环境，提高业务经费配置水平，为本馆事业发展奠定坚实的发展基础

1. 创设公共文化法制环境

紧紧抓住国家《公共文化服务保障法》《公共图书馆法》即将颁布的良好契机，积极配合省文化厅做好公共图书馆法规的立法调研及起草工作，促进《陕西省公共图书馆条例》立法进程，为本馆事业发展创设良好的政策法治环境。

2. 积极争取省级财政支持

根据中央"两办"2015年下发的《关于加快构建现代公共文化服务体系的意见》及我省"两办"《实施意见》精神，参照《陕西省基本公共文化服务实施标准（2015—2020年）》确定的公共图书馆相关指标和我馆的发展需要，积极争取省级财政合理核定本馆事业发展经费，力争使我馆新增藏量购置费在"十三五"时期达到或超过年均3000万元的标准。

（二）理顺业务管理单元，加强组织文化建设，积极营造支撑单位科学发展的和谐环境

1. 理顺业务管理单元

"十三五"时期，为适应本馆新、旧馆区的布局状况及事业发展的需要，本馆将逐步加大一线业务部门管理工作力量，裁撤、归并一些职能交叉的工作部门，调整部分部（科、室）编制员额及其工作职能，使馆内业务管理单元更加趋于科学、更为注重效能，为全馆业务拓展搭建坚实的组织架构基础。

2. 加强组织文化建设

坚持馆务公开，切实落实职工的知情权、参与权、表达权和监督权；落实工会的活动场地，妥善处理在编职工与临聘员工的关系，逐步提高临聘员工的工资待遇，充分调动职工参与民主管理和本馆建设的积极性。进一步细化和完善本馆文明单位创建标准，加大一线服务窗口文明礼仪、规范服务的创建力度，按照层级管理、责权相符的原则创新管理机制，提高读者满意度，积极营造支撑单位科学发展的和谐环境。

（三）加大人才培养力度，创设良好学术研究环境，造就一支能够适应事业发展需要的人才队伍

1. 加大人才培养力度

配合我馆新馆建设及事业发展的需要，组织完成陕西省图书馆《"三定"方案》及《中长期人才发展规划》的编修工作；着力发现、引进、培养和用好本馆发展急需的复合型人才和相关领域专门人才；发现、培养和配备新馆急需的管理人才；建立健全继续教育、业务培训、考核评价、人才选拔工作机制，积极通过"西部之光"访问学者、非图书馆学专业员工高校进修、新进馆员工专业培训等途径，逐步培养一批以中青年为主体、在省内外具有一定影响力的学术带头人。

2. 创设良好学术研究环境

加强学术研究制度建设，制订陕西省图书馆《科研项目管理办法》《学术研究考核奖励暂行办法》；加强课题申报、管理与研究工作，建立馆立课题申报、研究机制；办好两年一次的学术研讨会及常态化的学术沙龙交流活动；努力创设良好的学术研究环境，发挥学术研究在本馆事业发展中的导向作用，力争到"十三五"末期推出一批有分量的学术研究成果。

（四）坚持效能原则，强化科学管理，促进本馆及全省图书馆事业长足发展

1. 深化法人治理结构改革

"十三五"期间，应按照中共中央、国务院《关于分类推进事业单位改革的指导意见》和国务院办公厅、文化部相关《通知》要求，全面完成并深化本馆法人治理结构改革，构建公益目标导向明确、内部激励机制完善、外部监督制度健全、规范合理的现代管理体制和运行机制，实现决策、执行、监督和保障的科学化、民主化、制度化、规范化，形成自我发展、自我约束、自我管理、规范运作的现代公共图书馆运行新模式。

2. 不断提升科学管理水平

进一步完善服务项目、丰富服务内容，建立健全包括安全管理制度、资产统计报告制度、公共图书馆年报制度在内的管理制度和规范。切实完善岗位管理，按照"自下而上，因需设岗；分级管理，择优聘用；强化考核，同岗同酬"的原则规范岗位管理，逐步实现岗位管理与薪酬管理、绩效管理的有机结合。切实优化办公自动化系统，健全完善绩效评估制度，提升领导班子集约调控能力；逐步加大社会力量购买公共文化服务的领域与力度；完善部门统筹协调、分工协助、信息互通、利益共享、风险共担的管理机制，确保本馆人力、物力、经费、空间、设备等各类资源的充分有效利用，发挥省图书馆在本省政治、经济、社会、文化事业发展中的应有作用，实现全馆效益最大化。

（发布日期：2017年4月6日）

甘肃省图书馆"十三五"发展规划[①]

"十三五"时期,是我国全面建成小康社会、完成创新型国家建设任务的重要时期,也是公共图书馆事业转型发展、实现新跨越的战略机遇期。深入贯彻党的十八大和十八届三中全会提出的"扎实推进社会主义文化强国建设"的方针任务,以国家公共文化服务体系新政策为纲领,结合公共图书馆发展的特点与趋势,科学制定并实施好甘肃省图书馆"十三五"发展规划,对于促进甘肃省基本公共文化服务标准化、均等化,提升全省图书馆事业发展水平,推进甘肃省公共文化事业的持续繁荣发展,具有十分重要的意义。

一、指导思想

以邓小平理论、"三个代表"重要思想、科学发展观为指导,全面贯彻落实党的十八大,十八届三中、四中、五中全会和习近平总书记系列重要讲话精神,坚持"服务第一,读者至上"的服务宗旨,秉承"服务、合

---

① 本规划由甘肃省图书馆授权收录。

作、创新、超越"的办馆理念,坚持"馆藏丰富,管理科学,环境优美,服务文明,读者满意"的质量方针,按照公共图书馆服务"公益性、基本性、均等性、便利性"的要求,综合内外部环境,最大引导、协调读者与员工的愿景,制定一个有传承、可落实发展的图书馆发展蓝图,推进甘肃省图书馆工作实现新跨越,充分发挥公共图书馆在构建现代公共文化服务体系中的重要作用。

二、甘肃省图书馆"十二五"时期主要工作回顾

(一)"十二五"时期取得的主要成绩

"十二五"时期,甘肃省图书馆按照甘肃省委、省政府和省文化厅的战略部署,以"和谐、发展、服务、创新"为主题,以"打基础、利长远、求突破"为发展思路,各项工作实现了跨越发展。

1. 加强党建工作,夯实组织保障能力

按照甘肃省文化厅党组质量建党工作"一年打基础、两年见成效、三年上台阶"的总体要求,我馆坚持落实"三会一课"制度。"十二五"时期组织党员干部深入学习贯彻党的十八大和十八届三中、四中、五中全会及习近平总书记系列重要讲话精神。建立健全各项党委规章制度,完善党委组织机构,进一步加强党的基层组织建设,建立党员信息库。开展以"爱党、爱国、爱馆、爱家"为主题的"创先争优"活动,扎实开展"三严三实"专题教育和群众路线教育实践活动。认真履行党风廉政建设主体责任制。依据省委文化体制改革领导小组和省文化厅党组的要求,制定了《甘肃省图书馆文化体制改革试点方案》和《甘肃省图书馆人事制度改革实施意见》。在厅党组的正确领导下,加强馆工会和团组织建设,依靠广大党员、干部、群众,推进民主政治生活,不断增强党组织的吸引力、凝聚力和感召力,为全馆各项工作的顺利开展提供了坚强的组织保证。

2. 优化文献资源建设,完善馆藏体系

2014年成立了"甘肃省图书馆文献资源建设委员会"。为适应互联

网、大数据时代的发展需要，我馆不断修订和完善文献采选方针，树立多种载体文献互补的理念，在继续购置大量纸质书刊的基础上，不断增加新型的视听、缩微、电子文献。不仅提供馆藏文献资源，而且提供网上信息资源。作为甘肃省最大的公共文献信息中心，我馆每年入藏纸质文献约15万册（件），先后订购"同方知网""万方数据"、超星电子图书等数据库，2014年数据库总量最高时达31个。截至2015年年底，我馆馆藏纸质文献约500万余册（件），数字资源总藏量为114.03TB。其中，外文文献以英文为主，兼顾日、俄以及其他西文文献，约30万册。在丰富的馆藏中，古籍和西北地方文献最具特色。甘肃省图书馆古旧籍总量约38万册件，其中善本4000余种，10万余册件。较为珍贵的有敦煌写经382件，宋元珍本30余部和专设分馆保藏的大型历史文化丛书文溯阁本《四库全书》。在国务院公布的《国家珍贵古籍名录》中有124部古籍珍本入选。甘肃省人民政府公布的《甘肃省珍贵古籍名录》中有353部古籍珍本入选。经过多年的发展，逐步形成了一个支持甘肃省经济和社会发展的学科结构合理，区域优势明显，重点学科突出，兼具综合性与地方特色，包括传统文献、电子出版物和网络信息资源在内的涵盖范围较广的馆藏文献资源新模式。

3. 创新服务内容，提升服务品质

"十二五"时期，我馆始终秉承"传承文明、服务社会"的服务宗旨，不断完善服务模式，深化服务层次，提升服务能力，把更多的读者吸引到图书馆。

（1）坚持免费开放，强化阵地服务

2011年文化部、财政部联合出台《关于推进全国美术馆、公共图书馆、文化馆（站）免费开放工作意见》后，甘肃省图书馆积极响应，在此前大多数服务基本免费的基础上，结合本馆实际制定了《免费开放工作方案》。在遵循"全面推开，逐步完善；坚持公益，保障基本；科学设计，注重实效；扩大宣传，树立形象"原则的基础上，积极开展形式多样的免费开放宣传工作，让社会大众充分地了解图书馆、有效地利用图书馆。另外，还通过调整阅览室布局、增设服务阵地、增加借阅册数、延长借阅时间、引进图书自助借还系统及24小时自助图书馆等措施，进行优化管理，努力做到免费开放服务品质不打折。2012年，进一步减免了服务性收费项目及标准，着力打造的"周末名家讲坛""阳光工程""农民工之家""亲子阅读系列活动"等多个服务品牌全部免费。

"十二五"时期，我馆每年接待读者均在150万人次左右，外借书刊近100万册次，持证读者人数累计达13万人以上。

（2）开展丰富多彩的读者活动，打造多元化服务品牌

在坚持做好阵地服务的同时，我馆积极开展丰富多彩的读者活动，努力打造公共文化服务品牌。通过开展"经典导读""公益展览""新弓推荐""信息综览"等活动，为读者提供个性化、特色化的阅读指导与交流服务。

结合免费开放，我馆积极发挥龙头带动作用，开展全省公共图书馆规范服务一体化建设。以"周末名家讲坛"和"国学讲座"为基础，组建了全省公共图书馆讲座联盟和公益性展览基地等多个拓展方向，着力打造了"周末名家讲坛""阳光工程""农民工之家""亲子阅读系列活动""读者英语沙龙""新春进社区"等品牌的服务发展战略。

"十二五"时期，我馆举办的各类读者活动，共计1500余场/次，极大地丰富了读者的文化生活。

（3）加强延伸服务，扩大服务影响力

在打造和维护服务品牌的同时，我馆拓展服务领域，提升服务品质。"十二五"时期，通过加强与党政机关、企事业单位的密切合作，推进文献资源进机关、进高校、进社区等活动，探索"以阵地为依托、以知识为纽带、以互助为基础、以共享为目标"的新思路，至2015年年底，在社区、军队、企事业单位和基层馆等共建有4个分馆和69个图书流通站，还实现了省图书馆与兰州市图书馆、安宁区图书馆等同城兄弟单位的通借通还服务，这不仅提升了我馆的影响力，也是对"构建现代公共文化体系"政策中提出的基本公共服务均等化和城乡经济社会发展一体化发展目标的积极探索。

（4）加强信息服务，提升服务层次

不断创新服务方式，拓展服务内容，加强信息服务，树立精品服务意识。我馆以服务党政机关决策、社会经济建设、科学研究和社会大众信息需求为宗旨，依托丰富的馆藏资源优势，开展深层次信息服务工作。"十二五"时期，编制《甘肃省情》（电子版）、《决策参考》《西北研究通讯》等信息参考及其他二三次文献共计 200 余期（册）。定期向甘肃省委、省政府及相关企事业单位寄送。2011—2012 年为甘肃省军区提供南海问题、西藏问题、台湾问题等专题文献。2011 年加入国家图书馆"全国公共图书馆立法决策联盟"和"全国图书馆参考咨询联盟"。2013 年甘肃省图书馆与教育部兰州大学查新中心签订协议，联合开展面向高校、政府机构、工矿企业、科研院所的科技查新与咨询服务。

（5）为特殊群体服务，体现人文关怀

随着社会各界对弱势群体关注度的逐渐提高，2011 年，我馆联合有关各方在原"甘肃省残疾人阅览服务中心"的基础上，成立了"甘肃省残疾人阅读指导委员会"，并开始实施"阳光工程"。针对盲人读者到馆不便的情况，开通了服务热线，确定接送专车，由专人免费接送盲人读者来馆阅览，并免费提供午餐。《人民日报》、中央电视台及省内多家媒体均作了专题报道。2014 年盲人阅览室荣获"全国盲人阅读推广优秀单位"称号，甘肃省图书馆荣获"全省助残先进集体"称号。

2011 年开辟专属场地成立"甘肃省少儿图书馆"，作为全省少年儿童阅读学习的主阵地。2012 年进一步与省妇女联合会合作，创建"甘肃省流动儿童阅读中心"，依托甘肃省少儿图书馆开展图书借阅、专题活动、讲座、展览、少儿电影展播等活动，并与辖区街道社区共建了 6 个社区服务站，为流动儿童更加便利地学习科学文化知识提供了新的平台。

2012 年针对外来务工人员提升劳动技能的诉求，成立了"农民工之家"。为其免费提供图书阅览、网络查询及劳动保障、用工信息、法律维权等方面的咨询服务，免费提供安全生产知识宣传和消防安全知识培训等。

通过多途径多层次的服务创新，在为读者打造"学习空间""人文空间""主题空间""休闲空间"和"交流空间"方面进行了新的探索，树立了我馆立体化的服务方式，提升了服务品质，促进了全馆服务上台阶、上水平。

3. 团结协作，圆满完成第五次全国公共图书馆评估定级工作

为了顺利推进和完成第五次全国公共图书馆评估定级工作，多年来，我馆围绕评估定级标准规范业务工作，对照"省级图书馆评估定级标准"，每一年度都把各项任务和指标分解到岗、责任到人。2013年成立了以馆长为组长、各部门主要负责人为成员的评估工作领导小组，制定了"以评促改、以评促建、以评促发展"的方针，精心部署，查缺补漏，并以迎接评估为契机，改善办馆条件，改进业务工作，提高管理和服务水平，使得基础业务建设逐步巩固，文献资源优势日益凸显，信息服务推陈出新，学术研究成果亮点频出，科学管理水平有效提高，整体面貌发生了可喜的改变，综合实力大幅提高，再次荣膺国家"一级图书馆"称号。

4. 强力推进国家重点文化工程建设，提高公共文化服务能力

（1）文化信息资源共享工程

"十二五"时期，文化信息资源共享工程的工作重心从站点建设转移到为民众提供服务。甘肃省级分中心在积极参加文化部全国公共文化发展中心组织开展的各种活动的同时，还充分利用节假日和重大活动项目，进入学校、社区、公园、广场、工地等场所，开展文化宣传、知识讲座、图片展览、视频展播等活动。先后组织实施了"文化年货带回家""文化服务，共享幸福""国事盛典，文化印证""学习十八大迎新春群众摄影艺术展""文化共享志愿者边疆万里数字文化长廊行"等系列活动。通过这些丰富多彩、形式多样的活动，及时将信息资源传输到群众身边，让基层从业人员和社会大众切实地体会到了共享工程带来的好处，多次得到文化部全国公共文化发展中心的表彰奖励。

甘肃省文化信息资源共享工程经过十多年的建设，目前，已建成省、市（州）、县（区）、乡镇（街道）、村5级公共文化服务体系，形成了全覆盖、全媒体、全天候、智能化的数字文化传播服务网络，初步满足了基层群众"求知识、求富裕、求健康、求快乐"的普遍需求。

(2) 公共电子阅览室建设

2012年年底，甘肃省公共电子阅览室建设计划开始启动，由甘肃省文化厅和全国文化信息资源共享工程甘肃省分中心共同承担建设任务，同时确立了实现全省乡镇、街道、社区公共电子阅览室终端全面覆盖和管理信息系统全面对接，形成安全、可靠的运维管理机制的建设目标。2013年5月，甘肃省公共电子阅览室建设领导小组、专家组和工作组成立，根据文化部、财政部下发的《"公共电子阅览室建设计划"实施方案》，拟定了《甘肃省乡镇街道社区公共电子阅览室配置标准》。同年年底完成了省级中心的设备安装、机器更换、固定资产入库和调拨，以及平台建设等工作，实现了省级分中心与全省各级支中心及电子阅览室的数据交换。2014年9月，甘肃省作为全国6个试点省份开始启动实施公共电子阅览室社会化合作，通过资源访问终端，让更多的单位、机构和群众共享社会化合作的建设成果，提升全省文化服务的综合实力。

(3) 数字图书馆推广工程

2012年甘肃省开始启动数字图书馆推广工程，由挂靠甘肃省图书馆的"全国文化信息资源共享工程甘肃省分中心"组织实施，承担全省数字图书馆推广工程的技术咨询、维护、协调、共建共享等任务。2013年甘肃省图书馆率先完成了硬件设备的安装调试，并投入使用。之后兰州市图书馆、白银市图书馆、天水市图书馆等十四个市（州）公共图书馆和兰州市少儿图书馆、甘肃矿区图书馆、嘉峪关市少儿图书馆等均根据各自计划安排，先后启动了数字图书馆推广工程建设工作，至2015年年底基本实现了数字图书馆推广工程建设在我省的全覆盖，并初步实现了与国家图书馆、试点市县图书馆虚拟网的互联互通，依托网络、数字、新型传媒等强有力的技术支撑，向政府机关、科研院所、企事业单位、基层群众以及弱势群体开展信息服务，极大地提高了网络环境下公共图书馆数字文化产品的供给与服务能力。

(4) 中华古籍保护计划

"十二五"时期，甘肃省古籍保护工作继续坚持古籍再生性保护与原生性保护并重方针。甘肃省古籍保护中心在省文化厅的领导下，进一步推进全省古籍普查、古籍数字化、古籍修复等工作，积极构建古籍文献长久传承体系。

2011年、2014年分别组织完成了本馆及全省第四批、第五批《国家珍贵古籍名录》和"全国重点古籍保护单位"的申报工作，截至目前，甘肃省共有296部古籍入选《国家珍贵古籍名录》（其中甘肃省图书馆124部），甘肃省图书馆等4家单位入选"全国古籍重点保护单位"。2012年，甘肃省人民政府批准公布了第二批《甘肃省珍贵古籍名录》和"甘肃省古籍重点保护单位"。截至目前，全省共有829部古籍入选《甘肃省珍贵古籍名录》（其中甘肃省图书馆入选353部），甘肃省图书馆、甘肃省博物馆等11家单位入选"甘肃省古籍重点保护单位"。由此，各级古籍保护机制已基本建立，标志着我省古籍分层保护的架构搭建成型。

截至2015年年底，全省46家古籍收藏单位在线提交汉文古籍普查数据5万余条，涵盖古籍55万余册，其中，省图书馆完成古籍普查总量22335部（条），245928册。包括省图书馆、兰州大学图书馆、西北师范大学图书馆、西北民族大学图书馆等主要古籍收藏单位在内的29家单位，初步完成了汉文古籍的普查登记工作。2014年"国家古籍保护中心人才培训基地"在甘肃省图书馆挂牌；2015年"国家级古籍修复技艺传习中心甘肃传习所"在甘肃省图书馆挂牌，将我馆乃至全省的古籍保护及古籍修复工作提升到一个新的高度。

5. 推进人事制度改革，打造高素质图书馆人才队伍

2011年继续推进人事体制改革，甘肃省图书馆的管理工作迈向科学管理的新阶段。通过全馆宣传动员、报名、资格审查、竞聘演讲、民主测评、组织考察、任前公示等程序，完成中层干部竞聘上岗工作。聘任中层干部49名，其中正处级3名，副处级13名，正科级25名，副科级8名。加强干部队伍和专业队伍建设，打造有利于图书馆事业长期发展的人才梯队。通过新一轮中层干部竞聘上岗和职工双向选聘，重新配置了各岗位人员，促进了人力资源进一步优化。完善考核制度，修订中层干部考核办法，继续推行干部任期考核、竞聘上岗，职工双向选聘工作；重视专业技术职称评聘工作,落实培训制度,年均100多人次参加各类培训及继续教育,员工队伍素质进一步提高。

6. 加强学术研究,推动人才队伍建设

学术研究是省级图书馆的核心职能之一,"十二五"时期,我馆以省图书馆学会为平台,大力加强业务研究和学术交流。为图书馆工作者和学会会员提供良好的学术研究环境,鼓励员工积极撰写学术论文,参加各类学术研讨活动。制定《甘肃省图书馆专业技术岗位任职条件(修订)》,推动人才队伍建设,并以此为抓手提高我馆学术研究水平。2014年,进一步完善科研基金奖励机制,提升科研实力,成立甘肃省图书馆学术委员会,制定了《甘肃省图书馆馆内科研项目管理办法(试行)》,2015年首次设立4个馆内科研项目。2011—2015年,我馆职工撰写的论文约有近百篇入选省内外学术年会、研讨会,其中46篇获奖;集体或个人编著或参编学术专著17部;申报完成省级以上立项资助的科研课题4项。

7. 扩建项目开工,打造开放式图书馆新空间

2013年,甘肃省图书馆扩建项目由省发改委(甘发改社会函[2013]1号)批复立项,并被列入2014年甘肃省重点新开工项目,这也是甘肃省文化系统唯一省列重点建设项目。扩建项目占地面积6600平方米,投资1.6亿元,扩建面积2.5万平方米。2014年10月,扩建项目在主馆区西侧正式破土动工,预计2016年6月主体工程封顶。新馆大楼为地下二层,地上九层,馆内读者阅览座位2000个,网络信息点3000个。新馆秉承方便读者,方便管理的原则,主要承担数字图书馆职能。整个馆区对读者而言就是一个集藏、借、阅、咨询及检索五大功能合一、全面开放式的、现代化的学习空间。

在省委、省政府和省文化厅的高度重视以及社会各界的大力支持下,"十二五"时期,甘肃省图书馆的各项工作取得了长足发展,综合服务能力得到整体提升,相继荣获了"全省文化体制改革先进单位""文化部农民工文化服务示范项目""甘肃省三八红旗先进集体"、"全国古籍保护工作先进单位""全国巾帼文明岗单位"等荣誉。此外,还多次受到中国图书馆学会、甘肃省图书馆学会、甘肃省社科联、甘肃省科技情报学会等单位的表彰奖励。

(二)"十二五"时期存在的主要问题

在"十二五"时期各项工作取得显著成效的同时，也应清醒地看到，社会发展环境的变化和信息技术的进步给图书馆发展带来的巨大挑战。

1. 事业发展进入瓶颈期，各项工作有待新的突破

甘肃省图书馆经过近几年的跨越发展，逐渐暴露出发展后劲不足、创新力度减弱等问题，各项事业的发展，总体上看进入了瓶颈期，要在成绩的基础上取得新的突破，必须转换发展思路。

2. 图书馆转型升级处于攻坚期，建设符合现代需求的图书馆任务艰巨

我馆始终秉承"服务第一，读者至上"的服务宗旨，过去几年，在履行公共图书馆基本职能和满足社会公众文化需求方面成绩显著。但是，鉴于我馆的软硬件环境，与图书馆转型升级的发展预期尚存在一定的差距，在打造符合现代化图书馆功能需求和在全省公共图书馆系统开展规范服务一体化建设、组建全省公共图书馆讲座联盟和公益性展览基地等拓展方向上，还存在许多不足。

3. 公共财政投入不足，一定程度上制约了我馆的进一步发展

公共图书馆是我国公共文化服务体系的重要组成部分，其功能的实现和进一步发展，很大程度上取决于公共财政投入的力度。我馆目前的购书经费、信息化建设经费、日常运行经费、人员经费等各项经费仍然十分紧张，老馆舍陈旧、设施老化、资源短缺等问题日渐突出，很多时候我们是有思路、有想法、有抓手，但缺乏必要的人员和经费保障，严重制约了我馆的进一步发展。

4. 读者服务水平和质量，有待大幅度提升

我馆多年来一直致力于体现公共图书馆服务"公益性、基本性、均等性、便利性"的要求，连续多年读者接待人次、书刊外借册次均突破或接近百万大关，读者服务工作取得明显成效。但在改善服务态度、拓展服务领域、丰富服务内涵、创新服务方式、提升服务层次等方面仍存在很大的发展空间。

5. 图书馆综合管理能力，需要进一步加强

我馆积极强化综合管理能力，管理成效逐渐显现，先进的管理方式强化了员工以人为本的服务理念，激发了工作人员的主人翁意识，增强了图书馆可持续性发展的能力，提高了甘肃省图书馆的核心竞争力。但在质量管理体系的运行过程中，管理体系与各岗位工作的脱节问题一直无法得到根本解决，说明我们的质量管理工作远没有达到预期的目的。另外，在人力资源管理、财务管理、后勤保障、安全保卫等方面，还有许多有待完善之处。

三、甘肃省图书馆"十三五"时期主要目标：

1. 建立"以读者为中心"的工作导向，将甘肃省图书馆建设成读者的"学习空间""交流空间""人文空间""主题空间"和"休闲空间"。

2. 进一步丰富服务内容和服务手段，拓展服务领域，改善服务态度，提高服务水平，读者综合满意度明显提升。

3. 建设具有甘肃省地方特色的文献收藏体系，将甘肃省图书馆建成支持本省经济建设和社会发展的信息资源保障中心。

4. 以数字图书馆建设为基础，全力推进图书馆智能化建设，积极应用"互联网+"技术，全面提高图书馆应用新信息化技术的水平和能力。

5. 积极推进文化信息资源共享工程、数字图书馆推广工程和公共电子阅览室建设计划等数字文化工程建设，地方资源专题片建设工作保持全国领先地位，全面提升专题片拍摄和制作水平。

6. 古籍保护工作水平明显提升，完善古籍分级保护机制，基本形成可持续发展的全省古籍文献资源保障体系。

7. 全面推进甘肃省公共图书馆阅读推广联盟建设工作，在全省公共图书馆系统形成"以上带下、以强带弱、上下联动"的图书馆阅读推广活动新格局。

8. 推进全省公共图书馆开展规范服务一体化和标准化体系建设，探索建立我省公共图书馆地方标准体系。

9. 建设一支年龄结构合理、专业门类齐全、团队意识较强，有强烈进取精神的人才队伍。

10. 按照隆重、喜庆、节俭、务实的原则，切实做好"建馆百年"纪念活动，编撰系列纪念图书，举办纪念大会和学术研讨会，充分展现我馆百年辉煌历史和成就，扩大社会影响。

11. 强化工程质量，全力推进扩建项目建设步伐，确保扩建项目顺利开馆。

12. 做好文化部第六次全国公共图书馆评估定级工作，确保评估定级工作取得好成绩，使全馆各项工作得以全面提升。

四、主要任务

（一）加强党建工作，为图书馆事业发展提供坚强政治保证

1. 学习贯彻党的十八大和习近平总书记系列重要讲话精神，将其作为党委中心组学习的重要内容，纳入干部培训计划。切实领会其精神实质，内化于心，外化于行。深化中国特色社会主义和中国梦宣传教育，推动践行社会主义核心价值观，形成培育和践行社会主义核心价值观的长效机制。

2. 巩固和拓展党的群众路线教育实践活动成果。严格执行密切联系群众等作风建设制度，形成作风建设新常态。落实中央八项规定、省委省政府和省文化厅相关规定精神，坚决纠正"四风"问题。

3. 进一步加强干部队伍建设力度，突出正确用人导向，继续深化干部选任制度建设，积极推进干部交流。加强后备干部队伍建设和干部管理监督制度，改进干部教育培训，提高培训质量。

4. 加强党风廉政建设和反腐败斗争工作。按照全面从严治党的要求，加强领导班子和领导干部政治纪律、组织纪律和廉政纪律建设。全面落实

党风廉政建设主体责任和监督责任，细化责任内容。强化权力运行的监督制约，进一步推进廉政文化教育，深入推进惩治和预防腐败体系建设。加强公开招聘、项目（资源）采购、干部任用和大额经费使用等重点工作和关键环节的监督检查。

（二）围绕转型升级，推动图书馆事业实现新跨越

1. 转变办馆模式，坚持以服务为本，变"被动服务"为"主动服务"，充分体现图书馆的公共文化服务职能。在服务理念上，顺应数字化、网络化时代要求，从"以资源为中心"的服务模式向"以需求为中心"的服务模式转变，提高服务效能，实现服务效益的最大化。

2. 建设复合多元结构的资源体系，满足用户个性化和深层次需求。资源建设重心从偏重纸质资源向纸质资源与数字资源并重、传统数字资源与原生数字资源并重的方向转变，建立图书馆转型发展的资源保障体系。

3. 转变传统服务方式，服务重心从一般服务转向知识服务。在做好基于纸质文献借阅的传统服务的基础上，充分发挥图书馆资源整合、开发、利用等方面的优势，加速向"服务内容知识化、服务方式集成化、服务手段智能化"等新型方式转型。完善数字资源服务平台，加强移动数字服务能力，着力搭建图书馆创新转型服务平台。

4. 转变管理理念，由"管理读者"向"服务读者"转型。着力开展图书馆"空间建设"，将图书馆建设成社会公众"免费的公共空间"。

5. 推进图书馆业务工作的转型与重组。传统的基础业务向规范化、工具化、自助化和外包化等方向转型，业务重点从"书本位"向"人本位"转移，从劳动密集型向智力密集型转型。

（三）立足资源共享，全面推进甘肃省公共图书馆阅读推广联盟建设工作

1. 继续推进和完善联盟"监测平台体系""考核评价体系""战略合作体系""项目推广体系""服务品牌保护体系"和"人才队伍体系"等六大体系建设，为联盟的高效运行提供更有效的机制保障。

2. 完善联盟共建共享机制和共建共享体系建设，推进联盟数字资源统采统购、文献联合编目、馆际互借、文献传递、通借通还、统一资源检索平台建设等工作，整合全联盟人才、技术、设备、场地等资源，建立全方位的共建共享体系，保障联盟高效运行。

3. 积极构建全省公共图书馆一体化服务网络，建设多元化分层次服务体系，形成全省公共图书馆系统化、规范化、集成化的管理和互利合作的服务格局，进一步完善各级图书馆面向各类型服务对象的多元分层服务体系，提升面向公众阅读、科学研究、立法决策等领域的服务水平和服务能力。

4. 推进"一馆一品"建设，打造联盟活动品牌。协调各成员馆根据本地文化特点和自身优势，形成各馆具有广泛影响的活动品牌。同时，整合、宣传、推广各图书馆的服务品牌资源，结合联盟开展的系列读者活动和服务成果，打造联盟服务品牌。

5. 推进联盟文献联合流通和联合参考咨询工作。本着优势互补、资源共享的原则，开展联盟内文献联合提供服务，探索联盟文献联合流通服务模式。通过综合网络平台，组织有条件的图书馆，联合开展参考咨询服务。

6. 进一步完善联盟绩效考评机制，提高联盟运行效率。完善联盟考评体系建设，增强评价体系的可操作性，对联盟成员馆参与联盟的工作实绩进行客观评价。完善联盟动态考核管理机制，建立联盟成员馆退出机制，优化联盟结构，增强联盟活力。

（四）坚持需求导向，提高资源建设水平

1. 以建设"甘肃省信息资源中心"为己任，系统收藏各学科和各类型信息资源，满足不同层次、不同年龄和不同职业读者的广泛需求，建立全省信息资源保障体系。

2. 加强基础文献资源建设。建立"用户需求"驱动的文献资源建设模式，根据读者需要调整文献采访方针和采访计划，保障广大读者对常规文献的阅读需求。

3. 加强数字资源建设。适时调整纸质文献和数字资源的采购结构，在资源购置经费增长的前提下，逐步提高数字资源采购经费占资源购置总经费的比例，"十三五"期间，数字资源采购比例逐步提高至30%—40%。增加外文数字资源的采购工作，建设与省级图书馆任务和职能相适应的数字资源体系。

4. 加强地方文献建设工作。通过采访、征集、复制、呈缴、赠送等各种途径，保证西北地方文献入藏的系统性和完整性，确保公开出版的甘肃地方出版物入藏完整率达90%以上，甘肃省地市出版的机关报和公开发行的期刊100%收藏，非公开发行的期刊收藏率达到80%以上。

5. 加强与全省各类型图书馆的沟通合作，依托甘肃省公共图书馆阅读推广联盟，遵循资源共建共享的原则，协调开展资源建设工作。

6. 按照《中国图书馆分类法》等相关标准和规范，做好文献组织工作。利用新的知识组织手段，对多种载体、多种类型的文献信息资源进行深度揭示。提高文献组织效率，报纸、期刊到馆当天提供读者阅读；图书到馆15个工作日内提供读者借阅；其他各类型文献到馆7个工作日内完成编目，提供读者借阅。

（五）树立服务思维，确立"以读者为中心"的服务理念

1. 加强基本阵地服务，创新服务方式，保障读者基本公共文化权益。"十三五"期间，继续保持读者流通人次和书刊外借册次在百万左右。

2. 以满足读者需求、方便读者阅读为服务工作的立足点和出发点，牢固树立服务思维，切实改善服务态度，提高服务水平，确保读者满意率达90%以上。

3. 积极开展个性化服务，加强为特殊群体服务。以"甘肃省残疾人阅览服务中心"为阵地，"阳光工程"为基础，组织开展丰富多彩的适合残障人士参与的读书学习活动。积极争取中国盲文图书馆的资源和技术支持，完善为盲人读者的服务项目。培养一支具有一定专业素养的为特殊人群服务的馆员队伍。建立亲子阅读基地，拓展服务空间和范围，最大限度培养少儿读者阅读意识和阅读能力。为各类残障人士，以及持证的老年

人、下岗失业人员、低保人员等弱势群体提供免费借阅服务，对失业人员、进城务工人员进行多种形式的再就业培训，并联合社会各界举办多样化的为弱势群体服务的项目。

4. 开展形式多样的读者活动，丰富社会公众的文化生活。以"周末名家讲坛""国学讲座""书画讲座"等公益文化讲座为基础平台，创新讲座形式，丰富讲座内容，扩大讲座听众范围。

5. 维护现有的服务品牌，提炼新的服务品牌。做好"周末名家讲坛""国学讲座""读者英语沙龙"和"亲子阅读系列活动"等服务品牌的宣传推广工作，并继续创建新的特色服务品牌。

（六）围绕体系建设，积极开展延伸服务

1. 积极拓展服务领域，开展延伸服务，探索出适合我馆的延伸服务模式，以甘肃省公共图书馆阅读推广联盟为依托，利用互联网等新技术，构建甘肃省图书馆的虚拟服务网络，服务触角遍及全省，扩大图书馆服务的辐射面和影响力。

2. 加强分馆和图书流通站点建设，丰富分馆和流通站点资源类型和服务手段，逐步建立起纸质资源与数字资源相结合、传统借阅与新媒体服务相结合的丰富的服务新模式。加大对社区图书馆的支持力度，完善流通网点建设。

3. 积极开展图书馆服务进机关、进企业、进社区、进学校、进军营等活动，根据各单位具体情况，提供面向不同群体的、有针对性的服务。

4. 积极推进文化精准扶贫。立足我省贫困地区公共文化服务现状，以国家级贫困县为重点，在资源、技术、人才等领域，加强对贫困地区公共图书馆的扶持力度。

5. 加强阅读推广，推进全民阅读。结合重要节日或社会热点，开展读书报告会、读书沙龙、读书节、读书月等形式多样的全民阅读活动，每年至少开展1次以上大型系列读书活动，积极营造全民阅读社会氛围。

（七）加强深层次服务，提升信息服务的水平和能力

1. 依托丰富的馆藏资源，为社会各界提供深层次信息服务，重点为我省政治、经济、教育、科研等领域服务，加大信息服务的人力和资源保障力度。

2. 强化决策咨询服务职能，利用我馆的数字资源、人力资源，为省委省政府及各级党政机关的决策工作提供信息参考服务。继续开展信息服务进驻甘肃"两会"活动，为两会代表提供各类专题、信息参考服务。

3. 在科技查新工作上力求新的突破，在与教育部兰州大学查新中心合作的基础上，加强查新用数字资源的保障力度，力争实现独立完成部分课题的科技查新工作。

4. 积极建设舆情监测软件平台，提高舆情信息监测工作的质量和水平，保证舆情监测工作的及时性。继续做好向省委宣传部报送舆情信息工作，提高信息报送质量，力争每月报送舆情信息1条以上。

5. 利用大数据技术，实时开展信息采集、抽取、挖掘及处理，为各类信息服务系统提供数据输入，提高信息服务的层次和能力。

6. 积极编制二、三次文献，为广大用户提供传统信息服务。每年定期编辑出版《甘肃省情》（电子版）、《决策参考》《西北研究通讯》及制作专题网页等均不少于6期。

7. 探索建立学科馆员制度，提升个性化服务水平。建立一支知识结构合理、业务素质过硬的学科馆员队伍，根据用户需求，开展专深的专题信息服务。

（八）立足文化惠民，加强三大数字文化工程建设

1. 以资源建设为中心，推进文化信息资源共享工程建设，提高地方资源专题片拍摄和制作的质量。

（1）立足甘肃地方特色资源建设整体框架的构想，着力建设物质文化、非物质文化、历史文化、红色文化和文化讲座五大主题文化资源。"十三五"期间，完成文化专题片建设130集以上，时长3500分钟以上，

新增资源存储容量约 40TB 以上。

（2）创新服务方式，提高服务效能。利用共享工程"进村入户"专项资源建设资金，为基层文化站购置中国文化网络电视入站终端设备，实现设备和服务的全覆盖。拓展多终端服务能力，提升共享工程服务水平。借助移动互联网、网络电视等最新信息技术手段，充分发挥共享工程资源的服务效能。

（3）推进公共文化数字支撑平台建设。通过网络、电视、移动触摸屏等新媒体渠道大幅提升数字资源传播服务效率，推出面向多终端、自适应的丰富多样文化特色应用。

（4）继续提升数字化服务与管理能力。依托文化信息资源共享工程已有的服务网络、技术平台和数字资源，利用数字化手段，推动传统服务模式向现代服务模式转型的进程。

2. 以完善软硬件环境为抓手，继续推进数字图书馆推广工程建设。

（1）在全省数字图书馆推广工程平台建设的基础上，进一步开展全省数字图书馆推广及培训工作，每年开展面向全省公共图书馆的数字图书馆推广工程宣传推广和培训工作 1 次以上，继续提升我省数字图书馆从业人员的专业水平。

（2）在利用现有渠道开展数字资源服务的基础上，积极拓展数字图书馆推广工程的服务方式，提高服务水平。积极推进全省公共图书馆数字资源的"统采统购、统一认证、统一检索"，进一步满足全省公众的数字文化需求。

3. 面向终端用户提供公共数字文化服务，着力推进公共电子阅览室建设。

（1）继续完善甘肃省公共电子阅览室管理信息系统功能和数据对接工作，继续协助省文化厅推广公共电子阅览室管理信息系统的使用，建立健全维护保障机制，确保服务和管理数据的一致性。

（2）继续推动公共电子阅览室服务设施及效能的创新和提升，采取有效激励措施，更广泛地调动基层公共电子阅览室的工作积极性，全面提升全省公共电子阅览室的建设与服务水平。

（3）进一步加强全省公共电子阅览室建设培训，每年开展全省或区域服务推广和培训活动1次以上，采取网络讲座、现场授课、上机操作等方式，提高培训效果。

（九）深入推进全省古籍保护工作

1. 逐步完善古籍分级保护机制。在省古籍保护工作厅际联席会议制度框架下，配合省文化厅继续组织开展《甘肃省珍贵古籍名录》的申报评审，督导古籍收藏单位依据国家标准改善存藏条件，申报"甘肃省古籍重点保护单位"。选择条件较为成熟的地级市为试点，推进市级古籍保护中心的建设工作，在全省形成较为完善的国家级、省级、市级三级古籍保护体系。

2. 继续推进全省范围的古籍普查。充分利用古籍普查平台，全面完成省内公藏单位的古籍在线普查登记工作。

3. 创建国家级古籍修复中心，建立甘肃省古籍修复基地。对破损古籍进行原生性抢救修复。牵头制定甘肃省珍贵古籍修复方案，充分利用古籍修复中心的专业力量，采取传统技术和现代科技相结合的手段，有计划地开展全省古籍修复工作。

4. 开展古籍再生性保护，推进古籍数字化工作。参照国家地方文献数字资源加工标准，逐步建设各种专题的西北地方文献全文数据库。

5. 加强古籍的整理出版和开发利用。采用高仿真新技术，编纂出版《甘肃省图书馆馆藏珍本丛书》系列等具有甘肃地域特色的古籍整理成果。汇编出版第二批《甘肃省珍贵古籍名录图录》等，积极推广全省古籍保护工作的阶段性成果。

（十）突出保障职能，提高图书馆信息化应用的能力

1. 加强软硬件建设，注重综合技术平台建设。提升手机图书馆服务功能，方便读者利用移动设备利用图书馆资源。运用先进技术，开发和完善不同门类信息网络化应用服务平台。

2. 打造甘肃省图书馆云服务平台，提高信息化应用能力。充分应用

"互联网+"技术，建立"云阅读"体系。通过互联网、数字电视网、移动通讯网等途径，构建全省统一的"用户中心""资源中心""新媒体中心""大数据分析中心"，确立图书馆与互联网虚拟图书馆互联互通、共建共享服务体系。

3. 推进文化与科技的融合，打造智慧图书馆体验馆。通过智慧图书馆体验馆，面向大众展示图书馆的信息化服务产品和解决方案，推动图书馆传统服务转型。利用科技创意产品，让大众通过体验，了解各种新技术在图书馆中的应用，激发读者的创新精神，使图书馆成为公众学习、探索及开拓思维的场所。

4. 努力推进信息标准化建设。建立服务于公众的统一的图书馆计算机信息网和分布式馆藏文献统一导航系统，研发和采用电子资源保护技术，保障资源权利方的权益，研发并在联盟网站上采用统一的数字资源获取系统。

5. 加大信息安全保障系统建设。建设网络信任体系，加强信息安全风险评估工作，建设和完善信息安全监控体系，提高对网络安全事件应对和防范能力，防止有害信息传播。健全信息安全应急指挥和安全通报制度，不断完善信息安全应急处置预案，增强信息基础设施和重要信息系统的抗毁能力和灾难恢复能力。加大对信息安全保障工作的资金投入，加强上网信息的审查和管理，防止不良信息的发布和传播，确保图书馆信息资源和服务的绿色、安全。

（十一）以"质量管理"为抓手，全面提升图书馆综合管理水平

1. 围绕持续改进、持续推行质量管理体系认证工作。完善质量管理体系，加强质量管理检查和内部审核，建立更加规范的服务标准和更加科学的绩效考评体系，推进图书馆质量管理工作持续走向深入。

2. 探索图书馆法人治理结构的建立工作。建立分权制衡、运作独立、公开透明的图书馆法人治理结构，实现图书馆决策的科学化、民主化，加强对图书馆事业监督管理，推动甘肃省图书馆事业更好更快发展，满足社会公众日益增长的文化需求，实现公益性服务效益最大化。

3. 规范财务管理，防范财务风险。坚决执行有关财经法规制度，合理使用各种专项经费，严格控制"三公"经费和其他支出，确保财务工作规范高效。

4. 加强后勤保障，推进节能减排。在加强基础设备、设施维修改造和日常维护工作的基础上，将保证设备安全运行和节能降耗作为后勤工作重点，确保全馆各项工作正常开展。

5. 加强民主管理，提升工作凝聚力。强化民主与监督机制，进一步加强工会和团支部组织建设，进一步健全"学术委员会""自动化网络化建设委员会""文献资源建设指导委员会"等组织，继续实行党务公开和政务公开，实现决策管理程序化、民主化、科学化。

（十二）努力推动图书馆行业协会建设进程，促进我省图书馆行业地方法规建设

1. 加强我省图书馆行业管理，推进成立甘肃省图书馆行业协会。维护图书馆行业的合法权益，促进行业规范管理，提高行业整体素质，沟通、协调图书馆与社会各界的关系，谋求我省图书馆事业进一步发展。

2. 积极通过联盟争取或通过人大代表、政协委员提案等渠道，推动我省图书馆地方法规、条例的建立。通过地方立法，加强联盟人才、资金、管理、服务及运行等多个方面的保障，为联盟的持续发展创造良好的政策环境。

（十三）继续推进全省公共图书馆标准化体系建设

1. 立足顶层设计，着力开展公共图书馆领域相关标准项目的申报和制订工作，规范我省公共图书馆社会化服务的操作流程，确保公共图书馆服务达到专业化要求。

2. 进一步在全省公共图书馆系统内推广 ISO 9001 质量管理体系认证工作，促使各基层图书馆服务标准化，全面提升办馆水平和服务质量，推动基层图书馆从传统管理模式向现代质量管理模式转变。

(十四) 加强人才队伍建设，提高人才队伍素质

1. 完善人才队伍建设机制，建立科学合理的专业人才队伍。建设一支业务精、能力强、想干事、能干事的骨干专业人才队伍，建设一批具备较高素质的专业后备人才。

2. 优化人力资源配置。立足各部门工作实际和专业需求，结合图书馆事业未来发展趋势，合理配置现有人才资源，提高人岗匹配程度。

3. 加强人才培训，提高人才素质。建立全员培训的长效投入机制，结合事业发展要求，加强针对全馆职工的业务培训，着重加强图书馆专业、管理专业、计算机专业、外语专业、古籍整理专业、重点文化工程等重点业务培训，培养高素质的"复合型人才"，并鼓励和支持员工利用各种渠道参加各类学历教育；选送优秀的中青年业务骨干到本省市县图书馆挂职锻炼。

4. 完善人员考评机制。进一步完善考核内容，改进考核方法，通过考评激发图书馆工作人员的活力，真正发挥绩效考核体系对图书馆工作的促进作用。

5. 加强学术研究，提高学术研究水平。鼓励部门和员工积极组织、参与业务和学术研究。完善馆级研究课题的申报、立项和成果评审机制，组织和引导员工积极参与省（部）、国家级课题的申报。"十三五"期间，在省级以上正式刊物发表学术论文 50 篇以上，立项省级以上课题 3—5 项，力争产生一批较高质量的学术成果，形成以学术研究促进业务建设的发展格局。

(十五) 倡导学术创新，加强对外合作与交流

1. 依托中国图书馆学会和甘肃省图书馆学会，加强与国内外图书馆业界的合作与交流。组织员工参加每年一度的中国图书馆学会年会、甘肃省图书馆学会年会和两年一度的西北五省区图书馆科学讨论会，以及甘肃省社科联等学术团体开展的各类学术活动，积极探索跨行业、跨地区、跨国界的业务研究与学术交流，学习借鉴先进的理念和经验，推动图书馆学的创新与发展。

2. 通过联合开展读者活动等形式，广泛与社会各界开展合作与交流。深化与高等院校、文史馆、社科联、科协以及其他社会团体、个人的合作，提升图书馆读者活动的水平和内涵，扩大图书馆读者活动的社会影响力。

（十六）加强安全管理，确保安全运行

1. 完善安全管理制度，落实安全管理责任。牢固树立"安全第一，预防为主"的思想，健全、完善安全管理制度，落实安全责任，确保"十三五"时期无安全责任事故发生。

2. 开展安全演练，提高安全保卫能力。"十三五"时期，每年举行1次以上安全应急预案和消防演练，提高员工处置突发事件和日常安全防范的能力。

3. 开展节假日和重大活动期间专项行动，确保节假日和重大活动期间全馆安全运行。

4. 深化重点要害部位、重点人员管理，确保要害部位安全。

5. 利用多种形式，加强对全馆员工的安全教育，提高员工的安全意识，保证全馆各项工作安全开展。

五、保障措施

（一）思想保障

以加强党的建设为基础，深化理论学习，为推动"十三五"规划落实提供坚实的思想政治保障。深入学习贯彻邓小平理论、"三个代表"重要思想、科学发展观以及习近平总书记系列重要讲话精神，系统掌握中国特色社会主义理论体系，树立科学的思想观念和思维方式，更好地用党的理论创新成果指导实践、推动工作，坚持以人为本，坚持开拓创新。

强化理论研究和趋势研判，加强图书馆事业研究，深刻认识图书馆事业发展规律，把握我国公共文化服务领域的发展方向和世界图书馆事业的

发展趋势，立足我馆实际，以战略思维、长远眼光、国际视野和前沿意识来理解和落实"十三五"规划。

（二）组织保障

加强我馆党组织建设，推进党内民主建设，增强基层党组织活力，强化基层党组织的战斗堡垒作用，为"十三五"规划的实施和落实提供组织保障。

完善馆党政领导班子议事制度和科学民主的决策机制。以建立健全工作体制机制为重点，以充分发挥基层党组织的政治核心作用为保障，以党政密切配合、全面协调推进工作为目标，全面加强班子建设和队伍建设，建立健全馆党政联席会议制度，不断推进决策管理的民主化、科学化。

以建设高素质人才队伍为目标，继续深化人事制度改革，进一步完善干部选拔任用机制。大力加强干部队伍的教育管理，努力建设一支素质优良、充满活力的中层干部队伍。

坚持"一切依靠广大职工"的办馆理念，进一步加强工会、职代会、共青团建设，重视发挥民主党派和无党派人士、离退休老同志以及广大读者的作用，充分发挥全馆员工的积极性和创造性。

（三）人才保障

优化人员专业结构，逐步补充图书馆学、计算机专业、外语专业及多种学科专业人员，造就一支素质优良，能适应数字环境下图书馆事业发展需要的馆员队伍，为"十三五"规划落实提供人才保障。

制定切实可行的人才培养、培训计划，采取灵活多样的方式培养和提高全体馆员的业务素质和业务技能。定期选拔专业基础好、思想素质高、接受新技术能力强的馆员脱产进修或短期培训，补充新知识，逐步成为图书馆的学术带头人或现代化技术应用的业务骨干。

（四）资金保障

积极争取财政经费投入，合理使用经费，保证图书馆建设发展的需要，为"十三五"规划落实提供资金保障。

优化资金配置，预算安排和资金投入优先保障图书馆日常运行和读者服务的基本需要、保证重点建设项目和重点扶持项目。

进一步完善图书馆的财务管理体制，完善预算管理和预算执行制度、内部审计制度等财务制度，加强专项资金管理，管好、用好办馆经费，厉行节约，提高资金使用效益。

（五）制度保障

建立"十三五"规划实施的监控、考核和调控机制，使监控、考核和调控制度化，注意在实施过程中及时总结经验教训，适时调整，稳步推进，为规划落实提供制度保障。

建立"十三五"规划实施的跟踪监控机制，明确专门机构负责监督规划的执行，建立监督制度，加强督促检查。加强对规划实施情况的跟踪分析，特别要加强对重要指标的监测，规划的完成进度在图书馆年度报告中发布。

建立"十三五"规划实施考核机制，明确规划考核的责任主体。将规划实施责任落实到相关部门和人员，分清责任并根据责任配置资源，加强规划建设的可考核性。在本规划实施的中期阶段，要对规划实施情况进行中期评估。

建立"十三五"规划调整机制。规划实施的过程也是规划不断完善的过程，规划实施过程中，在坚持总体发展战略不变的前提下，可根据外部环境的变化和图书馆事业的发展，对规划任务和建设目标做适当的充实和微调。当内外形势和环境发生重大变化或因其他重要原因使图书馆实际运行偏离规划提出的目标时，将适时提出调整方案，并通过民主程序审议批准实施，完善规划管理机制。

（发布日期：2016 年 3 月）

青海省图书馆"十三五"规划[①]

"十三五"是青海省图书馆创新服务模式，跨越式提升服务效能，全面带动和促进全省公共图书馆服务提档升级，向专业化、数字化、社会化、均等化、体系化和特色化转型发展的关键期。本规划全面贯彻执行《公共文化服务保障法》，在中办、国办《关于加快构建现代公共文化服务体系的意见》和青海省《关于加快构建现代公共文化服务体系的实施意见》精神的引领下，根据《青海省国民经济和社会发展第十三个五年规划纲要》以及《青海省"十三五"文化发展规划》，精确把握国家文化发展的主脉络，认真贯彻落实省委、省政府各项决策部署，主要阐明青海省图书馆的战略意图，明确发展目标、主要任务和重要举措，是青海省图书馆"十三五"期间建设与发展的重要依据和行动指南。

一、历史回顾

"十二五"时期（2011—2015年），我馆不断拓宽服务领域，创新服务方式，改善服务质量，提升服务效益，不断满足人民群众日益增长的基

[①] 本规划由青海省图书馆授权收录。

本文化需求，文献借阅量和到馆读者每年都有大幅度递增；积极推进公共数字文化服务体系建设，以文化共享工程、数字图书馆推广工程、公共电子阅览室建设计划、省馆二期建设项目为抓手，在全省范围内快速实现利用数字资源的服务网络；积极整合全省各少数民族文献资源库，重点挖掘地方特色文献资源，积极开展地方特色资源建设，实现对地域性文化资源的传承与利用，建立地域民族特色的资源数据库，服务地方经济社会的发展；通过各种形式开展图书馆延伸服务，提高图书馆服务获取的便捷性。以用户需求为导向，形成参考咨询、讲座、展览、教育培训等服务网络，在坚持送讲座进校园、进军营服务的同时，还实施了送讲座进乡镇、进社区、进农村服务；提高图书馆业务人员的专业水平，加强业务培训，加大对优秀人才的培养力度。

二、主要目标

以"大文化立馆，新理念办馆，数字化强馆"为新目标，围绕提升服务效能这一核心工作任务，以社会需求为导向，以青海省图书馆新馆建成开放为重要契机，以现代科技为支撑，全力打造五个体系，分别是普遍均等的公共图书馆服务体系；区域特色的文献资源保障体系；便捷高效的数字服务体系；积极灵活的社会参与体系；科学优质的决策支撑体系。以此促进青海省图书馆的四大转型，即服务功能由全设置向优化管理转型；服务方式由传统的推送向积极灵活的菜单式转型；服务主体由体系内循环向统筹社会力量转型；服务体系由以阵地服务为主向多元化全方位转型。

具体有：

——**基础设施建设进一步加强**。以青海省新馆建成开放为契机，针对市民需求优化功能布局和增加相关设施设备，尤其是数字化设备的更新与升级。建立经济高效的总分馆服务体系，在阵地服务的基础上，建立高效便捷的流动服务机制，通过"文化方舱"等移动服务设施提升公共图书馆服务薄弱地区的服务效能。

——文献资源建设特别是数字资源建设进一步提升。加强文献资源建设，优化文献资源结构，促进馆藏资源建设与青海省经济文化发展与读者需求的有效对接。到2020年末，建成结构较为完整、体系较为完善，内容丰富、特色鲜明的"青海记忆"数据库，在公共数字服务平台上开放使用。

——特殊群体的权益进一步得到保障。坚持以人为本、以需求为导向服务方针。将未成年人、老年人、残疾人、留守人员等作为服务的重点对象。到2020年末，基本建成与医疗、卫生等单位的统一协调机制，保障读者的基本权益。

——服务效能和全省引领地位显著提升。建立健全服务标准体系，规范服务项目和服务流程，制定全省公共图书馆服务规范。

——综合保障能力及国际影响力不断扩大。馆内组织机构更趋完善，管理机制更加高效，人才结构更趋合理，科研对业务的促进作用显著增加。

三、重点任务

（一）普遍均等的服务体系

（1）以青海省图书馆服务的提档升级为抓手，提升公共图书馆服务供给能力。利用高新技术，精心设计环境，完善功能布局；结合市民需要，拓展物理空间。将青海省图书馆打造成深受市民喜爱的，集阅读、科研、教育、休闲为一体文化空间，并带动整个青海省公共文化服务升级。

（2）以总分馆建设为抓手，设计一个既适应青海实际，又符合客观规律的总分馆组织形式和服务模式，使其符合规律、布局合理、方便快捷、经济高效，从而保证公共图书馆资源的全覆盖、服务的普遍均等。

（3）以"文化方舱"推广为抓手，推进移动服务由单一的阅读推广向综合公共服务转型发展。利用"文化方舱"移动布局、灵活组合、分级拓展的特点，融合互联网现代科技与图书馆移动服务，为基层提供优质的服务，促进服务个性化、均等化。

（4）以标准化建设为抓手，推进青海省公共图书馆服务管理水平的提升。健全和完善公共图书馆服务标准，制定《青海省公共图书馆服务规范》，以标准化促均等化发展，提升全省公共图书馆管理和服务水平。

（二）区域特色的文献保障体系

（1）以建设青海省文献资源总库为抓手，推进全省公共图书馆资源共建共享。到 2020 年末，建立起全省公共图书馆数字资源协同采购机制。

（2）整合省内各图书馆馆藏文献信息资源，建设专题知识库和信息资源元数据集中仓储。选择具有战略、历史、文化价值的特色文献，构建一批体系化、特色化专题知识库群，及时制定与修订各类文献信息组织的标准规范。

（3）以"你选书，我买单"服务为抓手，联合新华书店等书商力量，推进以需求为导向的文献资源建设。打破传统图书采编、借阅流程，完善"你选书，我买单"读者购书荐书活动，促进普通馆藏资源建设与读者需求的有效对接，优化资源结构。

（三）方便快捷的数字服务体系

（1）以"青海省公共数字文化工程"建设为抓手，推进图书馆公共数字文化建设水平。在省文化厅的统一部署和领导下，发挥图书馆、博物馆和文化馆等单位的技术、资源和人力优势，建立青海省公共数字文化服务平台。

（2）以地方特色数据库建设为抓手，推进数字资源内容优化与整合，开发特色数字文化产品。

（3）以数字图书馆建设为抓手，在较为完善的 PC 终端服务基础上，提升移动智能终端的服务能力和水平。

（四）积极灵活的社会参与体系

（1）以立体化现代公共阅读服务体系为抓手，推动全民阅读进程。鼓励民众到图书馆借阅、参与活动，或通过远程服务利用图书馆。制定相应的图书馆积分激励计划，对民众利用图书的行为进行规范和激励。

（2）以志愿服务为抓手，激活公众参与图书馆服务的热情。鼓励和支持志愿者参与分馆日常管理和服务，推进志愿服务专业化、品牌化发展，动员专家学者下基层帮带志愿服务，发展壮大专业志愿服务队伍。

（3）以"青海文化大讲坛"为抓手，吸引社会力量参与图书馆市民文化素养提升工程。增强品牌效应，扩大其影响力，加强与党委政府、旅游、卫生、教育等部门的合作，进一步办好公益性讲座、展览展示，促进市民文化素养和图书馆文化内涵的不断提升。

（4）以提升少儿服务为抓手，推动社会力量关注未成年人阅读。

（5）以政府购买公共文化服务为抓手，推进社会提供公共图书馆服务发展。发挥企事业单位、社会组织和个人的灵活性和积极性，鼓励其参与全民阅读活动的组织和承办。

（五）科学优质的决策支撑体系

（1）以"青海省联合参考咨询服务网络"建设为抓手，推进全省信息服务水平，开展联合咨询、科技查新、舆情监测等活动，结合企业讲座、培训，提升全市情报服务能力。

（2）以编制《决策信息》为抓手，加强信息开发，为政府机关等提供内参及定题服务，提升政府参考决策服务能力。

（3）以建立"青海省图书馆专家咨询团"为抓手，吸引一批本地区各领域顶级专家为图书馆的发展建言献策，提升决策参考的能力和水平。

四、保障措施

（一）加强组织领导

加强党的领导，发挥党组织在图书馆事业中的领导作用，充分发挥党员的模范带头作用。加强工、青、妇工作，以及图书馆学会等组织的建设，有效发挥其在各自领域的作用，积极开展群众喜闻乐见的活动。

（二）加强财政支持

不断加强基础设施建设及购书经费投入，保证资源与环境的优化升级；为专项服务设立专项经费，保证图书馆品牌服务顺利开展；探索市场机制，利用社会力量，开展优质服务。

（三）按需设岗、标准化管理

继续深化人事制度改革，完善领导干部聘任制度；根据实际需要设置岗位，扩充编制；实行分级管理，强化考核机制；实行标准化管理，落实责任到人。

（四）加强人才队伍建设

加强对基本馆员的培训，提升专业素养；大力引进专业技术人才，优化人才结构；加强管理干部队伍建设，从党性、理论、业务、实践等各方面入手，培养、提升各级管理干部的能力；制定合理政策对人员进行考核。

（五）加强理论建设与学术研究

利用图书馆资源优势，鼓励馆员开展理论研究；制定激励措施，奖励馆员学术研究；推动学术交流，促进学术研究与行业协调发展；促进学术成果的实际应用，积极发挥理论指导实际工作的作用。

（发布日期：2017年5月）

宁夏回族自治区图书馆"十三五"发展规划[①]

"十三五"时期,是宁夏回族自治区图书馆转型发展的关键时期,也是实现新跨越的战略机遇期。科学制定并实施好宁夏回族自治区图书馆"十三五"规划,对于提升宁夏回族自治区图书馆事业发展水平,推进宁夏公共图书馆事业发展,进一步促进公共图书馆服务标准化、均等化、法制化、社会化、智慧化,保障群众的基本文化权益,具有十分重要的意义。根据《宁夏公共文化服务体系"十三五"建设规划》精神,编制本发展规划。

一、指导思想

牢固树立以读者为中心服务理念,全面贯彻党的十八大,十八届三中、四中、五中、六中全会和习近平总书记系列重要讲话精神,以满足人民群众基本文化权益为工作出发点和落脚点,坚持"以人为本,读者至上"的办馆理念,按照公共图书馆服务"标准化、均等化、法制化、社会化、智慧化"的要求,努力提升宁夏回族自治区图书馆服务能力和水平,充分发挥公共图书馆在构建现代公共文化服务体系中的重要作用。

---

① 本规划由宁夏回族自治区图书馆授权收录。

二、"十二五"时期主要工作回顾

(一)"十二五"时期取得的主要成绩

"十二五"时期是宁夏回族自治区图书馆稳步发展的重要时期。宁夏回族自治区图书馆以邓小平理论、"三个代表"重要思想和科学发展观为指导,深入贯彻落实党的十八大和十八届三中、四中全会和习近平总书记重要讲话精神,按照自治区党委政府和自治区文化厅的战略部署,以"和谐、发展、服务、创新"为主题,以"打基础、利长远、求突破"为发展思路,进一步改进服务服务措施和手段,使图书馆各项事业实现了跨越发展。

1. 顺利完成第五次全国公共图书馆评估定级工作,我馆继续保持"一级图书馆"等次

为了顺利推进和完成第五次全国公共图书馆评估定级工作,我馆全面谋划,周密安排,于2013年年初成立迎接评估工作领导小组,制定工作计划,对评估工作进行了分工、专人负责。对照"省级图书馆评估标准",积极开展自评工作,通过自评补缺补差,达到以评促建,评建结合,重在建设,不断改善办馆条件,改进业务工作,提高管理和服务水平,促进各项工作迈向新的台阶。

2. 加强各类资源建设,提高服务能力和水平

充分倾听读者意见,不断优化资源采购的结构和质量。纸质书籍年采购1.8万种5万多册;期刊1700种;报纸180种;采购"中国知网""新东方媒体学习中心""VERS维普考试资源考试系统"等11个数据库,共享国家图书馆22个数据库。同时,通过加强与自治区新闻出版局对接联系,使地方文献、回族文献的收藏得以提高,形成了我馆特色的馆藏体系。截至2015年年底,纸质资源总量达到223.3万册,数字资源近50TB,基本满足了读者的需求。

3. 创新服务内容，拓展服务方式，提升服务品质

实施 365 天开馆和免费服务，在双休日、节日实施"朝九晚七"延长服务；同时，加强"塞上讲坛"、展览和其他阅读推广活动的开展，"塞上讲坛"与大型展览分别已举办 60 期；建设了 50 个社区图书室，解决了群众就近看书难短板；编辑出版全国中文核心期刊《图书馆理论与实践》60 期，为加强本区图书馆人才队伍建设提供了有力支持。在多措并举的支撑下，读者来馆人数、借阅人数都逐年增长。"十二五"时期，年均到馆人数达 50 多万人次，年均办证 6000 个，持证读者累计达 4.4 万人，社区接待读者年均达 20 万人次。

4. 树立精品服务意识，提升信息服务层次

从 2015 年起，编辑并向党政机关推送《读讯》信息 24 期；2011—2013 年编辑发行《社区生活》报 50 期，面向社区居民免费发行，取得了较好效果；2013—2015 年依托"全国图书馆参考咨询联盟"平台，远程推送读者所需信息资料 34708 篇，较好地满足了读者的信息需求，促进了全馆服务的提升。

5. 大力推进重点文化工程建设，提高公共文化服务能力

（1）文化信息资源共享工程方面。"十二五"时期，共享工程宁夏分中心依托已经建设的四级服务网络体系积极进行地方特色资源建设和为群众提供资源服务。截至 2015 年年底，共自建、整合了《宁夏非物质文化遗产多媒体库》《红色记忆多媒体库》《西夏春秋多媒体资源库》《回族暨伊斯兰文献多媒体资源库》等 4 个地方特色专题资源库，资源建设总量达 4TB。上述所有资源通过宁夏回族自治区图书馆网站、VPN 专网进行发布，读者可以借助网络收看资源。利用节日向农民工、敬老院老人、宗教人士等发放光盘、报刊等资源，让群众共享改革文化成果。举办各类培训班，提高市县支中心技术人员的管理水平、业务素质及服务能力，为本地区组建了一支稳定的、适合文化共享工程建设需要的服务队伍。

（2）数字图书馆推广工程方面。"十二五"时期，宁夏回族自治区图书馆完成了数字图书馆推广工程硬件平台及统一用户系统、唯一标识符系统和推广工程运行管理系统的平台搭建工作；完成了银川市图书馆、吴忠市图书馆、石嘴山市图书馆、中卫市图书馆数字图书馆推广工程硬件平台搭建工作；完成了与国家图书馆 155M 专网的对接建设工作；完成了与全区 21 个市县级公共图书馆的 VPN 专线连接，网络覆盖率达 100%。在资源联建方面，建设了元数据仓储项目数据 2000 条，唯一标识符注册与维护项目数据 1960 条，政府公开信息项目数据 10.5 万条，地方文献数字化项目 7 万页，图书馆公开课 325 讲，专题资源库项目完成 1 个，"十二五"时期所有项目全部通过国家验收。2013 年在我馆四楼建成数字化体验区，利用手机、iPad、数字电视等设备为读者提供本馆及推广工程相关资源的新媒体数字阅读服务，并开展了全区数字图书馆从业人员和推广人员培训，提高了基层图书馆推介、利用数字资源的能力和水平。

（3）中华古籍保护计划方面。"十二五"时期，宁夏古籍保护中心继续开展了古籍普查登记工作，基本摸清古籍底数，全区古籍约存 10 万册，在全国古籍普查平台录入古籍 4753 种，有 11 种古籍入选国家珍贵古籍名录，派送我区古籍工作人员参加由国家古籍保护中心举办的各种培训班 13 人次，古籍人才培训工作得到加强。出版了《宁夏回族自治区珍贵古籍名录图录》。举办了《第四批全国珍贵古籍名录》、"纪念延安文艺座谈会讲话暨丝绸之路文化周——丝绸之路西北地区珍贵典籍展"等展览，古籍保护宣传推广层面进一步扩大。

6. 加强人事制度改革，培养、吸引高层次人才，强化学术研究队伍建设

"十二五"期间，我馆积极提高馆员专业素质，加强人事制度改革，新进馆员全部为本科以上学历，培养、引进了 8 名硕士研究生到馆工作，并不断加大业务技能培训力度，职工整体素质得以全面提高。2015 年在中层干部任用上实行了竞争上岗，各部室所有馆员实行双向选择、竞争上岗，激发了馆员工作的积极性、主动性、创造性。同时，以《图书馆理论与实践》刊物为抓手，开展课题及学术研究。

（二）存在的主要问题

1. 空间结构及功能布局封闭落后，无法实现一站式的便捷服务，影响了读者的借阅时效。

2. 馆员整体素质还需大幅度提高。因历史的原因，职工整体素质与东部、中部甚至西部省区相比还是偏低，影响了相应业务工作、学术研究工作的开展。

3. 公共财政投入不足制约了本馆的进一步发展。公共图书馆是公共文化体系的重要组成部分，它的发展很大程度上依赖公共财政的投入。"十二五"期间，我馆在纸质购书经费、数字资源采购经费、日常运行经费等方面处在全国省级最后列，制约了相关业务的开展。

4. 馆舍空间不足。目前，我馆已经出现了馆藏底本书籍没地方存放的状况，今后随着底本的继续增加、剔旧书籍下架，无处放书的局面将会更加严重。

三、"十三五"时期主要目标

"十三五"时期，我馆将按照"构建现代公共文化服务体系"关于公共图书馆建设的总体要求，抓好平台建设、资源建设、设施建设、效能建设、人才队伍建设，实现图书馆的创新转型，提高服务水平，打造图书馆服务的新业态，形成新模式。

1. 平台建设：打造开放、舒适、便捷的一站式阅读空间，服务与管理进行多元化、个性化、智能化提升，满足读者全方位、多层次的阅读需求，实现藏、借、阅、咨一体化、个性化、高效精准的开放式典藏管理与便捷服务。

2. 资源建设：将我馆建设成为资源门类更加齐全、资源量更加丰富、宁夏地方文献及回族文献等地方特色文献收藏突出、体系完整的全区信息资源保障中心。"十三五"末，馆藏纸质文献将达到220万册（剔旧后馆藏）。其中，宁夏地方文献及回族文献达到5万册；购买、共享、自建的数字资源 45 种,并保持数字资源的连续性和完整性。

3. 设施建设:增加阅览桌椅 700 席;增加各类沙发若干坐;增加自助借还机至 7 台;更换检索、阅览电脑 150 台;扩容我馆网络服务器存储至 200TB 以上。

4. 效能建设:"十三五"时期,我馆每周开馆时间超过 84 小时;每年接待读者量达到 120 万人次(含社区图书室);每年增加持证读者 4000 人;每年书报刊阅览量达 200 册;每年外借量达 65 万册以上(含社区图书室);网站访问量达 25 人次以上。

5. 人才队伍建设:"十三五"时期,我馆将进一步提升职工的专业素质,本科学历职工达到 80%,硕士研究生达到 15%,突破没有博士研究生的局面;助理馆员职工达到 20%,馆员职称职工达到 50%,副研究馆员、研究馆员达到 30%,形成一支年龄结构更加合理、专业门类更加齐全、人员素质更强,有强烈进取精神的人才队伍。

四、"十三五"时期主要任务

1. 提请自治区人民政府批准实施"宁夏回族自治区图书馆提升综合服务能力项目工程"

该工程实施后,将为读者提供开阔、通透、优美的借阅环境;各主题服务区功能齐全;提供"一站式"方便、快捷的借阅服务;读者使用面积由 11000 平方米增至 16000 平方米;增加读者桌椅、沙发;有 300 兆的宽带和全覆盖的无线网络(WiFi)。

2. 提请自治区人民政府出台《宁夏回族自治区公共图书馆条例》

《宁夏回族自治区公共图书馆条例》将规定本地出版社向省级图书馆呈交出版物,以地方行政法规的形式规定呈缴本制度,对于我馆 100%收藏宁夏地方文献,保障地方文献的完整收藏将起到积极作用。同时该条例将规定全区公共图书馆进行标准化建设,加强人才队伍建设,对提供标准化服务将起到积极推动作用。

3. 提请自治区人民政府建设"宁夏回族自治区图书馆藏书楼"和"宁夏少儿图书馆"

"宁夏回族自治区图书馆藏书楼"按 50 年的图书藏量空间设计,解决藏书难的问题;同时建议自治区人民政府建设"宁夏少儿图书馆",结束宁夏没有少儿图书馆的历史。

4. 积极争取提高图书、数字资源采购专项经费预算

纸质经费由现在的每年 300 万元增至 500 万元,图书采购在现有的 1.8 万种近 5 万册的基础上增加到 2 万种 6 万册;数字资源经费由现在的 100 万元增至 300 万元。

5. 推进服务品牌建设

继续办好"塞上讲坛"公益性品牌讲座,开展对读者使用智能化设备、手机图书馆等技术的培训工作,每年举办的讲座、培训不少于 100 期;每年举办各类阅读主题展览 25 期,做优做强品牌阅读推广 2—3 个,确保周周有活动,月月出精彩。

6. 加强三大数字文化工程建设,推动全区数字阅读再上新水平

完善全区城乡公共电子阅览室服务网络和设备设施的覆盖,推动公共电子阅览室向街道、社区、村镇纵深建设,加强该电子阅览室服务网络的有效监管;加大地方特色资源建设,"十三五"末自建数字资源达到近 20TB;加强"三大数字文化工程"队伍建设和人才培养工作,使共享工程的"文化视窗"平台和数字图书馆平台的"公开课"成为服务品牌;推进网站、微博、微信媒体更好服务读者,增加网上预约、检索、续借等服务项目,开展手机微信、数字电视图书馆服务。

7. 古籍普查保护工作再上新台阶

继续开展对全区公共图书馆、博物馆和教育、宗教、民族、文物等系统的古籍收藏和保护状况进行全面审核,编纂出版《宁夏回族自治区古籍普查登记目录》,形成古籍数字资源库;继续开展《中华古籍总目·宁夏卷》的古籍数据完善工作;积极争取国家古籍保护中心对我区古籍普查及修复人才培训的支持，"十三五"末，全区接受培训人员达到 20 人。

8. 继续引进、培养高层次人才

根据岗位对人才层次的需求，扩大硕士研究生招聘，关键岗位招聘博士研究生。积极争取国家级、自治区级研究课题，设置馆内研究课题，培养研究型人才；职工每两年外出学习培训一次，不断提升业务素养；举办全区图资专业本科函授班、硕士研究生函授班，逐步扩大复合型人才队伍；举办全区市县公共馆、专业图书馆、大学图书馆专业技术人才培训班，培养壮大基层图书馆人才队伍，年培训 2000 人次，"十三五"末总培训人数达到 10000 人次。

9. 继续建设社区图书室，解决群众就近看书难的问题

继续扩大社区图书室的建设，弥补市县馆不能覆盖的"盲区"及党政机关事业单位网点建设。"十三五"期间，力争建成 2 个分馆，10 个一卡通社区图书室。

10. 办好全国中文核心期刊《图书馆理论与实践》

以《图书馆理论与实践》刊物为提高人才素质平台，加强情报、图书领域研究工作，每年编辑出版 12 期，"十三五"末出版 60 期。

五、"十三五"时期保障措施

1. 思想保障。要深入贯彻落实邓小平理论、"三个代表"重要思想、科学发展观和习近平总书记系列重要讲话精神，牢固树立"以读者为中心"的工作理念，加强对图书馆事业的研究，把握公共图书馆服务领域的发展趋势和方向，立足本馆，认真将该规划的主要目标、主要任务落实好。

2. 组织保障。发扬党的民主集中制，完善科学民主的决策机制和领导班子议事规则，进一步加强工会、职代会、共青团的建设，探索建立我馆理事会制度，重视民主党派、无党派人士、离退休老同志的作用，倾听读者的良好建议及意见，深化人事制度改革，加强干部队伍管理，努力建设一支素质优良、充满活力的中层干部队伍。

3. **资金保障**。公共图书馆服务是公共文化服务的基础性工作,具有投入多、时期长、见效慢等特点。要积极争取财政经费投入,同时,争取文化部专项经费支持,加强预算管理,有力保障日常运行和读者服务的基本需要。

4. **制度保障**。积极宣传贯彻《中华人民共和国公共文化服务保障法》《中华人民共和国国民经济和社会发展第十三个五年规划纲要》《国家"十三五"时期文化发展改革规划纲要》和《宁夏公共文化服务体系"十三五"建设规划》,吃透法律法规政策精神,超前谋划我馆各项事业,积极争取自治区党委、政府和文化厅的大力支持,取得广大人民群众对图书馆的认同,获得广泛的社会支持。同时,我馆将进一步细化本发展规划的各项指标,将任务分解到每一年度,把目标、任务的落实与绩效考核相结合,层层落实责任,并建立规划实施的监控、考核和调控机制,及时总结实施过程中出现的新情况、新问题,总结经验,实施调控,稳步推进,为规划落实提供好制度保障。

(发布日期:2017年6月)

图书馆行业中长期战略规划选编

"十三五"时期（中）

Compilation of the Medium and Long-term Strategic Plans for Libraries

国家图书馆研究院 / 编

中央编译出版社
Central Compilation and Translation Press

目 录

广州市"图书馆之城"建设规划（2015—2020）……………………581
深圳市"图书馆之城"建设规划（2016—2020）……………………592
珠海市公共图书馆事业发展"十三五"规划……………………………601
广州市图书馆2016—2020年发展规划…………………………………631
深圳市图书馆发展规划（2016—2020）…………………………………657
大连市图书馆"十三五"规划……………………………………………669
金陵图书馆"十三五"规划编制纲要……………………………………574
武汉市图书馆"十三五"发展规划………………………………………592
沈阳市图书馆"十三五"发展规划………………………………………711
西安市图书馆"十三五"发展规划………………………………………731
成都市图书馆"十三五"发展规划………………………………………755
济南市图书馆"十三五"发展规划………………………………………771
杭州市图书馆"十三五"发展规划………………………………………788
哈尔滨市图书馆"十三五"发展规划……………………………………803
长春市图书馆"十三五"发展规划………………………………………821
青岛市图书馆"十三五"事业发展规划…………………………………846
厦门市图书馆"十三五"发展规划………………………………………859
宁波市图书馆"十三五"事业发展规划纲要……………………………876
东莞市图书馆"十三五"战略规划………………………………………890
苏州市图书馆"十三五"发展规划………………………………………926

南京大学图书馆"十三五"发展规划 …………………………………… 933
武汉大学图书馆"十三五"发展规划 …………………………………… 942
中山大学图书馆"十三五"发展规划 …………………………………… 962
中国科学院文献情报系统"十三五"发展规划 ………………………… 968
全国党校系统图书馆数字资源建设规划（2016—2020） …………… 984
中国图书馆学会"十三五"规划纲要 …………………………………… 991

广州市"图书馆之城"建设规划（2015—2020）[①]

为深入贯彻落实科学发展观，落实党的十八大和中央、省、市有关会议精神，根据《关于加快构建现代公共文化服务体系的意见》《国家"十二五"时期文化改革发展规划纲要》《中共广州市委 广州市人民政府关于培育世界文化名城的实施意见》以及《广州市公共图书馆条例》，制订本规划。

一、总体要求

1. 总体思路。公共图书馆是市民的终身学习场所，是现代公共文化服务体系的重要组成部分，是培育世界文化名城的重要基础。近年来，广州市公共图书馆事业取得了长足进步。图书馆馆舍面积不断增加，馆藏量增长迅速，服务水平逐步提高，公共图书馆全面实现免费开放，四级服务设施网络基本形成。但是，广州市图书馆事业的发展也存在许多问题：运行绩效偏低，服务保障水平不高，人均馆藏量和年人均新增藏量都偏低；市属公共图书馆分布不合理，发展不平衡；镇（街道）图书馆和村（社区）

[①] 本规划由广州市图书馆授权收录。

图书室藏书少、专业人员短缺、基本服务无法保障。与国外发达地区、国内先进城市相比,广州市公共图书馆的发展还比较落后,这与广州市的社会经济发展水平是极不适应的。为适应广州市新型城镇化发展,深入贯彻落实《广州市公共图书馆条例》,实现"图书馆之城"的建设目标,本规划提出四大保障计划、十六个服务项目、六大支撑机制,旨在促进广州市公共图书馆事业的健康和可持续发展,构建普遍均等、惠及全民的公共图书馆服务体系,满足公众对知识、信息及相关文化活动的需求,提升市民生活品质。

2. 总体目标。以广州市快速发展的经济水平为基础,参考《公共图书馆用地指标》(建标〔2008〕74号)、《公共图书馆建设标准》(建标108—2008)、《公共图书馆服务规范》(GB/T 28220—2011)、《国家公共文化服务体系示范区创建标准(东部)》《广州市公共图书馆条例》以及即将出台的国家相关法律法规,设置适度超前的指标体系。创新高效管理体制,建立以广州图书馆为中心馆,区图书馆为区域总馆,镇(街道)图书馆为分馆,以村(社区)图书室、农家书屋、流动图书车、24小时自助图书馆和其他服务点为延伸,以学校图书馆、科学与专业图书馆及其他类型图书馆为补充,社会力量积极参与的全天候、全方位、多形式的公共图书馆网络体系;构建地区信息资源共建共享平台,实现资源合理配置,形成纸质与数字信息资源相结合的、多层次的、快捷优质高效的图书馆文献信息资源服务体系;形成与广州市经济社会发展水平相称、向世界先进城市和地区图书馆事业看齐、需求与服务主导型的、可持续发展的现代公共图书馆服务体系,使我市公共图书馆事业发展达到国内领先水平。

二、实施四大保障计划

(一)普遍服务保障计划

建设设施齐全、布局合理、资源共享、服务高效的公共图书馆服务体系,为公众提供均等化、标准化的图书馆服务。

3. 建设标志性图书馆。持续推进广州图书馆新馆完善服务，将其建设成为"国际先进、国内一流"的国家中心城市图书馆。不断完善广州少年儿童图书馆新馆建设，使其成为特色鲜明的少儿专业图书馆。市级公共图书馆每千人建筑面积应当达到10平方米以上；年人均新增入藏纸质信息资源应当不少于0.06册/件。（牵头单位：市文广新局；配合单位：市编办、市发改委、市财政局、市人社局、市建委、市国规委、市重点办）

4. 实施区图书馆整体提升项目。根据《广州市公共图书馆条例》以及有关标准的规定保障馆舍建设面积和馆藏纸质信息资源。区公共图书馆的每千人建筑面积不得少于13.5平方米，未达到规定标准的花都、荔湾、天河、海珠、白云、番禺等区应新建、改建或扩建馆舍，鼓励各区图书馆新建、改建或扩建馆舍时将旧馆保留作为分馆或改建为少年儿童图书馆。2020年前，区、镇（街道）图书馆馆藏纸质信息资源应当达到人均2册/件以上，年人均新增入藏纸质信息资源不得少于0.14册/件。（牵头单位：各区人民政府；配合单位：市委宣传部、市文广新局、各区委宣传部）

5. 实施镇（街道）图书馆专业化改造项目。根据《广州市公共图书馆条例》以及有关标准的规定保障馆舍建设面积和馆藏纸质信息资源，应当在常住人口达到10万以上的镇设立面积不少于1000平方米（阅览室面积不得少于600平方米）的公共图书馆分馆，其中馆藏纸质信息资源不少于3万册/件（藏书空间不少于6万册/件）、报刊不少于200种；在常住人口少于10万的镇（街道）设立面积不少于500平方米（阅览室面积不得少于300平方米）的公共图书馆分馆，其中馆藏纸质信息资源不少于1.5万册/件（藏书空间不少于3万册/件）、报刊不少于100种。镇（街道）分馆年均新增入藏纸质信息资源不得少于2000册/件。省、市、区公共图书馆所在的镇（街道）可以不设立分馆。镇（街道）图书馆每周开放时间不少于40小时，且周末必须开放。（牵头单位：各区人民政府；配合单位：市委宣传部、市财政局、市文广新局、各区委宣传部）

6. 建设图书馆延伸服务点项目。因地制宜推进村（社区）图书室或服务网点建设，全市在学校、企业、地铁站、火车站、汽车站、航空港等人口密集区域设立图书室或者服务网点350个。设置城市街区24小时自助图书馆，在地铁沿线和城市街区等人口密集区域为居民提供 24 小时自助服务。与社会相关机构合作，建立图书馆服务点。（牵头单位：各区人民政府、市文广新局；配合单位：市教育局、市财政局、市国土规划委、市城管委、市地铁总公司、各镇人民政府、各街道办事处）

7. 推进公共图书馆公益服务项目。秉持公共图书馆基本服务的公益和免费原则，开展免押金办证服务，为公众提供外借、阅览、咨询、政府公开信息的查询、讲座、展览、培训、阅读推广等服务和活动。（牵头单位：广州图书馆；配合单位：广州少年儿童图书馆、各区图书馆）

（二）均等服务保障计划

建立通借通还服务网络，构建全市统一的数字图书馆门户网站，为公众提供便捷化、数字化的图书馆服务。

8. 实施全城公共图书馆通借通还项目。提高和改善网络通信服务质量。形成广州市公共图书馆城域网统一服务界面，统一标志、统一规范、统一平台、统一物流；完善市、区两级公共图书馆信息资源通借通还服务；2020 年前实现镇（街道）图书馆通借通还；鼓励村（社区）图书室、服务点等参与通借通还。鼓励公共图书馆采用射频识别（Radio Frequency Identification，RFID）技术进行通借通还服务。（牵头单位：市文广新局；配合单位：市财政局、市质监局）

9. 实施馆际合作与共建共享服务项目。建立图书馆联盟，推进与省级公共图书馆、学校图书馆、科学与专业图书馆以及其他类型图书馆开展馆际互借、文献传递、联合参考咨询等资源共建共享服务。（牵头单位：市文广新局；配合单位：市教育局）

10. 实施"广州数字图书馆"门户服务项目。由中心馆负责建立"广州数字图书馆"门户，覆盖桌面、移动等终端设备，实现数字图书馆服务。结合"智慧广州"建设，为各级图书馆提供免费 WiFi 覆盖。实施全市公共图书馆数据异地灾备的建设工作。（牵头单位：市文广新局；配合单位：市工信委、市财政局、市交委、市地铁总公司、公交车公司、各区人民政府、各区工信委）

(三) 平等服务保障计划

为未成年人、老年人、残障人士、来穗人员、低收入人群、农村地区公众等群体提供有针对性的图书馆服务，保障其平等利用图书馆的权利。

11. 推进未成年人服务普及项目。各图书馆为未成年人设立专门活动区域和服务项目。各级图书馆的少年儿童阅览区域面积应当不低于全馆借阅服务区域面积的20%。少年儿童图书馆应当推进与中小学校图书馆的合作，通过流动站、流动车、自助借还系统等方式向中小学生提供服务。（牵头单位：各区人民政府、市文广新局；配合单位：市教育局、市民政局、市财政局、市老龄办、市关工委）

12. 实施老年人服务深化项目。各图书馆完善设施设备，充实养生、保健等方面的文献信息资源，开展针对老年人的讲座、培训等活动，逐步深化老年人服务。完善社区老年人阅读场所设施，可依托老年人活动场所开设阅览专区和设置数字阅览设施设备，为社区老年人营造良好的阅读环境。（牵头单位：各区人民政府、市文广新局；配合单位：市民政局、市财政局）

13. 实施残障人士关爱项目。各级图书馆根据国家有关标准建设无障碍环境；市、区两级图书馆开辟残障人士服务专区，优化残障人士服务。（牵头单位：各区人民政府、市文广新局；配合单位：市民政局、市财政局、市残联）

14. 实施城乡一体化服务项目。继续推进"全国文化信息资源共享工程"、数字农家书屋、"数字图书馆推广工程""公共电子阅览室建设计划"、职工书屋等重点文化工程建设。整合基层宣传文化、科学普及、体育健身等设施，建设综合性文化服务中心。市、区图书馆根据实际需求，配备流动图书车，重点为来穗人员、农村地区居民、低收入人群、未成年人、特殊群体等提供服务。（牵头单位：各区人民政府、市文广新局；配合单位：市工信委、市民政局、市财政局、团市委、市总工会、市关工委、市残联）

（四）多样化服务保障计划

推动公共图书馆开展多样化服务和深层次服务，满足公众的个性化、专业化信息需求。

15. 促进图书馆多样化服务。鼓励各级图书馆（室）根据所在区域居民的特点，提供有针对性的各具特色的空间、信息、教育培训等资源和服务。（牵头单位：市文广新局；配合单位：各区文广新局）

16. 实施主题图书馆建设项目。鼓励各级图书馆结合本地区域特点、人文环境、产业优势等因素，加强地方文献的收集、整理和保护，建立和发展岭南文化、创意设计、法律法规、动漫游戏、知识经济、自由贸易等专题馆藏或专题图书馆。（牵头单位：市文广新局；配合单位：各区文广新局）

17. 实施专题信息服务项目。市、区图书馆根据自身的馆藏范围、服务能力等特点，为公众提供专题信息服务，为国家机关决策提供信息服务，为开展地方文献与地方历史文化研究提供服务。（牵头单位：广州图书馆；配合单位：各区图书馆）

18. 实施图书馆领域的国内外交流与合作项目。市、区图书馆应当主动与市外事部门、各国驻穗机构、当地文化教育机构、友好城市图书馆等开展交流与合作，通过举办讲座、展览、阅读分享会、电影欣赏、文化表演等活动，加强国内外的文化交流。（牵头单位：市文广新局、各区文广新局；配合单位：市外事办）

三、建设六大支撑机制

（一）创新管理体制运行机制

19. 建立协作协调机制。在广州市文化基础设施建设工作协调领导小组下设广州市"图书馆之城"建设工作小组，协调组由王东副市长担任组长，冯军副秘书长、市文化广电新闻出版局局长担任副组长，成员由市发改、财政、规划、编办、人社、文化等部门以及各区政府领导组成，负责领导"图书馆之城"建设。工作小组在市文化广电新闻出版局下设办公室，负责日常工作。

各区建立总分馆体系建设协调机制。区人民政府负责建设区域总馆和镇（街道）公共图书馆，建立以区公共图书馆为总馆、以镇（街道）公共图书馆为分馆的总分馆服务体；区财政按照《广州市公共图书馆条例》等规定的要求，保障总馆与分馆的年人均入藏纸质信息资源的采购、编目和物流配送，馆舍，设施设备，日常运营等方面的财政投入；区政府统筹总、分馆的工作人员配置，分馆的工作人员由总馆统一管理。

成立广州市"图书馆之城"建设咨询委员会，由政府各职能部门及读者代表共同组成，负责为"图书馆之城"建设提供指导和社会需求方面的咨询。（牵头单位：各区人民政府、市文广新局；配合单位：市编办、市发改委、市工信委、市财政局、市人社局、市国规委）

20. 建立中心馆业务管理体制。中心馆负责全市公共图书馆业务的指导和协调、制定和组织实施全市公共图书馆统一的业务标准和服务规范、统筹全市公共图书馆通借通还服务网络、信息化管理系统和数字图书馆建设、组织全市公共图书馆工作人员专业化培训、业务统计信息发布、开展图书馆领域的国内外交流与合作。（牵头单位：广州图书馆；配合单位：广州少年儿童图书馆、各区图书馆）

21. 建立总分馆业务管理体制。在中心馆的业务指导下，区域总馆负责所属分馆的统一管理、总分馆文献信息资源的采购、编目和物流配送、制定本区公共图书馆（室）和服务网点的服务规范、负责总分馆工作人员的统筹调配、开展图书馆领域的国内外交流与合作。各区人民政府应给予相关的条件保证。（牵头单位：各区人民政府；配合单位：市文广新局）

（二）建立投入保障机制

22. 市、区人民政府应当将公共图书馆事业纳入国民经济和社会发展计划和年度计划、所需经费列入本级财政预算，使财政投入与经济社会发展、常住人口、服务范围、服务需求、服务功能等相适应。（牵头单位：各区人民政府、市文广新局；配合单位：市发改委、市财政局）

23. 市财政对部分基础较差的区图书馆事业建设给予适当补助，用于支持专门的图书馆建设项目。涉及图书馆基本资源配置，以及根据全市公共图书馆事业的发展趋势而设立的特定公共图书馆建设专项项目，由同级财政承担。（牵头单位：市财政局、市文广新局、各区人民政府；配合单位：市委宣传部、市发改委）

24. 通过统一的业务管理平台，实现各级公共图书馆之间文献信息资源共建共享。市级公共图书馆的纸质信息资源人均拥有量、年人均入藏量以及区、镇（街道）图书馆的纸质信息资源人均拥有量、年人均入藏量之和应达到《广州市公共图书馆条例》规定的标准。基本数字信息资源由市财政统一采购配置。（牵头单位：各区人民政府、市文广新局；配合单位：各区财政局、市财政局）

25. 各级人民政府根据《广州市公共图书馆条例》及《公共图书馆建设标准》（建标108—2008）、《公共图书馆服务规范》（GB/T 28220—2011）规定的标准，按照服务的常住人口每10000人至15000人配备1名工作人员，配备形式可以多样化。市、区图书馆应当结合服务时间、馆舍规模、馆藏资源数量、用户服务量等因素配备足够的工作人员。镇（街道）图书馆至少配备1名专业技术人员。市、区和镇（街道）图书馆新进管理人员和专业技术人员应具备大学本科以上学历和与工作岗位相适应的专业知识与技能。（牵头单位：各区人民政府、市编办；配合单位：市财政局、市人社局、市文广新局）

26. 支持发挥中心馆、区域总馆以及图书馆行业组织作用，以学会为平台，中心馆每年为图书馆从业人员提供专业继续教育课程不少于42学时；各区图书馆负责镇（街道）图书馆从业人员的业务培训，每年提供不少于2次、12学时的培训课程。（牵头单位：市文广新局、各区文广新局；配合单位：市财政局、市人社局）

（三）建立社会参与机制

27. 设立广州市"图书馆之城"发展社会基金。市、区人民政府可以发起设立公共图书馆发展社会基金，鼓励公民、法人和其他组织对基金进行公益捐赠，对加入"图书馆之城"服务体系的图书馆事业给予适当资助，并资助其他有利于本市图书馆事业发展的各种情形。（牵头单位：市文广新局；配合单位：市委宣传部、市财政局、市民政局）

28. 以政府为主导，鼓励社会各界参与"图书馆之城"建设。鼓励国内外自然人、法人或其他组织兴办公益性图书馆，与公共图书馆合作提供或者单独提供公益性阅读服务，各级人民政府应当依照有关法律、法规的规定给予支持。鼓励书店与图书馆合作开展阅读服务。（牵头单位：市文广新局；配合单位：市财政局）

29. 鼓励公众参与公共图书馆的运营和管理。建立和完善理事会等法人治理机构；建立文献信息资源采购咨询制度，广泛征求用户、专家以及相关行业组织对文献信息资源采购类别、数量等方面的意见；建立用户意见收集和处理机制，及时回复用户意见或投诉；公共图书馆可以向社会组织购买服务。（牵头单位：市文广新局、各区文广新局；配合单位：市人社局）

30. 大力倡导志愿者服务。建立常态化志愿服务机制，加强与志愿者服务组织的合作，根据需要组织志愿者参与公共图书馆的日常运行和服务工作，使志愿者服务成为图书馆服务的有机组成部分。（牵头单位：市文广新局、团市委；配合单位：市教育局、市民政局、市财政局、市关工委）

（四）建立阅读推广机制

31. 加强宣传工作，通过报纸、电视、电台、网络、公交和地铁站点、路标等各种方式，宣传"图书馆之城"建设在创建阅读城市、学习型社会和培育世界文化名城中的重要地位和作用，提高公众的图书馆意识和阅读权利意识，促进全民阅读，共建书香社会。（牵头单位：市委宣传部；配合单位：各区人民政府、市文广新局、市交委、市地铁总公司）

32. 重视阅读推广工作，结合每年 4 月广州读书月、书香羊城阅读月，通过推荐优秀读物、组织读书会、开展阅读辅导等形式，面向社会公众、重点面向少年儿童和青年倡导、推广阅读。（牵头单位：市委宣传部、市文广新局；配合单位：各区委宣传部、各区文广新局）

（五）建立年度考核机制

33. 建立并实施"图书馆之城"建设年度考核制度（考核标准另行制定）。制定公共图书馆考核标准，建立第三方评估机制。定期对公共图书馆的设立、管理与服务情况等"图书馆之城"建设项目内容进行考核，并将评估结果予以公布。（牵头单位：市委宣传部、市文广新局；配合单位：各区人民政府、市财政局）

（六）建立政策保障机制

34. 为配合《广州市图书馆条例》的贯彻落实，逐步完善相关配套制度，制定《〈广州市公共图书馆条例〉实施办法》《广州市公共图书馆考核标准及评估办法》《广州市公共图书馆服务规范》。（牵头单位：市文广新局；配合单位：市发改委、市国规委、市财政局、市编办、市人社局、市质监局、各区人民政府）

四、工作安排

（一）第一阶段（2015 年）

1. 起草《〈广州市公共图书馆条例〉实施办法》《广州市公共图书馆考核标准及评估办法》《广州市公共图书馆服务规范》。

2. 各区公共图书馆全面实现免押金办证。

3. 中心馆负责完成全市统一的"广州数字图书馆"门户建设工作。

4. 中心馆负责完成全市公共图书馆信息化管理系统建立工作。

5. 市少年儿童图书馆建成并对公众开放。

6. 市少年儿童图书馆推动建立少年儿童图书馆与中小学图书馆的校园智慧联盟。

7. 启动区域总分馆服务体系试点建设。

8. 越秀区建立广府文化主题图书馆或专题馆藏。

9. 萝岗图书馆新馆和从化区图书馆二期建成并对公众开放。

(二) 第二阶段（2016—2018 年）

1. 各区完成区域总分馆服务体系建设，完成 80% 以上的镇（街道）图书馆改造，实现通借通还。

2. 南沙、花都、荔湾、天河、海珠、白云、番禺等区图书馆完成新馆建设或旧馆改、扩建，越秀、海珠区的少年儿童图书馆完成改造并全面开放。

3. 推动建立主题图书馆或专题馆藏建设。

(三) 第三阶段（2019—2020 年）

1. 全市镇（街道）图书馆全部实现通借通还，建成"图书馆之城"。

2. 推动村（社区）图书室、24 小时自助图书馆、流动图书车等服务网点建设。

3. 提高公共图书馆服务效益，实现持证率、到馆人次、人均外借册次等服务绩效大幅度提升。

4. 市、区图书馆根据馆藏特点、服务范围等特点，开展专题信息服务。

5. 市、区图书馆与市外事部门、各国驻穗机构、当地文化教育机构、友好城市图书馆等建立良好合作关系，开展形式多样的文化交流活动。

（发布日期：2017 年 2 月 27 日）

深圳市"图书馆之城"建设规划（2016—2020）[①]

为贯彻落实中办、国办《关于加快构建现代公共文化服务体系的意见》和广东省委、省政府《关于加快构建现代公共文化服务体系的实施意见》《广东省建设文化强省规划纲要（2011—2020年）》《深圳文化创新发展2020（实施方案）》的部署要求，持续推进"图书馆之城"建设，提升城市文化软实力，加快建设与现代化国际化创新型城市相匹配的文化强市，制定《深圳市"图书馆之城"建设规划（2016—2020）》。

一、指导思想、发展原则和总体目标

"十二五"期间，在市、区政府的高度重视下，深圳"图书馆之城"建设稳步发展，覆盖全市的图书馆服务体系框架基本建成，图书馆总体规模稳步扩大，实力不断增强，服务能力显著提高，阅读推广活动蓬勃开展，呈现出整体推进、全面提升的良好发展态势，多项业务指标超过全国平均水平，位居大中城市前列。

---

① 本规划由深圳市图书馆授权收录。

但调查表明,"图书馆之城"建设仍然存在体制不完善、发展不均衡、布局不尽合理、服务不够便捷等问题,尤其是部分基层图书馆在建设、管理与服务中存在的各种问题已成为"图书馆之城"持续发展的瓶颈。

未来五年是我国基本建成现代公共文化服务体系的关键时期,也是图书馆事业大有可为的重要战略机遇期。"图书馆之城"建设面临着现代技术迅猛发展、信息爆炸式增长,以及读者文化需求提高与多元化的新环境,必须顺应国际、国内发展的大趋势,加快创新发展,向智慧型"图书馆之城"稳步迈进。

(一)指导思想

以邓小平理论、"三个代表"重要思想、科学发展观为指导,深入贯彻党的十八大、十八届五中全会和习近平总书记系列重要讲话精神,认真落实《关于加快构建现代公共文化服务体系的意见》,坚持以社会主义核心价值观为引领,坚持创新、协调、绿色、开放、共享的发展理念,不断提升"图书馆之城"建设水平,提高公民文化素养和信息素养,为深圳建设现代化国际化创新型城市提供强大的精神动力、智力支撑和文化保障。

(二)发展原则

科学规划,均等规范。加强顶层设计和整体谋划,完善全市图书馆设施布局,重点解决布局不均衡的问题,实现公共图书馆协调发展和基本服务均等化。

科技驱动,创新服务。促进文化与科技的深度融合,以人为本,创新服务内容和服务形式,提供专业化、多层次、智慧化的图书馆服务。

服务规范,统一协调。制定和完善统一服务标准和规范,联合协调读者服务和活动,不断提升全市图书馆服务水准。

整合资源,共建共享。进一步夯实文献基础,加强对文献信息资源建设的整体规划,提高文献信息资源保障能力。

问题导向,补短强基。重点解决基层图书馆发展与建设中的难点与重点问题,制订切实可行的改革方案。

（三）总体目标

坚持"共建、共享、互通、互联"，以优质文献为保障，以现代技术为支撑，以创新为驱动，以服务广大市民为宗旨，完善体制机制，创新服务内容与方式，到 2020 年，图书馆建设核心指标达到或超过国内同等城市发展水平，基本建成覆盖全市、布局均衡、资源丰富、技术领先、互联互通、便捷高效的一体化、现代化、智慧型"图书馆之城"，为传播优秀文化、服务城市创新、营造书香社会做出应有贡献。

二、主要任务

（一）完善顶层设计，全面推行总分馆制

1. **加强统筹规划**。要将"图书馆之城"建设纳入城市建设和文化建设总体规划。要以"立足需求、均衡分布"为原则，以服务人口数量为基本依据，兼顾现行行政管理体制，结合城市规划功能的要求，合理规划建设各级、各类型图书馆，实现图书馆基本服务均等化，促进阅读公平。

2. **全面推行总分馆制**。鼓励市、区各图书馆采取不同的方式建设分馆，并以工作制度的形式保障各种总分馆模式的顺利运行。强化总分馆管理体制，基本建成以区馆为总馆，街道图书馆为直属分馆，社区图书馆为基层服务点，其他各种形式图书馆为补充的总分馆架构。有条件的区可以突破行政区划的限制，试行按服务人口、服务半径设立直属分馆。总分馆应实现人员、经费、资源、服务的一体化管理。

（二）优化基础设施，建设调剂书库

3. **完善基础设施**。各区都应配备独立建筑的区级图书馆。加快建设光明、龙华新区图书馆。结合实施"文化东进"，加快推进坪山、大鹏新区图书馆的建设。按照《公共图书馆建设标准》（建标108—2008）逐步实现每 45 万人拥有一个中型及以上图书馆（4500 平方米以上），每 15 万

人拥有一个小型及以上图书馆（800平方米以上），每1.3万人拥有一个基层图书馆或阅览空间。稳定城市街区自助图书馆规模，优化布局，改善与更新设备，提高利用率。

4. **建设"深圳市图书馆调剂书库"**。"调剂书库"是开放式的大型文献基地，承担着保障、集散、调剂、配送文献、服务市民的任务，要全力推进"深圳市图书馆调剂书库"在"十三五"期间建成并投入使用。

5. **推进"图书馆之城"云平台建设**。加强"图书馆之城"技术发展整体规划和路径研究，优化图书馆之城"云平台"整体网络架构，增强网络数据中心、骨干节点的运行效率和安全性能。建立完善云平台监控系统和多点容灾备份系统，保障数据安全与系统运行安全。改善市、区图书馆网络基础设施，市、区图书馆之间VPN通道不低于100M，全市应达到可允许超过1000个服务点同时接入的基本要求。

（三）实施提升计划，夯实发展基础

6. **巩固提升基层图书馆阵地**。新建、改建、扩建一批基层图书馆，新建基层图书馆要严格按照国家制定的相关标准进行，未达标的应按标准进行改建、扩建，城市更新项目、社区民生工程、片区文体服务中心建设等项目应配套规划建设基层图书馆设施。

7. **提高服务效益**。制定基层图书馆服务标准，规范服务项目和服务流程，盘活资源，促进基层图书馆由数量扩张向质量提升转型，从提供文献服务向多元化服务转型，分期分批将基层图书馆纳入总分馆体系进行一体化管理。通过各种途径发展读者，培养阅读需求，开发基层阅读人口，提升图书馆利用率。各区可根据实际需要配备一定数量的流动图书车，开展流动借阅服务。在工业区、社区、学校等地建立馆外流动服务站，提供集体外借，填补空白，消除盲区。

8. **创新建设管理模式**。创新办馆模式，采取"图书馆+"的方式，引导社会资源参与基层图书馆建设，解决基层图书馆设施差、生存难的问题。创新运营模式，通过与社会组织的广泛合作，激活现有基层图书馆资源，提升服务能力。各区可试行基层图书馆的委托运营和购买服务。

（四）共建共享文献，提高保障能力

9. **丰富馆藏文献**。至 2020 年，全市人均公共图书馆图书藏量不低于 2.4 册。市级图书馆外借文献年更新率不低于 10%，区级图书馆外借文献年更新率不低于 8%。市级图书馆年新书采购品种数应占全国新书总品种数的 50% 以上。提高数字资源的采购比例，市级图书馆数字资源采购比例应超过 20%，提升"图书馆之城"数字资源服务与保障能力，满足数字阅读、移动阅读和科研需求。加强特色资源建设总体布局与协作协调，形成 20 个以上特色图书馆。实施中小学图书馆"常青藤"计划，条件成熟时，纳入"图书馆之城"互通互联。打造 10 个以上中小学特色图书馆。

10. **完善文献资源协调与保障机制**。持续推进全市特别是市级图书馆纸本文献的采购协调，依托"深圳市图书馆调剂书库"项目，加强文献存储、利用、调配的全市协同，发挥存量文献效能，构建完善市、区两级文献资源保障体系。完善全市公共图书馆数字资源协调采购与合理利用机制，推进数字资源的联合采购、协同保存与利用。建设分布式资源库群，实现共建共享。建立"图书馆之城"文献资源元数据控制中心，实现纸本与电子资源的统一揭示。

11. **开发全媒体地方特色资源**。整合本市优秀文化资源，共建共享特色数据库。重点推进"深圳记忆"专题资源建设项目，制订"深圳记忆"建设方案，收集、保存有关深圳的文献资源，包括纸质、数字媒介以及多媒体等。

（五）运用"互联网＋"思维，服务城市创新

12. **打造"微图书馆之城"**。运用网络与移动互联技术，构建多元化图书馆服务平台，包括网站平台、移动服务平台、电话语音平台等。升级全市统一的馆藏查询系统（OPAC），开展推送式服务、互动式服务、动态式服务。市、区图书馆共同打造以统一服务平台为基础，以多样化"微平台"服务为主体的"微图书馆之城"，推进数字资源"微阅读"、阅读推

广"微互动",为市民提供更丰富的服务项目、更多样的服务方式和更贴心的服务体验。

13. **拓展"深圳文献港"功能**。以"深圳文献港"为依托,连接一切可用资源,持续扩大资源总量,完善图书馆之城数字资源服务平台。引入知识服务系统,提高学术研究的服务深度,强化联合参考咨询能力。建立"深圳文献港"服务效能检测与定期评价机制,为各成员馆资源采购、服务组织提供科学依据。

14. **加强大数据技术应用研究**。坚持以"大数据"思维规划、引进、研制系统平台,大数据技术研究与应用位居国内前列。研制深圳市"图书馆之城"数据分析与监控平台,在"图书馆之城"统一技术平台框架下建立常态化的业务数据自动采集、挖掘机制,全面推进图书馆服务数据可视化。依托读者数据分析,增强个性化服务,推进图书馆管理与服务向智能化、个性化方向发展。

(六)推动全民阅读,构建书香城市

15. **全力推广全民阅读**。培育全民阅读理念,以"促进学习、传播文化、让阅读无所不在"为宗旨,开展多样化、差异化、特色化、品牌化的阅读推广服务。积极运用"互联网+"开展阅读推广,建立多媒体网上阅读学习环境,通过各种移动终端支持市民随时随地阅读。引入新媒体等现代信息技术,策划、开展形式多样的阅读与文化活动,增强阅读体验。重点关注并满足少年儿童、老人、残障人士和劳务工等特殊群体的阅读需求。

16. **建立长效阅读推广保障机制**。组建"图书馆阅读推广联盟",组织开展统一的年度大型阅读推广活动,打造深圳阅读品牌。承办政府组织的全民阅读活动项目,协调全市各级图书馆积极参与读书月活动。建立集阅读、互动、信息发布于一体的"图书馆之城"阅读推广和服务平台,宣传推广阅读活动,共享活动资源。培养阅读推广人和文化义工,加强阅读推广的社会化合作,鼓励企事业单位、其他组织和个人赞助公益阅读活动,捐助阅读设施、设备和阅读资源,营造人人参与、社会共享的全民阅读新生态。

17. **加强阅读研究**。建立全市阅读活动案例数据库,进行阅读推广数据分析,发布阅读报告。组织开展书目推荐和优秀图书评选活动,打造具有影响力的品牌。发挥好深圳市全民阅读研究推广中心的积极作用。

(七)开展多方合作,促进国际交流

18. **增进跨区域合作**。加强与珠三角地区、深莞惠汕河图书馆之间的交流合作。借鉴港、澳、台地区以及先进国家图书馆的经验,开展比较性研究。积极参与国家、省级项目的研究与应用,提升"图书馆之城"的影响力。

19. **积极开展国际交流**。加强与联合国教科文组织(UNESCO)、国际图联(IFLA)、美国图书馆协会(ALA)等世界性、区域性国际组织的交流与合作。争取双边或多边国际交流与合作项目,加强国外图书馆事业成功经验在深圳的适应性研究。开展国际化图书馆服务、国际图书馆标准与规范等专业内容的研讨交流,提升"图书馆之城"国际化水平。

三、保障措施

(一)加强政策引导和法规保障

在《深圳市"图书馆之城"建设规划(2016—2020)》的指导下,研究制定"图书馆之城"建设实施意见等系列政策,从制度层面为"图书馆之城"的持续发展提供保障。修订完善《深圳特区公共图书馆条例》(以下简称《条例》),加强《条例》与国家公共文化建设重大政策以及地方相关政策的衔接,为建设现代化的"图书馆之城"提供法律支撑。

各区要根据实际,制定或修订支持"图书馆之城"建设的新政策、新措施,已经制定的实践证明可行、成熟的政策措施,应加大实施力度。

（二）明确责任主体和工作职责

深圳市文体旅游局是"图书馆之城"建设的牵头部门，要加强对"图书馆之城"建设的统筹协调和组织推动，制定发展规划和相关政策，统筹推进市、区图书馆发展项目。

深圳图书馆是"图书馆之城"建设的龙头馆和中心馆，负责总体策划和推进落实"图书馆之城"建设相关工作。

各区要结合"图书馆之城"建设规划，制定实施方案或专项行动计划。要保障图书馆建设场地和馆舍，确保图书馆馆舍、专用设施的使用权，已被挪用或占用的要及时收回。

发挥"深圳市公共图书馆馆长联席会"的积极作用，协商推进"图书馆之城"建设的具体业务事项。

（三）建立健全财政保障机制

要进一步加大对图书馆的投入，按照基本公共文化服务标准，落实图书馆提供基本公共文化服务项目所必需的资金。财政投入应重点向基层倾斜，基层图书馆设施、资源、人员及后续运营费用列入相应财政预算，各区财政用于基层图书馆的经费应由区图书馆统一管理和分配使用。"图书馆之城"整体网络、服务平台、覆盖全市的重点资源建设等重大项目，通过政府投资渠道向发改部门申请立项，财政部门根据重大项目的资金需求予以统筹安排、优先保障，纳入相关单位部门预算。各区有关总分馆建设、统一服务网络建设、统一采编组织、统一规范管理、大型阅读推广活动等重大项目，也应采取同样方法进行立项申请，由区级财政部门做好资金保障工作。

（四）探索多元化投入机制

继续完善鼓励社会力量参与图书馆事业的扶持和资助政策，形成有利于社会公众参与图书馆建设的激励机制。利用社会资源共建、捐建基层图书馆，鼓励社会资金投入、参与公共图书馆服务，探索多种形式的基层图书馆管理和运营模式，实现服务供给多元化。鼓励扶持企事业单位开办面向公众开放的图书馆。

（五）加强绩效考核评估

修订《深圳市基层图书馆（室）达标定级评估标准》。建立读者评价和反馈机制，制定读者满意度指标。建立由建设主体、服务对象和第三方评估机构组成的现代公共图书馆服务体系综合性评估团队，增强图书馆服务评价的全面性和客观性。建立和完善总分馆服务绩效考核机制，制定绩效考核要求和细则，总馆负责对分馆实施常规考核。

（六）加强队伍建设

根据图书馆所服务的人口、开放时间、服务项目合理配备工作人员，保证图书馆工作的正常运行。创新用人模式，通过购买服务、社工、志愿者等多种形式，充实图书馆队伍。基层图书馆人员由总馆按岗位的专业要求统一招聘，执行培训上岗制度，基层图书馆人员的年培训时间不少于5天。完善考核制度与激励机制，奖勤罚懒。提高基层图书馆人员的待遇，稳定队伍。优化队伍结构，全市图书馆大专以上学历人员应占在岗人员总数的80%以上，具有高、中级职称的专业人员应占在岗人员总数的70%以上。实施英才计划，积极创造条件，组织图书馆专业人员参与国际性专业会议和互访交流，培养学科带头人。

（发布日期：2016 年 8 月 15 日）

珠海市公共图书馆事业发展"十三五"规划①

第一章 总则（略）
第二章 现状分析与经验借鉴（略）
第三章 理念与定位

一、发展理念

发展愿景：桥接公众与世界智慧，添蓝色珠海光彩，增科学崛起动力。

珠海市公共图书馆将作为公众与世界信息智慧连接的桥梁，将以汇聚中外知识信息为基础，积极传播全球高新科技成果，营造宜居、宜业城市中的多元文化空间，打造全民终身阅读的书香之城。

发展理念："十三五"期间，珠海市公共图书馆在秉承"人本、普惠、开放、包容"的传统公共图书馆理念的同时，也将接纳和贯彻"协同、创

---

① 本规划由珠海市图书馆授权收录。

新、敏捷、高效"的现代智慧图书馆发展理念，打造具有珠海城市特色的先进公共图书馆服务体系。

（一）人本与普惠

以人为本，是科学发展观的核心。公共图书馆是公共文化服务体系的重要组成部分，公共图书馆服务是实现和保障公民基本文化权益、满足广大人民群众基本文化需求的主要形式与内容。构建公共图书馆服务体系，必须坚持普惠性理念。珠海市公共图书馆必须坚持公平普惠理念，保障公众无障碍、平等获取信息、知识、参与相关文化活动的基本文化权益，充分发挥无身份歧视和关爱弱势群体原则，向公众提供普遍、均等、优质、免费、惠及全社会的图书馆服务，满足全社会基本的阅读需求。珠海市公共图书馆作为战略的实践者，更加要以"人本"作为首要的理念。

（二）开放与包容

"开放"是现代公共图书馆的核心理念。图书馆承担实现和保障公民基本文化权利、缩小社会信息鸿沟的使命，公共图书馆开放理念应随着社会发展与技术水平提高而与时俱进。当前正处于信息技术迅速发展的时代，珠海市公共图书馆应采用先进的移动互联网技术、大数据技术等践行开放理念，提高珠海市公共图书馆的开放性，使得珠海市公共图书馆随时随地在用户身边。珠海市公共图书馆不仅强调在设施设备、空间环境布局和管理制度等方面，较好地体现"包容"的理念，同时在对待每一位用户、国际国内同行业及其他社会群体方面也秉承"开放包容"的服务和发展理念。如强化特殊群体关怀服务，定期收集、整理、发布和更新特殊群体能够享受到的公共文化服务信息；完善服务网点布局、加强无障碍设施建设，有针对性地向特殊群体提供文化展览、文化讲座和培训等。同时对各类馆藏，对用户和职工，对异域文化，都以平等、友善、互助、合作的姿态包容、接纳、海涵和尊重，展现珠海包容性城市特质。

（三）协同与创新

公共图书馆作为社会公共文化服务的重要机构，它并不是孤立存在的，尤其是当今信息互联社会，公共图书馆向智慧图书馆转型，公共图书馆也必然与图书馆内外人和组织产生联系。珠海市公共图书馆发展规划需要与珠海市的发展战略相适应，图书馆的资源和服务更要与社会企事业单位共同合作、共建共享。珠海市公共图书馆与读者的互动更加频繁，读者参与度提高，构建起与用户实现良好沟通、协同发展的新型关系。同时，珠海市公共图书馆必须坚持创新驱动发展战略，以现代科技为支撑，以现代管理为手段，以全面满足人的文化需要为目的，重视科技工作，把科技创新放到图书馆发展全局的重要位置，推动人文与科技的融合，努力营造温馨和谐时代感的图书馆文化氛围。

（四）敏捷与高效

珠海市公共图书馆在发展转型中，要灵敏感知用户需求，快速作出反应，为用户提供便捷的服务。这需要对珠海市公共图书馆的管理架构和服务体系进行重构，并采用更先进的管理系统和技术。同时，要合理地利用现有资源，兼顾图书馆服务的效率和效果，包括强化服务意识，规范服务行为，完善工作机制，营造良好的工作和服务环境，打造高效服务团队，创新服务手段，提升图书馆服务品质。

二、发展定位

珠海市公共图书馆将积极借鉴国内外城市公共图书馆体系建设的先进理念和经验，发挥珠海的城市文化优势，形成为创新城市、宜居城市、生态城市建设服务的公共图书馆体系，最终推动书香之城建设。

（一）营造多元文化空间

珠海市公共图书馆利用图书馆的物理空间和网络空间，汇聚世界文化资讯，开展市民文化活动，营造城市特色文化氛围，满足多元化社会群体的文化生活的需求；促使图书馆融入宜居、宜业城市文化生活圈，成为珠海宜居、宜业城市中的"第三空间"。

（二）汇聚中外知识信息

以珠海市生态发展之路为依托，利用毗邻港澳、辐射东南亚的地理优势，汇聚中外文献信息资源，建立具有珠海特色的绿色生态、海洋文化、高新科技为主体的知识资源，提高公众对生态发展的认识和认同，夯实珠海生态发展之路。

（三）传播高新科技成果

发挥图书馆作为城市知识中心的优势，积极配合珠海市"现代产业体系"发展；建立高新技术产业信息服务平台，建立高新科技成果馆藏及传播服务体系，为政府、企业和科研机构提供专题产业信息咨询服务，助力后发优势发挥，实现科学崛起。

（四）推动全民终身阅读

担当社会阅读推广的主导角色，倡导全民阅读，大力推广纸质阅读与电子阅读，使阅读成为珠海公众主要的文化生活；以全民阅读带动全民终身学习，提升全民素质和创新能力；整合珠海市公共图书馆资源建立全方位的城市图书馆服务模式，全面打造全国知名的书香之城。

三、总体目标

总体目标：在珠海市发展战略和发展规划的指导下，发挥毗邻港澳、辐射东南亚的优势，借鉴全球城市公共图书馆建设的先进理念和经验，通过"十三五"时期5年的发展，建立便捷、高效的城市公共图书馆服务体系，形成珠海创新型宜居城市建设的重要公共服务支撑，全面达到广东省对珠三角地区图书馆体系指标要求，并在全国形成独具特色的管理和服务模式。

基本原则：按照"模式创新、设施先行、整合资源、凸显特色"的原则，通过整合现有全市各级公共图书馆资源，加强全市公共图书馆软件硬件投入，在馆舍空间、硬件设施、经费投入、人员素质、馆藏资源、服务体系和服务效益等方面形成高效、灵活的公共图书馆服务体系，为市民提供便捷、高效的公共图书馆服务，提升珠海城市文化品位，助力珠海创新发展。

阶段性目标：为了支撑和实现珠海市公共图书馆建立便捷、高效的城市公共图书馆服务体系的总体发展目标，珠海市图书馆事业发展将围绕总分馆模式、馆舍建设、服务经济建设、珠港澳公共图书馆联盟、社会力量参与、先进技术手段、人才梯队、总体服务水平、全民阅读九个分目标展开。

根据国家和广东省基本公共文化服务实施标准（2015—2020年）要求，广东省需要在2018年率先实现公共文化服务体系的目标，珠江三角洲地区基本公共文化服务要在2017年前全面达到或超过省级标准，珠海市公共图书馆事业发展目标的实现也相应地分成两个阶段：

（1）2016—2018年，完成广东省要求的图书馆事业发展各项指标，馆舍建设全面启动，总分馆模式已初步完成，专业特色图书馆建设启动；与港澳地区图书馆事业合作交流渠道全面建立；社会力量参与公共图书馆事业取得显著成效，社区书店成为公共图书馆事业的重要补充；图书馆整体服务水平显著提升，数字化、智能化图书平台建立，在服务产业发展、服务市民需求方面具备省内一流图书馆水平。

（2）2019—2020年，图书馆服务达到珠三角领先、国内一流水平，全市图书馆总分馆高效运作，区、镇、村各级图书馆配置完备；专题特色图书馆在粤港澳地区具备一定的影响，并能依托各类图书馆资源与港澳实现资源共享共用；图书馆数字资源建设及智能化管理平台全面完成，能满足市民对现代阅读方式的需求；各级图书馆人才队伍、管理机制建设方面规范化，能为全民阅读的书香之城建设提供有效支撑。

第四章　实施扁平型总分馆模式

策略1：率先实施扁平型"总分馆"模式

行动方案：

（1）以珠海市图书馆为总馆，建设扁平式"总分馆"模型。珠海市公共图书馆服务体系初步建成以位于香洲区的珠海市图书馆新馆作为总馆、以香洲区的珠海市儿童图书馆以及分布在各区的基层图书馆为分馆的"总分馆"服务体系。分馆建设不以行政区划为限制，统筹考虑行政区域、人口分布、文化传统等因素，按照城乡一体、全面覆盖、方便利用的原则，采用新建、改建、租赁、整合等多种方式，形成多类型的分馆，且各分馆的建设与公共文化基础设施建设规划中的市民文化艺术中心布局配套。2020年前计划建设1个总馆、1个儿童图书馆，建设31个分馆和200余个村（社区）延伸服务点。

国务院批准的《珠海市城市总体规划（2001—2020）》对于城市发展指标体系的要求中明确规定，到2020年达到10万人拥有1个文化图书馆。按照上述规定，结合珠海市行政区划分布及其人口分布特点，拟在珠海市的香洲区、金湾区、斗门区分别建设17个分馆、7个分馆、7个分馆。其中，香洲区的17个分馆包括中心城区10个分馆、横琴新区3个分馆、科教城3个分馆、一般中心镇1个分馆；金湾区的7个分馆包括西部生态新城5个分馆、海港城2个分馆；斗门区7个分馆包括富山城3个分馆、一般中心镇4个分馆。同时，在人口集中的大型社区设立社区分馆。珠海市公共图书馆总分馆架构如图4—1所示。

在全市的318个村居/社区建设图书流通站（含农家书屋），在5000人以下的村/社区，结合"农家书屋"建设设置图书流通站，在学校、部队、企业等单位内设置流通站，在城市街区及人流密集的公共场所、商业设施、交通枢纽规划设置24小时自助图书馆。

（2）在珠海市公共图书馆服务体系建设的筹备和组建阶段，成立公共

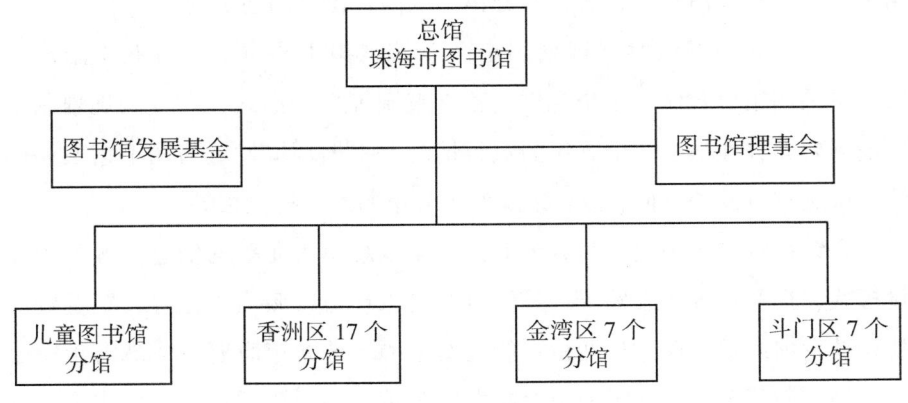

图4—1 珠海市公共图书馆总分馆架构图

图书馆服务体系建设管理小组,管理小组由政府和政府相关部门领导、公共图书馆领导等主要责任主体负责人组成,对珠海市公共图书馆服务体系建设进行计划、协调、推进和落实:

计划是指对珠海市公共图书馆服务体系在图书馆相关制度、馆舍建设、技术规范、人员、财务、文献和硬件资源等方面建设和发展的短、中期计划。

协调是指筹建小组对总馆和分馆等属于不同财政投入主体的图书馆之间,在对相关制度、服务体系、技术规范、人员、财务、文献和硬件资源等方面进行规划、推进、建设和落实时进行的沟通和调节。此外,筹建小组还应担当珠海市各级文化部门和图书馆业界之间沟通的桥梁,为相关制度的建立和业务的开展创造有利条件。

推进是指按照珠海市公共图书馆服务体系建设的规划和时间表,推动各级图书馆在相关制度、馆舍建设、服务体系、技术规范、人员、文献和硬件资源等方面建设的发展。

落实是指按照珠海市公共图书馆服务网络建设的规划,各级图书馆在相关制度、馆舍建设、服务体系、技术规范、人员、文献和硬件资源创造条件,并进行监督和评估。

(3)珠海市公共图书馆服务体系中,赋予总馆相应的权责,如承担全市公共图书馆的发展规划制定、馆藏资源集中建设与分配、组织工作人员培训及安排重大活动等,实行总分馆系统内各馆之间通借通还。

全市公共图书馆发展规划制定由总馆承担主要责任,每五年制定一次,可采用馆校合作、馆企合作或独立编制等多种形式,在发展规划制定之前需要充分评估上一个五年的执行情况,根据环境发展与图书馆发展趋势,确定重点发展方向,为总馆及各个分馆的发展提供指导。

在馆藏资源集中建设与分配上,建立以总馆为龙头的信息资源集中建设模式,提升资源建设效率。具体目标是以珠海市政府为主导,配置资源建设的专项经费,保障长期稳定的经费来源。珠海市政府责成珠海市图书馆总馆,制定全市公共图书馆馆藏发展政策,确保资源建设的稳定和持续发展;承担全市信息资源建设的核心职能,统一采购、编目、加工和组织,对纸质文献进行符合分馆特色和读者需求的合理配置,由各分馆分工收藏;总馆对数字资源进行统一采购配置,方便用户在市内任一公共图书馆及全市使用。

总分馆通借通还制度,由总馆承担统一配置图书、报刊资源的物流管理,在区域文献流通中充当"中转站",读者在各个分馆或是流动服务点归还的图书,由总馆统一中转,配置还回各个分馆。

策略2:建立服务体系发展基金以统筹各级各类资金

行动方案:

(1)建立公共图书馆服务体系发展基金,统一用于保障全市公共图书馆服务体系的运行与发展,基金主体按照市财政管理体制的事权责任与支出责任进行承担。

(2)争取市、区政府在建设资金上的大力支持,尽快建成全市公共图书馆服务体系。由于以往珠海市公共图书馆建设相对落后,区级图书馆尚未完善,街道和乡镇的图书馆普遍缺失。因而,在现阶段的五年规划内,政府需要特事特办,根据建设规模制定可行性报告来确定用于总馆和分馆基础设施建设(馆舍和设备)的费用,安排专项预算。每年投入一定的经费确保图书馆服务体系的正常运行,以弥补原有基础的不足,从而快速拓展珠海市公共图书馆服务体系的规模和服务效益。

（3）政府以固定经费和专项经费的形式保障文献购置经费的稳定投入，将人均馆藏量提高到1.8册，人均文献购置经费提高到4.89元左右，文献购置经费增加到881万元左右，馆藏总量增加到324万册。文献购置经费由市财政统一配置，保障每年有一笔固定经费和相对稳定的专项经费做支撑，保证资源建设的稳定和持续投入。

（4）在公共图书馆考核标准中加入图书馆经费投入的评价机制，实际的评估采用第三方评估的方式，如与公司或高校合作对珠海市公共图书馆的经费投入与产出进行评价并提交评价结果报告。

策略3：成立与法人治理相适应的公共图书馆理事会

行动方案：

（1）研究和选择与总分馆模式相适应的法人治理制度或模式。首先，这种法人治理制度应该通过法定"章程"进行运行和管理，因此在开展法人治理试点或正式实行法人治理制度时，应先起草法人治理的相关规定和章程并获得表决通过；其次，在决策层建立理事会制度及管理层实行馆长负责制。

（2）组建以政府和行政管理部门领导（市、区、镇三级）、图书馆学专家或行业代表、市民代表、图书馆领导等组成的公共图书馆理事会。

（3）在《国家基本公共文化服务指导标准》《广东省基本公共文化服务标准（2015—2020年）》《公共图书馆服务规范》等基础上，由公共图书馆理事会规划及启动珠海市图书馆服务体系的标准化建设，包括业务标准、评价标准、保障标准等。此外，也由公共图书馆理事会对公共图书馆服务体系建设的发展规划和年度计划进行审议和决策。

策略4：以立法保障公共图书馆服务体系的可持续发展

行动方案：

（1）以课题研究形式尽快立项启动珠海市公共图书馆方面的立法工作，按立法程序申报立项。规定公共图书馆事业纳入国民经济和社会发展规划和年度计划、所需经费列入本级财政预算，使财政投入与经济社会发展和公共图书馆的服务人口、服务范围、服务需求、服务功能等相适应。

（2）向社会各界，如各级政府相关领导、图书馆界专家学者、相关组织机构、市民等征求珠海市公共图书馆条例草案的征求意见，根据社会各界的立法建议对草案进行修改和完善。

（3）争取尽快启动法规立项申报程序。

（4）通过立法倡导在商品房住宅物业管理机构铺开基层服务网点。各城乡规划主管部门应根据《城市社区服务站建设标准》（建标167—2014），制定当地新建住宅物业社区公共服务用房配建标准，并根据社区实际情况统筹规划。原则上1000户（套）以下的社区按600平方米（建筑面积，下同）、1000—2000户（套）的社区按600—800平方米、2000—3000户（套）的社区按800—1000平方米、3000户（套）以上的社区按1000—1300平方米的配建标准执行。在社区公共服务用房中应规定一定比例的面积用于公共图书馆服务。

第五章　加强馆舍建设

策略1：以高标准建设珠海市图书馆新馆和珠海市儿童图书馆馆舍

行动方案：

（1）参照国内外城市图书馆建设标准和规模，规划建筑面积为4万平方米以上的珠海市图书馆新馆舍。

馆舍面积计算依据与方法：据珠海市"十三五"规划，到2020年末珠海常住人口为180万，而广州、深圳、苏州、中山、佛山等城市公共图书馆的每万人建筑面积的平均值为223.05平方米，故可根据常住人口与平均每万人建筑面积得出珠海市图书馆的建筑面积为4万平方米（223.05平方米/万人×180万人＝40230平方米）。所以，为了满足珠海市图书馆的未来空间发展需要，新馆舍的规划建筑面积至少达到4万平方米。

（2）新建建筑面积在1.35万平方米以上的珠海市儿童图书馆。

根据珠海市人口年龄结构分布进行计算：2020年珠海人口为180万，中心城区的人口约为105万，利用2009年和2010年的占比平均值为依据进行计算，得到 0—14 岁人口规模为：180 ×（15.25% + 13.5%）÷2 = 26 万，根据《公共图书馆建设标准》中规定的在 100 万—150 万规模的服务人口区建筑面积应该控制在 13500—20000 平方米，由此估算珠海市儿童图书馆的面积在 13500 平方米左右。

策略 2：优化市图书馆的空间布局

行动方案：

(1) 在珠海市图书馆新馆建成之前，优化当前珠海市图书馆的功能和空间。调整思路包括：对市图书馆重新进行空间优化布局与功能区域划分，尽快搬迁"城市规划成就展览厅"，恢复图书馆服务功能；实施图书馆建筑改造工程，在现有基础上，重新规划内部功能布局，通过对利用率较低的或不外借馆藏进行闭架，扩大藏书和读者服务面积，以提供更多空间。

(2) 通过调整珠海市图书馆的馆藏布局，发挥现有空间的最大效益。

调整方案可包括：将原工具书和地方文献阅览室建成为密集书库，临时实行不常用文献的闭架管理和服务，直至新馆建成；对于工具书和地方文献馆藏、出版五年以上的图书、无人借阅的图书、过刊过报等归入临时密集书库进行管理和服务。在实际运作中，发现密集书库中借出率较高的书，可以重新返回流通书库；在图书馆入口大厅设置融合新书书库和自助服务功能的新书借阅区域，不但利用了图书馆首层大厅的大片空间，更为用户集中提供最新的知识和最便捷的服务；原展览区域待收回后，可以重新规划成为流通书库。

策略 3：以新建、扩建或租借馆舍的方式迅速建设一批基层分馆

行动方案：

(1) 分馆与总馆同时推进，分馆先行，以快速形成规模效应。

服务体系效益的发挥，一方面取决于总馆的完善和发展，因而珠海市图书馆作为总馆，应该在馆舍、人员、物资等方面有所提升；另一方面，分馆建设先行，充分利用已有的资源，以租赁场馆、旧址扩建等方式快速布点，并尽快规划和新建一批馆舍，使服务体系得以全面铺开。

（2）以自建、购买、租赁或社会力量建设的方式建立分馆馆舍。

（3）落实法定责任，实现社区（村）文化设施达标，结合"五有"工程，建设综合文化活动室、公共图书阅览室、公共电子阅览室，以同时落实公共图书馆服务体系建设中基层服务体系建设和基本文化设施的责任。

策略4：灵活采用多种方式逐步建设图书馆延伸服务网点

行动方案：

（1）融合社会力量，与学校和商业机构以共建方式合作拓展新服务网点。

（2）将图书馆与外界合作建设的社区图书馆作为主要的延伸服务点之一。首先，借鉴新加坡、中国香港经验，政府给予政策和资金支持，在人流密集区选择意向合作商业机构，设立"便利店"式图书服务网点；其次，可以结合村居社区各类活动室共建图书服务点的方式作为图书馆延伸服务点。

（3）发展基于智慧图书馆的自助服务区作为服务点建设的主要方式之一，提供文献自助服务和第三空间。

（4）继续发挥流动图书车的优势，在人流量较高或人口密度较低的地方，设置延伸服务点。

（5）根据住宅和商业区公共图书馆服务场所的特点，以村、社区图书室、农家书屋、流动图书车、24小时自助图书馆和其他服务点为主要服务方式。

策略5：建设绿色环保和景观特色鲜明的图书馆馆舍

行动方案：

（1）围绕绿色环保的理念新建馆舍。通过公开招标方式以标准、高水平、高品质的设计理念建设绿色环保图书馆。这种绿色环保理念体现在新馆设计和使用的建筑材料上，如室内透光设计上充分利用自然光、并尽可能利用节能灯；在建筑屋顶安装太阳能吸收和转换装置为图书馆提供能源，同时也可以在屋顶种植绿色植物等。

（2）建设个体风格相异、整体特色鲜明的城市图书馆建筑景观群落。珠海市公共图书馆服务体系中的各图书馆馆舍，作为反映珠海城市面貌、发展特征和文化底蕴的载体，可通过馆舍外形的设计打造城市"招牌"，具体可结合图书馆所在的地理位置、历史背景或用户群体特征，形成个体风格各异、整体特色鲜明的城市图书馆建筑群落景观。

第六章 提高服务经济建设能力

策略1：建立适应产业体系的主题分馆和馆藏

行动方案：

（1）增加更新频率快、及时反映最新技术和科技发展动态的期刊、会议和学位论文、专业咨询报告等类型文献，提供高科技企业在创新过程中所需要的政策法规、专利、标准、行业、市场等相关信息。

（2）针对珠海市产业发展体系的需要，建立特色商情数据库，采集通用航空、轨道交通、节能减排、石油化工、清洁能源、集成电路、智能电网、文化创意、高端物流、生态渔业、特色种植业、生态农业旅游等行业数字信息。

（3）在横琴、高栏、高新区分别建立以高端服务业、高端制造业、高新技术产业以及特色海洋经济和生态农业为主题的分馆，重点收藏相关行业研究报告、企业与产品名录等文献资源。

策略2：开展专题信息服务和专题交流活动

行动方案：

（1）实时监控报纸、杂志、门户网站、论坛BBS、博客、微博等信息源，为企业提供动态性的舆情分析报告。

（2）为企业提供竞争对手以及市场营销、企业运营、产品服务、资本市场等竞争情报服务，帮助企业制定科学的战略决策。

（3）为出口型企业提供标准信息检索咨询服务，使企业快速实时掌握进出口国的技术标准、检验检疫制度手段以及各项法规。

策略3：建立能为企业提供深度服务的信息服务团队

行动方案：

（1）设立紧贴自贸区发展的行业专家馆员，利用其图书情报的专业知识和自贸区相关专业的背景知识，跨越内部、外部边界建立各种合作关系，更准确、全面、深入地把握企业的问题，提供更专业的咨询。

（2）建立学科馆员与自贸区领域专家的联合参考咨询制度，为珠海市产业发展定制具体的咨询服务计划，实现图书馆信息资源、专业知识与咨询服务人员、网络平台的有机整合。

（3）设立专业图书馆员，针对企业个性化或较为复杂的检索咨询，为企业专门设计信息检索方案（包括需检索的数据库、检索词、检索策略等内容），预约读者到馆进行有针对性的辅导和信息检索培训，提高企业用户的信息检索实战技能。

策略4：跟踪企业信息需求创新服务内容和方式

行动方案：

（1）主动介入到企业新产品、新技术等重点项目的科研立项、研发过程、项目投产、市场预测中，开展多层次、多形式的信息定题推送服务，及时提供有关项目申报、项目研发、产品投放、市场追踪、信息预警等全方位信息。

（2）利用新型服务工具和平台，运用信息推送、手机平台、博客、实时参考咨询等服务模式，及时掌握企业的最新需求，提供高效率信息服务。

（3）构建包括平台统一检索、机构仓储、文献请求、个人图书馆等内容的企业情报服务平台，通过集成服务为企业不同层次的用户提供全方位的情报服务。

（4）创建青年创业交流平台，以创客空间、年会、研讨会、沙龙等多种形式开展交流活动，为创业者提供主题信息服务。

第七章　加强珠港澳公共图书馆合作与交流

策略1：积极推进珠港澳公共图书馆合作

行动方案：

（1）进一步加强与广东省图书馆及周边大城市图书馆（如广州、深圳、佛山）的共享合作，实现资源共建共享和通借通还。

（2）建立珠港澳三地公共图书馆区域合作机制，包括：组织机构、管理委员会、制度与实施、运作管理、资金与利益分配等；推动公共图书馆服务管理标准衔接。

（3）积极建立珠港澳联合参考咨询网络，和香港及澳门公共图书馆合作开展虚拟参考咨询服务。在自建数据库的基础上，尝试探索建立珠港澳中西文数字资源共享服务平台，促进中西文化汇聚，开创三地合作共赢新局面。

（4）构建以公共图书馆为依托的珠港澳文化旅游黄金路线。重点引进港澳投资发展珠海本土文化与中华传统文化旅游业务，把珠海打造成为港澳居民重要的文化旅游目的地。

策略2：建立三地公共图书馆人才交流机制

行动方案：

（1）建立珠港澳三地的交换馆员制度，三地公共图书馆互派交换馆员，促进三地图书馆对彼此业务流程、服务手段、技术方法等深度交流与合作。

（2）加强珠港澳三地馆员的学术交流和互访活动，举办珠港澳图书馆网上业务知识讲座，培养、提高图书馆员的业务知识和技能，邀请国内外著名图书馆专家讲课，在获得各地的版权许可下，将录像在三地图书馆网站发布和提供下载，供馆员学习。

策略3：联合开展多种图书馆业务和读者服务活动

行动方案：

（1）联合香港和澳门图书馆共同举办主题读者活动，共同响应国际重要阅读活动，扩大国际影响力。

（2）开展珠海本地文化读者推广活动，吸引更多香港和澳门读者，促进多元文化建设。

（3）丰富海洋文化、留学文化、重商文化、特区文化等特色馆藏，建设特色数据库，实现珠海和港澳文化的交融。

第八章 吸引社会力量参与建设

策略1：完善社会力量支持公共图书馆的机制

行动方案：

（1）创新图书馆发展理念，通过事件营销、精准营销、大数据营销等多种方式积极宣传图书馆事业的价值，及时发布有关图书馆的消息、动态，增加公众对图书馆的认知和了解，主动吸引社会力量对图书馆事业的投入，积极寻求社会合作渠道。

（2）设立图书馆外联部或相关工作小组，包括设立专门的募捐办公室。工作小组的职责包括从图书馆利益相关者视角出发，分析珠海市公共图书馆社会合作机构数量、分布和特征等方面，合理规划合作机构的类型、数量、所在行业等，按照重要性程度和合作可能性大小，分别指派专人负责与相应的合作机构开展合作洽谈并尽力挖掘潜在合作者，逐步扩大合作范围。

（3）建立公开、透明的运行与监督机制，每年设立可行的筹捐目标，及时充分地向社会公布需求、资金预算、主体要求、购买方式、绩效评价标准等信息，定时向捐助人报告捐赠物资运营效果，提高社会力量参助图书馆事业的公信力。

策略2：鼓励社会力量多方式参与公共图书馆服务体系建设

行动方案：

（1）鼓励个人、企业、非营利组织等社会力量，在珠海市尤其是各社区、街道、乡镇及广大农村地区独立建馆办馆，以弥补图书馆服务网点的不足。

（2）支持社会力量捐助资金、文献资源或设备，图书馆提供场地与服务，分配专门人员参与服务和管理，打造双赢办馆模式。

（3）支持社会力量提供场地、设备和人员，图书馆提供文献资源与管理服务指导，促进扁平式"总分馆"模式实现。

（4）以项目承包、项目式合作、合同外包、委托管理等多种社会购买形式，让市民艺术中心、社区书店、民间组织、文化馆站等承担一定的图书馆职能，如与阅潮书店建立外包合作关系。珠海市公共图书馆根据自身水平与条件，可以从初级外包合作形式如物业管理外包向高级外包合作形式传统业务外包和读者服务外包逐渐过渡。

（5）鼓励个人、企业或基金会捐赠书刊、资金或馆舍，并建议政府完善相关政策制度，为社会捐赠提供减免税、奖励等各项优惠和扶持政策。

策略3：借助行业内外力量提高公共图书馆服务能力

行动方案：

（1）推进珠海市公共图书馆与不同类型图书馆包括学校图书馆、科研机构图书馆、工会图书馆等之间的合作，深化合作形式和内容，如联合办馆、馆际互借、读者活动等方面，组成同行业之间联盟，提升全市图书馆服务水平。

（2）注重跨界合作，与出版社、杂志社、数据库商、书店、相关社交媒体如豆瓣网等合作形成跨行业合作联盟。如目前豆瓣网推出了图书馆合作项目"在哪儿借这本书"，在豆瓣的图书页面展示馆藏信息，为用户提供最便捷的图书借阅渠道，已经加入豆瓣网图书馆合作项目的公共图书馆包括北京市公共图书馆、上海图书馆、南京图书馆、天津图书馆、香港地区公共图书馆等。

（3）探索寻求图书馆、博物馆、文化馆等之间在业务往来、信息资源共享、服务活动等方面的交流与合作，逐步建立相互信任的文化机构合作联盟。

（4）加强港澳同胞、海外华侨和国内外非营利组织的合作，通过赞助等形式寻求本土企业的支持，积极拓宽捐助渠道。

策略4：建立规范有效的图书馆志愿服务机制

行动方案：

（1）制定全市公共图书馆志愿者管理办法，形成规范、系统的规章制度。

（2）规范志愿者招募程序，扩大招募覆盖面，除与本地义工组织合作之外，应与学校、群团组织、驻地部队等事业单位及非营利性组织、企业等社会组织机构及特定目标群体形成长期志愿合作关系。

（3）定期集中开展全市公共图书馆志愿者专业性培训，提高志愿者专业素质和服务能力，培训内容包括图书馆管理的相关知识和技能，如分类排架、编目、读者服务等。

（4）完善志愿者表达机制，定期开展座谈会、茶话会、联谊会及设立志愿者服务展示墙等形式，建立志愿者与图书馆的情感链接。

（5）从有效服务时间、服务质量等多方面完善志愿者考评和管理机制，设置相应奖励与激励措施，如优秀志愿者评选与表彰、提供适当补助、志愿服务时长证明、舒适人文体贴的工作环境、送外单位研习机会等，满足志愿者基本诉求并激发志愿者的积极能动性。

（6）对通过各种途径和渠道招募到的公共图书馆志愿者，将志愿者个人信息档案纳入广东省或珠海市志愿者数据库，以定期发送邮件等方式发布需求或问候，实现志愿者管理人性化。

第九章　加强数字化和智能化建设

策略1：统一全市公共图书馆的技术服务标准和平台

行动方案：

（1）统一各种业务和技术规范，包括采编规范、流通规范、读者数据规范、RFID技术规范等，并以规范的业务标准统一珠海市公共图书馆的书目数据库和读者数据库。

（2）制定以身份证或智能 IC 卡为读者证卡、实现珠海市公共图书馆的"一卡通"式读者服务模式，为市民提供更加丰富、便捷的服务。

（3）建立统一的图书馆自动化业务系统和共建共享服务网络，提高通借通还、数据整合与资源共建共享的服务水平。

策略2：整合数字资源及其服务平台

行动方案：

（1）开发珠海海洋文化、旅游文化、历史文化等与珠海市城市发展规划相应的特色数字资源数据库，统筹优化文化共享工程、数字图书馆推广工程、电子阅览室计划等数字文化工程提供的数字资源，以丰富数字资源数量和类型，加强资源优化整合。

（2）建设以读者需求为导向的一站式数字图书馆服务平台，对全市公共图书馆数字资源的统一展示、统一揭示、统一服务，向市民提供数字化服务的统一入口和一站式资源检索服务。

（3）建设数字图书馆的移动服务平台，方便市民随时随地使用各种终端利用数字图书馆。

（4）在市民生活汇聚点和机关或企事业单位设置电子书自助借阅机，提高数字资源的利用效率。

策略3：加强图书馆服务的智能化和便捷化

行动方案：

（1）引进自助借还机、自助文印机、自助报刊阅读设备、自助预约机等自助设备，提高图书馆服务效率。

（2）建设多个示范性的智慧图书馆，实现书书相连和书人相连的智慧化服务模式，提供全方位的、一体化的增值服务。

（3）以响应式技术重建图书馆服务网站，智能化适应各种类型的终端设备。

（4）升级或增加现有图书馆的基础设施，如全面覆盖无线网络、增加信息节点数量、增加少儿使用的计算机设备、添置流动图书车等。

策略 4：构建"互联网＋图书馆"的智慧服务平台

行动方案：

（1）开发具备宣传推广、资源检索、自助服务、预约服务、读者互动、荐购、调研反馈、热门书刊阅读推送等实用功能的基于微博、微信的在线应用平台，提升图书馆品牌的认知度和服务推广的能力。

（2）将图书馆服务体系的服务入口前置于各种政府公共服务平台，使图书馆服务成为政府公共服务的重要组成部分。

（3）广泛采集、存储和分析图书馆的读者使用数据、社会网络数据和外部关联数据等，扩展新媒体技术在图书馆的应用模式，为用户提供更加智慧化的服务。

（4）与珠海市其他文化机构开展数字信息资源整合，实现图书馆的跨界融合，充分提高图书馆资源的揭示程度，共同打造公共文化服务形象。

第十章　打造符合战略需求的人才梯队

策略 1：优化图书馆的人力资源管理制度和结构

行动方案：

（1）在"扁平式"总分馆体系中建立总馆委派制度，人员统一由总馆管理，分馆馆长由总馆委派，全部管理人员招聘及任用均由总馆统一执行，分馆人员需在总馆的指导和要求下，根据分馆的规模和实际需求实行公开招聘，配备的人员由总馆统一培训、统一考核和统一管理，总馆考核小组通过定期考核，持证上岗，总馆有权按规定辞退不称职的馆员。

（2）充分利用国家重点建设公共文化服务的契机。优化岗位设置，根据新的总分馆体系进行岗位的重新聘任，按照图书馆的岗位需求确定招聘人数和要求，按照国家标准以及相关人事制度政策要求进行招聘和任用，招聘图书馆学及相关专业专业人才。此外，应当按照高峰服务时间的需求制定志愿者招聘制度。

（3）推进岗位专业化分工，对岗位结构进行调整，相应调整岗位职责和绩效考评制度，实现由身份管理向岗位管理的转变。依据国务院公布的《事业单位人事管理条例》，重新拟定岗位设置方案，重新评估新岗位权责和相应的科学合理的绩效考评体系。

策略2：建立高效灵活的绩效考评体系

行动方案：

（1）以绩效考评制度为基础，建立定期、公开、科学的岗位聘任和职称评定机制，建立对各类岗位人员的激励和约束机制。

（2）在绩效考评制度和绩效工资制度的基础上，通过杠杆调节作用，提升骨干人员的薪酬水平。

（3）加强对实践工作中业务问题的研究，促进科研成果增加，提高珠海市图书馆事业在业内、社会上的影响力。形成业务发展与科学研究紧密结合，紧密联合中山大学等相关高校的科研团队，促进珠海市图书馆事业在实践中的成果学术化，促进整个图书馆事业科研成果增加，提高珠海市图书馆在图书馆业内，在公共文化服务领域的影响力。

策略3：健全公共图书馆人才激励机制

行动方案：

（1）鼓励馆员多参与业内学术活动，制订发表科研论文量化标准，形成学术成果的奖励办法，调动馆员的积极性、创造性和主观能动性，保证专业人才队伍专业性、创新性的可持续发展。同时，通过绩效激励机制，保持人才队伍梯队发展，维持人才队伍稳定性。

（2）完善优秀人才分类培养制度，选送优秀人才参加专门的培训计划，通过竞争机制激发人才队伍的活力。

管理人才培养方面，以珠海市总馆及各分馆馆长、各级管理人员为培养对象，通过图书馆高级管理人才培训计划，定期选送优秀管理人才参加，拓宽管理人才的视野，更好带领珠海市图书馆事业的发展。

业务人才培养方面，以各业务部门的核心业务人员为对象，通过参加国内外图书馆业务培训及交流课程，定期选送优秀业务人员参加培训与交流，吸收先进经验，发挥创造性，提高图书馆的一线服务能力，提升整体职业形象，储备中高层人才库。

科研人才培养方面，以高学历、高层次人才为对象，以形成专题研究项目组的方式，组织参加各类学术活动及课题申报，不断提高图书馆人才队伍的科研实力，在学术成果奖励办法的基础上，逐步形成科研管理制度，支持科研人才的发展。

（3）为提高人才队伍的专业性，支持馆员参加图书馆学及相关专业的在职进修，与中山大学等高校建立合作关系，在课题研究、图书馆员继续教育等领域紧密合作。

（4）推进图书馆服务的专业化发展和人员的专业化发展相结合，以岗位聘用和专门化的继续教育为主要手段，培养专业化馆员队伍。

（5）建立健全分馆激励机制，建立和完善绩效考核评估，调动分馆人员的积极性和能动性。分馆实行竞争上岗，按岗定薪，岗动薪变的分配制度，在什么岗位，享受什么待遇。不能胜任业务工作的人员，实行待岗学习，学习期间只发给基础工资。增加图书馆员的工作动力，充分发挥他们的能动性和工作热情，增长他们的才干。

策略4：引进和培养高层次人才和骨干人才

行动方案：

（1）推进高层次文化人才的引进工作，探索图书馆队伍人才聚集的长效机制。首先，建立高层次文化人才引进绿色通道，引进一批在图书馆学等相关专业的中高级人才。专业对口、具有研究生及以上学历或高级以上专业技术职称资格的中青年人才，在单位编制内争取不受增人计划的限制。其次，采取各种措施，鼓励人才流动，通过建立创业基地、课题组、特聘专家、学术顾问等形式，探索各类人才聚集的长效机制。

（2）建立管理人才引进培养机制，充实中层管理干部人才储备，充实中层管理干部人才储备。引进一批符合要求的研究生以上学历的毕业生，从基层工作开始进行培养，进行定期的考核与培训，建立全市图书馆中层管理干部储备库。

（3）与国内外先进图书馆建立交换馆员制度，提高中、高级人才的业务水平和职业视野，促进珠海市图书馆事业与国际接轨。主动发起与国内外先进城市图书馆的交换学习制度，如港澳台地区的公共图书馆、新加坡图书馆等。

第十一章　提升图书馆服务水平

策略1：加强公共图书馆服务的规范化和质量控制

行动方案：

（1）制定和实施统一的服务标准和规范，对服务环境、服务交互过程等服务环境进行细致的规范，全面推进服务的标准化，提高用户使用的方便性。

（2）加强对内外部服务质量控制，优化图书馆服务价值链，确保服务交付的实时性、准确性、舒适性和有效性。

（3）多方位建立用户与馆员的沟通机制，促进服务质量的稳定提高。

（4）为确保公共图书馆服务效能的提升，制定具体的绩效指标，提高图书馆服务效能统计数据的准确性与科学性，如在图书馆门口安装自动门禁统计系统等。

策略2：提供便捷均等优质的公共文化服务

行动方案：

（1）提供社区文化、城市文化和公共空间文化服务，大力发展图书馆延伸服务。

（2）积极参与政府行动，嵌入民生工程，开展民生信息服务，着力建立社区数字民生服务系统。

（3）加强针对残障人士的服务，设立残障人士阅览区，建设无障碍数字图书馆，通过定点送书上门、技能培训券发放等方式，为弱势群体的文化、信息资源和相关服务的获取提供保障。

策略3：以多样化服务满足不同群体的文化需求

（1）针对读者差异，提供基本的借阅服务、初级的信息服务、中级的知识服务以及高级的系统服务 4 个分层递进式服务。

（2）增加表演艺术类的服务项目，如结合定期举行的电影节、音乐节、艺术节等，组织与之相对应的影评会、艺术创作活动等读者参与感强的活动。

（3）开展个性化信息检索与利用培训服务，提升读者信息素养。

（4）开展与民众贴近的社团活动项目，如读书话剧社、品书会、音乐沙龙、服饰文化沙龙和英语俱乐部等，努力为用户搭建沟通交流的平台。

（5）举办各种展览和系列讲座，如名家讲坛，弘扬和传播珠海本土和现代文化。

（6）开设创客空间，为大众创业、创新和文化交流活动提供支持。

策略 4：针对读者需求提升创新服务能力

行动方案：

（1）多渠道了解和调研读者需求，与新华书店等机构合作，推出图书资源建设、借阅服务新模式。

（2）简化借阅程序，增加图书馆导航标识，协同推进线上与线下服务，打造新型 O2O 图书馆模式。

（3）以"三网融合"为基础建设数字图书馆，为网站、电视和手机三种不同终端受众设计不同服务项目。

（4）发展虚拟社交空间，为公众提供嵌入式知识服务，建立灵活高效的社区管理机制。

策略 5：重视公共图书馆服务推广及绩效评估

行动方案：

（1）除张贴海报和发布信息等常规营销方式外，通过创意海报征集、公益广告发布、网络微讲座、微书评、微广告语征集、作家签售会等方式，实现多样化营销。

（2）根据读者需求调查结果，制定有针对性的宣传策略，重视宣传效果的评估反馈。

（3）开发基于新媒介应用平台的在线活动，提升图书馆品牌的认知度和服务推广的能力。

（4）建立馆藏资源绩效评估指标体系，定期进行评估，为信息资源建设提供改进的依据和指导，提高资源服务效益。

第十二章　促进全民阅读

策略1：提供优质常规阅读项目和特色阅读项目

行动方案：

（1）依托政府强力支持和持续保障，打造一个全民阅读品牌，设立由政府主办、图书馆为主承办的每年一次的大型全民阅读月或全民阅读节，在此期间可以举办多种面向全民的阅读推广活动，促进全民快乐阅读。

（2）社会各界名流，如企业界和政界名人、明星等开展阅读引领示范，带动提升阅读风气，提升公众阅读的积极性。

（3）针对珠海企业以及市民的国际化交流需求，为市民开展语言学习培训，尤其是英语方面的培训，如英语角等，提升市民的外语水平，为市民迈向国际化提供支持。

（4）通过举办读者、作者、艺术家、影视演员见面会，为儿童、年轻人、中年人、老年人分别实施优质特色阅读推广活动，可以是馆内活动，也可以走进社区、中小学、公共文化广场，或与其他组织（如博物馆、电影院、科技馆、妇幼中心等）合作举办活动。

（4）依托图书馆网站、微信和微博，建立面向公众的网上阅读沟通渠道，促进读者之间、读者与图书馆之间的阅读交流。

（5）建立健全阅读奖励机制。各级图书馆应结合阅读推广活动设立"阅读标兵""阅读新星""书香家庭"等奖励机制、评选办法，以模范示范作用扩大阅读推广活动的效果。

策略2：促进儿童早期读写能力发展与主动阅读习惯形成

行动方案：

（1）保持少儿图书的馆藏比例，根据珠海市少年儿童人口数量与国家或广东省人均馆藏数量标准，增加人均少儿图书藏量；同时在原有少儿阅览室的基础上设置分年龄阅读区，如针对学龄前儿童设置绘本馆，增加各国特色的绘本藏量，为儿童阅读提供丰富的可供选择的分级阅读指导。

（2）实施"趣味绘本阅读与设计"项目，激发儿童阅读兴趣和创造力，促进早期读写能力教育与主动阅读习惯的培养。

（3）设立"青少年夏日阅读俱乐部"，为青少年提供新媒体、新技术环境下的个性化阅读与交流平台，通过举办模拟夏令营、音乐表演、现场话剧、与作家见面等活动，丰富青少年对于世界的多样化体验，并发展其创造力、禀赋和对学习的兴趣。

（4）定期组织青少年参观图书馆，招募青少年利用假期到图书馆参加志愿者服务，增进青少年的图书馆意识和使用兴趣。

（5）与社区、中小学、幼儿园、儿童医院等合作，通过形式多样的阅读推广活动，带动更多少年儿童热爱阅读、热爱图书馆。

策略3：鼓励成年人探索兴趣话题和终身学习

行动方案：

（1）定期调查读者的阅读兴趣爱好，开展定期轮换、更新的主题图书陈列、书目推荐。

（2）开展科普、法律、健康讲座或咨询活动，推进科学技术基本知识在市民和企业中的普及，如航空航天科技等，以积极配合珠海市推出的科普示范工程。

（3）设立成年人"阅读体验吧"，为其提供个性化的阅读、学习和交流空间。

（4）设立老年人"阅读阅年轻"项目，为老年人提供多种形式阅读活动和信息服务，如完善图书馆布局、馆藏、设施和服务；利用文化共享工程资源，进行老年人电脑培训等。

（6）丰富盲文图书和多媒体资源，同时设置多种便利设施，如完善现有的残疾人轮椅通道、盲人步道、视障人士阅览室、老人和残疾人专座等，为特殊群体和弱势群体提供阅读服务。

策略 4：合力推动珠海成为书香之城

行动方案：

（1）明确图书馆在阅读推广中的角色，在举办阅读推广活动中承担起主要职责，各图书馆分别发挥其主体作用，同时扶持社区图书馆发展其公益性社会组织，让阅读推广活动深深扎稳脚跟。

（2）鼓励读者参与到图书馆的阅读推广活动中，如由读者、民间组织或面向社会招募阅读推广志愿自助策划和组织阅读推广活动，精心打造具备珠海特色的阅读推广品牌，让广大市民享受到书香珠海的阅读盛宴。

（3）分享读者与图书馆的故事，与教育局、珠海各大媒体、学校、书店、读书协会等建立合作关系，推动协办以"我与图书馆"为主题的征文比赛、摄影比赛、诗歌朗诵比赛等。

（4）提供并加强针对馆员、志愿者、民间阅读推广人等的阅读推广培训，提高图书馆及各方组织开展阅读推广活动的能力和技术水平。

第十三章　保障措施

一、加强组织领导

加强对珠海市公共图书馆服务体系建设的领导。珠海市政府应将本市公共图书馆服务体系建设列入重要议事日程，及时研究解决建设过程中遇到的多级财政投入、跨部门管理中的问题。要把珠海市公共图书馆服务体系建设纳入公共图书馆理事会工作督查范围，组织开展专项督查，支持珠海市公共图书馆依法履行职责。公共图书馆理事会要加强对本市图书馆工作的领导，发挥组织领导作用，加强统筹、严格要求，确保本规划各项任务落到实处。公共图书馆理事会要以本规划为指导，结合自身实际，制定实施本部门"十三五"时期发展规划或工作计划。在珠海市委市政府以及珠海市文化体育旅游局等相关政府部门的领导下，健全沟通机制，加强工作协调，及时研究解决珠海市公共图书馆服务体系建设的重点、难点问题,确保规划各项任务顺利完成。

动员全社会力量参与公共图书馆服务体系建设。加强干部文化素养培育,将公共图书馆服务体系建设纳入各级党校干部培训的内容,提高广大干部的文化自觉。加强有关职能部门之间的合作,鼓励和支持群众团体和社会组织开展各类公共图书馆服务活动。

二、加强政策和法律保障

推进公共图书馆条例立法工作。抓紧研究制定珠海市公共图书馆条例,加快立法进程。珠海市委市政府以及珠海市文化体育旅游局等相关政府部门以项目委托方开委托高校等开展珠海市公共图书馆条例的课题研究工作,形成条例草案;并由市委市政府向社会公开草案内容并公开征集草案修改意见,并争取尽快将立法建议提交珠海市人大讨论并纳入年度立法计划。在条例中规定公共图书馆事业纳入国民经济和社会发展规划和年度计划、所需经费列入本级财政预算,使财政投入与经济社会发展和公共图书馆的服务人口、服务范围、服务需求、服务功能等相适应。市政府及时向市人大提出立法建议和立法计划。

加强依法行政,进一步完善公共图书馆等领域的文化行政执法体制和机制,健全执法程序,实现文化执法的法制化、科学化、规范化。加强文化法制宣传,加大普法力度,营造良好的法制环境。

完善包括公共图书馆建设的文化体制改革相关政策。进一步完善公共图书馆等公共文化单位体制改革过程中国有资产处置、人员分流安置、社会保障、劳动分配、财政税收等政策。积极争取有关部门支持,多渠道筹集资金,构建包括企业年金在内的多层次养老保障体系,解决转企改制后的养老待遇水平衔接问题。

三、加强经费保障

落实公共图书馆服务体系建设的财政预算。珠海市各级政府要把珠海市公共图书馆服务体系建设的经费投入纳入财政预算,确保珠海市图书馆自主支配经费。按照规划任务实施结点，切实保障本规划各年度任务实施所需经费。珠海市图书馆要保障规划实施必需经费，市财政要统一安排经费，用于支持公共图书馆建设欠发达区、镇、乡的建设。严格经费使用监督管理和绩效评估，提高使用效率。

改革政府对公共图书馆事业的投入方式。进一步加大财政投入向基层、农村特别是欠发达地区的倾斜力度，促进城乡和区域文化协调发展。推动公共图书馆设施土地使用纳入土地利用总体规划和城乡规划，积极争取各级政府对用地等方面的支持。

建立多元化投入机制。政策上进一步落实省民政厅和住建厅要求，规定新建商品房住宅建设中必须规划和预留图书馆空间，并倡导现有商品房住宅物业管理机构开辟图书馆空间，以确保基层公共图书馆服务网点的铺开。完善公益捐赠和赞助优惠政策，鼓励支持企业和企业家通过冠名、建立基金、捐款捐物等形式，资助公共图书馆建设或自建面向公众开放、非营利性的图书馆。探索以政府投入为引导、鼓励吸收民间资本参与为主要方式的投资新模式。

四、实施重点工程

在市委市政府、相关行政部门及公共图书馆的决策部署与执行之下，珠海市公共图书馆事业发展采取整体推进、重点突破的方式，以重点工程为抓手逐步推动规划的实施。根据规划的总体目标，拟优先实施的重点工程如总分馆建设工程、文献资源倍增工程、书香珠海工程。总分馆建设工程是实施扁平型总分馆模式，初步建成以位于香洲区的珠海市图书馆新馆作为总馆、以香洲区的珠海市儿童图书馆以及分布在各区的基层图书馆为分馆的"总分馆"服务体系，2020年前结合人口分布特点计划建设1个总馆、1个儿童图书馆，建设31个分馆和200余个村（社区）延伸服务点，按照高标准规划和建设珠海市图书馆新馆及儿童图书馆，并以新建、扩建或租借的方式迅速建设一批基层分馆，并以多种方式铺开图书馆的延伸服务网点。文献资源倍增工程是按照固定经费和专项经费的形式保障文献购置经费的稳定投入，全面提升珠海市公共图书馆文献资源藏量和人均馆藏量，根据经济和人文特点专门设立相应的主题分馆，到2020年人均馆藏量将实现翻番，馆藏总量将翻两番。书香珠海工程，一方面，通过针对不同年龄阶段提供优质常规阅读项目、特色阅读项目等，开展阅读引领示范，打通阅读交流渠道，健全阅读奖励机制，加强阅读推广培训，推动珠海成为书香之城；另一方面，通过全面提升珠海市公共图书馆基本服务水平，制定统一的服务标准和规范进行服务质量控制，并以多种营销手段和方式塑造图书馆的品牌形象，提升用户对图书馆的认知。

五、加强督促检查和评估保障

进一步提高各级政府对公共图书馆服务体系建设重要性的认识，把公共图书馆建设摆在全局工作的重要位置，纳入经济社会发展总体规划，纳入科学发展考核评价体系，作为评价地区发展水平、衡量发展质量和领导干部考核的重要内容。

研究制定公共图书馆服务体系建设目标考核测评体系。深入开展公共图书馆服务体系理论研究工作，研究建立公共图书馆服务体系考评标准体系，有针对性地开展督促检查，推动全市公共图书馆服务体系协调发展。

珠海市文化主管部门要加强监督检查，组织开展中期检查和末期评估验收，确保规划各项任务落到实处。珠海市图书馆要确定时间表、路线图，将规划各项任务实行归口管理，保证本规划顺利实施。

（发布日期：2016年12月16日）

广州市图书馆 2016—2020 年发展规划[①]

前　言

广州市图书馆于 1982 年 1 月 2 日开放为公众服务，2010 年第一个事业发展规划《广州市图书馆 2011—2015 年发展规划》（以下简称《规划》）制定实施，2012 年 12 月 28 日新馆试运行，并于 2013 年 6 月 23 日全面开放。新馆占地面积 21067 平方米，总建筑面积 100444 平方米，成为世界上单体建筑面积最大的城市图书馆之一。新馆开放两年多来，服务效益十分显著：截至 2014 年底，接待访问量、外借文献量、注册用户量分别达到 1053.7 万人次、1308.2 万册次、71.4 万人，2014 年日均接待用户 2 万人次、外借文献 2.4 万册次、注册用户 964 人，创造了我国公共图书馆服务的纪录，跻身世界公共图书馆前列。同时，形成广泛社会影响，2012、2013 年连续两年入选"广州市入载地方志十件大事"，并入选"新广州好"百景之一。

[①] 本规划由广州市图书馆授权收录。

广州市图书馆事业良好的发展势头在当前社会背景、行业发展态势下可谓独树一帜。究其原因,既源于广州市委、市政府打造现代大都市公共文化服务体系的远见卓识和保障支持,源于新馆建成开放提供的历史性机遇,也源于《规划》的成功实施,可谓"天时地利人和"。各方面因素综合作用,推动广州市图书馆事业实现大发展,成功实现服务效益提升、服务结构调整,为新时期的进一步发展奠定了坚实基础。

"十二五"期间,广州市图书馆事业的发展主要体现在:

新馆建成开放,具备国际一流的馆舍条件与先进的设备设施;《广州市公共图书馆条例》颁布实施,市政府提出"图书馆之城"建设目标,图书馆服务体系建设得到法治保障,广州市图书馆在法律层面确立区域中心图书馆地位;落实国家免费开放政策解决了人员经费保障问题,为全公益服务奠定基础;人力资源投入得到保障,人才队伍建设初具规模,并初步建立社会化用人机制;信息资源经费得到有力保障,2012年起年新增资源50万册、件以上;大型地方文献丛书《广州大典》第一辑520册编纂完成,并设立广州大典研究中心;公共服务职能得到强化,设立中国(广州)国际纪录片节展示服务中心、"广州之窗"城市形象推广厅;试点推进现代法人治理结构改革;2015年承办中国图书馆年会,"广州模式"在全国形成广泛影响等。

公共服务获得跨越式发展:

1. 构筑形成专业化、多样化服务新框架。既强化传统文献流通、知识与信息交流服务,同时形成多领域、多层面交流服务;推进传统服务的专业化,按大众服务、分众服务、对象化、主题化的逻辑层层细分,形成由基础服务、主题服务、对象服务、交流服务组成的多样化服务体系。

2. 形成多元文化服务新特色。由传统与本土文化、世界多元文化、现代都市文化三条主线搭建主题服务框架,设立广州人文馆、家谱查询中心、广州大典研究中心、广州非物质文化遗产展览、多元文化馆、语言学习馆、创意设计馆、休闲生活馆、多媒体鉴赏区、中国(广州)国际纪录片节展示服务中心等系列服务平台,开展了大量品牌交流活动。

3. 获得突出的服务效益与社会影响，服务传播与阅读推广效应显著，使图书馆展现出城市窗口的新形象，成为书香城市、学习型城市的窗口，展示城市多元文化、公共服务的窗口，成为城市新的文化地标。

可见，广州市图书馆事业具备明显发展优势，并面临《广州市公共图书馆条例》颁布实施、广州大典研究中心推动研究服务等发展机遇。当然，也存在不足、劣势，面临诸多挑战。突出表现在：新馆开放后阅读环境营造、文献资源管理、学习空间资源配置等方面矛盾较为突出；现有管理模式不能适应事业的快速发展；专业化服务队伍建设任重道远，缺乏高层次的研究、管理人才，组织文化建设尚未系统开展；馆藏资源建设与社会需求、与国内外一流城市图书馆相比仍有一定差距等。与此同时，基层公共图书馆服务体系建设面临路径不明、建设管理体制调整等艰巨任务；移动技术的快速发展使我们正面临一场阅读革命，而图书馆尚未找到行之有效的服务模式，实体服务与数字化服务尚未实现融合发展；现代法人治理结构建设面临系列体制机制问题等。

"十三五"时期是我国全面建成小康社会的关键时期。《中共中央关于制定国民经济和社会发展第十三个五年规划的建议》要求持续推动基本公共文化服务标准化、均等化发展，保障人民基本文化权益，倡导全民阅读；国务院总理李克强在十二届全国人大三次会议所作的《政府工作报告》明确把"倡导全民阅读，建设书香社会"列入持续推进民生改善和社会建设的目标之中；2015年1月，中共中央办公厅、国务院办公厅印发《加快构建现代公共文化服务体系的意见》；7月，广东省出台实施意见。

新时期广州市图书馆人的历史使命是，抓住机遇，全面推进服务体系建设，实现全市公共图书馆服务高水平的标准化、均等化；同时实现数字化服务效益大幅提升，并在服务转型和专业化等方面发挥引领作用，建设一流的国际大都市图书馆。为完成这些使命和任务，广州市图书馆编制2016—2020年发展规划，作为事业发展指引。

愿 景

连接世界智慧，丰富阅读生活

广州市图书馆将以文献、信息、知识服务为基础服务，以人为中心，以交流服务为新的增长点，汇聚世界智慧，倡导全民阅读，建设书香社会，成为公众阅读、交流与分享的城市公共空间。

使 命

体系建设推手

根据《广州市公共图书馆条例》，履行全市中心馆的职责，推动公共图书馆服务体系建设，实现服务的标准化、均等化。指导和协调全市公共图书馆业务；制定和组织实施全市公共图书馆统一的业务标准和服务规范；统筹全市公共图书馆通借通还服务网络、信息化管理系统和数字图书馆建设；组织全市公共图书馆工作人员专业化培训工作。

城市文化地标

广州市图书馆新馆作为广州标志性建筑之一，不仅要发展成为城市公共服务的标杆、公共管理的标杆，而且将以传承城市文化个性、丰富城市文化内涵、凸显城市文化形象为己任，努力发展成为具有影响力的、得到公众普遍认可的城市文化地标。

终身学习中心

倡导全民阅读，使阅读成为公众终身学习的主要方式；为公众终身学习提供信息资源、空间和服务；面向各种群体提供对象化的支持，促进学习型社会的建设，促进公众对知识的追求、创新及综合素质的提升。

泛在知识门户

为公众提供海量的知识资源，引导公众寻找、发现和学习知识，利用网络化与数字化技术提供全媒体的、多终端的、随时随地、无处不在的数字图书馆服务，将图书馆的知识与服务渗透到公众日常的生活、学习与工作之中，使图书馆成为知识与信息共享空间。

公共交流平台

广州市图书馆不仅是公众与知识之间的纽带，也是社会交流的媒介，可以发挥连接各方的"社会连接器"作用。以知识信息交流为基础，以人际交流为主要特征，把公众、图书馆资源与服务提供者、公益性与民间性组织、政府机构等众多群体连接起来，为他们提供公共交流平台与互动机制，促进各方的社会交流。

多元文化窗口

汇集和展示传统与本土文化、世界多元文化和现代都市文化馆藏，营造多元文化氛围，提供文献、信息、知识、讲座、展览等多层次、多样化服务，支持相应领域的学术研究，倡导并推进社会的多元文化交流，支持城市的对外交流与合作。

理　念

理性　开放　平等　包容

保存、传播人类知识，承载、弘扬人类理性是公共图书馆的基本使命和时代责任。

保障公众无障碍获取信息、知识的权利。

保障公众平等获取信息、知识、参与相关文化活动的基本文化权益。

尊重用户群体、文化、思想的多样性，促进社会包容发展。

广州市图书馆致力于成为"给你真善美的图书馆"。

目　标

总体目标：建设以人为中心、一流的国际大都市图书馆

2004年广州市图书馆新馆建设项目确定时，广州市委、市政府提出了"国内一流、国际先进"的建设目标。2013年6月23日新馆以"珠江边上美丽书籍"的全新形象正式亮相以来，凭借其新颖的建筑设计、先进的设备设施、开放的服务理念、良好的社会效益，迅速崛起为城市文化地标——这意味着，在硬件建设上，广州市图书馆已经跻身国际一流行列，在理念、功能与效益上，也已居于行业领先地位。但是，要真正成长为一个具有标杆意义的公共图书馆，需要在服务体系构建、服务专业化、管理精细化、在用户满意和社会作用的发挥上不断优化，需要实现全面的发展与进步。同时，广州作为国家中心城市，一个以务实、开放、包容为人文特征的现代化大都市，更要求公共图书馆提供与之相称的多元文化服务、公共交流空间和以现代公民素质的全面提升为最终目标的优质服务。

广州市图书馆将以高度的文化自觉、开阔的国际视野和敏锐的机遇意识，广泛吸收国内外图书馆界的先进理念和经验，积极参与国际交流与合作，建立可与国内先进地区和世界著名城市图书馆横向比较的发展目标和指标体系，以社会需求为导向，以促进文献、知识、信息、文化以及人际交流为核心，以人才资源、信息资源、现代治理与社会合作为支撑，在未来五年内，争取实现事业的又一个跨越式发展，为广州市建设文化强市作出更大贡献。

目标一：以社会需要为导向，充分理解并满足用户需求，夯实公共服务基础

策略1：探索大数据技术应用，深入分析用户行为与需求，提高创新服务能力

行动方案：

（1）整合现有各种数据源，扩展数据采集来源，整合业务数据、用户行为数据、环境数据、舆情数据等，建立图书馆服务大数据采集机制。

（2）构建大数据存储与分析平台，深入分析用户行为与需求、资源建设质量与利用情况、业务工作效能等，为图书馆提供决策支持。

（3）利用大数据创新用户服务，为用户提供实时和持续性的服务数据，提高用户利用图书馆的体验和黏性。

（4）利用大数据进行科学研究，深入分析用户需求，提高学术研究水平。

策略2：增强业务管理系统的信息采集和统计功能，提高专业化、个性化服务能力

行动方案：

（5）完善、整合和扩展业务管理系统的统计分析功能；增设信息采集与分析系统，对图书馆基础业务流程的用户行为和活动数据进行多维分析。

（6）定期对现有服务或活动进行用户问卷调查，了解用户需求和感知，寻找提升用户满意度的途径和措施。

（7）积极推广与验证各种创新服务，提高用户服务能力。

策略3：优化 RFID 系统功能，提高智能化服务水平

行动方案：

（8）发挥 RFID 馆藏文献定位系统的功能，实现准确、快速定位，助力解决用户找书难的问题。

（9）加强 RFID 设备对书刊的数据统计功能，收集书刊在馆阅览情况。

（10）利用 RFID 优势，设计和开发专用 APP 客户端提供定位、移动终端自助借阅以及用户转借交互功能，实现 Social + Location + Mobile 的智慧式服务。

策略4：与用户保持充分交互，建立与社会各方协同互动机制

行动方案：

(11) 开展经常性的社会调查，采用多种方式和渠道了解用户和社会需求，并做出及时、充分的回应。

(12) 强化公共关系经营，管理和提升图书馆关系资产、品牌资产。

目标二：履行中心馆职责，推进全市服务体系建设，大幅提升服务标准化、均等化水平

策略5：协力推进立法配套制度和机制建设，实施全市统一的业务标准和服务规范

行动方案：

(13) 落实《广州市公共图书馆条例》，协助市文广新局完善相关配套制度。

(14) 制定和组织实施全市统一的业务标准和服务规范，全面推进服务的标准化。

(15) 推动成立广州市公共图书馆发展社会基金，形成社会力量参与服务体系建设的对接机制。

(16) 协助市文广新局制定全市公共图书馆统一标识并纳入城市标志系统，形成"图书馆之城"宣传推广的基础机制。

(17) 发挥图书馆行业基础主体作用，配合市宣传、文化等部门建设"广州读书月"阅读推广品牌活动，营造全民阅读氛围。

(18) 配合市人大、第三方等开展贯彻实施《广州市公共图书馆条例》执法检查和考核评估工作。

策略6：推进全市服务体系建设，提高整体服务效能

行动方案：

(19) 持续推进以广州市图书馆为中心馆、区馆为总馆、街镇馆为分馆的中心馆/总分馆体系建设，提升体系化服务效能。

(20) 支持、指导区域公共图书馆总分馆服务体系建设，支持区域总馆做大做强。

(21) 结合基层综合性公共文化设施和场所建设，支持区域总馆开展基层街镇分馆专业化升级改造工程，提供文献信息资源、设施设备、政策支持和业务指导，提高基层图书馆服务水平。

（22）建设直属示范性分馆，建设示范性服务体系。

（23）在财政预算中推动设立保障广州市公共图书馆服务体系建设专项经费。

（24）吸引各种主体以各种方式参与公共图书馆服务体系建设、提供公益性阅读服务。

（25）推动按市、区两级设立公共图书馆服务体系建设委员会，建立市一级的协调机制。

策略7：统筹、完善全市三大业务平台和信息资源建设

行动方案：

（26）完善广州市公共图书馆通借通还服务网络，推动2020年前全面实现中心馆、区域总馆及其分馆文献信息资源的通借通还。

（27）建立市、区两级图书馆物流机制，指导和推动各区建立区级图书馆物流机制。

（28）建立全市统一的图书馆集群管理系统，制定建设和管理办法，实现分级管理。

（29）完成全市统一的数字图书馆门户建设，制定并实施广州市数字图书馆管理和服务办法，规范全市数字信息资源的共建、共知和共享；强化与广东省立中山图书馆、广东省科技图书馆等同城各馆合作，提升数字资源一体化服务能力。

（30）协调区域内文献信息资源建设，为区级图书馆提供指导，探索联合采购，统一编目标准，构建区域信息资源共建共享平台。

（31）制定相关技术标准及管理规范，配置网络安全设备及系统，加强网络安全管理，实施全市公共图书馆数据异地灾备的建设工作。

（32）将广州市公共图书馆服务体系融入政府"互联网+"公共服务平台，并开发多种便民的应用服务。

（33）推进公共电子阅览室建设，实现所有示范性分馆按标准配置，

为社区居民提供网络化、数字化服务。

策略 8：推进全市人才队伍建设，组织工作人员专业化培训

行动方案：

（34）强化广州市公共图书馆新馆员入职培训，建立培训上岗制度。

（35）开展广州市公共图书馆法规制度、业务标准、统一服务规范等的培训。

（36）建立馆员专业化培训制度和计划。

（37）建立馆员专业化网上培训系统。

目标三：发挥空间和资源优势，优化公共服务，强化公共管理，提升城市文化氛围，体现城市文明水平

策略 9：优化知识信息服务，成为城市专业服务的标杆

行动方案：

（38）完善面向实体文献的知识整序和发现机制，综合采用知识分类、主题归类、兴趣分类和用户群体分类等多维度和动态的知识序化方法，提升用户发现和获取实体资源的效率，节约用户时间。

（39）完善用户咨询中心建设，提供全面、规范、便捷的咨询服务。

（40）面向公众、专业人士和各类组织机构以及政府，根据其个性化需求，持续推进书刊推荐、用户培训、知识导航、信息增值和决策咨询等信息咨询服务，开展移动咨询服务，实行首询负责制，提高咨询服务质量和效率。

（41）专设研究与写作服务区，加强研究型服务。

（42）加强营销推广，提升服务自助化、便利化程度。

（43）完善主题与对象服务框架，提升专业服务水平。

①基本文献借阅服务区域推进多层次服务与公众活动，逐步形成新的主题服务空间。

②对象服务与主题服务区域推进服务与活动的专业化、系列化、品牌化，强化与基本服务的结合。

③汇集与整合文化、娱乐、教育等相关活动信息，开展城市文化信息专项服务，为公众定期提供文化信息导航。

④细分服务对象，建设更有针对性的服务平台，为不同群体提供预约并定制个性化的文化活动，以提高知识信息服务的针对性和效益。

（44）优化空间资源配置，成为广受欢迎的公共空间。

①评估图书馆空间分布，包括室内和户外空间，兼顾舒适性与利用率，增加阅览座位，开放专用自修区，解决用户不合理占座加剧的座位资源紧张问题。

②优化功能分区，在部分区域专设活动时段，或利用设备设施和隔音材料划分安静区域与讨论区域，改善馆内阅览环境和用户体验。

策略10：优化文明窗口服务，成为城市公共服务的引领者

行动方案：

（45）综合运用多种方式，全面、系统提升馆员规范服务、文明服务水平。

（46）增强图书馆与用户、馆员与用户以及用户与用户之间的互动性，如留言簿、读后感、用户分享墙等，营造浓厚的服务与用户参与氛围。

（47）全面引入国内、国际相关标准，通过加强无障碍设施建设、提供专用设备等方法积极消除特殊群体利用图书馆服务的物理障碍、技术障碍和文化障碍。

（48）以视障人士服务区为基地，收集、整理和发布有关特殊群体的政策信息和公共服务信息，并定期更新，提供专题咨询服务。

（49）引导特殊群体利用公共服务、参与公共活动，有针对性地为每个特殊群体至少提供一项公共服务。

（50）通过定点送书上门等方式，为特殊群体提供知识援助。

（51）主动接受社会监督，建立用户评价等多层面社会评价机制，配合第三方评估。

策略11：提升城市文化氛围，涵养公众现代公民素质

行动方案：

（52）利用信息发布系统，实时发布用户利用图书馆有关数据（如在馆人次、热门阅读、活动信息等），营造浓厚的阅读与学习氛围。

（53）以"广州之窗"城市形象推广厅为基地，传播和强化城市务实、开放、包容的人文个性，保存和展示城市文明与记忆。

（54）承接文明城市建设的有关标准和项目，营造文明城市建设的浓厚氛围，发挥文明城市建设的基地作用。

（55）组织开展文明用户培育、现代公民素质涵养等项目，营造浓厚现代公民涵养氛围。

（56）弘扬志愿服务精神，强化志愿者常态化服务和管理机制，培育"图书馆之友"等公益组织，动员社会知名人士参加志愿服务，拓展公众参与面和志愿服务范围，为志愿者提供全方位的志愿服务、社会实践参与机会；引导志愿者自我组织与管理，满足志愿者自我提升、自我价值实现等多层面需要。

（57）参与科学普及、法治普及、教育实践等公共服务，发挥示范基地的作用。

（58）完善公益捐赠图书平台，建立公开透明的捐赠管理制度，加强社会合作，引导和鼓励公众参与，充分发挥和大力宣传公益文献资源在消弭社会"知识鸿沟"中的作用。

（59）采用多种形式，营造文化艺术氛围和富有人文气息的整体环境，营造社会力量参与公益服务的氛围。

策略12：强化公共管理，成为城市公共管理的标杆

行动方案：

（60）依据政府有关标准规范，提升公共卫生管理与服务水平，成为体现全市公共卫生服务水平的窗口单位。

（61）依据政府有关标准规范，细化与完善分类应急预案，加强危机管理，不断完善公共安全管理、各种应急处理和区域相关机构联动机制。

（62）依据政府有关标准规范，不断提升物业管理、公用设备设施等管理水平，营造绿色环保环境。

目标四：推进全民阅读，强化学习功能

策略 13：激发公众阅读热情，促进全民阅读

行动方案：

（63）通过拓展市民卡确权、网络注册、家庭与社区营销、参观图书馆等多种方式，扩大阅读人群，提高注册用户率。

（64）通过扩大读者证权限、送书上门等多种方式，提升公众利用图书馆的便利性，提高图书馆资源利用率。

（65）开展书刊导读、推荐书目、图书排行榜、阅读方法讲座等服务，开展多层面的读书会等阅读推广活动并推进其品牌化、系列化、专业亿，发挥专业人群的引领作用，引导公众读好书。

（66）适应公众阅读方式转变，从资源建设、门户多样化、降低成本、营销推广等多方面，大力拓展移动阅读服务，尤其要拓展特殊群体的移动阅读服务。

（67）利用好"广州读书月""南国书香节"等阅读推广平台，深化阅读排行榜、好读者表彰、阅读之星评比、阅读大使推广、阅读摄影大赛等品牌活动，提升阅读推广效益，营造浓厚阅读氛围。

（68）通过拓展与有关机构、组织、志愿服务团体等合作，建设有声图书馆，丰富粤语无障碍电影等资源，强化特殊群体阅读推广服务。

（69）发挥阅读体验区等平台推广阅读的作用，推进高新科技与阅读推广的融合。

策略 14：优化传统服务，拓展特色活动"阅读+"，推进未成年人阅读

行动方案：

（70）优化亲子绘本阅读服务，推进绘本设计制作大赛、亲子读书会等阅读推广活动品牌化、系列化、专业化，建立儿童阅读馆员品牌，提升阅读推广效益。

（71）通过社会参与，拓展英语、日语等多语种绘本阅读活动，增加多语种绘本资源，培养未成年人多元文化素养。

（72）建立面向未成年人的传统文化阅读品牌活动，培养未成年人传统文化素养。

（73）推进玩具服务品牌化，延伸阅读推广服务。

（74）针对中小学生群体，深化社会合作和分级阅读服务，并配合学生课外阅读需要，定期编制分级阅读推荐书目，建设"阅读攀登计划""每周一书""每周阅读之星"、阅读教育讲座等活动品牌。

（75）利用科普基地，结合"科普大篷车""小创客"等活动，推广科普图书阅读。

（76）加强与教育部门、幼儿园、中小学校及其图书馆（室）等合作，定期组织参观图书馆、"第二课堂"等活动，在全市中小学生中推广"一人一证"活动。

（77）争取政府专项支持或与有关组织合作，为准父母、父母和不同年龄段的儿童提供阅读推广、阅读辅导、阅读激励等活动，鼓励亲子阅读，从小培养儿童阅读习惯。

（78）发挥对外交流优势，强化国际合作，参与国际性未成年人阅读推广活动，培养新的活动品牌，并持续优化"国际书签设计大赛"等已有活动项目。

（79）发挥区位与综合功能优势，广泛开展社会合作，利用各种社会资源开展未成年人阅读推广活动。

策略15：整合各种资源，支持公众终身学习和综合素质提升

行动方案：

（80）开设新的实体学习空间，强化已有考试资料专区服务，为学习小组等协同学习、分享活动开辟弹性空间，整合、优化全馆学习资源和服务配置，为公众营造更优质的学习环境。

（81）开设儿童礼仪课程，编制儿童礼仪读物，培养儿童文明阅读习惯和社会交往技能。

（82）拓展青少年团队合作等项目，培养青少年团队合作意识和组织领导能力。

（83）创设"广图公开课"等学习品牌，利用自身优势，整合各种资源，针对不同群体开展讲座、体验、阅读分享、互动等多系列、多形式服务：

①针对老年人开展新媒体技能、书画艺术、养生保健等学习课程，以因应社会老龄化发展。

②针对外地来穗人员开设"现代市民"课程，宣传城市公共服务、福利政策、城市历史文化等，培养现代市民素质，促进社会融入。

③针对生活困难群体开设就业技能提升等课程。

④针对女性群体开设生活艺术、家庭教育等学习课程。

⑤针对所有公众开设投资理财等专题讲座。

⑥适应万众创业需要，开设创业讲座。

目标五：推进公共数字文化服务，提升网络服务效能

策略16：建设和完善统一数字图书馆门户，推进全市网络服务的均等化、便利化

行动方案：

（84）建设全市公共图书馆云、统一的数字图书馆门户（包括移动图书馆门户），形成全城共享、互联互通的数字服务网络，采用响应式设计，为全市用户获取资源、信息和知识提供一站式服务。

（85）优化网站信息构建，减少链接深度，精简服务栏目，提高网站可用性。

（86）构建可视化和动态化的数字图书馆，最大化提升用户体验效果，并在实体服务窗口同步呈现。

（87）基于用户需求和用户行为分析，优化网络信息服务、个性化服务，增加用户黏度。

（88）强化数字参考咨询服务，拓展服务的广度与深度。

（89）依据国际标准，建设无障碍数字图书馆，为特殊群体服务消除障碍。

（90）推进数字图书馆服务入口前置，在政府网站、其他门户网站提供进入通道。

（91）促进文化与科技深度融合，扩大事业与产业深度合作，关注新技术发展，强化新技术引入，紧跟社会应用步伐。

策略17：挖掘数字图书馆知识发现和共建共享功能，发挥知识服务主体作用

行动方案：

（92）发展和优化网络和移动服务平台的知识发现与服务功能。

（93）发展基于大数据的数字知识服务，聚合公开网络资源以支持知识增值服务。

（94）推动公共数字文化资源整合与服务平台共建共享，建设基于知识发现模式的"广州文化地图"，融合有关文化机构的数字馆藏，共享区域内数字文化和信息资源。

（95）以开放参与方式构建广州特色数字资源库，推动公众参与知识创新。

策略18：发展虚拟社交空间，为公众提供嵌入式知识服务

行动方案：

（96）整合用户资源，发展虚拟社交平台并嵌入用户日常信息媒介与社交空间，提供互动交流服务。

（97）通过虚拟社交空间促进线上与线下交互，营造线上互动和线下服务氛围。

（98）激发社区成员的潜在交互能力，鼓励个性化设置和创造，扩展和泛化社区成员之间的联系，建立灵活高效的社区管理机制。

目标六：提供丰富、平等的交流机会，促进知识、信息交流与人际交流

策略19：完善硬件条件，管理交流资源，倡导社会交流

行动方案：

（99）根据公共交流的需要，完善各区域交流空间与设备设施配套，形成不同功能、大小、风格，以满足不同层次交流需求的公共空间。

（100）将各种交流空间进行资源化管理，形成交流资源分类目录，将向社会开放的交流资源目录与信息资源目录同平台发布，供公众预约利用。

（101）倡导自由交流、理性参与、共建精神家园，营造公众参与氛围，利用优秀公众作品等作为各公共空间重要装饰元素，积淀交流成果，形成定期更新机制。

策略20：定义目标群体与重点活动，汇聚社会资源

行动方案：

（102）识别并定位重点目标群体，包括：传统图书馆用户及其他公众，文献作者与其他知识群体，民间性群众性组织、公益性慈善组织、政府与政府部门或准政府组织，以公益服务或承担社会责任为目的的各种市场主体等。

（103）定义重点交流活动，依知识、信息交流、文化交流及其他交流的顺序建立服务优先次序。

（104）对面向残障人士、未成年人、老年人、生活困难群体、外地来穗人员等特殊群体举办的公益慈善活动优先予以保障。

（105）打造"名家沙龙""广州收藏家"等系列交流活动品牌，推动活动向专业化、系列化、品牌化方向发展。

（106）与博物馆、文化馆、纪念馆、美术馆、儿童活动中心、剧院等公共文化服务机构深度合作、融合发展，建立公共文化资源共享机制。

策略21：建立公共交流服务机制，完善公共交流服务规范

行动方案：

（107）保障社会公众、群体平等利用图书馆公共空间资源的权利与机会，充分利用并优选社会优质交流资源，建立社会主体参加、专业、中立的审核机制。

（108）建立并完善社会公众、群体利用图书馆公共交流资源的服务规

范与标准,其中包括图书馆针对特定情形的进一步扶持标准。

(109)建立多种形式的用户参与机制,以适应不同需求,并维护公共交流平台的质量、声誉与形象,包括自由参与、注册、报名、派票、积分激励等。

(110)发展与逐步完善与公共交流服务相配套的专业技术方法,包括社会参与主体评估、社会资源质量评估、成本测算与分担、服务绩效指标设置与数据收集、提升用户价值方法、业务统计分析与群体影响力报告等。

(111)强化公共交流活动成果整理,推进学术研究,提升服务专业化水平。

策略22:以社交媒体为基础,打造一体化、无障碍的公共交流空间

行动方案:

(112)充分运用社交媒体,整合图书馆资讯,统一形象推广策略,提升图书馆形象。

(113)整合提升微博和微信等媒体服务水平,建立与公众良好的沟通渠道,以活动为基础,通过用户注册、微信关注、社交媒体群组等方式连接公众,增强用户黏性,激发用户在交流活动中的能动性,构建"图书馆之友"群体或组织。

(114)推动《广州市图书馆通讯》升级,提升交流活动后期报道及与公众互动质量,与公众构建良好关系。

(115)开展线上互动数据与业务数据之间的融合分析,探索形成相关指数数据,不断优化和整合线上、线下公共交流空间服务。

目标七:拓展和深化多元文化服务,满足不同群体的多样性文化需求

策略23:挖掘专题资源,弘扬传统本土文化

行动方案:

(116)抓住广州大典研究中心设立的机遇,加大投入,联合相关科研机构及各种社会力量，强化地方历史文献的收集、整理、开发、出版与公众服务。

（117）推进《广州大典》导读、网络平台服务与公众交流、对外文化交流，拓展专题研究与相应层次服务。

（118）推动"广州故事（记忆）"网络平台服务，重点汇聚个人与家族、社区与镇街、亲历历史事件等资源与互动交流，引导社会参与，形成以公众参与、其他机构参与、共建共享为特点的活化的"广州记忆"。

（119）培育"广州文库"品牌活动，以之为纽带，形成以广州当代文献、当代作家作者为核心，面向公众、专家和对外交流等多个层面的地方文化专题服务。

（120）以现有家谱服务为基础，发展家族历史资料专题服务。

（121）推进粤语学习培训活动，拓展粤语研究与传统文化、粤语文化圈、广东音乐和粤语流行曲、粤语诗词吟诵、"粤语角"等主题活动，以语言为载体，增进对广府文化的理解与认同。

（122）发展商贸交流专题服务，利用"一带一路"建设的契机，在强化相关文献资源建设的基础上，拓展讲座、展览等多层面服务，支持相关的学术研究，并通过各国驻穗领事馆、友好城市等连接交往国家与城市，打造"新丝路文化"传播纽带。

（123）强化"广州之窗"城市推广服务，推动城市文化"走出去"，建立"广州之窗"专题网页，整合政府外事、外宣部门、友好城市图书馆等机构的电子资源，开展文献传递、参考咨询等合作，实现知识信息尤其是研究性资源、特色文献的全球获取和共享。

（124）加大力度参与粤剧、广彩、广绣、广州玉雕、榄雕等"岭南非遗"文化传习活动。

（125）以现有名人专藏、大型历史文献专藏为基础，开展名人与读书、藏书的主题展示、讲座等活动，整合并不断强化历史学科资源，拓展相应专题的研究服务。

（126）推进广州人文馆等实体平台建设，营造传统文化与地方文化服务氛围。

策略 24：扩大交流互鉴，链接世界多元文化

行动方案：

（127）加强与外事部门、友好城市图书馆之间的交流合作，以"友城之窗"为基础平台，联合开展友好城市传统节日庆祝专题活动，拓展"友城市长面对面"公众交流活动，推进图书交换、展览、讲座等文化交流活动，加强交流深度与广度。

（128）继续与各国驻穗领事馆等机构合作，以国家、城市历史文化等为主题，开展专题展览、讲座等多元文化活动，拓展外交官专藏服务，增进公众对不同文化的了解、尊重和包容。

（129）在"环球之旅"项目框架下，增加用户参与感强、互动性佳的文化表演类、艺术欣赏类活动项目。

（130）针对外籍群体开展汉语学习、多元文化资源的多语言检索与利用培训，消减由于语言不通而造成的利用障碍。

（131）与外语院校、语言培训机构等合作，定期举办英语等主要语言学习、交流活动，形成活动品牌。

（132）丰富多语言馆藏，优化信息资源组织，编印多元文化资源利用指南，提高资源利用的便利性，提升利用率。

（133）收集互联网上开放的多元文化资源，通过网络平台提供信息类和教育类的多元文化服务。

（134）配合广州市公共图书馆服务体系建设，为外籍民众聚居的社区分馆提供相关文献、城市融入主题讲座等活动支持，开展有针对性的图书馆服务和社区阅读活动。

（135）组建多元文化志愿服务队伍，吸纳社会力量（包括机构和个人）提供语言、活动组织等志愿服务。

（136）推进多元文化馆、语言学习馆等实体平台建设，营造多元文化服务氛围。

策略 25：拓展专题服务，传播现代都市文化

行动方案：

（137）以创意设计馆、多媒体鉴赏区等为基础平台，强化与创意设计人士、设计院校与设计专业机构的合作，丰富创意交流活动，并拓展艺术类收藏和美术、音乐等艺术鉴赏类活动。

（138）整合社会力量开拓主题创客空间，为用户提供实践和创新的平台。

①为创客提供活动空间，配置工具资源。

②开设创客课程和工作坊，围绕3D打印、视频制作、摄影、漫画设计、工艺品制作、广州传统工艺制作、缝纫知识、手工皮具、服装设计、绘本设计制作等开展讲座、培训并提供实践和交流机会。

③开辟网络创客空间，与国际上的创客相互联系与共享；使用技术文档记录方式对知识进行整理归档，以支持传播。

（139）调整、优化休闲生活馆主题范围，提升对图书馆周边人群服务的针对性，开展多层面的主题交流活动。

（140）围绕现代都市生活，利用各种空间、资源和平台组织活动，丰富公众精神文化生活。

目标八：完善发展生态圈，构建坚实支撑体系

策略26：调整管理体制与运行机制，实现良好的制度保障

行动方案：

（141）建立规划管理制度，确保规划的实施和成效。

①指定职能部门负责发展规划的组织实施工作，依据规划制定每年度工作计划，对各部门实施计划进行符合性审查。

②围绕规划，进行组织结构、岗位设置、人力资源配置调整，明确规划各项内容的实施责任主体，建设规划的实施平台或承接项目。

③根据规划确立的目标，制定并实施人才队伍建设、信息资源建设、对外文化交流等专项规划，开展组织文化建设。

④建立规划动态管理制度，指定职能部门负责组织对规划的实施效果进行年度评估，同时根据内外环境的变化对规划进行动态调整。规划期结

束后，由相关职能部门对规划实施情况进行评估。

⑤将规划实施成效纳入各层级管理人员年度绩效考核范围。

（142）调整管理体制与运行机制，提升管理科学化、规范化、专业化和活力水平。

①调整决策与统筹体制，建立基于公共服务、技术服务、行政管理等专业分工的科学决策体制。

②调整部门管理体制，扩大部门管理自主权，规范部门管理职责，建立部门主任权责清单。

③在部门职能分工、自主管理的基础上，推进项目管理、团队管理等灵活的管理方式。

④调整内部运行机制，建立以规则管理、职能部门管理、信息共享等作为三大支柱的运作机制。

⑤以提升效能为导向，完善服务与管理考核指标，建立科学的绩效管理制度。

⑥构建以发挥员工主体作用、激发员工活力、激发内生力量为目标的制度环境与组织文化。

（143）吸收国内外先进图书馆的经验，建立与国际接轨的管理模式。

①建立并实施国际通行的、可在国际范围内横向比较的指标管理体系，不断提升服务效能。

②实施标杆管理，以友好城市图书馆、国内外著名城市图书馆等为参照，建立交流借鉴机制。

③组织召开年度发展咨询会议，邀请国内外图书馆界及相关领域知名专家为图书馆发展建言献策。

④配合国家事业单位法人治理结构改革要求，吸收借鉴友好城市图书馆等先进经验，推进建立现代管理制度，落实法人自主权，完善理事会制度，配套完善年度报告和信息披露、公众监督等基本制度。

⑤适时引入卓越管理体系。

策略27：打造专业化的服务团队，建立良好的人力资源保障机制

行动方案：

（144）完善人力资源管理和人才队伍建设基本制度。

①分析研究人力资源管理、人才队伍建设中存在的问题和事业发展需求，制订并实施人才队伍建设专项规划。

②在人力资源管理各环节，针对存在问题采取有效措施，优化人力资源专业结构、提升层次结构。

③完善岗位设置和内部绩效分配制度改革，完善分类分层岗位绩效管理，优化人力资源配置。

④落实岗位人员三年聘期制、年度考核及岗位调整机制、未聘人员项目管理和年度考核不合格人员转岗等配套制度。

⑤完善职称申报、聘任制度，建立符合实际工作需要的多支专业人才队伍。

⑥界定专业服务和辅助性服务范围与关系，完善购买服务和社会化用人机制。

（145）建设一支用户满意的服务人员队伍。

①以用户需求为导向，以规范、友善、专业服务为指引，以体现职业化分工的岗位职责为基础，以体现专业知识与技能水平的专业化服务为标准，研究确立并完善人员队伍建设目标。

②把住人员入口关，对规划期内拟聘人员的专业、层次结构进行系统分析研究，制订人员招聘目录，并利用多种方式提高考试的专业性。

③面向新入馆员工，强化并规范入职培训，规范不同层次人员的轮岗安排。

④推进服务专业化与人员专业化两个发展目标的结合，以人员专业教育背景、专业实践和专业研究作为岗位聘用的主要依据，探索建立参考咨询馆员等馆内专业资格制度。

⑤建立一支规范服务的示范性队伍，从仪容、着装、服务等各个方面塑造良好服务形象。

⑥建立知识共享平台，组织馆员经验交流，实现内部知识充分交流共享。

⑦推进面向需求的继续教育设计，丰富教育形式，建立配套的绩效评

估办法，提升教育实效。

⑧推进与中山大学资讯管理学院联合培养专业硕士项目，建设中山大学广州市图书馆博士后创新实践基地，支持馆员参加图书馆学及相关专业的在职进修。

（146）建设一支面向实践和问题的科研人员队伍。

①明确科研组织管理责任部门，订立年度科研成果指标，实施目标管理。

②制定科学研究促进办法，采取多种措施支持专业人员科研成果发表、科研课题申报及参与学术交流，解决科研难题，激发专业人员自主开展科学研究。

③设立促进科学研究专项经费。

④组织出版专题学术年刊，面向实践、面向问题、面向需求、面向创新，设置若干主题，引领重点领域的学术研究。

⑤每年组织学术论文点评研讨会，提升专业人员学术研究水平。

⑥每年组织职称申报辅导活动，提升职称评审通过率。

⑦推动市学会建立年度科研课题立项申报制度。

⑧利用社会资源，推进有关主体合作开展业务与学术研究，每年组织高水平的学术交流活动。

（147）建设一支复合型专业管理人才队伍。

①以公开竞聘为主要方式聘任管理岗位人员。

②每年组织管理主题培训活动，推荐馆员参加高级研修班。

③每年为管理人员提供对外管理交流机会。

④与友好城市图书馆等建立交换馆员项目，提升专业管理人员国际化视野。

（148）争取上级部门支持，建立和完善购买服务、社会化用人机制，建设一支高素质的辅助人员队伍。

策略28：调整、完善馆藏发展政策，构建信息资源保障体系

行动方案：

（149）拓展、优化特色文献资源和主题文献资源。

①利用广州大典研究中心建设的历史机遇，系统收集、保存岭南历史文化相关文献，包括历史文献补遗、海外广州文献、民国广州文献、档案专题文献、地方习俗史资料、商贸交流文献等；参与"岭南文化记忆计划"，探索与有关机构合作推进地方文献资源的数字化与开放获取。

②建设"广州图库"，收集地方老照片、舆图等资源。

③启动广州居民资料收集工作，与家谱族谱、广州名人专藏等整合发展为广州家族历史资料专藏。

④建设"专家文库"，并以石景宜石汉基赠书、名人专藏中历史学科藏书、广州大典研究中心收集的历史文献为基础，收集历史学科文献，争取发展成为支撑研究层次的历史学科专藏。

⑤拓展广州民间组织出版物收藏。

⑥完善多元文化馆藏入藏原则、与友好城市图书馆的文献交换机制，探索建设"外交官文库"、华人华侨专藏等，构建更广泛的多元文化专藏。

⑦优化与扩大创意设计专藏，推动向体系完整的艺术图书馆发展。

⑧扩大收集优质的语言学习资源，包括世界主要语言、国内主要方言。

⑨丰富学习考试资源，拓展社会合作等新渠道，重点入藏职业资格考试等相关文献。

⑩优化休闲生活馆资源结构，引入互动式电子资源及其他载体资源，以满足用户多层次、多样化休闲需求。

⑪拓展音乐资源等收藏。

（150）利用中国（广州）国际纪录片节展示服务中心落户的机遇，广泛开展对外合作，将纪录片、电影、微电影、口述史等影像资源建设成为新的资源类型。

（151）适应用户需求变化与信息技术发展，加大数字馆藏比例，建立适应多平台、多终端服务的数字资源体系，并覆盖到全市公共图书馆服务体系用户。

①强化支持智能手机、平板电脑及个人电脑终端等多平台同步使用的

数字资源。

②探索与阅读网站合作，大力拓展电子图书资源及服务模式，提升电子图书服务绩效。

（152）根据用户需求及出版市场变化，调整、优化报刊、视听、特殊群体资源等馆藏采购策略。

（153）拓宽资源获取渠道，争取与网站平台、出版社、国外专业机构等合作，多渠道获取资源及出版信息，拓展网购、交换、赠予、竞拍等渠道，并充分利用网络平台，广泛收集、补充特色文献，建设馆藏品牌。

（154）强化与OCLC、FAMILYSEARCH、广东省立中山图书馆、广东省科技图书馆、各友好城市图书馆、广府文化圈图书馆及重要图书馆网络的合作，提升对地方资源、专业资源、外语资源等的保障能力；研究推动地方数字资源的长期保存。

（155）应对新问题新任务，强化对广州市公共图书馆服务体系信息资源建设的统筹协调，完善政府采购管理等工作。

（156）强化用户服务数据和用户需求调查结果的应用，修订、完善馆藏发展政策。

（157）建立信息资源采购咨询制度，广泛征求用户、专家以及相关行业组织对意见，提升信息资源保障的针对性。

（158）完善馆藏评估与剔旧管理制度，每年评估馆藏发展状况，及时调整馆藏及相应空间结构，维护馆藏质量，推进开放获取，不断提高资源利用率。

（发布日期：2015年11月）

深圳市图书馆发展规划（2016—2020）[①]

愿 景

城市文脉 · 信息纽带 · 知识引擎 · 智慧空间

积淀城市文化，传承城市记忆；致力于将信息与人相联结，搭建无边界信息桥梁；挖掘知识服务潜力，激发和鼓励知识创新，成为社会创新成长的动力源泉；打造多元智慧空间，加强人与人的关联，启发公众学习，鼓励知识的分享与交流。

理 念

服务立馆 · 技术强馆 · 文化新馆

公共图书馆是"天下之公器"，以服务为"道"，技术为"器"，始终以读者为中心，聚焦用户需求开展精细化服务，不断提升服务质量和服务

[①] 本规划由深圳市图书馆授权收录。

效能，以科技驱动业务发展，以科技引领服务创新，促进文化与科技融合。

"苟日新，日日新，又日新"，围绕文化传播、文化创造，从源头活水的文化中汲取智慧，不断返本开新，推陈出新，使公共图书馆与城市文化发展一起脉动。

使　命

保护与传承人类文化遗产，倡导和推动开放、平等、免费的知识获取，启发年轻人和各年龄段的学习者，激发公众阅读兴趣，提升市民文化素养和信息素养，服务并推动市民终身学习。

总体目标：建设世界一流的现代化国际化创新型城市中心图书馆

建设世界一流的现代化国际化创新型城市中心图书馆。立足"创新型、智慧型、包容型、力量型"城市主流文化建设，打造一流的多元的城市文化综合体，全面提升公民素养和城市文化品质，推动城市创新与发展；进一步发挥"图书馆之城"建设的中心图书馆作用，秉承"共建共享理念"，持续开拓创新，继续引领和推动城市公共图书馆一体化服务与管理，推进公共文化服务的标准化、规范化与均等化；与境内外图书馆广泛交流与合作，在全国及区域现代公共图书馆服务体系中发挥重要作用，增强一流城市中心图书馆的文化辐射力和国际影响力。

具体目标与举措

围绕总体目标和战略定位，通过"服务提升、阅读推广、资源发展、技术创新"的"四轮"驱动，围绕"图书馆之城"和"调剂书库"建设两大中心工作，为广大市民提供更丰富的资源、更便捷的服务、更贴心的活动、更舒适的环境。

目标一：创新并优化服务，全面提升效能

秉承"开放、平等、免费"服务理念，不断创新服务手段，深化服务层次，延伸服务范围，以"图书馆+"的理念，致力于打造多元化、全媒体公共服务平台，持续优化服务空间，推进统一服务效益提升，重点实施"4个计划"：

举措1：统一服务提升计划

进一步扩大"图书馆之城"统一服务的范围和影响力，拓展预借服务范围，提升服务效能，为读者提供切实的便利。

优先项1：探索、运用互联网技术，进一步简化办证和借阅手续。保持全市到馆人数、外借册次等常规服务量稳中有升。

优先项2：实施预借服务"双增"计划。依托"调剂书库"项目建设，发挥"图书馆之城"和自助图书馆服务网点作用，有效推进可预借文献总量的增长和服务网点的增加。

优先项3：推进统一服务标识的应用。进一步加强"图书馆之城"统一服务宣传工作，增强统一服务的市民认可度和辨识度。

举措2：专门领域提升计划

以人为本，关注少年儿童、老年人、外来工、视障人士等服务群体，适应数字化环境的变化，推进数字图书馆服务，围绕特色资源提升专业化服务水平。

优先项1：开展少儿服务专项研究，提升服务水平。加强少儿服务组织，强化分级阅读指导，增加文献配置，开展数字阅读服务，改善服务环境，吸引少年儿童走进图书馆。

优先项2：加大数字资源使用推广力度。引进数字资源利用分析系统，加强数字资源利用分析，依托"深圳文献港"和本馆数字资源服务平台，集中展示和宣传数字资源，推进数字资源利用培训的系列化、常态化、多元化。

优先项3：推进学科馆员计划。依托特色资源和学科馆员团队，加强

专业化参考咨询的统筹协调，为政府、研究机构、企业、高校等单位人员提供专业文献服务与深层次信息咨询服务。

举措 3：服务平台提升计划

构建并不断完善由网站、移动服务平台、自助图书馆网络构成的全媒体公共服务平台，推进各平台服务联动，为市民提供更丰富的服务项目，更便捷的服务体验。

优先项 1：进一步完善"图书馆之城"统一服务 OPAC 检索平台。在提升检索界面直观性和检索效能的基础上，实现纸本与电子图书的统一揭示，加强 OPAC 数据分析，增强关联性检索和动态资源推荐。

优先项 2：研制应用深圳图书馆新一代移动服务 APP，升级"微平台"。创新功能体系，与"深圳文献港"移动服务有机结合，推进移动服务 APP 和"微平台"的协调发展。

优先项 3：优化自助图书馆服务平台。利用自助图书馆电子阅读屏，将电子图书"配送"到每个服务点，供读者免费下载，形成书、刊、报一体的"自助图书馆电子阅读系统"。

举措 4：服务空间提升计划

顺应未来图书馆发展趋势，持续提升馆舍服务能力，打造文化空间，为市民营造更加舒适、便利的阅读环境，激发学习兴趣和创新活力。

优先项 1：通过整体规划与优化布局，扩大现有馆舍服务面积。结合"深圳市图书馆调剂书库"项目建设，合理规划两个馆舍的文献与服务布局，力争将现馆舍服务面积扩大 1000 平方米以上。

优先项 2：持续推进文化空间的打造和完善工作。创设"艺术设计区""世界文化区""两岸四地法律文献区"等新空间。

优先项 3：实施较为全面的馆舍与大型设备设施的改造工程。积极寻求政府财政支持，推进安防、空调、日晒等基础性改造工程项目的立项与实施，为市民营造舒适、安全、便利的服务环境。

目标二：引领全民阅读风尚，涵养城市精神

继续发挥城市文化空间及思想文化中心的作用，加强全市阅读推广活

动策划与组织，创新活动形式，丰富活动内涵，塑造提升阅读品牌，建立阅读推广常态化、分众化、合作化机制，组织开展系统、专业、丰富而有特色的阅读活动。每年举办阅读推广活动不少于 1000 场。

举措 1：倡导经典阅读，弘扬优秀传统文化

以"南书房"为主要阵地，开展系列化的经典阅读活动，传播并弘扬古今中外优秀文化，涵养城市文化气质。

优先项 1：持续推进"南书房家庭经典阅读书目"系列活动，倡导、指导家庭经典阅读。

优先项 2：启动实施"传统中国文化年"主题活动项目。通过举办写春联、灯谜会、影视展播、讲座等多种活动，传播与弘扬中国传统文化。

举措 2：加强不同群体阅读服务与指导，促进阅读权利实现

推行分类、分级、分众阅读指导，特别注重青少年、老年人、视障人士、外来青工等群体阅读服务，实现阅读推广工作的精细化、精准化、精致化。

优先项 1：协调全市市、区图书馆联合推进"少儿智慧银行"系列活动。激发少儿读者阅读热情，培育阅读种子。

优先项 2：参与主办、协调并实施面向全市 0—6 岁低幼儿童的"阅芽计划"。免费发放"阅芽包"，激发阅读兴趣，促进阅读习惯的养成。

优先项 3：持续推进"银发关爱"计划。开展中老年电脑培训、摄影培训、书画培训等契合老年读者需求的活动。

优先项 4：持续推进诗文朗诵暨散文创作大赛、盲人节文化专题、视障公益影院等品牌。加强对视障人士等残障群体的阅读服务，体现阅读关爱。

举措 3：实施公益培训计划，强化公众教育平台

发挥公共图书馆的社会教育职能，进一步丰富公益培训课程，优化提升学习环境，搭建市民终身学习的社会教育学堂，促进市民文化素养和信息素养的提升。

优先项 1：持续开展"深图网络公开课"、电脑课堂、语言沙龙等公益培训课程。

优先项2：持续开展公益法律咨询系列活动。依托"公益法律服务平台"，有效提升市民法制观念和法律意识，普及法律知识，传播法治文明。

优先项3：针对少年儿童开展"少儿培训"课程，激发少儿读者阅读兴趣。

举措4：开展城市文化主题活动，传承深圳记忆

助力深圳文化发展，通过开展系列阅读活动促进深圳学术文化、创意文化的宣传推广，传承城市记忆。

优先项1：推动学术文化建设、宣传与推广。做好"深圳学人·南书房夜话"等活动的策划实施与宣传。

优先项2：推动创意文化发展，助力"设计之都"建设。依托"艺术设计区"，拓展合作渠道，积累资源，聚集人才，举办系列活动，传递文化艺术之美。

优先项3：探寻深圳历史文化。围绕"深圳记忆"项目，寻找、记录并保存城市记忆，开展"深圳记忆"系列讲座、"深圳记忆"之旅等活动，促进文献征集，提高市民对城市历史文献的保护意识，增强市民文化认同感。

举措5：建立阅读推广工作联盟，加强全市联动

汇聚优质资源，发挥协同规模效应，建立并不断完善区域性阅读推广工作联盟机制，加强阅读推广联动，实现优质阅读资源的共建共享。

优先项1：建立深圳市"图书馆之城"阅读推广活动联动机制，实现全市图书馆展览、讲座等阅读资源的共享。

优先项2：推进粤港澳阅读推广联动。深化合作层次，组织"4·23深港两地征文比赛"及获奖作品联展工作，遴选精品阅读推广活动加入粤港澳合作交流，引进高质量展览等。

优先项3：开辟"读书会时间"，深化与民间阅读组织的合作。增强与民间组织、社会文化机构、媒体、专家学者等的交流互动，提升志愿者服务水平，整合社会阅读资源，建立高效的阅读推广社会合作模式。

目标三：丰富文献资源，积淀城市文脉

按照服务全市，与城市经济、社会、文化发展协调一致的原则，优化馆藏结构，促进纸本文献与数字资源协调发展，打造特色图书馆。

举措1：优化纸本文献结构，促进资源协调发展

优先项1：保障纸本中文图书采购品种，保持科学的复本率。纸本中文图书年均入藏量保持在10万种、35万册左右，其中240台自助图书馆配置图书年更新量不少于8万册，少儿图书年度入藏占比达到15%。

优先项2：建立全市纸本期刊联合目录，推进纸本期刊采购和长期保存的全市协调。

优先项3：与其他类型图书馆合作，加强外文文献的采购协调。

举措2：增加数字资源采购，扩大数字资源利用

优先项1：加大数字资源经费投入，占比不少于20%，保障常用数据库的采购，提升资源利用率。

优先项2：推进"深圳文献港"和市、区公共图书馆数字资源的联采联建，进一步完善城市数字资源服务体系，扩大服务范围和资源利用率。

优先项3：重点引进大众阅读、移动阅读类数字资源，利用网站、移动服务平台和自助图书馆构建实用化的大众数字阅读平台。

举措3：打造特色馆藏资源，增强城市文化辐射力

优先项1：加强地方文献征集与联合建设。编制地方文献联合目录，加强地方文献征集、数字化与开发利用，推进"深圳记忆"等特色数字资源建设项目。

优先项2：持续推动专题资源建设。深化"深圳学派文献专区"建设内涵，继续推进"深圳写作人作品典藏计划"；增加"艺术设计""世界文化""两岸四地法律文献"等专题资源。

优先项3：持续开展"深图活动"等专题数据库建设，加强专题数字资源的宣传与发布，扩大"深图活动"受众面和影响力。

优先项4：加强古籍修复保护和珍贵古籍数字化工作。完成13部珍贵

古籍的全本数字化工作，完成3—5部古籍研究成果及重要古籍资料的编印出版。

目标四：强化科技驱动，服务城市创新发展

坚持一体化、集成化的应用模式，发挥技术优势，继续加强现代科技应用研究和探索，以科技驱动服务创新，以科技促进业务发展，努力为市民营造出科技气息浓厚、功能多样化、服务便捷的城市阅读氛围。

举措1：强化图书馆"云平台"建设，提升信息化服务能力

联合全市市、区图书馆，进一步加强全市公共图书馆"云平台"规划与建设，优化、更新网络数据中心基础设施，提升"云平台"信息系统的安全性和技术保障能力，提升深圳图书馆信息化服务能力。

优先项1：推进信息化系统安全评估、定级与整改。按照国家和深圳市信息化系统安全管理要求，优化网络系统结构，扩大网络出口带宽，推进网站系统整改，引进系统安全设备及相关安全服务。

优先项2：推进"深圳图书馆统一服务平台及数字化服务设备更新项目"实施。按照项目目标，升级馆内无线网络系统，更新馆内读者服务设施，全面改善馆内信息化服务环境。

优先项3：完善"云平台"实时监控系统。进一步扩大监控系统的有效监控与管理范围，提高各类系统故障的及时发现与及时维护响应能力。

举措2：促进大数据研究成果转化，推进智慧图书馆建设

推进大数据技术应用研究成果全面走向实用，建立较为完善的机制与应用平台，促进图书馆服务的智能化和个性化。

优先项1：组建"数据馆员"团队，建立图书馆管理与服务数据跟踪分析机制。在全馆范围组建"数据馆员"团队，分工协作，开展多维度、多平台的数据跟踪与分析工作，挖掘数据内在联系，指导业务提升和事业发展。

优先项2：建立常态化的数据挖掘和统计分析机制。运用大数据思维，加强各服务平台、各读者群体、各资源类别的数据采集，实现数据挖掘和

统计分析常态化。

优先项 3：搭建"图书馆之城"统一服务数据分析与信息发布系统，发布深圳市图书馆"阅读大数据"，并作为深圳市全民阅读状况的重要指标和研究参考。

优先项 4：细分人群，建立读者阅读数据仓库，开展个性化、自愿订阅、主动推送模式的"我的大数据"服务。

举措 3：持续开展新技术研究与应用，创新"微"服务

研究、探索、创新"微"服务项目，在保证信息安全的前提下，不断完善基于智能终端的"微"服务平台，为读者提供更大便利。

优先项 1：研究、探索智能手机虚拟"读者证"的应用。

优先项 2：研究、探索"微支付"技术的应用。

优先项 3：研究、探索基于各种智能终端的"微"发现系统。在不断完善图书馆信息"微"发布系统的基础上，搭建基于智能终端的"微"发现系统，实现多平台、多元化信息关联。

目标五：深化"图书馆之城"建设，扩大社会影响

秉承"共建共享"发展理念，发挥"图书馆之城"龙头馆和中心图书馆的作用，持续推进公共图书馆一体化管理与服务，在强化服务的同时加强协同合作，在建设中创新模式，在管理中通力协作。

举措 1：加强统一服务管理，推进服务标准化、规范化

牵头制定"图书馆之城"相关标准和业务规范，构建较为全面的"图书馆之城"建设与管理制度体系，推动"图书馆之城"建设与管理的规范化和标准化。

优先项 1：推进"图书馆之城"统一服务系列业务规范的颁布实施。包括网点建设与管理、读者事务管理、流通服务管理、技术平台管理、财经结算等业务规范。

优先项 2：深化"图书馆之城"书目数据质量控制工程。完善"图书馆之城"统一服务书目控制相关数据规范和工作流程规范，组织各区图书

馆加入联合编目平台，有效控制书目数据，合格率达90%以上。

优先项3：进一步加强全市公共图书馆统一技术平台计算机网络的规范化管理。在市、区公共图书馆之间搭建统一的VPN网络，为下属分馆、服务点提供VPN接入设备和接入机制。

举措2：拓展"深圳文献港"平台，引入知识服务

与合作馆共同推进"深圳文献港"项目的不断完善和持续发展，在强化服务的同时继续加强多馆业务协同，在持续增加资源的同时引入知识服务，在系统分析、科学评估的基础上推进数字资源服务的智能化。

优先项1：完善平台管理机制，提升服务能力。与合作馆共同完善管理机制，扩大成员馆数量，整合更多的资源，形成更强的区域服务团队。

优先项2：推进平台创新与宣传。参与平台大数据分析研究，推进"深圳文献港"平台升级，引入知识服务；加强平台资源管理与服务宣传，进一步提升使用效益，服务城市创新发展。

举措3：持续优化升级，发挥自助图书馆网络整体效应

加强自助图书馆规划与管理，持续优化布局，推进设备升级，保持自助图书馆系统平稳、安全运行。

优先项1：推进自助图书馆运行管理和服务组织规范化。加强与各区图书馆的合作，在综合评估的基础上实施服务点的动态管理。

优先项2：实施"自助图书馆设备更新计划"。对陆续达到保用期的设备进行逐步更换，同时评估原服务点继续布设的必要性。

优先项3：制定并实施"自助图书馆宣传计划"。完善自助图书馆服务点导引系统，改进自助图书馆网络导航与搜索服务系统，开展社区宣传。

目标六：全力推进调剂书库项目，建设公共文化新地标

全力推进调剂书库项目建设，使之成为深圳地区新的公共文化地标，在提供阅览、外借、咨询、阅读推广等服务的同时，成为"图书馆之城"文献保障中心和文献集散中心，实现市级公共图书馆纸本文献的多元储存和动态调剂。

举措 1：科学研究与规划，打造文化新空间

推进调剂书库主体建筑建设，科学规划整体业务布局，研究与引进"智能立体书库系统"和"自动分拣系统"，向市民提供先进、优质、便捷的图书馆服务。

优先项 1：深入开展调剂书库业务布局研究。积极推进主体建筑建设，实现合理的业务布局与服务功能分区，新增阅览座位 1000 个。

优先项 2：深入进行"智能立体书库系统"和"自动分拣系统"协同工作设计。在深入规划设计的基础上，推进两个大型系统设备的引进，使系统整体运行和业务组织更加合理，降低总体运维成本。

优先项 3：推进调剂书库信息化系统的同步建设。与主体建筑建设配套，打造新的全市图书馆信息中心与新馆现代化的信息服务环境，同时与"智能立体书库系统"和"自动分拣系统"信息系统有效对接，保障调剂书库各项业务正常、高效运转。

举措 2：协调全市文献布局，打造文献保障中心

依托调剂书库项目建设，协调全市文献资源的整体布局，推动深圳图书馆与调剂书库文献的科学布局，建立并不断完善可动态转换的预借服务文献体系、自助图书馆配送文献体系、可调剂文献体系，提升全市文献资源的整体保障能力。

优先项 1：制定并实施《深圳图书馆与调剂书库文献布局实施方案》。在深圳图书馆和调剂书库之间形成科学的文献布局与服务协同机制，充分发挥两馆的地缘优势。

优先项 2：研究制定调剂书库文献管理制度。在对全市文献资源整体布局进行深入研究的基础上，制定调剂书库文献管理制度，吸引各馆加入全市文献资源保障体系，提升全市文献保障能力。

优先项 3：构建调剂书库文献查阅与服务体系。在"图书馆之城"统一服务平台基础上，研制调剂书库文献查阅与服务系统，形成与"图书馆之城"统一服务相配套的调剂书库文献查阅与服务流程，体现文献所处状态，监控文献流转过程，促进文献有效利用。

举措 3：研究优化物流组织，打造文献集散中心

研究全市物流需求和管理模式，依托调剂书库，推进全市文献物流协调统一和有效对接，促进文献流转。

优先项 1：建立深圳图书馆与调剂书库之间的物流保障机制。发挥调剂书库的枢纽作用，利用"智能立体书库系统"和"自动分拣系统"，实现高科技、高效率的文献配送和集散转运。

优先项 2：以调剂书库为中心，优化自助图书馆物流组织模式。在调剂书库投入使用后，以调剂书库为自助图书馆的调配书库，实现自助图书馆配送书库管理和配送服务的业务分离，提高自助图书馆物流配送效益。

（发布日期：2015 年 12 月）

大连市图书馆"十三五"规划[①]

一、前言

大连市图书馆作为城市最重要的文化阵地和文明窗口,集文献收藏、信息咨询、社会教育、学术研究于一体,是大连城市最大的文献信息集散地和社会文化教育中心。"十二五"期间,大连市图书馆发展成果显著,2013年"白云系列"文化活动获文化部"群星奖"(中国最高政府奖);2014年白云书院被国家古籍保护中心确立为"国家级首批中华优秀传统文化实践基地",2014年被文化部评为"全国古籍保护工作先进单位"。在国家文化部组织的公共图书馆评估中,大连市图书馆连续5次荣获"国家一级图书馆"称号。在2013年的第5次评估中,更以优异成绩高居全国公共图书馆榜首。2014年大连市图书馆被文化部授予"全国文化系统先进集体"。

"十三五"时期是我国全面建成小康社会的关键时期。《中共中央关于制定国民经济和社会发展第十三个五年规划的建议》要求持续推动基本公

---

① 本规划由大连市图书馆授权收录。

共文化服务标准化、均等化发展，保障人民基本文化权益，倡导全民阅读；国务院总理李克强在十二届全国人大三次会议所作的《政府工作报告》明确把"倡导全民阅读，建设书香社会"列入持续推进民生改善和社会建设的目标之中；2015 年 1 月，中共中央办公厅、国务院办公厅印发《加快构建现代公共文化服务体系的意见》。为了抓住机遇，全面推进服务体系建设，实现全市公共图书馆服务高水平的标准化、均等化，同时实现数字化服务效益大幅提升，并在服务转型和专业化等方面发挥引领作用，大连市图书馆编制"十三五"发展规划，为图书馆事业的全面发展做指引。

二、愿景

建设成国内一流、国际知名的现代化城市中心图书馆。公共图书馆是历史文化的传承者，是信息的中心、知识的门户。

（一）面向全社会敞开知识之门

图书馆是社会知识与信息的搜集、保存和传播中心，公共图书馆致力于向所有公众提供最广泛的知识和信息，使面向公众的、公平的知识和信息享有变为现实，不因年龄、生理和健康状况、社会地位、种族、性别和文化背景不同而受限制。良好的公共图书馆设施及其服务，有利于保障和维护公众的知识与信息获取权利、终生受教育权利，不断满足公众日益增长的精神文化需求，从而促进社会的进步、繁荣与发展。

（二）公共文化服务是图书馆工作的灵魂

文化的发展与进步是社会发展与进步的重要标志，知识与信息的普及程度是民众素质提高的关键，阅读是一个民族未来的希望。公共文化服务是图书馆服务的重要方面，公共图书馆在营造文化氛围，倡导阅读学习，促进知识传播，缩小数字鸿沟，普及和提高民族思想道德素质与科学文化素质等方面有着其他机构不可替代的作用。

（三）政府的重视是公共图书馆事业发展的重要保障

目前，公共图书馆存在经费短缺、人才缺乏等问题，亟待政府支持。公共图书馆是政府举办的公益性文化事业，是公共文化服务体系的重要组成部分，政府应积极制定有利于促进图书馆事业发展的政策，提供制度保障。公共图书馆是面向公众的社会大学，享受良好的服务是市民的权利，办好公共图书馆是政府的职责，确保和加大对公共图书馆的经费投入，是事业发展的物质保障。

三、使命

公共图书馆是一个城市文化发展水平的标志，对文化传播具有不可替代的示范作用、带头作用、推动作用以及辐射作用。作为城市文化中心，图书馆应该担当以下三个中心的历史使命。（1）知识中心。现代社会，公共图书馆必须成为收集、保存和传播知识的公益机构，这也是社会赋予公共图书馆的历史使命。（2）学习中心。公共图书馆既要能够提供在线的学习共享空间，又能够提供现实的公共学习空间。（3）文化中心。公共图书馆不仅应该是书香文化中心，还应该是城市、社区的多样文化中心，甚至休闲文化中心。建设海量信息资源，构筑空间全覆盖、时间全天候的服务网络，面向市民开展丰富服务活动，提供普遍均等的知识信息服务，提升公众科学文化素质，保障市民基本文化权益，为大连经济社会发展提供智力支持。

四、目标规划

大连市图书馆一直秉承"一切为读者服务"的宗旨，在"人才兴馆，科技强馆，服务立馆"的建馆方针下，进一步创新服务理念、拓展服务范围、丰富服务手段、提高服务水平。在未来发展中，除继续加强图书馆基本业务建设、深入开展丰富读者服务工作，将继续围绕"倡导全民读书，提升市民文化素养，培育城市文化氛围，提升社会文明程度"的主题，做如下具体规划：

(一) 保护城市文化遗产

大连城市具有悠久而独特的历史，由于其特殊的地理位置和发展历程，曾经在一定时期成为东北乃至全国的文化重镇，文化遗产极为丰富。单就文献资源而言，仅大连市图书馆就藏有不同历史时期、不同种类、不同语言的古旧籍55万册，是全国古籍文献的重库，被国家列为第一批古籍重点保护单位。"十三五"期间，大连市应该围绕保护这批文献遗产开展一系列工作。第一是建设高标准、现代化的古籍书库，将古籍妥善保管好，以此保护城市文脉，树立大连城市的文化形象；第二是对大连地区各单位和个人收藏的古籍进行普查，摸清家底，建立全市古籍普查平台，编纂和出版《大连地区古籍普查登记联合目录》《大连地区入选国家珍贵古籍名录图录》；第三是筹建"国家级古籍修复技艺传习中心大连传习所"，培养古籍修复人才；第四是举办大连地区古籍珍品展，向市民普及古籍保护知识，培养古籍保护意识，加强大众对本土历史文化的了解，树立文化自信心，增强对城市和家乡的热爱。

(二) 继承中华优秀传统文化，弘扬中华传统美德

大连市图书馆白云书院是国家级传统文化传承基地（全国仅两家，另一家为山东省的尼山书院），依托此基地开展系列读书活动，以此弘扬中华优秀传统文化。白云书院举办的"国学义塾""传统文化讲座""艺术展览""古典诗词吟唱"的"白云系列文化品牌"曾荣获政府最高文化奖"群星奖"的表彰。目前白云书院正在实施国家古籍保护中心的"天下书院"计划，为全国45个副省级以上的图书馆书院培养师资。大连市"十三五"期间可在城市的每个社区将现有的图书馆（站）、文化活动中心资源整合，建立"社区书院"，通过各种形式组织市民学习传统文化经典，弘扬中华传统美德。只有每个市民的文化素养和道德水平提高了，整个社会风气和文明程度才会有所改善，城市才会有发展的动力和活力，经济也才会随之繁荣，人民才会安居乐业。

（三）筹建多媒体阅览区及音乐图书馆，打造文化艺术氛围，提升城市文化品位

由于城市地理位置和历史发展的优势，成就了大连城市浪漫的文化特质。城市的文化规划应该将此优势发扬光大，全方位地打造城市的文化艺术氛围，大连是一个现代化、文明开放的城市，也是一个浪漫之都，音乐之城，音乐土壤丰厚，曾经培养了诸多知名的音乐家。具有许多珍贵的音乐资料，为了收集保存并利用好这些资料，大连市图书馆拟在现有基础上进一步完善为市民提供艺术服务的设施与手段，建立极具特色的音乐图书馆，使之成为大连地区乃至整个东北地区的音乐资料中心，以方便专业人士及市民的利用，让读者了解美、发现美、欣赏美、追求美，用艺术陶冶人的情操，提升大众的文化素养和城市文化品位，为市民打造一个舒适、优雅的多媒体阅读环境，实现人与社会的真正和谐。

（四）筹建大连市图书馆联盟

为更好地满足大连市民的精神文化需求，大连市地区公共图书馆和高校图书馆达成共识，在全市图书馆范围内构建由各区（市）县公共图书馆、高校图书馆、科研机构图书馆等为成员馆的图书馆联盟。大连市图书馆联盟以大连市图书馆为中心馆，有公共图书馆系统11家成员馆和高校图书馆系统15家成员馆。联盟成员馆间可实现：（1）资源共享、协调采购。（2）实现区域内统一编目，读者统一检索。（3）公共图书馆实现文献通借通还，与高校图书馆实现文献相互传递服务。（4）统一参考咨询服务、开通联盟参考咨询平台。（5）探索古籍保护新模式，协作古籍保护利用。大连市图书馆联盟的建立达成合作共赢的目的，使地区图书馆发展更加专业化、一体化。

（发布日期：2015年12月）

金陵图书馆"十三五"规划编制纲要[①]

从 2011 年党的十七届六中全会通过的《中共中央关于深化文化体制改革推动社会主义文化大发展大繁荣若干重大问题的决定》，到 2013 年 11 月十八届三中全会提出的"构建现代公共文化服务体系"，再到近年国家以及江苏、深圳、湖北等地方层面的"全民阅读立法"工作的稳步推进，可见国家以及地方政府对公益文化事业发展的高度重视。而图书馆作为公共文化服务体系和建设书香南京的一个重要组成部分，其未来发展方向及发展规划是"现代公共文化服务体系"转型升级和"江苏省书香城市建设"指标完善的重要抓手。

时值 2015 中国规划之大年，图书馆面临的不仅仅是"十三五"规划（2016—2020）的制定，还要综合考虑未来十年、二十年乃至三十年的长期规划，形成五年规划与未来十年、二十年、三十年规划的内在逻辑的环环相扣。金陵图书馆值此规划之际，针对"十二五"规划取得的成绩及存在的不足，综合考虑五年规划与未来长期规划的延续性，启动金陵图书馆"十三五"规划编制工作。

---

① 本规划由金陵图书馆授权收录。

一、"十二五"取得的成果

"十二五"（2011—2015 年）时期，金陵图书馆在分析发展所面临的内外部环境，把握自身优劣势的基础上，明确自身定位，充分利用有利的政策环境，加大对基层图书馆的投入，实现了市、区县、街镇、社区（村）四级图书馆服务网络建设框架，推动两层四级图书馆服务网络的全覆盖，建设了 3 家自助图书馆，15 家社区分馆，2 条汽车图书馆服务线路，秦广宏所负责的《公共图书馆总分馆制——"南京模式"理论研究和实践》课题还获得了第十一届江苏省"五星工程奖"；在服务品牌上，金陵图书馆在原有明星品牌"金图讲坛"和"南京'18法律咨询广场"的基础上还开拓了"朗读者"项目，该项目荣获了"江苏省文化志愿服务优秀服务项目""全国盲人阅读推广优秀单位""江苏省第六届公共图书馆优秀服务成果奖二等奖"等多项荣誉；在资源建设上，相比"十一五"期间，纸质和数字资源藏量等重要指标均有较高增长；在新技术方面，"十二五"期间，我馆引进 RFID 技术、随书光盘云服务以及微博、微信、掌上阅读等移动服务，拉近了图书馆与读者之间的距离，提高了我馆的服务效益和服务水平。

二、目前仍然存在的问题

"十二五"时期，金陵图书馆可谓收获颇丰，然而在新技术的宣传推广、人才队伍建设、法人治理结构及数字资源建设等方面与同级先进图书馆相比仍有一定差距，因此，金陵图书馆应以"十三五"规划编制工作为契机，进一步明确发展定位，突出特色资源建设，创新信息服务手段，以先进技术为引领，以科学管理为保障，推进图书馆事业的发展，增强组织活力，提高社会服务保障水平，满足公众的知识信息需求，保障公众的基本文化权益。

三、"十三五"金陵图书馆事业发展的总体思路

（一）指导思想

坚持以邓小平理论、"三个代表"重要思想和科学发展观等中国特色社会主义理论体系为指导，全面贯彻习近平总书记"四个全面"战略布局思想，紧紧围绕建设"经济强、百姓富、环境美、社会文明程度高的新南京"的实践内涵，坚持以人民为中心的办馆理念，坚持以公益性、基本性、均等性、便利性为服务原则，坚持以满足人民群众基本精神文化需求和保障人民群众基本文化权益为发展导向，坚持以现代信息技术的应用为技术支撑，务实创新，锐意进取，加快构建覆盖城乡、便捷高效、保基本、促公平的现代公共文化服务体系，力争使金陵图书馆的整体实力和综合影响力在同类城市图书馆中居于领先地位。

（二）发展目标

在"十三五"期间，以文化部公共图书馆评估定级工作和江苏省书香城市建设评估工作为抓手，以深化文化体制改革要求为契机，以管理和服务创新为核心，以文献信息资源建设、开发和利用为重点，以信息化、数字化、移动化建设为方向，以人才队伍培养为保障，通过五年努力，把图书馆建设发展成为管理科学、业务规范、功能完备、环境优良的现代化图书馆，将金陵图书馆建成为区域性的四中心一平台：即地方综合性文献信息集成中心、知识服务中心、自主学习中心、社会文化中心，为南京市的经济发展和社会进步提供全方位、多层次、高质量、高效率的文献信息和知识创新服务平台。

四、具体目标任务

（一）空间规划

（1）集新华书店、读者、上级主管单位以及图书馆等社会各方力量于

一体，探索建立"众筹图书馆"，在原东借阅室区域进行物理空间上的规划，通过使用 RFID 智能书架，依据新华书店的主题分类模式排架，打造全新的阅读空间。

（2）打造集阅读体验、文化交流和消费于一体的高端体验式 24 小时休闲阅读空间，配备图书区、活动区及休闲水吧等功能区，打造休闲舒适的阅读环境。

（3）通过空间再造，利用互联网、移动智能终端、多媒体影音设备等各种媒体，打造数字图书馆互动体验区，配备移动阅读终端、笔记本、电子图书及报刊数字阅读机等移动阅读设备，大力普及推广数字阅读。

（4）利用物联网、云计算、大数据等技术以及各种智慧化设备进行智慧空间再造，让智能书架、智能预约以及智能推送触手可及，打造由智慧资源系统、智慧感知系统、智慧服务系统和智慧管理系统组成图书馆智慧平台，实现全馆范围内的免费 WiFi 全覆盖，实现对图书馆高效率的、全方位的管理。

（5）通过空间再造，以江苏省"江苏少儿数字图书馆"共建工作为中心，引进丰富多彩的少儿线上线下资源，采购 3D 立体书、绘本以及少儿触控一体机等设备，打造少儿数字资源体验中心。

（6）以打造文化创意空间和创客体验空间为抓手，以满足公众的文化消费和科普体验需求为目标，重点在文化创意、科技创新等图书馆新型业务工作中寻求突破，以实现金图在部分业务领域取得先发优势。

（二）资源建设

1. 文献资源建设规划

（1）以传承历史人文、普及科学文化、提高工作技能、丰富休闲生活为主旨，有选择、有针对性地收集与此相关联的各学科主题、各文献类型、各学科层次的文献，并着意收集与本市社会、政治、科研密切相关的南京地方文献，建设完善满足读者需求和南京城市文化发展需要的多元、丰富、动态的馆藏文献资源体系。

（2）探索文献采购的PDA（读者决策采购）模式，尝试各类文献的用户驱动采购，使读者成为文献资源建设的参与者和众筹者，使PDA成为文献采访模式的有力补充。通过与各出版发行机构合作，整合资源，搭建平台，使读者能直接在实体和网上书店下单借书。

（3）保证图书、报刊文献入藏的系统性和连续性，使其稳步增长，加快文献资源建设的数字化转型，稳步提高数字资源比例，大力增加视听资源数量，突出数字资源的文献保障功能，发挥数字资源不受复本限制的优势，使纸质书刊与数字资源协调发展。

（4）在文献学科结构上以文史哲等人文学科及社会科学为主，自然科学侧重收藏权威出版社的重点文献，采用出版社类级划分的方式，对文献源较多的学科文献采购实行控制。保证学习、研究类文献的品种，提升休闲、普及、应用类文献的数量，大力发展在群众中喜闻乐见的小说、报告文学、名人传记、艺术等通俗、畅销类读物，重点加强少儿类和经典类文献的建设，保障、促进和引导全民阅读。

（5）挖掘南京深厚的人文积淀，多途径、多形式的征集、整合和推广南京文献，树立公共图书馆地方文化品牌。积极争取政府和社会的支持，强化呈缴本制度，使之成为地方文献征集的常规渠道，建立地方文献的基本保障体系。深入公共领域，加强征集非正式出版物的宣传，完善非正式出版物的采选渠道，加强与个人、企业、协会、团体的合作，选取专指性和地域性强，动态性和时效性好，使用价值高的相关文献，确保非正式出版物的征集工作具有连续性和长期性。

（6）通过购买、拍卖、交换或受赠等方式，征集收藏古籍和民国文献。有计划有方向地采购大型典籍，保证固定比例的经费投入，实现特色化、规模化和持续性发展。在加强古籍、民国文献等特藏资源原生性保护的同时，继续开展再生性保护。改善珍贵文献的服务模式与服务理念，加强古籍和民国文献的开发与利用，通过数字化技术手段，实现文献的再生和再造。

（7）加强艺术设计文献专藏建设。以艺术鉴赏和设计参考为发展方向，艺术鉴赏强调具象化、审美化和经典化，设计参考突出时效性、实用性和前瞻性。在保障理论类、资料类、工具类文献的入藏的基础上，突出前瞻性、实践性和具象性，重点收藏绘画、书法、文物考古、摄影、平面设计、室内设计、工业设计等类别的文献。

（8）大力发展视听文献资源。以群众喜闻乐见和满足娱乐休闲类需求为发展方向，保证每年 1500 个新品种的入藏，加大电视剧及少儿、历史、养生类视听资源的采购力度。加强视听地方文献的收集和整理，致力于打造具有新阅读体验的研究型视听地方文献阅览室。

（9）争取财政经费投入，形成逐年增长 10% 的良性机制，考虑到文献价格逐年上涨等因素，保障新增入藏量以每年 5% 递增。依托借阅统计和实地调查，调整文献流转规则，完善文献流转体系，使文献在各级书库、分馆和流通点之间实现及时、动态、顺畅的流转，从而缓解涨库的压力，确保新增文献的上架借阅。

（10）探索文献储备库建设的新模式，寻求区域内的伙伴，联合建库、共享利用，建立南京市区域性的储备书库联盟。

2. 电子资源建设规划

（1）商品数字资源采选发展规划

①建立数字资源评价体系，调整优化资源结构。

利用远程授权访问系统、日志大数据分析、在线问卷调查等手段，对各个数字资源做使用评价，为数字资源建设调整提供依据。在数字资源评价体系的基础上，综合一线参考咨询馆员和读者的意见，兼顾本馆南京、民国、艺术、戏曲等特色馆藏的需求，逐步调整数字资源馆藏结构，使有限的经费发挥出最大化的社会效益。

②降低数字门槛，提高服务效率。

通过与资源商的博弈，逐步实现使用授权远程化、数据格式移动化、资源服务外包化。数字资源使用授权从早期的馆内，发展到馆外持证读者授权访问；服务平台从单一的 PC 平台，发展到同时支持 PC、Android、IOS 等多平台；服务方式从注重拥有（镜像）逐步向注重使用（包库）发展。

③加大数字资源采购经费比重,实现数字资源稳步增长。

预计到 2020 年,电子文献藏书量不少于 100 万,电子资源购置费占资源购置费的比例达到 30% 以上,拥有数字资源总量不少于 150TB。

(2) 自建数字资源建设规划

①信息资源组织与管理能力进一步增强,建成一批成体系、有特色的专题库,整合传统资源与数字资源、馆藏资源与网络资源,构建金陵图书馆南京地方文献基础资源库。预计到 2020 年,金陵图书馆自建数字资源较"十二五"期间有较大增长,自建数字资源总量不少于 20TB。

②在已有数据库的基础上,选择具有战略、历史、文化价值的特色地方文献,结合馆藏优势和用户的知识需求,深度挖掘各类信息资源,包括全文文本、图像、音视频、网络资源等,通过多维的组织整合,再现知识关联,形成有机的知识网络,力求构建一批体系化、特色化、全文型专题知识库群。

③加强区域内馆际协作,基于馆藏优势和地域优势,共建共享、优势互补、互惠互利、协同服务,使建成的特色数据库能够满足社会公众的基本文化权利,为地方文化经济建设所共享。积极参与国图数字资源联合建设,稳步推进"推广工程数字资源联合建设元数据仓储项目""推广工程数字资源联合建设唯一标识符注册与维护项目""推广工程数字资源联合建设政府公开信息项目"等国图数字资源联建和征集报送项目的实施。

3. **全民阅读**

依据《江苏省基本公共文化服务标准(2015—2020)》《江苏省书香城市建设评估指标体系(省辖市)建设标准》《江苏省公共文化服务体系示范区创建标准(地级市)》以及文化部评估标准等要求,进一步加强传统读者服务工作,拓展与创新现代读者服务领域,为建设"书香南京"发挥好公共图书馆的排头兵的作用。

(1) 读者服务

①进一步提高阵地服务质量,贴近读者,强化读者至上的服务意识和专业高效的服务技能,明显降低有效投诉率。

②试行读者的分众化管理和服务体系,通过建立金图读者典型样本库,对分级分类阅读理论进行探索实践。

③加强图书馆的信息化建设,积极稳妥地推动新兴信息技术在本馆的应用,通过增强公共数字文化服务能力进一步提升本馆的读者服务水平。

④将移动图书馆技术与移动阅读资源开发相结合,在实现移动阅读便利性的同时,注重加强对大众阅读导向的引导,开辟青少年数字阅读专区,建立数字资源的分众阅读机制。

⑤利用云计算、大数据、物联网等现代化技术手段,分析读者的行为数据、反馈数据,有针对性地进行个性化信息推送服务,从而加强图书的借阅流通效率。

(2)读者活动

①注重读者活动的规划性。根据上级主管部门政策要求指引、全年时间节点、主题等要素,在年初做好全年读者活动规划,面向社会大众开展讲座、展览、培训、阅读推广活动等文化活动。每月月初发布当月具体活动计划。

②注重读者活动的针对性。根据青少年群体、低收入群体、残障人士、老年人等弱势群体、部队官兵、监狱服刑人员等特殊群体不同的阅读特点,开展有针对性、有特色的文化服务。

③加强读者活动品牌建设。"金图讲坛""朗读者"等既有项目逐步实现主题从综合化到系列化、特色化,讲座项目运行和人员不断走向专业化,建立完善的读者反馈评价机制。

④注重活动衍生品的开发。完善并解决与作者有关讲座的版权问题后,后期对图片、文字、视频等电子资源收集、整理,制作成电子版成果,或出版光盘等衍生产品,通过互联网、数据库发布或光盘资源的共享,发挥其文化传播的二次使用价值。

⑤促进新项目的发展成熟。金陵图书馆各部门根据自身工作开展的需求,积极寻找切入点,创新思维,在工作中培养自身的品牌项目和活动。

⑥注重活动媒体宣传、扩大影响。利用报纸、电视、电台等传统媒体

以及网站、微信、微博等新媒体平台做好图书馆各项文化活动宣传工作，提高图书馆的知名度，扩大社会影响力。

（3）参考咨询

①加强与南京市情报所、高校图书馆等机构的联系与合作，共享数字资源，加强面向重点教育、科研与生产单位主动提供深层次、专业化信息咨询服务的能力。

②通过在政府部门和企业单位创办分馆、提供专业人员和专业书籍，进一步做好面向政府的决策咨询服务和面向企业的信息咨询服务。

③积极参与全国和江苏省图书馆网上联合参考咨询平台和知识导航站，保证解答咨询的数量和质量位居加盟馆前列。同时，参加南京党员远程服务平台，为南京广大市民提供读书指导。

④开展个性化信息定制与推送服务，积极开展参考咨询、文献信息定题检索、课题成果查新、信息编译和分析研究、最新文献报导等信息服务工作，最大限度地满足读者的需要。

⑤积极补充具有学科背景的信息服务人员，通过加强业务培训、博学与专才相结合、引进人才与馆内培养相结合、学术研究与实际应用相结合等多项措施，努力培养一批专业的文献信息服务队伍。

⑥聘请其他领域的专家参与到参考咨询服务中，形成图书馆数字参考咨询专家团队，实现人力资源的有效分配，保证数字参考咨询服务的服务质量和服务效果。

4. 重点项目

（1）公共文化服务体系建设

以基本公共文化服务标准化、均等化为抓手，加快构建现代公共文化服务体系。力争到"十三五"末，基本建立覆盖城乡、便捷高效、保基本、促公平的现代公共文化服务体系。让体系内各馆互相呼应，功能之间互相体现、特色资源互相补充，把整个城市作为一个整体来建设图书馆。

①继续完善以金陵图书馆为中心馆，各区图书馆为骨干馆，社区分馆为基层网点的"南京模式"。在总分馆服务的原则框架下，鼓励各区探索

基层图书馆不同发展模式。进一步提高馆际互联互通程度，加大中心馆与骨干馆的"一卡通"整合力度，发挥区域整体资源的优势，提高文献资源的使用率。

②继续加强直管型、联办型馆外流通服务网点的管理力度，通过提高图书更新率和流转率、合理调整图书种类比例等方式继续提高各服务网点文献的流通率和利用率。

③积极开辟馆外流通体系建设的新模式，探索创建特色分馆、企业分馆、行业分馆等新型分馆的实践工作，并重点推进其持续有效发展。

（2）公共数字文化服务工作

1）数字资源建设

①依托文化部全国文化信息资源共享工程、国家数字图书馆推广工程以及公共电子阅览室计划，建设提高南京市公共数字文化资源和服务供给能力。

②结合南京地方文化特色和我馆馆藏特色，建立南京地方文化基础资源库群——金陵雅韵。

③积极参与江苏省"江苏少儿数字图书馆"共建工作以及组织南京市各区级图书馆，联合打造南京市区公共图书馆数字资源联合采购平台，实现城域网的数字资源共建共享，效益最大化。

④结合本馆馆藏与读者特色，以及智慧服务的需求，优化数字资源建设结构。依托《维普智立方发现系统》，大力开展对企业服务，同时引进艺术类资源库，传承建设艺术人文库。

2）数字化平台建设

①以"全民阅读"为契机，打造移动阅读平台，实现阅读的随时、随地、随心。在软件系统上，继续推进"I·金图"APP 的建设，实现"两微两端"（即 PC 端、手机端、微信、微博）文化资讯以及数字资源的互联互通。在硬件系统上，完成全市范围内的云屏数字借阅机的规划布点，在"一卡通"通借通还服务网络体系建设的基础上进行"一码通"的尝试实践，实现扫码移动办证和移动阅读，同时利用遍布全市的 24 小时自助图书馆和移动阅读终端向读者提供丰富多彩的讲座、会展、演出等文化信息。

②重点推进政府信息公开平台建设。建设并利用《南京市政务信息查询平台》(http：//govinfo.jllib.cn/)进行南京地区的政府信息加工与服务。

③进一步加强远程参考咨询平台建设。以江苏省和广东省立中山图书馆联合参考咨询平台为重点，注重深化咨询服务，在知识咨询上多下功夫，继续保持上海图书馆网上联合知识导航站的解答咨询以及南京党员远程参考咨询平台的知识解答。

④建设读者决策智能采购借阅平台（Patron Driven Acquisitions, PDA）。通过与各出版发行机构合作，整合线上线下资源，引进智能标签、智能书架以及各种智慧化设备，搭建读者决策智能采购借阅平台，使读者能直接在实体书店或是通过移动终端在网上书店下单借书，并通过智能化设备实现图书自采购之初就全程可追踪，也让集采、借、阅于一体的智慧读者服务模式成为可能。

⑤构建业务数据智能分析平台。通过对图书馆工作和图书馆事业进行调查、统计和分析，提供统计资料，制订数量指标，实行统计监督，研究统计方法，对图书馆各项工作进行评价。

⑥打造少儿数字资源体验中心。以江苏省"江苏少儿数字图书馆"共建工作为中心，引进丰富多彩的少儿线上线下资源，采购3D立体书、绘本以及少儿触控一体机等设备，打造少儿数字资源体验中心，将实体资源与虚拟数字资源相结合，让孩子们在玩耍中学习与成长。

3)"十三五"期间古籍保护工作

①古籍及民国文献的保护。

贯彻落实"中华古籍保护计划"，逐步完善配置古籍保护相关场所、工具、设施，加紧建设古籍修复室。并依托古籍保护计划，努力学习研究民国文献保护技术。加强古籍人才培养，改善古籍专业人员的知识结构，稳定人员队伍。

②古籍及民国文献的整理开发

在加强原生性保护的同时，继续开展再生性保护。改善珍贵文献的服务模式与服务理念，在加大保护的同时，加强古籍和民国文献的开发与利用，通过数字化技术手段，实现文献的再生和再造。

5. 信息化建设

促进文化与科技深度融合发展。构建现代公共文化服务体系，必须紧跟现代科技发展趋势，积极推动高新技术在文化领域的应用。要深入实施国家文化科技创新工程，推动文化领域共性技术、文化产品生产服务技术、文化传播信息技术等实现重点突破、促进传统图书馆事业提质增效升级。把完善公共数字文化服务体系作为重点任务，加大云计算、大数据等现代科技在公共文化服务中的应用，发挥"互联网+"的创新驱动作用，整合文化信息资源，建设统一服务平台，优化网络服务环境，提高公共文化的覆盖率和服务效能，让人民群众享受丰富、高效、便捷的公共文化产品和服务。

（1）利用云计算、大数据等技术手段，打造知识社会环境下的图书馆云平台

①通过虚拟化技术，对图书馆的信息化设备集成、管理，建立基础设施云，为读者提供强大运算、海量存储和高速传输的服务，为全市图书馆业务提供高效、安全和稳定的计算环境和存储环境。

②依托基础设施云，搭建图书馆业务程序开发、系统管理和数字资源建设的平台。

③通过大数据挖掘、分析，为图书馆管理者、为用户提供创新型的数据服务，从图书馆的自身数据中产生新效益。

④利用关联数据等技术，图书馆向用户提供智能的知识发现和知识聚合服务。

⑤通过桌面虚拟化，为云时代的读者提供个人云桌面，为馆员灵活交付所需桌面，提高业务运作效率，简化信息化设备管理。

（2）利用互联网、智能移动终端、多媒体影音设备等各种媒体，搭建数字图书馆互动体验区

①以 Flash 动画讲解数字图书馆，使读者能够亲自体验统一检索、掌上图书馆等新的服务方式。

②结合多样的活动形式，挖掘数字图书馆在人们生产和生活中的重要

作用，培养公众的数字阅读习惯。

③空间再造，适时打造不同主题的实体与虚拟高度融合的空间，优化图书馆的空间结构、提升服务内涵、拓展社会功能。

6. 人才队伍建设

以金图组织文化为抓手，加强干部队伍建设。组织文化主要内容是：（1）使命。典藏文明、播撒智慧、引领学习、促进共享。这是我们整个组织的终极奋斗目标。四句话总结和提示了我们图书馆的四大功能：保存人类文化遗产、传递与开发信息资源、开展社会教育和推动公民文化权利共享。（2）理念。分为管理理念与服务理念，服务理念：平等、公益、温情、专业；管理理念：人本和谐、目标明确、制度管理、严谨高效、团队精神。（3）核心价值观。读者为本、服务至上、学习兴业、创新图强。（4）金图精神：团结、进取、敬业、奉献、求实。

（1）专业人才队伍建设

①针对本馆专业人才队伍出现断层的问题，建立灵活的人才引进机制。通过采用专业技术人员招聘以及人事代理等灵活的人员用工机制，保障图书馆专业人才队伍的健康发展。

②实施业务带头人培养计划，以岗位聘用和适应岗位需求的继续教育为主要手段，继续加强馆员的服务意识教育和服务技能培训工作，培养专业化馆员队伍，全面提高馆员的信息素养和业务技能。

③加强对管理人员的专业素养培训，重视管理人员在事业发展中的骨干作用，实施专门的管理培训计划，培养一支以专业化为基础的管理人才队伍。

④以协同创新中心和南京图书馆学会平台为依托，加强开展学术研究和交流活动，提升本馆学术研究水平。积极申报各级各类科研课题，在保证"十三五"期间发表相关学科专著、科研项目立项及获奖比"十二五"期间有所提升的基础上，力争在省部级以及国家级课题上有所突破。

⑤修订和完善科研管理的各项制度，进一步增加科研经费投入。以协同创新中心平台和南京图书馆学会为依托，出台相应的激励制度和措施，

对在学术研究和科研项目上有突出贡献的人给予奖励，从而推动本馆学术研究水平的提高。

（2）干部队伍建设

1）强化中层管理干部培养

①以岗位聘用和适应岗位需求的继续教育为主要手段，突出继续教育的长期性、针对性，同时加强对高级人才和复合型人才的培养和适度引进，打造高水平、专业化的中层管理干部队伍。

②完善岗位培训，对中层管理干部实施专门的管理培训计划，力争在专业干部队伍建设方面，达到干部结构日趋合理，人员素质有较大提高。

③促进业务发展与科学研究紧密结合，实施业务带头人培养计划，争取本馆的业务和人才在业界形成一定影响，同时推动本馆学术研究水平的提高。

2）强化基层储备干部培养

①建立和完善基层储备干部培养机制，通过制定有效的储备干部甄选计划和在职辅导、在职培训等人才培养与开发计划，合理地挖掘、开发、培养储备干部队伍，以便建立图书馆的人才梯队。

②引入自主性学习机制，给予馆员自主选择的权利和自由，为馆员的个性化发展提供平台和机遇；鼓励和支持馆员积极参与国内外图书馆界的各类业务交流、学术交流和人员交流。

3）进一步加强文化志愿者队伍管理建设，实现图书馆与志愿者在公益目标上的"双赢"，促进社会文化公益事业的发展

①完善文化志愿者注册招募、专业培训、服务记录、管理评价和激励保障机制，制作《金陵图书馆志愿者服务手册》。

②划分志愿者群体，完善明确各类志愿者的服务内容，促进志愿者服务朝专业化、定向化发展。

③建立志愿者系统数据库，与区县图书馆、社区、分馆建立志愿者共

享数据库，发挥市级图书馆的指导与服务作用。

4）进一步加强继续教育基地建设，提升文化系统专业技术人员的综合素质和业务能力

①加强南京市专业技术人员继续教育基地建设，完善继续教育学员的注册招募、课时统计、管理评价、考核结业机制，为学员提供一站式的便利服务。

②完善专业技术人员专业课和公共课的的学习体制，打造一系列公共文化建设的精品培训课程，内容覆盖公共文化服务、知识产权保护、媒体应对掌控、文化产业创新等领域，以提升文化系统专业技术人员的综合素质和业务能力。

③进一步提升基地运作人员的专业水平，做好基地管理的培训工作，使继续教育工作更加精细化、制度化、专业化。

7. 对外交流工作

（1）加强对区馆的业务辅导

①继续加强对区馆的业务辅导工作。以市局下发的全年系列读书活动的文件精神为抓手，组织、策划、协调好各区馆的各项活动。做到事前有规划、事中有方案、事后有评价，激发各馆的工作热情。

②继续做好区馆馆员培训工作。结合各区图书馆的实际情况，有针对性地开展各项馆员专业知识、技能培训。

③发挥市馆龙头馆作用，加强南京地区商品数字资源共建共享工作。

（2）行业内交流合作

①继续增强与国内外图书馆界的交流与联系，建立合作机制，促进相互的文献交换、馆际互借、文献传递等协作关系。

②加强与周边地区公共图书馆在数字图书馆建设和数字资源共建共享方面的合作与交流。

③探索集团采购模式，以我馆作为中心馆，联合区域内的区县馆进行数字资源的联合采购，充分发挥我馆在资源上的优势，提供部分数字资源

让区馆免费使用,让数字阅读惠及南京所有区域。

④与南京地区部分相关高校图书馆、区图书馆建立合作关系,在课题研究、阅读推广、图书馆员继续教育等领域紧密合作,实现区域通借通还。

⑤加强馆际交流和协作,分期分批组织骨干力量参加全国性图书情报专业学术会议或到先进地区公共图书馆参观学习。

⑥扩大与国际友好城市图书馆合作,与国外友好城市图书馆结为"友好图书馆",签订合作协议,建立书刊交换、展览互办等交流机制,开展交流活动。

(3)利用好协同创新中心平台作用,加强与高校图书馆系统和图书馆行业其他相关单位的合作

引入社会力量,加强多方合作。要强调的是协同发展,而不是简单整合。面对不同的用户群,在资源上做好分工布局,在服务上提供有宽有窄、有深有浅、形式与内容都能兼顾的多层次服务。

①与高校图书馆系统建立合作机制,促进资源共享,促进高校图书馆资源向公众开放,并加强在科研、讲座等方面的交流与合作。

②加强与各类博物馆、群艺馆、展览馆以及信息研究机构的交流与合作,加强与各类出版机构、出版物发行机构的交流与合作,推动各类文化服务与信息服务联盟的建立。

③与企业、公益组织、民间组织以及社会办学等相关机构建立合作关系,打造社会服务品牌,促进社会资源与图书馆资源的共享共融。

8. **管理体制改革**

(1)完善领导班子建设

①建立健全图书馆领导班子民主科学决策机制,坚持民主基础上的集中和集中指导下的民主,健全集体领导和个人分工相结合的制度,按照集体领导、民主集中、个别酝酿、会议决定的原则,完善图书馆领导班子议事规则和决策程序,不准违反决策程序擅自决定重要事项安排、大额度资

金使用等重大事项。

②领导班子要加大对管理工作的精力投入，不断创新工作方式和管理方法。要加强对先进的管理、教学理念的学习研究，并付诸实践，把所有的精力和心思用在图书馆事业上，把精力投入到抓落实中，切实提高管理水平和工作效能。

③加强制度建设，规范防腐倡廉工作行为。坚持图书馆民主议事、科学决策制度，坚持馆务例会制度，做到图书、期刊、数字资源和设备的采购实行公开招标，图书馆人员调动、学习培训、考核及经费预算、使用等重大事项经党政联席会议集体讨论决定，确保决策的民主性、科学性，做到决策透明、馆务公开、民主公正。

（2）完善考核工作

①继续推行和完善两级聘用制度，建立完善、科学的考核标准，以绩效考评为基础，以建立公开、定期、规范的岗位和职称聘任机制为主要手段，完善对各层面人员的激励和约束机制。

②通过建立岗位管理制度和人员聘用制度，创新管理体制，转换用人机制，整合人才资源，凝聚优秀人才，实现由身份管理向岗位管理的转变，由固定用人向合同用人转变，调动单位各类人员的积极性和创造性。

③逐步制定更为科学合理的考核评优机制，通过量化指标、以量定性的考核方法，并切实将结果与创优评先相结合，形成相互联系、相互补充、相互促进的人员评价和奖惩体系。

④注重定性考核和定量考核相结合，按工作业绩、科研能力、工作纪律、群众测评等方面做好综合考核，在定量和定性两方面互相补充，做到用联系的、发展的观点来考察图书馆馆员，实现对馆员的全面综合考核。

（3）法人治理结构

①成立金陵图书馆法人治理结构"十三五"筹划领导小组，负责本馆法人治理的方案设计。

②分阶段完成图书馆法人治理的改革。首先通过调研市级图书馆试点

单位，收集国内外图书馆理事会相关资料，向本单位上级主管部门沟通汇报，获得主管局在人事与财政等方面的支持。然后通过多家媒体公告社会大众，公开招募理事，通过与主管局的沟通，确定理事人选及理事会的职能定位。最后成立理事会，并根据主管局意见和本单位实际情况，修订图书馆章程，制定与法人治理相关的配套制度。

③建立健全图书馆法人治理的配套机制。建立以岗位管理、全员聘用、绩效考核三项制度为核心，干部管理、绩效工资管理、岗位竞聘、日常工作管理四项机制为配套的事业单位综合管理体系。

④针对法人治理运行中存在的问题及时进行整改和调整，真正实现由读者、图书馆和主管部门等利益相关方共同治理图书馆。

（发布日期：2015年12月24日）

武汉市图书馆"十三五"发展规划[①]

一、"十二五"期间图书馆事业发展回顾

"十二五"期间,武汉市委、市政府率先出台了《关于打造"文化五城"建设文化强市的意见》,提出打造"读书之城",力争使武汉成为中国最爱读书的城市之一,并研究通过了《"读书之城"建设实施方案》。2014年,我国首部关于全民阅读的地方政府规章《湖北省全民阅读促进办法》正式颁布,标志着全省全民阅读发展进入法制化、规范化的轨道。为了进一步推动武汉"读书之城"建设,武汉市也发布了《全民阅读综合评估指标体系》,将推进全民阅读评价由"模糊定性"向"科学考量"转变。在此背景下,武汉市图书馆坚持以马克思列宁主义、毛泽东思想、邓小平理论、"三个代表"重要思想、科学发展观为指导,深入贯彻习近平总书记系列重要讲话精神,强化党组织建设,利用全市文化事业建设给予的保障与政策支持,发挥全市公共图书馆中心馆的引领作用,积极推进公共图书馆服务体系建设,推进总分馆体系建设,推进借阅流通服务网络建设,通

---

① 本规划由武汉市图书馆授权收录。

过提升基础服务、采纳新兴技术、打造阅读品牌、强化社会教育职能、加快数字图书馆建设等方式，顺利完成了"24小时自助图书馆"项目建设、"全市公共图书馆通借通还"项目建设、"武图悦读"品牌活动建设、汤湖分馆开放运行等"十二五"规划制定的各项工作和目标，为促进武汉市"文化五城"建设，支持全市经济社会发展做出了应有的贡献。先后两次被评为国家一级图书馆、全国首批"数字图书馆推广工程"试点单位、全国"全民阅读示范基地"、湖北省"十佳图书馆"、省市级文明单位等荣誉称号。现将五年来取得的主要成绩列下：

（一）夯实各项基础服务，社会效益显著提升

"十二五"期间，武汉市图书馆坚持365天对外开放，每天开放时间长达12小时，基本服务项目全部免费。相继开展了文献借阅、OPAC查询、参考咨询、馆际互借、文献传递、讲座展览等多项服务内容；推出了400服务专线、无线WiFi、数字资源、网上预借/续借、移动图书馆、微信服务平台、市民之家分馆暨数字阅读示范基地等多项服务举措；打造了"武图悦读""武图之声"等知名读书活动品牌；实施了武汉市惠民"十件实事"之武汉市24小时自助图书馆和武汉市公共图书馆通借通还工程建设等项目，形成了覆盖全市、持续发展的全民阅读活动平台，通过建立阅读推广的长效机制，有效引导全民参与、热爱阅读。

针对未成年人与特殊群体服务方面，武汉市图书馆也开设了青少年阅览室、视障人士阅览室、进城务工人员专用书架、残疾人和老年读者专座，为特殊群体提供免费办证、电话预约、送书上门等便利服务。通过这些形式多样的服务内容、丰富有趣的读书活动以及有力的宣传推广，全馆各项服务指标得到大幅提升，年均接待到馆读者由150万人次增至220万人次，数字资源（含网站信息资源）点击浏览量由100万次增长至700万次，年均新闻媒体、网络对我馆各类新闻报道年均达150次以上。

（二）加大创新力度，服务范围和水平持续增强

"十二五"期间，武汉市图书馆积极探索服务新方式，深化服务层次、拓宽服务领域、创新服务项目，为读者提供更加便捷、高效的创新服务，相继增设了第四代汽车图书馆、24小时自助图书馆、自助借还书机、电子书下载机、自助办证机、报刊电子阅览器等一系列新技术设施设备，推出了移动图书馆APP、400服务电话、新浪微博、腾讯微信公众号、市民学堂网上课堂等一批新的"互联网+服务"项目。在数字资源服务方面，武汉市图书馆数字图书馆囊括了维普信息资源、万方数据资源、天方有声图书馆等商业性数据库资源；武图讲座、武图展览、馆藏书刊目录、武汉地区抗日战争史等自建数据库资源及通过与国家图书馆搭建的虚拟网，总量达143TB。据统计，"十二五"期间，数据库资源年均访问达百万次以上，下载量达数百万篇次，服务效果显著。

（三）依托重点建设项目，搭建覆盖全市、惠及全民的图书馆服务体系

"十二五"期间，武汉市委、市政府不断加大对图书馆事业发展的投入，在2012年、2013年连续两年将"建设24小时自助图书馆""武汉市公共图书馆通借通还工程"列入武汉市惠民"十件实事"。2014年，武汉市经济技术开发区也将建设完成的汤湖图书馆委托交付武汉市图书馆进行管理，开创了"区建市管"的新型管理模式，解决了多年来开发区没有图书馆的尴尬局面。在此基础之上，武汉市图书馆广泛引用数字搜索技术、物联网技术、大数据分析等手段，将读者服务由馆内（阵地服务）延伸至馆外（街道、乡镇、社区流动服务），由线下（借阅、参考咨询等基础服务）延伸至线上（基于Inernet的信息咨询、网络办证、网络续借、资源下载等），积极围绕"24小时自助图书馆""汽车图书馆""通借通还"等项目，形成了以市级图书馆为业务中心馆、区级图书馆为区级业务总馆、街道社区图书室为区级业务分馆、24小时自助图书馆、流动图书车为补充的"中心馆—总分馆"服务体系。

(四) 分馆建设

2012 年，武汉市图书馆"市民之家"分馆正式启用，该馆是依托先进信息技术和丰富数字馆藏在武汉"市民之家"建立的智慧图书馆数字阅读示范基地。馆内配备了触摸一体机、电子读报机、全媒体阅读器、自助图书馆服务机等高端文化服务设施，最大程度地满足市民文化需求，助推武汉"读书之城"建设。

2015 年 4 月，武汉市图书馆汤湖分馆正式开放，该馆由武汉经济技术开发区投资兴建，委托武汉市图书馆管理运营，馆舍建筑面积 4375 平方米，采用全开放式设计理念，被媒体及市民誉为"最美图书馆"。前三季度，汤湖分馆接待到馆读者 27 万人次，书刊外借 11 万册次，并与武汉地区公共图书馆实现了文献资源通借通还。开馆以来，国家、省、市各级领导莅临汤湖图书馆考察调研，对汤湖图书馆各项工作给予肯定，认为其服务创新，管理到位，方便了职工群众享受公共文化资源。

(五) 图书馆通借通还服务

武汉市公共图书馆通借通还工程于 2008 年启动，2013 年被列入市政府十件实事，项目建设目前已顺利完成。目前，全市市、区级图书馆业务应用系统已统一更换为 Interlib 集群管理系统，建立起武汉地区公共图书馆统一检索目录，统一了馆代码规范、读者证条码规范和图书条码规范，并在武汉市图书馆、全市 13 个区级公共图书馆、汤湖分馆、50 台 24 小时自助图书馆乃至部分基础条件较好的社区街道图书馆（如宝丰街图书馆）之间实现了文献的通借通还工作，为读者借阅提供了很大程度的便捷。

(六) 24 小时自助图书馆服务

2014 年，武汉市"24 小时自助图书馆"全面建成开放，分布在 7 个中心城区和 3 个开发区的商业步行街、文化广场、公园、大型社区等人流密集、交通便利的公共区域，为广大市民提供 24 小时自助借还书、图书续借、文献查询、数字资源利用及武汉地区公共文化信息发布等多项服务，项目具有藏书量最多、最智能、最全服务功能的三大特色，不仅仅是传统图书馆基础服务的浓缩，更是数字图书馆服务平台和公共文化信息发布平台。中央电视台、《中国文化报》、人民网、新华网等 20 多家媒体都进行了专题报道和宣传。省委常委、市委书记阮成发亲笔批示对 24 小时自助图书馆建设服务工作予以肯定和鼓励。

（七）流动汽车图书馆服务

截至 2015 年，武汉市图书馆在全市各区、乡镇、街道等区域设置了 74 个相关服务点，这些服务点坐落在全市城乡各个角落，形成了一张覆盖全市的阅读服务网络。而串联起这些服务点的则是武汉市图书馆流动汽车图书馆，该车身兼借阅、服务、活动三大功能，依托"设备＋技术＋资源"的核心理念而建，读者登车即可使用无线网络尽享馆藏全部数字资源；名家论坛的忠实粉丝也可以利用车载投影设备随时随地观赏大师讲座；3000 册纸书、200 万册电子书、1 万多册电子期刊，社区广场、田间地头，任民众因需享用。

（八）打造读书活动品牌，推广全民阅读

"十二五"期间，武汉市图书馆持续开展各类型读书活动，年均达 300 场，在全市常驻人口 1000 万的基础上，每万人年均参与活动次数为 197 次，社会效益十分显著。

武汉市图书馆读书活动以"武图悦读"为主题品牌，通过全馆联动、统一组织、统一命名、统一形象标识、整合归纳、固定举办频率等方式，按照"读者主导、内容丰富、形式多元、充分互动"的思路，形成了"名家论坛""社科讲坛""市民学堂""武图展览""读者沙龙""小图爱阅""i 品书香""流动书香"等八个活动品牌，年均参与读者达百万人次，"十二五"期间相继荣获武汉市"十大品牌读书活动"榜首、武汉市"十大阅读基地""全国全民终身学习活动品牌 100 强"品牌称号。

与此同时，武汉市图书馆联合 FM101.8 频率推出了跨界融合、服务延伸的阅读推广活动——"武图之声"，该栏目一经播出，社会反响强烈，时段收听率很高，入围全市 18 家电台中同时段前三甲；联合武汉市教育电视台开通了"名家论坛"讲座转播，收视率也达到 1 个点，5 年来受益观众达 2000 万人次，效果显著。

（九）推广数字阅读，建设高标准数字图书馆

"十二五"期间，武汉市图书馆制定了《数字图书馆推广工程武汉市图书馆设备使用及管理规定》《数字图书馆推广工程武汉市图书馆工作守则》等管理规范，委托国家图书馆制定了《武汉市数字图书馆建设方案》。馆内数字资源数据库总数量已达 37 个，总容量达 143T，其中可以远程访问的数据库 25 个，占到可访问数据库总数的 68%。

与此同时，武汉市图书馆依托数字图书馆推广工程积极面向政府机关、科研院所等展开各项参考咨询服务，展开各项针对弱势群体如青少年、老年人、农民工的服务。配合数字图书馆推广工程组织各类活动，进一步发挥了数字图书馆的功效。

（十）加强馆际合作，推动行业联盟，促进了资源的共建共享

"十二五"期间，武汉市图书馆与国家图书馆、上海图书馆多次广泛开展深层次合作，依托各自资源优势，借力发力，协同发展。一是在 2012 年，国家图书馆与武汉市人民政府签署了《战略合作框架协议》，向武汉市图书馆赠送了 120TB 的数字资源。通过战略合作，武汉市图书馆取得了市政府在政策和资金上的支持，推动了馆际间文献资源交流与技术互惠，提升武汉市图书馆的公共文化服务能力。二是积极与其他图书馆合作，成立讲座、展览联盟，将引进的优秀展览资源在全市市、区公共图书馆、武汉地区图书馆联盟成员单位、武汉市图书馆流动服务点等处开展巡展，整体提升武汉地区图书馆办展水平，提高了资源的使用能效。三是开展跨区域、跨行业的馆际互借与文献传递工作。先后与国家图书馆、上海图书馆、CALIS 华中地区中心等单位签订了馆际互借与文献传递服务协议；四是开展联合编目工作。参与国图、上图联合编目中心、地方版文献联合采编协作网深圳网络中心联合编目工作，这项工作曾荣获"全国图书馆联合

编目中心数据质量监督奖"。

（十一）成立武汉地区公共图书馆、高校图书馆联盟

2012年，武汉市图书馆与武汉地区高等院校图书馆、科研院所图书馆、公共图书馆、企业图书馆和中小学图书馆等各类型图书馆自愿联合发起成立"武汉地区图书馆联盟"，在联盟成员馆间建立资源共享机制，承诺实现"一馆办证、多馆通行""一卡借阅、就近还书""一馆藏书、各馆共享""一馆咨询、多馆服务""一馆讲座、各馆转播""一馆展览、多馆巡展""一馆一品、多样服务"等七项惠民文化服务。目前，已在联盟成员馆间建立起资源共享机制，集合联盟成员馆专家人才优势，搭建起联合参考咨询服务平台，提供专题咨询、专业文献查阅、科技查新服务，支持高层次的政治、经济、技术、文化研究。此外，武汉市图书馆还依托该联盟内的成员馆之间的合作，向社会提供科技查新服务。

（十二）推进法人治理结构改革工作

"十二五"期间，在武汉市委、市政府的正确领导下，在市文化局、市编办的支持及指导下，我馆积极推进法人治理改革工作。2014年6月，我馆组建了法人治理结构工作专班，开始着手《武汉市图书馆理事会章程》的起草，至2015年10月，《武汉市图书馆理事会章程（试行）》正式出炉，为全馆法人治理的顺利实施打下了坚定基础。

（十三）加强人才队伍建设，做好职工继续教育工作

"十二五"期间，武汉市图书馆不断改进和完善统一招聘、社会化用工、业务外包、志愿者队伍建设，相关规章制度推陈出新，形成了多元化的用人机制。截至2015年底，全馆在编员工152人，其中本科及以上学历人员占75%，高级职称人员36人，人员规模与结构更趋合理，全员岗位聘任工作有序开展，管理干部队伍进一步实现专业化。

武汉市图书馆积极开展职业能力培训，每年均制定有继续教育培训计划，按计划相继开展诸如：《诚信建设读本》学习、"应知应会"测评、中

层干部管理能力培训、法人治理结构研讨班、Interlib 系统培训、阅读推广与当代图书馆员的使命等馆员技能培训与管理水平培训，从而促进人才队伍建设水平。同时，积极选派业务骨干到省内外图书馆进行学习交流，增进工作了解、掌握吸纳先进的经验做法。

（十四）加强组织自身建设，积极推广志愿服务

"十二五"期间，馆党委积极加强党组织自身建设，针对党员干部、职工的思想实际，以党性、党风、党纪教育为主线，深入开展不同类型的教育活动，努力提高全馆职工的政治素质和思想觉悟。目前，武汉市图书馆"四风"、治庸问责突出问题整改事项完成率达到 100%，群众满意率达 90%。

"十二五"期间，在配合全市争创"全国文明城市"的进程中，武汉市图书馆发挥了积极的作用，从实施免费开放、保持环境卫生、维护良好秩序、开展志愿服务、保护未成年人健康成长等 11 个方面入手，为文明创建工作贡献了自己的力量。在文明创建的过程中，武汉市图书馆青年志愿者服务展现出别样的风采。它按照"奉献、友爱、互助、进步"的志愿精神指导，坚持公益普惠原则开展文化志愿服务基层行活动，形成了以公共文化服务网络为平台，以现代化文化信息传播技术为支持，通过借助全市公共图书馆文献通借通还项目的信息资源、24 小时自助图书馆的服务网点、汽车图书馆的服务干线，利用微博、文化信息宣传屏等媒介开展服务的创新模式，年均开展文化志愿服务基层行活动 300 余次，服务人群 6 万余人，在不断壮大文化志愿者队伍、扩大文化志愿服务影响力的同时，也有效促进了公共文化服务体系在我市基层的健康发展。

二、"十三五"图书馆发展面临的基本形势

党的十八届五中全会明确了保障人民基本文化权益是国家"十三五"规划的重要内容，将文化大发展大繁荣作为一项重要的国家发展战略，坚持普惠性、保基本、均等化、可持续方向，提高公共服务共建能力和共享

水平。经过修改完善的《公共图书馆法》（送审稿），已处于立法程序中，同时进入立法程序的还有《公共文化服务保障法》，两法的实施将为图书馆事业的健康发展提供积极的保障。

国家深入实施促进中部崛起、"一带一路"，长江经济带和创新驱动发展等战略，为处于战略交汇点的武汉开辟了新的发展空间。突出完善公共服务，增进民生福祉将成为武汉政府工作之重。武汉市委、市政府于2012年2月28日专门出台了《关于打造"文化五城"建设文化强市的意见》，表示要建立完善的以公共图书服务网络为主体，以24小时自助图书馆、流动图书馆和社会图书馆为补充的图书服务网络体系。建设便捷的数字阅读服务网络，推广网上阅读、手机阅读等数字阅读方式。"十三五"期间，图书馆将经历从阅览为主体向学习和交流为主体转型发展。图书馆需融合服务与科技，从战略的高度，结合"互联网+"行动计划，以互联网技术为支撑，实现图书馆服务的智慧化，促进图书馆的转型和升级。促进全民阅读，服务学习型社会建设。打造更大的用于合作和交流的动态学习空间，在信息共享空间的基础上，基于新兴技术将知识、技术、学习和工具整合进一步拓展至学习共享空间、创客空间、联合办公空间等，以实现促进交流、鼓励合作、激发灵感、支持发现的目标。努力使武汉市图书馆走出一条读者为本、均等规范、智能互联、绿色环保、面向世界的中国特色公共图书馆发展道路。

三、图书馆愿景与使命

（一）愿景

将武汉市图书馆建设成为"国内先进、中部一流"的城市公共图书馆，重点完善公共文化服务体系建设，创新图书馆服务方式，增强图书馆社会服务职能，努力使武汉市图书馆成为武汉市推广全民阅读活动的基地，成为读者交流学习的共享空间，城市的智慧文化空间，进一步推动武汉"读书之城"建设。

（二）使命

1. 打造武汉市图书馆成为中部城市文化地标、中部地区经济社会发展的影响力量。

2. 强化全市公共图书馆服务体系建设，使图书馆成为全民终身学习中心、知识信息枢纽、公共交流平台。

3. 保存文化知识，丰富馆藏资源，促进文化共享。

4. 推动全民阅读、促进民众养成良好阅读习惯，并具备良好阅读能力。

5. 提升服务质量，创新读者活动形式与内容，使公众重新认识图书馆功能和价值。

6. 进行行业内及跨界交流合作，营造多元文化氛围。

四、目标及举措

目标一：推动武汉地区公共图书馆法制化、标准化、一体化建设，完善公共图书馆服务体系建设，大力推进武汉地区公共图书馆总分馆建设，建立有效的总分馆协调机制

举措1：继续推动《武汉市公共图书馆条例》以及各项与图书馆相关政策的制定与实施，并使之成为保障公共图书馆可持续性发展的长效机制

"十三五"期间，我馆将继续推动《武汉市公共图书馆条例》以及各项相关政策的制定与实施，以实现公共图书馆事业的可持续性发展，满足公众对知识、信息及相关文化活动的需求，实现与保障公众的基本文化权益，构建覆盖城乡的公共图书馆服务体系，促进社会物质文明和精神文明建设。将公共图书馆各项工作纳入法制轨道，从根本上协调公共图书馆事业发展的内外环境及运作机制。

举措2：完善武汉地区公共图书馆服务体系的建设

推动政府出台《武汉市公共图书馆管理办法》或条例，推进公共图书馆总分馆制建设，建立以武汉市图书馆为中心馆，各区图书馆为总馆，街

道综合文化站为分馆，社区综合文化服务中心为服务点的总分馆体系，推进全市公共文化服务区域联动，共建共享，实现地区图书馆整体化发展。进一步完善公共图书馆服务标准，形成全市一体化的图书馆管理和服务机制。

举措 3：进一步加大全市公共图书馆一区一特色的建设

各区馆在与总馆保持管理和服务一体化的基础上，求同存异，突出各区馆特色，走具有本馆特色的发展道路，形成"一区一品、一馆一特色"的格局。

目标二：积极推进武汉市图书馆新馆建设，使公共图书馆的建设规模、服务能力与武汉市城市地位及未来发展相匹配

举措：推动市政府主管部门制订专项发展规划，立项建设武汉市图书馆新馆

推动市政府主管部门将图书馆事业发展列为重点文化工作，加大公共文化服务基础设施建设，参考《公共图书馆建设标准》与服务规范的要求，立项建设武汉市图书馆新馆。

武汉市图书馆新馆拟按照"国际领先、国内一流"的目标，在建设中融入现代化图书馆开放、公益、共享和人文关怀的服务理念，实现图书馆服务的智能化、数字化、信息化，为读者提供基于多网络、多终端、全媒体的现代化图书馆服务。新馆建成之后将成为武汉城市文明的新标志，城市形象的新地标。

目标三：完善武汉地区区域性文献保障体系建设，改善文献存藏条件

举措 1：制定完善全面的馆藏发展政策

完善馆藏发展政策，制定馆藏资源建设原则，研究馆藏资源的中长期发展规划，合理均衡使用购书经费，稳步增长文献缴送率，提升馆藏文献质量，有目的地加大数字文献资源的建设。建立有效的馆藏资源建设的专家咨询制度、绩效评价制度和用户需求反馈制度。

举措 2：加强地方文献资源建设工作

坚持将地方文献资源建设作为工作重点，不断提高地方文献收藏质量，扩宽地方文献征集渠道，加强对非历史文献、非正式出版物和非文史类资料的征集工作力度，加强地方文献书目、文摘、全文数据库建设，形成具有本馆特色的地方文献数据库群；建立以本馆为中心的地方文献专题服务网络，推进武汉地区地方文献资源共建共享。

举措 3：加大古籍保护体系建设

科学合理地制定工作人员古籍普查数据量化目标，直接向国家古籍保护中心上传我馆古籍普查数据。进一步改善古籍特藏书库的设施设备，提高古籍的保藏能力；加快古籍、民国文献数字化和缩微工作；完善本馆古籍数字资源库和古籍专题目录建设；推进古籍整理重点图书出版项目；设立相关古籍保护项目并争取政府经费的持续投入，到 2020 年形成古籍保护工作的稳步可持续发展。

举措 4：改善文献存藏条件

加强书库的标准化建设工作，加大对数字资源保存设施设备的保障工作，争取到 2020 年使我馆各书库均达到国家标准要求。

目标四：坚持公共图书馆"公益性、基本性、均等性、便利性"原则，强化基础服务，更大地发挥阵地服务、流动服务、24 小时自助服务的工作效能

举措 1：坚持公益办馆，强化图书馆基本服务，提高社会效益

继续全面实行全年全免费开放服务，基本服务项目全免费，网站资源全免费，基层图书馆业务辅导全免费。继续实行借阅合一的服务模式，开展文献借阅、OPAC 查询、参考咨询、定题服务、课题查新、馆际互借、文献传递、阅读推广、读者培训、讲座展览等多项服务，针对未成年人与弱势群体，提供人性化服务，强化少儿阅览室、视障人士阅览室、进城务工人员专用书架、残疾人和老年读者专座等功能区域。进一步面向弱势群体提供更有针对性的特殊服务。

举措2：进一步完善服务网络，实现公共服务与资源向基层倾斜

进一步提升已实现的市、区二级通借通还、24小时自助图书馆、汽车图书馆、流动服务的水平和能力。在"十三五"期间实现服务网店向社区、街道、大型企事业、机关延伸，构建城乡一体化的服务网络。使公共服务、公共资源下沉，努力打通文化惠民的最后一公里。

举措3：推动省馆旧址改造暨武汉地方历史文献分馆的建设。积极完善武汉市图书馆汤湖分馆的各项基础及创新服务，形成特色鲜明的主题分馆

推动省馆旧址改造暨武汉地方历史文献分馆，建设一个集武汉历史文化展示、武汉地方文献阅览及地方文化资源收藏为一体的创新型文化空间。打造地方文献文化中心，开展地方性专题服务，保存地方文化遗产。

与武汉开发区管委会密切联系，创新管理模式，深入推进汤湖分馆建设工作。加大基础设施建设，提高网络带宽，改善用户体验；对创新空间设施设备进行增添，提档升级，深入推进创新空间工作。对部分功能分区进行合理微调，打造读者沙龙活动室，开展各项活动。

目标五：充分利用"互联网+"思维提升服务能效，打造图书馆云服务平台

举措1：建设武汉市公共图书馆服务的云平台

建立武汉市公共图书馆云平台，完善统一检索服务功能，全面实现用户统一身份认证和单点登录。进一步加大建设武汉地方文献数据库，构建反映武汉自然风貌、人文历史、社会生活等内容的地域特色数据库。

加强设施设备和技术平台的智能化管理，建立较为完善的运维机制。为不断发展的公共图书馆总分馆系统以及24小时自助图书馆提供稳定的软硬件支撑，并起到技术引领作用。

举措 2：充分利用大数据分析平台、移动互联网等技术手段，加强"两微一端"建设，为读者提供多元化服务

对读者利用图书馆的信息行为进行大数据分析，了解市民文化生活需求，提供更精准的服务。积极开发移动端的应用，升级 APP、微博、微信等微平台，在支付宝 APP 城市服务模块中，搭建图书馆服务窗口，开发读者证二维码验证功能，使读者通过微信二维码便可在馆享受便捷的自助服务，让阅读触手可及。

目标六：强化城市公共图书馆服务品牌的特色与优势，全面构建城市阅读、学习服务体系，培育全民良好的阅读与学习习惯，引领城市文化自觉

举措 1：进一步打造"武图悦读"活动品牌，深化活动品牌服务效能，为读者提供更加规范化、人性化的服务，增强对图书馆利用的意识与兴趣

加强"武图悦读"活动品牌的持续性发展动力。不断创新"武图悦读"活动品牌的服务内容与服务形式，凸显"名家论坛""社科讲坛""市民学堂""i 品书香""小图爱悦"等子品牌的优势与特色，整体布局，合理定位"武图悦读"活动品牌的资源，提供阶梯式的多方位的文化品牌服务。广泛吸收社会力量，整合社会优势资源，增强"武图悦读"公共文化服务发展动力。

广泛建立"武图悦读"活动品牌的服务与宣传渠道。深化广播版"武图之声"，广播、电视版"名家论坛"精品栏目的建设工作，通过媒体平台进一步开发建设"武图悦读"系列精品栏目；通过网站、APP、微博、微信等网络平台扩宽活动品牌服务与宣传渠道。

不断完善"武图悦读"活动品牌的文化服务体系。深化武汉市地区讲座联盟工作，通过在线直播为 13 个区馆提供讲座资源。通过巡讲、巡展或共享电子资源等方式，在机关事业单位、企业、军营、学校、社区、农村等建立讲座、沙龙、展览等活动品牌的分会场。加强省内外"武图悦读"活动品牌的文化资源共建共享工作。

充分发挥"市民学堂"的社会教育职能,将线上课堂与线下课堂相结合,构建城市学习中心。以"开放、共享"为服务理理念,通过自建、购买、共享等多种方式大力开发与建设高品质的"慕课"学习资源,突破社会教育与校园的壁垒,深化公共图书馆社会教育的职能;将线上学堂与线下学堂相结合,线下开展有针对性的专题课程,不断优化"市民学堂"的用户管理与服务。

举措2:打造"江城读书节"阅读活动品牌,培育城市阅读氛围,培养全民良好的阅读习惯

以"倡导全民阅读"为指导思想,打造"江城读书节"阅读活动品牌。建立全"江城读书节"活动品牌的工作机制,形成"江城读书节"活动品牌的长效体系。积极推动政府将"江城读书节"阅读活动作为履新公共文化服务职责、提供公共文化服务产品的重要抓手,为读书节活动提供导向、政策和资金等支持,保障活动的常态化和规模化。

建立建全阅读活动服务体系,吸引社会各阶层广泛参与阅读活动。整合各区馆的文化资源,形成市、区、街道、社区、家庭、个人等活动全覆盖体系,从而带动市、区阅读活动的蓬勃开展。分层打造不同层次的阅读活动,力求满足各阶层对阅读服务的需求。

为青少年、弱势群体提供专项阅读服务。制定中、长期青少年阅读推广计划,针对不同年龄阶段的未成年人设计符合年龄心理的阅读推广活动。为老年人、残障人士等特殊群体创造便捷的阅读环境,提供更加人性化的服务方式。根据务工人员的需求及阅读特点,提高阅读技能,激发阅读学习兴趣。

目标七:创新馆员激励机制,提升馆员业务技能,构建"四位一体"的教育培训体系

举措1:调整部门设置、完善绩效考核制度,创新馆员约束和激励机制

根据图书馆职能拓展需求,事业发展环境的变化不断调整部门设置、优化岗位职责、完善绩效考核制度、引入竞争机制。规范部门管理职能，建立部门主任权责制度，建立馆员考评制度。继续完善岗位设置和绩效工资制度改革，完善分级分类管理要求的收入分配制度。健全职称申报制度、按岗聘用制度。制定"武汉市图书馆图书资料专业技术人员职称申报办法""武汉市图书馆岗级综合评分方案"等管理制度，让知识、管理、技术、技能参与分配，强化业绩作用，创新馆员约束和激励机制。

举措2：制定项目、课题申报方案，提升馆员业务技能

对科研项目安排技术、业务培训经费预算，设立科学研究专项经费，制定项目、课题申报方案，制订年度科研成果指标，大力支持馆员科研成果发表、科研课题申报、参与课题研究。积极安排中青年人才承担项目，选拔中青年人才担任科研项目负责人，充分发挥中青年人才的骨干作用。通过重大项目重大成果带动人才成长，进一步提升馆员业务技能。

举措3：加强安全与后勤保障工作

完善预警与预控机制，完善安全管理制度与应急预案，提高安保人员应急反恐能力与突发事件处置能力，健全后勤管理工作制度。

举措4：科学设定人才引进计划，强化新进人员培训

科学设定面向社会公开招聘的申报与使用计划，实行新型管理模式，强化新入职人员的岗前培训，安排在业务部门轮岗锻炼，双向选择、平等竞争、择优录用、强化竞争、优胜劣汰。提升引进人才层次，建立与高等院校联合培养人才机制，重点吸纳引进历史文献学、数字图书馆建设、英语等领域的急需紧缺知识型人才。努力营造专业人才脱颖而出的良好氛围，拉动图书馆发展能力。进一步完善社会化用工制度，加强志愿者队伍建设与管理。

举措5：系统地开展继续教育与培训，构建"四位一体"的教育培训体系

为馆员开展多样化的教育培训创造条件，组织馆员对外经验交流，学习国内外一流、具有特色的图书馆服务模式，力争每年组织不少于三次的国际友好城市图书馆的相互交流和培训，提升馆员国际化的视野。与十五城市图书馆建立交换馆员项目，经常进行学习工作交流、业务实习研修。支持馆员参加图书馆学及相关专业的在职进修，让对外交流与自我教育相结合，理论知识和业务实践相辅相成，既有前沿理论探索，又有实践经验介绍，既有可资借鉴的国外的成功范例，也有可供学习的国内的先进典型。构建理论培训、业务学习、党性教育和实践锻炼"四位一体"的教育培训体系。

目标八：发挥图书馆法人治理结构的实效，完善激励约束机制，满足社会公众需求，不断提升公共服务水平

举措1：建立理事会社会荣誉激励机制

以理事会为中心，建立理事会社会荣誉制度，保护并发挥理事会成员的积极性。完善理事会构成机制、推举机制，建立分权制衡的初步架构，促进开放民主的治理取向，形成多元规范的监管体系。加强对管理层能力的培养，充分发挥理事会的决策职能和监事会的监督作用，实现决策管理和监督保障的科学化、规范化，把法人治理进程的成果体现在图书馆实际工作成效上。

举措2：进一步完善各项制度和运行机制

继续加强图书馆理论研究和制度建设，拟在理事会下设立文献资源建设专业委员会、财经专业委员会、读者活动委员会等，负责我馆专题工作调研，向理事会提交调研报告，并提出合理化建议和专业论证；科学制订与完善各类章程与制度，包括：《图书馆理事会章程》《图书馆理事会决策失误追究制度》《图书馆审计和绩效评估制度》《图书馆年度报告制度》《图书馆信息公开制度》等配套制度。另外，在转换用人机制、项目设立机制、完善激励约束机制、争取财政投入方式等方面逐步建立相应的配套制度，形成良好的运行机制。

举措3：进一步创新公共文化服务的内容和方式，提高服务效能

要以开展法人治理结构试点工作为契机，建立读者文化需求反馈机制和供需对接平台，分析图书馆读者管理中的个性化激励作用，制定读者管理的个性化激励方案。进一步深化和拓展各类服务项目的内涵，创新公共文化服务方式，打造和发扬有影响的图书馆服务品牌，特别是充分发挥其他参与部门和社会理事建言献策、参与决策管理的作用，为市民提供更多的公共文化产品和服务。

举措4：争取建立武汉市图书馆事业基金会，吸引新经济常态下愿意为文化公益事业奉献的社会力量，以繁荣武汉市公共图书馆事业的发展

图书馆经费来源的多元化是新经济常态下，图书馆作为社会公益事业发展的必然趋势。成立武汉市图书馆事业基金会，有利于图书馆向社会各界筹集经费，解决图书馆经费短缺的难题，实现经费来源多元化，使武汉市公共图书馆事业得到跨越式发展。

目标九：加强对外交流与合作，进一步扩大我馆社会影响力。努力扩大跨界与跨域的开放合作与协同创新，形成适应读者所需的新形态、新模式和新服务

举措1：继续加强与国家图书馆、国内先进的省市级图书馆及十五城市公共图书馆的沟通合作

积极参与国家重点文化项目建设。除继续推进"共享工程建设""古籍保护建设"外，积极参与"全国数字图书馆推广计划""公共电子阅览室建设计划""数字资源联合目录""馆际互借与文献传递合作网络""虚拟参考咨询合作网络""全国图书馆联合馆藏目录""政府公开信息整合服务联盟""残疾人数字图书馆联盟""全国公共图书馆讲座联盟和展览联盟"等"十三五"期间国家重点文化工程项目建设。

与国家图书馆、中图学会、国内先进的省市级图书馆及机构合作举办各类业界培训班。积极参加中国图书馆年会及展览会、十五城市公共图书馆工作研讨会及各类业界研讨会，与国内同行保持紧密的联系与合作，互相交流学习，提高我馆员工的业务水平。

举措2：以行业联盟等形式，开展馆际合作，推进馆际间的互联互通

开展"一卡通"，实现武汉市、区、社区三级图书馆资源的共建共享。成立开发区图书馆区域联盟，开展特色资源共建共享。成立中部五省经济区市级公共图书馆联盟，通过信息简报交流、研讨会交流等多种宣传形式提升我馆的知晓度和影响力，打造跨地区的文化活动等多方面的共建合作。

举措3：加强与国际图书馆界的交流与合作，推动武汉地区文化"走出去"

积极参与国际图书馆界的文化交流与合作，与国际友好城市图书馆建立合作关系，选派业务骨干出国进行短期业务培训，探索馆际岗位交流机制，开展讲座、展览交流活动。

举措4：拓展与其他机构的合作，努力实现跨界合作、资源共享联动，加快构建全社会现代公共文化服务体系

通过与博物馆、档案馆、展览馆、出版社、新闻媒体等社会资源的交流与合作，相互借力，加强社会互动，让市民共享资源，营造良好的公共关系，推动事业发展。

（发布日期：2017年9月11日）

沈阳市图书馆"十三五"发展规划[①]

前　言

"十三五"时期,是沈阳市图书馆转型发展的关键时期,也是沈阳市图书馆实现新跨越的战略机遇期。科学制定并实施好沈阳市图书馆"十三五"规划,对于提升沈阳市图书馆事业发展水平,保障沈阳市公众的基本公共文化权益,推进沈阳市公共文化事业发展,具有十分重要的意义。

沈阳市图书馆于1908年10月4日正式开放为公众服务。长期以来,其服务读者量、服务效益在全国公共图书馆中位于前列。

沈阳市图书馆建设发展面临两大任务:一是如何与一流的服务理念相配套实现服务一流,真正达到"国内一流"的建设目标;二是为实现建设国家中心城市图书馆的定位,应界定在什么领域、什么方面才能在东北区域和辽宁图书馆界发挥引领作用。面对发展的新需求,沈阳市图书馆既有优势,也有劣势,面临着众多的机遇和挑战。

---

① 本规划由沈阳市图书馆授权收录。

由外部环境视之，首先，在国家确立公共服务普遍均等原则，大力加强文化建设的大背景下，图书馆事业作为公共文化服务体系的重要组成部分，其发展必将得到更多的重视；市委、市政府已把文化事业的发展摆在中心工作的位置。其次，沈阳市具有较好的经济基础、较高的教育和信息化发展水平，所聚集的各种科研和教育机构形成了较为强大的社会智力支撑；拥有丰厚的文化积淀；在国家、省、市文化事业发展推动下，整个社会呈现出比较旺盛的阅读需求，各级公共图书馆、高校图书馆、科技图书馆等构成了可以共享的服务保障架构。这些都是沈阳市图书馆发展的有利环境。

由内部条件视之，沈阳市图书馆服务效能良好并保持持续增长，充分体现了在沈阳市公共文化服务体系中的基础和主体作用，这是沈阳市图书馆在应对新时期新任务时的优势所在；长期以来形成的开放、务实的管理和服务理念，具有一定规模的人才队伍和推进事业科学发展的强烈意愿等，为发展奠定了良好基础。而与此同时，社会服务与相应的文献信息资源结构不平衡，尚不足以支撑和满足公众的研究性需求；网络化服务尚处在初步发展阶段；参与国内共享协作与交流的基础还比较薄弱；领军型、专业骨干型、研究型人才还较为缺乏等，是沈阳市图书馆发展的劣势所在。当今时代，经济与社会快速发展，公众权利意识日渐增强，对公共文化服务不断提出更高的要求。而当前文化管理体制与事业发展要求不相适应，体制改革相对滞后；区县图书馆发展不均衡，街镇基层图书馆服务还很薄弱，公众的阅读与信息需求尚未得到普遍均等的满足，权益未能得到充分保障；信息技术和新媒体发展迅猛，公众阅读和获取知识信息的方式也迅速改变，图书馆传统的信息资源结构和服务方式受到很大影响；与国内同等级别的城市横向比较，在服务体系建设、公益服务保障等方面，沈阳市图书馆与国际著名城市图书馆系统比较，整体差距明显，总体上与沈阳市的经济社会发展水平和建设国家中心城市的目标不相适应。这些问题的存在，对图书馆立足于区域服务体系，重新定义自身角色和责任提出了挑战。

图书馆人要抓住图书馆建设的历史性机遇，利用有利的大环境，推进事业大发展，提高公共服务保障水平，满足公众的知识信息需求，保障公众的基本文化权益。为规范组织行为，增强组织活力，应对变化，把握未来，图书馆在分析内外部环境、把握自身优劣势的基础上，明确自身定位，编制2016—2020年发展规划，作为事业发展的指引，以期推动事业实现跨越式发展。

愿 景

连接人类智慧，丰富阅读生活，为公众提供充满活力与包容的图书馆服务；与时俱进，发挥图书馆促进学习、助力沈阳中心城市建设的作用，为公众提供学习平台、交流平台；成为公众热爱的开放式的终身教育课堂。

使 命

（一）信息共享空间

搜集、保存、开发、传递文献资源，为公众提供多元化、多样性和多层次的服务，提供开放、便捷、触手可及的多样化文献资源，提供全时空的文献资源服务。

（二）培养公众素养

体现社会和文化包容，为民众公平获取信息、参与发展创造条件，让每个人都拥有平等获取信息的权利和机会，履行最持久的终身教育职能，为公众构建终身教育课堂。

（三）促进知识流通

通过载体形态更为多元的知识的流通，丰富人们的精神生活，促进城市的永续发展。通过阅读推广活动，引导公众树立"阅读是一种生活方式"的理念，不断提升公众的文化素养，增添城市文化气息。

（四）提供交流场所

既为读者提供阅读或自修的场所，还要提供人与人交流的空间，图书馆是促进创新者之间交流与互动的社交场所，是支撑和促进创新发展最好的城市第三空间。

（五）区域中心图书馆

作为地区中心图书馆，成为地区资源共享中心，为沈阳市区、县（县级市）等基层图书馆提供服务，规划、引领地区公共图书馆的一体化服务，推进与区域内馆际协作协调，推动地区图书馆整体的服务水平，构建普遍均等、运行高效的公共图书馆服务体系。

理　念

公益开放，平等包容，创新服务，共享资源。

新成就

多年来，图书馆以数字图书馆建设为抓手，以推进射频系统项目应用为依托，以满足群众基本文化需求为己任，以提高服务效能为目标，团结协作，锐意进取，在创新服务手段、提升服务意识、整合服务资源、拓展服务领域等方面取得诸多成就。

一、重点工程

（一）数字图书馆建设

在市、局两级领导的大力支持和扶植下，图书馆的数字图书馆建设工程现已全面竣工。它标志着图书馆已跻身于全国现代化前沿图书馆行列。

数字图书馆的建成将转变传统图书馆的服务模式，使以纸质图书、报刊为主体的传播平台发生革命性的技术创新。读者可以通过简便、易操作、人性化的导航与检索，使用图书馆收藏的海量信息资源，并实现全国乃至全球范围内的资源共享；数字图书馆的建成使本馆在服务手段、服务方式、服务质量、服务效能等各个方面都实现了质的飞跃；数字图书馆的建成大大提高了图书馆的服务水平，从而提升了图书馆的行业地位。

（二）RFID 射频系统工程

图书馆的自助借还系统采用 RFID（无线射频识别）技术，集合了智能馆藏管理、自助借还、自助办证、自助查询等自助服务功能，该系统由侧楼的 24 小时自助图书馆和主体楼的自助办证机、自助借还机构成。图书自助借还机类似银行 ATM 机，在实施 RFID 技术的书库，读者可快速找到需要的图书，通过简单操作步骤就可以自助借还图书。RFID 系统的运用使图书馆的服务更加智能化，对促进图书馆馆藏资源流通，提高公共文化服务水平等都具有重要意义。同时，通过 RFID 技术的引入，对现有的业务流程、管理手段进行整合、优化，有助于提高图书管理的效率，简化图书管理的流程，为读者提供更加便利快捷的服务，提升了图书馆服务的智能化水平。目前，图书馆已经实现了 24 小时自助借还图书服务。

自助借还系统 RFID（无线射频识别）技术的应用，突破了传统图书馆在地域和时间上的限制，未来还能够将图书馆的服务功能延伸到机关、企事业单位、街区等任何有需求的地方，为读者提供 24 小时不间断服务，从而不断扩大服务领域和范围，这也是图书馆为响应中央提出的坚持政府主导，按照公益性、基本性、均等性、便利性的要求，加强文化基础设施建设，完善公共文化服务网络，让群众广泛享有免费或优惠的基本公共文化服务的一项重要举措。

二、基础业务

（一）重视业务研究

1. 专业课题研究

（1）完成《中文普通图书 CNMARC 格式实用图例（修订版）》的修订编纂工作。该书对中文普通图书的 CNMARC 格式编目工作有较强的指导意义，是采编部业务骨干在多年编目经验积累基础上总结、筛选集合而成。

（2）开展"图书编目理论与实践""网络环境下的读者服务工作""人口城市化与图书馆发展""面向'十三五'文献情报服务能力建设"等多项专业课题研究。

2. 《沈阳文化人物》课题研究

《沈阳文化人物资料索引》已经完成编写工作，进入校对阶段。

3. 论文及著作

2011 年以来，图书馆员工在专业刊物、国际会议、各级专业会议上发表论文数量为 55 篇；参与撰写或主编的著作为 3 部。

（二）注重馆藏建设

为做好馆藏文献资源建设工作，确保藏书质量，依据《沈阳市图书馆馆藏发展政策》，制定了各类型文献的采选条例，工作程序规范、制度健全。文献采购过程中始终遵循综合性、普及性、实用性、系统性的原则。在确保重点文献连续、系统、完整地收藏，形成合理的馆藏体系的同时，将读者的阅读需求放在首位，侧重采选了集知识性、娱乐性为一体的文献，既确保了馆藏重点无缺藏，也最大限度地满足了读者的阅读需求。

截至到 2015 年末，图书馆总藏量为 494.1381 万册/件，其中，普通文献馆藏量为 311.2278 万册/件，电子文献馆藏量为 182.9103 万册。近年来，图书馆加大对数字资源的采购和建设力度，数字资源的采购经费占全年购书经费的 30%—40%。截至到 2015 年末，订购各类型数据库 19 个，总容量达到 30TB，在类型、种类和容量上，都有大幅度的提升。在自建数据库方面，开始建设"东北老报纸数据库""政务公开数据库"等特色数据库。

（三）推进文献数字化

图书馆保存有大量的古籍善本和民国时期文献，对这些珍贵馆藏文献数字化是数字资源建设的一个重要组成部分，是现阶段数字图书馆建设的重要内容。①对《盛京时报》等民国时期的东北报纸进行全文数字化加工，按照国家标准，已经完成 40000 条的录入。②对地方公共信息资源进行数字化加工。地方公共信息是以政府公共信息资源为主要内容，主要是指各级政府机构为履行职责进行公共管理活动或提供公共服务的过程中产生、获取、利用、传播、保存或负责处置的未受法律保护、公民可以自由利用的信息。③对馆藏地方文献进行全文数字化加工。

（四）咨询服务工作

编辑发行《决策参考》《人大信息》《城市环境建设》《经济发展》《改革》《民主改革》《生产性服务业》《优化发展空间》《文化信息参考》《雷锋专题》等专题资料。另外还开展了多项重点课题服务，其中，《脱贫奔小康一个不能少——关于打赢我市脱贫攻坚战的调查报告》《关于高水平推进中德（沈阳）高端装备制造园建设的几点建议)》《关于沈阳市推进供给侧结构性改革的几点思考》等课题受到了市委、市政府领导的肯定和赞扬。

（五）采集报送可移动文物普查数据

完成了第一次全国可移动文物普查数据的采集报送工作，共录入旧籍数据 8473 条、报送古籍数据 4000 条；录入、修改古旧籍数据 762 条，修复古籍 55 册、400 余页。

三、品牌服务

(一)"星期六剧场"立体阅读服务

2013年,图书馆创建了阅读推广新模式——"星期六剧场",服务宗旨为"艺术惠民,公益呈现",它的运营模式为采用招募志愿者的方式开展"星期六剧场"演出,从编剧、导演到演员全部由文化志愿者担任。演出内容涵盖小剧场话剧、相声、曲艺、器乐演奏、中国戏曲及名著改编剧目等。中央电视台、《中国文化报》《辽宁日报》、辽宁电视台、《辽沈晚报》《沈阳日报》、沈阳电视台、《沈阳晚报》等都报道了"星期六剧场"的惠民演出。截至到2015年底,共演出76场,观众达到21398人次。

(二)"辽海讲坛·沈图讲座"

①"辽海讲坛·沈图讲座"是沈阳市图书馆携手辽宁省社会科学界联合会举办的面向社会大众的公益文化系列讲座,其内容丰富,涉猎广泛,系统明晰,服务功能成熟,为百姓营造了一个书香四溢的文化空间,"辽海讲坛·沈图讲座"被全国社会科学普及会评为"全国人文社会科学普及基地"。

②"文学作品赏析"公益讲座。文学作品赏析讲座包括名家名作讲析系列、反说《水浒》系列、我读书之鲁迅系列、四大名著赏析系列、欧美五媚娘系列和西方名著解析系列,深受广大文学爱好者欢迎。

截至到2015年底,共演出423场,观众达到38500人次。

(三)"沈图·老年书画培训班"

2012年,开办"沈图·老年书画培训班",它为提升老年朋友艺术与文化修养,搭建艺术平台,截至到2015年年底,总计授课382次,受益人数达52033人次。老年书画培训班形成了图书馆独具特色并具有较高社会知名度的服务品牌。2012、2013年沈阳市图书馆"老年书画培训班"被沈阳市委宣传部授予"艺术惠民'双百万'工程先进单位"称号。

(四)"闹新春·过大年"系列活动

2012年,创建"闹新春·过大年"主题系列活动。内容包括:"有奖猜谜"活动、送春联活动以及"闹新春·过大年优秀诗词楹联书画作品展"三项活动。这项系列活动已经成为"双百万"艺术惠民工程的一项主体活动,还是沈阳市春节期间一项重要的公益性文化惠民活动,同时,也成为了广大诗词、书法、绘画爱好者参观、学习、交流的平台。

四、创新服务

(一)"音像视听馆"独树一帜

图书馆的"音像视听馆",以其设施专业前卫、装修古朴考究、环境舒适典雅,为广大读者提供了一个享受专业视听盛宴的平台。"音像视听馆"现已成为沈阳市图书馆对外服务的又一新形象、新亮点,为丰富、提升图书馆服务功能和服务手段提供了有力支撑。

(二)开展"口述历史"采访,传承沈阳文化

图书馆已经对24位沈阳文化名人进行了实地采访工作。通过录音、录像、笔录等手段,记录受访者声音、图像资料,并作为一种特殊的地方文献资料保存下来。

五、志愿者服务

图书馆的志愿者服务工作起始于2012年。2014年6月成立了"沈阳市图书馆志愿者服务基地",建立了大学生社会志愿者服务平台。图书馆分别与东北大学理学院、东北大学材料与冶金学院、沈阳药科大学签订志愿者服务协议,与辽宁师范大学海华学院建立了毕业生实习协作关系。此外,还有来自中国医科大学、辽宁大学、东北育才学校、省实验中学、建筑大学、沈阳师范大学、沈阳理工大学、沈阳医学院、吉林大学、中山大

学、同泽女中的许多志愿者参与图书馆志愿服务。本馆志愿者管理制度化、规范化、经常化，在强调对志愿者管理的同时也没有忽视对志愿者权益的维护。本馆制订了《沈阳市图书馆志愿者管理办法》《沈阳市图书馆实习生管理条例》等规章制度，对志愿者进行科学管理。对志愿者的考评包括出勤、服务态度、工作绩效、工作技能等多方面。志愿者们尽职尽责地从事志愿服务工作，有效地缓解了图书馆人员不足的情况，并能借此优化图书馆员的知识结构。图书馆志愿者服务的开展，为广大志愿者特别是青少年构建了一个相互交流、共同进步的平台。

六、阅读推广活动

（一）宣传周宣传推广

每逢服务宣传周，图书馆都要组织全市各级公共图书馆参与宣传活动，举办启动仪式，开展展览、办证、散发宣传单、解答各类咨询等多种形式的服务宣传活动，在宣传周期间还开展讲座、培训、送书下基层等丰富多彩的活动。通过系列活动使社会公众进一步了解图书馆的服务功能，让更多的人走进图书馆。

（二）"世界图书与版权日"暨"全民读书月"宣传推广

图书馆在"全民读书月""全民读书季"暨"世界图书与版权日"活动期间都开展了形式多样的服务宣传活动。通过举办丰富多彩的系列宣传活动，进一步激发了全民读书的热情，推动学习型社会、学习型组织、学习型家庭的建设，在全市范围内举办大型活动，让社会公众都知道"全民读书月""世界图书与版权日"，都来重视阅读，共同建设和谐的书香社会。

新问题

在"十二五"规划实施取得积极成效的同时，也应该清醒地看到，社会发展环境的变化和信息技术的进步给沈阳市图书馆发展带来巨大挑战。

一、事业发展进入瓶颈期，各项工作有待新的突破

图书馆经过近几年的跨越发展，逐渐暴露出发展后劲不足、创新力度减弱等问题，从事业发展的总体上看进入瓶颈期，要在成绩的基础上取得新的突破，必须转换发展思路。

二、图书馆转型升级处于攻坚期，建设符合现代需求的图书馆任务艰巨

鉴于图书馆的软硬件环境，在过去几年的快速发展中，始终秉承"服务第一，读者至上"的办馆理念，在履行公共图书馆基本职能和满足社会公众文化需求方面成绩显著，但与图书馆转型升级的发展预期尚存在不小的差距，在构建现代公共文化服务体系建设中还存在许多不足。

三、公共财政投入不足制约了图书馆的进一步发展

公共图书馆是我国公共文化服务体系的重要组成部分，其功能的实现和进一步发展很大程度上取决于公共财政投入的力度。图书馆目前的购书经费、信息化建设经费、日常运行经费、人员经费等各项经费仍然比较紧张，人员、馆舍、设施、资源等问题日渐突出，很多时候我们是有思路、有想法、有抓手，但缺乏必要的人员和经费保障，严重制约了图书馆的进一步发展。

四、读者服务水平和质量还需要大幅度提升

图书馆多年来一直致力于体现公共图书馆服务"公益性、基本性、均等性、便利性"的要求，连续多年读者接待人次、书刊外借册次均突破百万大关，读者服务取得明显成效。但在改善服务态度、拓展服务领域、丰富服务内涵、创新服务方式、提升服务层次等方面仍然存在很大的发展空间，需要清醒地认识到，我们目前的读者服务水平和质量仍然处于一般的水平。

五、图书馆综合管理需要进一步加强

先进的管理理念强化了员工以人为本的服务理念，激发了馆员的主人翁意识，增强了图书馆可持续性发展能力，提高了图书馆的核心竞争力。但在质量管理体系的运行过程中，管理体系与各岗位工作的脱节问题一直无法得到根本解决，说明我们的质量管理工作远没有达到预期的目的。另外，在人力资源管理、财务管理、后勤保障、安全保卫等方面，还有许多需要完善的地方。

新目标

总体目标：建设国内一流的国家中心城市图书馆

1. 建立"以读者为中心"的工作导向，将图书馆建设成读者的"学习空间""交流空间""人文空间""主题空间"和"休闲空间"。

2. 进一步丰富服务内容和服务手段，拓展服务领域，改善服务态度，提高服务水平，读者综合满意度明显提升。

3. 建设具有沈阳地方特色的文献收藏体系，协调建设文献资源和数字资源，将图书馆建成沈阳地区总书库和信息资源保障中心。

4. 以数字图书馆建设为基础，全力推进图书馆智能化建设，积极应用"互联网+"技术，全面提高图书馆应用新信息化技术的水平和能力。

5. 积极推进文化信息资源建设工程、数字图书馆推广工程等数字文化工程建设，实现全方位的文献资源共建共享。

6. 古籍保护工作水平明显提升，完善古籍分级保护机制，基本形成可持续发展的全市古籍文献资源保障体系。

7. 全面推进沈阳地区图书馆阅读推广联盟建设工作，在全市公共图书馆系统形成"以上带下、以强带弱、上下联动"的图书馆阅读推广活动格局。

8. 推进沈阳市公共图书馆开展规范服务一体化和标准化体系建设，探索建立我市公共图书馆地方标准体系。

9. 建设一支年龄结构合理、专业门类齐全、团队意识较强，有强烈进取精神的人才队伍。

新任务

（一）加强党建工作，为图书馆事业发展提供坚强政治保证

1. 学习贯彻习近平总书记系列重要讲话精神。把学习宣传习近平总书记系列重要讲话精神引向深入，切实领会精神实质，内化于心，外化于行。把学习讲话精神作为党委中心组学习的重要内容，纳入干部培训计划。深化中国特色社会主义和中国梦宣传教育，推动践行社会主义核心价值观，形成培育和践行社会主义核心价值观长效机制。

2. 巩固和拓展党的群众路线教育实践活动成果。严格执行密切联系群众等作风建设制度，形成作风建设新常态。落实中央八项规定、市委市政府相关规定和省文化厅相关规定精神，坚决纠正"四风"问题。

3. 认真组织开展"三严三实"专题教育活动，加强领导班子和干部队伍建设。通过深入推进"三严三实"专题教育活动，进一步加强干部队伍建设力度，突出正确用人导向，继续深化干部选任制度建设，积极推进干部交流。加强后备干部队伍建设和干部管理监督，改进干部教育培训，提高培训质量。

4. 加强党风廉政建设和反腐败斗争。按照全面从严治党的要求，加强领导班子和领导干部政治纪律、组织纪律和廉政纪律建设。全面落实党风廉政建设主体责任和监督责任，细化责任内容。强化权力运行的监督制约，进一步推进廉政文化教育，深入推进惩治和预防腐败体系建设。加强公开招聘、项目（资源）采购、干部任用和大额经费使用等重点工作和关键环节的监督检查。

(二)围绕转型升级,推动图书馆事业实现新跨越

1. 转变办馆模式,坚持以服务为本,变"被动服务"为"主动服务",充分体现图书馆的公共文化服务职能。在服务理念上,顺应数字化、网络化时代要求,从"以资源为中心"的服务模式向"以需求为中心"的服务模式转变,提高服务效能,实现服务效益的最大化。

2. 建设复合多元结构的资源体系,满足用户个性化和深层次需求。注重文献资源建设,使纸质资源与数字资源建设比例科学合理,传统数字资源与原生数字资源并重发展,建立图书馆转型发展的资源保障体系。

3. 转变传统服务方式,服务重心从一般服务转向知识服务。在做好基于纸质文献借阅的传统服务的基础上,充分发挥图书馆资源整合、开发、挖掘等方面的优势,加速向"服务内容知识化、服务方式集成化、服务手段智能化"等新型方式转型。完善数字资源服务平台,加强移动数字服务能力,着力搭建图书馆创新转型服务平台。

4. 转变管理理念,由"管理读者"向"服务读者"转型。着力开展图书馆"空间建设",将更多空间建成读者的学习、交流、人文、主题和休闲空间,将图书馆建设成社会公众"免费的公共空间"。

5. 推进图书馆业务工作的转型与重组。传统的基础业务向规范化、工具化、自助化和外包化等方向转型,业务重点从"书本位"向"人本位"转移,从劳动密集型向智力密集型转型。

(三)坚持需求导向,提高资源建设水平

1. 以建设"书香沈阳"为己任,系统收藏各学科和各类型信息资源,满足不同层次、不同年龄和不同职业读者的广泛需求,建立沈阳市信息资源保障体系。

2. 加强基础文献资源建设。建立"用户需求"驱动的文献资源建设模式,根据读者需要调整文献采访方针和采访计划,保障广大读者对常规文献的阅读需求。

3. 加强数字资源建设。适时调整纸质文献和数字资源的采购结构，启动外文数字资源的采购工作，建设与沈阳市图书馆任务和职能相适应的数字资源体系。

4. 加强地方文献建设工作。通过采访、征集、复制、呈缴、赠送等各种途径，保证沈阳地方文献入藏的系统性和完整性。

5. 加强与全省各类型图书馆的沟通合作，依托辽宁省公共图书馆资源共建共享的原则，协调开展资源建设工作。

6. 按照《中国图书馆分类法》等相关标准和规范，做好文献组织工作。利用新的知识组织手段，对多种载体、多种类型的文献信息资源进行深度揭示。提高文献组织效率。

（四）树立服务思维，确立"以读者为中心"的服务理念

1. 加强基本阵地服务，创新服务方式，保障读者基本公共文化权益。"十三五"期间，继续保持读者流通人次和书刊外借册次在百万以上。

2. 以满足读者需求、方便读者阅读为服务工作的立足点和出发点，牢固树立服务思维，切实改善服务态度，提高服务水平，确保读者满意率达90%以上。

3. 积极开展个性化服务，加强为特殊人群服务。以残障人士阅览室为阵地，组织开展丰富多彩的适合残障人士参与的读书活动。培养一支具有一定专业素养的为特殊人群服务的馆员队伍。建立亲子阅读基地，拓展服务空间和范围，最大限度培养少儿读者阅读意识和阅读能力。为各类残障人士，以及持证的老年人、下岗失业人员、低保人员等弱势群体提供免费借阅服务，对失业人员、进城务工人员进行多种形式的再就业培训，并联合社会各界举办多样化的弱势群体服务项目。

4. 开展形式多样的读者活动，丰富社会公众的文化生活。以"辽海讲坛·沈图讲座""'文学作品赏析'公益讲座"等公益文化讲座为基础平台，创新讲座形式，丰富讲座内容，扩大讲座受众范围。

5. 维护现有的服务品牌，提炼新的服务品牌。做好"星期六剧场"

"闹新春·过大年"系列活动等服务品牌的宣传推广工作,继续创建特色服务品牌。

(五)围绕体系建设,积极开展延伸服务

1. 积极拓展服务领域,开展延伸服务,探索出适合自己的延伸服务模式,利用互联网等新技术,构建图书馆的虚拟服务网络,服务触角遍及全省,扩大图书馆服务的辐射面和影响力。

2. 加强图书分馆和流动站建设,提高分馆和流动站建设水平,丰富分馆和流动站点资源类型和服务手段,提升服务水平,逐步建立起纸质资源与数字资源相结合、传统借阅与新媒体服务相结合的丰富分馆和流动站服务模式。加大对社区图书馆的支持力度,完善流通网点建设。

3. 积极开展图书馆服务进机关、进企业、进社区、进学校、进军营等活动,根据各单位具体情况,提供面向不同群体的、有针对性的服务。

4. 加强阅读推广,推进全民阅读。结合重要节日或社会热点,开展读书报告会、读书沙龙、读书节、读书月等形式多样的全民阅读活动,每年至少开展1次以上大型系列读书活动,积极营造全民阅读社会氛围。

(六)加强深层次服务,提升信息服务的水平和能力

1. 依托丰富的馆藏资源,为社会各界提供深层次信息服务,重点为沈阳市政治、经济、教育、科研等领域服务,加大信息服务的人力和资源保障力度。

2. 强化决策咨询服务职能,利用图书馆的数字资源、人力资源,为市委市政府及各级党政机关的决策工作提供信息参考。

3. 在科技查新工作上力求新的突破,积极开展与相关单位在科技查新领域的合作,加强查新用数字资源的保障力度,力争实现独立完成部分课题的科技查新工作。

4. 保证舆情监测工作的及时性。继续做好向市委宣传部报送舆情信息工作。

5. 利用大数据技术，实时开展信息采集、抽取、挖掘及处理，为各类信息服务系统提供数据输入，提高信息服务的层次和深度。

6. 积极编制二、三次文献，为广大用户提供传统信息服务。每年编辑出版专题资料不少于10个系列。

7. 探索建立学科馆员制度，提升个性化服务水平。建立一支知识结构合理、业务素质过硬的学科馆员队伍，根据用户需求，开展专深的专题信息服务。

（七）加强地方文献研究，注重地方文化传承体系建设

1. 完善地方文献资源体系建设。"十三五"期间，努力建成各类型、多载体的地方文献系统，基本建成地方文献采购、征集、呈缴、交换、复制、数字化等多种方式相结合的地方文献建设机制。

2. 依托馆藏地方文献资源，积极开展地方文献的整理、挖掘、研究和开发，提高地方文献揭示的深度。

3. 以图书馆馆藏古籍文献和珍贵地方文献资源为基础，整合全市公共图书馆乃至其他类型图书馆的珍贵地方典籍资源，为社会公众提供开放性、交互式沈阳地方珍贵地方典籍资源体系的展示和服务。

（八）立足文化惠民，加强数字文化工程建设

1. 以资源建设为中心，推进文化信息资源共享工程建设。

（1）立足沈阳地方特色资源建设整体框架的构想，着力建设物质文化、非物质文化、历史文化、红色文化等主题文化资源。

（2）推进公共文化数字支撑平台建设。通过网络、电视、移动触摸屏等新媒体渠道大幅提升数字资源传播服务效率，推出面向多终端、自适应的丰富多样文化特色应用。

2. 以完善软硬件环境为抓手，继续推进数字图书馆推广工程建设。

（1）完成全市数字图书馆推广工程软硬件平台的建设工作。

（2）提升沈阳市数字图书馆推广工程服务能力。在利用现有渠道开展

数字资源服务的基础上,积极拓展数字图书馆推广工程的服务方式,提高服务水平,进一步满足全市公众的数字文化需求。

(九) 深入推进古籍保护工作

1. 逐步完善古籍分级保护机制。
2. 加强古籍的整理出版和开发利用。

(十) 突出保障职能,提高图书馆信息化应用的能力

1. 加强软硬件建设,注重综合技术平台的建设。增加自助借还设备,完善设备功能,为读者提供 24 小时自助图书馆服务。提升手机图书馆服务功能,方便读者利用移动设备利用图书馆资源。运用先进技术,开发和完善不同门类信息网络化应用服务平台。

2. 推进文化与科技的融合,打造智慧图书馆体验馆。通过智慧图书馆体验馆,面向大众展示图书馆的信息化服务产品和解决方案,推动图书馆传统服务转型。让大众通过体验,了解各种新技术在图书馆中的应用,激发读者的创新精神,使图书馆成为公众学习、探索及开拓思维的场所。

3. 努力推进信息标准化建设。建立服务于公众的统一的图书馆计算机信息网和分布式馆藏文献统一导航系统,研发和采用电子资源保护技术,保障资源权利方权益,研发并在联盟网站上采用统一的数字资源获取系统。

4. 加大信息安全保障系统建设。建设网络信任体系,加强信息安全风险评估工作,建设和完善信息安全监控体系,提高对网络安全事件应对和防范能力,防止有害信息传播。健全信息安全应急指挥和安全通报制度,不断完善信息安全应急处置预案,增强信息基础设施和重要信息系统的抗毁能力和灾难恢复能力。加大对信息安全保障工作的资金投入,加强上网信息的审查和管理,防止不良信息的发布和传播,确保图书馆信息资源和服务的绿色、安全。

(十一）以"质量管理"为抓手，全面提升图书馆综合管理水平

1. 探索图书馆法人治理结构的建立工作。建立分权制衡、运作独立、公开透明的图书馆法人治理结构，实现图书馆决策的科学化、民主化，加强对图书馆事业监督管理，推动沈阳市图书馆事业更好更快发展，满足社会公众日益增长的文化需求，实现公益性服务效益最大化。

2. 规范财务管理，防范财务风险。坚决执行有关财经法规制度，合理使用各种专项经费，严格控制"三公"经费和其他支出，确保财务工作规范高效。

3. 加强后勤保障，推进节能减排。在加强基础设备、设施维修改造和日常维护工作的基础上，将保证设备安全运行和节能降耗作为后勤工作重点，确保全馆各项工作正常开展。

4. 加强民主管理，提升工作凝聚力。强化民主与监督机制，进一步加强工会和团支部组织建设，继续实行党务公开和政务公开，实现决策管理程序化、民主化、科学化。

（十二）加强人才队伍建设，提高人才队伍素质

1. 完善人才队伍建设机制，建立科学合理的专业人才队伍。建设一支业务精、能力强、想干事、能干事的骨干专业人才队伍，建设一批具备较高素质的专业后备人才。

2. 优化人力资源配置。立足各部门工作实际和专业需求，结合图书馆事业未来发展趋势，合理配置现有人才资源，提高人岗匹配程度。

3. 加强人才培训，提高人才素质。建立全员培训的长效投入机制，结合事业发展要求，加强针对全馆职工的业务培训，着重加强图书馆专业、管理专业、计算机专业、外语专业、古籍整理专业、重点文化工程等重点业务培训，培养高素质的"复合型人才"；并鼓励和支持员工利用各种渠道参加各类学历教育。

4. 完善人员考评机制。进一步完善考核内容，改进考核方法，通

过考评激发图书馆活力,真正发挥绩效考核体系对图书馆工作的促进作用。

5. 加强学术研究,提高学术研究水平。鼓励部门和员工积极组织、参与业务研究。完善馆级研究课题的申报、立项和成果评审机制,组织和引导员工积极参与省(部)、国家级课题的申报,力争产生一批较高质量的学术成果,形成以学术研究促进业务建设的发展格局。

(十三)加强安全管理,确保安全运行

1. 完善安全管理制度,落实安全管理责任。牢固树立"安全第一,预防为主"的思想,健全、完善安全管理制度落实安全责任,确保"十三五"时期无安全责任事故发生。

2. 开展安全演练,提高安全保卫能力。"十三五"时期,每年举行1次以上安全应急预案和消防演练,提高员工处置突发事件和日常安全防范的能力。

3. 开展节假日和重大活动期间专项行动,确保节假日和重大活动期间全馆安全运行。

4. 深化重点要害部位、重点人员管理,确保要害部位安全。

5. 利用多种形式,加强对全馆员工的安全教育,提高员工的安全意识,保证全馆各项工作安全开展。

(发布日期:2017 年 9 月 20 日)

西安市图书馆"十三五"发展规划[①]

"十三五"时期,是西安市图书馆转型发展的关键时期,也是西安市图书馆实现新跨越的战略机遇期。科学制定并实施好西安市图书馆"十三五"发展规划,对于提升西安市图书馆事业发展水平,保障我市公众的基本公共文化权益,推进我市公共文化事业发展,具有十分重要的意义。根据《全国公共图书馆事业发展"十三五"规划》要求,特编制《西安市图书馆"十三五"发展规划》。

一、指导思想

以邓小平理论、"三个代表"重要思想、科学发展观为指导,全面贯彻落实党的十八大,十八届三中、四中、五中全会和习近平总书记系列重要讲话精神,坚持"服务第一,读者至上"的服务宗旨,秉承"发展为上、创新为先、服务为本、安全为重"的办馆理念,坚持"馆藏丰富,管理科学,环境优美,服务文明,读者满意"的质量方针,按照公共图书馆服务"公益性、基本性、均等性、便利性"的基本要求,进一步提高公共

[①] 本规划由西安市图书馆授权收录。

文化服务水平和能力，努力推进图书馆工作实现新跨越，充分发挥公共图书馆在构建现代公共文化服务体系中的重要作用。

二、西安市图书馆"十二五"时期主要工作回顾

（一）"十二五"时期取得的主要成绩

"十二五"时期，西安市图书馆以邓小平理论、"三个代表"重要思想和科学发展观为指导，深入贯彻落实党的十八大、十八届三中、四中、五中全会和习近平总书记系列重要讲话精神，按照市委市政府和市文广新局的战略部署，以"和谐、发展、服务、创新"为主题，以"打基础、利长远、求突破"为发展思路，图书馆事业实现了跨越发展。

1. 加强组织建设，完善"十二五"发展规划领导小组

建立健全各项规章制度，完善组织机构，进一步加强图书馆业务建设，为图书馆事业发展提供了坚强的组织保障。同时，在文广新局的正确领导下，紧紧依靠广大党员、干部群众，开拓创新，将党的群众路线教育实践活动进一步推向深入。加强馆工会和团组织建设，推进图书馆民主政治生活，开展体现图书馆服务特色的组织活动，不断增强凝聚力，保障图书馆事业又好又快发展。

2. 团结协作，圆满完成第五次全国公共图书馆评估定级工作，荣获副省级城市"二级图书馆"等次

为了顺利推进和完成第五次全国公共图书馆评估定级工作，我馆于2012下半年便将评估定级工作列入了重要议事日程，全面谋划，周密安排，成立以馆长为组长、副馆长为副组长、各部门主要负责人为成员的迎接评估工作领导小组，制定工作计划，合理分工、专人负责。对照"国家公共图书馆评估标准"，积极开展自评工作，通过自评补缺补差，并以迎接评估为契机，以评促建，评建结合，重在建设，改善办馆条件，改进业务工作，提高管理和服务水平，促进各项工作迈向新的台阶。

2013年7月2日，西安市图书馆以饱满的工作精神和较为完备的工作

准备,接受文化部专家评估组考察。通过听取汇报、实地察看、审阅材料、读者问卷调查等方式对我馆各项工作进行现场评估,评估督导组认为,自第四次评估以来,我馆各项工作进展明显,社会效益显著。依据《文化部关于公布第五次公共图书馆评估定级上等级图书馆名单的通知》(文公共发〔2013〕52号),我馆以较好的成绩荣获二级馆称号(副省级城市),取得了自建馆以来的最佳业务建设成绩。

3. 加强基础业务建设,提高读者服务能力

注重资源建设,资源建设过程中注意收集和听取读者意见,每年入藏纸质文献资源9万册以上,购置"中国知网""博看""方正"等数据库10余种。截至2015年底,我馆馆藏文献有90万余册(件),数字资源总藏量为56.26TB。馆藏文献中有外文图书1600册,馆藏文献涉及各种学科,其中,古籍线装书385册,善本65册。馆藏文献最具特色的是我市各个历史时期的地方志、谱牒等地方文献,特色馆藏充分展现了我市自古以来独具地域色彩和厚重的历史文化底蕴。

在地方文献建设方面,加强与市内出版部门和社会名流的联系,并通过上门征集、现场购买和接受赠送等多种形式收集我省和市出版部门出版的各种出版物和名人著作等地方文献。为了促进这项工作,专门成立了"西安市图书馆馆藏资源建设委员会",负责与各出版单位和著述个人联系呈缴和捐赠事宜,为我馆地方文献的收藏及建立陕西特色的藏书体系奠定了坚实的基础。

4. 创新服务内容,拓展服务方式,提升服务品质

"十二五"时期,我馆始终把"服务至上,读者第一"作为服务宗旨。随着数字化网络化技术的发展,我馆进一步改善服务模式,深化服务层次,提升服务能力,把更多的读者吸引到图书馆。

(1)坚持免费开放,强化阵地服务

2011年初,文化部正式下发通知,要求美术馆、公共图书馆、文化馆(站)等公共文化场所当年内向全社会免费开放。在筹备免费开放工作中,我馆深刻领会文件精神,按照免费开放电视电话会议精神和要求,结合本

馆实际制定实施方案。在遵循"全面推开，逐步完善；坚持公益，保障基本；科学设计，注重实效；扩大宣传，树立形象"原则的基础上，对于基本公共文化服务以外的项目，在坚持公益性的前提下，降低基本外服务的收费标准，积极开展形式多样的免费开放宣传工作，让更多的群众充分地了解图书馆、有效地利用图书馆。另外，还通过调整阅览室布局，增设服务阵地，增加借阅册数和延长借阅时间等措施，进行管理优化，努力做到免费开放，服务品质不打折，并成功经受住了免费开放与暑期读者高峰双重人流叠加的考验。

"十二五"时期，我馆每年读者接待、书刊外借持续增长，2013年读者接待突破百万大关，持证读者人数年均保持在3万人左右。

（2）开展丰富多彩的读者活动，打造多元化图书馆服务品牌

在坚持做好阵地服务的同时，我馆积极开展丰富多彩的读者活动，努力打造公共文化服务品牌，千方百计地满足人们日益增长的读书需求。通过开展"经典导读""小荷成长空间""老年读电脑培训""公益展览""新书推荐"等活动，为读者提供个性化、特色化的阅读指导与交流服务。

"十二五"时期，我馆举办专题读书、公益性讲座、少儿假期主题阅读、展览等各类读者活动，共计900余场/次，极大地丰富了读者的文化生活。

（3）加强延伸服务，扩大服务影响力

在打造和维护服务品牌的同时，我馆拓展服务领域，提升服务品质和服务层次。"十二五"时期，通过加强与党政机关、企事业的密切合作，推进文献资源进机关、进高校、进社区等活动；探索"以阵地为依托、以知识为纽带、以互助为基础、以共享为目标"的合作新思路，在社区、军队和区县馆等企事业单位共建有10个分馆和22个服务点，这不仅提升了我馆的影响力，也是对"十二五"规划中提出的基本公共服务均等化和城乡经济社会发展一体化发展目标的积极探索。

（4）加强信息服务，提升服务层次

不断创新服务方式，拓展服务内容，加强信息服务，树立精品服务意识。我馆以服务党政机关决策、社会经济建设、科学研究和社会大众信息

需求为宗旨,依托馆藏资源,开展深层次信息服务工作,"十二五"时期,编制《参考决策》及其他二、三次文献共计16期;2013年开始,我馆作为西安政府信息查询平台,报送了大量有价值的信息,为服务大局、服务决策提供了高质量的舆情信息服务。

通过多途径、多层次的服务创新,在为读者打造了"学习空间""人文空间""主题空间""休闲空间"和"交流空间"方面进行了新的探索,树立了我馆立体化的服务方式,提升了服务品质,促进了全馆服务上台阶、上水平。

5. 强力推进重点文化工程建设,提高公共文化服务能力

(1) 文化信息资源共享工程

"十二五"时期,共享工程的工作重心从站点建设转移到为民众提供服务。西安市级支中心开展了丰富多彩、形式多样的活动,让基层从业人员和社会大众切实地体会到了共享工程带来的好处。先后开展了纪念建党90周年系列活动;为弱势群体免费开展电脑培训、数据库视频播放及免费看电影活动;在全市举办主题为文化年货带回家等公益活动,社会反响十分强烈。

"十二五"时期,共计完成主题为"天禄之声"等自建数据库,共计0.67TB。完成文化讲座《天禄讲坛》240场。

(2) 公共电子阅览室建设

2012年完成了市级支中心的相关设备安装、机器更换、固定资产出入库、调拨和平台建设等工作,实现了市级支中心与区县各级支中心及电子阅览室的数据交换。2013年,根据文化部、财政部下发的《"公共电子阅览室建设计划"实施方案》,举办全市基层公共电子阅览室免费管理软件安装使用技术培训班。加入"公共电子阅览室管理信息平台建设项目"工作。

(3) 数字图书馆推广工程

数字图书馆推广工程是2011年开始实施的公共数字文化服务工程。2011年底前,根据相关通知要求,以及我馆设备和技术现状,制定了我馆数字图书馆推广工程实施方案，相关设备的采购已进行了政府招标，同时还根据我市各图书馆的技术现状，制定了全市各级公共图书馆数字图书馆推广工程技术方案，为财政部门提供依据。根据全市各图书馆的技术和网络现状，进一步完善了市级公共图书馆数字图书馆推广工程技术方案，依托网络、数字、新型传媒等强有力的技术支撑，推出公共文化数字体验区等，大力提高网络环境下公共图书馆数字文化产品供给与服务能力。2013年，完成了"中国政府公开信息整合服务平台西安分站"，2012年4月，协助国家图书馆完成了在我市举办的"数字图书馆推广工程理念普及培训班"的工作。2013年承办由国家图书馆、中国图书馆学会、陕西省文化厅主办的"网络书香数字图书馆建设与服务"宣传推广项目（西安站）系列活动。

（4）中华古籍保护计划

坚持古籍再生性保护与原生性保护并重方针，市中心稳步推进全市古籍普查、古籍数字化、修复保护等工作，积极构建古籍文献长久传承体系。

2011年，完成了本馆及全市第四批《国家珍贵古籍名录》和"全国重点古籍保护单位"的申报工作，2012年，我市古籍修复中心的筹建工作取得实质进展，硬件条件初步达标，正式更名为西安市古籍保护中心。标志着将来的西安市古籍中心除了继续开展文化信息资源建设管理和服务等相关工作外，功能将向更广领域、更大范围、更深层次进一步拓展。

2013年，顺利完成与国家古籍保护中心签订的《中华珍贵典籍资源库共建任务书》古籍选目的数字化任务。2014年，协助省文化厅推动省古籍分级保护机制，完成《陕西省珍贵古籍名录》和省重点古籍保护单位的申报和评审工作。2015年，完成国家古籍保护中心在我市于抗战时期抢救保护古籍重要事例的征集工作；我馆《绥寇纪略十二卷》录入《第二批陕西省珍贵古籍名录目录》。

加大古籍编目和出版工作力度，通过影印出版和数字化等方式实现古籍资源的服务功能；承办"中华古籍保护计划"成果宣传推广活动和"民国时期文献保护计划"宣传推广活动，通过此活动，进一步丰富了社会大众的古籍知识，在全社会提升古籍保护理念。

6. 推进人事制度改革，打造高素质图书馆人才队伍

2012年，完成新一轮中层干部调整和全体员工双向选择，加强干部队伍和专业队伍建设，打造利于图书馆长期发展的人才梯队。通过新一轮中层干部竞聘上岗和职工双向选聘，重新配置了各岗位人员，促进了人力资源进一步优化。完善考核制度，修订中层干部考核办法，继续推行干部任期考核、竞聘上岗，职工双向选聘工作；重视专业技术职称评聘工作，落实培训制度，参加各类培训及继续教育年均3413.5课时，员工队伍素质进一步提高。

根据《陕西省西安市边远贫困地区、革命老区文化人才支持计划实施方案》要求，经组织动员，我馆每年选派业务骨干赴基层图书馆支持基层文化建设。

7. 加强学术研究，提升办馆层次

学术研究是省级图书馆的核心职能之一，"十二五"时期，我馆以图书馆学会为平台，大力加强业务研究和学术交流。为图书馆工作者和学会会员提供良好的学术研究环境，鼓励员工积极撰写学术论文，参加各类学术研讨活动，开展业务研究。制定《西安市图书馆专业技术岗位任职条件（修订）》，推动人才队伍建设，并以此为抓手提高我馆学术研究水平。加强西安市图书馆学术委员会管理，规范我馆的学术研究工作的审核和管理。

8. 加强图书馆综合管理，合力推动图书馆事业发展

推进质量管理体系认证工作走向深入，树立新的质量目标。在质量管理体系认证工作取得的成绩基础上，将质量管理的意识和措施真正融入图书馆工作的每个环节，进一步提高应用标准的能力，探索图书馆质量管理的新模式。通过送出去和请进来的方式，加强全员培训，提高全馆员工贯标意识。组织进行质量管理体系文件修改，确保文件与实际工作的符合性。修改馆质量方针和质量目标，体现质量管理持续改进的精神。

在市委市政府和市文广新局的高度重视以及社会各界的大力支持下，

"十二五"时期,西安市图书馆的各项业务建设得到快速发展,综合服务能力得到整体提升,相继荣获了"2014年度全省文化馆站免费开放示范服务项目"等荣誉称号。2014年,我馆继续保持"市级文明单位"荣誉称号。

(二)"十二五"时期存在的主要问题

在"十二五"规划实施取得积极成效的同时,也应该清醒地看到,社会发展环境的变化和信息技术的进步给图书馆发展带来巨大挑战。

1. 事业发展进入瓶颈期,各项工作有待新的突破

我馆经过近几年的跨越发展,逐渐暴露出发展后劲不足、创新力度减弱等问题,我馆各项事业的发展总体上看进入瓶颈期,要在成绩的基础上取得新的突破,必须转换发展思路。

2. 图书馆转型升级处于攻坚期,建设符合现代需求的图书馆任务艰巨

鉴于我馆的软硬件环境,在过去几年的快速发展中,始终秉承"服务第一,读者至上"的办馆理念,在履行公共图书馆基本职能和满足社会公众文化需求方面成绩显著,但与图书馆转型升级的发展预期尚存在不小的差距。在打造符合现代化图书馆功能需求的"阅读空间""学习空间""交流空间""主题空间""休闲空间"等五大空间和在全市公共图书馆系统开展规范服务一体化建设、组建全市公共图书馆讲座联盟和公益性展览基地等拓展方向上,还存在许多不足。

3. 公共财政投入不足严重制约了我馆的进一步发展

公共图书馆是我国公共文化服务体系的重要组成部分,其功能的实现和进一步发展很大程度上取决于公共财政投入的力度。我馆目前的购书经费、信息化建设经费、日常运行经费、人员经费等各项经费仍然十分紧张,馆舍陈旧、设施老化、资源短缺等问题日渐突出,很多时候我们是有思路、有想法、有抓手,但缺乏必要的人员和经费保障,严重制约了我馆的进一步发展。

4. 读者服务水平和质量还需要大幅度提升

我馆多年来一直致力于体现公共图书馆服务"公益性、基本性、均等性、便利性"的要求，连续多年读者接待人次超过百万，读者服务取得明显成效。但在改善服务态度、拓展服务领域、丰富服务内涵、创新服务方式、提升服务层次等方面仍然在很大的发展空间，需要清醒地认识到，我们目前的读者服务水平和质量仍然处于较低的水平。

5. 图书馆综合管理需要进一步加强

我馆引入目标考核管理机制以来，管理效率逐渐显现，先进的管理理念强化了员工以人为本的服务理念，激发了馆员的主人翁意识，增强了图书馆可持续性发展能力，提高了西安市图书馆的核心竞争力。另外，在人力资源管理、财务管理、后勤保障、安全保卫等方面，还有许多需要完善的地方。

三、西安市图书馆"十三五"时期主要目标

1. 建立"以读者为中心"的工作导向，将西安市图书馆建设成读者的"学习空间""交流空间""人文空间""主题空间"和"休闲空间"。

2. 进一步丰富服务内容和服务手段，拓展服务领域，改善服务态度，提高服务水平，读者综合满意度明显提升。

3. 建设具有陕西省西安市地方特色的文献收藏体系，协调建设文献资源和数字资源，将西安市图书馆建成西安市总书库和全市信息资源保障中心。

4. 以数字图书馆建设为基础，全力推进图书馆智能化建设，积极应用"互联网+"技术，全面提高图书馆应用新信息化技术的水平和能力。

5. 积极推进文化信息资源建设工程、数字图书馆推广工程和公共电子阅览室建设计划等数字文化工程建设，全面提升专题片拍摄和制作水平。

6. 古籍保护工作水平明显提升，完善古籍分级保护机制，基本形成可持续发展的全市古籍文献资源保障体系。

7. 全面推进西安市公共图书馆阅读推广联盟建设工作，在全市公共图

书馆系统形成"以上带下、以强带弱、上下联动"的图书馆阅读推广活动格局。

8. 推进全市公共图书馆开展规范服务一体化和标准化体系建设,探索建立我市公共图书馆地方标准体系。

9. 建设一支年龄结构合理、专业门类齐全、团队意识较强,有强烈进取精神的人才队伍。

10. 积极开展文明创建工作,在保持"市级文明单位"的基础上,力争获得"省级文明单位""全国文明单位"荣誉称号。

四、主要任务

(一)加强党建工作,为图书馆事业发展提供坚强政治保证

1. 学习贯彻习近平总书记系列重要讲话精神。把学习宣传习近平总书记系列重要讲话精神引向深入,切实领会精神实质,内化于心,外化于行。把学习讲话精神作为党支部学习的重要内容,纳入干部培训计划。深化中国特色社会主义和中国梦宣传教育,推动践行社会主义核心价值观,形成培育和践行社会主义核心价值观长效机制。

2. 巩固和拓展党的群众路线教育实践活动成果。严格执行密切联系群众等作风建设制度,形成作风建设新常态。落实中央八项规定、市委市政府和市文广新局相关规定精神,坚决纠正"四风"问题。

3. 认真组织开展"三严三实"专题教育活动,加强领导班子和干部队伍建设。通过深入推进"三严三实"专题教育活动,进一步加强干部队伍建设力度,突出正确用人导向,继续深化干部选任制度建设,积极推进干部交流。加强后备干部队伍建设和干部管理监督,改进干部教育培训,提高培训质量。

4. 加强党风廉政建设和反腐败斗争。按照全面从严治党的要求,加强领导班子和领导干部政治纪律、组织纪律和廉政纪律建设。全面落实党风

廉政建设主体责任和监督责任，细化责任内容。强化权力运行的监督制约，进一步推进廉政文化教育，深入推进惩治和预防腐败体系建设。加强公开招聘、项目（资源）采购、干部任用和大额经费使用等重点工作和关键环节的监督检查。

（二）围绕转型升级，推动图书馆事业实现新跨越

1. 转变办馆模式，坚持以服务为本，变"被动服务"为"主动服务"，充分体现图书馆的公共文化服务职能。在服务理念上，顺应数字化、网络化时代要求，从"以资源为中心"的服务模式向"以需求为中心"的服务模式转变，提高服务效能，实现服务效益的最大化。

2. 建设复合多元结构的资源体系，满足用户个性化和深层次需求。资源建设重心从偏重纸质资源向纸质资源与数字资源并重、传统数字资源与原生数字资源并重的方向转变，建立图书馆转型发展的资源保障体系。

3. 转变传统服务方式，服务重心从一般服务转向知识服务。在做好基于纸质文献借阅的传统服务的基础上，充分发挥图书馆资源整合、开发、挖掘等方面的优势，加速向"服务内容知识化、服务方式集成化、服务手段智能化"等新型方式转型。完善数字资源服务平台，加强移动数字服务能力，着力搭建图书馆创新转型服务平台。

4. 转变管理理念，由"管理读者"向"服务读者"转型。着力开展图书馆"空间建设"，将更多空间建成读者的学习、交流、人文、主题和休闲空间，将图书馆建设成社会公众"免费的公共空间"。

5. 推进图书馆业务工作的转型与重组。传统的基础业务向规范化、工具化、自助化和外包化等方向转型，业务重点从"书本位"向"人本位"转移，从劳动密集型向智力密集型转型。

（三）立足资源共享，全面推进西安市公共图书馆阅读推广联盟建设工作

1. 继续推进和完善联盟"监测平台体系""考核评价体系""战略合

作体系""项目推广体系""服务品牌保护体系""人才队伍体系"等六大体系建设,为联盟的高效运行提供更有效的机制保障。

2. 完善联盟共建共享机制,推进联盟共建共享体系建设。推进联盟数字资源统采统购、文献联合编目、馆际互借、文献传递、通借通还、统一资源检索平台建设等工作,整合全联盟人才、技术、设备、场地等资源,建立全方位的共建共享体系,保障联盟高效运行。

3. 积极构建全市公共图书馆一体化服务网络,建设多元化分层次服务体系,形成全市公共图书馆系统化、规范化、集成化的管理和互利合作的服务格局,进一步完善各级图书馆面向各类型服务对象的多元分层服务体系,提升面向公众阅读、科学研究、立法决策等领域的服务水平和服务能力。

4. 推进"一馆一品"建设,打造联盟活动品牌。协调各成员馆根据本地文化特点和自身优势,形成各馆具有广泛影响的活动品牌。同时,整合、宣传、推广各图书馆的服务品牌资源,结合联盟开展的系列读者活动和服务成果,打造联盟服务品牌。

5. 推进联盟文献联合流通和联合参考咨询工作。本着优势互补、资源共享的原则,开展联盟内文献联合提供服务,探索联盟文献联合流通服务模式。通过综合网络平台,组织有条件的图书馆,联合开展参考咨询服务。

6. 进一步完善联盟绩效考评机制,提高联盟运行效率。完善联盟考评体系建设,增强评价体系的可操作性,对联盟成员馆参与联盟的工作实绩进行客观评价。完善联盟动态考核管理机制,建立联盟成员馆退出机制,优化联盟结构,增强联盟活力。

(四)坚持需求导向,提高资源建设水平

1. 以建设"西安市大书房"为己任,系统收藏各学科和各类型信息资源,满足不同层次、不同年龄和不同职业读者的广泛需求,建立全市信息资源保障体系。

2. 加强基础文献资源建设。建立"用户需求"驱动的文献资源建设模式，根据读者需要调整文献采访方针和采访计划，保障广大读者对常规文献的阅读需求。

3. 加强数字资源建设。适时调整纸质文献和数字资源的采购结构，在资源购置经费增长的前提下，逐步提高数字资源采购经费占资源购置总经费的比例，"十三五"期间，数字资源采购比例逐步提高至30%—40%。启动外文数字资源的采购工作，建设与市级图书馆任务和职能相适应的数字资源体系。

4. 加强地方文献建设工作。通过采访、征集、复制、呈缴、赠送等各种途径，保证陕西地方文献入藏的系统性和完整性，确保公开出版的陕西地方出版物入藏完整率95%以上，陕西地市出版的日报等报纸和公开发行的期刊100%收藏，非公开发行的期刊收藏率达到90%以上。

5. 加强与全市各类型图书馆的沟通合作，依托西安市公共图书馆阅读推广联盟，遵循资源共建共享的原则，协调开展资源建设工作。

6. 按照《中国图书馆分类法》等相关标准和规范，做好文献组织工作。利用新的知识组织手段，对多种载体、多种类型的文献信息资源进行深度揭示。提高文献组织效率，报纸到馆当天提供读者阅读；期刊到馆后2天内提供读者阅读；图书、视听资料、缩微资料到馆后，10个工作日内提供读者阅读；数字资源安装更新后，立即提供读者阅读。

（五）树立服务思维，确立"以读者为中心"的服务理念

1. 加强基本阵地服务，创新服务方式，保障读者基本公共文化权益。"十三五"期间，继续保持读者流通人次和书刊外借册次在百万以上。

2. 以满足读者需求、方便读者阅读为服务工作的立足点和出发点，牢固树立服务思维，切实改善服务态度，提高服务水平，确保读者满意率达90%以上。

3. 积极开展个性化服务，加强为特殊人群服务。以残障人士阅览室为阵地，组织开展丰富多彩的适合残障人士参与的读书活动。积极争取中国盲文图书馆的资源和技术支持，完善为盲人读者的服务项目。培养一支具有一定专业素养的为特殊人群服务的馆员队伍。建立亲子阅读基地，拓展

服务空间和范围，最大限度培养少儿读者阅读意识和阅读能力。为各类残障人士，以及持证的老年人、下岗失业人员、低保人员等弱势群体提供免费借阅服务，对失业人员、进城务工人员进行多种形式的再就业培训，并联合社会各界举办多样化的弱势群体服务项目。

4. 开展形式多样的读者活动，丰富社会公众的文化生活。以"天禄讲坛""空中文化大讲堂"等公益文化讲座为基础平台，创新讲座形式，丰富讲座内容，扩大讲座听众范围。

5. 维护现有的服务品牌，提炼新的服务品牌。做好"天禄讲坛""小荷成长空间""残障人士读书文化日"等服务品牌的宣传推广工作，依托"4·23读书月"等活动，继续创建特色服务品牌。

（六）围绕体系建设，积极开展延伸服务

1. 积极拓展服务领域，开展延伸服务，探索出适合自己的延伸服务模式，以西安市公共图书馆阅读推广联盟为依托，利用互联网等新技术，构建西安市图书馆的虚拟服务网络，服务触角遍及全市，扩大图书馆服务的辐射面和影响力。

2. 加强分馆和服务点建设，提高分馆和服务点建设水平，丰富分馆和服务点资源类型和服务手段，提升服务水平，逐步建立起纸质资源与数字资源相结合、传统借阅与新媒体服务相结合的丰富分馆和服务点服务模式。加大对社区图书馆的支持力度，完善流通网点建设，在财力条件允许的情况下，继续增建24小时自助图书馆，建设汽车流动图书馆，实现对分馆和服务点服务项目的量化考核。

3. 积极开展图书馆服务进机关、进企业、进社区、进学校、进军营等活动，根据各单位具体情况，提供面向不同群体的、有针对性的服务。

4. 积极推进文化精准扶贫。立足我市贫困地区公共文化服务现状，以国家级贫困县为重点，在资源、技术、人才等领域，加强对贫困地区公共图书馆的扶持力度。

5. 加强阅读推广，推进全民阅读。结合重要节日或社会热点，开展读书报告会、读书沙龙、读书节、读书月等形式多样的全民阅读活动，每年至少开展1次以上大型系列读书活动，积极营造全民阅读社会氛围。

（七）加强深层次服务，提升信息服务的水平和能力

1. 依托丰富的馆藏资源，为社会各界提供深层次信息服务，重点为我市政治、经济、教育、科研等领域服务，加大信息服务的人力和资源保障力度。

2. 强化决策咨询服务职能，利用我馆的数字资源、人力资源，为市委市政府及各级党政机关的决策工作提供信息参考。开展信息服务进驻西安"两会"活动，为"两会"代表提供各类专题、信息参考服务。

3. 在科技查新工作上力求新的突破，积极开展与相关单位在科技查新领域的合作，加强查新用数字资源的保障力度，力争实现独立完成部分课题的科技查新工作。

4. 积极建设舆情监测软件平台，提高舆情信息监测工作的质量和水平，保证舆情监测工作的及时性。继续做好向市委宣传部报送舆情信息工作，提高信息报送质量，力争每月报送舆情信息1条以上。

5. 利用大数据技术，实时开展信息采集、抽取、挖掘及处理，为各类信息服务系统提供数据输入，提高信息服务的层次和深度。

6. 积极编制二、三次文献，为广大用户提供传统信息服务。每年编辑出版《专题文献》和《信息参考咨询》不少于4期。

7. 探索建立学科馆员制度，提升个性化服务水平。建立一支知识结构合理、业务素质过硬的学科馆员队伍，根据用户需求，开展专深的专题信息服务。

（八）加强地方文献研究，注重地方文化传承体系建设

1. 完善地方文献资源体系建设。"十三五"期间，努力建成各类型、多载体的地方文献系统，基本建成地方文献采购、征集、呈缴、交换、复制、数字化等多种方式相结合的地方文献建设机制。积极通过西安市公共图书馆阅读推广联盟以及与其他兄弟图书馆合作的方式，协调开展地方文献建设工作。

2. 依托馆藏地方文献资源，积极开展地方文献的整理、挖掘、研究和开发，提高地方文献揭示的深度。"十三五"期间，完成馆藏地方文献书目索引 10 个以上，完成"西安市地方志"全文数字化和本馆馆藏地方文献专题数据库建设任务，启动全市公共图书馆馆藏地方文献数据平台的建设工作。

3. 启动西安市珍贵地方典籍战略储备库建设。以西安市图书馆馆藏古籍文献和珍贵地方文献资源为基础，整合全市公共图书馆乃至其他类型图书馆的珍贵地方典籍资源，为社会公众提供开放性、交互式安徽地方珍贵地方典籍资源体系的展示和服务。

（九）立足文化惠民，加强三大数字文化工程建设

1. 以资源建设为中心，推进文化信息资源共享工程建设，提高共享工程专题片拍摄和制作的质量。

（1）立足西安市地方特色资源建设整体框架的构想，着力建设物质文化、非物质文化、历史文化和文化讲座几大主题文化资源。"十三五"期间，完成《西安古乐》地方资源专题片建设 4 集，时长 180 分钟。

（2）创新服务方式，提高服务效能。利用共享工程"进村入户"专项资源建设资金，为基层文化站购置中国文化网络电视入站终端设备，实现设备和服务的全覆盖。拓展多终端服务能力，提升共享工程服务水平。借助移动互联网、网络电视等最新信息技术手段，充分发挥共享工程资源的服务效能。

（3）推进公共文化数字支撑平台建设。通过网络、电视、移动触摸屏等新媒体渠道大幅提升数字资源传播服务效率，推出面向多终端、自适应的丰富多样文化特色应用。

（4）继续提升数字化服务与管理能力。依托文化共享工程已有服务网络、技术平台和数字资源，利用数字化手段，推动传统服务模式向现代服务模式转型的进程。

2. 以完善软硬件环境为抓手，继续推进数字图书馆推广工程建设。

（1）完成全市数字图书馆推广工程软硬件平台的建设工作，推动新建区县图书馆，以及目前尚未建设的城三区图书馆及时申报国家数字图书馆建设实施单位，为其软硬件平台建设提供必要的指导和支持。

（2）积极开展全市数字图书馆推广及培训工作，每年开展面向全市公共图书馆的数字图书馆推广工程宣传推广和培训工作1次以上，继续提升我馆数字图书馆从业人员的专业水平。

（3）提升我市数字图书馆推广工程服务能力。在利用现有渠道开展数字资源服务的基础上，积极拓展数字图书馆推广工程的服务方式，提高服务水平。积极推进全市公共图书馆数字资源的"统采统购、统一认证、统一检索"，进一步满足全市公众的数字文化需求。

3. 面向终端用户提供公共数字文化服务，着力推进公共电子阅览室建设。

（1）继续完善西安市公共电子阅览室管理信息系统功能和数据对接工作，继续协助推广公共电子阅览室管理信息系统软件的安装和使用，建立健全维护保障机制，确保服务和管理数据的一致性。

（2）继续推动公共电子阅览室服务设施及效能的创新和提升，采取有效激励措施，更广泛地调动基层公共电子阅览室的工作积极性，全面提升全市公共电子阅览室的建设与服务水平。

（3）进一步加强全市公共电子阅览室建设培训，每年开展全市或区域服务推广和培训活动1次以上，采取网络讲座、现场授课、上机操作等方式，提高培训效果。

（十）深入推进全市古籍保护工作

1. 逐步完善古籍分级保护机制。在国家古籍保护工作制度框架下，配合省文化厅继续组织开展《陕西省珍贵古籍名录》的申报评审，督导古籍收藏单位依据国家标准改善存藏条件，申报"西安市古籍重点保护单位"，推进市级古籍保护中心的建设工作，在全省形成较为完善的国家级、省级、市级三级古籍保护体系。

2. 大力推进全市范围的古籍普查。充分利用古籍普查平台，基本完成市内古籍公藏单位的在线普查登记工作。

3. 建立西安市古籍修复基地，对破损古籍进行原生性抢救修复。牵头制定西安市珍贵古籍修复方案，充分利用古籍保护中心的专业力量，采取传统技术和现代科技相结合的手段，有计划地开展全市古籍修复工作。

4. 加强古籍的整理出版和开发利用。采用高仿真新技术，编纂出版《西安市图书馆馆藏珍本丛书》系列等具有西安地域特色的古籍整理成果，积极推广全市古籍保护工作的阶段性成果。

（十一）突出保障职能，提高图书馆信息化应用的能力

1. 加强软硬件建设，注重综合技术平台的建设。增加自助借还设备，完善设备功能，为读者提供24小时自助图书馆服务。提升手机图书馆服务功能，方便读者利用移动设备利用图书馆资源。运用先进技术，开发和完善不同门类信息网络化应用服务平台。

2. 打造西安市图书馆云服务平台，提高信息化应用能力。充分应用"互联网＋"技术，建立"云阅读"体系。通过互联网、数字电视网、移动通讯网等途径，构建全市统一的"用户中心""资源中心""新媒体中心""大数据分析中心"，确立图书馆与互联网虚拟图书馆互联互通、共建共享服务体系。

3. 推进文化与科技的融合，打造智慧图书馆体验馆。通过智慧图书馆体验馆，面向大众展示图书馆的信息化服务产品和解决方案，推动图书馆传统服务转型。利用3D打印机以及其他科技创意产品，让大众通过体验，了解各种新技术在图书馆中的应用，激发读者的创新精神，使图书馆成为公众学习、探索及开拓思维的场所。

4. 努力推进信息标准化建设。建立服务于公众的统一的图书馆计算机信息网和分布式馆藏文献统一导航系统，研发和采用电子资源保护技术，保障资源权利方权益，研发并在联盟网站上采用统一的数字资源获取系统。

5. 加大信息安全保障系统建设。建设网络信任体系，加强信息安全风险评估工作，建设和完善信息安全监控体系，提高对网络安全事件应对和

防范能力，防止有害信息传播。健全信息安全应急指挥和安全通报制度，不断完善信息安全应急处置预案，增强信息基础设施和重要信息系统的抗毁能力和灾难恢复能力。加大对信息安全保障工作的资金投入，加强上网信息的审查和管理，防止不良信息的发布和传播，确保图书馆信息资源和服务的绿色、安全。

（十二）围绕新馆建设，开展相关工作

1. 按照市委市政府和市文广新局关于西安市图书馆新馆建设的工作部署，配合做好相关工作，积极推进新馆的立项和建设等工作。

2. 充分考虑现代图书馆的功能需求，通过多种途径努力参与到新馆建设的规划、论证、设计等工作中，力争西安市图书馆新馆与未来图书馆事业发展相适应。

（十三）以"质量管理"为抓手，全面提升图书馆综合管理水平

1. 围绕持续改进，持续推行目标考核管理体系工作。完善服务管理体系，加强质量管理检查和内部审核，建立更加规范的服务标准和更加科学的绩效考评体系，推进图书馆质量管理工作持续走向深入。

2. 探索图书馆法人治理结构的建立工作。建立分权制衡、运作独立、公开透明的图书馆法人治理结构，实现图书馆决策的科学化、民主化。加强对图书馆事业监督管理，推动西安市图书馆事业更好更快发展，满足社会公众日益增长的文化需求，实现公益性服务效益最大化。

3. 规范财务管理，防范财务风险。坚决执行有关财经法规制度，合理使用各种专项经费，严格控制"三公"经费和其他支出，确保财务工作规范高效。

4. 加强后勤保障，推进节能减排。在加强基础设备、设施维修改造和日常维护工作的基础上，将保证设备安全运行和节能降耗作为后勤工作重点，确保全馆各项工作正常开展。

5. 加强民主管理，提升工作凝聚力。强化民主与监督机制，进一步加强工会和团支部组织建设，健全"学术委员会""自动化网络化建设委员会""文献资源建设指导委员会"等组织,继续实行党务公开和政务公开,实现决策管理程序化、民主化、科学化。

(十四)努力推动图书馆行业协会建设进程,促进我市图书馆行业地方法规建设

1. 加强我市公共图书馆行业管理,推进成立西安市图书馆行业协会。维护图书馆行业的合法权益,促进行业规范管理,提高行业整体素质,沟通、协调图书馆与社会各界的关系,谋求我市图书馆事业进一步发展。

2. 积极通过联盟积极争取或通过人大代表、政协委员提案等渠道,推动我市图书馆地方法规、条例的建立。通过地方立法,加强联盟人才、资金、管理、服务及运行等多个方面的保障,为联盟的持续发展创造良好的政策环境。

(十五)加强人才队伍建设,提高人才队伍素质

1. 完善人才队伍建设机制,建立科学合理的专业人才队伍。建设一支业务精、能力强、想干事、能干事的骨干专业人才队伍,培养一批具备较高素质的专业后备人才。

2. 优化人力资源配置。立足各部门工作实际和专业需求,结合图书馆事业未来发展趋势,合理配置现有人才资源,提高人岗匹配程度。

3. 加强人才培训,提高人才素质。建立全员培训的长效投入机制,结合事业发展要求,加强针对全馆职工的业务培训,着重加强图书馆专业、管理专业、计算机专业、外语专业、古籍整理专业、重点文化工程等重点业务培训,培养高素质的复合型人才;鼓励和支持员工利用各种渠道参加各类学历教育;选送优秀的中青年业务骨干到本省市县图书馆挂职锻炼,与国内部分兄弟省市图书馆签订中层干部双向交流协议,每年选送若干名中层干部到兄弟省市馆进行学习交流。

4. 完善人员考评机制。进一步完善考核内容,改进考核方法,通过考评激发图书馆活力,真正发挥绩效考核体系对图书馆工作的促进作用。

5. 加强学术研究，提高学术研究水平。鼓励部门和员工积极组织、参与业务研究。完善馆级研究课题的申报、立项和成果评审机制，组织和引导员工积极参与省（部）、国家级课题的申报，力争产生一批较高质量的学术成果，形成以学术研究促进业务建设的发展格局。

（十六）注重外树形象，加强对外合作与交流

1. 依托中国图书馆学会和西安市图书馆学会，加强与国内图书馆业界的合作与交流。以中国图书馆年会召开为契机，以年会为平台，积极宣传我馆及我市图书馆取得的成绩，充分展示我市图书馆界的良好社会形象，协助做好年会的筹备和协调工作。

2. 以第六次评估为契机，加强图书馆国际合作与交流。推进与外国图书馆尤其是欧美国家先进图书馆的沟通与联系，建立互信互助的友好关系，开展多种形式的业务交流活动，并通过资源共享、馆员互访、业务培训等方式，学习借鉴先进的理念和经验，提高办馆层次和水平。

3. 通过联合开展读者活动等形式，广泛与社会各界开展合作与交流。深化与高等院校、文史馆、社科联、科协以及其他社会团体、个人的合作，提升图书馆读者活动的水平和内涵，扩大图书馆读者活动的社会影响力。

（十七）加强安全管理，确保安全运行

1. 完善安全管理制度，落实安全管理责任。牢固树立"安全第一，预防为主"的思想，健全、完善安全管理制度落实安全责任，确保"十三五"时期无安全责任事故发生。

2. 开展安全演练，提高安全保卫能力。"十三五"时期，每年举行1次以上安全应急预案和消防演练，提高员工处置突发事件和日常安全防范的能力。

3. 开展节假日和重大活动期间专项行动，确保节假日和重大活动期间全馆安全运行。

4. 深化重点要害部位、重点人员管理，确保要害部位安全。

5. 利用多种形式，加强对全馆员工的安全教育，提高员工的安全意识，保证全馆各项工作安全开展。

五、保障措施

（一）思想保障

以加强党的建设为基础，深化理论学习，为推动规划落实提供坚实的思想政治保障。深入学习贯彻邓小平理论、"三个代表"重要思想、科学发展观以及习近平总书记系列重要讲话精神，系统掌握中国特色社会主义理论体系，树立科学的思想观念和思维方式，更好地用党的理论创新成果指导实践、推动工作，坚持以人为本，坚持开拓创新。

强化理论研究和趋势研判，加强图书馆事业研究，深刻认识图书馆事业发展规律，把握我国公共文化服务领域的发展方向和世界图书馆事业的发展趋势，立足我馆实际，以战略思维、长远眼光、国际视野和前沿意识来认识规划，组织落实规划。

（二）组织保障

加强我馆党组织建设，推进党内民主建设，增强基层党组织活力，强化基层党组织的战斗堡垒作用，为规划落实提供组织保障。

完善馆党政领导班子议事制度和科学民主的决策机制。以建立健全工作体制机制为重点，以充分发挥基层党组织的政治核心作用为保障，以党政密切配合、全面协调推进工作为目标，全面加强班子建设和队伍建设，建立健全馆党政联席会议制度，不断推进决策管理的民主化、科学化。

以建设高素质人才队伍为目标，继续深化人事制度改革，进一步完善干部选拔任用机制。大力加强干部队伍的教育管理，努力建设一支素质优良、充满活力的中层干部队伍。

坚持"一切依靠广大职工"的办馆理念，进一步加强工会、职代会、共青团建设，重视发挥民主党派和无党派人士、离退休老同志以及广大读者的作用，充分发挥全馆员工的积极性和创造性。

(三) 人才保障

优化人员专业结构，逐步补充图书馆学、计算机专业、外语专业及多种学科专业人员，造就一支素质优良、能适应数字环境下图书馆事业发展需要的馆员队伍，为规划落实提供人才保障。

制定切实可行的人才培养、培训计划，采取灵活多样的方式培养和提高全体馆员的业务素质和业务技能。定期选拔专业基础好、思想素质高、接受新技术能力强的馆员脱产进修或短期培训，补充新知识，逐步成为图书馆的学术带头人或现代化技术应用的业务骨干。

(四) 资金保障

积极争取财政经费投入，合理使用经费，保证图书馆建设发展的需要，为规划落实提供资金保障。优化资金配置，预算安排和资金投入优先保障图书馆日常运行和读者服务的基本需要、保证重点建设项目和重点扶持项目。

进一步完善图书馆的财务管理体制，完善预算管理和预算执行制度、内部审计制度等财务制度，加强专项资金管理，管好、用好办馆经费，厉行节约，提高资金使用效益。

(五) 制度保障

建立规划实施的监控、考核和调控机制，使监控、考核和调控制度化，注意在实施过程中及时总结经验教训，适时调整，稳步推进，为规划落实提供制度保障。

建立规划实施的跟踪监控机制，明确专门机构负责监督规划的执行，建立监督制度，加强督促检查。加强对规划实施情况的跟踪分析，特别要加强对重要指标的监测，规划的完成进度在图书馆年度报告中发布。

建立规划实施考核机制，明确规划考核的责任主体。将规划实施责任落实到相关部门和人员，分清责任并根据责任配置资源，加强规划建设的可考核性。在本规划实施的中期阶段，要对规划实施情况进行中期评估。

建立规划调整机制。规划实施的过程也是规划不断完善的过程，规划实施过程中，在坚持总体发展战略不变的前提下，可根据外部环境的变化和图书馆事业的发展，对规划任务和建设目标做适当的充实和微调。当内外形势和环境发生重大变化或因其他重要原因使图书馆实际运行偏离规划提出的目标时，将适时提出调整方案，并通过民主程序审议批准实施，完善规划管理机制。

（发布日期：2016年2月26日）

成都市图书馆"十三五"发展规划[①]

按照中央、省、市全面深化改革、建设社会主义文化强国相关要求，分析成都市经济、社会、文化发展趋势，结合成都市公共图书馆事业发展现状，特制定本规划，以推进成都市公共图书馆事业可持续发展。

一、"十二五"回顾

（一）全域成都公共图书馆服务联盟初步建成

"十二五"期间，成都市图书馆以"均等化、一体化"理念推进全域成都公共图书馆工作，成效显著。2014年底全市"市—县"两级实现通借通还、2015年7月启用身份证作为全市读者证（免押金）、全域共享"成都数字图书馆"工程。经过近3年的努力，由成都市图书馆发起，以统一的计算机管理系统为平台，20个区县馆为成员的全域成都公共图书馆联盟格局已初步建成。全域成都公共图书馆联盟统一开展服务内容有：全域成都"通借通还"、构建完备的全市联合书目、身份证免费注册为读者证、

---

① 本规划由成都市图书馆授权收录。

共享"成都数字图书馆"、短信服务平台、读者积分管理系统、锦城讲堂讲座直播、随书光盘资源系统、国学经典诵读邀请赛、阅创空间共十项，极大地整合了全市图书馆各类资源，提升了全域成都公共图书馆服务质量和效益。

（二）图书馆自动化网络化水平显著提升

2013年3月，成都市图书馆实现Interlib图书馆集群管理系统和RFID图书自助借还系统的升级换代工作。引进电话自动语音续借系统、随书光盘云下载系统、短信平台和电子阅览室云终端系统；加强了图书藏、借、阅一体化服务功能。读者通过RFID系统实现快速准确定位所需图书和自助完成图书借还；引进"触摸屏电子阅读系统"，读者只需轻点触摸屏即可在线免费浏览所有馆藏电子图书和报刊。宽带水平提升至290M，馆内实现WiFi全覆盖。

（三）读者服务及全民阅读工作稳步推进

在开放传统纸本借阅、数字图书馆免费远程访问的同时，开展了成都市图书馆·阅创空间服务，馆外服务等。阅创空间建立实体和虚拟服务平台，新建立的分馆实现了通借通还、在全市投放5台"24小时街区自助图书馆"和76台"电子书借阅机"，方便市民办证、借阅纸本和电子图书。通过官方"微博""微信"实现微服务和移动服务。官方微博测评居于全国省级图书馆前列。"十二五"期间年均接待读者150万人次。外借书刊300余万册次，服务效益持续增长。

成都市图书馆继续发挥"锦城讲堂""阳光课堂"两个文化品牌的优势和作用，开展了全市"4·23"阅读活动联动、西南四城市"风·雅·颂——国学经典颂读"邀请赛，推动全民阅读活动不断持续发展。全民阅读工作形式丰富，通过馆刊"喜阅"、讲座、展览、沙龙、微博、微信、数字图书馆、移动图书馆等形式，开展立体阅读；通过"报刊监阅""参考""领导参阅""时评观点"提供个性阅读服务，引领全民阅读活动向纵深开展。

（四）深化内部改革实现科学管理

成都市图书馆作为全省第一批公共文化机构法人治理结构试点单位，2014年率先进行法人治理结构的探索和实践。成立成都市图书馆事业单位法人治理结构试点工作领导小组，制订《成都市图书馆事业单位法人治理结构试点工作实施方案》，召开成都市图书馆理事会成立大会和理事会议，选举产生了理事、副理事长、理事长，审议通过《成都市图书馆章程》，促进图书馆开门办馆，拓展工作思路，推进图书馆发展，实现公共图书馆服务的多元化格局。

积极探索对编外人员的管理。我馆现有馆员140人左右，其中在编馆员和编外馆员的比例为1∶1，实行两套管理机制。针对编外人员，制定《成都市图书馆窗口服务规范》《成都市图书馆关于在服务窗口开展优质服务竞赛活动的通知》《成都市图书馆编外职工入职、离职管理办法》《成都市图书馆服务保障人员班组管理制度》等系列文件，加强管理，激发潜能，营造和谐优质服务氛围。

二、"十三五"发展环境

（一）满足现代公共文化服务体系建设要求

"十三五"时期，是我国全面建成小康社会的决胜阶段，是建设社会主义文化强国的关键时期，也是公共文化服务体系基本建成的重要时期。《中共中央办公厅、国务院办公厅关于加快构建现代公共文化服务体系的意见》提出，到2020年基本建成覆盖城乡、便捷高效、保基本、促公平的现代公共文化服务体系；《文化部、财政部、新闻出版广电总局、体育总局关于做好政府向社会力量购买公共文化服务工作的意见》提出，到2020年在全国基本建立比较完善的政府向社会力量购买公共文化服务体系；《成都市国民经济和社会发展十三五规划纲要》提出，完善公共文化基础设施布局，深化公共文化服务标准体系建设，提升文化产品和服务供给能力；此外，成都市还出台了《关于加快构建现代公共文化服务体系的实施意见》和《成都市基本公共文化服务指导标准（2016—2020年）》，对国家标准进行了较大的拓展和提高，制定了更高要求的"成都标准"。这些文件的出台，为图书馆事业发展提供了政策保证。

（二）建设国际文化名城、国家中心城市背景

"十三五"时期，成都市进入高标准全面建成小康社会，奋力建设国家中心城市、世界文化名城和国际化大都市的攻坚期。将全面推进人文城市建设，打造城市文化名片，推动文化事业和文化产业协调发展，提升文化软实力，加快建设中西部最具影响力、全国一流、国际知名的文化之都。继续以打造城市文化品牌和文化地标为重点，在传承与创新中彰显历史文化名城文化底蕴，提升城市文化国际影响力。成都市首次提出建设"幸福城市"理念，中国梦和社会主义核心价值观深入人心，公民素质和社会文明程度普遍提升，覆盖常住人口的公共服务体系基本建立。

（三）书香城市、全民阅读等目标定位

"十三五"时期，成都市将继续大力推动"书香成都"系列全民阅读活动，深入开展全民阅读推广工作。2015年，成都已居全国十大数字阅读城市榜首，21个区（市）县图书馆实现通借通还，极大提高了服务水平；全市数字资源共享平台的建立真正实现了数字资源阅读使用的"零距离、零门槛、零成本"。"书香成都"是成都建设"文化之都"的重要举措和目标之一，通过展示时代特点，坚持"有机发展"，把阅读元素、阅读韵味、阅读氛围融入城市发展之中。

三、主要目标与任务

（一）使命与愿景

1. 使命

"发展天府文化，建设书香成都"。提升文献海量信息资源建设，构筑

成都市公共图书馆联盟，实现市、区（市）县、街道（乡镇）、社区（村社）全覆盖的通借通还服务，加强24小时街区图书馆建设，完善服务网络，面向市民开展丰富阅读活动，提供城乡均等化的知识信息服务，提升市民科学文化素质，保障市民基本文化权益，为成都建设成为"书香成都"和"文化之都"提供智力支持。

2. **愿景**

将成都市图书馆建设成国内一流、西部领先的现代化城市中心图书馆。立足"城市文献信息中心、市民终身教育中心"的功能定位，建立与成都国家中心城市相匹配的城市图书馆。顺应成都城市发展和市民素质提升的需要，在新馆建设中体现出"读者第一、服务至上、公益性、人性化"的办馆宗旨和"创新与品牌"的服务理念。

（二）新馆建设有序推进，建设公共文化新地标

"十三五"时期，成都市图书馆新馆将全面建成并正式对外开放。成都市图书馆新馆将作为成都地标性文化建筑，不仅要"以人为本"，发挥公共文化设施的辐射和服务功能，便于开展学术文化交流、人文科普及活动，更要充分展示巴蜀文化的人文精神和四川的艺术文化建设成就，集大都市现代风格与成都传统气质于一体。新馆建筑面积5万—7万平方米，用地面积60亩—80亩，目前已完成前期概念设计工作。

（三）深化全域成都通借通还及图书馆服务联盟建设

1. **网络连通率建设**。在2014年全域成都"市—县"两级通借通还网络建设完成、2015年7月全市开通身份证免押金注册的基础上，"十三五"期间将逐步扩大网络覆盖的深度和广度。到2018年，全市"市—县—镇"三级网络点位建成率从2016年8月的65%扩大为100%，"市—县—镇—村"四级建成率从2016年8月的15%扩大为50%。到2020年底，全市"市—县—镇—村"四级网络建成率达到100%，通借通还点位覆盖到所有行政村，其他形式经过授权的分馆、流通点也不断发展，全市所有点位数量超过 3000 个。

2. **探索"返还+非返还"流通服务机制**。以成都市图书馆为中心，全市县级图书馆为一级节点，探索跨馆还书的"返还+非返还"流通服务机制，明确当前书刊的"所属馆"和"所在馆"信息，在空间足够、服务人力和设施设备有保障的图书馆（非乡镇、村流通点），通过延长流通还回时间、不要求返还所属馆等手段，形成全市"集群藏书空间"，并同步完善改进图书馆管理系统、联合书目检索系统予以支撑。以此手段适度平衡区域各节点的藏书总量，缩小差异，方便读者就近找到所需图书资源。

3. **通借通还形成成熟的物流机制**。在通借通还网络点位持续规模增长的情况下，建立一套与社会企业合作成熟的图书物流交换机制，缩短需返还图书的返还时限、再上架时限，通借通还服务质量得到进一步提升。

4. **大幅提升全市注册读者总量**。以身份证免押金注册读者为核心，不断丰富全市图书馆服务项目，提升"成都数字图书馆"质量，并依托技术手段和注册网点的完善（注册网点遍布分馆、流通点、书店、文化馆、学校等与图书馆相关性较强的公共环境），达到快速注册、随时注册、哪里都能注册、注册后立即享受服务的效果，持续提高全市注册读者总量，使全市读者占常住人口总量比例从"十二五"的3%提高到10%，达到全市约150万人，接近东部一线发达城市水平。

5. **加强全市公共馆联盟建设**。加强全市公共图书馆联盟建设，提高凝聚力、协同力，提高联盟对市民的吸引力，不断统一和增加联盟服务内容，依托不断建成的"市—县—镇—村"四级通借通还网络，提供标准化、均等化、一体化、规模化的读者服务，通过联合书目、数字资源、短信服务、积分管理、活动签到、讲座直播、自然人信用等手段，对全市读者形成统一的服务形象，提高 VI 辨识度，在传统借阅的基础上，力争到"十三五"末联盟内统一服务项目超过 10 种以上。

6. **大数据支持服务与管理**。在全市公共图书馆联盟的基础上建立大数据整合平台，建立全方位的监测项，通过多种数据的收集、整理、分析，面向读者、服务者、管理者，提供全方位的阅读指导、活动推荐以及"图书馆使用效能"数据，在全市范围全面倡导"数据治馆"理念。

（四）向创新型图书馆转变

1. **牢固树立创新和共享发展理念**。把创新和共享作为图书馆发展的主题。建设智慧图书馆、构建信息共享空间，使图书馆向着城市"第三空间"发展。将图书馆创客空间作为图书馆信息共享空间的最新发展方向，强调读者的主体地位，通过读者之间的交流和合作，进行知识创新和知识共享，创造用户和读者自己的知识产品。承担创新交流环境、激发社群活力等新功能，使图书馆真正成为人们学习、交流和体验的场所。

2. **持续推进阅创空间建设**。推广运营阅创空间以及阅创虚拟孵化器，提升阅创空间微信平台用户数量。整合社会力量开拓创客空间，为用户提供实践和创新的平台，提供嵌入式知识服务，推动创意文化发展，助力城市创新发展。为创客提供活动空间，配置工具资源。联合入驻创客团队开设创客课程和工作坊，围绕3D打印、戏剧表演、乐高机器人、亲子阅读、视频制作、摄影等开展讲座、培训，并提供实践和互动交流服务。阅创空间入驻团队达到10家，虚拟孵化器注册用户达到8万。

3. **持续开展"微"服务创新**。探索、创新"微"服务项目，在保证信息安全的前提下，不断完善基于智能终端的"微"服务平台，为读者提供更大便利。探索智能手机虚拟"读者证"的应用、"微支付"技术的应用、在完善图书馆信息"微"发布系统的基础上，搭建基于智能终端的"微"发现系统，实现多平台、多元化信息关联与大数据分析。

4. **全媒体舆情监测服务探索创新**。强化决策咨询服务，聚焦特色情报服务，加快智库支撑体系建设。推出商业与知识产权中心，为中小企业提供科技情报和专利信息服务。加强专利标准、科技报告、产业报告、政府报告、会议论文等特种文献以及产业领域非正式出版物的收集、加工和服务，努力打造成都市科技创新信息基地。升级参考咨询服务水平，开展技术工具、专业软件、情报咨询等服务。

5. **优化知识信息服务**。完善面向实体文献的知识整序和发现机制，综合采用知识分类、主题归类、兴趣分类和用户群体分类等多维度和动态的知识序化方法，提升用户发现和获取实体资源的效率，节约用户时间。

完善用户咨询中心建设，提供全面、规范、便捷的咨询服务。面向公众、专业人士和各类组织机构以及政府，根据其个性化需求，持续推进书刊推荐、用户培训、知识导航、信息增值和决策咨询等信息咨询服务，开展移动咨询服务，实行首询负责制，提高咨询服务质量和效率。发展虚拟社交空间，为公众提供嵌入式知识服务。

（五）加强资源建设，推进数字资源与传统资源融合发展

"十三五"期间，我馆将构建新时期馆藏文献资源保障体系，最大化满足读者个性化和深层次需求。资源建设重心从偏重纸质资源向纸质资源与数字资源并重、外购数字资源与自建数字资源并重的方向转变，建立数字资源与传统资源融合发展的资源保障体系。

1. 优化纸质文献结构，坚持读者需求为导向

（1）保障中文图书采购品种，适当压缩复本率。新馆建成前，中文图书年均入藏量保持在4万种、10万册左右，优先保障广大读者对常规文献的阅读需求。

（2）根据读者需求及出版市场变化，调整、优化中文图书、中文报刊、音像资料、特殊群体资源等馆藏采购策略。

（3）拓宽资源获取渠道，加大与书商、出版社等合作，多渠道获取图书出版信息，拓展网购、交换、赠予等渠道，并充分利用网络平台，广泛收集、补充特色文献。

（4）加强读者对馆藏资源建设的参与。及时反馈读者荐购信息，探索让读者参与图书采购的新机制。

（5）建立科学的馆藏评估体系，摸清家底，科学分析与评估馆藏资源配置和满足状况，优化经费配置，提高读者对文献资源的利用率和满意度。

2. 加强数字资源建设，提高资源利用效率

（1）根据我馆实际情况，对纸质文献和数字资源的采购结构进行相应调整，逐步提高数字资源采购经费占资源购置总经费的比例，"十三五"

期间,数字资源采购比例逐步提高至30%以上,新馆正式投入使用后再重新调整比例。

(2)适应读者需求变化与信息技术发展,加强数字资源的移动服务能力,建立适应多平台、多终端服务的数字资源体系,并覆盖到全市公共图书馆服务体系用户。

(3)继续推进自建资源数据库的建设,完善非遗数字博物馆、成都影像数据库的搭建,继续充实锦城讲堂数据库。深入挖掘具有较强代表性的资源不断充实自建资源数据库。

(4)注重数字资源的本地存储、揭示、整合、发现与关联,促进数字资源平台优化进一步方便读者利用,增加数字资源使用量。

(5)进一步巩固全市公共图书馆数字资源共享成果,扩大文献资源共享和服务的范围,提高我市的文献资源共享水平。

(六)引领全民阅读风尚,涵养城市精神

"十三五"期间,我馆将以促进阅读服务标准化、均等化为方向,形成城市社区"15分钟"便捷阅读文化圈,努力实现全市文化信息文献中心的定位,提高我馆社会影响力,提升城市人文精神和城市文化软实力,树立城市文化建设品牌。以"推动全民阅读,共建书香成都"为主题,以"数字图书馆阅读推广""通借通还""文献宣传""公益讲座""分馆建设"等项目为载体,扎实推进阅读活动,让全民阅读活动成为与成都国家中心城市定位相称的文化名片。

1. **举办西南四城市"风·雅·颂——国学经典诵读"活动**。积极探索中华优秀传统文化创造性转化、创新性发展的实践路径,营造传承优秀文化、弘扬社会主义核心价值观的社会氛围,切实把优秀传统文化转化为实现伟大中国梦的强大正能量,持续开展西南地区四城市"风·雅·颂——国学经典诵读"邀请赛。

2. **加大主题书展宣传阅读力度**。为使读者在较短时间内,集中翻阅大量某一专题书籍和传播优秀传统文化,加强文献宣传,通过馆内宣传栏、网络等方式,立体宣传各类文献资源,持续开展各种主题图书展,根据不同内容，策划不同的主题向读者展示推荐好书。做好"中国好书""向全国青少年推荐百种优秀出版物""优秀老年人出版物""大众喜爱的50种图书""优秀民族图书""中华优秀传统文化普及图书"等推荐工作。

3. **加强对少儿阅读的关注和重视**。为了培养未成年读书、用书的良好习惯，倡导新型亲子阅读方式，积极开展灵活多样、内容丰富的阅读活动。通过挖掘引进社会资源，开展深入合作模式，将少儿读者喜爱的阅读方式融入"阳光课堂"活动中；持续开展"成长伴阅读"亲子活动；加强与小学分馆合作，积极开展馆校阅读活动；探索少儿联盟机制，构建全市"红领巾"图书馆总分馆模式。

4. **加强对残疾人群体的阅读关注**。为了使残障人士平等、充分地参与社会，丰富其文化生活，积极开展以"推进文化建设，共享文化成果"为主题的阅读活动，通过提升盲文阅览室现代化设备升级换代；加强与国家盲人图书馆合作，完成全域成都盲人读者数字资源卡申请；加强与市残联合作，经常性开展残疾人读书活动；持续开展文化志愿者"送书上门"活动，为残疾人读者送温暖，使残疾读者平等共享先进文化带来的成果。

5. **做大做强阅读品牌活动**。以"锦城讲堂""家长沙龙""阳光课堂"等服务品牌为基础，注重阅读推广品牌建设。继续开展系列经典阅读活动，加强广泛合作，提升科学文化艺术类讲座的质量，增加阅读方法（培训）讲座及阅读指导类活动，开展多层面的读书会等阅读推广活动。发挥专业人群的引领作用，引导市民多读书、读好书，形成具有鲜明特色和社会影响力的服务项目。以传播弘扬优秀传统文化，涵养城市文化气质，建设市民终身学习和全民阅读的高地。

6. **发挥图书馆联盟机制，加强全市阅读联动**。成立成都市公共图书馆讲座联盟，拓展图书馆"讲座+"活动，提升图书馆现场和在线文化活动的多样性，依托新技术完善多载体服务功能，通过现场视频转播、网络直播、讲师派送等多种方式共享优质讲座资源，推进各类阅读活动，提供更具创意的文化服务体验，提升公众参与度和社会影响力。

7. **探索建立全民阅读测评体系**。结合成都市阅读协会工作，探索建立全民阅读测评体系及阅读推广人测评；推出市民阅读能力测评，以此检验阅读活动的最终成效。通过阅读能力测评及引导阅读推广人开展读书会活动等举措提升公众的阅读能力，促进社会整体阅读氛围的形成。

8. **持续推进全域成都全民阅读活动**。全市公共图书馆已通过互联网连接成服务联盟，成都市公共图书馆正式迈入"全域时代"。"十三五"期间，我馆将进一步推进"通借通还"服务，依托"成都市公共图书馆通借通还管理平台"面向全市读者提供免费身份证注册，促进公共（数字）文化服务，实现公共文化"公益性、基本性、均等性、便利性"服务。到2020年，"通借通还"范围将延伸至所有街道（乡镇）、社区（村）基层服务点，形成一张覆盖全市范围内的全民阅读服务大网。

9. **以数字阅读引领全民阅读新趋势**。运用新技术，实施"图书馆＋"战略，将阅读覆盖到全域成都。通过全市数字资源平台的完善、资源的充实，让每一位市民都能体会到"一馆藏天下，指尖游世界"的数字阅读方式；依托文化共享工程和数字图书馆推广工程，大力开展基层数字图书馆阅读推广活动，让广大市民足不出户就可以享受图书馆服务。

（七）促进特色馆藏，积淀城市文脉

"十三五"期间，大力推进特色馆藏建设，保护弘扬本土优秀传统文化，延续城市历史文脉，保护好前人留下的文化遗产，精心打造具有成都地方文化韵味的数据库和文化活动项目。

1. **非物质文化遗产数字博物馆**。作为文化部第三届创新奖获奖项目，"蜀风雅韵—成都非物质文化遗产数字博物馆"已开放运行数年时间。2017年，我馆将完成此数据库2.0版的建设，使数据库整体水平较2009年1.0版得到巨大提升。建成后的数据库仍然保留"文、图、影、音"的表现特点，但在（非遗）项目管理（含申报）、项目分析、资源类型、展现手段、数据分析、访问统计、元数据著录、内容关联8个方面得到明显改善。用户界面美观、简洁，前端效果得到加强，数据库特征得到强化。

在"内容表现"和"数据管理"完善的同时，切实保障资源更新的可持续性，非遗项目覆盖范围从成都市延伸至四川省，联合成都市非物质文化遗产保护中心展开长期性的资源收集，有条件的情况下联合社会机构同

时展开资源的拍摄制作工作。平台资源得到极大丰富,"十三五"末,各类型资料总量突破10TB,条目近万,并按照文化部数字图书馆推广工程的要求定期完成元数据著录、唯一标识符的生成和呈缴。

2. **成都影像数据库**。自清末以来陆续出现的照片、影视资料一直是记载社会生活变迁最直观的资料,在进入"读图时代"和"新媒体时代"的今天这些宝贵资料的重要程度不言而喻。然而大量的影像资料均散落于民间或机构,随着时间的流失而散失、损坏、湮灭。为收集、保存、整理这些珍贵资料,成都市图书馆规划在"十三五"期间建立完成成都影像数据库。

工作要点:(1)组建以本馆力量为主、馆外专家为辅的工作团队,经向社会公开征集和向有关单位协商合作的方式尽可能多地征集与成都有关的老照片和影视资料;(2)经选择、鉴别、分类、编辑,逐步建成数据库,并采取最新的技术手段进行长期的保管、维护、补充,不断扩大提升其内容、功能。(3)制定数据库使用规则。成都市图书馆历来重视知识产权保护,该数据库的建设和使用将严格按照法律规定来实施,确保影像资料所有人的权益。成都影像数据库将向全社会开放,读者可免费阅读但不能随意下载,将通过适当的使用规则充分保护知识产权。(4)数据库的建设工作分阶段进行,先将成都市主城区范围数据建成,逐步建立全域成都影像数据库。(5)数据库建设达到一定规模时将编辑出版《成都老照片》系列画册。

3. **《中国新诗百年千家诗集》收藏项目**。中国是诗的国度,诗歌是中华文化宝库。中国新诗诞生百年来,以诗歌的艺术长廊记录了波澜壮阔的历史巨变。四川省素有诗歌大省之称,成都市图书馆在"十三五"期间将启动收藏新诗百年千家诗人的优秀成果,促进馆藏资源建设,打造最具中国特色的诗歌图书馆。

项目与中国诗歌万里行组委会合作,规划于2016年启动。工作要点:(1)完成征集中国新诗百年"百千万"工程:在100年新诗发展历程中甄选1000名(或1000名以上)诗人出版的10000册(或10000册以上)诗集。(2)所有入选诗人的诗集由诗人本人(或已故诗人亲属、或已故诗人的研究机构、或由诗歌万里行指定诗人）手抄其代表作一份，由成都市图书馆为每位入选诗人颁发"中国新诗百年千家诗集收藏证书"。（3）所有入选诗集均纳入成都市图书馆诗歌馆馆藏。（4）所有入选诗集的封面编辑成《成都市图书馆收藏：中国新诗百年千家诗集图录》并纳入《中国新诗百年大系》出版发行。

4. 锦城讲堂视听资源数据库。依托成都市图书馆"锦城讲堂"公益讲座为主的视频平台（视听资源管理系统为支撑），建成内容覆盖全市公共图书馆重要讲座和其他自建视听资源的"文化类"专门视频数据库，平台具有较好的资源兼容能力（多格式）、网络访问速度。2017年进行整体用户界面调整，强化前端设计，提高讲座更新速度，增加读者互动和评论。通过持续改版后具备完善的内容分析、要素挖掘和主动推送功能，对移动终端的访问具有更强的支撑性和易用性。

将"留存成都文化记忆"作为本数据库的重要使命，在平台内建立区域文化名人专题板块，以区域为主要特征，常态化、持续性汇集和展示各类优质文化视听资源，留存文化影像。在此基础上加强宣传推广，提高知晓率、知名度，并向全省推广建设经验，力争在"十三五"期间具有一定的全国影响力。

（八）加强古籍保护工作，进一步发挥成都古籍保护中心作用

实施"中华古籍保护计划"是"十三五"期间国家计划实施的100个重大工程项目之一，在此背景下，国家古籍保护中心牵头制定了中华古籍保护计划"十三五"时期规划纲要。据此，我馆将全面推进古籍保护工作持续开展，充分发挥成都市古籍保护中心作用。

1. 全面完成成都市古籍普查任务。在古籍普查首期工程的基础上，推进二期工程，完成全国古籍普查平台要求著录的32项细目，彻底掌握馆藏古籍的各类信息，并加入《中华古籍总目·四川卷》的编纂工作中，完成本馆古籍的详细编目，力争首批出版；通过网络远程教学、组织实地观摩和培训等方式指导成都下辖各区（市）县图书馆推进二期普查编目工作，以保证全成都市域内图书馆"十三五"期间圆满完成古籍

普查工作，彻底摸清成都市域古籍家底，在此基础上校订增补《成都市古籍联合目录》。

2. **推进珍贵古籍数字化工作**。作为中华民族优秀文化遗产载体的古籍善本，具有不可再生性，图书馆除了保存原本以外，数字化是保存其内容的重要方式。按照先珍贵稿抄本、特色文献，后一般文献的数字化原则，成都市古籍保护中心将在"十三五"期间加大全域成都珍贵、特色古籍的数字化工作，并组织专业人员进行索引编制和二次加工，之后面向社会开放。在此期间，"成都市善本及特色古籍数据库"初步建成，以提高珍贵古籍的利用率，惠泽千秋万代。

3. **持续推进古籍修复工作**。在古籍普查的基础上，全面掌握本馆古籍的破损状况，优先修复善本古籍、特色古籍、破损较为严重的古籍，遵循传统手工修复技艺并结合现代科技，有计划、持续修复本馆古籍，完成馆藏珍贵古籍 20 种、5000 页修复目标，并尽量满足各区（市）县图书馆的修复需求。

4. **完成古籍保护与研究专业人才梯队建设**。古籍保护工作的特殊性对从业人员的专业要求相对较高，"十二五"期间本馆开始搭建古籍保护和研究的专业人才梯队，现已拥有 1 名相关专业的博士研究生和 2 名硕士研究生，"十三五"期间将继续公开招聘相关专业的研究生，完成古籍保护与研究并重的专业人才团队建设工作，同时力争轮训一遍所有从事古籍保护工作的在职馆员，提升馆员业务素养。

5. **加强古籍学术研究与业务交流**。鼓励从事古籍保护与整理工作的馆员以馆藏古籍、特色文献为基础进行相关研究和申报各级课题，鼓励馆员参加国内外相关学术研讨会，以提高我馆在古籍保护和相关研究领域内的影响力；加强与国内外各大古籍收藏单位和研究机构之间的业务交流与合作，进行善本再造、古籍整理与出版、相关课题申报等。

6. **宣传推广古籍保护与研究成果**。"十三五"期间重点通过举办馆藏珍贵古籍展、修复成果展、古籍保护研讨会和古籍保护系列讲座与读者体验相结合等活动，进一步宣传古籍保护理念和扩大成都市图书馆作为全国重点古籍保护单位的影响力。

(九) 加强组织建设,构建协调高效的管理及保障体系

1. **深入贯彻落实从严治党要求,大力推进党组织的思想、组织、作风、制度和反腐倡廉建设**。以党风廉政建设为抓手,以创建先进基层党支部为载体,严格落实党风廉政建设主体责任制,稳步推进惩防体系建设。抓好组织建设,增强党组织的凝聚力和战斗力;抓好队伍建设,增强党员先锋模范作用;抓好学习教育,提高党员干部队伍素质;抓好作风建设,提升廉洁高效的社会形象。

2. **加强成都市图书馆文化建设,秉承"读者第一、服务至上、公益性、人性化"的办馆理念,培养图书馆员的事业心、责任心,牢固树立图书馆员的荣誉感和成就感**。加强图书馆员的文化意识和专业技能的培训,以《成都市图书馆馆员行为手册》为标准,努力营造良好的图书馆文化氛围,进一步加强和规范图书馆员管理,推行班组责任制,强化责任落实,形成齐抓共管的管理机制,切实提升成都市图书馆优质服务水平和服务质量。

3. **进一步深化成都市图书馆法人治理结构改革试点,为图书馆发展提供组织保障**。按照《国务院办公厅关于印发分类推进事业单位改革配套文件的通知》(国办发〔2011〕37号)文件要求,结合成都市图书馆事业发展实际,牢牢把握分类推进事业单位改革的总体要求,积极稳妥推进事业单位法人治理结构试点工作,强化公益属性,全面落实法人自主权,引入社会力量参与图书馆建设与管理,规范理事会运作,最终形成成都市图书馆规范运作、自我发展、自我约束、自我管理的现代化运行新模式,不断提高公益服务水平,最大限度满足人民群众对公共文化服务的需求。

4. **加强人才队伍建设,打造一支高素质的图书馆员队伍**。深入贯彻《事业单位人事管理条例》,严格规范选人用人程序,坚持干部能上能下的用人机制,优化公开招聘流程,及时补充、培养适应图书馆事业发展的人才,以保证人才队伍的连续性和知识结构的合理性。建立健全专业人才培训机制,鼓励支持图书馆员积极开展课题项目研究,以项目带动人才培

养、以课题促进队伍建设。通过提升图书馆员专业素质，优化人才队伍结构，为图书馆事业的发展提供人力和智力支撑。

5. **健全后勤保障服务机制，确保图书馆各项工作安全有序运行**。建立健全财务制度，严格执行财经纪律，加强资金监管，提高资金使用效益。加强与财政部门的联系与沟通，最大限度地争取财政对图书馆事业经费的投入力度。按照《国务院办公厅关于做好政府向社会力量购买公共文化服务工作的意见》等文件精神，积极探索适应图书馆事业发展的社会化、专业化模式，推动后勤保障工作的社会化、专业化进程。建立科学有效的管理体系，做好资产管理和后勤保障工作为读者服务提供有力保障。

（发布日期：2017年5月11日）

济南市图书馆"十三五"发展规划[①]

序　言

"十三五"时期（2016—2020年）是我国全面建成小康社会的决胜阶段，是全面深化改革取得决定性成果的关键时期，也是加快构建现代公共文化服务体系，全面提升国家文化"软实力"，推动实现中华民族伟大复兴"中国梦"的重要阶段。深刻认识并准确把握新形势、新变化、新特点，科学制定济南市图书馆"十三五"发展规划，对于抓住图书馆事业发展的重要战略机遇，促进济南地区图书馆事业实现新的突破，为济南经济建设、政治建设、文化建设、社会建设和生态文明建设做出应有的贡献，具有十分重要的意义。

一、"十二五"事业发展的成就

"十二五"时期是济南市全面建成小康社会，加快转变经济发展方式，实现科学发展的攻坚时期，是推动文化大发展大繁荣，提升文化软实力，

[①] 本规划由济南市图书馆授权收录。

基本建成济南公共文化服务体系的重要阶段。为此,济南市图书馆深刻认识并准确把握新形势、新变化、新特点,科学制定发展规划,秉承"传承文明、以人为本、读者第一、服务至上"的宗旨,全面落实"服务立馆、人才兴馆、科技强馆"的发展战略,基础业务稳步推进,服务能力持续增强,人事制度改革成效显著,全民阅读活动深入开展,新馆建设取得历史性突破,被文化部命名为国家一级图书馆,先后荣获全国文明单位、全国文化系统先进集体、全国全民阅读先进单位、山东省文化体制改革先进单位、山东省文化信息资源共享工程建设与服务先进单位等多项荣誉,并连续九年被评为省级文明单位。"书香泉城"全民阅读节活动荣获第十届中国艺术节"群星奖";"成功父母大课堂""汽车流动图书馆"被评为山东省公共图书馆特色服务品牌。

(一) 新馆落成开放,谱写事业新篇章

2013年10月11日,济南市图书馆新馆正式面向读者开放。新馆位于西部新城的省会文化中心,建筑面积4.1万平方米,阅览座席2600个。在藏书特色上注重综合性、公共性和地方性,共有各类馆藏文献414.2万册(件),其中,电子图书180万册,中文普通图书、古籍、报刊合订本等234.2万册。拥有万兆局域网,300兆光纤接入互联网,无线网络覆盖全馆,为读者提供免费无线上网服务;采用RFID智能图书管理系统,实现全面自助服务;设置15台大型阅读触摸屏,建设书香泉城数字阅读平台和手机图书馆,为读者提供书目查询、电子期刊、读书等服务,读者可以享受图书馆零时差、零距离的高效优质全面的文化服务。

新馆开放以来,坚持365天对外开放,免费办理借书证,实行开架借阅,开展文献外借、阅览自习、检索咨询、课题服务、讲座展览、多媒体欣赏、数字资源阅读、培训辅导等多种形式的读者服务。截至目前,共办理借书证8.2万个,接待读者210.6万人次,流通文献199.4万册次,网站点击82.1万人次,举办公益讲座、展览、读书征文等读者活动156场次30余万人参加。可以说,新馆先进的服务手段,多样的服务内容,科学的管理方法,已经成为广大市民喜爱的文化殿堂。

(二) 迎接评估定级检查，被评为国家一级馆

为迎接文化部全国公共图书馆第五次评估定级检查工作，在上级领导的关心支持下，济南市图书馆本着"以评促改、以评促建、以评促管"的原则，组成迎评工作小组，对照评估标准，查漏补缺，逐一落实。整理院落地面，修剪花卉，对老馆大楼内部进行油漆、粉刷，使馆容馆貌焕然一新；材料组的同志按照评估标准要求，加班加点，精益求精，共整理出评估档案材料135盒，立卷准确，资料翔实、装订整齐，自查得分962分。

2013年7月6日，文化部专家组一行5人来馆进行了第五次评估定级检查。专家组对市图书馆的迎评工作，以及近年来工作取得的成绩表示肯定，特别指出免费开放服务、人事制度改革、总馆分馆制、24小时自助图书馆、"书香泉城"全民阅读节以及馆藏古籍文献保护、开发等工作成效显著，并给予高度评价。同时，专家组提出新馆高起点规划、高标准建设、注重特色、创意新颖，值得期待，希望将其打造成为济南市的标志性建筑和文化亮点，彰显齐鲁文化、泉城特色和省会形象的重要窗口，成为市民获取知识，交流信息，享受精神文化生活的重要场所。最终，通过大家的共同努力，市图书馆被文化部评为国家一级图书馆，于11月8日在上海浦东新区召开的2013年中国图书馆年会上公布并颁牌。

(三) 深化人事制度改革，调动工作积极性

济南市图书馆本着公开、公平、公正的原则，进行了第五轮人事制度改革。通过岗位设置管理，建立专业技术人员竞争上岗机制和中层干部竞聘考核机制，调动了干部职工的积极性和创造性，为各项工作的开展打下良好基础。顺利完成专业技术人员竞争上岗及中层干部申报、竞聘、公示等环节。此轮改革，使广大干部职工精神面貌发生深刻变化，积极工作、埋头苦干的多了，敷衍了事、不思进取的少了；刻苦学习、钻研业务的多了，串岗闲聊、无所事事的少了；提前到岗、加班加点的多了，迟到早退、违反纪律的少了。全馆上下团结一致，共同努力，出色地完成了各项任务，表现出良好的工作作风和无私奉献的精神。其中，不少工作人员以

真诚、热情、高效的服务受到读者的表扬，有些读者专程送来感谢信、锦旗以示谢意。

（四）实行免费开放，让市民享受公共文化阳光

为保障广大人民群众的基本文化权益、共享文化发展果实，自2008年在全省公共图书馆中率先实行免费开放以来，2009年推出二代身份证替代借书证、家庭证；2011年实行电子阅览室免费开放；2012年利用省文化厅支持的100台计算机，扩大了电子阅览室规模；2013年10月，随着新馆建成开放，图书馆以大布局、开放型、现代化、多功能、完善先进的设施和地方特色，免费为读者提供优质服务，做到了真正意义上的"无障碍""零门槛"，让人民群众充分享受到公共文化阳光。据不完全统计，免费开放的五年中，市图书馆接待读者将近500万人次。

（五）推行总分馆制，初步建立图书馆服务网络

在学习借鉴国内外先进经验的基础上，市馆推行"总分馆制"。目前，在全市机关、企业、学校、社区、部队和农村建立分馆、流动站达到57家，并与区县图书馆以及中国重汽、市检察院、市人大等28家分馆实现借阅"一卡通"。

同时先后在泉城广场、领秀城社区、龙奥大厦、鲁能康桥等7处设立24小时自助图书馆，这不仅让自动借还图书成为现实，也让市民享受到便捷周到的自助式服务。目前，以市图书馆为总馆，由分馆、流动站、24小时自助图书馆等构成，初步形成济南市资源共享、优势互补的图书馆服务网络。

（六）打造服务品牌，助推全民阅读深入开展

为把全民阅读活动推向深入，济南市图书馆先后打造出"成功父母大课堂"、"读书人"摄影比赛、"暑假读一本好书""书韵泉城"换书节、"天下泉城"大讲堂等一系列优质服务品牌。2011年，优化整合上述活动资源，推出"书香泉城"全民阅读节系列活动。以"品味浓郁书香，建设

美丽泉城"为主题,开展"书韵泉城·济南换书节""天下泉城"大讲堂名家讲座、济南市读书朗诵比赛等一系列活动。每年4月开始,丰富多彩的读书活动持续到年底。通过这一活动,扎实推进了济南市全民阅读活动的深入开展,弘扬了"诚信、创新、和谐"的城市精神,切实保障了人民群众均等共享的文化权益,"书香泉城"全民阅读节已成为目前我市规模最大、影响最广泛的读书活动平台,为推动我市公共文化服务体系建设做出了突出成绩,荣获第十届中国艺术节"群星奖"。

(七)借助现代信息技术,推出全新服务模式

济南市图书馆在成功引进、应用RFID图书智能管理系统基础上,2013年又在领秀城社区、新馆设立24小时自助图书馆,这不仅让自动借还图书成为现实,也让市民享受到便捷周到的自助式服务。同时,还致力于数字图书馆建设,建成山东省第一个多终端开放性服务模式的图书馆——"书香泉城"数字阅读平台,使读者可以在济南的任何地区上网免费阅读电子文献。新馆无线网络覆盖全馆,各借阅区均有电脑设备。凭借RFID智能管理手段,实现全面自助服务,开放借阅文献将达100余万册(件),同时升级读者外借权最高至10册,成为国内面向读者开放度最高的图书馆之一。新馆"开放式""大流通""大布局"的新理念,实现了"3+4>7"的综合性新服务模式。即纸质文献、电子文献、声像文献"三合一"立体式服务,藏(馆藏)、阅(阅览)、借(外借)、参(参考咨询)"四合一"的"一站式"服务,收到良好社会效果。

(八)解决藏用矛盾,影印出版《趵突泉志》

济南市图书馆在先后整理再版《济南指南》《济南快览》和《济南大观》等民国文献基础上,在经费、人员相对缺乏的情况下,不等不靠,聘请专家顾问,经过反复论证,影印出版乾隆七年版的木刻《趵突泉志》,该书由清代济南名士任弘远编纂,是济南最早也是迄今为止唯一的一部泉水志,对于研究趵突泉和济南泉水,甚至济南这座城市的历史与发展具有独特价值。

《趵突泉志》在发掘、整理、影印过程中，遇到了不少困难。市图书馆只存有上卷，没有下卷，而山东师范大学图书馆存有下卷，经过多方努力，才使其以最完整的面貌再现于世。在后期印刷过程中，又通过复杂的技术手段将此书所用的宣纸进行了高科技特殊处理，"染"成了微黄色，显得古朴，有韵味，富有历史感。《趵突泉志》不只是济南最有特色的古代志书，在全国志书中也具有重要价值。正值举办首届济南泉水节，该书影印出版既是为泉水节献礼，又能展示趵突泉和济南泉水文化的厚重历史，为泉城的文化建设增光添彩。

（九）建立"尼山书院"，弘扬优秀传统文化

根据省文化厅的统一部署，济南市图书馆成立"尼山书院"，设立国学讲堂、传统文化体验室、传习室、培训室、展览室、国学借阅区等。首届国学大讲堂公益论坛于2014年6月14日在新馆举行，来自全市机关企事业单位的700余名干部职工参加了学习交流。

市图书馆尼山书院以其独特的资源优势和人文优势，长期举办经典诵读、国学讲座、礼仪雅乐培训，传承中国优秀传统文化，弘扬儒家文化精髓，数以万计的市民从中受益。

（十）成立理事会，吸纳社会各界参与管理

为进一步完善文化事业单位法人治理结构，让更多的社会民众参与公共文化事业的管理和监督，不断提升公共文化服务的质量和水平，根据上级要求，济南市图书馆决定筹办理事会，诚邀12位关注和关心图书馆事业发展的社会各界人士加入，2015年3月召开了理事会成立大会，通过了《济南市图书馆章程》。理事会的成立，使市图书馆进一步激发活力，高效管理，更好地为市民提供优质服务。

二、"十三五"面临的问题与发展机遇

当前，我国提出建设社会主义文化强国，实现中华民族伟大复兴"中

国梦",培育和践行社会主义核心价值观,传承和弘扬优秀传统文化,促进全民阅读,建设学习型社会等一系列重大战略决策,为公共图书馆事业的发展指明了方向,提供了机遇。"十二五"时期,济南市图书馆事业发展成绩斐然,各项工作取得了长足进步,在软硬件设施和创新服务方面走在全省乃至全国的前列,但与国内外先进图书馆相比,还存在着诸多问题,无法适应"十三五"时期从传统图书馆向数字图书馆转型过渡、由量变到质变的这一关键时期的要求。

(一) 改革创新,提高科学管理水平

济南市图书馆作为国家一级图书馆,有着国内一流水准先进的软硬件设备,为充分发挥其作用,应在科学管理上下功夫。根据中共中央关于进一步深化文化体制改革的有关文件精神,积极进行内部管理特别是人事制度改革,通过改革,逐步建立和完善包括岗位目标责任管理、人员聘用、职工业绩考核与奖惩、工作质量评估等内容在内的一整套内部管理制度,并本着公开、公平、公正的原则,逐步引进和推广全员聘用制,以充分调动员工积极性,最大限度地挖掘内部潜力,增强事业发展活力。

(二) 服务网络建设薄弱,需不断完善提高

济南市图书馆作为全市公共图书馆的龙头,已成立分馆、流动站50余家。但目前仍限于图书、设备投入以及业务协调与指导、与少数分馆实现借阅"一卡通"的层面。为此,市图书馆应最大限度发挥中心馆作用,进一步理顺与区县图书馆及分馆、流动站的关系,并逐步覆盖社区、乡村图书馆(室),在资源整合、通借通还等领域进行实质性的合作,积极开展流动服务和数字服务,打通公共文化服务"最后一公里",实现全市图书馆"通借通还",建成惠及千家万户的图书馆服务网络。

(三) 购书经费不足,无法满足市民阅读需求

随着现代生活环境的变化,市民读书生活日趋多样化,读书内容、方式和手段都十分丰富。面对这一变化,市图书馆的应变能力明显不足。目

前，市图书馆馆藏260万册，每年购书经费500万元，年购进新书10万余册，而市图书馆现有馆舍面积5万平方米，历史文化名城济南市拥有700多万人口，其资源保障水平较低，成为图书馆事业发展的瓶颈。针对这一现状，市图书馆应积极寻求政府的经费支持，在及时跟踪和了解市民需求变化及特点的基础上建立一个适合市民需要的基本馆藏外，还应通过多种形式的馆际协调与合作，有效地整合现有藏书资源，以最大限度地提升公共馆的整体保障能力和资源共享水平，充分满足市民多元化的阅读需求。

（四）交通不便，影响市民利用图书馆

济南市图书馆新馆位于西客站片区，开放两年多来，吸引了无数市民走进图书馆，利用图书馆，但广大读者普遍反映新馆离市区较远，交通不方便。虽然开通133、K133、K156、K157公交车到达市图书馆，但覆盖范围还不是很大，读者换乘公交车来图书馆一次要花一个多小时。为此，市图书馆应向有关部门建议尽快开通快速公交系统，或开通到图书馆的公交专线，方便读者读书学习，提高图书馆利用率。

（五）人才缺乏，队伍建设需进一步加强

济南市图书馆新馆建成后，编制增加到141人，但目前只有123人，而且高学历的图书馆专业人才的比例不高，一些技术含量较高的业务工作难以开展，如高层次的参考咨询、查新服务、数字资源采编、数字服务等，应尽快引进、培养一些学术带头人和复合型人才，创造一个充满生机与活力，宽松向上的图书馆人文环境，打造一支高素质、创新型，能够适应信息化发展的人才队伍。

三、"十三五"事业发展的指导思想和目标

（一）发展愿景

打造泉城公共文化服务新高地，以最高标准为读者提供一流服务。

（二）指导思想

全面贯彻落实党的十八大、十八届三中、四中、五中全会精神，以马克思列宁主义、毛泽东思想、邓小平理论、"三个代表"重要思想和科学发展观为指导，深入贯彻习近平总书记系列重要讲话精神，适应经济社会发展的新形势和人民群众精神文化生活需要的新变化，秉承"传承文明、以人为本、读者第一、服务至上"的服务宗旨，坚持"服务兴馆、人才立馆、科技强馆"的办馆理念，以传承和弘扬中华民族优秀传统文化为主线，加快构建济南市现代公共文化服务体系，促进本地区基本公共文化服务标准化、均等化，为实现中华民族伟大复兴的"中国梦"做出新的贡献。

（三）总体目标

到2020年，努力把济南市图书馆建成"国内一流、国际先进"的图书馆，成为济南市的文献信息服务保障中心、全民阅读推广中心、数字图书馆服务中心、市民文化活动中心。

（四）主要目标

1. 构筑服务新平台，推动公共文化服务体系建设

济南是省会城市，是国家历史文化名城和闻名于世的"泉城"，拥有丰富独特的文化资源，城市建设日新月异，文化繁荣发展环境优良。构建与之相适应的省会城市文化圈和公共文化服务体系，更加自觉地担当文化发展繁荣的重任，才能真正具备现代化城市群的吸引力与辐射力，提升软实力，增强核心竞争力，获得可持续发展动力。济南市图书馆作为我市公共文化服务体系建设的重要组成部分，应该积极发挥区域中心馆的优势，以满足大众文化需求为目的，以构建完善的公共图书馆服务体系为目标，依托济南文化强市建设大背景，构筑泉城公共文化新平台，使之成为全市文化发展的创新者和引领者。

实施方案：

（1）协助政府主管部门制订和实施本地区"十三五"时期公共图书馆服务体系建设发展规划，争取将其列入济南市国民经济与社会发展"十三五"总体规划。

（2）推动市政府制定《全市公共文化服务体系建设规划》，科学规划布局公共图书馆发展。

（3）借鉴国内外公共图书馆发展的成功经验，引入国际通行的公共图书馆系统管理和服务指标体系，并与实际相结合加以应用。

（4）加强政策法规建设，争取出台《济南市图书馆条例》，为本地区公共图书馆发展提供法律保障。

（5）充分发挥"济南市图书馆理事会"承上启下的枢纽作用，进一步完善图书馆法人治理结构，建立公众监督制度、决策失误追究制度、审计制度等，使图书馆真正成为全民参与，同时又惠及全民的公益性文化事业。

2. 完善"总分馆制"，搭建公共图书馆服务网络

公共图书馆服务体系建设的核心内容之一，是在单个图书馆之间建立各种高效的联合和合作关系，从而以最小的经费投入实现最大限度的资源共享，获取最佳服务效益，总分馆制将成为公共图书馆服务体系建设的主流。为此，济南市图书馆应结合公共文化服务体系标准化、均等化建设，在济南市探索完善"总分馆制"，对全省形成示范带动效应。即在济南市范围内打破区域界限和产权界限，济南市图书馆为中心馆，各县（市）区馆为分馆，分馆之下再设低一层次的分馆，依此类推。在总馆与各级分馆之间建立一个层级和职责分明，既有分工又密切合作的紧密型图书馆共同体。总、分馆人、财、物实行统一调度和集中管理，各成员馆使用统一的管理系统和借书证，相互之间通借通还，实现资源共享。

实施方案：

（1）以济南市公共图书馆馆长联席会议制度为基础，组建济南市公共图书馆"总分馆制"建设领导小组，负责全市"总分馆制"的推行与协调。

（2）争取"总分馆制"专项资金，为济南市公共图书馆服务网络建设提供支持。

（3）制定《济南市公共图书馆"总分馆"管理制度》《济南市公共图书馆通借通还管理办法》等。

（4）由济南市图书馆牵头，建立济南市公共图书馆采访编目协作网络，统一采购、分编、配送新书，规范各分馆书目数据库和读者数据库。

（5）联合各成员馆建立济南市公共图书馆网络技术支撑平台和通借通还服务平台。

（6）与邮政、物流等系统合作，建成快速便捷的图书借还物流系统。

（7）扩大"书香泉城"24小时自助图书馆的规模，延长图书馆服务时间。

（8）购置两台新型汽车图书馆，延伸图书馆服务范围。

3. 构建丰富合理、独具特色的生态馆藏体系

生态馆藏是以实体和虚体的形态展示生态图书馆的形式。建设生态信息资源，就是要针对馆藏结构层次不合理的状况，加强馆藏资源的生态化建设，在购进资源的同时应加强对自有资源的开发，使其专业化、特色化。还应树立跨地区、跨系统、跨国别的文献资源共建共享理念，拓宽文献资源交流与传播渠道。考虑如何形成针对每一个读者的专门化、个性化的生态知识体系，这种生态体系既不会使需要某一种信息的读者遗漏信息，形成信息不足，也不会给不需要某一种信息的读者提供过多信息，造成信息污染。这就是图书馆生态馆藏的核心所在。

实施方案：

（1）争取市财政购书经费投入，每年达到1000万元，并逐年有所增加。加大电子资源的采购力度，增加资源品种，为创建复合图书馆提供资源保障。

（2）增加视听文献数量，拓展文献评价、导读和各类学习资源，增加工具性软件数量，与技术发展基本同步，不断引入新资源类型。

（3）选择具有战略、历史、文化价值的特色文献，结合馆藏优势和用户的知识需求，深度挖掘各类信息资源，形成有机的知识网络，构建体系化、特色化的专题资源库群。

（4）征集、陈列、保存济南市历史上和现代著名学者的作品、手稿等文献，注重历史积淀和特色保存。开展地方数字资源的长期保存工作，发展"城市记忆"多媒体数据库。

（5）支持各主题、专题服务，强化相应馆藏建设，增加研究型资源比例。力争达到"国内出版物求全"的目标。

（6）设立外文部，根据"外文图书求精"的采选方针，加大采购力度，进一步建设、完善外文馆藏体系。

（7）强化纸质本、电子、网络等各类型资源的有效整合。

4. 实施"图书馆+"战略，构建智慧型图书馆

未来是以数据化为特征和标志的深度信息化时代，济南市图书馆要充分运用互联网思维和技术，借助"互联网+"战略，实施"图书馆+"战略，以此提升图书馆的管理和服务、改善纸质阅读服务体验，使其成为济南市最不可或缺的公共文化空间之一。利用大数据、云计算、物联网等新技术，推进数字图书馆一体化网络建设，以用户需求为导向加强数字资源的联合建设、集中揭示与统一调度，提升公共数字文化服务能力，力争到"十三五"末基本建以数字化为技术前提、网络化为信息基础、集群化为管理特点的新型智慧图书馆。

实施方案：

（1）推进数字图书馆"一云一库一网"建设，依托"数字图书馆推广工程"，积极开展济南市图书馆云中心、济南市文化资源库、济南市公共文化信息综合服务网络建设。

（2）加快数字资源建设与整合，不断完善"书香泉城"数字阅读平台，为社会公众提供基于新媒体技术的网络公共文化服务。

（3）联合济南市各公共图书馆，探索建立济南市数字资源统一服务平台，整体提升公共数字文化服务效能。

（4）建设基于云存储、云服务和大数据的技术平台，提升信息设施管理水平，实现对各类型海量数据的有效管理、存储、分析和利用。

（5）加强业务管理系统对新的信息管理和服务环境的适应性研究与调整，完善业务统计平台，提高系统平台的运行性能和访问速度，为各项业务工作提供强有力的技术保障。

（6）充分运用"阅读+"意识推广实施"图书馆+"战略，变被动服务为主动服务、实现全天候服务，积极主动地把阅读推广送入一切可以进入的领域和行业、机构和场所。

5. 加强文献保存保护，深入挖掘馆藏文献价值

济南市图书馆作为本地区中心馆，在文献收藏、保护、整理与开发利用方面具有一定的优势，"十三五"期间，应在清点馆藏摸清家底、调整优化空间布局、利用现代化文献保护技术等方面下功夫，在馆藏普通图书、期刊、报纸、视听文献的保存保护基础上，重点做好馆藏古籍和民国文献的保护及利用，采取多种创新手段，全面推动优秀传统文化的挖掘、弘扬与传播。

实施方案：

（1）进一步修订、完善《济南市图书馆文献保护制度》、古籍库房管理阅览等规章制度。

（2）进行馆藏清点工作，通过清点核对，做到家底清楚，心中有数，账物相符，管理有序。

（3）加强对馆藏普通图书、期刊、报纸等传统载体文献资源的长期保存和高效存取。

（4）本着"保护为主、抢救第一、合理利用、加强管理"的方针，通过扫描、缩微复制、数字化加工、古籍修复、文献脱酸处理等方式，对馆藏古籍和民国文献进行保护、开放和利用。

（5）发挥重点古籍保护单位的作用，做好古籍普查登记、《国家珍贵古籍名录》和《山东省珍贵古籍名录》申报工作。

（6）对馆藏古籍进行整理，进一步完善古籍书目数据库，建立、核对、完成《济南市图书馆古籍登记目录》。

（7）深入推进民国文献保护工作，制定"济南市图书馆馆藏民国时期文献保护计划"，逐步完善保护工作机制，开展民国时期文献普查和《济南市民国时期文献联合目录》编纂工作。

（8）以馆藏古籍和民国文献为依托，围绕培育和践行社会主义核心价值观的要求，结合经济社会创新发展和社会公众学习生活的需要，每年编辑出版或再版 1—2 部有重大应用价值和社会影响的古籍和民国文献。

6. 创新服务模式与方式，不断提高服务效能

创新是当代社会的一个主题，创新是一个组织保持可持续发展能力的关键。在全社会创新的环境下，图书馆服务也要创新，这关系到图书馆服务适应社会需要与时俱进，关系到服务质量和水平的提升，甚至关系到图书馆的长久发展。图书馆要努力营造创新的氛围，培育图书馆人的创新精神，实现服务制度、服务手段、服务方法、服务过程、服务网络等诸方面的全面创新。

实施方案：

（1）适应现代社会和技术环境的发展变化，每年定期检查可能存在的限制读者利用图书馆的各种规章制度，并结合自身条件予以调整、完善。

（2）针对各功能区域的服务对象和主题，融入文化元素。创设人性化、绿色环保、可持续发展的公共空间，提升图书馆环境的亲和力。

（3）推进"图书馆+书院"模式，在现有"济南市图书馆尼山书院"的基础上，建立济南市尼山书院联盟，积极开展"乡村（社区）儒学讲堂""孔子学堂"等服务活动。

（4）加强面向创新创业的服务，逐步加强覆盖全市的文献保障体系建设，拓展面向重点教育、科研机构与企业的参考咨询服务，为科技创新提供文献支撑与信息服务；建立学科馆员制度，跟踪济南市重点建设项目和重要创新工程需求，提供个性化服务；为中小企业和社会公众创新创业提供工具、文献与咨询服务。

（5）加强全媒体服务，积极利用现代信息技术，通过网络进一步拓展

服务半径，为更广泛的社会公众提供信息服务；完善新媒体服务策略，针对不同网络平台的特点，及时调整与优化服务形式与服务内容，通过社交平台了解读者需求，主动推送服务；提供高质量音视频鉴赏服务。

（6）拓展社会教育职能，以阅读节、展览、讲座、培训等丰富多彩的文化活动，满足社会公众多元化的精神文化需求，将济南市图书馆建设成为公民教育的终生学校，持续打造"书香泉城全民阅读节""天下泉城大讲堂""国学讲堂""读者沙龙""七彩泉谈书吧"等读者活动品牌；进一步加强以多元文化为主题、以多元主体合作为手段的公益展览活动，大力发展数字展览服务。

（7）设立都市休闲生活主题馆，面向公众，集中饮食、旅游、汽车、花卉、养生、摄影、服装、家居等专题资源，开展文献借阅、数字资源浏览、视频点播、读者交流、信息咨询、展览讲座、网络导航等不同形式服务，引领休闲时尚，倡导健康生活方式。

（8）为特殊人群提供针对性服务，包括未成年人、老年人、残障人士以及进城务工人员等群体，探索服务的新模式、提供信息与知识服务的新途径。

7. 加强队伍建设，建设一支与事业发展相适应的人才队伍

实施济南市图书馆"十三五"发展规划，实现济南市图书馆事业的跨越式发展，人才是关键。建设一支高素质的专业人才队伍，是今后五年完成规划、促进事业发展的图书馆事业的基本前提和基础。为此，需要进一步完善济南市图书馆人才引进、培养、聘用及评价激励机制，进一步优化岗位管理制度，提升人力资源使用效率，打造一支规模适当，结构合理，人才储备充足，适应事业发展需要的人才队伍。

实施方案：

（1）按照中央关于深化文化体制改革和推进事业单位分类改革的要求，全面推进人事管理制度、收入分配制度改革；探索管办分离的有效形式，引入社会力量参与图书馆建设与管理。

（2）适应信息技术的飞速发展，引进、培养、造就一批学科领军人物和学术带头人，为中青年业务骨干开展业务研究与学术研究创造有利条件，形成人才持续成长的梯队。

（3）在数字图书馆建设、古籍保护与修复、参考咨询服务等重点业务岗位，除了引进、招聘应届大学毕业生有所侧重外，要注重吸纳国内外社会各界的人才为我所用，同时提倡岗位成才，使济南市图书馆在这些领域达到国内先进水平。

（4）充分发挥老专家的作用，建立业务"传帮带"制度。积极引导专业技术人才合理分布与流动，保证基础业务岗位专业技术队伍的稳定。加强岗位培训，鼓励员工参加在职学历教育，加快专业技术人员知识更新。

（5）重视后备管理干部队伍建设，不断完善后备干部培养与选拔模式。健全综合考核评价体系，强化管理干部考核工作，推进中层干部定期交流和轮岗。

（6）加强干部廉政建设，健全权力约束制衡机制，加大干部监督管理力度。

（7）加强志愿者队伍的招募、建设与管理，建立并完善志愿者队伍服务档案。

8. 开展对外交流与合作，进一步扩大社会影响力

21世纪是信息时代，不同国家、地区的图书馆之间进行交流与合作是时代发展的必然趋势。图书馆作为交流文献信息，传递知识的重要阵地，既面临着时代变革所带来的挑战，也迎来了适应社会需要而出现的发展机遇。"图书馆事业是人类共同的事业"，不同国家和地区间的交流与合作，是加深互相理解，促进共同发展的重要条件，是不以人们意志为转移的时代潮流。为此，济南市图书馆应从国际、国内、本区域三个层面积极推进对外交流与合作，"走出去，请进来"，进一步扩大社会影响力。

实施方案：

（1）配合济南市对外文化交流合作的总体安排，主动策划、参与国际公共图书馆间的交流活动，积极派员参加国际图联大会、亚太地区国家图书馆馆长会议、丝绸之路国际文化论坛图书馆分论坛等重要国际会议。

（2）继续加强与国家图书馆、省市级公共图书馆的沟通合作，开展馆际互借与文献传递服务。

（3）启动与驻济高等院校图书馆、科研院所图书馆等其他各类型图书馆之间的资源共享与协同服务。

（4）与出版社、新华书店、博物馆、美术馆、群众艺术馆、档案馆以及新闻媒体等其他公共文化服务机构联络、协调，实现资源共享。

（5）联合济南市各县（市）、区公共图书馆，组建区域公共图书馆联盟，开展全方位、多层次的交流与合作，达到互惠共赢，推动图书馆事业发展。

（6）利用济南市图书馆学会这一平台，每年举办一次图书馆学术研讨会，邀请国内外知名专家、学者来济做报告、讲座。

（7）承办全国十五城市公共图书馆工作研讨会，促进业界的交流与合作。

（发布日期：2017年7月5日）

杭州市图书馆"十三五"发展规划[①]

一、"十二五"发展与成就

1. "第三文化空间"引领国内公共图书馆发展新方向

杭州市图书馆把握公共文化服务核心要求,创新提出"第三文化空间"理念,倡导关注用户个性展现、理念创新及自我价值的实现,推行多元文化服务,并积极实践,为市民打造除家庭、工作之外最想去、最愿意去的公共文化生活空间。这一理念及具体实践,不仅推进了公共图书馆内涵和外延的拓展,生动诠释了城市公共图书馆在网络环境下的创新发展,并展现了公共图书馆在公共文化服务体系建设和城市发展中的重要作用,引发国内外图书馆界关注,产生了广泛的社会影响。杭州市图书馆逐渐成为我国在国际上最有影响力的图书馆之一。

2. 内部管理科学化、规范化水平大幅提升

杭州市图书馆基于"十一五"期间的内部管理改革经验和成果,继续深化以人事、管理和分配制度为核心的内部机制改革,绩效考评体系进一步完善;引入 ISO9001 质量管理体系,全面规范业务运作,强化流程控制,

---

① 本规划由杭州市图书馆授权收录。

提升内部管理效率；研究探索理事会管理制度，成立了杭州市图书馆理事会，标志着我市公共图书馆的法人治理工作取得了初步成效。

3. 资源建设特色化、数字化符合事业发展要求

传统介质文献资源稳步增长的同时注重特色化建设。2011年以来，杭州市图书馆传统介质文献资源年均增长20.20%。截至2015年，杭州市图书馆传统介质文献总藏量达483.0619万册（件），位居15个副省级城市公共图书馆前三甲，并逐步形成佛学、电影、运动、生活、科学等特色主题文献资源，为提供专业类知识服务打下良好基础。

数字资源建设力度加大，服务能力快速提升。"十二五"期间年均数字资源购置费占总资源购置费的19.90%，较2010年增长了2.69%，截至2015年，资源总量达70TB。数字资源实现全地区的IP地址用户（高校系统除外）免费获取，成为国内拥有数字资源数量较多、数字化服务能力较强的大型公共图书馆。

4. 服务创新能力和服务水平进一步增强

杭州市图书馆结合现代用户多元、个性的文化需求，在服务内容上逐渐将文化交流、艺术体验、公益培训等功能融入图书馆，并以讲座、展览、沙龙、演出、社团、体验等形式服务于读者，成功打造出了一个集学习、交流、创作、展示于一体的公共空间，形成了"文澜大讲堂""总有一种声音打动你""阅读疗愈""文澜沙龙"等一系列活动品牌，以及"市民合唱团""作家公社""咏秋社"等多个读者社团，更好地满足了广大群众学习知识、获得文化娱乐享受、进行文化表达的需求。

在服务手段上向全媒体发展。不断加强杭州数字图书馆建设，开通杭图官方微博、微信，实现与用户更为密切的互动式服务，有效改善了用户利用图书馆的服务环境，将图书馆服务嵌入百姓生活，实现了实体与虚拟图书馆间的良性互补。

5. 政府决策服务能力有明显突破

信息决策服务的内容、深度、形式均有所提高和拓展。2011年以来，杭州市图书馆继续加大与政府机构、大专院校、科研院所的合作，充分发

挥与国际图联、OCLC 等机构合作的优势,进一步优化面向市委市政府及各部委的信息刊物,细分主题,提高服务精准度;提供定题检索,提高服务深度;推出"两会"现场服务、专题定制等创新服务,突破信息与决策服务模式,提升智慧服务能力。

6. 图书馆科研能力和水平明显提高

杭州市图书馆的科研能力和水平明显提升。组建专门部门,统揽全馆科研工作;建立科研管理制度,规范科研管理工作;设计科研项目,创办图书馆学情报学专业刊物《城市图书馆研究》,提振全馆职工科研热情和科研水平。2011 至 2015 年,参与各类课题研究的馆员共计 60 人次,申报课题 64 项,获得课题立项的有 30 项,其中省部级和厅级课题 14 项;编辑出版《城市图书馆研究》4 期,组织出版《杭州高氏乐支室所藏古砖之文》《公共图书馆服务体系的探索和实践:杭州调研报告》《文化的品格》《杭州市图书馆服务品牌建设实践》等图书 13 部,馆员的学术能力、文献开发编辑能力、课题研究能力、项目实施能力有了长足的发展。

7. 一支高素质、专业化的人才队伍初步成型

调整和改善人才结构取得明显成效。杭州市图书馆通过公开招聘、人才引进等方式多渠道吸纳多元人才。截至 2015 年,本科及以上的职工人数占职工总数的 85.6%,较 2010 年增长 9.2%。人才队伍的学历背景更趋多元化,除图书情报专业外,还涉及文学、外语、法律、电气工程(含计算机)、经济管理、戏剧文学等 70 多个类别,基本满足"第三文化空间"视阈下公共图书馆的发展需求。

多形式培养人才。通过人才培养常态化、国际化、专业化,为员工提供丰富的学习机会和实践机会,全面促进其职业成长。其中,2011—2015 年,有 60 人次赴美国、英国、丹麦、瑞典等国图书馆进行交流和参加各类国际图情界会议等活动。另与南京大学合作举办研究生培训班,为员工提供在职进修平台。

8. 国际化发展取得新突破

杭州市图书馆不断加快国际化发展步伐。2011 年设计推出"映像西湖

(The Image of the West Lake)"杭州市图书馆海外图书典藏专区项目，与俄罗斯、德国、美国、爱尔兰、瑞典等国图书馆建立友好合作关系，成功开展图书互赠、馆员交流、文化交流活动等；2012年和2015年分别举办国际学术研讨会，邀请国内外图书馆馆长、学者参会研讨；2014年11月杭州市图书馆官方网站"文澜在线"双语网站正式上线，进一步拓宽对外文化交流渠道；多次受邀参加国际图联年会、美国图书馆协会年会等国际图情界会议，逐步融入国际图书馆大家庭，成为其中活跃的一份子，同时，作为城市对外文化交流平台的作用也正在显现。

9. 公共图书馆服务体系建设形成新格局

杭州市图书馆总结国内公共图书馆服务体系建设经验，结合国情，提出且全面推行"中心馆—总分馆制"。通过坚持政府主导，出台专门文件；强化区县图书馆功能，进行分层分级管理；统一平台、统一规范、统一物流，实现文献通借通还、资源共建共享，成功建立起以城带乡、统筹发展、惠及全市人民的公共图书馆四级服务网络。

在此基础上，大力发展主题或专业图书馆，通过自建、机构合作、社会参与等模式，建成生活主题、佛学、运动、科技、电影等10家主题或专业分馆，与全市公共图书馆四级服务网络相结合，形成综合馆为主干、主题馆或专业馆为补充的公共图书馆服务体系建设新格局，使杭州的公共图书馆在服务大众、满足一般需求的基础上，进一步满足了人们多元化、差异化、个性化、专业化的阅读需求，具有积极示范意义。

二、面临的问题与挑战

1. 面对公共图书馆服务体系"最后一公里"挑战的应对能力不足

作为单体图书馆，杭州市图书馆的硬件和服务在国内外都处于前列，但从构建覆盖杭州地区的公共图书馆服务体系的角度看，"中心馆—总分馆制"的推进速度还需加快，还存在服务盲点。尤其是村（社区）图书馆（室）网建设极其薄弱，通借通还服务点的覆盖率仅39.83%。杭州市图书馆在服务体系的资源建设、服务、管理等方面尚未充分发挥"中心馆"的功能和作用,基层图书馆服务能力弱,产出效益低,社会绩效不佳。

2. 文献资源建设与开发利用有待进一步强化

杭州市图书馆目前的资源总藏量与本馆的规模、杭州市的发展水平相适应,但馆藏特色资源的开发利用与杭州"历史文化名城"定位相比尚有差距。馆藏重要资源的数字化加工与服务不能很好地适应和满足社会需求。资源建设与兄弟馆及社会力量间的合作不足。

3. 数字图书馆服务水平有待进一步提高

杭州市图书馆以"文澜在线"网站为基础,结合微博、微信等第三方社交平台,已基本形成全媒体、多终端的数字服务模式。但在数字资源和服务内容的整合、开发方面尚显不足,数字服务形式不够丰富,服务水平有待提高。

4. 信息服务和学术研究能力有待进一步拓展

杭州市图书馆在对政府的决策支持方面有明显提升,但整体信息服务专业水平偏低,如对团体、企业、个人的信息服务相对薄弱,学术研究层面缺乏高水平的领军人物。同时,作为 OCLC 在中国大陆地区首家管理性成员馆的优势未充分发挥,成效不显。

5. 人才队伍结构有待进一步优化

相对于业务的快速发展,杭州市图书馆人才队伍的专业结构虽已呈现多元态势,但在人才培养上还需探索分层分类培养模式,尤其是面对未来不断发展的信息化、网络化环境,馆员的数字资源采编、数字服务能力还需不断提升,要进一步加强对复合型专业人才的培养。

三、"十三五"事业发展环境分析

公共图书馆存在于特定的社会环境下,只有与社会的现实发展紧密联系,才能在社会发展进程中发挥其应有的重要作用,体现其社会价值。"十三五"期间,公共图书馆面临的发展环境可以从以下三个方面来考量。

一是技术环境。网络信息技术的发展给各行各业带来了深刻的变化,图书馆行业也是如此,技术发展的驱动使得图书馆所处的环境在过去二十年里发生的变化超过了过去两百年的变化。可以预见的是,技术呈几何级数的增长速度必然会对未来图书馆的发展带来更加深刻的影响。探讨技术发展趋势的权威报告《地平线报告》2015年图书馆版筛选出18项会在未来5年内对图书馆影响重大的议题,认为语义网、关联资料、研究内容取得与管理等是引领下一阶段图书馆发展的关键。不断发展的新技术环境对图书馆而言是挑战,给图书馆带来不断变革与创新的压力,更是一种机遇,将图书馆从传统的范式中解脱出来,走向更广阔、更有活力的发展空间。

二是用户需求环境。图书馆的存在和发展源于用户的需求。图书馆必须及时敏感地跟踪用户需求信息,才能有效地提供用户所需要的服务。就公共图书馆而言,一方面,随着经济发展和人们生活水平的不断提高,不论是在内容上还是形式上,公众对公共文化服务都有了更高的要求,以借阅服务为主的简单图书馆服务已经不能满足公众日益增长的文化需求,公众需要更加丰富、多层次、个性化的图书馆服务;另一方面,虚拟环境下用户的信息行为也在发生变化,越来越多的用户将从网络上寻找信息作为其首要的、并且常常是唯一的选择,他们正在摒弃被动的信息服务,更倾向于图像等直观的文本形式,对信息时效性的要求更高,他们希望在图书馆中的经历也能和在网络上一样方便、快捷、轻松。图书馆对未来的设计必须充分考虑这些不断变化的用户需求。

三是政策环境。对于我国的公共图书馆来说,目前正处于一个极好的政策机遇期。党的十八大报告提出包括文化建设在内的五位一体的战略布局;十八届三中全会明确要求构建现代公共文化服务体系;十八届三中全会对加快构建现代公共文化服务体系提出具体指导意见;《中共中央关于制定国民经济和社会发展第十三个五年规划的建议》将"公共文化服务体系基本建成"列为"十三五"时期经济社会发展的主要目标之一。可以看到,国家对文化事业越来越重视,公共文化服务体系的建设步伐不断加大。作为公共文化事业和公共文化服务体系的重要组成部分,公共图书馆同样受惠于此。免费开放等政策的出台极大地推动了我国公共图书馆事业的发展，已经公开征求意见的《中华人民共和国公共图书馆法》有望为公共图书馆事业提供更有力的法律保障。可以预见，未来我国公共图书馆事业这一良好的政策机遇期还将持续下去。

面对"十三五"时期复杂多变的发展环境，公共图书馆的自我挑战成为重要课题，图书馆需要重新定义在社会中的作用，重新思考图书馆员的角色和技能，以变革和创新适应新的环境变化。国际图联管理委员会于2015年12月正式通过了《国际图联战略计划（2016—2021）》，将未来五年国际图联的战略方向拟定为四个方面：①社会中的图书馆，让图书馆成为信息、教育、研究、文化和社会参与的主要提供者；②信息和知识，推动对任何形式、任何地点的信息与知识的平等获取；③文化遗产，支持图书馆和其他机构紧密合作，共同保护各种形式的文化遗产；④能力构建，提升图书馆和信息服务机构在国家、地区和全球层面的声音，提高图书馆在政治、经济和社会变革中的作用。这一战略计划代表了全球图书馆人经过思考后普遍认可的未来图书馆在理念、技术、服务、管理等方面的发展方向，是我们制定杭州市图书馆"十三五"发展规划的重要参考。对于我国的公共图书馆来说，更需要在国家十八届五中全会提出的"创新、协调、绿色、开放、共享"五大理念的基础上，充分考虑政策环境、技术环境、用户需求环境以及城市环境对图书馆发展的影响，根植于所处的社会环境制定适合自身发展的"十三五"规划。杭州市图书馆"十三五"发展规划正是在充分考虑上述各因素的基础上制定出来的。

四、"十三五"事业发展主要目标

"十三五"期间，杭州市图书馆将主动适应新常态，积极转变发展思路，以全球的、现代的视野，构建以互联、智能、开放、共享为主要特征的新型公共文化空间。知识传播与信息获取更为灵活便捷；服务质量与服务效能稳步提升；支持市民终身学习的社会教育服务成效凸显；支撑我市城乡统筹发展的服务体系更趋完善；社会力量参与图书馆服务与管理的程度全面加深，图书馆员服务能力与水平普遍提高；我馆在国内外图书馆事务中的影响力、话语权显著增强。

五、"十三五"时期事业发展主要业务指标（见表1）

表1 "十三五"时期事业发展主要业务指标

指标名称	预期发展目标
馆藏文献资源建设	全市大流通文献400万册
	专题保存文献70万册
	数字资源>120 TB
	电子图书>50万册
	自建数据库>20个
人均年服务次数（主城区范围）	1.2次/年
当年新购可供读者外借的纸质图书利用率	不低于90%
外借册次	不低于"十二五"期间的平均增长量
年社会教育活动	提供知识类、技能类、考试类、培训类、音乐类、少儿类课程教育服务，年不少于1万学时
	教育活动实现多样化，年提供1000场
网络访问量	>1000万页次
新增主题图书馆	2家
新增24小时开放的"城市书屋"	2座

注：主城区范围是指上城区、下城区、西湖区、拱墅区、江干区、滨江区。

六、"十三五"事业发展主要任务

(一) 开启"互联网+"服务新篇章

——**构建智慧图书馆**。文化与科技融合发展是未来五年的新趋势、新常态,与之相适应,杭图在"十三五"期间将顺应"互联网+"发展趋势,顺应杭州市智慧城市建设,构建以数字化为技术前提、网络化为信息基础、集群化为管理特点的新型图书馆智慧服务形态。在这里,智慧既是服务的工具,也是服务的内容,除了书与人的互联要素外,图书馆、网络、数据库、设备以及广大读者都将统一在智能的网络中,成为联为一体的互动要素,公众可以拥有更易接受的获得方式,可以享受更有品质的服务资源,助力我市文化服务的智慧程度提升。

——**搭建智能文化服务网络平台**。"十三五"期间,充分利用杭州政务云平台提供的基础设施,建设完成"杭州智慧文化服务平台",形成"内容+平台+终端"的新型传播体系,实现知识与信息的共建性整合、集约式显示、便捷式获取、无障碍转换、跨时空传递。建成后的平台将整合全市公共文化服务的资源、信息、设施,集知识服务、艺术欣赏、文化传播、交流互动为一体,涵盖新闻、读书、教育、娱乐、生活、亲子、综艺、科技、体育、环保、非遗等内容,市民只要在手机、电脑终端安装相应软件或访问其官方网站,便可随时随地了解文化活动信息,享受文化服务,实现读者在哪里服务就到哪里,推动传统媒体和新兴媒体在内容、渠道、平台、经营、管理等方面深度融合,成为杭州智慧文化服务的核心架构和关键要素。

——**挖掘大数据在推进服务水平持续提升中的价值**。厘清大数据概念,树立大数据思维,积极发掘在业务开展和读者服务过程中产生的数据,并进行统计、分析,形成对新形势下公众的新预期、新需求的预判,为服务的个性化、精准化、智能化水平提升提供数据支撑,为馆部政策调整提供决策参考。

——积极融入浙江省公共图书馆网联。提供远程访问杭州市图书馆资源的快速通道；主动联通部分国内高校图书馆、城市图书馆的书目数据，面向全球提供文献查询和调取服务。

——推动智能图书馆建设。新增2家24小时"城市书屋"，优化我市图书馆设施布局，为市民提供24小时不打烊的全新阅读体验。

（二）多措并举提供优质服务

——识别用户需求。需求导向是图书馆开展服务的依据和原则，在大数据时代到来之际，重点是如何应用大数据更好地了解用户以及他们的爱好和行为，以此为依据，主动调整空间格局，优化业务流程，丰富服务内容与传播方式，让图书馆成为市民最愿意去的文化空间之一。

——持续推进文化活动品牌化发展。在原有的"总有一种声音打动你""心随阅动""文澜沙龙""阅读疗愈""咏秋社""专题无疆""映像西湖"等一批品牌活动的基础上，积极应用大数据技术，加强对用户行为的预判和分析，推出更具针对性、适应性和更受欢迎的文化活动。

——推动全民阅读。联合中国图书馆学会、杭州市图书馆事业基金会共同开展"中国阅读排行榜"活动，在全国范围发动公共图书馆、市民、专家推选出最受欢迎的作品及作者，以"中国阅读"微信公众号为主要传播载体，激励广大市民发现身边的优秀作品，吸引他们更多地参与阅读。积极融入西湖读书节，以此为依托在全市范围开展覆盖广泛、内容丰富的西湖读书节活动，在载体设计、活动形式中实现突破；努力将"推进全民阅读"转变为"全民推进阅读"。实施"悦读计划"项目，在市区范围进一步完善文献接力式借阅服务，在全市范围逐步进行推广，探索出一条图书阅读的新路子，既帮助读者节省获取文献的时间，又激发读者的阅读热情。

——强化社会教育功能。未来五年我馆将通过实体空间和数字平台开展社会教育、支持学历教育、支持终身教育服务。第一，与杭州社区大学联盟，针对社区大学拥有的众多课程的视频教学资源，结合用户的需求，进行整理开发，在"杭州智慧文化服务平台"上以公开课的形式，为市民提供优质终身教育资源。第二，利用现有的公益培训资源，积极开展用户教育，重点指导市民提高信息素养；第三，以丰富多彩的文化活动为载体，面向全体市民广泛开展优秀传统文化普及活动，同时有计划地面向外来人员提供融入城市的机会和帮助；第四，以主题服务为支撑点，对盲人、儿童、老人特定人群开展特殊服务。

——**开展创新创意服务**。积极调动国内外文献资源，为创新创业提供知识服务与智力支撑；设计专门的创意阅读空间、体验空间、设计空间、IC共享空间、交流空间，激发灵感，点亮创意，助推创业。

（三）全力提升服务效能

——**把群众满意度作为检验工作的首要标准**。以人为本，每年开展1次大样本的"用户满意度调查"及时对接需求，切实把服务群众同教育引导群众结合起来，把满足需求同提高素养结合起来，推动人们形成向上向善的精神追求和健康文明的生活方式。建立健全用户需求反馈机制，认清影响用户满意度的基本因素，发现服务短板并及时改善，实现供需的有效对接。

——**开展基于客户感知满意度提升的研究**。借助与钱江特聘专家合作开展公共图书馆绩效评价的研究。从公共图书馆服务的预期目的出发，围绕投入、产出、成果、影响四个方面，构建以结果为导向、面向未来发展的公共图书馆价值评价体系模型。通过评估寻找和发现影响预期目的实现的因素和问题，进而给出解决问题可能的方法和途径，最终达到提升公共图书馆服务效能的目的。

——**开展面向管理的绩效评管理研究**。从图书馆利用以及图书馆服务的数量、质量以及效率等方面出发，使用历时性方法，将历年的数据进行比较，全面、客观地评价图书馆工作，帮助管理者从整体角度掌握我馆运行的基本状况及其效率，了解自身存在的问题与差距，明确自己在同业中的位置，为实现预定目标提供决策保障。

（四）构筑城乡区域协调的服务格局

——进一步发挥杭州市图书馆作为中心馆的引领和指导作用。积极开展调研，掌握我市基层公共文化设施存量和使用状况，按照"国务院办公厅关于推进基层综合性文化服务中心建设的指导意见""浙江省人民政府办公厅关于推进基层综合性文化服务中心建设的实施意见"精神，采取盘活存量、调整置换、集中利用等方式，整合分布在同级不同部门、分散孤立、用途单一的基层公共文化资源，比如文体站、图书室、农家书屋、文化礼堂、党员远程教育点，实现人、财、物统筹使用。

——指导基层图书馆提高服务效益。重点围绕文艺演出、读书看报、广播电视、电影放映、文体活动、展览展示、教育培训等方面，指导基层设图书馆（室）设置具体服务项目，明确服务种类、数量、规模和质量，年服务人次达人均 1.5 次以上，使基层图书馆成为当地文化服务的主要提供者和传播者。

——提高无线网络覆盖水平。"十三五"期间，全面推进并完成 WiFi 覆盖全市基层图书馆（室），积极培育基层图书馆的内生动力，助力我市农村地区消除信息孤岛，提高全市农村地区科学知识普及的信息化水平，让网络像公共文化建设中的毛细血管，帮助政府把服务的触角延伸到了乡村的最后一公里，保障每个人都能获取信息。

（五）增强国际服务功能

——全面融入国际图情界。积极开展国际图书馆间的合作、对话与交流；培育、推荐馆员参与 IFLA 专业委员会竞选，鼓励馆员在国际图联专业委员会工作中积极参与讨论，在各种国际图书馆标准、倡议等事务中表达观点和意见。

——进一步深化"映像西湖"项目。进一步发挥图书馆的公共外交功能，更好地挖掘友好图书馆资源，增强合作的广度和深度。通过和国外友好图书馆的合作，把不同国度的文化、艺术与创造介绍给杭州市民，同时通过我馆的英文版网站、特别是在他国举办展览展示等活动，宣传杭州、宣传杭州市图书馆。继续推进馆员交流项目，更多更及时了解和掌握世界发达国家文献信息领域的最新动态和先进经验，主动融入国际图书馆界的发展。

——面向全球开展文献资源借阅服务。加强与OCLC的联系与合作，及时向OCLC上传规范的书目数据及馆藏数据，拓展上传OCLC的资源品种，提升本馆文献在全世界文献检索平台的检中率，扩大杭州市图书馆影响。利用Worldshare ILL平台开展全球范围内的馆际互借工作，满足国外用户对中文文献的需求。

（六）继续深化社会化合作

——创造多样式合作范例。引导和吸引社会力量参与公共文化服务与管理是未来的发展趋势，未来的五年，我馆将在原有实践的基础上，总结出"馆办+官办""馆办+民助""馆助+民办"多样式合作的模式，在拓展服务网点、开展社会教育、提供文化活动、信息资源开发、支持公众自主管理和自主服务等多个方面催生出更多的新生服务内容，实现公共文化服务与社会各界的合作共建，为引导和吸引社会力量参与公共文化服务与管理提供成功的经验和做法。

——寻找合作伙伴丰富文化活动供给。积极寻找与企业、社团、机构、个人合作机会，每年为读者提供上千场的讲座、主题沙龙、阅读推广、艺术鉴赏、外国文化接触、科技体验、植物种植、摄影摄像、展览展示等公益性文化活动，以及各类读者自主设计、参与的活动社团，使图书馆不再受到学科馆员不足和专项活动经费不足的制约，满足读者的多样需求。

——充分发挥杭州市图书馆事业发展基金会的作用。继续发挥我国首家公共图书馆事业基金会——杭州市图书馆事业基金会作用，使其成为社会资本参与公共图书馆建设的一个通道。

——引导和吸引志愿者成为文献日常服务的重要力量。本着"先试点，后推进"的原则，选择杭州市图书馆环保分馆为试点，建立积极有效的工作机制，逐步完善招募、培训、指导、考核、奖励等管理手段，引导和培育志愿者成为主题分馆日常管理和服务的主要力量。

（七）构建现代文献资源体系

——**加强文献资源建设**。密切关注文献出版模式，及时调整数字资源、纸质资源、新型资源的结构比例、经费比例，构建合理的、协调的文献信息资源保障体系。"十三五"期间，重点保障"悦读计划"资源经费，扶持馆藏基础薄弱的新建主题分馆运动分馆、电影分馆、科技分馆的资源建设，形成综合性文献服务和专类文献服务相结合、纸质文献服务和数字文献服务相结合的格局，促进文献资源建设的供需对接。

——**提升文献资源供给能力**。加大与国内外上万家图书馆文献资源共享力度，优化我馆文献资源结构，提高我馆文献供给能力。充分利用OCLC平台文献资源，通过馆际互借、文献传递等形式，满足我市研究人员、专业人员和普通读者对外文资料需求。在节约我馆购书经费的同时，完善我馆文献资源结构，达到提高经费使用效率的目的。

——**继续深化"悦读计划"**。在市区范围进一步完善文献接力式借阅服务，在全市范围逐步进行推广，探索出一条图书阅读的新路子，既帮助读者节省获取文献的时间，又激发读者的阅读热情。

——**进一步重视地方文献资源的建设与开发**。在全球范围内收集与杭州有关的地方文献资源，重视本土文化、特色文化的挖掘，积极参与东方儒学和佛教文化交流，为地方政治、经济、文化、社会发展提供资料参考和信息支持。

——**加强古籍保护与利用**。根据国家古籍保护文件精神，加大保护力度，加大开发力度，加大使用力度。

（八）以科研促创新

继续发扬我馆勇于创新的优良传统，在坚守和传承中不断创新。以公共图书馆社会教育职能研究、公共图书馆绩效评价研究为契机，聚焦目标，突出重点。基于大数据技术应用，挖掘、了解用户需求，积极开展对服务传播、服务手段、服务内容等方面创新的理论研究与实践应用探索，通过跨领域跨行业协同创新，推动我馆整体服务水平向纵深发展。

（九）内部治理

——完善各项规章制度。面对不断变化的外部发展环境和内部发展目标，重新审视我馆各项规章制度、绩效评价体系的适宜性和有效性，重点围绕杭州市图书馆"十三五"期间的主要任务和关键环节，持续完善资源配置、质量控制、绩效管理体系，使 ISO 质量管理水平和绩效管理能力更上一层楼，形成高品质、高绩效的管理模式。

——加强图书馆员的能力构建。图书馆员是图书馆任务和目标的实现者，图书馆员素质的高低，直接关系到图书馆服务绩效的高低。为适应现代图书馆服务智能化、信息化、社会化和国际化的发展特点，重点加强培育图书馆员的学习能力、数字能力、外语能力和人文素养。通过建立自我提升、项目带动、交流馆员、培训进修、职业发展等长效机制，激发馆员的学习积极性，帮助馆员主动适应新环境、新服务的要求。

进一步加强志愿者队伍建设，将志愿者个人、志愿者机构、本馆馆员形成合力，共同管理，成为我馆新型人才储备库，推动图书馆服务的持续发展。

（十）坚持党管干部和专业技术人才

馆党组织按照中央有关干部任用和专业技术人才选拔管理的文件要求，完善相应配套制度，从严培养管理干部队伍及专业技术人才，切实履行对干部人事和专业技术人才工作的领导权。贯彻民主、公开、竞争、择优原则，健全中层干部竞争上岗和专业技术岗位聘任实施办法，努力形成系统完备、科学规范、有效管用、简便易行、能上能下的选人用人机制。坚持群众路线，改进民主推荐和民主测评方式方法，提高中层干部和专业技术人才选拔培养工作的民主质量，推进干部队伍年轻化、知识化、专业化，建设信念坚定、勤政务实、敢于担当、清正廉洁的高素质干部队伍和爱岗敬业、为民服务、业务精通、职业感强的专业技术人才。以党建立规矩，促发展，带业务，为杭州市图书馆全面可持续发展提供坚强组织保证。

（发布日期：2016 年 7 月 20 日）

哈尔滨市图书馆"十三五"发展规划[①]

前 言

哈尔滨市图书馆创建于 1926 年 6 月，时称哈尔滨市立图书馆，1946 年 4 月 28 日哈尔滨解放，市立图书馆由民主政府接管，1949 年市立图书馆由哈尔滨迁至沈阳，所遗一曼街旧址及部分中、日文图书一并交市教育局接管。在此基础上，经过一年多的筹备，哈尔滨市图书馆于 1950 年 10 月 1 日正式开馆。1991 年 1 月 22 日哈尔滨市图书馆新馆在南岗区学府路 49 号落成开馆，并在原址（一曼街 249 号）设外借分馆、市儿童少年图书馆和朝鲜族寅杓儿童图书馆。2003 年总馆进行了扩建、维修和消防全方位改造，扩建后馆舍总建筑面积 20500 平方米。

"十三五"时期是实施新战略、加快推进经济社会发展的关键时期，也是构建公共文化服务体系的重要阶段。公共图书馆是提供文化服务的重要场所，在提高城市文化软实力、创建文明城市建设中发挥重要作用。哈尔滨市图书馆分析发展所面临的内外部环境，把握历史性机遇，明确

[①] 本规划由哈尔滨市图书馆授权收录。

自身优劣势并准确定位,制定和实施好哈尔滨市图书馆"十三五"时期发展规划,对推动图书馆事业发展,保障公众的基本公共文化权益,提升市民科学文化素质和文明素养,推进公共文化事业发展,具有十分重要的意义。

指导思想

以邓小平理论和"三个代表"重要思想、科学发展观为指导,全面贯彻落实党的十八大和十八届三中、四中、五中、六中全会和习近平总书记系列重要讲话精神,全面执行《推动美术馆、公共图书馆、文化馆(站)免费开放工作的意见》(文财务发〔2011〕5号),持续推进《关于加快构建现代公共文化服务体系的意见》(中办发〔2015〕2号),大力宣传贯彻《中华人民共和国公共文化服务保障法》,不断提升图书馆科学管理与信息服务水平,确保文献保障能力、知识服务能力、文化辐射能力的全面提升,在未来五年内争取实现事业新跨越,帮助丰富城市文化内涵,传承发展中华优秀传统文化,促进公共文化服务体系建设,提高全市人民的文化自信。

愿景——开启公众智慧　丰富阅读生活　建设书香城市

哈尔滨市图书馆将以文献、信息、知识为依托,借助现代技术手段,围绕读者服务为内容,免费向公众开放,开启公众智慧,倡导全民阅读,建设书香社会,营造书香冰城,打造公众阅读、休闲、交流与分享的城市公共文化空间。

使命——履行职责　保障权益　推动发展

履行全市中心馆职责,营造多元文化氛围,丰富城市文化内涵。利用网络化与数字化技术,面向各种群体提供知识服务。关爱特殊群体,充分考虑老年人、残疾人等群体的特点,积极创造条件,保障公众获取基本文化需求的平等权益。推广全民阅读活动,挖掘、保存和展示本土文化,打造公共交流平台,为市民提供终身学习场所,推动图书馆事业发展。

成绩的回顾

哈尔滨市图书馆始终坚持"读者至上,服务第一"的宗旨,突出公益性,全年365天免费开放。馆内设有图书外借处、阅览室、检索室等服务窗口,实行办理借书证免收工本费,阅览室免证阅览。1987年成立汽车图书馆,2004年建立视障读者阅览室,2006年创办"哈尔滨讲坛"并开始社区分馆建设,年均接待读者百万余人次。"十二五"时期,面对经济社会发展的新局面和广大社会公众不断增长的基本文化需求,加强文献资源建设、推动文献资源数字化进程、构建公共文化服务体系、全面推行全民阅读、加强专业队伍建设,成为一个集文献收藏、信息咨询、社会教育、学术研究于一体的大型综合性公共图书馆。各项服务工作稳步推进,基本形成了阵地服务、延伸服务与远程服务互为补充的服务模式。在文化部公共图书馆评估中,连续三次荣获"国家一级图书馆"称号,获得全国文化工作先进集体,读者喜爱的图书馆和市政府第28届、第32届、第35届劳模先进集体,省级精神文明单位,全国巾帼文明岗,全民阅读示范基地等多项荣誉。近几年取得的主要成绩有:

一、加强组织建设,形成事业发展合力

加强党的基层组织建设,完善党委组织机构,建立健全党委各项规章制度,为图书馆事业发展提供组织保障。同时在局党组的领导下,依靠党员、干部群众,结合实际开展党的群众路线教育实践活动。

加强馆工会和团组织建设,成立新一届图书馆职代会,开展图书馆民主政治生活,推进图书馆事业发展。

二、注重馆藏建设,保障服务供给能力

经过广泛读者阅读需求调研,积极争取政府资金投入,组织召开中文图书招标专家评审会,做好各类型资源的采集,形成了适合本馆读者阅读

需求的系统藏书，文种资源齐全、学科覆盖面广、系统性强、载体形式多样，适合各种职业、各种年龄、各种文化程度的读者阅读。馆藏数量持续增长，每年平均新增藏量10万册（件）。截至2015年年底，馆藏总量335万册（件）。夯实数字资源服务，外购中国知网、万方数据等9个平台，自建数据库9个。凸显地方文献建设特色，参与黑龙江省地方文献普查工作，提供本馆地方文献目录，包括中文图书、民国文献、古籍、光盘、数据库、缩微制品等。

注重中华古籍保护建设，参与国家古籍保护中心发起的全国古籍普查登记工作、申报国家珍贵古籍名录，参编《黑龙江省珍贵古籍要览》一书，我馆完成30种要览的编纂。

三、延伸服务触角，落实文化惠民工程

——社区图书馆建设初具规模，形成了三级服务网络，实行图书通借通还，为全市公共文化服务体系奠定了坚实创建基础。哈尔滨市公共图书馆总分馆自2006年建设以来，已经建成市图书馆直属的社区分馆49家、整合区级中心图书分馆4家，社区图书分馆总数达53个。

——汽车图书馆利用灵活多便的方式提供流动服务，为乡镇、农村进行送书下乡。哈尔滨市图书馆汽车图书馆创建于1987年，其主要任务是面向社会、面向基层，注重社会效益，为精神文明建设服务。长期以来致力于与部队、监狱、学院、农村、街镇、社区、住宅小区等社会各界合作，积极拓展馆外服务。截至目前，共建有分馆6个、流通站14个、乡镇图书站点10个，共计30个点，形成了覆盖面较广的服务网络。

——常年为行动不方便的盲人读者开展送书上门服务。始建于2004年的视障读者阅览室，"十二五"期间持续开展送书上门服务、举办各种活动，同时借助媒体宣传，引起社会共同关爱，逐渐形成全社会共同参与视障读者服务的合力。

——建立七家少儿图书馆农民工子弟校流动站。自2009年开始为农民工子弟学校提供图书馆服务以来，常年坚持开展为农民工子弟服务，充分

发挥对弱势群体的服务功能，延伸了服务阵地。曾于2011年被共青团哈尔滨市委员会、哈尔滨市青年志愿者协会授予"关爱农民工子女志愿服务行动实践教育基地"。

——共享工程下基层服务。设有固定播放站点和流动播放站点，"十二五"期间走进社区、学校、农村等地，配合节假日和重大节日，进行共享工程资源播放。

——按照《哈尔滨市图书馆组织开展边远贫困地区、边疆民族地区和革命老区人才支持计划文化工作者专项实施方案》，2014年正式启动了国家边远地区、边疆民族地区和革命老区人才支持计划文化工作者专项工作，先后到通河县和尚志市开展一系列"三区"人才支持计划工作。

四、夯实业务基础，完善服务内容

——调整阅览室布局，增设少儿服务阵地，增加借阅册数和延长借阅时间，引进图书自助借还系统，推出专架、预约、预购、网上预约、夜间还书箱、送书上门等措施，进行人性化管理，满足各类型读者需求。

——参与国家重点文化工程建设，加盟全国图书馆参考咨询联盟管理中心，并获"全国图书馆联合参考咨询先进单位"称号。每年为读者进行原文献传递服务十几万次。

——加强信息服务，编制二、三次文献，接受用户委托，完成定题服务，并且面向科研用户开展科研项目科技查新服务。

——贯彻落实文化部、财政部印发《"公共电子阅览室建设计划"实施方案》的通知，建设免费、"绿色"、安全的公益性上网场所。

——开设哈尔滨讲坛，进行公益性讲座，为学校、部队、社区等提供免费讲座。

——开展未成年人思想道德建设，创建文明城市，开设道德讲堂，荣获"省级文明单位"称号。

——外借图书证免收工本费，放宽读者外借图书的数量，由每证可借阅三本提升为五本。

——关注特殊人群，对老年人、农民工子弟进行免费授课，设立盲人阅览室并购买盲人阅读软件，开设盲人心目影院。

——庭院环境、职工食堂条件得到很大改善，全馆职工健身活动开展得有声有色，助推业务工作。

——家庭阅读推广活动精彩不断，亲子阅读、家庭亲子课堂讲座、"雪孩子故事屋"讲故事活动、少儿沙盘游戏等，让书香走进家庭、陪伴孩子们的童年，共享阅读的快乐。

——为读者开辟学习空间和休闲空间，设立读者体验区，打造我馆立体化的服务方式。

五、推广数字图书馆工程，提升服务档次

依托网络、数字、新型传媒等强有力的技术支撑，推出公共文化数字体验区、WiFi 馆内覆盖等，提高网络环境下公共图书馆数字文化产品供给与服务能力。开通微信公众号和微博服务，利用互联网提供图书借阅和数字阅读。参加国家图书馆的数字图书馆推广工程工作，2015 年、2016 年、2017 年预计申报地方文献数字化加工 6 万页、政府公开信息 5.2 万条、网事典藏 350 个、图书馆公开课 110 节。

六、推进人事制度改革，打造高素质图书馆人才队伍

——深化改革，与事业发展相适应的管理体制和运行机制基本形成。作为哈尔滨市文化体制改革试点单位，根据中央关于进一步深化文化体制改革的要求，进行了富有成效的人事制度、分配制度、后勤管理体制的改革，2014 年开始图书馆法人治理建设，2016 年成立了图书馆理事会。

——实行干部能上能下和全员竞聘上岗。进行中层干部调整和全体员工双向选择，重新配置各岗位人员，促进人力资源进一步优化。

——重视专业技术职称评聘工作，落实培训制度，鼓励和支持参加各类培训及继续教育，员工队伍素质进一步提高。

——加强学术研究，鼓励职工撰写学术论文，加强业务研究和学术交

流,参加各类学术研讨活动,开展业务研究,推动人才队伍建设。馆员业务研究能力不断提高,省级以上刊物发表论文和学术会议数量逐年增加。2015年开始进行人才梯队建设,同年12月被哈尔滨市人力资源和社会保障局正式批准为新建市级领军人才梯队。

七、存在的问题

在现有馆舍条件下,读者服务工作与满足人们不断增长的精神文化需求尚有差距。具体如下:

一是馆舍阵旧。随之带来的是藏书空间有限、读者阅览座席紧张、读者活动空间狭小、服务功能不完善以及图书馆周边阅读环境较差等。

二是经费投入不足。随着总分馆建设的发展,采购经费投入有所上升,但是购书经费相对书刊购买力呈下降趋势,制约了我馆的进一步发展。每个社区分馆的年运行费用(3万元)和聘用工作人员的费用没有纳入财政预算中,并形成制度化;目前购书经费、信息化建设经费、日常运行经费、人员经费等各项经费仍然十分紧张,设施老化、资源短缺等问题仍然存在。

三是少儿活动阵地严重狭小。位于南岗区一曼街249号的市少儿图书馆和外借分馆,属于危房已停止对外开放,无法满足我市广大读者特别是少年儿童的阅读需求。为解决这一问题,我们在总馆开辟了少儿借阅活动中心,缓解少儿读者需求的困难,但没有单独设立的少年儿童图书馆。

四是珍贵古籍文物保存手段落后。因馆舍陈旧,用电线路老化,不少需要电子化保护手段的设备无法在书库应用。

五是数字图书馆建设尚待加强,缺乏现代化、网络化、数字化系统专门用房,数字化、网络化建设过程中,数字资源加工与引进、网络运行、设备运行维护等缺乏资金保障。

六是读者服务水平和质量还需要大幅度提升。我馆多年来一直致力于体现公共图书馆服务"公益性、基本性、均等性、便利性"的要求,读者接待人次、书刊外借册次较尽如人意,读者服务取得明显成效。但在改善服务态度、拓展服务领域、丰富服务内涵、创新服务方式、提升服务层次等方面仍然存在很大的发展空间，另外，在人力资源管理、财务管理、后勤保障、安全保卫等方面，还有许多需要完善的地方。

七是为地方政府立法决策服务能力和服务水平有待进一步提升。

八是社会教育职能有待进一步拓展。

九是适应现代化图书馆建设的管理体制与运行机制有待进一步完善。

十是人才队伍建设后劲不足，亟待优秀人才的引进，梯队配备有断档趋势，缺乏高层次的研究和管理人才。

主要目标

目标一、推动和协助政府部门制订、实施公共图书馆服务体系建设发展规划

1）帮助政府进行哈尔滨市图书馆新馆建设的推进。

2）推动市政府主管部门制订专项发展规划，确立建设指标体系。积极通过联盟争取或通过人大代表、政协委员提案等渠道，推动《哈尔滨市公共图书馆条例》立法，加强联盟人才、资金、管理、服务及运行等多个方面的保障，为区域公共图书馆的发展确立法律保障。

3）协助哈尔滨市文化广电新闻出版局出台和完善相关配套制度。制定并实施哈尔滨市数字图书馆管理和服务办法，规范数字信息资源的建设和服务。协调区域内文献信息资源建设，努力构建区域内信息资源共建共享平台。推动哈尔滨市公共图书馆通借通还服务网络建设，争取2020年前实现文献资源的通借通还。

4）推动贯彻实施专业标准和服务规范。制定和组织实施全市统一的业务标准和规范，全力推进服务标准化。

5）建立规划动态管理制度。在既定发展规划、愿景和工作目标前提下，围绕规划调整的影响因素和环境变化以及图书馆自身的提升，进行规划的评估、调整等，运用动态管理制度进行规划的实施。

6）为哈尔滨市制定法律、法规、政策及相关问题研究提供文献信息服务和智力支持，包括为人大立法部门以及为人大代表提供各类信息与知识服务；为党和政府的决策部门以及为各级领导提供各类信息与知识服务。

目标二、继续推进哈尔滨地区三级服务网络，加强公共图书馆服务体系建设

1）争取在市财政设立公共图书馆公共文化服务体系建设专项资金，用于引导和资助服务体系建设。

2）结合《黑龙江省国民经济和社会发展第十三个五年规划纲要》《黑龙江省哈尔滨市"十三五"文化发展规划纲要》，与区、县（市）馆合作，共同构建知识信息资源保障与服务体系。

3）科学管理整合的区图书馆和各社区图书馆，丰富服务内容，开展读者活动、培训，提供咨询、数字服务等。

4）加强对社区分馆的业务指导，完善数字化、网络化服务体系，促进公共服务向城乡延伸。

目标三、建设哈尔滨市数字图书馆门户，加速转型升级

借助移动互联网、网络电视等最新信息技术手段，利用简单易用的远程访问技术，使读者在任何地方上网畅享图书馆的数字资源。依据《文化部财政部关于实施"数字图书馆推广工程"的通知》，进行基本条件、资源建设、基础平台等建设，注重数字图书馆的宣传推广及效果，运用现代信息技术和传播技术，提高服务效能。

1）加强数字资源建设，进行网络资源的整合和信息开发、设施设备的配备，建立线上线下相结合的文献信息共享平台，为市民提供优质服务。

2）利用微博、微信、网站及政府门户网站及时发布信息，提高移动图书馆服务效果。

3）统筹本区域文化信息资源共享工程与公共电子阅览室建设计划，指导支中心与基层点建设，全面推进已有公共电子阅览室的免费开放，完成公共电子阅览室信息管理平台建设，扩大存储能力。

4）推进公共文化数字支撑平台建设。通过网络、电视、移动触摸屏等新媒体渠道大幅提升数字资源传播服务效率，推出面向多终端、自适应的丰富多样的文化特色应用。

5）打造云服务平台，提高信息化应用能力。充分应用"互联网+"技术，建立"云阅读"体系。利用现代技术进行大数据挖掘和分析，提高信息化服务能力。

6）推进文化与科技的融合，打造智慧图书馆体验馆。利用3D打印机以及其他科技创意产品，让大众通过体验，了解各种新技术在图书馆中的应用。

7）加大文本、视频、音频、图片等自建数字资源力度，推动自建数字资源的出版。

目标四、阵地服务和远程服务相结合，全面推行免费服务，创新图书馆事业，扩大服务范围，注重服务效果

1）引入高效、规范的服务管理系统，提高读者服务质量和满意度。

2）迅速响应读者的现场、电话、网上请求和咨询，回答读者的各类问题。

3）继续参与联合参考咨询网，合作开展虚拟参考咨询服务，逐步深入推进为用户提供多领域、多学科的专业咨询服务。

4）继续开展免费公益讲座、阅读推广、培训、展览等服务，强化社会交流平台的作用，扩大服务范畴和受益人群。

5）加强图书馆馆际互借和文献传递服务。

6）持续开展各类阅读指导、读书交流、演讲诵读、新书推荐等活动，全力推广全民阅读。

7）巩固和完善流动服务和自助借还服务，逐步设立自助借还机，实行24小时自动借还服务，为市民提供便捷服务。

8）依托文化资源共享工程现有技术平台和数字资源，将图书馆整合的共享工程资源及其他数字资源送往机关、部队等，充分发挥共享工程资源的服务效能。

目标五、利用汽车图书馆灵活、便捷的方式，继续推动哈尔滨市图书馆服务向社区、农村延伸

1）为读者开展送书上门和送书下乡服务，形成覆盖市、镇、村、厂企（学校）便捷实用的公共图书馆服务网络。

2）扩展汽车图书馆功能，提供更多服务项目，努力促进城乡之间平衡协调发展。

3）对服务站点实行科学管理，保证图书有序流动，切实履行文化惠民工程。

目标六、消减读者利用图书馆资源和服务的各种障碍，为各种群体、机构提供针对性的服务

1）及时掌握了解读者需求，检查可能存在的限制读者走进图书馆、利用图书馆和利用知识、信息的各种要求，并结合实际予以调整。

2）为市政府决策、经济发展、科技创新、学术研究等提供针对性的专题信息服务。

3）创设人性化、绿色环保、可持续发展的读者活动公共空间，提升图书馆环境的亲和力。

目标七、强化特殊群体服务，保障其公平获得信息的权利

1）利用盲人电子阅览室平台，加强与残联、慈善机构等合作，继续推进视障群体服务，将线上线下服务相结合，积极开展个性化服务，加强为特殊人群服务。积极争取中国盲文图书馆的资源和技术支持，完善为盲人读者的服务项目。培养一支具有一定专业素养的为特殊人群服务的馆员队伍。

2）深入开展亲子阅读基地建设，拓展服务空间和范围，最大限度培养少儿读者阅读意识和阅读能力。

3）为低收入群体、残障人士、老年人等提供计算机、网络等基本技能培训。

4）为低收入群体、待业群体等提供社会保障、就业等专题信息服务。

5）以现有服务模式为主导，加强部队官兵、监狱劳教、服刑人员等特殊群体服务。

6）继续开展农民工子弟校流动站服务，为农民工子弟免费授课。

目标八、利用世界读书日、图书馆服务宣传周等契机，全面开展全民阅读活动

1）加大宣传力度，营造全民阅读氛围。

2）以图书馆为依托，设立一系列面向公众开放的各类型书刊专架。

3）继续打造年度性、以所有图书馆读者为对象的"优秀读者评选活动"，鼓励更多人多读书、读好书。

4）围绕主题开展系列读书活动和讲座、导读等阅读推广活动，举办读者摄影大赛、诵读大赛等，提升阅读推广效益。

5）与社会广泛合作，推动、引导、服务全民阅读。

6）推进原有阅读品牌系列化、常态化，挖掘和打造全新的阅读活动品牌。

目标九、进行合理、科学的信息资源建设，建立以需求为导向的馆藏资源体系

1）争取财政经费投入并合理使用，保障每年新增入藏数量，及时补充馆藏，满足读者基本阅读需求。

2）通过购买数据库、加强合作等，拓宽资源获取渠道，加大数字馆藏比例；自建专题数据库，推动地方数字资源的长期保存和区域共享。

3）根据公共图书馆评估标准，修订馆藏发展政策，不断优化馆藏结构。

4）大力发展地方文献专藏，保存地方文化遗产，弘扬地方文化，收集非物质文化遗产保护资料，发展口述历史馆藏。

5）完善馆藏剔旧管理制度，保证馆藏良性发展，提高资源利用率。

目标十、完善人力资源发展基本制度，打造专业化服务团队

1）稳步推进岗位设置和绩效工资制度改革。

2）充分利用新馆建设项目和事业单位岗位设置改革的机会，增加人员编制，提升岗位和职称结构，引进高素质人才，总体改善人力资源结构。

3）支持和鼓励馆员参加图书馆学及相关专业的在职进修，以继续教育为依托，科学合理使用人才，发挥高层次的专业技术人才作用。

4）建立全员培训的长效投入机制，加强图书馆专业、管理专业、计算机专业、外语专业、古籍整理专业、重点文化工程等重点业务培训，培养高素质的"复合型人才"，并鼓励和支持员工利用各种渠道参加各类学历教育。强化新馆员入职培训，建立上岗制度，进行馆员法规、业务规范等专业化培训。

5）完善人员考评机制，完善考核内容，改进考核方法，通过考评激发图书馆活力，通过绩效考核加强对图书馆工作的促进。

6）加强学术研究，提高学术研究水平。鼓励部门和员工积极组织、参与业务研究，组织和引导员工积极参与省（部）、国家级课题的申报。

目标十一、建立良好的公共关系，完善公共服务交流机制

1）招募和吸纳文化志愿服务者，组建文化志愿服务队伍，实行注册管理。

2）争取公益慈善机构、商业机构、个人等社会力量对图书馆的公益捐赠。

3）通过报纸、电台、电视台、网络等媒体，以及微信、微博等渠道加强图书馆自我宣传，扩大公众对图书馆的社会认知，运用多种方式和途径吸引公众充分利用图书馆资源与服务的活动；及时将服务开展情况和服务数据进行公告，建立读者反馈渠道，听取意见，接受社会监督，不断改善服务条件、提高服务水平。

4）了解公众需求，提升服务精准性，挖掘现有服务品牌潜力，打造新的服务品牌。

5）加强与政府以及兄弟图书馆、学校图书馆、科研机构图书馆等友好交流合作，开展联合服务，推行文化交流活动。

6）整合和利用现有资源及平台，打造城市精神领域阵地，丰富市民精神文化生活。

目标十二、加强协作协调，带动地区协同发展

1）发挥市级中心馆作用，从技术平台、信息资源、人员培训等各方面支持区县和基层图书馆，整合公共平台，共同参与公共文化服务体系建设。

2）结合实际，与区县级馆合作，加强联合目录建设，共同构建知识信息资源保障与服务体系。

3）与国内外各层次图书馆及图书馆协作组织、网络建立连接，开展联合采购、编目，实现知识信息的全球获取和共享。

4）加强跨省、跨系统的业务和学术协作协调，参与全国范围内的联盟或跨地区、跨系统协调工作。增加基层业务辅导与培训的次数，积极撰写业务辅导与培训工作报告。

5）拓展图书馆与社会机构在资源上的合作平台，如联合制作文献、联合建数据库、资源协调采购等，并争取与合作平台建立长期合作关系，如共建联盟、共同参与社会服务等。

目标十三、用文化充实精准扶贫内涵，推进服务体系建设

按照中宣部等三部门联合部署全国文化精准扶贫工作要求，加大文化帮扶工作力度，在资源、技术、人才等领域，加强对贫困地区公共图书馆的扶持力度，增强贫困地区的文化发展动力，建立与贫困县结对帮扶工作长效机制。

目标十四、加强深层次服务，提升信息服务的水平和能力

1）利用我馆的数字资源、人力资源，为市委市政府及各级党政机关的决策工作提供信息参考。开展信息服务进驻"两会"活动，为代表提供各类专题、信息参考服务。

2）在科技查新工作上加强力量，积极开展与相关单位在科技查新领域的合作，推进科技查新工作。

3）积极建设舆情监测软件平台，提高舆情信息监测工作的质量和水平，保证舆情监测工作的及时性。

4）利用大数据技术，实时开展信息采集、抽取、挖掘及处理，为各类信息服务系统提供数据输入，提高信息服务的层次和深度。

5）积极编制二、三次文献、制作专题网页，为广大用户提供传统信息服务。

目标十五、继续开展图书馆法人治理结构的工作与实践，探索公益服务效能最大化

按照国家事业单位法人治理结构改革要求，学习和借鉴国外及国内发达城市经验，进一步完善理事会制度。对于基层公益性事业单位包括公共图书馆在内，具体怎么搞没有抓手，目前缺少顶层设计，关联制度的配套衔接不够。结合图书馆工作实际，进行实践探索，做好理事的协调、沟通，推动图书馆事业更好更快发展。

目标十六、做好安全管理，保障运行顺利

以安全促发展，完善安全管理制度，落实安全管理责任，定期对设施设备进行检查维护。加强对全馆员工的安全教育和培训，确保"十三五"时期无安全责任事故发生。

目标十七、围绕新馆建设，做好前瞻性规划

按照上级关于图书馆新馆建设的工作部署，积极推进新馆建设的立项、报批等工作，充分考虑现代图书馆的功能需求，参与新馆建设的调研、规划、论证、建设等工作中，力争新馆与未来图书馆事业发展相适应。

目标十八、加强地方文献研究，做好地方文化传承

提高地方文献的入藏数量和质量，充实本馆地方文献目录。依托馆藏地方文献资源，收集、整理、开发、挖掘和研究地方文献，完善书目数据库、全文数据库、多媒体数据库等地方文献数据库建设，做好地方文化的传承和保护。

目标十九、推进古籍保护工作，展示文化亮点

配合上级部门组织开展古籍普查和珍贵古籍名录申报评审工作，申报"黑龙江省古籍重点保护单位"。对古籍及其他珍贵、易破损文献采取专门的保护措施，制定珍贵古籍修复方案，对破损古籍进行原生性抢救修复。按照文化部《关于进一步加强古籍保护工作的通知》和国家图书馆"民国时期保护计划"的相关要求，统筹本区域中华古籍保护计划与民国时期文献计划工程。加强古籍数字化工作，参照国家地方文献数字资源加工标准，完成古籍的整理出版和开发利用。并注重古籍宣传工作，通过展览、讲座等方式进行中华优秀传统文化的传承。

目标二十、创新组织和运营管理，提升图书馆综合服务能力

"十三五"时期以发展和创新为动力，将业务工作和基础建设相结合的基础上，实施创新驱动发展战略。加强组织领导能力，健全完善组织机构，凝聚党、团、工会等各方力量，统筹安排财务和人事管理工作，进行组织和运营创新管理，提升图书馆综合服务能力。

1）建立社会捐赠机制和社会购买服务机制与管理制度，并借助第三方数据分析按需采购，采用第三方专业评价机构进行图书馆服务评价，实行社会化和管理创新。

2）充分挖掘和利用文化资源特别是文献信息资源，进行文创工作组织与创意策划，弘扬中华优秀文化，传承中华文明，推动体制机制创新。

保障措施

保障措施是确保"十三五"发展规划目标圆满完成的重要基础。为比我们提出加强组织领导、注重队伍建设、深化科学研究和创新、加强交流合作、强化监督检查等五个方面的保障措施。

一、加强组织领导，形成事业发展合力

领导重视，组织制订实施方案和专项规划，成立"十三五"发展领导小组，明确小组成员分工和责任，定期研究工作策略，制定工作计划，规范和加强业务统计制度。科学建立和运行工作机制，健全党组织领导和法人治理相结合的管理体制。争取政府支持，加大投入力度，保障图书馆建设经费。

二、注重队伍建设，优化工作环境

加强馆员队伍建设，积极进行人才配置，优化人员专业结构和干部人才结构，逐步补充图书馆学、计算机专业、外语专业及多种学科专业人员，造就一支素质优良，能适应数字环境下图书馆事业发展需要的馆员队

伍，为规划落实提供人才保障。制定切实可行的人才培养、培训计划，采取灵活多样的方式培养和提高全体馆员的业务素质和业务技能。定期选拔专业基础好、思想素质高、接受新技术能力强的馆员培训，补充新知识，逐步成为图书馆的学术带头人或现代化技术应用的业务骨干。实行全员竞聘上岗，抓人才梯队建设，促使优秀人才脱颖而出，从而不断优化人才工作环境，营造和谐工作氛围，促进基本服务均衡化发展。

三、深化科学研究和创新，保持生命活力

实施图书馆创新发展战略，探索和实践图书馆事业发展新模式，加快形成以创新为引领的事业发展模式。围绕全民阅读，打造全新阅读活动品牌，保持图书馆事业旺盛的生命力。

四、加强交流合作，促进区域协调发展

整合和优化地方资源，丰富和发展志愿服务平台，同其他公共文化服务机构深度合作、融合发展。

五、强化监督检查，确保取得实效

加强评估检查，对照文化部公共图书馆评估标准进行科学管理，将工作目标考核纳入监督检查机制中，建立健全有关统计、评价体系等，制定科学高效的监督考核管理办法，增强规划的落实能力。每年对规划的实施情况进行评估，并对规划进行动态调整。

（发布日期：2017 年 12 月）

长春市图书馆"十三五"发展规划[①]

一、现实基础

"十二五"时期,在长春市创建公共文化服务体系建设示范区项目的推动下,长春市图书馆全面推进文化惠民工程建设,改善基础设施条件,优化资源配置,延伸服务功能,取得了出色的工作业绩。

全面完成了总馆的装修改造,投资了4600余万元,将原来封闭、落后的旧馆装修改造为布局开放、环境优雅、设备先进、服务开放的新格局,馆舍条件显著改善;馆藏文献信息资源数量持续增长,至"十二五"末期,馆藏总量已达309万册(件),数字资源存储数量80TB;基础业务工作扎实推进,形成了以到馆借阅服务为基础,以数字远程服务为补充的现代化图书馆服务格局。年均接待到馆读者120万人次,文献流通78余万册次,数字资源年均检索、下载730余万次;在全市建立了110余个图书馆分馆,实施了联合编目、资源共享、通借通(定)还的总分馆服务;采用RFID及新媒体移动技术,实现了自助办证、自助借阅、网上预约、远程检

---

① 本规划由长春市图书馆授权收录。

索咨询、手机移动阅读等现代化服务；开展休闲假日系列活动、全民阅读推广活动 1200 余次，受众 60 余万人，形成了城市热读、长图雅音、文苑百家谈、青少年思想道德建设等系列读者活动品牌；人才推动科研快速发展，形成以业务专家为核心、以技术骨干为支撑的合理的人才结构，年均发表学术期刊论文 40 余篇，承接省厅课题 1 项。

"十三五"期间，是我国经济转型、文化改革升级的重要"窗口期"，也是我国实现全面小康社会的关键时期，按照党的十八大提出的"扎实推进社会主义文化强国建设"、十八届三中全会通过的《中共中央关于全面深化改革若干重大问题的决定》要求，构建现代公共文化服务体系、建立公共文化服务体系建设协调机制、统筹服务设施网络建设、促进基本公共文化服务标准化和均等化是新时期文化建设的战略方针和主要任务。特别是在 2015 年 1 月，为贯彻落实中共中央办公厅、国务院办公厅印发的《关于加快构建现代公共文化服务体系的意见》精神，省、市政府推出了多项关于推动文化大发展大繁荣的规划、政策、法规和措施，为图书馆面向现代化、面向世界、面向未来的文化发展提供了坚实的政策支持与法律保障。

二、指导思想和原则

（一）指导思想

全面贯彻落实党的十八大和十八届五中全会精神，以马克思列宁主义、毛泽东思想、邓小平理论、"三个代表"重要思想和科学发展观为指导，深入贯彻习近平总书记系列重要讲话精神，坚持"创新发展、协调发展、绿色发展、开放发展、共享发展"的理念，秉承"以人为本，服务至上"的办馆宗旨，以推进社会经济、文化发展为主线，以提升服务效能、服务品质为抓手，加快构建现代公共文化服务体系，加快文化体制机制改革创新，促进基本公共文化服务标准化和均等化，推进长春地区公共图书馆事业的协调发展、共享发展。

（二）原则

1. **创新驱动原则**。实施创新驱动战略，加强社会公益技术研究和图书馆学基础理论研究，积极推进科技与文化的深度融合，努力扩大跨界与跨域的开放合作与协同创新，形成适应读者所需的新形态、新模式和新服务，不断走出具有中国特色的公共图书馆发展新路。

2. **动态递进原则**。在总体建设思路上，要与时俱进，尽可能适应未来发生的变化，形成稳步推进、动态递进的落实内容。

3. **适合有度原则**。根据现实基础、环境及未来发展的可能性，确定适合有度的发展目标，将创新性、可操作性、可持续性有机结合起来，科学定位、实事求是、持续发展。

三、目标、愿景与使命

目　标

总体目标：

坚持公益、开放、平等、包容的办馆理念，遵循以人为本、服务至上的服务宗旨，将图书馆打造为城市的知识信息中心、市民的学习交流中心和百姓的休闲文化中心，构建以市图书馆为中心，以县区图书馆为主干，以基层图书馆（室）为网点的城乡"一体化"的现代化、标准化、均等化图书馆服务体系，拓展并深化以提升图书馆服务效能为导向的创新型图书馆服务项目，推进全民阅读，提升民众数字素养，创建图书馆虚实结合的服务新空间，完成全市图书馆服务中心资源发现门户、资源聚合平台集成网络建设，实施各类机构、资源类型、资源主题的共建共享，提供多元化、泛在化、数字化的便民惠民服务，建设以人为本、精细服务的城市图书馆，力争迈入"东北一流，国内先进"的图书馆行列。

细化目标：

1. 提高信息资源保障能力，促进馆藏资源持续快速增长。"十三五"期间，年人均新增藏量达 0.035 册以上，其中，年新增纸本馆藏 13 万册件，数字图书 5 万种。

2. 深入挖掘文献信息资源，深度了解市民阅读需求，提升资源的整合、研究、出版、利用价值，馆藏文献流通率保持稳步增长并达到 0.72 册次标准，年人均到馆 0.35 次以上。

3. 进一步完善面向基层、面向各类服务对象的多元化、普惠性的服务体系建设，提升为政府决策、经济发展、终身教育、文化休闲的服务水平与服务能力。

4. 全面推进数字化服务，形成传统与现代业务有效融合、智能高效、便民利民的现代公共图书馆服务网络，实现数字文化广普及、全覆盖。

5. 加强公共文化服务品牌建设，广泛推广全民阅读活动，推动形成 2—3 个具有鲜明特色和社会影响力的品牌服务项目，实施以用户需求为导向的创新型图书馆服务。

6. 深化社会教育与培训功能，打造在场、在线、互学、互动的市民学习中心。

7. 加强人才队伍建设，推动科研创新工作，建立适应面向现代化文化服务要求的人才队伍结构，实现业务、科研、人才培养的有机结合与良性互动。

8. 深化体制机制改革，稳步实施法人治理结构，完善社会力量参与图书馆建设的管理机制。

愿 景

涵养城市文化　引领阅读风尚

在知识全球化时代，长春市图书馆将汇聚多样性、开放性和高品质的文献信息资源，整合知识、服务和技术，引领全民阅读，为建设东北亚现代文化名城和书香社会提供文献信息支持和卓越的阅读、学习、交流体验。

使 命

1. 东北亚城市文化地标

以本市历史文脉和文化特色为根基，收集地方传统文化及东北亚城市特色文化资源，提供文献、信息、知识、展览等多样化服务，以展示城市文化特质、传承城市文化个性、丰富城市文化内涵、促进对外文化交流为己任，努力成为具有影响力的城市文化地标。

2. 市民终身学习中心

以倡导全民阅读为路径，发挥图书馆社会教育职能，支持终身教育，建设书香社会。为公众提供自主学习和独立研究的空间、信息资源、设备和服务，促进公民素质提升和社会文明进步。

3. 城市第三文化空间

搭建公众之间及公众与图书馆资源、社会公益性群体、政府组织间的互动交流平台，广泛、深入地参与和影响公众文化生活，促进文化资源流动和知识、信息的交流，提高公众日常生活中的文化含量和文化品质。

4. 开放共享的知识网络

在知识全球化时代，整合馆藏、行业内外及网络开放的信息资源，构建覆盖全市、资源共享、便捷高效的数字图书馆网络，以"互联网+公共文化服务"为理念，提供集网站、手机、平板APP、触屏应用、互动电视等多种应用形式为一体的数字化、全媒体服务，实现公共数字文化的广泛传播与共享应用。

5. 图书馆协作发展引擎

构建长春市图书馆总分馆服务体系，推进全市公共图书馆服务的均等化、标准化。完善基层分馆的规范化管理。指导和协调全市公共图书馆业务建设，开展基层馆员的辅导和培训。

四、主要任务及行动策略

任务1：完善公共图书馆服务体系建设，构建惠及全民的服务网络

策略1：推进总分馆服务体系建设，面向基层全覆盖

行动方案：

（1）进一步建立以长春市图书馆为总馆，以县（市）区图书馆为分馆，以街道、社区、乡镇、村等为基层网点的三级图书馆服务体系建设，建设覆盖城乡、便捷高效、保障基本、促进公平的现代图书馆服务体系。

（2）建设直属示范性分馆，以典型示范性分馆建设为引导，全面提升全市基层图书馆的标准化、规范化建设水平及服务效能。

（3）结合共享工程基层网点及农家书屋建设，在全市具备条件的乡村社区建立网点，并逐步将网点延伸到学校、部队、企事业单位等，实现全市公共图书馆服务网络的广覆盖。

（4）建立市一级的公共图书馆管理模式，组建"长春市公共图书馆服务体系建设委员会"，建立协调机制，统一组织、协调总分馆工作。

（5）推动设立保障公共图书馆服务体系建设的专项经费。

（6）广泛吸引社会力量及各种主体参与公共图书馆服务体系建设，形成多方互动的公益性文化服务模式。

策略2：以制度化、标准化建设，推进基层服务效能提升

推进图书馆服务体系制度化、标准化和规范化建设。建立、健全城乡一体化服务相关的服务规范、技术标准、公用标准，确保城乡公共文化资源共享、高效管理，促进公共文化服务均等化、高效化。

行动方案：

（7）制定《长春市县（市）区图书馆服务规范》《长春市图书馆分馆管理与服务规范》《长春市图书馆图书流通站管理办法》等，推进县（市）区图书馆及分馆标准化建设与发展。

（8）策划制定全市公共图书馆统一标识、标志系统，形成全市统一、规范的服务宣传推广机制。

策略 3：创新流动服务模式，保障服务益民便民

行动方案：

（9）加强汽车流动图书馆服务。在 2016 年启动一座汽车流动图书馆的基础上，逐年增加流动图书车数量，增大流动图书车服务的频次。

（10）选择开发区、商业中心、学校、偏远地区以及其他不便于利用图书馆的地区建立流动服务点，提供汽车流动图书馆服务。

（11）在地铁、车站等人流密集场所建设 24 小时自助图书馆服务点，提供便民借阅服务。

策略 4：构建现代公共文化网络集群，实现共建共享

行动方案：

（12）建设全市公共图书馆数字网站服务集群，以长春市数字图书馆为中心，向下辐射各县区图书馆，构建集群管理、分布实施、联合服务的数字化网站集群，方便市民数字资源共享利用。

（13）结合共享工程、数字图书馆推广工程及公共电子阅览室工程建设，利用统一的管理平台软件，实现市、县区图书馆及乡镇、社区三级数字文化服务的规范管理与资源共享。

（14）与市博物馆、文化馆等建立网络链接，提供互动、便民的公共文化服务。

（15）完善总分馆的服务网络，在所有硬件条件具备的分馆及基层网点实现全市文献协调采购、规范编目、通借通还。

（16）将长春市公共图书馆服务体系融入"智慧长春"建设，推广便民、利民的公益文化服务。

任务 2：促进数字资源与传统资源协调发展，构建结构多元、特色突出的现代馆藏体系

构建满足地区性市民自我学习、教育提升、文化休闲的文献资源建设保障体系，实现图书馆资源建设的科学化、系统化、多元化、共享化发展，提高文献资源利用率。

策略 5：完善馆藏发展，构建学科互补、藏用结合的现代文献信息资源体系

行动方案：

（17）拓展馆藏范围，增藏各学科领域的重要著作、前沿著作与研究成果汇编、国家规划重点出版项目图书及国际、国内获得重要奖项的图书，各类体裁的文学、艺术作品的研究与评论等。增加馆藏数量，计划年增加纸本图书 3.5 万种 13 万册，数字图书 5 万种，"十三五"期间增加馆藏 100 万册（件）以上。

（18）优化馆藏结构，收藏具有本地特色、反映东北三省及本市周边地区情况的图书及经济发达地区出版发行的对我市经济建设具有决策参考价值的图书，同时增加特色藏书，一是完善历史形成的并有一定规模和体系的藏书，如：伪满资料、古籍善本、珍本、"文革"资料等；二是根据本馆藏书结构、藏书建设而逐渐确定的具有特色的藏书，如：地方文献、台港澳及外文文献、各种专题文库等，进而构建学科互补、藏用结合的现代文献信息资源体系。

（19）根据用户需求、出版市场变化及打造东北亚现代文化名城建设的需求，调整和优化报刊、视听、特殊群体资源的采购策略。

（20）强化对长春市公共图书馆服务体系及基层服务点文献资源建设的统筹协调，提升对基层文献的保障力度。

策略 6：加大数字资源建设力度，建设整合、开放的数字资源服务体系

行动方案：

（21）在以印刷型文献建设为重点的资源发展模式上，逐年加大数字资源、网络资源、共享资源的采选比重，强化支持智能手机、平板电脑及个人电脑终端等多平台使用的数字资源采购。年均增购数字资源内容 5% 以上，2020 年数字资源存储量达 120TB 以上。

（22）推进网络信息资源采集与保存，对长春市社会发展重点领域和重大事件进行系统的网络资源采集、保存、共享和利用。

（23）与全球主要图书馆、知识网络、开放资源、阅读网站建立连接，加入图书馆共享组织，实现知识信息尤其是研究性资源、特色文献的全球获取和共享。

（24）广泛推进多区域、多类型文献资源互补与共享，完善与创新共享印本管理机制。

（25）引进数字资源服务能力检测评估系统，有效评估外购数字资源使用效能，选购适用、利用率高、具有相当学术水平或资源特色的数字资源。同时完善数字资源评估指标体系，结合实际情况制定量化指标，纵向分析同类资源，提供合理有效的资源筛选评估依据。

（26）全面完善地方文献数据库、馆藏特色数据库的建设。建设标准规范、资源共享，便于用户研究利用的数字资源库，并为数字图书馆的建设起到开拓发展、引导示范的作用。

策略7：加强多渠道文献信息资源的采集与管理

行动方案：

（27）加强地方出版物的采集，特别是地方文史资料、地方志等文献的收集与管理。与市内各出版社建立紧密联系，实现长春市内正式出版物的完整入藏。

（28）完善特色文献补藏制度，拓宽文献补藏渠道和方式，重点开展伪满时期典籍补藏和数字化建设，丰富和完善伪满文献专题分馆的馆藏体系建设。

（29）拓宽资源建设、获取渠道，广泛与网上书商、实体书店、出版社及国内外专业机构合作，以网购、交换、赠予、竞拍等方式，补充和完善特色馆藏。

策略8：加强区域文献资源保障体系建设

行动方案：

（30）整体规划、合理布局，指导并协调区县（市）、乡镇（街道）、村（社区）图书馆（室）各级图书馆（室）资源配置，推进区域性联盟资源建设与协作，建立地区性文献保障体系。

（31）确定文献资源发展协作的基本原则，编制文献资源发展政策，明确参与各方的权利及义务。

（32）推动全市公共图书馆数字资源的协调采购，实现各馆数字资源互补、共享。

策略9：强化利用与评估，提高文献利用率

行动方案：

（33）探索大数据技术应用，强化用户服务、用户需求、用户行为的收集、整理、统计、分析，构建科学的按需定制的馆藏发展计划，引导资源建设从重规模建设向重利用实效转变。

任务3：完善多元化服务体系建设，不断提高服务水平和服务能力

狠抓基础、突出重点，拓展学习中心、社会教育、文化空间职能，完善图书馆多元化的服务体系。重点为市民终身学习提供服务，积极开展为政府决策服务，加强为科研与生产单位服务，努力做到普遍均等的无障碍服务。

策略10：加强用户研究，以需求拉动，促服务效能提升

行动方案：

（34）构建大数据存储与分析平台，深入分析用户需求，为资源建设、服务模式的创新提供科学的数据支持。

（35）加强与读者的沟通、互动，通过图书馆网站留言互动、读者荐购、读者意见箱、发放调查问卷、微信互动等方式，建立用户需求征集机制和反馈机制，准确了解和掌握用户需求，提高图书馆服务与用户需求的黏合度。

（36）建立和健全服务评价体系，促进服务工作的标准化与规范化。

（37）提升馆员的服务意识，创新服务举措，优化业务服务流程，实现自助化、智能化、网络化、数字化的快速、高效服务。

（38）加强文献宣传力度，及时推送文献荐读信息，拓展图书外借渠道，提供送书上门、集体借阅、汽车流动图书馆等服务，促进图书流通，逐年提高图书流通率。

策略 11：全面推进全民阅读，促进市民终身学习与素质提升

行动方案：

（39）培育公众的阅读习惯，引领并带动社会阅读风尚。依托媒体、网站、微信平台等，利用现代信息技术，创新阅读推广的内容、形式，扩大阅读推广的影响力，全面推广全民阅读。

（40）以节庆日、世界读书日、重大纪念日、图书馆服务宣传周、科普周、寒暑假等为契机，围绕全民阅读主题，策划组织开展各类主题活动，通过举办特色活动、读者荐购、专题沙龙、知识讲座、文化展览、故事会、文献推介、数字阅读推广、专题文献展阅、知识窗等多种形式的文化活动，吸引更多市民开卷读书，激发阅读兴趣，营造全民阅读风尚。全年举办 5—6 大系列阅读主题活动，每个系列活动下设 15—30 项阅读活动。

（41）策划组织每年一度的长春市市民读书节，在全市范围内，联动各县（市）区协作分馆，推进全民阅读。

（42）拓展社会教育培训范畴、内容与形式，全面改版升级"城市热读"公益讲座，对各类型公益文化讲座进行重新整合、规划讲座版块，创设"长图悦读"等学习品牌。设置如"关东文化讲坛""文苑百家谈""长图雅音""成长课堂""市民学堂"等讲座版块。推进公益讲座服务延伸，一方面继续推进讲座"进机关、进企业、进院校、进社区、进军营、进乡村"，将优秀的讲座资源推送给更多市民；另一方面加强讲座资源的开发利用，开辟"网上文化讲堂"，实现精品栏目的在线点播，每年编辑出版《文化之隅讲座精编丛书》，打破讲座的时空局限，扩展讲座的受众范围。

（43）培育视听艺术、展览和公开课品牌服务项目，开展常规性、系列化的公益性社会教育培训，发挥图书馆"第二课堂"作用。

（44）建立市民数字学习平台，整合馆藏及网络的多媒体讲座资源，提供个性化、系统化的网上教育学习服务。

策略12：加强对少年儿童的阅读指导，深入开展特殊群体的爱心服务

行动方案：

（45）加强对少年儿童服务工作的研究，开展各类少儿阅读指导活动，巩固青少年思想道德教育服务品牌，提升青少年阅读推广服务水平。

（46）扩大现有为未成年人提供的服务空间，重新规划，从人员、设备、资金等方面入手，成立手工坊、绘画坊、益智房、心理咨询室、家长交流室、公益课堂等，打造多样化的服务阵地。

（47）弘扬公益事业，关注志愿者成长，组建市图青少年爱心志愿者团队，鼓励人人参与，并承担各个角色。成立由专家、学校、家长、图书馆组成的小读者阅读指导委员会。定期推荐优秀出版物、影片、有声读物等有利于青少年身心健康的优秀作品。根据读者荐书书单，图书馆进行针对性采购，加强馆藏合理化，提高馆藏流通率。

（48）增加亲子互动交流，促进少儿的阅读习惯养成和阅读能力培养，创办"小树苗"亲子阅读系列活动品牌，下设"亲子故事屋""亲子手工坊""亲子荐购活动""亲子阅读沙龙""亲子阅读讲堂""亲子数字阅读"等，常年开展故事会、手工制作、读书沙龙、知识讲座等活动。

（49）拓展未成年人的服务范围，在长春市中小学校、幼儿园、福利院等地开设市图"小树苗"图书角，定期开展阅读推广活动。

（50）加强对老年人、残疾人、进城务工人员等特殊群体服务。针对老年读者开展作品展示、讲座、沙龙等形式的读者活动，开展新媒体技能、书画艺术、养生保健等学习活动，丰富老年读者精神文化生活；针对残疾人开展送书上门和网上传递等形式的服务，方便残障读者获取信息资源。

策略13：推广数字阅读，提升公共数字文化服务水平

行动方案：

（51）优化环境，建立技术先进、内容丰富、反应迅速的信息平台，开展信息推送服务和个性化定制服务。强化扩充现有阅读服务平台，建立移动阅读、自助终端、订制服务平台；分批次快速建立大型数字阅读服务资源体系，扩大在线服务输出能力，实现全市范围数字化阅读服务的全覆盖。

（52）完成市民在线阅读需求分析，加大需求性阅读的引导性，扩大数字化阅读服务的推广宣传，以用户体验、媒体宣传、平面宣传、讲座、微博、微信等方式，精心打造免费数字阅读刊物向市民免费发放，逐步加大市民的知晓率、使用率。

（53）重点培育2—3个数字阅读推广活动平台与服务品牌，形成社会影响力，打造文化品牌，如数字公益讲堂、网上市民学习平台等，与报纸、电视台、电台等主流媒体联合开展市民需求强烈、趣味性强、影响力大、效果好的数字阅读推广活动。

（54）强化在线参考咨询示范作用，拓宽文献获取渠道，丰富网上服务功能及手段，完善工作制度，优化服务流程，提升数字文化服务水平。

策略14：强化为政府决策服的信息参考咨询服务

行动方案：

（55）开展立法决策服务，培养立法决策服务的人才队伍，建设面向长春市政府立法决策服务的文献信息保障基地。加强与国家图书馆立法决策服务的合作，积极加入到全国公共图书馆立法决策服务平台，开展立法决策咨询服务的合作，吸收先进的服务理念、经验与方法，提高立法决策服务的水平。

（56）研究面向本市高层领导的决策参考服务模式与方式，拓宽服务范围。以本市高层领导需求为导向，利用新媒体、互联网技术，加强手机移动及网络服务互动，形成文献信息研究、文献提供、专题咨询等多元服务链。进一步深化《决策参考信息》服务内容，继续优化编辑方式，不断提高决策参考信息的服务能力，将《决策参考信息》打造成为展示长春市图书馆立法决策服务水平的一个精品。

（57）依托全国图书馆决策咨询服务平台，建立起与各大公共图书馆联合服务的立法决策平台,把图书馆打造为立法决策文献信息资源服务基地。

策略15:强化创新、创业服务,为社会经济发展助力

行动方案:

(58)为社会公众创新创业提供工具、文献和咨询服务。

(59)拓展对科研、教育、企业等团体用户的服务,提升面向企业创新、技术改造、科学研究、经济发展的服务水平与服务能力。

任务4:制定"互联网+"行动计划,提高现代公共数字文化服务效能

策略16:搭建地区性数字化服务整合平台,提升信息化服务能力

行动方案:

(60)利用大数据、云计算、物联网技术,构建长春地区数字图书馆门户网站集群,以总馆为中心,以县区图书馆为骨干,以联合协作、共建共享为基点,在全市建成一个资源丰富、服务快捷、技术先进、稳定可靠的分布式数字图书馆服务网络,催生网络环境下新的文化服务业态。

(61)优化门户网站结构,构建可视化、便利化、自适应、动态化的网络、移动服务系统,提升用户"一站式"服务的体验效果。

(62)构建全市公共图书馆云计算服务平台,实现网络、服务器、存储和资源的统一调度管理,建立长春地区核心级数据中心,提高数字化安全生产、存储、应用水平;建立数据分析模型,以云计算、云服务为手段,组建大数据分析、应用中心。

(63)提高馆内无线网络服务水平。采用有线无线一体化管理系统,对全馆整体网络进行合理的带宽分配、行为监控、安全管理等有效的管理,使网络能够长期稳定地运行。

(64)推进文化服务与科技融合,强化新技术引入,将公共数字文化建设与智慧长春建设、全国数字图书馆推广工程等项目联合,推进资源共享与服务。

策略 17：拓展、提升新媒体技术服务手段与能力

行动方案：

（65）以读者需求为驱动，加大与电子阅读供应商合作，培育阅读市场，重塑图书馆在阅读服务中的地位，向产业链中上游行走。通过线下体验、线上互动、分享会等形式发挥图书馆阵地作用，搜集用户群体需求信息，建造整合平台，抢占产业链中上游地位。

（66）进一步加强数字化阅读载体的均衡配比，完成线上线下资源互动，建立阅读移动终端借阅体验中心，完善移动阅读渠道，建立创意空间，实现图书馆的智力与设备支持，助力高校、中小型企业、个人科技成果转化，形成移动阅读、传统互联网阅读为主，线下体验、离线阅读为辅的数字化阅读格局。

（67）与传统业务融合，以数字图书馆为龙头，提高数字阅读服务供给。加大数字图书馆与微信、微博、微视、社区等自媒体平台的整合与互动，着力建立移动图书馆与数字图书馆之间的响应机制，逐步提高数字阅读的易用性及智能性，加大数字图书馆在全民数字阅读中的覆盖能力。

（68）创新新媒体服务方式，完善新媒体服务策略，针对未来三网融合的趋势，探索 IPTV 服务模式，优化服务形式与内容，主动推送高质量的音视频公众教育学习资源服务。

策略 18：提升智能化、数字化服务水平

行动方案：

（69）利用 RFID 技术，实现全市联网的智能图书馆服务。在馆门外、地铁及商场、超市、银行等设立 24 小时自助图书馆，联动各县区分馆、社区图书室，实现全市纸本文献通借通还。

（70）引入新技术，将传统的以馆藏类型为导向的空间设置理念转变为以用户活动或需求为导向的空间创新理念。在现有实体空间的基础上，重点打造以数字图书馆为核心的文献信息网络空间，以实体和虚拟双空间为依托，积极为社会文化创新提供场所，大力推进数字体验空间、创客空间、社群项目展示中心、学习空间、数据可视化实验室、协作工作间的创建。

（71）实施对图书馆业务和服务的全流程数字化、网络化管理，建立完善的信息安全管理机制，提升馆务信息化水平，为办公自动化、移动办公提供安全保障。

（72）整合图书馆人力资源、数字资源、用户资源以及社会资源，发展虚拟社区平台并嵌入用户日常活动与社交空间，提供在线、互动交流服务。

（73）提供基于知识关联的统一检索与知识发现服务。深层次整合文献资源，全面实现基于用户身份的统一认证的单点登录，提供对馆藏文献及网络共享文献的统一检索与发现服务，提升用户使用的便捷性与有效性。

（74）提高基于大数据的数据分析和服务能力，加强对读者服务、资源服务的信息采集、发掘、整理、分析，采用科学的大数据分析，为馆藏发展策略和用户服务提供有价值的数据支持。

策略19：加大公共领域宣传，扩大数字阅读受众群体规模

行动方案：

（75）创建并精心打造免费数字阅读刊物，并在车站、商场、学校、影院等公众密集场所进行投放。

（76）与报纸、电视台、电台等主流媒体联合开展市民需求强烈、趣味性强、影响力大的数字阅读活动。

（77）加大自媒体建设力量，以读者阅读需求为基础，培育核心用户群体。建立以微信为主，微博、电子屏、网络社区为辅的自媒体平台体系，紧跟时代脉搏，精确分析读者阅读需求，进行阅读传播。

策略20：挖掘目标群体，以联合项目带动数字阅读推广

行动方案：

（78）以项目深度合作为切入点，将数字资源、硬件资源、专家团队、品牌活动带入基层单位，设立试点单位进行扶植与推广，激发各级图书馆对数字阅读推广活动的积极性，实现资源共用、读者共享的开放式推广格局。

（79）开展系列化、规模化公益性数字文化服务讲座，通过开展基础性用户信息素质培训、中高端数字技术应用讲座、基层馆员业务培训等，提升用户群体的信息素养水平。

策略 21：开展社会化合作，以多元化读者服务活动带动数字阅读整体发展

行动方案：

（80）与资源厂商、政府信息门户网站、联通电信等单位建立合作，以线上线下活动、资源推荐链接、手机客户端推广等形式，扩大资源受众面。

（81）组建志愿者团队，重点打造市民口碑好、参与度高、形式各异的数字阅读推广活动，激发市民数字阅读的活跃度，汇聚人气，增强服务延伸能力。

任务 5：加强文献保护、挖掘与整理，彰显地域文化特色，传承优秀传统文化

策略 22：进一步改善文献存藏条件，推进书库标准化建设

行动方案：

（82）优化书库空间存藏条件，重点做好古籍书库的恒温、恒湿等硬件基础设施建设，到"十三五"末，使库房达到国家标准要求。

（83）规划典藏文献存储布局，重视文献长期保存。探索基藏图书转移，推进标准书库及储存图书馆建设，力争以租用、新建的方式，设立一个 2 万平米以上的分类储存及专题利用性图书馆，解决书库危机，并使文献库房达到国家标准。

（84）实现典藏文献本地、异地长久战略保存，实现重要数字资源异地灾备保存。

策略 23：积极开展古籍及地方文献征集管理与开发，提高资源利用率

行动方案：

（85）系统、全面地征集伪满时期资料，力争建成东北一流的伪满文献研究基地，为铁南分馆建设做好资源储备。

（86）为完善地方文献馆藏体系，加强对地方史料、地方志及与长春地方性社会发展的文献、图片、音视频资料的收集、整理；制定《长春市地方文献征集管理办法》和《长春市图书馆地方文献采购专家委员会管理办法》，保证地方文献征集工作的有效运行。

（87）深入开展特藏文献的整理，全面完成民国文献、旧日文、"文革"资料、解放前旧报纸的标准化编目、揭示工作。逐步开展对古籍文献的研究工作，对文献的版本价值、文献内容、文献价值等做深入的揭示。

（88）有序推进珍贵古籍、馆藏特色文献的数字化工作，加强典藏文献再生性保护和利用，推进古籍和馆藏特色文献整理与利用。

（89）有计划、分步骤地修复珍贵古籍。

策略 24：深入推进重点文献的研究与利用，注重专业人才培养

行动方案：

（90）利用大众媒体、读者活动、馆刊等形式，对古籍文献的形式、内容、外延等各个方面进行宣传推广，积极推进珍贵古籍保护利用。

（91）加强人才队伍培养，选拔专业人员定期参加各种古籍工作培训班，提高专业知识与技能。

任务 6：强化学术研究，关注馆员职业规划与发展，促进人才成长，激发事业发展内动力

完善科研管理机制，以机制驱动、项目带动，加强行业间培训、交流，定岗定向培养，提高科研产出。

策略 25：进一步健全科研管理机制，提高学术研究的质量与水平

行动方案：

（92）完善科研管理制度，建立科学合理的科研成果立项、研究、评价、表彰机制，加强激励作用，促进馆员多出成果，出好成果。

（93）明确年度科研成果指标，实施目标管理。每年确保专业技术人员在省以上刊物或国内外各级学术会议发表论文30篇以上。

策略26：加强重点领域研究，打造专业科研队伍

行动方案：

（94）针对现代化图书馆的业务发展需要，加强在深度参考咨询、阅读推广、古籍保护、数字图书馆建设与服务方面相关理论、方法与技术的研究，强化学术研究对业务发展的基础支撑作用，提升图书馆学术研究水平。

（95）鼓励学习，培养学术带头人，打造学术研究团队。以项目带动，推动人才成长。

策略27：强化继续教育、业务培训及学术交流，提升专业技术人员职业素养

行动方案：

（96）围绕公共图书馆多元文化服务需求，重点针对图书馆文献信息资源建设、读者活动策划、图书馆学术热点追踪、现代化技能、管理制度等主要内容，进一步丰富培训内容，广泛开展相关技能培训。

（97）根据馆员的专业特长，为员工接受专业的继续教育创造条件，采用定向培养、专业教育、岗位培训、继续教育等形式，鼓励馆员学习。

（98）推进与在长高校联合培养专业硕士项目，支持馆员参加图书馆学及相关专业的在职进修。

（99）加强行业间交流与合作，积极举办和组织参加各种学术活动，为馆员提供学术交流平台，与高校、科研机构等建立合作伙伴关系，通过有组织、有计划的人才交流，互相借鉴、学习先进经验和技术。每年聘请高校或科研机构专家进行专业培训一次，每年开展集中培训6次以上。

（100）加强对基层社区、农村乡镇及特殊群体的服务与培训。

策略28：促进科研成果的转化与利用

行动方案：

（101）重点加强对业务工作和图书馆事业发展的科研课题选题、研究，积极推动科研成果转化，保障科研成果的决策应用价值，提升本馆在业界的影响力及社会效益。

（102）加强对科研成果出版的支持，鼓励科研成果以多种形式实现共享利用。

任务 7：探索体制机制改革，打造高质量人才队伍，为图书馆事业发展提供坚实保障

策略 29：落实法人治理结构建设

行动方案：

（103）组建理事会，制定《章程》和相关配套制度，基本形成政府宏观管理、图书馆自主办事业、社会力量积极参与的办馆格局。

（104）根据理事会工作运行情况，进一步健全工作制度，完善《章程》，使理事会的决策更加科学、民主。

策略 30：建立健全多元化选人用人机制

行动方案：

（105）修订和完善各项人事规章制度，建立鼓励员工岗位成才的制度与环境，实施规范化管理。

（106）完善社会公开招聘录用制度，引进适应我馆未来需求的、具有学科专长的人才。

（107）进一步完善社会化用工机制，建立和完善购买服务、社会化用人机制。

（108）完善志愿者队伍建设与管理，组建一支由各领域专家构成的志愿者队伍，对我馆各项业务工作提供指导意见；同时与大中专院校协作，建设大学生志愿者基地，形成双赢。

策略 31：优化岗位管理，强化绩效考核

行动方案：

（109）按照现代化图书馆的服务需求，因需科学设岗，进一步细化岗位责任，评聘分开，竞争上岗。采用初级岗轮换交流、中高级竞聘上岗的方式，择优聘任。

（110）进一步活化绩效管理，完善分配激励机制，实现岗位管理、薪酬管理与绩效管理科学结合，充分发挥收入分配机制的激励作用。

（111）对业务流程与组织架构进行优化，构建转型期图书馆业务流程工作与管理模式，实施标准化、规范化、统一化管理。

策略32：调整管理体制与运行机制，确保管理实效

行动方案：

（112）建立健全有关人员管理、业务管理、目标管理、项目管理、绩效管理等相关制度，完善服务与管理考核指标，建立科学、系统的管理体制，提高服务效能。

（113）细化目标管理制度，指定职能部门规划、落实、考核、督查、评估，确保规划的落实和成效。

（114）建立部门管理责任制，在规范部门管理职责基础上，加大部门管理自主权，以双向选择方式，择优选人、用人。

（115）加强组织文化建设，提升员工爱岗敬业的职业素养，激发员工的主动性、创造性。

任务8：创新服务模式，积极探索社会参与、联合、协作、共享的发展策略

策略33：强化行业内的协作与共享

行动方案：

（116）建立协调采购工作机制，广泛实施联合编目，实现长春地区文献资源共建共享。

（117）结合数字图书馆推广工程、公共电子阅览室工程建设，建立上连国家、下通基层的现代化服务网络，实现纸本图书的通借通还及数字资源的广泛共享。

策略34：拓展与社会各界的交流与合作，拓展图书馆社会服务功能

行动方案：

（118）吸纳社会力量共同参与图书馆建设，汇集社会资源，包括：图书馆用户、文献作者、民间性群众组织、公益性慈善机构、政府与准政府组织及其他知识群体等，寻求项目合作，形成政府主导、全社会积极参与的建设格局。

（119）加大对跨部门、跨行业、跨地域公共文化资源的整合力度，加强与博物馆、文化馆、纪念馆、美术馆、文化宫、妇女儿童活动中心等公共文化服务机构深度合作与融合，以最大限度地利用和分享其他机构的信息资源，进而提升公共图书馆服务效能。

任务 9：强化党的领导，发挥党组织先进引领作用，保障事业健康发展

策略 35：抓好党员干部作风建设

行动方案：

（120）加强领导班子作风与能力建设，以"三严三实"为标准，提升干部队伍的行政能力、决策能力。

（121）建立班子工作考核制度，形成民主监督机制。

（122）增强党员干部的务实工作意识和创新工作能力。加强党员队伍的理论学习和日常教育管理，以实践活动引领党员自觉学习意识、自觉强化党性锻炼、自觉地担当工作和发挥作用。

策略 36：创新领导方法、党群活动形式及精神文明建设载体

行动方案：

（123）充分发挥党委领导的组织作用，探索党委工作的新思路、新方法，勇于担当、落实有力。

（124）党委带领党员干部开展党建主题活动，如：召开座谈会、上党课、民主生活会以及政治理论学习和开展学雷锋志愿服务活动等。

（125）加强精神文明建设，重点带领全体员工共同参与创建文明活动，如：设立"敬老文明号""读者服务文明岗""巾帼标兵岗""志愿者服务岗"等创建活动标识。开展"道德讲堂"和"城市热读"讲座活动，引领社会正能量，提升职工和市民道德精神、道德思想，强化自我约束。

策略37：重点突出领导班子建设、党风廉政建设、基层党支部建设、党务（政务）公开

行动方案：

（126）加强班子建设，重点是作风建设，加强理论学习，提高理论水平和责任担当意识，每年开展4次以上集中学习和2次以上调研活动，并形成相关材料。

（127）按照廉政建设反腐倡廉的精神要求，班子成员要自觉地遵守"中央八不准"和省、市的纪律规定要求，落实"三严三实"，查找自身存在的问题，边查边改，提升廉政建设的工作质量。

（128）加强党员干部的廉政文化教育活动，切实把握好党员干部自觉履行"中央八不准"，严格要求自己，认真落实廉政准则所规定的要求，形成常态化的廉政教育机制。

五、重点项目

（一）基础设施建设项目

结合图书馆自身定位、发展需求，实施馆舍新建、改造、修缮工程，优化服务环境，打造城市第三文化空间。

1. 铁北分馆项目。完成铁北分馆安全设施维修改造。

2. 伪满专题研究分馆项目。定位、规划、设计、完成分馆建设，以伪满时期资料收藏、研究为服务重点，建设伪满专题研究中心。

3. 总馆维修及院落改造项目。实施总馆的馆舍维修、院落改造，建设临同志街的24小时自助图书馆，实现公共图书馆从理念到环境的全方位开放。

4. 储藏书库建设项目。规划仓储式藏书库建设，提供全市各类图书馆文献储藏统一管理与有效利用。

5. 分馆建设项目。开展分布式、标准化、统一化直属分馆建设与管理，计划建设2—3家直属分馆。

（二）资源建设项目

1. 政府公开网络信息资源采集与保存项目。年均采集、发布1万条以上。

2. 馆藏伪满时期文献数字化建设项目。对馆藏3000余册特色文献深度数字化加工、发布，提供篇目检索服务。

3. 《长图瑰宝》工程建设项目。对馆藏特色、地方特色及珍贵古籍文献加大入藏、整理、宣传、利用。

（三）平台建设项目

1. 长春地区数字云图书馆项目。提供网站与移动服务互动的一站式、开放共享服务。

2. IPTV图书馆服务项目。随着三网融合技术发展，建立整合平台，将数字图书馆内容服务通过交互式网络电视延伸至百姓家庭。

（四）服务拓展项目

1. **长春城乡图书馆"一体化"服务项目**。陆续在全市范围内发展100个符合规范标准的基层（社区）图书室，与本馆、各县（市）区馆共同实现统一、标准、规范的通借通还服务。

2. **地铁自助图书馆项目**。在地铁1、2号线，陆续建成5个自助图书馆服务站点，实施便民自助借阅服务。

3. **汽车流动图书馆项目**。增加汽车流动图书馆数量，保障流动借阅服务供给。

4. **数字、移动阅读网点项目**。在商场、超市、银行、火车站、机场等人流密集的地方，设立50台自助电子读书机，提供二维码扫描下载、移动阅读推广服务。

（五）品牌服务项目

1. "长图悦读"项目。创新全民阅读推广内容与形式，依托"城市热读"公益讲座、"长图雅音"艺术活动、市民数字学堂、公益文化展览、"小树苗"少儿活动、老年乐读等系列活动，打造规模化、系列化的"长图悦读"全民阅读推广服务品牌。

2. 市民读书节。每年组织承办一次大型的市民读书节活动，吸引社会力量广泛参与，联合广播、电视及网络媒体广泛宣传，营造全民阅读气氛，建设书香长春。

3. "城乡一体化"图书馆服务。以总馆为中心，联动县区图书馆、乡镇（街道）、村（社区）图书馆（室），以标准、规范、统一化的服务，实现图书馆联盟资源共享及高效便捷的公共文化服务。

六、保障措施

1. **经费保障**。按照《公共图书馆服务标准》测算所需经费，将保障资金纳入财政预算，并针对增量的公共文化服务逐年增加投入，为图书馆事业发展提供充足的资金支持。

2. **管理保障**。推进法人治理管理模式，积极开展图书馆法人治理的成效评价，以全面、深入的公共图书馆法人治理模式，保障图书馆科学化发展。

3. **制度保障**。逐步完善公共图书馆法制化与标准化规范体系，推进有关"图书馆法律与标准"等重点领域相关法律与标准的制定、修订、颁布与实施等工作，完善公共图书馆制度保障机制。

4. **人才保障**。优化馆员的知识结构，积极引进人才，改善人员队伍结构，培养和造就一批知识丰富、才能全面的复合型人才，保障新时期现代化图书馆的快速发展。

（发布日期：2016年5月3日）

青岛市图书馆"十三五"事业发展规划[①]

"十三五"时期,是我国全面建成小康社会的决胜阶段,是全面深化改革取得决定性成果的关键时期,也是加快构建现代公共文化服务体系,全面提升国家文化"软实力",推动实现中华民族伟大复兴"中国梦"的重要阶段。深刻认识并准确把握国内外形势的新变化和新特点,展望青岛市图书馆"十三五"发展前景,抓住图书馆事业发展的战略机遇,促进我市图书馆事业实现新的突破,为我市经济、政治、文化、社会、生态文明建设和党的建设提供更加强有力的知识与智力支撑,具有重要意义。

一、切实发挥行业示范引领作用,推动现代公共图书馆服务体系建设

充分发挥青岛市图书馆在全市公共图书馆服务体系建设中的示范引领作用,加强与各级各类图书馆和其他公共文化机构的联系与合作,共同推进现代公共图书馆服务体系建设。

---

① 本规划由青岛市图书馆授权收录。

(一) 积极推动现代公共图书馆服务体系建设

积极构建大青岛公共图书馆服务体系,加强公共图书馆骨干馆建设。重新选址建设青岛市图书馆新馆,改造现有图书馆,提升青岛市图书馆的总体服务能力;通过合作建馆、委托管理、政府购买服务等方式,进一步深化公共图书馆总分馆体系建设;将蓝色硅谷、西海岸新区、高新区等地图书馆纳入总分馆建设体系;采取灵活方式,与社会机构合作,建设主题分馆和24小时自助图书馆,使本地区公共图书馆网络布局更加科学合理;通过技术支撑、文献配送、人员培训、标准化服务等,进一步加强对各分馆的管理。进一步扩大流动服务范围,在偏远社区、地铁换乘站点、部队、海岛等增设服务网点,增强公共图书馆服务的辐射力和影响力,实现公共图书馆均等化服务目标,满足广大市民的阅读需求。

加强对现代公共图书馆服务体系的理论研究及技术应用探索,结合组织实施重点文化工程、开展文献信息资源联合建设与联合服务、组织优秀辅导员面向基层图书馆开展馆员培训等多种方式,带动各区市及广大基层图书馆的发展,特别是为农村及偏远地区图书馆事业发展提供支持,推动图书馆行业在构建现代公共文化服务体系中发挥积极作用。

(二) 逐步完善信息资源共享网络与联合服务机制

依托全国联合编目中心,以全国图书馆馆藏文献元数据集中仓储为基础,推动实现本地区各级公共图书馆馆藏各类文献信息资源的统一揭示、统一检索和联合服务。依托全国省级公共图书馆决策咨询服务平台、全国图书馆参考咨询协作网、政府公开信息服务平台、国家少年儿童数字图书馆、中国残疾人数字图书馆等联合服务平台,实现各平台间的互联互通,共同构建覆盖全国的公共图书馆联合服务网络。

(三) 发挥市图书馆学会交流平台作用

利用市图书馆学会组织等平台,加强与高等院校图书馆、科研院所图书馆等其他各类型图书馆之间的资源共享与协同服务;广泛组织学界和业界专业力量，围绕图书馆事业发展重点领域和重大问题展开深入研究和探讨；探索与各级各类图书馆建立完善常态化的开放交流机制。

加强与博物馆、文化馆、档案馆等其他公共文化服务机制的统筹协调与资源共享；进一步促进信息生产、组织、加工、传播和利用渠道各环节的互动与合作；探索与相关行业间建立资源互补、合作共赢的合作机制，扩大图书馆服务的覆盖面，在学习借鉴各类机构优长的基础上，不断提升图书馆各项业务及服务工作的质量与效率。

二、加强青岛文献信息资源总库建设，进一步提升文献信息资源保障能力

按照青岛市"十三五"期间经济社会发展总体规划和文献信息资源总库建设的总体要求，促进实体资源与数字、网络资源充分融合的现代馆藏体系建设，不断完善实体馆藏与虚拟馆藏的协调互补机制，使馆藏资源内容更加丰富、结构更加合理，青岛市图书馆作为本地区中外文文献最大藏家的地位进一步巩固，对我市经济社会创新发展的文献支撑保障作用进一步增强。馆藏文献年均增长10万册（件）以上，数字资源年均增长10TB以上。

（一）进一步完善馆藏发展政策

根据国内外信息环境及出版市场发展变化情况，重新审视本馆文献信息资源建设原则和采选方针，对《青岛市图书馆文献采选条例》进行修订；研究制定馆藏资源建设中长期发展规划，重点加强数字资源建设规划；完善馆藏资源建设的专家咨询制度、绩效评价制度和用户需求反馈制度。

（二）加强重点领域文献信息资源保障体系建设

围绕我市经济社会发展重点，加强重点学科领域、重点专题领域文献的采访与征集，逐步形成对蓝色经济、高端制造业、高端服务业、战略性新兴产业等文献信息资源的有效保障；加强对日、韩、德等国家和地区文献的采访与征集，逐步形成对周边国家和地区、市政府重大战略关切国家和地区文献信息资源的有效保障。

（三）推进网络信息资源采集与保存工作

围绕国家加强网络安全和信息化建设重大战略部署，结合青岛市图书馆资源建设整体规划，进一步明确网络信息资源采集的目标、原则、内容与方法，力争到"十三五"末实现对我市经济社会发展重点领域和重大事件网络资源的全面采集与保存；协调建立与本地区各类型图书馆统筹、分工协作的网络资源采集、保存与共享利用机制。

（四）建设"青岛记忆"资源总库

坚持抢救性、代表性、前瞻性原则，以口述史料与影像史料为特色，以青岛现当代重大历史事件、典型代表人物、优秀文献典籍、重点热点话题，以及各类非物质文化遗产等为主要内容，联合各级各类文化、教育、研究机构，社会团体及个人，搭建开放统一的合作平台，依据统一的标准规范，有选择地采集和制作专题资源，建设"青岛记忆资源总库"，实现对青岛地方史记忆的系统搜集、整理、保存和利用。

三、加强青岛文献信息资源总目建设，进一步提升各类型资源的深度加工与整合揭示能力

进一步优化馆藏文献信息资源目录体系，促进所有载体类型文献信息资源书目记录的全覆盖，加强各类型文献信息资源的统一检索与整合揭示，深入开展知识组织与发现技术的跟踪研究与创新应用。

（一）加强馆藏文献信息资源的编目加工

密切跟踪国际编目理论、方法和技术的发展变化，积极推进 RDA 等国际性编目规则的研究应用，进一步提升书目数据质量与效能；加强数字资源、网络资源等新兴载体类型文献信息资源的编目，力争在"十三五"期间实现所有馆藏文献信息资源的编目加工，并提供检索利用；实现馆藏各类型元数据和中文文献目录数据的集中仓储和统一管理。

（二）推进基于知识关联的资源整合

深层次整合文献信息资源，逐步实现馆藏信息资源组织揭示重点从文献层转向内容层和关系层，建立基于内容的立体化、多元化知识网络，全面提升专题知识服务能力；面向我市经济社会发展重点领域和市政府重大关切，有计划、有针对性地开发建设特色专题知识库群；积极应用大数据技术，加强对用户行为数据的挖掘与分析，不断提升资源整合对用户个性化信息需求的针对性与适应性。

（三）提供高质量资源统一检索与发现服务

建立统一搜索系统，全面实现用户身份的统一认证和单点登录，提供对本馆馆藏文献乃至全国主要公共图书馆馆藏文献的统一检索与发现服务；完成对各类馆藏元数据的全面整合，加强与主流商用元数据仓储检索平台的深入合作，力争在"十三五"时期实现80%以上外购数据库元数据的底层收割；加强对用户检索行为数据的挖掘利用，提升资源发现服务的针对性和有效性。

（四）加强与全国图书馆联合馆藏目录建设项目的对接，实现本地区图书馆文献信息资源元数据集中仓储

按照"共知、共建、共享"的建设思路，进一步推进与全国图书馆联合馆藏目录建设项目的对接，逐步实现本地区各级各类图书馆古籍和民国时期文献、缩微文献、数字资源和网络资源等各类型文献资源元数据的集中登记与协同共享，并力争实现本地区图书馆文献信息资源元数据集中仓储。

四、强化科研支撑与公共文化服务，不断提高服务效能

面向重点科研教育生产单位提供主动性、针对性、专业化服务，不断

创新社会教育模式,培育全民阅读习惯,积极拓展社会教育职能,进一步优化服务布局,提升服务精细化水平。

(一) 加强面向创新创业的服务

逐步加强覆盖全市的文献保障体系建设,进一步拓展面向重点教育、科研机构与企业的参考咨询服务,为科技创新提供文献支撑与信息服务;建立学科馆员制度,跟踪我市重大战略领域、重点建设项目和重要创新工程需求,提供个性化服务;为中小企业和社会公众创新创业提供工具、文献与咨询服务。

(二) 完善多元化社会教育服务体系

以馆藏资源为依托,与当代社会发展和民众生活紧密联系,以专题形式设置课程,推出"青图公开课",推送多种形态的学习资源,为公众提供高品质终身教育资源;不断完善公开课服务平台,实现公开课线上线下相结合的用户管理和用户服务;依托公开课服务平台整合各类型公共数字文化资源,引导和推动全民阅读,服务学习型社会建设。整合讲座与展览资源,继续办好"青岛文化大讲堂"和"尼山书院",建立"讲习"制度,丰富社会教育活动内涵,提升品牌影响力;依托小小莫扎特音乐馆、小贝壳快乐营,拓展艺术教育职能,提升少儿艺术普及与鉴赏服务水平。

(三) 加强全媒体服务

积极利用现代信息技术,通过网络进一步拓展服务半径,为更广泛的社会公众提供信息服务;完善新媒体服务策略,针对不同网络平台的特点,及时调整与优化服务形式与服务内容,通过社交平台了解读者需求,主动推送服务;提供高质量音视频鉴赏服务。

(四) 培育公众阅读习惯

市图书馆将策划开展全民阅读示范性项目。根据不同年龄、职业、阅读习惯等,有针对性地举办特定人群的读书活动,分层次开展阅读推广活动。同时，以合作机制为纽带，以公共图书馆为主导，整合公共图书馆、文化教育机构、媒体平台、大企业等社会力量，组建阅读推广联盟，制定整体规划，形成有力的阅读推广网络；不断创新阅读服务形式，利用现代信息技术使公众能够随时随地、方便快捷地获得青岛市图书馆的阅读服务，使青岛市图书馆成为培育公众阅读习惯的重要力量。

（五）加强面向特殊群体的服务

加强对少年儿童图书馆事业发展的研究，依托市少年儿童图书馆，充分发挥对各区市少年儿童服务的示范带动作用；加强针对老年人、未成年人、残疾人、进城务工人员等特殊群体的适用资源建设，开展针对不同特殊人群的新技术应用培训、阅读交流、延伸服务等，为其更好地融入社会提供服务。

（六）优化馆区服务格局

优化馆内空间格局和馆区环境，在馆区内通过多种展陈手段，宣传优秀传统文化，有效提升读者的现代技术应用体验；提供公共交流空间，为广大创新创业者提供良好的服务环境及资源与工具支持，从而为读者营造更好的阅读和学习氛围。

五、搭建基于云计算和大数据的业务支撑平台，进一步提升信息化能力

（一）推进数字图书馆建设

依托"国家数字图书馆推广工程""国家公共文化信息服务基础设施云""中华文化资源总库"和"国家公共文化信息综合服务网络"，利用大数据、云计算、物联网等新技术，推进数字图书馆一体化网络建设，力争到"十三五"末基本建成线上与线下一站式服务的青岛市公共文化信息综合服务平台，努力打通文化惠民最后一公里；进一步引导资源建设和服务推广，加快数字资源建设与整合，形成资源的规模优势，为社会公众提

供基于新媒体技术的网络公共文化服务；加强与其他公共文化数字惠民工程的统筹规划和融合发展，特别是在城乡基层，探索建立综合性的公共数字文化服务平台，整体提升公共数字文化服务效能。

（二）加强技术平台支撑能力建设

建设基于云存储、云服务和大数据的技术平台，提升信息设施管理水平，实现对各类型海量数据的有效管理、存储、分析和利用；加强业务管理系统对新的信息管理和服务环境的适应性研究与调整，完善业务统计平台，提高系统平台的运行性能和访问速度，为各项业务工作提供强有力的技术保障。

（三）提高基于大数据的数据分析和服务能力

加强对经济社会发展进程中各类海量数据资源的采集与保存，充分发掘数据所含的信息价值，为开展专业化知识信息服务提供数据支持；对内部业务工作和读者服务过程中产生的大量数据进行发掘与整理，特别是对有关馆藏文献信息资源利用和读者信息行为的各类数据进行挖掘与分析，为馆藏发展政策和用户服务政策调整提供数据支持。

（四）提高信息化管理水平

做好全馆信息化建设规划，全面推进信息服务系统的建设和应用，提升业务管理的自动化水平，实现对图书馆业务和服务的全流程数字化、网络化管理；加强设施设备和技术平台的智能化管理；提升馆务信息化水平，为办公自动化、移动办公、远程办公提供安全保障；建立较为完善的信息安全管理机制。

六、加强文献保存保护，深入挖掘馆藏文献价值

（一）进一步改善文献存藏条件

调整优化书库空间布局，重点做好古籍特藏书库、保存本书库和基藏

书库建设，加强数字资源长期保存设施设备的配置与保障，到"十三五"末，使全馆各类文献库房全部达到国家标准要求；探索建立重点文献专藏制度；立项建设"青岛市文献战略储备书库"，逐步形成馆内与馆外保存相结合的重要文献信息资源的全面储备。

（二）切实履行全市古籍保护中心职能

依托青岛市古籍保护中心，进一步完善全市古籍保护工作机制，深入实施"青岛古籍保护计划"，力争在"十三五"时期基本完成全市古籍普查和普查目录出版工作，建立较为完善的古籍分级保护制度，全面提升我市古籍保护修复、整理出版与研究利用水平，充分发挥典籍文献在中华优秀传统文化传播中的重要作用。

（三）深入推进民国时期文献保护工作

依托"民国时期文献保护计划"，在全市推动建立民国时期文献的保存保护工作机制，力争"十三五"期间，完成民国时期文献普查和《民国时期文献联合目录》编纂工作；拓展征集范围，开展海内外民国时期文献的征集与合作开发；深入挖掘民国时期的政治经济文化专题，以民国文献的收集、整理、出版、数据库建设为抓手，加强民国文献的研究、开发与利用；面向图书馆业界和社会公众，继续做好成果展览宣传工作；加大民国文献保护技术的研究与实践，特别是民国时期文献原生性保护研究和实践，使民国时期文献的保护状况实现较大改观；收集、整理和出版一批有影响的民国时期专题文献，使其更好地服务于当代经济社会发展和学术研究需要。

七、积极开展国际交流合作，进一步提升国际影响力

加强与友好城市、周边国家、重点地区国家图书馆间的合作与交流，参与有关国际组织和行业组织的活动，不断拓展与国外图书馆的合作领域和合作范围。

八、加强科学研究，提高事业发展的科学化与专业化水平

完善鼓励学术研究管理制度，重点支持与业务工作和事业发展需求关系密切的选题研究。鼓励各部门围绕业务工作实际需要组织开展研究活动，围绕事业发展需要，重点加强对数字资源组织与管理、知识传播与服务、文献整理开发等领域的跟踪研究。建立科学合理的学术研究成果评价和表彰机制，进一步实现学术研究与业务建设的融合发展和良性互动，力争在"十三五"时期，将青岛市图书馆建设成为本地区图书馆发展研究中心。

九、加强队伍建设，为事业发展提供人才保障

进一步完善青岛市图书馆人才引进、培养、聘用及评价激励机制，进一步优化岗位管理制度，提升人力资源使用效率，打造一支规模适当，结构合理，人才储备充足，较好适应事业发展需要的人才队伍。

（一）建立健全多元化选人用人机制

进一步完善面向社会公开招聘相结合的员工录用制度，重点引进数字图书馆建设、古籍保护与修复、文化传播与艺术设计等领域亟须专业技术人才；进一步完善社会化用工机制，提升外包业务管理水平，加强志愿者队伍建设与管理。

（二）强化员工在岗培训

进一步完善分层分类培训机制，结合岗位需要，有针对性地组织开展多样化的培训活动；广泛开展基础业务知识和基本业务技能培训；为员工接受专业继续教育创造条件；在文献采访与编目、古籍保护与修复、参考咨询服务等重点业务岗位，探索建立多种形式的人才培养机制，发挥高级职称人员和业务骨干的"传帮带"作用，推进各重点领域人才梯队建设。

（三）加强领军人才培养

引进、培养相结合，围绕我馆事业发展重点领域与重大问题核心研究

团队建设,加强领军人才培养,为中青年业务骨干开展业务研究与学术研究创造有利条件,力争"十三五"时期能够培养若干在国内有一定行业影响力的高端人才。

(四) 加强岗位管理

根据事业发展环境变化和职能拓展要求,不断调整组织机构,优化岗位设置;创造鼓励员工岗位成才的制度环境,建立科学的岗位考核与人才评价制度。

十、深化体制机制改革,提高事业发展综合保障能力

根据国家关于文化体制改革的要求,深化内部体制机制改革,进一步提高管理水平,推动形成责任明确、行为规范、富有效率、服务优良的运行机制,营造良好的事业发展环境。

(一) 体制机制改革

按照国家关于深化文化体制改革和推进事业单位分类改革的要求,全面推进人事管理制度、收入分配制度改革;探索管办分离的有效形式,引入社会力量参与图书馆建设与管理。

(二) 完善绩效评估制度

围绕馆藏文献信息资源的建设与使用、用户需求与服务等重点领域,建立评价指标体系,重视投入产出效益;建立自评、与第三方评估相结合、综合评估和专项评估相结合的多元评价机制;建立较为完善的图书馆业务与管理统计、评估体系;利用大数据分析技术,加强对业务数据的统计、分析及利用。

(三) 提升业务管理水平

做好全馆业务工作的统筹规划、协调与管理,完善业务规章制度及业

务工作规范，加强业务研究特别是用户信息行为的分析与研究，提高业务管理的科学化、规范化水平。

（四）规范财务、国有资产管理和审计工作

完善财务监督机制，科学制定和执行预算，强化预算调控功能，规范经费管理审批流程；加强对重大项目的绩效审计，提高资金使用效益；加强国有资产精细化管理和政府采购管理，规范馆资企业运营。

（五）加强安全与后勤保障工作

坚持"安全第一，预防为主"原则，建立现代安全管理体系，特别是加强网络信息安全体系化建设，完善安全管理制度和应急预案，加强全员安全培训，提高安保人员整体素质、应急反恐能力和突发事件处置能力；加强行政管理和物业监管，完善后勤管理工作制度，提升后勤智能化管理与服务水平。

（六）完善宣传工作机制

加强宣传员队伍建设，围绕重点工作和重大活动做好宣传报道规划，积极拓展媒体合作渠道，策划开展宣传推广活动，建立覆盖各类媒体的宣传工作网络；规范信息发布渠道和发布流程，加强网络舆情监控，建立舆情快速响应机制，强化基于各类自媒体的用户服务评价与推介，为青岛市图书馆事业发展创造更好的舆论环境。

十一、立体推进党工团工作，确保事业可持续发展

坚持"围绕中心，服务大局"，切实做好党工团各项工作，为青岛市图书馆事业发展提供坚实的思想保证、组织保证与纪律保证。

（一）加强党的组织建设

以突出党员理论学习为主线，以规范、创新党建工作制度为抓手，以

群众为中心，全面提升党员干部队伍的思想作风水平和党建工作科学化水平；充分发挥党员干部的模范带头作用；加强党风廉政建设的主体责任和监督责任，建立健全管理制度体系，打造一支有战斗力、清正廉洁、务实肯干的党员队伍。

（二）推进单位精神文明和文化建设

按照省级文明单位建设标准，结合本单位实际，全面推进单位的班子建设、道德建设、业务工作、文体活动、科学管理、环境建设等，使全馆精神文明建设再上新台阶。加强对馆史的系统研究与宣传展示，特别是在全馆继承与发扬青图精神，完善青岛市图书馆荣誉表彰体系，努力在全馆营造立足岗位、甘于奉献、快乐工作、幸福生活的和谐氛围。

（三）加强领导班子作风与能力建设

切实加强馆领导班子和中层干部队伍建设，树立"严以修身、严以用权、严以律己，谋事要实、创业要实、做人要实"的作风，不断提升干部队伍的专业能力和行政能力，建立深入基层的调研制度，提高决策的科学性。

（四）做好工会和共青团工作

进一步完善职工代表大会制度和职工代表议案工作制度，充分发挥工会组织的民主管理作用；创新共青团工作思路，丰富和活跃员工文化生活，为员工个人发展创造条件。

（五）做好离退休工作

落实和宣传好离退休员工的相关政策，切实关心离退休员工生活，丰富老同志社团活动，注重发挥离退休专家作用，开展离退休馆员的口述历史资料采集。

（发布日期：2015 年 12 月 22 日）

厦门市图书馆"十三五"发展规划[①]

遵循党中央全面深化改革、建设社会主义文化强国、实现中华民族伟大复兴中国梦的战略方针,分析厦门市经济、文化发展趋势,结合厦门市图书馆事业发展和现状,制定本规划,以推进厦门市图书馆可持续发展。

一、"十二五"回顾

"十二五"期间,厦门市图书馆在"全方位开放、全公益服务、全社会共享"的方针指引下,不断完善一体化流通服务体系,积极推进公共图书馆服务网络体系的建设,基本实现"构建一个网络系统、建立三大管理机制、推进三项服务建设、承负五大事业使命"的规划目标。五年来取得的主要成绩有:

1. **公共图书馆服务网络体系初步构建。**在厦门市公共图书馆服务联合体建设的基础上,全力推动公共图书馆服务网络体系的建设,基本建成由市图书馆为中心馆、区级图书馆为区域分中心馆、镇(街)及工业园区图书室为基层馆的三级骨干网,并向社区、街区等基层拓展,形成了覆盖全

---

① 本规划由厦门市图书馆授权收录。

市的一体化公共图书馆服务体系。一是发展了一批基层服务网点。将55台街区图书馆纳入"一卡通"服务体系,完成其统一运营管理的招标及运营维护合同的拟订等工作,实现"一证通用、通借通还"。目前已有220个基层图书馆纳入"一证通用、通借通还"的一体化服务网系统之中,比规划50个基层馆的目标超出244%。二是加强联合体成员馆书目数据集中编目,提高各成员馆书目数据的规范化和标准化,逐步推进全市公共图书馆书目数据集中编目。三是完善联合体服务工作规则,促进日常的业务合作共建共享。**四是**建立起完善的物流配送机制,提升全市图书馆服务能力和服务效益。

2. 公共文献信息资源保障体系基本建立。一是馆藏数量稳步增加,资源质量明显提高。2011—2015年新增藏量67.1万册,平均年增13.4万册;开展馆藏资源调研,提高文献采访质量,2011—2015年新增文献602564种;搭建"文献交换平台",与闽南地区各级各类图书馆开展文献互换,2012—2015年通过交换平台,交换图书2198种、3803册;广泛征集地方文献,2012—2015年征集文献2.3万种6.8万册(件),其中地方文献1万余种;外购数据库43.98TB。二是专题馆藏建设初具规模。地方文献、闽台与华人华侨专题资源实现较大幅度增长。加强自建地方资源数据库建设,2011—2015年新增"厦门记忆"数据库数据28210条,政府信息公开数据21640条。自建地方特色资源库总量达13.7TB。

3. 读者服务工作取得突破性进展。一是流通服务效益明显提升。2011—2015年共接待读者1945.3万人次,年均389.1万人次;外借文献1774.6万册次,年均354.9万册次。自2013年11月起,将开放时间由8:00—20:00调整为8:00—21:00,每周开放时间达82小时;拓展决策信息服务,搭建"厦门市图书馆'两会'服务平台",现场为"两会"代表提供服务;加入"全国图书馆参考咨询联盟",拓展图书馆参考咨询渠道,提升参考咨询服务水平;启动厦门文史沙龙,为社会大众提供一个公益性、开放式的学术交流平台。二是数字化网上服务效能得到拓展。加大数字资源的补充力度,开展多种形式的数字资源推广活动,推动数字资源利用率的提升,2011—2015年图书馆网站点击率为5084.35万次(其中各数据库访问量为 4610.45 万次）。三是多元服务理念进一步提升。打造活动服务品牌，每年举办"4·23 世界读书日"活动、图书馆服务宣传周、青少年假期热读活动、"我与书缘"读书主题活动月等系列活动，形成读书活动的主打品牌；提升活动的社会影响力，邀请了袁腾飞、葛剑雄等名人前来举办讲座，吸引大量市民参加；扩大活动合作范围，与厦门电视台合作举办"电影·阅读好时光"等活动，参与人数众多，收到良好的社会效果；创新活动形式，举办"影像中的书香"阅读视频大赛、"阅读·梦想·成长"征文大赛、公共文化服务体系建设摄影大赛；开创特色活动项目，开展"书虫"青少年阅读会、"英文原版精读"等活动；丰富展览内容，加强对地方文化的宣传，与漳州图书馆开展"厦门大街小巷"风情摄影展、福建省青年师生优秀美术作品展的巡展。2011—2015 年共举办各类读者活动 5223 场次，参加活动 2829115 万人次。

4. **自动化网络化服务水平逐步提升**。不断提升图书馆现代化技术水平，拓展图书馆服务内容。建成"24 小时自助图书馆"，藏书 4500 册，每周更新新书，全天候提供文献外借、阅览、自习等自助服务；推出电子图书借阅服务，添置 2 台电子图书借阅机，为读者提供电子书全文借阅服务；对专题图书进行智能定位管理，在社科阅览区通道增设 78 米长的智能书架，用于专题图书推荐，以提高传统纸质图书的借阅率，通过准确定位，提高读者检索效率；拓展多媒体服务内容，在多媒体体验区增设音乐点播系统，为读者提供音乐鉴赏服务，丰富了多媒体体验区的服务内容；改造提升无线网络系统，达到读者服务区 WiFi 全覆盖；优化自助服务项目，提升改造图书分拣系统，增设自助办证服务、图书消毒机和自助微型图书馆，提高服务效率，提升自助服务水平；构建数字化应用平台。建成移动门户、触摸屏阅读、读者自助服务（自助借还、自助上机、自助 WiFi 接入）、短信平台、微信公众号服务平台、移动 APP、微博等数字化应用平台，优化图书馆业务管理、服务及宣传推广手段。

5. **科学有效的管理体系初步建立**。通过优化组织架构、塑造组织形象、提升人员素质，建立更为完善的管理机制，为全面实现战略规划目标提供保证。一是实施新一轮聘用制改革。通过新一轮人事聘用制改革，完成所有岗位员工的聘用，合理调整岗位职责，科学整合人力资源，优化绩效考核分配制度。二是倡导文明服务、塑造组织形象。根据业务发展，对原有的行政业务制度进行了修订，规范图书馆管理。开展巾帼文明岗、青年文明号、敬老文明号、文化志愿者创建活动，以公共图书馆服务规范为标准，优化服务手段，提升服务质量。"十二五"期间获得了文化部一级图书馆、全国敬老文明号、全国科普教育基地、全国古籍保护工作先进单位、2012—2014年省级文明单位、"创建国家公共文化服务体系示范区"突出贡献单位等称号。三是优化阅读环境，加强安全保障。对少儿图书借阅区等场馆设施进行改造，规范标识标牌，绿化美化馆舍，加强安保管理，为读者提供优美、安全的阅读氛围。四是加强馆员在职培训，提升队伍素质。举办参考咨询、集群服务与知识管理、计算机技术等专题培训以及业务讲座、报告等，2011—2015年间，职工继续教育培训共计49407学时。

二、"十三五"发展环境

中共中央办公厅、国务院办公厅《关于加快构建现代公共文化服务体系的意见》提出，到2020年基本建成覆盖城乡、便捷高效、保基本、促公平的现代公共文化服务体系。文化部、财政部、新闻出版广电总局、体育总局《关于做好政府向社会力量购买公共文化服务工作的意见》提出，到2020年在全国基本建立比较完善的政府向社会力量购买公共文化服务体系。厦门市委、市政府制定的"美丽厦门"战略规划，提出完善公共文化服务体系，实现公共文化服务的更广覆盖、更高效能和持续发展，并将文化提升工程纳入美丽厦门建设十大行动计划。这些文件的出台，为图书馆事业发展提供了政策保证。

三、制定原则

1. 贯彻中共中央办公厅、国务院办公厅《关于加快构建现代公共文化服务体系的意见》、国务院办公厅《关于做好政府向社会力量购买公共文化服务工作的意见》等文件精神，以完善公共文化服务体系、促进基本公共文化服务标准化、均等化为目标，保障人民群众基本文化权益，最大限度地满足人民群众的公共文献信息需求。

2. 按照"美丽厦门"战略规划要求，坚持图书馆事业建设与国民经济和社会发展水平相适应、与社会需求相适应的原则，紧跟本市建设规划步伐，推进文化实力提升与文化活动拓展，为实现"两个百年"的美好愿景作贡献。

3. 顺应中国图书馆事业发展趋势，在事业建设中争当排头兵；引领本市公共图书馆事业的整体建设，在推动本市公共图书馆事业向专业化和网络化发展中起主导和促进作用。

四、主要目标与任务

以"美丽厦门"战略规划为统领，以"完善体系、提标提效"为方针，坚持"全方位开放、全公益服务、全社会共享"的服务宗旨，充分发挥厦门市图书馆作为本市公共图书馆服务网络的运作中心、公共文献信息资源的保障基地、知识信息的流通枢纽、社会阅读的推动主体和多元文化的交流窗口的作用，不断满足本地区民众日益高涨的文献信息需求。在"十三五"期间，"明确一个定位、实现五大提升"的规划目标：

明确一个定位：明确市图书馆的文化艺术中心馆区、集美新城图书馆区与鼓浪屿中山图书馆3个馆区的功能定位。完成集美新城图书馆的建设、文化艺术中心图书馆的布局改造和鼓浪屿中山图书馆艺术主题馆的建设，重新定位市图书馆三个主要馆区的功能分工，形成各具功能、各具特色的服务中心。

实现五大提升：

1. 提升公共图书馆服务网络覆盖率与服务实力。发挥中心图书馆的龙头作用，完善厦门市公共图书馆服务联合体的"市中心馆—区域分中心馆—基层馆"结构模式的体系建设，引导各成员馆继续发展一批托管型、直管型基层分馆，至2020年，镇（街）图书馆100%实行总分馆制，村

（居）图书室进入联网管理达10%，形成布局均衡、全面覆盖的公共图书馆设施网络；加强协作协调，推动资源共建共享和服务互联互动，提升全市公共图书馆整体服务实力。同时推动《厦门市公共图书馆条例》立法，为本市公共图书馆事业发展确立法律保障。

2. **提升文献信息资源的供给与整合能力。**加强基础馆藏建设，稳步增加馆藏数量，到2020年馆藏总量达350万册；优化馆藏文献资源结构，提高馆藏文献资源质量，满足分层服务的需求；推进公共数字文化工程建设，实现传统资源与数字资源的融合发展，提高文献资源综合保障能力。

3. **提升图书馆服务效能。**强化宣传推广，提升民众到馆率；注重产出效益，提升文献利用率；实施分层服务，提升服务针对性；加强资源开发，提升文化传承性；深化数字化网上服务，提升资源推送能力；优化服务环境，提升读者满意度。

4. **提升图书馆现代化技术支撑能力。**以集美新城馆区为重点，完善自动化、智能化管理系统、多媒体信息服务系统、多媒体技术应用系统等现代化技术管理的建设；完善数字资源统一服务门户，全面实现城域网数字资源的社会共享；构建"智慧厦门"信息服务平台，打造网络视频教育平台（慕课），运用新的信息技术拓展图书馆服务。

5. **提升基于战略管理的发展保障能力。**建立法人治理结构，引入社会力量参与图书馆建设与管理。建立科学决策机制；建立适应事业发展新要求的人才队伍；建立科学有效的评估体系。

（一）确定中心馆三个馆区的结构功能定位

任务1：将集美新城馆区建成厦门市图书馆文献保障中心

目标：把集美新城馆区建成厦门市公共图书馆服务联合体文献编目与文献配送中心，厦门市图书馆文献信息资源存储保障中心，岛外地区的文献信息传递服务与社会阅读活动中心，台湾文献、闽南地方文献和华人华侨文献保存与研究中心，图书馆数字化和信息技术展示、体验与服务中心。

主要措施：

（1）完成二装工程及功能布局。做好集美新城馆区二装及其他各系统的功能需求及建设的跟踪、跟进，确保2017年完成一期开馆任务。

（2）建设专题阅览区。完善台湾文献、闽南地方文献和华人华侨文献专题阅览区，拓展文史咨询服务，打造闽台侨文史资料保存与研究中心。

（3）建设创意设计主题馆。面向创意产业人士和设计院校师生等，集中各类型载体资源，增加相应的设备设施，拓展信息咨询服务，强化交流服务，以专题性多层面服务支持地方创意产业的发展。

（4）加强宣传推广。通过举办多种形式的活动，聚集人气、引导利用，努力提高读者到馆率，到2020年，力争实现年单馆读者到馆达100万人次指标。

任务2：将文化艺术中心馆区定位为市民多元阅读中心

目标：继续推进文化艺术中心馆区的建设发展，除承担中心图书馆的管理职能外，调整功能定位，把文化艺术中心馆区建成厦门市市民多元阅读中心，厦门市知识信息的流通枢纽、社会阅读的推动主体、学习交流文化场所和文化知识共享空间。

主要措施：

（1）实施功能布局及服务空间再造。在集美新城馆区全面开馆之后，对文化艺术中心馆区功能布局进行重新定位及空间改造，使其功能布局更加合理、服务空间更加温馨舒适。

（2）设立都市休闲生活主题馆。面向公众，集中饮食、旅游、汽车、花卉、养生、摄影、服装、家居等专题各类型载体资源，集成文献借阅、数字资源浏览、视频点播、读者交流、信息咨询、展览讲座、网络导航等不同形式服务，引领休闲时尚，倡导健康生活方式。

（3）拓展少儿阅读空间。优化亲子绘本阅读服务、周末少儿活动；加强校馆衔接合作；继续做好图书馆服务宣传，吸引少儿读者走进图书馆等。

任务 3：把中山图书馆建成独具艺术特色的专题图书馆

目标：推进中山图书馆改造项目的实施，推进"王传峰艺术图书馆"建设进程，把中山图书馆建成独具艺术特色的专题图书馆。

主要措施：

（1）完成王传峰捐赠图书入关程序审批，确保捐赠图书到位。

（2）按既定的设计方案，完成中山图书馆馆舍改造。

（3）整合王传峰的捐赠图书与馆藏原有的专类图书，构建独具特色的艺术文献资源体系。

（4）举办专题讲座、笔会、研讨会等活动，开展以东方艺术为专题的文化交流与学术研究。

（二）提升公共图书馆服务网络的覆盖率与服务实力

任务 4：完善服务联合体的"三统一"管理机制

目标：发挥中心图书馆的龙头作用，加强组织协调，完善服务联合体"统一规划、统一组织、统一行动"的管理机制；制定本市公共图书馆服务标准，确保服务联合体高效运行；加强对街区自助图书馆的管理，提升文献流通率。主要措施：

（1）加强各馆之间的沟通交流与合作协调。定期召开服务联合体管理委员会工作会议，充分发挥其组织协调的管理职能。

（2）制定公共图书馆服务标准。由市图书馆牵头、各区图书馆参加，制定《厦门市公共图书馆服务标准》，作为厦门市各级公共图书馆开展服务的基本准则。

（3）加强街区自助图书馆运营的监督管理。及时查错纠偏，确保规范运营；建立绩效考核评估制度，通过读者反馈意见和日常监控管理，对外包商运营进行评价并建立绩效评估档案。

任务 5：推进总分馆制建设，完善联合体三级骨干网建设

目标：继续推行托管型、直管型的分馆建设模式，完善"市中心馆—区域分中心馆—基层馆"三级骨干网建设。引导服务联合体各区域分中心馆在镇（街）、村（居）及工业园区发展基层联网分馆，至 2020 年，镇（街）图书馆实行总分馆制达 100%，村（居）图书室进入联网管理达 10%，从而形成布局均衡、更广覆盖的公共图书馆设施网络。

主要措施：

（1）开展网点布局调研，拟订三级骨干网建设规划。其基本原则是：各区馆承担区域分中心馆职责，通过托管型、直管型的模式，与本区镇（街）或村（居）图书馆（室）建立总分馆制；市中心馆从技术平台、信息资源、业务指导、人员培训等各方面支持各区馆的分馆建设，必要时，承担部分分馆建设。

（2）建设实体自助图书馆。根据调研情况，规划期内建设 3—5 个服务面积 100—500 平方米的实体自助图书馆，拓展市民阅读空间。

（3）实施三级骨干网建设规划。实行目标分工，做好协作协调，在市、区文化主管部门的支持下，实施三级骨干网建设规划。

任务 6：服务联合体编目中心实施社会化管理

目标：以政府购买服务的方式，实现服务联合体编目中心向社会化管理转变，从而健全与完善服务联合体的集中编目机制，提升联合体书目数据的规范化、标准化水平。

主要措施：

（1）坚持效益性与专业性原则，做好购买服务决策；通过对外部承包商的资质、能力、投入和兼容等指标的评估，准确选择外包商。

（2）制定科学、严密的管理方案和相关管理制度，加强监督管理，及时查错纠偏；建立良好的沟通机制，加强协调。

（3）建立业绩考核评估制度，确保书目数据的标准化和加工质量的规范化。

任务 7：拓展联合服务的项目与内容

目标：在各成员馆中积极推广"开放、公益、共享"的服务理念，进一步拓展文献采购、联合咨询、巡回展览与讲座活动、读书系列活动等联合服务，实现服务资源的共享。

主要措施：

（1）以"4·23世界读书日"活动为基础，打造一个由各成员馆联合组织、以全体市民为对象的年度性品牌读书活动。注重全民参与，通过分区活动、分区竞赛的形式，扩大活动范围，形成广泛参与的普惠效果；注重资源共享，充分运用巡回的手段，将各馆的展览、讲座等活动辐射到各成员馆。

（2）尝试建立区域性联合参考咨询网，在本市公共图书馆服务联合体内合作开展虚拟参考咨询服务。

（3）尝试实施文献资源联合采购，在市区两级财政许可的前提下，在本市公共图书馆服务联合体内尝试实施文献资源联合采购。

任务8：推动《厦门市公共图书馆条例》立法

目标：推动《厦门市公共图书馆条例》立法，为本市公共图书馆事业发展确立法律保障。

主要措施：

（1）开展调研，掌握国内图书馆地方立法资料，根据本市发展状况，制定条例草案；广泛征求图书馆业界内外的意见，逐步完善条例内容，使之符合本地公共图书馆事业发展之需要。

（2）多方呼吁，寻求社会各界支持，推动市人大将《厦门市公共图书馆条例》列入地方法规审议议程之中，争取正式立法。

（三）加强资源建设，推进数字资源与传统资源融合发展

任务9：加大馆藏文献补充力度，到2020年实现350万册馆藏总量目标

目标：争取财政经费投入，加大馆藏文献补充力度，保障每年新增入藏数量基本满足民众基本阅读需求，到2020年实现350万册馆藏总量目标。

主要措施：

（1）2016年新增藏量25万册，2017—2020年每年新增藏量20万册，五年计划新增藏量105万册。

（2）重点抓好集美新城馆区的馆藏文献采选，保证全面开馆的资源供给。

（3）加强用户对馆藏建设的参与。广泛征求读者阅读需求，继续开展读者参与图书采购活动。

（4）优化馆藏结构，根据相关规定，按时进行馆藏调整、文献剔除与注销工作。

（5）加强与国内外图书馆界的资源交流，完善文献交换制度；开辟资源获取的新途径，探索与民间藏书及其他机构藏书的交流共享机制。继续做好与新加坡国家图书馆的业务交流与合作；尝试开展与台湾地区图书馆的文献交流。

（6）强化与区域内图书馆的资源共建共享，加强各类型资源的整合，大力增强资源获取能力。

任务10：进一步完善馆藏体系结构

目标：加强馆藏效益评估，适时调整馆藏结构，持续提高资源质量，构建多元融合的馆藏资源体系。

主要措施：

（1）每年定期开展馆藏评估工作，定期通过多种渠道调查、了解用户需求，根据本市经济、社会、文化等方面的发展情况以及读者使用调查和馆藏评估的结果，修订馆藏发展政策，优化馆藏结构。

（2）以满足大众基本阅读和知识、信息需求的馆藏结构为基础，强化本馆确立的主题馆藏的重点入藏：一是加强本地文化传承的专题馆藏，重点抓好台湾文献馆、地方文献资源库和华人华侨专题文献库的资源建设，凸显地方特色。台湾文献馆专题文献购置费按合理比例投入，地方文献和华人华侨专题文献购置费平均每年各投入20万元。二是注重区域产业发展的主题馆藏，主要为电子、机械、航运物流、旅游会展、金融与商务、软件与信息服务业等本市六大支柱产业的文献资源。

（3）以满足分类服务的需求为基本原则，在满足大众基本阅读的基础上,增加研究型资源比例。

(4)注重物化文献与数字资源的融合发展。稳步加大数字资源比例,大力增加视听资源数量,与技术发展基本同步,不断引入新媒体类型。

任务 11:推进公共数字文化工程建设

目标:将全国文化信息资源共享工程、数字图书馆推广工程、公共电子阅览室建设计划等工作建设重点从平台建设逐步转移到资源建设和服务推广上来。

主要措施:

(1)加大数字资源自建力度,重点建设与图书馆服务有关的各类资源,推动公共数字文化工程建设。

(2)探索与兄弟馆的合作,建立数字资源的共建共享机制,形成地方资源的规模优势。

(3)提高对多种载体、多种形式、多种类型文献资源的集成化整合能力,积极应用新技术,加强基于知识关联的资源整合,使馆藏信息资源揭示从文献层向内容层迈进,充分发挥馆藏文献价值。

(四)提升图书馆服务效能

任务 12:强化宣传推广,提升读者到馆率

目标:年读者到馆率以每年 5% 递增,到 2020 年达 550 万人次。

主要措施:

(1)运用多种传播媒介和多种活动形式开展图书馆宣传推广,重点强化集美新城馆区的宣传,吸引更多读者到馆。

(2)创新多元文化服务的活动内容与形式,从多个层面满足用户终身教育与文化休闲的需求。

任务 13:注重产出效益,提升文献利用率

目标:年文献外借率以每年 5% 递增,到 2020 年达 550 万册次;年数字资源下载量以每年 5% 递增,到 2020 年达 100GB。

主要措施:

（1）加强从文献采访到流通服务各个环节的提效。以文献利用调研为前提，在采访环节，注重入藏文献的针对性，实现购书经费的效能最大化；在典藏环节，注重馆藏调整的实效性，将流通率高的资源推送到一线；在宣传环节，注重图书宣传的及时性及创新性，通过书T台、新锐阅读、读书沙龙等多种途径及时推介适应需求的资源；在流通环节，注重服务能力的高效性，不断提升服务水平。

（2）加强数字资源推广利用的宣传、指导。开展资源进校园、进社区的推广活动。

任务14：实施分类服务，提升服务针对性

目标：以读者使用图书馆深度为分类依据，处理好普通公众服务与决策、科研用户服务的关系，针对不同层次读者需求，实施分类服务，形成特色鲜明的多元分类服务体系，提高服务针对性。

主要措施：

（1）深化一体化流通服务，服务重心从一般借阅服务向参考咨询服务倾斜。继续推进为各级政府机关提供决策信息服务，为青少年提供考试、升学、情感疏导、励志、职业规划、就业等方面的资讯导航服务，为中小企业提供专题信息服务，为研究人员提供课题跟踪和专题信息服务。

（2）深化数字化网上服务，服务重点从平台建设向资源推送倾斜。进一步加强网上推送服务，大力发展视频讲座、数字展览、网络虚拟学习、网上参考咨询等服务。

（3）深化多元文化服务，将文化普及与学术活动相结合。继续打造周末知识讲座品牌，注重对象的分众化、主题的系列化、内容的学术化，提高讲座的整体水平；继续打造公益展览活动品牌，在普及性中增强专业性，充分发挥其社会教育功能。

（4）充分利用社会资源，合作开展多形式的文化传播、文化交流等服务活动，将图书馆的服务拓展到社会。

任务15：加强资源开发，提升文化传承性

目标：进一步加强馆藏文献信息资源的开发利用。通过整理、研究、展示、出版和数字化等手段，深入挖掘馆藏文献信息资源，使其服务于文化教育与社会发展，服务于中华优秀传统文化传承。

主要措施：

（1）继续推进《厦门市图书馆馆藏旧报刊专题资料丛书》《厦门文献丛刊》的编修出版工作，按每年2部的进度完成编修计划。

（2）继续推进"厦门记忆"资源数据库建设，建成一个具有鲜明厦门特色、反映厦门历史和文化、便于读者使用的地方文化专题资源库。加强现有各分库的资源补充，注重照片、实物、视频等多载体资料的搜集、整理。至2020年厦门记忆数据库总量达20TB。

（3）在"厦门记忆"资源数据库现有模块的基础上，开拓新的资源分库，侧重于视频资源建设。

（4）继续完成厦门市图书馆在"中华古籍保护计划""民国时期文献保护计划"中所承担的任务。

（5）加大特色资源数据库建设力度，做好口述历史系列资源的选题及建库。

（五）提升图书馆现代化技术支撑能力

任务16：推进集美新城馆区自动化技术建设

目标：2017年年底前完成集美新城馆区自动化、智能化管理系统等现代化技术管理的软、硬件安装调试，确保一期如期开放服务。重点抓好24小时自助图书馆和多媒体体验区建设。

主要措施：

（1）根据工程进度完成软、硬件设备的招标采购。

（2）根据招标采购情况，完成软、硬件设备的安装调试。重点抓好24小时自助图书馆智能书架设备、RFID系统的安装调试。

任务17：集美新城馆区多媒体服务系统建设

目标：2017年年底前完成集美新城馆区多媒体信息服务系统、多媒体技术应用系统的软、硬件安装调试，确保一期如期开放服务。重点抓好创新阅读体验区建设。

主要措施：

（1）建设互动阅读服务系统。一是扩增实镜，以AR互动展示方式，开展阅读学习；二是建设桌式互动系统，通过多点触碰界面，达到多人操作之图像式界面，同时与馆内电子书连接提供电子书籍搜寻并阅览。三是采用大型投影互动系统，提供多形式活动服务。

（2）打造图书馆的"众创空间"，创新图书馆的服务功能。充分利用创新阅读体验区多媒体应用系统的软、硬件设备，为创客团队的创业创新提供研创环境，更为社会上广大创客爱好者提供创意设计、创意制作、创意培训、创意展览等创新活动的学习与体验服务。

（3）与有关方面合作，探索新技术应用，开发新的多媒体体验项目。

任务18：运用新技术拓展服务内容

目标：适应信息技术的发展潮流，不断探索、借鉴新技术在图书馆的应用，拓展新的服务内容。

主要措施：

（1）打造市民网络视频教育平台（如"慕课"），为市民的自我学习、自我测评和在线交流提供网络虚拟学习空间，为数字图书馆推广增设新的服务内容。

（2）构建"知慧厦门"信息服务平台，积极探索3D打印技术在图书馆中的应用，引进国内外新颖体感互动游戏引导读者参与，运用全息影像技术带给读者高水平的影像视听感受。

（六）提升基于战略管理的发展保障能力

任务19：实施法人治理结构的体制改革，提升战略管理水平

目标：深化管理体制改革，实施法人治理结构，引入社会力量参与图书馆建设与管理，构建现代化管理新模式，提升战略决策与规划水平。

主要措施：

（1）根据事业单位法人治理结构相关文件精神，做好改革工作规划部署，在职工中明确任务、宣传政策、提出要求、落实责任。切实把握文件精神，确保改革顺利进行。

（2）制定《厦门市图书馆法人治理结构工作实施方案》和《厦门市图书馆章程》，广泛征求主管部门、相关部门及本单位员工的意见，以获得更为广泛的决策基础。

（3）根据所形成的方案及章程，建立理事会，吸纳有关方面代表、专业人士、各界群众参与管理，建立有效的战略决策与规划机制。

（4）严格按照新制定的《厦门市图书馆章程》运作。建立新的聘用制方案及薪酬分配方案，充分调动职工的积极性与主动性；建立科学有效的评估机制，激发创新活力，提高服务水平。

任务20：打造组织文化，助力战略实施

目标：打造战略支撑的组织文化，塑造组织形象，调动每位员工参与战略实施的积极性，创造一个和谐的、具有凝聚力的工作环境，确保战略规划的有效实施。

主要措施：

（1）加强职业道德教育，完善服务规范、职业道德规范等条例，并建立配套的执行与奖励制度，形成"遵章争先"的良好氛围。

（2）坚持"文明单位""巾帼文明岗""青年文明号"的创建活动，以此为载体打造图书馆的文明形象。

（3）打造团体意识，倡导部门内部、部门之间的协作精神，开展诸如协作竞赛、互援致谢等互动活动，树立健康向上的团队精神。

（4）建立正式或非正式的信息传递渠道，如馆长信箱、部门热线、提案制度等，以加强各层级之间的联系与互动，反映职工的愿望和心态。

（5）加强队伍建设，推进工作人员的专业化发展，实施业务带头人培养计划，提升人员素质，建立适应现代化管理与服务的专业团队。

（6）以建馆100周年为契机，加大宣传力度，让组织文化深入馆员意识，同时在市民、读者心中和在图书馆界树立良好的品牌形象。组织编纂《百年厦图》书系。

任务 21：建立战略评估体系

目标：建立战略评估体系，依据准确的信息与数据，通过科学的分析，科学、客观地判断战略实施过程的成绩和不足，为战略决策、规划与调整提供依据。

主要措施：

（1）适时开展战略评估。一是做好战略分析评估，对所处的外部和内部现状环境各个因素进行分析评估，为制定规划和年度计划提供依据；二是坚持战略选择评估，在战略的执行过程中，对战略执行情况与战略目标差异及时调整，采取正确的行动解决实施过程中所出现的未曾预料的各种问题；三是注重战略绩效评估，在战略实施期末对战略目标完成情况进行分析、评价，以判断战略的执行能力，作为下个战略实施期资源配置的依据。

（2）建立评估标准。通过定性分析与定量评判两种手段达到全面评估的目的。

（3）开发分析评估系统。建设图书馆的业务总体分析统计平台，在业务数据基础上进行数据的充分挖掘和分析，利用数据仓库技术，对图书满足率、馆藏分布情况、增长比率、趋势、读者增长、变化情况、趋势、流通量变化情况、趋势等实施即时的数据分析统计，为战略分析评估调整提供支持。

（发布日期：2016 年 2 月 20 日）

宁波市图书馆"十三五"事业发展规划纲要[①]

为了深入贯彻党的十八届五中全会精神,落实中共中央、国务院《关于加快构建现代公共文化服务体系的意见》(中办发〔2015〕2号)的文件精神指导,实现全面建成小康社会的"十三五"阶段性胜利,提升国家文化"软实力",推动文化与科技深度融合。为了促进宁波公共图书馆事业持续、健康发展,紧密结合公共文化发展要求、宁波城市发展实际和图书馆事业发展规律,依据《宁波市国民经济和社会发展第十三个五年规划纲要》《宁波市"十三五"文化改革发展规划》《文化部"十三五"时期文化改革发展规划》,制定宁波市图书馆"十三五"发展规划。

一、发展基础和发展环境

(一)发展成就

"十二五"期间,面对经济社会发展的新局面和社会公众不断增长的文化需求,宁波市图书馆本着"服务第一,读者至上"原则,围绕"规

[①] 本规划由宁波市图书馆授权收录。

范、整合、创新、提升"方针,经过五年奋斗,完成了宁波市"十二五"时期文化发展规划中本馆所确定的主要目标和任务。

——稳步推进重大项目。"十二五"期间,宁波市图书馆新馆项目获批,并被纳入市重点工程 A 类项目和市政府三年行动计划。按市政府和市文广新局要求,宁波市图书馆成立新馆建设领导小组和新馆建设筹建办公室,开展省内外新馆建设调研,完成新馆设计招标和建设施工招标,在时间紧、任务重、压力大的情况下,于 2015 年 6 月底正式开工建设,土建工程也在有序推进。音乐图书馆是"十二五"期间重点打造的主题馆,2014 年利用北楼一楼,建筑面积约 300 平方米场地开设音乐专题馆,为市民提供音乐学习、欣赏、展示交流平台,提升了图书馆的多元化社会服务能力,推动图书馆向个性化、专业化的发展。图书馆还完成了智能化改造项目和中庭改造工程(报刊阅览室建设项目),为读者提供更为舒适的阅读环境。

——明显提升服务效能。"十二五"期间,图书馆进一步扩大免费开放的范围和程度,彻底实行"零门槛"的免费开放。入馆读者达 630 万人次,借还图书 1470 万册次,网络图书馆点击率达 1785 余万次。新建地方文献室、参考阅览室、外文阅览室,扩大外借室,保障各年龄层次、各学历层次读者的文献信息需求。中心馆—总分馆建设顺利推进,流动图书馆、汽车图书馆、"希望书屋"工作全面开展,"市馆—县区馆—乡镇(街道)—社区(村)"四级公共图书馆服务体系发挥服务效益。依托汽车图书馆、24 小时自助图书馆、流动图书馆将文献资源送入企业、社区、学校、机关。

——显著推升品牌效益。"十二五"期间,"天一讲堂"成功举办 500 余场,现场受益听众逾 15 万人次,期间荣获"全国优秀人文社科普及基地"称号、"浙江省优秀讲座品牌"荣誉称号、"浙江省全民阅读活动优秀项目"、中共宁波市委宣传部"宁波市全民阅读优秀项目"称号、浙江省公共文化服务项目创新奖二等奖;同时被命名为"宁波市社会科学普及基地""浙江省社会科学普及示范基地"。"天一展览"成功举办展览 77 期,更是充分利用图书馆有限的空间，首次尝试展出立体的雕塑作品，获全省公共图书馆展览创意设计作品大赛一等奖。"天一文荟"编辑100余期，发行10万册，成为图书馆界颇具影响力的文摘类决策资讯刊物。图书馆承办第三届、第四届宁波市全民读书月活动，起草方案，完成开幕式各项工作。因人制宜地推出图书馆服务宣传周、未成年人读书节等"书香宁波"系列活动，活动的内容丰富、形式多样，在全市营造一种快乐阅读氛围。并获宁波市"书香单位"称号、浙江省未成年人读书节组织奖、"全民阅读示范基地"。

——**改革创新管理体制**。图书馆以形成责任明确、行为规范、富有效率、服务优良的管理体制和运行机制为目标，深化以人事、管理和分配制度为核心的内部机制改革；着眼于制度建设，在馆内组建制度建设小组，规范机构设置，调整部门职能，服务工作大局；积极探索绩效评价和绩效考核的创新之路，制定绩效评价细则，促进服务质量和服务效益的全面提升。积极探索图书馆引入法人治理结构、建立了理事会制度。

——**不断优化人才结构**。"十二五"期间，招考、引进10余名大学毕业生，优化人才队伍的年龄和学历结构。通过采取继续教育、在职培训、进修学习、上挂下派等多种方式锻炼了人才队伍。进一步规范干部选拔任用制度，拓宽选人用人渠道，营造优秀人才脱颖而出的良好氛围，为想干事、能干事、愿干事的职工提供了平台。采取多元式激励，重实绩、重贡献，收入分配向关键岗位和优秀人才倾斜的原则，根据不同岗位职责设立不同的岗位工资和岗位系数，根据不同的岗位绩效，实行不同的绩效工资。建立工作和学术科研奖励制度，对获得不同级别荣誉和在不同级别学术刊物发表学术论文的给予一定的物质奖励。年底对各部室和干部进行考核，组织中层干部述职，评选先进部门和先进个人，纳入干部晋升考核范畴。

——**融合创新文化科技**。"十二五"期间，图书馆加强与新闻单位的联系与合作，提高新闻媒体对我馆的各类宣传报道的频率，在市级以上新闻媒体的各类宣传报道多达1000余次，省级以上媒体报道50余次，中央电视台《新闻联播》和《走遍中国》栏目都曾采访、报道"天一讲堂""汽车图书馆"。另外，运用新媒体新技术，利用手机图书馆、网站、微博、微信从多视角、全方位地宣传报道，使宁波市图书馆在市民中的认知度与可信度显著提高。网站建设不断推陈出新，如推出手机二维码服务，网站构架上增强读者间的交互性栏目。网站评比连续三年获得局属单位网站评测考核第一。

（二）主要问题

——"中心馆"的功能有待进一步强化。虽然宁波市图书馆在公共图书馆服务体系里处于"中心馆"地位，而且在跨系统图书馆体系中处于"核心馆"，但这"一中一核"还是主要体现在业务指导上和自动化系统上，而在服务体系的资源建设、管理等方面尚未充分发挥"中心馆"和"核心馆"的功能和作用，市馆与区馆之间分馆建设还有重复交叉，造成一定资源浪费。流动点、分馆、自助图书馆存在好建设、难管理的问题。

——文献资源建设与开发利用水平有待进一步提高。图书馆馆藏纸质文献190余万册，数字文献合计210余万种中文图书、1万余种期刊全文，古籍图书7万余册。资源总藏量、人均藏书量与《公共图书馆建设标准》规定指标的差距不小，资源总量与本馆的规模、宁波市的发展水平不相适应。馆藏重要资源的数字化加工与服务不能很好地适应和满足社会需求。大众类文献资源采购较多，精品学术类文献资源采购不足。纸质文献资源利用较充分，数字文献资源利用不充分。

——高层次服务有待开拓，科研能力有待进一步增强。在自身的服务中，对政府、团体、企业等组织的决策支撑和文献保障能力不足，面向决策的参考咨询服务相对薄弱，尚未形成一致面向社会的跨学科咨询团队。在专业领域的学术研究层面，缺乏高水平的领军人物和学术团队，跟踪和参与图书馆界重大问题研究的能力较为欠缺，学术研究水平尚有较大的提升空间。

——绩效激励机制有待进一步优化。图书馆现有组织结构、管理机制和人才队伍现状尚不能完全适应现代公共图书馆发展要求，原有绩效工资管理比较平均，差距不大，激励机制尚待进一步优化。编外员工待遇水平偏低，队伍比较不稳定。

（三）发展环境

今后五年，是全面建成小康社会的决胜阶段，"创新、协调、绿色、开放、共享"五大发展理念的贯彻落实关键时期。

文化政策和法治环境对图书馆非常有利。2015年1月中共中央办公厅、国务院办公厅印发的《关于加快构建现代公共文化服务体系的意见》，明确提出"到2020年，基本建成覆盖城乡、便捷高效、保基本、促公平的现代公共文化服务体系"的目标，为公共图书馆发展指明了道路。2015年12月国务院法制办公布的《中华人民共和国公共图书馆法（征求意见稿）》，明确了政府是发展公共图书馆事业的主体，明确了公共图书馆应当具备的基本条件和运行管理的基本要求，规定公共图书馆公益性发展方向。

信息技术环境给图书馆发展带来挑战。当前的图书馆面临更复杂的信息环境，从数字化时代、互联网时代、移动互联网时代，跨入物联网时代、大数据时代、云计算时代，给图书馆带来资源载体复合化、读者需求个性化、知识服务智慧化的更高要求。图书馆与云服务、新媒体、高科技的融合发展是大势所趋。

宁波经济社会发展给图书馆发展带来新机遇。根据宁波市"十三五"发展的主要目标，到2020年，初步形成更具集聚辐射能力的宁波都市区、基本建成特色鲜明的文化强市、更高品质的民生幸福城市，与此同时，建设创新型城市、智慧型城市、国际型城市。这些都离不开图书馆信息资源的支持、决策咨询的支援、服务网络的支撑，也给图书馆嵌入宁波城市建设提供了契机。

二、指导思想、总体目标、主要目标

（一）指导思想

全面贯彻落实党的十八大和十八届三中、四中、五中全会精神，以马克思列宁主义、毛泽东思想、邓小平理论、"三个代表"重要思想和科学发展观为指导，深入贯彻习近平总书记系列重要讲话精神，坚持"创新发展、协调发展、绿色发展、开放发展、共享发展"，顺应经济社会发展环境和人民群众精神文化生活需要的变化，秉持"传承文化、共享文化、创新文化"办馆宗旨，为加快构建现代公共文化服务体系，促进基本公共文化服务标准化、均等化，推动宁波城市在更高水平上全面建成小康社会、迈进全国大城市第一方阵打下坚实的文化基础。

（二）总体目标

按照建设成"国内一流图书馆"的使命，打造成"幸福阅读阵地"的愿景，构建一个有利于文化交流、文化传播、文化传承、知识创新、终身学习的公共知识空间，按照"公益、平等、开放、创新"的核心精神，以"创新、融合、发展"为理念，坚持"开放自由、智慧便捷、特色个性"的定位，围绕"六大中心"的具体目标，力争在 2020 年上新台阶。

（三）主要目标

今后五年建成宁波地区文献保障中心、公共图书馆数字资源及服务中心、地方文献数字化建设中心、纸质图书采编配送中心、公共图书馆业务培训教育中心、公共图书馆服务网络发展中心，保持馆藏资源、服务体系、技术能力、人才队伍和管理机制的领先优势。"十三五"发展预期指标见表1。

表1 "十三五"发展预期指标

		2015年达到的水平	2020年预期水平
资源	图书总藏量(万/册件)	190	>300
	报刊总藏量(种)	1500	>2000
	人均占有藏书(册)	0.32	0.5
	地方文献藏量(种)	10000	20000
	少儿文献藏量(万册)	14	>40
	数字资源总量(TB)	68	>100
用户	有效持证读者数(万人)	13.66	>25
	借阅率(%)	60	=100
	年到馆读者量(万人次)	136	>180
服务	年文献流通量(万册次)	342	>480
	年文献利用率(%)	69	>90
	年文献保障率(人均册)	14.7	>15
	网站访问量(万次)	555	>700
	流通服务点数(个)	182	>200
活动	阅读推广(场)	150	>600
	讲座(场)	70	>120
	展览(次)	32	>100
	专题活动(音乐、艺术)	178	>300
	国家级常设性奖项(个)		1(项目类群星奖)
	厅级以上常设性奖项(个)		2
人才	人才数量(人)	69	>150
	副高以上职称(人)	11	>15
	入选市局级以上人才工程(人)	2	4
	局级以上研究基地(个)	0	1
	省级以上研究论文年发表量(篇)	10	50

三、主要任务及重点工作

(一) 三大工程

——新馆建设工程

新馆的工程建设总投资2.49亿元，面积3.18万平方米。2016年完成地上工程建设和设计，预计投入6600万元；2017年完成内外部装饰并投入使用，预计投入9700万元；2018年预计再投入3030万元用于后期运维，累计投入近2亿元。建成后，馆舍面积和硬件设施处于同级别城市图书馆第一方阵。

新馆文献资源藏量150万册，建成宁波最大的文献资源保障中心和特色文献保存基地；新馆采用多屏发布系统、物联网技术等智能系统，实现图书馆业务数据的动态实时统计报告，成为国内同级城市里智能化程度位居前列的图书馆。

新馆积极探索向社会购买服务，逐步实现物业后勤、分类编目、基础流通服务外包，建立服务标准化管理体系。

——老馆改造工程

老馆建筑面积1.2万平方米，升级改造将在2017年开始招标，2018年施工，2019年投入使用，老馆主要承担宁波少儿馆功能，保留部分流通阅览功能。

少儿馆定位于以传递知识信息、阅读指导推广、思想道德素质教育、科技信息普及为导向，打造成集教育性、趣味性、认知性、创造性、拓展性为一体的知探空间。(规划另行编制)

——智能化工程

云图书馆系统、智能借还系统（RFID系统）、多媒体信息发布系统、智能视听系统、多功能报告厅智能化系统、智能门禁系统、智能照明系统等建设。(规划另行编制)

（二）九大任务

——建设基于服务的文献资源保障体系

进一步保障纸质文献与数字文献的合理增长及比例。秉持"不求所有，但求使用"的资源观，在馆藏文献资源总量做加法，纸质、数字文献采购经费比例做减法，馆藏数字资源购置经费增加50%（原来100万元增加到150万元），数据库数量从原来的20个增加到30个。

进一步实现多语种文献的稳步增长。加大英文、日文图书的采购，每年新增2500种图书，满足宁波城市国际化的文献要求。

进一步保障重点学科、重点产业的文献采购规模及比例。满足宁波地区重点学科、重点产业的文献资源需求，加重人文社科文献资源的主动采购，加强自然科学、工程技术的读者荐购、按需采购，提高文献保障率和文献利用率。

进一步扩大文献采购渠道和方式。通过馆员荐购、读者荐购的渠道和方式，形成以采编部采购为核心，馆员、读者荐购为补充的"1+2"模式；尝试微信荐购、短信荐购、邮箱荐购、网站荐购、书店荐购的多层荐购渠道，建立"甬图书单"；加强与实体书店、物流合作，建立和完善采购借阅流通网络，提高文献周转使用率。

进一步整合馆外文献资源。完善地区性文献馆际互借机制，完善与国家图书馆、上海图书馆、浙江图书馆的文献传递与联合参考机制，完善互联网开放存取资源的获得机制，用好"数字图书馆推广工程""浙江网络图书馆"资源。

进一步完善馆藏文献存取机制。在条件成熟下，建立基藏密集书库，形成文献资源存取和调剂机制，形成文献资源流通的智能物流系统，打通文献借阅的最后一公里。

——建设基于用户的文化传播推广中心

进一步围绕"书香之城"建设，打造图书馆界的"全民阅读活动"宁波模式。重点筹划"世界读书日"和"宁波读书节"系列活动,融合社会力量,从内容和形式上不断创新,实现市民文化共建共享。

进一步扩大"天一"品牌的社会辐射力。运用"互联网+""图书馆+"思维,搭建社会文化传播推广平台。推出"天一课堂",以"慕课"形式,不断推出精品课程,以创新形式推出"天一讲堂·精彩30分"栏目。不断推陈出新,形成"书中有展、展中有讲、讲中有书"的新型文化空间,打造天一品牌综合体,为公众提供高品质的终身教育资源。

进一步建设天一音乐馆。打造成为集音乐欣赏、HiFi视听、文献阅览、讲座、演出、研究、交流等的城市音乐空间,提高市民参与度,打造声音图书馆。

进一步实施特殊群体的菜单式服务。加强针对老年人、未成年人、残疾人、新宁波人等特殊群体的适用文化教育资源建设,开展针对不同特殊人群的新技术应用培训、阅读交流、无障碍服务等,为打造宁波城市文化凝聚力和向心力提供基本文化服务。

进一步加强新馆少儿分层服务,建成低幼、儿童、青少年分区阅读,打造少儿知识探索中心。通过创建阅读服务品牌,引进多语种阅读服务,开展少儿阅读推广的个性化服务,开展"零"计划活动,开设少儿健康成长体验课堂、健康素质育课堂、家长课堂、亲子教育课堂,在2020年建成国内具有知名度的少儿阅读指导推广基地。

——建设基于技术的智慧图书馆

利用大数据、云计算、物联网等新技术,推进智慧图书馆建设,实现任何人在任何时间、任何地点获取任何资源的公共数字服务能力。

进一步打造图书馆"移动终端服务"工程,即云服务工程。整合虚拟图书馆资源,建立网络图书馆、数字图书馆、电视图书馆、手机图书馆四位一体的终端平台;运用数字技术,实现资源在各平台的转换,降低故障率,提高用户满意度。借助新媒体技术,提升微信图书馆服务。

进一步加强文化科技创新。完善 RFID 系统，实现高频和超高频的兼容，实现全大市自助图书馆的互联互通、一卡通的全覆盖。打造宁波文化科技体验区，引入国内外第三方的高科技展示设备，如智能机器人、机器视觉以及增强现实、虚拟现实等新一代文化体验设备。

进一步提高大数据的数据分析和服务能力。对内部业务工作和读者服务过程中产生的大量数据进行发掘与整理，特别是有关馆藏文献信息资源利用和读者信息行为的各类数据进行挖掘与分析，为馆藏发展政策和用户服务政策提供数据支撑。

进一步提高办公信息化管理水平。在两个馆舍运营的情况下，提升馆务信息化水平，为办公自动化、移动办公、远程办公提供保障。

——建设基于主题的特色文献保存中心

进一步加强宁波地方文献中心建设。到 2020 年底，实现馆藏文献总量 66000 余册、22000 余种，年均文献种数增加 22%，逐步建成宁波方志谱牒、甬人文库两大主题专藏，加强影像资料、手稿、签名本的征集收藏，加强海内外宁波文献的影印或数字化回归。最终形成颇具影响力的浙东地方文献保存、展览、讲座交流、学术研究中心。

进一步开展宁波地方文献数字化工作。建设全市地方文献数字化共享平台，12 家市县（区）馆联合建库，对本馆地方文献进行数字化工作，到 2020 年建成内容齐全、界面友好、检索方便的宁波地方文献数据库。

进一步加强古籍保护工作。建立较为完善的古籍分级保护制度，开展古籍抢救性修复工作，加强征集与宁波有关的古籍。

进一步加强新古籍专题征集，建成"国学馆"。加大购买古籍类丛书、工具类图书，形成较为完备的古籍馆藏体系。也可在四部中重点选择"集部"作为古籍专题建设，内容上以宁波为核心、以浙江为基本、以全国为目标，分层次分步骤地建设。

进一步加强专题文献中心建设。从宁波经济发展和文化传播着手，加强友城文献、运河文献、海丝文献、书画文献的专题建设。

——建设基于创新的咨询决策与研究基地

进一步加强图书馆决策咨询服务。围绕"天一文荟"决策咨询刊物，开发针对政府部门、企业单位的时效性、参考性的信息刊物。

进一步加强图书情报研究工作。依托一会一刊，开展图书情报学的教育、研究工作，提升《甬图通讯》，增办学术研究刊物《博雅》。

进一步加强宁波地方文史研究。依托资源体系，组建研究梯队，开展地方文史的学术研究与普及工作，编制联合目录，建立数据库，整理出版一批地方文献整理与研究成果。到2018年底，力争申报"宁波文献研究基地"成为宁波社科研究基地，至少平均每2年完成市级以上研究课题1项。进一步加快馆藏珍本古籍、民国文献的整理、研究和出版。为了保存宁波历史文化遗产，深入实施"中华古籍保护计划""民国时期文献保护计划"，拟用五年时间，对民国时期的宁波地方期刊进行整理和数字化，建成民国宁波期刊数据库和出版影印丛刊。

进一步提升宁波在图书情报界的话语权。广泛开展公共图书馆界、高校图书馆界、图情院校的项目合作和智力支持，主办或承办重要学术研讨会。

——建设基于均等的城乡一体化服务网络

进一步完善"中心馆—总分馆"体系，推进乡镇图书馆建设标准。突出中心馆的业务指导、监督考核功能。提高总分馆服务效能，发展重点从点面建设转向质效提升。完成《宁波市乡镇（街道）图书馆建设标准与规范》的地方标准制定和发布，在全市落实推广《宁波市乡镇（街道）图书馆建设标准与规范》，以考核评定促建设发展，做好数据资源和文化信息平台在乡镇（街道）图书馆的应用和推广。

提升一卡通服务效能，实现读者卡与身份证、社保卡、文化卡的融合，由一卡通升级到一证通。完善读者信息的采集，为读者业务的大数据分析提供支持。

进一步做好特殊群体的图书馆权利保障工作。提高流动图书馆、汽车图书馆社会服务效应，深入细致做好送书、送资源、送活动到学校、农村、军营、海岛、渔船。

进一步加强馆外特色图书馆建设。与社会机构广泛合作，策划微图书馆计划，建立一批悦读书亭、城市书房、网咖书房，形成一批独具宁波地方特色的微型图书馆。

——建设基于多元文化的国际城市之窗

进一步搭建宁波与国际友好城市的交流合作平台。开辟宁波城市文化交流之窗，积极开展图书馆间的展览、文献交流和公共文化服务、研究交流活动，举办国际学术研讨会。整理挖掘宁波地方文献资源，通过友城图书馆间的合作，实施宁波文化走出去战略。

积极融入国家和省市文化战略，开展有关"东亚文化之都""海上丝绸之路"文献征集、展示、研究、文化传播工作。

——建设基于现代图书馆发展的人才队伍

优化人才队伍结构，调整和完善部门和岗位设置，重点引进地方文献、读者、文化传播、艺术等研究和服务型人才。以科研创新和业务提升为导向，加大青年人才队伍培养，实施创新项目管理机制，并开展业务技能比赛；以工作业绩和业务成果为导向，完善人才激励机制，力争五年之内形成2个冲击全国群文奖（项目类）的服务团队，实现国家级奖项突破。

——建设基于标准化社会化的运营管理机制

调整内部管理运作机制，实施图书馆标准化管理，以提高图书馆对外综合服务能力和管理水平；加大社会参与公共文化服务建设的力度，逐步推进社会化运营机制，建立阅读推广人培训制度，形成"3＋X"管理运营模式。

四、保障措施

（一）加强组织领导

政府部门要充分认识公共图书馆在公共文化服务中的重要作用和地位，纳入重要议事日程，纳入城市经济社会发展总体规划。进一步完善图书馆理事会制度,从制度上保障社会力量参建图书馆事业,推动图书馆向社会购买服务的制度建设。

(二) 加大经费投入

随着资源和设备价格逐年攀升,每年固定经费已经跟不上图书馆内在发展要求。因此,图书馆配套经费保持一个稳定持续增长比例,年经费增长率与宁波 GDP 同步增长。而新增业务项目,财政积极给予相应支持,保持项目可持续发展。

(三) 加强法制保障

认真贯彻国务院、浙江省和上级主管部门出台的文化发展政策,紧密结合宁波文化发展实际,结合国内外同级城市的先进做法和经验,推进《宁波市公共图书馆条例》《地方文献呈缴本制度》的制定和实施,从政策制度层面保障图书馆工作的平稳推进。

(发布日期:2016 年 8 月 5 日)

东莞市图书馆"十三五"战略规划[①]

目标体系概要

战略方向：提升体系化公共服务能力

目标一：全面推行图书馆均等化

策略1：制度保障：完善三级图书馆体系

策略2：财政支持：保障人均基本指标

策略3：特殊群体保障

策略4：政府购买

目标二：加强图书馆法规与标准建设

策略1：促进图书馆相关法规建设

策略2：健全东莞市图书馆标准化体系

---

① 本规划由东莞市图书馆授权收录。

策略3：开展标准化与均等化相关研究

目标三：完善总分馆建设

策略1：优化布局，提升服务
策略2：完善发展24小时自助图书馆
策略3：建立为全市图书馆体系服务的调剂书库
策略4：建设图书物流体系
策略5：延伸镇街分馆和社区图书馆服务

战略方向：全面促进城市阅读

目标一：推动东莞读书节活动常态持续开展

策略1：发挥图书馆阵地作用，丰富活动内容
策略2：发挥图书馆引领作用，提升全民阅读社会参与度

目标二：促进城市阅读新生活

策略1：推进城市阅读组织建设
策略2：加强数字阅读推广
策略3：整合读者资源、搭建分享平台

目标三：加强少儿阅读推广

策略1：丰富提升少儿阅读活动品牌
策略2：少儿阅读进社区
策略3：书香校园——发挥社会教育功能

战略方向：助推东莞社会建设

目标一：支持创新型城市建设

策略1：建设支持政府与企业决策的"东莞知识服务平台"

策略 2：信息服务助力东莞产业新发展

策略 3：提供创业/就业支持

目标二：提供城市文化休闲空间

策略 1：城市客厅——知识共享服务

策略 2：社区信息港——智慧城市下便捷居民休闲服务

目标三：建构中文漫画基地

策略 1：动漫文献信息中心

策略 2：动漫发展研究平台

策略 3：动漫产业服务基地

策略 4：动漫创意活动场所

目标四：支持城市建设与对外宣传

策略 1：东莞之窗——宣传东莞城市形象

策略 2：服务东莞侨民、台胞、海外同胞

目标五：全媒体多渠道促进公共文化宣传

策略 1：加强公共关系

策略 2：促进公共信息传播

战略方向：丰富资源　创新服务

目标一：让用户成为资源的创造者

策略 1：东莞历史记忆——收集城市之书

策略 2：社会化媒体上传用户自制资源

策略 3：真人图书馆——分享人生之书

目标二：加强资源服务一体化

策略1：面向需求的资源服务一体化
策略2：免费资源导航
策略3：建设资源整合平台
策略4：全方位多途径推介资源

目标三：专题文献建设与发展

策略1：加强专题文献收集与整理
策略2：加强专题文献研究
策略3：加强专题文献利用与服务

目标四：完善东莞学习中心建设

策略1：加强学习资源建设
策略2：完善社会对接机制
策略3：数字文化体验与服务

目标五：新技术驱动型的创新服务

策略1：加强技术标准化管理
策略2：个性化创新服务

战略方向：规范管理 专业成长

目标一：质量管理升级

策略1：完善绩效管理体系
策略2：质量管理模式推广
策略3：实施主题年管理

目标二：提升组织效能

策略1：完善激励机制
策略2：健全荣誉体系
策略3：提高馆员专业技能，提升服务能力
策略4：加强组织文化

目标三：完善图书馆管理运行机制

策略1：加强地区中心图书馆运行统筹机制
策略2：加强国内外交流，建立与国际接轨的管理模式
策略3：实施战略目标与绩效考评结合的管理
策略4：进一步完善理事会制度
策略5：完善志愿者服务管理

目标四：发挥研究优势，促进业务发展

策略1：提升整体研究能力，产生有影响力研究成果
策略2：加强博士后创新实践基地建设
策略3：与国内外研究机构开展有效合作与交流

详细目标体系与行动计划

规划战略是抽象的，建立具体可行的目标体系可以将规划内容和结构简洁清晰地展现出来，保障上级主管领导和读者的理解，在目标体系下设计明确的指标则更便于战略目标的实施、评测与监督，利于战略规划的实现。在协调图书馆使命、愿景的基础上，指标体系展现出对规划方向、目标、策略、行动计划的贯彻落实意义。

东莞市图书馆"十三五"规划目标体系主要采用国家社科基金重点项目《公共文化服务体系中的图书馆战略规划模型与实证研究》所制定的理论模型，参考《公共图书馆建设标准》（建标108—2008）、《公共图书馆

服务规范》（GB/T28220—2011）、《市级图书馆评估标准》（第五次公共图书馆评估定级标准），与东莞市具体文化政策如《东莞市创建国家公共文化服务体系示范区建设规划（2011—2012）》《东莞市构建现代公共文化服务体系实施意见》《东莞市公共文化服务体系绩效评估办法》《东莞市公共文化服务社会化发展促进办法》《东莞市加强村（社区）公共文化服务实施办法》《东莞市文化事业发展"十三五"规划（征求意见稿）》等确定指标体系构架。具体指标体系设计协调运用定标比超方法，结合文献与实地调研，先后组织开展环境扫描、图书馆愿景征集、焦点小组情景访谈，以深入了解东莞市民文化生活，充分分析所掌握的东莞市图书馆及东莞社会环境的第一手数据与材料。在结合我国公共文化服务发展政策、公共图书馆发展特点及东莞市图书馆发展特色之外，指标体系建设广泛借鉴国外公共图书馆规划设计经验，以制定既能反映国际公共图书馆、特别是城市中心图书馆发展趋势，又能真切服务东莞市民需求的图书馆战略规划，实现建设以提升公共服务能力、服务东莞城市发展为核心的指标体系。

战略方向：提升体系化公共服务能力

目标一：全面推行图书馆均等化

指标	当前值[①]	目标值	落实部门
人均藏书拥有量（本）	1.04	1.2[②]	—[③]
人均年购书费（元）	—[④]	1.8[⑤]	—[⑥]

---

① 当前值采用2014年度数据。

② 根据《东莞市文化事业发展"十三五"规划（征求意见稿）》的任务要求。

③ 配合上级部门统筹全市情况开展。

④ —，表示暂未有统计数据，下同。

⑤ 此目标值为每年目标值，按照《东莞市基本公共文化服务实施标准（征求意见稿）》的要求人均年增新书0.06册，每本书按30元计算。

⑥ 配合上级部门统筹全市情况开展。

（续表）

指标	当前值	目标值	落实部门
数字资源总量（馆藏电子图书/册）	606244	750000	编目部
年度新增电子图书（册）	15367	30000	编目部
每千人座席数（席）	1.81	2.0①	辅导部

策略1：制度保障：完善三级图书馆体系

行动	主要负责部门②	协助部门	年份③
加强镇统筹村(社区)图书馆体系建设	辅导部	网络部、编目部、读者服务部等	2016
数字图书馆保障体系建设	网络部	学习中心推进部	2016

策略2：财政支持：保障人均基本指标

行动	主要负责部门	协助部门	年份
财政投入保障	办公室	全馆其他各部门④	长期
文献资源保障	编目部	图书借阅部	长期

策略3：特殊群体保障

行动	主要负责部门	协助部门	年份
加强无障碍设施配套、维护⑤	读者服务部	物业部	长期

---

① 根据《公共图书馆建设标准》（建标108—2008）"千人拥有公共图书馆阅览座位数指标为0.3—2席"，目标值取最高值。

② 由主要负责部门牵头建立相应的协调机制，定期沟通协作，保障行动落实。

③ 此栏中明确的时间年份(如2016)代表行动计划具体的启动或重点落实时间安排。"长期"则代表行动计划贯穿整个"十三五"期间。

④ 各部门积极协助争取财政支持。

⑤ 按《无障碍设计规范（GB50763—2012）》中"8.7文化建筑"要求执行。

(续表)

行动	主要负责部门	协助部门	年份
开展有阅读困难的儿童服务①	少儿馆(部)②	读者服务部	2016
老幼相扶的阅读空间建设	少儿馆	读者服务部	长期
开展对外来务工人员的信息服务和技能培训	学习中心推进部	读者服务部	长期
"在东莞"阅读专区建设	参考咨询部	读者服务部	2016
整合、编辑"欢迎来东莞"系列资料	参考咨询部	读者服务部	长期

策略4：政府购买

行动	主要负责部门	协助部门	年份
引入社会组织参与品牌活动	读者服务部	办公室、辅导班、少儿部(馆)、参考咨询部等	长期

目标二：加强图书馆法规与标准建设

指标	当前值	目标值	落实部门
图书馆相关法律法规	0	1	馆长、理事会
馆藏图书总量(万册)③	214.8	274	编目部
总流通人次④(万人次)	236	240	读者服务部
书刊文献外借册次⑤(万册次)	223	230	图书借阅部
参考咨询服务(项)	5444	6500	参考咨询部

① 含阅读障碍儿童服务。

② 为更好明确和落实职责，在本规划中，少儿馆指东莞少年儿童图书馆(东莞市图书馆少儿分馆)，少儿部指儿童天地、漫画馆。

③ 仅指总馆数据。

④ 仅指总馆数据。

⑤ 仅指总馆数据。

(续表)

指标	当前值	目标值	落实部门
读者建议/投诉响应时间	及时/3个工作日	及时/2个工作日	读者服务部
服务标准(项)	5	15	业务部
基层辅导场次及人次(场次;人次)	76;3318	80;3400	辅导部

策略1:促进图书馆相关法规建设

行动	主要负责部门	协助部门	年份
促进《东莞市公共图书馆管理办法》的制定与出台	业务部	辅导部	2017
促进图书馆依法规范管理	办公室	业务部	2017

策略2:健全东莞市图书馆标准化体系

行动	主要负责部门	协助部门	年份
完善总分馆业务技术和服务标准	辅导部	业务部、网络部	2017
落实公共文化服务标准化试点城市工作(图书馆部分)	辅导部	业务部	2016

策略3:开展标准化与均等化相关研究

行动	主要负责部门	协助部门	年份
设立、承接标准化与均等化研究项目	业务部	辅导部	2016
引导镇街开展相关实践及实务研究	辅导部	业务部	长期

目标三：完善总分馆建设

指标	当前值	目标值	落实部门
分馆/服务点数量(个)	51/310	51/400	辅导部
总分馆书刊文献外借册次(万册次)	408.14	500	辅导部、图书借阅部、馆少儿(部)
"图书馆服务到户工程"示范家庭数(个)①	198	336	辅导部
24小时自助服务镇街覆盖率(%)②	100	100	辅导部、网络部
24小时自助服务人次(万人次)③	64.03	85	辅导部、图书借阅部、少儿馆
24小时自助外借册次(万册次)	26.5	40	辅导部、图书借阅部、少儿馆
调剂书库面积(万平方米)	0	2	办公室
调剂书库库藏量(万册)	0	200	办公室
馆际物流册次(万册次)	19	25	辅导部
物流反应时间(工作日)	4	3	辅导部

---

① 根据图书借阅量、活动参与度等情况，选择阅读需求较大的家庭作为示范家庭，通过建立图书馆服务到户示范家庭，以点带面，以户带村（社区），推送图书馆服务到家庭。

② 东莞市现有32个镇街，全覆盖。

③ 指全市24小时自助图书馆及图书馆ATM服务人次，24小时自助外借册次亦同。

策略1：优化布局，提升服务

行动	主要负责部门	协助部门	年份
推动社区图书馆按服务人口优化布局	辅导部	各镇街分馆	2016
推广开展社区图书馆"志愿馆长"活动	辅导部	各镇街分馆	2017

策略2：完善发展24小时自助图书馆

行动	主要负责部门	协助部门	年份
进一步加强24小时自助图书馆建设与服务①	辅导部、图书借阅部	网络部、读者服务部、少儿馆	长期

策略3：建立为全市图书馆体系服务的调剂书库

行动	主要负责部门	协助部门	年份
规划调剂书库建设	办公室	辅导部	2016
可行性调研与争取立项	办公室	辅导部	2017
调研、设计、制定调剂书库管理与服务制度	辅导部	图书借阅部	2017

策略4：建设图书物流体系

行动	主要负责部门	协助部门	年份
建立并完善图书轮转物流制度	辅导部	图书借阅部、少儿馆（部）等	2016
整合图书流动车服务	辅导部	办公室	2016

---

① 东莞市图书馆实现自助图书馆24小时开放服务；鼓励各镇街分馆根据实际情况做好24小时自助图书馆服务。

策略5：延伸镇街分馆和社区图书馆服务

行动	主要负责部门	协助部门	年份
整合服务点服务项目	辅导部	各镇街分馆	2017
实施"图书馆服务到户工程"	辅导部	图书借阅部、学习中心推进部、各镇街分馆	2016

战略方向：全面促进城市阅读

目标一：推动东莞读书节活动常态持续开展

指标	当前值	目标值	落实部门
全市重点读书活动（次）	25	30	读书节工作协调小组办公室
镇街特色读书活动（次）	400	450	读书节工作协调小组办公室
媒体宣传报道（次）	716	750	读书节工作协调小组办公室
全馆阅读推广活动（次）	570	570	读书节工作协调小组办公室
主题活动推荐次数（次）	145	150	读书节工作协调小组办公室
每万人年均参与活动次数（次）	13	15	读书节工作协调小组办公室
少儿悦读积分卡持有量（个）①	0	20000	少儿馆

---

① 少儿悦读积分卡从2015年10月开始试推广。

策略1：发挥图书馆阵地作用，丰富活动内容

行动	主要负责部门	协助部门	年份
实施"阅读推广人"行动	读者服务部	办公室	2016
开展"悦读积分卡"推广活动	少儿馆	少儿部、网络部、读者服务部	2016
开展捐书、换书、品书、图书漂流系列活动	图书借阅部	读者服务部	长期
开展"4·23世界读书日"系列活动	读者服务部	参考咨询部、图书借阅部、报刊部、少儿部（馆）、学习中心推进部、业务部、辅导部、编目部	长期
开展网上读书知识竞赛活动	学习中心推进部	网络部	长期

策略2：发挥图书馆引领作用，提升全民阅读社会参与度①

行动	主要负责部门	协助部门	年份
精选优秀阅读活动，实现总分馆联动	读者服务部、辅导部	全馆其他各部门、各镇街分馆	长期
编印优秀阅读活动案例进行交流与推广	读者服务部	全馆其他各部门、各镇街分馆	2016
通过媒体、网络多渠道宣传与推广	读者服务部	全馆其他各部门、各镇街分馆	长期

---

① 东莞读书节向深度推广发展，图书馆发挥示范、引领、指导作用，增强公众和社会力量参与。不断提升宣传品牌，提高媒体关注度（中央、省、市传统及网络报道），保持与传统媒体良好互动，增强自媒体推广。

目标二：促进城市阅读新生活

指标	当前值	目标值	落实部门
数字资源总量(TB)	23	25	网络部
线上线下互动活动次数(次)	—	52	学习中心推进部、报刊部
一体化检索平台覆盖数据库(个)	6	全覆盖	网络部
读书会(书友会)活动次数(次)	29	40	业务部、少儿部(馆)

策略1：推进城市阅读组织建设

行动	主要负责部门	协助部门	年份
进一步完善城市阅读组织(读书会、书友会等)联动平台	业务部	辅导部、少儿部(馆)、图书借阅部等	长期
联合开展读书活动，推动城市阅读	业务部	各镇街分馆、书友会等	长期

策略2：加强数字阅读推广

行动	主要负责部门	协助部门	年份
"阅读的无限可能"——建设一体化图书馆服务平台	网络部	学习中心推进部	2017
完善公共数字文化体验空间，推广数字阅读	学习中心推进部	网络部	长期
增强电子图书借阅移动阅读体验，特别注重社区图书馆电子资源借阅推广	学习中心推进部	网络部、辅导部	2016

策略3：整合读者资源、搭建分享平台

行动	主要负责部门	协助部门	年份
建设技能图书馆——整合读者能量、创意、工艺、厨艺，艺多不压身，让阅读融合技能实践	参考咨询部	编目部	2016
主推不同行业书目，邀请高技能读者为产业工人提供技能交流	参考咨询部	编目部	2016
组织技能交换工作坊，开展有主题技能交流活动	参考咨询部	学习中心推进部等	2017

目标三：加强少儿阅读推广

指标	当前值①	目标值	落实部门
少儿文献藏量(万册)	45.5	65	少儿馆(部)
少儿窗口流通人次(万人次)	115.7	140	少儿馆(部)
少儿窗口书刊文献外借册次(万册次)	64.89	75	少儿馆(部)
少儿图书集体外借量(万册次)	3	4	辅导部、少儿部(少儿馆)
少儿活动场次(场次)	562	570	少儿馆(部)
少儿活动参与人次(万人次)	8.94	10	少儿馆(部)
图书馆进校园活动次数(次)	5	10	少儿馆(部)
玩具图书馆资源年增量(种/件)	100/200	120/240	少儿馆(部)
社区图书馆少儿资源比例(%)	10	12	辅导部

① 前1—8指标指少儿馆、儿童天地、漫画馆的数据。

策略1：丰富提升少儿阅读活动品牌

行动	主要负责部门	协助部门	年份
巩固提升"我讲书中的故事"儿童故事大王比赛活动品牌	少儿馆	少儿部、辅导部	长期
推广"儿童礼仪"、莞芽故事会、悦读书友会等少儿活动品牌	少儿部（馆）	—	长期
推进"阅读起步走"计划	少儿馆（部）	读者服务部	2016
完善玩具图书馆服务	少儿馆（部）	—	长期

策略2：少儿阅读进社区

行动	主要负责部门	协助部门	年份
面向社区图书馆管理员开展少儿阅读活动轮训	辅导部	少儿馆（部）	长期
组织社区故事妈妈活动	少儿馆	辅导部、少儿部	2016
少儿好书互换、图书漂流活动社区行	少儿馆	辅导部、少儿部	长期

策略3：书香校园——发挥社会教育功能

行动	主要负责部门	协助部门	年份
联合学校建设课后辅导站	少儿馆	学习中心推进部	2016
信息素养教育新支持计划	少儿馆	学习中心推进部	2017
数字阅读进校园	少儿馆	学习中心推进部	长期

战略方向：助推东莞社会建设

目标一：支持创新型城市建设

指标	当前值	目标值	落实部门
服务政府/企业报告数量（个）	20	30	参考咨询部、辅导部
上门服务政府/企业次数（次）	50	80	参考咨询部、辅导部
定题追踪服务（项）	30	40	参考咨询部
创业/就业资源推荐量（条）	80	800	学习中心推进部
创业/就业讲座（次）	5	10	读者服务部、学习中心推进部

策略1：建设支持政府与企业决策的"东莞知识服务平台"

行动	主要负责部门	协助部门	年份
东莞城市发展战略情报服务	参考咨询部	业务部	长期
汇聚东莞智力资源专家，提供决策支持服务	参考咨询部	业务部	2017
建设东莞创新知识机构库	报刊部	相关部门	2017

策略2：信息服务助力东莞产业新发展

行动	主要负责部门	协助部门	年份
"智慧制造"知识服务计划	报刊部	学习中心推进部	2016
整合技能培训，为产业工人进修提供支持	学习中心推进部	参考咨询部、辅导部	2016
企业数字阅读推广行动	学习中心推进部	辅导部	2016

（续表）

行动	主要负责部门	协助部门	年份
建立企业信息资源库	学习中心推进部	参考咨询部	2017
建设"水乡特色发展经济区"的图书馆服务计划	辅导部	网络部、学习中心推进部	2016
通过科技查新、课题跟踪与咨询、竞争情报研究等服务，为企业在新产品研发、投资等方面提供决策依据	参考咨询部	学习中心推进部	2018

策略3：提供创业/就业支持

行动	主要负责部门	协助部门	年份
成立创业/就业服务站，并在平台上建设独立页面，丰富创业/就业信息服务	学习中心推进部	参考咨询部	2017
开展新创业/就业培训计划	读者服务部	学习中心推进部	2016
结合现有创意工作间项目，全面升级打造创客空间	报刊部	学习中心推进部	2016

目标二：打造城市文化休闲空间

指标	当前值	目标值	落实部门
公共空间使用场次（场次）	668	700	学习中心推进部、报刊部、业务部、读者服务部、参考咨询部、物业管理部
公共空间使用人次（万人次）	49.68	50	学习中心推进部、报刊部、业务部、读者服务部、参考咨询部、物业管理部
图书馆空间再造项目（个）	1	2	全馆各部门

策略 1：城市客厅——知识共享服务

行动	主要负责部门	协助部门	年份
优化空间布局	全馆各部门	物业管理部	2016
提供城市生活便捷指南	参考咨询部	——	长期
音量分级标识功能区	物业管理部	全馆各部门	2016
加强环境建设，再造知识共享空间	物业管理部	办公室	2016

策略 2：社区信息港——智慧城市下便捷居民休闲服务

行动	主要负责部门	协助部门	年份
推出社区特色休闲服务	辅导部	—	长期
定期推送图书、报刊、讲座、数字资源到社区	学习中心推进部	辅导部、图书借阅部、报刊部、读者服务部等	长期
提供城市办事指南	参考咨询部	辅导部	长期
记录社区特色文化信息	辅导部	参考咨询部	长期

目标三：建构中文漫画基地

指标	当前值	目标值	落实部门
漫画图书馆面积(平方米)	600	1220	少儿部(漫画馆)
馆藏动漫文献总量(万册)	10	13	少儿部(漫画馆)
漫画馆流通人次(万人次)	25.5	30	少儿部(漫画馆)
动漫活动场次(次)	57	80	少儿部(漫画馆)
动漫课题研究数量(个)	3	3	少儿部(漫画馆)
漫画馆媒体关注度(次)	20	30	少儿部(漫画馆)

策略1：动漫文献信息中心

行动	主要负责部门	协助部门	年份
漫画原稿采集	少儿部（漫画馆）	编目部	长期
动漫文献回溯增补行动	少儿部（漫画馆）	编目部	2016
动漫衍生品特藏资源建设	少儿部（漫画馆）	编目部	2017
加强漫画馆数字资源建设	少儿部（漫画馆）	编目部、学习中心推进部	长期

策略2：动漫发展研究平台

行动	主要负责部门	协助部门	年份
完善《漫画文献总览》项目	编目部	少儿部（漫画馆）	2018
推进动漫专题研究	少儿部（漫画馆）	编目部	长期

策略3：动漫产业服务基地

行动	主要负责部门	协助部门	年份
加强动漫文化与动漫产业互动互联	少儿部（漫画馆）	—	长期
搜集整理动漫产业资料	少儿部（漫画馆）	编目部	长期
及时发布动漫产业信息	少儿部（漫画馆）	网络部	长期

策略4：动漫创意活动场所

行动	主要负责部门	协助部门	年份
扩建漫画图书馆	少儿部（漫画馆）	物业管理部	2016
完善"东莞动漫之夏"品牌建设	少儿部（漫画馆）	少儿馆、读者服务部	长期
升级"动漫学坊"动漫教育活动	少儿部（漫画馆）	少儿馆、读者服务部	2017
组建培养漫画图书馆的动漫剧团	少儿部（漫画馆）	少儿馆	2016

目标四：支持城市建设与对外宣传

指标	当前值	目标值	落实部门
赴外地报告巡讲次数（次）①	10	10	业务部
接待外地参观（次）	42	40②	办公室
本土书刊文献交换量（册）	2000	2000	编目部
东莞书屋特色馆藏增量（种）	331③	350	参考咨询部

策略1：东莞之窗——宣传东莞城市形象

行动	主要负责部门	协助部门	年份
利用粤剧图书馆开展东莞城市特色文化服务	少儿馆（粤剧馆）	参考咨询部	长期
制作、推广东莞文化宣传品	业务部、办公室	参考咨询部、读者服务部	长期
推送东莞本土出版物	编目部	业务部	长期

策略2：服务东莞侨民、台胞、海外同胞

行动	主要负责部门	协助部门	年份
完善东莞书屋建设	参考咨询部	编目部	长期
加强对台胞服务	参考咨询部	编目部	长期
优选海外报刊	报刊部	参考咨询部	长期

---

① 指在东莞市外的报告和巡讲。

② 参照当前值设定。

③ 为地方文献征集量。

目标五：全媒体多渠道促进公共文化宣传

指标	当前值	目标值	落实部门
图书馆官方微博、微信公众号①发布量(条)	1100；700	1200；1000	学习中心推进部、少儿馆
图书馆微信公众号浏览量(万次)	9.8	15	学习中心推进部、少儿馆
图书馆网站主页浏览量(万次)	194	230	网络部
图书馆网站馆情公告更新频率	每天	每天	读者服务部
与相关文化部门合作(次)	437	450	读者服务部
总分馆活动信息刊物《连线》发放量(万册次)	1.8	2	辅导部

策略1：加强公共关系

行动	主要负责部门	协助部门	年份
进一步加强图书馆与文化主管部门关系	办公室	—	长期
加强与公共文化部门相关机构的合作与协调	办公室	—	长期

策略2：促进公共信息传播

行动	主要负责部门	协助部门	年份
继续加强与新闻媒体合作，提高东莞市图书馆社会影响力	读者服务部	—	2016

---

① 图书馆微信公众号指"东莞市图书馆""东莞市图书馆少儿分馆"。

(续表)

行动	主要负责部门	协助部门	年份
规范图书馆宣传活动资料档案建设，提高利用率	办公室	读者服务部、图书借阅部、少儿部、报刊部、参考咨询部	长期
继续加强"两微、三网、三刊"与读者间的互动①	读者服务部	业务部、学习中心推进部、网络部、辅导部	长期
通过论坛、读书节、讲座等活动加强公共信息传播	读者服务部	参考咨询部、少儿部（馆）	2016

战略方向：丰富资源 创新服务

目标一：让用户成为资源的创造者

指标	当前值	目标值	落实部门
"记忆中的老东莞"项目采集量（项）	0	12	参考咨询部
用户自制资源上传数（条目）	242	500	学习中心推进部
用户自制资源浏览量（条目）	2229	5000	学习中心推进部
真人图书馆活动次数（次）	1	4	参考咨询部

---

① "两微、三网、三刊"："两微"即微博、微信；"三网"即东莞数字图书馆网站、东莞少年儿童图书馆网站、东莞学习中心网站；"三刊"即《易读》《东莞市图书馆工作》《连线》。

策略1：东莞历史记忆——收集城市之书①

行动	主要负责部门	协助部门	年份
"记忆中的老东莞"计划	参考咨询部	辅导部	2016
集录东莞印迹	编目部	辅导部、业务部	长期

策略2：社会化媒体上传用户自制资源

行动	主要负责部门	协助部门	年份
手机随拍 记录东莞	报刊部	网络部、学习中心推进部	2016
读者上传原创文章自制的电子图书	报刊部	网络部、编目部	2017
组织"@东莞市图书馆"活动：利用微信、微博、优酷等平台上传自制资源，进行推广竞赛	学习中心推进部	网络部、报刊部	2017

策略3：真人图书馆——分享人生之书

行动	主要负责部门	协助部门	年份
继续推进真人图书馆建设	参考咨询部	—	长期

目标二：加强资源服务一体化

指标	当前值	目标值	落实部门
推荐图书量（种）	555	5000	编目部、少儿馆(部)、读者服务部、业务部
读者信息需求调查（人次）	2500	3000	读者服务部及各相关部门
读者资源满意度（%）	91	95	读者服务部及各相关部门

---

① 收集东莞地方文化，集录口述历史。

(续表)

指标	当前值	目标值	落实部门
读者服务满意度（%）	95	95	读者服务部及各相关部门
讲座场次（场次）	145	170	读者服务部、参考咨询部、少儿馆
参与讲座人次（万人次）	3.27	4	读者服务部、参考咨询部、少儿馆
培训场次（场次）	425	450	学习中心推进部、少儿馆（部）
参与培训人次（万人次）	1.86	2	读者服务部、参考咨询部、少儿馆
展览场次（场次）	70	100	读者服务部、少儿馆（部）等
展览参观人次（万人次）	44.54	55	读者服务部、少儿馆（部）等

策略1：面向需求的资源服务一体化

行动	主要负责部门	协助部门	年份
加强读者需求调查与研究	读者服务部	全馆其他各部门	长期
细分读者，分级服务	读者服务部	全馆其他各部门	长期
菜单式服务——沟通读者需求	读者服务部	图书借阅部、少儿馆（部）、参考咨询部、报刊部	2016
你看书我买单	编目部	图书借阅部、少儿馆（部）	2016
企业内刊基地建设与服务	编目部	参考咨询部	长期
提高总分馆服务和活动的协同、联动	辅导部	各镇街分馆	长期

策略 2：免费资源导航

行动	主要负责部门	协助部门	年份
整合网络免费信息资源	网络部	学习中心推进部	2016
管控图书馆资源使用，遵守知识产权规定	编目部	网络部、读者服务部	长期
组织建设导航页面	网络部	学习中心推进部	2016
编制平台规范	网络部	学习中心推进部	2016

策略 3：建设资源整合平台

行动	主要负责部门	协助部门	年份
优化一体化检索平台	网络部	学习中心推进部	2018
实现电子资源、馆藏书目信息的全方位导航	网络部	学习中心推进部	2017
加强文献传递系统建设	网络部	参考咨询部	2016
有效推荐试用数据库与入藏新书	编目部	网络部	长期

策略 4：全方位多途径推介资源

行动	主要负责部门	协助部门	年份
充分利用现有"两微、网、三刊"宣传平台，进行资源推介	学习中心推进部	读者服务部、少儿馆（部）、编目部、业务部、图书借阅部、辅导部、参考咨询部	长期
数字图书馆增加互动、点评、相关推荐功能	网络部	学习中心推进部	2016
利用读书节、市民学堂等品牌活动，图书流动车、网上参考咨询等途径宣传新资源、新服务	读者服务部	辅导部、少儿馆（部）、网络部	长期

目标三：专题文献建设与发展

指标	当前值	目标值	落实部门
地方文献年增量(册次)	800	1100	参考咨询部
粤剧图书馆资源年增量(册/件)	654	660	少儿馆(粤剧馆)
漫画图书馆资源年增量(册/件)	10113	10200	少儿部(漫画馆)
专题文献研究(项)	5	10	编目部

策略1：加强专题文献收集与整理

行动	主要负责部门	协助部门	年份
完善专题文献收集与整理的相关制度	编目部	各专题图书馆	2016
整合制作地方文献数据库	参考咨询部	网络部、学习中心推进部、图书借阅部	长期
编辑出版《东莞文库》	参考咨询部	编目部	2016
建设东莞文献查询中心	参考咨询部	编目部	2017

策略2：加强专题文献研究

行动	主要负责部门	协助部门	年份
加强专题文献发展研究	编目部	业务部	长期
《伦明全集》的编辑、出版与研究	参考咨询部	—	2017

策略3：加强专题文献利用与服务

行动	主要负责部门	协助部门	年份
开展地方文献的宣传推介	参考咨询部	编目部	长期
联合镇街加强地方文献建设与服务	参考咨询部	辅导部	长期

(续表)

行动	主要负责部门	协助部门	年份
加强粤剧资源建设与服务	少儿馆(粤剧馆)	参考咨询部	长期
与媒体合作大力推介专题文献建设	读者服务部	各专题图书馆	长期

目标四：完善东莞学习中心建设

指标	当前值	目标值	落实部门
体验活动场次(次)	4	12	学习中心推进部
数字文化体验参与人次(人次)	4117	5000	学习中心推进部
公益课堂场次(次)	131	140	学习中心推进部
自建视频资源(个)	24	100	学习中心推进部
东莞学习中心平台访问量(万次)	66.36	340	学习中心推进部

策略1：加强学习资源建设

行动	主要负责部门	协助部门	年份
制作信息素养课件	学习中心推进部	网络部	长期
建设东莞特色视频学习资源	学习中心推进部	网络部	2016
"我为市民讲一课"读者参与学习资源建设	学习中心推进部	网络部	2016

策略2：完善社会对接机制

行动	主要负责部门	协助部门	年份
引入技能认证机制	学习中心推进部	业务部、办公室	2017
建立与各学习社团的交流机制	学习中心推进部	读者服务部	2016

策略 3：数字文化体验与服务

行动	主要负责部门	协助部门	年份
推进"每天学习 1 小时"活动	学习中心推进部	读者服务部、网络部	长期
通过数字电视，推进数字学习进家庭	学习中心推进部	网络部	长期
开发应对慕课环境下的公共图书馆公益性讲座	学习中心推进部	网络部	2016
举办"声光色影读经典"多媒体导读活动	学习中心推进部	—	长期
举办"书影沙龙"，推动本土影视文化创作和交流	学习中心推进部	—	长期

目标五：新技术驱动型的创新服务

指标	当前值	目标值	落实部门
新技术推广活动开展量（场次）	3	10	学习中心推进部
手机客户端总点击量（万次）	300	600	学习中心推进部
微信公众平台年推送量（条）	900	1100	学习中心推进部、少儿馆(部)
微信公众平台年阅读量（万次）	27.6	45	学习中心推进部、少儿部(馆)

策略 1：加强技术标准化管理

行动	主要负责部门	协助部门	年份
引入和应用云计算技术	网络部	—	长期
制定云计算技术标准规范	网络部	—	2016
开展云计算技术使用培训	业务部	网络部	长期
推广用户定制东莞移动图书馆	学习中心推进部	网络部	长期

(续表)

行动	主要负责部门	协助部门	年份
发挥手机和电子书的功能，进一步强化推送服务	学习中心推进部	网络部	长期
开发微信语音推送、播客图书馆	学习中心推进部	网络部	2016

策略2：个性化创新服务

行动	主要负责部门	协助部门	年份
利用大数据分析，推送读者关注的新书与信息	网络部	编目部、图书借阅部	长期
提供定制服务，读者自主设定关注领域	网络部	读者服务部	2016
建设"互联网+"支持下的的个人专题库	网络部	读者服务部	2016

战略方向：规范管理 专业成长

目标一：质量管理升级

指标	当前值	目标值	落实部门
绩效管理指标体系更新频率	每年	每年	业务部
监测指标频率	每月	每月	办公室
全馆绩效分析频率	每季度	每季度	办公室
部门绩效分析频率	每月	每月	全馆各部门
重点绩效指标完成率(%)	95	98	全馆各部门
举办质量管理研讨会(次)	5	8	业务部
质量管理推广活动(次)	144	150	业务部

策略1：完善绩效管理体系

行动	主要负责部门	协助部门	年份
继续推进卓越绩效管理	业务部	办公室	长期
完善绩效指标体系	办公室	全馆其他各部门	长期

策略2：质量管理模式推广

行动	主要负责部门	协助部门	年份
研究制定卓越绩效管理图书馆行业标准	业务部	办公室	2017
组织召开图书馆行业管理模式研讨会	业务部	办公室	2016
对外推广卓越绩效管理经验与标准	业务部	办公室	长期

策略3：实施主题年管理

行动	主要负责部门	协助部门	年份
制定主题年行动计划	办公室	全馆其他各部门	长期
主题年活动实施	办公室	全馆其他各部门	长期
主题年总结与表彰	办公室	全馆其他各部门	长期

目标二：提升组织效能

指标	当前值	目标值	落实部门
员工表彰/奖励人次(人次)	87	90	办公室
员工培训(学时)	100.6	105	业务部
业务交流(场次)	20	24	业务部
开展技能竞赛(场次)	—	1—2	业务部
员工满意度(5分制)	3.78	4	办公室
团队建设活动(次/年)	30	50	办公室

策略1：完善激励机制

行动	主要负责部门	协助部门	年份
完善绩效考核与激励制度	办公室	业务部	2016
完善业务创新、科研成果扶持激励机制	业务部	办公室	2016

策略2：健全荣誉体系

行动	主要负责部门	协助部门	年份
建立多层次、多形态荣誉体系	办公室	业务部	2018

策略3：提高馆员专业技能，提升服务能力

行动	主要负责部门	协助部门	年份
进一步健全业务培训机制	业务部	办公室	长期
组织开展多种形式的专业技能竞赛	业务部	辅导部	长期
加强馆员交换学习	办公室	业务部	长期
组织和推进总分馆最佳实践案例分享交流活动	业务部	辅导部	2017
实施总分馆上岗资格评定新制度	辅导部	办公室、业务部	2018

策略4：加强组织文化

行动	主要负责部门	协助部门	年份
编印《东莞市图书馆组织文化手册》	业务部	全馆其他各部门	2016
丰富载体，加强组织文化宣贯	办公室	全馆其他各部门	长期
构建多种形式的馆员交流平台	网络部	办公室	2017
服务型党组织、团、工会组织建设	办公室	全馆其他各部门	长期
开展推选东莞市图书馆"十大品牌"活动	读者服务部	全馆其他各部门	2017

目标三：完善图书馆管理运行机制

指标	当前值	目标值	落实部门
管理制度规章总量（项）	200	220	业务部
修订管理规章频率	每年	每年	业务部
业务交流人次（人次）	71	75	业务部
志愿者服务人次（人次）	2105	2200	读者服务部、少儿馆（部）等
全年开放服务保障率（%）	100	100	办公室

策略1：加强地区中心图书馆运行统筹机制

行动	主要负责部门	协助部门	年份
进一步加强区域图书馆集群管理技术平台建设	网络部	辅导部	2016
完善总分馆建设管理制度	辅导部	业务部	2016

策略2：加强国内外交流，建立与国际接轨的管理模式

行动	主要负责部门	协助部门	年份
加强与国外图书馆交流，与国际发展接轨	业务部	办公室	长期
加强与国内图书馆交流，关注公共文化建设发展趋势	业务部	办公室	长期
关注特色城市图书馆，建立跟踪研究机制	业务部	办公室	长期

策略3：实施战略目标与绩效考评结合的管理

行动	主要负责部门	协助部门	年份
组建图书馆战略发展规划委员会持续监督执行情况	理事会、图书馆馆长	战略规划小组	2016

(续表)

行动	主要负责部门	协助部门	年份
制定年度计划并实施,发布年度报告	办公室	战略规划小组	2016
对规划的实施过程进行控制,公开接受相关群体监督	战略规划小组	办公室	长期
每季度对规划的实施效果进行评估,同时根据内外环境的变化对规划进行动态调整	战略规划小组	业务部	长期
根据规划确立的各项目标、策略、行动,制订相应的绩效考评指标	战略规划小组	业务部、辅导部	长期

策略4:进一步完善理事会制度

行动	主要负责部门	协助部门	年份
建立理事会决策咨询专家委员会,确保理事会的决策科学有效	办公室	业务部	2017
组织理事会成员进行工作调研,更好地发挥理事会的作用	办公室	业务部	长期

策略5:完善志愿者服务管理

行动	主要负责部门	协助部门	年份
健全和完善志愿者服务制度	读者服务部	办公室	2016
建立图书馆志愿者服务队	读者服务部	各相关部门	2016

目标四:发挥研究优势,促进业务发展

指标	当前值	目标值	落实部门
科研项目数量(项)	39	40	业务部
公开发表专业学术论文(篇)	22	25	业务部

(续表)

指标	当前值	目标值	落实部门
主办全国性专业学术研讨会(次数)	2	10①	业务部等
参与学术会议人次(人次)	32	35	业务部
各级学术年会获奖人次(人次)	4	6	业务部
与科研机构合作项目数量(项)	2	5	业务部
公开出版物累计数量(钟)	14	15	业务部
在站博士后人数(个)	1	4②	业务部

策略1：提升整体研究能力，产生有影响力研究成果

行动	主要负责部门	协助部门	年份
进一步加强专业技术人员业务研究考核	业务部	办公室	长期
主办年度图书馆学术研讨会	业务研究委员会	业务部、办公室	长期
在全国、全省性行业组织中发挥重要作用	业务研究委员会	业务部	长期

策略2：加强博士后创新实践基地建设

行动	主要负责部门	协助部门	年份
完善现有博士后创新实践基地制度建设	业务部	办公室	2016
建立一个以博士后为基础的研究团队	业务部	全馆其他各部门	长期

---

① 此目标值为"十三五"期间累加值。

② 此目标值为"十三五"期间累加值。

策略3：与国内外研究机构开展有效合作与交流

行动	主要负责部门	协助部门	年份
推进图书馆研究基地建设	业务部	办公室	长期
与高校或科研机构开展专题研究	业务部	全馆其他各部门	长期

（发布日期：2016年1月）

苏州市图书馆"十三五"发展规划[①]

"十三五"时期是苏州市图书馆创新服务模式,提升服务效能,促进图书馆服务专业化、标准化、社会化、数字化、体系化发展的转型期。苏州市图书馆将在中办、国办《关于加快构建现代公共文化服务体系的意见》、江苏省《关于推进现代公共文化服务体系建设的实施意见》和苏州市《关于推进现代公共文化服务体系建设的实施意见》精神引领下,深刻认识当前社会及文化发展的重要任务,以高度的文化自觉和自信,推动立体化公共阅读服务体系的建设,促进"书香苏州"的建设,提升苏州文化"软实力",推动苏州文化发展大繁荣。

一、历史回顾

"十二五"期间,苏州市图书馆在苏州市委、市政府的正确领导下,在市文广新局的关心指导下,深入贯彻执行党的十八大、十八届三中、四中全会精神,不断地探索新的服务模式,提升服务效能,取得了优异的成

---

① 本规划由苏州市图书馆授权收录。

绩。基本建成了布局合理、发展均衡、覆盖面广、全面开放的公共图书馆服务网络。建成覆盖城区的总分馆体系：包括1家总馆、70家分馆，并建有1家24小时自助图书馆，21个"网上借阅社区投递"自助服务点。总分馆体系内文献资源数量持续增长，至今已经拥有馆藏370万册，其中古籍20万册，数字资源54.8 TB。

"十二五"期间，苏州市图书馆的各项指标如到馆读者、外借册次、读者活动等，实现显著提升。以2014年底最新数据，对比2010年底数据，苏州市图书馆2014年全年共接待到馆读者800余万人次、外借图书414万册次、举办各类读者1608场，分别比"十一五"最后一年增加50%、100%、250%，取得了良好的社会效益。

"十二五"期间，苏州市图书馆不断创新服务模式，提升服务效能，推出各项惠民举措。除了总分馆体系、轨交图书馆服务网络、24小时自助图书馆、工地书屋等基础设施建设之外，苏州市图书馆相继推出了"悦读宝贝计划""你选书我买单""网上借阅社区投递"等惠民服务，文化方舱惠民项目也在稳步建设中。

"十二五"期间，苏州市图书馆荣获了"全国公共文化设施管理先进单位""全国古籍保护工作先进单位""全国盲人阅读推广先进单位"、第十四届"群星奖"（服务奖）、第十六届"群星奖"（项目奖）、"江苏省文明图书馆""江苏省文明单位""苏州市国家公共文化服务体系示范区创建工作先进集体""文广新系统先进基层党组织"等一系列称号和荣誉。

二、主要目标

围绕提升服务效能这一核心工作目标，苏州市图书馆将以市民需求为导向，以苏州第二图书馆建设为重要抓手，以现代科技为支撑，全力打造五个体系，即高效运行的总分馆体系；方便快捷的资源调配体系；高度融合的数字服务体系；积极灵活的社会参与体系；高端优质的情报服务体系。以此促进苏州市图书馆的三大转型，即促进服务体系建设由基础设施的全覆盖向优化服务管理转型；由全市总分馆体系建设的示范引领地位向中心馆地位转型；由体系内的阅读推广向统筹社会力量推进全民阅读转型。

三、重点任务

（一）高效运行的总分馆体系

（1）以苏州第二图书馆建设为抓手，提升公共图书馆服务供给能力。利用高新技术，打造职能智能书库；精心设计环境，完善功能布局；结合市民需要，拓展物理空间。将苏州第二图书馆打造成深受市民喜爱的，集阅读、科研、教育、休闲为一体的文化空间，并带动整个苏州公共文化服务升级。到2020年末，按照每3万人1座分馆的标准形成完善的公共图书馆总分馆体系，"网上借阅 社区投递"服务点100个以上，建成轨道交通图书馆服务网络，在每条轨道交通线设置不少于1个实体图书馆和2个"网上借阅社区投递"服务点，并根据实际需要在施工人员超过200人的建筑工地建设工地书屋。

（2）以"文化方舱"推广为抓手，推进移动服务由单一的阅读推广向综合公共服务转型发展。利用"文化方舱"移动布局、灵活组合、分级拓展等特点，融合互联网现代科技与图书馆移动服务，为基层提供优质的服务，促进服务个性化、均等化。到2020年末，在苏州人口密集区放置3至4组"文化方舱"，并在全国形成一定的影响力。

（3）以标准化建设为抓手，推进苏州市公共图书馆服务管理水平的提升。健全和完善公共图书馆服务标准，制定《苏州市公共图书馆服务规范》，以标准化促均等化发展，提升全市公共图书馆管理和服务水平。

（二）方便快捷的资源调配体系

（1）以建设苏州市文献资源总库为抓手，推进全市一卡通工程，实现全市资源通借通还。依托苏州第二图书馆职能书库，建立全市公共图书馆文献资源协同采购机制，争取在 2017 年实现苏州城区资源通借通还，到 2020 年末，实现全市资源通借通还。

（2）以建设苏州市文献资源总目为抓手，整合馆藏文献信息资源，建设专题知识库和信息资源元数据集中仓储。选择具有战略、历史、文化价值的特色文献，构建一批体系化、特色化专题知识库群。开展全市文献信息资源统一发现与服务调度工作。及时制定与修订各类文献信息组织的标准规范。到 2020 年末，实现全市公共图书馆信息资源的统一发现、整合与揭示。

（3）以"网上借阅 社区投递"服务为抓手，推进文献资源的便捷流通。在时间和空间上拓展图书馆服务，在互联网环境下，结合现代物流体系，为读者提供全方位、立体化、不间断的公共文化服务。到 2020 年末，实现全市公共图书馆资源物流互联互通。

（4）以"你选书，我买单"服务为抓手，推进以市民需求为导向的文献资源建设。打破传统图书采编、借阅流程，完善"你选书，我买单"读者购书荐书活动，打造覆盖城区的服务网络，促进普通馆藏资源建设与读者需求的有效对接，优化资源结构。到 2020 年末，建成完善的服务网络，"你选书，我买单"常设服务点不少于 20 个。

（三）高度融合的数字服务体系

（1）以"苏州市公共数字文化服务平台"建设为抓手，推进图书馆公共数字文化建设水平。在市文广新局的统一部署和领导下，发挥图书馆、博物馆和文化馆等单位的技术、资源和人力优势，建立苏州市公共数字文化服务平台。

（2）以地方特色数据库建设为抓手，推进数字资源内容优化与整合。推进苏州记忆、历代方志库、珍贵古籍库以及民国地方文献数据库等项目建设，开发特色数字文化产品。到 2020 年末，建成苏州市图书馆内民国文献数字化工程，并建成结构较为完整、体系较为完善，内容丰富、特色鲜明的"苏州记忆"数据库，在公共数字服务平台上开放使用。实现苏州大市内特色数字资源互联互通。

（3）以"书香苏州 APP"建设为抓手，推进图书馆数字化服务水平提升。在较为完善的 PC 终端服务基础上，加强"书香苏州 APP"的功能，提升移动智能终端的服务能力和水平。到 2020 年末，实现书香苏州 APP 功能在苏州大市内推广，移动终端服务在全市各区县统一开展。

（四）积极灵活的社会参与体系

（1）以立体化现代公共阅读服务体系为抓手，推动全民阅读进程。鼓励民众到图书馆借阅、参与活动，或通过远程服务利用图书馆。制定相应的图书馆积分激励计划，对民众利用图书的行为进行规范和激励。到 2020 年末，实现市民人均阅读活动参与率比 2015 年翻一番。

（2）以志愿服务为抓手，激活公众参与图书馆服务的热情。鼓励和支持志愿者参与分馆日常管理和服务，推进志愿服务专业化、品牌化发展，动员专家学者下基层帮带志愿服务，发展壮大志愿服务队伍。到 2020 年末，不少于 20 家分馆由志愿者参与日常业务管理和服务。

（3）以"苏州大讲坛"为抓手，吸引社会力量参与图书馆市民文化素养提升工程。继续增强"苏州大讲坛"品牌效应，扩大其影响力，加强与市委组织部、市旅游局、市卫生局、市教育局等党和政府部门的合作，进一步办好公益性讲座、展览展示，促进市民文化素养不断提升。

（4）以"悦读宝贝计划"为抓手，推进社会力量关注未成年人阅读。在阅读大礼包的发放过程中，充分发挥医疗卫生机构、社区工委等单位的优势，提供未成年人阅读服务。到 2017 年，实现"悦读宝贝计划"市区全覆盖，到 2020 年，基本建成与医疗、卫生、街道社区等单位的统一协调机制。

（5）以政府购买公共文化服务为抓手，推进社会提供公共图书馆服务发展。发挥企事业单位、社会组织和个人的灵活性和积极性，鼓励其参与"网上借阅社区投递""你选书、我买单"等服务的运营和管理，"悦读宝贝"亲子活动以及其他全民阅读活动的组织和承办。

（五）高端优质的情报服务体系

（1）以建设"设计图书馆"为抓手，建立全市公共图书馆创客联盟。通过建设设计图书馆，打造设计团队、个人的创意空间，打造苏州设计领域的信息服务中心和设计产品展示交流平台。到2020年实现设计人才的孵化和设计产品的研发等功能。

（2）以"苏州市文化创意产业信息服务平台"建设为抓手，建立城区文创信息服务网络。联合相城区国家数字文化创意产业园、高新区科技城等，到2020年，建立一支高素质的文创服务人才队伍，形成覆盖大市的文创信息服务网络。

（3）以"全市联合参考咨询服务网络"建设为抓手，推进全市信息服务水平。联合苏州各市（县）、区图书馆，建立全市联合参考咨询服务网络，开展联合咨询、科技查新、舆情监测等活动，结合企业讲座、培训，提升全市情报服务能力。

（4）以《信息导航》优化升级为抓手，提升政府参考决策服务能力。

四、保障措施

（一）加强组织领导

加强党的领导，加强共青团工作，发挥党组织在图书馆文化事业中的保障作用，充分发挥党员的模范带头作用。加强工会、图书馆学会及其他群众组织的建设，有效发挥其在特殊领域的作用，积极开展群众喜闻乐见的活动。

（二）加强财政支持

不断加强基础设施建设及购书经费投入，保证资源与环境的优化升级；为专项服务设立专项经费，保证图书馆品牌服务顺利开展；探索市场机制，利用社会力量，开展优质服务。

（三）按需设岗、标准化管理

改革完善人事制度改革、干部聘任制度；根据实际需要设置岗位；实行分级管理，强化考核机制；实行标准化管理，落实责任到人。

（四）加强人才队伍建设

加强对基本馆员的培训，提升专业素养；大力引进专业技术人才，优化人才结构；加强管理干部队伍建设，从党性、理论、业务、实践等各方面入手，培养、提升各级管理干部的能力；制定合理政策对人员进行考核。

（五）加强理论建设与学术研究

利用图书馆资源优势，鼓励馆员理论研究；制定激励措施，奖励馆员学术研究；推动学术交流，促进学术研究与行业协调发展；促进学术成果的实际应用，积极发挥理论指导实际工作的作用。

（发布日期：2017年8月18日）

南京大学图书馆"十三五"发展规划[①]

I. 发展现状与问题分析

一、建设成就

在前一个建设周期内，南京大学图书馆以仙林新馆建设为契机，全面提升各项工作，在文献资源建设、网络技术保障、读者服务水平、人才培养和队伍建设等方面均取得显著发展。

文献资源建设方面：配合学校文、理、工、医协调发展，充分保障全校师生教学、科研和学科建设对文献资源的需求，近五年的文献资源入藏量如表1所示。其中纸质资源：截至2014年底馆藏纸质文献577万册，包括中文图书394万册，外文图书90万册，中文期刊43万册，外文期刊50万册。电子资源：截至2014年底采购数据库125个，包括中文图书303万种，外文图书60万种，中文期刊3.5万种，外文期刊2.7万种，中外文硕

---

① 本规划由南京大学图书馆授权收录。

博士论文 363 万篇。

表 1　近五年文献资源入藏量

	2010 年	2011 年	2012 年	2013 年	2014 年
中文图书	44855 种	45801 种	39608 种	44973 种	54366 种
外文图书	5474 种	4593 种	8422 种	7789 种	7468 种
中文报刊	3430 种	3435 种	3433 种	3253 种	2965 种
外文期刊	1630 种	1628 种	1641 种	1585 种	1434 种
数据库	63 个 新增 16 个 续购 47 个	108 个 新增 27 个 续购 81 个	117 个 新增 9 个 续购 108 个	126 个 新增 9 个 续购 117 个	125 个 新增 3 个 续购 122 个

网络服务和技术保障能力大为提高,具体包括:成功完成了南京大学"智慧图书馆"一期项目的建设,其中自主创新的 Book +、Mobi +、Find +、Pad +、Subject +获得业界广泛好评;开通的服务系统包括自助借还系统、自助打印复印扫描系统、数字标识系统、轻印刷系统、研究小间自助预约服务系统、24 小时自助还书系统等;开通了微信、微博等服务新媒体,加强了与读者的交流。

全面提升读者服务能力和服务水平,通过举办"图书馆创新论坛"等措施激发全体馆员的服务创新意识,在仙林图书馆设立"青年优质服务示范岗",服务面貌一新,深受好评。

人才培养和队伍建设取得良好成绩,近几年努力吸引高素质人才,招聘硕士 46 人、博士 5 人。重视并推动馆员职业发展,增加中级职称 27 人、副高职称 15 人、正高职称 1 人,大大改变了图书馆员工的队伍素质。

二、形势判断

根据教育部高校图工委发布的《高等院校图书馆文献资源发展状况报告(2005—2013)》显示,近年来"211 工程"院校图书馆的文献资源购置经费呈现出明显上升趋势。其中,电子资源购置费呈逐年上升趋势,增长幅度大于纸质资源购置费。近年来电子资源购置费占总文献资源购置经费的比例，上海交通大学图书馆和清华大学图书馆在50%—70%，南京大学图书馆与北京大学图书馆、浙江大学图书馆、复旦大学图书馆在40%—50%。国内重点高校图书馆均在逐年增加电子资源购置费。

"教育部高校图书馆事实数据库系统"数据显示，近年来"211工程"院校图书馆的馆舍总面积有较大幅度增长。馆员队伍在数量上呈缓慢减少趋势，而在学历上，硕士学历馆员数量呈不断上升趋势。

根据相关研究论文显示，国内外高校图书馆的发展规划均从资源、空间和服务等方面出发，以为用户提供文献保障和高效服务为目标。国外高校图书馆在文献资源建设上的多元化、特色化、开放性等特点较之国内更加明显，学科馆员制度更为完善，服务上注重时效性，偏重用户体验，值得国内高校图书馆借鉴与思考。

三、存在问题

图书馆在全面提升文献资源建设、网络技术保障、读者服务水平、人才培养和队伍等各项工作的同时，也存在较多问题，主要表现为：资源的深度揭示与管理工作存在不足，如古籍的整理与揭示尚未完成，这也给安全管理工作带来隐患；图书馆学科馆员的角色定位还停留在联络、培训、信息素质教育等方面，尚不能成为嵌入式信息专员、学科服务馆员，走出图书馆围墙，将服务的阵地前移到用户一线，将学科服务融入教育、嵌入科研，适应以数据为驱动的科学研究模式的转移。

II. 总体目标与总体思路

一、总体目标

建设与南京大学地位相一致的大学图书馆，建立资源丰富、设施先进、服务领先，以数字化网络化为技术基础的大学文献保障服务体系，为创建世界一流大学提供高质量的文献信息保障。

二、发展战略与总体思路

紧密围绕国家"十三五规划"对教育、文化、科技等方面的相关指导，关注国内外图书馆界的发展趋势，提升文献资源建设、技术创新、创新服务、空间优化等几个方面。重点以南京大学独占性的特色资源为基础，借助古籍文献科学保护、数字化展示及多媒体信息技术等各种手段，释放出馆藏资源所蕴含的学术价值并尽最大可能地助力教学科研工作，以实现创建南京大学为国际化一流大学的目标。

III. 主要任务与实施举措

一、馆藏发展

（1）优化和完善图书馆信息资源体系，在规模、深度和学术影响力方面加强优势学科的资源建设，以提高学科发展的文献保障能力。

（2）继续实施馆藏资源数字化建设计划，实现馆藏资源纸本与电子（数字）版的无缝对接。

（3）提高南京大学图书馆信息资源的可发现性和可获取性，构建一个内容传递及时、具体学科情境的资源发现与获取服务体系。

（4）加强特色馆藏、专题馆藏建设，建立南京大学机构知识库，辨识、确认、序化和长期保存南京大学教师、学生和校友的学术成果和艺术作品、原生数字资源等，形成南京大学特色历史文化资源。

（5）探索、推行需求驱动采购（DDA）、读者驱动采购（PDA）、询证馆藏发展（EBA）和按需采购（POD）等数字馆藏发展众包新模式。

（6）继续深入参与CALIS、CASHL、JALIS等联盟图书馆知识共享服务等文献资源共享服务体系建设，积极发挥南京大学图书馆应有的作用。

（7）继续深入开展阅读推广活动，继续开展读书节等活动，培育与优化南京大学阅读推广品牌。文化服务嵌入文化素质教育，建立文化素质教育专题馆藏。

二、教学与科研的支撑与保障

（1）深入开展学科服务，尤其是面向科研项目和跨学科研究。与科研人员建立密切联系，嵌入科研项目与科研流程，深入把握科研人员的服务需求，并以此优化图书馆各类资源，有力保障学术活动。

（2）在学校课程目录中面向学科、院系开设信息素养专题系列课程，参与教学，提高图书馆教育影响力。开展学术规范、指导项目等课外研修计划，充分支持学生科研训练活动。

（3）与院系、教育技术中心、授课教师等合作，将服务嵌入教学和学习活动，将馆藏资源整合至在线学习平台之中，为教学提供全面支持。

（4）与院系、教务处、研究生院、教育技术中心、教师教学发展中心等机构合作建设开放教育资源与服务平台，提供开放存取教科书、MOOC课程、微课、游戏教学等学习材料，构建高质量、经济有效的教学信息资源服务体系，提高学生良好的学习体验。

（5）积极推进和深度参与开放存取（open Access）运动，建立南京大学知识库，鼓励师生支持开放存取。

（6）充分发挥图书馆资源优势和馆员专业特长，开展学科竞争力分析，与学校相关部门合作开展人才评价工作。监护南京大学科研成果产出，与学校相关部门合作建立科研数据管理服务平台，建立一体化的科研数据服务方案，跟踪和实施学术影响力评价新指标、新方法、新工具和新标准，提高南京大学在全球的影响力。

三、信息基础设施建设

（1）继续加大智慧图书馆的二期建设，力争在超高频 RFID 智能机器人、机构知识库建设等方面有所突破。

（2）关注下一代图书馆管理系统（OCLC WorldShare、Innovative Sierra、Exlibris Alma、Kuali OLE、Serial Solution Intota、VTLS Open Skies 等）的发展趋势，跟踪、研究其对图书馆管理和服务的影响，争取在新系统建设上能继续保持江苏数字图书馆建设的特色及水平。

（3）整合移动图书馆与微信、微博、博客等社会化媒体，优化服务的体验性，重构用户交流和利用图书馆的新路径。积极开展合作，建立移动图书馆联盟。

（4）继续推广自助借还机、自助打印、电子借阅机等自助设备，提高用户的良好体验性与校内外合作者开展合作，发展与应用新技术（如 3D 打印技术、虚拟现实技术、RFID、增强现实技术）。

（5）利用电子资源流量分析系统定量采集、管理、分析用户的数字资源利用行为信息，为图书馆个性化服务奠定基础。

四、图书馆空间再造

（1）重新定义图书馆空间，将图书馆空间视为重要的图书馆资源，为教学、科研和学习、乃至协作学习和科研提供灵活多样的物理空间和虚拟空间，通过嵌入丰富资源、服务项目和文化活动，形成包含空间、服务、工具和信息资源的有机体，促进知识和文化交流。

（2）建立特色鲜明的图书馆信息共享空间，营造温馨、舒适的学习环境，实现"文化引导、环境育人"，延伸服务空间，打造服务品牌。

（3）建设图书馆创客空间，聚集不同群体用户，交流和分享知识、资源与体验，开展真人图书馆等各类活动，并相互学习。

（2）改进馆员工作空间，以此提高工作效率和促进合作创新活动。

五、馆员发展

（1）建立一支能够满足用户服务需求和图书馆发展需要的、灵活的多元的馆员队伍，体现终身学习、服务创新和追求卓越的理念。馆员队伍的专业化和职业化发展，培育一支具有敏锐力、执行力、创新力的馆员队伍；建立新型馆员岗位，如数据监护馆员、数字资源管理馆员、数据管理与分析馆员、学术交流馆员等。

（2）建立、完善新馆员入职培训、老馆员继续教育等专业馆员培训体系。开展多元化教育培训，提升馆员能力，以应对快速变化信息环境的挑战和多样化服务需求。

（3）加强岗位考核和绩效管理，激励符合图书馆战略发展方向的优异业绩。

（4）支持和激励馆员开展学术活动，以科研助力图书馆发展。资助图书馆科研项目，以项目促进青年馆员业务能力发展。

（5）提供科研基础支持，鼓励馆员申报和开展研究国家社会科学基金、教育部人文社会科学基金、江苏省社会科学基金等各类课题。

（6）参与图书情报专业硕士点建设，建立以职业需求为导向、以学术能力和实践能力培养为重点、构建"图书馆—学院"培养机制，严格培养过程，创新培养模式，并进一步加强师资队伍建设。

六、合作、协作与交流

（1）依托CALIS、CASHL、全国高校图工委、中国图书馆学会等组织或机构，积极开展图书馆业界之间的国际、区域的交流与合作。

（2）深入推进文献资源共享体系建设，建立跨机构、跨区域的合作机制，提高南京大学图书馆馆藏资源与服务的可见度、可用性和影响力，最大限度发挥图书馆文化效益、社会效益和经济效益。

（3）鼓励和促进图书馆同行之间的学习，促进馆际之间、馆员与科研人员之间的合作研究与业务合作。

IV. 重大任务

一、历史文献保护、开发利用

目前，南京大学图书馆有大量的古籍善本、文史资料、方志、民国书刊、金大中大特藏文献、杜威分类法的特藏等众多独占性资源。

（1）历史文献的保护，包括目录整理、文献整理、破损文献的修补、科学保存等。

（2）历史文献的开发，立足于本馆馆藏特色资源的特色，借助数字化和多媒体展示的手段，用符合现代技术方向的方法做创新展示。

（3）历史文献的利用，打破时间空间的限制，满足读者不同层次的需求。在充分满足读者学术研究基础上，还应该满足读者对文献的欣赏等其他不同需求。

二、基于特色馆藏的优势学科精准化服务

目前，南京大学图书馆有很多独占性的特色馆藏文献资源，基于这些特色馆藏，提供对口优势学科的精准化服务。将特色馆藏与优势学科之间关联，有针对性地开展相关服务。一方面，极大发挥出图书馆在优势学科发展上的辅助作用；另一方面，让这些藏在深闺的独占性特色资源在学术研究中发挥其真正的学术价值，并积极融入学术科研领域，提供科研数据管理服务；支持学术出版与交流；组织或参与数字人文项目研究。

三、图书馆空间再造

重新定义图书馆空间，将图书馆空间视为重要的图书馆资源，为教学、科研和学习、乃至协作学习和科研提供灵活多样的物理空间。通过建立特色鲜明的图书馆信息共享空间，营造温馨、舒适的学习环境，实现"文化引导、环境育人"，延伸服务空间，打造服务品牌。同时构建图书馆创客空间，建设数字学术空间，进而构建图书馆智慧空间。聚集不同群体用户，交流和分享知识、资源与体验，开展真人图书馆等各类活动，并相互学习。

2015年1月，张异宾书记在中国共产党南京大学第十次代表大会上的报告中指出：第九次党代会以来，南京大学坚持科学发展，争创世界一流，学校综合实力和核心竞争力显著增强。其中，公共服务及后勤保障的

支撑条件全面改善，图书文献的资源引进与数字化建设成效突出，为学校人才培养和科学研究提供了有力的基础性支撑。一流的大学必定要有一流的大学图书馆，如何在过去成绩的基础上，在多校区办学格局下，优化各类资源，优化结构与用人机制，重视馆员队伍竞争力，提升学术图书馆的核心竞争力，为建设"第一个南大"作出贡献，是南京大学图书馆"十三五"发展的核心任务。

（发布日期：2015年8月）

武汉大学图书馆"十三五"发展规划①

"十三五"时期（2016—2020年）是我校新百年发展的重要阶段，是实施新"三步走"战略，加快建设世界一流大学的关键时期，也是武汉大学图书馆全面推进现代化管理与服务的重要时期，按照学校关于做好二级单位第十三个五年规划编制工作的统一部署，结合图书馆实际，特制定本规划。

第一部分　回顾与总结

"十二五"期间，图书馆紧紧抓住国家实施科教兴国、文化强国、信息化发展战略的历史机遇，积极融入省、市、学校落实建设学习型社会、全民阅读计划、共建读书之城、创建世界一流大学和世界一流学科等发展战略，一心一意谋发展，聚精会神搞建设。坚持以科学发展为主题，以提供信息资源保障为重点，以提升服务水平和提高研究能力为核心，以跟踪、参与、联合国内外图书馆共建共享计划为指引，以基础设施优化、信

---

① 本规划由武汉大学图书馆授权收录。

息技术环境革新、人才强馆战略为保证，以理顺深化全校图书资料系统和图书馆内部体制机制改革为动力，以和谐图书馆和平安图书馆的建设为基础，全面提高图书馆的核心竞争力和综合实力，在内部管理体制、文献资源建设、读者服务工作、文化建设等方面进行了积极的探索与改革，顺利完成了"十二五"规划的目标任务，图书馆各方面的工作取得了长足的进步与发展。

"十二五"建设取得的成效

（一）文献资源建设稳步推进

1. 文献购置经费逐年提高，文献入藏总量稳步增长，文献购置经费从2010年的2660万元提高到2015年的3537万元，文献入藏总量从1134万册增加到1651万册，电子文献数据库从432个增加到现在的474个，文献数据库的内容已经基本涵盖了武汉大学所有的学科专业。数字资源总量增长迅速，占文献资源总量的比重不断加大。

2. 我校图书馆馆藏纸质文献的拥有量居全国高校第四位，已经形成印刷型文献、数字化文献和网上文献信息三位一体的文献资源保障体系。

3. 开展馆藏和院系资料室的资源回溯工作，完成15个院系资料室回溯建库任务，避免重复建设，提高学校文献购置费使用效益，全校图书资料一体化建设进一步推进。

（二）服务师生的能力不断升级

图书馆始终坚持"服务第一，师生为本"的原则，紧密结合现代信息技术服务应用，不断拓展服务功能，不断更新丰富和应用多种现代化的服务手段。不断加强与师生读者、学院、机关职能部门、学生社团、项目课题组的交流互动，不断提高服务师生的针对性和有效性。

1. 经过长期的发展建设，图书馆已经具备为读者提供外借、阅览、听音收视、参考咨询、文献检索、定题服务、课题查新、读者教育、馆际互借、文献复制、文献传递等多类型、多层次的服务。

2. 充分挖掘图书馆内部潜力，延长开放时间，保证图书馆每周七天开门对外服务，读者每天平均入馆量超过 1 万人次。借助互联网平台，实现知识导航，网络资源 24 小时对外服务。借助手机平台，开通移动图书馆。在图书馆主页开设网上咨询台、官方微博、微信、QQ 咨询和馆长信箱，设计并推出虚拟馆员"小布"，建立畅通的读者沟通渠道，及时回复和解决读者提出的各种意见和问题。目前官方微博粉丝人数已高居 985 高校第二名。

3. 紧密结合新馆开放，重新调整资源布局，开设新书展区，主题书展，信息共享空间，个人和团体研修室等，全面实现了藏借阅咨一体化开放管理模式。

4. 积极开展文献传递、馆际互借和科技查新服务，建立了遍及全国、联通世界的文献资源共享网络。文献传递服务注册用户数不断增加，文献传递请求量持续上升，文献传递工作在全国排名高居前三位，并多次荣获优质服务一等奖、CASHL 宣传推广奖及特别贡献奖。

5. 全面实行学科馆员制度和学科组制度，搭建学科服务平台 31 个。积极为学校学科建设和科学研究提供科学分析和决策支持。利用 SCI/SSCI 等检索工具和 ESI/Incites 等学科文献评价工具，开展学校科研成果统计分析、科研竞争力分析及投稿指引等工作，每年面向全校发布《武汉大学学科发展态势分析报告》等三个深度报告，为学校领导、相关职能部门、学院的改革发展和战略决策提供了科学详实的情报支持，为推动我校高水平学科的发展起到了良好的促进作用。

6. 开展多种形式的读者培训，提高师生的信息意识和信息能力。不断优化读者培训模式，信息素养教育成效显著，读者培训人次不断攀升。

据不完全统计，2010—2015 年，全馆共接待读者 2143 万余人次，借还图书 892 万余册次；图书馆网站首页访问量 3050 万次，馆藏书目检索系统的总浏览量 6580 万次，电子资源访问量 2605 万次。图书馆五年间累计培训读者近 10 万人次。开设 MOOC 式必修课"研究生学术道德与学术规范"荣获 2015 年首届"泛雅杯全国教师慕课教学大赛"二等奖。

（三）文化建设成绩斐然

作为校园文化的主阵地，我馆非常重视文化建设。

1. 构建宣传文化工作新体制，推出"文脉华章——传承文化工程、共知共享——公益文化工程、明诚弘毅——成才文化工程、馨香珞珈——悦读文化工程、至精至诚——服务文化工程、改革创新——活力文化工程、创先争优——卓越文化工程、靓艺炫秀——精彩文化工程"等文化建设八大工程，构建了覆盖全馆的宣传员队伍，评选了一批图书馆宣传工作示范项目和先进个人。各类媒体报道图书馆管理与服务工作，有力提升了图书馆的美誉度和影响力。

2. 开展"文明单位"创建活动，举办"服务质量管理月"，有针对性地对工作人员进行职业道德、职业纪律教育和培训。

3. 结合总馆新馆建设，策划形成了巨型铜雕"文明的符号""理想树"等实体文化景观；专设珞珈文库、名家专藏文库等固定人文文化展，定期举办专题书展、专题摄影展等。

4. 图书馆开展服务文化创优活动，举办武汉大学读书节和文化宣传月活动，开通图书馆工作网，创办"文华讲坛"、《文华书潮》，有效促进阅读推广。

图书馆多次被评为文明单位，党委选送的案例被评为武汉大学创建全国文明单位工作精神文明创新案例第一名。连续两年被中国图书馆学会评为"全民阅读"先进单位，"武汉大学读书节"获评"武汉市2014年度读书之城建设十大品牌读书活动"，《文华书潮》成为中国阅读学研究会、中国图书馆学会阅读推广委员会"指定书香园地"，图书馆网站被中宣部、教育部、团中央等单位评为第七届全国高校百佳网站，图书馆选送的案例《基于卡通形象"小布"的高校图书馆阅读推广》获2014年中国图书馆学会"高校阅读推广活动优秀案例"一等奖，《拯救小布之消失的经典——2015武汉大学读书节经典名著在线游戏》获首届全国高校图书馆阅读推广案例大赛一等奖等。

（四）国际化与学术研究水平持续进步

1. "十二五"期间，武汉大学图书馆与美国、日本、欧洲、澳洲、中国台湾、中国香港、中国澳门等100多个国家（地区）的知名大学和科研机构，建立了馆际交流或协作关系，对外交流与合作形成了多形式、多渠道、多层次开展的局面。先后举办和承办了国内外图书馆高端学术会议4场，派出业务骨干近300人次参加国内外的学术交流与培训活动，接待来访海内外图书馆专家学者近20人。

2. 图书馆不断重视科研工作，不断完善科研管理办法，增设了馆内自创科研项目，科研项目立项的级别、数量及科研经费不断提高，科学研究的队伍日益壮大，研究水平不断提高。据统计，五年来图书馆职工先后承担国家社科基金、教育部人文社科基金、湖北省科技厅以及武汉大学的纵向横向科研项目59项，科研项目经费总额700余万元。在各级各类学术刊物上发表论文291篇，出版著作26部。

（五）图书馆在国内外地位影响日益增强

图书馆认真贯彻学校"顶天立地"的发展战略，充分发挥 CALIS、CASHL、CADAL 等国家级文献服务系统区域中心的枢纽作用，积极推进全国性、地区性和本校的文献资源共建和共享服务。

1. "十二五"期间，根据学校签订协议，图书馆落实了与40余所高校的合作和对口支援协议；积极促成湘鄂赣三省图书馆资源共享。与武汉行政区域内的科研院所图书馆、高等院校图书馆、中小学图书馆、企业图书馆和公共图书馆等各类型图书馆成立"武汉地区图书馆联盟"。先后与国内外100多所图书馆和学术机构建立了文献交换关系。

2. 支持武汉市"读书之城"和"大学之城"建设，推动文化惠民与文化为民。2012年积极促成武汉大学与武昌区政府签署共建"读书之城"协议。2013年我馆被评为武昌区创建读书之城优秀组织单位。

3. 重视古籍特藏工作，获批"全国重点古籍保护单位"，2014年被评为全国古籍保护工作先进单位。图书馆先后接待过多位中央部委、省市领导、知名学者参观指导，接待来访交流国内外图书馆同行专家数千人次。图书馆的知名度、美誉度、影响力不断增强。

（六）领导班子和干部职工队伍建设明显加强

1. 随着办馆条件的显著改善，图书馆根据新的形势、新的要求，开展与时俱进、开拓创新、团结高效、求真务实、勤政廉洁"五好"领导班子创建活动。每年召开领导班子民主生活会、举行领导班子和班子成员述职述廉测评。

2. 建立健全中层干部选拔任用提名、竞争性选拔、述职考核评价等制度，选人用人公信度和满意度高。

3. 制定了人才强馆战略和中长期人才发展规划，定期组织中层干部培训班、馆员全员培训，举办青年馆员培训班、图书馆服务与管理创新论坛等。馆员队伍的年龄结构和知识结构逐渐优化，截至2015年12月，具有本科以上学历的工作人员所占比例已达到85%。具有副高以上职称的工作人员所占比例已达到25%。

"十二五"期间，图书馆先后有20多人次被评为武汉大学教育先进工作者、湖北省高校图书馆先进工作者、全国高校图工委优秀工作者、武汉大学优秀女职工称号、武汉大学服务教职工先进个人等。

（七）管理改革与制度建设成效显著

1. 图书馆秉承"坚持集体领导，党政共同负责；尊重馆员立馆，开展民主管理；实行依法办馆，严格管理制度；提高服务效率，推进工作创新"的体制机制改革思想，积极探索、完善和创新高校图书馆党政联席会议制度、党委会、馆长办公会、馆务会、馆务咨询制度，实行二级党代会、教代会制度。

2. 全面制定和修订图书馆规章制度，行政业务制度规范已结集印发全馆，逐步形成了一套系统的工作规范。健全和完善图书馆办事公开制度，不断深化党务公开、政务公开，把党员干部行使权力置于群众的监督之下。

3. 在前四轮改革基础上，先后于 2012 年和 2015 年又进行了二轮共计六轮岗位聘任人事制度改革，完善了总分馆体制架构，建立并不断完善竞争上岗、考核考评、聘期管理的机制，为图书馆治理体系和治理能力现代化奠定了坚实基础。

（八）党群工作凝心聚力卓有成效

1. 图书馆党委结合本馆服务工作的特点和本质要求，认真开展党的群众路线教育实践活动、"两访两创"活动、文明服务单位创建活动、服务之星评选活动和学习型党组织建设，全面落实党风廉政建设责任制，梳理廉政风险点，强化对重点岗位管理，深入开展廉政教育，组织学习中央精神、教育部和学校有关文件精神，举办廉政报告会，开展多种形式的警示教育。

2. 坚持从制度建设入手，加强党风廉政建设，制定了集体决策、党风廉政建设、财经纪律、采购招投标等一系列制度。签订党风廉政建设责任书，构建压力传导责任体系和防控体系，落实党风廉政建设责任制，落实党委主体责任和纪委监督责任。

图书馆的党群工作卓有成效，有力地推动了基层党建工作，为图书馆营造和谐氛围、凝聚力量，进一步拓展服务领域、提高服务质量、提升服务水平创造了条件。因图书馆工作成绩突出，被评为武汉大学文明单位、武汉大学创先争优先进分党委。

（九）和谐平安图书馆建设不断深化

图书馆注重工会、共青团等群团组织建设，为他们开展各项活动创造条件，有力地促进了工会、共青团工作的积极性和创造性，各项活动开展得有声有色，各项工作出现可喜局面。

1. 图书馆连年被评为武汉大学二级教代会先进单位、武汉大学先进二级工会。女职工委员会被评为 2013 湖北省教育系统工会先进女职工委员会。信息服务中心被评为 2015 年武汉市巾帼文明岗。图书馆职工文体活动活跃，在各类比赛中成绩突出，多次获得省、市和学校各类赛事优异成绩，极大地增强了集体凝聚力、向心力、荣誉感和自豪感。

2. 图书馆团总支是学校教职工团建的重点单位，对凝聚青年创先争优发挥了积极作用。通过组织各种比赛、联谊活动、义务劳动，积极配合参与每年的读书节、文化宣传月活动，提高了广大青年团员的思想政治素质和业务能力，增强了团组织的凝聚力和战斗力，团的建设不断得到加强，一批优秀青年团员成为本部门的业务骨干，有的还担任了各业务部门的负责人。

3. 图书馆高度重视安全稳定工作和职工消防安全教育管理工作，落实安全教育管理和稳定工作责任制，构建了五级责任体系，鼓励推广安全教育管理和稳定工作新机制、新措施、新办法，图书馆多次被评为武汉大学治安综合治理工作标兵单位和优胜单位。

（十）馆舍基础设施与现代化办馆条件显著改善

1. "十二五"期间，我们先后完成了图书馆总馆新馆扩建工程，完成了工学分馆、医学分馆的整体维修改造，目前信息分馆新馆即将交付使用，总馆旧馆改造也已动工。

2. 按照现代图书馆理念和师生需求设置了个人和集体研修室、学术报告厅、信息共享空间、新书展区、多媒体阅览及影视厅、密集书库等。

3. 古籍书库配备有恒温恒湿空调系统，全部使用樟木书柜，彻底解决了自抗战胜利复校以来延绵半个多世纪一直没有解决的古籍保存问题。

4. 图书馆全面实行物业化管理，总馆引进了一级资质物业公司。以总馆新馆开馆为标志，图书馆的馆舍条件和环境面貌得到根本改观。

截至2015年底，图书馆共拥有各类计算机1000余台，各类服务器近80台，存储器十余套，存储容量达250TB，各类自助服务设备70余套，实现了从总馆到各分馆自助服务的全覆盖，提供图书借还、打复印及扫描、座位预约、存取包、报刊阅读、多媒体视听等自助服务。为阅览座位普遍安装了电源插座，实现了无线校园网络全覆盖。预计信息科学分馆新馆、总馆E栋维修改造工程完成后，图书馆馆舍总面积将达7.44万平方米，阅览座位将达到7500个。

第二部分 "十三五"的奋斗目标与主要任务

一、面临的问题与挑战

"十三五"时期（2016—2020年）是武汉大学图书馆全面推进现代化管理与服务的关键时期。我们面临的问题与挑战是：与建设世界一流大学图书馆的目标要求相比，图书馆的发展与其承担的使命、宏伟的目标和广大师生员工的期待之间还有较大的差距，主要表现为：在图书馆发展方面，对信息技术发展的新特点、读者需求呈现的新要求、服务模式表现的新趋势把握应对还不够主动有为有效。经费投入及办馆条件不足，生均馆舍面积、生均图书册数、馆舍阅览座位还没有达到教育部规定的标准，人与书、藏与用之间的矛盾日益凸显，服务的广度深度仍然难以满足学校发展、师生发展和社会开放的需求。智慧图书馆建设相对落后，科学研究不够，国际化水平不高。在现代图书馆治理方面，全校图书资料一体化改革不到位，内部管理的机制、制度、方式还不够健全。在队伍建设方面，应对信息化、数字化建设挑战的拔尖人才匮乏，青年馆员和部分高学历馆员队伍不稳，流失较多，部分工作人员的业务素质和工作能力亟待提高。在党的建设和思想政治工作方面，落实从严治党的机制还需要进一步完善，学习型、服务型、创新型党组织建设需要进一步加强。

总之，发展标准不够高、速度不够快、内涵不够充分，改革创新办法不够多、步子不够稳、效果不够好仍是图书馆的主要问题。破解这些问题，有些需要我们自身更加解放思想、创新思路，有些需要争取学校和社会支持，也有些牵涉学校和社会大环境及政策问题，还需要假以时日。对此，我们应该有足够的认识理解、充分的思想准备和坚韧的决心信心。

二、历史机遇与战略思考

我们面临的机遇是：当今世界正处在大发展大变革大调整时期。未来4—5年，世界多极化、经济全球化、文化多样化、社会信息化深入发展，科技革命日新月异、思想文化交流交融交锋进一步加强，国际文化交流合作共享共赢不断加强。一方面，传统图书馆面临信息革命的严峻挑战，不变革将被淘汰，不转型将会消亡；另一方面，助力"互联网+"的大潮，图书馆也可以乘势实现转型升级；当前，我国正在大力实施创新驱动发展战略，也适逢武汉大学创建世界一流大学的历史机遇，图书馆可以乘势做大做强，逐步回归、重塑和创新"大学心脏"的地位和影响。我们一定要头脑清醒，找准定位，调整战略，有所作为。

未来4—5年，是我国全面建设小康社会的决胜阶段，也是武汉大学加速创建世界一流大学和一流学科的关键阶段。武汉大学图书馆作为学校和武汉市、湖北省、华中地区乃至全国公共服务体系的重要组成部分，将承担更大的责任和任务，发挥更大的支撑和辐射作用，也将获得更为难得的发展机会和支持。我们一定要抓住机遇，主动作为，竞进提质，创新发展。

综合判断，尽管面临诸多严峻挑战，未来4—5年仍然是武汉大学图书馆可以大有作为的战略机遇期。我们要有强烈的忧患意识和发展意识，强烈的责任感和使命感，要更为准确地把握战略机遇期内涵的深刻变化，更加有效地应对各种风险和挑战，更为积极主动地去争取政策和资源，更加精细智慧地统筹和规划，立足改革，重在发展，锐意创新，不断开拓图书馆发展新境界。因此，我们一方面需要全面深化改革，创新体制机制，提高科学发展的能力和水平；另一方面还需要进一步统一思想，提高认识，凝聚人心，保持团结一心谋发展、众志成城干大事的精神状态和良好氛围。

根据时代的发展，紧密结合武汉大学教育改革和高校图书馆业态的发展新趋势，武汉大学图书馆提出"三步走"战略：第一步，到2017年建馆 100 周年时，继续保持在全国高校图书馆第一方阵前列，进一步缩小与世界一流大学图书馆的差距；第二步，到 2020 年，初步建成中国特色世界一流大学图书馆；第三步，到 2067 年建馆 150 周年时，全面建成中国特色世界一流的大学图书馆。当前以至今后的一段时间内，我们将遵循这个发展战略，朝着既定目标奋力前进。

三、实施六大战略，引领未来发展

（一）大力推进"内涵发展战略"，进一步提高综合实力

坚持走内涵建设为主，规模、质量、结构、效益协调发展之路，大力提升文献资源建设保障体系，切实加强馆舍基础设施建设，着力提高馆员队伍服务能力，不断增强图书馆的综合实力。

1. 继续保持在高等教育领域国内领先、国际知名地位，打造三位一体、特色鲜明、共建共享的学习型研究型文献资源体系

（1）文献资源是图书馆综合实力的核心指标。瞄准世界一流大学图书馆的资源体系，制定中长期建设规划，制定符合实际的文献资源建设政策。在保障基础性馆藏的基础上，重点建设综合性、专业性数字学术馆藏体系，基本配全覆盖我校学科专业的国内外优秀学术资源数据库。

（2）加大特色文献建设力度，注重特色学科文献、特色领域、特色语种文献的持续建设，重点建设我校重点学科文献、保障性学科文献。建设特藏文献专区，按专题或类型整理和集中相关特色文献，形成特色馆藏体系。

（3）探索开放获取资源本地化存储机制，尝试将我校重点建设领域的开放获取资源进行本地化存储或云存储。与学校相关职能部门合作，系统整合原生资源，积极推进武汉大学机构知识库和多媒体数据库建设。

（4）继续加强"珞珈文库"建设，进一步加强对知名人士文献的征集，系统收集与补缺；集中入藏全馆民国文献及古旧西文文献，有计划地推进全校古旧文献集中保护工作。

（5）建立科学的馆藏评估体系，摸清家底，科学分析与评估图书馆馆藏资源配置和满足状况，优化经费配置，提高读者对文献资源的利用率和满意度。

2. 以打造智慧图书馆为标准，实现基础设施和服务环境全面升级改造

馆舍条件、基础设施关乎图书馆的服务环境和服务质量，是图书馆现代化的基础，也是师生满意度的重要指标。

（1）要逐步实现图书馆高水平智能化管理，统一全馆物业服务资质，提高全馆物业管理和服务水平。完成信息科学分馆的重建、总馆旧馆（E栋）维修改造，做好信息分馆、医学分馆以及总馆相关区域的密集书车建设，实现对现有馆舍全面升级改造。

（2）以打造智慧图书馆为标准，建设好信息科学分馆，重新设计和完善总馆的内部布局和服务环境，建设图书馆视频监控系统、智能图书馆系统、双向门禁系统、座位管理系统以及E栋武大文库的设计、装修及后续布局等；加强硬件设施建设及技术支撑能力，增加自助设备数量，实现自助服务比例达85%以上。

（3）进一步完善馆内基础设施，建立和完善门禁、安防、广播和导览系统，完善网站、微信平台等媒体建设，改善收藏、展览、服务条件，将万林艺术博物馆建成学校历史文化教育、艺术教育的重要基地。

（4）积极创造条件，继续优化和完善工学分馆、医学分馆服务环境、服务设施和服务条件。

3. 持续实施人才强馆战略，建设高素质的馆员队伍和管理队伍，切实提高服务管理能力水平

（1）采取培养与引进相结合的方针，构建一支素质优良、结构合理、服务精湛、与时俱进的专业馆员队伍，构建一支政治素质好、业务水平高、管理能力强、群众威信高的管理队伍。

（2）实行"人才引进计划"，有针对性地引进高层次人次，培养现代图书馆核心领域带头人。

（3）筹建"图书馆培训学院"，按照专业馆员、辅助馆员的不同要求，结合业务实际需求，开展业务培训。

（4）实行"学术会议资助计划"，资助专业人员以多种形式参加国内外学术研讨和交流活动。

（5）实行"中层干部发展计划"，进一步健全图书馆中层干部选拔任用、培养激励、监督考核办法，开展多层次、多渠道挂职锻炼，培养图书馆领导和管理骨干。

（6）实行"青年馆员成长计划"，培养业务骨干和后备干部。

（二）大力推进"服务发展战略"，进一步增强核心竞争力

服务创优是图书馆的崇高使命和价值追求，服务质量和水平也是图书馆的核心竞争力。切实树立"服务为本"的观念，以建设"五大中心"为目标，以实施"五学服务计划"为抓手，努力构建国内领先、国际知名的大学公共文化服务体系网。

1. 强化图书馆、万林艺术博物馆的服务功能，努力打造国内领先、国际知名的学习中心、文献信息资源中心、教学科研支持中心、校园文化中心、博物艺术中心

（1）积极探索馆藏空间的使用效率，构建符合学生学习需求的馆藏布局，释放阅览座位，优化学习空间。

（2）进一步优化基础性文献服务，拓展用户需求，实现全校文献资源的通借通还，探索保存本图书应需流通的服务机制。因馆制宜，打造一体化服务平台，加强部门协同合作，建立部门联动机制，提高服务响应能力。

（3）加强馆藏资源的揭示力度，不断满足读者对相关知识信息的挖掘需求，支持学校师生在更广范围内对图书馆资源的知识发现。

（4）筹划建立华中地区古籍保护修复中心，引进国外标准化的工作规范和流程，完善相关设施，配备相关设备，充实古籍专业队伍，加强古籍专业人才培养，对外开展修复咨询与技术服务。

（5）与学校相关职能部门和培养单位通力合作，以培养学生的创新能

力和动手能力为重点，积极探索和推动"创客空间"的建设，做好文化环境设计，将图书馆建设成为集资源获取、信息服务、文化交流为一体，师生实现创新、创意和创业的"三创"孵化中心和校园文化地标。

2. 进一步调整和规范图书馆的各项服务功能，重点面向学校、学科、学院、学者、学生，深化学科化服务，全面构建创新性知识服务体系

（1）助推高水平学科建设与发展，进一步加强学科发展态势跟踪服务，围绕学校重点学科建设提供科研绩效评价、科研竞争力分析、研究热点分析、投稿分析等服务；扩大服务范围，加大合作力度，为学校领导、相关职能部门、学院的改革发展和战略决策提供科学详实的情报支持。

（2）加强校内合作，探索面向重大项目、高端人才的信息服务模式，提供科研生命周期跟踪、支持服务，为提升校内期刊影响力提供信息咨询服务。

（3）继续开展科技查新、查收查引、信息咨询、定题服务等科研基础性服务，不断提高文献保障能力和文献利用效率。

（4）继续深化嵌入课程的信息素养教育，探索微课、慕课等网络教学方式，开展面向留学生的信息素养教育，加强信息素养教育效果评估，拓展信息素养教育的广度和深度。

（5）助力学校教学改革，加强电子教参平台建设，提供一体化的教学与学习参考资源服务；结合学校网络学习的新环境，积极参与各院系网络教学工作，探索面向网络教学的信息服务新模式，推动信息素养教育制度化并纳入学校的教学体系。

（三）大力推进"创新发展战略"，进一步聚合发展动力

创新是国家强盛和社会进步的不竭动力，改革创新是时代精神的核心，创新驱动是经济进入"新常态"的核心动力。要统筹规划，充分发挥深化改革、文化创新和技术革命对图书馆提质增效、实现发展升级的关键作用。

1. 实施综合改革,释放体制动力

紧紧围绕建设中国特色世界一流大学图书馆的目标,制定综合改革总体方案,确保各项改革按计划稳步推进。

(1) 全面深化图书馆内部管理体制改革,落实中央要求、《普通高等学校图书馆规程》和学校章程,将党的领导、馆长负责、民主管理有机统一起来,不断完善党政共同负责的内部治理体系。坚持和完善党政联席会议议事决策制度,修订议事规则,不断提高领导班子民主、科学、依法决策的水平。

(2) 改革总分馆管理机制,进一步完善部门治理模式,提高分馆部门管理自主权。

(3) 全面深化以全员聘任和分配机制为核心的人事制度改革,完善科学设岗、聘任程序、聘期考核,建立以质量和效率为导向的分配机制。

(4) 在创新资源建设、服务育人、文化育人、后勤保障体制和运行机制上下功夫,不断完善内部治理结构,努力构建充满活力、富有效率、有利于科学发展的体制机制,推进图书馆治理体系和治理能力现代化建设。

2. 开展文化创新,增添发展动力

(1) 积极主动融入国家文化创新工程,制定图书馆文化育人实施意见,全面实施文化建设的"八大工程"。

(2) 规划设计馆舍文化环境,开辟文化展览、展示、交流、推介活动空间和活动载体。

(3) 联合学生教育管理部门和学生社团,开展"大众创业,万众创新"文化活动和文化创新。

(4) 继续做好读书节、宣传文化月等文化活动品牌,打造新的文化育人增长点。做好与图书馆有关的系列文化产品、文化纪念品、文化宣传品的设计、制作和推广工作。

3. 助力信息科技,"互联网+"服务动力

当前,以新一代信息技术与图书馆深度融合为特征的智能服务模式正在引发新一轮图书馆服务变革。数字化、虚拟化、智能化、柔性化、网络

化、个性化、全球化、服务化、平台化是其最显著的特征。

（1）利用现代互联网、物联网技术，拓展服务手段、服务领域、服务内容，建设"服务无时不在、无事不在"的智慧图书馆，不断推进信息资源的共建共享，实现文献资源的多元采集、存储、利用模式。

（2）依托图书馆网站，优化、整合现有网络服务系统，打造一站式网络服务平台，助推教学科研，与校内职能部门合作，探索建立科研协同创新平台、网络自助学习平台等。

（3）充分利用各类移动设备，充分展现微博、微信等新媒体服务功能，在已有移动图书馆基础上打造个性化、智能化、集成化的移动图书馆。

（四）大力推进"开放发展战略"，进一步提升业界影响力

建设中国特色世界一流大学图书馆，必须主动适应高等教育国际化的时代潮流，不断提升国际化水平；必须"以服务求支持，以贡献求发展"，不断提高服务地方、服务社会的能力和水平；必须提高研究能力，增强业界影响力。

1. 提升国际化水平

（1）在进一步巩固已有的国际合作项目基础上，加大与世界一流大学图书馆学术交流、项目合作、馆员互派进修、文献传递互助的力度。

（2）有计划培养一批具有国际视野、能参与国际合作和竞争、能开展国际图书馆服务的创新型馆员骨干。

（3）借鉴和引进世界一流大学图书馆先进的服务管理经验，开展组织机构再造、服务流程再造、服务标准再造，推动服务管理升级。

（4）按照国际化办学需要，调整充实文献资源结构。建设好英文网站，面向世界提供服务。做好留学生、国际互换交流学生的文献信息服务工作。

（5）利用各种平台，加大武汉大学图书馆的国际宣传，提高国际知名度和影响力。

2. 提升服务社会水平

（1）认真贯彻学校"顶天立地"的发展战略，充分发挥武汉大学图书馆文献资源和文献服务中心优势。积极支持武汉市"读书之城""大学之城""博物馆之城"建设，做好服务共建单位和社区工作。

（2）在优先保障学校服务的基础上，积极拓展服务社会的领域和项目，不断提高服务社会的能力。

（3）深化对口支援方式，进一步加大与对口支援高校图书馆在文献传递、馆际互借、馆内自主开发数据资源共享方面的力度。

3. 提升学术交流和研究能力

（1）建立并完善学术交流合作机制，开展多样的学术交流活动，将学术交流合作工作制度化、规范化；

（2）在保障正式学术交流活动的基础上，探索适应信息网络环境的非正式学术交流模式，在馆内、校内、国内、国际四个层面建立更深层次的非正式学术交流合作关系。

（3）立足工作实际，广泛开展与兄弟院校、企事业单位的科研合作；鼓励中青年骨干结合国家与学校发展目标、行业热点，积极申报高层次科研项目，"以项目促研究、以研究促发展"。加大对职工科研助推图书馆服务管理创新工作的扶持奖励力度。

（五）大力推进"共享发展战略"，进一步提升协调服务水平

积极参与、组织和建设形式多样、层次丰富的文献资源共建共享体系。建立全校统一的文献保障服务系统。继续保持武汉大学图书馆在全国性文献共享系统建设中处于枢纽地位，在本地区文献共享系统建设中处于领头地位。

1. 实现全校文献保障系统一体化

（1）依托现代化技术平台，完成全校文献资源的整合，建立全校统一的文献保障服务系统。

（2）通过统筹规划、协调沟通，建立全校图书资料购置经费的协调管理机制，避免资源重复建设，实现资金有效利用。

（3）完成全校印刷型文献资源（包括院系资料室和附属医院图书馆）回溯建库和改编，统一索书号排架体系，建设全校统一共享的馆藏书目数据库。

（4）进一步建立健全全校总书目数据库，继续完善全校图书资料机构（包括资料室、附属医院图书馆）统一的管理和服务制度，实现全校图书资料的共享。

2. 区域性文献资源保障系统建设

（1）作为牵头单位，进一步巩固湖北省高等学校数字图书馆的建设成果，发挥武汉大学图书馆面向湖北省各级各类高校图书馆和读者的资源整合、信息服务、技术支持和宣传培训作用。

（2）充分利用综合性大学图书馆的资源优势，以武汉地区图书馆联盟、湖北省科技文献信息共享平台为基础，继续推动、组织并参与本地区多层次、多方向的共建共享体系建设，与本地区各类型图书馆实现互联，进一步扩大文献资源共享和服务的范围，提高湖北的文献资源共享水平。

3. 全国性文献资源共享系统建设

（1）积极参与 CALIS、CADAL、CASHL 等全国性文献共享系统的建设，完成承担的任务，并争取2—3个子项目的牵头建设任务，继续发挥我馆在全国共享系统建设中的积极作用。

（2）进一步做好教育部生命科学外国教材中心的教材引进和评介，继续争取承担教育部外国教材建设的专项工作。

（3）继续做好教育部引进文科图书中心书库的图书选订和对外服务，不断拓展新的服务领域。

（六）大力推进"和谐发展战略"，进一步提升软实力

以师生馆员为本，努力实现好、维护好、发展好广大师生馆员的根本利益；统筹协调好改革与稳定、发展与民生、公平与效益、民主与法治、局部与整体、馆内与馆外、校内与校外等关系。进一步凝聚共识，共谋图书馆发展大计。

1. 推进依法治馆、民主管理

大力推进依法治馆，坚持以法治思维和法治方式开展图书馆服务管理工作。

（1）清理与现行法律法规冲突的内部规章制度，形成较为完备、较为科学的图书馆党务、行政、业务规章制度体系；实行精细化管理，严格制度的执行和考评。

（2）健全党代会、教代会、馆务会制度，建立并完善图书馆工作委员会、学生图书资料管理委员会等机构，畅通教师、学生、校友、社会力量、民主党派、无党派人士和群团组织等参与图书馆管理的渠道，构建校内外各方共同参与的现代大学图书馆治理体系。

（3）健全通报制度、报告制度和沟通制度，按照"公开是常态，不公开是例外"的原则，切实做好以党务公开、馆务公开为重点的信息公开工作，努力推进"阳光办馆"。

2. 努力改善民生、服务职工

（1）创新思路广开渠道，用足用够政策，加强职工福利，提高职工收入，努力构建更加完备、更有效率的服务职工体系。

（2）始终坚持以改革促发展、以发展惠民生，不断改善图书馆员工的学习、工作和生活条件，让改革"红利"、发展成果、创新举措最大限度地惠及图书馆职工。

3. 加强平安图书馆、绿色图书馆建设

（1）加大投入，完善制度，健全责任，狠抓落实，加强图书馆馆舍及环境综合治理，进一步夯实安全基础。

（2）进一步加强图书馆意识形态安全管理，严格落实意识形态工作责任制，强化政治意识、责任意识、阵地意识和底线意识。

（3）进一步加强机密地图资料室管理；进一步加强图书馆消防安全、公共秩序安全、公共健康安全、公共网络安全，确保图书馆安全稳定。

（4）按照绿色发展理念，尊重图书馆发展规律，强调绿色环保，节约能源，反对奢侈浪费。

第三部分 规划管理与组织实施

一、加强规划的统筹协调和目标责任意识

（一）统筹协调好图书馆长期发展与短期发展的关系，注重规划措施的可持续性，强化目标责任意识。

（二）以图书馆整体规划为统领，做深做实"内涵发展战略、服务发展战略、创新发展战略、开放发展战略、共享发展战略、和谐发展战略"及各专项规划，各类规划定位清晰、功能互补、统一衔接，并在图书馆党政的统一领导下组织实施。

二、建立健全规划实施监控和评估机制

（一）加强对规划实施情况的跟踪分析，围绕规划所定的各项目标和措施，要将规划执行情况纳入年终总结及年度工作报告，纳入干部考核内容，汇报所取得的进展及存在的问题，接受馆教职工代表大会对规划实施情况的监督检查。

（二）党政办公室在本规划实施的中期阶段，要采取自评估、上级评估、服务对象评估及其他评估等多种方式，对规划实施情况进行中期评估。

（三）通过跟踪分析和评估，及时发现问题，对规划进行动态调整，提高规划实施水平，以保障各项规划任务实施到位。

"十三五"规划是武汉大学图书馆全面推进现代化管理与服务的重要时期，全馆职工要振奋精神，创新观念，创新服务，顺应时代的发展潮流，以服务求支持，以贡献求发展，扎实工作，锐意进取，不断开创图书馆发展的新局面，为实现"十三五"规划和建成武大风格、中国特色、世界一流、国际知名的大学图书馆的宏伟目标而努力奋斗。

（发布日期：2017 年 11 月 24 日）

中山大学图书馆"十三五"发展规划[①]

一、总体发展目标

总体发展目标是在"十三五"期间将中山大学图书馆建设成为综合实力位居国内前三位的大学图书馆,成为一流的知识中心、学习中心和文化中心,为学校的学科建设、教学科研、科技创新、文化传承提供强有力的支持,为建设国际一流的研究图书馆打下坚实的基础。

二、发展目标指标体系

根据图书馆的总体发展目标,制定"十三五"发展目标指标体系如下:

(一)核心指标

1. 信息资源建设

"十三五"期间,信息资源保障水平居于国内大学图书馆前三位。

---

① 本规划由中山大学图书馆授权收录。

（1）纸质资源建设：年增长总量不低于20万册（件），其中，中文纸质图书12万种，外文纸质图书2万种，进一步完善图书馆的文献资源保障体系，使馆藏纸质资源总量从目前的640万册（件）达到大约1000万册（件）。

（2）数字资源建设：根据学科建设需要，进一步引进和完善全文图书、全文期刊等各类学术数据库，使图书馆的数字学术资源继续保持在国内高校图书馆中的领先地位，达到国际一流大学的水平。

（3）特色资源建设：加强民间文献收集，新增徽州文书15万件，使馆藏徽州文书总量达到40万件以上；并加强校史文献、手稿、书画、民国文献等中文历史文献的收集，使侨批、碑帖分别达到5万册（件）以上；加强西文古籍、西文特色文献、小语种文献的收集，形成系统化、规模化的特色馆藏，建立可以与国际一流大学媲美的外文特色学术资源体系。四年新增特色学术资源总量不低于30万册（件）。

2. 空间资源建设

"十三五"期间，馆舍面积从现有的11万多平方米增加到20万平方米以上，使图书馆的空间资源总量和生均面积均达到全国高校图书馆第一位。

（1）建设储存图书馆

在珠海校区建设高密度、高智能化的储存图书馆，建筑面积3万平方米（其中高密度储存部分1万平方米，配套部分2万平方米），以满足纸质文献增长和长期保存的需要，优化各校区图书馆的馆藏布局，保障各校区师生的图书馆空间资源需求。

（2）建设深圳校区图书馆

在深圳校区一期工程规划建设图书馆一座，建筑面积6万平方米。

（3）扩大珠海校区图书馆空间

在珠海校区图书馆现有使用面积的基础上，将图书馆大楼东座行政用房逐步划归图书馆使用，满足珠海校区师生图书馆空间需求。

（4）改善广州校区北校园图书馆空间

在广州校区北校园图书馆现有使用面积的基础上,将图书馆后座西翼生物医学工程用房划归图书馆使用,改善广州校区北校园图书馆空间。

(5)空间布局调整和改造

待储存图书馆建成后,将部分图书移至储存图书馆,全部重新规划各校区图书馆的布局和功能,并进行共享空间和其他新型空间的改造,满足创新学习与研究的需要。

结合图书馆的空间改造拓展服务功能,使图书馆成为学习研究、文化交流、科技创新、艺术体验等活动的中心,成为师生不可或缺的"第三空间"。

3. 教学与科研支持服务

创新图书馆服务,将图书馆打造成一个集学习研究、信息发现、知识创新与休闲体验于一体的校园学术文化中心。

(1)建立面向学习的全方位服务

实现全媒体资源的一体化和自助化服务。通过新技术、新设备应用等,使图书馆的自助和移动服务上一个新台阶,方便读者,提高效率。

加强图书馆的宣传推广,开展图书馆形象的营销,通过营销不断改进和创新服务,为用户提供畅通无阻的沟通渠道,让用户更多地参与到图书馆建设中。

加强和拓展信息素质教育,借助新技术、新媒体和新方法提高全校师生的信息素养、科学与人文素养;提供从新生入学到毕业离校的全程信息支持服务。

(2)建立面向科研的支撑服务

跟踪学校教学改革和科学研究的发展趋势,探索面向学科用户的科研需求调研、科研动态分析、科研数据服务等工作。

建立支持科研的基础服务、研究数据支撑服务等,进行用户数据的挖掘与分析,提高图书馆的科研服务能力。

探索面向学者个人的个性化和定制化服务。

(3)建立面向创新的高效服务团队

打破图书馆部门和校区的界限,建立业务素质高、责任心强、协作精神好的服务团队，在各司其职的基础上，加强跨部门和校区的沟通和协调，共同为用户提供优质服务。

（二）主要指标

1. 人才队伍

（1）完善专业馆员制度，将专业馆员的比例从现有的 52% 提升至 60%。

（2）引进高学历人才，优化人员结构，新增博士 5—10 人，硕士 20—25 人，使具有博硕士学位的馆员比例达到图书馆总人数的 60% 以上。

（3）支持馆员参加学历教育和专业培训，提高业务素质。

（4）建立业务与学术研究激励机制，提高馆员的专业水平。

2. 数字资源保存

（1）根据馆藏数字资源发展和长久保存需要，扩充数字存储容量，根据网络技术发展逐步更新网络布线和网络设备。

（2）建立中山大学机构知识库，系统地收集、保存学校师生的各类学术性出版物、科研成果，推动机构知识库内容的开放利用，为学校教学、科研与服务管理系统提供基础数据支持。

3. 资源共享

（1）充分发挥中山大学图书馆作为中国高等学校文献保障体系（CALIS）、中国高等学校人文社会科学文献保障体系（CASHL）、中国高等学校数字图书馆（CADAL）华南地区中心的作用，引领华南高校信息资源共知、共建、共享，促进中山大学图书馆与海外图书馆的资源共享。

（2）建设数字人文平台：采用图书馆、学科专家、信息技术开发机构合作的方式，利用馆藏优势和数字人文分析技术，建设数字人文平台，从而推动多学科协同创新研究。

（3）特色资源整理发布平台：整合现有馆藏数字资源，包括数字化古籍、碑帖、缩微胶卷、学位论文、Gale 数字学术资源等，实现数字化特色资源快速建设与融合利用，进一步助力学校的教学与科研。

（4）加强校区之间的资源共享，提高校区间图书周转率和图书共享效率。

4．服务效率

通过用户培训、阅读推广等手段全面提升图书馆的资源使用效率：

（1）提高纸质图书的年借阅总量，确保年借阅量在 100 万册次以上。

（2）最大限度地吸引用户，确保年到馆阅览人数不低于 300 万人次。

（3）各类数据库的点击量和全文下载量居于国内高校前列。

5．文献保存与保护

（1）加强中山大学国家级古籍保护与修复中心的建设：通过增添设备、原材料储备和提高修复技术水平，加强国家级古籍修复中心建设。

（2）加强中山大学国家古籍保护人才培训基地的建设：与国家古籍保护中心和中山大学资讯管理学院合作联合培养文献保护与修复方向的图书情报专业硕士，并在东校区建设古籍保护与修复实验室，满足专业硕士实践课程、学校通识教育部分课程及学校档案保护与修复的需要。

（3）更新古籍保存设施：改造南校区总馆书库六层为特藏书库，进行建筑的恒温恒湿改造，添置古籍特藏书柜等。

（4）重新规划和实施图书馆安全防范系统，确保图书馆和读者的财产安全。

（三）次要指标

1．图书馆学研究

（1）继续编辑出版《中山大学图书馆书目丛书》《中山大学图书馆学术丛书》《中山大学图书馆学丛书》《中山大学图书馆藏珍稀文献丛刊》等著作。

（2）编撰中山大学图书馆馆史。

2．馆际合作

（1）建立粤港澳高校图书馆联盟，加强与港澳高校图书馆的交流与合作，支持粤港澳高校科技创新。

（2）作为广东省高校图书情报工作指导委员会的主任委员和秘书处所在单位，加强与广东省其他高校图书馆的合作。

（3）积极参加环太平洋数字图书馆联盟（PRDLA）的交流与合作，以及全球高校图书馆东亚研究文献资源国际合作与共享联盟的交流与合作。

三、实现目标的途径

（一）建议将图书馆定为专业机构

在过去十余年中，图书馆已完全实现去行政化，无行政编制，全部为专业技术岗位，建议将图书馆定为专业机构，开展图书资料人员的专业馆员和非专业馆员的分类管理工作，以保持专业技术人员的稳定性。

（二）大幅度提升图书馆经费预算总量

大幅度提高图书馆资源建设经费预算；并保持经费预算年增长率不低于10%，以缓和通货膨胀和书刊、数据库价格不断上涨的压力。增加图书馆运作经费预算，以确保图书馆资源整合、设施维护、读者活动的开展。

（三）加强人力资源建设，改善图书资料人员结构

确保图书资料专业技术职务聘任常态化。开展从博硕士毕业生中招聘图书资料系列人员工作，优化人员结构。

（发布日期：2017年7月）

中国科学院文献情报系统"十三五"发展规划[①]

在"大数据"时代,信息获取方式发生巨大变化,信息服务产业链进一步延伸,学术信息服务市场竞争加剧,对文献情报服务发展带来深刻影响。"十三五"期间,新一轮科技革命和产业革命蓄势待发,在创新驱动发展战略指导下,中国科学院将深入实施"率先行动"计划,对文献情报服务提出更高要求。为积极应对改革发展的新形势、新要求与新挑战,更好地服务于国家创新驱动发展战略和中国科学院"四个率先"目标,根据《中国科学院"十三五"发展规划纲要》有关要求,制定《中国科学院文献情报系统"十三五"发展规划》。

一、发展环境

(一)发展态势与需求分析

数字化时代以来,文献情报服务面临持续的革命性变化。文献情报系

---

① 本规划由中国科学院文献情报中心授权收录。

统成为支撑科研创新的重要基础设施，文献情报服务向知识服务转型成为必然趋势，知识服务成为推动科技创新与经济发展的加速器。

图书馆与知识服务各相关行业发展迅速，针对用户的知识服务成为重要战略竞争点。文献情报机构、专业图书馆、出版机构、数据库商、搜索引擎、社会媒体、社会中介机构等正在跨越传统界线，在服务于教育、科学研究、技术研发、战略决策的过程中重新定位。众多竞争对手借助大数据和互联网技术直接面对用户提供知识服务，文献情报机构面临严酷竞争。

科学共同体积极推进面向开放科学体系的转型，科技信息的出版、交流、利用和保存机制发生根本性变革。科学研究走向"第四范式"，日益增长、可开放存取和可计算的海量科技数据正在成为科技创新的坚实基础。全球正致力于推动大多数学术期刊从订阅模式向开放出版转变。图书馆必须转换过去的订购者角色，需要重新发展和设计自己的角色、责任、工作体系和工作流程。文献情报工作趋向覆盖科研工作全过程。

信息技术发展持续推动文献情报发展变革，大数据、语义网、机器学习、信息可视化、关联数据等推动文献情报服务进入新高地。基于大数据的知识组织和知识挖掘分析成为文献情报服务的核心能力。语义标注、文本挖掘、机器学习、可视分析等技术手段的应用，使得情报研究工作向海量知识分析计算的方向发展，情报研究、情报产品加工趋向数据化、工具化和智能化，知识服务效率与效果大幅度提升。

国家创新体系和创新格局面临深刻变革，文献情报工作需要构建支持从数据到信息、情报、解决方案的新型知识服务模式。随着大众创业万众创新兴起和科技体制改革深化，国家创新体系将发生深刻变革。文献情报工作必须快速适应新的体制机制，面向科学研究、科研规划、战略决策、领域与区域经济发展以及国家发展战略需求，提供资源发现、领域跟踪、竞争性评价、产业信息、产业政策以及上升到国家层面的竞争情报与思想库情报服务。

（二）发展现状与面临挑战

"十二五"期间，通过实施文献情报服务向知识服务的转型发展战略，以中国科学院文献情报中心为核心，以研究所文献情报机构为节点，推动了我院文献情报系统从数字图书馆到数字知识服务的转变，初步建成了嵌入科研与决策服务过程的新型文献情报服务体系。

资源保障能力得到巩固优化，综合数字知识基础设施初步建成。目前可保障我院用户即查即得的有1.8万余种外文电子期刊和13万余种外文电子图书与工具书，中文电子期刊覆盖率达99%，全文数据库下载量明显上升。同时，开放资源建设逐步加强，机构知识库体系和群组知识交流体系初具规模，本土化的数字资源长期保存体系初步建立。数字知识发现体系建设取得成效，集成跨领域跨类型信息资源，支持可视化展示知识内容关系，方便用户随时随地访问。

支撑科技决策的情报服务能力逐步提升，面向区域发展和产业创新的信息服务渐成特色。情报分析方法与工具平台建设进展顺利，网络科技态势自动监测、专利在线分析系统等投入使用。面向科技决策的情报产品渐成体系，国别系列科技创新发展态势、科技发展领域前沿、国际科技竞争力比较、科学结构与技术结构等成果的影响力逐渐提升。情报服务对象进一步拓展，面向区域和产业创新单元，开展机构科研竞争力、区域发展战略、产业技术态势等信息服务。

院所协同服务机制持续深化，科研一线文献信息服务逐步转型。通过部署实施院所协同项目，有效推动所级学科情报服务、所级群组知识平台建设、机构知识库建设和所级文献资源保障分析规划。通过组织全院文献情报系统交换馆员培训、任职能力认证，促进研究所图书馆建立情报分析与战略研究服务机制，逐步向知识服务转型发展。

整体业务发展模式得到业界肯定，在国家科技信息服务工作中起到示范作用。主动扩展对国家层面的科技文献服务，牵头承担了国家科技文献平台发展战略研究和关键系统建设，引领国家数字科技文献长期保存发展。积极加入国际组织推动开放获取，引领国内开放获取政策研究，促进重要资助机构与科研机构发布、实施相关政策。

我院文献情报系统在"十二五"期间取得了长足进步，但与创新发展的新形势、新要求相比还存在明显差距，主要体现在：基于订购文献和开放科技信息集成的保障服务体系尚未完整建立，科技信息资源体系尚未真正实现全院统筹和整体协同，情报集成分析方法创新不足，具有学科和专业技术背景的高端人才严重短缺，各单元知识服务能力发展不均衡，知识服务尚未有效嵌入科研活动全过程。

综合判断，"十三五"时期，文献情报系统处于转型发展的关键时期，需要进一步创新文献情报协同工作机制，拓展新型文献情报服务内涵，提升情报集成分析和咨询服务能力，为我院创新发展提供坚实的文献资源保障和高效的情报研究服务。

二、发展目标

（一）发展思路

围绕国家科技发展需求及院"率先行动"计划实施，确立"转基础、建网络、提能力、塑核心、建示范"的发展思路，创新院所协同机制，夯实知识资源基础设施，提高知识服务水平，构建新型知识服务中心体系。

——"转基础"，即建设覆盖院所两级的多层次大数据知识资源中心体系，将"阅读型"文本资源体系转成"可计算分析"数据资源体系。通过"转基础"，增强知识服务基础设施，形成可持续发展能力。

——"建网络"，即依托院资源中心、区域中心、特色资源中心、学科领域资源中心，构建全院协同资源保障与信息素质培训网络。通过"建网络"，创新院所协同服务机制，实现整体效益最大化。

——"提能力"，即围绕科技创新全流程，利用全谱段科技信息和多样化知识服务手段，发展个性化、智慧型知识服务能力和平台工具。通过"提能力"，突破知识服务关键技术，提升知识服务能力。

——"塑核心"，即塑造以情报分析为核心竞争力的知识服务体系，支撑科技决策、科技创新、区域创新、产业升级和社会发展的管理与竞争情报服务。通过"塑核心",发展情报分析方法,提升核心竞争力。

——"建示范",即加强知识服务理论与方法的前瞻研究,建立"产学研"融合基地与培训基地,示范引领国家科技信息服务发展。通过"建示范",树立知识服务品牌,成为国际国内有影响力的知识服务机构。

"十三五"期间争取实现六个方面的转型:从主要依赖商业资源订购向有效整合开放资源转变,从被动依赖商业平台服务向开拓主动增值服务转变,从侧重科学计量分析向侧重知识文本挖掘、融合多领域专家综合研判转变,从主要面向科学研究向服务创新体系各类用户转变,从被动响应需求向主动式、交互式服务转变,从各单元发展不均衡向全院整体能力提升转变。

(二)发展目标

坚持"融入科研、支持创新、需求驱动、持续发展"的战略定位,建设形成全院协同的智慧型知识服务中心体系,全面保障科技创新的文献资源需求,发展嵌入创新过程的个性化服务,显著提高支持决策的情报研究水平,实现主动、精准、泛在的知识服务,有效支撑"率先行动"计划实施,引领推动国家科技信息服务体系创新发展。

到 2020 年,力争实现以下具体目标:

——全院资源保障率保持在 95% 以上,且稳中有升,用户利用资源的便捷性不断提高。围绕院重点学科领域,建成 50—60 个专业领域知识资源中心,院所两级的多层次资源体系趋于完善。

——研发系列个性化、智慧型知识服务工具,在全院文献情报服务队伍中得到广泛使用。若干知识服务工具处于国际领先地位,知识资源移动、精准获取能力得到显著提升。

——支撑科技强国战略的知识服务能力不断提升。将情报分析建立在可靠的数据基础和创新的关联计算分析方法之上,形成一批高品质情报服务产品。情报服务及时性与有效性显著增强。

——院所协同知识服务网络覆盖 80% 以上研究所,形成基于精细化知识组织的协同知识生产与服务模式。院所协同、面向区域的知识服务网络进一步扩展。全院情报服务与情报产品实现统一规范化管理。

——用户体验和满意度大幅改善。方便用户精准获取所需资源，有效实现知识资源汇聚，准确预判领域发展前沿，高效对接资助机构资源，快速发现潜在合作伙伴，转移转化科技成果。

三、整体布局

院文献情报系统由院所两级的文献情报机构组成。其中**院级文献情报中心体系**包括院文献情报中心、成都文献情报中心、武汉文献情报中心、并入西北生态环境资源研究院的兰州文献情报中心。各中心依据各自的学科特色和区域服务辐射范围，分工协作，开展服务。**所级文献情报机构**包

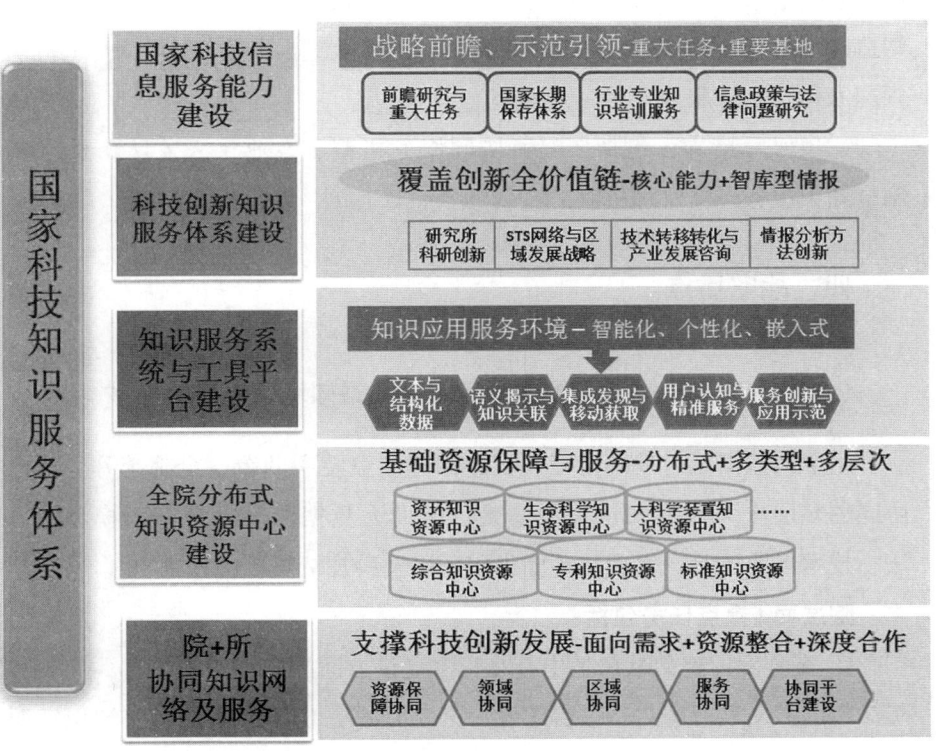

图1　院文献情报系统"十三五"规划整体布局

括并入上海生命科学院的生命科学信息中心以及中国科学院大学图书馆、中国科学技术大学图书馆、上海科技大学图书馆与各研究所文献情报机构,主要服务于所在机构的科研人员与学生。

院文献情报系统"十三五"规划的整体布局是:一个体系,五个战略重点、三项保障措施。

一个体系,即构建覆盖全院、辐射全国的智慧型知识服务体系。以院级文献情报中心体系为核心,以所级文献情报机构的专业化知识中心为用户端节点,形成全院统筹、整体协同的多层次分布式大数据知识服务体系,联合国内其他文献情报机构合作,建设国家科技知识服务体系。

五个战略重点,包括:建成覆盖院所两级的多层次分布式大数据知识资源中心体系(转基础);构建全院分布式资源保障与协同知识服务网络(建网络);发展个性化智慧型知识服务能力和系统工具平台(提能力);塑造以情报分析为核心竞争力的系统化知识服务体系(塑核心);示范引领国家科技信息服务发展(建示范)。

三项保障措施,包括:院所协同服务机制、专业化人才队伍建设机制、知识服务产品管理机制。

四、战略重点

(一)建成覆盖院所两级的分布式大数据知识资源中心体系

基于大数据运行基础设施环境,构建覆盖院所两级、全院统筹、整体协同的多层次大数据知识资源体系。借助大数据深度计算分析模型、方法、技术以及工具,实现移动知识服务以及科技情报预警预判。

院层面[①]重点任务包括:

1. 充分发挥院文献情报中心在资源建设方面的集团作战能力,代表我院参与国家文献资源共享平台建设,夯实并进一步拓展建设我院知识资源

---

① 院层面指院级文献情报中心体系,以下同。

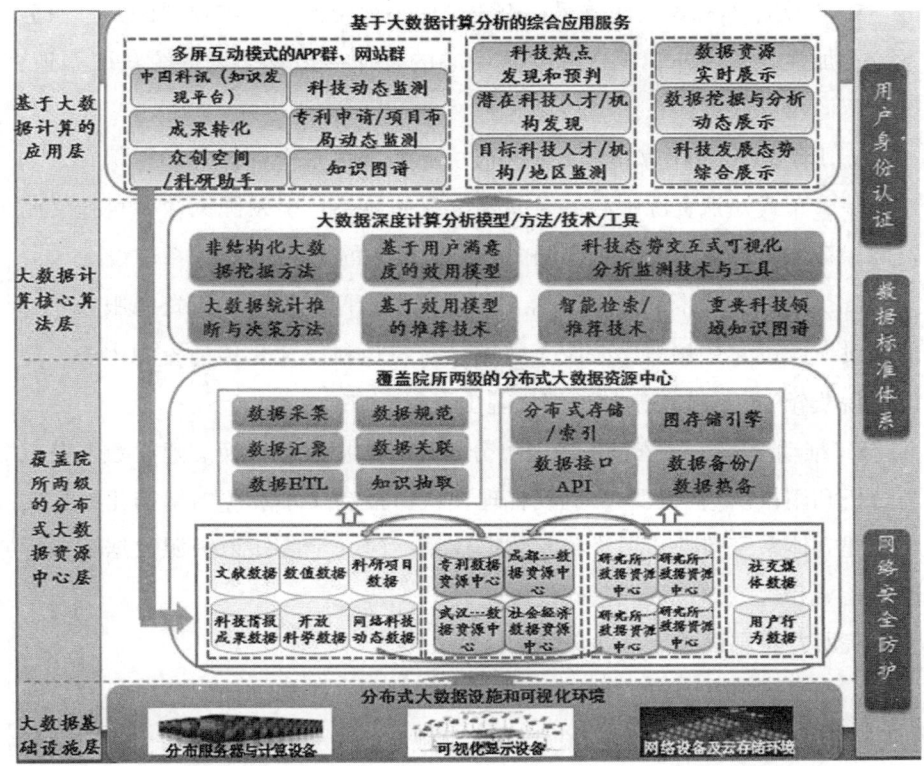

图 2 覆盖院所两级的分布式大数据资源中心体系架构图

服务保障体系；充分发挥各地区文献情报中心在资源与情报服务方面的特色，建设特定学科领域或专门特色化知识资源中心。

2. 研究确定全院中长期知识资源体系发展方案。加强院级文献情报中心在资源组织与基础系统平台建设方面的服务能力；加强知识资源获取与服务等相关知识产权问题的研究与政策引导。

3. 优化院所两级的商业电子资源保障体系，进一步深化商业数字资源在移动获取、长期保存、可分析利用文本数据获取等方面的服务权益，显著提高全院文献与情报资源随身、移动获取的能力。

4. 系统化部署建设开放知识资源体系，拓展资源类型、扩大采集规模与体量。建设包含开放期刊、开放会议资源、开放图书、开放科技报告、开放学位论文、开放课件、开放科学数据等的重要开放知识资源体系。

5. 夯实印本知识资源体系，完善全院书目资源、印本资源的共享服务系统，加强与国内外知识资源保藏中心的合作，拓宽知识资源获取渠道，健全资源供应服务体系。

6. 加强我院及国家重要数字科技文献资源的安全存储与长期保存。构建全院分布式知识资源中心体系的安全存储体系，引领国家数字科技文献资源保存体系建设，开展重要国内外科研机构的 Web 存档体系建设。

7. 加强专利、标准、社会经济产业类等专门类别的知识资源服务中心的建设，建设"中国科学院院士文库"等特色科学文化传播资源中心。建设"院史馆"，系统搜集整理编撰院史资料。

8. 推动全院文献情报资源向可分析计算数据资源转换。建立数据获取与分析利用权谈判、获取、机读管理模式；推动文本资源向结构化数据转化，建立体系完整的知识资源元数据体系；建立全院知识资源数据交换标准，指导和规范知识资源基础设施建设。

院所共建层面重点任务包括：

1. 依据全院知识资源体系方案，围绕院重点领域方向，院所协同，在 5 年时间内，遴选建设 50—60 个学科领域专业化知识资源中心，重点学科领域资源保障率达到 98% 以上，形成学科特征突出、资源种类齐全、知识深度标引、功能齐全、更新及时、可持续发展、具有较强吸引力的专业知识资源中心。

2. 院所协同，提供机构知识库云服务，继续推动研究所开展机构知识库建设，扩展机构知识库存储知识资产类型，完善机构知识资产管理与公共资金资助科研成果的开放共享；继续面向研究所课题群组，支持建设课题群组知识服务平台。

3. 院所协同，在 5—10 个领域知识资源中心建立体系较为完备的知识组织体系，示范本体应用、语义分析服务，为规模化的语义知识服务奠定基础。

4. 加强所级文献情报机构对相关专业化资源的组织汇聚与灵活配置能力，支持部分研究所开展专业领域特色知识资源建设并辐射全院提供服务。

（二）构建全院分布式资源保障与协同知识服务网络

基于分布式大数据知识资源体系，建设以院文献情报中心为基础的国家科技知识服务中心，建设集成订购文献、开放文献、关联信息、技术信息的信息资源总库，形成全院协同知识服务网络的总节点。根据区域发展特点、学科定位、文献情报服务需求，以地区中心和区域特色文献信息机构为基础，建设广泛分布和嵌入专业领域的特色信息资源与知识服务中心和协同知识服务网络分节点。

院层面重点是建立协同服务制度规范，建设统一管理平台以及提供最佳实践案例。院所共建层面共有 5 个方面重点任务：

1. 建设面向院重点领域布局和重大项目需求的院所协同知识服务网络。以院级文献情报中心为核心，吸纳具有较强服务能力的研究所情报团队参加，围绕八大创新领域和两类公共支撑平台开展学科信息保障与学科情报服务。针对具有创新性和颠覆性的技术方向建立跟踪机制，开展学科基础、技术影响力、技术发展趋势、产业应用等研究。

2. 建设符合科技创新组织模式要求的院所协同知识服务网络。建立四类机构情报协同服务体系，形成支持四类机构发展的情报方法、知识服务模板、机制规范以及最佳实践案例等。面向卓越创新中心，重点提供研究热点识别、交叉学科信息监测服务；面向创新研究院，提供自主知识产权战略、关键核心技术布局服务；面向大科学研究中心，提供研究成果汇聚、数据与成果利用服务；面向特色研究所，提供专门学科情报与技术应用服务。

3. 建设支撑科技促进发展的协同知识服务网络。以院级文献情报中心为核心，以省科院联盟为抓手，建立区域与技术创新支持服务平台，整合科技、经济、产业、社会等领域情报资源，推出行业报告、产业动态、市场信息等产品；建设以特色研究所为核心的区域与技术创新知识服务中心，提供支持特色所的区域与技术情报服务。

4. 建设支撑双创与技术转移转化的信息服务平台。利用院级文献情报中心的空间优势、情报专家优势以及对接用户需求等优势，初步建成创客教育中心,形成系列创客帮扶活动;初步建成集科研院所、高新技术园区、创业大街为一体的服务推广网络;面向创业者和投资人,提供产业情报分析报告。

5. 完善研究所和中国科学院大学的科研信息素质培训体系。依托文献情报中心,协同中国科学院大学,建立知识素质教育平台,集成更多知识素养教育与课件资源,嵌入知识管理与分析工具,推进网络开放教育。以提升科研人员与研究生的信息素养为目标,围绕科学研究方法与规范、情报分析、知识产权、科研评价等方面,提供相关活动、平台和专家团队支持。实施所级与区域重点服务研究机构图书情报人员素质提升计划,推动部分所级文献情报机构建设"学术信息素质培训与服务中心",将我院已有的知识服务能力向社会有效扩散。

(三) 发展个性化智慧型知识服务能力和系统工具平台

围绕科技创新全流程,推动文献情报服务模式从资源驱动转向知识服务能力驱动,从同质化、低水平、面面俱到的服务转向特色化、个性化的深度服务。建设知识数据应用服务环境以及用户知识环境,显著提升知识资源移动获取、知识关联检索与可视化发现、学科知识挖掘与产业链关联分析、科研人员知识管理与传播等能力。

院层面重点任务包括:

1. 提高数据获取、数据存储、数据处理和数据分析能力。建立全院知识资源云服务平台基础架构;建设通用型语义增强的知识揭示和知识关联组织能力;建立文献资源与科学数据之间的关联检索发现能力。

2. 加强全院知识资源集成检索与服务能力。建立与"中国科技云"相适应的统一身份认证体系,实现单点登录,并与国际接轨,嵌入用户数字科研环境(ARP3.0、国科大教育云等),将服务系统推送到用户桌面;进一步优化全院高度集成的知识发现与利用平台;建立支持多平台应用、终端阅读自适应、具有一定智能推送能力的文献情报资源移动获取平台。

3. 逐步建立对网络科研用户的认知体系,建立网络科研用户信息行为分析理论框架与大数据分析体系,并试验在相关服务系统中提供精准、个性化服务。

4. 建设多源异构情报资源关联服务工具与平台。结合语义技术、知识挖掘技术、大数据分析技术、可视化分析技术,建立支持新型情报分析的工具与平台;围绕产业情报分析,建立论文、专利、标准等资源的关联服务体系。

院所协同层面重点任务包括:

1. 紧密围绕科研需求,建设专业型语义增强的知识揭示和知识关联组织能力;建设文献资源与科学数据的关联检索与发现服务系统。

2. 共建网络科研用户的认知体系,在服务系统中建立良好的科研用户反馈机制,适时调整科研用户信息行为大数据分析体系。

3. 建立从数据资源到情报服务的"智能中间件",面向不同类型的情报服务需求,建立并积累精准检索、精准比对、精准对接需求等"本底"知识库,提高情报服务的响应时效与服务质量。

(四)塑造以情报分析为核心竞争力的系统化知识服务体系

提升"大情报"服务能力,实现贡献模式与核心竞争力的转型突破,成为战略型、领域型、特色型、区域型等科技智库的内在骨干成员,在支撑科技决策、科技创新和经济社会发展中发挥重要影响。与我院"十三五"信息化发展规划"中国科技云""智慧中科院"服务体系相融合,发展形成面向决策、面向研究所和面向区域/产业的情报产品体系。持续推出监测快报、研究报告、数据、分析平台等多样化的产品,设计立体化的产品传播与服务。建立情报产品质量控制机制,定期进行产品回溯,不断提升产品质量。

院层面重点任务包括:

1. 面向研究所科研活动,建立体系完备的知识服务产品体系与推广利用服务机制。根据一线科研需求,梳理形成层次清晰、结构合理、公益与市场兼顾、契合用户需求的情报产品服务体系。建立"打包式"基础服务与"菜单式"增值选项服务相结合的推广利用服务机制。

2. 面向 STS 网络（Science and Technology Service Network）覆盖区域的创新发展，建立以产业技术分析为核心的知识服务产品体系。重点发展产业技术分析方法和规范的服务流程，建设嵌入区域科技创新和产业转型发展战略的信息服务网点，提供信息咨询服务。

3. 发展贯穿创新价值链的通用情报分析方法和工具，建立学科领域态势监测、科研机构竞争力评价、知识产权分析、产业情报分析等服务体系。

4. 结合语义技术、知识挖掘技术、大数据分析技术、可视化分析技术的发展，开展新型情报分析方法的研发工作。

院所协同层面重点任务包括：

1. 面向研究所科技决策需求，重点提供科技前沿遴选、学科/技术竞争力分析、机构竞争力评估、人才遴选等情报服务。

2. 面向实验室、课题组/项目组需求，重点提供学科领域发展态势分析、知识产权分析评议、重点实验室评估、科技查新与论文收录引证等服务。

3. 面向科学家个人需求，重点提供学术交流环境、专题文献定制、论文收录引证分析和个人学术影响力评价等服务。

4. 依据 STS 网络辐射范围，以研究所为依托，建立区域情报服务体系，开展面向区域的战略情报与产业技术情报服务，推动中科院科技成果融入地方产业发展。

（五）示范引领国家科技信息服务发展

实施国家科技信息战略前瞻计划，为持续凝练创新目标与关键突破提供战略支撑。推动我院文献情报战略研究能力在国家平台、行业系统以及区域等各层面的延伸拓展，履行国家级文献情报机构的社会职能。继续加强我院在国家科技信息平台的引领作用，为行业和区域文献情报事业的规划与发展提供参考和示范。

该任务主要由院级文献情报中心牵头，联合文献情报服务能力基础好且发展潜力大的研究所共同完成。重点任务包括：

1. 发挥行业创新引领作用，在国外资源引进/开放出版资源建设新模式、商业资源利用权益、开放资源遴选评价、知识资源移动获取、科技资讯新媒体传播、语义知识组织、知识图谱分析、创新创业信息供给、科研态势监测、竞争力评估、学科知识挖掘、知识关联计算等方面取得突出成果。

2. 作为核心力量牵头参与国家科技信息平台的战略规划，在资源建设与保障、知识资源组织与数据建设、情报服务、创新创业服务等方面发挥引领示范作用。牵头或作为核心成员参加国家科技基础设施平台重大研发任务。

3. 牵头建设国家数字科技文献长期保存中心，与国内重要的科技信息资源保存与服务机构联合开展可信赖保存服务，保障国家数字科技文献资源的战略安全。

4. 深入研究开放获取及未来发展对文献情报机构带来的颠覆性影响，开展著作权、科研成果开放获取以及期刊开放出版变革等科技信息政策研究与咨询服务，积极参与国际组织的相关研讨与对话，引导国内科技信息政策良性发展。

5. 建立知识服务领域"产学研"融合基地，加强知识服务理论与方法的前瞻研究，开展新方法和新工具的研制，支撑高附加值、高满意度情报产品研发。加强博硕士培养，作为博士后交流基地，促进行业内的交流合作。建设国家数字知识服务培训基地，及时向科技界、业界等传播知识服务相关知识。

6. 在知识服务优先发展领域和核心能力建设方面，积极开展国际合作，培育我院在文献情报领域的国际组织任职人员，积极参与国际对话，带领国内其他科研机构与高校图书情报工作人员共同参与国际相关事务。

五、保障措施

（一）加强院级文献情报中心体系建设，健全院所协同服务机制

完善院文献情报系统组织管理体制，发挥理事会对战略方针、重大任务、重要政策机制的领导决策作用，发挥院级文献情报中心体系核心能力和协调全院服务的重要作用，发挥全院所级文献情报机构群策群力、协同发展的重要作用，统筹规划、多元投入、协同发展。

加强院所协同服务与管理机制创新，建立区域科技信息战略服务网络、院所学科信息专员能力认证协调组、院所文献情报服务水平评估协调组、院所文献资源建设协调组、院所学科化知识化信息服务协调组、院研究生信息素质教育协调组等，推动全院文献情报业务的深入协同发展。

推动非行政建制的国家科技信息政策研究服务中心和国家数字科技文献长期保存中心发挥引领作用，建立国家数字知识服务培训基地，有效吸纳全院有条件的研究所参加，协同开展服务。

（二）围绕大数据大情报的业务流程，建设专业化人才队伍

适应知识化信息服务模式需要，改造和优化文献情报系统的人才结构，完善岗位机制、培训与发展机制、激励与评价机制。到2020年，争取培养10名以上国内领先国际知名的领衔专家、30名以上国内知名专家和一大批具有创新竞争力的业务骨干。

在院级文献情报中心体系，重点在大数据知识资源体系建设、知识组织与知识发现技术、知识结构演变监测分析、用户认知与精准服务、重大科技信息政策研究与咨询服务等方面，培养若干领军人才和引领团队；继续支持文献情报中心通过率先行动"百人计划"和文献情报系统优秀人才计划，引进领衔专家和优秀人才；推动文献情报中心继续实施岗位迁移，"十三五"末期业务岗位人员规模达到约530人（不含挂靠单位编制数），70%以上具有硕士学位，35%具有博士学位，具有科技专业背景者超过70%。

在所级文献情报机构，积极引进具有丰富科研背景的优秀人才担当研究所文献情报机构负责人；聘任具有科技领域学科背景的高学历人才充实研究所一线队伍；加强学科信息专员队伍建设，每个研究所配置2名左右能集成科技信息资源体系、开展综合信息发现咨询与培训、建设个性化知识环境、开展学科情报服务和知识资产管理的新型学科信息专员，并配置相应体量的信息服务支撑人员。实施文献情报任职能力认证制度，推动所级图书馆员的职业转型。试验和推动挂靠研究所学位点、文献情报中心与研究所联合培养领域信息学专业方向硕士。到2020年，院属研究所（含上海生命科学信息中心）文献情报人员规模预计近500人，其中高级创新岗位（含正高）占35%，中级创新岗位占50%，其他岗位占15%。

（三）加大基础与能力建设投入，完善知识服务产品管理机制

继续实行院所两级资源保障模式。为保障订购科研知识资源的刚性支出，应对年平均7%左右的定价涨幅，全院文献资源基础经费与实际需求保持同比例增长；在研究所层面，保障订购经费按照合理增幅增长。推动"按需订购""按篇订购"，探索商业资源订购新模式。

加强文献资源集成汇聚、检索获取与分析利用能力建设。院层面继续以院重大专项形式给予支持并加大投入。按照重大创新服务业务需要，统筹组织全馆乃至全院力量，在国家层面争取更大的贡献度，在国际上形成更强的竞争力。实施所级文献情报服务创新发展计划，引导研究所加强知识化信息服务能力建设。

全面梳理服务与产品类型，完善组织管理机制。以新需求、新方法和新技术为牵引，建立文献情报中心研发体系，缩短新服务与新产品的研制周期，快速响应和满足用户需求。按照"知识服务需求—知识资源获取和组织—知识服务产品加工—提供知识服务"的整体框架，重构协同保障体系，整合相关业务流程。夯实情报服务的数据基础，提高相关数据的汇聚与利用能力。加强情报研究成果的共享与复用。

（发布日期：2016年12月）

全国党校系统图书馆数字资源建设规划（2016—2020）[①]

为贯彻落实全国党校工作会议精神，着眼于服务党校"干部培训、理论建设、思想引领、决策咨询"的四大职能，围绕党校的中心工作以及教学与智库建设创新工程的需要，促进全国党校系统图书馆数字资源建设的持续健康发展，特制定本规划。

一、"十二五"时期数字资源建设回顾

过去的五年，全国党校系统图书馆以"三大文库"建设为中心，完成了"十二五"规划确定的主要目标和任务，数字资源建设稳步推进，党校特色数据库群初具规模。五年来，完成全国党校系统图书馆馆藏资源的摸底工作；完成以"三大文库"为中心的数字资源建设任务，初步建成62个中小型特色数据库，全国党校系统图书馆的数字资源数量持续增长；软硬件基础设施明显改善；部分省级党校图书馆实现了区域内的资源共享，促进了区域内数字资源建设的协调发展；完成中央党校数字图书馆工程主

[①] 本规划由中共中央党校图书馆授权收录。

题词表编制和标准规范研制工作，为推动数字图书馆工程建设奠定了基础；中央党校图书馆完成了馆藏古籍与地方志的扫描、数字化工作，初步建立了中央党校古籍典藏数据库。

必须清醒地认识到，全国党校系统图书馆在数字资源建设中还存在着一些亟待解决的问题，主要表现为：图书馆传统业务与数字资源建设尚待进一步融合；数字资源建设的标准规范尚未完全统一；数字资源共建共享平台尚未建立；数字资源联合采购的机制尚未形成；适应全国党校系统图书馆数字资源建设的管理体制与运行机制有待进一步完善；数字资源的使用率有待进一步提高。

二、"十三五"时期数字资源建设的指导思想和总体目标

（一）面临的机遇与挑战

"十三五"时期既是全面建成小康社会的决胜阶段，又是党校事业发展的关键时期。大数据技术的迅猛发展、新媒体的崛起和以移动互联网为核心的信息技术的广泛应用，深刻影响读者获取知识的行为与方式；全国党校工作会议的召开、《中共中央关于加强和改进新形势下党校工作的意见》的出台和中央党校教学与智库建设创新工程的启动，对图书馆工作提出了更高的要求。全国党校系统图书馆数字资源建设既迎来了难得的机遇，也面临着严峻的挑战。

为此，全国党校系统图书馆要抓住发展机遇，积极应对挑战，努力推动数字资源建设迈上新台阶。

（二）指导思想

全国党校系统图书馆要坚持以中国特色社会主义理论体系为指导，贯彻落实《中共中央关于加强和改进新形势下党校工作的意见》和全国党校工作会议精神，以服务于党校四大职能为着力点，认真研究干部成长规律和党校教育规律，适应中央党校实施教学与智库建设创新工程的要求，把

握信息技术和新媒体发展的新形势，不断增强数字资源建设工作的针对性、适用性和实效性，全面提升全国党校系统图书馆数字资源建设水平。

（三）总体目标

全国党校系统图书馆资源建设要顺应党校干部培训的发展新趋势，围绕党校中心工作及党校教学与智库建设创新工程，重点建设好"四大专题数据库"——"马克思主义理论教育专题数据库""习近平总书记系列重要讲话精神专题数据库""领导干部党性修养专题数据库""新型高端智库建设专题数据库"。本着纸质文献与数字资源齐抓、自建特色资源与购买成熟商业资源并重的原则，通过先进的技术手段，科学组织资源，为读者提供方便快捷的资源服务；通过"四大专题数据库"建设，进一步丰富数字资源内容，完善数字资源服务体系，提高数字资源建设的综合保障能力，为促进党校中心工作的发展提供有力支撑；在全国党校系统图书馆形成大集中、小分散、各尽其能、各取所需、相互依存、相互合作的数字资源共建共享体系。

三、专题数据库建设的内容与要求

（一）主要内容

"四大专题数据库"将构建起全国首个用以服务党校干部培训、理论建设、思想引领和决策咨询的系列专题数据库群。该数据库群包括：

"马克思主义理论教育专题数据库"。以马克思主义基本原理、经典著作及马克思主义中国化理论成果为主体，吸收"马克思主义理论文库"的有关内容，建成涵盖党校马克思主义理论教育的专题数据库。

"习近平总书记系列重要讲话精神专题数据库"。内容以习近平总书记的著作、讲话、论述为主体，结合专家解读、专题研讨、学习心得等内容，集文字、图片、音视频等多种呈现方式于一体，建成旨在全方位、多角度地展现习近平总书记重要讲话精神的专题数据库。各地方党校图书馆应侧重于整合习近平总书记系列重要讲话精神贯彻落实情况的数据与信息。

"领导干部党性修养专题数据库"。在"中国共产党历史文库"的基础上，整合"红船精神""井冈山精神""长征精神""延安精神""西柏坡精神""沂蒙精神""焦裕禄精神""红旗渠精神"等专题资料，建成旨在全面提升领导干部党性修养的专题数据库。各地方党校图书馆根据自身条件与资源状况，可参与本专题数据库的部分建设任务。

"新型高端智库建设专题数据库"。围绕提高国家治理能力和实现治理体系现代化，聚焦经济社会发展中的重大理论和现实问题，建成旨在为中央决策提供参考与咨询的"新型高端智库建设专题数据库"。各地方党校图书馆也要立足于本地实际，为地方党委、政府决策提供信息咨询。

（二）阶段任务

"四大专题数据库"项目建设周期计划为五年，分三个阶段进行。

第一阶段（2016—2018年）：完成基础数据的采集和标准化加工，构建全国党校系统图书馆共建共享平台和移动终端服务平台，实现参建馆之间的共建共享。

第二阶段（2018—2019年）：建立基于大数据知识服务的门户平台。

第三阶段（2020年）：基本建成体系完整、平台共享、技术成熟、特色鲜明的数据库群，为党校教学科研工作提供智力支撑。

（三）基本要求

1. 突出使用与覆盖，主动推送数字资源

各级党校图书馆要把服务理念贯穿于数字资源建设的始终。以读者需求为导向，以实现共享、强化适用为目的，利用先进的资源采集技术和资源服务手段，实现数字资源多领域、多平台覆盖；搭建知识推送平台，主动进行多层次、多角度、多媒体的信息推送；创新服务方式，不断完善专业顾问、参考咨询、自助服务等知识服务模式，提升知识服务能力。

2. 加强合作交流，推进各馆资源建设协同发展

在数字资源建设过程中，各级党校图书馆要树立全国党校一盘棋思想，加强纵横联系和区域合作，实现联动共建和优势互补，避免重复与浪费；要加强与图书馆业界及其他单位的信息共享与技术交流，不断深化以数字资源共建共享为目标的协同发展。

3. 认真研究与知识产权和版权相关的法律规范，妥善处理知识产权问题

要深入学习和研究《信息网络传播权保护条例》《国务院关于修改〈信息网络传播权保护条例〉的决定》等有关知识产权的法律法规，加强对移动多媒体时代知识产权保护的研究，在严格遵守国家有关法律、法规的前提下，妥善处理知识产权问题。

4. 整体推进共建共享工作

共建共享是积极稳妥地推进全国党校系统图书馆数字资源建设的唯一途径，也是一项开创性工作。要认真研究建设过程中的组织协调、标准规范、技术保障、经费投入、数量与质量、检查和评估等相关问题，探索建立并逐步完善工作机制，强化信息交换与经验交流，既要共建共享，还要边建边享，及时展现工作成效，把共建共享工作落到实处。

（四）组织实施

中央党校图书馆负责统筹规划"四大专题数据库"项目的框架结构，组织子项目申报，提供建库技术规范指导，建立全国党校系统数字资源登记查询系统，并对各地方党校的承建项目进行评估和验收。

地方党校图书馆要根据地方优势和特色，本着"联合、开放、创新、共享"的原则，通过引进、采集、自建等多种方式参与到共建共享工作中来。参建单位要充分总结"三大文库"建设的基本经验，科学制定实施方案，组建建设团队，筹集校级和部门两级配套资金，集中优势力量，提高建设质量和效率。

四、专题数据库建设的保障措施

（一）推广应用标准规范

数字资源共建共享，首先要做到标准规范的统一。要以中央党校数字图书馆工程已经建立的标准规范体系的推广应用为重点，加强标准规范的推广和培训，努力形成全国党校系统图书馆数字资源建设的统一标准体系，为资源的共建共享打下坚实的基础。

（二）试行数字资源联合采购机制

中央党校图书馆要在充分调研和论证的基础上，结合省级党校图书馆实际情况，着手试行数字资源联合采购机制。该机制旨在通过联合购买降低采购成本，解决版权和共享问题，充分发挥资源使用效益，逐步形成一批具有党校特色和自主版权的数字资源。

（三）以需求为导向推进数字资源建设

全国党校系统图书馆要把服务理念融入数字资源建设全过程，抓住制定"十三五"规划的契机，重点做好服务对象的需求调研和分析工作。在制定数字资源建设方案时，要以需求为导向，充分征求读者的意见和建议，进一步提高资源建设的针对性和实效性。

（四）完善人才引进和培养机制

各级党校图书馆要以提高数字资源建设的专业技术水平和业务素质为核心，以灵活、管用的政策措施加快建立健全分层级、分类别的人才培养机制，加大高层次数字资源建设领军人才及专业人才的引进力度，构建起适应新形势的数字资源建设人才梯队结构。同时，要加强全国党校系统图书馆专业人才培训，逐步建立学科馆员制度，提升党校系统图书馆员队伍的整体素质。

（五）加大数字资源建设经费投入

经费是数字资源建设的重要保障。各级党校应根据数字资源建设的需要设立专项资金，并列入党校财政预算。同时，各党校应多途径筹措建设经费，逐年加大数字资源建设经费投入的力度，以保证数字资源建设规划顺利实施。

（六）抓好"两网一体化"发展

中央党校图书馆要统筹谋划中央党校图书馆网与中国干部学习网"两网一体化"发展，在充分整合"两网"相对优势的基础上，努力建成立足党校、面向社会的马克思主义理论网络宣传阵地和建设学习型政党的数字资源综合服务体系。各地方党校图书馆要根据自身条件科学规划数字资源建设工作，加大与中央党校图书馆网、中国干部学习网的合作力度。

（七）进一步加强工作协调

全国党校系统图书馆数字资源建设的实践表明，只有做好统筹协调工作，才能收到事半功倍之功效。中央党校图书馆、中国图书馆学会党校图书馆分会、全国党校系统数字图书馆理事会要强化协调发展意识，既要做好党校系统内部的协调，也要注重与公共图书馆系统、高校图书馆系统以及军队院校图书馆系统的交流。

（发布日期：2016 年 7 月 26 日）

中国图书馆学会"十三五"规划纲要[①]

"十三五"时期是我国全面建成小康社会的决胜阶段,是"四个全面"战略布局的关键时期,也是加快构建现代公共文化服务体系、全面提升国家文化"软实力"的重要阶段,在党和国家事业发展中具有深远的历史意义。深刻认识并准确把握我国图书馆事业发展面临的新形势、新环境和新变化,科学制定中国图书馆学会"十三五"规划纲要,对于促进中国图书馆学会各项事业实现新的发展和突破,建成"社会信誉好、发展能力强、学术水平高、服务成效显著、内部管理规范、市场竞争力强、国际知名的优秀学会",为国家建设和社会进步做出应有的贡献,具有重要意义。

一、"十二五"事业简要回顾

"十二五"时期,中国图书馆学会坚持以马克思列宁主义、毛泽东思想、邓小平理论、"三个代表"重要思想、科学发展观为指导,深入贯彻习近平总书记系列重要讲话精神,适应国家建设和社会发展新变化,密切

[①] 中国图书馆学会"十三五"规划纲要 [EB/OL]. [2016-02-26]. http://www.lsc.org.cn/contents/1299/8959.html 。

关注国际图书馆事业发展新趋势，以公共图书馆免费开放和公共数字文化建设为契机，团结带领全体会员和全国广大图书馆工作者，重点发挥在学术交流、行业协调和全民阅读中的重要作用，围绕中心，服务大局，开拓创新，提升能力，为促进我国图书馆事业全面、协调、可持续发展，推动现代公共文化服务体系建设，支持经济发展、社会进步和文化大发展大繁荣做出了新的贡献。

——**充分发挥决策支撑作用**。积极承接文化部县以上公共图书馆评估定级、全国公共文化巡讲等政府转移职能，参与《公共图书馆法》《公共文化服务保障法》《网络安全法》等重要法律法规的制定工作，不断推进我国图书馆事业科学化、法治化和规范化进程。

——**充分发挥行业联络与协调作用**。通过参与数字图书馆推广工程、中华古籍保护计划、民国时期文献保护计划等重大文化工程，加强我国图书馆整体协作与发展，不断缩小城乡和地区差异，促进我国图书馆事业全面、协调、可持续发展。

——**充分发挥学术研究与交流作用**。开展学科发展研究和学科史研究项目，提升学术交流平台实效，形成以中国图书馆学会年会为核心，以青年学术论坛、百县馆长论坛和未成年人服务论坛等品牌学术活动为重点，集合我国图书馆界相关重要学术活动为一体的综合学术交流体系。《中国图书馆学报》在《中国人文社会科学期刊评价报告（2014年)》中，被评为顶级期刊。

——**充分发挥全民阅读引领作用**。在"4·23世界读书日"和"文化遗产日"期间，组织、协调、指导各级各类图书馆开展全民阅读活动。创新全民阅读活动组织形式，在全国范围内开展"全国少年儿童阅读年"系列活动和"阅读推广人"培育行动等。发布《书香城市（县级)、书香社区标准指标体系》，指导书香城市（县级）和书香社区建设。

——**充分发挥合作与交流作用**。为我国图书馆界专家学者参加国际图联大会、美国图书馆协会年会等重要国际交流活动提供信息咨询。扩大与国际及港澳台地区交往，提升我国图书馆在国际图书馆界的影响力，使图书馆对外交流成为我国对外文化交流的重要阵地。

——充分发挥学会组织的凝聚作用。切实加强组织建设、内部机制建设和自身能力建设,完善荣誉体系,获评民政部4A级社会组织和中国科协学会创新和服务能力提升工程优秀科技社团项目三类建设单位。开展学会信息化平台建设,"中国图书馆学会会员管理与服务平台"成功上线。完成网站改版工作,开通中国图书馆学会微信公众号,及时收集、发布和传递行业信息资源,加强信息整合与分析,夯实基础网络平台。

——充分发挥教育培训作用。加强人才队伍建设,搭建中国图书馆学会继续教育体系,在全国范围内开展"全国图书馆未成年人服务提升计划",举办图书馆员进修型培训和在职专业培训,提高图书馆员职业化水平,为我国图书馆事业发展提供智力支持。

"十二五"时期,中国图书馆学会多项工作取得突破,成绩显著,为"十三五"时期的发展提供了丰富的经验,但同时也必须清醒地认识到,我国经济社会文化和图书馆事业的快速发展和广大会员需求的增长对中国图书馆学会的专业水平和服务能力提出了更高、更专业、更全面的要求。因此,中国图书馆学会必须继续解放思想,开拓创新,进一步加强自身建设,提升协调和服务能力。

二、"十三五"时期的发展环境

"十三五"时期,我国将坚持创新、协调、绿色、开放、共享的发展理念,推进文化创新,加快构建现代公共文化服务体系,传承和弘扬中华优秀传统文化,促进全民阅读,建设学习型社会和社会主义文化强国。经济发展进入"新常态",深入实施创新驱动发展战略,发挥科技创新在全面创新中的引领作用,以科技创新为核心的"大众创业、万众创新"局面正在形成。新型城镇化建设和社会主义新农村建设深入推进,"到2020年基本建成覆盖城乡、快捷高效、保基本、促公平的现代公共文化服务体系"的战略部署进一步明确。以大数据、云计算、物联网、移动互联网等为代表的新兴信息技术快速发展,国家将实施网络强国战略、国家大数据战略和"互联网+"行动计划。这些重要发展理念、发展战略和发展环境为我国图书馆事业发展提供了重要的战略机遇。

中国图书馆学会作为中国科协所属交叉学科全国学会,将立足图书馆和文化行业,充分利用自身专业和行业优势,切实发挥党和政府联系图书馆工作者的桥梁纽带作用,在全面推进创新驱动发展战略实施中实现新担当,在服务国家改革大局中实现事业发展的新跨越,不断推动现代公共图书馆服务体系建设,促进我国图书馆事业创新、协调、绿色、开放、共享发展,更好地满足大数据和"互联网+"环境下人民群众日益增长的精神文化需求,为"十三五"时期我国政府决策、经济发展、社会进步、科技创新和社会主义文化大发展大繁荣提供知识支撑和信息服务,做出新的更大的贡献。

基于对我国"十三五"时期图书馆事业发展环境和自身行业优势的分析,根据《中共中央关于制定国民经济和社会发展第十三个五年规划的建议》《中国科协事业发展"十三五"规划》以及中国科协的有关精神,结合中国图书馆学会第九次全国会员代表大会以来的有关文件,特制订本规划纲要。

三、"十三五"时期的指导思想与发展目标

(一)指导思想

全面贯彻落实党的十八大和十八届三中、四中、五中全会精神,以马克思列宁主义、毛泽东思想、邓小平理论、"三个代表"重要思想和科学发展观为指导,深入贯彻习近平总书记系列重要讲话精神,在中国共产党两个"一百年"奋斗目标的指引下,坚持创新、协调、绿色、开放、共享发展理念,顺应经济社会文化建设和社会发展新变化,密切跟踪国际图书馆事业发展新趋势,坚持以会员服务为中心,通过信息化建设拓展事业发展新空间,团结带领全国广大会员和图书馆工作者,形成各方力量共同推动学会事业发展的新局面,在科技创新、建设学习型社会和实现社会主义文化大发展大繁荣进程中更加奋发有为。

（二）发展目标

中国图书馆学会"十三五"时期发展目标是：适应经济发展新常态的需求，按照"四个全面"战略布局，主动参与国家科技创新、建设学习型社会和实现社会主义文化大发展大繁荣进程，着力发挥图书馆在构建现代公共文化服务体系中的作用，引领全民阅读和信息素养提升；着力发挥学会及会员的专业优势，实现理论研究与实践探索的融合；着力加强图书馆行业与社会合作的力度，努力拓展图书馆发展的活动空间；着力提升我国图书馆国际交流与合作的能力，在中国文化走出去战略中扮演重要角色；着力推进学会工作的创新和转型，打造网络信息化平台发挥会员主体作用。

四、"十三五"时期的主要任务

（一）促进学术繁荣，服务行业发展

1. 加强科学道德和学风建设，优化学术研究和创新的环境。开展与图书馆重大现实问题和实践工作密切相关的理论研究，为推动事业发展提供智力支持。

2. 进一步优化学术交流体系，创新举办中国图书馆学会年会，继续提升青年学术论坛、百县馆长论坛和未成年人服务论坛等品牌学术活动的影响力。开展"一专业委员会一品牌"建设计划，倡导省级图书馆学会学术活动区域联动，创建和培育新的具有广泛影响的学术活动品牌。

3. 以互联网和信息化思维积极探索学术交流方式，构建"学术+互联网"，建设学术管理信息化平台，开发移动终端应用，构建学术成果、科技成果和专业人才等资源的数据平台和信息库。

4. 开展图书馆学学科建设与发展研究，全面、客观地反映学科发展和事业推进中具有影响的新的生长点，预测学科未来发展趋势，设计学科发展路线图。

5. 设立中国图书馆学会科研基金,建立基金项目发布、评审、立项、验收制度,提高图书馆工作者科研水平,提升学会在业界的影响力和服务创新能力。

6. 根据事业发展需求,组织编译专业书刊,繁荣学术出版。进一步提升《中国图书馆学报》学术品质,将其建设成为具有国际影响力的专业期刊。

(二)积极承接政府转移职能,提升决策咨询能力

7. 开展县以上公共图书馆第六次评估定级工作,充分发挥社会第三方机构开展评估的特色和优势,建立起能负责、能问责的评估定级机制,研制评估标准,建设信息化平台,开展评估培训,强化评估定级效果的监督和成果应用,形成可复制可推广的经验模式,为推动全国学会有序承接政府转移职能做出积极的贡献。

8. 开展全国县级公共图书馆馆长轮训,着力培养一批具有现代意识和创新意识的县级公共图书馆馆长,稳定基层图书馆人才队伍,全面提升全国公共图书馆服务水平。

9. 组建决策咨询专家委员会,重点开展公共图书馆立法、《著作权法》修订、行业标准与政策制定等决策咨询工作,协助文化部对公共数字文化工程进行绩效评估,提升服务政府的能力。

10. 加强行业自律,修订《中国图书馆员职业道德准则(试行)》,加大《图书馆服务宣言》宣传和贯彻力度。

(三)发挥行业协调作用,促进我国图书馆事业协调发展

11. 主动参与"数字图书馆推广工程",在"全国数字图书馆建设与服务联席会议"的组织框架内,搭建跨地域、跨系统、跨部门图书馆资源整合、互联互通平台,提升图书馆综合服务能力。

12. 围绕国家基本公共文化服务指导标准和地方实施标准的有关规定,加强对公共图书馆发展指标的研究,在各地落实标准的过程中发挥指导和引导作用。

13. 研究和推出全面提升图书馆服务效能的指导意见和指标要求，为提升图书馆服务效能提供专业指导。

14. 进一步总结提炼各地公共图书馆总分馆建设的做法、模式、经验，在乡镇（街道）、村（社区）全面推进综合性文化服务中心建设的背景下，研究和指导各地以县级图书馆为中心推广总分馆制，实现公共阅读资源在基层的有效整合，积极参与农村留守儿童和妇女、老人关爱服务体系建设。

15. 创新"中华古籍保护计划""民国时期文献保护计划"宣传推广活动的模式，举办"中华古籍保护计划"走进公众系列巡讲和我与中华古籍——创客大赛等活动，将现代化元素融入古籍保存与保护事业中来，扩大重点文化工程的社会影响力。

16. 积极开展社会公益服务，加大对革命老区、民族地区、边疆地区、贫困地区图书馆事业发展的支持力度，助力其公共图书馆服务体系建设。

17. 创新图书馆志愿服务模式。组织、指导开展图书馆之间的对口志愿帮扶活动，提升图书馆志愿服务活动的组织化、专业化水平。组织业界专家开展针对性的"诊断式"志愿服务下基层活动。

（四）倡导全民阅读，在学习型社会建设中发挥作用

18. 全面贯彻中国科协《全民科学素质行动计划纲要》，通过科普日、科技周专题活动、科普展览、科技竞赛等，将全民阅读与全民科普紧密结合，发挥图书馆在全民科普中的独特作用。

19. 打造全民阅读示范品牌活动，组织、协调全国各级各类图书馆深入开展"4·23世界读书日""全民阅读论坛""全民阅读月"等丰富多彩的全民阅读活动，发挥品牌活动的示范带动效应，把图书馆建设成全民阅读主阵地。

20. 完善全民阅读组织与评价机制，开展全民阅读和书香城市（县级）、书香社区评选表彰活动，树立全民阅读典型，引领全民阅读活动开展。推动全民阅读理论研究，为全民阅读工作开展提供思想基础和理论指导。

21. 在全国范围内开展"阅读推广人"培育行动，研发培训课程体系，组建培训师资队伍，探索多样化培训方式，与省级图书馆学会密切合作，分类对"阅读推广人"进行培训，提升其业务水平和能力，更加规范有效地开展阅读推广活动，促进我国全民阅读事业发展。

22. 实施"全国图书馆未成年人服务提升计划"。指导各级公共图书馆、少儿图书馆、中小学图书馆以及相关机构图书馆制定未成年人阅读计划，开发面向未成人的阅读活动，交流开展未成年人阅读工作经验，推动未成年人基础阅读促进工作全面落实。

（五）加强对外（对台港澳）交流与合作，增强话语权

23. 响应中国文化走出去战略，总结提炼图书馆事业发展的中国经验、中国模式、中国道路，利用各种传播途径和宣传方法，向全世界讲好图书馆事业发展的"中国故事"。

24. 实施"图书馆国际交流行动计划"。组织协调全国力量，利用好国际性会议讲坛，传播中国经验。协调指导省级图书馆学会开展国际交流活动，举办国际学术会议。有计划地向国际组织推荐中国代表，增强话语权。与我国政府密切合作，加强与国际图联的联系，积极争取近年内在中国举办国际图联大会。

25. 实施"国际化青年人才养成计划"。发现、培养、扶持、储备一大批政治素质好、专业能力强、外语水平高的年轻人才，为中国图书馆事业"走出去"奠定人才基础。

26. 为业界代表参加国际图联大会、美国图书馆协会年会等知名国际学术活动提供专业信息咨询与服务。

（六）以服务会员为中心，提升服务自身发展能力

27. 大力发展会员，加强会员管理与服务平台建设，拓展会员服务内容，完善会员服务方式，优化会员服务流程，完善荣誉体系，提升图书馆工作者的职业自豪感，不断增强学会凝聚力，使学会成为广大图书馆工作者之家。

28. 完善学会法人治理结构。健全决策、执行、监督机制，规范学会工作规则和程序，形成民主、公开、有序、自律的工作氛围。开展分支机构管理体制改革和创新，充分发挥省级图书馆学会的积极性，共同推动学会事业发展。

29. 加强学会创新和能力提升的研究与实践，主动适应学会管理体制和运行机制改革的要求，开展前瞻性预案研究，为学会的稳妥转型打好基础。

30. 承担好学会创新和服务能力提升工程优秀科技社团建设项目，充分发挥学会职能，提升繁荣学术和服务创新能力、服务政府和社会能力、服务科技工作者能力和服务自身发展能力。

31. 广开渠道，以更加开放和包容的心态接纳社会力量的合作，加大资金筹措力度，为学会重要活动提供经费支持与保障。

（七）加强公共关系建设，不断提升宣传推广能力

32. 在新形势下与政府、媒体、企业、文化机构等相关主体合作开展宣传推广活动，通过展览、讲座、培训等社会教育活动扩大图书馆的社会认知度，提高图书馆在社会公共事务中的参与度，塑造图书馆在全社会的良好形象。

33. 加强网站和微信平台建设，扩充网站容量，以人员数据为基础和依托，最大程度地获取、整合、分析、利用各类数据，将其打造成我国图书馆及相关业界最具影响力的大数据平台，成为业界获取信息的重要渠道。

（八）加强人才队伍建设，为事业发展提供智力支持

34. 以《国家中长期人才发展规划纲要（2010—2020年）》为指导，完善图书馆人才激励机制，推进各层次人才队伍建设。鼓励图书馆各领域从业人员、学者走向学术会议讲台，使学会的专业会议成为发现、举荐人才的良好平台。继续改善青年学术论坛的形式，使青年人才能够脱颖而出。在开展韦棣华奖学金的基础上，积极引导社会力量在图书馆界加大设立各类奖励的力度，提高对图书馆专业优秀学生奖励的力度和覆盖面，为图书馆事业发展储备后备力量。

35. 完善继续教育体系，围绕全国基层公共文化队伍培训规划，承接和拓展面向公共图书馆的培训任务。抓好公益性示范培训，巩固常态化岗位培训，开发多样化培训课程，拓展市场化培训项目，打造全国图书馆继续教育和岗位培训中心，促进图书馆工作者的知识更新，提高其职业化水平，为我国图书馆事业发展提供智力支持。

（发布日期：2016年2月26日）

图书馆行业中长期战略规划选编

「十三五」时期（下）

Compilation of the Medium and Long-term Strategic Plans for Libraries

国家图书馆研究院 / 编

CONTENTS

美国国会图书馆 2016—2020 战略规划　　1001
Library of Congress Strategic Plan FY 2016 through FY 2020

英国国家图书馆 2015—2023 战略规划　　1025
The British Library 2015-2023

英国国家图书馆 2020 年愿景　　1063
British Library 2020 Vision

加拿大国家图书档案馆 2016—2019 三年发展计划　　1077
Library and Archives Canada 2016-2019 Three-Year Plan

日本"国立国会图书馆中期构想《普遍利用 2020》"　　1092
　　以及"国立国会图书馆活动目标 2017—2020"

洛杉矶公共图书馆 2015—2020 战略规划　　1099
Los Angeles Public Library Strategic Plan 2015-2020

西澳大利亚州州立图书馆 2013—2017 战略规划　　1121
State Library of Western Australia Strategic Directions 2013-2017

芝加哥大学图书馆 2016—2019 战略规划　　1129
The University of Chicago Library Strategic Directions 2016-2019

伦敦大学学院图书馆 2015—2018 战略规划　　1149
UCL Library Services Strategy 2015-2018

LIBRARY OF CONGRESS
STRATEGIC PLAN

**FY2016 THROUGH FY2020
SERVING THE CONGRESS AND THE NATION**

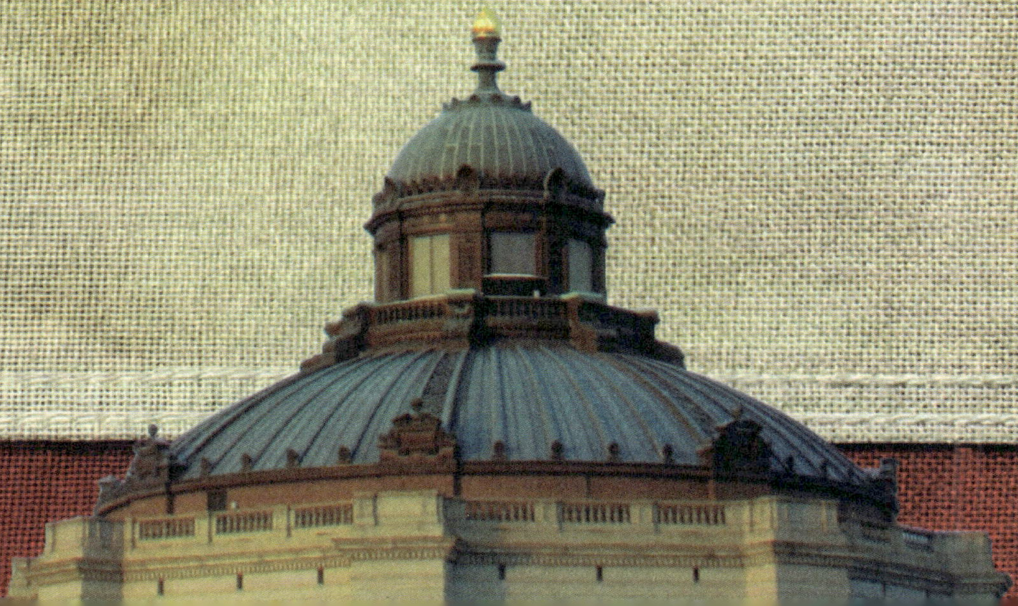

INTRODUCTION

To effectively position itself for the future and prepare for its new leadership, the Library of Congress has developed an open, agile and flexible five-year strategic plan for the fiscal years 2016 through 2020.

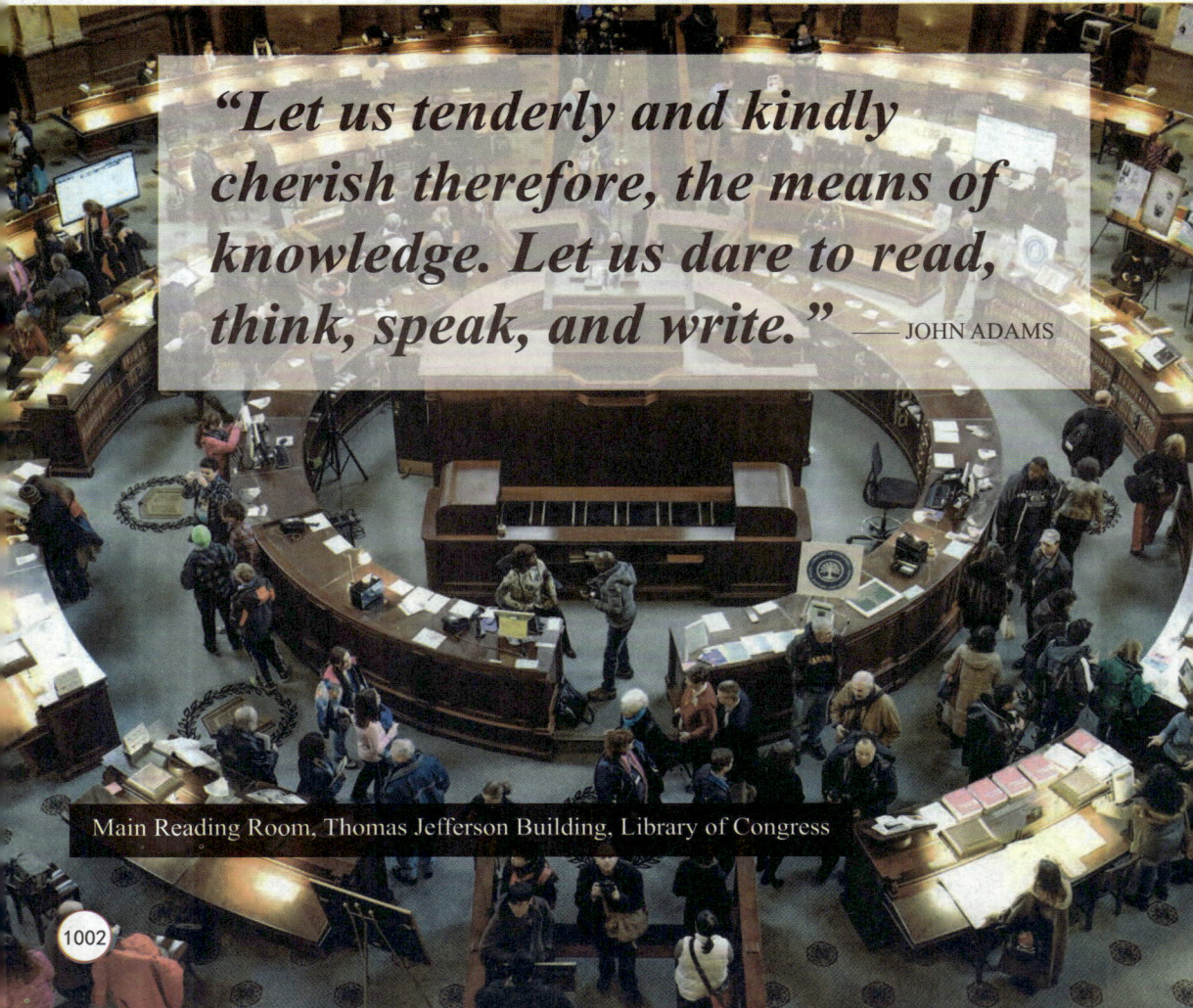

"*Let us tenderly and kindly cherish therefore, the means of knowledge. Let us dare to read, think, speak, and write.*" —— JOHN ADAMS

Main Reading Room, Thomas Jefferson Building, Library of Congress

> "There is in fact no subject to which a member of Congress may not have occasion to refer." ——THOMAS JEFFERSON

During the development of this plan, the Library considered major strategic directions taken in its first two centuries that informed the strategic context for its third century. Analysis of the Library's major motivating factors and its resulting actions reveal the following broad management strategies:

At the turn of the nineteenth century, the Library of Congress was created to provide members of Congress with access to information in support of their law-making activities. Access to up-to-date knowledge on all subjects animated the universal collection advocated by Thomas Jefferson, whose personal library was acquired by the Congress and became the cornerstone of the reconstituted Library after the War of 1812. After the Civil War, the copyright function was placed within the Library to facilitate the acquisition of more American materials.

Thomas Jefferson's Library, Thomas Jefferson Building, Library of Congress

During the twentieth century, America assumed a greater role as an industrial, military and diplomatic power and asserted a greater leadership role within the constellation of libraries across the nation. In response, the Library dramatically increased its acquisition of books and other materials that were created outside the United States and presented in hundreds of languages. In concert with this broadening of its collections, the Library developed efficient new ways to organize and access this disparate knowledge, particularly in light of Congress's increased focus on pressing global matters.

Now, in the twenty-first century, new technologies have ushered in an era of interconnectivity, characterized by instantaneous communication and information-sharing on a global basis. The Library's collections and services are available to a rapidly increasing number of networked individuals across the country and throughout the world. This knowledge must be able to travel across a multiplicity of systems and sources. In order to effectively share knowledge and meet the growing demand for collaboration, accessing information in real time, immediately, easily, and globally is crucial.

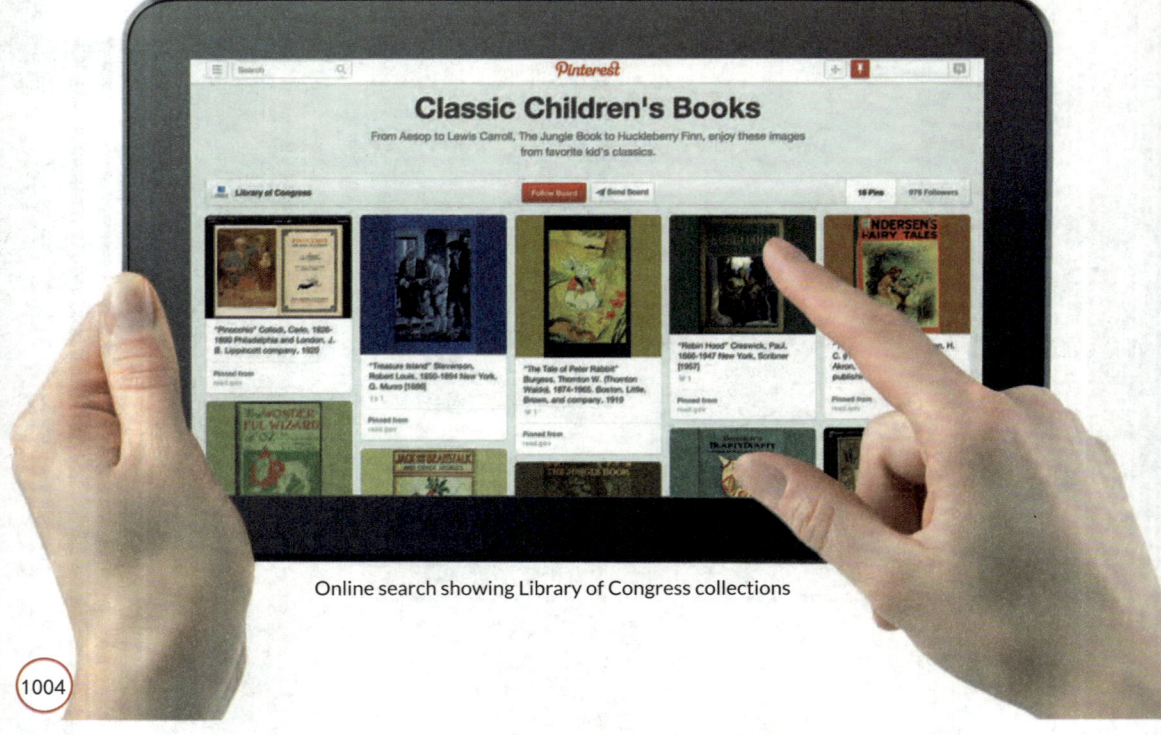

Online search showing Library of Congress collections

From fiscal year 2016 through fiscal year 2020, the Library of Congress will continue to serve members of Congress, all other Americans, and researchers worldwide by providing access to collections, staff expertise, programs and other resources that will assist their decision making and enrich their lives in a variety of ways.

"Knowledge will forever govern ignorance and a people who mean to be their own governours must arm themselves with the power which knowledge gives." ——JAMES MADISON

Larry Smith, a processing technician with the Moving Image Section, helps identify early silent films during the "Mostly Lost" film festival at the National Audio-Visual Conservation Center (Packard Campus) theater.

This plan will be accomplished through the following means:

- acquiring, cataloging, preserving and providing access to high-quality collections;
- deploying state-of-the-industry technology;
- employing management best practices;
- creating a learning environment to retain and motivate a highly qualified staff;
- sharing knowledge through online resources, public programs and publications; and
- engaging in collaboration with institutional peers and new partners around the world in order to share collections, resources, and expertise.

The African and Middle Eastern Division and the Humanities and Social Sciences Division, in cooperation with Juneteenth Book Festival, Inc., present a symposium exploring the topics of literature, literacy and the creative arts in the African Diaspora to mark the 150th anniversary of the Juneteenth observance, June 19, 2015.

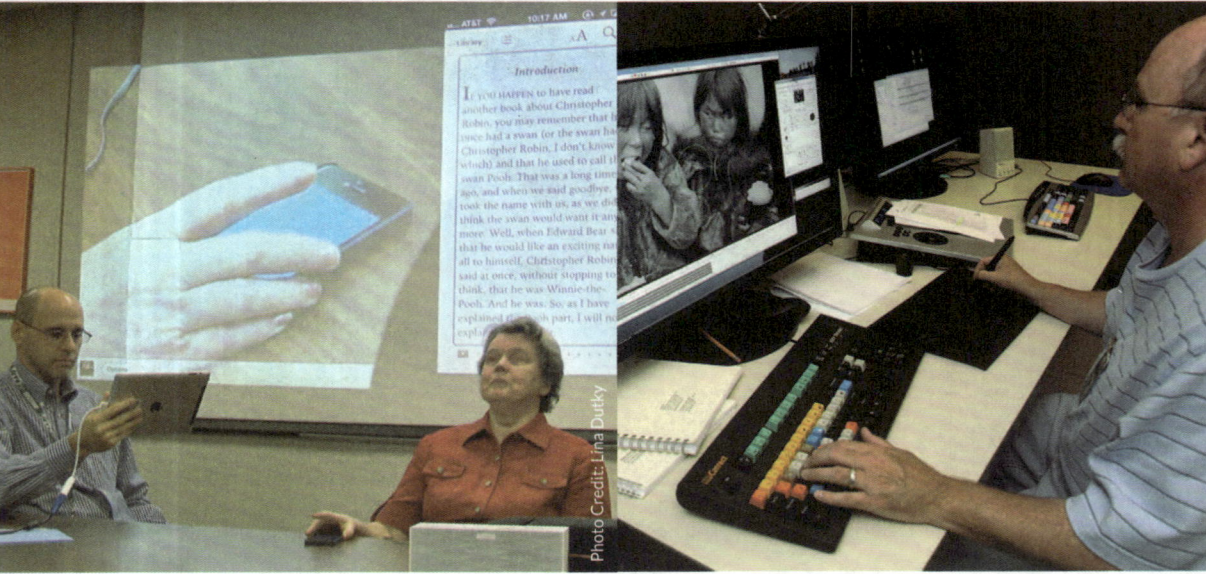

Judy Dixon and Neil Bernstein of the National Library Service for the Blind and Physically Handicapped demonstrate the Braille and Audio Reading Download (BARD) application for mobile devices.

Film preservation specialist John Carter views a film at the Library's National Audio-Visual Conservation Center (Packard Campus).

PROCESS

This strategic plan was developed following reflection on the Library's role and activities, analysis of a variety of reports and recommendations that identified key challenges to a viable future for the Library, feedback from key constituents and staff, and the analysis of internal usage metrics.

FIRST, the core functions of the Library were considered.

SECOND, several key reports were analyzed [See Appendix 1]. This plan takes into account many of the valuable observations and recommendations contained in these recent documents.

THIRD, a number of strategic plans created by other entities were studied. These were the plans of institutions in two categories: (1) libraries and other cultural institutions worldwide, and (2) government entities that have been strongly affected by technological change.

FOURTH, representatives of the Library's component parts (service units) consolidated information about their units' core functions and future plans for the purpose of providing a strategic overview for the 2016 through 2020 time period.

The findings developed for the Library's strategic plan rely heavily on all these sources of current data.

Thomas Jefferson Building, Library of Congress

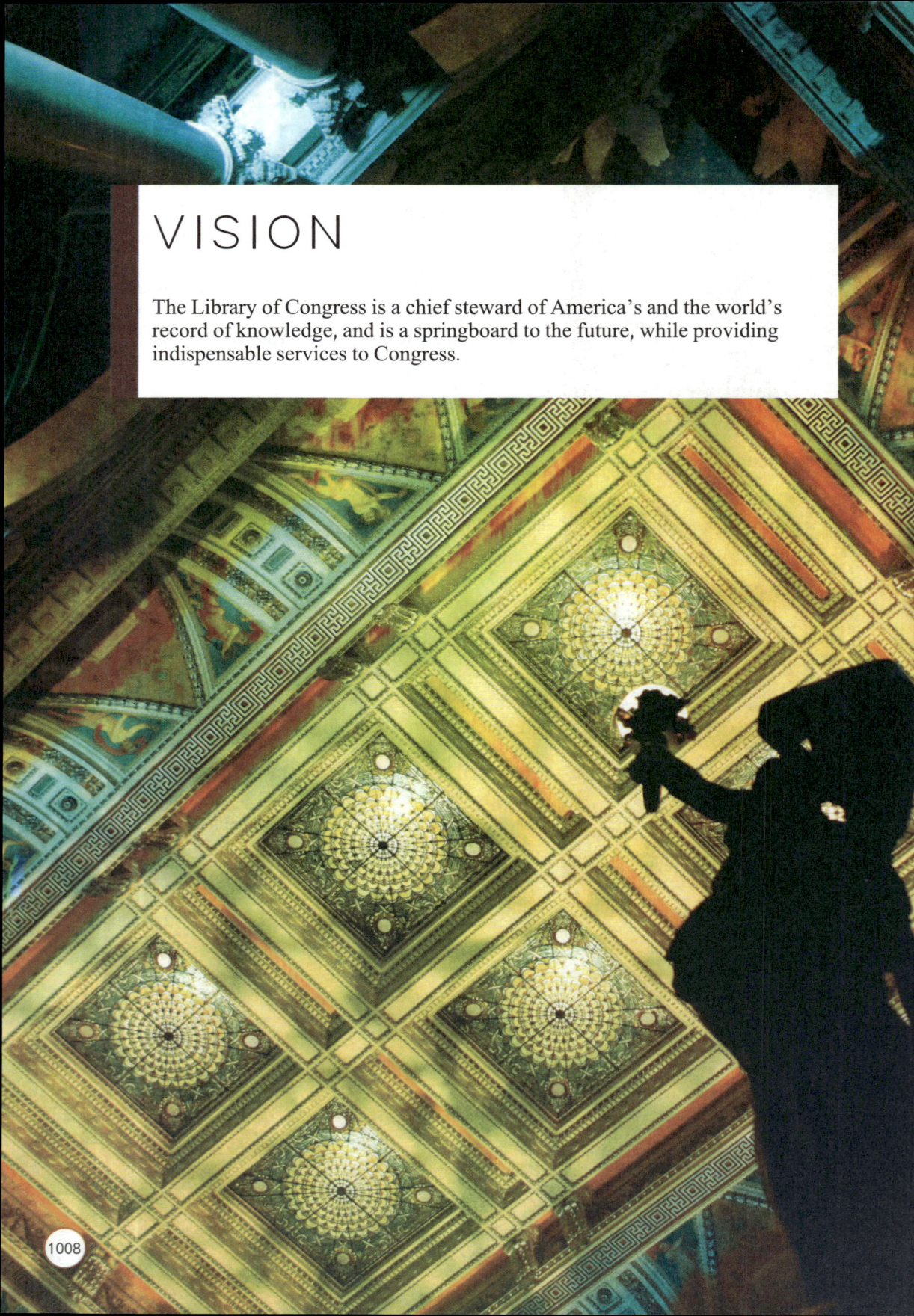

VISION

The Library of Congress is a chief steward of America's and the world's record of knowledge, and is a springboard to the future, while providing indispensable services to Congress.

MISSION OF THE LIBRARY OF CONGRESS

The Library's central mission is to provide Congress, and then the federal government, and the American people with a rich, diverse, and enduring source of knowledge that can be relied upon to inform, inspire, and engage them, and support their intellectual and creative endeavors.

A U.S. Poet Laureate Juan Felipe Herrera at the Library of Congress National Book Festival.
(Photo Credit: Shawn Miller)

B Children work on "Yertle the Turtle" coloring activities during a Read Across America event at the Young Readers Center.
(Photo Credit: Shawn Miller)

C Comedian Jerry Lewis, who donated his papers to the Library in 2015.
(Photo Credit: Robert Maxwell)

D Two staff members of the Law Library confer.
(Photo Credit: Abby Brack Lewis)

E The Library's Congress.gov legislative information system is accessible on mobile devices.
(Photo Credit: Abby Brack Lewis)

F Library of Congress Gershwin Prize for Popular Song honoring Billy Joel at DAR Constitution Hall in Washington, DC.
(Photo Credit: John Harrington)

VALUES

Paramount among the Library's values are the following:

- To fulfill President Madison's conviction that access to accurate, authentic, and non-partisan information is essential to a democratic society.
- To underscore the fundamental importance of literacy for all Americans, an asset that has a monumental impact on the welfare and prosperity of the nation as a whole.
- To demonstrate integrity by treating everyone with fairness and equality, being transparent in decision making, upholding democratic principles, and being open to new ideas.
- To uphold trust and confidentiality.
- To communicate clearly.
- To provide high-quality service to everyone who uses the Library's resources.
- To capitalize upon collaborations.
- To leverage the strength of diversity in the Library's staff, collections, and constituents.
- To be bold, innovative and willing to take risks.
Library staff

Library staff celebrating a colleague's accomplishment.

CORE FUNCTIONS

The Library's mission and values manifest themselves in the collections, the products and the services it provides to Congress, the government, and the American people. The following list comprises the core functions of the Library:

• Provide unique research and reference services to the Congress and to users who visit the Library in person, via the Internet, and by other modes of communication.

• Acquire, describe, make accessible, secure, and preserve a universal collection of knowledge in physical and electronic formats, and obtain electronic access, for its own users, to digital materials held by other entities.

• Support the statutory responsibilities of the U.S. Copyright Office in administering the copyright laws, providing expertise on questions of law and policy, and serving the public good.

• Empower the workforce by creating a culture of learning, providing appropriate technology and devising effective workflows.

• Demonstrate the scope and value of Library collections, staff expertise, and resulting scholarship through a variety of public programs, publications and online presentations.

• Innovate scientific testing of materials and practices that relate to the conservation and preservation of collection materials.

• Articulate and exemplify library and information science best practices and be a national and international role model for all libraries.

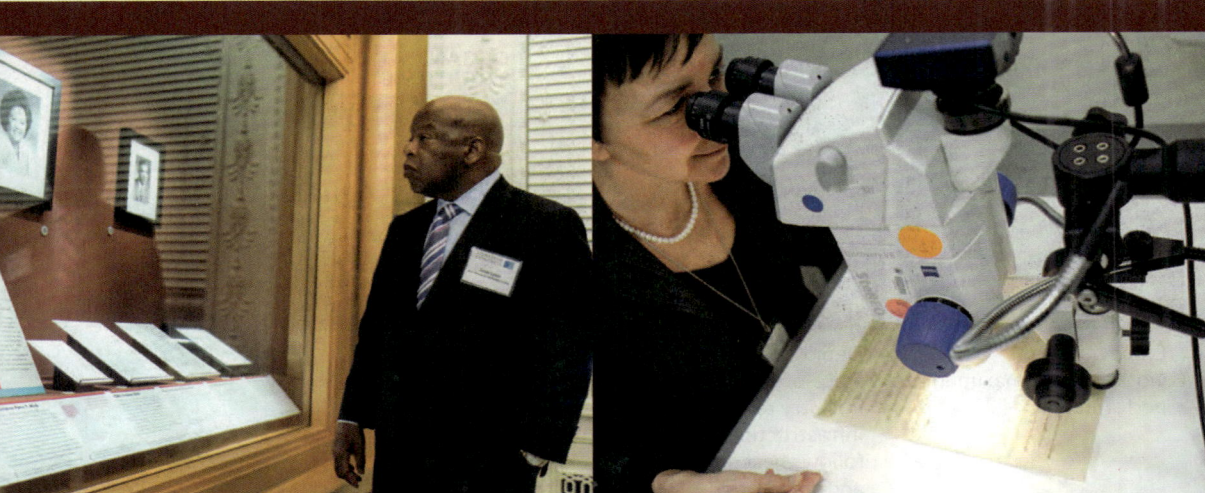

Rep. John Lewis (D-GA) views the Library's Civil Rights Act of 1964 exhibition.

Julie Biggs, senior paper conservator with the Conservation Division, examines pages of Abraham Lincoln's second inaugural address under a stereo microscope.

STRATEGIES

The Library's strategic plan comprises seven strategies:

① SERVICE

Deliver authoritative, authentic, and non-partisan research, analysis and information, first and foremost, to the Congress, to the federal government, and to the American people.

② COLLECTIONS

Acquire, describe, preserve, secure, and provide access to a universal collection of knowledge, and the record of America's creativity.

③ CREATIVITY

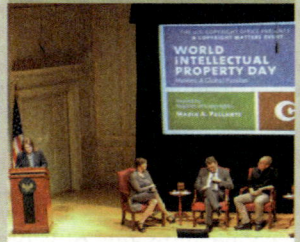

Work with the U.S. Copyright Office to develop modernized copyrights systems and practices, in accordance with copyright laws and public objectives.

④ COLLABORATION

Stimulate and support research, innovation, and life-long learning through direct outreach and through national and global collaborations.

⑤ EMPOWERMENT

Empower the workforce for maximum performance.

⑥ TECHNOLOGY

Deploy a dynamic, state-of-the-industry technology infrastructure that follows best practices and standards.

⑦ ORGANIZATIONAL STRUCTURE

Organize and manage the Library to facilitate change and adopt new methods to fulfill its mission.

Photo Credits:

1 - Shawn Miller

2 - Shawn Miller

3 - Amanda Reynolds

4 - Amanda Reynolds

5 - Shawn Miller

6 - Abby Brack Lewis

7 - Shawn Miller

THE KEY COMPONENTS OF THE STRATEGIC PLAN

The enactment of the Library's strategic plan for fiscal years 2016 through 2020 has three key components: a strategic overview, annual budgets and Congressional Budget Justifications (CBJ), and the implementation plan, which incorporates annual performance goals and targets.

Strategic Overview

Preceding the implementation of this strategic plan, five key actions were taken in fiscal year 2015 to position the Library for new leadership.

The Library executed a major organizational realignment of programs and operations that had the goal of strengthening information technology and other support functions; elevating outreach work; integrating digital and analog collection management; and providing a stronger support structure that will better serve the Library's constituents. Under the realignment, a new service unit was established—National and International Outreach (NIO). This unit will manage the Library's scholarly, educational, and interpretive programs, as well as its national and international outreach programs and fee-for-service enterprises. [See Appendix 2]

Two high-level management positions were filled: the Chief Information Officer (CIO) and the Chief Operating Officer (COO). The CIO takes over responsibility for information technology, web services and repository development, among other duties. Under the new COO, financial, fiduciary, and other key operational functions are nested together to achieve full accountability, derive the greatest value from every public dollar spent, and make optimal use of the Library's staff.

The Library's already existing Web Governance Board is nearing completion of a process to clearly articulate its priorities, including audiences, with respect to what the Library plans to accomplish on the Web.

The Library has built significant digital collections from unique, rare, disparate or not widely held materials selected primarily for their research value. As a result of this effort, Americans, as well as people around the world, benefit from access to the Library's unsurpassed collections. While the Library has been developing new workflows and increasing the number of channels to bring in and share the Library's digital collections, major challenges still remain to accomplish this critical task.

At all times in the Library's history, the issue of space for its critical collections has been of utmost concern. The Library continually seeks innovative solutions for the proper management of all its rich resources—those that are physical, those that are converted from analog to digital, and those that are born digital. Just as in the past, during the twenty-first century the Library must house and responsibly care for knowledge in new formats while knowledge it collects in existing formats continues to grow. As the Library enters fiscal year 2016, construction is beginning on a fifth storage module at Fort Meade, Maryland. This facility and others like it can reduce deterioration of the Library's collections, provide for better access, and help alleviate an urgent situation with the management of physical materials.

Annual Budgets and Congressional Budget Justifications (CBJ)

Any forward looking Library planning must take into account a multi-year expectation of scarce resources. The ability of the Library to deliver its anticipated outcomes will be affected by the overall federal fiscal environment. The Library will reinforce its core services while continuing to identify opportunities for efficiencies and cost avoidance among and within its programs. [2016 Congressional Budget Justification]

Implementation Plan

The implementation of the strategic plan for fiscal year 2016 through fiscal year 2020 will consist of a holistic approach that will position the Library to be an effective, responsive leader in the twenty-first century information environment.

In carrying out the fiscal year 2016 through fiscal year 2020 strategic plan, the Library will continue to entrust representatives of service units with the responsibility of monitoring the current year's performance targets and developing new targets for succeeding years. Because offering the most responsive service to its constituents is of foremost importance, the Library will collect and analyze data to evaluate its service. More metrics will be used to gauge performance, benchmark, and consider best practices among similar institutions. Finally, the Library will study key socio-economic trends and their potential effect upon its future.

The proposed plan has seven major strategies. Each strategy has outcomes that will help the Library determine its level of success, followed by required actions. Annual action plans will drive performance, with annual performance goals and targets.

Strategy 1

Deliver authoritative, authentic, and non-partisan research, analysis and information, first and foremost, to the Congress, to the federal government, and to the American people.

Outcome
Library products and services anticipate and align with congressional priorities and research needs, and staff expertise is deployed to best meet the expectations of Congress.

Action
Ensure that meeting congressional research and information needs is the highest priority among the Library's goals.

Outcome
The Library is user-focused and provides the highest quality of service when meeting current and future legislative information needs. Congress.gov is a principal vehicle for meeting the needs of Members, congressional staff, and the public.

Action
Maximize the Library's capacity to continuously assess and adapt to client needs, to support the secure delivery of unique products and services to the Congress, the federal government, and the American people.

Strategy 2

Acquire, describe, preserve, secure, and provide access to a universal collection of knowledge, and the record of America's creativity.

Outcome
Using varied methods of acquisitions available to the Library, research materials are made accessible to all, in preferred formats for immediate use and long-term viability.

Actions
- Strengthen policy statements to ensure that the Library acquires materials in preferred formats to meet the needs of Library users today and in the future.
- Develop and implement new systems to describe the Library collections to make them more widely accessible.
- Continue to aggressively address the insufficient and inadequate storage capacity for the Library's growing analog and digital collections.
- Expand the Library's repository services to support a diverse and growing digital collection program.

Strategy 2 - cont'd

Outcome
The Library's preservation and collection management programs are designed to ensure the current and future viability of collections in myriad formats.

Action
Employ state-of-the-art preservation techniques and invest in cutting-edge research and development.

Outcome
Constituents can access the Library's collections with assurance that privacy, security, and intellectual property protections are in place.

Actions
- Coordinate and prioritize Library-wide digitization efforts to satisfy the needs of constituents and preservation reformatting techniques, and the protection of rights holders.
- Acquire materials today to preserve them for future use while recognizing possible limitations on immediate access.
- Create new methods of bibliographic access to augment discovery of the Library's collections and the collections of other entities.
- Strengthen reference services and the ability to provide expert research services and tools to facilitate discovery of collections.
- Strengthen collections, programs and services for under-represented and under-served communities, including people who are blind or have a physical disability.

Outcome
The collections, regardless of format or location, are well accounted for and secure at all times.

Actions
- Augment the physical and networked security of the collections to ensure long-term access through improved integrated library services, collection management and inventory control systems.
- Advance an integrated continuity of operations capability in order to preserve, safeguard and make accessible collections and supporting systems to staff and constituents in a timely manner.

Movable shelving in the John Adams Building.
Photo Credit: Shawn Miller

Strategy 3
Work with the U.S. Copyright Office to develop modernized copyrights systems and practices, in accordance with copyright laws and public objectives.

Outcome
The Library fully supports the statutory responsibilities of the Register of Copyrights to administer the copyright laws effectively, efficiently and skillfully for the benefit of authors and the public good.

Actions
- Support the modernization objectives of the U.S. Copyright Office with respect to technology systems and infrastructure, copyright registration services, and the accuracy, timeliness and searchability of public copyright records.
- Assure the effective sharing of data between the Library and the U.S. Copyright Office, and the smooth transfer of the copyright deposits most critical to the Library's collections for current and future use.

Strategy 4
Stimulate and support research, innovation, and life-long learning through direct outreach and through national and global collaborations.

Outcome
The Library is fully engaged as a leader or active participant in national and international partnerships that pursue shared goals for access to dispersed knowledge and expertise.

Actions
- Promote life-long learning through national and international programs.
- Expand online content, programming, and the use of social media to increase engagement with collections and support digital initiatives worldwide.
- Improve cost-recovery programs to serve diverse clienteles.

The 13th Librarian of Congress James H. Billington, the Law Librarian of Congress David Mao, and The Princess Royal, Princess Anne open the exhibition, *Magna Carta: Muse and Mentor* at the Library of Congress. Photo Credit: John Harrington

Rick Atkinson speaks during a presentation on "The Human Side of War" at the 15th annual National Book Festival. Photo Credit: Shawn Miller

Strategy 4 - cont'd

Outcome
The Library celebrates literacy, innovation, scholarship and civic engagement.

Actions
- Strengthen the Library's role in documenting and disseminating information about America's cultural heritage, including its democratic values and tradition of creativity.
- Showcase the Library's magnificent physical space by focusing on constituents, both on-site and off-site, to inspire engagement and active participation in the role of the Library in American life.

Strategy 5
Empower the workforce for maximum performance.

Outcome
The Library fosters a culture of learning that motivates staff to obtain new skills.

Actions
- Recruit, hire, develop, manage and retain a skilled and diverse workforce for the future; provide the proper equipment, environment and support to enable staff to perform at maximum capacity.
- Design a workforce performance management process that facilitates a results-oriented, high-performance culture.
- Promote training and career development, and provide mechanisms for effective leadership development, knowledge transfer, succession planning, and flexible deployment of the workforce.

The 2015 Junior Fellows showcase items they worked with during their 10-week internships.
Photo Credit: Shawn Miller

The 13th Librarian of Congress James H. Billington greets employees during an all-staff open house.
Photo Credit: Shawn Miller

Strategy 6
Deploy a dynamic, state-of-the-industry technology infrastructure that follows best practices and standards.

Outcome
The Library's IT infrastructure and governance play a foundational and critical role in the Library's mission and enterprise performance by proactively managing, monitoring and sustaining IT resources.

Actions
- Harmonize systems across the Library that provide technical support for everyday operations, as well as any situation that affects continuity of operations, including threats to IT security.
- Develop appropriate equipment and access policies for the workforce and Library constituents that are not dependent upon location, that comply with security requirements and protect intellectual property.
- Provide technology that enables access to all Library materials forindividuals who are blind or have a physical disability, and other communities with specialized needs.
- Employ appropriate governance structures that ensure accountability, efficiency and coordination in the Library's IT investments.
Presentation

Presentation by Zuhair Mahmoud and Sheryl Rush at the Assistive Technology Demonstration Center, National Library Service for the Blind and Physically Handicapped. Photo Credit: Shawn Miller

Strategy 7
Organize and manage the Library to facilitate change and adopt new methods to fulfill its mission.

Outcome
Library-wide organizational performance management processes directly align with strategies.

Action
Improve governance processes, communication and transparency, and accountability to maximize program effectiveness, mitigate risks and potential waste, and identify new opportunities through analysis of trends and emerging patterns.

Outcome
The infrastructure and supporting governance processes enable the Library's leadership to manage and fulfill the Library's mission in an environment of scarce resources.

Actions
- Pursue a decision-making process based on data collection and analysis that optimizes infrastructure-resource allocation and the use of physical and virtual space to support the Library's mission.
- Seek input on a continuous basis to inform planning and program initiatives for the Library.
- Increase the use of shared services within the Library and among legislative branch agencies.
- Streamline Library-wide standard operating procedures and internal regulations to align with industry best practices and meet constituent needs.

Photo Credit: Shawn Miller

"Our greatest legacy to future generations, in addition to avoiding wars and conflicts, may be building knowledge-based societies and accelerating expansion of scientific knowledge and useful technologies."

— WILLIAM COLGLAZIER

"Sustainable Development Agenda: 2030," Science, Sept. 4, 2015, p. 1050

APPENDIX 1: REPORTS ANALYZED FOR STRATEGIC PLAN

- GAO Report—Library of Congress: Strong Leadership Needed to Address Serious Information Technology Management Weaknesses, GAO-15-315; March 31, 2015.
- GAO Report—Information Technology: Copyright Office Needs to Develop Plans that Address Technical and Organizational Challenges, GAO-15-338; March 31, 2015.
- The Library of Congress Office of the Inspector General Semiannual Report to the Congress, September 2014.
- The Library of Congress Office of the Inspector General Semiannual Report to the Congress, March 2015.
- Library of Congress, OIC, MYAEPP: Multi-Year Affirmative Employment Program Plan, Fiscal Year 2011-2016.
- Library of Congress, Library Services, Digital Collections Coordinating Committee (DC3) Report, March 31, 2014.
- Library of Congress, Library Services, DC3 Digital Acquisitions and Content Management Survey Report, October 28, 2014.
- Statement of Dr. James H. Billington, The Librarian of Congress, before the Committee on Appropriations, United States Senate, Subcommittee on the Legislative Branch, Fiscal 2015, April 8, 2014.
- Statement of Dr. James H. Billington, The Librarian of Congress, before the Committee on Appropriations, United States Senate, Subcommittee on the Legislative Branch, Fiscal 2016, March 17, 2015.
- Statement of Dr. James H. Billington, The Librarian of Congress, before the Committee on Appropriations, United States House of Representatives, Subcommittee on the Legislative Branch, Fiscal 2015 Budget Request, March 5, 2014.
- Statement of Dr. James H. Billington, The Librarian of Congress, before the Committee on Appropriations, United States House of Representatives, Subcommittee on the Legislative Branch, Fiscal 2016 Budget Request, February 26, 2015.
- Findings and recommendations by the Library's "Futures Programs" teams.
- "Digital Collecting Strategy," initial framework draft. Library of Congress. September 2015.
- Previous strategic plans of the Library of Congress.

APPENDIX 2

Library of Congress Organization Chart (*as of September 30, 2015*)

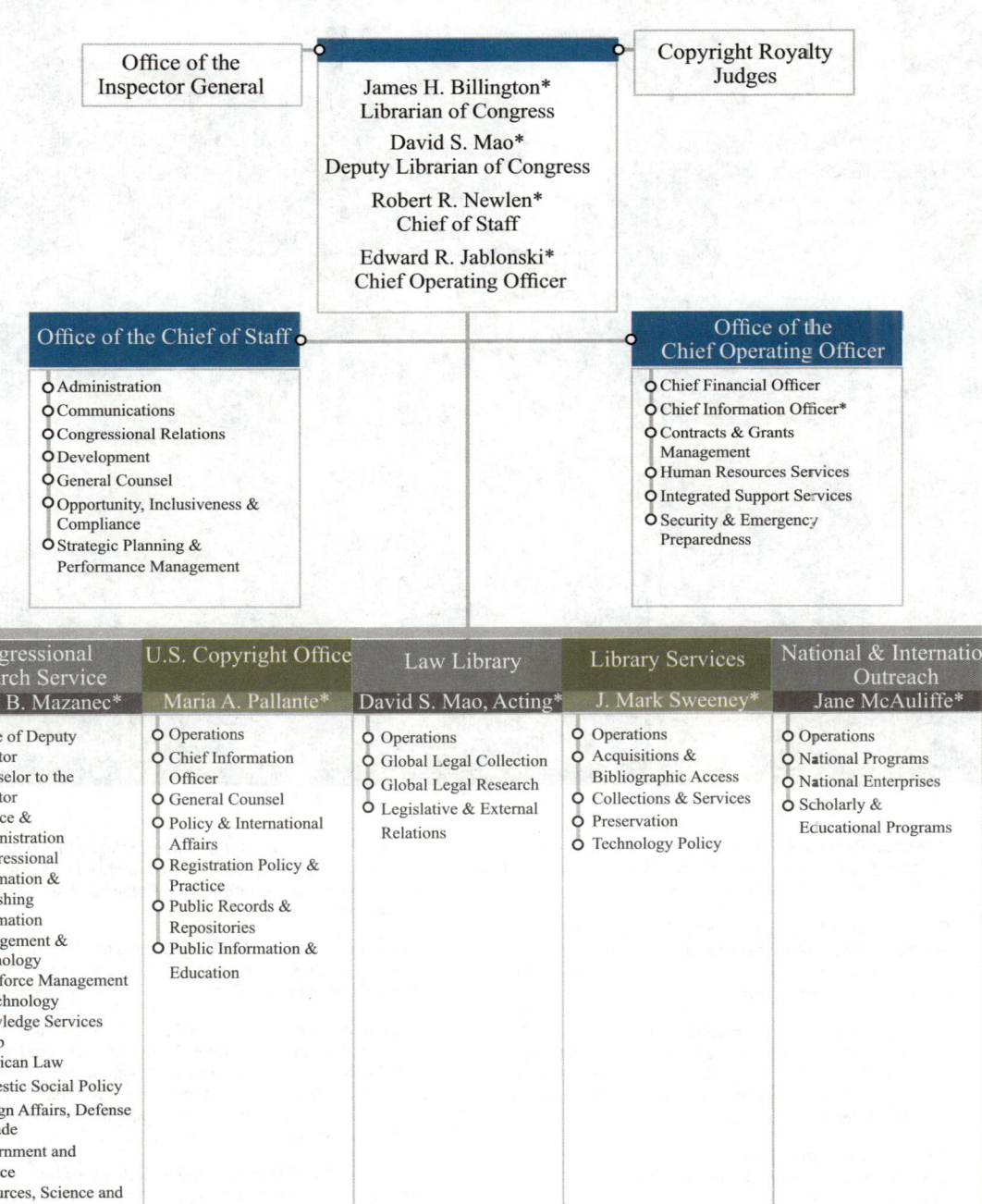

A Michael Romano, a WWII veteran, submits a series of photographs to the Veterans History Project as director Bob Patrick looks on. (Photo Credit: Library of Congress)

B David Rubenstein, right, opens "The Human Side of War" program with an interview with author and former NBC Nightly News anchor Tom Brokaw during the National Book Festival. (Photo Credit: Shawn Miller)

C CRS specialist Walter Oleszek (at left) moderates a discussion with former U.S. Representatives Dan Lungren and David Obey, and former U.S. Senators Trent Lott and Paul Sarbanes during a conference to mark the CRS centennial. (Photo Credit: Amanda Reynolds)

D Former associates of Rosa Parks meet with the 13th Librarian of Congress James H. Billington. (Photo Credit: Shawn Miller)

E Maria Pallante, Register of Copyrights, testifies before the 113th Congress House Judiciary Committee Hearing: The Register's Call for Updates to U.S. Copyright Law. (Photo Credit: Cecilia Rogers)

F Rep. Gregg Harper (R-MS) speaks at a luncheon celebrating the 2014 Gershwin Prize honoree, Billy Joel, in the Members Room of the Library of Congress. (Photo Credit: Amanda Reynolds)

G David Mao, Law Librarian of Congress, hosts a conversation with John G. Roberts, Jr., Chief Justice of the United States and The Rt. Hon. the Lord Judge, former Lord Chief Justice of England and Wales, on the legal legacy of the Magna Carta, in conjunction with the Magna Carta exhibition at the Library of Congress. (Photo Credit: Amanda Reynolds)

H Chancellor of Germany, Angela Merkel speaking on the occasion of the Library's receipt of the 1507 Waldseemüller map. (Photo Credit: Library of Congress)

（本规划由美国国会图书馆授权收录）

Living Knowledge
The British Library 2015–2023

Foreword

Baroness Blackstone, Chairman

In 2023 the British Library will celebrate fifty years as the national library of the United Kingdom. This publication sets out our vision for the kind of organisation we want to be by the time we reach that milestone. It describes a Library that will have transformed itself in response to the profound changes in technology, research and information services which were outlined at the beginning of this decade in our 2020 Vision, while remaining true to the Library's founding principles and purposes.

As we have been preparing Living Knowledge in recent months, we have considered what it means to be a national library in a digital age and what the British Library's role is as one of the UK's great public assets.

The British Library has a duty to preserve, store and make available content of all kinds in digital and physical formats. We know of course that there is still more to do to improve access to knowledge and cultural opportunities across the whole of the UK. We are committed to playing our part to address this gap.

This publication sets out the British Library's ambitions for growth, innovation and development over the next eight years and beyond. It is based on six statements of purpose; explaining how our public funding supports research, culture, education and economic prosperity, for the benefit not just of the UK but of users and partners around the world.
We are indebted to those who support the British Library through financial or other means, and to the thousands of people who use our Reading Rooms, public spaces and online services every day. The title Living Knowledge reflects the constant growth in the British Library's collections, our contribution to the knowledge economy, and our staff's commitment to make our intellectual heritage accessible to everyone, for research, inspiration and enjoyment.

1028

We make our intellectual heritage accessible to everyone, for research, inspiration and enjoyment

View from inside the King's Library at St Pancras. Photo by Tony Antoniou

Introduction

Roly Keating, Chief Executive

Five years ago, the publication of *2020 Vision* – and its accompanying strategy plan for 2011–2015, *Growing Knowledge* – was an influential and important moment in the evolution of the British Library. I was working in broadcasting at the time, and remember being struck by its acute analysis of the great digital shift that was transforming my own industry. The very fact of my presence in this role now is an indication of how sharp *2020 Vision* was in its portrait of a technology revolution that blurs historic boundaries between sectors, institutions and professions.

It's one of many tributes due to my predecessor Dame Lynne Brindley that the prospectus set out in Growing Knowledge has been delivered so effectively in the past few years. Since joining the Library in 2012 I have had the privilege of overseeing delivery of a succession of major projects: the long-awaited move to Legal Deposit collecting of born-digital UK content, including the web; the epic programme to save the national newspaper collection and make it accessible in new ways; the partnership with the Qatar Foundation to launch a digital portal of primary sources on Gulf history and Arabic science. None of these would have been possible without the clarity and direction of the Library's longterm vision.

As we refresh and expand that vision now, we have set our sights a few years further into the next decade. At first sight the choice of 2023 as a planning horizon may seem a little arbitrary, but anniversaries can sometimes have real meaning, and in this case a focus on our 50th birthday as an active institution serves, among other things, as a reminder that among the family of great institutions the British Library is still surprisingly young: a child of the 1970s, a near-contemporary of Microsoft and Apple, a dynamic organisation still in some ways shaping its identity from the multiple collections and institutions that came together to form it.

The Library was born out of a courageous post-war vision to create a new kind of national institution, directly in the service of research and innovation. At its heart were and are the matchless collections inherited from the Library of the British Museum. But the genius of the Library's founders was to combine that Enlightenment heritage with a determination to keep pace with science and research in all its forms, supporting and underpinning the whole ecology of information services in the UK.

Above: Roly Keating speaking at the Knowledge Quarter launch at the British Library, 4 December 2014; Right: Aerial photographs of the British Library sites at St Pancras in London and Boston Spa in Yorkshire

That is why it was born with its distinctive mix of locations in the North and South of England: in Yorkshire, the National Lending Library for Science and Technology, now the Library's document supply service, at Boston Spa in the geographical centre of the UK – truly the Library at the heart of the system; and in London, Colin St John Wilson's remarkable, hard-won, visionary building, in a location that was questioned by early commentators but which is now quite literally at the centre of the greatest and fastestgrowing
concentration of research, cultural and information organisations anywhere in Europe, the Knowledge Quarter of St Pancras, Bloomsbury, Euston and King's Cross.
If this fusion of science and culture, of old and new, of high-level research and popular engagement, was in some ways ahead of its time, that time has surely come now. The UK, in common with many developed and developing nations, is shaping an industrial strategy that puts investment in knowledge, innovation and creativity at the heart of its recipe for long-term, deep-rooted economic growth. Competitive success in such a world depends upon the freest possible flow of ideas, inspiration and information, and libraries – not just this one, but the whole, inter-connecting system across the UK, public and academic – are the vital enabler of that.
This short publication lays out the key strategic priorities for the British Library on its journey to its 50th anniversary and beyond, and sets them in a framework of six purposes which explain, as simply and clearly as we can, the enduring ways in which the public funding we receive helps to deliver tangible public value – in custodianship, research, business, culture, learning and international partnership.

Even more perhaps than Growing Knowledge, what follows is an ambitious prospectus for growth and continued development, driven by a vision of the British Library in 2023 as the most open, creative and innovative institution of its kind in the world. These are times of historic disruption in the whole global system of information and publication, and it seems right that the great knowledge institutions – with their historic remit to think and act with a view far into the future – should play a full part in shaping the changes that lie ahead.

The changing context

2020 Vision painted a vivid picture of what the external environment might look like at the end of the current decade. Four big themes emerged: of constant and rapid change in technology; of increasing expectations from information users and more diverse sources of provision; of a more collaborative, less linear approach to learning and scholarly communications; and of a world in which knowledge institutions will need to reinvent and reposition themselves to create efficiency and demonstrate their value.

Five years on, all these trends continue: the pace of technology change has not let up; the expectations of digital service quality among researchers and information users have continued to grow; collaborative research models are becoming increasingly common. But the landscape is complex: our observation of the sectors we work in – research, higher education, culture, information services – has identified a number of other trends that have matured since 2020 Vision and Growing Knowledge were published, and which in different ways will influence our priorities for the future:

- First, it is now clear that we are living through a revolution in the creation, analysis and exploitation of data in all its forms, from the vast scientific and social datasets typically badged as 'big data' to the innovations already being derived from analysing digitised cultural content in the humanities. We are only just beginning to appreciate the distinctive and dynamic roles that libraries have to play in this revolution: as curators of vast and rapidly growing collections of digitised historic items and born-digital content; as creators and analysers of new datasets; as experts in setting standards, improving data and enabling links in a complex digital landscape; and as centres for cross-disciplinary working and business innovation.

In December 2014 it was announced that the British Library at St Pancras had been selected as the location for the headquarters of the Alan Turing Institute, a major new research centre for data science backed by £42 million of public investment.

Left: *Circles of Life*, 2014 data visualisation by Martin Krzywinski commissioned by British Library to illustrate genetic similarities between humans and other animals; Right: *Nix* by student team Gothulus Rift from University of South Wales, winners of the 2014 *Off the Map* competition to create virtual environments derived from British Library collections. Based on the image of Fonthill Abbey (far right) by John Rutter, 1823 (BL 191.e.6–81)

- At the same time, the idea of openness, in multiple ways, is having a profound effect on the landscape of information services and cultural provision. The Open Data movement has been influential in the unlocking of publicly-held information for analysis and re-use by researchers, businesses and the public. In academic research, the scientific community is working through the complex process of making research data discoverable and accessible. Open Access to research publications has developed faster and more extensively than many envisaged, with growing volumes of publicly funded research made available openly on the web, and a vast range of journal content made freely available on the premises of public libraries via the Access to Research pilot.

This move to greater openness has a social and ethical dimension too, with growing consensus on the need for arts and cultural institutions to make their collections and activities open and accessible to everyone across the UK, whatever their social background or geographical location.

- Related to this is a growing interest in, and understanding of, the importance of **creativity and culture** as contributors to economic growth and wellbeing. Major recent programmes of study into the idea of cultural value – supported by, among others, the University of Warwick and the Arts & Humanities Research Council – have explored the systemic links between the provision of arts and culture and the wider health of society and the economy.

There is a growing body of evidence to indicate the value of libraries in this context. An economic evaluation by Oxford Economics published in 2013 found that the British Library delivers an economic value of £5 for every £1 invested and generates a net economic value of £419m for its users and UK society as a whole. The recent Sieghart Independent Library Report for England highlights the value of public libraries to local communities.

- A further insight emerging from that report, which our own analysis confirms, is that at a time when the provision of knowledge and culture is increasingly digital and screen-based, the value and importance of high-quality physical spaces and experiences is growing, not diminishing. We have seen a 10% increase in visits to our St Pancras building in the past 12 months alone.

The more screen-based our lives, it seems, the greater the perceived value of real human encounters and physical artefacts: activity in each realm feeds interest in the other. For libraries in general, and the British Library in particular, this means that far from there being a simple cost-saving 'switch-out' from physical estates to online services, increasing investment is certain to be needed in both realms: alongside our still-expanding physical collections and on-site services, the costs of storing, preserving and making accessible the nation's rapidly growing digital collection will continue to increase.

- Finally, the past five years have seen continued and significant challenges to the budgets and operating models of libraries in general, and public libraries in particular, with cuts at local authority level affecting services across the UK. This period has also been one of innovation and refreshment in the relationship between the British Library and the public library system, with new partnerships to deliver business advice services and cultural programming initiatives, and the incorporation into the Library in 2013 of the Public Lending Right, which provides payment to authors in return for loans of their work from public libraries. At a time of continuing change for libraries in both technology and operating models, our challenge is to find new ways for the British Library to play its traditional supporting role at the centre of the library system as a whole, across the public and academic sectors.

Growing Knowledge predicted correctly that by 2014 the British Library's Grant in Aid would be at its lowest level in real terms since the Library's inception. We now have a clear understanding of the likely climate for public funding over the next strategy period, and that further hard decisions about investment priorities lie ahead. We do not underestimate the scale of this challenge; but we face it, along with the other challenges identified above, with confidence in the case we can make to the public, Government, philanthropic donors and potential commercial partners for the value we build for the UK and the importance of the six purposes that guide us.

The British Library receives over 1.6 million onsite visits per year

Photo by Tony Antoniou

The British Library's purposes

1 Custodianship
We build, curate and preserve the UK's national collection of published, written and digital content

2 Research
We support and stimulate research of all kinds

3 Business
We help businesses to innovate and grow

4 Culture
We engage everyone with memorable cultural experiences

5 Learning
We inspire young people and learners of all ages

6 International

We work with partners around the world to advance knowledge and mutual understanding

Custodianship

We build, curate and preserve the UK's national collection of published, written and digital content

The National Newspaper Building in Boston Spa, home to over 750 million newspaper pages. Photo by Katie Betts

Custodianship

We build, curate and preserve the UK's national collection of published, written and digital content

This is our first and core purpose, the one on which all the others depend. Our founding Act exhorts us to be 'comprehensive', and unlike a museum collection, ours grows all the time, by very large volumes: each month, by some 0.8 kilometres of new physical items, and 6.8 new terabytes of digital content. Exact assessments of the current scale of the collection are hard to make: varying definitions of the word 'item' yield varying estimates of between 150 million and 200 million items, including books, journals, newspapers, patents, maps, prints, manuscripts, stamps, photographs, sound recordings, digital publications of all kinds and over 2 billion pages of UK web content. Everything we do at the Library is underpinned by our responsibilities as custodians of this extraordinary resource, guaranteeing access to it for future generations.

For these reasons, the fulfilment of this purpose is, and is set to remain, the single biggest claim on our resources. We depend upon, and nurture, a wide range of specialist skills: in ingest, cataloguing, metadata, preservation and conservation (both physical and digital), and the scholarly and curatorial expertise needed to understand, interpret and develop the diverse and complex collections we hold, increasingly deploying techniques of digital scholarship and conservation of a sophistication unthinkable even a decade ago. In many of these fields we have a *de facto* professional leadership role for the sector as a whole.

The years ahead are set to bring new challenges. If the last decade was dominated by our programme to save and transform the national newspaper collection, the next great preservation challenge will be our **audio and recorded music** collections. The British Library's sound collection is growing by 4,000 recordings every month. Of the 42 different physical formats which hold our 6.5 million audio items, many will be unreadable within about fifteen years through technical

Above top: Psalter of Henry VI c.1405 (British Library, Cotton Domitian A. xvii, f. 50); Above: Page from Mervyn Peake's *Titus* notebooks; Right: Vinyl collection. Photo by Tony Antoniou obsolescence, and unless action is taken, many precious recordings will be lost for ever. Our clear and urgent goal is to digitise to preserve as much as possible of the nation's rare and unique sound recordings, not just those in our collections but also key items from partner collections across the UK. In so doing, we aim to raise understanding, useage and public enjoyment of audio heritage more generally.

Another partnership – with the National Libraries of Scotland and Wales and the Libraries of the Universities of Oxford, Cambridge and Trinity College Dublin – lies at the heart of our single greatest endeavour in digital custodianship, the comprehensive collecting under Legal Deposit of the UK and Ireland's output of born-digital content, including the archiving of the entire UK web. Begun in April 2013, we are at the earliest stages of a journey that is set, over time, to transform what it means to be a national memory institution. Our challenges for the next phase of the project are to develop the scale and accessibility of the collection, and to ensure a proper level of investment in its future storage and preservation.

Technology is also transforming our custodianship of physical collections. In the past ten years, two major new facilities have been built at our Yorkshire base in Boston Spa, which store – and make easily retrievable – vast parts of our collections at the highest possible levels of efficiency. Having previously developed successful partnerships in collection management such as the UK Research Reserve with university libraries, we now believe that as well as continuing our long-standing work with higher-education partners, there are further significant efficiencies and economies of scale to be achieved at national scale, by investing in Boston Spa as a shared service centre for the ingest, storage, access and digitisation of print collections from cultural and public sector organisations across the UK.

Our priorities for 2015 – 2023 to support our Custodianship purpose are to:

• Address the growing preservation and access challenges for our historic audio and recorded music collections

• Work with our UK Non-Print Legal Deposit partners to develop the national collection of born-digital content and ensure its long-term preservation

• Develop our collection management capacity at Boston Spa in Yorkshire to offer shared services that help deliver efficiencies for other public organisations

Research

We support and stimulate research of all kinds

Researchers using the British Library's public spaces, 2014. Photo by Tony Antoniou

Research

We support and stimulate research of all kinds

> ### 25 million images
> have been released by the British Library under open licence terms since 2012. Open licences allow copyright expired material to be reused for any purpose

Above: *Crossroads of Curiosity* by artist David Normal, who used images from the British Library's Flickr Commons collection of over 1 million 19th century book illustrations as the basis of his installation at the 2014 Burning Man Festival in Nevada, USA; Right: The Newsroom at St Pancras

A strong research base is vital to a healthy economy, and since its foundation the British Library has occupied a central position in the UK's infrastructure of research and innovation. In fulfilling our purpose as the national research library we contribute directly to the innovation that feeds economic growth, putting our collections, expertise and spaces at the service of anyone who wants to do research.

Our goal is to support the active creation of new knowledge in any field of human enquiry, across the sciences, social sciences, arts and humanities, as well as cross-disciplinary research that defies traditional boundaries. We believe that innovation can come from any source, and are as committed to the needs of citizen researchers and private individuals as we are to those of academics and career researchers.

Between now and 2023 we will evolve our spaces and services to keep pace with the **changing needs of researchers**. While protecting the unique spaces that our Reading Rooms offer and which provide an ideal environment for many, we will facilitate new ways of working. Just as many university libraries have transformed their spaces over the past five years, with new environments for collaborative or informal working, so we have begun to create new generations of research spaces such as the multimedia Newsroom in St Pancras. As demand grows, we will open up more varied study environments and ensure that our on-site services meet our users' need for the widest possible range of content made easily and instantly available.

These changing researcher needs are felt most strongly in the digital space, and we will continue to develop the quality, simplicity and use-value of our online services. The imminent re-brand of our document supply service as British Library On Demand marks the beginning of a programme of change whose ultimate goal will be to unify all the Library's online provision of content and information in a single, simple service proposition: 'content from the British Library and its partners direct to your screen.'

Also set to evolve in the decade ahead are the ways in which libraries support the research community, across all disciplines. By the end of the next strategy period we intend that our engagement with research excellence in the UK will increasingly include active participation in the research process, harnessing the power of the data analytics revolution that is enabling researchers to use our digital collections at scale. This will mean building on the success of projects such as the Mellon Foundation-funded BL Labs, which stimulates innovative use of our digitised collections, and also opening new collaborative avenues through major partnerships such as the Alan Turing Institute.

Underpinning this ambition is the Library's own capacity and strong track record in research and scholarly innovation as an independent research organisation. This is an aspect of our work we intend to develop even further in the years ahead, in close partnership with others: the stronger we are in our own research skills, the more effective we believe we will be in supporting UK research as a whole.

Our priorities for 2015 – 2023 to support our Research purpose are to:

- Ensure that the Library's on-site facilities and Reading Room services keep pace with the changing needs of researchers

- Develop our remote access services to become a trusted and indispensable resource for fact finding, research and analysis for researchers everywhere

- Leverage the Library's collections and expertise to drive innovation in large-scale data analytics, for the wider benefit of UK research

- Work with partners to increase the Library's capacity as an independent research organisation.

Business

We help businesses to innovate and grow

Kathryn Parsons speaking at the *Inspiring Entrepreneurs* event *Internet Icons*, February 2014. Photo by Luca Sage

Business

We help businesses to innovate and grow

The Library's commitment to supporting industry is enshrined in our founding Act. Our goal is to support innovation and economic growth across the UK through the provision of research, patents and advice to all forms of business from multinationals to SMEs, social enterprises and the creative industries.

Our document supply service has served UK industrial research and development for over four decades, and our Business & IP Centre at St Pancras provides advice, training and *pro bono* support for new and growing businesses, helping entrepreneurs, inventors and designers develop, protect and commercialise their ideas, and enabling social enterprises to increase their impact. Since its creation in 2006 it has helped to create an average of 550 business and 1,200 jobs each year and generated £8.80 per £1 of public money invested.

Looking ahead, our key priority is to secure and grow the **partnership of regional libraries** that is bringing Business & IP Centres to major city centres beyond London. At the time of publication, new Centres are about to open in Liverpool and Sheffield, completing an initial cycle of expansion that began two years ago in Newcastle and now also comprises services in Birmingham, Leeds and Manchester. Our ambition is that there should be at least 20 such Centres in UK city libraries by the end of the decade.

> Since its creation in 2006 the Business & IP Centre has helped to create an average of **550 businesses** and **1,200 jobs** per year for the London economy and **generated £8.80 per £1 of public money invested**

Above and below right: *Inspiring Entrepreneurs* events at the British Library. Photos by Luca Sage.

Cities are at the heart of growth, and within a mile radius from our London building, in an area bounded by Bloomsbury, Euston, King's Cross and St Pancras, is one of the greatest urban clusters of knowledge-based organisations and businesses in Europe, underpinned by world-class transport connectivity. This insight led to the creation of the Knowledge Quarter partnership, which was launched in December 2014 by the Chancellor of the Exchequer. Our next challenge is to ensure that the Library's own campus at the heart of the Quarter adapts to support this rapidly growing community of creative businesses, start-ups and knowledge-driven innovators, providing spaces and services that help these businesses to grow and achieve commercial success.

Our priorities for 2015 – 2023 to support our Business purpose are to:

• Work with partners to secure funding to grow the network of regional Business & IP Centres to a total of 20 UK city libraries

• Develop and open up our St Pancras campus to maximise its potential for knowledge exchange and innovation at the heart of the Knowledge Quarter.

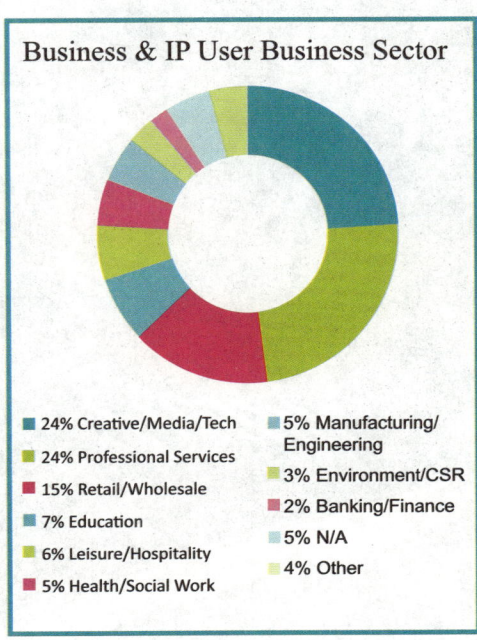

Culture

We engage everyone with memorable cultural experiences

Late event at the British Library as part of *Propaganda* season, 2013. Photo by Tom Lewis Russell

Culture

We engage everyone with memorable cultural experiences

For many people, the Library's cultural purpose is the aspect of its mission they value most highly. The inherent cultural and artistic value of the Library's collections is beyond price – a vast compendium of the literary and intellectual arts of mankind, including countless items of exceptional rarity and beauty: rare books and maps; precious early photographs; unique sound recordings; the archives of literary, musical, political and scientific figures; a manuscript collection containing probably the greatest surviving collection of medieval art in the country.

The role of those who shape our public programme and cultural engagement activities is to create events, experiences, talks, exhibitions and performances that interpret this collection in ways that reach, delight and engage the widest possible public. There is also an increasing role in supporting the creative industries to re-interpret content and data.

Our challenge in the decade ahead is to help even more people discover and enjoy the Library's exhibition and events programme, and to be even more **creative and diverse** in the range of artistic experiences we commission and co-create. We want the Library to be a hub of ideas, debate,

Above top: *Lindisfarne Gospels Durham* exhibition; Above: *Knight v Snail II: Battle in the Margins* (from the Gorleston Psalter, England (Suffolk), 1310–1324, Add MS 49622, f. 193v.) from our Medieval Manuscripts blog which won the 2014 Arts and Culture National UK Blog Award; Right: Poster artwork by Jamie Hewlett for *Comics Unmasked: Art and Anarchy in the UK* discussion, dialogue and experiment. In the short term, we will be inventive and unpredictable in the use we make of our existing spaces and buildings; in the longer term we will seek to raise support to expand and improve our galleries to allow us to show more of what we have, in better conditions, and in versatile spaces that let us do justice to our rapidly growing digital, audio and multimedia collections.

Equally important is sharing our collections and creativity with **audiences across the UK** and beyond. Our collecting remit means we hold unique content of relevance to almost every locality in the UK, from historic maps to more than two centuries of local newspapers. We know from the huge success of *Lindisfarne Gospels Durham*, during the summer of 2013, how significant a loan from our collection can be when situated within a different geographical or cultural context or displayed with related material: we will seek to develop an expanded programme of loans, collaborations and exhibitions, working with public libraries and other partners. And we will look beyond the UK to ensure that audiences overseas have increasing opportunities to see and appreciate items from our collection.

Our priorities for 2015 – 2023 to support our Cultural purpose are to:

• Grow the profile, diversity and creative impact of the Library's cultural activities, both on-site and online

• Develop an increased programme of loans, touring exhibitions and digital collaborations, with public libraries and others, that open our collections to new audiences across the UK and internationally.

Learning

We inspire young people and learners of all ages

A-Level students taking part in a *Terror and Wonder* exhibition workshop, 2014. Photo by Richard Eaton

Learning

We inspire young people and learners of all ages

The Library and its collections have a potent and unique educational value for life-long learners as well as school students. At a time when people increasingly experience the world and acquire knowledge through digital screens, an encounter with an original handwritten document or primary source can have an almost magical power and aura.

We know the value of such experiences, and have sought in recent years to maximise the numbers of children and young people who are able to visit the Library in person for educational visits. An important part of our mission is to inspire the researchers of tomorrow, and we aim not just to tell stories but encourage a spirit of questioning and enquiry.

Our learning mission extends beyond schools and those in formal education. We actively seek to engage with local communities. Our Learning pages are already the most used parts of our website, and though usually devised with the close support of teachers and educators, they frequently succeed in reaching people far beyond their target audience. For many of us, the desire and need to learn stretches throughout our lives, and the British Library is strongly placed to fulfil that need.

Above top: Teachers' conference held in partnership with the English and Media Centre; Above: Research skills workshops aimed at Primary students. Photos by Richard Eaton; Right: 18th- and 19th-century authors featured on our *Discovering Literature* website

In the last three years our reach to school students has grown by 70% to **32,826 for onsite visits** and doubled to **3 million for online** visits.

As we shape our learning priorities for the next decade, we will need to address issues of scale and resource in our **on-site offer**. Our reach to school students grew in 2014 to a record 32,826, but our ability to expand further is sharply constrained by the capacity and nature of our dedicated learning spaces – a purpose that was not seen as a priority when the building was first designed. Similarly, though the success of occasional family days has shown strong appetite, we have not to date been able to build a consistent offer for families with children. As part of our programme of improvement and transformation of our St Pancras estate, we will seek a step-change in our capacity to serve children, families and the local community.

In the online space, we will seek support to invest further in those parts of our site that deliver highest value to learners, including *Discovering Literature*, which presents selected digitised primary sources relating to key works of English literature. The site has had over 300,000 unique visits in its first six months. Our goal is to expand it to cover more of the canon of English literature and establish its profile and reputation as an indispensable resource for learners worldwide.

Our priorities for 2015 – 2023 to support our Learning purpose are to:

• Improve and expand our on-site capacity to grow the numbers of school students, young people, families and local communities able to engage with our collections

• Expand the range of teaching resources and primary source material available online.

International

We work with partners around the world to advance knowledge and mutual understanding

Africa Writes Festival, July 2013. Photo by Benjamin Elwyn

International

We work with partners around the world to advance knowledge and mutual understanding

The international community of libraries is a powerful and resilient network of institutions with shared values and missions. This is an ancient idea as well as a modern one: scholarship has always sought, sometimes against the odds, to reach across boundaries of language, politics, faith and geography. The digital era has delivered tools and platforms that are bringing this network together in compelling new ways. Initiatives such as Europeana and the Digital Public Library of America unite disparate collections across continents and nations, and similar projects are emerging in both developed and developing nations.

The British Library has a distinctive and important role to play alongside others in this global system. For reasons of history – cultural, imperial, mercantile – our collection is perhaps the most international of its kind anywhere in the world, with rare or unique items reflecting all major language groups and faith traditions. We have both growing opportunity and growing responsibility to use the potential of digital to increase access for people across the world to the intellectual heritage that we safeguard.

Amid the many calls on our international resources in the next strategic period, we will focus especially on those parts of the world where for historic reasons our collections are strongest, not least in **South Asia and the Middle East**. Our Memorandum of Understanding with

Left above: Folio from the Mewar *Ramayana*, a manuscript split between the UK and India, digitally reunited in 2014; Left: *Magpie from the Na't al- Hayawa - n* by Aristotle and Ibn Bakhtishu', *c.*1220 AD (British Library, Or. 2784), digitised as part of the British Library's Qatar Foundation partnership; Right above: *Endangered Archives*: Bamum script and archives project; Right below: *Endangered Archives*: digital documentation of manuscript collection in Gangtey the Indian Government sets out a bold vision of collaboration which we look forward to fulfilling, and our partnership with the Qatar Foundation is set to deliver a vast and expanding resource of digitised primary sources relating to Gulf history and Arabic science.

Closer to home, our relationship with partners in **continental Europe** has deepened with our close involvement in Europeana's 1914 – 1918 project, which movingly unites unique content from formerly combatant nations. We will work closely with the national libraries of Europe both to meet public appetite for engagement with European culture, seen in the growing success of events such as European Literature Night, and to ensure that our shared collections play a full role in the emerging global family of distributed digital libraries.

Finally, at a time when wars and civil emergencies have too frequently put archives and library **collections at risk**, the work we do, often with limited resources, to support fellow institutions during and after conflicts is becoming more urgent than ever – a global dimension of our professional leadership role. The Endangered Archives Programme, which we run with generous funding from the Arcadia Fund, has just reached its tenth anniversary, and represents a model on which we hope to build for the future.

Our priorities for 2015 – 2023 to support our International purpose are to:

• Increase our engagement in those regions of the world, including South Asia and the Middle East, whose cultures and histories are reflected most strongly in the Library's collections

• Take a professional leadership role in the national library network of Europe to contribute to the development of a global distributed digital library

• Grow our capacity to support other institutions whose collections are at risk from war or civil emergency.

Enabling the vision

Delivery of the prospectus set out above will require further change in the way we work and organise ourselves and in the business models we develop to deliver our purposes. Major efficiencies have already been achieved; many more will need to be found, and our fundraising activities and commercial services will continue to grow. Internally, the culture change begun some years ago is already improving our ability to collaborate and work effectively both within the organisation and with our external partners. In the spirit of the 'One British Library' programme of staff consultation we conducted in 2013, we will continue to focus on simplification of our internal structures and processes, for the benefit not just of our staff but also the many partners and stakeholders who work with us. Where possible, the priorities identified above will form part of larger, long-term programmes, including major transformation projects for our St Pancras estate and our audience-facing digital offer. Our staff are the heart and soul of all of this: it is their expertise and dedication that makes the Library's services so valued by our users, and their resilience that will make the future changes possible, through a period when further change is inevitable. Our new People Strategy, adopted last year, is founded on a new statement of the values that will guide us as an organisation through the coming years of change. For those inside and outside the Library, we want to be seen as a professional community who:

- Put users at the heart of everything we do
- Listen, innovate and adapt to a changing world
- Treat everyone with respect and compassion
- Embrace equality, fairness and diversity
- Act with openness and honesty
- Collaborate to do more than we could by ourselves

Supporting all of this is our commitment to accountability and transparency. Our Board provides strong governance for the Library's executive leadership team, and has committed to an increased programme of Board paper publication. We also intend that the clear framework of purposes set out in this document will allow us to measure ourselves better, improving both our internal business planning and our accountability to the public whose funding and support makes the continued existence and success of this great institution possible.

Right: A two-minute snapshot of data from the British Library's book tracking and delivery system on 14 April 2014

4.450 - Issued to reader	Repression in Victorian fiction (Kucich, John.) 1987	
5.623 - Returned by read	Ideals varieties and algorithms (Cox, David A.) 1992	
9.963 - Request current.	Labour in crisis (Riddell, Neil.) 1999	
9.030 - Returned by read	I me mine (Harrison, George,) 2002	
0.077 - Request current.	La Bibliofilia () 1899	
1.047 - Returned by read	Rockinthe boat () 1992	
3.023 - Returned by read	Diana (Morton, Andrew,) 1992	
4.437 - Returned by read	20 century British history () 1990	
5.830 - Returned by read	Make Poverty History (Sireau, Nicolas,) 2009	
7.633 - Returned by read	Charities and government () 1989	
3.123 - Issued to reader	Wagners musical prose (Grey, Thomas S.) 1995	
5.857 - Returned by read	The Priory diary (Fox, Paul.) 2006	
9.907 - Request current.	Partnerships for world heritage cities () 2004	
0.307 - At Issue Desk.	Assyrisch-babylonische Zeichenliste 2 Aufl (Borger,	
0.943 - At Issue Desk.	Sumerisches Glossar (Ellermeier, Friedrich.) 1979	
2.403 - Returned by read	NO TITLE ENTERED (NO AUTHOR ENTERED) 0	
9.153 - At Issue Desk.	Racecourse and Hunting Field The Doncaster St Leger b	
1.967 - Returned by read	Camel (Irwin, Robert,) 2010	
2.590 - Returned by read	In defense of dolphins (White, Thomas I.) 2007	
3.170 - Returned by read	Six-legged soldiers (Lockwood, Jeffrey Alan,) 2009	
3.770 - Returned by read	War horse (DiMarco, Louis A.,) 2012	
3.880 - At Issue Desk.	Lit () 1989	
4.327 - Returned by read	Elephant (Wylie, Dan.) 2008	
4.680 - At Issue Desk.	Balance sheet and statements of account (Salvation A	
4.987 - Returned by read	Horse (Walker, Elaine,) 2008	
5.343 - Issued to reader	Parish Churches being perspective views of English ec	
7.060 - Issued to reader	The fortnightly review () 1865	
7.407 - At Issue Desk.	Perdition (Allen, Jim,) 1987	
8.153 - At Issue Desk.	Cardinal Beaufort (Harriss, G. L.) 1988	
7.257 - Request current.	Goethe (Goethe, Johann Wolfgang von,) 1981	
7.580 - Request current.	Dnevnik (Arsenii,) 2006	
0.427 - Returned by read	Testimony the United States 1885-1890 Recitative (Rezn	
6.823 - Returned by read	NO TITLE ENTERED (NO AUTHOR ENTERED) 0	
9.410 - Transfer at Issu	NO TITLE ENTERED (NO AUTHOR ENTERED) 0	
9.410 - Transfer at Issu	NO TITLE ENTERED (NO AUTHOR ENTERED) 0	
2.013 - Transfer printed	NO TITLE ENTERED (NO AUTHOR ENTERED) 0	
4.657 - En route to Sect	Racecourse and Hunting Field The Doncaster St Leger b	
7.063 - Ticket printed (	La Bibliofilia () 1899	
8.550 - En route to Sect	WOMENS STUDIES INTERNATIONAL FORUM () 0	
1.733 - En route to Sect	Chartist fiction () 2001	
4.543 - Returned by read	Gender and power in Britain 1640-1990 (Kent, Susan,)	
6.293 - Returned by read	Water resources and development (Agnew, Clive,) 2011	
6.637 - Transfer at Issu	NO TITLE ENTERED (NO AUTHOR ENTERED) 0	
6.637 - Transfer at Issu	NO TITLE ENTERED (NO AUTHOR ENTERED) 0	
8.140 - En route to Sect	The politics of gender in Victorian Britain (Griffin,	
1.630 - En route to Sect	A collection of Highland rites and customes () 1975	
2.730 - Reservation crea	The British architect or The builders treasury of sta	
3.583 - Issued to reader	Rawls (Freeman, Samuel Richard.) 2007	
4.500 - Request current.	Parables for the virtual (Massumi, Brian.) 2002	
4.787 - En route to Sect	At home in Mackay Country () 2006	
5.640 - Issued to reader	Testimony etc Tales founded on law reports (Reznikoff	
6.107 - Issued to reader	The Cambridge companion to Nozicks anarchy state and	
6.640 - En route to Sect	Literary magazines and British romanticism (Parker,	
6.710 - Returned by read	Miracles and pilgrims (Finucane, Ronald C.) 1977	
7.500 - En route to Sect	Becoming a woman of letters (Peterson, Linda H.) 2009	
7.700 - En route to Sect	The Black Record of Stalinism The truth about Kruschev	
8.407 - Returned by read	Canon law in medieval England (Duggan, Charles,) 1982	
0.420 - En route to Sect	Why Anglo-Russian diplomatic relations should be rest	
0.483 - Returned by read	Religious patronage in Anglo-Norman England 1066-1135	
1.453 - Transfer at Issu	NO TITLE ENTERED (NO AUTHOR ENTERED) 0	
1.457 - Transfer at Issu	NO TITLE ENTERED (NO AUTHOR ENTERED) 0	
2.427 - Returned by read	The friars (Lawrence, C. H.) 1994	
2.620 - Issued to reader	NO TITLE ENTERED (NO AUTHOR ENTERED) 0	

（本规划由英国国家图书馆授权收录）

BRITISH LIBRARY

2020
VISION

Advancing the world's knowledge

www.bl.uk/2020vision

All written text in this document is © 2010 The British Library Board and subject to reuse pursuant to the terms of this Creative Commons Licence. All rights are reserved in respect of the logos and images (numbered 1 – 20) appearing in this document, which are not available for use under the terms of this Creative Commons Licence and should not be copied, adapted, redistributed, or otherwise used without the prior written consent of the copyright owner.

Foreword

Our national library is one of the greatest libraries in the world. The scope of our remit, the scale of our operations, the range of our services and the international importance of our collections are without equal. The collection – which consists of some 150 million items – is unconstrained by subject, geography, format or language.

The Library is primarily funded by the Department for Culture, Media and Sport (DCMS) with significant self-generated commercial income, and makes an important contribution to DCMS's key objectives. In supporting and sustaining both the research excellence of the UK and its commercial competitiveness, we contribute also to the objectives of the Department for Business, Innovation & Skills.

We preserve the intellectual memory of the nation, we are a major player in the research ecosystem, we support economic growth

As a major international research library, in receipt of the UK legal deposit privilege, we preserve the intellectual memory of the nation, we are a major player in the research ecosystem, we support economic growth and we offer an essential treasure house of the history, technological development and culture of the world.

The British Library has strong relationships with the past, the present and the future. What matters to us is that we preserve the national memory and enable knowledge to be created both now and in the future. Our role is a dynamic one of helping to grow the world's knowledge base through the stimulation of fresh ideas and applied insights.

The creation of the British Library by Act of Parliament, in 1972, followed by the opening of its flagship building at St Pancras in 1998, have proved to be two of the most exciting developments of UK library and information services in the 20th century. Now, in 2010, we are reinterpreting our 1970s ideals in a 21st century context in order to remain a leader in the global networked information environment.

Innovation in the technology landscape has led to a world in which the creation, storage, access and dissemination of knowledge have been completely and irrevocably changed. In the past, we have developed three-year visions and accompanying strategies setting out how we would achieve our vision. Given theenormity of recent changes (just remember the iPhone, Facebook, YouTube and Twitter did not exist ten years ago), we think it important to look ten years ahead.

As a guarantor of continued public access to both our rich legacy of content and new forms cf digital content, it is essential that we take a long-term view. In today's climate of significant financial challenge, we believe it is more important than ever to have a strong sense of our direction of travel. We aim to be at the heart of the knowledge-based economic recovery. We believe that this clarity of purpose and priority will ensure that we can continue to innovate and deliver essential public services for the benefit of the economy and society.

We consulted a range of experts, researchers and stakeholders in the course of developing our vision. It is of no surprise to us that there is no consensus view about what the future holds to such questions as: 'What will be the rate at which new technology applications are developed? How will users adopt them in their everyday lives? Will the public sector play a greater or lesser role in service provision?' What's more, we know that our predictions may be no more accurate than those of Sir William Preece who said, in 1878 (when Chief Engineer for the British Post Office): "The Americans have need of the telephone, but we do not. We have plenty of messenger boys". We have developed our vision so that we can chart a course for the future between the likely boundaries of this dynamic operating environment, in a way that allows us to negotiate the uncertainties and seize new opportunities without risking our legacy.

We are delighted to present our vision for 2020, set against our understanding of this dynamic, challenging and globally-networked environment. We will use our vision as the framework for our 2011–15 strategy. The strategy will set out in more detail how we intend to incrementally deliver our vision over the next four years.

Dame Lynne Brindley
Chief Executive

Our values

Our values represent the aspirations of our individual and collective behaviour. They guide our day-to-day decision making. In order to achieve the vision we have set out for 2020, we will endeavour to put these values at the heart of everything we do.

We inspire We aim to inspire people around the world through our content and expertise.

We are passionate about sharing information and are inspired by our users and their contributions.

We innovate We nurture leading-edge innovations and promote an entrepreneurial spirit.

We take measured risk and bring about change through informed and agile decision making.

We collaborate We work in partnership to achieve more by working together than we could do on our own.

We strive to be an open, responsive and reflective organisation.

We enable We aim to work with our users to create new insights from our content and to develop world-leading services.

We strive to encourage and empower our staff to seize new opportunities.

We respect We promote respect for our users and stakeholders and for one another. We care for the collection and respect legal and institutional frameworks.

We learn We will continue to learn from others. We integrate the expertise of our users into our networks.

We work to share our ideas and expertise.

*FORECAST

The online landscape will increasingly resemble the 'semantic web' – in which computers become capable of extracting, classifying, categorising, and analysing data to create context and new uses for content.

Our mission and vision

Our mission: Advancing the world's knowledge.

Our vision: In 2020 the British Library will be a leading hub in the global information network, advancing knowledge through our collections, expertise and partnerships, for the benefit of the economy and society and the enrichment of cultural life.

Our vision is supported by five key themes which set out the strategic priorities for the Library:

1. Guarantee access for future generations.
2. Enable access to everyone who wants to do research.
3. Support research communities in key areas for social and economic benefit.
4. Enrich the cultural life of the nation.
5. Lead and collaborate in growing the world's knowledge base.

*FORECAST

Research funding will be based on finding solutions to problems, and will be channelled across disciplines

Previous page (1) Dame Lynne Brindley, Chief Executive, British Library Left (2) Image from our Growing Knowledge exhibition

Our changing context

To gain an understanding of what the world might look like in 2020, we interviewed experts from the public, private and not-for-profit sectors spanning research, learning, publishing, information and technology. We established a Consultative Panel of researchers and key stakeholders, including members of the British Library Board and Advisory Council and we consulted widely with Library staff.

This interaction provided a rich tapestry of information about the future environment and what it might mean for us. We are indebted to our colleagues for their significant contribution to the development of our 2020 vision.

We extended these insights by conducting research into the Library's future internal and external operating environment. We present here some headlines from our research, together with supporting quotes from interviews and workshops.

The technology environment will be constantly and rapidly changing, with the only certainty about the future being that it will be significantly different from today

The expectations and requirements of information users will increase and the ways in which information is provided will be more diverse

✱FORECAST

The consumption of media by young people will continue to increase across the full range of media channels, day and night, seven days a week

The nature of learning and scholarly communication will change to become more collaborative and inclusive of emerging technologies, moving away from a linear flow of information

✱FORECAST

Free, 'open access' scholarly works will enable improved access and will drive research increasingly towards open access models

It will be increasingly important for knowledge institutions to reinvent and reposition themselves to create efficiency in service provision and to demonstrate the measurable value they add to the economy

Quotes from experts spanning research, learning, publishing, information and technology

"Consumer technology will be smaller, lighter, cheaper and faster"

"The word 'digital' will have no meaning because digital will be the default"

"Technology will be in a constant state of beta"

"People will continue to use the library as an interactive research space"

"Learners of all ages will have access to a much wider range of content online in all formats (text, images, video, audio and data)"

"Digital natives will assume everything's on the web"

"Inter-disciplinary research will grow in popularity because of commonalities between disciplines and an interest in using different methods"

"Much more teaching, learning and research will be through simulation"

"Business models that underpin scholarly publishing will change dramatically"

"Libraries will need to continue to demonstrate their value"

"Consolidation of print collections, cloud repositories of content, automated preservation and infrastructure will be more common"

"All major research libraries will be interoperable"

1: Guarantee access for future generations

Where we've come from

It was the aim of Sir Anthony Panizzi, Principal Librarian to the British Museum, 1856 – 66, 'to bring together from all quarters the useful, the elegant and the curious literature of every language; to unite with the best English Library in England, or the world... and so with every language from Italian to Icelandic, from Polish to Portuguese.' This vision resulted in the concept of a 'comprehensive' collection in the British Library Act 1972.

Today our collection consists primarily of analogue content while our digital holdings are growing. In 1998, the opening of our flagship building at St Pancras ensured that a significant proportion of the collection was stored in the best possible archival conditions.

Since then, we have continued to invest in environmentally controlled physical storage capacity which ensures long-term preservation for our print materials. In 2003, the Legal Deposit Libraries Act extended the legal deposit privilege for print, to include digital items by subsequent regulation. In anticipation of the rapid growth of digital intake, we have developed ground-breaking digital library capability for digital storage and preservation. We have also led and participated in major research programmes to address the digital preservation challenge.

Archiving the web

Antony Gormley's 'One & Other' project turned the Trafalgar Square Fourth Plinth into a showcase for 2,400 members of the public and was screened live by Sky Arts via the web in 2009.

Launched in February 2010, the UK Web Archive offers access in perpetuity to thousands of UK websites. The UK Web Archive has now secured the website ensuring that Gormley's artwork has a permanent place in the national memory. The Library seeks permission to archive websites which it does on a highly selective basis from the UK web space.

www.webarchive.org.uk

Our vision for 2020

We estimate that by 2020, 75% of all titles worldwide will be published in digital form only, or in both digital and print. Our ambition is to preserve digital content for the long term in order to safeguard our intellectual heritage so that it can be used by future generations of researchers. In the digital world, an explosion of user-generated content, the creation of more research data and ubiquity of online search tools provide new opportunities. At the same time, inter-operability of library systems and automated processing opens up the potential for a re-think of traditional stewardship and collecting. As digital formats become the norm, our rich resource of physical content will become more precious. It is thus vital that we continue to develop our world-class stewardship skills in conservation and preservation.

To deliver our vision we will:
- Collect, store and preserve for the long term a step-change increase in digital material:
- Collect UK physical and digital materials through legal deposit, in line with the 2003 Legal Deposit Libraries Act and anticipated regulations
- Collect, store and preserve user-generated content that provides insight into 21st century life, such as personal digital archives, institutional repositories, blogs, wikis and new forms of content that may emerge
- Collect digital content as the format of choice, actively making the print to digital transition. As well as continuing our focus on collecting books and journals, we will aim to:
- Ensure a coherent national approach is taken to collect and preserve audio-visual content Maximise the discoverability and availability of datasets
- Continue to provide long-term stewardship of our rich physical collections and our growing digital collections, ensuring their security and resilience
- Continue the transition to collecting and connecting by establishing collaborative stewardship arrangements with other national libraries and memory institutions.

*FORECAST

Mobile devices will soon overtake personal computers as the most common web access tools worldwide

2: Enable access to everyone who wants to do research

Where we've come from
One of the key statutory duties of the British Library Board, as stated in the British Library Act 1972, is to make 'the services of the Library available in particular to institutions of education and learning, other libraries and industry'. Today, we continue to provide research services to a broad constituency including academics, business people, writers, teachers and individual researchers driven by their curiosity. We support these varied user groups through Reading Rooms, online and document supply services.

Digitising historic newspapers
Author Kate Summerscale's best-selling book The Suspicions of Mr Whicher draws heavily on contemporary newspaper reports of a famous 19th century murder trial. Kate found that the digitised archive added a new dimension to her story.

With more than ten times the amount of archive newspaper content available online, authors, historians, genealogists and researchers in 2020 will be able to make instant connections that would never before have been possible.

Our vision for 2020
At the heart of our vision is a passionate belief that everyone who wants to do research should have access to the rich resource of content held by the British Library. The digital environment provides an immense opportunity to democratise access to content through removing physical barriers. However, in enabling digital access, there are many competing factors at play, such as: striking the appropriate balance between the needs
of users and the rights of creators; determining the role of public services; and bridging the digital divide.

Our ambition is for users to be able to download, share and re-use public domain digital content for the benefit of the economy and society. The key role we believe we can play in liberating access to public-domain content is through digitisation. However, digitisation is expensive and will need to be delivered through a mix of public service and commercial activities. We will focus on digitisation of out-of-copyright material; we will also establish strong partnerships with rights holders and commercial providers to facilitate digital access to
in-copyright content (for which we do not own or control the rights). We recognise that much of our content will not be digitised by 2020 and our support to researchers will inevitably be provided through a blend of onsite and online services.

To deliver our vision we will:
- Digitise a significant proportion of our out-of-copyright content, in partnership, focusing on content which is rare, unique and important to our heritage
- Make out-of-copyright digitised content widely accessible independent of location, in ways and on devices that our users choose
- Encourage others to integrate our out-of-copyright digitised content into their services, enabling users to create new insights and innovations from our content through re-use, and creating economic benefits for the UK
- Establish partnership models for licensing of digital content outside the Reading Rooms, respecting the rights of creators, supporting the commercial interests of publishers and achieving multimedia access for users
- Provide an advanced search and discovery experience for users, developed in partnership with commercial providers and other key players.

Previous page (3) Image courtesy of Neubau Welt
Left (4) Image from 19th Century British Library Newspapers Database

3: Support research communities in key areas for social and economic benefit

Where we've come from

The British Library has a long tradition of providing services in response to user needs and over-arching trends in research. Over the past five years, we have developed a discipline-based approach to service provision, in partnership with the research communities
we serve. In each of the three major discipline groupings
– Arts and Humanities, Social Science and Science, Technology and Medicine – we provide specific areas of highly focused research support.

Sound recordings online

Dr Amy Irwin, research fellow at the Medical Research Council's Institute of Hearing Research, has used the British Library's Archival Sound Recordings (ASR) during the course of her work to assess the impact on the human brain of sounds perceived as either pleasant or unpleasant: "Being able to download clips directly was a great time-saver – the variety of soundscapes available was also useful. Combined with the soundscapes I found from other sources, Archival Sound Recordings provided for all my needs."

Resources such as ASR will continue to be developed over the next ten years, with services tailored to researchers in specific disciplines, while also exposing an increasing proportion of our collections to people working across disciplines.

Our vision for 2020

In the 2020 environment, researchers will require services to be contextualised, personalised, 'intelligent' and highly differentiated to their specific needs. Our ambition is to support research excellence, new forms of creativity and economic benefit, through providing tailored research services, informed by a deep understanding of user needs and the end-to-end research process. We can only do this in a small number of sectors in which we can make a demonstrable difference. In partnership, we will develop differentiated services for a small number of focused areas which include for example: researchers in the digital humanities, environmental scientists, researchers studying management and business, entrepreneurs and growth businesses, the creative industries, and researchers in inter- and multi-disciplinary fields. We will monitor these areas as well as new research challenges as they emerge to ensure our resources have maximum impact.

Strong partnerships, digital scholarship skills and a blend of public service and commercial activities will be critical to achieving this vision. We will couple British Library content and expertise with the rapid product development skills of commercial providers, and the engagement of the research communities we serve, for the benefit of research, the economy and society.

To deliver our vision we will:

- Provide tailored services, in partnership, for researchers in focused areas which:
  - Demonstrate a clear need for public service
  - Provide a major contribution to innovation, economic output or social value
  - Enable us, together with our partners, to demonstrate significant capability and competency in provision, and to add significant value
- Undertake continuous measurement of our performance in offering tailored services so that we can recalibrate our services accordingly.

*FORECAST

Users will increasingly demand searches that identify sources of quality information and expect prompts for new information based on previous patterns of activity – giving new context to content

4: Enrich the cultural life of the nation

Where we've come from

Since its inception, the Library has offered exhibition and publishing programmes to appeal to the general public. The move of the British Library to St Pancras in 1998 heralded a new era in interpretation and understanding of our content. We have built on the new physical space provided by our flagship building with ground-breaking exhibitions exploring global heritage and culture. We have developed public events which have contributed to important debates and which have given pleasure to many. In the digital space, virtual reunification of heritage items has created unprecedented public involvement as well as international research collaboration. In addition, we have developed family events and a learning programme for teachers and school children. Our public and learning events now have a significant presence on our website as well as on our physical premises and beyond.

Our vision for 2020

We recognise that the learners of today are the researchers of tomorrow. We are committed to engaging people through our content and expertise; we aim to provide personal inspiration and enjoyment which may translate into lifelong learning experiences and personal research projects. In particular, we aim to bring to life the vast international heritage held within the British Library through immersive, interactive experiences. Through public engagement, particularly in the digital space, we will demonstrate to all the relevance of research and the value of heritage and culture.

To make this vision a reality, we will develop new relationships and build on existing strong partnerships with public service organisations such as the BBC and commercial players such as Microsoft. In particular, we will use the expertise of our partners to bring cutting-edge, interactive technologies to our public programmes.

Exploring cartographic treasures

Independent production company Tern TV approached the Library with a proposal for a four-part series entitled The Beauty of Maps for BBC4 to tie in with the opening of the Library's major exhibition, Magnificent Maps. The series secured a viewing audience of half a million per episode – a record for BBC4 – and subsequently transferred to BBC2. In parallel, visitor figures for Magnificent Maps have averaged 1,500 per day – around 60% above target.

Using media partnerships and other collaborative approaches we will share our world-class collections with an ever wider national and international audience.

To deliver our vision we will:

- Digitise our rare and unique collections, enrich them with the expertise of our specialist curators and community of users, and make them more widely accessible on digital platforms for everyone in the world to appreciate and enjoy
- Provide access to the collection through vibrant and interactive experiences, both online and onsite
- Develop, in partnership, new collaborative virtual and physical public spaces
- Engage in 'crowd-sourcing' initiatives that involve our users, staff and other knowledge organisations

Previous page (5) Seashore © digitalvision (6) Soundwaves from the British Library Sound Archive
Left (7) The Fra Mauro World Map (detail) c.1450. Copy by William Frazer, 1804

FORECAST

Technology will encourage and enable cultural discourse in a more diverse, open and participative way

5: Lead and collaborate in growing the world's knowledge base

Where we've come from

We believe that successful partnerships will allow us to achieve more by working together than we could on our own. The British Library has long been at the centre of a number of networks, disseminating and fostering knowledge exchange and best practice. Through a fifty-year history of document supply, we have exploited economies of scale and new technology to provide shared services that underpin the Library network. We have a tradition of collaborating with the other UK legal deposit libraries on the intake of the UK published archive. We have led and collaborated in the international development of bibliographic and other standards, and in preservation projects. We play a significant international role including restoring and sustaining cultures through the conservation, cataloguing and digitisation of collections, and capacity building through Memoranda of Understanding with a number of national libraries. Today's challenging economic climate provides an even greater imperative for us to collaborate with a wide range of institutions to ensure long-term sustainability.

Uncovering datasets

Peter Cartwright has published a number of books on the use of probiotics to combat chronic intestinal complaints. Peter used the British Library to access a wide range of research-level biomedical content. Given the plethora of material now available on any topic online, Peter believes that there is more need than ever for quality-assured information supplemented with the appropriate supporting evidence. Through the British Library's dataset strategy – and its involvement in international initiatives such as DataCite – the raw research data that lies behind such information will become increasingly available and transparent, enabling review and repurposing by other researchers. By 2020 the improved transparency and traceability of datasets will help to ensure that the latest biomedical knowledge reaches the people who need it most.

Our vision for 2020

In a digital 21st century, where the flow of information is instantaneous and without boundaries, we must define the role of a national library in the global information network. In 2020 the British Library will be an enabling force in the global networked environment of users, libraries, archives, research institutions and information providers from the public and private sectors. We will create the links which bring these institutions together, facilitating the transition beyond the project environment to long-term sustainable business models. We will be a major hub in a truly global networked partnership for information.

To deliver our vision we will:

- Lead debates, champion agendas and provide guidance and advocacy to the international information community in strategy and policy, information standards, planning, business models, preservation and digitisation
- Use our trusted brand, authoritative voice and neutral position to bring organisations together for the benefit of research
- Engage in significant international cultural diplomacy efforts through the exchange of ideas and information, and by developing capability and capacity in other national libraries and research institutions
- Engage in a range of partnership models which will include:
  - Shared service programmes of benefit to knowledge institutions, facilitating a reduction in the total cost of the network through sharing resources and avoiding duplication
  - Public-private partnerships as well as public funding arrangements that will help us to deliver our vision in a challenging financial climate
  - Enabling users to share their expertise in a manner which improves our services.

*FORECAST

As access to mobile devices becomes ubiquitous, users will expect seamless access to information and services, provided anywhere, in real time

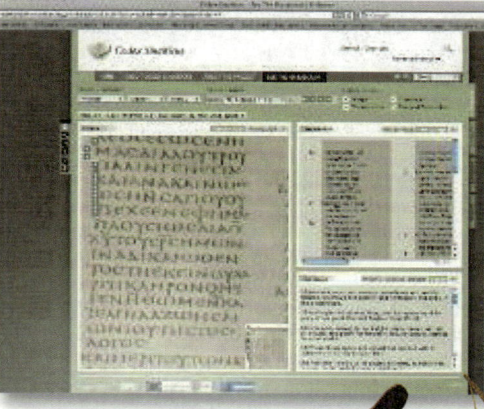

Maximising our resources

The British Library has a statutory duty to collect, preserve and make accessible physical and digital content for today's researchers and future generations. Within this context, we face substantial and growing fixed costs. We expend significant resources maintaining Reading Rooms and storage buildings, and preserving and conserving our collections. While our physical collections continue to grow, we face new investment demands as a result of the changing digital paradigm. At the same time, we are committed to delivering increased efficiency, creating greater impact and maximising value for each pound spent from the public purse.

Our vision is framed within today's challenging financial environment which is likely to persist in the medium term. In the 2020 environment we will need to do more with less; we must be clear about our priorities, our responsibilities and our constraints. Our ambitious vision for 2020 requires our resources to be allocated effectively and efficiently. In order to deliver our vision, we will maximise our resources through:

Our skills base: We will develop the skills and agility of our staff to enable continuous improvements to be made to our services at a time of diminishing resources.

Partnerships: We will work in partnership with a range of public, commercial and third-sector organisations, where it is appropriate and cost-effective to do so.
We will use a range of channels to reach our users.

Operational efficiencies: We will operate efficiency programmes which enable us to simplify our operations and structure, use our asset base more effectively, reduce our overheads and cut the costs of service delivery.

Commercial services: We will offer enticing and competitive commercial services that leverage our core infrastructure and allow us to create greater capacity for service. Subject to customer demand, these could include digital preservation services, licensing of digitised content, digitisation-on-demand services and retail opportunities. We will provide commercial services only where they fulfil specific criteria, including a threshold for return on investment, fulfilment of the remit of the Library and creation of wider public value.

Cultural change: We will embed and adhere to our values which are key to the achievement of our vision.

Previous page, clockwise from top left (8) Image © Richard Eaton (9) Screenshot from www.bl.uk/timeline (10) Image detail of the Diamond Sutra conservation (11) The Mauritius 'Post Office' stamp, 1847 (12) Interactive map from Magnificent Maps exhibition (13) Interior of Magnificent Maps exhibition (14) Interactive 'Muybridge' from Points of View exhibition (15) Detail from Mewar Ramayana 1649–53 (16) Don Juan Carlos, The Hippopotamus at the Zoological Gardens, 1852 (17) Screenshot from www.codexsinaiticus.org (18) Tube poster of Henry VIII exhibition.

This page, top (19) Image of the new Additional Storage Building (ASB)
in Boston Spa © Stuart Rayner
Above (20) St Pancras site © Clive Sherlock

We are committed to delivering increased efficiency, creating greater impact

（本规划由英国国家图书馆授权收录）

Library and Archives Canada
2016–2019 Three-Year Plan

Photo on the cover: "The Secret Bench of Knowledge" by sculptor Lea Vivot, located at Library and Archives Canada, 395 Wellington Street, Ottawa

Catalogue No.: SB1-9E-PDF

ISSN: 2369-8764
Library and Archives Canada 2016–2019 Three-Year Plan

The electronic version of the plan is also available on our website:
bac-lac.gc.ca

Également disponible en français sous le titre : Plan triennal 2016-2019 de Bibliothèque et Archives Canada

MESSAGE FROM DR. GUY BERTHIAUME, LIBRARIAN AND ARCHIVIST OF CANADA

As its 150th birthday approaches, Canada finds itself at a significant juncture in its history. The concept of only two "founding" peoples that held sway at the time of the country's 100th birthday has been considerably enhanced over the years. The First Nations, the Métis and the Inuit are finally acknowledged as essential parts of the Canadian identity. Moreover, the arrival in large numbers of new Canadians from all walks and conditions of life calls for a fundamental redefinition of Canadian identity, the hallmark of which has become inclusion and diversity.

In this context, our institution finds itself endowed with renewed relevance. As the custodian of our distant past and of our recent history, Library and Archives Canada (LAC) is a key resource for all Canadians who wish to gain a better understanding of who they are, individually and collectively. Indeed, in a survey conducted to help us draw up this three-year plan, our users determined that LAC's number one priority should be to ensure access to its collections. [1]

As it embraces the future and strives to fulfill its mandate as a national institution while serving the best interests of all its clients, LAC must now make choices that are both informed and pragmatic. Why informed? Because the consequences of the digital revolution will only become apparent as the technology develops and users adapt to it. Why pragmatic? Because it is impossible to embrace every conceivable development simultaneously with the resources available, while the number of stakeholders engaged in the world of information makes sharing resources and expertise a necessity.

With this in mind, LAC developed this three-year plan as a roadmap for its activities until 2019. The plan is based on consultations with clients, partners and employees. From June to December 2015 we obtained feedback from our most active clients during a consultation meeting and four focus groups; we held five employee consultation sessions; we conducted a survey of website users; and we held a formal consultation session with our Stakeholders Forum—the 12 Canadian professional associations with which we have close relationships. Furthermore, our plan is based on a careful examination of the major current trends resulting from the rapid changes that are occurring in our environment. Finally, the three-year plan sets out what LAC will accomplish in the coming years to meet the expectations of Canadians as effectively and inclusively as possible.

---

1. *Priorities and Strategic Planning Survey*, Nanos, December 2015. When asked to prioritize LAC's activities, 54% of respondents said "provide access to collections," compared with 24% who opted for preservation and 18% for acquisition.

OUR MANDATE

The Canadian Parliament gave Library and Archives Canada a very broad mandate, which includes acquiring, processing, preserving and providing access to Canada's documentary heritage. Specifically, our institution is responsible for serving as the continuing memory of the Government of Canada and its institutions.

Library and Archives Canada's enabling legislation requires that, in addition to fulfilling these core functions, the institution will play a social, cultural and economic role and act in the best interests of the communities working within its sphere of activity. More than just a natural partner, Library and Archives Canada must be a catalyst and a key player in the management of documentary heritage.

OUR PRIORITIES

To manage service delivery and enhance our public profile, we have established priorities focused on high-quality services provided by expert, professional staff and supported by networking partnerships:

1. Library and Archives Canada is an institution fully dedicated to serving all its clients: government institutions, donors, academics, researchers, archivists, librarians, students, genealogists and the general public.
2. Library and Archives Canada is an institution which, drawing on the strength of all its staff, is at the leading edge of archival and library science and new technologies.
3. Library and Archives Canada is an institution proactively engaged with national and international networks in an open and inclusive way.
4. Library and Archives Canada is an institution with prominent public visibility that highlights the value of its collection and services.

Preservation Centre in Gatineau

MAJOR CURRENT TRENDS

That the digital revolution is under way is beyond question. One of its most fascinating aspects is that while only visionaries were talking about it less than a generation ago, documentary communities have now completely embraced it. As we move forward, it is up to us to decide how to leverage the benefits of the digital world in the medium or even in the long term. The preface of a recent report by the Council of Canadian Academies on this issue clearly summarizes this dilemma: "As an exercise, identifying the best opportunities for memory institutions at a time of rapid technological and social change is inevitably fraught with uncertainty. What is possible and promising now could be completely undermined by unforeseen developments in the near future."[2]

Despite this atmosphere of uncertainty, informed decision making is possible by studying major trends in our environment. This exercise reveals that key trends have indeed emerged, that some approaches consistently show great potential for success and, even more importantly, that our mandate is more relevant today than ever.

EMERGING TRENDS AND EFFECTS

At the beginning of the digital revolution, the emphasis was on developing storage and data processing capacity. Today, the greatest driver of development is **connectivity**. In 2014, 24 million Canadians owned cell phones. The trend shows no sign of abating with that number representing an increase of 5% over the previous year. In addition, 80% of cellular devices are smart phones, which are now used less frequently for voice communication, with mobile applications accounting for over three-quarters of all cell phone use.[3]

Downstream of the document production chain, the growth of connectivity and the emergence of high-performing mobile devices are stimulating **supply and demand** for the services of memory institutions. OverDrive, an organization that specializes in the online lending of digital works, has reported a 33% increase in its online transactions throughout the

---

2. Council of Canadian Academies, 2015. Leading in the Digital World: Opportunities for Canada's Memory Institutions. Ottawa, Ontario: The Expert Panel on Memory Institutions and the Digital Revolution, Council of Canadian Academies. P. vi.
3. Comscore, 2015 Canada Digital Future in Focus, March 27, 2015. Pp. 19, 20, 28.
4. Gary Price, "OverDrive Releases 2014 Year-End Usage Statistics Including Most Popular eBooks and Audiobooks," Infodocket, January 8, 2015. 5 Nancy K. Herther, "Ebooks in 2015: Trends and Forecasts Part 1," Information Today, Inc., January 13, 2015.
5. Bibliothèque et Archives nationales du Québec, "Livres numériques."

North American library network.[4] The Toronto Public Library alone accounted for more than two million of these loans.[5] Meanwhile, a Quebec public library consortium developed the pretnumerique.ca platform, and in just three years recorded over a million loans.[6]

Further up the document production chain, the systematic *acquisition of media* continues to spread. Since 2007 in Canada, the scope of the *Legal Deposit of Publications Regulations* has been broadened to include digital publications. In 2013, the United Kingdom also revised its legal deposit provisions to include e-books, online newspapers and other types of digital publications. Australia followed suit in January 2016. Similarly, the United States and other countries have been increasing their efforts to capture and publish content from a range of social media platforms.

Among new service delivery approaches and the development of digital collections, the *production of mobile applications* promoting documentary heritage continues to be an important trend, although there are now some concerns in this regard. Statistics published by the Canada Media Fund[7] and Nielsen Canada[8] indicate that, while growth in this area is limited by the number of hours of use, there is no growth in the number of applications that Canadians use. It has also been observed that the technology associated with mobile applications changes quickly, which sometimes results in service channels becoming obsolete faster than expected. In contrast, use of established online services continues to grow. Our website is one of the most popular federal government sites, and our catalogue of published works, which is consulted approximately a million times per month, is one of the most frequently used online services in the country.

Digital magnetic tape library

---

6. Biblio theque at Avchives nationales du Quebec,"livres numeriquesxs."
7. Canada Media Fund, Trends Report: The Big Blur Challenge, December 2014. P. 8. 8
8. Nielsen, So Many Apps, So Much More Time for Entertainment, November 6, 2015.

PROVEN APPROACHES

In a report on memory institutions, Canada's Public Policy Forum indicated that, "when considering options to reduce costs and remain sustainable, archivists and librarians may need to explore new methods and *partnerships* outside of their traditional approaches and disciplines."[9] Building on that idea, the Council of Canadian Academies took the analysis one step further, stating that "through collaboration, memory institutions can access the breadth of knowledge, skills, and technical infrastructure that underpin [their] services," adding however, that they "must decide how they are going to manage the input that they are seeking from non-professionals without losing their status as trusted repositories."[10]

Regardless of whether they are multipartite, interdisciplinary or evolving, partnerships are becoming the most commonly used and most promising approach for memory institutions in the digital world. **National digitization strategies**, in particular, make it possible to coordinate the efforts of several partners, which translates into large-scale achievements in short periods of time. For example, by 2018, the Koninklijke Bibliotheek in the Netherlands and its public and private partners plan to digitize approximately 90% of the country's monographs published before 1940.[11] Similarly, the National Library of Norway will provide Norwegian Internet users with access to 250,000 domestically published books that are still under copyright.[12] Lastly, allowing private companies to **charge for online consultation of public collections** is another example of an effective partnership, as it brings together the considerable resources of the private sector with the expertise of public institutions, and substantially increases the quality and quantity of services available to users.

Project Naming enables First Nations, Métis and Inuit communities to use social media to identify photographs from our collections

---

9. Canada's Public Policy Forum, Preserving Canada's Memory: Developing a strategic approach to digital preservation, (Final Report), September 2013. P. 4.
10. Council of Canadian Academies, Leading in the Digital World: Opportunities for Canada's Memory Institutions. Pp. xiv and 78.
11. National Library of the Netherlands, The Power of Our Network: Strategic Plan 2015–2018. P. 13.
12. National Library of Norway, Collaboration Projects.

As with all other facets of collective memory management, partnerships are evolving and progressing beyond the traditional institutional framework. Memory institutions are increasingly expected to *collaborate in a network,* as this type of col-laboration knows no borders and can accommodate a large number of contributors. The proliferation of crowdfunding and collaborative initiatives is a good example of this phenomenon. The balance between institutions and collaborative networks sometimes even tips in favour of networks. A case in point is Wikipedia in that, although this community encyclopedia used content from memory institutions in the beginning, these institutions now see it as an indispensable tool for disseminating information.

Using **linked open data** is another way of collaborating in a network. It involves bringing together data from various sources, thus facilitating research. Datasets posted on the Web are available to everyone, allowing users to do global searches. Linked open data will facilitate unprecedented access to content offered by an almost limitless number of partners, who can reuse and add value to data. With its volume increasing all the time, this data is now seen as a way of ensuring that documentary heritage achieves its full social and economic potential.

A MISSION THAT REMAINS ESSENTIAL

The **physical premises** of memory institutions support the preservation and consultation of records, thereby becoming centres of creativity, encounters and sharing. These premises house the infrastructure needed to design, create and preserve virtual spaces. Physical and virtual spaces do not simply co-exist; in reality, the physical spaces make the virtual spaces possible. Physical premises are still of central importance to memory institutions as demonstrated by the construction of many public and university libraries in recent years. Moreover, the more permanent physical premises counterbalance the temporary nature of digital records. Today, structures built in previous centuries can be seen as the best reminders of past eras.

"Hockey Marching as to War" exhibition—a collaborative eff between the Hockey Hall of Fame and LAC

The explosion in documentary production in a digital world poses challenges that all memory institutions must face. First, **long-term digital preservation** at an affordable cost is a major challenge that must not be underestimated. The solution to this significant issue will be the cornerstone upon which all digital access will be built in the future.

The development of a large capacity for digital preservation, combined with the growth of digital content, inevitably raises the issue of **selecting documentary heritage**. Should we take advantage of this storage and processing capacity to preserve as much as possible, using digital tools to classify information and provide researchers with what they need? Or, on the other hand, should we discard an increasingly large proportion of records and keep only a fraction of them to be consulted without using automated processing tools or any form of artificial intelligence? Big data brings a unique perspective to this debate. On what basis should we decide the heritage value and retention period for these huge datasets, which may seem perfectly heterogeneous at first but could later be cross-referenced and used to draw conclusions that were not anticipated when the data was initially collected and classified? Memory institutions and their professional staff are best suited to answer these questions and to make choices that will contribute to the development of scientific research, artistic productions and quests for identity by present and future generations.

The major trends we have outlined here serve as a compass for the activities, initiatives and measures that will bring our 2016–2019 three-year plan to fruition.

Vault housing the portrait collection

OUR COMMITMENTS AND THE EXPECTED RESULTS

♪ Since the Beatles have provided the world's soundtrack for the past 50 years, we are using their song titles as markers along our proposed way forward.

All song titles: G. Harrison, J. Lennon and P. McCartney. 1963–1967. EMI Records and subsidiaries.

DEDICATED TO SERVING ALL OUR CLIENTS

IMPROVED ACCESS
"I Want to Tell You " ♪

To better meet the expectations of our clients, we will implement a **client-based service strategy** that will provide researchers with services that are more attuned to their needs.

We will continue to post as much content as possible on **social media** such as Facebook, Flickr, Twitter, YouTube and Pinterest, and we will release more podcasts so that Canadians here and abroad can discover the contents of our vast collection.

We will invest in the **digitization** of our collection and put a greater number of our holdings online.

We will ensure that our content is available through **mobile interfaces**.

We will **process archives** more quickly to make them **discoverable** for users and to facilitate their transfer to the future preservation facility.

We will make practical and strong contributions to the government-wide **open government** initiative by making more holdings available to the public more rapidly.

▰▱ EXPECTED RESULTS

- ▶ Digitize 40 million pages in three years, including the 650,000 files of the Canadian Expeditionary Force that will be available online

- ▶ Reach 100 million downloads annually from LAC's website

- ▶ Make one million pages of government records available each year by the block review process

- ▶ Assess and process 10 additional kilometres of archives so that they are discoverable for users

EFFECTIVE TOOLS
"Getting Better All the Time" ♪

LAC's website is widely used by Canadians. We will make it more user-friendly and attractive to users. We will continue to optimize search tools and metadata to allow discovery of our holdings.

AMICUS, our national catalogue of bibliographic records for published heritage, is obsolete. We will adopt **a new integrated library management system** that will meet our objectives for modernization and effi ciency. We will also be investigating a single search mechanism for all archival material.

Conservation laboratory

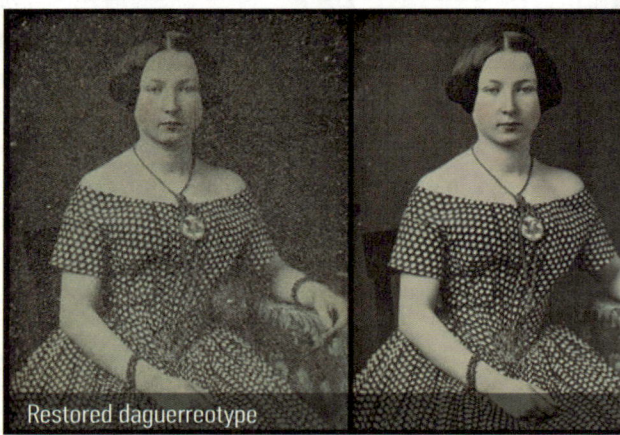
Restored daguerreotype

EXPECTED RESULTS

- Ensure that LAC's website continues to be one of the top ten most visited federal government sites

- Optimize our tools so that 95% of traffic to our website results from a referral by a major search engine such as Google

- Implement a new integrated library management system for published documents

AT THE LEADING EDGE OF ARCHIVAL AND LIBRARY SCIENCE AND NEW TECHNOLOGIES

ENHANCED SKILLS AND EXPERTISE
"Do You Want to Know a Secret?" ♫

As part of our employees' commitment and contribution to the government-wide **Destination 2020** initiative, we will redefine our work methods so that they are more responsive and more efficient.

We will **review our processes** to simplify them and reduce red tape using technology to streamline our administrative functions.

We will encourage our professionals to participate in **national and international exchanges** to promote the sharing of expertise in the areas of archival, library and information sciences, and history.

STATE-OF-THE-ART INFRASTRUCTURE
"Tell Me What You See" ♫

We will implement our **Long-Term Infrastructure Strategy**, with a view to building a new **state-of-the-art** facility for preserving and providing access to our textual records.

We will make **395 Wellington Street in Ottawa** the destination of choice for those wishing to combine knowledge, expertise and experience.

To prepare LAC's digital future, we will implement our **Digital Strategy**, which is based on three pillars: digital preservation, discovery and performance.

▰ EXPECTED RESULTS

- Implement the Destination 2020 action plan
- Review 10 key operational procedures per year
- Hold four annual conferences with external experts

▰ EXPECTED RESULTS

- Start to build the new preservation facility
- Receive 22,000 visitors annually at 395 Wellington Street in Ottawa
- Preserve 100% of our digital acquisitions using a digital curation platform

PROACTIVELY ENGAGED IN NATIONAL AND INTERNATIONAL NETWORKS

INNOVATIVE PARTNERSHIPS
"With a Little Help from My Friends" ♪

Through the Stakeholders Forum, which brings together our key partners, we will develop a **National Digitization Strategy** to digitize and make available online the content that Canadians most frequently request and to preserve the documentary heritage that is most at risk.

We will develop **partnerships with new players**: academia, non-profit organizations, the private sector, provincial and other public institutions such as public libraries.

ACTIVE COLLABORATION
"All Together Now" ♪

We will seek **public participation**, particularly among First Nations, Métis and Inuit communities, to enhance our descriptions. Our identification projects will be expanded to allow the public to share their knowledge concerning names, locations and events associated with records in our collections.

Under our **Documentary Heritage Communities Program (DHCP)**, we will spend $1.5 million a year to enable private documentary heritage organizations to preserve and showcase their collections.

Finally, we will leverage support from our **national and international partners** to fulfill our mandate efficiently.

▎**EXPECTED RESULTS**

- Allow the public to help enhance information related to two collections per
- Provide $1.5M annually for community projects under the DHCP
- Adopt an international relations strategy
- Have 10 Canadian representatives on the major international documentary heritage committees, including the International Council on Archives, the International Federation of Library Associations and Institutions, and the International Internet Preservation Consortium

▎**EXPECTED RESULTS**

- Set up a secretariat to manage implementation of the National Digitization Strategy
- Reach 10 agreements with new partners by 2019

OUR 2016–2019 COMMITMENTS

GREATER PUBLIC VISIBILITY

SHOWCASING THE COLLECTION
"Here, There and Everywhere" ♪

We will showcase the treasures in our collections through dynamic **public programming** and by making use of social media.

We will contribute to the commemoration of important events for Canada such as the 150th anniversary of Confederation.

We will leverage our collections, particularly our documentary art, and enhance their visibility by **lending them to other organizations for exhibitions**, thus sharing with a broader audience the thrill of coming into contact with original records.

We will pay special attention to **showcasing documents** related to First Nations, the Métis and the Inuit.

To reach out to Canadians from coast to coast, we will ensure **a strong and an active regional presence and conduct activities in the regions** to maximize the number of Canadians who can take advantage of LAC's services.

EXPECTED RESULTS

▶ Hold a total of 21 exhibitions organized by or in collaboration with LAC

▶ Create designated space for LAC's collections in two well-known exhibition venues

▶ Double the number of subscribers to LAC's social media pages

▶ Conclude 60 loan agreements for exhibitions

▶ Provide a renewed service offer in two Canadian cities

（本规划由加拿大国家图书档案馆授权收录）
（www.bac-lac.gc.ca/eng/about-us/three-year-plan/Pages/three-year-plan-2016-2019.aspx）

日本"国立国会图书馆中期构想《普遍利用2020》"以及"国立国会图书馆活动目标2017—2020"

国立国会图书馆中期构想《普遍利用2020》

国立国会图书馆正值迎来创立70周年之际，预见到100周年的长期展望必不可缺。我们将到2020年的4年间作为这个展望的起点。国立国会图书馆为了完成自己的使命，在对应时代要求和技术发展的同时，立足于长期视点收集资料和信息，并加以整理进行系统化，构筑了《信息资源的基础》。在此基础上，最为重要的是，以客观准确的立法调查，在完善国会的国政审议方面做出贡献。另外，努力使人民群众、行政以及司法部门能够顺利得到所需要的资料和信息。

目前，国立国会图书馆应有的目标是，不断对应时代的变化，从普遍性视点推进基本任务的完成。

其基本任务由以下三个因素构成。

（辅助国会活动）

第一，增强系统化、抽选和分析信息、知识的专业能力，加强人力和物质资源，以可靠的资料与调查准确地辅助国会和国会议员的活动和调查研究。

（收集保管资料和信息）

第二，收集和储存资料、信息，以标准要求进行系统性整理，并完善长期保管的机制。

（提供信息资料的利用）

第三，为了让人们顺利检索到信息资源，以最合适的设施、设备和系统提供服务。

然后，我们会在以下四个角度或行动方针下，完成基本任务。

（1）使用环境：追求更方便的利用方法我们必须不断地追求能够检索到对应使用目的最适资料、信息的机制。对服务程序、设施和系统设计加以改善，所有直接或间接参与的职员都应该本着"为读者着想"的精神对待工作。

（2）组织能力：发挥每个职员的能力职员在行动时要时刻考虑到图书馆的使命和读者最大限度的满足，在业务上发挥自己的能力。在组织里，要通过合理活用职员的能力，发挥出各个职员能力总和以上的力量。为了达到上述目的，我们推进开发能力和改善业务。

（3）携手合作：为信息基础的扩大和深化做出贡献随着电子信息环境的变化，国立国会图书馆收藏的资料和信息在通过与其它机关所藏一起综合利用的情况下，越来越发挥出其真正价值。此外，图书馆关联机关的发展将成为国立国会图书馆法所提示的和平与民主主义发展的基础。为此我们推进相互联系与协助。

（4）发布信息得到对国立国会图书馆基本任务的理解为了让利用者通过对基本任务的认知，全面正确地了解国立国会图书馆如何对待资料、信息和服务，如何开展具体业务，并且为利用者提供发现资料魅力的机会，我们尝试各种发布信息的方式。

为现在和将来的所有读者服务，保证接触到所需的信息资源，以期为创造更加丰富美好的未来做出贡献，国立国会图书馆特此将构想命名为《普遍利用2020》，专心致力于有关业务。

国立国会图书馆活动目标 2017—2020

国立国会图书馆为了实现中期构想《普遍利用 2020》，针对构想所提出的三个基本任务，将到 2020（平成 32）年度为止要达到的中期活动目标分别设定如下。

基本任务：辅助国会活动

活动目标 1

基于职员有关国会课题的专业知识和丰富的信息资源，通过进一步强化值得信赖的调查、分析以及迅速、正确地提供信息的能力，完善地辅助国家权力最高机关国会的活动。

（1）扩大强化调查服务

1. 对于国会议员的委托，根据客观的调查分析提供有益于国政审议的准确答案。为了加强调查研究能力，我们预想在国政上会遇到的课题，对此进行调查研究。在强化调查分析能力的同时，总括其成果编成刊物等，活用于调查答案上。回答时，特别通过调查报告的作成、面谈和会议上的说明等手段，以专业知识为依据充实调查答案。我们努力进一步完善对于海外各国制度、政策和立法的调查以及横贯领域调查等国立国会图书馆的特色调查研究。为了向国会议员介绍调查研究的成果，我们还举办政策研讨会。

2. 为了有助于国政课题的调查，除了所藏资料以外，我们构筑了包括数据库和其他电子信息的广泛信息资源的基础。通过合理运用这些手段，向国会议员以及国会有关人士迅速准确地提供资料和信息。

（2）通过加强与外部机关的合作完善调查

1. 加强与国内外大学以及调查研究机关的合作，力图积极吸取广泛的学术性知识，用来完善调查。对于我国基本性的政策课题和有关科学技术的政策课题，有效利用外部专家的知识，实施各种调查项目。

2. 加深和世界各国的议会图书馆等的交流，掌握世界性国会服务的动向，将其应用于提高调查能力。同时，为国际性议会图书馆的发展做出贡献。

（3）完善手段让人民群众接触来源于国会的信息

为了让人民群众容易地接触到以国会记录为首的来源于每日国会活动的信息，我们与有关机关携手合作完善资料和信息，同时提高其可接近性，以此承担起"联结国会和人民群众"任务的一部分。

基本任务：收集保管资料和信息

活动目标2

作为日本国内唯一的国立图书馆，为了保证在将来也能够接触到信息，我们在广泛收集保管以出版物为主的国内外资料和信息的同时，与有关机关携手合作构筑多种多样的信息资源以及保管它们的基础。

（1）推进数字文档

1. 我们进一步推进馆藏资料的数字化。同时还致力于收集国立国会图书馆未收藏的其它机关所藏资料的电子信息。并且逐步推进以检索全文为目的的图像数据的文本数据化。

2. 我们构筑、完善制度，收集和保存由于法律等规定被免除向国立国会图书馆提供的、目前尚不属于收集对象的有偿电子书籍、电子杂志，完善在线资料的收集制度。另外，对于国家等公共机关根据法律规定，对于民间单位则经过许诺，力图扩充网站信息的收集和保管。特别对于保管灾害记录等公共性比较高的网站和"东京2020年奥运会·残奥会"等记录时代的网站，我们给予重点收集保存。

3. 为了促进、保证国家等公共机关所保管的多种多样信息资料的有效、稳定利用，我们与以国立信息学研究所和科学技术振兴机构为首的各个机关携手合作，共同推进各种数据的标准化等工作，专心致力于构筑横贯领域综合信息门户。

（2）资料和信息的收集与书目信息的制作及提供

1. 关于国内刊物，我们进一步推进通过呈缴本制度进行完整的收集。关于国外刊物，则经过精选，主要收集国会服务所需要的资料、科学技术相关的资料以及有关日本的资料。今后我们也继续收集珍贵的文化资产和2011年东日本大地震的记录以及值得继承到未来的历史记录等各种各样的资料信息。

2. 我们与国内外有关机关携手合作，在脚踏实地地进行馆藏资料的书目编制和提供业务的同时，还促进有效利用书目信息。另外，我们还构筑了纸质媒体资料和电子信息的一元性管理制度。

（3）资料和信息的保管

1. 对应馆藏资料的增加，我们踏实地推进关西馆的扩建。

2. 为了长期保管馆藏资料，我们不断地实行减缓资料劣化的措施。关于所藏的多种多样数字形式的资料和信息，为了保证长期保管和利用，我们制定了具体的对策，采取保管措施。此外，为了确立永久保存的基础，我们在技术方面进行调查研究。

3. 关于资料的保管，除了国内外图书馆以外，我们与收藏文化资产的机关等也携手合作，推进信息共享和技术支援。另外，我们还支援遭受到地震等灾害的图书馆。

基本任务：提供信息资料的利用
活动目标3
为了多种多样的读者能够既准确高效地接触到所需的信息，我们改善体系和设施，努力充实服务。

(1) 完善利用环境

1. 我们通过整理"NDL Search（国立国会图书馆综合搜索服务）""NDL－OPAC（国立国会图书馆馆藏检索申请系统）""国立国会图书馆数字特藏"和"调查导航"等功能和任务，实现能够综合利用国立国会图书馆和其他机关所提供的信息资源的更加方便的新型综合性在线服务。

2. 为了让读者更加准确高效地利用信息资源，完善远程利用服务、馆内利用服务和经过其它图书馆等服务的利用环境。

3. 为了完美地发挥作为支撑国会活动和人民群众的理智型活动的功能，我们制定有关完善设施的计划。

(2) 促进数字信息资源的有效利用

为了普及"面向图书馆的传送数字资源服务"和扩大对象图书馆，我们与有关人士携手合作。另外，在促进数字化资料和收集保管网站的有效利用的同时，扎实地扩充在线提供。

(3) 提高面向残疾人服务的质量

为了力图改善残疾人接触信息的环境，在推进体系和利用环境的完善以及与其它图书馆协力合作的同时，我们还与有关机关联合进行了学术文献文本数据的制作。

(4) 推进和各种图书馆的合作事业

为了让国立国会图书馆的信息资源与服务为国内外各种图书馆业务和服务的发展做出贡献，我们实施培训等合作事业。另外，我们还把有关图书馆领域的动向和有关咨询等的有用信息通过网络等途径发表。

(5) 推进传播图书馆任务和书籍魅力的活动

1. 加强关于国立国会图书馆所提供的信息资源和其整个活动的宣传，为了获得广泛关注，我们举办各种展览会和演讲会等。

2. 在国际少年儿童图书馆，专门为少年儿童提供和图书接触的机会，并能让他们养成读书和利用近旁图书馆的习惯的服务。另外，我们和有关机关携手合作，为了支援推进少年儿童读书活动，宣传国内外有关少年儿童书籍和读书的信息，还举办有关儿童书籍和儿童服务的培训等活动。

（本规划由日本国立国会图书馆授权收录）

**LOS ANGELES PUBLIC LIBRARY
STRATEGIC PLAN 2015-2020**

Creating
Opportunity

Building
Community

Inspiring
Innovation

www.lapl.org

"Los Angeles is a city of new beginnings. And whether people are just starting out or completely starting over, more than any other place in the city, people start at the Los Angeles Public Library."

A Message from the City Librarian

The Los Angeles Public Library has long served as a trusted and valued civic institution, a bridge that helps people travel from where they are to where they want to be.

So it's no coincidence that after an economic downturn Angelenos would turn to the Library to create a better future for Los Angeles. In 2011, Angelenos voted overwhelmingly to restore the library's hours of operation and to expand services, collections and technology.

To learn how the library could best use the new resources and help create—in Mayor Eric Garcetti's words—"a safe, prosperous and livable Los Angeles" we asked Angelenos to tell us about their needs and desires. We asked what the library could do to help them make a better life.

And the people of Los Angeles answered. By email, phone, focus groups and hundreds of hand-written notes. Through more than 11,000 responses, Angelenos spoke of opportunity. They told us the library is where they go to take a first step or to take it to the next level: to get a good job, to get healthy, to get citizenship, to get inspired.

We listened. "Creating Opportunity, Building Community, Inspiring Innovation: Los Angeles Public Library Strategic Plan 2015-2020" is our response to the trust and hope placed in the library. It's how we fulfill our promise to the people of Los Angeles.

The plan builds on citywide strengths such as the abundant creative capital that exists here and the immigrants who bring to the city their talents and vitality. It directly addresses a multitude of citywide challenges such as illiteracy and school dropout rates. And its goals advance Mayor Garcetti's "Back to Basics" priority outcomes, reflecting what's most important to Los Angeles.

The Strategic Plan would not have been possible without the library staff, a group of extremely dedicated people who serve Angelenos on a daily basis and contribute enormously to our city's culture of innovation and excellence.

The success of the Strategic Plan depends on all of us. It is through creatively partnering with community organizations, businesses and other city departments that the library will enhance its ability to serve and provide equitable access to all Angelenos. It is also essential that the library enhance the marketing and promotion of its services and programs.

It's my hope that this Strategic Plan is a reflection of your dreams for yourself, your family and your community. The Strategic Plan is the library's way of making good on a promise, and giving everyone the resources they need to start the next chapter of their lives.

Sincerely,

John F. Szabo, City Librarian

Dreaming Big

This is an unprecedented time of opportunity and innovation for the library. With the passage of Measure L, we are building on the library's proud tradition of excellence and we will offer enhanced programs, outstanding collections, robust technology, an expanded digital presence and increased opportunities for connection within and between communities.

With their votes and their voices, the people of Los Angeles have told us they revere and rely on their library. And they have also told us the need is greater still. We are listening and our commitment is unwavering. The next five years will be a period of expansion, innovation and evolution in which we reach out to and meet the needs of record numbers of Angelenos.

We will continue to look for innovative ways to serve our customers because we know that there is something for everyone at the library. The library is where people go to improve their lives. The library is a center, a magnet, a spark—and an invitation for all of us in Los Angeles to create opportunity, build community and inspire innovation.

"The library provides a level of social, cultural and educational services unmatched by any other public institution in Los Angeles."

community. opportunity. innovation.

Los Angeles Public Library

Los Angeles is a city of new beginnings. It's where people from all over the world come to realize their dreams. And whether they're just starting out or completely starting over, more than any other place in the city, people start at the Los Angeles Public Library.

The library's 73 locations serve the largest population of any public library system in the United States, yet each branch reflects and celebrates the unique qualities of the community it serves. Responsive to the needs of millions of Angelenos, the library provides a level of social, cultural and educational services unmatched by any other public institution in Los Angeles.

The people of Los Angeles rely on their library and revere it as an essential community resource. In 2010, due to the economic downturn, the library sustained severe budget cuts, reducing service hours by 28%. Angelenos demonstrated their unwavering support for the library in March 2011, when an overwhelming majority approved Measure L to restore the library's hours of operation and to expand services, collections and technology. They also support it through 68 Friends of the library groups, by serving as one of 5,800 library volunteers and by supporting the Library Foundation of Los Angeles, which raises funds to enhance library programs and services.

The Los Angeles Public Library Strategic Plan 2015-2020, "Creating Opportunity, Building Community, Inspiring Innovation," is the result of engaging with thousands of people and asking what the library can do to help them start the next chapter of their lives.

> "The Strategic Plan is the result of engaging with thousands of people and asking what the library can do to help them start the next chapter of their lives."

What we've learned

Los Angeles residents throughout the city participated in our telephone survey and here's what we learned:

- **82%**
  visited the Los Angeles Public Library at least once in the last five years

- **25%**
  visit the library at least once a month

- **20%**
  use the library website (LAPL.org) several times a month

engaging and listening

Strategic Planning Process

To chart our course for the next five years, the library reached out to Angelenos throughout the city. We received ideas and feedback from more than 11,000 people, including key stakeholders, library staff and—most important of all—residents of the city, including both library patrons and people who don't currently use the library.

We used telephone surveys, in-library and online surveys, children's activities, focus groups, a staff survey and direct staff participation to reach as many people as possible. The questions we asked helped us assess current and future needs, influences beyond the library, key themes and the role of technology.

As we pored over the thousands of responses, a picture emerged of a welcoming, thriving and deeply valued community resource. We received affirmation that the library delivers essential services and programs, and that there is a strong desire for even more. We took the findings from all of our research and together—with input from Angelenos, creative ideas from staff and best practices from other successful libraries—we developed our Strategic Plan.

Distilling feedback from the community, using the library's strong tradition of excellence as a benchmark and Mayor Eric Garcetti's "Back to Basics" priority outcomes as a guide, we identified the goals of the Strategic Plan. While we will launch new and expanded programs and services during the period of this Strategic Plan, we will concentrate

a day in the life of the Library

45,000
people visit the Central Library and neighborhood branches

4,200
use the Wi-fi to connect to the Internet

1,700
attend a program

16,100
hours logged on library computers

37,000
questions answered by staff

73,000
visits made to the Library's website

on the following Goals to ensure that we provide the best possible access to services, information and resources to the greatest number of Angelenos every day:

- **Cultivate and Inspire Young Readers**
- **Nurture Student Success**
- **Champion Literacy and Lifelong Learning**
- **Contribute to L.A.'s Economic Growth**
- **Stimulate the Imagination**
- **Strengthen Community Connections and Celebrate**

During the next five years, we will be evaluating our performance, measuring impact, developing action plans and allocating resources to support the library's new and expanded services

—referred to in the Strategic Plan as Key Activities.

To ensure that we are staying on course, we will measure our progress with a set of ambitious yet realistic Objectives.

Each element of the Strategic Plan will guide us in delivering exceptional programs and services that will result in:

- **Collections, both physical and virtual, that meet people's needs**
- **Talented and knowledgeable staff**
- **Welcoming environments**
- **Robust technology**
- **Expanded digital presence**
- **Effective partnerships**

the future starts here

Goals, Key Activities and Objectives

People borrow items from our collection more than 15 million times a year and we move 40,000 items between libraries daily to meet our patrons' needs. Our 73 libraries also offer more than 18,000 public programs every year.

Despite the vastness of the collections, services and programs, perhaps the most remarkable aspects of the library are the human interactions and moments of connection that happen every day.

There's free homework help, providing students with access to tutors every day. Students stop in, email or even get help via text messaging. Toddlers and parents drop by for storytime programs. Music fan? Angelenos download songs for free, along with videos and podcasts. Mobile phone? We have an app for that. And if someone has a question about anything —such as how to apply for college financial aid—they simply call the library and staff will get them an answer. Millions of these small miracles are all in a day's work for the library.

Day in and day out, the library is unparalleled when it comes to learning, culture and engagement—consistently responsive to personal and community needs and offering a level of customer service that inspires fervent and lifelong loyalty in our patrons. Still, we want even more Angelenos to experience what the library has to offer. For that reason the library is committed to increase the number of people who use the library services, to increase the number of library card holders and actively promote and robustly market programs and services to increase residents' overall engagement with the library. With the goals of the 2015-2020 Strategic Plan, the library is poised to do all that and more.

GOAL 1

cultivate and inspire young readers

No other public institution can match the power of the library to capture the imagination and stimulate the minds of young children. These first visits to the library mark the beginning of a lifelong relationship and establish critical building blocks upon which all future learning will depend.

This is why LAPL provides programs and resources to cultivate the love of reading in children eager to explore the world around them. They can't wait to visit the library and they don't want to leave—because it's brimming with wonderful things just for them.

There are millions of children's books, music albums and movies, as well as fun, neighborhood-based activities for families who speak Spanish, Chinese, Korean, Tagalog, Armenian, English or other languages popular in the city's diverse communities. There are cozy nooks designed to encourage caregivers and children to read, play and learn together.

Library staff is readily available to expertly assist in locating just the right story, whether it's in a picture book, on a tablet or available as a downloadable e-book.

Each of the library's extensive rosters of early childhood offerings—from Hora de Cuentos bilingual storytelling to Evening Pajama Storytime—fosters literacy skills and instills in children the joy and excitement of learning.

Annually, tens of thousands of children delight in the library's exemplary STAR (Story Telling And Reading) program, which brings children and adults together from diverse cultural, ethnic and economic backgrounds.

The library's multilingual We Read Together early literacy workshops educate parents and caregivers about the connection between reading to children in their early years, and their future academic and personal achievement—and teach methods that help them prepare young children to succeed in school.

Everyday, in neighborhoods throughout Los Angeles, many of the city's youngest enter a library. Cradled by caregivers, perched in the lap of a parent or sitting cross-legged in a circle, these tiny Angelenos fall in love with books, stories and learning.

The Library is where you can...

- Attend a story time, sing songs, do finger plays, and create something to take home
- Take home books, movies and music to enjoy with your family
- Listen to a story anytime, using a computer or mobile device
- Watch animated talking picture books in English, Spanish or French
- Learn to read using computers or other interactive technologies
- See a story come to life on a tablet

key activities

Develop a community-based early literacy program to give new parents resources and books to prepare their children for school success and a lifelong love of reading.

Enable and empower library staff to use digital technologies to encourage early literacy skills.

Create interactive learning spaces for children and their parents.

Expand the Story *Telling And Reading* (STAR) program, bringing children and adults together from diverse cultural, ethnic, and socioeconomic backgrounds to share in the joy of reading.

Offer early literacy workshops for parents and caregivers, teaching them methods to help young children develop skills they will need to succeed in school.

Teach parents and caregivers to use technology to encourage early literacy skills.

Create an interactive web portal for parents and caregivers with information about child development, suggested reading lists, story times, and videos that model singing, finger plays, flannel boards and reading aloud.

Actively promote the programs and services for young readers.

86% of Angelenos surveyed consider the Los Angeles Public Library important to them and their families.

objectives

1-1 The number of attendees participating in preschool programs will increase from 50,000 in 2014 to 60,000 in 2020.

1-2 The circulation of early literacy materials will increase from 1,000,000 in 2014 to 1,250,000 in 2020.

1-3 Annually, 90% of parents or caregivers surveyed will rate the library's services for young children as very good or excellent.

1-4 Annually, 90% of parents and caregivers surveyed will rate the early literacy workshops they attended as very good or excellent.

1-5 The new web portal for parents and caregivers will attract at least 50,000 visitors annually.

GOAL 2

nurture student success

The Library is where you can...

- Attend a workshop to learn how to improve your SAT scores
- Work with a tutor online to get help with a homework assignment
- Use a computer in the Student Zone to do research or prepare your report
- Volunteer and share your knowledge with other students who need help with their homework
- Find what you need for homeschooling
- Ensure that your children keep their reading skills strong when school is out by enrolling them in the library's summer reading clubs

More than one out of four students do not graduate from high school in Los Angeles. The library's innovative and responsive programs prepare students to succeed in school and teach them an important lesson as well—the library is a helpful, welcoming place they can rely on and return to throughout their lives.

The library is committed to supporting students from kindergarten to grade 12 in their quest to succeed at school. Collections, services, spaces and technology all complement the learning that happens at school and offer essential support after school hours.

The library's collection includes millions of print and digital materials for elementary, middle school and high school students. At library locations throughout Los Angeles, students can use computers and printers for free. There are quiet spaces where they can study, as well as inviting areas designed expressly for group collaboration such as home schooling sessions.

A student who is struggling with an assignment or preparing for a test can talk online with a live tutor every day, in all grades and all subjects. This homework help is accessible from any computer, phone or mobile device via the library's website. The library's online Research & Homework Gateway offers information on dozens of popular topics and is available 24 hours a day, seven days a week.

Library staff are available to guide students, teaching them valuable research skills and helping them locate accurate, reliable information on everything from math to mythology. The library's Student Smart program offers test preparation, test-taking strategies, practice tests, college workshops, study skills and financial aid workshops—all provided free of charge.

The library partners with teachers, in and out of the classroom, offering study guides, reading lists and in-school presentations to help bring topics alive. Through the library's website, teachers can send "assignment" alerts about topics students may be coming to the library to research. The library operates the city's largest after school program and Summer Reading Clubs, designed to help students retain what they learned during the school year, and continue to learn while school is out.

key activities

Increase homework and educational support for students in partnership with the L.A. Unified School District and other organizations to enhance the community's efforts to have every child read at grade level and improve the high school graduation rate.

Strengthen skills through digital learning environments that support effective, collaborative and connected learning.

Provide SAT training for students through Student Smart programs that include free test prep, practice tests, college prep workshops, study skills and financial aid workshops.

Offer online tutors to help students with homework, skills building and test preparation.

Initiate a homework help volunteer program to offer coaching or tutoring for students.

Make it easier for students to find library resources by creating a new web portal.

Actively promote programs and services to students.

91% of Angelenos surveyed believe it is important to offer free programs that help children and teens read at grade level.

objectives

2-1 The number of students using the online tutoring service will increase from 27,000 in 2014 to 40,000 by 2020.

2-2 Annually, 90% of students surveyed will rate the library's homework help services as very good or excellent.

2-3 Annually, 90% of students surveyed who participate in Student Smart workshops will rate the workshops as very good or excellent.

2-4 The library's new homework help website for students K-12 will attract 100,000 students annually.

GOAL 3

champion literacy and lifelong learning

Everyone can enhance skills, expand horizons and explore new worlds at the library. It is a place of new beginnings. From aspiring screenwriters to first-time voters, the library's vast collection of books, music, films and courses can satisfy curiosity, as well as open doors to a new and better life.

The library offers abundant resources for recent immigrants, English language learners and people who want to improve their reading and writing skills. There are adult literacy centers in 21 libraries throughout the city, each with extensive resources and trained literacy staff and volunteers. English courses are available online and via mobile apps for speakers of Spanish, Chinese, Japanese, Korean, Arabic and Russian.

English speakers can learn dozens of languages through the library's print collections and online courses including Spanish, French, Italian, Mandarin, Cantonese, Arabic, Korean, Russian and Tagalog.

The library's collection includes books, magazines and films in more than 30 languages, as well as staff who specialize in world languages and cultures.

The staff also has deep expertise in a wide variety of subjects such as genealogy, patents and technology, just to name a few—and delight customers of all ages with personalized recommendations. Staff regularly post reviews and recommendations on library blogs about popular topics such as foreign films or the latest bestseller.

The library offers more than 1,000 online courses led by expert instructors in subjects such as business, gardening and psychology. These online resources include e-books containing study materials and online interactive practice exams that cover language skills, academics, civil service, real estate and more.

The Los Angeles Public Library is the first public library in the nation to offer adults the opportunity to earn an accredited high school diploma and career certificate through the Career Online High School. Through online classes and in-person support at libraries throughout the city, the program helps adults continue their education and prepare to enter the workforce or advance in their career.

The library champions learning as a lifelong pursuit. Events and workshops take place every day, for all age groups, supporting the needs and interests of communities throughout the city. Major offerings range from Health Happens at the Library with its health and well-being resources and assistance with the Affordable Care Act to Money Matters which offers guidance on financial planning, money management and financial literacy, to 2 Young 2 Retire!, a planning program for seniors.

Wherever they are coming from and wherever they're going, people turn to the library as a trusted, invaluable resource.

The Library is where you can...

- Learn to use mobile devices to access the library's online media resources

- Take your first step on the path to U.S. citizenship by visiting a library Citizenship Corner or enrolling in a citizenship workshop

- Go back in time or travel to distant lands with streaming videos, films, music and books that take you to places you could not otherwise visit

- Select from more than 1,000 online classes and learn at your own pace

- Become a literacy volunteer and help someone discover the joy of reading or gain employment

- Enhance your technology skills by taking a class or receiving one-on-one assistance from library staff

key activities

Expand adult literacy offerings and adapt emerging online adult literacy tools to serve Los Angeles' multicultural, multilingual communities.

Increase the number of library cardholders.

Encourage participation in civic life by providing services that help people establish citizenship, register to vote and make informed voter choices.

Contribute substantively to the overall health and wellness of communities by engaging in effective partnerships, providing health programs and information, and offering programs that address specific health disparities in the city's neighborhoods.

Help Angelenos use their mobile devices to access new and emerging technologies.

Recognize the accomplishments of online learners and those who participate in librarysponsored online classes by awarding digital badges or other forms of recognition.

Create a multilingual "Welcome to Los Angeles" web portal with information about the library, government services, and social services of interest to new immigrants and those whose first language is not English.

Develop offsite mobile delivery of innovative library services.

82% of Angelenos surveyed think it's important to offer a digital training center where people of all ages can learn to use new technologies.

objectives

3-1 The number of learners accessing online instruction will increase from 1,000 learners in 2014 to 5,000 in 2020.

3-2 Annually, 90% of the people surveyed who attend a library-sponsored citizenship workshop will rate it as very good or excellent.

3-3 Annually, 90% of the people surveyed who attend a financial literacy program will rate it as very good or excellent.

3-4 The number of views on the library's financial literacy portal will increase from 5,000 in fiscal year 2014 to 25,000 in fiscal year 2020.

3-5 Annually, 90% of the people surveyed who attend a health program will rate it as very good or excellent.

3-6 Increase the number of library card holders from 1.2 million in 2014 to 2 million in 2020.

GOAL 4

contribute to L.A.'s economic growth

The Library is where you can...

- Learn to write a business plan and start your own business
- Attend a class designed to help you improve your interview skills
- Create a powerful resume that highlights your experience and skills
- Get help using the library's resources to find a job
- Make that brilliant idea of yours come alive by learning how to patent it and bring it to market

When it comes to finding a job or building a business, the library is the go-to place for learning new skills, honing your skills and learning about new career possibilities. The library is a starting place and a second home for all those seeking a new career path.

The library ensures that Angelenos have the services, tools and skills they need to pursue good job opportunities. Throughout the city and online, the library offers courses with modules ranging from word processing and résumé formatting, to managing career change and salary negotiations.

Additionally, the library is committed to helping people nurture and grow their businesses with a full suite of resources. Here, entrepeneurs and business owners have access to print and web-based resources, as well as programs and referrals designed to help them in every phase from incubating a business to growing it.

Responding to the growth of digital technology and dedicated to bridging the digital divide, the library offers classes for all age groups and skill levels in computer and mobile device basics, email, and downloading e-books and other online materials.

First-time job seekers, people making career transitions and employers with job opportunities find valuable information about everything from coping with unemployment to how to dress for success in the library's
online Job Hunting Guide. It lists more than 200 employment-related websites and resources, and offers referrals to assistance.

To support the financial stability and well being of our communities, the library is helping people improve their financial literacy. The library provides the Money Matters Financial Resource Guide in English, Spanish, Chinese and Korean and offers resources and workshops on budgeting, credit, managing money, automobile insurance, home ownership, banking,
investing and other topics. The library's actions that help people take control of their personal finances and build their financial literacy are especially important in Los Angeles, which has the nation's largest unbanked and underbanked population.

With the key activities of Goal 4, the library is committed to supporting a skilled and prepared workforce and strengthening the city's economy. This commitment is bolstered by the library's expanded efforts to help launch and maintain strong local businesses.

key activities

Offer programs, resources and connections to partner organizations that will help them develop and maintain viable companies.

Partner with workforce development organizations to offer and promote programs and services that enhance job seeking, language, computer and social media skills.

Create a web portal for small businesses.

Actively promote programs and services to entrepreneurs and job seekers.

Expand financial literacy offerings.

87%

of Angelenos surveyed believe providing free job and career information is important.

objectives

4-1 Annually, 90% of the people surveyed will rate the job-related services they received as very good or excellent.

4-2 The number of people using the library's Jobs and Careers web portal will increase from 60,000 in 2014 to 75,000 in 2020.

4-3 Annually, 90% of the people surveyed will rate the library's new small business web portal as very good or excellent.

4-4 Annually, 90% of the people surveyed will rate the small business-related program they attended as very good or excellent.

GOAL 5

stimulate the imagination

The Library is where you can...

- Hold a family movie night with DVDs borrowed from your neighborhood library or movies streamed from the library's website

- Listen to an audiobook during your commute to work or when you're out jogging

- Take a class to learn how to create your own movies, podcasts or other digital content

- Join a book club and share your opinion of the latest selection

- Discover new authors, music or films you might enjoy

- Download an e-book to your mobile device and enjoy it wherever you are

- Access podcasts of special library programs and the acclaimed ALOUD series

The library is where magic happens. The treasures found here inside books, exhibits, films and other media await discovery by all those seeking inspiration whether they want to explore new worlds of the imagination or to create those worlds themselves.

The library is where stories live. Patrons find their stories in the library's growing collection of 6.5 million items including novels, magazines, photos, movies, e-books, podcasts, audiobooks and streaming video. The library's collection offers all Angelenos a chance to learn about their cultural heritage. And its programs and services give them the opportunity to connect with their communities and share this heritage with others.

With the great technological shifts in the way people access information, the role of the library and its staff is more critical than ever. To ensure all customers have the skills to access creative materials—as well as contribute to them—staff now teach customers how to use computers and social media, as well as how to download books, music, podcasts and magazines to their smart phones, e-readers and other devices.

In addition to being a place that people look to for inspiration, the library enables people to generate their own works of imagination. In the Art for All program, kids and adults learn from Los Angeles County Museum of Art visiting artists, and have the workspace and supplies to create their own masterpieces. Robotics course participants build their own robots to battle in a tournament. The Teen Code Club invites participants to "bring your brain, your creativity, a laptop and get ready to create a future."

Because it's located in Los Angeles, the epicenter of digital and mass media story production, the library is dedicated to offering all Angelenos access to these critical communication and creativity tools.

The Library's digital media labs will be places where Angelenos can create animated films, digitize photographs, record podcasts and video blogs—and take classes to learn how to use the equipment and technology.

With the key activities of Goal 5, libraries will continue to shine as creative hotspots.

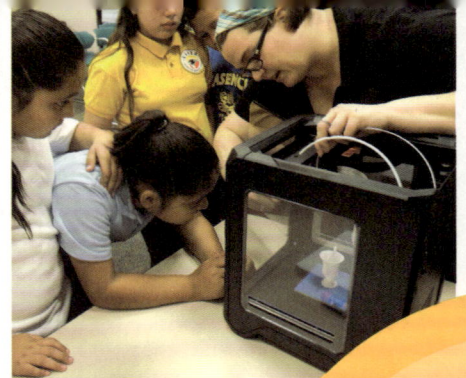

key activities

Establish digital media labs and flexible spaces that people can use to create content and learn how to use new and emerging technologies.

Create opportunities for sharing content created by library users.

Engage the creative community of Los Angeles to present partnership-driven programming and to initiate collaborative projects.

Expand the library's mobile applications to enable patrons to engage with the library in new and creative ways.

Actively promote the programs and services.

68% of Angelenos surveyed thought the library should offer free courses that teach them how to create Internet movies, blogs, books and other multimedia projects.

objectives

5-1 Annually, 90% of the people surveyed participating in the digital media labs will rate their experience as very good or excellent.

5-2 By June 30, 2020, the use of library mobile apps will increase from 4,000 users in fiscal year 2014 to 20,000 users in fiscal year 2020.

5-3 The number of children and teens participating in STEAM programs will increase from 3,000 in 2014 to 15,000 in 2020.

5-4 The circulation of e-media will increase from 2,200,000 in 2014 to 3,000,000 in 2020.

GOAL 6

strengthen community connections and celebrate L.A.

- Discover L.A.'s rich cultural diversity by attending cultural programs at your library
- Meet a celebrity or local author
- Discover historic photographs of your neighborhood
- Explore your roots by attending a genealogy class
- Join a conversation circle to improve your spoken English skills
- Attend an art show
- Learn a new craft
- Explore the history of your neighborhood through photos, books and programs
- Make a water-wise or edible garden

It's the library's commitment to strengthening civic literacy and delivering innovative programming that makes it an integral part of the social and cultural tapestry of the city. And it's our in-depth knowledge of and close relationships with the communities of Los Angeles that inspire and inform our Key Activities.

Situated in one of the world's most creative metropolitan areas, the library reflects and taps into the cultural and artistic wealth of the city. Many of the library's 200,000 maps and 3.4 million photographs record the life and history of Los Angeles—and all are available to everyone.

In addition to these resources, the library has a wealth of special collections that we will add to our digitization efforts. The library has established a partnership with the Digital Public Library of America (DPLA) and the California Digital Library and is crafting a Digitization Plan to expand digital collections and make them available to a much larger audience. An ambitious goal of the plan is to engage L.A.'s diverse communities and have them participate in the Library's digital efforts by initiating communitycentered content creation. The plan also provides a blueprint for digitizing more special collections at Central Library, identifying and digitizing special collections in branches, and creating a digital collections web portal to make the material available to a wider audience.

Library programs take place every day and every night of the week. The Library Foundation of Los Angeles presents the award-winning ALOUD speaker series. Library galleries host rotating exhibitions that highlight local treasures, as well as traveling exhibits.

Thousands of neighborhood-based events fill the library's free meeting spaces. Responsive services such as voter registration, free tax help and citizenship corners are offered throughout the city.

The library's Citizenship Initiative—a ground breaking partnership with the U.S. Citizenship and Immigration Service—has helped thousands of people take their first step on the path to U.S. citizenship and actively participate in civic life. This awardwinning
program is a national model for immigrant integration, that's now being replicated in cities across the country.

With its proud history of local programs and collections, the library fosters inclusive engagement, promotes cultural understanding and celebrates the city's rich diversity.

key activities

Create an LAPL Digital Collections web portal and expand efforts to digitize and make available the special collections that explore the city's history and promote cultural understanding.

Host forums and hold virtual and in-person open houses where Angelenos can learn about and discuss community issues.

Partner with social service organizations to provide services that are responsive to the unique needs of target audiences such as veterans, the homeless and other groups.

Collect, share and make more broadly available primarily through digitization the unique stories and local history collections that make up the city's social and ethnic fabrics.

Develop a preservation and conservation plan for our special collections.

Actively promote the programs and services.

79% of Angelenos surveyed say it is important that the library be a place where friends and neighborhoods can meet.

objectives

6-1 The number of people attending programs will increase from 395,000 in 2014 to 550,000 in 2020.

6-2 By June 30, 2020, the number of photographs and special collection items digitized and added annually to the library's digital special collections will increase from 5,500 in fiscal year 2013 to 10,000.

6-3 By June 30, 2020, the number of views of the library's digital collections will increase from 12,000,000 in fiscal year 2013 to 15,000,000.

6-4 Annually, through outreach efforts, library staff will connect with 350,000 community members.

（本规划由洛杉矶公共图书馆授权收录）

Strategic Directions
2013 - 2017

The mission of the State Library of Western Australia

For the benefit of all Western Australians, the State Library:
- treasures the stories of Western Australia;
- champions literacy and learning;
- cultivates creative ideas; and
- leads the development of the Western Australian public library network.

These four fundamental tasks are our mission. They define the essential and unique contribution the State Library makes to our community; they provide the strategic direction with which to set our goals and guide the operational plans to achieve them.

In support of our mission, the State Library will work continuously to improve our services and our processes, meet our governance obligations, support our staff as a learning organisation, consult with the community we serve, and collaborate effectively with our partners.

The State Library treasures the stories of Western Australia

The continued prosperity of our State and nation depends on a strong connection with the past for the benefit of present and future generations. Our connection with the past is built on documentary, visual and oral heritage which, when preserved, create an archive which helps tell the social, political, economic and cultural history of Western Australia. Across the State individuals, organisations and communities make important contributions to this collection by recording and sharing their unique perspectives of the past. Developing, managing, preserving and making these Western Australian stories accessible to all supports research, innovation and the creation of new knowledge.

To treasure the State's stories, in 2013 – 2015 our goals are to:

- build, preserve and make accessible a comprehensive collection of materials which reflects the many facets of Western Australia's
- history and development; and highlight the importance of Western Australia's documentary heritage and its value to society.

To achieve these goals, we will:

1. implement the provisions of the Legal Deposit Act (2012) by creating both the regulations necessary to guide deposit and the technical infrastructure necessary to hold it;
2. create a special archive that preserves and makes available the rich history of resources and mining in Western Australia, working in particular with the private corporations active in the resource sector;
3. continue our work to secure Western Australia's documentary heritage, describe these materials, provide community access on line and through the J.S. Battye Library of West Australian History which is part of the State Library, and preserve and manage these important collections; and
4. as part of our annual program of public events, activities and learning opportunities engage the Western Australian community with our collections and promote the value of WA's history and documentary heritage.

The State Library champions literacy and learning

Literacy and learning are fundamental to the well-being and quality of life of the Western Australian community. In all its forms, literacy is the basis for learning and the growth of knowledge in today's society. Western Australians of all ages and backgrounds need multiple opportunities to foster literacy, to expand their abilities, and to improve and sustain their learning. Libraries are our champions in these endeavours; being integral to building literacy levels in our community and in supporting the life-long learning ambitions of all Western Australians.

To champion literacy and learning, in 2013 – 2015 our goals are to:

- create opportunities for all Western Australians to strengthen their literacy abilities;
- maintain a profile as a key player on State and national literacy agendas and be recognised as a valued partner in literacy services; and
- work in partnership with Aboriginal people to collect and restore community memory, and create literacy and learning opportunities.

To achieve these goals, we will:

1. continue to deliver the proven and successful Better Beginnings family literacy initiatives throughout Western Australia;
2. create a literacy framework to describe the role of libraries in early childhood, family and adult literacy acquisition and support for all Western Australians;
3. work with our partners to develop a strategy for the long-term sustainability of Better Beginnings; and
4. work with selected Aboriginal communities to develop a flexible and adaptable literacy and learning program that is driven by community need, links to culture and uses technology to extend reach.

The State Library cultivates creative ideas

Strong, healthy societies need opportunities to challenge and explore ideas which allow us to build better futures. Equally, creative ideas, in words both spoken and written, are a fundamental part of our artistic expression. Libraries provide safe, open and supportive places for Western Australians to participate in these processes of debate and invention. Within the library, curiosity and opportunity come together resulting in creativity in all its forms. The words which emerge through and within libraries are the vital underpinnings of the stories about ourselves and the collective exploration of ideas.

To treasure the State's stories, in 2013 – 2015 our goals are to:

- make the State Library a hub for the development, discussion and dissemination of innovation and ideas;
- re-imagine and develop a new model for reference and information services through the State Library; and
- celebrate and support writing, reading and ideas.

To achieve these goals, we will:

1. organise an annual program of public events, activities and learning opportunities featuring key thinkers, authors, and leaders to engage the Western Australian community in international, national and local conversations and inspire creativity and innovation;
2. manage the Premier's Book Awards on behalf of the Government of Western Australia and the Library Board of WA to recognise and reward excellence in writing;
3. work in partnership with writingWA as a peak organisation in the State working for writers, including hosting the writingWA office; and
4. publish a discussion paper on the future of the traditional reference library covering both collections and physical spaces which will provide options for the future development of the reference library.

The State Library leads the development of the WA public library network

Public libraries in Western Australia provide crucial services for all citizens delivered through a partnership between State and local governments. Central to this partnership is a shared vision that our public libraries shall be connected, well resourced and free, serving as hubs of community life. As technology creates new and changing community expectations, public library services will change and embrace new opportunities. The network of public libraries ensures that, through coordinated and shared activity, public library services can be offered sustainably and effectively, balancing local community and wider social needs.

To lead the development of the WA public library network in 2013 – 2015 our goals are to:

- meet our legislative and agreed responsibilities under the Framework Agreement between State and Local Government for the Provision of Public Library Services in Western Australia;
- continuously improve the support services we provide the public library network; and
- explore future opportunities for public library services in Western Australia to ensure future capability and ongoing sustainability.

To achieve these goals, working with the public library network we will:

1. create a research agenda to demonstrate the role of the public library in a changing technological and social environment;
2. advocate for visible and valued public libraries to build strong communities;
3. drive literacy and learning opportunities through public libraries; and
4. pursue opportunities for statewide systems that enhance the library network including a single library management system, inter library lending, Better Beginnings, procurement, training, skills and knowledge, e-books and the exchange system.

The strategic culture of the State Library of Western Australia

In support of our mission, the State Library will work continuously to improve our services and our processes, meet our governance obligations, support our staff as a learning organisation, consult with the community we serve, and collaborate effectively with our partners.

To ensure we can support our strategic mission, in 2013 – 2015 our goals are to:

- demonstrate our commitment to our mission and goals through our services, actions and outcomes;
- ensure our services meet community expectations and our building provides a safe and welcoming environment;
- ensure our technology, administrative systems and processes are appropriate and efficient;
- raising awareness within the community of the services offered by the State Library; and
- advocate for the role of libraries in the community and actively participate in professional debate.

To achieve our goals, we will:

1. implement our Workforce Plan to ensure we have the people we need with the skills we need to meet our strategic mission;
2. meet our corporate governance and compliance obligations;
3. review our materials handling within the State Library and across the State;
4. review our technology and ensure it supports and is aligned to our strategic mission;
5. work with our stakeholders and partners to create opportunities that benefit the Western Australian community; and
6. contribute to national and international professional activities such as National and State Libraries Australasia – Reimagining Libraries program.

（本规划由西澳大利亚州州立图书馆授权收录）

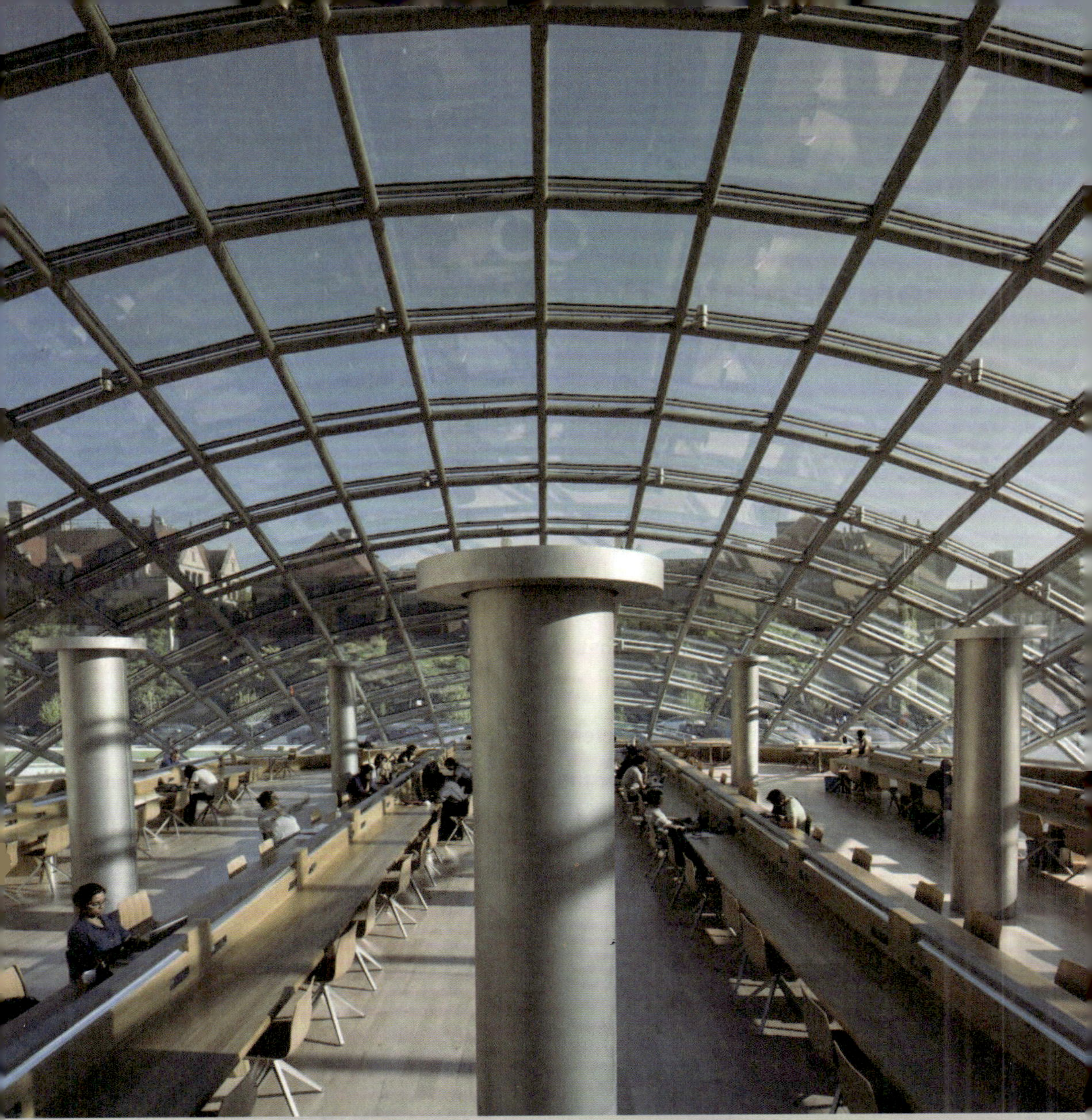

Library Strategic Directions, 2016-2019
Inquiry, Innovation, and Impact

Library Strategic Directions, 2016-2019

Foundational Principles

The Library's strategic directions are guided by the following principles:
- The Library's investments will reflect the University's strategic focus on fostering inquiry and impact.
- The Library will be a center of innovation for faculty, students, and staff.
- The Library will adopt service and staffing models, adapt spaces, and build collections that serve the diverse and evolving needs of a diverse community.
- The recruitment and retention of a diverse and skilled workforce is critical to the success of the Library. We are committed to professional development programs that ensure Library staff are continuously building skills that meet the demands of an evolving environment.

Throughout the history of the University of Chicago, the Library has played a vital role in fostering inquiry and extending the impact of the scholarly endeavors of the University community. For much of the last 125 years, we have done so by serving primarily as a repository of knowledge, with expert staff who work to select, acquire, catalog, curate, and preserve collections. By purchasing the Berlin Collection in 1891, before classes had begun or a Library building had been constructed, William Rainey Harper demonstrated the importance of scholarly resources in fueling research and attracting top faculty to the University. The provision and enhancement of such renowned, world-class collections remains the cornerstone of our mission today.

Even as building and preserving collections continue to be critical commitments of the Library, we are assuming new roles that are vital to research, innovation, and learning at the University of Chicago. Interdisciplinary work is more important than ever. Opportunities for creativity and collaboration are increasingly prized by students and faculty alike. Researchers in every field are taking advantage of technological advancements to pursue new lines of inquiry. In addition to scholarly monographs and articles, the outputs of research and scholarship now include digital collections, data files, dynamic databases, and interactive multimedia.

With our enduring mission to provide comprehensive collections and services in support of research, teaching, and learning at the University, the Library must also evolve in response to changes in higher education. Today's research environment calls for a library that is best described as a hub that connects people and ideas through a dynamic exchange of information. Students need assistance in learning to navigate and evaluate vast quantities of resources,

Introduction

including those provided by the Library, as well as the sea of information that is freely available online. Researchers need the latest search tools, technology, and services to support scholarly communication at every stage of their work. And faculty and students benefit from inspiring, technology-equipped spaces designed to support individual and collaborative research and learning.

In embracing new opportunities that are emerging in our evolving environment, we will leverage the deep expertise of the Library staff, will develop services that support new avenues of research, and will expand access to and preservation of scholarly resources in ways that advance the goals of the University community and the needs of the next generation of scholars. Through these actions, we will be the partner of choice in the research processes of the future.

The strategic directions outlined in this document do not attempt to convey all of the Library's activities. Rather, they identify areas of emphasis between 2016 and 2019 that will allow us to build on the Library's historical strengths, while innovating to expand the Library's role as a hub that connects UChicago faculty, students, and staff in the exchange of information and the creation of new knowledge.

Crescat scientia; vita excolatur
Let knowledge grow from more to more; and so be human life enriched.

Brenda L. Johnson
Library Director and University Librarian

The Library will embrace continuously evolving higher education and information environments by shaping an agile, creative, and responsive organization that supports experimentation, risk-taking, and bold thinking.

a. The Library will engage the campus in discussions of the future role of the Library in an evolving research environment.
b. To ensure that our services meet the diverse needs of the University community, the Library will make active and strategic use of the wide variety of assessment data and studies available from peer institutions, supplemented by local studies undertaken to fill gaps in the existing evidence base.
c. The Library will identify and build local, regional, national, and international partnerships that strengthen its ability to deliver comprehensive collections and innovative and effective services.
d. The Library will pursue sources of funding to invest in new initiatives while continuing to seek support for key service areas.

Evolving in a Changing Environment

Selected Current Initiatives

- The Library administered and is analyzing results from the 2015 Ithaka S+R survey of UChicago graduate and professional school students in order to learn more about their educational and pre- professional needs.
- The Library is leveraging its membership in the Ivy Plus Consortium not only to obtain rapid access to the collections of the Ivy Plus libraries but also to promote efforts to collaboratively build collections that more effectively support the research endeavors of faculty and students in all the participating universities.
- The Library is building a new resident librarian program in order to expand staff expertise in new and rapidly developing areas of librarianship such as online learning, allowing us to offer innovative services that support the evolving needs of faculty and students.

Selected Aspirational Goals

- The Library is recognized locally, nationally, and globally as an innovative leader in library services.
- The Library has robust and sustainable shared collections of both print and digital resources that have been built through partnerships with libraries, publishers, and distributors.
- Innovative projects and initiatives are funded by a variety of strategic partnerships with peer institutions, foundations, granting agencies, and philanthropic donors.

Strategic Directions

2. Empowering Faculty and Students

The Library will implement innovative services and reimagine collections and spaces both to exceed faculty and students' expectations and to advance ongoing and emerging University priorities for research, teaching, and learning.

a. The Library will realign its collecting policies and practices to ensure we provide access to and preserve new forms of scholarly output while continuing to expand our print and digital collections, empowering researchers from a range of disciplines with diverse needs to pursue emerging directions in scholarship.
b. The Library will create services and spaces to foster innovation in areas of strategic importance to the University.
c. The Library will develop a vision for Library instruction that reflects the University's educational priorities.
d. The Library will partner with other groups on campus to provide programs and services that build the leadership and professional skills needed by students, postdocs, and junior faculty.

Empowering Faculty and Students

Selected Current Initiatives

- The Library is building collections and developing services to support new and interdisciplinary programs at the University such as the Institute for Molecular Engineering, the Digital Humanities, new arts programs, the Chicago Innovation Exchange, the Polsky Center for Entrepreneurship, the UChicago Urban Labs, the Computation Institute, the Law School's interdisciplinary programs, and the Divinity School's transdisciplinary approach to Islamic Studies.
- The Library is transforming the Regenstein A-Level Reading Room into an inviting and attractive collaborative learning center where students, faculty, academic technologists, and librarians can interact.
- The Library is expanding its training and support for thesis writers in the College and graduate programs, and is developing online learning modules for students who access Library resources away from campus in the SSA part-time program and the Graham School of UContinuing Liberal and Professional Studies.
- The Library is participating in the Graduate Global Impact program by developing internships for PhD students that allow them to gain new insights into the local and global impact of librarianship and scholarship, while obtaining flexible training that can help them prepare for careers in academia, nonprofits, government, and industry.

Selected Aspirational Goals

- Library instructional programs and tools are tightly integrated into the curriculum and research processes, enabling students and faculty to use and evaluate information critically, ethically, and effectively.
- The Library provides innovative and flexible virtual and physical spaces that support the evolving needs of students, faculty, and visiting researchers, including spaces for active engagement with collections, collaborative technology-equipped "smart" spaces, quiet study spaces, and spaces dedicated to supporting innovation and project-based scholarship and creative work.
- The Library supports scholars by collecting a wide array of both traditional and emerging information resources, such as datasets and algorithms, time-based media, web archives, simulations, and geospatial information.
- The Library is a key partner in ensuring that upon graduation, students in undergraduate, graduate, and professional programs are well prepared to pursue and build professional lives in academia, the public sector, or private enterprise.

Strategic Directions

3. Advancing Digital Scholarship

The Library will increase the scholarly impact of the University by building robust services and technology infrastructures to support emerging modes of research, innovation, and scholarship.

a. The Library will be a hub for digital scholarship by providing faculty and students with tools and services that strengthen the impact and visibility of their research and creative endeavors.
b. The Library will develop an array of services to support the lifecycle of research data from assistance with writing a data plan to managing, sharing, and preserving data.
c. The Library will take a leadership role in advancing open scholarship at the University by supporting and promoting open access, open data, open educational resources, and other forms of openness in the scholarly and research environment.

Advancing Digital Scholarship

Selected Current Initiatives

- The Library is leading an initiative with IT Services and the Research Computing Center to build an institutional repository to preserve and share the scholarly, creative, and administrative assets of the University. This repository will provide a means for faculty to share and preserve their research data and to make their publications openly accessible and will be a platform for graduates to make their dissertations widely available in order to enhance the impact of their research.
- The Library is supporting faculty needs for research data management services through outreach programs that include workshops on granting agency requirements and best practices for describing and managing research data.
- The Library is developing online tutorials and in-person workshops to raise awareness of copyright, author rights, and scholarly publishing issues.
- The Library will develop expertise and deploy staff to allow us to engage with and support scholars in all disciplines, and especially those employing non-traditional resources. The Library will increase its efforts to support text mining including negotiating access to additional data sets and providing support for users.

Advancing Digital Scholarship

Selected Aspirational Goals

- The Library provides coordinated digital scholarship services that ensure students and faculty have access to spaces, technologies, and consultation services that support their exploration of new methodologies, analysis of complex data, and sharing of their research and creative endeavors through new publishing models.
- The Library is a key partner in sponsored projects by providing the educational and support services that researchers need to meet the new goals and requirements of research funding agencies for data management, open access, and open data.
- The Library is known for its educational programs and consultation services that ensure researchers are aware of copyright and intellectual property issues, including the appropriate use of copyrighted materials, as well as strategies for protecting their own intellectual output.

Strategic Directions

4. Enhancing Access to Scholarly Resources

The Library will enhance access to information resources by offering improved tools and services.

- The Library will enhance discovery of digitized, born-digital, and print materials by providing direct paths to resources, whether they are held locally, by other libraries, or freely available in the cloud. The shift to a research environment where much primary research is born digital and extends into new areas and formats has led to a plethora of discovery and access options. A traditional library catalog does not suffice as a discovery platform for large portions of current scholarship.
- The Library will align staffing and departmental goals to support strategic commitments to new technologies.

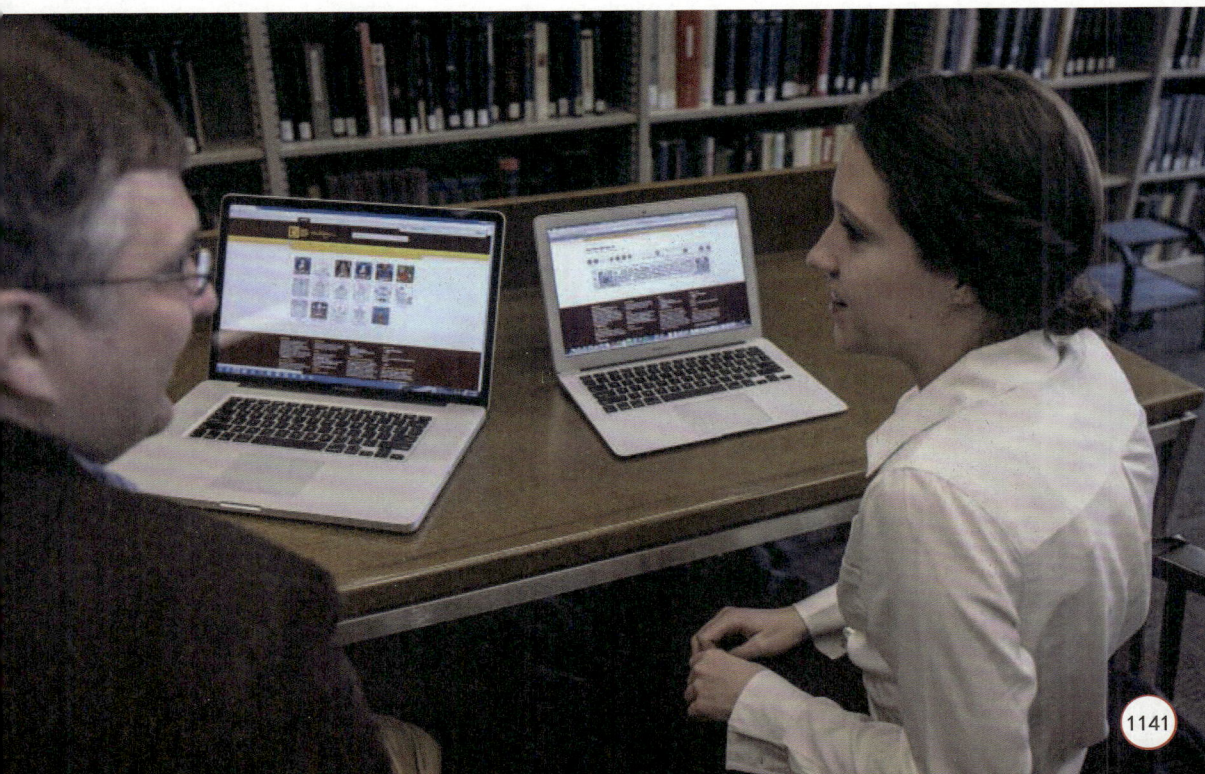

Enhancing Access to Scholarly Resources

Selected Current Initiatives

- In August 2014, the University of Chicago Library became one of the first two implementers of the open-source, community-based library management system, OLE (Open Library Environment), which has been designed by and for research libraries to foster enhanced discovery of digitized, born-digital, and print materials. As one of the founding members of the OLE community, the Library is taking a leadership role in the development and governance of OLE.
- The Library is creating a single, streamlined process for requesting materials from other libraries that will replace the three separate interfaces currently needed to access collections available through UBorrow, BorrowDirect, and traditional interlibrary loan. Links to this streamlined request interface will be available from records in the Library Catalog, WorldCat, and wherever the Library's "Find It!"button appears.
- The Library is enhancing a new catalog that supports discovery of traditional library materials while also providing access to new services, such as Scan & Deliver, and

links to external collections, such as HathiTrust, so that patrons have a central hub for exploring the widest variety of resources available to them.

Selected Aspirational Goals

- The Library provides innovative systems that allow researchers to explore and re-use digital collections and data curated by the Library in new ways, such as data mining, visualization, and emerging computational and linked data applications.
- The Library partners with libraries, vendors, and computer scientists to build systems that ensure students and faculty have intuitive, flexible, and comprehensive discovery tools and delivery services that provide timely and convenient access to the full range of local and remote resources available to them.
- The Library provides students and faculty with dynamic, integrated tools that redefine and expand the process of serendipitous discovery.

Strategic Directions

5. Collaborating to Extend the University's Impact

The Library will collaborate with on- and off-campus partners to extend the impact of the Library and the University.

- The Library will contribute to the University's civic engagement and global initiatives.
- The Library will build on its strengths by collaborating with on- and off-campus partners to advance the University's mission to "let knowledge grow from more to more, and so be human life enriched."

Selected Current Initiatives

- HathiTrust and the Google Books Project: Through strategic partnerships the Library is taking a leading role in ensuring that both the general public and scholars around the world can easily access a vast collection of materials digitized from the print collections of research libraries across the globe. In partnership with Google and the Committee on Institutional Cooperation, public domain materials from our Library collections are being digitized and made available through both Google Books and the HathiTrust Digital Library. As a founding member of the HathiTrust Digital Library, the Library has been at the forefront of envisioning a consortial preservation and access repository that will ensure the cultural record is preserved and accessible long into the future.
- Chicago Collections: The Library is promoting a deep and rich understanding of the history of Chicago through a new partnership with other libraries, museums, and cultural institutions to create an online portal to original sources documenting the history and culture of the Chicago region. Chicago Collections also provides cooperative reference services and other outreach activities that ensure broad public use of the available materials.
- The Black Metropolis Research Consortium (BMRC): The Library is supporting the University-hosted BMRC, both as a contributing member and through development

of a technology infrastructure that will provide public access to member institutions' collections about African American and African diasporic culture, history, and politics, with a specific focus on materials relating to Chicago.

- The Library is providing access and/or borrowing privileges to local educators connected with the Civic Knowledge Project, to students enrolled in the international baccalaureate program at the Hyde Park Academy, to teachers and AP students at Kenwood Academy, to La Rabida Children's Hospital researchers, to public school students sponsored by the Office of Special Programs, to teachers and selected students at the Orthogenic School, to artists connected with the Washington Park Arts Incubator, and to teachers and students connected with the Woodlawn Academy.

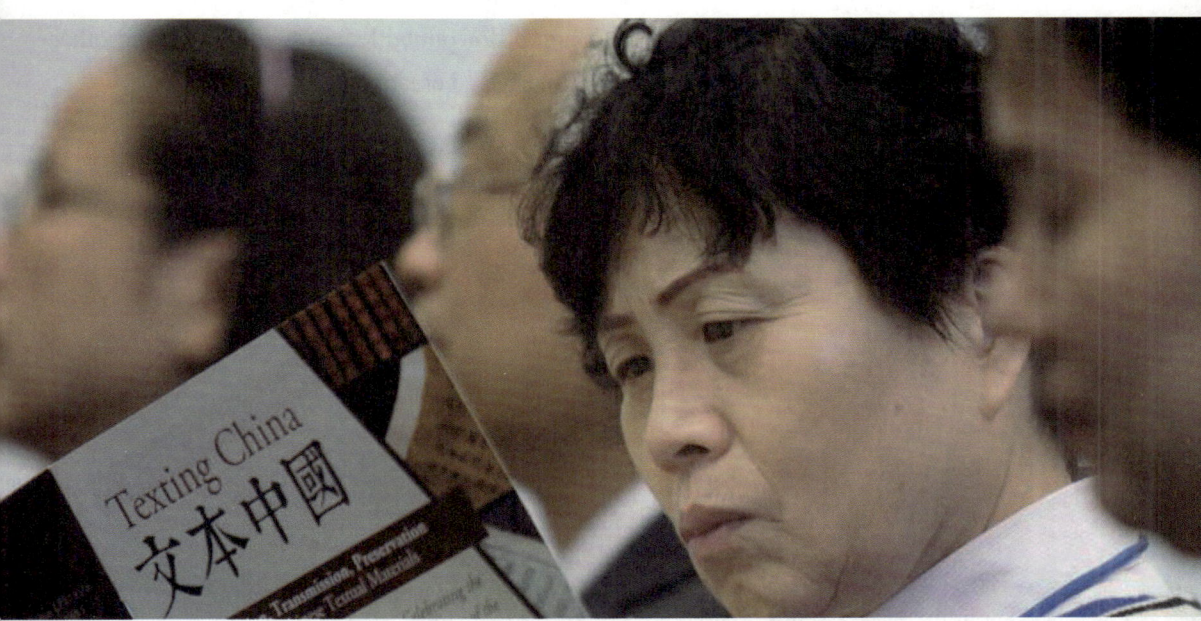

Collaborating to Extend the University's Impact

Selected Current Initiatives

- The Library is a key supporting partner in the research, teaching, and learning initiatives of the University's growing global centers, study abroad programs, and cultural programs.
- The Library promotes the importance of open scholarship initiatives (open access, open data, open educational resources) and actively exposes and promotes the University's rich and diverse scholarly endeavors to the world.
- The Library partners with students, faculty, the University, and Chicago's South Side community in advancing diversity initiatives.
- The Library serves as a central hub for community organizations (schools, community centers, foundations, and the like) to collaboratively develop educational and cultural programs supporting the needs of the campus and our surrounding communities.
- Campus partners see the Library as a home for public lectures, colloquia, and other forums that extend and promote their scholarly and creative work.

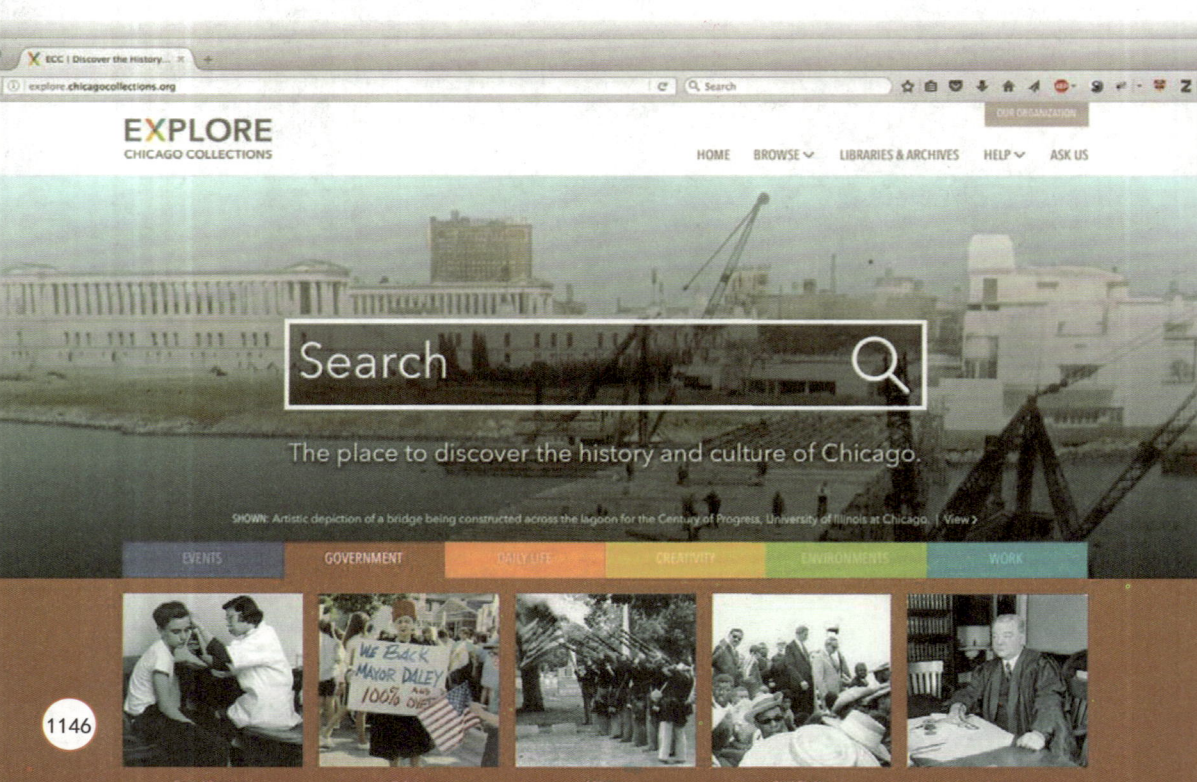

Library Strategic Directions, 2016-2019

Strategic Directions Committee

Christopher Cronin, Chair
Director of Technical Services

Amy Buckland
Institutional Repository Manager

David Larsen
Head of Access Services and Assessment

Daniel Meyer
Director, Special Collections Research Center
University Archivist

Andrea Twiss-Brooks
Co-Director, Science Libraries and Head of Collections Services

Editorial: Rachel Rosenberg
Photography: Lloyd Degrane, Robert Kozloff, Tom Rossiter, Jason Smith and John Zich

Director's Council

Brenda L. Johnson
Library Director and University Librarian

Elisabeth Long
Associate University Librarian for Digital Services

James Mouw
Associate University Librarian for Collection Services

James Vaughan
Associate University Librarian for User Services

Contact

Brenda L. Johnson
Library Director and University Librarian
brenda.johnson@uchicago.edu
The University of Chicago Library
1100 East 57th Street, Suite 184
Chicago, IL 60637

（本规划由芝加哥大学图书馆授权收录）

UCL LIBRARY SERVICES

UCL

Delivering a first-class user experience

Strategy 2015 -2018

Introduction

> ...provision which is the best in the UK... supported by library staff who are skilled in their activities, always putting the user first.

The UCL Library Services Strategy is set in the context of UCL 2034, a strategy for UCL for the next 20 years

UCL 2034 underlines and extends UCL's mission to be London's Global University:

a diverse intellectual community, engaged with the wider world and committed to changing it for the better; recognised for our radical and critical thinking and its widespread influence; with an outstanding ability to integrate our education, research, innovation and enterprise for the long-term benefit of humanity.

The Library Services Strategy is embedded in this ambition and seeks to deliver a first-class user experience across the whole UCL family of libraries. UCL Library Services will deliver innovative services and facilities in six over-arching areas of activity:

- **User experience**
- Staff, equality and diversity
- Finance, management information and value for money
- Systems and processes
- Sustainable estate
- Communication, Open Access and outreach

Detailed Implementation Plans underpin each of the Key Performance Areas listed above. Throughout the period 2015-2018, UCL Library Services will strive to deliver a user experience which is world-class, learning spaces which are cutting edge, digital provision which is the best in the UK, new services grounded in the concept of Open Scholarship, and cutting-edge outreach to communities in London and across the globe, supported by library staff who are skilled in their activities, always putting the user first.

Paul Ayris

Pro-Vice-Provost (UCL Library Services) and

UCL Copyright Officer

Chief Executive Officer, UCL Press

Mission

"Provide an information infrastructure for research-based learning... work in partnership with the NHS.

The Mission of UCL Library Services is to:

Provide an information infrastructure to enable UCL's research and education to be world-class.

Offer an outstanding student experience in partnership with UCL's academic departments and other Professional Services departments.

Enable effective learning and discovery, by designing and managing world-class and sustainable spaces in partnership with the UCL community.

Develop library and information professionals who are innovative and can offer leadership to UCL and to the national / international library community.

Work in partnership with the NHS, providing support for research, clinical practice and patient care.

Support UCL's global outreach, contributing leadership in engaging with new audiences and partnerships in London and beyond.

Vision

The 2015 - 2018 UCL Library Services Strategy will empower UCL in its mission to engage with and change the world.

In 2015-2018, UCL Library Services will deliver a transformative user experience

In 2015-2018, UCL Library Services will deliver a transformative user experience, that is founded on service excellence, spaces that are innovative and world-leading in range and number, a world-class digital library, and efficient underlying processes that put the user first.

We will measure and communicate our value to UCL and our key partners, and raise UCL's global profile through our outreach activities and our support for Open Scholarship.

Delivery of the Strategy will be characterised by engagement with UCL staff, students, users and external partners, and underpinned by investment in the development of Library Services staff, to continue to equip them with the skills and knowledge necessary to realise our vision. The 2015-2018 Strategy builds on our successful partnerships with the NHS and further strengthens partnerships within UCL Professional Services.

The 2015-2018 UCL Library Services Strategy will empower UCL in its mission to engage with and change the world.

Values

UCL Library Services shares the values of UCL Professional Services

These values are:

Mutual respect

Excellent service

Collaboration

Empowerment

Innovation

For more information on the values of UCL Professional Services please check: www.ucl.ac.uk/professional-services

Notes

Key Performance Areas(KPAs)

Key Performance Areas

UCL Library Services will deliver innovative services & facilities in six over-arching areas of activity.

Detailed Implementation Plans underpin each of the Key Performance Areas listed below.

User Experience

Staff, Equality and Diversity

Finance, Management Information and Value for Money

Systems and Processes

Sustainable Estate

Communication, Open Access and Otreach

User Experience

USER EXPERIENCE

As a world-class library, we are dedicated to ensuring that each interaction with our services meets the high expectations of our users.

We will continually develop services and collections in an innovative and user-focussed way to meet the needs of our community of users, whether they are visiting one of our libraries or accessing our services remotely.

UCL Library Services will harness the potential of new technologies and opportunities to enhance collections and support services, to underpin UCL's goal to deliver a truly exceptional user experience, and to support research, teaching, outreach and the work of our healthcare partners.

Digital Library

GOAL

- Strengthen the digital library, introducing new, agile models of acquisition and improving support for multiple devices.

ACTIONS

- Conduct and evaluate trials of Evidence-based and Demand-driven acquisition models.
- Create a repository of information (including training and troubleshooting support) detailing how digital resources perform on a range of (mobile) devices.

Services

GOAL

- Ensure that opening hours and self-service capacity meet user demand across all Library sites, and extend the coverage of the online reading lists service.

ACTIONS

- Complete the roll out of RFID self-service to all Library sites.
- Increase the take-up of ReadingLists@UCL among academic departments.
- Further extend physical opening hours in line with user demand.

Partnership with students & other users

GOAL

- Deliver public services with consistent excellence and, increasingly, at the point and time of need; raise the satisfaction of BME users with the Library, so that it equals or exceeds overall user satisfaction.

ACTIONS

- Extend cross-training work with ISD, building on Cruciform Hub pilot, so that customer-facing Library Services staff across all sites have basic competencies in answering IT enquiries.
- Extend the regular presence

of Library staff into 'non-desk' Library spaces (e.g. the Learning Laboratory) and spaces outside the Library (e.g. the Cloisters).
- Draw up a Student Services Charter for UCL Library Services.
- Seek the external Customer Service Excellence (CSE) accreditation.
- Identify concerns specific to black and minority ethnic (BME) users and create an action plan, collaborating with the UCL Equality and Diversity Team.

Informatiion Lieracy

GOAL
- Align the Library Services information literacy programmes with UCL's strategic commitment to research-based pedagogy, and modernise delivery of key information and skills.

ACTIONS
- With UCL CALT and UCL ELE, review the Library Services information literacy programme, service-wide, to ensure support for the 'Connected Curriculum' and the UCL Education Strategy.
- Produce induction materials in a range of formats, both for new and returning library users and for A-level students.
- Joint work with ISD: regular liaison on learning technologies, and regular 'showcase' events, aimed at jointly promoting Library and ISD services to students and new academic staff.

Staff, Equality & Diversity

STAFF, EQUALITY AND DIVERSITY

UCL Library Services staff, key enablers of the strategy, are committed to providing excellent services that are equally accessible by all users of our physical and online resources.

We are committed to developing and equipping staff with the knowledge and skills to deliver optimum, well-informed and considerate services in an environment of opportunity, support and encouragement, fostering progression and achievement of personal goals.

Continuing and meaningful investment in staff will be pivotal in the delivery of all elements of the Library Strategy, underpinning our professional services to the communities of UCL and its partners, and making a significant contribution to the success of the UCL 2034 strategy.

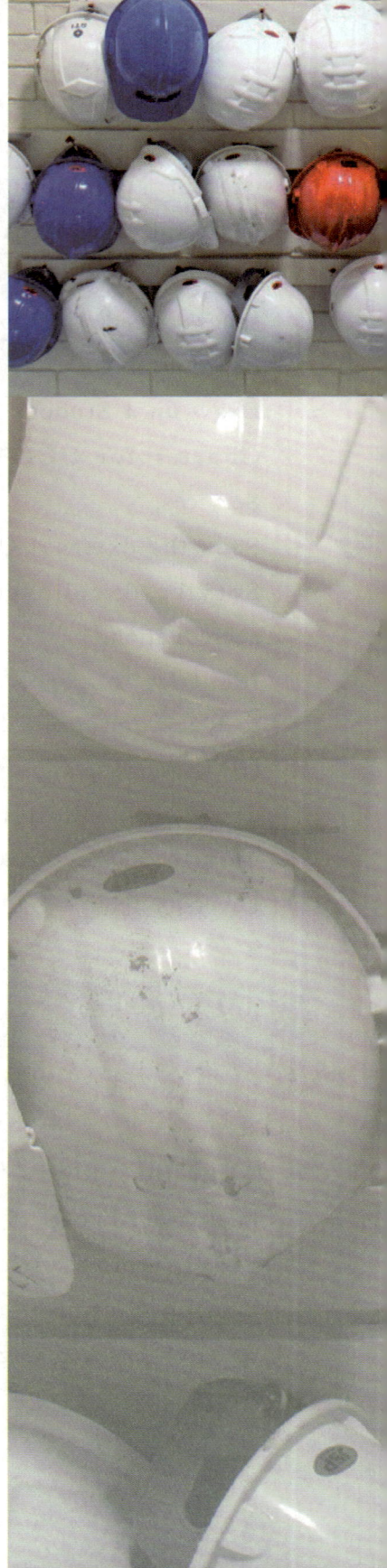

Staff Training

GOAL

- Equip all staff with relevant skills and knowledge, through a well-managed training programme that reflects good practice and is aligned with the UCL Library Services Strategy.

ACTIONS

- The Staff Training Committee will develop a Staff Training Strategy that will help equip staff with the skills to deliver the UCL Library Services Strategy. This will build on the findings of the 2014 survey of training needs.
- Review how Library Services structures will enable staff to know what training and CPD (Continuing Professional Development) opportunities are available, and manage the processes for all staff in the UCL family of libraries to engage with them, in order to deliver the strategy.
- Revise the policies for attendance at training events and conferences, feedback mechanisms and allocation of the staff training budget.
- Put processes in place to ensure that the three CPD requirements identified in each staff appraisal are met.
- Review and develop CPD opportunities within Library Services, utilising good practice initiatives.
- Identify and introduce appropriate mechanisms and opportunities to support the CPD of all part-time, evening and weekend staff.*rv*

Equality and Diversity

GOAL

- Ensure that staff are knowledgeable about diversity and related issues, and that the Library's own diversity profile meets UCL's expectations.

ACTIONS

- Establish rolling programme of training on equality and diversity, including issues relating to race, gender, religion and belief, sexual orientation, and disability.
- Library Services' BME, disability and gender profile is improved at all grades.

Recruitment

GOAL

- Ensure that staff recruitment is expedited efficiently and effectively.

ACTIONS

- Set service standards for recruitment to vacant posts including acting up opportunities and agency cover. Extend the regular presence

confident and competent in the key UCL HR policies, and seek appropriate external accreditation for our efforts.

ACTIONS

- In conjunction with UCL HR, arrange and maintain a programme of refresher training on the most common HR requirements and policies for staff with management responsibilities.
- Review and pursue appropriate standards of good practice and accreditation for HR management, such as Investors in People (noting that UCL is to be a pilot institution for the Race Equality Charter Mark).

Quality Assurance

GOAL

- Ensure that managers are

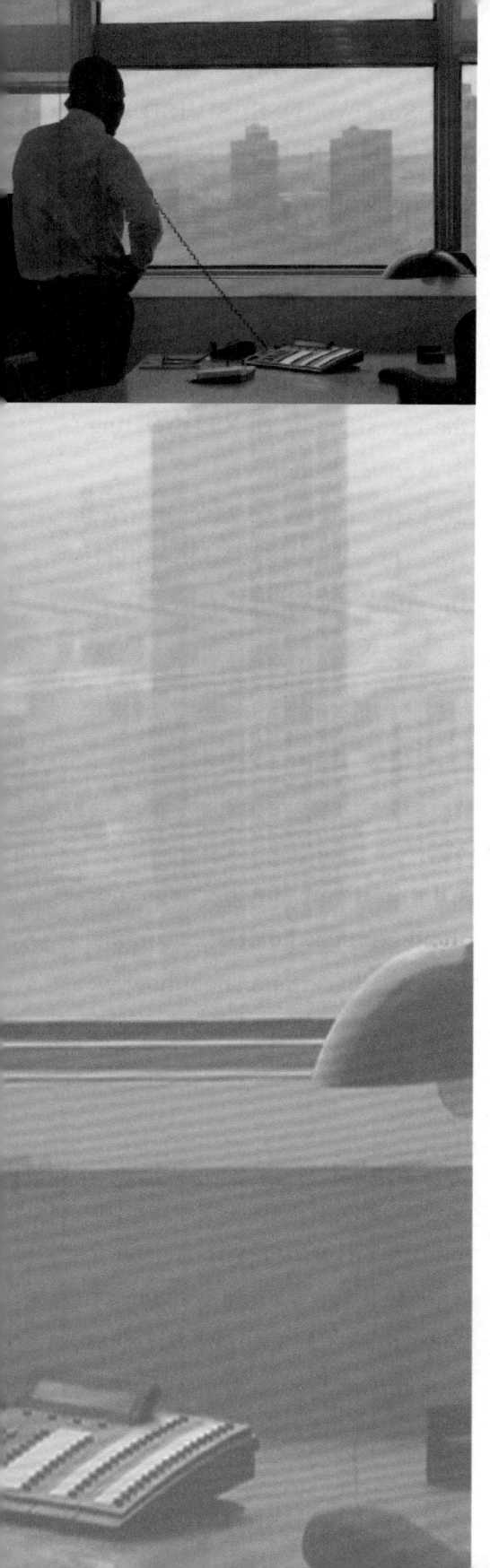

Finance, Management Information & Value for Money

FINANCE, MANAGEMENT INFORMATION AND VALUE FOR MONEY

Finance is one of the key enablers for UCL 2034, with the underlying theme of 'delivering the best value that we can from the resources available' essential to institutional success.

Value for Money ('VFM' – value in terms of economy, efficiency and effectiveness) has grown in prominence as UCL seeks to deliver a superlative learning and research experience.

With this in mind, UCL Library Services will use management information to develop Key Performance Indicators to demonstrate the department's value, provide a sustainable financial reporting infrastructure and explore new income sources, with the primary strategic goal of supporting the user experience.

Finance

GOAL

- To provide the foundations for the Library financials to enable the Library Strategy.

ACTIONS

- To establish a supportive and robust financial reporting mechanism for effective decision making.
- To provide advice and support to Library staff in financial matters including budgets and efficient use of resources.
- To support staff in the financial aspects of Library Project Management.*rv*

Core Statistics and Strategic Alignment

GOAL

- Create a comprehensive data set to support strategic planning.

ACTIONS

- To develop a data set for the 3 key Surveys, NSS, SB/ISB and SCONUL, which will be used as a framework for the prospective addition of new surveys.
- To consider new relevant data sources emerging as a result of data gaps. The initial work will be the investigation of KPIs relating to user satisfaction.
- To extract KPA-specific metrics from the data set and to collate the most useful measures from Library KPAs.

Communication

GOAL

- Communicate our performance to all our stakeholders; encourage user feedback, and show how we respond.

ACTIONS

- To identify the key audiences (within the Library and the wider University) with a view to reporting key data in conjunction with the UCL Library Services Communication Strategy.

- Examining the various communication lines within the Library and providing regular bulletins to engage the UCL community with the Finance Group's work - and to encourage methods of feedback/response.
- To establish specific communication lines with the student population and to encourage a feedback mechanism to demonstrate how the Library has responded to user needs and requests.
- Following the collection, collation and evaluation of data - both qualitative and quantitative - publicly reporting this data to library staff and the wider university community.

Value for money

GOAL
- Show our value: to UCL, to our other partners and funders, and to potential new funders.

ACTIONS
- To review the Library data set and to extract VFM-specific information; to link the information specifically to UCL 2034 and the UCL Library Services Strategy.
- To explore avenues for Enterprise and the ability to create profit within the constraints of the not-for-profit sector.
- To encourage project work to raise income for library projects.
- To replicate the data collection process as above, with specific reference to our UCL NHS Library Services.
- To investigate new measures of VFM, e.g. how to link student satisfaction with the Library and student outcomes i.e. grades and (if possible) jobs.
- To devise a management information framework for the UCL Digital Library.
- To demonstrate the value of library services to UCL and its users.

Systems & Processes

SYSTEMS AND PROCESSES

UCL Library Services will ensure that our systems are fit for purpose and that our processes are effective and designed with the user experience in mind.

We will procure a 'next generation' Library Management System, enabling the unified management of our print and digital holdings, and conduct a pre-migration review of relevant policies, processes and standards to ensure that they are current and efficient.

Systems and processes in support of access and enquiries management will also be reviewed, and new initiatives will enable us to undertake the long-term curation of 'born-digital' Special Collections and records.

We will strengthen our engagement with the research lifecycle by investing in additional central support for research data management and bibliometrics, and we will ensure that our behind-the-scenes work in digitisation, retrospective cataloguing, conservation and outreach is underpinned by a coherent set of priorities that are informed by academic need.

Staff Training

GOAL
- Enable support for the curation of born-digital Special Collections, archives and records, at the same time introducing new systems-driven approaches to the management of our print holdings.

ACTIONS
- Review roles, responsibilities and resources required to support digital 'special collecting'.
- Work with ISD to develop, demonstrate and introduce the policy, technology and training infrastructure required to make UCL Records Office a digital-led service.
- Devise and implement quantitative (use-based) approaches to the relegation of stock to Store, and the retention of stock in Store.

Systems

GOAL
- Ensure that the IT systems supporting day-to-day library management, access and enquiries are fit for purpose.

ACTIONS
- Migrate the Library Management System (LMS) to a 'next-generation' product suite.
- Collaborate with ISD and UCL Estates to enable Cardax entry at all Library sites.
- Devise and implement quantitative (use-based) approaches to the relegation of stock to Store, and the retention of stock in Store.
- Benchmarking against relevant libraries, review and update the ways in which enquiries made of UCL Library Services (in person, by email, telephone, web, IMS, etc.) are recorded and supported, in the 24/7 context. Scope includes use of Enquiries

Management System.

Processes

GOAL
- Review processes and planning activities so that they support the delivery of an exceptional user experience.

ACTIONS
- Undertake pre-migration reviews of policies and standards relevant to the LMS, especially circulation, membership and cataloguing.
- Ensure that Library Services participates in School, Faculty and Trust Strategic Planning.
- Significantly increase the proportion of material that is delivered 'shelf-ready', by providing UCL classmarks at the point of order.
- Align plans, policies and strategies for digitisation, retrospective cataloguing, conservation and outreach, linking these to the fundraising agenda and academic usage.

Research Support

GOAL
- Extend support for research data management, beginning at the pre-award stage and continuing throughout the lifecycle; strengthen central support for bibliometrics.

ACTIONS
- Ensure relevant Library staff are equipped with the skills to advise researchers on research data management issues in future.
- Introduce a central bibliometrics service to UCL Library. Services, to support UCL in monitoring the impact, utility and productivity of UCL's research.

Sustainable Estate

SUSTAINABLE ESTATE

UCL Library Services is committed to providing high-quality learning space, and we are transforming our estate in the context of the UCL Masterplan.

We are also supporting UCL's goal to minimize our carbon footprint. Library space must meet the constantly evolving needs of all UCL users, so we will actively engage with students, researchers, NHS staff and members of the public. We will facilitate access to UCL Special Collections' rich holdings, with showcases of our physical and digital exhibitions.

UCL Library Services will continue to provide innovative and inspiring teaching, learning and social spaces. The aim for Library Services is to make its libraries into UCL hubs which accommodate students and staff from all parts of UCL, places which are enabled for new technologies and have suitable space for specialist staff to deliver information skills training.

The Library should play a central part in UCL's identity as London's Global University and be a source of pride for UCL students and staff.

Learning Spaces

GOAL

- Offer learning space provision of consistently high quality, in terms of capacity, facilities and day-to-day management.

ACTIONS

- We will advocate Library Services' offer of a consistent service layer across all learning spaces as part of the Learning Spaces Project Board, chaired by the VP (Education)
- We will bid for funding to establish a live usage data system, in partnership with ISD. In tandem with this, Library Services will establish a central Learning Spaces webpage.
- We will engage with students and staff on learning space projects, including the Main and Science Library redevelopments, from the earliest stages. We will also encourage feedback on services and facilities in our buildings.
- We will work closely with UCL Estates, especially Satellite Estates, to ensure all libraries have excellent facilities management.
- We will continue to seek opportunities to develop new learning spaces. Library Services will benchmark provision against international competitors.

Accessibility of Special Collections

GOAL

- Create new opportunities for library users to be inspired by the Library's Special Collections.

ACTIONS

- UCL Library Estates Development Working Group will highlight the re-housing of Special Collections as an institutional priority.
- We will showcase physical and digital exhibitions in all UCL Library Services' sites. We will establish spaces for researchers and for students to access Special Collections' rich holdings.

Partnership and sustainability

GOAL

- Ensure the sustainable

management of the whole Library estate, with UCL students and other users empowered to participate in decision-making.

ACTIONS

- We will engage with UCL Estates and Finance to maintain the high quality of spaces, via UCL Library Services' Estates Development Working Group. Library Services will pilot Post-Occupancy Evaluation in new Hubs.
- We will engage with UCL students and other users to enable decisions to be made which reflect both service expectations and an understanding of our environmental impact. Library Services will participate in any schemes to use electric vehicles for transport on the Bloomsbury campus.
- We will collaborate with ISD and UCL Estates to enable the sharing of ideas/best practice via social media, and showcase how ideas are put into practice. We will support UCL towards its ambition of meeting ISO 14001.

Communication, Open Access & Outreach

COMMUNICATION, OPEN ACCESS AND OUTREACH

UCL Library Services will for the first time draw up a Communication Strategy, which will co-ordinate and extend the considerable levels of communication activity that take place within the Library and between the Library and its many stakeholders.

In particular, we will be capitalising on newly-created opportunities for more effective and open engagement with the UCL student body and on the potential of UCL East to become a vibrant hub for library outreach to new communities.

We will maintain UCL's track record as a European leader in Open Scholarship by ensuring that UCL meets its Open Access commitments to REF 2020 and establishing the reputation of UCL Press as a publisher of high quality Open Access monographs, text books and journals.

Communication

GOAL

- Create and deliver an effective and engaging Communications Strategy for UCL Library Services.

ACTIONS

- Create a formal Strategy for Library-based communications and the audiences to whom these messages are aimed.
- Engage with student bodies, e.g. UCLU and the STARs library group on communication issues.
- Create an open, engaged Library community which communicates the Library's Mission, Vision and achievements to targeted audiences.
- Create/identify internal Library communications channels.

Outreach

GOAL

- Raise awareness of UCL Library Services and its collections through increased outreach to external audiences.

ACTIONS

- UCL East at Stratford becomes hub for Library's work in outreach to new communities.
- Create agreed reporting framework and tools for reporting outreach activities to UCL and engagement activities to a wider public.
- Volunteer Network (Library staff/externals) utilised for engagement activities to external audiencies.

Open Access

GOAL

- Raise UCL's global profile by further extending support for Open Scholarship.

ACTIONS

- REF 2020 Open Access requirements fully met.

- UCL Press becomes embedded in UCL.
- Advocate for resource for the creation of an Open Educational Resources (OER) repository as part of the UCL Education Strategy.

Leadership Team

Each Key Performance Area is accompanied by a detailed implementation plan, which is co-or inated by a KPA Leader.

The KPA Leaders are members of the UCL Library Services Leadership Team, and are accountable to the Leadership Team for progress in delivering the Strategy.

Paul Ayris (Chair)
Pro-Vice-Provost (UCL Library Services) and UCL Copyright Officer; CEO UCL Press; KPA Leader for Communication, Open Access and Outreach

Betsy Anagnostelis
Joint Academic Support Manager, Biomedicine

Martin Moyle
Assistant Director, Support Services; KPA Leader for Systems and Processes

June Hedges
Academic Support Manager, UCL SLASH and BEAMS: KPA Leader for the User Experience

Ben Meunier
Assistant Director, Public Services; KPA Leader for Sustainable Estate

Bernard Scaife
Librarian, UCL Institute of Education

Sarah Aitchison
Head of Special Collections, Archives and Records

Michelle Wake
Librarian, UCL School of Pharmacy and Site Libraries Manager

Peter Dennison
Acting Head of Newsam Library and Archives; UCL Institute of Education

Lesley Pitman
Librarian and Director of Information Services, UCL SSEES

Andy Pow
Head of Finance, UCL Library Services; KPA Leader for Finance, Management Information and Value for Money

Kate Cheney
Joint Academic Support Manager, Biomedicine; KPA Leader for Staff, Equality and Diversity

Margaret Stone
Head of Digital Library Infrastructure and Projects

Rozz Evans
Head of Collection Strategy

Karen Jeger
Head of E-Resources and Serials

Stakeholder engagement

...have your say...

Engaging with our staff and users to create the strategy

As a partner of the Library's services and facilities, you have a right to comment on the Strategy and on things you would like to see. If you have comments to make, please visit: www.ucl.ac.uk/library/about/strategy/ consultation and your message will be directed to the Pro-Vice-Provost (UCL Library Services) as chair of the Library's Leadership Team.

DEVISING THE STRATEGY

The Library Strategy was created by the Leadership Team in UCL Library Services, which comprises staff members from across all UCL's libraries.

This Team received a strategic evaluation of the Library's performance in delivering its Strategy 2011-14, highlighting notable successes and areas where targets had not been reached. This evaluation was delivered by Paul Ayris as Director of Library Services.

A similar evaluation was undertaken by Martin Moyle and Lis Hannon in the 2014 Library Staff Conference. This presentation outlined exactly how a Strategy is written, what the importance of the Mission and Vision statements are, and what an Implementation Plan looks like. Martin and Lis then illustrated some of the main gains of the Library Strategy 2011-14.

All this work served as the baseline for work on the 2015-18 Strategy. The Provost and President, Professor Michael Arthur, joined the UCL Library Services Leadership Team for half a day to discuss the vision and ambition of the UCL 2034 Strategy. The Leadership Team joined with Professor Arthur in assessing how the Library could best contribute to UCL 2034.

Armed with this briefing, the Leadership Team identified key areas where the Library could make a contribution and deliver on UCL's key strategic objectives. This work took place between September and November 2014 and resulted in 6 key areas of work being identified:

- *User Experience*
- *Staff, Equality and Diversity*
- *Finance, Management Information and Value for Money*
- *Systems and Processes*
- *Sustainable Estate*
- *Communication, Open Access and Outreach*

THE STRATEGY CONTEXT

The Library Strategy does not exist in isolation. UCL Professional Services, of which UCL Library Services is part, also has a Strategy with 6 Key Performance Areas, which are designed to deliver the UCL 2034 Strategy. The Library also took note of specific strategies from key stakeholders. Central to this were the LIBER Strategy 2013-15. LIBER is the main consortium of European research libraries, with over 400 member libraries. The Planning Team also took into account the RLUK Strategy 2014-17. Research Libraries UK is the principal grouping of research libraries in the UK.

Insights from these companion strategies informed the construction of the UCL Library Services Strategy 2015-18.

FEEDBACK ON THE STRATEGY

Once a draft Library Strategy had been created, it needed to be validated by library staff. The Director of Library Services personally held 7 library-wide Workshops on the Strategy between September and December 2014. The presentation outlining the Strategy can be viewed. Valuable feedback was collected from discussions in each of the 7 Workshops, and the main points can be seen on slides 12-32 in the Workshop presentation. This feedback helped inform the 6 Implementation Group plans.

OVERSIGHT AND MONITORING UCL

Library Committee considered the Strategy at its meeting in December 2014. This Committee has student representation as well as representation from UCL's Faculties and UCL Professional Services. The Strategy was signed off by Library Committee on 11 December 2014.

Operationally, the new Library Strategy will be overseen and monitored by the Lbrary's Leadership Team. Each of the 6 Key Performance Areas will be overseen by a Working Group, with membership from across the Library. These Working Groups will oversee the Implementation Plan which delivers the work identified for that particular area of activity.

（本规划由伦敦大学学院图书馆授权收录）

UCL Library Services / 2015

Photos used:

Page 1153: photo by UCL Media Services

Pages 1157—1158: photos by UCL Media Services

Pages 1159—1160: photo by Alejandro Lopez, UCL Media Services

Pages 1162,1164: photo by Mary Hinkley, UCL Media Services

Page 1165: photo by UCL Media Services

Pages 1168—1170: photo by Tony Slade, UCL Media Services

Pages 1171,1173: photo by Mary Hinkley, UCL Media Services

Pages 1174,1176: photo by UCL Media Services

Pages 1177—1178: photo by UCL Media Services

Page 1181: photo by Tony Slade, UCL Media Services

All other photos by UCL Library Services

Designed by UCL Library Services Publicity

图书在版编目（CIP）数据

图书馆行业中长期战略规划选编："十三五"时期/国家图书馆研究院编. —北京：中央编译出版社，2018.9

ISBN 978-7-5117-3619-2

Ⅰ.①图… Ⅱ.①中… Ⅲ.①图书馆工作-规划-汇编-世界 Ⅳ.①G259.1

中国版本图书馆 CIP 数据核字（2018）第 201910 号

图书馆行业中长期战略规划选编："十三五"时期

出 版 人：葛海彦
出版统筹：贾宇琰
责任编辑：杜永明
责任印制：刘 慧
出版发行：中央编译出版社
地　　址：北京西城区车公庄大街乙 5 号鸿儒大厦 B 座（100044）
电　　话：（010）52612345（总编室）　　（010）52612339（编辑室）
　　　　　（010）52612316（发行部）　　（010）52612346（馆配部）
传　　真：（010）66515838
经　　销：全国新华书店
印　　刷：三河市华东印刷有限公司
开　　本：710 毫米×1000 毫米　1/16
字　　数：1116 千字
印　　张：75
版　　次：2018 年 9 月第 1 版
印　　次：2018 年 9 月第 1 次印刷
定　　价：580.00 元

网　　址：www.cctphome.com　　邮　　箱：cctp@cctphome.com
新浪微博：@中央编译出版社　　微　　信：中央编译出版社（ID：cctphome）
淘宝店铺：中央编译出版社直销店（http://shop108367160.taobao.com）　（010）55626985

本社常年法律顾问：北京市吴栾赵阎律师事务所律师　闫军　梁勤
凡有印装质量问题，本社负责调换。电话：（010）55626985